民事手続の現代的使命

伊藤眞先生古稀祝賀論文集

有斐閣

揮毫　加藤哲夫

伊藤　眞先生

謹んで古稀をお祝いし
伊藤眞先生に捧げます

執筆者一同

目次

〔判決手続〕

給付訴訟における権利能力のない社団の当事者適格と本案の問題について……青木哲（三）
集団的消費者被害回復手続の理論的検討……上原敏夫（二七）
「法定証拠法則」たる「推定」の意義に関する覚書……内海博俊（四七）
統計学の考え方と事実認定……太田勝造（七一）
明示的一部請求棄却判決確定後の残部請求
——最高裁判所平成一〇年六月一二日判決の批判的検討……岡庭幹司（九七）
民事訴訟制度の目的とＡＤＲ……垣内秀介（一二七）
遺産確認訴訟における確定判決の既判力の主体的範囲……笠井正俊（一五五）
弁護士責任訴訟における証明問題への対応
——ドイツ連邦通常裁判所の判例に則して……春日偉知郎（一八三）
事件のスジの構造と実務……加藤新太郎（二一一）
高齢社会と民事訴訟法……金子宏直（二三七）

民事訴訟理論と訴訟実態（実務）との関係
——訴訟物と証明責任を中心に……小林秀之（二五七）
控訴審における証人の再尋問
——人証調べの直接主義の価値……佐瀬裕史（二八九）
民事訴訟における違法収集証拠の取扱いについて
——適正な裁判を可能にする証拠収集制度を考える道標として……杉山悦子（三一一）
民事裁判における原則的証明度としての相当程度の蓋然性……須藤典明（三三九）
一部請求について……高田裕成（三六三）
共有者の内部紛争における固有必要的共同訴訟の根拠と構造……鶴田滋（三九三）
他人に帰属する請求権を訴訟上行使する「固有」の原告適格についての覚書
——債権法改正の訴訟法理論的受容可能性を契機として……勅使川原和彦（四一七）
給付の訴えと確認の訴えの役割分担再考……萩澤達彦（四四一）
証言拒絶権と文書提出義務の除外事由
——媒体の違いが正当化するもの……長谷部由起子（四六一）
独立当事者参加訴訟における民事訴訟法四〇条準用の立法論的合理性に関する覚書
……八田卓也（四八三）
抜本的な紛争解決と釈明……林道晴（五〇九）

第三者による再審の訴えについて
――訴え提起に係る手続的規制を中心として……菱田雄郷（五三一）
失権効再考……福田剛久（五五三）
共同訴訟的補助参加の理論的基礎
――「当事者総論」との関わりに留意して……松原弘信（五七一）
消費者集合訴訟制度の構造と理論……三木浩一（五九五）
確認訴訟機能の多様化に関する一考察……村上正子（六二九）
定期金賠償と民事訴訟法二四六条
――実体法と訴訟法の役割分担の観点からの問題の整理……山本克己（六五三）
弁論終結後の承継人に対する既判力の拡張に関する覚書……山本弘（六八三）

〔倒産手続〕

アメリカ破産法の憲法問題
――破産条項、契約条項、司法権条項をめぐって……浅香吉幹（七一一）
韓国における企業構造調整促進法――議論および展望……呉守根（七三一）
支払停止概念の再構成と判断構造……岡伸浩（七五三）

倒産手続開始後の相手方契約当事者の契約解除権と相殺権……岡　正晶（七七七）
「破産管財人論」再考……河崎祐子（八〇一）
破産法一〇四条三項等の規律は相殺に及ぶか
——一部の代位弁済に基づく求償権を自働債権とする相殺の可否および具体的方法について……木村真也（八二一）
再生手続における合意による不足額の確定……栗原伸輔（八四一）
倒産法における債権者の一般の利益……佐藤鉄男（八六一）
清算価値保障原則の再構成……高田賢治（八九一）
個人破産申立て代理人弁護士の成功報酬と免責……高橋宏志（九一五）
新破産法における相殺の否認の余地について……高見　進（九二七）
イギリスの事業再生手法としての「会社整理計画」……中島弘雅（九四七）
破産法における「債権者平等原則」の検討
——公平の原則と優先権排除の原則……中西　正（九七三）
訴訟行為・執行行為の否認に関する覚書……畑　瑞穂（九九九）
将来財産を目的とする担保権の倒産法上の取扱い
——アメリカ連邦倒産法五五二条の研究……藤澤治奈（一〇二三）
一時停止通知と「支払停止」……松下淳一（一〇四七）
再生債務者代理人の地位に関する一考察……松下祐記（一〇六九）

スポンサー選定における管財人および再生債務者の義務
——債権者に対して分配する価値の観点から……三上二郎（一〇九九）
破産手続開始後にした破産者の行為と否認権……水元宏典（一一一七）
平成二六年会社法改正に伴う会社更生法の整備について……深山卓也（一一三七）
家事調停・審判手続中の当事者破産……森　宏司（一一五七）
倒産手続における法律行為の効果の変容
——「倒産法的再構成」の再構成を目指して……山本和彦（一一八一）
手続開始時現存額主義により生ずる超過配当額の処理……山本　研（一二〇三）
イギリスサッカークラブの倒産……林　治龍（一二三七）
民事再生手続における再生債務者代理人の業務と報酬……我妻　学（一二五五）

〔民事紛争・手続一般〕

名誉毀損訴訟
——疑い報道・紛争報道と真実証明の対象……秋山幹男（一二八三）
手続的ユス・コムーネの再生……貝瀬幸雄（一三〇一）

法律サービス（特に、民事裁判）におけるＩＣＴの活用に向けた実証研究について
――「正義・司法へのアクセス」の展開のための実証研究に関する若干の紹介等……川嶋四郎（一三三五）
弁護士報酬規制の源流……北村賢哲（一三五三）
民事訴訟における社内弁護士の役割
――弁護士会費を会社が負担することの合理性……西田章（一三八三）
消費者仲裁を巡る国際的な政策相違と世界統一規則の構築
――UNCITRAL Online Dispute Resolution Working Group……早川吉尚（一四〇三）
伊藤眞先生　略歴
伊藤眞先生　主要業績目録
あとがき

執筆者紹介（執筆順）

青《あお》木《き》哲《さとし》	神戸大学准教授
上《うえ》原《はら》敏《とし》夫《お》	明治大学教授
内《うち》海《うみ》博《ひろ》俊《とし》	立教大学准教授
太《おお》田《た》勝《しよう》造《ぞう》	東京大学教授
岡《おか》庭《にわ》幹《まさ》司《し》	横浜国立大学准教授
垣《かき》内《うち》秀《しゆう》介《すけ》	東京大学教授
笠《かさ》井《い》正《まさ》俊《とし》	京都大学教授
春日《かすが》偉《い》知《ち》郎《ろう》	関西大学教授
加《か》藤《とう》新《しん》太《た》郎《ろう》	東京高等裁判所判事
金《かね》子《こ》宏《ひろ》直《なお》	東京工業大学准教授
小《こ》林《ばやし》秀《ひで》之《ゆき》	一橋大学教授
佐《さ》瀬《せ》裕《ひろ》史《し》	学習院大学准教授
杉《すぎ》山《やま》悦《えつ》子《こ》	一橋大学准教授
須《す》藤《どう》典《のり》明《あき》	東京高等裁判所判事
高《たか》田《た》裕《ひろ》成《しげ》	東京大学教授
鶴《つる》田《た》滋《しげる》	九州大学准教授
勅使川原《てしがはら》和彦《かずひこ》	早稲田大学教授
萩《はぎ》澤《ざわ》達《たつ》彦《ひこ》	成蹊大学教授
長谷部《はせべ》由起子《ゆきこ》	学習院大学教授
八《はつ》田《た》卓《たく》也《や》	神戸大学教授
林《はやし》道《みち》晴《はる》	最高裁判所首席調査官（執筆当時：静岡地方裁判所長）
菱《ひし》田《だ》雄《ゆう》郷《きよう》	東京大学教授
福《ふく》田《だ》剛《たか》久《ひさ》	東京高等裁判所判事
松《まつ》原《ばら》弘《ひろ》信《のぶ》	熊本大学教授
三《み》木《き》浩《こう》一《いち》	慶應義塾大学教授
村《むら》上《かみ》正《まさ》子《こ》	筑波大学准教授
山《やま》本《もと》克《かつ》己《み》	京都大学教授
山《やま》本《もと》弘《ひろし》	神戸大学教授
浅《あさ》香《か》吉《きち》幹《もと》	東京大学教授
呉《OH》守根《Soogeun》	梨花女子大学教授
岡《おか》伸《のぶ》浩《ひろ》	弁護士
岡《おか》正《まさ》晶《あき》	弁護士
河《かわ》崎《さき》祐《ゆう》子《こ》	信州大学教授
木《き》村《むら》真《しん》也《や》	弁護士
栗《くり》原《はら》伸《しん》輔《すけ》	北海道大学准教授
佐《さ》藤《とう》鉄《てつ》男《お》	中央大学教授
高《たか》田《た》賢《けん》治《じ》	大阪市立大学教授
高《たか》橋《はし》宏《ひろ》志《し》	中央大学教授
高《たか》見《み》進《すすむ》	北海道大学名誉教授
中《なか》島《じま》弘《ひろ》雅《まさ》	慶應義塾大学教授
中《なか》西《にし》正《まさし》	神戸大学教授
畑《はた》瑞《みず》穂《ほ》	東京大学教授
藤《ふじ》澤《さわ》治《はる》奈《な》	立教大学准教授
松《まつ》下《した》淳《じゆん》一《いち》	東京大学教授
松《まつ》下《した》祐《ゆう》記《き》	千葉大学教授
三《み》上《かみ》二《じ》郎《ろう》	弁護士
水《みず》元《もと》宏《ひろ》典《のり》	一橋大学教授
深《み》山《やま》卓《たく》也《や》	法務省民事局長
森《もり》宏《ひろ》司《し》	大阪高等裁判所判事
山《やま》本《もと》和《かず》彦《ひこ》	一橋大学教授
山《やま》本《もと》研《けん》	早稲田大学教授
林《RIM》治龍《ChiYong》	弁護士
我《わが》妻《つま》学《まなぶ》	首都大学東京教授
秋《あき》山《やま》幹《みき》男《お》	弁護士
貝《かい》瀬《せ》幸《ゆき》雄《お》	立教大学教授
川《かわ》嶋《しま》四《し》郎《ろう》	同志社大学教授
北《きた》村《むら》賢《けん》哲《てつ》	千葉大学准教授
西《にし》田《だ》章《あきら》	弁護士
早《はや》川《かわ》吉《よし》尚《ひさ》	立教大学教授

判決手続

給付訴訟における権利能力のない社団の当事者適格と本案の問題について

青　木　　哲

一　はじめに
二　給付訴訟における権利能力のない社団の原告適格に関する最高裁判決
三　給付訴訟における当事者適格（原告適格）と本案の問題
四　権利能力のない社団の当事者適格と本案の問題
五　おわりに

一　はじめに

権利能力のない社団は、実体法上、権利の主体となることができない。最判昭和三九・一〇・一五民集一八巻八号一六七一頁（昭和三九年最判）によると、権利能力のない社団の資産は構成員に総有的に帰属し、社団は、その代表者によって、その社団の名において、構成員全体のため権利を取得し、義務を負担する。

権利能力のない社団が、民事訴訟法二九条の「法人でない社団」(1)として当事者能力を有し、社団財産(2)に属する権利を主張して給付訴訟を提起する場合について、社団に、権利主体として当事者適格を認める見解（固有適格構成、権利主体構成）(3)と、訴訟担当者として当事者適格を認める見解（訴訟担当構成）(4)がある。(5)権利主体として当事者適格を認める見解は、法人でない社団が当事者となる場合に、訴訟上法人である社団と同様に取り扱われ、紛争解決のために当該社団に権利義務が帰属する旨の判決をすることもできるとし、この意味で、当事者能力を認めることは個別的事件の解決を通じて権利能力を認めること（事件限りの権利能力）に帰するという考え方を前提とする。(6)この考え方を前提に、社団は給付訴訟の原告として給付請求権について社団への帰属を主張することができ、自らへの帰属の主張により社団に本来の当事者適格が認められる（請求が認容されうる）。これに対して、訴訟担当者として当事者適格を認める見解は、給付請求権が社団構成員全員に総有的に帰属することが主張されていることを前提とし、社団の当事者適格を社団構成員全員のための訴訟担当として説明する。

本稿は、訴訟担当構成を一応の前提として、社団が給付訴訟の原告として、給付請求権について社団構成員全員への総有的帰属を主張している場合に、社団構成員全員への総有的帰属が認められることが、当事者適格の問題なのか、本案の問題なのかという問題を対象とする。より具体的には、マンションの共用部分の侵害に関して、権利能力のない社団である管理組合が原告として、原状の回復、損害の賠償、不当利得の返還などを求める給付訴訟を提起したが、給付請求権が各区分所有者に（分割して）帰属すると裁判所が判断する場合に、管理組合に当事者適格が認められないとして訴えを却下すべきなのか、本案の問題として請求を棄却すべきなのかという問題を想定している。この点について、訴訟担当構成を前提にすると、社団構成員全員への総有的帰属が認められることは、権利の帰属主体という本案の問題であるとともに、社団の訴訟担当の資格に関わる。以下では、まず、権利能力のない社団を原告とする給付訴訟における社団の当事者適格について最高裁判決の判断内容を分析する（二）。次に、一般に、給付訴訟における給付請求権の帰属と当事者適格の関係についてまとめるとともに、破産管財人の訴訟担当を例として、給付請求権が破産財団に属することが、当事者適格の問題なのか、本案の問題なのかについての考え方を示す（三）。そのうえで、権利能力のない社団を原告とする給付訴訟において、給付請求権について社団構成員全員への総有的帰属が認められることが、当事者適格の問題なのか、本案の問題なのかについて述べる（四）。

（1） 伊藤眞・民事訴訟の当事者（一九七八）六九頁以下は、裁判例を整理して、①対内的独立性、②財産的独立性、③対外的独立性、④内部組織性の四つを社団性の要件とする。なお、同書一九頁以下は、訴訟類型により当事者能力の認定の基準に差があることを論じ、当事者能力と当事者適格が相対化されることを説く。

（2） 社団財産とは、さしあたり、団体財産として、他の財産とは区別された財産、つまり、団体の意思決定、対外的代表の対象とされ、その管理および処分が他の財産とは区別された形式と態様によって行われている財産である、と定義しておく。林良平＝安永正昭編・ハンドブック民法Ⅰ（総則・物権）（一九八七）一八頁以下〔山田誠一〕は、このような財産の存在が権利能力のない社団の要件の一つであることを、判例の準則として析出する。

（3） 名津井吉裕「法人でない団体の当事者適格の訴訟担当構成について」民訴雑誌五五号（二〇〇九）二〇二頁、二〇四頁以下。名津井吉裕「法人格のない社団・組合をめぐる訴訟と当事者能力・当事者適格」法時八五巻九号（二〇一三）三五頁、三七頁以下参照。

（4） 長井秀典「総有的所有権に基づく登記請求権」判タ六五〇号（一九八八）一八頁、二六頁、堀野出「多数当事者紛争の処理」法教二二一号（一九九九）四三頁、四六頁、山本弘「権利能力なき社団の当事者能力と当事者適格」新堂幸司先生古稀祝賀・民事訴訟法理論の新たな構築（上）（二〇〇一）八四九頁、八六二頁以下、坂田宏「当事者能力に関する一考察」法学六八巻一号（二〇〇四）一頁、一四頁以下、下村眞美「法人でない社団の当事者能力」法教三六三号（二〇一〇）一〇頁、一一頁以下など。高見進「当事者能力・適格」法教二〇八号（一九九八）九頁、一〇頁も参照。

（5） これらの見解について、高田裕成「民法上の組合の当事者能力」福永有利先生古稀記念・企業紛争と民事手続法理論（二〇〇五）一頁、一一頁以下を参照。

（6） 兼子一・新修民事訴訟法体系〈増補版〉（一九六五）一一一頁、新堂幸司・新民事訴訟法〈第五版〉（二〇一一）一五〇頁、松本博之＝上野桊男・民事訴訟法〈第七版〉（二〇一二）二二八頁〔松本〕、伊藤眞・民事訴訟法〈第四版補訂版〉（二〇一四）一二〇頁。

（7） 裁判例において、東京高判平成八・一二・二六判時一五九九号七九頁は、権利能力のない社団であるマンション管理組合Xが原告となり、マンションの建築会社Yらを被告として、共用部分に瑕疵が生じ、その補修に要する費用相当額の損害を受けたと主張して、不法行為による損害賠償を求めたという事案において、「権利能力なき社団であるX（……）が自ら原告となるのが相当かどうかは、Xの主張する本件損害賠償請求権がXの組合員である区分所有者全員に総有的に帰属するかどうかという本件訴訟における本案の問題にほかならず、本件訴訟において、Xは本件損害賠償請求権はXの組合員である区分所有者全員に総有的に帰属すると主張しているのであるから、その主張に理由があるか否かにかかわらず、Xには本件訴訟の当事者適格はある」と判示した。

東京地判平成一四・六・二四判時一八〇九号九八頁は、権利能力のない社団であるマンション管理組合Xが原告となり、区分所有者（の相続人）Yに対して、不当利得に基づき共用部分である駐車場の使用料相当額の返還を求めたという事案において、Xに当事者適格がないとして訴えを却下した。Xは、共用部分の使用料相当額の返還請求は管理組合の管理行為の一環であるから、同請求権はXに帰属すること、仮に同請求権がXに帰属しないとしても、区分所有法二六条四項の規定により、管理組合Xに任意的訴訟担当が許容されることを主張した。これに対して、本判決は、当事者適格を否定する理由として、共用部分を権原なく使用する者に対して利益の返還を請求することが管理組合の管理業務の範囲に含まれているとは認められないこと、駐車場使用料相当額の返還請求権は各区分所有者に分割して帰属するものであり、管理組合は同請求権の帰属主体ではないこと、区分所有法二六条四項の規定により訴訟担当が許容されるのは管理者に限られること、管理組合に任意的訴訟担当を認める合理性もないことを述べている。

最判平成二三・二・一五判時二一一〇号四〇頁については、本文において後述する。

宮崎地判平成二四・一一・一二判タ一三八六号三四四頁は、権利能力のない社団であるマンション管理組合Xが、区分所有者Yに対し、共用部分からの盗電行為について、管理組合規約に定める義務違反を主張して、民法四一五条にもとづく損害賠償の支払を求めた訴訟において、Xの当事者適格を肯定し、Xの請求を認容すべきであると判示した。当事者適格を肯定する理由として、管理組合が、規約において、管理共有物の使用等につき区分所有者の共同の利益に反する行為を禁止する旨の義務を定めている場合に、組合員たる区分所有者がこれに違反して管理組合に損害を生じさせたときは、管理組合は、民法四一五条に基づき、損害の賠償を求めることができることを述べている（本判決について、青木哲「判批」リマークス四八号（二〇一四）一〇二頁参照）。

二　給付訴訟における権利能力のない社団の原告適格に関する最高裁判決

1　最判昭和四二・一〇・一九民集二一巻八号二〇七八頁（昭和四二年最判）

事案は、特定地域の住民を構成員とする権利能力のない社団であるXが、Xから本件建物を賃借しているYに対し、賃料不払を理由に賃貸借契約を解除したうえ、本件建物の明渡しを求めるとともに、賃料および賃料相当額の損害金を求めたものである。本判決は、Xの当事者能力を肯定し、請求を一部認容した原判決に対するYの上告を棄却した。原判決は、Xの名においてされたXの代表者とYとの間の本件建物の賃貸借契約によりXの構成員全体が本件建物の賃貸人たる地位を取得したとしたが、本判決においては賃貸人の地位や社団の当事者適格は問題とされていない。昭和三九年最判を前提とすれば、本判決は、主張された給付請求権について社団構成員全員への総有的帰属を認めて社団への給付を命じたものであり、そうであるとすれば、社団構成員全員への総有的帰属が主張された給付請求権について、社団の当事者適格を認めたものであるということができる。

2　最判昭和五五・二・八判時九六一号六九頁（昭和五〇年（オ）七〇二号、昭和五五年最判）

事案を簡略化すると、沖縄における血縁団体である門中Xが原告となり、被告に対して本件土地がXの所有に属することの確認請求をし、また、被告の一人が法律上の原因なく本件土地の使用料を受領し、Xの損失において不当に利得したことを主張して、その返還請求などをしたものである。

本判決は、本件各土地について、権利能力なき社団であるXにとって重要な資産というべきものであるが、私法上は構成員の総有に属するものであるとし、所有権確認請求について、「本件各土地がXの構成員の総有に属するとの……事実を前提とした請求ではなく、X自体が本件各土地所有権の主体であることを前提とするものであるところ、権利能力なき社団自体は右のような財産について私法上所有権等の主体となることができないのであるから、その点において右請求はすでに失当である」と判示した。また、不当利得金返還請求についても、「権利能力なき社団であるX自体が私法上不当利得金返還請求権の主体であることを前提とするものであるから、……Xの所有権確認請求についての判断と同様の理由により、失当というべき」であると判示して、請求を棄却すべきであるとした。この法廷意見に対して、塚本重頼裁判官は、「Xの右請求は、右不当利得金返還請求権が、私法上、Xの構成員全員の総有に属することを前提としながら、代表者であるAが構成員から委ねられた右財産管理権限に基づいて、Xの名でこれをしているものと解するのが相当である」との反対意見を述べている。(8)

本判決は、権利能力のない社団が訴訟の当事者である場合に、訴訟物たる権利について社団への帰属の主張を認めないものであり、昭和四二年最判におけるように社団への給付が命じられる場合に、給付請求権について社団への帰属の主張が認められているわけではないことが明らかにされた。

本件において、社団の当事者適格は問題とされていない。おそらく、権利能力のない社団が社団への帰属を主張する場合には、権利能力が認められないために社団への帰属の主張がおよそ認められなくても、社団の当事者適格は否定されないことが前提とされている。また、Xを原告とする所有権確認請求について、構成員全員の特別の合意ないし代表者四名の合意（構成員の総有権そのものを失わせてしまうような処分行為に必要とされる）を問題とすることなく、請求を棄却している。おそらく、社団が社団構成員全員への総有的帰属を主張する別訴を提起した場合に、かかる主張が、社団への帰属の主張を否定する確定判決の既判力によって遮断されないことが前提とされている。(9)

本件においてXが不当利得金返還請求権について社団への帰属の主張をしたのは、社団構成員全員への総有的帰属を主張するためには帰属主体である構成員を特定する必要があることを前提としたからであると推測される。(10) しかし、給付請求権について社団構成員全員への総有的帰属が主張される場合に、権利帰属主体としても、(訴訟担当構成により)判決効の及ぶ主体としても、社団構成員が特定される必要はない(11)(昭和四二年最判においても構成員を特定することなく請求が認容されている)。そうであるとすれば、社団が給付訴訟の原告となる場合には、給付請求権について社団への帰属の主張がおよそ認められない以上、原則として、社団構成員全員への総有的帰属が主張されていると解釈すべきである。(12)

3　最判平成二三・二・一五判時二一一〇号四〇頁（平成二三年最判）

事案は、権利能力のない社団であるマンション管理組合Xが、理事長であるAを代表者として、区分所有者Yらが本件マンションの共用部分につき管理組合の承諾を得ることなく改造工事等を行ったことなどを主張して、管理規約に基づく原状回復請求としての工作物の撤去請求、管理規約で定められた違約金相当の損害金の支払請求、弁護士費用相当の損害金の支払請求、共用部分の使用料相当損害金の支払請求を求めたものである。

原判決(13)は、Xの当事者適格について、共用部分の侵害を理由とする請求権は区分所有者に属し、区分所有者において行使されるべきものであること、管理組合が本件のような訴訟を区分所有者のために提起し、追行することは許されないことを述べて、請求を一部認容した第一審判決を取り消し、訴えを却下した。

Xの上告に対して、最高裁は、「給付の訴えにおいては、自らがその給付を請求する権利を有すると主張する者に原告適格があるというべきである。本件各請求は、Xが、Yらに対し、X自らが本件各請求に係る工作物の撤去又は金員の支払を求める権利を有すると主張して、その給付を求めるものであり、Xが、本件各請求に係る訴えについて、原告適格を有することは明らかである」と述べて、原判決を破棄し、「本件各請求の全てにつき、Xの代表者が本件

訴訟を追行する権限を有するか否かを含め、更に審理を尽くさせるため」、原審に差し戻した。(14)

本判決については、次のような三つの理解が示されている。第一に、原告である社団が本件各請求につき社団への帰属を主張したものと捉え、社団に権利能力を認めない立場を前提としつつ、社団が社団への帰属を主張すれば、当事者適格は否定されないことを述べたものであるとの理解である。(15)しかし、権利能力のない社団において、社団への帰属の主張がおよそ認められないとすれば、原告である社団が請求認容判決を受ける可能性はない。そして、昭和五五年最判において前提とされていることが推測されるように、社団が社団構成員全員への総有的帰属を主張する別訴を提起した場合に、かかる総有的帰属の主張が、社団への帰属の主張を否定する確定判決の既判力により遮断されないとすれば、本件各請求についてAがXの代表者として訴訟を追行する権限を有するか否かを問題とする必要はない。(16)

第二に、原告である社団が本件各請求につき社団への帰属を主張したものと捉え、法人でない社団が原告として自己に帰属すると主張することが許されることを前提に、給付訴訟の当事者適格の一般的判断基準（給付訴訟においては、自らが給付請求権を有すると主張する者である限り、当事者適格が認められる）を適用して、社団の当事者適格を肯定したという理解が示されている。(17)昭和五五年最判とは異なり、法人でない社団が社団構成員全員に総有的に帰属する権利について社団への帰属を主張することが許されるとすれば、訴訟において社団への帰属の主張が否定されることは、実体法上は社団構成員全員への総有的帰属が否定されることを意味するから、本件各請求についてAがXの代表者として訴訟を追行する権限を有するか否かを問題とする必要がある。

第三に、原告である社団が本件各請求につき社団構成員全員への総有的帰属を主張したと捉え、原告が社団構成員全員への総有的帰属を主張すれば、社団の当事者適格が認められることを述べたものであるという理解が示されている。(18)この理解によれば、社団の請求を棄却する判決は、社団構成員全員への総有的帰属を否定するものであるから、本件各請求についてAがXの代表者として訴訟を追行する権限を有するか否かを問題とする必要がある。

本件において、各給付請求権の帰属主体についての主張としては、①管理組合Xへの帰属、(19)②管理組合Xの構成員全員への総有的帰属、③各区分所有者への帰属の三つが考えられる。原審において、管理組合Xの理事長であるAは、本件各請求について、管理者であるAが区分所有者のために訴訟を追行するものである旨を陳述したのに対して、原判決は、管理組合Xが原告であるとした。X（A）の陳述を考慮すると、X（A）は、給付請求権について管理組合Xの構成員（区分所有者）全員への総有的帰属および各区分所有者への帰属を主張していると推測され、原審は、各区分所有者への帰属の主張について、管理組合Xが各区分所有者のために訴訟追行していると捉え、管理組合の当事者適格を否定した可能性がある。[20] そうだとすると、原判決は、給付請求権について各区分所有者への帰属が主張された場合に管理組合法人の当事者適格を否定したと理解されている最判平成一三・三・二二金法一六一七号三九頁[21]と、同様の判断をしたことになる。

これに対して、本判決は、給付請求権について「X自らが……権利を有すると主張して」と述べていることから、社団への帰属が主張されたことを前提としていると理解されている（右の第一の理解および第二の理解）。しかし、社団への帰属の主張がおよそ認められないとすれば、Xの代表者Aが右のような陳述をしている場合に、裁判所が社団への帰属が主張されたことを前提とすることには合理性がない。また、本判決は、原判決が各区分所有者への帰属を認めたのに対して、「X自らが……権利を有すると主張して」と述べている。そうであれば、「X自らが……権利を有すると主張して」というのは、各区分所有者への帰属との対比において、Xがその社団財産への帰属を主張したという意味であり、実体法上は、社団構成員全員への総有的帰属を主張したという意味であると理解することができる（昭和五五年最判が原告Xの請求について「X自体が私法上不当利得金返還請求権の主体であることを前提とする」と述べているのが、社団構成員全員への総有的帰属との対比において、社団への帰属を意味しているのとは異なる）。このように理解すると、本判決は、給付請求権について、原告である社団が社団構成員全員への総有的帰属を主張する場合に社団の当事者適格が認められること、社団構成員全員への総有的帰属が認められることが本案の問題であることを述べた判決であると理解することができる。[22]

（8）これに対して、大塚喜一郎裁判官は、補足意見として、Xの請求について、請求権がX自体に属することを前提とするものであることを述べている。
（9）福永有利「権利能力なき社団の当事者能力と当事者適格（原題：権利能力なき社団の当事者能力）」同・民事訴訟当事者論（二〇〇四、初出一九九四）五〇一頁、五〇九頁。
（10）原判決（福岡高那覇支判昭和五〇・四・二五民集三四巻二号一七〇頁）は、Xの代表者Aが、Xの代表者すなわち受託者たる地位に基づき、本件土地がXの構成員全員の総有であることの確認を求め、構成員全員に対して不当利得を返還することを求めるのは許されるが、その場合には、構成員の範囲を特定すべきであるとする（民集三四巻二号一九五頁）。
（11）判決効が拡張される構成員を特定する必要はないとする見解として、堀野出「団体の任意的訴訟担当について」同志社法学四七巻二号（一九九五）一六五頁、二一二頁、田中豊「判解」最判解民事篇平成六年度三九四頁、四〇七頁以下。これに対して、名津井・前掲注（3）（法時八五巻九号）三九頁以下は、訴訟担当構成について、総有権確認訴訟においては総有関係の帰属者である構成員が特定される必要があること、給付訴訟においては団体への給付請求によって初めて構成員の匿名化が実現されることを述べる。福永・前掲注（9）五〇八頁も参照。
（12）本件について、上原敏夫「判批」判評二六六号（判時九九二号）（一九八一）二六頁、福永・前掲注（9）五〇七頁。
（13）東京高判平成二〇・一二・一〇LEX/DB25470540。
（14）本判決の匿名解説（判時二一一〇号四一頁）は、原審が、Xの各請求についていずれも共用部分の侵害を理由とする請求であると解したうえで、本件各請求権が区分所有者に属するとしたことについて、「規約の定めに基づく原状回復請求や規約所定の違約金等の支払請求についてまでこのように解釈すること自体無理がある」と述べており、規約に基づく請求については認容されうるものであることを示唆している。なお、本件における規約に基づく請求について、八田卓也「判批」リマークス四四号（二〇一二）一二二頁、一二五頁を参照。管理規約に基づく請求について、前掲注（7）宮崎地判平成二四・一一・一二も参照。
（15）工藤敏隆「判批」法研八五巻五号（二〇一二）四九頁、五七頁。
（16）上田竹志「判批」法セミ六八二号（二〇一一）一三二頁は、差戻審において、Xが、構成員全員に総有的に帰属する権利について、訴訟担当としての当事者適格を主張することの可能性、および、原告をX代表者に変更したうえで、任意的訴訟担当としての当事者適格を主張することの可能性を指摘する。

(17) 名津井・前掲注(3)(法時八五巻九号)三八頁。

(18) 堀野出「判批」速報判例解説九号(二〇一一)一三七頁、一三九頁は、本判決について、法人格のない社団が原告となる一般的な場合と同様に、権利自体は管理組合の構成員たる区分所有者全員に帰属するものと捉えたうえで、その帰属主体の総体として法人格のない社団を措定し、その当事者適格を肯定したものであるという理解を示している。堀野出「マンションをめぐる訴訟と当事者適格の規律」法時八五巻九号(二〇一三)四九頁、五四頁も参照。

また、東京地方裁判所プラクティス委員会第一小委員会「マンションの管理に関する訴訟をめぐる諸問題(1)」判タ一三八三号(二〇一三)二九頁、三三頁は、管理組合が当事者となるべき訴訟は、管理組合に団体的に帰属する権利義務、すなわち、管理組合の構成員である区分所有者に総有的に帰属する権利義務に関する訴訟であるとしたうえで、平成二三年最判を引用し、給付の訴えにおいては、自らがその給付を請求する権利を有すると主張する者に原告適格があるから、管理組合が、ある給付請求権を有すると主張して給付の訴えの原告となっているときは、当該給付請求権が、実体法上管理組合に団体的に帰属するものではなく、区分所有者に共有的に帰属するものである場合にも、管理組合の原告適格を否定して訴えを却下することはできず、請求棄却の判決をすべきであるとする。

(19) 本判決の匿名解説(判時二一一〇号四一頁)は、「本件訴訟において、Xは、本件マンションの区分所有者らが有する請求権をその者らのために行使するとは主張しておらず、Xは、自らが訴訟物である給付請求権を有すると主張して、Yらに対しその給付を求めるものであることは、本件におけるXの主張内容からみて明らかである」とする。

また、工藤・前掲注(15)五七頁以下は、「裁判所が……摘示したXの申立て及び主張によれば、Xは自らを訴訟物たる権利の主体としており、Xの構成員である区分所有者の権利を、訴訟担当等の資格に基づいて行使するという構成に拠るのではない」とする。他方で、権利能力なき社団に権利能力を認めない判例を前提にすれば、主張自体失当となる点に違和感があるとし、Xの陳述によれば、区分所有者に帰属する権利につき、Xの理事長が管理者として訴訟担当により訴訟追行していると構成する余地もあったが、原審裁判所によりかかる主張が排斥されたこと、Xの主張を善解し区分所有者の権利についてのXへの訴訟担当と構成する余地もあったことを指摘する。

(20) 給付請求権について、構成員(区分所有者)全員への総有的帰属の主張と各区分所有者への帰属の主張が両方なされている場合、両者の主張は選択的な関係にあり、原告は裁判所に対して、給付請求権の性質上、構成員全員に総有的に帰属するものであるとすれば前者の主張の当否の判断を、各区分所有者に帰属するものであるとすれば後者の主張の当否の判断を求めていると思われる。そうであるならば、裁判所が、原告が主張する給付請求権について、その性質上、各区分所有者に帰属するものであるとの実体的な判断を先にしたうえで、各区分所有者への帰属の主張につき管理組合の訴訟担当者としての当事者適格の判断をすることは、原告が裁判所に対して求めていることに対応している。

（21）この判決は、法人化前の滞納管理費についての求償債権の支払を求める訴えにつき、当該求償債権が各区分所有者に帰属するものであることから、管理組合法人の当事者適格を否定した。同判決について、東京地方裁判所プラクティス委員会第一小委員会・前掲注（18）三三頁注10は、請求権が被告以外の各区分所有者に帰属するものであることを前提に、訴訟担当による原告適格が主張された事案であるとし、平成二三年最判と矛盾するものではないとする。

（22）これに対して、名津井・前掲注（3）（法時八五巻九号）三九頁は、訴訟担当構成について、団体（ないしは代表者）の実体的な権限の評価に基づいて当事者適格が判断されることになるから、給付訴訟の当事者適格の一般的基準を採用した平成二三年最判を、訴訟担当構成の立場から説明することは困難であるとする。

三　給付訴訟における当事者適格（原告適格）と本案の問題

1　本来の当事者適格と本案の問題

(1)　原則

通説によると、本来の当事者適格は、請求の当否について法律上の利害の対立する者に認められる。そして、請求が特定の権利の主張であることから、通常は、権利の帰属主体であると主張する者に当事者適格が認められ、給付訴訟では給付請求権の主体であると主張する者に原告適格が認められる。主張された給付請求権が原告に帰属することは本案の問題であり、原告に帰属しないことが明らかになっても当事者適格は否定されない[23]。

このような説明に対して、給付請求権の主体であると主張する者に原告適格が認められる理由として、請求権概念の確立において請求権が帰属する者が給付訴訟の当事者となるという定式が成立したこと[24]、給付訴訟で主張される実体法上の請求権はその属性の一つとしてそれを裁判上主張する権能を含んでいること[25]、訴権の行使が訴訟物たる権利を実体法上処分するのと類似の効果を持つことが挙げられている[26]。請求権の存否や帰属を判断する本案判決の要件である当事者適格を請求権自体によって基礎づけると、請求権の存在や原告への帰属が否定された場合に当事者適格が否定されるという問題[27]があるが、原告の本案の主張が認められるとして、すなわち、原告が主張する給付請求権の存在と帰属を仮定して、その仮定された給付請求権の帰属主体に給付訴訟の本来の当事者適格を認め、給付請求権の帰属主体ではない者にはそれを認めないという説明は可能であるように思われる[28]。

(2)　原告が主張された請求権の権利主体になり得ない場合　通説によると、給付訴訟の原告が、給付請求権について自らを権利主体として主張しているが、その権利主体にはなり得ない場合であっても、原告の当事者適格は否定されない（例外否定説[29]）。主張された権利について原告がその主体にはなり得ないことは、本案についての実体適格（事件適格）の問題であり、また、請求の有理性の問題であることがその理由である。これに対して、右の場合に原告の当事者適格を否定する見解（例外的訴え却下説）が主張された[30]。この場合に本案判決をしても請求に係る紛争を解決することにならないというのがその理由である。

両説の違いを整理すると、給付請求権について、①原告が自らを権利主体として主張していない場合（他人を権利主体として主張し、権利を行使している場合）には、いずれの見解においても、原則として当事者適格は否定される。②原告が自らを権利主体として主張しているが、権利の性質上、原告が権利主体となり得ない場合に、例外否定説は本案の実体適格の問題とするのに対して、例外的訴え却下説は当事者適格を否定する。これに対して、③原告が自らを権利主体として主張しているが、原告がそれを理由づけるのに必要な事実を主張していない場合には、いずれの見解においても、本案の実体適格の問題（有理性の問題）である。

右の②の問題と③の問題を区別すること[31]は可能であるが、主張された給付請求権について、権利の性質上、原告が権利主体となり得ないという判断は、権利の帰属主体についての判断であり、本案の問題である。本案判決の要件の一つである当事者適格としては、原告が主張する権利の存在と帰属を仮定して、原告が訴訟を追行し、給付判決を受けることが正当化されるかどうかが問題となる。

(3) 原告が主張された請求権について管理処分権を有しない場合　給付請求権について、原告が、自らを権利主体として主張しているが、原告への帰属を仮定してもそれを行使すべきでない場合には、給付訴訟の当事者適格を有しない。例えば、破産手続が開始されると、破産者の破産財団に属する財産の管理処分権は破産管財人に専属し（破七八条一項）、「破産財団に関する訴え」について、破産管財人が当事者となり（破八〇条）、破産者は当事者適格を有しない。[32]

(4) 複数人に帰属する権利が主張され、複数人が共同で行使すべき場合　給付請求権について、原告の主張通りに複数人に帰属することを仮定して、複数人が共同で行使すべき場合には、原則として、複数人全員が原告となっていなければ、当事者適格は認められない（固有必要的共同訴訟）。

2　訴訟担当における当事者適格と本案の問題

訴訟担当においては、法律の定め（法定訴訟担当）または本来の当事者適格者（被担当者）の授権（任意的訴訟担当）に基づき、第三者（担当者）に当事者適格が認められる。訴訟担当の資格については、主張するだけではなく、それを証明しなければならないが、[33] 給付請求権が被担当者に帰属することは本案の問題である。[34] ところが、訴訟担当者が、被担当者の一定の包括財産に属する財産について、実体法上管理処分権を有するとともに、訴訟において当事者適格が認められる場合に、[35] 給付請求権が被担当者の財産のうち当該包括財産に属することは当事者適格に関わる。[36]

具体例として、破産管財人の訴訟担当についてみていく。破産管財人は、破産者の破産財団に属する財産について管理処分権を有し（破七八条一項）、「破産財団に関する訴え」について当事者適格が認められる（破八〇条）。破産管財人が破産者のために給付訴訟を提起した場合に、「破産財団に関する訴え」である限り、給付請求権が破産者に帰属することは本案の問題であり、破産者に帰属しないことが明らかになっても、破産管財人の当事者適格は否定されない。しかし、給付請求権が破産財団に属することは、「破産財団に関する訴え」という要件に該当するかどうか、すなわち、破産管財人の当事者適格に関わる。

どのように関わるのかについて、次のような考え方がありうる。第一に、給付請求権が破産財団に属する場合に、破産管財人の当事者適格を認めるという考え方である。この考え方によると、審理の結果、給付請求権が破産者に帰属しないことが明らかになると、破産管財人の当事者適格が否定され、給付請求権が破産者に帰属するとの主張の当否について本案判決が示されないという問題がある。

第二に、給付請求権が破産財団に属することを主張する場合に、破産管財人の当事者適格を認めるという考え方[37]である。この考え方によると、給付請求権が破産財団に属することが主張されれば、それが破産者の自由財産であることが明らかになった場合にも、破産管財人の当事者適格は否定されず、本案の判断が示されることになる。この考え方は、給付請求権が破産財団に属するのか自由財産であるのかを本案の問題として捉えるのかどうかにより、次の二つの考え方に分かれる。

まず、給付請求権が破産者に帰属するとの主張の当否を本案の問題として捉えると、給付請求権が破産者に帰属する場合には、それが破産者の自由財産であっても、原告の請求は認容されることになる（ただし、破産管財人への給付が求められている場合には、棄却されるべきである）。給付請求権が破産者に帰属しない場合には、原告の請求は棄却される。破産管財人が受けた請求棄却の確定判決の既判力は被担当者である破産者に及び（民訴一一五条一項二号）、同一の権利について、破産者が原告として自由財産であることを主張して別訴を提起した場合に、給付請求権が破産者に帰属することを主張することは、既判力により妨げられる[38]。

次に、破産財団に属するのか自由財産であるのかを本案の問題として区別し、給付請求権が破産財団に属するとの主張の当否を本案の問題として捉えると、給付請求権が破産者の自由財産である場合にも、破産者に帰属しない場合にも、原告の請求は棄却される。そして、破産管財人の請求を棄却する確定判決の既判力は破産者にも及ぶが、この判決は給付請求権が破産財団に属するとの主張を否定するものであるから、破産者が別訴において自由財産であると主張することは既判力により妨げられない。しかし、同一の給付請求権について、破産財団に属することを主張する破産管財人の請求と、自由財産であることを主張する破産者の請求を許すと、相手方に二重の応訴の負担が生じるおそれがある。

第三の考え方として、給付請求権が破産者に帰属するとの主張の当否を本案の問題として捉えつつ、「破産財団に関する訴え」として破産管財人に当事者適格が認められる場合を実質的に判断していくことが考えられる。具体的には、給付請求権が破産者に帰属するとの主張（本案の問題）が正しいと仮定して、給付請求権が破産財団に属すると判断される場合に、破産管財人の当事者適格を肯定するという考え方である。このように考えれば、給付請求権が破産者の自由財産であることが判明すれば、破産管財人の当事者適格は否定される。しかし、給付請求権が破産者に帰属しないと判断される場合に、それに反する仮定に基づいて破産財団に属するかどうかを判断するのは困難な場合がある。また、給付請求権が自由財産である場合に破産管財人の当事者適格が否定されるとすれば、破産管財人を原告とする訴訟において、裁判所が「破産財団に関する訴え」としてその当事者適格を認めつつ、本案の問題としては破産者に帰属しないとして、その請求を棄却する判決が確定した場合に、破産者が別訴において自由財産であると主張し、前訴における破産管財人の当事者適格を争うことは妨げられない。訴訟担当において、担当者が訴訟追行権限を有していることについては、被担当者と第三者との間では確定されず、本人はその点を否定して判決効の拡張を拒むことができるからである[39]。相手方の二重の応訴の負担を防ぐためには、破産管財人が原告となる訴訟において、破産者に対して手続関与の機会が与えられる必要がある。

（23） 兼子・前掲注（6）一五九頁、新堂・前掲注（6）二九〇頁。当事者適格の有無は、給付請求権が存在するかどうかの本案の判断に吸収されるとする。
（24） 伊藤・前掲注（1）八頁。

(25) 井上治典ほか・これからの民事訴訟（一九八四）八一頁、八二頁〔伊藤眞〕。
(26) 伊藤・前掲注（6）一八一頁以下。
(27) ドイツにおいて、訴訟物たる権利関係が存在しなかった場合に、権利者と称して訴訟を追行した者は訴訟追行権をも欠くのではないかという問題について、訴訟追行権の問題を第三者が他人の権利につき訴訟する場合に限定する考え方と、本案の判断が可能となる場合には本案判決をすべしという考え方とがあったこと、その後、訴訟物たる権利関係が属すると主張される財産である紛争財産についての管理権により説明をする考え方が主張されたことについて、福永有利「ドイツにおける当事者理論の変遷（原題：民事訴訟における「正当な当事者」に関する研究）」同・前掲注（9）（初出一九六八）二頁、六三頁以下を参照。
(28) 小山昇・民事訴訟法〈五訂版〉（一九八九）九四頁は、特定の給付を求めて訴訟を追行する者としてはその給付を受けるべき者が最も適切であり、給付請求権を有する者が給付を受けるべき者であるから、給付請求権者が原告たる適格を有するが、給付請求権者であるか否かは本案の審理の結果判定されることであるので、本案の審理をする先行要件である当事者適格としては、給付請求権者であると主張する者が原告適格を有するとせざるを得ないとする。
(29) 中野貞一郎「当事者適格の決まり方」同・民事訴訟法の論点Ⅰ（一九九四、初出一九九三）九三頁、一〇一頁以下、福永有利「給付訴訟における当事者適格」同・前掲注（9）（初出一九九五）三三七頁、三四六頁以下、三五五頁以下。
(30) 小山・前掲注（28）九四頁、兼子一ほか・条解民事訴訟法（一九八六）一一三頁〔新堂幸司〕、徳田和幸「給付訴訟における当事者適格の機能について」同・複雑訴訟の基礎理論（二〇〇八、初出二〇〇五）三一六頁、三二六頁以下、堤龍弥「判批」民商一四五巻二号（二〇一一）二三七頁・二四一頁。
(31) 徳田・前掲注（30）三二八頁参照。
(32) 破産者の原告適格について、大阪高判平成二・一一・二七判タ七五二号二一六頁は、破産宣告前の自動車事故による保険金請求訴訟において、①破産宣告後の入通院や就業不能に対する保険給付について、破産者が自由財産であることを主張していたが、保険金請求権が破産宣告前に発生したことを理由に当事者適格を否定した。これに対して②傷害により所定の高度障害状態になったことを保険事故とする分については、破産宣告後に後遺障害を遺したとの主張に基づきその当事者適格を肯定したが、所定の高度障害状態になっていないとして請求を棄却すべきであるとした。
破産者の被告適格について、最判昭和四三・六・一三民集二二巻六号一一四九頁は、所有権に基づく建物収去土地明渡請求訴訟について、土地上の建物が破産財団に属するかどうかを明らかにしたうえで、破産者の当事者適格を判断すべきであるとした。

(33) 高橋宏志・重点講義民事訴訟法（上）〈第二版補訂版〉（二〇一三）二四六頁。

(34) 例えば、選定当事者（民訴三〇条）が、給付訴訟の原告として給付請求権について選定者への帰属を主張する場合、その当事者適格は、当該特定の給付請求権についての選定者による選定（授権）に基づくものであり、給付請求権が選定者に帰属するかどうかにより左右されない。

(35) 例として、本文で述べる破産管財人による法定訴訟担当のほか、民法上の組合における業務執行組合員による任意的訴訟担当がある。民法上の組合において、組合契約に基づいて、業務執行組合員に組合財産（に属する財産）を管理し、組合財産に関する訴訟を追行する権限が授与されている場合、組合財産に関する訴訟について業務執行組合員に当事者適格が認められる（最大判昭和四五・一一・一一民集二四巻一二号一八五四頁）。

(36) 訴訟物である権利関係についての管理処分権と当事者適格の関係について、三木浩一ほか・民事訴訟法（二〇一三）三六八頁以下〔垣内秀介〕を参照。

(37) 伊藤眞ほか・条解破産法〈第二版〉（二〇一四）六四九頁、山本克己ほか編・新基本法コンメンタール破産法（二〇一四）一九一頁〔長谷部由起子〕は、自由財産か否かにつき争いのある財産については、破産者と破産管財人のいずれも当事者適格を有し、破産管財人を当事者とする訴訟が係属している場合に、破産者が自由財産であることを主張して独立当事者参加をすることができるとする。

(38) ただし、破産管財人が受けた確定判決の既判力の破産者への拡張を、自由財産との関係で否定することは考えられる。後掲注(40)参照。

(39) 秋山幹男ほか・コンメンタール民事訴訟法Ⅱ〈第二版〉（二〇〇六）四八一頁。債権者代位訴訟について、大阪地判昭和四五・五・二八下民集二一巻五・六号七二〇頁。

四　権利能力のない社団の当事者適格と本案の問題

1　社団への帰属の主張を認めない見解

権利能力のない社団において社団財産に属する権利が社団構成員全員に総有的に帰属することを前提とすると、社団は、社団財産に属する財産について管理処分権を有するとともに、社団財産に関する訴訟について訴訟担当者として当事者適格を有するという説明が考えられる。訴訟担当の根拠としては、民事訴訟法二九条が当事者適格についても定めているとして法定訴訟担当により説明することと、社団の設立や加入の際の構成員からの授権に基づく任意的訴訟担当として説明することが考えられる。訴訟担当であるとすれば、権利能力のない社団が訴訟担当者として受けた確定判決の既判力は、被担当者である構成員に及ぶ（民訴一一五条一項二号）。

社団構成員全員に帰属する権利のうち、社団構成員全員への総有的帰属と各構成員への帰属は、権利の帰属主体としてはいずれも構成員に帰属する権利であり、両者は社団財産に属するかどうかにより区別される。そうすると、破産管財人の訴訟担当についてと同様に、給付請求権が構成員全員に帰属することは本案の問題であるが、それが社団財産に属するかどうかは当事者適格に関わるという前述の問題が生じる。

ここでも、破産管財人の訴訟担当についてみたのと同じように、いくつかの考え方がありうる。①給付請求権が社団財産に属する場合に社団の当事者適格を認めるという考え方には、給付請求権が第三者に帰属することが判明した場合に、社団の当事者適格が認められず、本案の判断が示されないという問題がある。また、②給付請求権が社団財産に属すると主張する場合に社団の当事者適格を認めるという考え方に立ち、［②―a］給付請求権が構成員全員に帰属するとの主張の当否を本案の問題として捉えるとすれば、社団の請求を棄却する確定判決の既判力により、社団構成員が別訴を提起して各構成員への帰属を主張することが遮断される。(40) これに対して、右の考え方に立ち、［②―

b」給付請求権が社団財産に属すること、すなわち、社団構成員全員への総有的帰属の主張の当否を本案の問題として捉えるとすれば、給付請求権が社団財産に属さないと裁判所が判断して請求を棄却した場合に、社団構成員が別訴において各構成員への帰属を主張することは遮断されないので、社団構成員との関係では問題がない。しかし、相手方に二重の応訴の負担が生じるおそれがある。さらに、③給付請求権が構成員全員に帰属するとの主張の当否を本案の問題として捉えつつ、社団財産に関する訴訟として社団に当事者適格を認める場合を実質的に判断していくことが考えられる。しかし、給付請求権が第三者に帰属すると判断される場合における社団の当事者適格の判断が困難となる場合がある。また、相手方の二重の応訴の負担を防ぐためには、社団を原告とする訴訟において社団構成員に手続関与の機会を与える必要がある。

2 社団への帰属の主張を認める見解

法人でない社団が給付訴訟の原告となる場合に給付請求権について社団への帰属の主張を認める見解を前提にすると、社団への帰属の主張と、各構成員への帰属の主張とは、社団が法人である場合と同様に、主張される帰属主体が異なる。すなわち、実体法上は構成員全員に帰属する旨の権利主張は、社団への帰属を主張する請求と、各構成員への帰属を主張する請求に区別される。前者の請求において、社団への帰属の主張の当否は本案の問題であり、社団への帰属が主張されることで社団の当事者適格が肯定される。社団を原告とする訴訟において社団への帰属を主張する請求を棄却する判決が確定し、その後に、社団構成員が各構成員への帰属を主張して別訴を提起した場合、社団が受けた確定判決がその構成員に対して反射的効果を生じる(41)としても、主張される帰属主体が異なる請求は妨げられない。

このように、社団への帰属の主張を認める見解は、実体法上、構成員全員に帰属する権利について、社団への帰属と各構成員への帰属とを権利の帰属主体として区別し、社団への帰属が主張される訴訟において、社団への帰属（実体法上は、社団構成員全員への総有的帰属）が認められるかどうかを本案の問題とする。このような帰属主体としての区別の根拠は、民事訴訟法二九条の「法人でない社団」において、社団財産について構成員からの財産的独立性が認められることにあると考えられる。[42]

3　社団への帰属の主張を認めることなく、帰属主体として区別することの可能性

権利能力のない社団において、社団財産について構成員からの財産的独立性が認められることを根拠に、社団構成員全員への総有的帰属と各構成員への帰属とを、権利の帰属主体として区別することができるとすれば、前者について社団への帰属の主張を認めなくても、両者を帰属主体が異なるものとして扱うことは可能であるように思われる。このように両者を帰属主体が異なるものとして扱うと、給付請求権について社団構成員全員への総有的帰属の主張が認められることを、権利の帰属主体についての本案の問題として扱うことができ（前述の〔②—b〕の考え方）、社団構成員全員への総有的帰属が主張される場合に、社団の当事者適格（訴訟担当）を肯定することができる。

このように社団構成員全員への総有的帰属と各構成員への帰属を帰属主体として区別すると、同一の権利について、社団構成員全員への総有的帰属が主張される請求と、各構成員への帰属が主張される請求とで、相手方に二重の応訴の負担が生じるおそれがある。この点を考慮して、社団構成員全員への総有的帰属が主張される訴訟において、各構成員への帰属についても解決されるべきであるとすれば、各構成員に対して手続関与の機会が与えられる必要があるが、このことは社団を当事者として訴訟関係を単純化することの要請に反する。

もっとも、マンションの共用部分の侵害に対して損害賠償を求める事例についてみると、区分所有法二六条四項により、管理者（多くの場合、代表者である理事長）が各区分所有者のために当事者となること（訴訟担当）が認められ、各区分所有者への帰属が主張される請求についても、訴訟関係を単純化する仕組みが用意されている。共用部分の侵害に対する損害賠償について、社団が当事者となるにせよ、管理者が当事者となるにせよ、社団構成員への総有的帰属が主張される請求と、各区分所有者への帰属が主張される請求について、相手方に二重の応訴の負担が生じないよ

うにすることが望ましい。管理組合がその構成員（＝区分所有者）全員への総有的帰属を主張する請求と、管理者が区分所有者全員への総有的帰属または各区分所有者への帰属を主張する請求との関係については、引き続き検討したい。

(40) ただし、被告側の訴訟担当についてであるが、組合を被告とする組合債務に関する訴訟について、組合は、組合財産との関係においては訴訟追行適格を有するが、組合員個人の財産との関係においては訴訟追行適格を有しないという理論構成の可能性が指摘されている（高田・前掲注（5）二九頁）。

(41) 名津井・前掲注（3）（法時八五巻九号）四二頁。

(42) 伊藤・前掲注（6）一二〇頁注22は、社団が権利主体となることを否定する考え方が不当であることの理由として、財産的独立性が社団の要件とされていることを挙げる。なお、伊藤・前掲注（1）七一頁は、財産的独立性について、団体が構成員とは独立した財産主体として存在しているかどうかという問題であるとし、①金銭給付訴訟の被告となっている場合には、執行対象財産の存在を示すという機能を有し、②その他の訴訟においては、団体の一般的独立性を認定するための補助的要件として働くとする。財産的独立性については、団体財産の形成と個々の財産の存在の二つの事柄が区別される（名津井吉裕「法人でない社団の当事者能力における財産的独立性（一）」民商一四四巻四＝五号（二〇一一）四六六頁、四八八頁）が、ここでは、団体財産の形成が重要である。

五　おわりに

本稿をまとめると、次の通りである。権利能力のない社団が給付請求権について社団への帰属を主張することができないとすれば、社団が給付訴訟の原告となる場合には、原則として、給付請求権について社団構成員全員への総有的帰属が主張されていると解釈される。平成二三年最判が「X自らが……権利を有すると主張して」と述べているのは、Xがその社団財産に属することを主張しているとの意味であり、同判決は、給付請求権について社団構成員全員への総有的帰属が認められることが、本案の問題であり、当事者適格の問題ではないことを判示したものであると理解することができる。

法人でない社団が給付訴訟の原告となる場合に給付請求権について社団への帰属の主張を認める見解によると、社団への帰属と各構成員への帰属は帰属主体として区別される。これに対して、給付請求権について社団への帰属の主張を認めなくても、社団構成員全員への総有的帰属が主張される請求と各構成員への帰属が主張される請求を、主張される帰属主体が異なるものとして区別し、社団構成員全員への総有的帰属が主張される場合に社団の当事者適格（訴訟担当）を認め、各構成員への帰属が主張される場合に各構成員の当事者適格を認めることは可能である。

＊本研究は、ＪＳＰＳ科研費（課題番号：二五二八五〇二七（研究代表者・山田誠一教授）、および、課題番号：二三二四三〇一四（研究代表者・窪田充見教授））の助成を受けたものです。二〇一四年三月一八日開催の財産管理制度科研の研究会、および、二〇一四年九月二七日開催の関西民事訴訟法研究会において、本稿のテーマについて報告をさせていただき、先生方から有益なご教示を頂きました。心よりお礼を申し上げます。

集団的消費者被害回復手続の理論的検討

上原敏夫

一　はじめに

二　第一段階の手続（共通義務確認訴訟）

三　第二段階の手続（対象債権確定手続）

四　届出債権回収のための強制執行

一　はじめに

このたび、「消費者の財産的被害の集団的な回復のための民事の裁判手続の特例に関する法律」（以下、「特例法」という。また、以下で条数のみで引用するのは、特例法の条文である）が制定された（平成二五年一二月一一日公布。附則一条により三年以内に施行される）。同法は、事業者の活動により消費者に生じた被害の回復のために、消費者団体が手続の主体となる新たな制度を設けたもので、とりわけ、多くの消費者に拡散的に生じた少額被害の回復に役立つものと期待される。

米国のクラスアクションやドイツ等の団体訴訟の制度が日本に紹介され、同種の制度の日本への導入が議論されて久しいが(1)、ようやく、永年の立法課題が実現されたことになる。もっとも、新たな制度は、諸外国の制度とは相当に異なった構造となっており、単純に日本版クラスアクションと名付けて、その政策的な意義を語るだけでは不十分であり、訴訟法理論として、制度の構造を分析しておく必要がある。本稿はこのような問題意識に基づいて、若干の検討を試みるものである(2)。

伊藤眞先生は、このたび、めでたく古稀を迎えられた。筆者は、団体訴訟およびクラスアクションをテーマとする助手論文執筆中に(3)、先生が上梓され「紛争管理権」の概念を提唱された『民事訴訟の当事者』（一九七八）に大いなる刺激を受けたことをはじめとして(4)、倒産法の分野を中心に先生の多数の御著書・御論文から多くのご教示を賜ってきた。また、先生が一橋大学法学部に在任中（昭和五八年から平成五年）は、本務である教育・研究だけでなく、民事訴訟法学会および国際シンポジウムの事務局などでも、共同で仕事に取り組む機会に恵まれ、先生の斬新で自由な発想、研究成果の発表への強い意欲、種々の行政的・実務的な作業における決断力・実行力などに、日々、感服することが多かった。その後、先生は東京大学さらには早稲田大学へと移られ、ますますご活躍の場を広げられているが、筆者には変わることなく親しく接していただいており、まことに有り難く感じている。

本稿のテーマである特例法の制定にあたって、伊藤先生は、消費者委員会に設置された「集団的消費者被害救済制度専門調査会」の座長として、立法の基礎となる制度案を示した報告書を取り纏められ、多大な貢献をされた。伊藤眞先生の学問的御業績、種々の民事手続法の立法作業における御功績に比べ、筆者は未だ浅学非才の身であり、本稿もまことに拙劣なものであるが、お祝いの気持ちのみおくみとりいただければ幸いである。

(1) 筆者も、とりわけ団体訴訟について、昔から関心を寄せてきた。上原敏夫・団体訴訟・クラスアクションの研究(二〇〇一)。

(2) 新しい手続制度について理論的な検討を加える論稿として、既に、集団的消費者被害救済制度専門調査会の委員による論稿が公表されている。同調査会の報告書(以下、「報告書」として引用)が公表された時点で、山本和彦「集団的消費者被害回復制度の理論的課題」松本恒雄先生還暦記念・民事法の現代的課題(二〇一二)八五頁以下、特例法の国会審議の段階で、三木浩一「消費者集合訴訟制度の理論と課題」NBL一〇一六号(二〇一四)四一頁以下、特例法の制定後のものとして、伊藤眞「消費者被害回復裁判手続の法構造——共通義務確認訴訟を中心として」法曹時報六六巻八号(二〇一四)二〇三五頁以下。また、特例法の立案担当者による解説として、消費者庁消費者制度課編・一問一答・消費者裁判手続特例法(二〇一四)がある。

(3) 上原・前掲注(1)九頁以下所収。

(4) 紛争管理権に対する当時の筆者の意見については、上原・前掲注(1)三六七頁注26参照。

二　第一段階の手続(共通義務確認訴訟)

1　訴訟の性質

(1)　特例法の被害回復手続は、二段階構造となっている。第一段階は、共通義務確認訴訟であり、特定適格消費者団体が原告となり、事業者を被告として提起する訴訟である。この共通義務確認訴訟の理論的性格・構造をどう理解すべきか、問題である。特例法二条四号の定義によれば、共通義務とは、「消費者契約に関して相当多数の消費者に生じた財産的被害について、事業者が、これらの消費者に対し、これらの消費者に共通する事実上及び法律上の原因に基づき、個々の消費者の事情によりその金銭の支払請求に理由がない場合を除いて、金銭を支払う義務」である。第一段階の手続は、この共通義務の確認訴訟であり、訴訟物はこの共通義務の存否ということになる。共通義務は、多数の消費者に共通の事実上・法律上の原因に基づいて、個々の消費者に特有の事情を考慮に入れなければ、多数の消費者に対して事業者が負うものと考えられる支払義務である。第一段階の手続は、多数の消費者と事業者との間の法律関係を、多数の消費者に共通する争点に限定して、審理する訴訟手続ということができる。(5)

(2)　原告として共通義務確認訴訟を提起できるのは、特定適格消費者団体に限られている。特定適格消費者団体の提訴権の理論的根拠はなにか。特定適格消費者団体は、消費者契約法において、所定の要件を備え内閣総理大臣の認定を受けることで差止請求訴訟の提訴権を与えられた「適格消費者団体」（同法二条四項・一二条・一三条。二〇一四年一一月現在、全国で一一団体）のうち、さらに特例法の定める要件（六五条四項）を備えることにより内閣総理大臣の認定を受けたものである（二条一〇号）。

特定適格消費者団体は、厳格な認定基準により、適切に個々の消費者の被害回復活動を行い消費者の利益を擁護する能力を有することを国家が承認している団体であるが、個々の消費者と事業者との間の権利・法律関係に実体法上の関わりを有するものではない。前述のように、共通義務確認訴訟の訴訟物は、事業者が多数の消費者に対して負っている共通義務の存否であって、特定適格消費者団体は実体法上この義務につき管理・処分権を有しない。また、共通義務確認訴訟の提起および訴訟追行にあたって、個々の消費者から授権を得ているわけでもない。

実体法上の権利・法律関係の主体でない者が法律の規定を根拠として訴訟の当事者となっていることから、まずは、共通義務確認訴訟を法定訴訟担当と位置づけることが考えられる。(6) しかし、特定適格消費者団体は、実体法上の管理・処分権を基礎とせずに、確認訴訟を提起・追行するにすぎず、また、その訴訟の判決効の主観的範囲（個々の消費者に対する判決効）についても、訴訟担当についての一般規定である民事訴訟法一一五条一項二号が適用されるわけではなく、その者の授権に基づき債権の届出がされた消費者（届出消費者。三〇条二項一号）に限り、判決効が及ぶものとされている（九条）。このような仕組みの訴訟を法定訴訟担当と位置づける理論的意義はあるのであろうか。

(3) むしろ、共通義務確認訴訟は、法定訴訟担当ではなく、他人間の法律関係の確認訴訟と位置づければ足りるように思われる。一般に、他人間の権利や法律関係を訴訟物とする確認訴訟も、原告に確認の利益が認められれば許されると解されている。他人間の法律関係の確認訴訟は、訴訟担当とは異なり、訴訟物である法律関係または権利について原告が管理処分権を有することを要件としてはいない。(7) 確認の対象として、僭称債権者間での債権確認訴訟など、原告の第三者に対する権利を訴訟物とする場合だけではなく、第三者と被告との間の権利・法律関係（たとえば、抵当権設定登記のある不動産の取得者が抵当権者に対して提起する債務不存在確認訴訟）も認められ、さらに、特定人間の法律関係でなくともよいと解されている。(8) したがって、共通義務確認訴訟も、従来認められてきた他人間の法律関係の確認訴訟のカテゴリーに入るものと考えられる。

確認の利益については、一般には、確認により原告の法的地位の安定が得られる場合に肯定されているが、ここでは、特例法が、個々の消費者が事業者との関係で自ら被害の回復を図ることには困難を伴う場合が多いことを考慮し、特定適格消費者団体が多数の消費者に共通の利益を保護する役割を果たすことを期待して、他人間の法律関係の確認訴訟に相当する共通義務確認訴訟について、政策的に、特別に確認の利益を認めたものと説明することができよう。(9)

このように、共通義務確認訴訟を他人の法律関係を訴訟物とする通常の確認訴訟と位置づけるならば、その判決効が訴訟当事者以外の者に及ばないのは、当然である。そして、次に述べるように、共通義務確認訴訟の判決効が対象消費者（二条五号・六号参照）に及ぶのは、きわめて限定された場面にすぎないことを考えれば、共通義務確認訴訟は通常の確認訴訟であるから判決効は第三者に及ばないのが原則であるが、特例法がその例外を定めている、と説明すれば足りるのではなかろうか。(10)

2 判決効

(1) 共通義務確認訴訟には、個々の消費者は全く関与しない。消費者はこの訴訟に補助参加することもできないとされている（八条）。原告が共通義務確認訴訟で敗訴しても、その判決効は、個々の消費者には及ばず（九条）、その後、個々の消費者が事業者に対して個別的に権利を行使することは妨げられないので、第一段階の手続に個々の消費者が関与する機会がなくても、法律的に不利益は生じない。(11)

共通義務確認訴訟で特定適格消費者団体の請求を認容（一部認容も含む）する判決が確定した場合、特定適格消費者団体の申立てに基づいて第二段階の手続が開始され、届出消費者には、共通義務確認訴訟の判決効が及ぶ（九条）。共通義務確認訴訟において原告の請求が全部棄却された場合は第二段階の手続は開始されず、個々の消費者が届出消費者となることもないのであるから、消費者に有利な（事業者に不利な）判決に限って、判決効が共通義務確認訴訟の当事者でない者に拡張されることになる。この規律を、政策的な理由に基づく既判力の片面的拡張と理解するのが一般的であろう。(12)

(2) しかし、判決効が拡張されるのは、第二段階の手続が訴訟手続に移行し、しかも届出消費者が訴訟追行する場合に限定される。簡易確定決定までの手続の当事者は、原則として共通義務確認訴訟の当事者と同一である（一二条）から、共通義務確認訴訟の判決効が及ぶのは当然であって、判決効の拡張の問題ではない。また、簡易確定決定に対する異議申立てにより訴訟手続が行われる場合も、債権届出団体が届出消費者の授権に基づいて訴訟追行する（五三条参照）限りでは、やはり、共通義務確認訴訟と同一の当事者間での訴訟であるから、判決効の拡張の問題は生じない。(13)

簡易確定決定に対して届出消費者が異議を申し立て、あるいは、届出消費者が訴訟追行の授権を拒んで、自ら原告として訴訟追行する場合（後述三3）に、はじめて、判決効の拡張が問題となる。しかし、この場合でも、共通義務確認訴訟における判決が一部認容判決であったときには、一部棄却部分の判決効が届出消費者に不利に及ぶのであって、判決効の拡張は片面的ではない。他方で、届出消費者とならなかった消費者が、第二段階の手続によらずに、事業者との間で訴訟を追行する場合には、共通義務確認訴訟の判決の内容如何にかかわらず、判決効は及ばず、原告勝訴判決であっても、事業者は支払義務を争うことができるし、原告敗訴判決であっても、原告がなお支払義務の存在を主張することを封ぜられない(14)。

(3) このようにみてくると、特例法の定める判決効の拡張が問題となるのは、特例法の規定の一般的表現にかかわらず、きわめて限定された場面であることが明らかとなる。前述のように、このきわめて限定的な判決効拡張を説明するために訴訟担当という法律構成は必要ではないと考えられる。

(5) 実質的には、個々の消費者の事業者に対する債権に関わる要件事実の一部を審理対象とする訴訟といえる(三木・前掲注(2)四八頁)。しかし、この訴訟の段階では、個々の消費者が特定されておらず、要件事実を完結した形で確定することができないことから、共通義務という新しい概念が確認訴訟の対象とされた、という(鈴木敦士「消費者裁判手続特例法案の概要」NBL一〇一六号(二〇一四)三四頁)。筆者は、伊藤・前掲注(2)二〇五〇頁が、「個々の消費者の金銭支払請求権の基礎となるべき概括的法律関係」が訴訟物であると論ずるところに、賛成である。

(6) 三木・前掲注(2)四九頁は、「二段階目に移った後には、手続に加入した対象消費者に一段階目の判決効が及ぶという点」を考えると、「一種の法定訴訟担当」とみることができるが、「民事訴訟法一一五条一項二号が適用されるわけではないので、その点では特別の規律が働く法定訴訟担当となります」とする。三木浩一ほか「〈座談会〉消費者裁判手続特例法の理論と課題」論究ジュリ九号(二〇一四)一四七頁の三木発言も同旨。他に、八田卓也「消費者裁判手続特例法の当事者適格の観点からの分析」千葉恵美子ほか編・集団的消費者利益の実現と法の役割(二〇一四)三九八頁は、第二段階での債権届出の授権を停止条件とする任意的訴訟担当との位置づけを提案する。

(7) 兼子一ほか・条解民事訴訟法〈第二版〉(二〇一一)七七六頁〔竹下守夫〕。これに対して、東京高判平成二三・八・一〇金法一九三〇号一〇八頁は、土地賃借権付建物の根抵当権者が、敷地所有者を被告として、建物所有者の敷地賃借権確認の訴えを提起した事案で、確認の利益を否定する一方、根抵当権者が担保価値維持請求権を被保全権利として建物所有者の敷地所有者に対する賃借権確認請求を代位行使すること(債権者代位訴訟)は許されるとする。しかし、実体法上の権利ではない、確認請求権ないし確認請求の訴権といったものを想定し、その代位行使を考えるのは、迂遠な法律構成といわざるを得ない。伊藤眞・民事訴訟法〈第四版補訂版〉（二〇一四）一八二頁注42は、この判決に反対し、他人間の法律関係の確認の訴えを許容する。

（8） 新堂幸司＝福永有利編・注釈民事訴訟法(5)（一九九八）六六頁〔福永〕。

（9） 山本和彦「集団的利益の訴訟における保護」民商一四八巻六号（二〇一三）六二六頁は、「一種の固有権として団体に確認訴権を認めたもの」、換言すれば、「個別請求権に内在する集団利益の側面を承認して、それについて独自の原告適格を認めたもの」と説く。これは筆者が本文で述べたところに近い考え方といえよう。なお、共通義務確認訴訟には客観訴訟としての要素があることも否定できない。この点につき、三木・前掲注（2）四九頁参照。

（10） もっとも、共通義務確認訴訟の提起に対象債権の消滅時効を中断する効力が認められ（三八条）、また、特定適格消費者団体が行う仮差押えの手続において共通義務確認訴訟が本案の訴訟手続とみなされる（五八条）点で、共通義務確認訴訟と第二段階の手続とは、関連性・連続性を有するので、第二段階の手続が、後述のように、任意的手続担当の構造であることを考えると、共通義務確認訴訟を訴訟担当とする位置づけにも、根拠が全くないわけではない。なお、三木・前掲注（2）四八頁は、共通義務確認訴訟における判決の中間判決的性格を指摘する。

（11） もっとも、共通義務確認訴訟の判決効は他の特定適格消費者団体に及ぶ（九条）ので、原告が敗訴した結果、他の特定適格消費者団体も同じ共通義務にかかる確認訴訟を提起できなくなる。また、個々の消費者が個別的に権利を行使するときに、原告敗訴判決の存在が、事実上、個々の消費者に不利益に作用することは否定できない。

（12） 山本・前掲注（2）九六頁。

（13） 同旨、伊藤・前掲注（2）二〇六七頁。当事者である特定適格消費者団体が特定認定の取消しまたは失効により手続追行の資格を喪失した場合は、新たに他の特定適格消費者団体が当事者となり（八七条）、その団体には共通義務確認訴訟の判決効が及ぶが（九条）、これも、ここで論じている消費者個人に対する判決効の拡張の問題ではない。

（14） 三木・前掲注（2）五一頁。

三　第二段階の手続（対象債権確定手続）

1　手続の構造

共通義務確認訴訟で勝訴判決を得た特定適格消費者団体の申立てによって、第二段階である対象債権確定手続が開始されるが（一四条）、この手続により自己の債権の確定を求めるかどうかは、個々の消費者の意思に委ねられている。簡易確定手続が開始されると、当該消費者団体（「簡易確定手続申立団体」と呼ばれる。二一条）は、個々の消費者の債権を届け出て裁判所における確定手続を追行することになるが（三〇条。債権届出に係る簡易確定手続申立団体は「債権届出団体」と呼ばれる。三一条七項）、届出には個々の消費者の授権が必要とされているからである（三一条）。

以後の手続は、債権届出団体が個々の消費者の授権に基づいて遂行するのであるから、任意的手続担当（広義の任意的訴訟担当）とでもいうべき構造を有する。もっとも、消費者は、特例法の簡易確定手続を利用するためには、簡易確定手続申立団体に授権するしかなく、授権しない場合には、特例法の枠外で、事業者との交渉、訴訟などの一般的手続によるしかない。任意的手続担当といっても、消費者の選択肢は限られており、通常の訴訟担当のように、完全に任意であるわけではない(15)。ただし、簡易確定決定に対する異議申立てにより訴訟手続での審理が行われる場合には、債権届出団体が訴訟追行するには、（債権届出での授権とは別に）消費者の授権が必要とされている（五三条一項）ので、消費者はこの段階で授権をせずに自ら訴訟追行することが可能である（消費者がいったん自ら訴訟追行をした後は、債権届出団体への授権はできない。五三条三項）。債権確定のための最終的な訴訟手続の追行権が届出消費者に留保されていることから、第二段階の手続全体としては、債権届出団体の手続追行権を任意的手続担当と呼んで差し支えないであろう。

2 対象債権の確定

(1) 簡易確定手続において、債権届出団体と事業者との間で、届出債権に関して争いがない場合には、対象債権は確定する。争いがない場合とは、事業者が届出債権を認めたとき、または事業者が届出債権を争ったがその認否を債権届出団体が争わなかった（事業者の主張を認めた）とき、である。

これらの場合、そのことが届出消費者表に記載され、その記載に確定判決と同一の効力が与えられ（四二条・四七条一項）、債権届出団体はこれに基づき強制執行をすることができる（四二条五項・四七条二項）。[16] 届け出られた債権につき争いがない場合に、届出消費者表の記載に確定判決と同一の効力を認める仕組みは、倒産手続での倒産債権の届出および確定の手続（破一二四条三項・二二一条一項、民再一〇四条三項・一八〇条二項・一八五条一項、会更一五〇条三項・二〇六条二項・二三五条一項）にならったものといえる。

(2) 事業者が届出債権を争い、これに対して、債権届出団体が事業者の認否を争う旨の申出をしたときは、裁判所が届出債権の存否・額を決定手続により審理する。証拠調べは、書証のみが許され（四五条一項）、当事者双方の審尋が必要とされる（四四条二項）。債権届出が不適法である場合および簡易確定手続の前提となった共通義務確認訴訟の判決が再審により取り消された場合を除き、[17] 簡易確定決定がなされる。届出債権を認める決定においては、その主文で事業者に支払が命ぜられる（四四条四項。この場合の簡易確定決定は、届出債権支払命令と呼ばれる）。事業者に対し誰への支払を命ずるのかにつき、（届出消費者ではなく）債権届出団体への支払を命ずることが制度の前提と思われるが、特例法には規定がない。簡易確定決定の主文は、債権の届出書の記載事項である請求の趣旨（三〇条二項二号）に対応するものである筈であり、債権届出団体への支払を求める旨が請求の趣旨として記載されるとすれば、簡易確定決定の主文も同様になると考えられる。[18]

届出債権につき争いがある場合に、まず、決定手続で簡易迅速に解決する仕組みも、倒産手続における査定の裁判を模範としたものといえよう。もっとも、倒産手続の査定の裁判では、倒産債権の支払請求および弁済が禁止されているため、査定の裁判はあくまで倒産債権の存否および額の確認にとどまるのに対して、前述のように、届出債権の存在を認める場合には支払を命ずる内容の決定がなされる点が異なっている。

簡易確定決定に対して適法な異議申立てがなかった場合には、簡易確定決定に確定判決と同一の効力が与えられる（四六条六項）。この点は、倒産手続での査定決定とはやや仕組みを異にする。査定決定に対して適法な異議申立てがなかったときは、決定の内容が債権者表に記載されて（破一三〇条など）、確定判決と同一の効力を与えられるのに対して、ここでは、届出消費者表の記載ではなく、簡易確定決定それ自体が確定判決と同一の効力を与えられる。決定に確定判決と同一の効力を認める点は、犯罪被害者保護刑事手続法が定める損害賠償命令の手続（同法三三条五項）に近い。この違いは、倒産手続では、その後も倒産債権につき配当等の集団的処理が続けられるのに対して、特例法の手続では、届出債権が確定すれば、ただちに、強制執行等により個々の債権の実現の手続がなされるので、直接、届出債権支払命令（支払を命ずる内容の簡易債権確定決定）を債務名義と認めるのが妥当であることに基づくものである。[19]

3 異議後の訴訟手続

(1) 簡易確定決定に対して異議申立てをすることができるのは、当事者（債権届出団体、事業者）および届出消費者である（四六条一項・二項）。異議申立てにより訴えの提起が擬制され、債権の届出書が訴状とみなされて（五二条一項）、訴訟手続による審理が開始されるが、簡易確定決定は、仮執行宣言を付したものを除き失効する（四六条五項）。この仕組みは、犯罪被害者保護刑事手続法が定める損害賠償命令の手続（同法三三条四項・三四条一項）、さらには、その参考とされた督促手続の構造（民訴三九〇条・三九五条）に類似する。訴訟の原告となるのは、債権届出団体であるのが原則であるが、[20] 届出消費者が異議申立てをした場合は、その届出消費者である（五二条一項括弧書）。

(2) 原告となった債権届出団体が訴訟を追行するには、届出消費者の授権を要する（五三条一項）。訴訟にいたる以前の手続も、個々の消費者の授権に基づいて進められており、債権確定手続の開始段階（債権の届出）で授権がされているのであるが、訴訟手続は債権の存否を既判力をもって最終的に確定するものであり、また、費用もかかるものであることから、この段階で再度、消費者の意思を確認する趣旨である。もっとも、開始段階での授権（簡易確定手続授権契約。三三条一項）と訴訟追行についての授権（訴訟授権契約。五三条四項）とを併せてすることも禁止されないと解する。届出消費者は、後に訴訟追行の授権を取り消すことができるからである（五三条八項・三一条三項）。

届出消費者の授権を欠く場合——届出消費者が授権しない場合、授権を取り消した場合または債権届出団体が訴訟授権契約を解除した場合（五三条五項）——について、特例法五三条九項は、民事訴訟法五八条二項ならびに一二四条一項（同項六号に係る部分）および二項を準用している。これは、債権届出団体が原告となっている訴訟手続において、訴訟代理人がいない場合には、届出消費者の授権を欠くため手続が中断し、届出消費者が訴訟手続を受継する趣旨である。その前提として、債権届出団体から届出消費者への訴訟承継（原告の交替）が生じていると考えられる。[21]

届出消費者が異議申立てをすることにより原告となった場合は、事業者に対して原告（届出消費者）への支払を求めることになるから、債権の届出書の請求の趣旨——前述のように、債権届出団体への支払を求める内容となっている——を変更する必要がある。[22]

(3) 訴訟手続における審理の結果下されるべき終局判決が、仮執行の宣言を付した届出債権支払命令——異議により失効しない（四六条五項）——と符合するときは、届出債権支払命令を認可することを要する（五五条一項本文）。なお、届出消費者が訴訟を追行した場合は、審理の結果、届出債権の存在・金額が届出債権支払命令と符合するときも、（給付の相手方が違うので）届出債権支払命令を取り消して、新たに給付判決をすることになると考えられる。

（15） 山本・前掲注（2）一〇六頁は、「強制的な任意的担当」と呼ぶ。
（16） 事業者が届出債権を争った場合でも、届出債権の一部（届出消費者の一部あるいは届出債権の金額的一部）を認めていたときは、その限りで、債権届出団体は届出消費者表に基づいて強制執行をすることができる。
（17） これらの場合は、債権届出が却下される。特例法三六条・六三条。

(18) 消費者庁消費者制度課編・前掲注(2)一三五頁は、債権届出団体が手続を遂行して得た簡易確定決定および異議後の訴訟における判決は、債権届出団体への支払を命ずるものであるとする。なお、報告書・前掲注(2)は、異議後の訴訟手続における請求認容判決については、団体への支払を命ずる旨を明らかにしているが(同三一頁)、簡易確定決定については、「請求権の存否及び額等について決定をする」と述べるにとどまり(同二八頁)、そもそも、簡易確定決定が支払を命ずる主文を含むのかも報告書からは明らかでない。報告書の段階では、簡易確定決定を倒産手続における査定の裁判(この場合には倒産債権を確定するだけで支払を命ずるわけではない)をモデルとして構想していたため、簡易確定決定の主文の体裁にまで議論が及んでいなかったためなのかもしれない。

(19) 特例法は、届出消費者表の記載により債権が確定する場合には、届出消費者表の記載に基づき強制執行ができる旨の明文の規定を置いて(四二条五項第二文・四七条二項第二文)、債務名義となることを明らかにしている。これに対して、届出債権支払命令が確定する場合には債務名義となることは当然であるので、確定判決と同一の効力を有する旨のみを規定している(四六条六項)。

(20) 債権届出団体または事業者の異議申立てにより、債権届出団体を原告とする訴訟が係属する。しかし、三3(2)で述べるように、債権届出団体は、届出消費者の授権がなければ訴訟を追行することはできず、授権を欠く場合は、原告の地位は届出消費者に承継される。

(21) 消費者庁消費者制度課編・前掲注(2)一一六頁。

(22) 消費者庁消費者制度課編・前掲注(2)一一三頁は、当事者の表示を債権届出団体から届出消費者に変更することになる旨、述べるが、届出書には届出消費者も表示されているのであるから(三〇条二項一号)、この場合は、届出当事者を原告とみなすことでも足りる。むしろ、請求の趣旨の変更が必要であろう。

四 届出債権回収のための強制執行

1 債権届出団体の行う強制執行手続の構造

前述のように、消費者の債権が届出消費者表の記載により確定した場合については、債権届出団体がこれを債務名義として強制執行の手続をとることができる旨、明文で規定されている(四二条五項・四七条二項)。簡易確定決定(届出債権支払命令)に対して異議申立てがなかった場合および異議申立後に債権届出団体が原告として追行した訴訟手続での終局判決が債務名義となる場合（届出債権支払命令を認可する判決または支払を命ずる判決が確定した場合、またはこれらの判決に仮執行宣言が付された場合）については、強制執行に関する明文の規定はない。しかし、債権届出団体が強制執行をすることができることは制度の趣旨からして明らかであろう[23]。特例法四二条五項および四七条二項は、届出消費者表が債務名義となることを明らかにするためにとくに置かれたものであって、債権届出団体が強制執行を申し立てることができることは、制度の趣旨から導かれると考えれば、届出債権支払命令や異議後の訴訟の判決につき明文規定がないことの説明はつく。

債権届出団体が行う強制執行手続は、第三者の執行担当といえる。強制執行により実現すべき債権（執行債権）は、届出消費者個人に帰属するものであり、たとえ、債務名義が事業者に届出消費者団体への支払を命じているとしても、届出消費者団体は、他人に帰属する執行債権のために執行手続を追行していることになるからである。

2　届出消費者の授権の要否

(1)　問題は、債権届出団体が強制執行をするのに、届出消費者からの授権が必要か否かである。債権届出団体の執行担当を法律上当然に許される法定担当とみるのか、届出消費者の授権に基づく任意的担当とみるべきか、という問題である。特例法の立案担当者は、届出消費者の授権を不要とし、理由として、「判決等をする手続と強制執行手続とを分離し、強制執行をする裁判所は、判決等の内容について審査することなく強制執行をするから、判決等に債権届出団体に支払うべき旨記載されている以上は、債権届出団体が強制執行をすることができ」る、と述べる[24]。

中野貞一郎教授は、訴訟担当により取得した債務名義に基づく強制執行を担当者が自ら行う場合を接続的執行担当と呼んで、権利確定機関と執行機関との分離という執行手続の基本構造を根拠に、債務名義に当事者として表示されている以上、当然に（執行文の付与機関および執行機関が権利帰属主体の授権の有無を判断することなく）、執行担当が許される旨を詳論されている[25]。伊藤眞教授は、選定当事者や株主代表訴訟で勝訴判決を得た原告がその判決に基づく強制執行をする権限を当然に有するとの考え方に対して、疑問を提起されたが[26]、中野教授の議論は、これに対する反論として展開されたものである。右に見た立案担当者の説明は、中野教授の見解に依拠しているように思われる。

(2) しかし、中野教授のこの議論は、訴訟担当者の強制執行権限の有無を執行文付与機関や執行機関が審査する仕組みとなっていないことを説くにすぎない。中野教授も、任意的執行担当については、権利帰属主体の授権が強制執行の実体的正当性の根拠であることを前提としているのである。というのは、中野教授は、権利帰属主体の授権がない場合に、訴訟担当者の強制執行は、請求異議の訴えにより排除される旨を明らかにされているからである[27]。また、債務名義が誰に対する支払を命じているか（給付を誰が受領することになっているか）を執行担当を許容する基準としているわけではないのである[28]。

届出債権が個々の消費者の固有の権利であり、債権届出団体は、これにつき管理処分権を有しているわけではないのであるから、債務名義の形式的内容とは別に、執行手続の実体的正当性を認める根拠として、権利主体である届出消費者の授権が必要であると考えられる。確かに、株主代表訴訟のように、訴訟手続が、権利帰属主体が適切な権利行使をしない状況に基づき、政策的理由から、権利帰属主体の授権を必要としない法定訴訟担当とされている場合には、それに引き続く強制執行についても、同様の政策的理由から、訴訟の担当者が当然に行えると解することに、合理性がある。けれども、特例法において、権利確定手続が届出消費者の授権に基づく任意的手続担当であり、権利の確定と強制執行によるその実現とは、本質的に別の手続であることを考えれば[29]、理論的には、権利の確定手続のための授権とは別に、強制執行をすることについての授権がなお必要であると解すべきである。債務名義が債権届出団体への支払を命じているからといって、それだけで届出消費者の授権が不要になるわけではないと考える[30]。

もっとも、このように強制執行のための授権が必要であると解しても、現実には、債権届出団体は、簡易確定手続授権契約または訴訟授権契約において、届出消費者から、強制執行手続についても授権を受けることになるのが普通であろう[31]。これらの授権契約をするにあたり、消費者が、執行手続だけを自分の手に留保することは稀と思われるからである。

3　届出消費者による強制執行

(1)　現実に強制執行の段階に至ったときに、届出消費者が強制執行の着手時期や執行対象財産の選択など債権届出団体の方針に不満をもつことはありうるであろう。[32] この場合に、届出消費者が自ら強制執行を行う権利は保障されなければならない。

届出消費者が自ら強制執行を行うには、債権届出団体が取得した債務名義に承継執行文を得ることが必要と解する。[33] 債権届出団体の行う強制執行の基礎に届出消費者の授権があると解するならば、承継執行文の付与の申立てにより、債権届出団体にした強制執行の授権は取り消されたものと考えるべきであろう。債権届出団体のする強制執行に届出消費者の授権を不要とする見解（前述四2(1)）も、届出消費者が承継執行文を得て自ら強制執行を行うことを認める。[34] しかしこの見解によると、届出消費者だけでなく債権届出団体もなお強制執行をする権限を保持することになり、被害回復のための手続を特定適格消費者団体にまかせるか、個々の消費者が行うか、どちらかに整理しようとしている特例法の趣旨[35]に反することになりはしないか。また、届出債権者の平等取扱いの規律（三四条一項。とくに、事業者の財産につき仮差押えの執行がなされている場合につき、五九条）との関係でも、問題が生ずる可能性が残る。

(2)　届出消費者が訴訟を追行し、その債権が認められた場合は、前述のように、事業者に対して届出消費者への支払を命ずる判決となる。この判決に基づく強制執行をすることができるのは届出消費者のみであることは、当然である。

(23)　報告書・前掲注（2）三一頁、三木ほか・前掲注（6）一六〇頁の加納発言。なお、特定適格消費者団体として認定を受けることによって「被害回復関係業務」を行うことが可能となるが、特例法六五条二項一号は、この業務として「被害回復裁判手続に関する業務」をあげ、さらに、二条九号ロは、被害回復裁判手続に「特定適格消費者団体が対象債権に関して取得した債務名義による民事執行の手続」が含まれるものと定めている。
(24) 消費者庁消費者制度課編・前掲注(2)一三五頁。報告書・前掲注(2)三一頁も同趣旨か。
(25) 中野貞一郎・民事訴訟法の論点Ⅱ(二〇〇一)二〇八頁以下(同・民事執行法〈増補新訂六版〉〔二〇一〇〕一四六頁も同旨)。同旨、下村眞美「『第三者の執行担当』に関する基礎理論の試み」民訴雑誌五一号(二〇〇五)一七三頁、一七六頁。
(26) 伊藤眞「株主代表訴訟の原告株主と執行債権者適格」金法一四一四号(一九九五)六頁以下、一四一五号(一九九五)一三頁以下。
(27) 中野・前掲注(25)二一一頁、二一二頁。
(28) 中野・前掲注(25)二一〇頁。
(29) この点で、伊藤・前掲注(26)金法一四一五号一五頁の考え方に基本的に(なお、後掲注(30)参照)賛成である。なお、山本・前掲注(2)一一〇頁は、強制執行まで保存行為とは言い難く、法定執行担当を認める理由に乏しい、とする。
(30) 選定当事者に関して、伊藤・前掲注(26)金法一四一五号一五頁は、判決主文において選定当事者への給付が命じられる場合には、その前提として、選定当事者への執行申立権の授権さらには実体法上の管理権の付与がある旨述べる。しかし、特例法の簡易確定手続では、消費者が債権届出の授権をすると、債権届出団体は団体への支払を求める手続を行うのであって(前掲注(18)および対応する本文参照)、届出消費者には、この手続の中で自己に対する支払を求める選択肢は与えられていない。この点で選定者の場合と異なるから、債権届出団体への支払を命ずる判決主文(=請求の趣旨)から、強制執行についての届出債権者の授権を引き出すことはできないであろう。
(31) 同旨、山本・前掲注(2)一一〇頁。
(32) 債権届出団体は、執行手続の着手時期や執行対象財産の選択にあたって、多数の届出消費者の債権を効率的に実現することを重視することになろうが、それは、個々の届出消費者にとっては必ずしも満足できるものとは限らない。たとえば、価値の比較的小さい財産であって、当該届出消費者の債権の実現には十分であっても、債権届出団体としては多数の届出消費者に執行の成果を分配する観点から考えて、そのような財産に対する執行をためらう、という場合もあると思われる。
(33) 山本・前掲注(2)一一〇頁注七一。これに対して、伊藤・前掲注(26)金法一四一五号一五頁は、選定当事者が追行した訴訟の判決に基づく強制執行に関して、選定者は単純執行文の付与を求めることができるとする。しかし、債務名義に手続の当事者として表示されているのは債権届出団体であり、届出消費者の授権を欠くため債権届出団体に執行権限がなく、届出消費者に執行権限があると執行文付与機関が判断するためには、承継執行文が必要である。単純執行文で足りるとする伊藤教授の見解は、債務名義が選定者への支払を命じている場合には強制執行についての授権がないことが明らかであるという前提に基づいているように思われる。しかし、特例法の簡易確定手続において成立する債務名義は、債権届出団体への支払を命ずるものであるから、主文の表示から授権の有無を判断することは困難である。

（34）消費者庁消費者制度課編・前掲注（2）一三五頁、報告書・前掲注（2）三一頁。

（35）消費者は共通義務確認の訴えに補助参加することができない（八条）。また、簡易確定手続は特定適格消費者団体だけが開始し追行することができ、逆に、対象消費者が既に訴訟を提起している債権については、簡易確定手続において債権届出をすることができない（三〇条四項）。さらに、簡易確定決定に対して異議申立てをした届出消費者は、債権届出団体に訴訟追行の授権をすることはできないものと解されている（消費者庁消費者制度課編・前掲注（2）一一三頁。五三条三項参照）。

「法定証拠法則」たる「推定」の意義に関する覚書

内海博俊

一　はじめに
二　民訴法二二八条四項の一般的意義
三　学説とその分析
四　おわりに

一　はじめに

1　背　景

(1)「推定」の多義性　わが国の民事法においては、「推定」という用語が多義的に用いられており、一定の（前提）事実から別の（推定）事実を「推定」[1]するという意味のものに絞ったとしても、なお複数の用法があるとされている。それらの内容に関して厳密なコンセンサスが存在するかは明らかでないとしても、少なくとも以下の限りではある程度の共通了解があるといってよいように思われる。第一に、裁判所を構成する裁判官が経験則を適用して行う「事実上の推定」がある。「事実上の推定」は、民事訴訟における一般原則たる自由心証主義（民訴法二四七条）の一適用場面をなしており、いわゆる間接事実による事実認定は一般にこの意味の「推定」によるものといえる。[2]第二に、「（前提）事実あるときは（推定）事実あるものと推定する」という内容の法規範に基づく「法律上の（事実）推定」[3]がある。「法律上の推定」を定める法規範が存在する場合、推定事実につき証明責任を負う一方当事者により前提事実が証明されれば、「推定」の作用により、当該推定事実が証明された場合と同様に扱われることとなり、この場合、相手方当事者は、推定事実の存否につき裁判所の心証を真偽不明にすること（いわゆる「反証」）ではなく、推定事実と反対の事実を証明（いわゆる「本証」）することによってはじめてこの結果を覆すことができる。そのため「法律上の推定」を定める法規範は、前提事実が証明された場合につき[4]、推定事実に関するいわゆる証明責任を一方当事者から相手方へと転換させる機能を営むことになる。[5]

(2)民訴法二二八条四項／法定証拠法則の例外性　しかし本稿は、前記のいずれとも異なる、いわば第三の意味における（事実から事実への）「推定」に焦点を当てようとするものである。もっとも、そのようなものとして理解することが一般的といえる現行法上における明文の規定は、ほぼ、民事訴訟法（以下「民訴法」とする）二二八条二項および四項に限られているため、[6]本稿も、これらの規定に関する議論に主たる関心を向けることとならざるをえない。また、記述の重複を避けるため、紹介および検討の対象を原則として同条四項に絞ることとし、本稿を通じて同項を「本項」と呼ぶこととする。

本項は「私文書は、本人又はその代理人の署名又は押印があるときは、真正に成立したものと推定する」と定めている。さしあたり、文書の真正な成立とは、当該文書が挙証者によってその作成者であると主張される者の意思に基づいて作成されたことであると一般に解されており、これが一つの事実であるとすれば、本項は、ある文書への作成者等の署名または押印の事実から、当該文書の真正な成立という事実を「推定」することをその内容とすることとなる。にもかかわらず、通説は、[7]本項の定める「推定」の性質につき、これを「法律上の推定」ではなく、一種の「法定証拠法則」と理解し、その作用に関して以下のように説明する。すなわち、挙証者たる一方当事者が「作成者の署名又は押印」の事実を証明すれば、当該文書の真正な成立が証明されたのと同様に扱われることになるが、相手方が当該文書の真正な成立につきいわゆる「反証」、つまり裁判所の当該文書の真正な成立に関する心証を真偽不明に陥れることができれば、「推定」は覆され、当該文書の真正な成立の証明は不成功に終わる。そのため本項は、挙証者から相手方へと証明責任を転換する作用を有しない。

もっとも、以上のような通説に対しては、これを批判する見解がある。批判説は、[8]通説に対して後述（三3(1)）するようないくつかの疑問点を示しつつ、本項の定める「推定」の性質を「法律上の推定」と理解し、その作用に関しても、「法律上の推定」の作用に関する前記の一般的理解、すなわち、相手方による反対事実の「本証」によってのはじめて「推定」が覆るとの理解を採用すべきであると主張している。批判説に対する直接的な支持は多くないが、かといって、これに対する決定的な反駁が通説の側からなされているわけではないようにも思われ、少なくとも、本項の定める「推定」の性質および作用に関する議論は完全な収束をみているとはいいがたい状況にある。

2　問題意識と課題の設定

(1)　問題意識　とはいえ、現時点において通説の支配的地位が脅かされているとか、そうでなくとも学説の動きが活発化しているという状況があるわけでもない。そうであるなら、議論状況は少なくとも事実上は安定しており、本項が定める「推定」の性質および作用に関して改めて立ち入った検討を試みることの意義は乏しいとも考えうる。しかし、1に述べた現状は、本項の定める「推定」の性質と作用を理解あるいは説明するために、事実上の推定および法律上の推定と異なる第三の「推定」のカテゴリが果たして必要であるのか、また必要であるとしてもそれが「法定証拠法則」たる「推定」であるとする意味が果たして、またいかなる点において存在するのかといったことが、なお十分には解明されていないことを示唆している可能性が皆無ではないように思われる。さらに、前述のとおり現行法上「法定証拠法則」たる「推定」と一般的に認識されている規定が他にはあまり見当たらないことを踏まえるならば、「法定証拠法則」たる「推定」なるものの一般的な存在意義自体さほど明らかではないといっても必ずしも過言とはいえないようにも思われるのである。かような認識に基づき、本項が定める「推定」の性質および作用について一定の検討を試みることによって、本項が定めるものを含めて、民事訴訟における「推定」に関する理解をより深めるための手がかりが得られるのではないかと期待することは、必ずしも的外れとはいえないのではなかろうか。

(2)　具体的課題と検討方針　以上のような問題意識に基づき、本項の定める「推定」の性質と作用、とりわけこれを「法定証拠法則」たる「推定」として理解することの適否あるいは具体的意義について、可能な限りでの解明を試みることが本稿の目標となる。もっとも実際には、本稿では、そのために有益と思われる準備作業として、通説を中心とする従来の諸見解が、こうした点についてどのように考えてきたのかについて、本項による「推定」は「事実上の推定」とどこが異なるのか（または異ならないのか）、また、本項による「推定」と「法律上の推定」はどこが異なるのか（または異ならないのか）という二つの視点に基づいて、若干の掘り下げ作業を試みるものにすぎない。作業に立ち入る前に、以下において、より具体的な検討課題につき若干の敷衍を試みておきたい。

まず、第一の視点に関して、批判説によれば、本項による「推定」は「法律上の推定」であり、これと「事実上の推定」との相違は、さしあたり「事実上の推定」および「法律上の推定」について冒頭で示した共通了解に基づいて理解することができそうである。これに対して、通説の下では、批判説の論者によってすでに指摘されているように、[9]本項による「推定」は、自由心証主義の一般原則の適用であるところの「事実上の推定」と異ならないものとなるのではないかとの懸念を生じうる。このような懸念に対して、主として通説の側においてどのような考え方が採られてきたのかは十分には明確にされていないように思われるため、この点の解明を試みることが一つの課題となる。

他方、第二の視点に関しては、通説によれば、本項による「推定」と「法律上の推定」の間には、これを覆すために「反証」で足りるか否かという作用面における明確な相違が見出されることになりそうであるのに対し、批判説によれば、本項の「推定」は「法律上の推定」に他ならないから両者は同一であると答えることになりそうである。よって、一見するといずれの見解からも答えは明白であるようにもみえるが、状況はそれほど単純ではない可能性がある。例えば、母法国たるドイツにおいては、「法律上の推定」のサブカテゴリとして「反駁を軽減された推定」を観念する見解が、どの程度支持されているかはともかく存在している。[10]その当否に関するドイツ法内在的な議論に立ち入ることはできないが、こうした見解の存在自体が、標準的な「法律上の推定」とは異なる作用を示す規定の存在を説明するために「法律上の推定」と異なるカテゴリを観念する必要性が必ずしも自明ではない可能性を示しているといえそうである。またわが国においても、「法律上の推定」を覆すために相手方による反対事実の「本証」を常に要求する必要はないとする見解が少数ながら現れており、[11]このことも、同様の可能性を窺わせる事情として挙げることができるかもしれない。要するに、少なくとも現在においては、「反証」によって覆る「推定」であってもそれを「法律上の推定」とは異質なものとして位置づけることが不可欠のことではないのかもしれず、そうであるとすれば、本項による「推定」の作用について通説の理解を前提にするとしても、そのことが「法定証拠法則」等の「法律上の推定」とは異なるカテゴリを設ける必要性ないし理由を基礎づけることになるのかについては、より慎重な検討が必要とされているように思われる。そこで本稿では、主として通説において「法定証拠法則」たる「推定」と「法律上の推定」との相違が、必要な反証の程度という作用面の相違に尽きるのか否かを含めてどのような点に見いだされてきたのかに関して、より具体的な解明を試みたい。

（1）本稿では、さしあたり、いわゆる「法律上の権利推定」「暫定真実」あるいは「（法律行為の）解釈規定」等に分類される「推定」は検討の対象から除外している。

（2）伊藤眞・民事訴訟法〈第四版補訂版〉（二〇一四）三六三頁、司法研修所編・滝澤泉ほか・民事訴訟における事実認定（二〇〇七）三三頁、福田剛久ほか編・民事証拠法大系第一巻総論Ⅰ（二〇〇七）二六二頁〔岡崎克彦〕など。

（3）「法律上の事実推定」は「法律上の権利推定」との識別のために用いられる用語法であるが、後者は例が少ないため、「法律上の事実推定」の意味で「法律上の推定」という語が用いられることも多い。本稿でも、「法律上の権利推定」については原則として扱わないことから、とくに断りのない限り、「法律上の推定」を「法律上の事実推定」の意味で用いる。

（4）一般原則に従い、前提事実の証明なしに推定事実を直接証明することも可能であるが、この場合には証明責任の転換はないとされる。

（5）伊藤・前掲注（2）三五九頁、滝澤ほか・前掲注（2）三二頁、福田ほか編・前掲注（2）二六二頁〔岡崎〕など。「法律上の推定」を定める規定としては、民法一八六条二項、六一九条一項等がよく知られている。

（6）ただし、本項から派生しているとみられる規定はその限りではない。電子署名及び認証業務に関する法律第三条（「電磁的記録であって情報を表すために作成されたもの〔公務員が職務上作成したものを除く。〕は、当該電磁的記録に記録された情報について本人による電子署名〔これを行うために必要な符号及び物件を適正に管理することにより、本人だけが行うことができることとなるものに限る。〕が行われているときは、真正に成立したものと推定する。」）については、本項と同様の作用を営むものと理解する余地がある。なお、事実から事実への「推定」という性格を有しない「法定証拠法則」については本稿では検討の対象としていない（これらについては、福田ほか編・前掲注（2）二四二頁以下〔岡崎〕参照）。

（7）伊藤・前掲注（2）三六五頁、四〇四頁ほか多数。

（8）松本博之・証明責任の分配（一九八七）一六四頁、坂原正夫「私文書の検真と真正の推定（二）」民商九七巻三号（一九八七）四一二頁。船越隆司・実定法秩序と証明責任（一九九六）五四七頁（ただし船越教授は、法定証拠法則であることと法律上の推定を定める規定であることは矛盾しないとされる。同書五四九頁）、斎藤秀夫・民事訴訟法概論〈新版〉（一九八二）三〇八頁。

（9） 本項による「推定」の作用が通説の説くとおりのものであるなら、本項は「なくて済む」規定に過ぎないことになると指摘されている。松本博之＝上野桊男・民事訴訟法〈第七版〉（二〇一二）四七四頁。

（10） Leipold in Stein-Jonas, Kommentar zur Zivilprozessordnung, 22. Aufl., § 292 Rn.16.

（11） 三木浩一ほか・民事訴訟法（二〇一三）二六九頁〔三木〕。

二　民訴法二二八条四項の一般的意義

念のため、これらの作業に立ち入る前に、本項および本項がかかわる問題領域についてその概要を改めて確認しておくことが有益であろう。

1　「文書の真正な成立」の証明の意義

現行民事訴訟法上、文書の記載内容を証拠とする証拠調べの方式を書証と呼び[12]、書証の手続は、対象となる文書が裁判所に提出され、裁判所がその内容を閲読することによって行われる。この書証の手続に関し、民訴法二二八条一項は「文書は、その成立が真正であることを証明しなければならない」と定めている。同項は、書証について、①文書の真正な成立の有無（形式的証拠力）[13]と、②真正に成立した文書が要証事実を証明する価値を（どの程度）有するか（実質的証拠力）[14]の問題が区別されることを前提として[15]、当該文書が真正に成立したことの証明を要求するものと理解されている。また本稿の関心に照らしてとりわけ重要なこととして、同項が明示的に述べているわけではないものの、真正な成立の証明を欠く文書は実質的証拠力を否定されると理解されている[16][17]ことが挙げられる。このことは、文書の証拠力に影響を与えるにすぎないいわゆる補助事実の一つでありながら、要証事実を認定するための実質的な意味における証拠として文書を用いようとする場合には常にその証明が必要となるという、やや特異な、いってしまえば主要事実にきわめて近い役割[18]を「文書の真正な成立」に与えることになるからである。本項による「推定」の性質および作用を理解することの困難さの少なくとも一部は、「文書の真正な成立」という事実のこのような特殊な役割に由来しているといっておそらく過言ではない。なお真正な成立の意義に関しては他にも多くの論点が存在するが、これ以上立ち入らず、本項へと目を移すこととしたい。

2　本項の内容・沿革の概観

(1)　内容の概観　本項は、右に述べた民訴法二二八条一項が要求する文書の真正な成立の証明に関して、すでに述べたように「本人の署名または押印」から「文書の真正な成立」への「推定」を定めるものである。「本人」[19]とは、挙証者が作成者と主張する者を指しており、したがって本項の文言によれば、文書上にこの者の署名または押印があれば、当該文書の真正な成立が「推定」されることになる。[20]

(2)　沿革の概観　本項の沿革についても簡単に確認しておきたい。いわゆる旧旧民訴法の母体となったドイツ旧民事訴訟法（CPO）には、その制定当初から、本項に対応する規定が存在していた（現行民事訴訟法〔ZPO〕四四〇条に相当するCPO四〇五条）。これを受けて、いわゆるテヒョー草案にもCPO四〇五条に相当する規定が存在していたが、制定過程において削除されたため、本項に相当する規定は旧旧法の時点では採用されなかった。[21]その後、いわゆる大正一五年改正において旧法三二六条が新設されることとなった。[22]本項は、この旧法三二六条の内容を引き継ぐものとして現行法に採用され、現在に至っているものである。もっとも、旧法三二六条の立法過程において、本項による「推定」の性質と作用に関する通説に相当する考え方が明確に示されていたわけではないようである。

(12)　条文上、書証の手続の対象となる文書は「文書」と呼ばれているが、これをも「書証」と呼ぶ慣用的用語法が定着している。
(13)　文書が真正に成立している（か否か）を、文書の形式的証拠力と呼ぶのが通説的用語法である（福田剛久ほか編・民事証拠法大系第四巻各論Ⅱ書証〔二〇〇三〕一八頁〔石井浩〕、滝澤ほか・前掲注（2）八一頁、加藤新太郎「文書成立の真正の認定」新堂幸司ほか編・判例民事訴訟法の理論（上）〔一九九五〕五七九頁など）。なお形式的証拠力は「文書の記載内容が、挙証者の主張する特定人の思想の表現であると認められること」であるといった定義がされる場合があり（新堂幸司・新民事訴訟法〈第五版〉〔二〇一一〕六四八頁、高橋宏志・重点講義民事訴訟法（下）〈第二版補訂版〉〔二〇一四〕一二八頁、伊藤・前掲注（2）四〇三頁）、この定義は、真正に成立した文書であっても、習字等の目的で作成された場合には形式的証拠力を認めるべきでないとの考慮を反映させたものと考えられるが、通説的定義を採る文献もこのようなケースでは形式的証拠力が否定されることに反対するわけではないため（滝澤ほか・前掲書七五頁、福田ほか編・前掲書二一頁〔石井〕）、必ずしも実質的な対立があるわけではない。

（14）福田ほか編・前掲注（13）一八頁〔石井〕。

（15）なお私文書について「形式的証拠力」という問題は存在しないとする異説（松本博之「間接事実・文書真正の自白の拘束力」同・民事自白法〔一九九四〕九九頁）もあるが、そこで想定されている「形式的証拠力」の内容は、日本において一般に理解されている意味と必ずしも一致していないようにも思われる。

（16）前掲注（13）で触れたように、習字目的で作成された文書は、作成者の意思に基づいて作成されていてもなお形式的証拠力を欠くと解する場合、真正な成立は形式的証拠力を肯定する必要条件に過ぎないこととなる。もっとも、その場合でも、真正な成立の証明が必要であることは変わりがない。

（17）高橋・前掲注（13）一二七頁。ただし、形式的証拠力の証明がない文書の実質的証拠力を否定することは真実発見にとって必ずしも合理的ではないとの指摘もある。吉村徳重＝小島武司編・注釈民事訴訟法(7)〔一九九五〕一七四頁以下〔太田勝造〕。

（18）高橋・前掲注（13）一三二頁。

（19）代理人の署名または押印がある場合に二二八条をどのように適用するかに関する議論もあるが本稿では立ち入らない。さしあたり、福田ほか編・前掲注（13）〔石井〕二六頁等を参照。

（20）なお、よく知られていることであるが、「押印」とは、本人が自分の意思により印影を顕出させたことをいう。そのため、本人の印章によるものと一致する印影が文書上に顕出されているだけでは前記の要件は充たされないが、文書上に本人の印影が顕出されていることから、本人が自分の意思で印影を顕出、すなわち押印したという事実を経験則上推定できるとされており、この間隙を埋める機能を果たしている（最判昭和三九・五・一二民集一八巻四号五九七頁）。この「推定」は、少なくとも本文のような説明を信じる限り、「事実上の推定」に属することになる。この推定と本項に基づく「押印」から「文書の真正な成立」への推定は、セットで機能することが多いことから、併せて「二段の推定」と俗称されている。このうちの「二段目」、すなわち本項に基づく署名または押印からの文書成立の真正への「推定」に関心を向ける本稿では、「一段目」の推定に関する問題には原則として立ち入らないが、一般的にはこの「一段目」、すなわち印影から押印を「推定」するプロセスの方がより関心を集めていることには注意を要する。なお「二段目」の推定の可否あるいは覆滅の有無が問題となる具体的な事例としては、本人の署名・押印がありながら真正に成立していない文書、例えば、（部分的な）白紙に署名・押印したものを悪用された場合、あるいは、署名・押印後に内容を第三者に改ざんあるいは加筆された場合等が想定される。これに対して、第三者に印章を盗用されたか否かが問題となる場合等には、直接には「一段目」の推定の可否ないしそれが覆るか否かが問題となる。

(21)　その理由に関する詳細な研究はないが、坂原教授は、①旧民法証拠編との重複が嫌われた、あるいは、②明文を要しない当然のことと考えられたとの推測を試みられている（坂原・前掲注（8）四〇四頁）。なお①は、損害の存否および額の認定に関するCPO二六〇条に相当する条文や、民法その他の法律に定められた推定の意義を規定しようとする条文（ただし、これはCPOにも置かれていなかった）が、テヒョー草案の段階では存在したにもかかわらず最終的に採用されなかった原因として指摘されているものでもある（前者につき、伊東俊明「損害額の認定についての一考察」岡山大学法学会雑誌六一巻一号〔二〇一一〕四二頁。後者につき、並木茂「民事訴訟における法律上の推定について」白川和雄先生古稀記念論集・民事紛争をめぐる法的諸問題〔一九九九〕二〇〇頁）。

(22)　吉村＝小島編・前掲注（17）一七七頁〔太田〕。なお民訴法二二八条二項に相当する旧民訴法三二三条一項も同時に新設されている。吉村＝小島編・前掲書一五一頁〔太田〕。

三　学説とその分析

1　学説展開の概要

通説は、旧法三二六条の成立から一定期間を経た後に、兼子一博士の著名な論文(23)によって、ドイツにおけるローゼンベルクの見解(24)の影響のもと確立されたものであることが知られている。以来、この立場は通説としての地位を譲ってはいないと考えられるが、兼子博士の立場と、通説と目される後の見解の間には、以下に述べるように、若干のギャップが生じている可能性があるように思われる。また一九八〇年代に入り、松本博之教授によって批判説が主張された後には、後述（4）するように従来の議論を解体・再構築しようとする見解も現れているが、少なくとも現在においては、通説に代わる地位を獲得しているとまではいえない。

以上の経緯を踏まえつつ、本項ないし「法定証拠法則」たる「推定」と「事実上の推定」「法律上の推定」との関係が、通説に属するものを中心とする主要な見解においてどのように理解されてきたのかについて、若干の検証を試みていきたい。

2 通　説

(1) 兼子説

(ア) 「法律上の推定」との相違について　通説を確立した兼子博士は「法定証拠法則」たる「推定」に関し、それと「法律上の推定」との性質上の相違について以下のように説明されている。すなわち、博士によれば、「一定の法条の構成要件を成す事実」を推定事実とする規定が「法律上の推定」であり、そこでは「裁判官による推定事実の積極的認定の余地が全然排除される」。対して、「他の法規の要件と直接無関係な、従って又如何なる法条を適用するに当っても問題となり得る事実について推定を設けている場合[25]」あるいは「実体法規の要件と無関係な事実の推定[26]」は、事実認定に際し裁判官の自由心証に対する一応の拘束としての法定証拠法則[27]」あるいは「証拠法則の一種で、自由心証による事実認定に対する例外的な認定規準を示すもの[28]」であるとされる。ただし、旧法三二六条がここに分類されることに関して、ローゼンベルクの引用以上の理由づけが示されているわけではない[29]。

一方、推定の作用に関しては次のように議論される。まず「裁判官に対し推定事実の存在を推定しこれを真実と認むべきことを要求するのではなく、法が自ら前提事実に基づき推定事実たる要件事実あるものとして、これに基づき一定の法条を適用せしめているもので、裁判官による推定事実の積極的認定の余地が全然排除[30]される」ものである法律上の推定を覆すには、「推定と反対の積極的証明を要し、推定事実と反対の事実が証明主題となるもので、単なる反証では足りない」とされ、この場合には「推定により不利益を蒙る当事者が推定事実、即ち適用すべき法条の要件事実と反対の事実に関し、挙証責任を負う」[31]。対して、「特定の法規の要件とは無関係な一般的事実につき定められるを常と」する（法定）「証拠法則は……画一的な法則を設けて、裁判官の事実判断を拘束するもので、事実認定を裁判官の具体的確信にまかす自由心証主義に対しては例外を成す規定であ」り、これに基づいて「裁判官が現実に事実認定を為すことを予定して」いる。「裁判官の事実判断に基くものであれば、これを動揺せしめるための証拠は反証（Gegenbeweis）であり、推測の確実性に対して疑惑を生ぜしめればその目的が達せられ」[32]るから、旧法三二六条による推定があっても、「文書の真正を疑わしめる事情が認められれば、積極的に不真正との心証を得なくともなお真正の証明が成り立たぬものと取り扱うを妨げない」[33][34]。

以上における博士の主張は、次のように要約されよう。第一に、推定事実が実体法規の要件に当たる事実であるか、それと無関係な事実であるかによって、「法律上の推定」と「法定証拠法則」たる「推定」は識別され、旧法三二六条は後者に該当する。第二に、前者の「推定」はこれを定める法ルールの作用によるもので事実認定とは別次元のことがらであるのに対し、後者のそれは自由心証主義の例外ではあるにせよなお事実認定の枠内にあり、それゆえ、前者を覆すには「推定と反対の積極的証明」が必要であるのに対し、後者は反証によって覆すことができる。もっとも、これらの主張に関しては、少なくとも以下のような疑問点が残りうるように思われる。まず、第一の主張に関しては、そのような基準が採用される理由が明らかではない上に、前述のとおり旧法三二六条および本項は補助事実でありながら主要事実に近い役割を与えられることを前提とすると、本項へのそのあてはめが適切であるかについても議論の余地が残りそうである。また、第二の主張に関しては、自由心証主義の例外でありながらなお事実認定の枠内にある作用であるという議論自体やや複雑にみえるうえに、仮にこれを受け入れたとしても、そのことから反証によって推定が覆滅するという帰結が論理的に導かれるか否かには疑問の余地が残りそうである。なおこれらのことが、実際に批判説の指摘するところとなっていることは、3において後述するとおりである。

(イ)「事実上の推定」との相違について　他方、兼子博士は、通常の事実認定のプロセスを構成する「事実上の推定」と、事実認定の枠内にある「法定証拠法則」たる「推定」との関係については、直接的な説明を与えられていない。ただし、「事実上の推定」と「法律上の推定」の相違に関しては以下のような説明がなされている。すなわち、「事実上の推定」は、「あくまで事物の蓋然性に基づく純然たる事実判断の法則であり、いかなる法条の要件事実を認定すべき場合かによって相違を来さず、又衡平の要求ないしは合目的考慮等に対して白紙なものであ」り、「裁判官は事実認定に際しては当事者間の具体的衡平を考慮すべきではない」。これに対して、法律上の推定における「推定の内容は概して事実上の推定としても成立ち得るものであるが、これのみに止まるならば裁判官の自由心証に任せれば足り、何も法規の内容とする必要はない筈であり、従って法律上の推定をば経験法則の法規化ないしは徴憑の推測力の法定として考えることは正当でない」。むしろ、「単に事物の蓋然性のみに基づくものではなく、……訴訟当事者の訴訟追行上の地位の均衡を計る公平の要求、事案の迅速なる解決なる合目的的考慮、あるいは当該法規の適用に付き何れの当事者をより多く優遇することが正義感情に適合するか等に出づるもの[36]」である[35]。

以上においては、自由心証主義の下で「事物の蓋然性に基づく純然たる事実判断」としてなされる「事実上の推定」と、その結果と重なり合うことは多いとしても理論的にはこれと没交渉である外在的な(実体的)法ルールを設定するものである「法律上の推定」とがかなり明確に切り分けられているようにみえる。だからといって、このことから、実定条文化されていながらなお「事実認定」の枠内にあるとされる「法定証拠法則」としての「推定」と「事実上の推定」との関係に関する博士の立場が明らかになるわけではないことはもちろんである。しかしながら、博士は、旧法三二六条についてではないが、法定証拠法則は自由心証に対する「一応の拘束」であり、「単に自由心証で認定するを妨げぬ趣旨」であるならば「特別に規定するを要」しないとされ[37]、また別稿において「経験法則の証拠法規化は、自由心証主義の極力嫌忌するところであるから、これに関する判例法の成立についても疑義がある[38]」とも述べられている。こうしたことから、兼子博士においては、「法定証拠法則」たる「推定」についても、少なくとも「事物の蓋然性に基づく純然たる事実判断」に対して外在的な法ルールを設定するものという側面が存在すると考えられていたのではないかと推し量ることも不可能ではないように思われる。

(2) 経験則に基礎を求める立場

(ア) 紹介　対して、同じく通説に属するとされる以後の見解の少なくとも一部に関しては、必ずしも兼子説には備わっていなかった以下のような特徴を挙げることができるように思われる。すなわち、これらの見解においては、旧法三二六条および本項について、文書上に本人等の署名あるいは押印がある場合、当該文書は真正に成立した蓋然性が高いという経験則の存在をまず指摘した上で、それが本項の「推定」の根拠ないしは基礎をなしている、あるいはこれを法定化したものが本項であるという説明が主要な位置を占めているようにみえる。例えば三ケ月章博士は、その体系書等[39]において、兼子説を引用しながらも、旧民訴法三二六条につき「経験法則を法律化したという意味で裁判所の認定の基準としての一種の法定証拠法則とみるべきものである」との説明を与えられている。また裁判官を中心とする実務家による文献では、このような説明がかなり広く採用されているように見受けられる[40]。

(イ) 若干の分析　もっとも、経験則の指示するところとその内容が重なり合うことが「法律上の推定」においても見られることは[41]、兼子博士も認めるところである。そうであるとすれば、本項の背後にある経験則の存在を指摘することによって、本項の定める「推定」が「法律上の推定」[42]と異なる性質あるいは作用を有することを直ちに基礎づけることは困難ではないかとの批判説からの指摘には、一定の説得力を認めざるをえないようにも思われる。しかし、これらの見解が本項の背後にある経験則の存在を強調する意図は、むしろ、本項が経験則以外の諸事情に基づいていないことを示すところにあるのではないかとの推測も成り立ちうるように思われる。経験則以外に根拠がないのであれば、少なくとも、その経験則を適用した結果なお文書の真正な成立の真偽が不明に止まるなら真正な成立を認定すべきではないという、本項による「推定」の作用面に関して通説が支持する帰結を自然に導くことができそうであり、またその限りでは、「法律上の推定」と本項が定める「推定」の相違を明確化できそうだからである。しかし、このような議論は、結局のところ、本項は、経験則の適用による「事実上の推定」に対して何らかの外在的なルールを定めるものではないということを意味しかねず、そうだとすれば、今度は本項による「推定」と「事実上の推定」の境界が不明確なものとならざるをえないように思われる。[43][44]そのこと自体が直ちに不当であるとは思われないが、自由心証主義を採用する現在の民事訴訟（法）においては、「事実上の推定」をなすために個別的な根拠となる法規範は必要とされないという前提を採る限り、こうした理解は、本項の存在意義を希薄化し、通説のもとでは本項は「なくて済む」という批判説からの指摘に一定の説得力を付与することになりうることは否定しがたいように思われる。[45]もちろん、本項は究極的には確認的規定にすぎないというのも一つのありうる立場であろうが、通説がそこまで割り切った立場であるという理解が広く共有されているのかどうかは、少なくとも議論の余地のある問題であろう。２で述べた分析が的外れでないとすれば、少なくとも通説の嚆矢である兼子説はそのような立場とは一線を画すものであった可能性があるように思われるからである。このことを踏まえて、以下では、ここで紹介した、経験則を法定化したものとして本項を理解しようとする立場については仮に「経験則説」と呼ぶこととしたい。

3 批判説

(1) 紹介

批判説は、一九八〇年代に入って、松本博之教授によって強く主張されるところとなった。[46]教授の立場は、本項の「推定」を証明責任の転換を伴う「法律上の推定」として理解すべきというものである。その限りで、この見解においては、本項が定める「推定」と「事実上の推定」「法律上の推定」との関係は明確にされており、改めてその内容の検証を試みる必要性は大きくなさそうである。よって、ここではむしろ、通説に属する諸見解の立場を理解するための一助とすべく、その点に関する通説の不明確さを批判する教授の議論に着目しておきたい。

教授によれば、第一に、推定事実が特定の実体法規の要件事実であるかどうかによって、「法律上の推定」と法定証拠法則たる「推定」とが分けられるという兼子説の議論に論理的必然性はないとされる。「文書の成立の真正」という「訴訟法上の事実」を推定事実とする「法律上の推定」を定めることも可能だからである。(47)第二に、法定証拠法則という性質決定から反証によって推定が覆るという作用面における帰結を基礎づけることはできない。そのような薄弱な作用しか有しないものは法定証拠法則と呼ぶに値せず、法定証拠法則であるならば、相手方による反駁の余地を認めるとしても、それは括弧付きの「推定事実」が真実に反することの本証によってはじめて成功するものだからである。

また既に触れたように、松本教授は、反証によって覆る程度の「推定」を定める規定は、「なくて済む規定であって、裁判官に対する注意の喚起以上のものでなくなる(48)」とも指摘されている。さらに教授は、法定証拠法則に対する「誤解」に関して、「裁判官の心証に加えられる制約を極度に嫌い、自由心証による問題解決を重んじる実務の傾向によって、むしろ積極的な意義すら与えられてきたように思われる(49)」とも指摘されており、教授の経験則説への警戒感が窺われる。

(2) 若干の分析　もっとも、通説（あるいは経験則説）が本項を空文化させようとしているならば、その理解のもとでは、反証により「推定」が覆ることはむしろ当然であり、そのことを「法定証拠法則」たる「推定」であるがゆえのこととして説明する必要すらないようにも思われる。そこでは、その限りにおいて、法定証拠法則という性質決定から反証によって推定が覆るという作用面における帰結を基礎づけることはできないという批判は、説得力を減殺される可能性がある。他方で、本項の「推定」が「事実上の推定」に対して外在的な何らかのルールを設定するものであるのであれば、そのルールを「推定」という文言とこれを「法定証拠法則」と理解することによって説明できるか否かという問題は残るとしても、本項は「なくて済む」ということにはなりにくそうである。

これらのことは、一方では通説に対する批判の全てが同時に成り立つわけではない可能性を示唆する。しかし他方で、通説の側からみれば、経験則説に依拠して「法律上の推定」との作用面における相違を説明しつつ、なお本項の

「推定」は「事実上の推定」に対して外在的なルールの設定を含んでおり確認的意義の規定に止まるものではないとすること、換言すれば、経験則説と兼子説（のありうる理解）の「いいとこ取り」によって批判を完全に免れることは、少なくとも論理的には困難である可能性を示唆していると見る余地があるように思われる。

4 太田説

(1) 紹介　最後に、以上のような展開を踏まえつつ、いわゆる「証明度」「解明度」[50]という概念を導入することによって、本項の定める「推定」の理解を再構築しようとする太田勝造教授の見解について触れる。

教授は、まず通説に対し、これを経験則説的に理解したうえで、概ね批判説からの指摘と共通する理由によってこれを否定する[51]一方、以下のように、批判説を採用することにも必然性はないとし、独自の理解を提示される。

すなわち、本項自体が経験則の存否やその信頼性に影響を与えることはないから、（経験則説を採らない限り）本項が定める「推定」は、経験則を適用した結果が通常の（本項が存在しない）場合であれば文書の真正な成立を認定すべきとされる程度の状態（証明度および解明度）に達していない場合であっても、なおその認定を命じるところにその存在意義があるとみるべきであり、よって本項が定める「推定」の作用は、私文書の真正な成立について証明度および解明度を引き下げるところにあるといえる。しかし、証明度の引き下げは証明責任の転換を常に意味するわけではなく、そこまで至らない程度にとどめることも可能である[52]。そして、証明度の引き下げを証明責任の転換にまでは至らない程度にとどめるべきとの実質的価値判断が通説の背後には存在しており、そのような価値判断は結論として支持できるから[53]、本項が定める「推定」は、証明責任の転換に至らない程度の証明度の引き下げおよび解明度を引き下げるものと理解すべきである。

(2) 若干の分析　教授は、本項における「推定」に関し、「文書の真正な成立」について通常よりも引き下げられた証明度・解明度を妥当させるというルールを設定するものであるとし、一般原則の適用による「事実上の推定」

との相違を明らかにする一方、証明度の引き下げを証明責任の転換に至らない程度に止めることにより、証明責任の転換をもたらす「法律上の推定」との相違をも可視化させようとしている。通説（の少なくとも一部）が、とくに本項が定める「推定」の作用について、批判説とも経験則説とも異なる、いってみれば中間的な立場を採用しようとしてきたのだとすれば、太田説は、そのような立場をより明確に示すことのできる一つの魅力的な選択肢を提示するものと評価することができそうである。

もっとも、この見解によれば、証明責任の転換と本項が定めるとされる証明度の引き下げの相違は程度の違いに過ぎず、また、それが小幅に止められることは、実質的価値判断によって正当化されているに過ぎない。それゆえ、逆に実質的価値判断として証明責任の転換まで認めることが望ましければ、そのように解することに特段の障害があるわけではないようにみえる。要するに、このような立場を採用することは、「法定証拠法則」のような中間的な性質決定を不要とすることに他ならないものとも思われる。これに対して、通説、とくに出発点となった兼子説が、実質的価値判断と直結しているとは直ちには考えにくいようにみえる、実体法規の要件事実を推定事実とするものではない、という標識によって定まる「推定」の性質がその作用を規定するという論理展開を採用していたことはおそらく確かであり、だとすれば、もっぱら実質的に妥当な「推定」の作用がいかなる（程度の）ものであるかを探求しそれを採用するという解釈態度を採用することによって見落とされるものがないかには、なお注意する必要があるかもしれない。もっとも今日では、太田説を明示的に採用するわけではない見解においても、通説と批判説の対立点は、推定を覆すために必要な反証の程度に関する対立にもっぱら集約されるという見方が有力になっているようにみえるか(55)ら、「法定証拠法則」という性質決定の存在意義が希薄化する傾向は、より一般的なものになっているといえるのかもしれない。

（23） 兼子一「推定の本質及び効果について」同・民事法研究第一巻（一九五〇）（一九四〇初版）三一〇頁、三一九頁。

（24） Leo Rosenberg, Die Beweislast 4. Aufl, S. 220f., ローゼンベルク著（倉田卓次訳）・証明責任論（一九七二）二五八頁。ローゼンベルクに遡って本項を法定証拠法則にカテゴライズする意図を解明しようとする近時の試みとして、遠藤功「文書の証拠調べ——付　Leo Rosenberg の生涯と業績」信州大学法学論集二二号（二〇一三）五八頁がある（なお校正段階で、Ko Endo, Die Entwicklung der Lehre zur Feststellung der Echtheit der Urkunden in Japan und Rosenbergs Beitrag dazu, Festschrift für Peter Gottwald zum 70. Geburtstag, S.119ff. に接した）。この点に関して、批判説の主唱者である松本教授は、法定証拠法則であることの実践的帰結は当事者尋問の補充性（旧法三三六条・ZPO四四五条二項）に基づき、文書の真正な成立の有無につき当事者尋問を禁止することにあったとする（松本・前掲注（8）一六八頁）が、日本においては、当事者尋問の補充性自体あまり重視されない傾向にあり、平成八年改正において放棄されるに至った（現行法二〇七条二項は、証拠調べの順序を規律するのみである）こと（法務省民事局参事官室編・一問一答新民事訴訟法（一九九六）二三八頁参照）に鑑みると、仮にドイツ法に関してその理解が正しいとしても、それを日本における通説に持ち込めるか否かには議論の余地が残りうる。また批判説を支持される船越教授は、ローゼンベルクにはこの性質決定によって、法律上の推定との間に具体的な作用上の相違を生じさせる意図はなく「単に推定の性質に関するものであった」と分析される（船越・前掲注（8）五五一頁）。

（25）兼子・前掲注（23）三一〇頁。

（26）兼子一「立証責任」同・民事法研究第三巻（一九六九）一四五頁。

（27）兼子・前掲注（23）三一〇頁。

（28）兼子・前掲注（26）一四五頁。

（29）兼子・前掲注（23）三一〇頁、同・前掲注（26）一四五頁。

（30）そもそも事実認定でないがゆえに、自由心証主義の例外と位置づける必要もなく、分類としても実体法規であるとされる（兼子・前掲注（23）三三六頁）。

（31）兼子・前掲注（23）三二一頁。

（32）兼子・前掲注（23）三一九頁。

（33）兼子・前掲注（23）三二〇頁。

（34）反面、当事者尋問の補充性（旧民訴法三三六条・ZPO四四五条二項）を前提とすると、反証のための当事者尋問は許されないということになりうる（兼子・前掲注（23）三二五頁）。ここから、法定証拠法則と解することの実践的意義は当事者尋問の禁止にあったとの見方も成り立ちうる（松本・前掲注（8）一六八頁）が、日本においては、必ずしもこの点は重視されていないようにも思われる。なおこの点に関しては、前掲注（24）も参照。

(35) いわゆる間接事実と同義とされる。金子宏ほか編集代表・法律学小辞典〈第四版補訂版〉（二〇〇八）五九〇頁など。

(36) 兼子・前掲注（23）三〇九頁。

(37) 兼子・前掲注（23）三一〇頁、三一一頁。

(38) 兼子・前掲注（26）一四四頁。

(39) 三ケ月章・民事訴訟法（一九五九）四〇〇頁、同「判批」我妻栄編・民事訴訟法判例百選（一九六五）一一四頁も参照。

(40) 河野信夫「文書の真否」木川統一郎ほか編・新実務民事訴訟講座(2)（一九八一）二一八頁、加藤・前掲注（13）五九一頁（ただし加藤判事は、同・民事事実認定論〔二〇一四〕八三頁以下における同論文の再録版において若干立場を改められていることに注意を要する〔同書九七頁。具体的には、本項の推定を覆すには「反証で足りる」との表現が、「単なる反証では足りない」と改められている〕）、福田ほか編・前掲注（13）四二頁〔石井〕、滝澤ほか・前掲注（2）九三頁。

(41) 端的には、その性質がいかなるものであれ、相手方の立証活動による覆滅の余地を残す限り、経験則におよそ反する事実の「推定」の実効性には疑問が残る。そのような「推定」は、多くの場合に容易に覆滅させられてしまうことになりかねない。

(42) 松本＝上野・前掲注（9）四七四頁。

(43) 実際、本項による「推定」と事実上の推定とされる「一段目」の推定の性質は同様であると述べる文献もある。信濃孝一「印影と私文書の真正の推定」判時一二四二号（一九八七）一五頁。

(44) 吉村＝小島編・前掲注（17）一八〇頁〔太田〕も、通説のもとでの本項が定める「推定」の作用と「事実上の推定」の類似性を指摘する。

(45) 松本＝上野・前掲注（9）四七四頁。

(46) 松本・前掲注（8）一六三頁。

(47) ドイツ法に関し、Leipold, a.a.O., § 437 Fn. 1. 日本では船越・前掲注（8）五四七頁。

(48) 松本＝上野・前掲注（9）四七四頁。

(49) 松本・前掲注（8）一六五頁。

(50) 証明度とは、要証事実を認定するために必要とされる当該事実が存在する蓋然性ないし裁判所の心証の程度、または、一定時点における要証事実存在の蓋然性ないし心証の程度（これが前者の意味における証明度を超えていれば、当該事実が認定されるべきこととなる）を意味し、解明度とは、裁判所が終局的判断をするために必要な審理が尽くされた状態、あるいはその判断基準となる、一定時点における要証事実存在の蓋然性についての判断がその後に新たな証拠によって覆される蓋然性（の小ささ）を指している。解明度概念につきより詳しくは、太田勝造・裁判における証明論の基礎〔一九八二〕一〇五頁以下、同・社会科学の理論とモデル7・法律〔二〇〇〇〕九九頁以下等を参照。なお、本項が解明度を（も）引き下げるものであるとの指摘はきわめて興味深いものと思われるが、従来の議論の流れとは一線を画すものであることもあり、本稿において立ち入った検討の対象とすることは断念せざるをえなかった。

(51) 吉村＝小島編・前掲注（17）一七八頁〔太田〕。教授は「矛盾」を指摘されているが、本項（旧法三二六条）を確認的規定に過ぎないと解すれば、矛盾しているとまではいえない可能性もあるように思われることは、3で述べた通りである。教授がそのような説明で満足しないより実質的な理由は、経験則が指示するよりも広い範囲において文書の真正な成立が認定されるべきであるという認識にあるようにも思われる。

(52) 太田教授は、（要証事実が存在する確率）五〇％以下（でも要証事実ありと認定すべきというところ）にまで証明度を引き下げることを証明責任の転換と理解している。吉村＝小島編・前掲注（17）一七九頁〔太田〕。

(53) 太田教授は、その価値判断が支持されるより実質的な正当化根拠は、主として手続面における「文書全体の真正の厳密な証明の困難と相手方に立証活動を促す行為規範、および、手続終結時の当事者間のリスク分配」（の公平性の考慮）にあるとされる（吉村＝小島編・前掲注（17）一八二頁〔太田〕）。

(54) 松本教授の見解にも、法定証拠法則という性質決定によって作用が規定されるという要素が存在しており、その作用の内容が兼子説と異なっているに過ぎないと理解する余地があるかもしれない。太田教授は、そのような体系上の考慮が解釈の余地を限定するという考え方に対して批判的である。吉村＝小島編・前掲注（17）一八〇頁〔太田〕。

(55) 三木ほか・前掲注（11）〔三木〕、須藤典明「文書成立の真正の推定」伊藤眞＝加藤新太郎編・〔判例から学ぶ〕民事事実認定（二〇〇六）五八頁、福田ほか編・前掲注（13）四〇頁〔石井〕、滝澤ほか・前掲注（2）九四頁など。

四　おわりに

本項の定める「推定」の作用に関して、学説の間には、本項の下でも、文書上における作成者の署名または押印があれば、当該文書は真正に成立している蓋然性が高いという経験則に基づき、当該文書の真正な成立を一般原則によって認定できる場合に当該文書の真正な成立が認定できれば必要かつ十分であると考えるか、それよりは広く文書の真正な成立が認定されるべきであり、その旨が本項に定められていると考えるかという対立が存在するのではないかと思われる。通説のうち本稿のいう経験則説は前者に属し、批判説および太田説は後者に属すると考えられるが、通説の一部も後者に属するものである可能性がある[56]。このうち前者の考え方は、本項の「推定」が反証によって覆ることを容易に説明できる一方で、本項自体の存在意義を希薄化させ、ひいては「法定証拠法則」として本項の「推定」を理解することの意義までも希薄化させる可能性を有している。他方で、後者に立ち、かつ本項に証明責任の転換までの作用は認めるべきではないと考えるとしても、その立場を表現することが太田説のような説明によっても可能で（あるいは太田説の方がより明確ですら）あるとすれば、「法定証拠法則」という性質決定の必要性がそのことから直ちに明確になるわけではない。とくに、そのような作用が実質的価値判断によって選択のうえで採用されうるものであるとすれば、「法定証拠法則」という性質決定を介在させる意味は乏しいということになりかねず、実際、そのような理解は有力になっているようにも思われる。ただし、これらのことから本項が定める「推定」を法定証拠法則と理解することの実践的意義がまったく否定されることになるかどうかはなお明らかではない。例えば、兼子説のいう、実体法規の要件事実を推定事実としないものが法定証拠法則であり、「法律上の推定」とは異なる効果がこれに結びつくという論法にまったく意味がないとすれば、少なくとも実質的価値判断において妥当であるかぎり、従来「法律上の推定」として解されている実体法中の種々の「推定」規定についても本項同様の解釈が可能であるということにもなりうる。それはそれで一つの立場ではあろう[57][58]が、冒頭に示した「共通了解」さえ掘り崩しかねない面があり、その当否に関しては少なくとも検討の余地があるように思われる。ただし、それを試みることは今後の課題とせざるをえない。

伊藤眞教授は、批判説に対して、通説を「事実上の推定を裁判官の心証形成についての規範命題化したという意味では、たとえ反証によって覆されるものであっても法定証拠法則としての意味がある」(59)と擁護される。本稿はこの一文について検証を試みるものともいえるにもかかわらず、これに対する説得的な基礎づけも反駁も与えることのできない中途半端な内容にとどまっている。慚愧に堪えないが、祝意のみをお汲み取りいただければ幸いである。

(56) いずれの考え方がより適切であるかは、実際にこの経験則がどの程度広く強く妥当しているかにも依存する問題であり、ここで論じる余裕はない。ただし、本項の存在自体が人々の(文書への署名・押印をどの程度慎重に行うかの)行動に、ひいては経験則の妥当範囲とその強度に影響を与えている可能性があることには留意する必要がありそうである。現在の社会では経験則説で必要十分であるようにみえても、最初からそうであったわけではない可能性もないわけではないように思われる。

(57) 一2(2)において紹介した見解は、そのような方向を示すものとみる余地もあると考えられる。

(58) 逆に、究極的には外在的な考慮に由来するものであっても、あえて事実認定の枠内において作用するものと位置づけられるルールであるということに、何らかの積極的意義をなお見出す余地がないかということも、検討に値するかもしれない。例えば、そうしたルールの承認によって、いわゆる「差額説」を完全には放棄することなく種々の考慮を結論に反映させようとする、損害(額)に関する判例・実務のあり方(近時の整理として例えば、田中俊行「判例の立場を前提とした損害論と中間利息控除の基準時(上)」判タ一三九六号〔二〇一四〕八六頁以下など)について、一貫性ある説明を与えることができないかといったことが想起されうるが現在のところ、思いつきの域を出るものではない。また仮にそうしたルールの承認ないし活用の余地があるとしても、自由心証主義の理解や事実審と法律審の役割分担等に関するきめ細かい調整が前提として必要となることはいうまでもない。

(59) 伊藤・前掲注(2)四〇四頁。

＊本稿は、科学研究費補助金(課題番号二四二四三〇一八)の成果の一部である。

統計学の考え方と事実認定

太田勝造

一　はじめに
二　本稿で使用する統計学の考え方
三　証拠の関連性と証拠力——尤度比
四　証拠の信頼性——目撃証言、自白、ポリグラフ、ＤＮＡ型鑑定
五　一応の推定と有意水準
六　証明度と偽陽性・偽陰性
七　終わりに

一　はじめに

今から五〇年以上の昔、名医と言われた東京大学医学部内科の沖中重雄教授はその最終講義で、自己が率いた第二内科では、患者死亡後の剖検実施例七五〇人中に一〇七例の誤診が見つかり、誤診率は一四・二％であったと明らかにした。[1] 逆に言えば八五・八％の的中率だったことになる。具体的には、例えば、脳腫瘍やクモ膜下出血などの神経疾患であったことが剖検で判明した八二例の中で、異なる神経疾患と診断されたり、神経疾患以外の病気と診断されていた例が一五例あったので、神経疾患の誤診率は八二分の一五の一八・三％と計算している。このように、剖検による正しい診断の例数を分母として、間違った診断の例数を分子として誤診率が計算されている。ある診断を下された例数を分母として、その中で剖検によって誤診とされた例数を分子として計算されたものではない。言い換えれば、神経疾患と診断された内の一八・三％が誤診だったという意味の「誤診率」ではなく、神経疾患で死亡した内の一八・三％で誤診がなされていたという意味の誤診率である。これら二つの誤診率概念は異なるものであり、数値も一致しないことに注意が必要である。この区別は統計学的に重要である。

この例から分かるように、判断の過誤率が一四・二％とか一八・三％とかというときにもさまざまな場合が考えられる。その理由は、ある病気のときにその病気ではないと診断される確率と、その病気ではないときにその病気であると診断される確率とが異なるからである。例えば、健康な人を病気であるという確率と、病気の人を健康であるという確率とが同じであることはまずない。裁判の場においても、権利のない人に権利を認める誤判の確率と、権利のある人の権利を認めない誤判の確率とが同一であることはまずない。前者の判断過誤を偽陽性と呼び、後者の判断過誤を偽陰性と統計学では呼ぶ。

本稿ではこのような統計学の基礎的考え方を使うことで事実認定の議論をよりよく整理したり、新たな光を当てたりできることを示すことにしたい。

（1）　沖中重雄「内科臨床と剖検による批判」（一九六三年三月四日東京大学医学部内科講堂）西脇順三郎ほか・最終講義（一九九七）六一〜一一六頁、八〇頁。なお、本研究は日本学術振興会の科学研究費補助金の特別推進研究（課題番号：二三〇〇〇〇〇一、研究課題名：経済危機と社会インフラの複雑系分析、研究代表者：矢野誠京都大学経済研究所教授）による研究の一部である。

二　本稿で使用する統計学の考え方

ここでは、統計学の基礎的考え方の中で本稿で参考とするものをいくつか紹介しておくことにする。既に統計学を修得されている読者は飛ばしていただきたい。(2)

1　条件付確率と偽陽性・偽陰性

まず、統計学の基礎的考え方を理解する上では、「条件付確率」の考え方と表記法を知っておくと便利である。条件付確率は、例えば次のように表記する。

p(データe|仮説H)

これは、「仮説Hが真であるときに、データeが得られる確率」という意味である。この条件付確率を用いると、例えば「健康な人を病気であると診断する確率」という誤診率は、

p(病気と診断|健康な人)

というように表すことができる。この過誤のことを「偽陽性」と呼ぶ。逆に「病気の人を健康であると診断する確

率」という誤診率は、

p(健康と診断｜病気の人)

と表すことができ、この過誤のことを「偽陰性」と呼ぶ。このように表記すれば、同じ過誤確率でも偽陽性率と偽陰性率が同一になることはまずないことが見て取れるであろう。確かに、経験的には一方が小さくなれば他方も小さくなることが多いと期待される。例えば、名医であれば健康な人を病気と診断する確率も、病気の人を健康と診断する確率も共に小さく、野巫医者であれば、両方の確率が共に大きいであろうと予想される。とはいえ、両者は論理的には別個独立の確率である。例えば、極端な反例を挙げれば、武器所持を探知する金属探知機と称されるある機械が、金属の武器を持っている人に対して一〇〇％の確率でブザーを鳴らすとしよう。しかしこれが優れた金属探知機である保証はない。例えば、実は誰が通っても必ずブザーを鳴らす詐欺商品であるかもしれない。その場合、偽陰性率はゼロで、偽陽性率は一〇〇％となる。

2　ベイズの定理と尤度比

条件付確率で有名な定理が「ベイズの定理」である。最も簡単な場合は以下のようになる。

$$p(H|e) = \frac{p(H) \times p(e|H)}{p(H) \times p(e|H) + p(\text{not } H) \times p(e|\text{not } H)}$$

p(H)は証拠eが出てくる前の仮説Hが真である確率であり「事前確率」と呼ばれ、p(H|e)は証拠eが判明した後の仮説Hが真である確率であり「事後確率」と呼ばれる。よって前記のベイズの定理は事前確率が証拠によってどのように事後確率に変化するかを示す式であることになる。なお、「not H」は「仮説Hの否定」であり、仮説Hが偽

である場合を指す。事後確率 p(H|e) が事前確率 p(H) より大きくなるか、小さくなるかは次の式が一より大きいか、一より小さいかと同値である。

$$\frac{p(e|H)}{p(e|\text{not } H)}$$

この式は「尤度比」と呼ばれる(3)。

3　検査の感度と特異度

統計学的検査の理論において偽陽性率 p(陽性と判断|陰性が真)の補数は検査の「感度」と呼ばれ、偽陰性率 p(陰性と判断|陽性が真)の補数は検査の「特異度」と呼ばれる。感度と特異度を合わせて「検査特性」と呼ぶ。それぞれの関係を条件付確率で書けば以下のようになる。

検査の感度 ＝ p(陰性と判断|陰性が真) ＝ 1－p(陽性と判断|陰性が真) ＝ 1－偽陽性率

検査の特異度 ＝ p(陽性と判断|陽性が真) ＝ 1－p(陰性と判断|陽性が真) ＝ 1－偽陰性率

なお、検査の感度は統計学では「陽性的中率」とも呼ばれ、検査の「特異度」は「陰性的中率」とも呼ばれる。この考え方から、裁判の正確さは、請求認容判決をしたときにそれが正しい判断である確率 p(正しい判断|請求認容) としてのみ考えるべきではなく、請求認容するべき事件で正しく請求認容する確率 p(請求認容|請求認容するべき事件)、すなわち裁判の特異度と、請求棄却するべき事件で正しく請求棄却する確率 p(請求棄却|請求棄却するべき事件)、すなわち裁判の感度との、双方を合わせて考えなければならないことが分かる。

4　統計的検定と有意水準

統計的検定[4]においては「p値」と呼ばれる確率値を用いる。ある注目する仮説を「研究仮説」と呼ぶ。例えば男女の賃金差別の訴訟で「女性従業員の賃金の方が男性従業員の賃金より低い」というような仮説である。研究者にとって確認したい仮説のことである。ところが、統計的検定において、このような研究仮説が真である確率を直接的に求めることは余りない。むしろ、まず、研究仮説を否定する命題を立てる。例えば、「女性の賃金と男性の賃金との間に格差はない」というような仮説である。これを「帰無仮説」と呼ぶ。なお、前述の研究仮説を論理的に否定する命題は厳密には「女性の賃金は、男性の賃金と同等かそれ以上である」というものであるから、この例での帰無仮説の設定は、社会科学で通常使われる両側検定のために研究仮説を若干修正して「女性従業員の賃金と男性従業員の賃金との間には格差が存在する」としたことになる。p値とは、母集団において帰無仮説が真である場合に、標本抽出を無限回繰り返したという仮想的な状況において、「今回の標本データにおける格差かそれ以上の格差の見られる標本データが得られる割合」を確率で表現したものである[5]。それぞれの（仮想的な）標本抽出ごとの標本データにおける格差がどのように分布するかを何らかの「検定統計量」を用いて計算する。このような分布は「標本抽出分布」と呼ばれる。逆に言えば、検定統計量とは標本抽出分布を計算することができるようにするために考案された統計量ということになる。標本抽出分布が分かれば、今回の標本データにおける格差以上の格差をもたらす標本データが得られる確率、すなわちp値を算出できる。このようなp値を条件付確率で表記すれば次のようになる。

p（今回の標本データ以上の格差｜帰無仮説が真）

統計的検定においては、p値が五％未満、すなわち二〇回に一回未満の確率である場合や、一％未満、すなわち一〇〇回に一回未満である場合に「統計的に有意」であるとする。この五％や一％の基準は「有意水準」と呼ばれ「α＝〇・〇一」などのように表記されるが、これらの値を基準とする論理的理由が存在しているわけではない。社会科学で古くから用いられてきた慣例に過ぎない。p値が五％未満や一％未満のように「異常に小さい確率値」であることは、帰無仮説が真であると前提すれば今回の標本データは非常に希にしか得られないはずのものであることになる。それが今回得られたということは、「ありそうにないこと」が起きたことになるので、標本抽出や統計計算に誤りがないとすれば、前提条件である帰無仮説が疑わしいということになる。そこで、この帰無仮説を棄却する。(6) こうして、研究仮説を否定する帰無仮説を棄却できたので、研究仮説は生き残る。このように統計的検定は帰無仮説を棄却することまでしかできないので、統計的に有意な結果が得られたからと言って、研究仮説が真であることにはならない。すなわち、実験、検査、あるいは調査などによって、統計的に有意な結果が得られたとしても、

$$p(\text{研究仮説が真}\mid\text{今回の標本データ})$$

が一に近づく保証はない。(7) ベイズの定理の説明の際に見たように、尤度比次第である。すなわち、

$$\frac{p(\text{今回の標本データ}\mid\text{研究仮説が真})}{p(\text{今回の標本データ}\mid\text{帰無仮説が真})}$$

が一より大きければ今回の標本データは研究仮説を支持する方向の証拠（支持証拠）となり、一よりも小さければ帰無仮説を支持する、すなわち研究仮説を否定する方向の証拠（反対証拠）となり、ちょうど一であれば証拠としての価値がないことになる。支持証拠が得られたとしても、研究仮説の真である確率がどれほど一に近づくかは、事前確率と尤度比の値次第である。

（2） アメリカ合衆国の民事・刑事の裁判における統計学の利用については、マイクル・フィンケルスタイン（太田勝造監訳）・法統計学入門――法律家のための確率統計の初歩（二〇一四）、ハンス・ザイゼル＝デイビッド・H・ケイ（細谷雄三訳）・数字で立証する――裁判と統計（二〇一二）、サナ・ルー（太田勝造＝津田敏秀監訳）・法、疫学、市民社会――法政策における科学的手法の活用

（二〇〇九）などが参考になる。統計学については、ハウェル・ジャクソンほか（神田秀樹＝草野耕一訳）・数理法務概論（二〇一四）第八章、山内光哉・心理・教育のための統計法〈第三版〉（二〇〇九）、東京大学教養学部統計学教室編・人文・社会科学の統計学（一九九四）、東京大学教養学部統計学教室編・統計学入門（一九九一）、ジョージ・W・ボーンシュテット＝デイヴィッド・ノーキ（海野道郎＝中村隆監訳）・社会統計学――社会調査のためのデータ分析入門（一九九〇）、森田果・実証分析入門（二〇一四）など参照。日本における法と統計学については、亀本洋責任編集・岩波講座 現代法の動態6 法と科学の交錯（二〇一四）および石黒真木夫ほか・法廷のための統計リテラシー――合理的討論の基盤として（二〇一四）を参照。

（3） p(e|H)は「尤度」と呼ばれるので、仮説Hが真である場合の尤度と、仮説Hが偽である場合の尤度の比の値であるので尤度比と呼ばれる。

（4） 統計的仮説検定の考え方については、差し当たり山内・前掲注（2）第七章、第八章参照。

（5） より厳密には、格差の絶対値が今回のデータにおけるそれと同じか、またはより大きいデータが得られる確率、である。

（6） 偽陽性・偽陰性の考え方を帰無仮説に用いて「帰無仮説が真であるのに棄却する過誤」と「帰無仮説が偽であるのに棄却しない過誤」を考えることができる。前者は「タイプⅠエラー」と呼ばれ後者は「タイプⅡエラー」と呼ばれる。タイプⅠエラーの確率はp(帰無仮説を棄却|帰無仮説が真)であり、タイプⅡエラーの確率はp(帰無仮説を棄却しない|帰無仮説が偽)である。

（7） 同様に、帰無仮説を棄却できたからと言って、帰無仮説が真である確率がゼロに近づく保証もない。p値すなわちp(今回と同じかそれ以上の標本データ|帰無仮説が真)が小さいだけで、帰無仮説が真である確率、すなわちp(帰無仮説が真|今回の標本データ)とp値とは論理的には無関係である。

三　証拠の関連性と証拠力――尤度比

原告側が主張する要件事実に包摂される事実（証明主題ないし要証事実）[8]を仮説H_{π}としたとき、H_{π}が真である確率は、証拠の蓄積によって上昇したり低下したりする。確率とその補数の比の値（p/(1−p)）は「オッズ」と呼ばれる。ベイズの定理をオッズと尤度比LRを用いて書き直せば、

$$O(H_\pi|e)=\frac{p(H_\pi|e)}{1-p(H_\pi|e)}=\frac{p(e|H_\pi)}{p(e|\mathrm{not}\,H_\pi)}\times\frac{p(H_\pi)}{1-p(H_\pi)}=LR(e,H_\pi)\times O(H_\pi)$$

となる。この尤度比$LR(e,H_\pi)$は、証明主題H_πに関する証拠命題eについての尤度比$\left(\frac{p(e|H_\pi)}{p(e|\mathrm{not}\,H_\pi)}\right)$を表している。そして、先に述べたように、事前確率$p(H_\pi)$よりも事後確率$p(H_\pi|e)$が大きくなるか否かは尤度比$LR(e,H_\pi)$が一よりも大きいか、小さいかによる。よって、ある証拠が本当に証拠として原告側の証明主題が真である確率を高めるものである場合とは、その尤度比が一より大きい場合であることになる。逆にそれが一よりも小さい場合は、当該証明主題を否定する証拠、すなわち、被告側にとっての証拠となる。尤度比がちょうど一である場合、それには当該証明主題との「証拠の関連性」がなく[9]、証拠力ないし証拠価値がゼロであることになる[10]。

このように考えると、ある提出された証拠が本当に証拠の関連性を有しているかは、当該証拠によって証明主題が真である確率が変化するかで判断されることになり、変化しない場合は証拠の関連性なしとなる。当該証拠によって証明主題が真である確率が変化しないかどうかを確かめるには、尤度比が一であるかどうかを確認すればよいことになる。すなわち、当該証明主題が真であるとした場合に当該証拠が出てくる確率と、当該証明主題が偽であるとした場合に当該証拠が出てくる確率とを比較し、前者と後者で差がないなら証拠の関連性なしと判断するべきことになる。

証拠e_1と証拠e_2が提出された場合のように、証拠が複数提出された場合についてもオッズで定式化されたベイズの定理が有用である。まず、証拠e_1と証拠e_2が相互に独立である場合には非常にシンプルである[11]。なお、$p(e_1,e_2|H_\pi)$は、証明主題H_πが真であるときに、証拠e_1と証拠e_2が共に存在する場合であり、e_1,e_2は「e_1かつe_2」を表している。この場合、オッズによって証拠の蓄積を次のように表すことができる。

$$O(H_\pi|e_1,e_2)=LR(e_2,H_\pi)\times LR(e_1,H_\pi)\times O(H_\pi)$$

このような関係は、証拠がいくつあっても、それらが相互に独立であれば成り立つ。

相互に独立ではない証拠の場合は、次のように考える。まず、複数の証人が口裏を合わせて同じ証言をしたことが分かった場合などのように、二人目以降の証人の証言には証拠力が全くない場合は、二人目以降の証言を無視すれば済む。次に、それぞれに証拠力はあるが、相互に独立していない証拠e_1と証拠e_2のような場合は、

$$p(e_1, e_2|H_\pi) = p(e_1|H_\pi) \times p(e_2|H_\pi, e_1)$$

の関係式に基づいて、証拠力を調整すればよい。

以下では簡単化のため、当該証明主題をめぐって原告側が提出した証拠と被告側が提出した証拠がすべて相互に独立である場合を考える。このような場合、原告側の証拠群の総合的な証拠力（総合的証拠価値）に相当するものは前記の複数の証拠の場合のオッズ比によるベイズの定理の式から分かるように、尤度比が一より大きい原告側の証拠それぞれの尤度比をすべて掛け合わせたもの$\prod LR(e_i, H_\pi)$となる。被告側の証拠の場合、

$$O(\text{not } H_\pi|e) = \frac{p(\text{not } H_\pi|e)}{1-p(\text{not } H_\pi|e)} = \frac{1-p(H_\pi|e)}{p(H_\pi|e)} = \frac{1}{O(H_\pi|e)}$$

であるから、一より小さい尤度比の証拠である被告側証拠のそれぞれの尤度比の逆数を掛け合わせたもの$\prod LR(e_i, H_\pi)^{-1}$が、被告側の証拠群の総合的な証拠力（総合的証拠価値）に相当する。ここから、原告側の証拠群の尤度比の積と被告側の証拠群の尤度比の逆数の積を比較して、大きい方の当事者の証明の方が優越していると判断することができる。これが、原告側の証拠と被告側の証拠を比較検討してどちら側の立証の方が勝っているかを判断する事実認定の統計学的説明である。

（8） 民事訴訟法学では「証明を要しない事実」と区別するために「要証事実」という用語が用いられることが多いが、ここでは仮説と

しての事実命題であることを確認するため「証明主題」という用語を用いる。

（9） 例えば、アメリカ合衆国連邦証拠規則四〇一条の「関連性のある証拠」の定義を参照。また、フィンケルスタイン・前掲注（2）第一章参照。

（10） 尤度比概念と証拠との関係についての詳細な検討として、エリオット・ソーバー（松王政浩訳）・科学と証拠——統計の哲学入門（二〇一二）を参考にした。

（11） 証拠e_1と証拠e_2が相互に独立とは$p(e_1|e_2)=p(e_1)$または$p(e_2|e_1)=p(e_2)$が成り立つ場合であり、このとき$p(e_1, e_2)=p(e_1)\times p(e_2)$が成り立つ。このときには、$p(e_1, e_2|H_\pi)=p(e_1|H_\pi)\times p(e_2|H_\pi)$と$p(e_1, e_2|\text{not } H_\pi)=p(e_1|\text{not } H_\pi)\times p(e_2|\text{not } H_\pi)$が成り立つ。

四　証拠の信頼性——目撃証言、自白、ポリグラフ、DNA型鑑定

児童虐待事件の子どもの証言、事故や事件の目撃証言、刑事事件での被告人の自白、ポリグラフなど、証拠方法としての信頼性が争われる証拠も少なくない。他方、これらの証拠方法を自己に有利なものとして提出する側は、それらを非常に信頼できるものと考えていることも多い。これらに対してDNA型鑑定など、その証拠方法としての信頼性が非常に高いと多くの人々によって一致して信じられている証拠方法もある。これらのことは統計学的にはどのように考えるべきなのであろうか？

　これらの証拠方法に信頼を置く者は、「真犯人だから自白したのだ」とか「虐待を受けたからその旨証言するのだ」、「確かに目撃したから証言するのだ」と考えて証拠としての信頼性を高く評価するのであろう。すなわち、p(自白|真犯人)やp(虐待を受けたと証言|虐待を受けた児童)、p(証言する|目撃した)、p(ポリグラフで陽性|犯人)などの値が非常に高いと想定していることになる。確かにこれらの確率値が一に近い場合、事後確率が大きく上昇する場合も多いであろう。しかし、事後確率がどれほど上昇するかはこれだけからは一概に言えない。この点は、事前確率よりも事後確率の方が高くなる条件が、尤度比が一より大きい場合であったことから明らかであろう。すなわち、

p(自白|真犯人でない)やp(虐待を受けたと証言|虐待を受けていない児童)、p(証言する|目撃していない)、p(ポリグラフで陽性|真犯人でない)の値と比較しなければならない。このことは、「真犯人でなくても自白する場合」とか「児童が虐待を受けていないのに、受けたと証言する場合」、「目撃していないのに証言する場合」、「真犯人でないのにポリグラフで陽性が出る場合」の確率を考慮するべきことを意味する。これらの確率が比較的大きい場合、尤度比は一に近づき、事前確率に比べて事後確率がそれほど高まらないことになる。[12] 事実、記憶の事後的な加工や誘導、思い込みなどによって、児童が受けていない虐待を証言したり、証人が間違った証言をしてしまう確率は、一般的に考えられているよりも大きい。また、取調べで緊張してポリグラフが陽性に出る無実の人も少なくないし、長期の取調べによるプレッシャーに屈したり、今は取調官の言いなりに虚偽の自白をしても訴訟になれば裁判所が正しく無実を認定してくれるだろうなどと考えて、犯していないのに自白をしてしまう被疑者も決して少なくない。[13]

こうしてみると、証拠の信頼性が問題となる証拠方法の場合、伝統的な法律学や訴訟実務において尤度比の分子が高いということのみから当該証拠方法を過信し、尤度比の分母の方の確率を十分に考慮しなかったり、考慮できなかった場合として統計学的に説明しうることが分かる。

では、逆に、尤度比の分母の値に注目し過ぎて、証拠の信頼性を過信してしまうということはないのであろうか。実は、このような場合もある。例えばＤＮＡ型鑑定の場合、人口からランダムに選ばれた者のＤＮＡ型が偶然に一致する確率は数兆分の一であると言われている。[14] 地球上の人類の数は七〇億人程度であるから、偶然によって一致する人はほとんど限りなくゼロであると言われる。この数兆分の一という確率は、刑事事件の犯罪被疑者や父子鑑定の親族と主張されている者が、実は無関係の別人・他人であるのに偶然ＤＮＡ型が一致するという確率であるから、p(DNA型の一致|別人同士)というものであり、証明主題Hと証拠eを用いれば、p(e|not H)ということになる。すなわち、尤度比の分母である。これが数兆分の一となれば、事後確率は跳ね上がって一に近づくのが通常である。ただし、ここでも重要なものは尤度比それ自体であり、分母だけに注目することは危険である。分子の値にも事前確率

の値にも注意を払う必要がある。例えば分子も数兆分の一ならば証拠力は小さいかもしれない。さらには、この数兆分の一という数値の前提についても検討し直す必要がある。例えば、一卵性双生児が一〇〇〇分娩当たり四分娩の確率で起きると知れば、この数値を単純にそのまま利用してよいか問題を感じるであろう。とりわけ、被疑者に一卵性双生児の兄弟姉妹がいると分かった場合を想定してみればよい。このように、尤度比の考え方で整理し直すことで証拠の信頼性にも光を当てることができる。

(12) 極端な場合、これらの確率の方が大きいならば、事後確率は逆に下降する。

(13) 自白や証言の証拠としての信頼性が低いことについては多くの心理学研究が存在する。例えば、A. トランケル（植村秀三訳）・証言のなかの真実（一九七六）、Norbert L. Kerr (ed.), *The Psychology of the Courtroom*, Academic Press, 1982, E. F. ロフタス（西本武彦訳）目撃者の証言（一九八七）、菅原郁夫ほか編・法と心理学のフロンティア(1)（二〇〇五）、ブライアン・L. カトラー（浅井千絵＝菅原郁夫共訳）目撃証人への反対尋問――証言心理学からのアプローチ（二〇〇七）など参照。

(14) 例えば、John M. Butler（福島弘文＝五條堀孝監訳）・DNA鑑定とタイピング――遺伝学・データベース・計測技術・データ検証・品質管理（二〇〇九）は約三兆分の一の数値を例示している。

五　一応の推定と有意水準

社会科学における統計的検定の際には、先に述べたように有意水準として五%や一%を一般的に設定する。この基準と裁判とはどのような関係に立つのであろうか？

まず第一に指摘しておかなければならないことは、有意水準やp値と証明主題が真である確率とは直接的な関係がない点である。有意水準は、証明主題に対応する研究仮説を否定する命題、すなわち帰無仮説が真であるという仮定を置いた場合に、調査・実験の当該標本データが得られる確率であるp値がどれだけ小さければ、その帰無仮説を棄却するかの基準である。すなわち、

有意水準$\alpha > p$(調査・実験の標本データ｜帰無仮説が真)

であれば、帰無仮説を棄却するという基準である。これを五％や一％に設定するということは、帰無仮説が真であるのにそれを棄却するという過誤（タイプIエラー）をおかす確率を五％未満や一％未満に抑えるという価値判断である。よって、証明度とも直接的な関係はない。

第二に指摘すべき点はp値と尤度比の関連である。原告主張の証明主題H_πに対して、それを否定する被告側の主張が帰無仮説に対応する。p値をこの対応に則して書き直せば、

p(証拠e｜not H_π)

となる。これは尤度比の分母である。したがって、有意水準を五％や一％に設定したとしても、事後確率が事前確率よりも上昇するか否かは分からないのである。尤度比の分子であるp(証拠e｜H_π)がp値よりも小さければ事後確率は低下するし、p値よりも大きければ上昇する。

第三に、しかしだからと言って有意水準やp値が訴訟上の証明において意味がないわけではない。民事訴訟では、証明責任を負担している側が証明度を超えるまで立証をすれば、主観的証明責任が相手方に移り、今度は相手方の方が、裁判所の心証点が証明度未満となるまで立証しなければ敗訴する。この主観的証明責任の転換が起きる場合として、一応の推定ないし表見証明の場合が挙げられる[15]。この一応の推定を行う上で、五％や一％の有意水準によって統計的検定をパスした証拠方法が意味を持ちうる。すなわち、統計的に有意な社会科学上の知見が証拠方法として出てきた場合、それをもって一応の推定ないし表見証明が成立したとして、相手方に主観的証明責任を転換するという扱いが正当化される場合がありうるのである。例えば、雇傭における男女差別に基づく訴訟で、統計的に有意な知見として当該企業の男性従業員の平均賃金の方が女性従業員の平均賃金よりも高いというデータ分析の結果が証拠として

事後確率		尤度比									
		2	3	4	5	10	**20**	50	**100**	500	1000
事前確率	0.01	0.020	0.029	0.039	0.048	0.092	0.168	0.336	0.503	0.835	0.910
	0.02	0.039	0.058	0.075	0.093	0.169	0.290	0.505	0.671	0.911	0.953
	0.03	0.058	0.085	0.110	0.134	0.236	0.382	0.607	0.756	0.939	0.969
	0.04	0.077	0.111	0.143	0.172	0.294	0.455	0.676	0.806	0.954	0.977
	0.05	0.095	0.136	0.174	0.208	0.345	0.513	0.725	0.840	0.963	0.981
	0.06	0.113	0.161	0.203	0.242	0.390	0.561	0.761	0.865	0.970	0.985
	0.07	0.131	0.184	0.231	0.273	0.429	0.601	0.790	0.883	0.974	0.987
	0.08	0.148	0.207	0.258	0.303	0.465	0.635	0.813	0.897	0.978	0.989
	0.09	0.165	0.229	0.283	0.331	0.497	0.664	0.832	0.908	0.980	0.990*
	0.10	0.182	0.250	0.308	0.357	0.526	0.690	0.847	0.917	0.982	0.991*
	0.20	0.333	0.429	0.500	0.556	0.714	0.833	0.926	0.962	0.992*	0.996*
	0.30	0.462	0.563	0.632	0.682	0.811	0.896	0.955	0.977	0.995*	0.998*
	0.40	0.571	0.667	0.727	0.769	0.870	0.930	0.971	0.985	0.997*	0.999*
	0.50	0.667	0.750	0.800	0.833	0.909	0.952	0.980	0.990*	0.998*	0.999*
	0.60	0.750	0.818	0.857	0.882	0.938	0.968	0.987	0.993*	0.999*	0.999*
	0.70	0.824	0.875	0.903	0.921	0.959	0.979	0.992*	0.996*	0.999*	1.000*
	0.80	0.889	0.923	0.941	0.952	0.976	0.988	0.995*	0.998*	1.000*	1.000*
	0.90	0.947	0.964	0.973	0.978	0.989	0.994*	0.998*	0.999*	1.000*	1.000*

提出された場合である。裁判所としては、その証拠をもって一応の推定ないし表見証明が成功したとして、主観的証明責任を相手方に移転させることがありうるであろう。

この点を見るため、まず、尤度比と事前確率の様々な値の場合における、事後確率を計算した表を示しておこう。

民事訴訟の証明度としては、アメリカ合衆国では原則として「証拠の優越（preponderance of the evidence）」が用いられており、法律要件に該当する証明主題を「そうでないよりももっともらしい（more probable than not）」という程度まで証明すれば証明成功とされ、当該事実は判決の基礎とされる。これは五〇％を超えればよいことを意味するとされることが多い。また、アメリカ合衆国の刑事訴訟の証明度は「合理的疑いを入れない程度の証明（beyond a reasonable doubt）」とされ、九九％を超える程度と表現されることがある。これに対して、日本における民事訴訟の原則的証明度は「高度の蓋然性」と呼ばれ、相当程度に高いとされる。[16] 例えば、八〇％を超えるというように表現されることもある。日本の刑事訴訟の証明度は「合理的な疑いを超える証明」とされ、アメリカ合衆国の刑事訴訟と同様である。以上の日米の証明度を参考として、表においては、事後確率が五〇％を超えるセルの背景を薄いアミにし、八〇％を超えるセルの背景を濃いアミにして下線を付し、九九％を超えるセルはアステリスクを付して示した（事後確率が一・〇〇〇など丁度の値に見えるのは四捨五入のためである）。

有意水準である五％は二〇分の一であり、一％は一〇〇分の一であり、尤度比の分母に相当するから、分子であるp(e|H)が例えば極値である一・〇の場合、尤度比はそれぞれ二〇と一〇〇になる（表では背景を濃いアミにし、下線を付してある）。尤度比が二〇の場合、事前確率がほんの五％だったとしても心証度に相当する事後確率は証拠の優越の基準を超え、事前確率が二〇％で事後確率は高度の蓋然性の基準を超え、事前確率が九〇％であれば事後確率は合理的な疑いを超える証明の基準を超える。有意水準が一％の場合の尤度比は一〇〇となるので、事前確率がたったの一％でも事後確率は証拠の優越の基準を超え、事前確率がほんの四％でも事後確率は高度の蓋然性の基準を超え、事前確率が五〇％であれば事後確率は合理的な疑いを超える証明の基準を超える。確かに、分子のp(e|H)は一よりも通常は小さいであろうが、「証明主題が真である場合に、当該の統計的に有意な証拠が得られる確率」は通常はかなり大きいであろうから、前記の表は一応の目安となる。[17] こうして、統計的検定をパスした証拠が出されて心証点（事後確率）が証明度を超えたと判断されれば、一応の推定ないし表見証明が成立したことになり、主観的証明責任が相手方に移転することになる。このように統計学の考え方を応用すれば、一応の推定ないし表見証明の意味が明確化できるとともに、どのような場合に一応の推定ないし表見証明が成立したとして主観的証明責任を相手方に移転させるべきかも明らかとなる。

（15）　伊藤眞・民事訴訟法〈第四版補訂版〉（二〇一四）三六六～三六七頁、四〇四～四〇五頁、新堂幸司・新民事訴訟法〈第五版〉（二〇一一）六〇八～六〇九頁、六一七～六一九頁参照。本節は亀本洋「裁判と科学の交錯」亀本編・前掲注（2）二七頁の指摘に対する回答でもある。

（16）アメリカ合衆国民事訴訟における「明確かつ確信を抱くに足る証拠（clear and convincing evidence）」に相当すると思われる。

（17）分子の$p(e|H_{\pi})$が小さい場合は、分子を五％有意なら二〇倍、一％有意なら一〇〇倍して尤度比を出し、表から事後確率を見つければよい。一般的には分子をp値の逆数倍すれば尤度比が出る。

六　証明度と偽陽性・偽陰性

裁判における事実認定については、筆者はベイズ意思決定理論を応用した理論を提示しており、付け加えるべき点はそれほどないので、紙面の節約のためここではごくかいつまんで論じるにとどめる。(18)

証明主題の真偽についての裁判官の確信の程度は心証度、心証点、証明点、確信度などいろいろな用語を当てられるが、本稿では新堂幸司教授にならって「心証点」と呼んでおく。(19) 証拠方法の取調べを通じてこの心証点が上昇したり下降したりする事実認定の過程は心証形成と呼ばれる。証明主題の真偽についての確信の程度（心証点）は人間の主観的判断であるが恣意的なものではなく、証拠ならびに社会科学・自然科学の理論と知見、そして広く経験則に基づくものでなければならない。このように心証形成はエヴィデンス・ベース（evidence-based）の合理的なものでなければならない。こうして合理的な基礎に基づく主観的確率として心証点を位置づけるならば、これは確率の公理を満たすと期待される。すなわち合理的で正しい心証形成は主観的確率判断であることになる。(20) これによって統計的意思決定理論を心証形成・事実認定の規範モデル(21)とすることが可能となる。

証拠調べの後に証明主題を真または偽であると決定して、その認定内容を判決の基礎に入れるためには、当該証明主題の心証点が一定以上の大きさになっていなければならない（なお、真である確率pの補数$(1-p)$が偽である確率である）。このような証明主題の真偽決定の分岐点のことを「証明度」と呼ぶ。この証明度を合理的に決定する上では、統計学における偽陽性と偽陰性の考え方が大きな示唆を与えてくれる。[22] まず、裁判とは社会的意思決定システムの一つである。刑事裁判においては第一義的[23]には有罪・無罪を決定し、民事裁判においては第一義的には請求認容・請求棄却を決定する。[24] 偽陽性と偽陰性の考え方を応用すれば、刑事裁判については本来無罪となるべきものを有罪とすれば偽陽性の過誤が生じ、本来有罪となるべき真犯人に無罪を言い渡せば偽陰性の過誤が生じる。同様に、民事裁判については本来請求権のない原告に請求認容をすれば偽陽性の過誤が生じ、本来請求権のある原告に請求棄却をすれば偽陰性の過誤が生じる。[25]

裁判において適用される実体法の法規範命題は、最も究極的には「法律要件の成立が認められれば、法律効果が認められる（要件⇒効果）」という単純な構造に還元できる。真であると認定されれば法律要件に包摂されるような具体的事実の真偽が証明主題である。したがって、当該証明主題が本当は真であるときに誤って偽であると認定し、よって法律要件の成立は認められないとして法律効果を認めない場合は偽陰性の誤判である。逆に当該証明主題が本当は偽であるときに誤って真であると認定し、よって法律要件の成立は認められるとして法律効果を認める場合は偽陽性の誤判である。

法規範を形成する際の、当該法律効果を認めるための必要条件として当該法律要件を設定するという高度の法政策的価値判断においては、法政策上の目標や目的、社会正義、手続的正義など様々な考慮がなされている。規範創造におけるこのような価値判断には、明示ないし黙示で前記のような偽陰性の誤判が当事者や社会にもたらす過誤の社会的コストと、偽陽性の誤判が当事者や社会にもたらす過誤の社会的コストとを、バランスさせたり最小化させるという規範的判断も含まれている。このような規範的判断は本来明示でなされることが法創造の説明責任から要請されるはずであるが、[26] 黙示でなされることも、また立法者や裁判官などの法創造者が考慮を怠ることもありうる。偽陰性の誤判の社会的コストと偽陽性の誤判の社会的コストへの考慮を怠った法創造は誤った法創造である。

では偽陰性の誤判の社会的コストと偽陽性の誤判の社会的コストとをどのように考慮して証明度を決定するべきで

あろうか？　ここで、偽陰性の誤判の社会的コストをπとし、偽陽性の誤判の社会的コストをδとし、当該証明主題の心証点、すなわち当該証明主題が真であることの主観的確率をpとした場合、誤って当該法律効果を認めない偽陰性の誤判の社会的リスクはp×πとなり、誤って当該法律効果を認める偽陽性の誤判の社会的リスクは(1－p)×δとなる。これら二つのタイプの誤判の社会的リスクをバランスさせ、発生する誤判のリスクを最小化する方法は、

$$p^* = \frac{\delta}{\pi + \delta}$$

となるp*を証明度として設定することである。[(27)]これによって偽陰性の誤判の社会的リスクと偽陽性の誤判の社会的リスクをバランスさせ、かつ、誤判の社会的リスクを最小化することができるという意味で、正義と公平に適う証明度決定となる。例えば、偽陰性の誤判の社会的コストと偽陽性の誤判の社会的コストが同じ重さである場合は、証明度は五〇％となる。アメリカ合衆国民事訴訟の原則的な証明度である証拠の優越はこの場合であることになる。[(28)]偽陽性の誤判の社会的コストが偽陰性の誤判の社会的コストの四倍あると判断されるならば、証明度は八〇％となる。これが日本民事訴訟の原則的証明度に対応する。偽陽性の誤判の社会的コストが偽陰性の誤判の社会的コストの九九倍あると判断されるならば、証明度は九九％となる。これが日本やアメリカ合衆国の刑事訴訟における原則的証明度に対応する。

このように見てくると、デフォールトの証明度を高度の蓋然性とする日本民事訴訟の合理性や正当性には再検討の余地があることが見えてくる。[(29)]多くの法領域において、果たして高度の蓋然性を証明度としなければならないほど、偽陰性の誤判の社会的コストと偽陽性の誤判の社会的コストとの間に四倍もの格差があるのかが疑問となるからである。この問題性は、もしかすると現場の裁判官の間では、それと自覚されることなく体感されているのかもしれない。伊藤眞教授は最高裁判所や下級審裁判所の裁判例を分析して、「高度の蓋然性という証明度の抽象的基準こそ維持さ

れているものの、実際には、優越的蓋然性があれば主張事実が認められるのが通常であり、また、証明がないとして主張事実が否定されるのは、優越的蓋然性にも達しない、フィフティ・フィフティの場合に限られている」と結論づけておられる。[30] 高度の蓋然性を証明度とすることの問題性を個別の事案で自覚した裁判官は、「優越的蓋然性」までしか心証形成していない場合にも「確信したことにして」無理やり高度の蓋然性テーゼと辻褄を合わせているのかもしれず、[31] また、高度の蓋然性の問題性の直接的な自覚はないが個別の事案でそれを体感ないし直覚はした裁判官は、「優越的蓋然性」までしか心証形成していない場合にも当事者間の公正を考慮すると本当に「確信」してしまうのかもしれない。いずれにせよ、統計学の考え方に基づく規範モデルからは、このような裁判官の判断結果は正当化できることになる。

田村陽子教授が証明度についての画期的な研究論文で既に指摘されているように、「厳密には要件事実ごとに証明度は異なりうる……」のである。田村教授は民法七〇九条の四つの要件事実を例に挙げられて、そのすべてに同様の証明度が必要であるとする一律の原則的証明度概念に疑問を提示されている。[32] 制定法であれ判例法であれ、法が形成される際に複数の法律要件の連言が当該法律効果を認めるための必要条件として設定される場合、それらの法律要件それぞれについて、それに該当する証明主題が真であるのに誤って偽であると認定し、当該法律要件の成立を認めず、よって当該法律効果を否定する偽陰性の誤判の社会的コストと、当該証明主題が偽であるのに誤って真であると認定し、よって当該法律要件の成立を認め、当該法律効果を認める偽陽性の誤判の社会的コストとは、それぞれの法律要件の当該法規範に占める重さや価値が異なることから分かるように、当該規範のすべての法律要件の間で同一の関係にあると前提することはできない。[33] また同一の法律要件であっても、異なる法律効果を規定する別の法規範において使われている場合は、その相対的な価値や重みが異なるから、偽陰性の誤判の社会的コストと偽陽性の誤判の社会的コストの関係も異なるであろう。[34] したがって、証明度は法規範ごと、法律要件ごとに決定されるべきことになる。このように考えると、田村教授が指摘されているように、原則としてすべての法律要件について一律の証明度を設定するという伝統的な民事訴訟法理論には重大な疑問が提起されることになる。それぞれの実体法規範の実体的価値判断によって、法規範ごと法律要件ごとに証明度が決定されることの方が正義と公平に適うのではなかろうか。

もちろん、「原則的証明度」という概念自体を全く否定するものではない。様々な民事法における証明度を見渡した結果として、多くの法規範と多くの法律要件において正しい証明度とされているものが存在することが分かったならば、それのことを「原則的証明度」と呼ぶことは可能である。ただし、これは法の現状という事実状態についての説明概念でしかないので、「原則的証明度が○○であるから、本件の証明度も○○とする」というような規範的道具概念としての使い方はできないことに注意を要する。

(18) 太田勝造・裁判における証明論の基礎——事実認定と証明責任のベイズ論的再構成（一九八二）、太田勝造「手続法の推論構造——民事訴訟における事実認定の構造とエキスパートシステム」吉野一編著・法律エキスパートシステムの基礎（一九八六）一二四～一四一頁、太田勝造「民事訴訟法と確率・情報理論——証明度・解明度とベイズ決定方式・相互情報量」判タ五九八号（季刊・民事法研究一四号）（一九八六）二〇三～二一〇頁、太田勝造・社会科学の理論とモデル七——法律（二〇〇〇）。筆者の理論に対して、確率統計理論を正しく理解した上での意味のある批判は皆無である。また、田尾桃二＝加藤新太郎共編・民事事実認定（一九九九）第七章も参照。さらに、ベイズ統計学やベイズ意思決定理論が論争を呼びつつも実務においては昔から利用されてきたことについては、シャロン・バーチュ・マグレイン（冨永星訳）・異端の統計学ベイズ（二〇一三）参照。

(19) 新堂・前掲注（15）五七〇頁。

(20) 確率統計理論を応用して心証形成をモデル化することは数値計算によって裁判を行うことを意味するものではない。人間の判断を確率統計的に考えること自体にアレルギーを持つ法律家はいまだに少なくないが、自覚するしないに拘らず人間の判断は確率的判断である。この点に関して、人間の合理的な推論や外界認知は、三段論法のような真偽二値的な論理推論としてよりも、ベイズ論的な確率推論としての方がより良く理解できると、理論と実験に基づいて主張する Mike Oaksford and Nick Chater, *Bayesian Rationality: The Probabilistic Approach to Human Reasoning*, Oxford U.P., 2007 も参照。なお、Kevin M. Clermont, *Standards of Decision in Law: Psychological and Logical Bases for the Standard of Proof, Here and Abroad*, Carolina Academic Press, 2013 は心証形成と証明度をファジィ論理を用いて再構成する大胆な試みであるが、確率論への誤解が散見されるほか、法規範は（真とされる）事実に適用されるものとは考えず、事実命題としての主要事実と規範命題としての法律要件とを峻別しないなど、問題が多い。ちなみに，このClermontが検討するConjunction Paradox およびAggregation Paradox（同書一八八〜二〇一頁）は、証明主題を真と見做して法律要件成否の判断の基礎に入れるか否かの閾値である証明度を法律要件ごとに考える本稿の立場では問題とならない。

(21) これが現実の裁判官の事実認定における心理作用や認知判断過程を「記述するモデル」ではないことに注意を要する。記述モデルであるなら、裁判官の恣意的な判断や間違った判断をも記述できなければ記述モデルの方が間違いであることになる。他方、ここでのモデルは合理的な正しい心証形成であればこういう説明ができるという規範モデルである。よって、裁判官が統計的意思決定理論と異なる結論をした場合、モデルではなく裁判官の方が間違ったことになる。①反復可能な事象やコンピュータ・シミュレイションでの繰返しなどが可能な場合に確率論に従わない判断は「必敗の状況」が生じる等の矛盾に陥る、②確率的予測の誤差の二乗の期待値の総和の最小化ができる唯一の方法が確率論である（繁桝算男・意思決定の認知統計学（一九九五）八〜二二頁、市川伸一・確率の理解を探る――三囚人問題とその周辺（一九九八）八八〜九一頁も参照）等の理由で、確率論を規範モデルとすることが合理的であるとして正当化できる。

(22) ロバート・G．ボウン（細野敦訳）・民事訴訟法の法と経済学（二〇〇四）一一八〜一三三頁はプリーディング（訴答手続）を偽陽性・偽陰性の考え方を用いて分析するとともに、一二〇〜一二一頁では証明度についても触れている。

(23) 有罪と決定した場合に、第二義的に刑の量定を行う。その他、執行猶予の有無や、執行猶予の場合の保護観察の可否を決定する。

(24) 請求認容と決定した場合に、第二義的に、認容額などを決定する。

(25) 法律の分野で偽陽性・偽陰性の双方を考慮しなければならないのは裁判に限られない。紛争解決手続においても同様である。偽陽性・偽陰性やタイプⅠエラー・タイプⅡエラーの考え方を用いてADRの分析をしたものとして、太田勝造「労働紛争の解決手続きへの一視点――最終提案択一型手続きの導入可能性をめぐって」福井秀夫＝大竹文雄編著・脱格差社会と雇用法制――法と経済学で考える（二〇〇六）六九〜九五頁も参照。

(26) このことを伝統的な民事訴訟法理論の言葉で言えば、証明責任分配を明示するべきであるということになる。

(27) 太田・前掲注（18）の各論稿参照。

(28) 証拠の優越の程度に証明度を設定することについては「ゲート・クラッシャーのパラドクス」が指摘されている（ロバート・D．クーター＝トーマス・S．ユーレン（太田勝造訳）・新版・法と経済学（一九九七）四七〇〜四七一頁）。しかしながら、これは以下の二つの理由でパラドクスとは言えない。第一に、このようなことは証明度が証拠の優越であるか否かによらず生じる。第二に、偽陽性・偽陰性の考え方をしないからパラドクスに見えるにすぎない。詳しくは、田尾＝加藤共編・前掲注（18）第七章参照。

（29） このような考慮およびその他の考慮から、民事訴訟の原則的証明度を証拠の優越の程度ないし、少なくとも伝統的な高度の蓋然性よりも低く設定するべきであるとの有力説が近時唱えられている。新堂・前掲注（15）五七〇〜五七四頁、田村陽子「民事訴訟における証明度論再考——客観的な事実認定をめぐって」立命館法学三二七＝三二八号合併号（二〇〇九）五一七頁以下、伊藤眞「証明度をめぐる諸問題——手続的正義と実体的真実の調和を求めて」判タ一〇九八号（二〇〇二）四頁以下。私もこの有力説にほぼ全面的に賛成である（太田・前掲注（18）裁判における証明論の基礎参照）。ただし、本文で次に論じるように、そもそも「原則的証明度」という概念そのものが必要か疑問も感じている。

（30） 伊藤・前掲注（29）六頁三段目。なお、伊藤教授の「優越的蓋然性」は、「フィフティ・フィフティ」では満たされないから「証拠の優越」の基準よりもある程度以上高いものである。

（31） 伊藤・前掲注（29）七頁参照。

（32） 田村・前掲注（29）五四三頁参照。

（33） 他の法律要件に関しては成立したと正しく認定されたと仮定している。

（34） これが法律概念の相対性の証明度ヴァージョンである。

七　終わりに

本稿では、いくつかの統計学における考え方や概念を説明し（二）、それらを民事訴訟に応用することを通じて、法システムへ新たな視点をもたらしうることを示した。まず、三では、ベイズの定理と尤度比の考え方を用いて証拠の関連性と証拠力という民事・刑事の訴訟法上の概念を再構築した。次いで、尤度比概念を用いて証拠の信頼性の問題に光を当てた（四）。これによって目撃証人や自白などにおいてその信頼性が争われることが多いことの根拠を解明するとともに、ＤＮＡ型鑑定の信頼性の問題も分析した。次に一応の推定ないし表見証明という民事訴訟法上のシステムについて有意水準の考え方から光を当て、統計的証拠による一応の推定が合理的となる場合を示した（五）。最後に六では、偽陽性と偽陰性という考え方を用いて、民事・刑事の訴訟法における証明度の決定方式を分析した。

本稿は、統計学マインドを持った法律家や法学者が既に指摘している内容に対して、新たな点をあまり付加することの少ない論考となってしまっているとともに、紙面の制約で「解明度」などにも触れることができなかったが、統計学の考え方を理解することが、法学研究者にとっても法実務家にとっても従来想定されていた以上に重要なことであることをいささかでも示すことができているなら、筆者にとって至福とするものである。

このたび、めでたく古稀を迎えられる伊藤眞先生の祝賀論文集に参加することができることは、筆者にとって最大の歓びである。今から三五年以上前、法学部生として民事訴訟法の演習に参加して先生の『民事訴訟の当事者』（弘文堂、一九七八年）を拝読して深い感銘を受けた。失礼な言い方かもしれないが、この研究書を拝読して「民事訴訟法も意外と面白いかもしれない」と初めて感じた。先生は周知のように、民事訴訟法学に革新的で独創的な分析と提言を無数に行ってきている革命児とも呼びうる存在である。そのご業績の一つに学部時代に接したことは、筆者の人生の転換期となった。修士号取得後に助手に採用され、新堂幸司教授を研究代表者とする少額紛争解決制度の海外調査グループに参加して伊藤眞先生らと共に欧米で調査をしたことが筆者の研究者人生を決定するものとなった。先生の直接、間接のご指導を賜っていなかったら、筆者の研究者としての人生は非常にみすぼらしいものとなっていたであろうと思われる。先生のご研究は常に筆者にとって研究者人生の導きの星であり続けている。ここに先生の深い学恩に衷心からの感謝の意を表するものである。先生のご健康と更なる学界への挑戦とを祈念して本稿を先生に捧げさせて戴くものである。

明示的一部請求棄却判決確定後の残部請求

――最高裁判所平成一〇年六月一二日判決の批判的検討

岡庭幹司

一　はじめに
二　本件判例の概要と問題の所在
三　既判力の観点からの批判的検討
四　信義則の観点からの批判的検討
五　おわりに

一　はじめに

金銭債権の数量的一部のみを請求する訴訟につき確定判決を受けた後に同一債権の残部を請求することができるかどうかという問題について、最判昭和三七・八・一〇民集一六巻八号一七二〇頁は、「一個の債権の数量的な一部についてのみ判決を求める旨を明示して訴が提起された場合は、訴訟物となるのは右債権の一部の存否のみであって、全部の存否ではなく、従って右一部の請求についての確定判決の既判力は残部の請求に及ばないと解するのが相当である」としていたが、周知のとおり、最判平成一〇・六・一二民集五二巻四号一一四七頁（以下「本件判例」という）[1]は、「金銭債権の数量的一部請求訴訟で敗訴した原告が残部請求の訴えを提起することは、特段の事情がない限り、信義則に反して許されない」との判断を示し、たとえ前訴が明示的一部請求であったとしても、それが棄却されたときは、残部請求の後訴の提起は信義則に反して許されないものとした。理論構成については争いがあるものの、一部請求棄却判決確定後には残部請求をすることができなくなるという結論そのものについては、ほとんど異論がみられない。一部すら存在しないのであれば残部が存在するはずはないとの結論は極めて常識にかなっているからであろう。[2]

しかしながら、本件判例は、民事訴訟法の基本原則を崩壊させる蟻の一穴となりかねない大きな問題を孕んでいるように思われる。本小稿は、明示的一部請求棄却判決確定後の残部請求を許さないものとした本件判例の結論それ自体を疑ってみる必要があるのではないかとの問題意識から若干の検討を試みようとするものである。予め本小稿の結論を述べるならば、立法論としてはともかく、わが国の現在の民事訴訟法の解釈論としては[3]、前訴判決の既判力との抵触も信義則違反も認められないとして残部請求の後訴を許した本件判例の原審判決[4]（以下「本件原審判決」という）の見解こそ、正当であると考えるものである。[5]

この問題については既に多数の先行業績が存在する。伊藤眞教授の見解[6]は、本件の上告理由[7]において論拠の一つとして引用されており、本件判例に一定の影響を与えているものと思われる。(8) また、松本博之教授の非常に詳細な研究がある。(9) もはや本小稿が付け加えるべき余地は全く存しない。しかし、伊藤説にも、松本説にも、その結論については疑問がある。(10) そこで、極めて貧しい内容であることを十二分に自覚しつつも、本小稿を献呈させて頂き、御叱正を仰ぐ次第である。ただし、専ら筆者の能力不足ゆえ、本小稿の検討対象は本件判例の当否に限定せざるを得ない。(11) 債権の一部を特定する指標のない金銭債権につき、前訴において一部であることを明示して請求がなされたが、これを棄却する判決が確定した場合を念頭において、以下、残部請求の可否について検討する。

(1) 本件判例について、最高裁判所調査官による解説として、山下郁夫・ジュリ一一四一号(一九九八)一七二頁、同・ジュリ増刊・最高裁時の判例(平成元年～平成一四年)Ⅲ私法編(2)(商法・民訴・知財ほか)(二〇〇四)九六頁、同・曹時五二巻一〇号(二〇〇〇)三一三六頁、同・最判解民事篇平成一〇年度(下)(二〇〇一)(以下「最判解」として引用する)六〇二頁がある。なお、本件判例を掲載する判時一六四四号一二六頁、判タ九八〇号九〇頁、金法一五二九号五〇頁、金判一〇五一号四〇頁、法時七〇巻一二号(一九九八)一二二頁に無記名のコメントがある。
また、本件判例の評釈等として、佐上善和「判批」法教二二〇号(一九九九)一三二頁、池田辰夫「判例回顧と展望　民事訴訟法」法時七一巻五号(一九九九)一三一頁、一三三頁、奈良次郎「判批」法の支配一一三号(一九九九)九〇頁、酒井一「判批」判評四八三号(判時一六六七号)(一九九九)三〇頁、上野泰男「判批」平成一〇年度重判解(一九九九)一二二頁、川島貞一「判批」成城五九号(一九九九)一八九頁、井上治典「判批」リマークス一九号(一九九九)一二三頁、山本和彦「判批」民商一二〇巻六号(一九九九)一〇二五頁、文字浩「判批」南山二四巻四号(二〇〇一)一〇五頁、青木哲「判批」法協一一八巻四号(二〇〇一)六二四頁、本間靖規「判批」伊藤眞ほか編・民事訴訟法判例百選〈第三版〉(二〇〇三)一八二頁、山本克己「判例分析民事訴訟法・明示の一部請求後の残部請求」法教二九四号(二〇〇五)一二二頁、田中豊「一部請求訴訟の意義と機能(その1)」月報司法書士四五二号(二〇〇九)六二頁、柏木邦良・民訴判例考Ⅰ――最高裁判例の研究(柏木邦良著作類纂第一八巻)(二〇〇九)七〇頁、河野正憲「判批」高橋宏志ほか編・民事訴訟法判例百選〈第四版〉(二〇一〇)一七二頁などがある。
(2) 酒井・前掲注(1)三二頁。
(3) 染野義信「一部請求をめぐる論争の推移」同・新版民事訴訟法(一九八六)一六五頁、一七七頁は、「わが国の一部請求論については、再びこれを理論の問題に引き戻すことが当面の大きな課題である」と指摘する。

（4）東京高判平成九・一・二三民集五二巻四号一一八七頁以下。

（5）現在の学説状況については、杉山悦子「一部請求」法教三九七号（二〇一三）四頁に簡潔かつ的確な紹介がある。

（6）伊藤眞・民事訴訟法Ⅰ（一九九五）一七三〜一七四頁。最新版は、伊藤眞・民事訴訟法〈第四版補訂版〉（二〇一四）二一四〜二一六頁。以下、後者の頁数によって引用する。

（7）民集五二巻四号一一六八頁以下。

（8）伊藤眞ほか「〈座談会〉伊藤民事手続法学と判例・実務」判タ一二五三号（二〇〇八）五頁、一五頁〔垣内秀介〕。

（9）松本博之「一部請求訴訟後の残部請求訴訟と既判力・信義則」同・既判力理論の再検討（二〇〇六）二〇一頁。

（10）学説の多くは、本件判例の結論が正当であることを前提として、それをいかに理論構成するかという観点に立つように思われる。これに対して、本小稿は、解釈論としては本件判例の結論自体が不当ではないかとの問題意識に立つ。本件判例の結論自体に疑問を呈する見解として、坂田宏「一部請求と相殺の抗弁——近時判例にみる処分権主義の展開」同・民事訴訟における処分権主義（二〇〇一）二八一頁、小山昇「民事訴訟における信義則について」北園三八巻一号（二〇〇二）一六七頁、上野𣳾男「明示の一部請求訴訟棄却判決の既判力」法雑五五巻三・四号（二〇〇九）六九一頁などがあり、本小稿もこれらに賛同するものである。

（11）諸学説の検討は本小稿において全く為し得ないことを予めお詫び申し上げるよりほかない。また、関連判例について検討することもできない。ただ、本小稿は不特定一部請求の場合についてすら残部請求を許すべきものと解するので、特定一部請求であれば、なおさら残部請求を許すべきことは当然であると考える。その意味において、前訴の明示的一部請求が棄却されていたとしても残部請求を許した最判平成二〇・七・一〇判時二〇二〇号七一頁には賛成することができる。

二　本件判例の概要と問題の所在

1　本件判例の概要

信義則違反の有無を検討するにあたって具体的事情を考慮する必要があるため、まずは本件判例の事実関係を少し立ち入って紹介しておきたい。

Xは不動産売買等を目的とする有限会社であり、Yは建築工事、土木工事、地域開発事業、不動産売買等を目的とする株式会社（いわゆる大手ゼネコン企業）である。Xは、Yから、M市所在の土地（本件土地）を買収することおよび本件土地が市街化区域に編入されるよう行政当局に働きかけを行うこと等の業務の委託を受け、その業務委託契約の報酬の一部として、XとYは、Yが本件土地を宅地造成して販売するときには造成された宅地の一割をXに販売または斡旋させること等を合意した（本件報酬支払合意）。ところが、Yが宅地造成をせず、平成三年三月五日に本件土地をM市開発公社に売却したため、X・Y間において報酬をめぐる紛争が生じた。

前訴一部請求は、YがXに対して提起した本訴に対してXが提起した反訴によるものであった。本訴は、Xを通じて買収した土地の中に移転登記未了の土地があったとして、YがXに対して所有権移転登記手続を求めたものである。これに対して、Xは、一二億円の報酬請求権の一部であると明示して、そのうちの一億円の支払を求める反訴を提起した。これには二つの請求が含まれ、一つは商法五一二条に基づくもの、もう一つは本件報酬支払合意に基づくものであった(12)。Yは宅地造成をしなかったが、YがM市開発公社に本件土地を売却したことが民法一三〇条にいう故意に条件成就を妨げたことに当たるというのがXの主張である。

前訴第一審判決はXの反訴請求をいずれも棄却した。Xは控訴したが、棄却された。これに対してXは上告しなかったため、平成七年一〇月一三日にX敗訴判決が確定した。Xが前訴において上告しなかったのは、本件におけるXの主張(13)によれば、数量的に可分な請求について一部請求であることを明示したときには、既判力はその一部請求金額についてのみ生じるというのが確定判例であり、それに従い残部請求が可能であると信じたためであった。

本件の訴えは、前訴判決確定の約三か月後である平成八年一月一一日に、XがYに対して報酬金等の支払を求めて提起したものである。これには三つの請求が含まれる。主位的請求は本件報酬支払合意に基づいて、予備的請求の一は商法五一二条に基づいて、いずれも前訴で請求した一億円を除く残部二億九八三〇万円の支払を求めるものである。

予備的請求の二は、本件業務委託契約の解除により報酬請求権を失うというXの損失においてYが本件土地の交換価値の増加という利益を得たと主張して、不当利得返還請求権に基づいて二億六七三〇万円の支払を求めるものである。

本件第一審判決がXの訴えをいずれも却下したのに対して、本件原審判決は、次のように判示して、これを取り消した。「特定の金銭債権を有すると主張する者が、右金銭債権の数量的な一部についてのみ判決を求める旨を明示して、訴訟を提起した場合、訴訟物となるのは、右金銭債権の一部の存否のみであり、その全部の存否ではないから、右判決が確定した場合における既判力は、右金銭債権の訴訟上請求されなかった残部の存否には及ばないと解するのが相当である。これを本件についてみると、前記認定のとおり、Xは、前件訴訟において前記の各報酬請求権に基づく一部の請求であることを明示し、敗訴判決を受けた後、本件訴訟において、右の各報酬請求権に基づくものではあるものの、前件訴訟で請求されなかった残部の請求をしているものであるから、Xが本件訴訟において主位的請求、予備的請求の一として請求するところは、前件訴訟の確定判決の既判力が及ばないものと解するのが相当である。この理は、特定の金銭債権につき、その一部を行使するか、全部を行使するかは、本来、実体法上、債権者の自由に委ねられるべき事柄であり、その実体法上の権利の確定等を図ることを目的とする民事訴訟においても当然の事理であるということができるから、金銭債権の一部と残部が損害項目、履行期等によって特定することができるかどうかを問わず、金銭債権に基づく各種の請求に妥当するものである。〔原文改行〕もっとも、このように解すると、金銭債権の債務者は、債権者が金銭債権の自由な分割行使によって繰り返し債権を行使することができるから、何度となく応訴を余儀なくされる等の弊害の生じるおそれがないではないが、このような弊害は、後訴が実質的に前訴の蒸し返しであり、前訴において後訴の請求をすることにつき格別の支障がない等の特段の事情が認められる場合において、訴訟上の信義則に照らして後訴の提起が許されないことがあると解されるから、このような信義則を適用することによって解決することが妥当であり、またそれで足りるものである。〔原文改行〕また、前記認定の事実によると、Xが本件訴訟において予備的請求の二として請求するところは、前件訴訟における訴訟物と異なるものであることは明らかである。〔原文改行〕そうすると、本件訴訟におけるXの主位的請求、予備的請求の一、あるいは予備的請求の二が前件訴訟の確定判決の既判力に抵触する旨のYの主張は、採用することができない」。また、本件訴訟が前訴の蒸し返しであって信義則に照らして許されないとのYの主張に対しては、「本件訴訟が前件訴訟の蒸し返しであり、Xによる本件訴訟の提起が信義則に反するとの特段の事情を認めるに足りる的確な証拠はないし、本件訴訟における予備的請求の二が前件訴訟における各請求と訴訟物を異にする請求であることは前記認定のとおりであるから、いずれにせよ、Yの右主張も採用することができない[14]」とした。

これに対してYが上告したところ、最高裁〔本件判例〕は、次のとおり判示して、原判決を破棄し、第一審の判断を支持する旨の判決をした。

「一個の金銭債権の数量的一部請求は、当該債権が存在しその額は一定額を下回らないことを主張して右額の限度でこれを請求するものであり、債権の特定の一部を請求するものではないから、このような請求の当否を判断するためには、おのずから債権の全部について審理判断することが必要になる。すなわち、裁判所は、当該債権の全部について当事者の主張する発生、消滅の原因事実の存否を判断し、債権の一部の消滅が認められるときは債権の総額からこれを控除して口頭弁論終結時における債権の現存額を確定し（最高裁平成……六年一一月二二日第三小法廷判決・民集四八巻七号一三五五頁参照）、現存額が一部請求の額以上であるときは右請求を認容し、現存額が請求額に満たないときは現存額の限度でこれを認容し、債権が全く現存しないときは右請求を棄却するのであって、当事者双方の主張立証の範囲、程度も、通常は債権の全部が請求されている場合と変わるところはない。数量的一部請求を全部又は一部棄却する旨の判決は、このように債権の全部について行われた審理の結果に基づいて、当該債権が全く現存しないか又は一部として請求された額に満たない額しか現存しないとの判断を示すものであって、言い換えれば、後に残部として請求し得る部分が存在しないとの判断を示すものにほかならない。したがって、右判決が確定した後に原告が残部請求の訴えを提起することは、実質的には前訴で認められなかった請求及び主張を蒸し返すものであり、前訴の確定判決によって当該債権の全部について紛争が解決されたとの被告の合理的期待に反し、被告に二重の応訴の負担を強いるものというべきである。以上の点に照らすと、金銭債権の数量的一部請求訴訟で敗訴した原告が残部請求の訴えを提起することは、特段の事情がない限り、信義則に反して許されないと解するのが相当である。」（傍点引用者）

2 問題の所在

本件判例より前から信義則を根拠とする後訴の不許を提唱していた見解として、中野説および竹下説があり、これらの見解が本件判例に大きな影響を与えたものとみられる。しかし、本件判例は、これらいずれの見解ともやや異なり(15)、そこに本件判例の問題点が潜んでいるように思われる。

(1) 中野説（禁反言の法理） まず、中野説は、一部請求判決確定後の残部請求の処理を信義則の発現としての禁反言の法理に委ねるべきものとして、「前訴の一部請求が『明示』または『特定』の一部請求であった場合でも、例外的に、前訴で債権の全体としての存否が争われ、当該紛争の具体的様相や手続担当主体・手続経過の具体的事情を含めての前訴における原告の訴訟追行に基づき、被告が紛争は前訴判決によって全面的に決着をみたものと信じており、原告に残部請求の後訴を認めて被告に複次応訴を強いることが不当に原告を利すると認められるときは、禁反言の法理を適用して、残部請求の後訴を却下すべきであろう(16)」（傍点引用者）と論じられた。ここでは、あくまでも残部請求の後訴が許されないのは例外と位置づけられ、そのためには具体的要素が要求されている。

これに対して、本件判例は、前訴請求棄却判決確定により一般的・類型的に後訴の提起を信義則違反と評価するものであって、何ら個別的・具体的要素を考慮していない(17)。このことの当否が問われなければならない。

(2) 竹下説（権利失効の法理） 竹下説は、権利失効の法理の趣旨により判決理由中の判断の敗訴者に対する拘束力を認め、「請求棄却判決（一部棄却も同じ）は、一部を残部と切離して審理の対象としえない場合には、当然に債権全体を審理し、債権全体につき弁論を尽くしたことを前提とするはずである。そこでこの場合には、一方で、債権全額が存在しないとの裁判所の判断を基準として紛争の決着がつくはずだとの被告の信頼ないし期待的利益を保護する合理的必要があり、他方原告に対しては、債権全体についての手続権が保障されたといえるから、この裁判所の判断に拘束力を認め、原告はもはや残額の存在を主張して別訴を提起することはできないとするのが、当事者間の公平に合致する」(18)と論じられた。本件判例はこの見解を採用したもの(19)と、一応はいえよう。

しかし、竹下説は、判決理由中の判断に拘束力を認めることが旧民事訴訟法一九九条一項（現行民事訴訟法一一四条一項）の趣旨に反しないか、周到に検討され、次のように論じられていた。まず、「既判力が訴訟物に対する判断にしか生じないとされている理由は、何よりも、当事者が判決を求めているのは訴訟物についてであり（当事者意思）、その前提問題についての攻撃防御の集中度は、当事者が訴訟物につき有利な判断を得るのに必要と考える程度にしたがい相対的に決まるから、前提問題についての判断には正当性の保障がない（正当性の保障の欠如）という点にある」(20)と指摘される。その上で、権利失効の法理により敗訴当事者に対して拘束的効果を認めるためには、前後両訴の間に何等かの関連性があることを要求すべきであるとされる。当該争点をめぐる前訴の攻撃防御の密度が、後訴との関連でも、その争点についての判断の正当性を保障しうるという関係が存しなければならないからである。そして、「前後両訴が、社会関係の次元における同一紛争関係から生じたものであれば、前訴の主要な争点についての判断に、後訴における拘束的効果を認めて差し支えない」とされつつも、「拘束的効果を認めるか否かは、個々の事例の具体的事情の綜合的判断にかか」り、「たとえば、両訴の係争利益の著しい不均衡は、消極的要素として、この綜合的判断に際し考慮さるべきである」と論じられる(21)。

これに対して、本件判例は、前訴と後訴との係争利益の相違について何ら言及していない。竹下説が係争利益の著しい不均衡により信義則違反とならない場合もありうるとしていた(22)のに対して、特段の事情の存在を認めなかった本件判例は、その余地を否定しているものと解される(23)。このことが本件判例の大きな問題点である。

(12) 前訴審理過程の詳細は必ずしも明らかでないが、本件第一審判決理由（民集五二巻四号一一八五頁以下）によれば、Xは、前訴第一審において、まず本件報酬支払合意に基づいて請求し、その後、選択的併合として商法五一二条に基づく請求を追加し、前訴控訴審に至って、商法五一二条に基づく請求を主位的請求、本件報酬支払合意に基づく請求を予備的請求に変更したようである。

(13) 本件第一審における「本案前の主張に対する原告の反論」（民集五二巻四号一一八二頁以下）による。

(14) 以上につき、本件原審判決・前掲注（4）一一九一～一一九三頁。

(15) もっとも、両説とも本件判例を肯定的に評価しているものと思われる（中野貞一郎「一部請求論の展開」同・民事訴訟法の論点Ⅱ〔二〇〇一〕八七頁、一一五頁、兼子一ほか・条解民事訴訟法〈第二版〉〔二〇一一〕五二七頁以下、とくに五三一～五三二頁〔竹下守夫〕）。

(16) 中野貞一郎「一部請求論について」同・民事手続の現在問題（一九八九）八五頁、一〇八頁。

(17) 山下・前掲注（1）（最判解）六一六頁は、本件判例について、「個々の事案ごとに後訴の提起が信義則に反しないかどうかを検討する従来の判例法理とは異なり、一部請求の前訴で請求棄却の判決が確定した後の残部請求という類型につき、特段の事情という留保を付けつつ、一般的に信義則違反を認めた」と説明する。渡部美由紀「明示の一部訴求後の残部訴求」名法二一九号（二〇〇七）一頁、三頁は「信義則の用法が、いわば制度的効力に近いものとなっている」と指摘し、さらに、同一五頁は、遮断の根拠が「裁判所の判断論理を経由しているように見える」と指摘する。

(18) 兼子一ほか・条解民事訴訟法〈初版〉（一九八六）六一三頁〔竹下守夫〕。

(19) 松本・前掲注（9）二二一頁。

(20) 竹下守夫「判決理由中の判断と信義則」山木戸克己教授還暦記念・実体法と手続法の交錯（下）（一九七八）七二頁、九〇頁。

(21) 以上につき、竹下・前掲注（20）一一二～一一三頁。

(22) もっとも、兼子ほか・前掲注（18）六二六～六二七頁〔竹下〕においては、係争利益の不均衡についての記述は削られている。

(23) 池田・前掲注（1）一三四頁は、本件判例につき、「前訴・後訴の訴訟物の経済的価値の著しい違いなどは、特段の事情として衡量されてよい」と指摘する。そのような理解が可能であるならば、本件判例の問題点はかなり減少するであろう。しかし、（争点効によっては解決できないという文脈においてではあるが）井上治典「確定判決後の残額請求――一部請求論の素描」民事訴訟法の争点〈初版〉（一九七九）一八〇頁、一八三頁、高橋宏志・重点講義民事訴訟法（上）〈第二版補訂版〉（二〇一三）一〇六頁などにおいて指摘されているとおり、一部請求の前訴と残部請求の後訴とでは係争利益が異なるのが通常である。本件判例の事案においても前訴請求の方が係争利益が小さい。それにもかかわらず本件判例は特段の事情の存在を認めていない。このことからすれば、本件判例は、係争利益の相違は特段の事情にはあたらないとの判断を内包しているように思われる。

三　既判力の観点からの批判的検討

1　類似の問題との均衡

(1)　比較検討すべき設例

検討の便宜のため、まずは、ごく単純な設例を幾つか挙げておきたい。

〔**設例①**〕　X_1は、Y_1に対して、一〇〇〇万円を貸し付けたとして、消費貸借契約に基づき、そのうちの一部である一五〇万円の支払を求める訴えを提起した。裁判所は、審理の結果、X_1がY_1に一〇〇〇万円を貸し付けた事実は認められないと判断し、請求棄却判決をした。この判決確定後、X_1は、Y_1に対して、同一の消費貸借契約に基づき、前訴で請求しなかった残部八五〇万円の支払を請求することができるか。

〔**設例②**〕　X_2は、Y_2に対して、年利一五パーセントで一〇〇〇万円を貸し付け、一年が経過したとして、利息契約に基づき、一年分の利息一五〇万円の支払を求める訴えを提起した。裁判所は、審理の結果、X_2がY_2に一〇〇〇万円を貸し付けた事実は認められないと判断し、請求棄却判決をした。この判決確定後、X_2は、Y_2に対して、前訴請求原因中で主張したものと同一の消費貸借契約に基づき、前訴で請求しなかった元本一〇〇〇万円の支払を請求することができるか。

〔**設例③**〕　Y_3がX_3に対して売買契約に基づき代金一五〇万円の支払を求める訴えを提起したところ、X_3は、Y_3に対して一〇〇〇万円を貸し付けており、この消費貸借契約に基づく貸金債権を自働債権とし、訴求債権を受働債権として対当額において相殺すると主張した。裁判所は、審理の結果、X_3がY_3に一〇〇〇万円を貸し付けた事実は認められないとして、Y_3の請求を認容する旨の判決をした。この判決確定後、X_3は、Y_3に対して、前訴の相殺の抗弁において主張したものと同一の消費貸借契約に基づき、前訴で相殺に供しなかった貸金八五〇万円の支払を請求することができるか。

これらの各設例は、いずれも、当面は一五〇万円の利益をめぐる訴訟であるが、その論理的前提として一〇〇〇万円の権利の存在を必要とするという点において共通する。そのため、後訴の請求の可否は、各設例を通じて統一的な結論となるのが均衡のとれた解釈論というべきであろう。

(2)　利息請求訴訟における元本債権不存在の判断（設例②）について　旧々民事訴訟法（明治二三年法律二九号）二四四条は「判決ハ其主文ニ包含スルモノニ限リ確定力ヲ有ス」と規定していたが、同法の立案に深く関与した本多康直＝今村信行の注釈書(24)においては、同条につき、次のように解説されている。

「民法証拠編第七十七条(25)及び本条の規定に依れば実体上確定するものは判決の主文のみにして其事実及び理由は確定するの限に非ざるものとせり。例へば利息のみ請求する訴訟に於て其判決主文に『原告の訴を却下す』と宣言し其理由中に『此利息を請求する元本たる消費貸借の契約は全く成立せしものと認めがたく、良や成立せしものと仮定するも云々』と掲げたるが如き判決書中、右主文のみ確定し理由は確定せざる故、此判決の確定後消費貸借の契約に基き元金督促の訴を起されしとき被告は既判力の抗弁を主張することを得ざるなり。裁判所に於ても亦前判決を遵守す可き義務なき故、之に拘泥せず相当の裁判を為さざる可からず。〔原文改行〕斯る場合に於ては前後の判決相抵触するの不都合なきを保しがたし。故に成る可く此不都合を避けん為め第二百十一条の規定を設け以て権利関係の成立又は不成立を確定する判決を求むる方法即ち予案確定の訴を許すものとせり。〔原文改行〕主文のみ確定し事実及び理由は確定せざるものと規定したる理由は蓋し本案に付き直接に関係なき事実及び理由等の如き種々の事項を掲げたる場合に於て敗訴者が之に対し不服を申立てざりしを以て此等の事項総て確定し既判力を有するものとせば一案の訴訟に付き数多の権利義務確定し危険も亦甚だしきのみならず、殊に此等の事項確定するものとするときは当事者は本案の判決主文に付き服従するも他の事項に対し不服を訴へざるを得ざるに至り本案外の争点に渉り訴訟手続を錯綜せしむるの恐あるが故ならん。」

すなわち、利息請求訴訟において元本債権の不存在を理由として原告が敗訴したとしても、その敗訴判決確定後に元本請求をすることは何ら妨げられないとされる。その実質的な理由として、一度の訴訟によって多くの権利義務を確定することは危険が甚だしいという点、および、当事者が判決主文の結論に従うのであれば不服申立てをする必要はなく、訴訟手続の錯綜を防止することができるという点が挙げられている。そして、前後両訴訟において判決内容が実質的に整合しない場合が生じ得ることを明確に認識した上で、そのような不都合を避けるために、予案確定の訴え（現行民事訴訟法に即していえば中間確認の訴え）という制度を設けたというのである。つまり、旧々民事訴訟法の立法者は、紛争の一回的解決ではなくて、むしろ、誤判の弊害を最小限にとどめることと当面の訴訟を迅速に終了させることを重視して、当事者が求める限度においてのみ判決の効力を認めれば必要にして十分である、との見解を採ったものといえよう。大判大正一〇・一一・二四民録二七輯二一八八頁は、必ずしも明確ではないが、この見解に従ったものと解される。そして、この考え方を前提とすれば、当事者としては当該訴訟の係争利益との関係において相対的に攻撃防御をすれば足りる。例えば、**設例**②の前訴において、提訴後にY_2の無資力が判明したためX_2としては訴えを取り下げようとしたもののY_2がこれに同意しないという場合を考えてみると、X_2は、利息請求さえ断念すれば、その後コストをかけてまで積極的に争う必要がなくなる。[27] 後に資力の回復したY_2に対して元本請求をすることは妨げられないとしておくことが、当面の利息請求訴訟の迅速な終了につながるのである。

(3) 相殺の抗弁における自働債権不存在の判断（**設例**③）について　このような旧々民事訴訟法の立法者の見解を前提とすれば、旧民事訴訟法（大正一五年法律六一号）の立法者が、その一九九条二項において「相殺ノ為主張シタル請求ノ成立又ハ不成立ノ判断ハ相殺ヲ以テ対抗シタル額ニ付既判力ヲ有ス」と規定して、既判力の範囲を「対抗シタル額」に限定したことも、整合的に理解することができる。[28] この点、**設例**②における元本債権と利息債権とは一応別個の権利であるから、利息請求が棄却されたからといって必ずしも元本債権も不存在であると即断することはできない。例えば、Y_2が請求棄却を導くために元本債権そのものの消滅と利息債権のみの消滅という二つの主張をしていたとき、X_2が前者について争ったとしても後者については覆すことができず、請求棄却の結論そのものには従う、という場合も考えられるからである。そうすると**設例**②と**設例**③とで別異に扱うことも考えられなくはない。しかしながら、立法者は、同一の権利の一部と残部という関係にある**設例**③の場合について、**設例**②と同様に扱い、自働債権「不成立」の判断であったとしても既判力を有するのは「対抗シタル額」のみに限定するという建前をとった。この考え方によれば、**設例**③における自働債権一〇〇〇万円の存否の判断は、あくまでも一五〇万円の係争利益との関係において当事者が相対的に争ったことの結果として意味をもつに過ぎず、自働債権全部の絶対的不存在を確定することにはならない[29]。Y_3の請求を認容する旨の第一審判決を受けたX_3は、自働債権のうち一五〇万円を失うことを甘受すれば上訴しないという選択をすることも可能なのであって、上訴しなかったからといって残部八五〇万円まで失うものではない。これにより、当面の訴訟を迅速に終了させることができるのである。

(4)　一部請求棄却判決確定後の残部請求（**設例**①）について　本小稿の検討対象である**設例**①の事例をどのように扱うかについて、法は必ずしも直接の明文規定を置いているわけではない。そこで解釈により決しなければならないが、大審院は、一部請求棄却判決確定後の残部請求は前訴の既判力に抵触しないとの見解を採ったものと解される。公式判例集に登載されていないため詳細は不明であるが、大判昭和一八・五・三法学一二巻一一号九九九頁は、「既判力の範囲は主文に包含せられたるものに限ることは〔旧〕民事訴訟法第百九十九条第一項の規定する所なれば既判力は訴訟の目的となりたる権利の範囲に付き生ずるに過ぎず、同一の権利と雖も請求の範囲に包含せられざりし部分に付ては既判力を生ずるものにあらず。被上告人が曩の訴訟に於て其の目的と為したる部分は訴外A株式会社の上告人に対する失権株式競売不足金三千五百円の債権中金千円の部分に過ぎざれば、其の請求を棄却する判決確定したるときは該債権の内金千円の部分の存在せざることが確定せらるるに止まり、爾余の部分は該判決の既判力の効力を受くるものにあらず。然るに原判決が本訴の債権と相殺することを認めたる反対債権は右競売不足金債権の内金二千三百六十円の部分と其遅延損害金にして、曩の訴訟に於ては其の目的とならざりし部分に外ならざれば、前期〔ママ〕の判決の既判力は之に及ぶことなし」と判示して、三五〇〇円のうちの一〇〇〇円の一部請求が棄却されたとしても残部二五〇〇円の不存在まで確定されることにはならないとした。つまり**設例**①における残部請求は可能であるとする立場であり、この結論は**設例**②および**設例**③についての立法者の考え方とも均衡がとれている。

(5) 小括　以上を要するに、立法者は、誤判の弊害を最小化するとともに訴訟手続の錯綜を防止して当面の訴訟を迅速に終了させるという積極的な理由に基づいて、あえて判決の効力を当事者が審判を求めた事項に限定することとし、前提問題については既判力を生じさせないとの立場を採ったものと解される。そうすると、**設例**①から**設例**③までのいずれにおいても、前訴判決中の一〇〇〇万円の権利の不存在の判断は、あくまでも当事者が一五〇万円の係争利益の前提問題として相対的に攻撃防御をしたことの結果としてなされたものに過ぎず、権利全部の絶対的不存在まで確定するものではないというべきである。

2　既判力を理由として残部請求を排斥する学説について

残部請求の可否を既判力論の範囲内で解決しようとする見解として、伊藤説と松本説があるので、ここで両説について若干の検討をしておきたい。

まず、伊藤説[30]は、一部であることの明示の有無を問わず、常に債権全体が訴訟物となり、一部のみの給付を求める原告の意思は給付命令の上限を画するものにすぎないとする。この見解によれば、後述する武器対等の原則を損なうことなく、一部請求棄却判決確定後の残部請求排斥を理論的に説明することが可能となる。しかし、この見解によると、処分権主義に反しないのはなぜかという問題[31]とともに、前訴の手続が不当に重くなるのではないかという実際上の問題[32]が生ずる。例えば、**設例**①のような場合においては、少なくとも一五〇万円の債権が現存しているということさえ判明すれば、直ちに請求を全額認容する判決をすることができるはずである[33]（Y_1が五〇万円ずつ二〇回の分割払によって全額を弁済したと抗弁した場合において、三回分の弁済が認められなければ、もはや残り一七回分の弁済の有無について審理するまでもなく、請求を全額認容する判決をすることが可能である）。ところが、もし債権全体が訴訟物となると解すると、債権額を確定するために更に審理を続けなければならないことになるのではないか。これでは、立法者が訴訟手続の錯綜を防止し当面の訴訟を迅速に解決することを目的として既判力を判決主文に包含する判断に限定した趣旨に反する[34]。

次に、松本説[35]は、残部請求訴訟は前訴一部請求訴訟と矛盾関係に立つので、一部請求訴訟を棄却する確定判決は残部請求の後訴に対して既判力を及ぼすとする。しかし、ここでいう矛盾関係は従来考えられていたものより拡大して解釈されており、やや無理があると指摘されている[36]。果たしてそのような拡大解釈をする必要があるであろうか。松本説がこのような解釈をすることの背景には、「残部請求訴訟を許すことは、前訴である一部請求訴訟において裁判所が残部債権の不存在の判断を基礎に請求棄却判決をしている場合には、耐えがたい[37]」との価値判断があるものと思われる。しかし、**設例**②のような事例において前訴判決理由中でなされた先決的法律関係の存否についての判断は、中間確認の訴えを提起して判決主文における判断を得ておかない限り、後訴に既判力を及ぼすものではないと考えられてきた。そうとすれば、**設例**②との均衡からして、無理な拡大解釈をしてまで**設例**①の後訴に既判力を及ぼす必要は存しない[38]。前訴の一部請求が確定的に棄却されたとしても、それは当事者が係争利益との関係において相対的に争った結果としてなされた判断にすぎないのであって、権利全部の絶対的不存在を意味するものではないから、残部請求を許すことは決して耐えがたいことではないのである[39]。

（24）　本多康直＝今村信行・民事訴訟法〔明治二三年〕注解・第二分冊・自第一九五条至第四一一条（日本立法資料全集別巻一五三）（二〇〇〇年復刻版）七四四〜七四六頁（ただし、引用者において、平仮名に改め、句読点を付した）。同書につき、鈴木正裕・近代民事訴訟法史・日本（二〇〇四）一二三頁参照。

(25) 坂原正夫「民訴法一九九条一項の沿革について」同・民事訴訟法における既判力の研究（一九九三）一八〇頁、とくに二〇〇頁以下が明らかにしたとおり、民法理由書によれば、旧民法証拠編七七条は判決理由中の判断に既判力が生ずる余地を認めていた（ボワソナード民法典研究会編・ボワソナード民法典資料集成第Ⅱ期後期四・民法理由書第五巻証拠編〔二〇〇一年復刻版〕二三六頁以下）。そうすると、ここでの問題は、判決理由中の判断であるがゆえに既判力が生じないというよりも、旧民法証拠編八一条（旧請求と新請求との同一性）の要件を充たさないために既判力が作用しないと説明する方が適切であろう。もっとも、本小稿の検討する問題に関する限り結論の相違をもたらすものではないので、これ以上立ち入らない。本小稿においても、「既判力が生じない」との表現をすることがある。

(26) 伊東乾・民事訴訟法の基礎理論（一九七二）一二〇頁、木川統一郎・民事訴訟法重要問題講義（中）（一九九二）三二六頁。

(27) 既判力の主観的範囲との関係においてであるが、伊藤・前掲注（6）五六五頁以下は、反射効を否定し、「基本原則としては、手続保障は訴訟物たる権利関係を基準として考えられるべきものである」（同五六六～五六七頁）とする。仮に反射効を肯定すると、主債務者に対して請求したが無資力であることが判明したとき、訴訟費用の回収すら見込めない主債務者を相手にして過大なコストをかけてでも主張立証を尽くさなければ、将来における保証人に対する請求が不可能となってしまうであろうが、それは不当である、という指摘を含むものであろう（同五六七頁参照）。これと同様のことが、同一当事者間における既判力の客観的範囲の問題についても妥当するのではなかろうか。

(28) 小山昇「金銭請求訴訟の訴訟物」小山昇著作集第一巻・訴訟物の研究（一九九四）一四一頁、一四九頁、村松俊夫「金銭債権の一部請求」同・民訴雑考（一九五九）七八頁、八四頁。これに対して、残部請求を否定する見解に立つと、同条項を例外的な規定として位置づけざるを得なくなる（三ケ月章「一部請求判決の既判力論争の背景――訴訟理論における解釈論と政策論の分界について」同・民事訴訟法研究第三巻〔一九六六〕一六五頁、一八一頁、伊藤・前掲注（6）五二六頁）。

(29) 伊東乾「一部請求――最高裁昭三七・八・一〇判決」同・民事訴訟法研究（一九六八）五二一頁、五二八頁は「既判力の可分性」というが、「既判力の相対性」と表現した方がより適切ではなかろうか。

(30) 伊藤眞・前掲注（6）二一五頁。

(31) 新堂幸司「審理方式からみた一部請求論の展開――最高裁平成一〇年六月一二日判決の分析と展望」同・権利実行法の基礎（二〇〇一）二七七頁、二九一頁、松本・前掲注（9）二三四頁。もっとも、一個の権利を原告の意思のみによって分割して訴訟上行使することはできないと解するならば、説明は可能であるように思われる。
(32) 高橋・前掲注(23)一〇九頁、山本和彦「一部請求」同・民事訴訟法の基本問題（二〇〇二）一〇三頁、一〇七頁。
(33) 越山和広「一部請求後の残額請求と既判力・信義則——最高裁平成一〇年六月一二日判決をめぐって」伊東乾教授喜寿記念論文集・現時法学の理論と実践（二〇〇〇）三〇七頁、三一四頁参照。
(34) 木川統一郎「一部請求メモ」同・民事訴訟政策序説（一九六八）一八一頁、一八八頁は、「分断して一刻も早く部分的な権利保護をはかるのも一つの合理的な方法である。迅速経済な権利保護という民事訴訟の理想は、まず最初にしてかつ主要な狙いとして追求されるべきで」あると指摘する。
(35) 松本・前掲注(9)二二三頁。
(36) 中野・前掲注(16)九五頁、越山・前掲注(33)三二〇頁、三木浩一「一部請求論の展開」同・民事訴訟における手続運営の理論（二〇一三）一一九頁、一三六～一三七頁、文字・前掲注(1)一二七頁、小山・前掲注(10)一八四頁以下。なお、越山和広「矛盾関係論による既判力の客観的範囲の画定について」法学政治学論究七号（一九九〇）三八九頁参照。
(37) 松本・前掲注(9)二三一頁。
(38) 小山・前掲注(10)一八六頁、小山・前掲注(28)一四八頁。
(39) 上野・前掲注(10)六九八～六九九頁。なお、河野・前掲注(1)一七四頁も「一部と残部で訴訟物が異なる限り、たとえその請求権の発生原因等が同一であっても、相対的な審理・判断を許すことが前提のはずであ」ると指摘する。

四　信義則の観点からの批判的検討

1　一般的・類型的考察

本件判例は、残部請求の後訴が許されない理由を信義則違反に求めており、既判力に抵触しないことそれ自体は認めているものと解される。しかし、前述のとおり、そこでの信義則違反との評価は一般的・類型的なものである。[40]このような考え方は適切といえるであろうか。残部請求を許さない学説[41]が掲げる「重複して審理させられる裁判所の不経済・非効率」と「なんども応訴させられる被告の煩わしさ」という二つの観点[42]に分けて、以下、検討する。

(1) 裁判所の負担について　裁判所の負担は、結局のところ、司法制度運営の費用を支出する納税者の負担に帰着する。[43] しかし、その納税者を含む国民の代表者によって構成される立法府は、先にみたとおり、一度の訴訟によって多くの権利義務を確定することは危険が甚だしいという政策判断をした。つまり、たとえ費用の負担が多少増加したとしても、むしろ、誤った判決から訴訟制度利用者（潜在的利用者を含む）を守るために第二の判決を求めることのできる余地を広く残しておいた方がよいという自由主義的観点を優先する決断をしたものと解される。もとより明治前期と比べて現在における裁判官の資質は向上しており判決の正当性は信頼できるとしても、現行民事訴訟法一一四条は、なお、旧々民事訴訟法二四四条の採った政策判断を維持し続けているのである。[44] 第一の判決が誤っていると主張して第二の判決を求める申立てをすることは、もしそれが未確定判決に対する上訴という方法であれば、誰も蒸し返しとは評価しないであろう。それと同様に、たとえ前訴判決が確定していたとしても、既判力が生じない事項については再度争って第二の判決を求めることができるというのが法の建前である。したがって、残部請求の後訴は許されることが原則とされなければならない。もっとも、上訴であっても例外的に上訴権の濫用として許されない場合があり得ること[45]と同様に、残部請求の後訴が例外的に訴権の濫用として許されない場合はあり得よう。[46] そのような例外的な場合に限って後訴を不適法却下すれば足りるものである。これは個別的・具体的事情を考慮してなすべきことである。

(2) 被告の負担（両当事者間の公平）について　次に、被告の応訴の負担という観点から検討する。本件判例は、一部請求棄却の前訴判決は後に残部として請求し得る部分が存在しないとの判断を示すものにほかならないとして、原告による残部請求の後訴の提起を蒸し返しと評価し、前訴の確定判決によって当該債権の全部について紛争が解決されたとの被告の「合理的」期待に反し、被告に二重の応訴の負担を強いるものとした。しかしながら、果たしてそのような評価が正当といえるであろうか。

まず、本件判例は、「当事者双方の主張立証の範囲、程度も、通常は債権の全部が請求されている場合と変わるところはない」（傍点引用者）との前提を置く。しかし、既に検討したとおり、法の建前からすれば、当事者は係争利益との関係において相対的に攻撃防御をすれば足りるはずである。本件判例の「通常は」との一言は、一部請求の場合における主張立証の程度は全部請求の場合と異なっても差し支えないとするのが法の建前であるということを、最高裁自身が認めていることの現れというべきではなかろうか。それにもかかわらず、本件判例は、残部請求の後訴を許さないこととして、一部請求の場合であっても全部請求の場合と同程度の主張立証をしなければならないという行為規範を設定した[47]。そうすると、本件判例には、結論を先取りした循環論法に陥っているのではないかとの疑問がある[48]。

次に、本件判例が、一部請求棄却の前訴判決は「後に残部として請求し得る部分が存在しないとの判断を示すものにほかならない」とした点も、不当である。これも既に検討したとおり、原告が債権の一部についてしか審判を求めていない以上、全部の存否についての判断に既判力が生ずることはない。たとえ前訴判決理由中において債権全部の不存在という判断がなされ、これを前提として一部請求を棄却する判決がなされたとしても、それは債権全部の絶対的な不存在を意味するものではなく、後に残部請求を受ける余地は残るというのが法の原則である。そのような二重の応訴の負担を未然に防止したいのであれば、被告自らが残部につき債務不存在確認を求める訴えを提起すべきことになる[49]。そのような消極的確認の訴えを提起せずして債権全部についての紛争が解決されたと期待したとしても、それは単なる希望的観測に過ぎず、このような事実上の期待を「合理的」と評価することはできない[50]。

この点、高橋宏志教授は「訴訟の土俵作りは第一次的には原告の責任ではないか[51]」と指摘する。しかし、法から導き出すことができるのは「訴訟の土俵作りは当事者の責任である」ということのみであって、その土俵作りをした当事者のことを「原告」（反訴原告を含む）と呼んでいるのである。被告も、自らが反訴原告となって残債務不存在確認を求めることのできる当事者であって、原告とは対等の地位にある[52]。高橋教授は、さらに、債務不存在確認の反訴提起の申立手数料を負担しなければならないことを「原告が被告に不利益を押し付けすぎる[53]」と評価する。しかし、最終的には訴訟費用は敗訴者の負担とされるのであるから、この批判も説得的でない。

なお、これに関連して、残債務不存在確認請求訴訟を受けて敗訴すると、その訴訟費用を負担しなければならないから、かえって原告にとって不利であるという趣旨の指摘がある。[55] しかし、これは結果からみた後付けの説明に過ぎない。訴訟費用負担のリスクと比べれば、残債務不存在確認請求訴訟の提起により失権の範囲が事前に警告されることによるメリットの方が原告にとって大きい。例えば、本件の前訴において、もしYが残債務不存在確認を求める再反訴を提起していれば、Xは徹底的に争ったはずであり、決して上告を断念するという選択をしなかったであろう。再上告していれば、前訴の結論が覆る可能性が絶無であったとまではいえない。[56] 請求の当否についての結論が覆れば、自ずと訴訟費用の負担についても結論は異なってくる。

以上に加えて、もし残債務不存在確認請求訴訟が提起されていなくても前訴の一部請求棄却判決確定により残部請求の後訴の提起が一般的・類型的に信義則違反になると解すると、松本教授[57]が指摘されるとおり、民事訴訟における武器対等の原則に反するという問題が生ずる。例えば、前記**設例**①において後訴の提起が一般的・類型的に信義則違反となるとすれば、Y_1としては一五〇万円損失のリスクしか負わずに一〇〇〇万円分の利益獲得の可能性をもつことになる。一部請求の場合であっても全部請求の場合と同程度の主張立証をしなければならないという前記行為規範は、専ら原告に対してのみ設定されたものであり、これでは両当事者間の公平を害する。そして、もし両当事者間の公平を害しないようにするとすれば、前訴の一部請求が認容された場合についても、債権総額の存在の判断に後訴における拘束力を認めなければならないが、[58] そうすると、前訴において債権総額の審理が必要となり、当面の訴訟を迅速に終了させようとした立法の趣旨に反することになる。

2 個別的・具体的考察

以上検討したとおり、前訴の一部請求が棄却されたということそれ自体は被告の信頼の合理性を基礎づけるものではない。そうすると、被告の信頼が合理的であるというためには、例えば、相当長期間にわたって権利の不行使が続いたことなど、信頼の対象となるべき何らかの別の具体的要素が必要というべきである。[59] そこで、以下、Xに信義則違反があるかどうか、本件判例の具体的事実に即して検討する。

(1) 長期間にわたる権利の不行使という要素を欠くこと　最判昭和五一・九・三〇民集三〇巻八号七九九頁は、前訴と訴訟物を異にする後訴の提起を信義則違反と評価するにあたって、長期にわたる時間の経過により相手方の地位を不当に長く不安定な状態におくことになることを考慮していた。これに対して、本件においては、前訴判決確定の約三か月後に後訴を提起しており、Xが長期間にわたり権利行使を怠ったという事実は認められない。そうすると、権利失効の原則を理由とする信義則違反は認められない。[60]

(2) 矛盾挙動のないこと　本件におけるXは、終始一貫して報酬請求権を有していると主張しているのであって、その挙動に何ら矛盾はない。そうすると、禁反言を理由とする信義則違反も認められない。[61]

(3) 信義則違反との評価を妨げるべき事情の存在　むしろ、本件においては、信義則違反との評価を妨げる事情の方が多く存在するように思われる。まず、本件判例の出現前は、「一部請求である旨を明示したときは、前訴で勝訴しても敗訴しても別訴で残額を請求できるが、明示しなかったときは、前訴で全部勝訴していても残額請求はできない、というのが確立した判例理論である」[62]（傍点引用者）との理解が一般的であった[63]ことを念頭に置かなければならない。本件のXも、この理解に従って行動している。[64]

ア　前訴が反訴であったこと　安西明子教授[65]が既に指摘されているとおり、本件のXは前訴において被告の地位にあった。つまり、Yの提起した登記請求訴訟に対する防御活動の一環としてXが報酬の一部の支払を求める反訴を提起したという関係にある。この点において、本件前訴は、原告が十分な準備をした上で提訴するであろう通常の試験訴訟とは大きく異なる。[66] Xの意図としては、敗訴しても残部請求は可能であるとの前記判例理解のもと、敗訴リスクを限定する趣旨で「とりあえず」[67]一部請求をしたものと解される。もし残部請求の後訴が許されなくなることを事前に知っていたならば、当初からXは反訴を提起することはなく、せいぜい同時履行の抗弁権[68]を行使して引換給付判決を求めるにとどめていたであろう。

イ　前訴においてXが上告しないとの選択をしたことの合理性　　本件後訴における予備的請求の二は不当利得返還請求である。Xとしては、自ら相当の費用を負担して本件土地の市街化区域編入業務を達成したのに、それによる交換価値の増加をYが独占する結果となるのは不公平であると考えたのであろう。前訴においてはXはこの請求をしていない。Xは、前訴控訴審判決まで、商法五一二条または本件報酬支払合意に基づくいずれか一方の請求は認容されるものと信じていたが、棄却され、上告審においては訴えの変更をすることができないことから、もはや前訴手続内では不当利得返還請求を追加することが不可能となってしまったのであろう。

また、Xは、Yが平成三年三月五日に本件土地をM市開発公社に売却したことをもって故意に条件成就を妨げたと法律構成しており、この時点が残部につき五年の商事消滅時効の起算点とされる可能性がある。判例[69]によれば明示的一部請求訴訟の提起は残部について時効中断効を有しないから、Xとしては早急に残部につき時効中断措置を講ずる必要があった。しかし、やはり上告審においては訴えの変更をすることができず、残部請求の別訴を提起するよりほかなかったのかもしれない。

ところで、上告には第一審の提訴手数料の二倍の手数料が必要となる[70]。有限会社であって比較的小規模と思われるXが、その限られた資源[71]を、前訴の上告手数料ではなくて残部請求の後訴提起の手数料に優先的に投じたとしても、一概に責めることはできまい。

これらのことからすれば、Xが前訴において当面の一億円の請求については上告を断念して敗訴判決確定（平成七年一〇月一三日）を甘受した上で、別途、残部請求の後訴を提起する（平成八年一月一一日）という行動を選択したことには、十分な合理性がある。そうすると、本件のXが係争利益との関係において相対的に争って前訴における上告を断念したことは明らかというべきである。一部請求訴訟における当事者の主張立証の程度・範囲が全部請求の場合と変わるところがないとの評価は、本件については、妥当しない。

ウ　債務不存在確認の再反訴を提起することについてYに支障のなかったこと　前訴においてXは一部請求であることを明示しており、Yは債務不存在確認の再反訴提起の必要性を認識することが可能であった。また、Yはいわゆる大手ゼネコン企業であり、このような再反訴提起の手数料の支払に支障があったとは考えられない。(72)

(4)　小括　このようにみてくると、本件のXについて信義則違反と評価されるべき事情は見当たらず、むしろ、その評価を妨げるべき事情こそが多く存するように思われる。本件原審判決の「Xによる本件訴訟の提起が信義則に反するとの特段の事情を認めるに足りる的確な証拠はない」との判断の方が説得的というべきである。これに対して、本件判例は、残部請求の後訴の許否につき法の原則と例外を逆転させてしまったのみならず、例外としての特段の事情の有無の判断にあたってすら、本件における個別的・具体的事情を何ら斟酌しなかったものである。(73)

(40)　越山・前掲注（33）三二七頁は「既判力代替型の信義則概念」と呼ぶ。なお、松村和徳「一部請求論考（一）――近時の最高裁判例を題材にして」山形大学法政論叢一七号（二〇〇〇）三九頁、六四頁以下参照。

(41)　高橋・前掲注（23）一〇二頁。青木・前掲注（1）六三九頁も、被告と裁判所の負担を考慮して、債権の一部を係争利益とする程度の主張立証をすれば足りるとの考え方を否定する。

(42)　山本（和）・前掲注（1）一〇四一頁が指摘するとおり、本件判例は、少なくとも判決文の文言上は、被告の負担という観点についてしか言及していないが、山下・前掲注（1）（最判解）六一二頁は、審理の重複を余儀なくされる裁判所の負担についても言及している。なお、もし純粋に被告の負担についてしか考慮しないとすれば、職権調査事項かどうかという点に相違をもたらす可能性があろう。

(43)　伊藤・前掲注（6）三頁、九九頁、伊藤眞「学説史から見た手続保障」新堂幸司編著・特別講義民事訴訟法（一九八八）五一頁、六五頁。なお、同「違法収集証拠・証言拒絶権――証拠の収集〔その2〕」井上治典ほか・これからの民事訴訟法（一九八四）一七一頁参照。

(44)　裁判所は限られた証拠の中からいわば手探りで事実を認定するのであって、必ずしも絶対的真実を知ることができるわけではないとすれば、このような政策判断は現在においても合理性がないとはいえない。なお、現行民事訴訟法二条は信義則を明文化したが、一般条項は個別条項の予期しない事態に対処するためのものであるから、同法一一四条および一四五条が明確に許容する前提問題についての再審判要求を同法二条が禁止したと解することはできない。

(45) 最判平成六・四・一九判時一五〇四号一一九頁。

(46) 東京地判平成七・七・一四判時一五四一号一二三頁。

(47) 畑瑞穂「一部請求と残部請求」伊藤眞＝山本和彦編・民事訴訟法の争点（二〇〇九）一二〇頁、一二一頁は「平成一〇年判決は、債権額が請求額を下回らないことについて一部請求訴訟で決着すべしとの行為規範を設定したことになる」と指摘する。

(48) 後付けのルール変更ではないかとの疑問を呈する見解として、勅使川原和彦「一部請求と隠れた訴訟対象——判例によるルール設定と信義則による後訴遮断についての覚え書」早法七五巻三号（二〇〇〇）二五頁、とくに三二頁参照。

(49) 奈良・前掲注（1）九七頁、渡部・前掲注（17）一二頁、二〇頁、三二頁参照。なお、三木浩一「一部請求論の考察」同・前掲注（36）九四頁、一一一頁参照。

(50) 松本博之「一部請求訴訟の意義と目的」同・訴訟における相殺（二〇〇八）一五三頁、一七一頁、一八〇頁、越山・前掲注（33）三三二頁、文字・前掲注（1）一一五頁。柏木・前掲注（1）八四頁は、「後出しじゃんけんの如き理由」と厳しく批判する。なお、松村・前掲注（40）六三頁、青木・前掲注（1）六三七頁参照。

(51) 高橋・前掲注（23）一〇七頁。

(52) なお、鈴木正裕＝青山善充編・注釈民事訴訟法(4)裁判（一九九七）一〇六〜一〇七頁〔青山＝長谷部由起子〕は、「残額請求を特定することは、一般に債務者たる被告よりも債権者たる原告のほうが容易になしうる」と指摘する。しかし、少なくとも本件の報酬請求権のような契約に基づく権利は、対等な二当事者間の合意によって発生するものであって、特定が容易かどうかについて債権者と債務者とに差異はない。

(53) 高橋・前掲注（23）一〇七頁。

(54) 民事訴訟法六一条。

(55) 山下・前掲注（1）〔最判解〕六一三頁、青木・前掲注（1）六三九頁以下。

(56) 当然のことながら、控訴審判決であっても誤っている可能性はある（一部請求を棄却した原審の判断を覆して請求全部認容の自判をした一例として、最判平成二一・一一・二七判時二〇六七号一三六頁参照）。なお、本件前訴当時の旧民事訴訟法下においては、判決に影響を及ぼすことが明らかな法令の違背があることを理由として最高裁判所に上告することが可能であり、商法五一二条または民法一三〇条の解釈という法律問題について上告審の判断を問う余地はあったであろう。個別的・具体的考察の箇所において後述するとおり、本件のXは、費用対効果を考慮し、一億円を失うことを甘受して上告を断念したにとどまるのであって、今後一切残部請求をすることが許されなくなることまで甘受したわけではない。

(57) 松本・前掲注（9）二三二頁、松本・前掲注（50）一六七頁、一七二頁。

(58) 債権全体が訴訟物となると解する伊藤・前掲注（30）がこの見解であろう。

(59) 安西明子ほか・民事訴訟法（二〇一四）一九〇～一九一頁〔安西〕参照。

(60) 松本・前掲注（9）二三二頁。これに対して、三木・前掲注（36）一三七頁は、「権利失効の原則は相手方に権利不行使の合理的な期待が生じているかどうかを問題にするものであるから、権利の長期の不行使の場合に適用が限られるわけではない」として、「一部請求の前訴が明示一部請求であって、これが一部棄却または全部棄却された場合には、残部債権を含む債権全体に関する当事者の攻撃防御を経て債権全体について不存在の判断がなされているので、信義則に基づく権利失効の原則の適用により、後訴における残部債権の主張はやはり許されない」とする。しかし、本文で先に検討したとおり、現在の民事訴訟法の下においては、前訴請求が棄却されたことそれ自体は、合理的信頼の対象とはいえない。

(61) 松本・前掲注（9）二三三頁、越山・前掲注（33）三二九頁は、この観点から中野説を批判する。

(62) 兼子ほか・前掲注（18）六一二頁〔竹下〕。

(63) 最判昭和三七・八・一〇民集一六巻八号一七二〇頁の事案における前訴は、三〇万円のうち一〇万円の支払を求める一部請求に対して裁判所が八万円の一部認容判決（二万円の一部棄却判決）をしたものであった。後訴の上告理由において前訴が一部棄却であったことが指摘されたにもかかわらず、最高裁は残部請求を許した。そうすると、当時の理論状況からすれば、前訴が明示的一部請求であれば、その結論のいかんを問わず、残部請求の後訴を許すのが判例の立場であると評価することは可能であった。これに対して、五十部豊久「一部請求と残額請求」木川統一郎ほか編・実務民事訴訟講座１（一九六九）七五頁、七七頁注４は、前訴請求棄却の場合については判例の立場はブランクであると、現時点からみれば的確な指摘をしていた。

(64) 前掲注（13）。

(65) 安西明子「一部訴求後の残部訴求の規律——当事者による後訴の争い方の観点から」石川明先生古稀祝賀・現代社会における民事手続法の展開(上)(二〇〇二)三九七頁、四一四頁。

(66) したがって、山下・前掲注(1)(最判解)六一三頁の指摘は失当である。なお、三ケ月・前掲注(28)一八二頁は、一部請求は「受けて立つ、換言すればふりかかった火の粉を払う局面なのではない」と指摘するが、本件判例の事案においては、むしろ、Xが受けて立つ、ふりかかった火の粉を払う局面におかれていたというべきではなかろうか。

(67) 安西・前掲注(65)四一四頁。Xの請求定立の変遷(前掲注(12))も、このような事情によるものであろう。なお、松本・前掲注(50)一七四頁、一八一頁参照。

(68) もっとも、このような主張すら不可能な場合もあろう。一般論として、先履行義務を負っている場合には同時履行の抗弁権を主張することができない。また、留置権を行使するためにはその要件が備わっていなければならない(例えば、東京高判平成八・五・二八高民集四九巻二号一七頁および東京高決平成二二・七・二六金法一九〇六号七五頁は、不動産は商事留置権の対象とならないとする)。

(69) 最判昭和三四・二・二〇民集一三巻二号二〇九頁。

(70) 民事訴訟費用等に関する法律・別表第一・第三項。

(71) Xは「一二億円の報酬請求に必要な印紙代を考えると、前件訴訟において残部を請求することについては原告には重大な支障があったとさえいえる」と主張している(前掲注(13)一一八三頁)。

(72) 手続運営論の観点からは、本件の事例においては、前訴の受訴裁判所がYに残債務不存在確認の再反訴提起を促す釈明をするという方向で検討すべきではなかろうか。

(73) なお、酒井・前掲注(1)三三頁は「最高裁は、なぜ事件を原審に差し戻さず、自判したのであろう」と指摘するが、訴えの適法性については、職権調査事項(田中・前掲注(1)六七頁)として、上告審においても事実審理が不可能というわけではなかろう。

五　おわりに

以上のとおり、本件判例は、信義則違反と評価されるべき個別的・具体的事情が何ら見当たらないにもかかわらず、一般的・類型的判断から後訴の提起を信義則違反と評価しており、結局のところ、本来、法が既判力の作用しないものとしている事案類型において既判力の作用を認めたことにほぼ等しくなっている[74]。

そして、本件判例の一般的な判示内容からすれば、前記**設例②**および**設例③**についてもその射程が及ぶ可能性がある。もし本件判例の考え方が**設例②**についてまで及ぶとなると、延いて、例えば、所有権に基づく登記請求訴訟において前提となる所有権の不存在を理由として請求が棄却された場合には、その後に所有権確認の訴えを提起することも、何ら具体的な事情を問わずして信義則違反と評価される可能性がある[75]。しかし、それでは中間確認の訴えという制度を定めた民事訴訟法一四五条が死文化してしまい、原告に不測の不利益を及ぼす[76]。また、もし本件判例の考え方が**設例③**についてまで及ぶとなると、既判力を「相殺をもって対抗した額」に限定した同法一一四条二項が死文化してしまう。のみならず、延いて、例えば、被告が同時履行の抗弁権を行使して引換給付判決を求めたところ、被告の債権の存在が認められずに無条件の給付判決を受けた場合には、当該債権の不存在まで確定されてしまうことにもなりかねない[77]。もしそうなると、失権を恐れる被告としては抗弁の主張すら控えざるを得なくなる。これでは、必ずしも訴訟準備が十分でない状態で応訴を余儀なくされる被告の防御の自由を著しく侵害することになる。このように、本件判例の考え方は際限なく拡大解釈される危険を内包している。そうとすれば、一見非常識に思われるかもしれないが、あえて本件判例の結論それ自体に反対するべきではないだろうか。

もちろん、立法論としては、紛争の一回的解決を重視して分割訴求を許さないとする立場も十分に考えられる[78]。その際には、提訴手数料の定額化ならびに訴訟救助および法律扶助の充実ということのみならず、新証拠の発見を再審事由に加えること[79]をも視野に含めた総合的な検討をする必要があるのではないだろうか。わが国の現行民事訴訟法のように再審事由を極めて狭く限定したままで、判決の効力のみを一方的に肥大化させてしまうことは、誤判の可能性を完全には排除することができない以上、危険を伴う。

そうすると、納税者であり訴訟制度利用者でもある国民が立法的判断によって制度を改めるのであればともかく、現在の民事訴訟法の解釈論としては、本件判例に反対し、本件原審判決を支持すべきであるというのが、本小稿の到達した結論である。(80)

(74) 松本・前掲注(50)一七一頁、坂田・前掲注(10)三〇五頁、渡部・前掲注(17)三七頁、奈良・前掲注(1)九四頁、柏木・前掲注(1)九二頁、松村和德「不法行為訴訟と一部請求論」東北学院法学七一号(二〇一一)一一九頁、一二六頁など参照。

(75) 伊藤・前掲注(6)五三一頁以下は、「前訴において所有権を理由とする移転登記の抹消請求がなされ、所有権の帰属が主たる争点となり、その不存在を理由として請求棄却判決がなされたにもかかわらず、前訴原告がさらに所有権にもとづく後訴を提起し、土地の引渡しを求めるときには、前訴判決確定によって所有権の帰属について相手方の信頼が形成され、かつ、その点について前訴において主張・立証の機会を与えられた原告は、所有権の帰属を主張する機会を制限されてもやむをえない」と論ずる。

(76) 柏木・前掲注(1)八三頁参照。なお、越山・前掲注(33)三二六頁参照。

(77) 坂田・前掲注(10)三一二頁は、この可能性を示唆する。

(78) 小林秀之「一部請求と訴訟費用」同・民事訴訟法がわかる——初学者からプロまで〈第二版〉(二〇〇七)六五頁以下参照。

(79) ドイツ民事訴訟法五八〇条七号b参照。

(80) 本小稿において検討することのできなかった点として、仮に本件判例の見解に従うと、一部請求額は簡易裁判所の事物管轄に属するが総額はこれに属しないという場合に、簡易裁判所の判決によって債権全部の不存在を確定することになってしまってよいのかという問題がある。この点につき、坂本正幸「一部請求の適法性に関する小論——専門家倫理と管轄を中心として」島大法学五〇巻三・四号(二〇〇七)一頁参照。残部請求を許すならば、そのような問題は生じない。

民事訴訟制度の目的とADR

垣内秀介

一　はじめに
二　目的論をめぐる問題状況
三　民事訴訟制度の目的を問うことの意義
四　目的論の再検討
五　おわりに

一　はじめに

本稿は、民事訴訟制度の目的[(1)]について、ADRとの関係をいわば一つの補助線としつつ、若干の検討を試みるものである[(2)]。このような形で目的論に取り組むこととなったのは、主として二つの契機による。第一は、いわゆるADR法の改正論議に関わる中で、日本ADR協会による改正提言[(3)]の作成に関与したことである。この提言の冒頭には、「ADRと裁判手続……が紛争解決の手段として互いに対等の関係にあることを規定上明確化する」との提言が掲げられているが、この提言の作成過程は、民事訴訟制度とADRとの関係について理論的考察を深める必要を感じさせるものであった。第二は、やはりADRに関わるが、紛争解決の規律全般に関するガイドライン[(4)]の作成に携わる中で、筆者の理解と比較的近いと思われるADR観[(5)]に接する機会をもち、民事訴訟制度の位置づけに関するそうした角度からの考察を促されたことである。本稿において、民事訴訟制度とADRとの関係に着目するのも、こうした経緯に由来する。

以下では、まず、目的論をめぐる現在の問題状況を分析した後（二）、目的を論じることの意義について検討を試みた上で（三）、民事訴訟という制度をもつ意義に関する筆者の見解を述べることとしたい（四）。もちろん、このテーマは本小稿で論じ尽くすには大きすぎるものであり、以下で述べることは、現時点における筆者の理解の素描にとどまる[(6)]。

（1）　民事訴訟制度の目的に関する最新の文献として、伊藤眞「民事訴訟の目的再考」高橋宏志＝加藤新太郎編・実務民事訴訟講座（第三期）第一巻（二〇一四）二九頁以下がある。

なお、本稿の内容については、二〇一四年六月二八日の民事訴訟法研究会（東京大学）において報告の機会を与えられ、先輩諸教授および筆者よりも若手の参加者の双方から、きわめて有益な示唆を得た。もちろん、そうした示唆を適切に活かしきれていないことの責任は、すべて筆者にある。

（2）筆者が民事訴訟制度の目的について初めて言及したのは、筆者の初めての研究論文として、伊藤先生の指導の下で執筆した助手論文においてであるが、そこでは和解重視の発想と従来の目的論とは必然的に結びつくものではないことを述べるにとどまり、それ以上の議論を控えていた。垣内秀介「裁判官による和解勧試の法的規律(1)」法協一一七巻六号（二〇〇〇）七七一～七七二頁、七七五～七七六頁注四〇参照。したがって、これまでのところ、いわゆる「棚上げ論」を実践してきたことになる。「棚上げ論」については、高橋宏志・重点講義民事訴訟法（上）〈第二版補訂版〉（二〇一三）二三頁参照。

（3）「提言『ＡＤＲ法の改正に向けて』」（二〇一二年四月一日公表）。同提言は、日本ＡＤＲ協会のウェブサイト（http://japan-adr.or.jp/teigen.pdf）において入手可能である。また、簡単な紹介として、垣内秀介「提言『ＡＤＲ法の改正に向けて』について」ＮＢＬ九七五号（二〇一二）八～九頁参照。

（4）このガイドラインは、Felix Steffek, Hannes Unberath et al., Guide for Regulating Dispute Resolution（GRDR）: Principles, in: Steffek/Unberath（ed.）, *Regulating Dispute Resolution: ADR and Access to Justice at the Crossroads*（2013）, pp. 3-11 に公表されている。その翻訳・紹介として、垣内秀介「フェリックス・シュテフェック、ハンネス・ウンベラートほか『紛争解決の規律のためのガイド』」仲裁とＡＤＲ九号（二〇一四）一一九～一三六頁参照。

（5）Felix Steffek, Mediation und Justiz, in: Fischer/Unberath（hrsg）, Das neue Mediationsgesetz: Rechtliche Rahmenbedingungen der Mediation（2013）, SS. 29ff. など参照。

（6）また、引用する文献も、網羅的ではないことをお断りしなければならない。

二　目的論をめぐる問題状況

1　議論の経緯と現状

日本における民事訴訟制度の目的をめぐる議論[7]は、第二次世界大戦前から戦後直後の段階までは、権利保護説的な見方と私法秩序維持説的な見方とが様々なニュアンスをもって語られていたところ[8]、戦前私法秩序維持説を支持していた兼子一教授が[9]、戦後まもなく紛争解決説を提唱したことが[10]、その後の議論のあり方を規定する決定的な影響力をもったことは、周知のところであろう。

紛争解決説は、その後通説化したものの、その前法律的性格に対する近代法治主義の見地からの批判[11]を契機として、一方では、目的論の対象を狭義の訴訟手続から紛争解決制度全般に拡大する見解を生み出すとともに[12]、他方では、「法的」紛争解決説の展開をみることとなった[13]。また、これらのような紛争解決説の系譜に属する見解に対しては、いわゆる「手続保障の第三の波」学派から、むしろ手続保障こそ訴訟の目的とみるべきであるとする問題提起がされたほか[14]、権利保護説[15]およびそれを発展させた諸見解[16]もまた有力に主張されているのが現状である[17]。

さらに、近年の議論状況に関して特に留意を要するのは、これも周知の通り、民事訴訟制度の目的を論じることそのものの意義が問題とされ、自覚的な探求の対象となっていることである。こうした問題関心の萌芽は、すでにいわゆる多元説の見解にみられたものであるが[18]、目的論の意義の相対化は、いわゆる「棚上げ論」によって自覚的に論じられ[19]、近時では、いわば永遠の棚上げ論としての無用論も説かれている[20]。また、こうした文脈の中で、目的論を実定法解釈学としての民事訴訟法学とは切り離し、裁判理論という異なる次元に位置づける見解[21]や、目的論の終焉とその原理的解決不可能性を説く見解[22]も現れるに至っている。

こうした議論の現状を簡単にまとめれば、①目的論を論じることそのものについて疑義が呈されている一方で、それでもなお目的論を論じる見解においては、その内容として、手続保障説、法的紛争解決説、権利保護説、新権利保護説などが主張されていること、②目的論の内容面についていえば、通説的な考え方は、裁判官の権力性の認識、またそれを制約するものとしての法の一般性の認識などを理由として、手続保障説は採用できないものとしており、結果として、権利保護説の系譜に属する見解と、紛争解決説の系譜に属する見解とに大別される状況となっていること、しかし、③いわゆる訴権論における訴権の技術的な構成をめぐる議論が大きな関心を集めなくなったことや、紛争解決説が、藤田＝三ケ月論争などを経て、民事訴訟における実体法の基準性を強調する法的紛争解決説へと展開したことの結果として、議論の対立軸が一見して明らかではない状況[23]に至っていることを確認することができる。

2　議論の対立軸

このように、目的論をめぐる議論の対立軸は、現在必ずしも明確ではないが、筆者は、そこにはなお、「紛争解決」か「権利保護」か、といった表現形式の表面上の差異とは別に、民事訴訟制度のあり方を理解するに際して意味をもついくつかの潜在的な対立軸が含まれているものと考えている。その中で、現時点において筆者が重要と考えているものとして、三つの点を挙げておきたい。

(1)　司法による法形成　第一の対立軸は、司法による法形成、言い換えれば、いわゆる裁判官による法創造をどのように評価するか、という点である。もちろん、裁判官による法創造といってもそれ自体かなり多義的な概念であるが、ここで重要な視点となるのは、ある事件において示された法的基準が、他の事件に影響を及ぼすことを肯定するかどうか、言い換えれば、当該事件限りのものでない、一種の公共財としての裁判所の法解釈をどのように位置づけるか、という問題である[24]。

この点の態度決定は、例えば、裁判所が本来処理すべき事件、あるいは重点的に処理すべき事件は何であるか、といった問題に関係する。すなわち、裁判所の法解釈の公共財としての側面を肯定し、これを重視する立場は、一方で、ADRが多用されることによって裁判の機会が損なわれることを問題視する発想を生み出すとともに[25]、他方では、裁判所は、未だに法的解決の確立していないような事件を重点的に処理すべきだ、とする発想につながり得る[26]。これに対して、個別事件における解決や救済を第一義的なものとみるならば、裁判所としては、それ以外の事件についても、門戸を開いておく必要があることになろう。また、こうした評価は、例えば弁護士費用の敗訴者負担をどのように評価するか、といった問題とも関連する面がある。

(2)　法的正当性に関する一元志向と多元志向　第二の対立軸として、法的正当性のあり方について、一元的な理

		法的正当性のあり方	
		一元志向	多元志向
司法による法形成	消極	(i)「権利既存」モデル	(iii)「衡平裁判」モデル
	積極	(ii)「司法による立法」モデル	(iv)「判例法」モデル

解をとるか、多元的な理解をとるか、という点を挙げることができる。(27) すなわち、一元志向とは、例えば、専制君主が命令したものが法であると考えたり、あるいは、専制君主の位置に主権者を置き換えて、主権者たる国民が立法府において制定したものが法であって、したがって、その内容も究極的には立法者の意思という形で一元的に確定されるはずであるから、その解釈適用も統一的になされなければならないと考えるものである。こうした発想は、ある意味では帝政ローマ以来の伝統に連なるものと考えられるが、大陸法系の諸国は、例えば官僚制的・ヒエラルキー的な裁判官組織の形成といった形で、概ねこのモデルに親和的な制度設計をしてきたものといえるように思われる。

これに対して、多元志向とは、法解釈の一貫性というものを絶対視せず、むしろ多元的な法の解釈・適用を是とし、許容するモデルということになる。例えば、陪審制度を中核とする裁判制度を想定した場合、そこでなされる判断は、それ自体として政治的な正当性を有することから、それに対する上訴その他によるコントロールはきわめて限られることとなり、結果として、事件ごとの判断の偏差が許容されやすい、ということが考えられ、これは、多元的モデルに親和的な制度設計ということになる。(28) そして、こうした多元志向を強めれば強めるほど、事件の個別性が重視されることになり、その意味では、いわば「紛争解決」に重点が置かれることになろう。

そして、以上(1)および(2)の二つの軸を交錯させた場合、例えば、四つのモデルを包含する上掲のようなマトリックスを描くことが可能になる。

ここで示した各モデルの名称は差し当たりのものであり、ここでは、それぞれのモデルの詳細を論じることはできないが、目的論をめぐる従来の議論との関係について指摘すれば、伝統的な権利保護説は(i)に該当するのに対して、私法秩序維持説は、種々の偏差を示しつつ(ii)に接近するものとみられる[29]。また、いわゆる「第三の波」派は、これまた他の諸要素をも伴いつつ、(iii)の最右翼に位置づけられる可能性があろう[30]。

もちろん、目的論に関する諸見解は、以上の対立軸に解消されない種々の要素を含むものであり、これは一つの整理にすぎないが、1でみたように議論の対立軸が一見して明らかではない状況においては、こうした分析も、一定の意義を有するのではないかと思われる。

(3)　裁判外の社会における法規範の作用の位置づけ　前記(1)および(2)の分析は、第一次的には裁判における法規範のあり方に焦点を当てており、裁判外の社会における規範の作用全般を正面から問題にしたものではない。もちろん、以上で述べた二つの対立軸のうち、第一の点は、公共財というものの理解によっては、裁判外の社会における法規範の作用のあり方に関係する面をもつ。しかし、目的論における対立構造をより明確にするためには、この点を独立の対立軸として正面から問題にする必要があると思われる。

こうした分析の必要性を示唆するのは、紛争解決説の嚆矢となった兼子教授の見解である。すなわち、第二次世界大戦前の段階における兼子教授の私法秩序維持説が、Bülow の見解の影響を受けつつ、権利の既存性を否定して法形成における司法の機能に独自の意義を見出す点で、(i)から(ii)への接近を示すものとみられることは(2)で示唆した通りであるが、その後の紛争解決説への展開が、前述のマトリックスの中でどのように位置づけられるのかについては、必ずしも明確でないのである。

この点に関しては、まず、兼子説においては、権利既存の観念は一貫して否定されており、その点は、私法秩序維持説の時期と紛争解決説の時期とで変わりはないこと、そのこともあって、兼子教授における紛争解決説は、兼子教授の従前の理論的立場、より具体的には、訴権に関する本案判決請求権説、既判力に関する権利実在化説、方法論としての経験的考察方法からの自然な到達点として位置づけられ、その限りでは、紛争解決説と兼子教授の従前の立場とは連続的なものであることが、指摘される[31]。こうした認識は、それ自体としては正当であると考えられ、それは、前述の図式でいえば、縦軸との関係における兼子説の位置が、戦前と戦後を通じて大きな変化をみなかったことを意味する。

とすれば、前述のマトリックスとの関係では、残る可能性は横軸における左から右への、言い換えれば、一元的法理解から多元的法理解への展開ということになる。しかし、兼子教授が、法の内容そのものにおける多元性の導入を意識していたかどうかは必ずしも明瞭でない(32)。むしろ、紛争解決説への展開は、社会における法そのものの意義の相対化と深く結びついていた、と考えられる。このことを示すのは、兼子教授における次のような記述の変化である。

すなわち、兼子教授の戦前期の叙述においては、民事訴訟は、「私法法規の実効性を確保し、以て私人間の生活関係の法律的規整を完う」するための制度とされる(33)。国家は、「民商法等の法規を制定し、……各個人が之に準拠すべきことを要求して」いるのであるが、私法法規の内容は抽象的観念的であるために、民事訴訟制度がなければ「法規は現実の生活関係に其の支配を徹底し得ぬこととなり、其の実効性は極めて薄弱となる」(34)一方、「関係人間に何等問題がなく又義務者が任意に履行する限りは私法は国家の手を借らずとも既に実効性を有して居る」ため、そのような場合には、民事訴訟制度による介入を要しないとされる(35)。ここでは、私人の社会生活全般が私法法規に準拠すべきことは当然の前提とされ、それに対する警戒を見出すことはできない。

これに対して、兼子教授の戦後の論述においては、次のような興味深い指摘が見出される。すなわち、「私法の規定は、内容的にも私人間に紛争が生じて解決できない場合に適用される目的でできて居り、それだけに社会生活に於てはむしろ、例外的な極端な場合を予想しているのであって、円満平和な生活関係の生活規範としてあてはめたのでは、却って非常識不人情な結果となる場合が多い(36)」、「勿論私法があれば、国家の法廷へ訴えれば、その規定によって裁判を受けることを予知させるから、私人もこれを知れば、私法によって認められる義務を履行し、又他人の権利の侵害を慎むことになるが、これは裁判規範であることの反射的な機能に止まる」というのである(37)。

こうした記述にみられるように、兼子教授の私法秩序維持説にあっては、裁判を通じて私法が社会に対してその実効性を確保する、という視点がみられたのに対して、紛争解決説においては、社会の側が相対的に自立し、裁判外の社会生活とをいったん切断しようとする契機がみられるといえる。言い換えれば、実体法が社会生活において果たすべき機能についての評価が、いわば汎・法的な見方から、非・汎法的な見方に移行したとみられるのである。そして、この点は、後に触れるＡＤＲとの関係においても、重要な意味をもつ分岐点の一つであると考えられ、目的論における対立軸の一つとして位置づけられるべきものと考えられる。

（7）学説の展開については、高橋・前掲注（2）四頁以下、青山善充「民事訴訟の目的と機能」伊藤眞＝山本和彦編・民事訴訟法の争点（二〇〇九）四～五頁を参照。

（8）両説の対立関係に自覚的な記述として、兼子一・民事訴訟法概論（一九三八）四～五頁、加藤正治・新訂民事訴訟法要論（一九五一）八頁、また、両説の対立関係を意識せず並列するものとして、野間繁・民事訴訟法学概説（上）〈新訂版〉（一九五一）二頁などを参照。

（9）兼子・前掲注（8）一～二頁。

（10）兼子一「民事訴訟の出発点に立返って」同・民事法研究第一巻〈再版〉（一九五〇、初出一九四七）四七五頁以下。

（11）藤田宙靖「現代裁判本質論雑考」同・行政法学の思考形式〈増補版〉（二〇〇二、初出一九七二）二九一頁以下。

（12）三ケ月章「民事訴訟の目的」同・民事訴訟法研究第八巻（一九八一、初出一九七九）五四頁。

（13）中野貞一郎ほか編・民事訴訟法講義（一九七六）一九頁のほか、最近の文献として、河野正憲・民事訴訟法（二〇〇九）一一～一二頁、伊藤眞・民事訴訟法〈第四版補訂版〉（二〇一四）一八～一九頁、同・前掲注（1）三〇頁など参照。

（14）井上治典「民事訴訟の役割」同・民事手続論（一九九三、初出一九八三）一頁以下、同「手続保障の第三の波」同前（初出一九八三）二九頁以下参照。また、川嶋四郎・民事訴訟法（二〇一三）一一頁が説く救済保障説も、この見解の流れを汲む面を有するが、後述する竹下教授の見解との親和性もみられる。

（15）松本博之＝上野㤗男・民事訴訟法〈第七版〉（二〇一二）六頁〔松本〕、松本博之「民事訴訟法学と方法論」高橋＝加藤編・前掲注（1）一一五頁、青山・前掲注（7）六頁など参照。また、英米法系と大陸法系の対比を基礎として、大陸法系に属する日本法においては権利保護が民事訴訟制度の目的となる、とする見解として、中村英郎「民事訴訟制度の目的について」木川統一郎博士古稀祝賀・

民事裁判の充実と促進（上）（一九九四）二七頁がある。

（16）竹下守夫「民事訴訟の目的と司法の役割」民訴雑誌四〇号（一九九四）一頁以下の説く新権利保護説、山本和彦「民事訴訟の目的」同・民事訴訟法の基本問題（二〇〇二）一四頁以下、同「民事訴訟の位置づけ」高橋＝加藤編・前掲注（1）二六一頁の説く法的利益保護説などが挙げられる。なお、坂原正夫教授の権利希求者支援説（同「民事訴訟制度の目的について」伊東乾教授喜寿記念・現時法学の理論と実践〔二〇〇〇〕一一三頁以下）も、手続過程における権利主張の促進・援助という側面を重視するものであるが、権利保護説の系譜に位置づけることができることにつき、青山・前掲注（7）五頁参照。

（17）現状の簡にして要を得た概観として、青山・前掲注（7）五頁も参照。

（18）新堂幸司「民事訴訟制度の目的論の意義」同・民事訴訟制度の役割（一九九三、初出一九七三）四七頁以下参照。

（19）高橋・前掲注（2）二三頁。

（20）和田吉弘「民事訴訟目的論無用論の試み」明治学院法学研究六九号（二〇〇〇）六五頁以下参照。

（21）井上治典＝高橋宏志編・エキサイティング民事訴訟法（一九九三）二三頁〔山本克己発言〕。

（22）上田竹志「民事訴訟の目的論に対する現代思想的考察」九州大学法政研究六八巻三号（二〇〇一）七二九頁以下。

（23）そうした状況を踏まえて、目的論に関する諸説の違いは視点の差異にとどまるとする指摘として、酒井一「民事訴訟の目的と訴訟物」民訴雑誌五七号（二〇一一）二九頁、瀬木比呂志・民事訴訟の本質と諸相（二〇一三）一四四頁参照。

（24）この問題は、法規範の形成において、立法との関係で司法にどこまでの独自性を認めるかに関わるものであり、したがって、例えば先例の法源性をめぐる議論にも関連する。もっとも、先例の法源性を正面から認めないとしても、その法解釈面での事実上の拘束力ないし影響を正当なものとして承認する、という立場は想定可能である。

（25）周知のように、この点は、ＡＤＲに対する評価をめぐる古典的な論点の一つであった。アメリカにおける議論の紹介として、長谷部由起子「訴訟に要する費用」同・変革の中の民事裁判（一九九八、初出一九九一）四八頁以下、また、その評価につき、同五四頁以下参照。

（26）こうした立場を明確に打ち出すものとして、山本和彦教授の見解を挙げることができる。最近の論考として、同・前掲注（16）〔民事訴訟の位置づけ〕二六四頁、二六八〜二六九頁参照。

（27）この点は、Mirjan Damaška, *The Faces of Justice and State Authority* (1986), p. 16 が提唱する司法の人的組織のあり方に関する

hierarchical ideal（階層モデル）と coordinate ideal（同格モデル）に示唆を受け、これを、法的正当性の把握の仕方という観点から再構成したものである。なお、同書の紹介として、山本和彦「著書紹介」アメリカ法一九八八⑴三六頁以下など参照。

(28) 陪審制のこうした側面に関する筆者の理解については、垣内秀介「民事訴訟の手続構造と『法の同化』」カール・リーゼンフーバー＝高山佳奈子編・法の同化――その基礎、方法、内容（二〇〇六）五五三頁以下参照。

(29) また、山本和彦教授の見解も、(ii)に属するものと位置づけられる。その意味で、同教授が、自説を「かつての私法秩序維持説の現代的な復活・展開とも理解される」としていることは示唆的である。同・前掲注（16）（民事訴訟の位置づけ）二六八頁参照。

(30) これらに対して、紛争解決説の系譜に属する諸見解がどこに位置づけられるかに関しては、⑶における検討に関わる。

(31) 新堂幸司「民事訴訟の目的論からなにを学ぶか」同・民事訴訟制度の役割（一九九三、初出一九八〇～一九八二）一一二頁参照。

(32) むしろ、兼子教授は、紛争解決の基準としての私法については、予測可能性の観点を主たる論拠としてその必要性を基礎づけているのであり（同・前掲注（10）四八〇頁）、これは、多元的・動態的な法理解とは必ずしも整合しないように思われる。

(33) 兼子・前掲注（8）一～二頁。

(34) 兼子・前掲注（8）二頁。

(35) 兼子・前掲注（8）五頁。

(36) 兼子・前掲注（10）四八一頁。

(37) 兼子・前掲注（10）四八二頁。

三　民事訴訟制度の目的を問うことの意義

1　目的論の意味

二において論じたように、従来の目的論にはいくつかの対立軸が含まれているように思われるが、目的論をめぐって現在最も見方が対立しているのは、そうした議論の実質における見解の相違というよりも、むしろ、目的論にそもそも意味があるか、という点についてであろう。そこで、次に、この点について簡単に検討しておくことにしたい。

結論を先に述べれば、筆者としては、目的論を問うことは、民事訴訟制度の存在というものを所与の前提としては考えない、という知的態度からの帰結である、と考えている。言い換えれば、少なくとも出発点としては、民事訴訟制度というものをもつかどうかは、自由な選択に委ねられた問題であり、したがって、根本的には、およそ民事訴訟制度をもたないという選択肢もアプリオリには排除されない、という前提をとるということである。その上で、民事訴訟制度をもつとすれば、それは一体何を意味するのか、逆に、もたないとすれば、それは何を意味するのか、を明らかにしようとする営為が、目的論であると理解される(38)。

もちろん、このような問題意識は特に目新しいものではなく、現に兼子教授の見解は、このような観点から最も深く目的論について考察した見解であったと考えられるし、例えば三ケ月章教授が兼子説について、「法体系を観念的な所与として受けとって、そこから出発することを斥け、その前にある制度の機能を捉えそこに焦点を合せつつ理論を構成しようとする態度」を指摘するとき、そこでは、兼子説のそうした問題意識の一面が把握されていたものとみられる(39)。また、新堂幸司教授が訴訟制度の現実の機能の分析と、あるべき訴訟制度の提案との峻別を説いたのも(40)、こうした問題意識に連なるものといえる。

そして、仮に、目的論がこうした問題関心から行われる議論であるとすれば、いったん民事訴訟制度をもつことが前提となり、既存の制度が安定した状況にある場合には、差し当たり顕在化しないこととなるのは自然な成り行きである。しかしながら、例えば第三の波の議論に代表されるように既存の訴訟制度に対して根本的な懐疑が提起されたり、あるいは立法論として民事訴訟制度のあり方を根本的に見直していこうとするような状況においては、こうした問題関心が喚起されることになる。竹下守夫教授(41)や山本和彦教授(42)の見解が、民事訴訟法の全面改正や司法制度改革といった社会の動きに呼応する形で展開されたことも、このことを例証するものといえよう(43)。また、同様のことは、民事訴訟制度とは異なる選択肢のあり方が意識される場合にも、あてはまるように思われる。したがって、ＡＤＲの位置づけといった問題との関係では、やはり民事訴訟制度の有する固有の意義は何か、という形で、目的論が問題とし

て浮かび上がるのではなかろうか。(44)

2 目的論の意義をめぐる近時の問題提起

目的論を問うことの意義に関する筆者の基本的な理解は1で述べた通りであるが、ここで、目的論の意義に関する「棚上げ論」以降の重要な問題提起である和田吉弘教授による「無用論」と、上田竹志教授による「解決不可能論」について、言及しておく必要があるように思われる。

まず、和田教授の見解(45)は、「背理法」的考察方法や、権利確定という観念的なレベルから執行手続の作用をも含めた事実状態のレベルへの重点の移行など、様々な興味深い指摘を含むものであるが、目的論の意義という点では、基本的に、憲法の定める種々の価値理念によって目的論を代替し、民事訴訟法学として独自に目的論を議論する必要性を否定する立場といえる。

この見解のいうように、憲法を頂点とした法体系を前提としたときに、民事訴訟制度がその中で適切な位置づけを与えられるべきことは当然であり、筆者としても、民事訴訟制度が一定の憲法上の価値の実現を目的とする、と述べることそのものには特段反対するものではない。(46)しかし、仮にそうした位置づけを前提としたとしても、議論が不要だということができるのは、問題を憲法論に位置づけることによって従来の種々の対立軸についての回答が示される、といえる場合であろうが、そのようにいえるかどうかについては、疑問の余地があろう。むしろ、憲法を頂点とする法体系の下に私法や民事訴訟制度をどのように位置づけるかは、それ自体として自明な問題ではなく、様々な議論に開かれた問題なのではなかろうか。そうだとすれば、憲法上の諸価値の実現、といっただけでは、問題を憲法論に先送りしたに過ぎないことになる。むしろ、どのような民事訴訟制度をもつのかが、この点に関する憲法理解のあり方を決めるのであり、それを民事訴訟法学上の議論と呼ぶか憲法学上の議論と呼ぶかという名称の問題を別とすれば、議論そのものを無用とすることはできないように思われる。

次に、上田教授の見解[47]は、民事訴訟の目的論とは、理念的法体系ないし法理論と現実の紛争の多様性との間の関係をめぐる解決不可能な問い（「法と紛争」の問題と呼ばれる）に対する態度決定の問題であり、そこでは背景にある論者の訴訟観そのものが問われる、としつつ、一方で、「民事訴訟の目的はXである」との形式に解消される目的論については、新堂教授の見解の登場をもって議論は終焉したのであり、他方で、「法と紛争」の問題については、原理的に解決不可能であって、その解決は無限に先送りされる、とするものである。

この見解が、「法と紛争」の関係という問題、言い換えれば、一般的な規範としての法と、無限な多様性を伴う紛争との間の関係をどう捉えるかという問題の重要性を指摘する点や、「民事訴訟の目的はXである」という定式化それ自体には意義が乏しく、むしろ問題は背後にある訴訟観であることを指摘する点については、もっともと思われる部分が多い。また、この見解が、目的論の問題は原理的に解決不可能だとする点も、否定することは難しいように思われる。とはいえ、それでもこの見解に対して何かを述べることができるとすれば、まず、この見解がいうように、「一般的な規範としての法と、無限な多様性を伴う紛争との間の関係をどう捉えるか」という問題は、非常に重要であることは疑いがないとしても、目的論がそれに尽きるといえるかどうかについては、疑問が残るようにも思われる。また、解決不可能性の点については、先に述べた筆者の基本的立場からすれば、民事訴訟制度をもつかどうかという問題は、一種の価値判断ないし政策決定、言い換えれば、一種の選択の問題だといえる。これは、研究者の立場というレベルでは、当該論者の選択を意味するとともに、民事訴訟制度をもつかどうか、もつとしてどのようにもつか、というレベルでは、社会的な選択の問題を意味する。そうだとすれば、この問題に正解はないというのはその通りであり、そこで求められているのは、最終的解決ないし正解を提示する、というよりは、ある立場や制度を選択することが何を意味するのかを、可能な限り明らかにすることだ、ということになろう。そして、この見解によっても、そのようなものとして議論が続けられることの価値そのものが否定されるわけではないと考えられる。

(38) したがって、特定の目的論を主張することが具体的な解釈論上の主張にどの程度寄与するか、という問題は、差し当たり後景に退くことになる。むしろ、特定の解釈論と結びついた目的論や、そうした形で主張される解釈論については、その議論としての質を十分に吟味する必要があり、その点は、高橋教授の指摘するとおりであろう。高橋・前掲注（2）一九頁参照。

（39）三ケ月章「民事訴訟の機能的考察と現象的考察」同・民事訴訟法研究第一巻（一九六二、初出一九五八）二五七頁。もっとも、ここでは、「制度」の方が逆に所与のものとされてはいないか、という疑問の余地がある。

（40）新堂・前掲注（18）五〇～五一頁。

（41）竹下・前掲注（16）一頁以下。

（42）山本・前掲注（16）の諸文献参照。

（43）高橋教授が指摘する「理論の相対的安定期には目的論をめぐる議論は稀薄であり、通説批判の強い時期に目的論が強く唱えられるという相関関係」は、このことに関わる。高橋・前掲注（2）一八頁参照。もっとも、このことの意味は、「学問の共通の雰囲気を自説の展開に有利な方向に変える」（同前）というような民事訴訟法の解釈論上の意義のみに解消されるものではないように思われる。

（44）山本・前掲注（16）（民事訴訟の位置づけ）も、そのような側面を有する。

（45）和田・前掲注（20）六五頁以下。

（46）現に、後に述べる筆者の見解は、一種の憲法論として理解することも可能であろう。

（47）上田・前掲注（22）七二九頁以下。

四　目的論の再検討

1　問題設定の方法

以上の検討を踏まえて、以下では、目的論について、若干の再検討を試みることとしたい。

まず、三・1で述べたような問題関心からすれば、目的論を問うということは、民事訴訟制度をもつのかもたないのかによって、社会にとって何が変わってくるのか、言い換えれば、民事訴訟制度をもたなければ何が起こるのか、それはなぜ問題なのか、を問うということになるが、こうした問題の立て方そのものは、すでに和田教授によって、

「背理法的」アプローチとして提唱されていたところである。(48)

しかし、この方法は、現実に適用しようとすると、直ちに困難な問題に直面する。というのも、この方法を適用しようとする場合、論理的には、それに先立って、民事訴訟の概念、言い換えれば、当該要素を欠けばもはやそれは民事訴訟手続とはいえない、という諸要素によって構成されるような実質的意義における民事訴訟の概念を正確に確定しておく必要がある。(49)ところが、すでに指摘されているように、(50)民事訴訟制度の核心的な要素は何か、という問題は、民事訴訟制度の目的を何とみるか、という問題と、表裏一体の形で結びついており、ともすれば、分析がトートロジーに陥る危険がある。しかも、民事訴訟に特徴的とみられる諸要素を取り出すことそれ自体は、必ずしも不可能だというわけではないが、そこで抽出される諸要素は、互いに密接に結びついたものであって、切り離して論じることが難しいという事情も存在する。実際、2でみるように、従来の目的論の対立は、そうした諸要素を前提とした上で、その相互間の結びつきの程度や質についての見方の相違に帰着する点が多いのである。

したがって、目的論における諸見解の相違を識別するためには、実質的意義における民事訴訟をまず措定した上で、それが全体としてあるかないかだけでなく、各要素の意義および相互関係を十分に分析する必要があるものと考えられる。以下の検討は、ささやかなものではあるが、その萌芽的な試みである。

2　実質的意義における民事訴訟

まず、民事訴訟における判決手続(51)が、事柄の性質として、何か物事を決定する手続であり、それが関わる対象としては、私人間における広い意味での争いに関するものである、という限りでは、それほど異論のないところであろう。そして、ここでの「争い」をどのようなものとして把握するかも大きな問題であるが、(52)ここでは、広く、ある主体の他の主体に対する一定の要求が成立し、かつ、それが実現されていない状況を想定しておけば足りると思われる。(53)こうして、民事訴訟とは、差し当たり、私人間の争いに関して、何かを決定する手続である、ということができるが、その上で、そこでの物事の決定の仕方は、例えば物理的な実力行使、話合い、投票による多数決とかいったものとは異なる、という点が重要である。したがって、実質的意義における民事訴訟を概念化するためには、そこでの決定方法の特殊性をどのようなものとして抽出するかが、問われることになろう。

この点について、一般に想定されてきたのは、①決定の公的性格（公権力の関与）、②合意に基づかずに拘束力を有すること（強制性）、③実体法の適用、④手続過程の構造（手続保障など）といった諸要素であろう。

そして、これらの諸要素と従来の目的論との関係をみると、権利保護説は、③を核心的要素として特定した上で、①、②はその手段として位置づけることになり、この構造は、私法秩序維持説においても、基本的には同様と考えられる。これに対して、紛争解決説においては、核心的要素として②が前面に出され、①、③は、その手段としての位置づけを与えられることになる。[54]そして、これらいずれの見解においても、④は、③と並んで、②を正当化するための要素として位置づけることが、近年では一般化している。したがって、このようにみる限り、これらの各見解においては、前記四つの要素は、結びつきの順序に差はあっても、すべてセットとして捉えられており、もっぱら④を重視する手続保障説をとらない限り、[55]どれかが欠けるということは想定し得ないようにみえる。

もっとも、これら全てを備えた手続を設けることが、例えば歴史的にみて自明であったかといえば、必ずしもそうではないと考えられる。[56]したがって、前記①から④をセットで捉える、ということ自体が一つの重要な態度決定である、ということをまずは確認しておく必要があろう。その上で、各見解の相違は、各要素の内容におけるニュアンスや、相互の結びつきの質において見出されることになる。そうした相違は、一面では、民事訴訟において何かを決定するのであるとして、それは何のためであるのか、という問題についての見方の相違が反映したものといえる。言い換えれば、「なぜ」決定するのかという問題が、「どのように」決定するのかを決めるということである。とはいえ、「なぜ」が「紛争解決」とか「権利保護」といった抽象的な標語にとどまる限り、現在の議論状況が示すように、議論をこれ以上先に進めることは難しいように思われる。[57]むしろ、一方で、そもそもなぜ「紛争解決」なり「権利保護」なのかを問うとともに、他方で、どのような「紛争解決」なり「権利保護」なのかをさらに問う必要があろう。二・2で述べた対立軸も、この点に関わるものであるし、前記①から④の各要素に関していえば、そのそれぞれが内包する諸側面や、それがもつ意義を分析するということも、この点に関わるものである。

したがって、本来、そうした検討を経た上で、目的論へのフィードバックを図る必要があるということになるが、その際には、各要素について、例えば次のような点が問題となり得よう。すなわち、まず、①の点は、単に公権力が関与するから強制が正当化されるという面だけでなく、決定が公的な性格を有し、したがって単に当事者間の解決にとどまらない一般性を有する、という側面にも着目した上で、その意義を検討する必要があるように思われる。また、②の点の位置づけは、③の要素の理解に密接に関連するが、③に関しては、単に実体的正当性がある、というよりも、権利があるかないかによって一刀両断に決する、という側面、言い換えれば、中間に妥協的な落とし所を求めるのではない、という側面[58]に着目する余地もあるように思われる[59]。もしそうした側面を重視するのであれば、②の強制性は、当事者の合意に依存せずにそうした解決を可能にする、という点で、③に付随する属性として捉えられることになろう。最後に、④に関しては、手続構造として原告と被告の非対称性をどの程度強調するのか、という点が一つの鍵となり[60]、それは、③の実質をどう理解するかにかかることになろう。

筆者には、以上の諸問題についての議論を全面的に展開する用意はなおないが、最後に、ADRとの関係に着目することにより、若干の試論を示すこととしたい。

3　ADRとの関係

民事訴訟の目的をどのように捉えるにせよ、2で述べたように、それが私人間の争いに関わる営為であることを前提とすれば、民事訴訟制度とADRとは、その点で接点を有することになる。そして、現在まさに日本においてそうであるように、ADRの利用促進が論じられる場合には、国が一方で民事訴訟制度を設営し、他方でADRを促進することが何を意味するのか、という問題関心[61]、言い換えれば、民事訴訟制度の目的とADR促進の目的[62]との関係をどう捉えるか、という問題関心が生じるところである[63]。

この問題は、とりわけ、目的論として権利保護説的な考え方をとるときは、深刻な問題となり得る。というのも、ADRにおいて民事訴訟と同様な形で権利が保護されるとは、やはり考えられないからである。これに対して、紛争解決説からは、一見そうした緊張関係が顕在化しないようにみえる。三ケ月教授が強調したように、裁判であれADRであれ、紛争解決を目的とする点には変わりがない、という論法がそこでは可能だからである。とはいえ、紛争解決説といっても、民事訴訟の特色として紛争の法的な解決という点を重視する立場に立つ場合には、やはり同様の問題が生じうるであろう。

このように、ADRにおける紛争処理のあり方に、民事訴訟におけるのとは異質なものが含まれているという認識を前提とした場合には、ADR促進の目的もまた、権利保護とか（法的）紛争解決といった従来民事訴訟制度の目的と考えられてきたものとは、何らかの意味で異質な要素を含むものと考えざるを得ないように思われる。そうだとすれば、両者の関係を考察するにあたっては、従来目的として措定されてきた「権利保護」であるとか「紛争解決」といった概念を、民事訴訟による紛争解決とADRにおける紛争解決とをともに位置づけることを可能にするような一段階高次の視点から捉え直すことが必要になるのではなかろうか[64]。言い換えれば、権利保護にせよ紛争解決にせよ、それがそもそも何のために要請されるのかを問う必要があるように思われる。

そして、結論をやや先取りすることになるが、この問題を考える上では、現状において主張されるあらゆる目的論において承認されている大前提である、民事訴訟を利用するかどうかは、当事者の自由に委ねられている、という点、すなわち、そうした当事者の自由な判断の尊重、という観点が、重要な手がかりを提供するように思われる。

この点に関して、まず、権利保護説に着目すれば[65]、そこでは、従来権利保護と私的自治とは矛盾するものとは捉えられておらず、むしろ、私法秩序維持説との関係においては、権利保護説こそが処分権主義や弁論主義と整合的な目的論と考えられてきたことが指摘できる。[66]言い換えれば、例えばかのJheringの「権利のための闘争」のような立場をとらない限り、当事者にとって、権利の行使は決して義務ではなく、訴訟において権利を主張するかどうかは、あくまで当事者の自己決定に委ねられると考えられてきたことになる。このことは、法は、権利保護そのものに絶対的な価値を認めているのではなく、むしろ権利保護は、他のより高次の価値の実現のための手段としての性格を有することを意味するものといえる。

したがって問題は、そうした高次の価値とは何かであるが、筆者のみるところ、先に述べた当事者の自由な判断の尊重、ひいては、そうした自由な判断の主体としての当事者の尊重こそが、そうした高次の価値として位置づけられるのではないかと考えられる。言い換えれば、当事者の自己決定、ひいては、そうした自己決定の主体としての個人の尊厳、[67]ということになろう。そして、民事訴訟制度の存在は、まさにそうした自己決定の条件としての意義を有するということができる。すなわち、民事訴訟制度は、合意によることなく紛争を解決する可能性を提供するものであり、これは、当事者にとって「合意しない自由」、言い換えれば、妥協しない自由を保障することを意味する。そして、このことは、訴訟によらない自己決定による解決の正当性を確保する上で、本質的な意味を有するものと考えられる。というのも、もしも民事訴訟制度がなく、したがって、合意によらなければ何の解決も得られない、ということであったとすれば、当事者は、多かれ少なかれ合意を強いられることにならざるを得ないからである。その意味で、民事訴訟制度の存在は、自己決定の任意性を保障する上で、重要な意義を有する。[68]したがって、ややパラドクシカルな表現となるが、民事訴訟制度は、その強制的な性格によって、当事者の自由な判断を保障する制度であるといえる。[69]

このように考えると、仮に民事訴訟制度の直接の目的は権利保護であると考えたとしても、それは、いわば自己決定の条件を確保し、ひいては当事者の個人としての尊厳を確保するための手段であると位置づけることができることになる。そして、同様の議論は、実は、紛争解決説についてもあてはまるものである。すなわち、紛争解決説の場合には、問題は、そもそも何のための、あるいは誰のための紛争解決なのか、という形で定式化される。この点に関しては、紛争解決説においては、しばしば社会的な害悪として紛争を捉え、社会の視点からその解決の必要性を説く(70)側面がみられることが問題となり、その点が一つの分岐点の存在を示唆するが(71)、いうまでもなく、紛争解決説においても、処分権主義や弁論主義は何ら否定されるわけではない。むしろ、とりわけ兼子教授の場合、紛争解決説の採用に伴う形で、処分権主義や弁論主義の観念と私的自治との関係がより正面から承認されるに至ったことが注目される(72)。というのも、このことは、紛争解決の必要性が、第一次的には当事者の側の必要性として把握されたことを意味するからである。そうだとすれば、紛争解決説を前提としても、紛争解決における自己決定を保障するための民事訴訟制度、という理解は、同様に可能になるものといえる。

そして、以上の見地からすれば、ＡＤＲの促進についても、民事訴訟とは異なる形ではあるが、基本的に、自己決定との関係、いわば、自己決定の実質化ないし豊穣化として、語ることが許されるように思われる(73)。すなわち、仮に訴訟制度が整備され、その利用可能性が保障されたとしても、紛争に対する対処の方法として、相対交渉か訴訟手続しか現実的に利用可能な選択肢がないということでは、当事者の自己決定の内実は非常に限られたものにとどまることになる。そこで、自己決定が十分な実質を得るためには、多様な選択肢が現実的に利用可能なものとして存在することが望ましいと考えられるのである。したがって、そこでの国の役割は、当事者のそうした自己決定に実質的な裏付けを与えるところにあると考えられ、国が、訴訟とは異なる価値を実現できるような選択肢の存在に配慮することには、そうした観点から、一定の積極的な意義が認められる。

以上のような理解を目的論として標語的に定式化するとすれば、民事訴訟制度の目的は、当事者の自己決定を保障することであり、国によるＡＤＲ促進の目的は、当事者の自己決定を豊穣化することにある、ということになる(74)。そして、仮に、そこから進んで「何のための自己決定なのか」ということをさらに問うとすれば、おそらく、ある種の「個人の尊厳」を確保するため、と答えることになろう。

(48) 和田・前掲注(20)六七～六八頁。また、佐藤鉄男「倒産手続の目的論と利害関係人」田原睦夫先生古稀・最高裁判事退官記念・

現代民事法の実務と理論（下）（二〇一三）三三頁も参照。

(49) 近時における示唆に富む試みとして、河野正憲「民事紛争解決システムの全体構造への一視角」高橋＝加藤編・前掲注（1）八七頁以下が挙げられる。

(50) 新堂・前掲注（18）五〇頁、和田・前掲注（20）六八頁参照。

(51) ここで判決手続に着目することは、紛争の過程において何かが決定され、その内容が言語によって定式化される、という局面に差し当たり焦点を当てることを意味する。これは、言語の作用、言い換えれば、決定内容と、言語によって客体化され、その意味で相対化される所与の現実との間の緊張関係の存在を、民事訴訟という営みの本質的な要素として把握することを前提とする。このような前提をとることは、それ自体重要な態度決定であるが、およそ法に関わる議論をしようとする限り自明のことであろう。もちろん、和田教授が強調するように（和田・前掲注（20）七二頁など参照）、言語で決定された内容が「絵に描いた餅」に終わってはならない、との視点も重要であるが、それは一段階先の問題であると考えられる。

(52) 民事訴訟法学における「紛争」の把握のあり方に関しては、上野泰男「戦後日本の民事訴訟法学説における紛争解決の観念」民訴雑誌四六号（二〇〇〇）一一〇頁以下参照。

(53) 一方当事者の要求に着目することは、言語による要求の定式化に着目することを意味し、決定という焦点を当てることの帰結である。なお、「紛争」概念に関する筆者の理解については、垣内秀介「裁判外紛争処理」長谷部恭男ほか編・岩波講座・現代法の動態〈第五巻〉（二〇一五年刊行予定）所収を参照。

(54) 河野・前掲注（49）八八頁は、このような角度から諸要素の位置づけを分析したものである。なお、二・2(3)で述べた兼子説の検討に照らせば、兼子説は、③の意義を、訴訟内在的にも、また訴訟外の社会との関係でも相対化したものだということになろう。

(55) もっとも、手続保障説においても、それが目指すような質を伴った過程が展開されるためには、①～③のような要素がある程度必要とされることも考えられる。

(56) 例えば、周知のように、前近代の中国の紛争解決に関する滋賀秀三教授の研究によれば、そこでは、全ての手続は最終的には当事者の同意を調達することによって終結したとされており、②の要素が備わっていない、あるいは相対化されていたといえる。滋賀秀三「清代の民事裁判について」同・続・清代中国の法と裁判（二〇〇九、初出一九九八）一六一頁以下参照。また、谷口安平教授は、日本の伝統的な民事裁判では、判決においても、あらゆる事情を斟酌して最善の結果を得ようとする志向が強く、その意味で、「訴訟そのものがＡＤＲ的」だった、といった評価が可能だとする。仮にそうした評価が可能だとすれば、そこでは、③の実体法の適用の要素が相対化されており、また、判決と和解との境界が流動的である点で、②の要素もまた相対的なものであったことになろう。谷口安平「いま日本のＡＤＲを考える」仲裁とＡＤＲ八号（二〇一三）一頁以下参照。

(57) まして、「法的紛争解決」といった定式化をする場合には、問題となる諸要素の位置づけについてそこから何かを引き出すのは困難である。

(58) この関係では、ローマにおける仲裁と訴訟の区別に関する考え方が、興味をひくところである。垣内秀介「海外文献紹介」仲裁とＡＤＲ一号（二〇〇六）四三頁参照。

(59) この側面に焦点を当てることは、解決内容の決定に際して、目前にある現実的な諸条件による制約との妥協を拒絶し、現実との緊張関係をいわば極大化することを含意するものでもある。

(60) この点に関する筆者の問題関心については、垣内秀介「主張責任の制度と弁論主義をめぐる若干の考察」青山善充先生古稀祝賀・民事手続法学の新たな地平（二〇〇九）九〇頁以下参照。

(61) 筆者は、かつて国によるＡＤＲ促進をめぐる問題を論じるにあたって、民事訴訟制度の目的論を検討する必要性を指摘したものの、立ち入った議論をするには至らなかった。垣内秀介「国によるＡＤＲの促進」早川吉尚ほか編著・ＡＤＲの基本的視座（二〇〇四）七三頁注三参照。

(62) 国によるＡＤＲ促進の目的をめぐる議論に関しては、垣内・前掲注（61）七〇頁以下参照。また、筆者自身の現時点における理解に関しては、垣内・前掲注（53）参照。

(63) この問題は、民事訴訟ないし裁判とＡＤＲとの関係をどのように捉えるのか、という議論とも関連する。この点に関する最近の興味深い分析として、山田文「ＡＤＲにおける規範と評価」九州大学法政研究七九巻三号（二〇一二）八〇七頁以下があり、従来の諸見解を、裁判補完説、（ＡＤＲ）優位説、対等関係説に分類する。また、同「ＡＤＲの現状と課題」高橋＝加藤編・前掲注（1）四三六頁以下も、同様の分析を示す。

(64) 比喩的に言えば、このことは、ＡＤＲを、狭い意味における司法の視点からではなく、司法をその一部に包含する法一般の視点から位置づけるということを意味する。

(65) 権利保護説とＡＤＲ促進の関係に関しては、現在でも基本的には権利保護説が通説として維持されているとみられるドイツにおける議論状況、とりわけ、近年盛んに推進が叫ばれている裁判所内メディエーションをめぐる議論が興味を惹くところである。実際、そこでは、いわゆる裁判所内メディエーションの推進に関して、権利保護という訴訟目的と両立しない、といった批判も存在したところであり（Hanns Prütting, Ein Plädoyer gegen Gerichtsmediation, ZZP, Bd.124, Heft 2 (2011), S. 168 参照）、それに対して、推進派は、メディエーションによる解決は、本来認められる私的自治による解決であることを強調する（Reinhard Greger, Autonome Konfliktlösung innerhalb und außerhalb des Prozesses, in: Neue Wege zum Recht: Festgabe für Max Vollkommer zum 75. Geburtstag (2006), SS. 3ff.; Burkhard Hess, Perspektiven der gerichtsinternen Mediation in Deutschland, ZZP, Bd.124, Heft 2 (2011), SS. 153–154 など参照）。さらに、近時では、そうした推進派の立場の理論化として、法倫理的な立場としての「規範的個人主義」に立脚しつつ、紛争解決手段の選択は当事者の自己決定に委ねるべきであることを強調し、立法者としては、適切な法規範を提供することによって、自己決定による紛争解決の条件を整備し、場合によっては促進すべきである、とする見解が主張されていることが注目される（Steffek・前掲注（5）S. 29ff.）。一でも述べたとおり、とりわけ最後の見解は、筆者にとって示唆に富むものである。

(66) 私法秩序維持説によるならば、私法秩序維持のために国家は職権でも訴訟を開始しなければならないはずである、との批判がされるのは、こうした見方を反映するものといえる。加藤・前掲注（8）八頁参照。

(67) 個人の尊厳という価値を重視する点では、坂原教授の見解（同・前掲注（16）一〇四頁以下）と共通する面を有するが、本稿は、同教授とはやや異なった角度から、個人の尊厳と民事訴訟制度との関係を考察したということになろう。

(68) しかも、この文脈において、決定内容の質が重要な意味を持つ。というのも、本文に述べた観点からは、決定内容そのものが当事者の置かれている目前の現実的諸条件に対して無制約に妥協的であっては、意味がないからである。むしろ、決定内容と現実的諸条件との間の緊張関係が維持されることが重要であり、実体法の適用という形式がとられることの意義の少なくとも一部は、その点に存するものと考えられる。その意味で、実体法の適用は、単に国会等を通じて民主的に決められた法だから解決を正当化する、というのにとどまらない意義を有するのではなかろうか。

(69) なお、実体法上、例えば契約自由の原則といった形で権利義務の設定について私的自治の妥当が認められる場合、民事訴訟制度は、そうした私的自治に基づく法的な効果を承認し、実現するという意味でも重要な役割を果たすことになるから、その意味でも、民事訴訟制度と私的自治ないし自己決定とは、密接に関係する。しかし、ここでの私的自治は、いわば実体権の発生原因の一つにとどまり、不法行為など、当事者の自己決定によらない形で成立する権利についても民事訴訟における実現が認められることを考えれば、本文で述べている自己決定と、契約自由という意味における私的自治とは、その位相を異にするものだということになろう。この点に関しては、前掲注（1）に挙げた研究会における畑瑞穂教授および岡成玄太助教の指摘に多くを負うが、筆者が指摘の趣旨を十分に理解し得ていない可能性はある。

（70）例えば、兼子・前掲注（10）四七九頁、また、最近の文献として、河野・前掲注（49）七七頁、八五頁参照。

（71）言い換えれば、論理的には、処分権主義や弁論主義を否定するようなタイプの紛争解決説も構想し得るということである。しかし、この方向が支持されないことについては、今日大方のコンセンサスが成立しているのではなかろうか。

（72）兼子・前掲注（10）四八五頁、四八九頁以下参照。

（73）この点に関しては、垣内・前掲注（53）においても同旨を述べている。

（74）そうした視角からの日本の現状に対する評価の試みとして、垣内・前掲注（53）を参照。なお、こうした見方を採用する場合には、例えば二・2(1)で言及したような裁判とＡＤＲとの役割分担論についても一定の含意が生じることになるが、その詳細は、他日に論じることとしたい。

五　おわりに

本稿では、民事訴訟制度の目的に関する従来の議論の意味を改めて検討するとともに、ＡＤＲとの関係をいわば一つの補助線としつつ、民事訴訟制度の目的を、当事者の自己決定の保障という視点から位置づけ直すことを試みた。これは、ある意味では当然のことを述べたにすぎないとも思われるが、にもかかわらず、その当否についてはなお検討すべき点が多々残されていよう。(75)また、仮に筆者のような見方が成り立ち得るものであったにせよ、そこで議論が終わるということはあり得ない。むしろ、自己決定なり個人の尊厳といっても、その内実は多様なものであり得るのであり、それはまさに民事訴訟制度のあり方によって左右されるものと考えられる。したがって、そこで保障される自己決定なり個人の尊厳というものの質を問う議論として、目的論はなお問われ続けなければならないのではないかと思われる。

筆者を研究の道に導いて下さった伊藤先生から教えて頂いた多くのことの中で、もっとも根底的であったと思われるのは、研究者は、危険を冒すことをおそれてはならない、ということである。(76) 本稿において、危険を冒してでもする価値のある主張ができたかについては、甚だ忸怩たるものがあるが、先生の古稀をお祝いし、益々のご健勝をお祈りする気持ちだけでもお受け取り頂くことができれば、誠に幸いである。

(75) さらに法社会学的、法制史的な考察をも積み重ねていく必要があるのは、当然のことであろう。そうした考察の必要性の指摘として、瀬木・前掲注(23)一四五頁も参照。

(76) 伊藤眞「学会と実務」同・千曲川の岸辺（二〇一四）八三頁以下参照。

遺産確認訴訟における確定判決の既判力の主体的範囲

笠　井　正　俊

一　はじめに
二　遺産分割と遺産確認の訴えに関する判例
三　遺産確認の訴えにおいて共同訴訟人間にも既判力が生ずるとする学説
四　検　討
五　既判力が共同訴訟人間でも及ぶと考えた場合の遺産確認訴訟での主張の取扱い
六　おわりに

一　はじめに

本稿は、遺産確認の訴えについての確定判決の既判力が、原告と被告との間に生ずるのみならず、共同原告相互間にも共同被告相互間にも生ずるという立論をしようとするものである。このような見解は、既に有力な論者から示されているが（後記三参照）、当然のことのようにも見えるからか、あまり詳しい理由づけが明示されていない。本稿では、その理由づけを筆者なりに試みたい。

遺産確認の訴えは、特定の財産が被相続人の遺産に属するか否かについて共同相続人間で争いがある場合に、共同相続人の一部の者が原告となり、遺産分割の前提問題として、共同相続人のうちの他の者を被告として、当該財産が被相続人の遺産であることの確認を求める訴えである。実務上一般に用いられている請求の趣旨と認容判決の主文の例は、「別紙物件目録記載の各物件は、平成〇〇年〇月〇〇日に死亡した〇〇〇〇の遺産であることを確認する。」（別紙物件目録の記載で不動産、動産、株式等が特定される）といったものである。

この遺産確認の訴えについての確定判決の既判力の客体的範囲（客観的範囲）は、請求認容判決であれば、事実審口頭弁論終結時に当該財産が遺産であることに既判力が生じ、請求棄却判決であれば、事実審口頭弁論終結時に当該財産が遺産でないことに既判力が生ずる。[1] そして、この既判力は、判決確定後の家事審判や民事訴訟において、裁判所はこのことを前提に判断をしなければならず、既判力が及ぶ者がこれに反する主張をしても排斥されるという具合に作用する。

本稿で検討するのは、遺産確認の訴えについての確定判決の既判力の主体的範囲（主観的範囲）である。すなわち、既判力が、原告と被告との間にのみ生ずるのか、原告同士、被告同士も含めた当事者全員の間で相互に生ずるのかである。

〔図〕

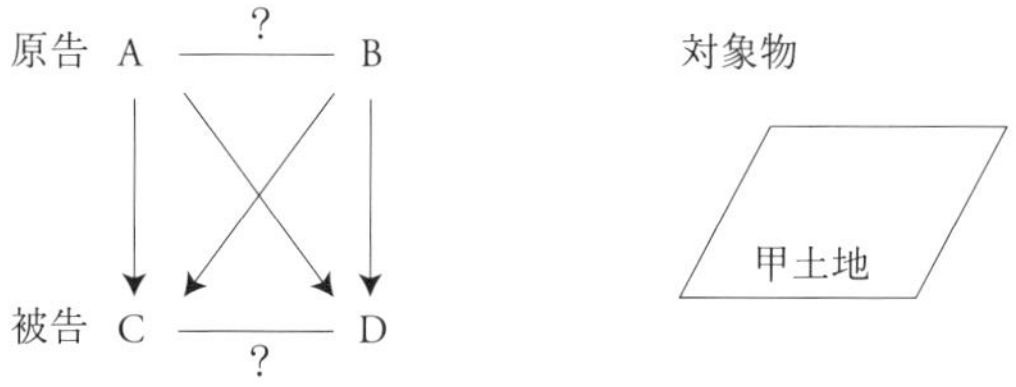

ここで、基本となる設例を挙げる。

【設例】 共同相続人がA、B、C、Dの四名であり、AとBが原告となり、CとDを被告として甲土地について遺産確認の訴えを提起し、請求の認容または棄却の判決が確定した。

この設例において、一般的な既判力論によると、民事訴訟法一一五条一項一号に基づいて既判力が生ずるのは請求をする側とされる側との間においてであるので、原告と被告との間にしか既判力は生じない。すなわち、既判力は、A・C間、A・D間、B・C間、B・D間には生ずるが、AとBとの間やCとDとの間には生じない。

しかし、遺産確認の訴えは、その請求を認容する確定判決によって当該財産が遺産分割の対象であることを既判力をもって確定し、その後の遺産分割審判の手続や審判の確定後に当該財産の遺産帰属性を争うことを許さないことに訴えの利益の根拠があり、そのことから、共同相続人全員が当事者として関与し、その間での合一確定が必要となる固有必要的共同訴訟とされている。このことからして、その確定判決は、共同訴訟における一般的な既判力とは異なり、共同原告（AとB）の間や共同被告（CとD）との間でも既判力を生じさせると考えるべきではないかということである。

簡単に図示すると、上の〔図〕のようになり、一般的な既判力論では、〔図〕の矢印の書かれた当事者間には既判力が生ずるが、横線のAB間、CD間には、これらは共同当事者間であるので既判力が生じないということになる。しかし、それでは、遺産確認の訴えの利益を認め、固有必要的共同訴訟として取り扱うこととそぐわない結果をもたらすように思われる。

例えば、次の〔例一〕を考えてみる。

〔例一〕　甲土地が遺産であることを確認する確定判決の後の遺産分割審判でDが甲土地の所有権を取得してその旨の所有権移転登記を得たとする。その後に、CがDに対し、甲土地について、それが遺産でなかったことを理由としてCの所有権確認と所有権に基づく真正な登記名義の回復を原因とする所有権移転登記手続請求の訴えを提起した場合、前訴で遺産であることを確認した確定判決の既判力は作用しないのか。

本稿の結論は、共同訴訟人間であるA・B間にもC・D間にも既判力が生ずるというものである。このことは、後記三のように既に主張されており、筆者も、結論のみであるが若干述べたことがある。(2)本稿の目的は、その理由を、できる限り言語化することである。

(1)　これは、本文後掲の判例理論に基づく標準的な遺産確認の訴えを念頭に置いた記述であり、被相続人の遺産であったことという過去の遺産帰属性の確認の訴えについて、訴えの利益を認める余地が全くないとまで述べる趣旨ではない。ただ、遺産分割の前提として遺産帰属性をめぐる争いを解決するためには、原則として現在の遺産帰属性を確認対象とするのが適切であるし、本稿で検討する既判力の及ぶ主体という問題との関係では、対象が現在の法律関係か過去の法律関係かによって結論に違いは生じないと考えられるので、以下、現在の法律関係としての遺産帰属性の確認の訴えを対象に検討する。なお、過去の遺産帰属性の確認の訴えの適否も含め、遺産確認の訴えの対象適格に関する議論については、山本克己「遺産確認の訴えに関する若干の問題」判タ六五二号（一九八八）二〇頁、中山幸二「遺産確認の訴えの法的構造」早法六九巻四号（一九九四）二〇三頁、石丸将利「判解」（本文後掲最二小判平成二二・一〇・八についてのもの）最判解民事篇平成二二年度(下)五九九頁等参照。

(2)　笠井正俊「遺産分割審判における遺産の範囲の判断と当事者主義」田原睦夫先生古稀・最高裁判事退官記念・現代民事法の実務と理論（下）（二〇一三）一二〇八頁。

二　遺産分割と遺産確認の訴えに関する判例

ここで、遺産分割と遺産確認の訴えに関する主要な判例を挙げる。本稿は、基本的に判例理論の考え方を出発点にして、遺産確認の訴えについての確定判決の既判力の主体的範囲を論ずる。そして、この二の部分では、判例理論が、遺産確認の訴えにおける訴えの利益や当事者適格について、遺産分割の前提問題を解決するという民事手続上の機能を重視して判断する姿勢を示していることを確認する。

1　最大決昭和四一・三・二民集二〇巻三号三六〇頁

遺産分割審判については、その制度の合憲性も含めて基本的かつ最も重要な判例といえるのが最大決昭和四一・三・二民集二〇巻三号三六〇頁である。この判例は、遺産分割審判とその前提となる相続権や相続財産等の存在に関する判断との関係について、次のように判示して、前提事項の存否を審判手続によって決定しても、民事訴訟による通常の裁判を受ける道は閉ざされないので、遺産分割審判は憲法三二条、八二条に違反しないとする。

「ところで、右遺産分割の請求、したがつて、これに関する審判は、相続権、相続財産等の存在を前提としてなされるものであり、それらはいずれも実体法上の権利関係であるから、その存否を終局的に確定するには、訴訟事項として対審公開の判決手続によらなければならない。しかし、それであるからといつて、家庭裁判所は、かかる前提たる法律関係につき当事者間に争があるときは、常に民事訴訟による判決の確定をまつてはじめて遺産分割の審判をなすべきものであるというのではなく、審判手続において右前提事項の存否を審理判断したうえで分割の処分を行うことは少しも差支えないというべきである。けだし、審判手続においてした右前提事項に関する判断には既判力が生じないから、これを争う当事者は、別に民事訴訟を提起して右前提たる権利関係の確定を求めることをなんら妨げられるものではなく、そして、その結果、判決によって右前提たる権利の存在が否定されれば、分割の審判もその限度において効力を失うに至るものと解されるからである。このように、右前提事項の存否を審判手続によって決定しても、そのことは民事訴訟による通常の裁判を受ける途を閉すことを意味しないから、憲法三二条、八二条に違反するのではない。」

この判例は、民事訴訟の確定判決で前提となる権利の存在が否定されれば「分割の審判もその限度において効力を失う」と述べており、これを文字どおり審判が当然に無効になると解することはできないが、(3) 遺産でないとされた財産についての分割審判の効果を民事訴訟の当事者であった者が何らかの手続によって否定できるという帰結に結び付くものと解される。

2 最一小判昭和六一・三・一三民集四〇巻二号三八九頁

前記1の最大決昭和四一・三・二が当事者の権利として認めていた「別に民事訴訟を提起して右前提たる権利関係の確定を求めること」の具体的な方法について、共同相続人間において特定の財産が被相続人の遺産に属することの確認を求める訴えは適法である旨を判示することによって明らかにしたのが、最一小判昭和六一・三・一三民集四〇巻二号三八九頁である。(4) この判例は、次のように述べる（傍線は引用者による。以下同じ）。

「なお、原審は、第一審判決添付の物件目録（一）ないし（七）、（一〇）及び（一一）記載の各不動産（但し、（一〇）については共有持分二分の一。以下同じ。）が昭和三五年一月二〇日に死亡した訴外Dの遺産であり、被上告人ら及び上告人らがその共同相続人（代襲相続人及び共同相続人の各相続人を含む。以下同じ。）であるとの事実を確定したうえ、遺産分割の前提問題として、右不動産が右Dの遺産であることの確認を求める被上告人らの請求を認容すべきものとしているところ、このような確認の訴え（以下「遺産確認の訴え」という。）の適否につき、以下職権をもつて検討することとする。

本件のように、共同相続人間において、共同相続人の範囲及び各法定相続分の割合については実質的な争いがなく、ある財産が被相続人の遺産に属するか否かについて争いのある場合、当該財産が被相続人の遺産に属することの確定を求めて当該財産につき自己の法定相続分に応じた共有持分を有することの確認を求める訴えを提起することは、もとより許されるものであり、通常はこれによつて原告の目的は達しうるところであるが、右訴えにおける原告勝訴の確定判決は、原告が当該財産につき右共有持分を有することを既判力をもつて確定するにとどまり、その取得原因が被相続人からの相続であることまで確定するものでないことはいうまでもなく、右確定判決に従つて当該財産を遺産分割の対象としてされた遺産分割の審判が確定しても、審判における遺産帰属性の判断は既判力を有しない結果（最高裁昭和三九年(ク)第一一四号同四一年三月二日大法廷決定・民集二〇巻三号三六〇頁参照）、のちの民事訴訟における裁判により当該財産の遺産帰属性が否定され、ひいては右審判も効力を失うこととなる余地があり、それでは、遺産分割の前提問題として遺産に属するか否かの争いに決着をつけようとした原告の意図に必ずしもそぐわないこととなる一方、争いのある財産の遺産帰属性さえ確定されれば、遺産分割の手続が進められ、当該財産についても改めてその帰属が決められることになるのであるから、当該財産について各共同相続人が有する共有持分の割合を確定することは、さほど意味があるものとは考えられないところである。これに対し、遺産確認の訴えは、右のような共有持分の割合は問題にせず、端的に、当該財産が現に被相続人の遺産に属すること、換言すれば、当該財産が現に共同相続人による遺産分割前の共有関係にあることの確認を求める訴えであつて、その原告勝訴の確定判決は、当該財産が遺産分割の対象たる財産であることを既判力をもつて確定し、したがつて、これに続く遺産分割審判の手続において及びその審判の確定後に当該財産の遺産帰属性を争うことを許さず、もつて、原告の前記意思によりかなつた紛争の解決を図ることができるところであるから、かかる訴えは適法というべきである。もとより、共同相続人が分割前の遺産を共同所有する法律関係は、基本的には民法二四九条以下に規定する共有と性質を異にするものではないが（最高裁昭和二八年(オ)第一六三号同三〇年五月三一日第三小法廷判決・民集九巻六号七九三頁参照）、共同所有の関係を解消するためにとるべき裁判手続は、前者では遺産分割審判であり、後者では共有物分割訴訟であつて（最高裁昭和四七年(オ)第一二一号同五〇年一一月七日第二小法廷判決・民集二九巻一〇号一五二五頁参照）、それによる所有権取得の効力も相違するというように制度上の差異があることは否定しえず、その差異から生じる必要性のために遺産確認の訴えを認めることは、分割前の遺産の共有が民法二四九条以下に規定する共有と基本的に共同所有の性質を同じくすることと矛盾するものではない。

したがつて、被上告人らの前記請求に係る訴えが適法であることを前提として、右請求の当否について判断した原判決は正当というべきである。」

3　最三小判平成元・三・二八民集四三巻三号一六七頁等

最三小判平成元・三・二八民集四三巻三号一六七頁(5)は、次のとおり、共同相続人間における遺産確認の訴えは、固有必要的共同訴訟と解すべきであると判示した。

「遺産確認の訴えは、当該財産が現に共同相続人による遺産分割前の共有関係にあることの確認を求める訴えであり、その原告勝訴の確定判決は、当該財産が遺産分割の対象である財産であることを既判力をもつて確定し、これに続く遺産分割審判の手続及び右審判の確定後において、当該財産の遺産帰属性を争うことを許さないとすることによつて共同相続人間の紛争の解決に資することができるのであつて、この点に右訴えの適法性を肯定する実質的根拠があるのであるから（最高裁昭和五七年(オ)第一八四号同六一年三月一三日第一小法廷判決・民集四〇巻二号三八九頁参照）、右訴えは、共同相続人全員が当事者として関与し、その間で合一にのみ確定することを要するいわゆる固有必要的共同訴訟と解するのが相当である。これと同旨の原審の判断は正当として是認することができ、原判決に所論の違法はない。」

以上の最一小判昭和六一・三・一三と最三小判平成元・三・二八の考え方の基本的な方向については、学説上も是認する考え方が多数であるといってよく、(6) 遺産分割の前提問題を確定するための民事訴訟に関する重要な法理として検討の前提とすべきものである。

なお、この最三小判平成元・三・二八を前提として、最三小判平成六・一・二五民集四八巻一号四一頁は、遺産確認訴訟において、固有必要的共同訴訟では共同被告の一部の者に対する訴えの取下げが効力を生じないとしたものであるが、このことは固有必要的共同訴訟一般に妥当することであり、遺産確認訴訟に固有の事柄ではないと解される。(7)

他方、最三小判平成元・三・二八との関連で遺産確認の訴えに特有の問題を取り扱ったと解される判例として、最二小判平成九・三・一四集民一八二号五三七頁・判時一六〇〇号八九頁②事件がある。この判決は、共同相続人甲、乙、丙のうち甲と乙との間において、ある土地について甲の所有権確認請求を棄却する判決が確定し、その既判力により、甲が乙に対して相続による右土地の共有持分の取得を主張し得なくなった場合であっても、甲はその土地について遺産確認の訴えを提起することができるとしており、その理由として、「けだし、遺産確認の訴えは、特定の財産が被相続人の遺産に属することを共同相続人全員の間で合一に確定するための訴えであるところ（最高裁昭和五七年(オ)第一八四号同六一年三月一三日第一小法廷判決・民集四〇巻二号三八九頁、最高裁昭和六〇年(オ)第七二七号平成元年三月二八日第三小法廷判決・民集四三巻三号一六七頁参照）、右確定判決は、甲乙間において右土地につき甲の所有権の不存在を既判力をもって確定するにとどまり、甲が相続人の地位を有することや右土地が被相続人の遺産に属することを否定するものではないから、甲は、遺産確認の訴えの原告適格を失わず、共同相続人全員の間で右土地の遺産帰属性につき合一確定を求める利益を有するというべきである。」と判示している。

この最二小判平成九・三・一四集民一八二号五三七頁については、前掲の最一小判昭和六一・三・一三および最三小判平成元・三・二八が、当該財産が現に共同相続人による遺産分割前の共有関係にあることの確認と、当該財産が遺産分割の対象である財産であることの既判力による確定とを同一視していたのに対し、前者（共有関係の確認）を明言せずに、後者（遺産分割対象であることの確定）のみに言及していることに注目する見解が示されている。(8) その見解が示唆するように、固有必要的共同訴訟における当事者適格と前訴確定判決の既判力との関係が問題となったこの事案において、実体法的な権利の性質という前者の問題を背後に退かせることによって既判力の抵触の問題を避けるという配慮をしたことも伺える。そして、その結果として、判例上、遺産確認の訴えの目的について、遺産分割の前提問題の解決のための手段に特化したものであるという性格づけがより明確に現れてきたとの評価が可能である。

4　近時の判例

さらに、近時の判例として、次の二つを挙げておく。これらの判例は、遺産確認の訴えにおける訴えの利益や当事者適格について、専ら遺産分割の前提問題を解決するための適切性という観点から検討していることが伺える。

最二小判平成二二・一〇・八民集六四巻七号一七一九頁は、共同相続人間において定額郵便貯金債権が現に被相続人の遺産に属することの確認を求める訴えには、右債権の帰属に争いがある限り、確認の利益があるとしたものである。その判示の内容は次のとおりである（［　］内は引用者が補ったものである。以下同じ）。

「［郵便貯金法は定額郵便貯金］債権の分割を許容するものではなく、同債権は、その預金者が死亡したからといって、相続開始と同時に当然に相続分に応じて分割されることはないものというべきである。そうであれば、同債権の最終的な帰属は、遺産分割の手続において決せられるべきことになるのであるから、遺産分割の前提問題として、民事訴訟の手続において、同債権が遺産に属するか否かを決する必要性も認められるというべきである。

そうすると、共同相続人間において、定額郵便貯金債権が現に被相続人の遺産に属することの確認を求める訴えについては、その帰属に争いがある限り、確認の利益があるというべきである。」

最二小判平成二六・二・一四民集六八巻二号一一三頁は、共同相続人のうち自己の相続分の全部を譲渡した者は、遺産確認の訴えの当事者適格を有しないとしたものであり、次のように判示している。

「遺産確認の訴えは、その確定判決により特定の財産が遺産分割の対象である財産であるか否かを既判力をもって確定し、これに続く遺産分割審判の手続等において、当該財産の遺産帰属性を争うことを許さないとすることによって共同相続人間の紛争の解決に資することを目的とする訴えであり、そのため、共同相続人全員が当事者として関与し、その間で合一にのみ確定することを要する固有必要的共同訴訟と解されているものである（最高裁昭和五七年(オ)第一八四号同六一年三月一三日第一小法廷判決・民集四〇巻二号三八九頁、最高裁昭和六〇年(オ)第七二七号平成元年三月二八日第三小法廷判決・民集四三巻三号一六七頁参照）。しかし、共同相続人のうち自己の相続分の全部を譲渡した者は、積極財産と消極財産とを包括した遺産全体に対する割合的な持分を全て失うことになり、遺産分割審判の手続等において遺産に属する財産につきその分割を求めることはできないのであるから、その者との間で遺産分割の前提問題である当該財産の遺産帰属性を確定すべき必要性はないというべきである。そうすると、共同相続人のうち自己の相続分の全部を譲渡した者は、遺産確認の訴えの当事者適格を有しないと解するのが相当である。」

（3） 田中恒朗「遺産分割手続の前提問題」中川善之助先生追悼現代家族法大系編集委員会編・現代家族法大系5（一九七九）三八頁、松本博之・人事訴訟法〈第三版〉（二〇一二）一四頁、越山和広「非訟裁判・家事審判の既判力」法雑五五巻三・四号（二〇〇九）七二七頁等参照。学説の状況について、徳田和幸「家事審判の効力と関連紛争」論叢一四八巻三・四号（二〇〇一）一五六頁（同・複雑訴訟の基礎理論〔二〇〇八〕一二九頁所収）参照。

（4） 被相続人が所有していた不動産について、被告らは、被相続人が生前に売却等により所有権を喪失していたこと、被告のうちの一人が時効取得したことを主張して、遺産帰属性を争った事案である。本判決の上告棄却により確定した第一審判決の主文は、「別紙物件目録（一）ないし（七）、（一一）記載の各物件及び同目録（一〇）記載の物件の持分二分の一の共有持分は、昭和三五年一月二〇日死亡したDの遺産であることを確認する。」というものである。

（5） この事案では、共同相続人のうちXら（控訴人・上告人）は、共同相続人の一人であるY（被控訴人・被上告人）の所有名義となっている土地について、その売渡しを受けたのは被相続人であると主張して、Yを相手方として「別紙第三目録記載の土地が亡〇〇の遺産に属することを確認する」との判決を求めたところ、Yは自分が売渡しを受けたと主張した。なお、XらとY以外にも相続人がいた。

（6） 最近のいくつかの文献として、加藤哲夫「判批」（最一小判昭和六一・三・一三についてのもの）高橋宏志ほか編・民事訴訟法判例百選〈第四版〉（二〇一〇）五四頁、越山和広「判批」（最三小判平成元・三・二八についてのもの）同書二一六頁、山本弘「遺産分割をめぐる民事訴訟法上の諸問題」法教三七一号（二〇一一）一二四頁、高橋宏志・重点講義民事訴訟法（上）〈第二版補訂版〉（二〇一三）三七〇頁、同・重点講義民事訴訟法（下）〈第二版補訂版〉（二〇一四）三四四頁等参照。

（7） 最一小判昭和四六・一〇・七民集二五巻七号八八五頁は、遺産共有ではない共有の事案で、共有権の確認と共有権に基づく所有権移転登記請求の訴えについて、それが固有必要的共同訴訟であって、共同原告の一部の者による訴えの取下げが効力を生じないとしていた。

（8） 高見進「判批」（最判平成九・三・一四集民一八二号五三七頁と最判同日集民一八二号五五三頁についてのもの）リマークス一六号（一九九八）一三八頁、徳田和幸「遺産確認の訴えの特質に関する一考察」石川明先生古稀祝賀・現代社会における民事手続法の展開（上）（二〇〇二）五四一頁（同・前掲注（3）複雑訴訟の基礎理論六二頁所収）。

三　遺産確認の訴えにおいて共同訴訟人間にも既判力が生ずるとする学説

遺産確認の訴えにおいて、共同訴訟人相互間にも既判力が生ずるとする学説として、次のようなものが挙げられる。

谷口安平説(9)は、固有必要的共同訴訟人が必ず全員で原告または被告とならなければならないとされているのは、要するに当事者として加わればよいのであって、一部が原告側に、他が被告側に立つことを妨げないとの一般論を前提とした議論であるが、「たとえば分割前の相続財産の帰属をめぐる訴訟が固有必要的共同訴訟であるとしても、共同相続人間で当該財産が相続財産であるかどうかについて見解の対立がある場合には、共同相続人が原告・被告間に分れて対立することも可能であると解すべきであろう。そして、相続財産に属するか否かの点については全共同相続人と相手方との間で合一に確定しなければならないから、相手方とその共同訴訟人となった者との間でも判決の拘束力が生じなければならない。したがってやはり三面的対立関係があることになる。」とする。さらに、谷口説(10)は、遺産確認の訴えや固有必要的共同訴訟に限定した議論ではなく、より広く多数当事者紛争を対象とするものと理解できるが、「多数当事者紛争というようなものは、そんなに矢印構成できれいに訴訟になるものでないという前提で出発することはできないだろうか。……この辺でちょっと発想を変えて、多数当事者紛争としていろいろゴチャゴチャあるものを、そのままポンと訴訟に乗せて、そこを全体として見ていくことはできないだろうか。そこで当事者なり参加人が何人いたとしても、何が問題かということを裁判所としてはよく見まして、全体の関係をこうだ、と決めればそれはみんなの人に対して効力が及ぶ。単純に言えばこのような構成とアプローチというものは考えられないだろうか。これを私は矢印構成に対してメリーゴーランド構成と呼ぼうと思います。」とし、その後の徳田説や高橋説において遺産確認の訴えとの関係で引用された。ただし、谷口説は、右のようにより広い射程をもつことやその発表時期からして、遺産確認の訴えに関する前記二のような判例理論の動向を前提とするものでは必ずしもないと理解できる。

小山昇説[11]は、「〔不動産が亡Aの遺産であることの確認〕の判決を求める訴訟の審理には民訴六二条〔現行四〇条一項～三項〕の規定が準用さるべきであろう。その根拠はこの訴訟が民訴七一条〔現行四七条一項・四項〕の訴訟の亜型と見られることにある（注）[12]（〔被告〕Xの主張を〔被告〕Zが争わないことにより〔原告〕Y（A）の権利が不安定なものとされる。XとZの間でXの権利と主張されていることに対し、YがAの権利（ひいてはYの権利）を主張する。）。判決の既判力により相続人全員の間で（〔共同被告である〕XとZとの間においても）不動産が亡Aの遺産であることが不可争となる。この効力はその後の遺産分割審判手続において作用する。」と述べる。

徳田和幸説[13]は、「遺産確認の訴えが固有必要的共同訴訟であるとすると、本判決〔前掲最三小判平成元年三月二八日を指す〕も述べるように、共同訴訟人間に合一確定（民訴六二条〔現行四〇条一項～三項〕）の必要があるが、この場合には共同相続人全員の間で遺産帰属性を確定させる必要がある。すなわち、既判力は共同原告・共同被告間のみならず、共同訴訟人相互間においても生じさせる必要があるから、全員につき矛盾のない判決がなされるべき点を厳格に理解すれば、民訴六二条〔現行四〇条一項～三項〕の規定は、民訴七一条〔現行四七条一項・四項〕の参加の場合と同様の意味で適用（準用）されることになるものと解される。」とする。

高橋宏志説[14]は、「遺産確認の訴えを例に取ると、厳密に捉えれば、原告Xと被告Y_1・Y_2の間で遺産の範囲が確認され、この原告・被告の間に既判力が生ずるにとどまる。Y_1とY_2の間には請求は立てられていないためY_1・Y_2間には既判力は生じておらず、机上の空論ながら、Y_1がY_2に対して前訴判決の内容と異なる内容の遺産確認請求訴訟を提起することを既判力で封ずることはできない。しかし、具体的処理としては、なんらかの判決効によってY_1からの後訴を封ずるのが好ましい。」とし、谷口説のメリーゴーランド構成を挙げた上、「私見も、多数当事者訴訟は、どこかでメリーゴーランド構成、つまり対人訴訟（原告が人に対するという現在の普通の訴訟）の原理ではなく対物訴訟（原告が物に対するという訴訟。かつては破産や委付された船舶の分配手続が、こう理解された。現行法でも、共有物分割請求訴訟は、これに当たろう）の発想が必要なのではないかと考える。そして、そう発想するならば、当事者になるということも、原告・被告の枠にはとらわれなくてよいという考え方が無理なく出てくることとなろう」とする。[15]

管見の及ぶ範囲であるが、共同訴訟人相互間にも既判力が及ぶ旨の以上のような学説があり、逆に明示的に既判力が及ばないとする見解は見当たらない。しかし、既判力が及ばないとする見解は、原告被告間ではないのだから及ばないのが当然で、特に論ずる必要がないとするサイレント・マジョリティなのかもしれない。逆に、既判力が及ぶ旨の学説も、それほど詳しく理由を示しているわけではなく、遺産確認の訴えでは及ぶのが当然だと考えているようにも見える。

(9) 谷口安平「判決効の拡張と当事者適格」中田淳一先生還暦記念・民事訴訟の理論（下）（一九七〇）六一頁（谷口・民事手続法論集第二巻・多数当事者訴訟・会社訴訟〔二〇一三〕二一〇頁所収）。

(10) 谷口安平「多数当事者訴訟について考える」法教八六号（一九八七）一七頁（同・前掲注（9）多数当事者訴訟・会社訴訟三六一頁所収）。

(11) 小山昇「遺産の範囲確定のための民事訴訟」島津一郎ほか編・相続法の基礎・実用編〈新版〉（一九八一）一五五頁（小山昇著作

集第八巻・家事事件の研究〔一九九二〕一七四頁所収)。

(12) この部分の注で、独立当事者参加の亜型と称する理由につき、原告以外の共同相続人全員を被告にしないと訴えの利益がないので独立当事者参加とは違うが、民訴六二条の準用が必要であることを挙げる。

(13) 徳田和幸「判批」(前掲最三小判平成元・三・二八についてのもの)判評三七三号(一九九〇)四一頁(判時一三三三号二〇三頁)(同・前掲注(3)複雑訴訟の基礎理論三八三頁所収)。

(14) 高橋・前掲注(6)重点講義民事訴訟法(下)三八九頁。

(15) なお、高橋・前掲注(6)重点講義民事訴訟法(上)三七〇頁は、遺産範囲確認の訴えでは家事調停・家事審判手続の進行の基礎となるというものであることは判旨(前掲最一小判昭和六一・三・一三)が説くとおりで、家事手続との連携のもとに確認の利益が肯定されるという特色があるとし、単なる手続進行の利益だけでなく、判旨も論ずるように、審判成立後にその審判の効力を争うことを許さず審判を安定させるという実体的な効用も眼中に置いているとする。そして、その部分の注(三七六頁)では、「原告ABC、被告DEFとの間で遺産範囲確認訴訟が行われたとすると、その訴訟物したがって既判力は、ABCとDEFの間に生ずることになる。ということは、厳密には、AとBとCの間、またはDとEとFの間には生じない。AとBの間で遺産帰属性をめぐって紛争が再燃した場合には、既判力では処理できず、争点効または参加的効力のような拘束力で処理することになろう。」という旨を述べる。

四　検　討

1　結論的な事柄

筆者も、前記三で挙げた学説と同様に、原告と被告の間のみならず、共同訴訟人相互間にも既判力が生ずると考える。このことは、請求認容判決、請求棄却判決のいずれにも妥当する。判例(最一小判昭和六一・三・一三)は訴えの利益を理由づける判示の性質上、請求認容判決の機能を述べているが、それとの均衡上、請求棄却判決についても同様に各共同訴訟人相互間での合一確定を要する。また、共同原告間でも共同被告間でも既判力が生ずる。その理由は以下のとおりである。

2　遺産確認訴訟の確定判決の手続法的な機能を重視する判例の姿勢との関係

確認の訴えは、争いのある特定の権利または法律関係の存否を既判力によって確定することを目的とし[16]、確認訴訟の存在意義ないし機能[17]は、このような既判力を発生させることを通じて、権利を実現し、紛争を解決することであると考えられる。また、既判力が生ずることは確認の利益や当事者適格を基礎づけるものであり、「ある事項について既判力を生じさせるために確認の利益がある」といった発想は一般的に妥当する[18]。そして、前記二で見たように、遺産確認の訴えにおける訴えの利益や当事者適格に関する判例からは次のようなことが言える。

まず、基本的な二つの判例といえる最一小判昭和六一・三・一三と最三小判平成元・三・二八によると、遺産確認の訴えにおける訴えの利益の根拠は、その請求認容確定判決によって当該財産が遺産分割の対象であることを既判力をもって確定し、その後の遺産分割審判の手続や審判の確定後に当該財産の遺産帰属性を争うことを許さないことにあり、これに基づいて、遺産確認の訴えは、共同相続人全員が当事者として関与し、その間での合一確定が必要となる固有必要的共同訴訟とされている。また、遺産確認の訴えが専ら遺産分割の前提問題として特定財産の遺産帰属性の有無を確定するための訴えであるという判例の姿勢は、その後の前掲最二小判平成九・三・一四集民一八二号五三七頁、前掲最二小判平成二二・一〇・八、前掲最二小判平成二六・二・一四でも一層明確になっている。すなわち、これらの一連の判例は、遺産確認訴訟の訴えの利益や当事者適格について、訴訟政策的な観点から、民事手続法上の機能に相当重きを置いて判断している[19]。したがって、遺産確認訴訟の目的ないし存在意義は、専ら、遺産帰属性の有無を相続人間で確定させ、その後の遺産分割の手続（調停、審判）において、および、それらの手続が終結した後において、遺産確認訴訟の確定判決で決まったことを相続人が争えないようにするところにあるといってよい。

そうであるにもかかわらず、共同原告相互間、共同被告相互間に既判力が生じないとすると、この訴えの目的の一部が果たされない結果を生じてしまう。

具体的には、前記一の〔例一〕では、CがDに対し、甲土地について、それが分割されるべき遺産ではなかったこと（例えば、第三者から所有権を取得したのが被相続人ではなくCであったこと、または、Cが被相続人から生前贈与、遺贈等によって所有権を取得したこと）を理由としてCの所有権確認と所有権に基づく真正な登記名義の回復を原因とする所有権移転登記手続請求の訴えを提起しても、Cの所有権取得は、遺産確認の請求認容確定判決と矛盾するので、請求が棄却される（帰結一）。このように考えなければ、甲土地についてCの所有権取得が認められて、その遺産帰属性が否定されることにより、遺産分割審判の結果であるDの所有権取得が覆る可能性が生じてしまう。[20]

また、次のような〔例二〕を考える。

〔例二〕　A・Bを共同原告とし、C・Dを共同被告とした甲土地を対象とする遺産確認の訴えで請求棄却判決が確定した後、AがB・C・Dを相手方として甲土地のみが遺産であると主張して遺産分割の審判を申し立てた。

この場合は、遺産でないことが確定しているので、それを前提として、分割対象財産が存在しないとして、申立てが却下される（帰結二）。AC間、AD間では既判力が働いていることに問題がないが、AB間で既判力が働いていないとすると、なぜAはBに対して甲土地が遺産であることを主張できないのかを説明できない。したがって、AB間でも既判力が働くと考える必要がある。

なお、これらの妥当性ある帰結（帰結一・帰結二）を導くために、既判力ではなく、信義則（権利失効の原則、禁反言の原則等）を用いればよいのではないかとの見方があるかもしれない。しかし、前記のような確認の利益と既判力との一般的な関係からして、遺産確認の訴えにおける訴えの利益や当事者適格との関係で導かれるべき帰結（帰結一・

帰結二）を根拠づけるためには既判力を肯定するのが理論的に優れており、遺産確認の訴えには、共同訴訟人間において既判力を肯定するための基盤が存在する。既判力という制度的効力によって理論的な説明ができる帰結を導くために、信義則を持ち出す必要はない。また、いわゆる「共同訴訟人間の当然の補助参加関係」といった議論[21]から参加的効力を認めることも、参加的効力には基本的には敗訴者間にのみ生ずるという限界[22]があるし、既判力によって問題に対処できるので、その必要がない。

3　原告であるか被告であるかに決定的な違いがないこと

遺産確認の訴えは、共同相続人全員を当事者として、遺産分割の前提として特定の財産の遺産帰属性の有無を確定するためのものであることからして、共同相続人のうちのある者が原告となるか被告となるかで既判力の及び方に決定的な違いを生じさせるべきではない。すなわち、遺産確認の訴えで原告側になるか被告側になるかで既判力が生ずる相手方が異なってくるとする合理性はない。

実際上、遺産帰属性をめぐる紛争は、原告と被告との間で対立があるとは限らない。被告間で遺産帰属性の有無について主張が違う場合もある。例えば、一部の共同相続人が、遺産帰属性は争わないが、訴訟で解決することには賛同せずに原告とならない場合もある[23]。また、遺産帰属性を争わず、また、訴訟での解決にも積極的であるが、便宜上、原告とならず被告となる共同相続人がいることもあり得る[24]。遺産確認の訴えは、遺産分割調停の過程で特定の物件の遺産帰属性が争いになったために提起されることも多いとみられるところ、調停という場が申立人らと相手方らとの二当事者対立構造のみで規律されるべきではないことも、遺産確認訴訟で原告らと被告らとの二当事者対立構造を強調すべきでないことの理由の一つとなろう。

なお、相続人間での遺産確認の訴えが固有必要的共同訴訟であるとした場合に、遺産共有状態の下で共有者が原告と被告間に分かれて争い得ることについては、前掲最三小判平成元・三・二八の趣旨に含まれるものであり、最一小判平成二〇・七・一七民集六二巻七号一九九四頁が取り扱った問題（入会権の確認訴訟で原告の主張によれば入会権者である者の一部を被告とする訴えを適法とした）とは別の事柄である。

4　処分権主義との関係

共同相続人のうちの一部の者が原告となり、その余の者を被告として遺産確認の訴えを提起している場合に、共同訴訟人間に既判力を生じさせることは、原告の処分権主義に反しないかは一応問題となる。(25)

しかし、遺産確認の訴えを提起する原告の合理的な意思は、全相続人の間で相互に漏れなく遺産帰属性を確定しようとするところにあるのであって、一部の相続人間では遺産帰属性が確定されないということはむしろ想定外であると思われる。したがって、処分権主義の趣旨からしても、共同訴訟人間の既判力を肯定する必要がある。

5　理論構成の説明の仕方

以上のように、遺産確認訴訟の確定判決は、遺産確認訴訟の目的とこれに基づく訴えの利益や当事者適格に関する判例の考え方からして、共同訴訟人間にも既判力が生ずる。この結論は、結局のところ、遺産分割の前提問題を決着させるという事柄の性質上、そのように考えるべきだと説明するほかはないように思われる。(26) 遺産確認訴訟という訴訟形態が判例理論で認められており、そのような特別の訴訟形態に性質上内包される制度的効力としての既判力であるといってもよい。

前記三の学説においては、小山説や徳田説が独立当事者参加訴訟に準ずるものとして説明する。もっとも、独立当事者参加は、特定の当事者から特定の当事者への一定の請求が立てられていることを前提にするので、遺産確認訴訟について、全当事者から全当事者へ相互に（双方向に）請求が立てられているということを前提にする必要がありそうである。例えば、冒頭の【設例】でいうと、共同原告であるAとBの間や共同被告であるCとDの間に双方向の請求が立てられる。これと同様に、原告Aから被告Dに請求が立てられているだけではなく、被告Dから原告Aに対しても遺産確認が求められていると考えることになる。遺産確認を認めた確定判決の後の遺産分割の結果Dが甲土地の所有権を取得した場合に、Aが甲土地の遺産帰属性を否定してDの所有権取得を争うことは封じられる必要があり、これは既判力の双面性によって説明できなくはないが、AB間やCD間との平仄を考えるとDからAへの請求をも観念する必要があろう。このように、独立当事者参加に準ずるといっても、請求をいわば擬制しているのであり、それがなぜかを説明するためには、やはり事柄の性質上そのように考えるのだといったことにならざるを得ないところがある。

また、前記三の高橋説は「対物訴訟」（原告が物に対するという訴訟）であるとの方向を示す。[27] 人から人への請求という矢印思考からの離脱を志向する点で、谷口説と問題意識が共有されているようにみえる。ただ、人と人との間で既判力が生ずることを説明するために、物に着目するだけでよいのかという問題が残り、「対物訴訟」というのも、ある種の比喩にとどまるようにも思われる。

筆者は、前記三の学説のいずれも傾聴すべきものであると考えており、「事柄の性質上」というだけでは説明になっていないことも自覚している。従来の伝統的な既判力の枠組みをはみ出す結論を得るための説明であることからして、どの説明の仕方も正しく、しかし、どれも完全ではないということになりそうである。いずれにせよ、原告から被告への請求に応じて既判力が生ずるという伝統的な枠組み（いわゆる「矢印思考」）が、訴訟物の内容となる権利義務の対応関係に由来しているとすると、遺産確認訴訟では、判例理論のように手続法上の機能を重視することで、そこからの脱却を理由づけることができる。[28]

なお、矢印思考からの脱却という点では、自分の自分に対する既判力というものまで考えなければならないことがある。次のような例を考えてみる。

〔例三〕　甲土地が遺産であることを確認する判決が確定した後、遺産分割の審判をするために甲土地について換価を命ずる裁判（家事一九四条一項・二項）がされ、Eが甲土地を買い受けて所有権を取得した。

この例で、Eは、遺産確認訴訟の既判力との関係では、口頭弁論終結後の承継人（民訴一一五条一項三号）であるところ、被承継人たる当事者はA・B・C・Dの全員であり、例えばCが遺産帰属性を争ってEに対して甲土地の所有権を主張する場合、これを排斥する上で、CはC自身との間での既判力にも拘束されるとの発想をする必要が生ずるであろう。その意味では、「共同相続人全員による対物訴訟」といった説明もあり得るかと思う。

(16)　伊藤眞・民事訴訟法〈第四版補訂版〉（二〇一四）一五九頁、松本博之＝上野泰男・民事訴訟法〈第七版〉（二〇一二）一五二頁参照。

(17)　確認訴訟の機能について、伊藤眞「確認訴訟の機能」判タ三三九号（一九七六）二八頁、梅本吉彦・民事訴訟法〈第四版〉（二〇〇九）一九〇頁。

(18)　判例として、例えば最一小判昭和四七・一一・九民集二六巻九号一五一三頁（法人の理事会等の決議の無効確認請求事件）。

(19)　判例において遺産確認の訴えを固有必要的共同訴訟と解することが訴訟政策的・機能的な観点から導かれていることに関し、山本・前掲注（1）二四頁、松下淳一「判批」（本文前掲最三小判平成元・三・二八についてのもの）法教一〇八号（一九八九）九〇頁、中山・前掲注（1）二一〇頁、高橋・前掲注（6）重点講義民事訴訟法（下）三四五頁等参照。また、遺産分割の前提問題に関する最近の詳細な研究として、岡成玄太「遺産分割の前提問題と固有必要的共同訴訟——その比較法的研究」東京大学法科大学院ローレビュー九号（二〇一四）三頁がある。

(20)　遺産分割審判に既判力を認めるかどうかについては議論があるが（徳田・前掲注（3）一五一頁、越山・前掲注（3）七一六頁等参照）、本文前掲二1の最大決昭和四一・三・二の趣旨からして、前提となる遺産帰属性は訴訟で確定されるものであるので、遺産分割審判の既判力によって審判の結果を完全に維持することはできず、遺産帰属性の有無が覆ることを防ぐのは遺産確認訴訟の確定判決の役割である。

(21)　兼子一・新修民事訴訟法体系〈増訂版〉（一九六五）三九九頁参照。主として共同訴訟人間の主張の流用可能性との関係で問題とされてきているが、その可能性は、判例〔最一小判昭和四三・九・一二民集二二巻九号一八九六頁〕で否定され、現在の通説が採るところでもない。

(22) 最一小判昭和四五・一〇・二二民集二四巻一一号一五八三頁参照。

(23) なお、この場合、訴えの利益が問題となるが、これで否定すると、遺産確認の訴えを提起できなくなってしまうので、訴えの利益を肯定すべきである。遺産確認の訴えは、遺産分割の前提問題を確定する必要に基づいて固有必要的共同訴訟とされていることとの関係で、実質的に遺産帰属性を争っていない（が、原告に加わって訴えを提起することまではしない）相続人をも被告として訴訟をする必要があるので（小山・前掲注（11）一五五頁、上野㤗男「遺産確認の訴について」関法三九巻六号〔一九九〇〕一五九一頁参照）、確認の利益の厳密な吟味が妥当しない類型の訴えであるといえる。

(24) 例えば、土地管轄取得のために、共同相続人のうち同じ地裁管内の二人が相談の上で原告と被告に分かれるという方法をとることもあり得て、それが一概に不当ないし不適法であるとまで評価できないことがあろう。

(25) いわゆるメリーゴーランド構成が処分権主義に抵触し得る可能性について、谷口・前掲注（10）一七頁参照。

(26) 「事柄の性質上」という表現には、説明を放棄したような、やや無責任な響きがあるが、ここでは、そのように言わざるを得ないところがある。ちなみに、最一小判昭和四四・七・一〇民集二三巻八号一四二三頁（銀閣寺事件）は、宗教法人の執行機関としての組織法上の地位にあることの確認を求める訴えで請求を認容する確定判決は、事柄の性質上対世的効力を有するという判示をして用いている。この判例は、このことから、被告適格を有する者は当該法人であるとの立論をする。また、谷口・前掲注（10）一八頁は、矢印思考を批判する文脈で「事の性質上当然だ、みたいなことを無視している」と述べている。

(27) 遺産確認の訴えについて、端的に特定の財産が遺産という包括財産ないし特別財産に属するかどうかを確認する訴えであるととらえる考え方（山本・前掲注（1）二三頁、山本克己「判批」〔前掲最一小判昭和六一・三・一三についてのもの〕水野紀子ほか編・家族法判例百選〈第七版〉〔二〇〇八〕一二二頁参照）も、対物訴訟的な方向に結び付き得るように思われる。

(28) 請求が口頭弁論終結時には存在しないのに既判力が生ずる場合として訴訟脱退がされたとき（民訴四八条後段）がある（谷口・前掲注（10）一六頁参照）。これは明文の規定がある場合であるが、遺産確認訴訟の場合、判例理論は、明文の規定はないものの、請求と対応しない既判力を認めることにつながると考えられる。

五　既判力が共同訴訟人間でも及ぶと考えた場合の遺産確認訴訟での主張の取扱い

以上のように考えると、固有必要的共同訴訟とされている遺産確認訴訟において、その審理や判決での主張の取扱いについて、原告側のみの固有必要的共同訴訟や被告側のみの固有必要的共同訴訟を前提とした規律ではなく、共同当事者たる共同相続人全員を対象とした固有必要的共同訴訟という観点からの規律が必要となる。冒頭の【設例】について、次のような詳細版を考える。

【設例・詳細版】　Zは、平成一四年四月一日現在で甲土地を所有していた。しかし、甲土地については平成一五年四月一日付けで同日の売買を登記原因としてCを所有者とする所有権移転登記がされている。Zは、平成二六年一〇月一〇日に死亡し、相続人は、いずれもZの子であるA、B、C、Dの四人である。他に相続人はいない。以上については、A、B、C、D間に争いがない。

AとBは、Zが甲土地を所有したまま死亡したので、A、B、C、Dで遺産分割をする際に甲土地がその対象になると考えている。

しかし、Cは、「Cが甲土地を平成一五年四月一日にZから代金一〇〇〇万円で買い受け、これを原因として登記をしたので、甲土地はCの所有物であり、遺産分割の対象ではない」と述べている。

また、Dは、「Dが甲土地を平成一六年四月一日にZから贈与され、同日から一〇年間所有の意思をもって平穏かつ公然と占有を継続し、占有開始時に善意無過失であったので、Dがその所有権を時効により取得したことになり、甲土地はDの所有物であるので、遺産分割の対象ではない」と述べている。

Aは、「甲土地のC所有名義の登記は、CがZの登記関係書類や実印、印鑑登録証等を勝手に持ち出して自分の名義に移転したものであり、原因となる売買契約は存在しない」と考えており、また、Aは、Dが平成一六年四月一日に甲土地の占有を開始したことは認めているが、DがZから甲土地を無償で借りていただけだと考えている。Bも、これらについて、Aと同じように認識している。

AとBは、甲土地がZの遺産に属することをCとDが争うので、遺産分割をきちんとするため、共同で原告となり、CとDとを共同被告として、甲土地がZの遺産に属することの確認を求める訴えを提起した。

この訴訟で、裁判所が次の①と②のそれぞれの主張事実の存否が、実体法上の観点からは判決の結論に影響を及ぼす可能性があると考える場合、裁判所は、その存否の認定を目的として証拠調べをすべきか。

① Cが主張する「Cは甲土地を平成一五年四月一日にZから代金一〇〇〇万円で買い受けた」という事実。この主張事実については、A、B、Dともに否定している。

② Dが主張する「Dは甲土地の占有を平成一六年四月一日に開始した」という事実。この主張事実については、AとBは認めているが、Cは否定している。

以上が設例の詳細版であり、既判力について共同訴訟人間に生じないと考えるか（一般的な既判力論による）、共同訴訟人間にも生ずると考えるか（本稿の結論）で、これらの主張の取扱いについて考慮すべき事柄が異なってくる。

まず、この事例において、共同訴訟人間（ここでは特にCD間）には既判力が生じないと考えた場合、①のCの主張は、Cのみが甲土地を取得したという主張であるので、共同被告のDにとって不利益であるようにもみえるが、遺産確認の訴えで請求棄却判決を得られるという意味ではDにとって利益である。また、この主張事実に関する判断に既判力は生じない。そうすると、Cのこの主張はDにも利益になって効力を生じ（民訴四〇条一項）、裁判上の自白も生じていないので、証拠調べをすべきである。また、②のDの主張については、民事訴訟法四〇条一項との関係では①と同様であるが、相手方当事者全員がその事実を認めていることから、裁判上の自白の成否という問題が生ずる。この場合も、共同原告と共同被告との間での訴訟であり、既判力も被告相互間等には生じないことからすると、相手方当事者全員（AとB）が自白をしているのであれば、その効力を認めてよい。したがって、証拠調べを要しない。

他方、共同訴訟人間（CD間）に既判力が生ずると考えた場合、共同原告も共同被告も、その各自をそれぞれ独立した当事者として取り扱い、しかも、固有必要的共同訴訟であることから、それぞれの主張については、それぞれ一人が主張すれば民事訴訟法四〇条一項との関係では主張としての効力が生じ、また、全員の主張が一致しなければ自白の効力が生じないということになるので、①②ともに証拠調べを要することになる。これは、独立当事者参加がされた場合の規律（民訴四七条四項、四〇条一項）と類似した取扱いとなるが、それを独立当事者参加に準ずるものと説明するかどうかについては、前記四5のとおりである。

六　おわりに

以上で本稿の検討を終わる。結論は冒頭に示したとおりであり、その理由を言語化すると述べたが、その試みが成功しているかどうかはこころもとないところである。結論の当否とも併せて、ご批判を賜ることができればと思っている。

ところで、固有必要的共同訴訟において共同訴訟人間にも既判力が及ぶという結論の射程はどこまでと考えるのかがおそらく問われるであろう。

まず、共同相続人間の相続権不存在確認の訴え（最三小判平成一六・七・六民集五八巻五号一三一九頁、最三小判平成二二・三・一六民集六四巻二号四九八頁参照）は、遺産確認の訴えと同様に、遺産についてその者が相続人の地位を有するか否かを既判力をもって確定することにより遺産分割審判の手続等における紛議の発生を防止し、共同相続人間の紛争解決に資することを目的とするものであるので、共同訴訟人間にも既判力が生ずると解するのが相当である。訴えの利益がある限りで、共同相続人間での相続権存在確認の訴えも同様であろう。

共有物分割訴訟も、共有物分割の結果が共有者全員でその相互間に確定しないとならないと解されることから、共同訴訟人間にも既判力が生ずると考えられる。(29) 遺産確認訴訟では分割が後の非訟手続にゆだねられるのに対し、共有物分割訴訟では、形式的形成訴訟といわれる非訟的性格は有するものの、訴訟の判決で分割内容まで決まるが、その確定判決の内容を共有者相互間において後で争わせるべきではないとの考慮の必要性は同様であろう。(30)

これらに対して、他にも、共有関係がある場合の固有必要的共同訴訟において共有者間で原告と被告とに分かれることが判例上認められた事例があるが（最三小判平成一一・一一・九民集五三巻八号一四二一頁において土地境界確定訴訟、最一小判平成二〇・七・一七民集六二巻七号一九九四頁（前掲）において入会権確認訴訟）、これらの場合にまで、共同訴訟人たる共有者間に既判力を及ぼすことについては、筆者は今のところ消極的である。これらの場合には、遺産分割や共有物分割の紛争とは異なり、訴訟の主たる目的は共有者と共有者でない者（紛争の相手方）との間で法律関係を確定させることにあるので、原告と被告との間、および、共有者と紛争の相手方との間(31)において既判力を生じさせることができれば、当該確認訴訟の基本的な目的は達成できるように思われるからである。そのあたり、筆者は、原則論としての矢印思考から脱却してはいない。ただ、これらについても同様に考えるべきではないかとの議論はあり得るところであり、今後更に検討してみたい。

（29） 高橋・前掲注（6）重点講義民事訴訟法（下）三八九頁参照。

（30） なお、共有物分割訴訟で分割請求と併合して共有権確認の請求がされることを仮に考えるとすると、共有権確認の部分の確定判決も遺産確認と同様に共同訴訟人相互間に既判力が及ぶことになりそうであるが、共有物分割判決の確定によって共有関係自体が解消されるものであり、共有物分割の結果に訴訟の確定判決の既判力が生ずることも考えると、このような共有権確認の訴えの利益は原則として否定されることになろう。

（31） ここから、共同被告とされた「共有者の一部の者」と「紛争の相手方」との間には既判力を生じさせるべきではないかとの立論があり得る。このことに関しては、山本克己「固有必要的共同訴訟」長谷部由起子ほか編・基礎演習民事訴訟法〈第二版〉（二〇一三）

二二九頁参照。

【追記】　本稿のテーマについては、二〇一四年一二月六日に大阪で開かれた日本民事訴訟法学会関西支部研究会で報告し、参加された実務家・研究者の皆様から、とても貴重なご教示を種々いただいた。逐一お名前を挙げることができない失礼をお詫びしつつ、この場をお借りして心よりお礼を申し上げたい。

弁護士責任訴訟における証明問題への対応

——ドイツ連邦通常裁判所の判例に則して

春日偉知郎

一　問題の所在
二　ドイツの弁護士責任訴訟における責任要件とその主張・証明責任の概要
三　弁護士の義務違反をめぐる主張・証明責任
四　義務違反と損害との間の因果関係をめぐる主張・証明責任
五　むすびに代えて

一　問題の所在

(1)　弁護士が依頼者に対して法的専門家として負うべき義務に違反した場合に、その責任追及は、最終的には弁護過誤訴訟という形で顕在化し、そこでは特に責任要件の立証をめぐって問題が先鋭化することが予想される。同じく専門家に対する責任追及訴訟として、医療過誤訴訟が現代型訴訟の一つとして対比されるが、ここでは早くから、責任要件に関する立証問題が当事者にとって最大の関心事となっていたし、現在も同様であるからである。[2]

(2)　特に医療過誤訴訟においては、とりわけ救済を求める原告側に立証上の困難を生じるという特徴が認められ、証明責任および証明軽減についてのみならず、提訴の前後を通じた事案解明のための諸方策について検討が試みられてきた。そうした最新の試みとして、例えばドイツでは、民法典において法律上の推定規定を新たに設けて（ドイツ民法六三〇h条）、立証上の問題に対処することに一層の拍車をかけている。[3]他方、これと比較して、弁護過誤訴訟においては、こうした問題に関する議論は比較的緩慢であったように思う。しかしながら、ここでも、早晩、立証上の諸問題が浮上し、これへの対応を余儀なくされることは十分に予想される。

(3)　現に、最判平成二五年四月一六日（民集六七巻四号一〇四九頁）[4]は、債務整理に係る法律事務を受任した弁護士が、特定の債権者の債権につき消滅時効の完成を待つ方針を採る場合において、この方針に伴う不利益等や他の選択肢を説明すべき委任契約上の義務を負うとした上で、弁護士には説明義務違反があったことを認めている。こうした例は、弁護過誤訴訟の一端であって、問題領域の裾野はより広範なものであろうと推測する。それゆえ、弁護士の説明義務違反の問題を含めて、弁護過誤訴訟における責任要件に関する立証上の問題が顕在化し、早急に検討を要することは明らかであろうと考える。

(4)　本稿は、このような背景を踏まえて、また、こうした問題をめぐる従前の考察[5]を発展させるべく、改めて、ドイツの弁護士責任訴訟における判例に関して、責任要件——特に、その中心的なものである、弁護士の義務違反、およびこの違反と損害との間の因果関係といった客観的要件——の立証問題を扱ったものについて紹介と分析を試みることによって、わが国におけるこうした問題に多くの示唆を得ようとするものである。[6] わが国においては、現段階では潜在的な問題にすぎないと思われているかもしれないが、前記のような経緯に照らして、喫緊の課題であり、検討の必要性がますます高まることは明らかであろう。

（1） 伊藤眞「弁護士と当事者」新堂幸司編集代表・講座民事訴訟③（一九八四）一一五頁以下および一二二頁以下は、当事者と訴訟代理人との関係をめぐって、「弁護士の訴訟代理権の基礎は、依頼者たる訴訟当事者との間の委任契約にあり、弁護士は、受任者として善管注意義務を負うが、それに加えて、弁護士には、誠実義務が課されるといわれる。この誠実義務は、受任者たる弁護士が、法律家という専門職に属するところから、通常の善管注意義務が加重されたものと理解される。」と述べて、弁護士には専門家としての高度な義務が課せられていることを強調している。

本稿は、弁護士がこうした義務に違反したことを契機として、不幸にして、当事者との信頼関係が崩れて、弁護士責任訴訟に発展した場面——特にそこでの立証問題——について若干の検討を試みようとするものであり、伊藤眞先生の前記の正鵠を射た指摘に大きな刺激を受けたことによる。

（2） 中野貞一郎「診療債務の不完全履行と証明責任」（一九七四）、同「医療過誤訴訟の手続的課題」（一九七六）（過失の推認〈増補版〉（一九八七）六七頁以下および一〇三頁以下所収）を嚆矢とし、最近では、高橋譲「事案解明における裁判所の役割」伊藤滋夫編・要件事実の機能と事案の解明（法科大学院要件事実教育研究所報第一〇号）（二〇一二）一三四頁以下があり、その間に多数の論文が公刊されているが、割愛する。

（3） 詳細は、服部高宏「ドイツにおける患者の権利の定め方」論叢一七二巻四～六号（二〇一三）二五五頁以下、春日偉知郎「医師責任訴訟における法律上の推定規定の意義——ドイツ民法六三〇h条の推定規定を契機として」栂善夫先生・遠藤賢治先生古稀祝賀・民事手続における法と実践（二〇一四）三九五頁以下。

（4） これについては、加藤新太郎「判批」金判一四二七号（二〇一三）八頁以下参照。

（5） 春日偉知郎「ドイツにおける弁護士責任訴訟の一端——証明責任とその軽減可能性をめぐる判例から」筑波大学大学院企業法学専

攻十周年記念・現代企業法学の研究（二〇〇一）二六三頁以下。

（6）本稿では、紙数の関係上、本文で示した客観的要件をめぐる証明問題に焦点を絞ることとする。これらの要件について、医師責任訴訟では、従来から判例によって証明軽減が試みられており、弁護士責任訴訟の判例においてもこれを反映した議論があるだけでなく、近時、前者の問題領域において患者に有利な推定規定が民法によって創設されたため、これとの比較が欠かせない状況にあるからである。なお、弁護士の義務の具体的な内容（三1）、および二において触れる、これら以外の要件の詳細については、別稿を予定しているので、それをご参照いただきたい。

二　ドイツの弁護士責任訴訟における責任要件とその主張・証明責任の概要

はじめに述べたように（一(4)）、主として、義務違反と因果関係といった客観的要件を俎上に載せるが、その前提として、全体を鳥瞰するために、他の要件等の主張・証明責任についても、あらかじめ素描しておきたい。

(1)　まず、ドイツでは、弁護士と依頼者との間の契約関係および弁護士の債務不履行責任の要件について、一般的に次のように解されている（条文は、ドイツのそれを意味する）。すなわち、民法六七五条に従い、まず、弁護士（受任者）と依頼者との間の法律関係は、委任事務処理を内容とする有償契約に基づいており（7）、弁護士に義務違反による債務不履行があったときは、依頼者は、積極的契約侵害として、民法二八〇条一項に基づいて損害賠償を請求することができる（8）。ここでは、弁護士が、契約上の債務を履行しなかった（「不履行」があった）わけではなく、契約に則して必要とされる内容の履行がなされなかったことが、請求原因となるからである。

(2)　また、こうした損害賠償請求の要件として、①弁護士契約の成立およびその内容・範囲、②弁護士の義務違反、③帰責事由、④損害の発生（およびその額）、⑤義務違反と損害との間の因果関係、といった請求原因事実が問題になるほか、他方で、抗弁として、⑥帰責連関（Zurechnungszusammenhang）の不存在（中断）、⑦依頼者側の過失または双方の過失（Mitverschulden）（過失相殺）、⑧損害賠償請求権の時効消滅など、弁護士側に有利な事由が争点となる場合もままある。[9]

(3) そこで、依頼者が弁護士に対して契約違反を理由として損害賠償を請求する場合、前記の諸要件の主張・証明責任が問題となるが、まず、①弁護士契約の成立とその内容・範囲（すなわち弁護士の義務の具体的内容）をめぐっては、証明責任の一般原則が妥当する。[10] この点をめぐっては、判例および学説において特に争いはない。したがって、損害賠償を求める依頼者が①の主張・証明責任を負うことになる。[11]

(4) 次に、前記①以外の諸要件、すなわち、②弁護士（受任者）の義務違反、③帰責事由、④損害の発生およびその額、ならびに⑤義務違反と損害との間の因果関係のうち、③を除いては、依頼者が主張・証明責任を負わなければならない。[12] これに対して、③については、弁護士が、みずからが責めを負わないこと（民法二八〇条一項二文――後掲注（8））について主張・証明責任を負うこととなる。[13] また、場合によっては、同じく弁護士が、これ以外の抗弁事実（前掲(2)⑥、⑦、⑧）について主張・証明しなければならない。

(5) このように、弁護士責任訴訟における責任要件をめぐっては、おおむね、以上のような主張・証明責任の分配が認められている。けれども、これらの詳細については、なお検討を必要とする問題が、特に前記の原則からの例外として証明軽減の余地があるかどうかといった問題を含めて、多々存している。[14] そこで、以下では、従来から証明責任の問題について判例の蓄積と学説の分析に富み、また、医師責任訴訟においても同様に議論が沸騰している、前記二つの客観的要件（②⑤）を中心にして、より詳細な考察を試みてみたい。実務上、これらの要件が主要な争点となり、当事者の主張・立証活動もここに収斂している場合が圧倒的に多いからである。

（7） Bamberger/Roth/Fischer BGB, § 675 Rn. 6ff.（Detlev Beck'scher Online-Kommentar BGB, Stand 01. 08. 2014）
なお、ドイツ民法六七五条（有償の事務処理）は、「①事務処理を対象とする雇用契約または請負契約に対しては、本節（事務処理契約を定める第六七五条から第六七六h条までの規定――訳者）に異なる定めがない限り、第六六三条、第六六五条から第六七〇条までの規定、および第六七二条から第六七四条までの規定が準用され、また、義務者に解雇告知期間の順守なくして解雇告知する権利が帰属している場合には、第六七一条の規定も準用される。②他人に対して助言または勧告を与える者は、契約関係、不法行為またはその他の法律の規定に基づいて生じる責任とは別に、助言または勧告に基づいて生じる損害を賠償する義務を負わない。③（略）」と規定している。

　この他に、弁護士の権利および義務は、連邦弁護士法（BRAO）、職業規則（BORA）、法的助言に関する法律（RDG）および弁護士報酬法（RVG）、ならびにＥＵ弁護士法（EuRAG）、同職業規則（CCBE）によって規律されている。

（8）Münchener Kommentar zum BGB, 6. Aufl.（2012）, Bd. 2, § 280 Rn. 9; Bamberger/Roth/Fischer, § 675 Rn. 23; Baumgärtel/Hans-Willi Laumen, Handbuch der Beweislast, Schuldrecht BT II, 3. Aufl.（2009）, § 675 Rn. 24.

　なお、ドイツ民法二八〇条は、「①債務者が債務関係に基づく義務に違反したときは、債権者は、これにより生じた損害の賠償を求めることができる。債務者がその義務違反について責めを負うべきでない場合には、この限りでない。②③（略）」と規定している。

（9）Baumgärtel/Laumen, § 675 Rn 25; Bamberger/Roth/Fischer, § 675 Rn 23–31a. Vgl. Borgmann, Beck'sches Rechtsanwalts-Handbuch, 10. Aufl.（2011）§ 51 Rn 23 ff.

（10）証明責任の分配が、実体法規によって定められているか、それとも裁判規範としての証明責任規範によって定められているかという問題は別として、権利根拠規定、権利障害規定、権利消滅規定、権利抑制規定によって決定されていることについては、異論のないところである。Vgl. Stein/Jonas/Leipold, Kommentar zur ZPO, 22. Aufl.（2007）, § 286 Rn 62; Rosenberg/Schwab/Gottwald, Zivilprozessrecht, 17. Aufl.（2010）, § 115 Rn 7 ff.

　ちなみに、委任事務処理契約に基づいて自己に有利な法律効果を主張する者が、こうした効果を基礎づける権利根拠事実について主張・証明責任を負い、相手方は、こうした効果を否定する権利消滅・権利障害・権利抑制事実について主張・証明責任を負うという一般原則は、弁護士から依頼者への請求（例えば報酬の支払請求）の場合においても当然に妥当し、ここでは弁護士が、有償性、報酬額、委任の終了といった、契約の具体的な内容・範囲などについて、主張・証明責任を負うことになる。

（11）Baumgärtel/Laumen, § 675 Rn. 26 ff.: Bamberger/Roth/Fischer, § 675 Rn. 24.

（12）Baumgärtel/Laumen, § 675 Rn. 26 ff.; Bamberger/Roth/Fischer, § 675 Rn. 23–31a.

（13）Baumgärtel/Laumen, § 675 Rn. 32.

(14) 春日・前掲注(5)二六三頁。

三　弁護士の義務違反をめぐる主張・証明責任

1　弁護士の義務

(1)　立証問題に先立って、弁護士契約に基づく事務処理に際して、弁護士は依頼者に対して主としてどのような義務を負っているかということについて一瞥しておく[15]。

(2)　まず、弁護士の基本的な義務として、「事実関係の解明(Aufklärung des Sachverhalts)」義務があり[16]、委任事務を適切に処理するために不可欠のものである。また、関係する法規および判例をめぐり包括的にかつ注意深く「法的検討(Rechtliche Prüfung)」を試みる義務を負い[17]、特に権利主張の時点における最上級裁判所の判例に則した事案の検討を必要とする。

次に、依頼者との関係では、制約がない限りは、一般的、包括的かつ可能な限り汲み尽くした「教示・助言(Belehrung und Beratung)」義務を負い[18]、依頼の範囲において、予見可能な限り依頼の目的に適した措置であって、また、回避可能な限り不利益を避ける措置を助言しなければならない。さらに、依頼者の利益を擁護する義務を負い[19]、例えば、予想される不利な結果を避けるために訴訟告知をし、場合によっては、委任の範囲外であっても信義則上(民法二四二条)、依頼者の認識していない差し迫った危険を指摘し、上訴の見込みについて教示しなければならない[20]。

(3)　すでに指摘したように、総じて、弁護士は、専門家として高度な義務を負っており、このことを踏まえた上で、主張・証明責任について考える必要があろう。

2　判例における具体例とそこでの証明責任の原則[21]

(1)　これをめぐっては、従来から多数の判例が存しており、損害賠償を求める依頼者が弁護士の義務違反について主張・証明責任を負うとする点で、終始一貫している。また、学説も同様であって、異論はほとんどない。以下において、その発端となった判例とその後の流れを眺めてみよう。

もっとも、証明責任の転換はもとより、表見証明も原則として適用の余地がないとしていることに対しては、後に述べるように（3参照）、疑問が呈されている。

❶【連邦通常裁判所一九八四年一〇月一六日判決】（NJW 1985, 264（265））は、弁護士が、造船契約の効力をめぐる争いについて、仲裁廷への申立てではなく、通常訴訟への提訴を勧める書面鑑定をしたため、これに基づいて通常訴訟が提起されたが、却下されたため、弁護士の義務違反を理由として損害賠償訴訟が提起されたという事案である。依頼者は、弁護士報酬の返還と前訴において生じた費用の賠償を請求したが、原審は前者のみを認容した。これに対して、弁護士が上告した結果、原判決は破棄差戻しとなった。

判決は、弁護士は事実状態から示唆される疑問や疑念を依頼者に対して説明し協議しなければならないとしたが、義務違反の証明責任について原審の次のような判断を肯定した。すなわち、「包括的な教示および説明の義務を負っている者、例えば弁護士や公証人に対して、その者の義務が適切に履行されなかったことを理由として損害賠償を求める者は、たとえ消極事実の証明が課せられるとしても、そうした不作為について証明責任を負うことになる。依頼者と弁護士や公証人との間には信頼関係が存しており、そうした法律関係の性質に基づいて証明責任の転換が要求されるわけではない。弁護士がありうる責任訴訟を考慮して、提供した情報について証拠としての資料を作成しておくことを常にしなければならないとするならば、ますます〔弁護士にとって――筆者〕負担になるであろう。」と述べている。また、その上で、本件では、弁護士が依頼者に訴訟上のリスクを説明するために、不十分な書面による見解を記して、しかも、その書面中で見解が不完全であることを示しあるいは事後に補充や削除がありうるとの留保を付すこともせずに、また、この書面を手交した直後に口頭で補充の説明を加えようとしてもいないけれども、そうした場合であっても前記の証明責任に変わりはない、と結論づけている。

(2) これに続いて、❷【連邦通常裁判所一九八七年二月五日判決】(NJW 1987, 1322) においても、❶判決と同様に、弁護士が本来負うべき義務の履行を懈怠したという「消極事実の証明」が問題となったが、証明責任の分配には変更はないとの結論である。ただし、相手方(弁護士)の「否認の理由付け責任」を強調している点に特徴がある。

事案は、時効をめぐる弁護士の説明・助言・指摘義務の違反を理由とする損害賠償請求訴訟であり、第一審および控訴審では原告の請求が認容されたが、被告(弁護士)の上告により、原判決が破棄差戻しとなったものである。弁護士の義務違反の証明責任の分配について以下のように明言している。

「連邦通常裁判所は、包括的な教示および説明義務を負っている者——本件では弁護士——に対して、この者が義務を適切に履行しなかったことを理由として損害賠償を請求する者が、そうした義務の懈怠について証明責任を負うのであって、たとえこの者に義務の懈怠という消極事実の証明(Beweis einer negativen Tatsache)が課されることになるとしても変わりはない、との前提に立脚している(NJW 1985, 264 (265))。消極事実の証明、すなわち弁護士が時効期間内に確認訴訟を提起するよう助言することを怠ったという義務違反の証明についても、一般的な証明原則と変わりはない。また、依頼者と弁護士との法律関係の性質も、証明責任の転換をもたらすものではない。」と。

しかしながら、これに続いて、消極事実の証明困難に関して次のように述べている。すなわち、「いわゆる消極事実の証明の困難性は、相手方当事者が事案の状況に応じて理由付き否認をすることによって取り除かれるのであって、証明責任を負っている当事者は、相手方の反対主張についてそれが間違っていることを証明しなければならない。そして、不十分で間違った教示をしたことを理由として請求を受けている弁護士の理由付け義務(Substantiierungspflicht)の程度は、個々の事例の諸事情によって定まる。したがって、いかなる場合であっても、弁護士は、義務違反を争うことに終始しまたは依頼者に対して十分に知らせたというまったく一般的な主張をすることだけに甘んじることはできない。むしろ、弁護士は、依頼者との話合いの経過を個別的に述べ、どのような教示と助言を行い、これに対して依頼者がどのように反応したかについて具体的に陳述しなければならない。」とし、依頼者の証明困難に対応しようとしている。

(3) 最近のものとして、【連邦通常裁判所二〇〇七年三月一日判決】(BGHZ 171, 261 = NJW 2007, 2485)は、所有権留保売買の代金回収を依頼された弁護士の依頼者に対する助言・教示義務をめぐって、また、【連邦通常裁判所二〇一一年六月九日判決】(NJW 2011, 2889)は、弁護士が依頼者に時効の成立を指摘しなかった点に関する義務違反をめぐって、いずれも、前掲❷判決における主張・証明責任の分配の考え方を踏襲し、これと同様の判断を示している。主張・証明責任の部分は、まったく同じ表現を用いているので、省略する。

(4) このように、一連の判例は、弁護士の義務違反の主張・証明責任は依頼者にあるとしているが、その反面、依頼者が消極事実の証明において直面する立証上の困難を回避するために、弁護士には否認の理由付け責任があるとし、双方のバランスをとろうとしている。だが、こうした判例に対しては、その理由付けに批判があることも確かであるので、これを素描した上で、判例に対する評価の一端を眺めてみることにする。

3 判例に対する実務家からの評価

(1) 前述のように、弁護士の義務違反について依頼者が証明責任を負うという点において判例は固定しており[22]、また、すでにみたように、連邦通常裁判所（❶判決）は、証明責任の転換を否定する理由として、弁護士が後に起こりうる責任訴訟を考慮して、依頼者から提供された情報を自分のための証拠方法として常に収集しておかなければならないとするならば、委任関係における信頼関係がそこなわれるということを指摘している。しかしながら、裁判官を含めて、学説は、その根拠づけが薄弱であることのほか、証明責任の転換が認められていないこと、また通常は表見証明も働く余地がないということに対しては、疑問を払拭し切れているとはいえない、としている。

(2) こうした問題をめぐって、例えば、ハンス・ヴィリー・ラウメン（Hans-Willi Laumen）判事は、次のように指摘している[23]。すなわち、前掲❶の事例において、当事者が提供した情報を基にして弁護士が作成した見解は、通常は、証拠方法を確保するという目的も兼ねており、弁護士としては、可能な限り完全に作成しておくよう努めるのが普通である。それにもかかわらず、弁護士の作成した見解が不完全であるときには、生活経験上、より詳しい情報を弁護士がその後に口頭によってすら依頼者に伝えていなかったという点について、表見証明が可能となるであろう。したがって、そのような場合には、弁護士の側で、当初与えなかった情報をその後に口頭で与えたということを示すまともな可能性（ernsthafte Möglichkeit）を示す事実を主張・証明して、反証しなければならないはずであり、依頼者に有利な表見証明が働くべきである、としている。

(3)　また、これに続いて、同判事は、弁護士に対して包括的な記録義務を認め、証拠提出を強化することによって依頼者の証明軽減を図るべきことを主張している[24]。実務家としての感覚に裏打ちされた鋭い分析と提案であり、以下これを眺めてみよう。

まず、①弁護士の外形的な行為から直ちに義務違反が明らかになる場合[25]を除いて、依頼者にとって義務違反の証明に困難を生じる事例が多々ある。それは、弁護士の行為が「正しい」ものかどうか判定しにくく、義務違反の点について当初は「中立的」であるとみえたとしても、事後に考えてみたときに、依頼者にとって不利益なものとみなされる場合であり、例えば、裁判上の和解の締結、和解勧試に対する拒否、無益に終わった執行の実施、上訴の提起、見込みのない棄却の申立て、などである。

こうした場合に、依頼者は、自分が弁護士に対してした説明や指示の内容について主張し、証明しなければならないだけでなく、弁護士が特定の情報について価値を認めずまたは価値を見誤ったことについて証明責任を負う。弁護士が和解を締結したときには、それが依頼者の意思に基づかずまたは意思に反して締結されたことは、依頼者に主張・証明責任がある。同様に、弁護士がいったん提起した控訴を取り下げたときに、依頼者が自分の指示に反すると主張し、他方、弁護士は口頭で取下げの依頼があったと主張する場合も、弁護士が授権なくして取り下げたことについて依頼者に証明責任がある。また、弁護士から依頼者に教示や助言がなかったという不作為が問題となったときでも、こうした消極事実に関して依頼者が証明しなければないことも確かである、という現状を明らかにしている。

次に、②こうした依頼者側の証明責任の過大な負担に対して、もちろん他方で、前掲❷判決は、依頼者に生じる立証上の困難性について、弁護士の理由付け義務を高めることによって対処すべきであり、弁護士は、単純否認をし、事実・法律状態について依頼者に十分にまたは包括的に教示したとの一般的な主張をすることのみでは許されず、協議の経過を個別的に記述し、どのような教示および助言をしたか、また、これに対して依頼者がどのように反応したかということについて具体的に述べなければならないことを確認している。[26] また、弁護士が、協議の会話のポイントを理由づけて主張できなかったときには、民訴法一三八条三項により依頼者の主張を自白したものとみなされる場合もあるとし、こうした判例に肯定的な評価をしている。

その上で、同判事は、③弁護士に対するこうした要求は、事件がずっと以前のものであり、弁護士が個別的にどのような助言や勧告をしたかということを不確かにしか言うことができない場合には、確かに弁護士にとっては酷なことになる。しかしながら、判例によるこのような要求は当然のことといえる。なぜなら、そうでないと、依頼者に対して証拠提出を期待することはほとんど不可能であり、訴訟上の武器対等の原則がそこなわれるからである。したがって、弁護士に対しては、与えた警告、指示および助言を記載して、重要な協議をすべて記録に留め、また、これらを依頼者宛の書面に記載しておくべきであると警告しておきたい、との見解を示している。

また、確かに、判例は、依頼者に対する弁護士の包括的な記録義務（allgemeine Dokumentationspflicht）をこれまでは否定してきた。[27] しかしながら、このことは、相応する経緯や会話を記録し、これを一定期間保存することが、弁護士の利益のために求められているわけではない、ということを意味するわけではないと述べて、[28] 記録義務が弁護士にとってむしろ有利に機能すること、さらにこれを踏まえて、弁護士に対して証拠提出の要求を高めることが、前記の弁護士・依頼者間の公平等の諸考量に照らして相当であると結論づけており、十分に参考に値する。

(4) 以上、ラウメン判事は、❶判決に対する批判的な評価を踏まえて、また、❷判決に示唆を得て、義務違反自体の証明責任を転換するわけではないが、証拠提出について弁護士に対して厳しい要求をすべきであることを提案しており、その見解は、ドイツにおいてのみならず、わが国においても有益であることは確かであろう。

4 若干の検討

(1) こうした弁護士の義務違反の証明をめぐる問題および批判とは別に、ごく最近、ドイツの医師責任訴訟において、冒頭(一(2))で示したように、弁護士の義務違反に相当する概念、すなわち「診療上の過誤」の要件について新たに推定規定が設けられて、証明責任の転換が図られているので、これとの比較を試みる必要があろう。なぜなら、医師責任訴訟も弁護士責任訴訟も、専門的知見を有する者に対する損害賠償請求であって、患者または依頼者の立証上の困難性という点で類似の状況が存しているため、これらの分析は、他面で、判例における処理の違いとその理由づけを考える上で意味があると考えられるからである。

(2) ドイツ民法六三〇h条一項は、「診療を実施した者にとって完全に支配可能であった一般的な診療上の危険が現実化し、かつ、それが、患者の生命、身体または健康の侵害を惹起するに至った場合には、診療を実施した者の過誤が推定される。」と規定している。[29] ここでは、推定を働かせるための前提事実は、①医師にとって「完全に支配可能な」診療上の危険が現実化したことと、②これによって患者に侵害を生じたことであり、特に、前者の前提事実に焦点を絞ってみると、弁護士にとってこれに匹敵する事実は、訴訟追行上の危険ということになる。しかし、こうした危険について、はたして弁護士は医師ほどに「完全な支配可能性」を有しているであろうか。おそらく、弁護士にはそうした「完全な支配可能」はなく、むしろ、支配可能な危険は法的紛争をめぐる情報等を保有する依頼者の側に存しているのが原則であろう。例外は、依頼者が自分自身の領域にあるこれらの情報を弁護士に完全に伝えた場合に限って、完全に支配可能な危険は弁護士に存した(または移転した)といえるであろう。したがって、こうした例外が認められない限りは、本来の証明責任の原則が当てはまることになる。また、同様の理由から、立証上の困難性についても、依頼者のそれは、患者のそれと比較したならば、相対的に程度の低いものであるといわざるをえない。

したがって、比較の対象とされる、危険の支配可能性について、医師に比べて弁護士の責任領域に属するものは小さく、訴訟追行上の危険が弁護士に「完全に支配可能な」ものであったとは必ずしもいえない。また、立証上の困難性についても、依頼者側からの情報の提供が十分でない以上は、弁護士のそれは相対的に少ないであろう。そのため、これら双方の事情を証明責任に反映させるとするならば、医師責任訴訟において行われているような証明責任の転換を図るまでには至らないとするのが妥当な結論であると考える。

(3) なお、推定を働かせるための前提事実に関しても、弁護士の義務違反を推定する事実は、医師の過誤を推定させる事実よりもはるかに多様であって、定型性を欠いているため、前提事実を特定して推定規定を作るに足るものとはなりえないであろう。推定規定を創設する際の法技術的な側面ではあるが、こうしたことも、推定規定を設けて証明責任の転換を図ることに対して支障となるといえる。

(4) 以上のような理由から、結局、弁護士責任訴訟においては、義務違反の証明責任の分配に変更を生じることはなく、ラウメン判事がいうように、むしろ表見証明の活用に期待することにならざるをえない。

（15） Bamberger/Roth/Fischer, § 675 Rn. 17-22.; Münchener Kommentar zum BGB, § 675 Rn. 26 ff.
わが国における弁護士の執務上の義務については、加藤新太郎・弁護士役割論〈新版〉（二〇〇〇）一四九頁以下に詳しい。また、日本弁護士連合会弁護士倫理委員会編著・解説「弁護士職務基本規程」〈第二版〉（二〇一二）参照。

（16） Bamberger/Roth/Fischer, § 675 Rn. 17.

（17） Bamberger/Roth/Fischer, § 675 Rn. 18.
【連邦通常裁判所二〇〇八年一一月六日判決】（BGHZ 178, 258 [9] = NJW 2009, 1593）の事案は、直接には税理士の法的検討義務が問題となったものであり、国税通則法の違憲可能性を検討する義務の有無が争点となった。判決は、立法者が課税の平等性に違反しているとの指摘に対して、そうした瑕疵を除去するだけの契機を認識せず、また、専門家もすでになされていた議論においてそれに関して応答していなかった場合には、税理士は、個別事例において、課税の平等性違反を理由とする異議の可能性について依頼者と協議する義務を負わないとした。

（18）【連邦通常裁判所二〇一一年六月九日判決】（NJW 2011, 2889［12］）は、時効の成立を回避するために、弁護士が依頼者に「直ちに訴えを提訴しなければならない」旨を指摘することが問題となった事例において、弁護士は、「一般的、包括的かつ可能な限り汲み尽くして教示する義務」を負っているとしたものである。

また、【連邦通常裁判所二〇〇七年三月一日判決】（BGHZ 171, 261［9］ff. = NJW 2007, 2485）は、弁護士は依頼者に対して、最も確実で、危険の少ない方法を提案し、かつ、可能性のある危険について説明し、依頼者が正しい判断をすることができるようにしなければならないとする。

（19）Bamberger/Roth/Fischer, § 675 Rn. 20.

（20）Bamberger/Roth/Fischer, § 675 Rn. 22.

（21）以下の叙述は、主として、Baumgärtel/Laumen, § 675 Rn. 26 ff. に依拠したものである。

（22）もちろん、依頼者は、弁護士の義務違反について本証を必要とし、民訴法二八六条に定める証明度を求められる。こうした証明責任の分配原則は、弁護士からの義務違反の不存在確認訴訟においても同様に妥当し、また、弁護士から依頼者に対する報酬請求において依頼者が損害賠償請求権をもって相殺すると主張する場合も、依頼者が義務違反について証明責任を負う点において変わりはない。

（23）Baumgärtel/Laumen, § 675 Rn. 27.

（24）Baumgärtel/Laumen, § 675 Rn. 28–30.

（25）例えば、除斥期間経過後の訴え提起、管轄違いの裁判所への訴え提起、代理証書なくしてした解約告知（民法一七四条）、和解について取消期間経過後の取消し、違法な契約書の起案などである。

（26）もっとも、その際に、弁護士が協議の会話を場所と日時に応じて詳しく整理することまでは要求されず、どのような状況の下で依頼者に目的に即した教示をしたかということを述べれば足り、弁護士がこうした理由づけ義務を果たしたときは、依頼者は、弁護士の主張を覆さないと、自己の証明責任を尽くしたことにはならないとしている。

なお、理由付け義務（Substantiierungspflicht）については、Stein/Jonas/Leipold, Kommentar zur ZPO, 22. Aufl.（2004）, § 138 Rn. 36 ff.

（27）NJW 1992, 1695, 1696.

（28）　なお、関連して、弁護士は、教示しなかったまたは不十分な教示しかしなかったということを争わず、またはそれが証明されたとしても、依頼者自身が事実・法律状態とそこから帰結されるリスクを知っていたから、自分には義務違反はなかったと主張する場合には、依頼者に教示する必要性のなかったことを証明しなければならない。法的および経済的に経験豊富な者であっても、適切な専門知識を欠いているため、弁護士の教示を求めているということを原則とすべきであるからである。

（29）　ドイツ民法六三〇h条一項の詳細は、春日・前掲注（3）四二一頁以下参照。

四　義務違反と損害との間の因果関係をめぐる主張・証明責任

1　判例における具体例とそこにおける証明責任の分配

(1)　判例は、①弁護士の義務違反と発生した損害との間の因果関係についても、それが請求権を根拠づける責任要件であることを理由に、義務違反の証明責任についてと同様に、原則として依頼者が主張・証明責任を負うとしている。[30]

また、②こうした証明責任の分配は、弁護士に特に重大な義務違反があったとされる場合（wenn dem Anwalt eine besonders grobe Pflichtwidrigkeit anzulasten ist）であっても同様であり、依頼者が負担するとされている。この点は、医師責任訴訟における因果関係の証明問題との対比において重要な意味をもっているので、後に詳述することとし、まずは、先例的な意義をもつ判例を眺めてみよう。

(2)　❸【連邦通常裁判所一九九四年六月九日判決】（BGHZ 126, 217＝NJW 1994, 3295）[31]は、依頼者から家屋の売買代金の回収とこの家屋に対する強制執行の阻止を依頼されていた弁護士が、売買契約の解除の意思表示をしたまま、売買代金を回収するために証書訴訟（Urkundenprozeß）を提起することを遅滞していた間に強制競売が実行されてしまい、売買代金と競落価額との差額について損害賠償の低い競落価額で落札がなされたため、依頼者から弁護士に対して、売買代金と競落価額との差額について損害賠償の請求がなされたものである。原審は、弁護士が証書訴訟を遅滞なく提起することを怠った点に重大な義務違反があるとし、依頼者の請求を認容した。これに対して弁護士が上告した結果、原判決は破棄差戻しとなった。連邦通常裁判所も、弁護士が証書訴訟を提起せずに事態の推移を静観したことに納得のいく理由はないとし、弁護士の重大な義務違反（grobe Pflichtverletzung）を認めたけれども、因果関係に関する証明責任については、弁護士に移行（転換）することはないとした。本判決において特徴的な点は、医師責任訴訟における証明責任との相違に言及している部分であり、これを中心に紹介することにする（①〜④の番号は、筆者が付した）。

① 判決は、まず、売買契約および請負契約の判例においては、契約上の説明義務ないし助言義務に違反した者は、相手方の対応をめぐる因果関係の解明不能のリスクを負う、との原則があり、仮にこうした義務に沿って相手方が事情を十分に知らされていたならばどのように対応したかという問題をめぐって証明責任が転換されるとする。しかし他方、弁護士や税理士といった法的助言者と依頼者との間の契約においては、こうした証明責任の転換は認められないとする（税理士の義務違反について、民事第九部一九九三年九月三〇日判決。BGHZ 123, 311）。また、その上で、法的助言者の義務違反がある場合には、依頼者は、もし正しい説明があれば、そうした助言に即して行為したはずであるとの推定が働くけれども、それは、証明責任の転換ではなく、表見証明の適用事例であって、異なる因果経過の具体的な可能性があれば覆るものである、としている。

② 判決は、これを踏まえて、以下のように述べている（④末尾まで）。すなわち、「本件で、非難されるべき弁護士の行為は、不十分な助言ではなく、必要な利益擁護をしなかったことである。一部の学説は、説明および指摘義務の領域以外においても、法的な助言者に職務上の著しい過誤がある場合には、証明責任の転換を生じさせるべきであるとの見解を主張している（Vollkommer, Anwaltshaftungsrecht, Rn. 525; Giesen, JZ 1988, 660; Heinemann, NJW 1990, 2345, 2352）。このような見解は、医師責任法において発展した判例に依拠している（例えば、連邦通常裁判所一九六八年三月一二日判決（NJW 1968, 1185）等々）。しかしながら、こうした原則は、法的助言を伴う諸契約に対しては適用されるべきでない。

③　前記の判例は、医療上の義務に対する重大な違反によって、通常は、患者の健康が著しく危険にさらされるため、診療上の失敗を首肯させるに十分である、という考え方に依拠している（前記判決）。加えて、医師は、自己に対する責任訴訟において通常は明らかに有利な立場にある。なぜなら、患者は、何が個々に起こったかを知らず、また、身体の状態について必要な専門知識を欠いているために十分に理解できないからである。また、意識を欠いている状態において、健康の維持または再生のために身体への医的侵襲がなされる場合はなおのことである。医師が、診療上の重大な過誤によって、患者を正しく診療していたならばたどったであろう経過を認識不可能にしてしまった場合には、契約違反の行為によって被害者の立証上の危険を生じさせた者に、そうした立証上の危険を転嫁することが、適切な利益調整にかなう。

④　けれども、弁護士責任訴訟においては、依頼者はこれに匹敵する状況にはない。依頼者の損害危険について、弁護士の重大な義務違反の場合とそれ以外の過誤の場合とを比較したときに、前者の方が明らかに高いということは認められない。弁護士契約は、具体的な生活事実関係の個別性によって顕著に特徴づけられており、契約上の義務をめぐって同じような過誤といえども、それぞれの状況に応じて、軽微な違反であったり、通常の違反であったり、または重大な違反であったりする。しかし、個別事例においてそうした過誤の程度を評価するとしても、どの程度であれば、損害を生じさせる原因として適したものであるかということについては、原則を云々することはできない。さらに、問題とされる事実関係は非常に多様であって、その都度関係する法規範は、意義、内容および効果に応じてこれまた多様な姿をとっている。むしろ、依頼者の置かれた状況は、具体的な法律事件の特殊性によって著しく特徴づけられており、厳密な証明責任原則によって表されるような、定型的な考察方法にはなじまない。

また、依頼者は、医師の診療中に患者が多くの場合において遭遇するような、生存に関わる状態に置かれているわけではない。それゆえ、被害を被った患者が通常さらされるとみなされる事実関係の解明困難性といったものが、依頼者に定型的に付きまとうというわけではない。むしろ逆に、依頼者の生活領域から生じる出来事や考え方が、裁判にとって重要な生活事実関係を構成していることがまれではない。当民事部が一九九三年九月三〇日判決（BGHZ 123, 311）において理由を詳しく述べているが、契約の相手方〔依頼者――訳者〕の領域にすべてが存しているため、助言者〔弁護士――訳者〕には詳細が知らされず、また、助言者が何らの影響も及ぼせない出来事や考え方によってしばしば支配されている領域において、証明責任を転換することは適切ではない。したがって、法的助言者に重大な契約違反がある場合であっても、仮に契約通りの給付があったとしたら依頼者がどのように行動したかという問題に関して、証明責任の転換は認められない。このことによって、依頼者が不当に不利益を及ぼされるわけではない。なぜならば、生活経験に応じて一定の行為を明らかに推認せしめる事情が確定される限りは、表見証明の原則による証明軽減が個々の場合において依頼者に有利に働くからである。」と。

以上が、判例の述べている理由である。

2　表見証明の可能性をめぐって

(1)　このように、判例は、弁護士責任訴訟と医師責任訴訟との相違を明らかにして、前者については、弁護士の重大な過誤が認定された場合であっても証明責任の転換の可能性を完全に否定しており、残る証明軽減策として、表見証明の余地があるとしているにとどまる。そこで、以下においてその一例を紹介するが、結論としては、表見証明の余地を認めながらも、限定的なものであるとしており、証明軽減としての機能はそれほど高くはないと考えられる。

❹【連邦通常裁判所一九九三年九月三〇日判決】（BGHZ 123, 311, 314 ff. = NJW 1993, 3259）(32)は、有限会社および合名会社の社員が、会社から脱退する際に受け取るべき現金補償金およびそれに対する税金等を弁護士に相談したところ、弁護士が誤った助言をしたために損害を被ったという事案である。依頼者は、弁護士が法的に正しい情報を提供していたならば、自分たちは前記の匿名社員としてとどまったはずであると主張して、損害賠償を請求した。控訴審は、証明責任の転換を認めて、原告の請求をおおむね認容したけれども、被告の上告によって破棄差戻しとなった。

判決は、まず、役務提供および事務処理契約における債務が、一つの決断を促す助言ではなく、合理的な行為について説明する際の複数の可能性についての助言であって、それらが当初から等価値であり、かつ、相違する効果を伴う助言である場合には、証明責任の転換は認められないとする（連邦通常裁判所の多数の判決）。

その上で、弁護士が、説明・助言義務に違反したと認定された場合に、これに対して、仮に弁護士が義務に違反せずに説明や助言をしたとしても、依頼者がこれを無視したはずであり、やはり損害は生じたと主張して、因果関係を否定しようとするときに、弁護士の説明に即して依頼者は行動するとの事実上の推定（Vermutung des aufklärungsrichtigen Verhaltens）が働くから、弁護士の側で、依頼者が弁護士の説明に即さない決断をしたことを示す事情（非定型的な因果経過の可能性を示す事実）を証明しなければならないとしている。(33)

しかしながら、同判決は、依頼者に有利なこうした推定が一般的に妥当するわけではなく、「利益状況およびその他の客観的諸事情に鑑みて、正しい情報の提供があったならば、依頼者が一定の決断をすることが蓋然的に期待される（mit Wahrscheinlichkeit zu erwarten wäre）場合にのみ適用される」とし、表見証明の適用の余地を絞り込んでいる。そして、その理由として、「弁護士の助言に即した行為の推定に対して、弁護士が本証により反駁しなければならない——証明責任の転換〔筆者〕——とするならば、弁護士は、もっぱらまたはほとんど依頼者が認識し影響力を有する領域に存する事実を証明しまたは反駁しなければなら〔ず〕」、これは弁護士に対して過度な要求になるからであるとする。

(2) このように、判例は、証明責任の転換を完全に否定しており、残る証明軽減策として、ある程度の範囲で表見証明を認めているにとどまる。そのため、学説の一部から批判を受けることとなった。

3 学説の対応

(1) ❸判決を代表例として、因果関係について証明責任の転換を否定する判例に対して、一部の学説は(34)、医師責任訴訟において因果関係の証明に関して、医師に重大な過誤が存する場合に証明責任の転換が図られていることを援用して、弁護士責任訴訟においても弁護士に重大な義務違反がある場合には、これと損害との間の因果関係について証明責任の転換を認めるべきであるとしている。

医師責任訴訟の先例として、連邦通常裁判所一九六七年四月一一日判決（NJW 1967, 1508）およびこれに続くいくつかの判決があり、すでに詳しく分析されているので[35]、ここでは最近の一事例に言及するにとどめたい。

医師責任訴訟における**【連邦通常裁判所二〇〇四年四月二七日判決】**（BGHZ 159, 48, 53 ff. = NJW 2004, 2011）[36]の事案は、医師が、オートバイ事故で負傷した患者についてレントゲン検査を指示せず、骨盤骨折を見落としたままであったために、骨盤骨折の正常な回復が困難になったというものである。判決は、「診療上の重大な過誤は、それが実際に発生した類の損害を惹起するのに適したものである場合には、原則として、診療上の過誤と健康損害との間の因果関係について客観的証明責任を転換する。そうした証明責任の転換のためには、診療上の重大な過誤が、発生した損害を惹起するのに適していることで足りるのであって、過誤が損害に近接しているまたは蓋然的である必要はない。」と述べて、①医師の診療上の重大な過誤が存したこと、および、②そうした過誤が発生した損害を惹起するのに適したものであること、の二つを要件として、因果関係について証明責任の転換という効果を導いている。そのため、責任創設的因果関係の蓋然性がまったく欠けていること、例えば、医師が看過した危険は、診療上の過誤を「重大なもの」であると評価するに足るほどに現実化していないとか、患者が自己の行為によって治癒を妨げたために診療経過が解明不可能になった、といった例外的な事情を医師の側で証明（本証）しなければならない。このような形で、判例は、医師責任訴訟における因果関係の証明責任について、その転換を試みてきている（ちなみに、本判決の核心部分は、従来から用いられていた「証明責任の転換に至るまでの証明軽減（Beweiserleichterung, bis zur Beweislastumkehr reichen können）」を変更して、端的に、「証明責任の転換（Umkehr der Beweislast）」であるとした点にある[37]）。

(2) このように、医師責任訴訟において責任創設的因果関係の証明責任が転換されていることに示唆を得て、こうした判例と平仄を合わせて、弁護士責任訴訟においても同じように証明責任の転換を認めるべきであると主張する学説が存している。[38] その理由として、①弁護士に重大な義務違反があり、これによって事実関係の解明可能性が失われた場合には、そこで生じたノン・リケットの危険は弁護士が負担しなければならず、また、②弁護士は、事件を受任したことによって、これに伴う高度な義務の水準を維持することを約束しているからであり、さらに、③こうした義務を無視していながら、損害を予防する義務の違反によって依頼者に対して因果関係をめぐる証明上の不利益を与えていないと主張することは、みずからに証明上の危険が課せられることを認めながら、これに矛盾する主張をすることに他ならない、ということをあげている。

(3)　しかしながら、こうした見解に対して、通説は、判例と同様の立場を維持しており、その理由として、次のように述べている。[39] すなわち、①客観的証明責任の分配については、証明責任規範の法規範的性質および法的安定性の要請に鑑みて、訴訟の開始以前からすでに確定していて（傍点は筆者）、拘束力を備えたものでなければならないため、過失の程度（重大な過失か否かは訴訟の審理を通じてはじめて明らかになる――筆者）を問題とする余地はないし、また、②個々の事例において、弁護士の義務違反が、「重大」であるか「単純」であるかということの区別づけは、そもそも困難を伴うものである、とする。さらに、③医師によって損害を被った患者の証拠の窮乏（Beweisnot）と、弁護士に損害賠償を請求する依頼者のそれとを比較すると、前者の方がはるかに大きい。加えて、④証明責任の転換を肯定しようとする学説は、判例が証明責任の転換を生命および健康上の危険から他人を保護すべき職業上の義務に違反した場合に限定しているのであって、弁護士契約の締結が通常は財産的利益の擁護を目的としていることを見過ごしている、と述べた上で、責任創設的因果関係については証明責任の転換はないとの結論に至っている。

4　若干の検討

(1)　因果関係の証明責任をめぐって、学説では前記のような対立がある。そして、これに関しては、すでに義務違反の証明責任について言及したと同じように、医師責任訴訟において責任創設的因果関係についても民法六三〇h条五項一文により推定規定が設けられて、患者に有利に証明責任が転換されていることから[40]、これとの対比において、弁護士責任訴訟における依頼者と弁護士の双方の立証状況を比較する必要があろうと考える。

(2) 医療過誤の因果関係をめぐっては、同条項一文は、「診療上の重大な過誤が存し、かつ、この過誤が実際に発生した類の生命、身体もしくは健康の侵害を惹起するのに基本的に適したものであるときは、その診療上の過誤がこの侵害の原因であったことが推定される。」と規定し、医師に重大な過誤があったことおよびその過誤が現に発生した侵害を惹起するのに適したものであること、という二つの前提事実が証明されるときには、診療上の過誤と発生した損害との間の因果関係を推定するとしている。判例・通説を疑問視する前記の学説は、従前から形成されてきた医師責任訴訟の判例に基づいて、推定規定が立法化されるよりもずっと以前から自説を展開してきている点で、その先見性には目を見張るものがある。

(3) しかしながら、①医療責任訴訟と弁護士責任訴訟とを比較してみると、通説が指摘するように、法的紛争をめぐるさまざまな情報はもともと依頼者の領域に存しており、責任訴訟に発展した際の証明窮乏の程度は、患者のそれに比してそれほど大きいとはいえない。この点は、先にみた、表見証明――弁護士の説明に即した依頼者の行為の推定に関する――の判例（❹判決）において、その適用を限定するための理由づけのなかにおいても述べられていることと同様である（四2参照）。また、②弁護士には、すでに述べたような義務が課せられており（三1参照）、それは専門家としての高度な義務であるとしても、特に紛争事実関係をめぐっては、依頼者からの積極的な情報提供を受けてはじめて完全に履行が可能になるものが多いであろう。弁護士と依頼者との間では、相互の協議を踏まえてはじめて弁護活動が可能になるのであって、依頼者側のアクションの重要性は不可欠である。これに比べて、医療過誤の場合には、患者の病状を的確に把握し適切な診療を実施するための責任は、医師の側に全面的に委ねられており、これを反映した立証上の負担を考えるならば、医療過誤訴訟における推定規定を介した証明責任の転換をそのまま弁護過誤訴訟に持ち込むことはできないであろう。加えて、③「重大」か「単純」かという、過失の程度に応じて、過誤行為と結果発生との間に定型的な事象経過が存し、因果関係が認められるか否かを判断できるような事例は、医療過誤のそれと比較して少ないものと考えられる。そのため、弁護士の過失が重大か否かの判断が難しいだけではなく、仮に判断可能であったとしても、そこから因果関係の存否を推定することには無理を伴うであろう。この他に、④双方の訴訟において保護すべき法益の相違も考慮要素として否定しがたい。すなわち、医師責任訴訟においては生命、身体、健康といった法益が保護の対象であるのに対して、弁護士責任訴訟においては財産的損害が保護の対象であって、前者に関する判例を素直に読む限りは、そこでの証明責任の転換を弁護士責任訴訟にも適用しようとする場合には、それなりの根拠づけを必要とするであろうが、はたしてそこまでの説得力のある根拠があるかどうかは疑問である。

したがって、以上を踏まえると、結論としては、通説に与せざるをえないであろう。

(30) 損害（およびその額）の証明責任については、本稿では割愛せざるをえないが、若干の言及をしておく。

まず、損害の発生および額のいずれについても、これを請求する依頼者が主張・証明責任を負うとの原則に変わりはない。【連邦通常裁判所一九八五年九月一九日判決】(NJW 1986, 246) のほか、最近のものとして、【連邦通常裁判所二〇〇五年六月一六日判決】(BGHZ 163, 223 = NJW 2005, 3071) など。

しかし、損害額をめぐっては、証拠提出の領域において依頼者に有利な証明軽減が広く認められている。まず、民訴法二八七条によれば、裁判所は、損害が発生したか否かおよび損害額がどれだけなのかということについて、すべての事情を斟酌して、自由な心証により判断することができる。すなわち、裁判所の心証形成にとって、損害が発生したことについて、確実な根拠に基づく明らかな優越的蓋然性があれば足りるとしている。また、同条は、依頼者の主張責任についても緩和している。個別事例においては、裁判官は、最小限の算定ができるために具体的な手掛かりを示す事実が主張され、証明されれば足りるとしている。すなわち、発生した損害の算定のためには足りることになる。しかし、具体的な手掛かりを欠いて、まったく定まらない場合には、算定はできない。したがって、裁判官が右記の可能性を尽しても損害の発生について心証を得られない場合にはじめて、客観的証明責任が依頼者に不利に作用することになる (Vgl. Baumgärtel/Laumen, § 675 Rn. 44)。

なお、通説は、民訴法二八七条を証明度の軽減であると解している（Rosenberug/Schwab/Gottwald, § 114 Rn. 3; Stein/Jonas/Leipold, § 287 Rn. 30a）。

次に、逸失利益の証明についても、民法二五二条二文の推定が依頼者に有利に働く。同条は、「賠償されるべき損害は、逸失利益をも含む（一文）。事物の通常の経緯に従いまたは特別の事情、特に当該施設および措置に従い、蓋然的に期待可能な利益は、逸失利益とみなす（二文）。」と規定している。したがって、裁判所は、利益を取得したことの完全な確信を必要とせず、依頼者は、事物の通常の経過または特別の事情に従い、利益の取得が蓋然的であることを証明すれば足りることとなり、将来の展開をめぐる予測を必要とする。依頼者には、利益の取得の蓋然性を明らかにする事実の存在について主張責任および証明責任が課されるが、ここでも民訴法二八七条による負担軽減が図られている。依頼者によるこのような証明が奏効すると、弁護士は、利益が実際上はまたは別な理由によって生じていないという、反対事実の証明によって、民法二五二条二文による推定を覆さなければならない（Vgl. Baumgärtel/Laumen, § 675 Rn. 45）。

このように、損害をめぐる証明に関しては、義務違反や因果関係の証明の問題領域とは事情を異にしている。

（31）損害額を主たる争点とする比較的最近の【連邦通常裁判所二〇〇五年六月一六日判決】（BGHZ 163, 223, 231 = NJW 2005, 3071）も、「弁護士に対して損害賠償を請求する依頼者は、原則として、義務違反、損害および因果関係と並んで、帰責連関についても主張し、証明しなければならない。」と繰り返している。

（32）この判決の詳細は、Baumgärtel/Laumen, § 675 Rn. 37 ff. 参照。

（33）なお、本件の「弁護士の説明に即した依頼者の行動の推定」は、これ以外の場合、例えば、弁護士が正しく契約を履行しているときに、依頼者が弁護士に対して必要な情報を適時にかつ完全に提供したかどうかが問題となった場合にも、依頼者は弁護士の説明に即して情報の提供行為を行ったはずであるとの推定が認められる。なぜなら、こうした推定は、依頼者は、弁護士の求めに応じて、自分で処分が可能であったりまたは容易に収集できるであろう情報については提供するはずである、という定型的事象経過に即応しているからである。BGH NJW 1992, 240, 241; BGH NJW 1996, 2929, 2932; BGH NJW 2000, 730, 732 f. など多数。

（34）❸判決の②部分の括弧書に掲げた論者がそうである。Baumgärtel/Laumen, § 675 Rn. 34, 35 において学説が簡潔に記述されているほか、春日・前掲注（5）二九二頁に掲げる注37参照。

（35）中野・前掲注（2）一三三頁以下。

（36）春日・前掲注（3）四一四頁以下。
（37）春日・前掲注（3）四一五頁以下。
（38）Vgl. Baumgärtel/Laumen, § 675 Rn. 34.
（39）Baumgärtel/Laumen, § 675 Rn. 40.
（40）春日・前掲注（3）四〇三頁以下および四一四頁以下。

五　むすびに代えて

(1)　これまで述べてきたように、弁護士責任訴訟においては、義務違反と因果関係の主張・証明責任は依頼者が負担しなければならず、これを軽減する表見証明は一定の範囲でしか適用されていないことが明らかになったであろう。他方で、同じく専門家に対する医師責任訴訟においては、法律上の推定規定を介して、診療上の過誤や、これと損害との間の因果関係について、証明責任の転換が図られているのとは対照的である。

(2)　本稿では、その理由を、主として、弁護士の依頼者に対する訴訟追行上の危険をめぐる支配可能性と医師の患者に対する診療上の危険をめぐる支配可能性との違いに求めてみたが、これのみに限られるわけでないことも明白である。弁護過誤と医療過誤とを比較すると、前者においては、依頼者からの情報提供の多寡によって義務違反の有無は大きく左右され、その判断に不確実性が付きまとうだけでなく、義務違反と損害との間の因果関係についても事象経過の定型性を欠き、推定を働かせる経験則といえるものがあまり存在しないという点においても、後者におけるとは著しい相違がある。したがって、弁護士と医師の置かれた状況の相違とこれを訴訟に反映した議論が欠かせないと考える。

(3)　そうした意味で、今後のさらなる検討が必要であり、その際には、ドイツの判例が試みてきた表見証明に視線を注ぎ、その適用可能性を模索することにやはり期待を寄せることになろう。依頼者と弁護士の立場を比較した場合に、双方の間に立証上の較差が潜在的に存していることは否めず、これを回復するためには、何らかの措置を必要とするからである。

(4) 医師責任訴訟におけるような妙案は、継続的な判例の集積によってはじめて得られたものであって、弁護士責任訴訟の問題領域においても、そうした地道な工夫によって問題解決の方向をみいだすことが必要かつ可能になるものと考える。

事件のスジの構造と実務

加藤新太郎

一　はじめに
二　これまでの研究の諸相
三　私見と考察
四　事件のスジの実相
五　むすび

一　はじめに

1　事件のスジの多義性

司法修習生になると、先輩から、「事件のスジ」をみることが重要であると教えられる。ところが、司法修習生は、それまでの法学教育の結果として、ケースを論理的に分析し、合理的な推論によって結論を導くものであると考えているのが通常である。そこで、「事件のスジ」などという曖昧模糊としたものが分からなければ事件の見方がきちんとできないと言われると、軽い反発を感じるのが常である。しかし、その後、法律実務家として経験を重ねるうちに、彼または彼女は、「事件のスジ」という言葉を使っている自分に気付くようになる。それでは、「事件のスジ」とは、一体何なのであろうか。

一般用法としては、「スジ」といえば、ものごとの条理、道理のことをいい、「スジが立つ」というのは、「ことの首尾が一貫する、道理・原則にかなう」ことであり、「スジが悪い」というのは、「①性質が良くない、たちが悪い、②芸事などで素質がない、③囲碁・将棋などで、手の進め方が道理にかなっていない」ということである[(1)]。しかし、法律実務家の使う「事件のスジ」は多義的であり、その意味するところも属人的な揺らぎと幅がある。さらに、「事件のスジ」なるタームは、民事訴訟（民事事件）に限らず刑事訴訟（刑事事件）でも使われ、裁判官だけでなく、弁護士においても用いられる。

もっとも、刑事裁判官は、民事裁判官よりも「事件のスジ」ということが少ないようである。これは、予断排除の原則、起訴状一本主義が貫かれる刑事訴訟においては、証拠によらない事実認定をしているという誤解を避けたいという意識が背後にあることが理由ではないかと思われる。それはともかくとして、刑事裁判官が「スジ」という場合には、第一に、直接証拠がなく、情況証拠・間接事実から構成要件事実を推認するときに、「スジ」からして、そのような事実認定ができる、という用法がある。第二に、検察官が、新しい犯罪事象について判例を作りたいと考えて起訴している場合に、それに適した事件は「スジが良い」という用法もある。目的との関連で、「スジ」の良し悪しをいうのであるから、一般の用法と同様である。第三に、適切な訴訟活動をしない（できない）検察官、弁護人について、「スジが良くない」という用法もある。これも、平均的な力量を備えた検察官、弁護人を念頭に置き、「センス、素質に欠けるところがある」ということであるから、一般の用法と同じとみてよい。

以上によれば、刑事裁判官の「スジ」の用法は、日本語としての一般的な意味が中心であるが、事実認定において推認がされる場合の用法（第一の用法）に実務的な意味合いが付与されているものと考えられる。

2 民事訴訟における事件のスジ

これに対して、法律実務家が用いている「事件のスジ」のうち、民事訴訟におけるそれはどのようなものなのか。

まず、弁護士が、事件について「スジ」という場合には、例えば、「勝ちスジ」、「負けスジ」という訴訟の勝敗を見通したものであることが少なくない。また、依頼者の属性との関係で、「スジ」の良し悪しを語ることもあるという、例えば、新人の弁護士には「スジの悪い事件を受けてはいけない」と教える。具体的には、事件屋からの事件は受任すべからず、全く面識のない人に対しては詳しく事情を聴いた上で受任の可否を決めるべしという文脈で使われる。さらに、弁護士としては、裁判官に対し、当該事件のスジをいかに良く印象づけるかがスキルであるともいう。(2)

確かに、事件のスジの良さを裁判官にアピールすることは、実践的には重要である。例えば、「年金生活者の虎の子の定期預金を満期時にリスク性の高い金融商品の購入にシフトさせ、その結果リスクが顕在化して購入時価格を大きく割り込んでしまったケース」であるのか、「高齢者ではあるが富裕層で投資経験のある顧客がリスクのあることを理解して金融商品を購入したが、リーマンショックで損失が出たのをダメもとで請求しているケース」であるのかは、個々の証拠を評価する際の見方にもかかわり、その意味で勝敗を左右しない単なる背景事情にはとどまらないものである。

以上によれば、弁護士の民事訴訟（民事事件）における「スジ」の用法は、日本語としての一般的な意味が中心であるものの、多義的であることには変わりはない。

民事訴訟における事件のスジについて考察した先行研究は多くはないが、相応の蓄積をみせている。法律実務家（とりわけ裁判官）の経験をもとにした論考[3]、スジや落ち着きが判例形成に寄与ないし影響するメカニズムを考察した論考[4]のほか、法社会学者による実証的研究として、「裁判官の判断におけるスジとスワリ」があり[5]、これを対象にした座談会形式の研究会記録も公刊されている[6]。

筆者も、裁判官の民事訴訟の心証形成（実体形成）において「事件のスジ」が、どのような意味を有するかについて、裁判官の思考における実質と形式を統合する思考・手法であるという試論を述べたことがある[7]。

本稿は、このような「事件のスジ」について、民事訴訟における裁判官の審理・判断との関係で、どのような意義を有するかを再考するものである。「事件のスジ」が多義的であることを前提とした上で、実務家および研究者が共通のイメージを形成するための基礎作業の意味合いを有する[8]。

その構成としては、「事件のスジ」について、先行する研究を概観した上で（二）、それらに検討を加えて、「事件のスジ」として語られるものの中身を明らかにし（三）、具体的なケースをみることにより、事件のスジのイメージを確認する（四）。その上で、考察の結果をまとめて、むすびとする（五）。

（1）新村出編・広辞苑〈第六版〉（二〇〇八）一四九九頁。

（2）大江忠ほか「推論の構造——事件のスジの内実は」加藤新太郎編・民事事実認定と立証活動Ⅱ（二〇〇九）一四九頁〔馬橋隆紀発言〕。

（3）村松俊夫①「裁判についての一考察」同・民事裁判の理論と実務（一九六七）三頁、同②「裁判官と法」同書三三頁、伊藤滋夫・事実認定の基礎（一九九六）六九頁、二六三頁。

（4） 田中豊「判例形成と『筋』又は『落着き』」小島武司先生古稀祝賀・民事司法の法理と政策（上）（二〇〇八）六二九頁。
（5） 松村良之ほか「裁判官の判断におけるスジとスワリ（1）～（13）」判タ九一一号（一九九六）六五頁、九一六号（一九九六）五八頁、九一九号（一九九六）八九頁、九一二号（一九九六）六五号（一九九七）一〇六頁、九二七号（一九九七）八四頁、九三七号（一九九七）九一頁、九四一号（一九九七）九二頁、九四六号（一九九七）六九頁、九六七号（一九九八）一一五頁、一〇〇四号（一九九九）九七頁、松村良之ほか「裁判官の判断構造」法社会学四九号（一九九七）一九八頁。
（6） 加藤新太郎ほか「座談会・裁判官の判断におけるスジとスワリ」田尾桃二＝加藤新太郎編・民事事実認定（一九九九）四二一頁。
（7） 加藤新太郎「審理における実質と形式の統合と手続裁量」同・手続裁量論（一九九六）六三頁。
（8） 当該事件の結論について、「スワリがよい」「落ち着きがよい」といわれることがある。事件のスジを読み誤ることなく認定・判断をして導いた結論は、「スワリ」「落ち着き」がよいという関連があるが、「スワリ」「落ち着き」についても、スジと関係する限りにおいて言及する。

二　これまでの研究の諸相

1　村松俊夫判事の所説

村松俊夫判事は、事件の勝敗を決定するのに、スジを問題とするのは、法を適用して導いた事件の結論と、裁判の事件について法感情に基づく判断の結論との間に喰い違いが生じた場合であるとされ、次のとおり、いくつかを類型化される。（9）

第一に、当事者のいずれの主張をも証拠から認定し得る可能性がある場合に、主要事実以外の事実（背景事情）を考慮して事実認定をする類型。内縁関係にあった男女が別れる際に、内縁の夫から妻に対し居住していた建物が贈与されたかが争点となるケースにおいて、内縁に至る契機、その生活状況、男女の経済力を含む力関係、内縁解消の理由などの背景事情が、スジとして認定・判断に影響するという。

第二に、新たな法解釈理論が形成されれば解決するが、それがない場合にスジが問題とされる類型。終戦後の住宅払底の時代に、賃借人が無断で一部を転貸したことを理由として賃貸人が賃貸借契約を解除し、建物明渡しを請求する訴訟において、①営利目的で高い賃料で転貸している場合と、②親戚にやむなく一室を貸しわずかな賃料をとっている場合とでは、これらを同等に扱うことは、スジの良し悪しから、裁判官としては躊躇される。これは、②について、無断転貸が賃貸人に対する背信的行為と認めるに足りない特段の事情があるという判例法理（最判昭和二八・九・二五民集七巻九号九七九頁）が形成されることにより解消される。

第三に、事実認定を曲げたり、法改正によらなければ妥当な解決ができない類型。富豪Aが取り巻き連中の一人であるBに大金を贈与することを約束し、その旨の書面を交付したまま履行することなく死亡した。AとBとは一時的に親しくしていたものの、特別深い関係にあったわけではない。BがAの遺族に贈与履行を請求する訴訟を提起したが、贈与の事実は争いがなく、無効・取消事由も認められないようなケースが、これである。これには、和解の勧告や付調停の利用が示唆される。

2 伊藤滋夫判事の所説

伊藤滋夫判事は、事件のスジは、基本的には「当該事件についての最も包括的な法的価値判断の観点」であるという理解を示す。そして、そうした事件のスジからすると、甲の結論となるように思われるが、通常の証拠判断をしていくと乙の結論になりそうであるということで裁判官が悩むのは、次の類型のものであるという。(10)

第一に、弁論主義の制約により、証拠上は認められるが、主張のない事実（例えば、時効や弁済の事実）を考慮に入れることができない結果、勝敗が逆になるという類型。当事者の主張・立証に問題がある場合であり、釈明権の行使、主張の善解などで対応することになる。

第二に、法解釈論の未熟性から、形式的に事実を確定し法的判断を下すと、事件のスジに反する結論が出てしまう類型。これは、村松判事のいう第二類型と共通するものであるが、実務的には、適切な判例（法理）を形成していくことにより対処するのが相当であろう。

第三に、争点について、有力な間接事実はあるものの、直接証拠を欠き、間接事実による推認も今一つわずかに届かないという類型。要証事実について心証形成するまでには至らないが、事件のスジからすると、請求を棄却することが、実質的にみて当事者の公平に反するというものである。これには、和解で対応することになろう。村松判事のいう第三類型をより一般化したものと考えられる。

3　田尾桃二判事の所説

田尾桃二判事は、裁判官がスジやスワリを意識する場合として、三つの類型に分けられる。[11] すなわち、①法規範が当該案件の解決の判断基準としてふさわしくないと考えられる場合、②証拠がはっきりしないが、それを前提とした事実認定でよいか、その事実認定に基づく解決でよいか疑問を抱く場合、③当事者が事案に適合する主張をしていないと考えられる場合、である。

要するに、事件のスジは、裁判官が、法規範・法解釈のレベル、事実認定・証拠のレベル、主張・反論のレベルにおいて、それらが当該事案の解決方向とマッチしていないと感じられる場合に、意識にのぼるというのである。実務感覚として首肯できるところである。

4　須藤典明判事の所説

須藤典明判事は、事件のスジの良し悪しは、裁判官によるスワリも含めたバランス感覚に基づく総合的点検であることのほか、審理に当たる際に、留意すべきメッセージでもあると捉える。すなわち、審理の展開を予測したときに黄色信号を点滅させるものが、スジの良し悪しの指標であるという。そして、審理において注意すべきスジの悪い類型を、五つ挙げる。(12)

第一に、事件の内容や背景において違法、不当なものを含むのではないかと推測させる場合。例えば、保険金請求のモラルリスク事案、貸金請求であるが、実は賭博行為の支払を求めている事案、絵画・着物の売買代金請求であるが、実は判断能力が著しく減弱した高齢者に対する悪質商法であるという事案、土地建物売買で接道要件を満たさないことを説明していない案件などが、これである。

第二に、認定できそうな事実関係と法的主張とが一致していない場合。こうしたケースでは、法的観点や法的構成を変えれば請求が可能になることもあり、裁判官としては、いつ、どのような形で釈明すべきかが問題となる。

第三に、明らかに法の隙間や法の不備が問題になる場合。この類型では、事実関係には争いがなく、原告側は、従来の法解釈では救済を受けることができず、厳しいことは承知の上で、提訴していることが多い。

第四は、権利性・法的利益性が微妙である場合。生成中の権利や、反射的利益を問題としているが、従来の通説的な理解を前提とすれば、権利性・法的利益性を肯定することは難しいケースが、これである。

第五は、いわば被害者同士が争っている場合。例えば、不動産の二重譲渡のケースで、譲受人同士が争っているケースが、その典型である。

須藤判事の見解は、従前にみられた所説の多くが事件のスジを回顧的な場面で捉えていたのに対し、事件の見通しという予測的場面でも活きるとみる点において新たな意義がある。もっとも、村田渉判事は、第三ないし第五のものは、事案の落ち着きどころを考えるのが困難な場合というにすぎず、スジの良し悪しが問題となるとはいえないとして反論する。(13)

5 法社会学者の研究結果

松村良之教授、太田勝造教授、岡本浩一教授らは、裁判官の判断構造を分析するキーコンセプトとして、「スジ」、「スワリ」という概念を用い、これによって、裁判官の判断構造を叙述し予測することを目的として実証的研究を行った。(14) その方法は、質問票による対応観察方法およびそれに基づく数量分析方法を用いて分析を行うものである。具体的には、裁判官経験者へのインタビューに基づき作成した六事例（旅行代金拐帯横領事件、ボランティア付添い事件、友人間用立て事件、教会土地賃借事件、愛人贈与事件、交通事故事件）に関し、スジの良さなどのファクターについて、裁判官経験のある弁護士に対し質問して回答してもらい、その結果を社会学の調査で用いられる分析方法を用いて検討した。

本稿の問題関心から着目すべき結果は、第一に、スジの良さに影響を及ぼす要素として、①証拠の全体的な確かさ、②原告主張の法的構成が事実に即していること、③背景事情が了解しやすいこと、④被告の議論が法律に則していないと感じられること、⑤被告の主張の法的構成がしっかりしていること、⑥全体的に原告の請求が遠慮ぎみであること、⑦被告の主張が遠慮ぎみであること、⑧その裁判に関連する案件が起こったことにつき原告の非難可能性が少ないこと、を挙げていることである。

また、第二に、スジの良い事案とは、①原告に有利な事案、②和解させたい・和解になじむ・和解成立の確率の高い事案、③事実認定が簡単な事案、④法的判断が簡単な事案であるという結果(15)にも注意したい。

第一のスジの良さに影響を及ぼす要素についてコメントすると、原告の主張する事実につき証拠の裏づけがあり（①）、その法的構成が事実に適合するもの（②）である上、どうして提訴したかという背景も分かりやすい（③）というケースは、請求が認容されやすいと考えられるから、一般的用法と同じ意味合いでスジが良いということができる。原告・被告の主張が謙抑的であること（⑥、⑦）、派生的案件生起についての非難可能性が少ないこと（⑧）は、当事者が真っ当であるという意味で、スジの評価にかかわるものであろう。

これに対して、被告の議論が駄目な場合（④）、きちんとしている場合（⑤）のいずれもスジが良いという結果の説明は、やや難しい。あえていえば、④は、原告の請求が認容されやすい状況を変化させることがないという限りで、事件のスジが良いということであろうか。決して、被告の主張のスジが良いという意味ではないはずである。また、⑤は、被告の主張が認められやすいという意味で、事件のスジが良いと捉えられる。原告・被告の主張・反論が拮抗する場合であっても、双方がしっかりと法的構成のできる理屈をぶつけ合って正々堂々と闘っているという趣旨で、事件のスジが良いという捉え方が可能であろう。

第二のスジの良い事案についても、請求が認容されやすい事案と重なるものであり、一般的用法と同じ意味合いでスジを捉えているとみることができる。

このようにみると、以上の各要素は、一般的用法と同じようなスジの理解を前提とするもののように思われる。もっとも、この研究における実務家に対するインタビューでは、事件のスジの多様な使われ方が蒐集されている。

（9）村松・前掲注（3）②論文三六頁以下。
（10）伊藤・前掲注（3）二六七頁以下。
（11）田尾＝加藤編・前掲注（6）四二四頁〔田尾桃二発言〕。
（12）加藤編・前掲注（2）一五六頁以下〔須藤典明発言〕。
（13）加藤編・前掲注（2）一八〇頁〔村田渉発言〕。これは、事件のスジ、スワリ、落ち着きなどの用法の問題であり、その内実が明らかになっていれば、内実の問題として議論できることになる。
（14）前掲注（5）の論考参照。
（15）田尾＝加藤編・前掲注（6）四五〇頁〔太田勝造発言〕。

三　私見と考察

1　従前の私見

裁判官の心証形成（実体形成）において「事件のスジ」が、どのような意味を有するかについて、筆者は、「要件事実的思考・事案分析的思考に対するバランス感覚・実質的考慮に基づく紛争全体像点検・事案統合的思考」と理解してきた[16]。裁判官は、認定した事実に法適用をした結果として導かれた判断について、具体的妥当性を再考することになるが、これが「事件のスジ」からの検討である。

このことを敷衍し、次のように説明してきた[17]。

裁判官は、事件について、①法的問題の分析・解明をしていくほか（実体形成面）、②紛争の全体像を念頭に置いてどのような手続運営が適切であるか（手続運営面）を考える。

実体形成面においては、裁判官は、要件事実論的検討と「スジ」論的検討とを加えることにより、形式と実質との統合を意図して、事案適合的な事件の解決を図ろうとする。要件事実論的検討とは、原告の主張および被告の主張に必要な要件事実が過不足なく主張されているか等を吟味するものである。この実体形成過程は、要件事実が不足する場合には裁判官が当事者に釈明し、場合により裁判官と当事者が法的対論を展開し、また裁判官が法的見解を示すこともあるという当事者への働きかけとフィードバックの動態的プロセスである[18]。裁判官は、この作業を通して、請求原因・抗弁・再抗弁・再々抗弁というように当事者の攻撃防御の法的構造および争点を的確に分析・認識することができる。このような要件事実論的検討は事案分析的思考ということができる[19]。

また、裁判官は、要件事実論的検討・事案分析的思考をする一方で、「細かく積み上げ大きく誤る」ことを避けるために、事案の「スワリ」「落ち着き」を考える。その結論が、法の目的とするところにかなうか、当事者の公平に合致するかなど具体的妥当性について再考する。これは、「スジ」論からの検討であり、裁判官は、この作業を通じて形式と実質を統合しようと試みるのである。

「事件のスジ」の観点から検討を加えてみて、形式論理の適用による結論がおかしい場合には、これを回避するために、釈明の活用、法解釈上の工夫（例、法人格否認の法理、損害に関する割合的認定論、利息制限法違反の超過利息支払いの返還請求など）、一般条項の活用などを考慮する。具体的には、①当事者が有権代理の主張をしており、証拠上代理権授与がないことが明らかであるが、表見代理ならば認められるケースなど主張が不適切である場合に釈明を試みること、②主張立証は十分されたが、法の適用による結論と社会経済的実質との間に乖離があると感じられる場合に法人格否認の法理を用いたり、利息制限法違反の超過利息支払の返還請求など（相対的）社会経済的弱者を救済したいと感じられる場合に、実定法の文理からはやや離れるが実質的妥当性を導くことができる法解釈をすること、③通院治療費の不合理な理由による増大が問題となるケースで、判決による「オール・オア・ナッシングの結論」が最良の解決と考えられない場合に何らかの法的構成（因果関係の割合的認定等）により損害賠償額を減額すること、などが挙げられる。

このように、従前の私見は、事件のスジを、民事訴訟の実体形成面における形式と実質を統合する手法の中に、紛争全体像点検・事案統合的思考をするためのエンジンとして位置づけたのである。

2 考　察

(1) 総説

事件のスジにおける論点は、①これを問題にすることができる時期はいつであるのか、②どのような事柄ないし場面において問題とされるのか、③その内実を、一般的用法との関係を含めて、どのように整理するのが相当か、という点に要約される。

このうち、③については、一般的用法におけるスジを排除するまでのことはない。しかし、事件のスジの多義性を前提としつつ、そこで問題としている「事件のスジ」なるものの内実を、可能な限り、言語化することが必要であろう。そうしないと、議論がかみ合わず、「事件のスジ」が、論証正当化のためのマジック・ワード化するおそれがあるからである。

(2) スジを問題にすることができる時期　第一に、口頭弁論・審理の終盤において、事件のスジを、紛争全体像点検・事案統合的思考のためのエンジンとして駆動させることが有益であることは、論者の間に異論はみられない。これは、「認識結果としての事件のスジ」であり、回顧的・自省的なものということができる。

第二に、事件のスジは、審理の初期の段階から、当事者の主張と反論を認識することによって裁判官が形成する「事件の見通し」にもかかわるものである。[20] これは、「認識予測としての事件のスジ」または「認識予測のための事件のスジ」ということができ、予測的・直観的なものである。須藤判事のいわれる、審理の展開を予測したときに留意すべきメッセージとして機能する「事件のスジ」がこれである。「認識結果としての事件のスジ」を、いわば前倒しする形で審理に活かそうという作用であり、これも実務において観察される。

そうすると、事件のスジは、審理方針を樹立するプロセスにおいても、認定・判断の点検プロセスにおいても、その構成要素を考慮して活用することのできる概念であると総括することができよう。

(3) 事件のスジが問題とされる場面　第一に、事件のスジは、法規範解釈の段階、事実認定・証拠評価の段階、主張・反論の読み解きの段階において、裁判官が、それらが当該事案の解決方向とマッチしていないと感じられる場合に、問題とされる。田尾判事の見解に代表される。

第二に、法的構成の適否との関係では、実体法の個別の条項を根拠とすることなく、一般条項を根拠にする方が、スジはよろしくない。また、事案適合的ではない法的構成をしたケースは、事件のスジは悪いといえよう。この点に関連して、棚瀬孝雄教授は、「競合的な規律が未分化に一個の紛争の中に重合して存在している場合、どこかでこの法の限界を超えて適切な解決を図っていこうとする衝動が存在するのは当然のことである」とされ、「日本の裁判において、『事件のスジ』とか『スワリのよい判決』と言われるのも、競合的な規律を無視して法を貫徹していくことへのためらいがあるからであろう[21]」とされるが、首肯することができる。

第三に、法的判断の難易との関係で、スジを云々することは少ない[22]。その限りで、前述（二4）で須藤判事のいう第三の場合（明らかに法の隙間や法の不備が問題になる場合）、第四の場合（権利性・法的利益性が微妙である場合）は、事件のスジと関連づける必要はないであろうが、相応の訴訟運営を工夫すべきであるとはいえよう。

第四に、事実認定の難易との関係では、証拠が十分存在し、事実認定がしやすいケースはスジが良いということは差し支えないが、それほどの意味があるわけではない。例えば、医療訴訟などは一般に事実認定が難しいことが少なくないが、そうであるからといって、事件のスジが悪いとは考えないであろう。

すなわち、第三・第四をまとめると、事件の判断の難易について、事件のスジは中立的であるということになろう。和解の成立の難易との関係でも同様である。実務においては、和解の成立が難しいことが予測される場合でも事件のスジの良し悪しを勘案して、和解を勧めることも少なくないが、このことは、その例証といえよう。

第五に、事件のスジの良し悪しが判例形成の要因になることがある。例えば、被害者の素因と加害行為とが競合して損害が発生した場合には、民法七二二条二項の過失相殺の規定を類推適用して、被害者の素因を斟酌して損害額を減額することができるとした判例（最判平成四・六・二五民集四六巻四号四〇〇頁）、交通事故被害者に、首が長くこれに伴う頸椎不安定症があるという、平均的な体格ないし通常の体質と異なる身体的特徴があり、これが、交通事故と競合して被害者の頸椎捻挫等の傷害を発生させ、または損害の発生に寄与したとしても、この身体的特徴が疾患に当たらないときは、日常生活で通常人に比べてより慎重な行動をとることが求められるような特段の事情がない限り、このことを損害額を定めるに当たり斟酌することはできないとして、四割の素因減額をした原判決を破棄した判例（最判平成八・一〇・二九民集五〇巻九号二四七四頁）などは、その例である。また、時効完成後の債務承認による時効援用権の喪失に関する判例（最大判昭和四一・四・二〇民集二〇巻四号七〇二頁）、被相続人と同居していた相続人の保護に関する判例（最判平成八・一二・一七民集五〇巻一〇号二七八八頁）、被相続人と共有建物に居住していた内縁配偶者の保護に関する判例（最判平成一〇・二・二六民集五二巻一号二五五頁）なども、事件のスジに配慮したものとみてよいであろう。

田中豊弁護士は、これに加えて、スジの良さを追求するあまり法律判断を誤るケースがあることを、具体例を挙げて指摘される。(23) もとより、「事件のスジをどのようにみるか」ということと結論の適否との関係は個別的に検討されることが必要であるが、事件のスジの認識が結論を誤る要因になる場合があるとすれば、それは病理現象であり、本末転倒というべきであろう。

(16) この動態的プロセスは、裁判官と訴訟代理人・当事者とが協働することにより効果的なものになる。この点につき、加藤新太郎「協働的訴訟運営とマネジメント」原井龍一郎先生古稀祝賀・改革期の民事手続法（二〇〇〇）一四八頁。

(17) 要件事実論の議論状況については、加藤新太郎「要件事実論の到達点」高橋宏志＝加藤新太郎編・実務民事訴訟講座〔第三期〕⑤証明責任・要件事実論（二〇一二）二一頁。

(18) 加藤・前掲注（7）六五頁、同・民事事実認定論（二〇一四）一九頁。

(19) 加藤・前掲注（7）六五頁。

(20) 事件の見通しは、当事者双方の主張と反論を対比して読み解く過程で、また、証拠と関連づけてみていく過程において、裁判官の経験から予測的・直観的なものとして形成されるものであるが、その基礎には、主張事実および証拠を経験則の観点から吟味している作業があると考えられる。

(21) 棚瀬孝雄「関係的契約論と法秩序観」同編・契約法理と契約慣行（一九九九）七三頁、七五頁注96。

(22) 田尾＝加藤編・前掲注（6）四七四頁〔田尾発言〕。

(23) 田中・前掲注（4）六四八頁以下。

四　事件のスジの実相

1　総　説

事件を構成するのは、①主体である当事者と客体である出来事、②主張と反論、③本証と反証、④背景事実・事件の全体像であるから、事件のスジも、これらを考慮することになる。

第一に、当事者の属性という客観的要因、当事者の意図という主観的要因は、事件のスジの基本的な構成要素である。当事者の感情問題が背景にある案件も、事件のスジについて云々されることがある。また、当事者の本音は請求事項の債務名義を得ることではなく、他に目的があるようなケースが稀にみられるが、不当訴訟であることも少なくないところ、その対応には、一定の注意を要する。(24)

第二に、法律主張と事実主張には、法規範と事実関係との相互作用的な法規範の選択・形成の過程があり、反論も同様である。

第三に、事実認定過程においては、直接証拠がなく間接事実から要証事実を推認する場合に、事件のスジからして、そのような事実認定ができることがある。これは、裁判官が、推論の構造を念頭に置いた認定・判断をしていく際に、経験則と間接事実との照応関係に基づく蓋然性の認識について、事件のスジで補強している現象であろう。

第四に、事件のスジは、法の趣旨・目的にかなうか、当事者の公平に合致するかなどの観点から認識される。これは、認識形成者が、事件を構成する要素と当面予測される結論とを比較して、実体規範の目的との整合性という正義感覚、同一類型の事例への実体規範の適用結果の衡平性、具体的妥当性という衡平感覚（バランス感覚）・方向感覚などに基づき感得するものである。以下（2、3）では、事件のスジが効いたケースを観察してみることにするが、いずれのケースでも、正義感覚、衡平感覚（バランス感覚）・方向感覚により、事件のスジの認識が形成されている。

事件のスジを以上のように理解することにより、民事訴訟の審理・判断過程における二つのことを説明することが可能になる。

第一に、事件の審理の当初・中盤では、実体規範的正義・社会通念的正義の実現の要請に基づき、裁判所からの釈明による、法規範と事実関係との相互作用的な法規範の選択・形成過程が形成されることである。[25] これは、現行民事訴訟法においては、争点整理手続で行われる。[26]

第二に、審理の終盤では、規範と結論との適合性に問題があると認識した場合には、可能な限り自覚的な法解釈により法規範を創造・形成することにより、法の目的とするところにかない、当事者の公平に合致する結論を導くことが試みられることである。[27]

すなわち、事件のスジを考えるということは、民事訴訟の審理・判断過程にみられる以上の事柄を論じ、考察することと同義なのである。これが、事件のスジの内実である。

2　事件のスジと訴訟の進行

【ケース1　親子間の民事訴訟】

地元でスーパーマーケット・チェーンを経営するXは、長男Yが手がける事業に融資していた。Yは、従前もいくつかのビジネスに手がけたが、取り巻き連中にカモにされ失敗が続き、その都度、Xに尻拭いしてもらってきた。Yは心を入れ替えて今回の事業に取り組んでいて、幸いにも軌道に乗りつつある。ところが、Yに悪意を持つ者がXにあることないこと吹き込んだため、Xは、Yに対する愛の鞭として融資を引き揚げると言い出した。Xの顧問弁護士Aは、Yへの疑惑は根拠がないとして、Xの説得に努めたが、Xは耳をかさない。Xは、老化と思い込みにより正常な判断ができにくい状態になってしまっている。

Xは、Aを訴訟代理人として、Yに対する貸金返還請求訴訟を提起したが、その矢先にXが脳梗塞で倒れ、重篤な状態となった。Xにもしものことがあれば、Yが唯一の相続人として相続する関係にある。

この事件の争点は、金銭消費貸借契約の解除事由の有無であるが、その実質は親子間の契約関係の見直しであり、対外的な影響はほとんどない。事実のスジの良し悪しを論じる以前の、XのYに対する誤解に起因する訴訟である。裁判官は、口頭弁論期日において、双方の訴訟代理人から事情を聴取し、以上のような背景事実を認識することができた。

この場合における審理の方針は、①請求棄却になりそうであると見通し、適宜証拠調べをして、判決に至る方向、②XとYとの関係および背景事情を考慮して、和解を勧試する方向のいずれも考えられる。しかし、②の方向はXの状態からして困難である。そこで、裁判官は、双方の訴訟代理人と協議した上で、③次回期日を「追って指定」とする方針を採用した。その後、Xは、奇跡的に回復し、訴えを取り下げた。

このケースは、事実のスジの要素のうち当事者の属性と背景事情を考慮して、衡平感覚・方向感覚により訴訟を進行させなかった例である。(28)

【ケース2　損益通算制度を利用した節税商品に関する契約】

資産家夫婦であるXらは、平成二年一〇月から三年三月にかけて、大手不動産業者Y_1から、賃貸用アパートの土地・建物を購入し、一括借上・保守契約を締結し、その購入資金を銀行Y_2から借り入れた。ところが、損益通算制度は平成三年に改正され、想定していた節税効果を享受できなくなった。そこで、平成二三年にX夫婦は、錯誤により本件各契約は無効であると主張し、Yらに対して、返済金の返還等を求めたが、一審判決は、請求を棄却した。(29)

X夫婦は、契約締結以降、二〇年以上にわたり賃貸用アパートを経営し、利益を上げてきており、借入金の返済も続けてきた。全体として損をしたわけではない。それにもかかわらず平成二三年に、本件のような理由で訴訟を提起するのであるから、事件のスジとしてはよろしくない。

控訴審において、X夫婦の本音は、銀行からの借入金の金利や返済期限をリ・スケジュールしてほしいということだと分かった。銀行Y_2は、夫婦の現在の資産の状況やキャッシュフローの状況からみて、現行の約定では返済困難という事情があれば、リ・スケジュールも考えるという姿勢を示した。裁判官は和解を勧告し、資産・収入を明らかにする書類の提示を求めた。ところが、X夫婦は、関係書類の提示を拒否した。

このケースは、当事者の意図からして、法律論はともかく、実質論においては、スジは芳しいものではなく、相応の訴訟経過をたどることになった（控訴棄却、上告棄却・上告不受理）。

3 事件のスジと心証形成

【ケース3 妹らによる連帯保証】

家業である中小企業を経営する兄の金融機関からの資金繰りを助けるため、他家に嫁いだ三人の妹が、それぞれの夫名義で連帯保証契約および抵当権設定契約を締結し、夫名義の自宅と土地に抵当権設定登記をした。その後に、債務を残して兄は自殺し、会社は倒産したので、金融機関は、妹らの夫名義の自宅と土地の競売申立てをした。そこで、妹らが、金融機関に対して、「いずれも夫に内緒で行ったことであり、契約書の署名押印も勝手にしたことである」として、債務不存在確認と抵当権設定登記抹消登記請求をした。

争点は、「①夫に知られることなく、連帯保証契約および抵当権設定契約を締結したか、②契約した時期との間隔からして、夫らは登記簿謄本などを見て抵当権設定登記があることを知る機会があったのに、格別のアクションを起こすことがなかったから、黙示の追認といえるのではないか」であった。

本件の事件のスジは、「兄の苦境を見兼ねて妹らがそれぞれ夫に内緒で債務の連帯保証をした気の毒な事案」とみられる。金融機関としても、肉親の情を考慮すれば、徹底的に債権を回収することは必ずしも相当とはいえないと考えられ、債務額を大幅に減額して和解する方向で調整されていた。

ところが、和解手続の途中で、「兄が死亡したことによる生命保険金が会社に対して支払われており、これを妹らが取得し、夫らも認識していた」という事実が判明した。そうすると、本件の評価は、「生命保険金取得の事実を秘匿して訴訟を提起した、夫に内緒で本件各契約を締結したとの主張の真否も疑問符の付く」スジ悪ケースへと一変する。

このケースでは、原告らは、受領した生命保険金をすべて吐き出し、さらに上積みした金額（当初調整されていた額を大幅に超えるもの）を被告に支払う和解が成立して、終了した。(30)

【ケース４　免責許可の取消し】

破産手続開始決定を受けた会社代表者個人が破産法二五二条一項一号所定の免責不許可事由に該当する資産移転行為をしたが、「事後的に破産管財人の調査に協力したという不誠実性を減殺する事情」があったとして、裁量により免責が許可された。

破産管財人への協力は、免責許可にはプラスの考慮要素であり、これを重視すれば、本件は、免責許可相当スジの案件と考えることになる。しかし、事件のスジとしては、より幅広く事案全体を点検することが求められる。そうした観点からすると、本件では、①破産に至った原因が、資産価値のない鉱泉権等を担保にすると標榜して出資法違反の出資募集行為を行い多額の借入れをしたという悪質なものであり、②資産移転行為は、いわゆる整理屋グループを使って行ったもので、動機の悪質性および破産債権者や破産手続に対する不誠実性が顕著であった。抗告審では、こうした要素に着目して、事後的に破産管財人の調査に協力したという不誠実性を減殺する事情があったとしても、破産免責により破産者の経済的更生を図ることが社会公共的見地から相当とはいえないと判断し、免責許可決定を取り消し、免責を許可しないこととした。(31)

このケースは、事件のスジの見立てには、当該申立てに限局することなく、事案全体を対象にして観察することが必要であることを示すものといえよう。

【ケース5　不動産引渡命令の申立権の濫用】

Xは、ゴルフ場の土地の一部を不動産競売手続において競落し、代金納付、登記を完了した買受人である。Yは、本件土地を含む土地を賃借してゴルフ場の経営をしている。本件土地は、総面積六二万平米を超える本件ゴルフ場のコースその他の用地に点在する七三五〇平米の雑種地（現況）であり、周囲の土地と一体として本件ゴルフ場用地を形成している。Xは、Yに対し、土地の引渡しを求める不動産引渡命令の申立てをし、これを認める決定がされた。Yは、当該土地の引渡しをすれば、ゴルフ場経営を続けることは困難となる。そこで、Yが、不動産引渡命令に対し執行抗告をした。

執行抗告には、実務上執行妨害を目的とする濫抗告が散見される。他方、不動産引渡命令は、簡易迅速な手続によって買受人の保護を図るものであるが、その申立て権能の濫用も許されない。

不動産引渡命令の申立て権能の濫用の審査は、その手続の簡易迅速性の要請から、執行裁判所・抗告審裁判所としては、一件記録から一見明白に申立権の濫用が認定・評価できるような場合に限定することが相当と解される。

そうした観点からみると、本件土地一帯は、四〇年以上にわたって、Yがゴルフ場用地として一体として使用し、賃貸借契約がされ、賃借権設定登記がされ、更新されてきた。Xが取得したのは、六二万平米を超える本件ゴルフ場用地に点在する七三五〇平米の土地（全体の約一・二パーセント）であるが、Xが本件土地を使用することは実際には想定されない。そして、Xは、本件土地の落札後、落札価額より著しく高額な価格で売却しようという意図の下、Yに高額での買取りを要求し、買い受けないならば、暴力団関係者への転売、実力行使による営業妨害、風評の流布等を行いかねない旨申し向けて買取りを迫っていた。

このようなXの行為は買取交渉において社会通念上許容される限度を大きく逸脱しており、その延長上のものとして不動産引渡命令の申立てをしたと評価される。そこで、抗告審では、不動産引渡命令の申立権の濫用（民一条三項）に当たると判断して、これを却下した。(32)

このケースは、実体規範の目的との整合性・正義感覚からスジの評価がされ、結論が導かれたものと解されよう。

(24) 不当訴訟については、加藤新太郎「不当訴訟と弁護士の責任」同・弁護士役割論〈新版〉（二〇〇〇）一八三頁、同・コモン・ベーシック弁護士倫理（二〇〇六）三七頁、二三二頁。

(25) 釈明については、加藤新太郎「釈明の構造と実務」青山善充先生古稀祝賀・民事手続法学の新たな地平（二〇〇九）四六一頁、同「釈明」大江忠ほか編・手続裁量とその規律（二〇〇五）一二三頁参照。なお、法適用過程における事実関係と関連法規との相互調整的確定過程が、法適用における包摂判断の核心的作業であることについては、田中成明・現代法理学（二〇一一）四六〇頁。

(26) 争点整理手続の現在については、加藤新太郎「争点整理手続の構造と実務」栂善夫先生・遠藤賢治先生古稀祝賀・民事手続における法と実践（二〇一四）二四七頁参照。

(27)「認識結果としての事件のスジ」をもとに紛争全体像点検・事案統合の観点から法解釈を駆使して結論を調整することにも限界はある。したがって、具体的妥当性という点から結論のスワリが悪いと感じられるケース（例えば、贈与税課税における住所の所在が争点となった大手消費者金融業創業者贈与税取消等請求事件判決である最判平成二三・二・一八判時二一一一号三頁、判タ一三四五号一一五頁）も甘受しなければならない。この点につき、須藤正彦・弁護士から最高裁判所判事へ（二〇一四）一一六頁参照。なお、「認識結果としての事件のスジ」は弁論の全趣旨（民訴二四七条）に含まれるかという問題がある。筆者は積極的に解するが、これは考え方の整理の問題であり、実践的な意味合いを有する論点ではない。この点についての議論は、大江ほか・前掲注（2）一八二頁以下参照。

(28) 筆者が経験したケースをモディファイしたものである。

(29) 東京地判平成二四・八・二二金法一九六四号一一九頁。

(30) 加藤・前掲注（16）二二三頁。

(31) 東京高決平成二六・三・五金判一四四三号一四頁。

(32) 東京高決平成二二・三・八判時二〇八二号七〇頁。

五　むすび

本稿の要旨を五点にまとめておくことにしよう。

第一に、事件のスジは、一般的用法におけるスジから、法規範解釈の段階、事実認定・証拠評価の段階、主張・反論の読み解きの段階において、裁判官が、事件を構成する要素と当面予測される結論とを比較して整合していないと感じられる場合に問題とされるスジまで、多義的である。したがって、事件のスジを論者の共通の基盤とするためには、そこで問題としている「事件のスジ」なるものの内実を、可能な限り言語化することが必要であり、そうしないと、「事件のスジ」がマジック・ワード化するおそれがある。

第二に、事件のスジには、「認識予測としての事件のスジ」と「認識結果としての事件のスジ」とがある。

第三に、「認識予測としての事件のスジ」は、予測的・直観的なものである。審理の展開を見通したときに留意すべきメッセージとして機能する。「認識結果としての事件のスジ」を、いわば前倒しする形で審理に活かそうという作用であり、審理の当初・中盤では、実体規範的正義・社会通念的正義の実現の要請に基づき、裁判所からの釈明による、法規範と事実関係との相互作用的な法規範の選択・形成過程が形成されることになる。

第四に、「認識結果としての事件のスジ」は、回顧的・自省的なものである。審理の終盤において、事件のスジを、紛争全体像点検・事案統合的思考のためのエンジンとして駆動させるものである。裁判官は審理の終盤で、規範と結論との適合性に問題があると認識した場合には、法解釈により法規範を創造・形成することにより、可能な限り、法の趣旨・目的、当事者の公平に合致し実体規範的正義・社会通念的正義にかなう結論を導くよう試みることになる。

第五に、事件のスジは、法の趣旨・目的にかなうか、当事者の公平に合致するかなどの観点から、認識形成者が、事件を構成する要素と予測される結論とを比較して、実体規範の目的との整合性という正義感覚、同一類型の事例への実体規範の適用結果の衡平性、具体的妥当性という衡平感覚（バランス感覚）・方向感覚などに基づき感得するものである。

高齢社会と民事訴訟法

金子宏直

一　はじめに
二　高齢社会の特徴
三　高齢社会の法的問題の一側面
四　訴訟能力
五　検　討

一　はじめに

高齢社会の進展につれて、民法や消費者法の分野では成年後見制度等の議論が数多く存在する。これに対して、民事訴訟法上の問題も早くから指摘されているものの[1]、継続的に議論されてきたとはいえない。最近各種報道で高齢者が不法行為に基づく損害賠償事件の被告になる訴訟がとりあげられた[2]。今後、高齢者のみの世帯が増えるにつれて、高齢者が当事者となる民事訴訟も多くなる可能性がある。以下では、民事訴訟手続と訴訟以外の紛争処理手続に生じる問題のいくつかを検討してみたい。

（1）升田純「訴訟における意思能力、行為能力制度の概要（第四章）」高齢者を悩ませる法律問題（一九九八）。

（2）名古屋高判平成二六・四・二四判時二二二三号二五頁。認知症の高齢者が鉄道の線路に立入り列車にひかれて死亡した事案について、民法七一四条に基づき鉄道会社による死亡した者の高齢の妻に対する損害賠償請求が認められた。死亡した夫は成年後見の審判を受けていない。裁判所は、被告である妻は高齢であるが認知能力の低下は補助に該当する程度で、夫に対する監視義務を怠った責任があると判断している。

本案の監視義務に基づく不法行為責任の有無、実体法の訴訟能力と訴訟上の訴訟能力の有無の判断の関係が問題になる。仮に、被告が成年被後見人に該当する精神的能力である場合には、家庭裁判所の審判により成年後見人を選任する必要がある。訴訟を有効にするために必要な手続であるが、訴訟開始後に選任された後見人は本案の監視義務の責任をさかのぼって負うことはない。結果として、本案請求自体が棄却される。

しかし、認知能力が低下した高齢者が訴訟当事者となる民事訴訟において、どのように取り扱うのか、実体法および訴訟法の相互に関連する問題として検討する必要がある。

二　高齢社会の特徴

1　高齢社会の現状

いうまでもなく日本では世界のなかで最も急速に高齢社会が進んでいる。六五歳以上を高齢者と呼ぶことには違和感もあるが、総人口に高齢者が占める割合が一四％に達すると高齢社会と呼ばれる。日本では一九九〇年（平成二年）時点では、総人口一億二三六一万人のうち、高齢者が一四九三万人で一二・一％の割合であったものの、その二一年後の二〇一三年（平成二五年）時点では、総人口一億二七二六万人のうち、高齢者が三一八六万人で割合は二五％となっている。七五歳以上の後期高齢者についてみると、一九九〇年には五九九万人で割合は四・八％、二〇一三年には後期高齢者は一五六〇万人で割合は一二・三％となっている。このように、約二〇年間で高齢者は人数で二倍で割合も二倍、これに対して後期高齢者の占める割合は二倍以上に増加している。(3)

団塊世代と呼ばれる人々が退職する時期になり、また、平均寿命も延び、少子化が重なることで、人口における高齢者の比率は高くなっている（少子高齢化）。高齢者比率が高くなることは、人口構造（社会の人的資産の年齢構成）の変化ばかりではなく、必要とされる社会的サービスの内容にも変化（社会構造の変化）を及ぼすことになる。

具体的には、二〇二五年をピークとして、団塊世代の全てが七五歳以上となって後期高齢者人口が急増し、以降は後期高齢者人口の伸びは停止するとされる。(4) したがって、少なくとも今後一〇年は、法制度も含めて様々な社会制度に関して、後期高齢者人口の急増への対応が必要となっていく。

2　成年後見制度

成年後見制度は、知的障害、精神障害や認知症などにより物事を判断する能力を欠いているか不十分である場合に、行為能力を制限することにより財産的な被害から保護を目的とする制度である。判断能力の程度に応じて本人の保護のため家庭裁判所の審判により、後見人、保佐人、補助人が付される（民法七条・一一条・一五条）。これらが法定後見制度である。成年被後見人の法律行為は日常生活に関する行為を除いて取消し可能であり（同法九条）、被保佐人に関しては一定の行為について保佐人の同意を必要とし（同法一三条）、被補助人に関しては特定の法律行為について補助人の同意を必要とする審判ができるが、同意を要する行為は被保佐人よりも限定されている（同法一七条）。

また、任意後見制度は将来の判断能力に問題が生じる場合に備えて、あらかじめ後見事務を委任するものである。後見人は、被後見人の生活、療養看護および財産管理に関する事務について代理権を有する（任意後見契約法二条、民法八五八条・八五九条）[5]。任意後見契約が結ばれている場合には、法定後見よりも優先され、一定の場合にのみ法定後見に移行する（任意後見契約法一〇条一項）[6]。

従来、高齢者は退職後年金等が主な収入になるため、高齢者の財産保護が権利保護の一環として必要と考えられてきた。社会の発展に貢献してきた団塊世代といえども、高齢者が子供などの家族による支援や公的な社会サービスのみで生活を続けていくことは期待できない。高齢者は、医療・介護についても、医療の自己負担費の増額、介護保険の導入による契約に基づく介護サービス受給への転換により、自己資産の準備がより一層重要となる。

3　成年後見制度の利用状況

成年後見制度による高齢者の権利保護への期待は高いものの、実際の利用はそれ程進んではいないとされる。この点に関して、日本全国での介護保険認定者数は、二〇一二年度末時点では、五六一万人、内軽度（要支援一、二、要介護一）が約二五七万五千人、中程度以上（要介護二以上）が約三〇三万五千人である[7]。

そして、認知症の高齢者数については、二〇一〇年（平成二二年）において二八〇万人（六五歳以上総人口に占める比率は九・五％〔以下括弧内は比率〕）、二〇二五年には四七〇万人（一二・八％）と推計されている[8]。これに対して、二〇一三年（平成二五年）時点における成年後見制度（成年後見・保佐・補助・任意後見）の利用者数は、合計で約一七万六千人（対前年比約六・二％増〔以下括弧内は対前年比〕）、そのうち成年後見は約一四万三千人（五・三％増）、保佐は約二万三千人（一二・一％増）、補助は八千人（六・七％増）、任意後見は約二千人（七・〇％増）となっている。(9)

以上から二〇一〇年時点では、認知症高齢者のうち成年後見制度を利用しているのはその五％にとどまっていることが分かる。

（3）総務省統計局「高齢者の人口」平成二五年九月一五日現在。米国では、二〇三〇年には、合衆国の六五歳以上の人口は二〇〇八年の二倍の七一〇〇万人、人口の二〇％を占めると推計され（http://www.census.gov/prod/2006pubs/p23-209.pdf）、ベビーブーム世代が退職すると八兆五〇〇〇億ドルの投資資産を保有し、七兆ドルの資産を相続すると考えられている。*See, Testimony of Patricia D. Struck, Wisconsin Securities Division Administrator and President of the North American Securities Administrators Association, Inc. before the Special Committee on Aging*, United States Senate, March 29, 2006.

（4）田中滋「地域包括ケアシステムの構築」ジュリ一四三三号（二〇一一）二二頁は、この他に、六五歳以上の単身者および六五歳以上夫婦のみ世帯が、全世帯数の四分の一を超える一二七〇世帯に達すること、高齢者人口は大都会近郊での伸び率が高いことをあげる。また、在宅者のケアにおいては、複数の事業者との契約など、契約書や重要事項説明書などの数も多くなることも課題としてあげる。

（5）日本の成年後見制度では後見人等に、成年被後見人に対する治療行為に関する同意が含まれない（特に専門職後見人）とされる。ドイツの成年世話制度においては、死亡等の危険がある場合、治療行為について世話裁判所の許可を必要とする（BGB一九〇四条）。新井誠・高齢社会の成年後見法〈改訂版〉（二〇〇〇）一一二頁（二〇〇八年の家庭事件、非訟事件手続改革以前の文献である）。

（6）任意後見契約が登記されている場合の後見の開始要件についての判決として、大阪高決平成二四・九・六家月六五巻五号八四頁（神野礼斉「判批」民商一四九巻一号（二〇一三）一〇九頁）。

（7）厚生労働省政府統計「平成二四年度介護保険事業状況報告（年報）」（第4表　要介護（要支援）認定者数〔年度末現在〕）。

（8）厚生労働省報道発表資料平成二四年八月二四日老健局高齢者支援課「認知症高齢者数について」。

（9）最高裁判所事務総局家庭局「成年後見関係事件の概況——平成二五年一月～一二月」一一頁。

三　高齢社会の法的問題の一側面

1　訴訟法に関連した問題

訴訟等の当事者が高齢者で認知機能の低下等がある場合には紛争解決に困難さが生じると考えられる。[10]

前述のように高齢社会の訴訟法上検討すべき問題についての升田教授の研究がある。[11] 実体法、業法、行政法の側面からのみではなく、紛争の利用者である高齢者に特有な特徴に配慮して、高齢者紛争を解決しなければ、高齢者にとり適切、妥当な解決にならないとして、高齢者の紛争について考慮すべき点を多岐に挙げる。

第一に、高齢者は徐々に、しかも減退、改善を繰り返しながら判断能力が衰え、判断の合理性が失われ、記憶力、認識力、再現力等の能力が衰える。高齢者に法的な紛争が発生した場合の困難さとして、高齢者自身が紛争を自覚していないことは少なくなく、証拠保全を期待すること、記憶をできるだけ正確に再現させること、通常の手続日程では高齢者からできるだけ正確な事情を聴取することが困難であるとする。第二に、高齢者が被害、損害を認識できないことがある。高齢者に近い者（福祉担当者等を含む）が断片的に高齢者が被害を受けたとの情報を得ても、証拠が乏しいこと、高齢者の意向を無視できないなどの事情から加害者に対する責任が追及できないこと。第三に、高齢者が裁判を適切適時に追行するだけの精神的能力、身体的能力を有していないことが少なくなく、裁判所も弁護士も高齢者にできるだけ無用な負担をかけないように配慮が必要なこと。第四に、高齢者が被害を受ける財産は生活の基盤そのものであり、老後の生活そのものをめぐる紛争であるという重要な本質をもつ。第五に、高齢者の被害は、日常的な生活、介護に関係することが多く、被害の救済を一日も伸ばせない。第六に、紛争解決の精神的負担、身体的負担、時間の消費によって人生そのものが失われること。第七に、法的支援、援助を実質的に利用できるように手続法の改正、裁判等の実務の改善の必要性があること。第八に、迅速な被害の回復の要請が高いため、代替的な救済方法、暫定的な救済方法の必要性をあげる。

2　高齢者の特性と法的保護

高齢者の経済的な被害の増加は、高齢者人口の増加ばかりではなく、高齢者であること自体が被害を増加させる要因となる。高齢者は、年金という定期的収入があり、住宅などの不動産を所有し、貯蓄といった資産が若年層に比較して多い。逆に、高齢者は将来への不安感から、資産の減少を恐れ、少しでも多く貯蓄し、増やしたいと望む。このような高齢者は、詐欺を企む者から見れば、より若い世代に比べて詐欺の対象になる財産ときっかけの両方の特性をもつ。

高齢者の法的保護を議論する前提として、米国では高齢者の特性について議論されている。高齢者になると身体機能や認知機能などが低下していく。より若い世代の大人とは異なる特性として、衝動的な意思決定、権威のある人の話であると言われると信じやすいという、真実性のバイアス（truth bias）の存在が指摘される。(12)これらの特性を考慮すると、法律に関して、高齢者を教育する場合には、より若い世代の大人に対する教育と同じでは問題があると指摘されている。(13)また、情報の提供にあたり、高齢者は、(1)たくさんの情報が含まれていること、(2)記憶が難しい形式で情報が与えられること、(3)処理や評価をするための指示が与えられないこと、(4)応答が難しい形式で求められることなどが苦手であるとされる。(14)

これらの指摘は、訴訟手続における高齢者の保護を考える際にも参考になる。法的情報もすべての人に分かりやすいものでなければならないが、実際には複雑で専門的な様式による応答は高齢者にとっては困難といえる。また、自己の資産の保存への関心はあるとしても、それ以外の事物に関しては関心がないかもしれない。したがって、問題の内容に応じて高齢者への必要な情報の提供が必要になる。

３　高齢消費者の法的保護

高齢者を特定した規定はわずかに存在する。例えば特定商取引法が事業者に禁止する行為として、「老人その他の者の判断力の不足に乗じ、訪問販売に係る売買契約又は役務提供契約を締結させること」と定める（同法七条四号・同施行規則七条四号。この他に同法二二条三号・同規則二三条、同法四六条三号・同規則三九条二号、五八条の一二第三号・同規則五四条）(15)。特に高齢者を明記して対象を区別していないが、いわゆる適合性に関する規定は金融商品取引法や商品先物取引法にみられる(16)。

これらの規定による保護は高齢者という属人的な特質を保護の要否の基準とすることが、社会福祉分野以外にも採用できることを表すものといえる。

(10) 酒井寿夫・成年後見と訴訟（二〇〇三）。

(11) 升田純「新民事訴訟法と高齢者紛争の解決」判タ九六九号（一九九八）八頁。

(12) 高齢者の特性に日米の相異がある。高齢者に関する研究ではないが、アメリカ人の方が日本人よりも一般的信頼の水準が高いとするものに、山岸俊男・信頼の構造（一九九八）九二頁。振り込め詐欺に関する高齢者の認知機能を議論する上で米国での研究について言及するものに、原塑＝永岑光恵「加齢——認知機能の変容」信原幸＝原塑＝山本愛実編・脳神経科学リテラシー（二〇一〇）二四一頁。

(13) Jayne Barnard, *Deception, Decisions And Investors Education*, 17 ELDER L. J. 201 (2010).

(14) 若年層と高齢者とを比較した研究として，Deborah Rodder John and Catherine A. Cole, *Age Differences in Information Processing: Understanding Deficits in Young and Elderly Consumers*, 13 J. CONSUMER RES. 297 (1986).

(15) 特定商取引法施行規則七条三号は「顧客の知識、経験及び財産の状況に照らして不適当と認められる勧誘を行うこと」と定める。高齢者の年金等の生活資金を狙った投資勧誘行為は、高齢者に本条二号もしくは本号にも該当すると考えられる。

(16) 金融商品取引法四〇条一項一号「金融商品取引業者等は、業務の運営の状況が次の各号のいずれかに該当することのないように、その業務を行わなければならない。一　金融商品取引行為について、顧客の知識、経験、財産の状況及び金融商品取引契約を締結する目的に照らして不適当と認められる勧誘を行つて投資者の保護に欠けることとなつており、又は欠けることとなるおそれがあること」。

商品先物取引法二一五条も同趣旨の規定である。

四　訴訟能力

1　意思能力、行為能力と訴訟能力の関係

認知症などにより精神的能力ないし判断能力が低下した者について、まず、訴訟能力について検討をする必要がある。訴訟能力は民事訴訟法上基本的な概念であるが、細かい点では論者によって理解が分かれているようである。成年後見制度の導入（平成一一年）以前は、行為能力、訴訟能力いずれについても「欠く」という表現が使われていたが、以下では、行為能力については制限行為能力、訴訟能力については欠くないし欠缺という表現を使う。

訴訟能力は、訴訟を単独で追行する能力をいい、訴訟能力の有無は民事訴訟法に特別な定めがない限り、民法における行為能力を前提に決められる（民訴法二八条）。訴訟能力は民法上の行為能力に対応して判断され、民法上の権利能力（行為能力）者は訴訟上の当事者能力をもち、民法上の行為能力を欠く者は訴訟能力を欠く者になるのが原則である。

ところで、民法上の行為能力は、自ら権利を取得し義務を負担する行為をなし得る能力であり、意思能力の存在を前提とする関係にある。そして、意思能力とは、自己の行為の結果を判断し得る精神的能力であり、[17]正常な認識力と予期力を含むとされる。[18]民法は制限行為能力者として、未成年者、成年被後見人、被保佐人、審判（民法一七条一項）を受けた被補助人をあげ行為能力者と区別する（参照、同法二〇条一項）。

「精神上の障害により事理を弁識する能力を欠く常況にある者」（民法七条）は、成年後見の審判により成年被後見人として行為能力が制限され、日常生活に関する法律行為を除き、法律行為を単独で有効に行えない。そして、民事訴訟手続においては、成年被後見人は自ら訴訟行為を行うことはできず、法定代理人により訴訟行為を行う必要があ

る（民訴法三一条）。また、民法上、被保佐人による訴訟行為、和解または仲裁合意には保佐人の同意が必要であり（民法一三条一項四号・五号）、同意のない行為は取り消すことができる（同条四項）。被補助人の同意を要する旨の審判を受けた行為についても同様である（同法一七条）。

訴訟能力を欠いた者の訴訟行為は無効であり、法定代理人により訴訟行為をする必要がある。救済として裁判所による補正命令（民訴法三四条一項）と本人もしくは法定代理人による追認により有効とすることが可能である（同条二項）。

このように、民法上の行為能力と民事訴訟法上の訴訟能力は、それぞれ法律行為と訴訟行為を有効とする要件の点で対応する概念である。そもそも行為能力を欠いた場合の民法上の取扱い（行為無能力）も訴訟法上の取扱い（訴訟能力を欠くこと）も、能力を欠く者の保護を目的とする概念である。ただし、行為能力と訴訟能力は同一ではなく、行為能力が制限された者の法律行為は取消しの余地があるのに対して、訴訟能力を欠く者の訴訟行為は無効になる点で行為能力と異なる。

また、ある種の訴訟行為に関しては、特別な規定がある。すなわち、被保佐人、被補助人、後見人が、相手方の提起した訴えまたは上訴に応訴する場合は、それぞれ、保佐人・保佐監督人、補助人・補助監督人、後見監督人の同意を必要としない（民訴法三二条一項）。これに対して、訴えの取下げ、和解、請求の放棄もしくは認諾等、控訴、上告の取下げ等については特別の授権を必要とする（同法三二条二項）。

2　人事訴訟法における例外と家事事件手続法の手続能力

通常の民事訴訟と異なり、例外的に人事訴訟においては、民訴法三一条、三二条の適用を排除している（人訴法一三条）。すなわち、人事訴訟では身分関係に関する本人の意思を尊重する必要があり、制限行為能力者も本人の訴訟行為を認める。

また、非訟事件および家事事件手続においては、手続上の行為をする能力を「手続行為能力」と呼び（非訟事件手続法一六条、家事事件手続法一七条）、民事訴訟法の訴訟能力に関する規定が準用される（民訴法二八条・三一条・三三条・三四条一項および二項）。ただし、特定の家事事件では、手続行為能力を欠く場合でも本人の訴訟行為を認める（家事事件手続法一一八条、同様の規程として婚姻事件に関する審判事件〔同法一五一条〕、親権に関する審判事件〔同法一六八条〕など）。

3　訴訟能力に係わる問題

(1)　訴訟要件か否か　　訴訟能力が訴訟要件であるかについては、訴訟要件とするもの、訴訟要件ではなく個々の訴訟行為の有効要件に過ぎないとするものがある。(19) 訴訟要件としても裁判所による職権調査事項と職権探知事項があり、その区別は、公益性の高い事項については職権探知事項とされ、訴訟能力が含まれる。(20)

ところで、現在の成年後見制度では、それまでの禁治産・準禁治産制度の戸籍への記載から成年後見登記制度に替わった。この登記制度は、不動産登記のような公示のためではなく、むしろプライバシー保護のため第三者の閲覧を制限している（登記事項ないし登記されていないことの証明書の交付請求権者は、本人、配偶者、四親等内の親族、成年後見人などに制限）。

したがって、原告により被告が成年被後見人とは知らずに提訴する可能性はなくならない。さらに成年後見制度を利用していない場合には、訴訟能力が訴訟要件であり裁判所の職権探知事項であるとしても、被告が事理弁別を欠く常況にあるか否かが手続上判断されずに、訴訟能力を欠くことを看過して判決がなされる可能性がある。

(2)　訴訟能力の欠缺を看過した判決の効力　　このように訴訟能力の欠缺について裁判所が看過する可能性はなくならない。訴訟能力という概念は一義的にはその能力を欠く者を保護するためのものであるから、本来裁判所が看過することは自体が問題であり、看過により当事者がさらに不利益を被ることがないようにすべきである。

訴訟能力の欠缺を看過した判決の効力については議論がある。(21) 通説は、判決の送達により判決は確定するが、再審による救済が得られるとする。理由は、それまでの訴訟行為が訴訟能力を欠く本人に対してなされており、判決の送達だけ無効とすることは理論矛盾があり、上訴期間が進行せずに判決が未確定な状態が続くため法的安定性が害されるとする。

これに対して、手続保障の必要性を理由に訴訟能力を欠く者に対して既判力は生じないとする見解がある。[22] 再審以外に、控訴を認容して第一審判決を取り消し、差し戻して訴訟能力の補正の機会を与えるか、請求異議の訴えで争えるとする。

さらに、判決の送達は無効で、上訴期間は進行せず判決は確定しないとする説がある。[23]

通説によると、訴訟能力を欠いた当事者が再審の訴えを提起しない限り裁判所は訴訟能力の有無について判断することができず、再審の訴えが提起されるか否かが不明なため法的安定性はかえって害され、訴訟能力を欠く者が再審事由の存在につき証明責任を負い不利になる。

そこで、一般原則に従い、訴訟能力を欠く者に対する判決の送達を無効とすべきとする説もある。救済手段としては、新たな事実が判明した場合には、形式的な訴訟終了が問題であり、訴訟能力を欠く者の権利保護ならびに相手方の利益にも適うという観点から、控訴期間の経過後も訴訟能力の欠缺を理由に控訴が提起された場合には、控訴裁判所において、第一審における訴訟能力の存否に関する判断の正当性を審理させるとする。[24]

このような見解は、既に述べたように、訴訟行為を欠く者に二重の不利益を負担させることを防ぐ観点から、再審によらない救済を認める点で妥当であると考えられる。

(3)　訴訟能力と証明責任　　訴訟能力が職権調査事項か職権探知事項であるかは立場が分かれている。ところで、裁判所の職権調査や当事者の立証にもかかわらず判明しない場合に、訴訟当事者のいずれの側に証明責任があるのかという論点がある。証明責任の分配に関する法律要件分類説を訴訟要件にあてはめると、自己の申立てがそれに基づいている訴訟法規の要件、すなわち申立ての要件に対する証明責任を負うことになり、本案判決要件としての訴訟要件は原告が証明責任を負うとされる。[25]

すでに述べたように、被告が制限行為能力者であることを知らずに提訴する可能性があり、原告に証明責任を負わせるのは妥当と言えない。裁判所は高齢者にかかわる訴えについては積極的に当事者の訴訟能力について注意する必要があり、補正命令等により訴訟能力の欠缺を看過した判決（欠席判決を含む）は避けなければならない。

4 ＡＤＲと当事者の精神的能力

(1) 行為能力か訴訟能力か　ＡＤＲは紛争解決に重要である。高齢者の紛争解決、被害救済に関しては、裁判よりも迅速な手続、暫定的な救済の実現等の必要性が指摘されている。[26] 前述のように、訴訟手続では訴訟能力、家事事件手続では手続行為能力が求められるが、裁判手続以外の紛争において当事者が認知症などにより判断能力が低下している場合にどのように対応すべきであろうか。

まず、ＡＤＲは、当事者の合意に基づく紛争解決である。裁定型の仲裁であっても手続選択に関しては当事者の合意が必要である。そこで、ＡＤＲの利用に必要な合意には、民法上の行為能力の存在が必要である。[27] ＡＤＲの利用は、訴訟提起の前提ではなく、かりに訴訟手続外ないし訴訟提起前の行為に含められる場合でも、利用者の訴訟能力の有無がそのまま要件になるわけではない。

そこで、認知能力の低下した高齢者がＡＤＲを単独で利用できるのか、という点について検討が必要になろう。また、ＡＤＲの多くは扱う紛争の種類を特定しており、高齢者といった利用者の属性により手続の利用の許否が分けられるか等の点についても検討が必要となろう。[28]

(2) 調停規程と当事者の精神的能力　司法書士は成年後見制度について専門職後見人となり得る専門職である。そして司法書士会による調停センターが数多く設置されている。訴訟手続における訴訟能力に相当するような当事者（申立人、被申立人）の精神的能力についてどのような規程があるのかについて見ることも必要であろう。司法書士会の調停の規程をみてみると、手続の説明後に調停申立書の提出により手続が開始するもの、調停申立書の提出前に利用相談を受けることを要求するもの等がある。[29] 前者の手続規程の場合には、訴訟能力に相当するような調停申立人の手続を遂行する能力の有無は手続が進行するまで、手続実施者には分からない可能性もある。これに対して、後者の手続規程では、手続開始前に申立人の能力について判断する機会があり、認知能力が低下している高齢者の精神的能力について情報が得られる。調停についても代理人が認められるが、裁判所による補正命令のように、手続実施者側から精神的能力が低下した申立人に対して代理人の選任を求め得るかについても検討が必要であろう。

(3) 米国における障害者法メディエーションガイドライン　米国では認知症にある高齢者にも障害者法（Americans with Disabilities Act. 以下、ＡＤＡ）が適用される。同法はＡＤＲによる解決を奨励している。ＡＤＡのメディエーションに関する実務家の検討会により、二〇〇〇（平成一二）年にガイドライン（ADA Mediation Guideline）が公表されている。[30]

同ガイドラインでは、メディエーターに具体的な手続において当事者が手続に参加する能力や自由な意思やインフォームドコンセントに基づいた合意をする能力について判断を要求して、次のような判断要素をあげる。[31] すなわち、医学的な観点のみに基づくのではなく、事案ごとに、当事者が手続過程に参加できるか、契約締結の能力を有していたか考慮すべきとする。また、当事者の属性、メディエーターとの関係、紛争の争点、調停案に合意する能力等を判断要素とし、法的な意味での能力上の問題の判断とは異なる視点で判断する必要性をあげる。

当事者の能力は意思決定の対象により異なる。法的には当事者の能力が判断されている場合でも、メディエーションに参加できる場合もある。

当事者に能力の減退がある場合や能力があるか不明な場合、能力の減退による支障があるかどうか、補助が必要であるかどうかを個別に判断する必要がある。

そして、補助が必要で弁護士や補助者等が代理する場合でも、能力が減退した当事者はすべての合意に関して決定を行うことができる。

しかし、メディエーションに参加する能力に不足がある場合、法律上の後見人による代理が必要になる。手続機関もしくはメディエーターは代理人が当事者の利益や価値観、選好を代弁するように進めなければならない。

以上が、ガイドラインにおける当事者の能力の判断に関してあげられている。

（17） 松坂佐一・民法提要総則〈第三版増訂〉（一九八二）七八頁。判例も心神喪失にある者が禁治産宣告を受けていない場合でも、意思能力を欠く法律行為は無効とする（大判明治三八・五・一一民録一一輯七〇六頁）。

（18） 我妻栄・新訂民法総則（一九六五）六〇頁。

（19） 訴訟要件と明記しないものとして、兼子一原著・条解民事訴訟法〈第二版〉（二〇一一）七二二頁〔竹下守夫〕、小田司「訴訟能力をめぐる諸問題」日本大学法学部創立一二〇周年記念論文集（第一巻）（二〇〇九）二二一頁。訴訟要件とするものでも、説明の仕方に違いがある。訴訟提起行為などを有効とする関係で訴訟要件とするものとして、兼子一・民事訴訟法体系〈増補版〉（一九六五）一四九頁、中野貞一郎「当事者が訴訟能力を欠く場合の手続処理」民事訴訟法の論点Ⅰ（一九九四）八一頁（本案審理の訴訟要件とする）、小島武司・民事訴訟法（二〇一三）二一九頁。単に訴訟要件（本案判決の言渡し要件）として挙げるものとして、伊藤眞・民事訴訟法〈第四版補訂版〉（二〇一四）一六六頁。

（20） 秋山幹男ほか・コンメンタール民事訴訟法Ⅰ〈第二版追補版〉（二〇一四）三四〇頁。

（21） 小田・前掲注（19）二二一頁、坂原正夫「訴訟能力の欠缺を看過した判決の効力」慶應義塾大学法学部法律学科開設百周年記念論文集法律学科篇（一九九〇）一二一頁。

（22） 新堂幸司・新民事訴訟法〈第五版〉（二〇一一）一六二頁。

（23） 坂原・前掲注（21）一二一頁、通説を判決確定・判決有効説、新堂説を判決無効説、判例（大決昭和八・七・四民集一二巻一七四五頁）を判決未確定説と整理している。

（24） 小田・前掲注（19）二二一頁。

（25） 中野・前掲注（19）八八頁。

（26） 升田・前掲注（2）三一六頁。

（27）訴訟能力が必要とされる訴訟行為には訴訟外または訴訟前に行われる管轄の合意や訴訟代理権の授与なども含まれる。新堂・前掲注（22）一五三頁。

（28）額田洋一「高齢者を当事者とする訴訟委任、調停委任の取扱い」判タ九三一号（一九九七）八〇頁。意思能力の有無は一律に判断されるべきではなく、問題となる行為の難易に応じて相対的に判断すべきであるとするのが有力であるとする。そして、東京高判昭和五五・二・二七判時九六〇号五一頁を参考に、訴訟、調停を有効に委任しうる精神的能力の程度に関して、訴訟委任は自己の利益を代弁する訴訟代理人を選任する行為であるから、自ら訴訟追行をする程度の精神的能力は必要ない。紛争の要点、その紛争を裁判で解決すること、その裁判を当該代理人に依頼することを理解していれば足りる。売買に必要な精神的能力と同程度かそれを若干上回る程度と論じる。

（29）文言上後者に該当する規程として、例えば、神奈川県司法書士会調停センター手続実施規定、静岡県司法書士会調停センターふらっと手続実施規定等が挙げられる。ガイドラインは以下のサイトで閲覧できる。http://cardozojor.com/ada-mediation-guideline（二〇一四年一二月現在）

（30）経過に関して、Judith Cohen, *The ADA Mediation Guidelines: A Community Collaboration Moves the Field Forward*, 2 CARDOZO ONLINE J. CONFLICT. RESOL. 1（2001）.

（31）同ガイドライン（当事者の能力）参照。認知症と代替的紛争解決制度について紹介するものとして、Erica F Wood, *Dispute Resolution and Dementia: Seeking Solutions*, 35 GA. L. REV. 785（2001）.

五　検　討

1　裁判所による対応

裁判手続において高齢者の特性に配慮することは、裁判を受ける権利の保障（憲法三二条）ならびに法の下の平等（同法一四条）の実質的な実現を図る上で必要になる。しかし、同時に、高齢者の保護と裁判手続の相手方に生じる不利益との調整を図る必要がある。

訴訟能力には、認知症などにより事理の判断能力に問題のある者を制限行為能力者として成年後見人等を付することを要求することにより、高齢者の保護と相手方の不利益の防止とを調整する機能をもつといえる。

また、消費者法の分野では、高齢者の保護を実体法において、消費者庁を中心とした行政庁による後見的な視点から拡充している。そのため、これらの保護に関連した請求権が対象になる訴訟における後見的な運用について検討が必要であろう。

このような消費者保護の目的で実体法と手続法の対応が交差する事項として、日本型クラスアクションの導入として、「消費者の財産的被害の集団的な回復のための民事の裁判手続の特例に関する法律」（平成二五年一二月一一日法律第九六号）の制定が挙げられる。(32) 共通義務確認訴訟と対象債権の確定手続の二段階型の制度であるが、消費者が被害の賠償を求める前提として、対象消費者に対する相当な方法による公告が必要となる。

この公告の方法等について明文に規定されていないが、実務的対応として、対象消費者中に高齢者や障害者が多数いることが予想され、簡易確定手続申立団体のウェブページへの掲載では情報提供の実効性が期待できない場合には、追加的な方法を必要とする。(33)

公告は枝葉の問題のように見えるが、権利行使の機会が与えられるか否かに係わり重要な問題に変わりない。公告を理解し権利行使を判断する前に、前述のような高齢者の法的情報の理解に係わる特性に配慮が必要であろう。

以下のような高齢者に応じた裁判所等の後見的な対応が二つあげられる。

(1)　裁判所による訴訟能力の確認の必要性　　訴訟能力の有無は、訴訟行為ごとに個別に判断する必要がある。ところで、意思能力を欠く者による訴訟行為は無効になるが、意思能力の有無は対象となる訴訟行為の性質等に応じて個別に判断する必要がある。個別の判断は、意思能力の有無が決定されてから訴訟行為の有効無効が決まるという順序になるのではなく、むしろ、訴訟行為の有効無効が本人に有利になるか不利になるかという観点から後付け的に判断される虞れもある。(34)

(2) 高齢者のための法律相談の重要性　法律相談に関する実態調査によると、今後の日本社会の高齢化のさらなる進行と高齢者の単身化の進行により、身近に相談できる家族がいない場合も増え、専門機関・専門家への相談の経路を狭めていく可能性があり、友人・知人・同僚・近隣の社会的ネットワークが果たす役割の重要性が示唆されている。[35]

また、消費者庁の取り組みとして、二〇一〇（平成二二）年三月に「高齢者の消費者トラブル見守りガイドブック」を作成している。[36] その中で、高齢者の特徴として、①だまされたことに気づきにくい、②被害にあっても誰にも相談しない、の二つをあげる。高齢者の消費者トラブルを防止するために、高齢者と日常的に接している身近な人（民生委員、ホームヘルパーなど）が、変化に気づき、相談機関（消費生活センター）につなぐことの重要性を指摘している。

前述のように、訴訟能力の有無に対応したADRにおける要件を確認する機会として、ADRの利用に先立つ法律相談は重要性を増すと考えられる。

2 むすび

民事訴訟手続において、認知症などにより認知能力、判断能力の低下した高齢者に関していくつかの問題を取り上げた。高齢者の訴訟手続における保護は、成年後見制度に密接に関連しており、今後の社会構造やこれらの法制度の変化に対応した継続的な検討が必要である。

（32） 加納克利「消費者裁判手続特例法について」NBL一〇一六号（二〇一四）二三頁。検討過程については、日本における消費者集団訴訟の検討の内容は、比較法的検討を含めて以下の報告書にまとめられている。内閣府国民生活局「集団的消費者被害回復制度等に関する研究会報告書」（平成二一年八月）、消費者庁企画課「集団的消費者被害救済制度研究会報告書」（平成二二年九月）。

（33） 消費者庁消費者制度課「消費者裁判手続特例法Q&A」（二〇一四）六六頁Q55。

（34） 訴訟行為が高齢者にとって利益となるか不利益となるかによる区別を否定する判例がある。浦和地判平成四・五・二九判タ八一三号二八三頁。控訴の取下げが意思能力を欠く者に利益か不利益になるかを考慮するものとして、最判昭和二九・六・一一民集八巻六号一〇五五頁（民事訴訟法判例百選〈第四版〉（二〇一〇）三八頁〔小田司解説〕）。

（35）佐藤岩夫「専門機関相談行動の規定要因」樫村志郎＝武士俣敦編・現代日本の紛争処理と民事司法（2）――トラブル経験と相談行為（二〇一〇）四七頁、五八頁、六〇頁。司法制度改革の中で、司法ネット構想が議論されていた。司法ネットの民事司法の視点のひとつとして司法システムのサービスを利用しやすくするためにその入り口から利用者視点にたって制度の構築・運用の必要性が指摘され、例として高齢者については在宅相談の可能性もあげられている。伊藤眞ほか「〈座談会〉司法ネット構想の課題」ジュリ一二六二号（二〇〇四）六頁、四二頁〔山本和彦発言〕。

（36）消費者庁の消費者教育ポータルサイト（http://www.caa.go.jp/kportal/index.php〔2015年1月時点〕）から閲覧できる。

民事訴訟理論と訴訟実態（実務）との関係

——訴訟物と証明責任を中心に

小林秀之

一　はじめに

二　昭和三〇年代における両者の関係（新訴訟物理論の台頭と訴訟物論争）

三　昭和四〇年代における両者の関係（争点効理論を中心に）

四　昭和五〇年代における両者の関係（証明責任論争を中心に）

五　昭和六〇年代における議論（訴訟運営や和解を中心に）

六　理論と実務の関係に関する筆者の評価

七　今後の課題と将来の展望

一　はじめに

(1)　目次からも推測されるように戦後のわが国の民事訴訟法学の発展を鳥瞰しつつ、わが国の民事訴訟法学における理論と訴訟実態（実務）との関係について筆者なりに考察を試みようとするのが本稿の狙いである。[1]　筆者自身も還暦を過ぎる年代に入ってくると、一度このような大きな視点からわが国の民事訴訟法学のあり方を省みる論稿を書いてみたくなったし、研究生活に入った一つのきっかけが、民事訴訟理論と訴訟実態（実務）の乖離と両者の緊張関係を研究してみたいと思ったからである。本稿の検討の対象は、訴訟物論争や証明責任論争を中心とした動きと近時の審理や訴訟運営を中心とした展開である。[2]

わが国の民事訴訟法学の大きな特徴として、昭和三〇年代の新訴訟物理論の台頭と訴訟物論争をはじめとし、その後の争点効理論や多数当事者訴訟をめぐる理論、あるいは証明責任をめぐる論争など、常にわが国の実務との乖離や緊張関係にあったことは否定できない。おそらく、諸外国の民事訴訟法学と比較してもこの点はわが国の大きな特徴であり、わが国の民事訴訟法学独特の骨格を形作ってきたことは間違いないだろう。民事訴訟法学の研究者の中でも、わが国の理論と実務が従来は乖離し緊張関係にあったのに対し、最近は両者の関係がもう少し近づいているという印象を持たれている方は多いだろう。それはなぜかを探るためには、昭和三〇年代の新訴訟物理論の台頭と訴訟物論争から説き始めることが必要だろう。また、巨視的な視点からの考察をするためには、その年代ごとの特に目立った理論を取り上げ、そのほかの重要な理論は捨象せざるを得ないことはご容赦いただきたい。若干感想的な筆者の思い出を述べさせていただくと、大学を卒業後司法修習生になることを決意し、実務をまず知ろうと思ったのも、わが国における理論と実務の乖離や緊張関係を知ってみたいと思ったからであった。司法修習生になって民事裁判教官や裁判長に理論との食い違いについて何度も尋ねて教えてもらったことは貴重な経験になったし、研究生活を始めてからも、要件事実教育を中心とした司法研究所教育に基づく実務と学説の華麗な理論とのギャップに思い悩む日々も多かった。当時、証明責任論争が燃え上がり、筆者も駆け出しの研究者として新堂幸司教授や石田穣助教授に証明責任論争の意義をお伺いし、教えを請うたことも今や懐かしい思い出である。

しかし、研究者であれば誰もが持つであろう疑問は、なぜ新訴訟物理論や争点効理論あるいは利益衡量に基づく証明責任分配など、華々しい理論の展開にもかかわらず、実務に取り入れられなかったのか、その理由を知りたいということであろう。筆者自身も、研究生活において常に抱き続けた疑問であり、比較法的にはドイツやアメリカではかなりの程度、新説が実務に取り入れられていることと対照的であったと言ってよい。

大雑把に言えば、新訴訟物理論はドイツだけでなく、アメリカでも取られており、特に実務の混乱もない。ドイツでは裁判所の釈明権行使やそれに伴う釈明義務も極めて広範であり、競合する請求権や形成権への釈明が十分可能である。アメリカでは、巨大化したディスカヴァリがあり、紛争自体を一挙に解決しようという要請が強く、請求権を超えて紛争解決が図られる。証明責任の分配についても同様であり、ドイツでもライポルトによる法律要件分類説批判以来、法律要件分類説の理論的破綻は広く承認されているし（ただし、ドイツ民法起草者が法律要件分類説的な立場から法文を起草したため、実際的な結果は法律要件分類説に近い(3)）、アメリカでは利益衡量に基づく形で証明責任の分配が図られている。(4) 争点効理論でさえ、ドイツでは議論のレベルだが、アメリカでは「コラテラル・エストッペル（collateral estoppel）」として、近時では「争点排除効（issue preclusion）」として広く承認されている。

(2) 本稿のような問題意識は、同様のテーマを扱った諸先達の論稿にも現れている。たとえば、新堂教授は「モデル志向と事件志向」という二つの視点から学説と実務の交錯を分析されているし(5)、故三ケ月章博士も戦後の学説と実務の乖離を認めつつも学説の新しい理論は実務に益する面があることを指摘している。(6) 特に、故井上治典教授は、著者の措定した仮説に近い観点から、訴訟物論争や証明責任論争の後は、学説側に無力感が残り、実務側には学説の有用性を疑う傾向が助長されたと断じられた。(7) これに対して、竹下守夫教授(8)や伊藤眞教授(9)

は中庸な立場を採り、理論と実務両者の有機的関連を探ろうとする姿勢が見える。高橋宏志教授は、むしろ訴訟実態（実務）を「実務慣行」として学説がどのようにそれを分析すべきか、分析対象として捉えておられる(10)。

(3)　本稿は、次のような制約を伴っていることを最初にご理解していただきたい。

第一に、民事訴訟における理論と実務の相互関係という大きな問題を論じているために、個別の問題に対する言及は極めて簡略化ないし省略されることが多いことである。戦後の民事訴訟法学の大きな流れを考えてみようとする以上、当然やむを得ない制約ではあるが、これはその時代ごとに、もっと多数の問題が論じられたことを否定するわけではなく、本稿のようなマクロな理論を展開しやすい基本的なテーマに、検討の対象を絞っているためである。そのため、参照文献の引用も極めて限られたものとなり、紙幅の制限から言及を見送った問題や文献は数知れない。

第二に、議論の性格上大きな傾向を捉え、しかも理論と実務の対立と相克といった視点からのみ検討を行うため、検討の手法自体一面的だと感じられる読者も多いであろう。しかし、大きな流れが戦後の民事訴訟法学に存在し特徴づけていると信じる筆者にとっては、これはやむを得ない選択であったのだと言わざるを得ない。

第三に、学説のあり方として、かつての荒けずりな議論と最近のきめ細かい議論との間には相当大きな違いがある。戦後の民事訴訟法学の発展を担われた諸先達の数の少なさに比較すると、最近の民事訴訟法学の研究者の数は爆発的に増加し、研究の範囲も深さもかつてとは比べ物にならないところまできている。その意味で、本稿の研究対象は主に戦後五〇年以内に中心が置かれており、最近の若手研究者からはもの足りないかもしれない。

(1)　本稿は、厳しい紙数制限のため、注に引用する文献もとりあえず思いつく文献にとどめざるを得ない。

(2)　民事訴訟における理論と実務をめぐっては、極めて多数の文献が存在しているが、基本的な論稿としては以下のようなものがある。

①　竹下守夫「民事訴訟法における学説と実務」民訴雑誌四六号（二〇〇〇）一頁。

②　鈴木正裕（司会）ほか「〈シンポジウム〉学説と実務における紛争解決の観念」同九四頁。

③　井上治典「民事訴訟における学説と実務」ジュリ七五六号（一九八二）九一頁。

④　高橋宏志「民事訴訟における実務慣行」判タ九八六号（一九九九）九二頁。
⑤　伊藤眞「民事紛争の解決と民事訴訟法理論の役割」井上治典先生追悼・民事紛争と手続理論の現在（二〇〇八）三頁。
⑥　新堂幸司「民事訴訟法をめぐる学説と判例の交錯」同・民事訴訟法学の基礎（初出一九八一）二二一頁。
⑦　三ケ月章「民事訴訟の理論と実務」同・民事訴訟法研究第九巻（初出一九八三）二五頁。

（3）　あまりにも多数の論稿があり、後述する昭和五〇年民事訴訟法学会での証明責任論争の新説の主唱者であった石田穣助教授の所説の基礎にも、ライポルトによるローゼンベルク批判以降のドイツの学説の流れがある。日独を含め全体的に理解するには、春日偉知郎・民事証拠法研究（一九九一）、松本博之・証明責任の分配〈新版〉（一九九六）、竜嵜喜助・証明責任論（一九八七）が便利だろう。

（4）　アメリカの証明責任については、小林秀之「アメリカ法の証明責任論からの示唆」上智法学二四巻特別号（一九八〇）八三頁、同・新証拠法〈第二版〉（二〇〇三）一七六頁、同・新版・アメリカ民事訴訟法（一九九六）二〇三頁。

（5）　新堂⑥論文。
（6）　三ケ月⑦論文。
（7）　井上③論文。
（8）　竹下①論文。
（9）　伊藤⑤論文。
（10）　高橋④論文。

二　昭和三〇年代における両者の関係（新訴訟物理論の台頭と訴訟物論争）

1　訴訟物論争における釈明義務の増大の位置づけ

昭和三〇年代に故三ケ月博士や新堂教授らにより新訴訟物理論が唱えられ、わが国で訴訟物論争が始まったことは民訴法研究者であれば誰もが知っている周知の事実である。本稿のテーマである理論と実務との関係という視点からすると、裁判所の釈明義務の増大が最大の争点の一つとなったことが重要である。新訴訟物理論の側からは、当該訴訟で主張されている請求権や形成権のほかに、競合する可能性のある請求権や形成権にも注意を払わなければならないわけであり、それは既判力による失権効の範囲の増大に伴い、必然的に裁判所の義務であるとされた。裁判所の義務が、紛争の適切な解決である以上、一つの紛争といえる範囲では、競合する法的観点全部に目を向けなければならないということは、理論の側からすれば当然のことだったといえる。(11) しかし、実務の側からはそのような釈明義務の負担増大に対し強い反発が起きた。当時、事件数の急激な増加に伴い、すでに裁判所の負担も増大していたことが、そのような負担の増加は耐えがたいという実務家側の拒絶につながった面もあろう。

若干後になるが、昭和四〇年代後半、筆者が司法修習生の期間等に当時の民事裁判官達に、なぜ新訴訟物理論を取ることができないのかと尋ねたことがある。意外にも、多くの裁判官が口にしたのは新訴訟物理論が理論的に正しいとしても、実務で他の請求権についてもれなく常に注意を払い、釈明しなければならないとするのはかなり困難であるという指摘であった。筆者がその当時感じたのは、要件事実教育が実務でも広く浸透し、主張された請求権の要件事実をもれなく両当事者に釈明するだけでも、裁判所としては精一杯なのだろうという感触だった。

これに対して、学説の側からは訴訟物の範囲として主張された請求権や形成権の枠を超え、「請求を受ける法的地位（受給権）」や「形成を求める法的地位」が訴訟物とされた以上、釈明義務がその範囲まで広がるのはやむを得ないし、(12) 請求権競合や形成権競合の処理にあたっては実務側も同様な釈明権の行使を行っているのではないかという指摘がなされた。さらに、故三ケ月博士を中心に新訴訟物理論を取るならば、実務にもそれなりの覚悟が求められるのも当然である、という厳しい意見も出された。実務側からはこれに対して、それほど苦労して新訴訟物理論を採用したからといって、結果的にはあまり違ってこない、主張されていない請求権や形成権を主張して新たな訴訟を提起する当事者はわが国では極めて少ないから、旧訴訟物理論のままでもそれほど支障をきたさないとも反論されたのである。

筆者は、中間的な立場であり、確かに競合する可能性のある請求権や形成権を常に想定して吟味しなければならないというのは、かなり無駄な努力を実務に要求する面があったことは否定できない。しかし、後述するように近時の有力説や新しい判例が認める別個の法的観点に対する法的観点指摘義務が発生する範囲内では、訴訟物の範囲を広げても実際的な問題は特に生じないように思われるし（可変的訴訟物論）、実務的にも受け入れ可能なはずである。(13)

2　実務における要件事実論の浸透との関係

司法研修所教育を中心として実務に浸透した要件事実論は、実体法上の請求権ごとに請求原因事実や抗弁事実を証明責任の分配に従って画定するものであるが、実体法を重視する旧訴訟物理論との親和性が高い。新訴訟物理論では競合する請求権への目配りが必要になることが面倒であるとしても、競合する実体法上の請求権別に要件事実を考えればよいことになりそうである（一段階複雑になる）。ところが、要件事実の食い違いや衝突が生じることも多く、新理論では実務的に困難な問題を生じやすい。たとえば、不法行為と債務不履行の請求権競合について考えてみると、債務者（加害者）の過失は証明責任が逆になるため、要件事実が異なってくるのみならず損害賠償額の算定等で食い違いが生じてくる。しかも、現在進行中の民法改正案の考え方に従うと、債務不履行から生ずる結果の予見の対象や時期が今までとは異なり、契約締結時を分水嶺として賠償範囲も異なってくる。さらに、損害賠償の範囲については弁護士費用が含まれるか否かについても両者の間に差異がある。このように、不法行為と債務不履行の請求権競合であっても、要件事実の食い違いがかなりあり、両者は訴訟物としても全部が重複・競合するわけではない。(14)

旧理論では、請求権ごとに訴訟物が成立するため、訴訟物内部でこのような衝突が生じることはない。また、従来の実務が旧理論で事件処理を行ってきたのに、急に新理論に変更して行うのは、事件処理の継続性の関係で問題がある。(15)この事件処理の継続性のために新理論に容易に乗り換えられないという問題は、証明責任の分配についても当てはまる。(16)

しかし、判決の遮断効という観点からは、近時の判例理論が、「信義則による紛争の蒸し返し防止」理論により判決効の範囲を拡大し、実質的に新訴訟物理論に接近したことをどう評価するかが重要である。つまり、新訴訟物理論を採る必要があるケースは実際的には必ずしも多くはなく、理論的な問題にとどまる面があるが、判決効の範囲という両訴訟物論が最も異なる結論において、判例から新訴訟物理論への接近が見られるのである。(17)

3 昭和五一年最高裁判決以降の判例理論による判決効の拡大の評価

周知のように、最判昭和五一・九・三〇（民集三〇巻八号七九九頁）は、信義則を理由として「同一紛争の蒸し返し禁止」という新たな理論を展開し、その後もこれに追従する判例が相次いでいる。この判例理論は、従来の旧訴訟物理論の訴訟物の枠を超え、実質的に同一紛争である限り統一的解決を図っている（その意味で、後述のように新訴訟物理論と異なる面がある）。(18)筆者が見るところ、要件は次の三つに整理できるであろう（判例理論に対し、要件がなお不明確だという批判があることは十分認識したうえでの筆者なりの整理である。それ故、一般的な要件の定立が今後の課題である）。

① 訴えによって当事者が得ようとする目的が同一であり、後訴が実質上前訴の蒸し返しであること。

② 前訴で後訴の請求が可能であったこと。

③ 後訴を認めると相手方の地位が不当に長く不安定な状態に置かれること。

新訴訟物理論にとって残念だったことは、新理論の盟主である故三ケ月博士がこの昭和五一年最判を事案の特殊性から判例がやむを得ず採った結論であり、新理論を実質的に肯定するという一般的な評価はできないと断じられたことである。(19)その後の後続判例を見るならば、判例が信義則を使って新訴訟物理論へ実質的に歩み寄ったものであり、その要件の定式化を図ればわが国でも新訴訟物理論が認められたものと評価してよい（筆者の理解）との立場を学説は採らなかった。(20)もちろん、訴訟物の問題として判例は議論していないから、前記の判例理論は訴訟物論争とは無関係だという評価は客観的にはありうるだろう。しかし、判例がほぼいつも「信義則」というマジックワードを使って判例変更を行っていることは、研究者であればしばしば実感することであり、むしろ判例理論の定式化が学説に課せられた課題だったのではないだろうか。(21)これに対して、伊藤眞教授は、判例の信義則による制限を一つの根拠に旧理

論に立つ。(22)

(11) 故三ケ月博士が、新訴訟物理論を説く論稿の中で繰り返し強調された点である。三ケ月章「法の客体的側面と主体的側面」同・民事訴訟法研究第四巻(一九六六)一頁参照。

(12) 実務家側からの反論に対して、学説側からは論理が転倒しており、釈明義務の範囲は、一つの訴訟が解決すべき法的紛争の枠(すなわち、訴訟物)によって決まってくるべきものと批判されている(新堂幸司・新民事訴訟法〈第五版〉(二〇一一)三三〇頁、高橋宏志・重点講義民事訴訟法(上)〈第二版補訂版〉(二〇一三)二九頁)。

なお、新旧訴訟物理論とは別に、近時は実体法レベルで請求権の統一を図ろうとする新実体法説も唱えられている。しかし、同説の実際的な最大の問題点は、実体法レベルでの請求権の調整や統合が成功していないことである。高橋・同書四一頁。

(13) 小林秀之・民事訴訟法(二〇一三)(以下、小林⑧と引用)二八八頁。訴訟物の範囲は釈明義務の範囲においてコントロールされ、可変的になる(両者の範囲はパラレルになる)と考える。筆者は、「可変的訴訟物論」と呼んでいるが、近時有力になっている「相対的訴訟物論」(局面ごとに訴訟物を相対的に把握し、統一的に把握しない)と一脈相通ずるところがある。訴訟の審理過程に従って訴訟物が変化することを認めるからである。相対的訴訟物論については、酒井一「訴訟物における相対性」中野貞一郎先生古稀祝賀・判例民事訴訟法の理論(上)(一九九五)一六五頁、中野貞一郎「訴訟物概念の統一性と相対性」同・民事訴訟法の論点Ⅰ(一九九四)二〇頁。新堂幸司・訴訟物と争点効(下)(一九九一)一五九頁は、訴訟物の果たすべき役割を訴訟の段階ごとに再検討すべきと説く。

(14) 小林⑧二八八頁。なお、弁論主義や訴訟審理と要件事実との関係については、西口元「民事訴訟における要件事実の役割」判タ一一六三号(二〇〇五)九頁。小林秀之編・法学講義民事訴訟法(二〇〇六)二三四頁〔小林〕。

筆者が説くように、請求権競合といっても要件事実や法律効果が完全に重なり合うわけではないため、一つの訴訟物として一本化することは、不適切であると指摘するのは、三木浩一・民事訴訟における手続運営の理論(二〇一三)八九頁。

(15) 竹下①一九頁、星野英一ほか「〈研究会〉民事法における学説と実務」ジュリ七五六号(一九八二)三三頁〔野崎幸雄発言〕。

(16) すべての事件に関する証明責任の分配基準が突然変更されれば、事件処理の継続性が損なわれ、実務も混乱しよう。四で後述する「地図なしで郵便配達をやれ」というに等しいとする実務家側からの反論は、この趣旨であろう。

(17) 竹下①二五頁、小林⑧二七五頁。

(18) 小林⑧二七五頁、原強「判例における信義則による判決効の拡張化現象(1)(2)」札幌学院法学六巻一号(一九九〇)一頁、八巻一号

（一九九一）三一七頁。
(19) 三ケ月章「判批」新堂幸司＝青山善充編・民事訴訟法判例百選〈第二版〉（一九八二）二三六頁。
(20) 青山善充ほか「〈座談会〉三ケ月法学の足跡」ジュリ一四二五号（二〇一一）八頁、三〇頁〔小林秀之発言〕等参照。
(21) 小林⑧二七五頁、竹下守夫「判決理由中の判断と信義則」山木戸克己教授還暦記念・実体法と手続法の交錯（下）（一九七八）七二頁。同「争点効・判決理由中の判断の拘束力をめぐる判例の評価」判例における法理論の展開（一九八六）二五九頁は、判例理論は関連請求の統一的解決を図るものであり、新訴訟物理論を超える機能を営んでいると説く。
(22) 伊藤⑤一六頁、伊藤眞・民事訴訟法〈第四版補訂版〉（二〇一四）二〇三頁。

三　昭和四〇年代における両者の関係（争点効理論を中心に）

1　争点効理論をめぐる昭和四〇年代以降の論争

訴訟物論争のいわば延長として、昭和三〇年代末に新堂教授によって唱えられた争点効理論が次の論争の対象になってきた。賛否をめぐり学説上の議論が闘わされただけでなく、昭和四四年最判〔最判昭和四四・六・二四判時五六九号四八頁〕が同時係属型の交差訴訟において争点効を否定したのは周知のところである。念のため、昭和四四年最判の判旨を引用しておくと左記の通りである。両当事者間で登記請求と明渡請求が同時に係属しており、前記昭和五一年最判の③の要件の該当性を欠いていることは明白である。

「〔別訴の〕確定判決は、その理由において、本件売買契約の詐欺による取消の抗弁を排斥し、右売買契約が有効であること、現在の法律関係に引き直していえば、本件不動産がYの所有であることを確認していても、訴訟物である本件建物の明渡請求権および右契約不履行による損害賠償としての金銭支払請求権の有無について既判力を有するにすぎず、本件建物の所有権の存否について、既判力およびこれに類似する効力（いわゆる争点効、以下同様とする。）

を有するものではない。」

本稿との関係で特に重要なのは、争点効理論と新訴訟物理論との関連性および、判例の信義則に基づく蒸し返し防止理論との類似性である。

2 新訴訟物理論と争点効理論との関連性

争点効は訴訟物以外に生ずる効力であり、訴訟物を問題とする新訴訟物理論とは明らかに対象を異にするはずであるが、その機能において争点効理論は新訴訟物理論を補完し、かつ内容を補充する面を有する。新堂教授(23)や高橋教授(24)によって指摘されている点であるが、本稿でも訴訟物論争との関係でもう一度振り返っておきたい。

① 争点効による関連紛争の統一的な解決　新訴訟物理論が目的としていたのは、同一紛争の一回的解決であり、そこには法律的に構成された請求権の法的性質を離れて社会常識的に同一の紛争と考えられる紛争を統一的に解決しようという実践的意図がある。この新訴訟物理論の考え方を徹底するならば、法律的には請求が異なり競合するものではない場合であっても、関連性を有し同一の紛争と社会常識的にみなされる場合には統一的な解決を図ろうということになるはずである。たとえば、所有権とそこから派生する登記請求や明渡請求は新訴訟物理論によっても訴訟物は別個であり、統一的な解決を図ることはできないが、争点効理論に従えば所有権をめぐって当事者間で争われたことが必要となるが（通常は争われる場合は主要争点となるはずである）、統一的解決が可能となる。新訴訟物理論の提唱者の一人であった新堂教授が、英米法の「コラテラル・エストッペル（collateral estoppel）」(25)に示唆を受けたとはいえ、争点効理論を唱えることには一定程度の必然性があったのである。

② 争点効理論による新訴訟物理論の内容の補充　新旧訴訟物理論の異同の一つとして新理論では訴訟物の範囲を拡大した結果、請求権の法的性質を決定しないという内容の希薄化があげられた。たとえば、不法行為と債務不履行の請求権競合において認められた損害賠償請求が「不法行為に基づく」か「債務不履行に基づく」かは確定しない。

このため、後訴において相殺が問題になった場合に、前訴で認められた請求権の法的性質には拘束力が生じないのではないかという疑問が生じ、「法的評価の再施」という新たな問題を生じさせる。これは一例にすぎないが、新訴訟物理論が実体法から離れるという決断をした以上、常に生じうる問題である。これに対して、争点効理論は実体法的性質について争点効を生じさせるから、内容の一定の補充を行っている。[26]

3 「信義則による紛争の蒸し返し防止」判例理論と争点効との異同

昭和五一年最判をリーディングケースとする信義則による紛争の蒸し返し防止理論は、現実にその争点をめぐって争われたことを要件としないので、争点効理論とは異なる内容のはずである。しかし、いずれも信義則ないし当事者間の公平といった基本概念を共通の基盤とする以上、そこには類似性があって当然である。新堂教授も昭和五一年最判に示唆を受けて、訴訟物の範囲と判決の遮断効が異なるという新しい理論を打ち出したが、そこでの調整原理として「手続事実群」という調整概念を持ち出し、その内容の一つとして争点効が含まれるとする。[27]

ここでもう一度、ほぼ一致をみている争点効理論の要件から振り返ってみよう。当事者による援用や主要な争点についての判断といった争点効の性質から当然生ずる要件のほか、次の三つが要件とされている。

① 当事者が主要争点について主張・立証を尽くしたこと

② 裁判所が当該争点について実質的な判断をしていること

③ 係争利益が前訴と後訴で同等か前訴の方が大きいこと

しかし、争点効自体が当事者間の公平や信義則に基づき紛争の落着を求めるという性格上、同時係属型は例外であり原則として異時係属型であることが必要である。[28] たとえば、争点効を否定したとされる前掲昭和四四年最判は以下のような事案であった（同時係属型であることを明示する形で整理した）。

本訴で家屋の売主Xが買主Yに対して詐欺による取消しを主張して、所有権に基づいて抹消登記を請求した。これに対して、Yはほぼ同時に別訴で、所有権に基づき家屋の明渡しの請求をした。いずれの訴訟でも所有権の帰属が主要争点であったが、先に別訴でY勝訴の判決が確定した。

最高裁（最判昭和四四・六・二四判時五六九号四八頁・判例一七四百選八四）は、前記（二六七頁）のように判示して、別訴でのY勝訴の理由であった家屋の所有権がYに帰属するとの判断には既判力ないしこれに類する争点効を有しないとしてX勝訴の判断を下した。

注意すべきなのは、この事案は同時係属型の交差訴訟であり、先に確定した別訴の判断を優先すべき信義則ないし当事者間の公平の要請が、たまたま存在しないことである。別訴が本訴提起前に確定し、当事者間ではYの所有権に属するということで権利関係の安定が図られていた場合では、十分異なった結論（信義則から本訴を否定する）が下される可能性はあったと思われる。

前記のような事案で争点効を認めるとたまたま先行した別訴が優先し、両当事者の信義則に反するうえに、権利関係の安定が損なわれる結果をもたらす。

しかも、争点効理論と「信義則による紛争の蒸し返し防止」判例理論とを比較すると、訴訟物は同一ではないにもかかわらず、実質的には同一の紛争であって、前訴で請求できた事由に基づく紛争の蒸し返しが生じ、関係者の地位を不安定にするという視点からほぼ同一の性格を有する。むしろ、昭和五一年最判以降の判例理論によって、実質的には新訴訟物理論や争点効理論の実現が図られており、学説の両理論によって判例理論の吟味や要件の明確化が図られることが必要なのではあるまいか(29)。

そのほか、訴訟物以外の限定承認の抗弁を認めた前訴判決の限定承認肯定判断に「既判力に準ずる効力」を認めた昭和四九年最高裁判決（最判昭和四九・四・二六民集二八巻三号五〇三頁）も同様の視点から理解できる。なぜならば、限定承認の存在および効力についての前訴の判断に既判力に準ずる効力があると認められる理由として、次のように述べているからである。判決効の実質的根拠には「権利関係の安定、訴訟経済及び訴訟上の信義則」があるとし、争点効理論や「信義則による紛争の蒸し返し防止」を図る判例理論に相通ずる実質的根拠を理由としているからである。

4 多数当事者を含む当事者論への議論の拡散

昭和四〇年代は、訴訟物論争や争点効理論をめぐる議論のほかに大きな焦点となったのは、多数当事者を中心とした当事者論の発展である。これは背景としては、当事者の手続保障の重視やアメリカのクラスアクションに代表される多数当事者の紛争を一挙に解決しようとする英米法の制度の紹介が背景にあったといえよう。以下に、その新しい動きについて概略するとともに、それまでの議論との関係を見ていく予定であったが、紙数制限のため断念せざるを得ない。一言だけコメントすると、「紛争の一挙解決」は新訴訟物理論と一脈を通じる面があるが、公害訴訟をはじめとする現代型訴訟において多数当事者、特に集団訴訟の処理がクローズアップされてきて、従来の二当事者対立構造を軸とする考え方では対応できないことが明らかになってきた。これに対して、アメリカでは多数当事者訴訟が社会を変革する原動力となっており（人種差別撤廃訴訟が象徴的）、わが国とは対照的だったからである。

(23) 新堂幸司「争点効を否定した最高裁判決の残したもの」同・訴訟物と争点効（上）（一九八八）二六九頁。

(24) 高橋・前掲注(12)六四八頁。

(25) 現在のアメリカ法では、「争点排除効（issue preclusion）」という呼び名が一般的になっている。小林・前掲注（４）（新版・アメリカ民事訴訟法）二四八頁。

アメリカ法における争点排除効の要件は、以下の三つである。

⑴当事者によって実際に争われ（actually litigated）、⑵有効な終結判決によって実際に判断され（actually determined）、⑶その判断が判決に必要不可欠なものであること（essentially to the judgment）。

(26) 新堂・前掲注(12)七一五頁。
(27) 新堂幸司「訴訟物概念の役割」同・前掲注(13)一一三頁、同「訴訟物概念の二つの役割」同書一五九頁。
(28) 小林⑧二二一頁。
(29) 小林⑧二二三頁、二七五頁。原・前掲注(18)論文もほぼ同旨。

四 昭和五〇年代における両者の関係(証明責任論争を中心に)

1 昭和五〇年の民訴学会における証明責任論争(証明責任シンポジウム)

昭和五〇年代の証明責任論争は、昭和五〇年に一橋大学で開催された民訴学会の証明責任シンポジウム(30)における証明責任論争によって始まる。導火線となったのは、昭和四〇年代末に発表された石田穣助教授による法協論文による問題提起であるが、それが民訴学界全体を揺るがす大論争に発展したのは昭和五〇年の民訴学会シンポジウムがそのきっかけであると評価してよいだろう。筆者自身、まだ司法修習生の身分であり、そのシンポジウムを会場の端から眺めていたにすぎないが、その論争の持つエネルギーと議論の激しさに圧倒されたのを昨日のように覚えている。

シンポジウムでは、実務家側を代表して故倉田卓次判事と賀集唱判事が登壇され、法律要件分類説に基づく実務を批判する学説を代表して石田助教授および新堂教授が登壇した。多数の論点に渡って議論が展開されたが、証明責任規範の存在や証明軽減といった、その後に議論される論点を別にすると、次の三点が主な論争の対象であったと思われる。

① 証明責任の分配基準として従来の通説・判例とされた法律要件分類説が維持できるのか。すなわち、証明責任分配の基準とされた権利根拠事実、権利障害事実、権利滅却事実のうち、前二者の区別が論理的に可能なのか。

② 判例が認める間接反証理論等は、実質的に証明責任の分配を変更しているのか。すなわち、法律要件分類説であっても間接反証理論により公害訴訟等で、被害者に有利な証明責任の分配を間接事実レベルによって図っているこ

とは、実際には証明責任の変更なのではないか。

③　わが国の民法の立法者は、ドイツ民法の立法者と異なり、法律要件分類説的な証明責任の分配を念頭において条文を起草したのか。すなわち、民法四一五条の債務不履行の規定に見られるように法文の表現と法律要件分類説的な証明責任の所在とは一致しないが、これは分かりやすさを旨として法文を起草したためであるのか。

これら三点についての学説および実務の一見すると厳しい対立は、まさに両者の緊張関係を示しているようである。たとえば、①について石田助教授はドイツにおけるライポルト（新説）によるローゼンベルク（通説）批判に依拠して、権利根拠事実と権利障害事実の区別は論理的に不可能であると論難する。[31]民法九五条の錯誤無効の規定は、「錯誤に基づいてなされた法律行為は無効である」とも、「錯誤のない法律行為は有効である」とも読めるから、両者はトートロジーであり証明責任の分配は決まってこないはずだ、と批判される。これに対する実務家側の反論は、興味深いものがあり、法律要件分類説的に民法の条文を理解しても多くの場合、妥当な結論に辿りついているとする。三種の事実の区別が論理的にできないから証拠との距離や立証の難易といった利益衡量によって証明責任の分配を図れというのは実務を破壊するものである、とする。例えれば、今まで従ってきた地図による郵便配達は地図に間違いがあると批判して、地図なしで郵便配達をやれというのに等しいというのである。この実務家サイドからの反論が論理的であるかどうかはともかく、実際的には的を射た批判であるため、ドイツのような論理性よりも実際的妥当性を重視するわが国では、論理的批判によって実務を大幅に変更することを求めることは難しかった。[32]

そこで、石田助教授はわが国の民法の立法過程における民法四一五条の表現をめぐる議論を持ち出す。民法四一五条の立法過程において、民法四一五条の法文の表現では債務者の帰責事由の証明責任は債権者にあるように読めるとの質問がなされた。これに対して、三人の起草者の一人梅謙次郎博士は証明責任の所在を顧慮することなく、同条は分かりやすさを念頭において起草していると答えた。もう一人の起草者である富井政章博士も、本条は証拠法の規定でないから心配いらない。債務があることがわかった以上、履行するのが原則で、履行しなくてもよい理由は債務者が証明すべきであると答えている。梅謙次郎博士の議論を紹介して、石田助教授はわが国の民法は法律要件分類説を前提とせずに、条文の文言が起草されていると批判したし[33]、筆者は富井博士の議論を紹介して立法者全体がむしろ法律要件分類説的な考え方ではなく（法文の起草にあたってはドイツ民法草案を大いに参考にしているため、文言的に法律要件分類説が下敷きになっていることは否定できないが）、実質的な根拠に基づいて証明責任分配を考えていると主張した[34]。

民訴学会でのシンポジウムを導火線として、わが国の学界全体の議論へと発展していった。同様に議論が拡大していったドイツの状況が紹介されるとともに、わが国の過去の判例においても、債務不履行にとどまらず準消費貸借等の領域においても、法律要件分類説から離反していることが紹介された。さらに、公害訴訟において証明度の軽減や間接反証理論を通じて原告被害者の証明の困難さの救済が図られていることも注目を集めたし、客観的証明責任だけではなく行為責任である主観的証明責任ないし証拠提出責任の重要性の議論も新たに展開された。

2　証明責任と実務の密接な関係

従来は、証明責任は民事訴訟の脊髄で「導きの星」とされてきたが、それは証明責任を軸に、当事者の攻撃防御が展開されていくという認識が背景にあった。口頭弁論終結時において作用する、当事者に対する真偽不明の負担といった客観的証明責任は実務においてはそれほど重要ではない。客観的証明責任に従って要件事実の分配が行われ、旧様式判決の事実欄は記載されていたが、実務的には口頭弁論の終結時に至っても、ある要件事実の存否が不明であり、証明責任の所在によって訴訟の勝敗が決まるという事態は、わが国ではほとんど存在しない。ほとんどすべての事案において、裁判所は事実認定を行い、証明責任によっていずれかの当事者に不利益を課して訴訟の勝敗を決するということはあまりないからである。その意味では、客観的証明責任の分配は実務上それほどの意義を有していないことは否定できないが、当事者主義ないし弁論主義の投影として、当事者が敗訴を避けるために証明責任を負う事実について主張を行い、立証活動を行うことが重要である。これが、証明責任を軸に当事者の訴訟活動が展開されるという意味であり、民事訴訟における「導きの星」としての機能も説明することになろう。つまり、証明責任論争の意義は、民事訴訟における審理や訴訟運営にとって重要な意味を有するのであり、証明度の軽減や間接反証理論というのも同様な理由から公害訴訟を中心とした現代型訴訟で意味を持つことになったのである。

しばしば、証明責任論争がわが国の実務に与えた影響はそれほど大きくないと言われることがあるが、それは前記のような客観的証明責任が最終的に実務において果たす機能が小さいことを意味しているだけで、主張責任や証拠提出責任（主観的証明責任）あるいは裁判所の釈明権の対象、証明が要求されるレベルといった観点から考えると、実務的にはそれなりの重要性を持っていると考えられる。[35] さらに、その後の学説の議論が証明責任論争を契機として、わが国の訴訟運営や審理のあり方に発展していったことや、それらが実務の議論の発展に大きな影響を及ぼしていったことに思いを馳せるべきであろう。

証明責任から証明責任を負わない当事者の事案解明義務といった、いわば裏の関係にまでその後の議論は発展していったが、証拠収集方法の拡充とも合わせ、実務的にはこれらの発展領域に重要性が移っていったということもできる。「自由心証尽きたところ（客観的）証明責任始まる」としばしば言われるが、わが国の場合、証明責任の領域は狭く、自由心証の領域は相当広い。

3　実務との乖離――証明責任規範

証明責任論争において、わが国の実務との乖離を象徴する学説の議論は、「証明責任規範」の存在についての議論であろう。[36] ライポルトが展開したローゼンベルク批判の一つの柱が、事実が真偽不明だから法規が不適用になるとする「法規不適用原則」への批判であり、事実が真偽不明だからといって直ちに法規が不適用になるのではなく、実体法とは別の「証明責任規範」が存在し、これが実体法の適用ないし不適用を指示するとする。このような裁判規範としての証明責任規範が必要であると指摘するのが、証明責任論争の中で生まれてきた学説の主張である。

実務の要件事実理論は、ローゼンベルクの考え方を前提としていることもあって、「法規不適用原則」に立脚している。しかし、わざわざ証明責任規範の存在を措定しなくても、要件事実に従い、要件事実が不存在であれば法規を適用しないほうが思考経済的である。(37) このため、証明責任規範の存在を認めるべきとの認識は、ドイツと異なり、わが国（特にわが国の実務）ではあまり浸透していなかった。むしろ、要件事実理論に固まった実務の目には、証明責任規範は観念的であり、無用な議論に映ったようである。(38)

同様に、証明責任の分配につき新説が利益衡量に基づいて行うべきとすることに対しては、思考経済に反するように実務には映ったようである。新説（利益衡量説）は、証拠との距離、立証の難易、禁反言、蓋然性などの実質的基準により、法律要件一つずつにつき証明責任の分配を行うべきと主張するが、煩雑で思考経済に反し、実務での使用に耐えないとの批判も強かった。アメリカの実務では利益衡量説に従って証明責任の分配がなされているようであり、必ずしもこの批判が全部あたっているとは思えないが、わが国の実務が証明責任論争（特に新説）に対して冷ややかなのは、この分配基準についての議論もあったようである。また、わが国の民法法文が、明治期の起草段階では十分に意識されていなかったが、法律要件分類説的な構造になっていたことも影響していよう。

このため筆者を含む近時の学説は、法律要件分類説による三種の事実の区別は維持しつつ、立法趣旨や当事者間の公平の観点から解釈による修正を大幅に認める修正法律要件分類説に傾きつつあり、実務もこれを受け入れつつある。(39)

（30）「〈シンポジウム〉証明責任（挙証責任）の分配」民訴雑誌二二号（一九七六）一五三頁。

（31）シンポジウムにおける石田発言のほか、石田穣・民法と民事訴訟法の交錯（一九七九）三五二頁、春日・前掲注（3）三六〇頁、Leipold, Beweislastregeln und gesetzliche Vermutungen（1966）S.38ff.; Musielak, Die Grundlagen der Beweislast im Zivilprozeß（1975）S.294ff.

（32）シンポジウムにおける倉田発言（民訴雑誌二二号一七五頁）のほか、倉田卓次「証明責任分配論における通説の擁護」判タ三一八号（一九七五）五七頁。

なお、両説の対立については、賀集唱ほか「〈研究会〉証明責任論とその周辺」判タ三五〇号（一九七七）一四頁、春日偉知郎「証明責任論の一視点」判タ三五〇号（一九七七）九七頁。

近時までの日独の議論の全体像を知るには、松本・前掲注（3）一四一頁、春日・前掲注（3）等参照。

(33) 石田・前掲注（31）四七頁、法典調査会・民法議事速記録二三巻一五三頁。

(34) 小林⑧三四三頁、同・前掲注（4）〔新証拠法〕一八三頁。

(35) 竹下①二五頁は、訴訟物論争は、訴訟物理論としては実務に影響を及ぼさなかったが、信義則を根拠とする最判昭和五一・九・三〇以後の判例に影響を及ぼしたし、証明責任論争も柔軟な立証の負担の分配を図る判例・実務に一定の影響を与えたと指摘する。

(36) 証明責任規範に対しては、高橋・前掲注（12）五二〇頁は好意的であるが、結論的に「法規不適用原則」と大差ないことを認める。

(37) 伊藤・前掲注（22）三五四頁は、あえて独自の規範を定立する必要に乏しいと指摘する。

(38) 兼子一〔原著〕・松浦馨ほか・条解民事訴訟法〈第二版〉（二〇一一）一〇一六頁〔松浦馨＝加藤新太郎〕は、観念的な議論にすぎないと決めつける。

(39) 中野貞一郎ほか編・新民事訴訟法講義〈第二版補訂二版〉（二〇〇八）三七三頁〔青山善充〕は、明確性および思考経済の観点から、法律要件分類説を維持しながら、修正する原理として実質的なファクターを参考とする行き方が実務処理のあり方としてももっともプラクティカルとする。

五　昭和六〇年代における議論（訴訟運営や和解を中心に）

1　弁論主義と事案解明義務

紙幅の関係から、簡単なデッサンにならざるを得ないし、これ以降の議論は民事訴訟法全体に拡散していくため、これまでの内容と関係する部分（訴訟運営や和解）に絞っていく。

証明責任が民事訴訟の「導きの星」であり、その骨格（脊髄）であることができたのは、弁論主義と大きな相関関係を有するからである。口頭弁論の終結時における真偽不明の危険負担だけであるならば、訴訟全体に影響を及ぼさないが、弁論主義と密接に相関するために（「弁論主義のプリズムをへて」）、主張責任や証拠提出責任の概念が派生し、訴訟過程においてはむしろこれらの概念が当事者の訴訟活動を制御していく。そうであるとすれば、昭和五〇年代以降、弁論主義や派生原理（事案解明義務や関連する証拠の収集）に関心が移っていったのも当然だし、証明責任を反映した旧様式判決とそれを前提とした訴訟指揮から、争点中心の訴訟運営（争点整理や和解、集中証拠調べ）と新様式判決に実務が変化していったのも必然的であった。

弁論主義については、既に別稿で何回も論じているので、(40) ここでは結論的な議論の傾向について述べる。かつてのような弁論主義の根拠が「私的自治」か資料の収集の「手段」かといった抽象的な議論から、どういう場合に当事者の主張を要するのか（「不意打ち」の有無）、主要事実と間接事実の区別と一致しないのではないか、法的主張との区別や法的観点指摘義務といった実務的な議論に学説の関心は移っていった。弁論主義が民事訴訟の大原則であることを前提としつつも、「手続保障原則」との関係や訴訟運営のあり方にも拡大した形で、実質的で機能的な議論に発展していったとも評価できよう。

事案解明義務は、ドイツのシュツルナーの議論に触発されて、わが国でも証明責任論争後、盛んに議論が展開されていった。主張・証明責任（証拠提出責任）だけでは、資料が十分に提出できない事態が生じ、証拠収集を充実させればそれが緩和できるとしても、弁論主義とは別の規制原理として編み出された面がある。しかし、弁論主義と対立する面もあり、要件・効果を工夫しないと、当事者を単なる資料提出者にしてしまう恐れもあった。

いずれにしても、弁論主義や事案解明義務をめぐる学説の議論は、判例・実務に一定程度の影響を与えた。弁論主義に関する判例・実務は、実質的かつ機能的なものに変化し、新たな法的観点については裁判所が釈明して当事者に攻撃防御を尽くさせることが要求されるようになった。また、事案解明義務を直接認めたように思える判例は、原発訴訟など特別な場合にとどまるが、文書提出命令の範囲の拡大など証拠の収集の拡大を後押しする理論としての影響を与え、平成八年の民訴法全面改正では文書提出義務の一般義務化を含む証拠収集拡充の立法化につながった。

2 弁論主義の判例・実務

文書提出命令の証拠開示的傾向（判例・実務）は、既に筆者は別稿で何回も指摘したので[41]、ここでは平成八年の現行民訴法成立以降の主張開示的ともいえる弁論主義（積極的釈明義務）に関する判例・実務を鳥瞰しよう。弁論主義は、裁判所と当事者との役割分担であるので、ある事実について自己に有利となる当事者が、当該事実を主張しなくてもよい。相手方に有利（自己に不利益）な事実を陳述すれば、相手方が援用しなくても判決の基礎にすべきで、釈明権を行使したうえで斟酌すべきである。最高裁（最判平成九・七・一七判時一六一四号七二頁）は次のように判示している。

「原審の確定したところによれば、Bは昭和二九年四月五日に死亡し、Bには妻C及びXを含む六人の子があったというのである。したがって、原審の認定するとおり、本件土地を賃借し、本件建物を建築したのがBであるとすれば、本件土地の賃借権及び本件建物の所有権はBの遺産であり、これを右七人が相続したことになる。そして、Xの法定相続分は九分の一であるから、これと異なる遺産分割がされたなどの事実がない限り、Xは、本件建物の所有権及び本件土地の賃借権の各九分の一の持分を取得したことが明らかである。」「Xが、本件建物の所有権及び本件土地の賃借権の各九分の一の持分を取得したことを前提として、予備的に右持分の確認等を請求するのであれば、Bが本件土地を賃借し、本件建物を建築したとの事実がその請求原因の一部となり、この事実についてはXが主張立証責任を負担する。本件においては、Xがこの事実を主張せず、かえってYらがこの事実を主張し、Xはこれを争ったのであるが、原審としては、Yらのこの主張に基づいて右事実を確定した以上は、Xがこれを自己の利益に援用しなかったとしても、適切に釈明権を行使するなどした上でこの事実をしんしゃくし、Xの請求の一部を認容すべきであるかどうかについて審理判断すべきものと解するのが相当である」。

最高裁は、当事者の主張しない他の法的観点（旧理論でいえば別個の訴訟物）についても、釈明義務（法的観点指摘義務）を認めた（最判平成二二・一〇・一四判時二〇九八号五五頁、判タ一三三七号一〇五頁。事案は労働事件という特殊性があるが、その理論は一般論として通用する）[42]。本判決は、原審が釈明義務を怠った（当事者が主張しない被告の信義則違反を理由として原告の請求を一部認容した）ことを理由として原判決を破棄差戻ししており（判旨自体は法律問題についての釈明義務違反[43]）、当事者が主張しない他の法的観点について釈明義務を怠り、当事者に攻撃防御の機会を与えずにこれを認定することは許さないとしたものである。これは、釈明義務の及ぶ範囲は審判の対象（＝訴訟物）となっており、当事者に攻撃防御の機会を与える必要があるとの考え方にたつものと言える。

民訴法全面改正以降の弁論主義に関する判例は、釈明義務の積極的展開により、当事者に主張されていない他の法的観点についても攻撃防御を尽くす機会を提供するというように実質的保障に重点を移している。実務も弁論準備手続等で裁判所と当事者が議論することと相まって、同様な主張開示的傾向に向かっている。

3 弁論兼和解から争点整理手続の整備へ

昭和五〇年代後半から昭和六〇年代以降の実務の一つの特徴として、弁論兼和解の隆盛があった。弁論兼和解をめぐってはシンポジウムが民訴学会で持たれただけでなく、学説による批判（と若干の擁護）は多数にのぼった。本稿では、それを要約するのではなく、何故実務の知恵として編み出されたのかという点を考えてみたい。それは、一方では事件の急増により事件処理の迅速化が望まれ、その決め手となる和解による事件解決が増大したのであるが、和解実現には当事者双方の言い分を十分理解できることが必要だったのに、そのための手続が不十分だったからである[44]。また、和解による解決に対しては、法的解決を裁判官が回避していると思われるのを避けるため、「和解判事になるなかれ」という戒めもあったが、両当事者の言い分は各々もっともなことがあり、紛争解決の落とし所としては和解による解決がベストであると思える事件が増えてきたこともあろう[45]。

（40） 小林⑧三〇五頁、同・民事裁判の審理（一九八七）三頁、同・プロブレム・メソッド新民事訴訟法〈補訂版〉（一九九九）二一三頁など。

（41） 小林⑧三四七頁、同・前掲注（40）（民事裁判の審理）一八三頁、同「文書提出義務」谷口安平＝井上治典編・新・判例コンメンタール民事訴訟法5（一九九四）一八七頁。

(42) 最判平成二二・一〇・一四の事案は、Y学校法人の設置したA大学に雇用された教授Xの定年をめぐる争いである。Xは、Yの理事から定年を六五歳とする規程はあるが、無きに等しく八〇歳ぐらいまでは勤務可能であると聞き、七〇歳を超える教職員も多数存在していたのに、平成一八年九月、学長から定年規程により、六五歳で定年退職となる旨を伝えられ、平成一九年三月末にその旨の辞令を受けた。これに対して、Xは、Yとの間で定年を八〇歳とする旨の合意（「本件合意」）があったと主張し、地位確認及び未払い賃金の支払いを求めた。一審は請求棄却であったが、二審は、信義則上告知から一年は定年退職の効果を主張できないとして、その部分の賃金請求を認容した。

(43) 最高裁の判旨の要旨は、信義則違反について判断するには、原審は信義則違反について主張するか否かを明らかにするようXに促すとともに、Yに十分な反論及び反証の機会を与えた上で判断すべきであるとする。結論としては、釈明義務違反として原審に破棄差し戻した。本最判の判例評釈としては、杉山悦子・民商一四四巻五・四号（二〇一一）五五〇頁［「信義則違反を基礎づける、あるいは否定する事実の主張立証を尽くさせる」］、高田昌宏・平成二二年度重判解（二〇一一）一六一頁［「当事者に予測困難な法的構成を採る場合に、法的構成の当否も含め当事者に十分な攻撃防御の機会を保障すべき手段として釈明義務を認め」ている］などがある。

(44) 「弁論兼和解」が曖昧な法的性格を有し（証拠調べの準備、和解交渉、実質的口頭弁論を同時に実施）、法律上の根拠もなかったことから学説の間では賛否が分かれ、実務のみが先行していた。このため、平成八年大改正において必要な修正を加えて法的な認知を積極的に与え、特に弁論準備手続に引き継がれたことについては、三木・前掲注（15）九頁。

(45) 草野芳郎・和解技術論〈第二版〉（二〇〇三）や和田仁孝ほか編・交渉と紛争処理（二〇〇二）参照。
統計的に見ても、平成二三年度の司法統計によると、第一審通常訴訟既済事件総数二一万二四九〇件のうち、訴訟上の和解による終結は、六万八八五七件であり、三二％を占める。訴え取下げ六万一八六五件の大半も訴訟外の和解が成立したと見られるため、総事件数の約六一％近くが和解によると見られる。しかも、上訴審での和解も含めると、割合はもっと高くなる。判決によって終結した事件数は、七万六九〇件であるが、欠席判決その他を除くと、四万八二〇九件であり、全事件数の二二・六％にすぎない。

六　理論と実務の関係に関する筆者の評価

1　評価の困難さ

わが国の理論と実務の関係に関する評価や考察を本小稿において行うことは、完全には不可能であろう。問題が大きすぎるし、もう少し個々の問題に関して掘り下げた検討が必要だからである。理論が実務にどのような影響を持ったかは、現在でも確定しにくい面もあり、今後評価が変わってくる可能性も留意する必要がある。しかし、一定の傾向をそこに見出すことはできるし、筆者の試論を述べておくことも今後の議論のたたき台として意味があろう。

このような留保を前提としても、一方では実務と密接に結びつく民事訴訟法学の性質からも、他方全体的な形での理論が各論に対して与える影響が大きい民事訴訟法学の特徴からも、以下のような両者の関係に対する評価や考察は必要不可欠であろう。

2　訴訟物論争や証明責任論争

訴訟物論争や証明責任論争については、学説が実務に与えた影響に対して故井上治典教授の否定的な評価がある。確かに、実務が旧訴訟物理論をやめ新訴訟物理論に移ったか、法律要件分類説を捨て利益衡量で証明責任の分配を行うようになったかという直接的な問いに対しては、いずれも「否」と答えざるを得ない。また、学説の側には、この論争の結果に対して、無力感を持ったとしても、当然のことであろう。

しかし、二つの論争の周辺的な領域に目を転じると必ずしもそうではないだろう。「信義則による同一紛争の蒸し返し防止」の判例理論は、旧理論に立ちながらも、新理論が指摘した旧理論の実際的な問題点を解決しつつある。また、一部請求において原告敗訴後の残部請求を信義則により否定する近時の判例(46)も、訴訟物の分割を認めず「紛争の一回的解決」を目指しているという意味では、民法七〇九条と七一〇条の訴訟物が一個という判例[47]と相まって、新理論に接近を図っていると評価できる。詐害行為取消権についての、詐害行為の取消しを求める地位を一個の訴訟物と構成し、被保全権利によって訴訟物は分断されないとする近時の判例も同様に評価できる。[48]

証明責任の分配についても、準消費貸借等の判例などは、例外とはいえ実質的な利益衡量に基づく判例・実務とも評価できよう。[49]

（46）最判平成一〇・六・一二民集五二巻四号一一四七頁は、一部請求棄却判決後の残部請求について「実質的には前訴で認められなかった請求及び主張を蒸し返すものであり」、信義則に反し許されないものとする。

（47）最判昭和四八・四・五民集二七巻三号四一九頁（民七〇九条と七一〇条の訴訟物は一個であり、過失相殺も一部請求であっても請求全体を対象とする外側説に立つ）。最判平成六・一一・二二民集四八巻七号一三五五頁も同旨。

（48）最判平成二二・一〇・一九金判一三五五号一六頁。同最判が新理論に一歩近づいたとの評価については、小林秀之「判例評釈」金法一九二九号［金融判例研究二一号］（二〇一一）二二頁。

（49）最判昭和四三・二・一六民集二二巻二号二一七頁。準消費貸借の合意がなされたこと自体が旧債務の存在の蓋然性が高いことを意味し、旧債務の証書は廃棄ないし返還されることが通常であることから、学説も判例を支持する。

七　今後の課題と将来の展望

1　民事訴訟全体を貫く大理論の意義

他の法領域と異なる民事訴訟法学の大きな魅力の一つは、大きな理論によって民事訴訟全体を説明しようとする試みが繰り返しなされたことである。戦前の兼子理論は、哲学（例、弁証法）的な面もあったが、民事訴訟全体についての一般理論を構築していたし、戦後の民事訴訟目的論についての紛争解決説への改説も同様な性格を有していた。

本稿で考察の対象とした訴訟物理論争も、「四つの試金石」や訴訟開始時の訴訟物から判決時の既判力までを一貫して規制しようとする大理論である。他方、証明責任論争も、客観的証明責任だけでなく主張責任や証拠提出責任まで含めて、さらには証明度の軽減（一応の推定）あるいは間接反証や事案解明義務まで合わせると、民事訴訟過程の規制原理としては、相当の大きさを有する。

弁論主義や釈明ないし法的観点指摘義務あるいは和解まで含めた近時の審理過程に対する議論も、民事訴訟の審理過程全体の規制のあり方にかかわるだけでなく、民事訴訟の実態が近時かなり変化していることを説明する理論としても相当程度有意義である。前記の二つの論争と若干様相を異にしているのは、現在の実務を前提とし、その機能と今後のあるべき姿を合わせて議論しようとするところであろう。

訴訟物論争や証明責任論争を通じ、ドイツやアメリカの状況に比較して、わが国の実務だけが一定程度の拒絶反応を示してしまったことは、議論のあり方ないし論争の仕掛け方に問題があったように思える。新訴訟物理論も利益衡量説も、実務への造詣は深く（たとえば、利益衡量説の石田助教授は司法修習だけでなく地裁裁判官も経験しておられた）、また実務の改善につながる具体的提案もなされていただけに、この懸念は大きくはずれてはいないだろう。

2 研究者の実務への接し方

今後の民事訴訟法学説のあり方を考えた場合、これからの研究者が実務にどのように接していくかは、大きな問題であろう。従来のように、欧米の理論を紹介し、比較法的見地からわが国の実務を批判したり、判例研究を通じて判例分析を行うだけでは、将来を担う研究者のあり方として不十分であると考えられよう。やはり、民事訴訟法学のあり方として、わが国の民事訴訟実務をトータルに理解し批判するためには、少なくとも若干の実務経験は必要である。アメリカのロースクール研究者は、教職に就く前に数年の実務経験を有していることが普通であるし、それが有益と考えられている。わが国でも、これからの研究者の中核が法科大学院出身者で占められるであろうことを前提とすれば、若干の実務経験をこれからの研究者に要求することもそれほど困難ではなくなってくるはずである。

3　わが国の現在の実務の実状

わが国の現在の実務の実状をまず知ることが、理論と実務の関係を探っていくためには不可欠であるが、平成八年成立の現行民訴法の建前とも若干ズレがあることを認識する必要がある。現在の実務の中心は、弁論準備手続を中核とした争点整理手続[50]と和解にある。

第一回口頭弁論期日は公開の法廷で開かれるが、被告の都合がつかないことも多く（実務では被告都合による期日変更はほとんど行わない）、「否認する」旨の答弁書だけが擬制陳述されることも珍しくない（被告が出頭して簡単な内容の答弁書で「追って陳述する」と記載されていることも多い）。両当事者が揃ったところで、それ以降弁論準備手続に移行するのが普通である。関係者の出席は可能であるが、狭い非公開の部屋で裁判官と両当事者が小さい机を挟んで準備書面や陳述書や書証のやり取りとともに、争点について全員で議論する（全部で三〇分以内）。弁論準備手続により争点が絞られ陳述書を含む書証が全部提出されたところで、裁判所がおもむろに和解を勧める。[51]

どうしても和解が成立しない場合のみ、人証のための集中証拠調べが行われるが、一期日で終了しなければ、ある程度の期間を置いて続行期日が持たれる。集中証拠調べは法廷で行われ、書記官（テープも取る）や場合によっては速記官の手間や手配が大変なので、裁判所はあまり好まないのが実態であろう。公開法廷での集中証拠調べが終わったところで、もう一度準備室等で和解勧試があることが多い。

和解は主に交互面接方式で行われるため、その際に相手方の悪口を相手方不在のところで言う代理人も多いし、そこでの供述は裁判官の心証に影響を及ぼす。[52]

和解のあり方についてどのように分析し、どのような将来像を示すかが、今後の学説に課せられた課題だろう。

4　将来の展望

わが国の民事訴訟法学の特徴の一つとして、民事訴訟全体にかかわる大理論を生み出す傾向がある。[53] 新訴訟物理論が審理や釈明権あるいは既判力を含め民事訴訟全体のあり方が変わってくると主張していたのが典型であるが、証明責任論争での新説の主張も利益衡量による証明責任の分配や間接反証の見直しあるいは事案解明義務の提唱まで含めれば、同様の面がある。弁論主義や審理のあり方（要件事実中心から争点中心あるいは弁論兼和解への批判など）についての近時の学説の展開は、平成八年現行民事訴訟法の争点中心の審理構造にある程度反映されたが、なお現在の民事訴訟実務に対する批判的検討は必要だろう（例　陳述書の取扱いや和解の進め方など）。

民事訴訟法学のあり方としては、民事訴訟の特質として個別的な制度が相互に関連し合い、全体として一つの民事訴訟制度を構成している以上、全体にかかわる大理論はむしろ歓迎すべきであろう。

今後は、研究者の質も変化し、わが国の実務だけでなく諸外国の実務にも精通した若手の研究者が、新たな民事訴訟実務を生み出すことを目指して全体的な民事訴訟理論を提言していくことになろう。

実務の分析や批判的検討にあたっては、近時の諸外国の傾向にもならって、法解釈学からの限定的な分析や批判にとどまらず、法と経済学、ゲーム理論、法社会学、法心理学といった社会諸科学からの視点も重要となることは間違いない。(54)

（50）　小林編・前掲注（14）一九四頁〔西野喜一〕は、争点整理手続の段階で訴訟の運命はおおむね決まってしまうとし、その理由として主張の整理のほか文書の証拠調べが行われることを挙げる。「一般に文書は証明力が高いとされるので、のちに行われる証人尋問や当事者尋問に先立って、裁判官の心証の相当部分はすでにこの段階で形成されるのが実状である。裁判所によっては、証人尋問や当事者尋問をあまり実施せず、人証の尋問に代えて文書である陳述書で済ませてしまう例も多い」「このようにして形成された暫定的な心証に基づいて、いずれ相応の証拠調べを行うべき（と裁判官が考えた）本格的な争点と、それほどでもない（と裁判官が考えた）付随的な争点を区分して、前者については、裁判官が与えた比重の範囲内で証拠調べの内容、順番を決められるであろうし、後者については、十分な証拠調べの機会が与えられず、この段階で事実上勝負がつく」。裁判所が和解勧試を争点整理が終了した段階でできるのも、右記の理由によるだろう。

（51）　和解勧試にあたっては、単に暫定的心証を開示しそれに基づく和解を勧めるのではなく、両当事者にとって和解的解決のほうがすぐれていることを近時の交渉理論を用いながら説得することが必要である。小林秀之「交渉理論による和解規制と紛争解決説の再生」

民訴雑誌五九号（二〇一三）一頁参照。

(52) 近時の交渉理論からは、和解では可能であれば新たな価値の創造を目指す統合型解決が望ましいし、裁判官にもそのようなテクニックの習得が求められよう。小林・前掲注（51）二〇頁以下では、従来の分配型和解と統合型和解の比較と実際の場面での両者の使い分けが検討されている。

(53) 竹下①二三頁は、「学説としては、既存の体系を揺るがすような革新性の大きい理論、あるいはパラダイムの転換と呼ばれるような理論に、高い価値が認められますが、そのような理論ほど実務上は直ちには受け入れられにくい」と指摘する。

(54) 小林・前掲注（51）三六頁は、和解についての研究方法として、経済学（ゲーム理論）、社会学、心理学などの社会諸科学を積極的に導入していくことを提案しているが、紛争解決システムの構築という観点からＡＤＲと並ぶ民事訴訟の紛争解決システムとしての使い分けと位置付けを再検討する必要がある。現在のアメリカでの代表的テキストである Kevin M. Clermont, Principles of Civil Procedure 408 (2d ed., Thompson & West 2009) も、同様の将来的方向性を示唆する。

控訴審における証人の再尋問

――人証調べの直接主義の価値

佐瀬裕史

一　はじめに
二　日本における議論の状況
三　アメリカ法における証人の供述態度（demeanor）を巡る議論
四　検　討

一　はじめに

民事訴訟法においては、直接主義が採用されている（民事訴訟法二四九条一項）。直接主義は、事実認定のための弁論の聴取や証拠の取調べを受訴裁判所の裁判官自身が行う原則であって、口頭主義と結合され、裁判官が自分自身の五官の作用に基づいて事実認定を行うことができる点で、間接主義に対する長所を持っていると説明される[(1)]。この直接主義からすれば、第一審の途中で裁判官が交代した場合や控訴審に事件が移審した場合には、新しい裁判官の面前において証拠調べを繰り返さなければならなくなりそうである。しかし、効率性の観点から、証拠調べのやり直しを避けるために民事訴訟法二四九条二項や二九六条二項で弁論の更新手続が認められている。

ところが、弁論の更新では、完全な形で従前の弁論の結果を再現できない。そこで、特に証人尋問については、証人の証言態度を踏まえて供述の信用性の判断がなされることが予定されていることから[(2)]、証言の信憑性に重大な影響のある証人の供述態度等から得られた印象が新しい裁判官に伝えられないことに配慮して[(3)]、二四九条三項において、審理の途中で、単独の裁判官が交代した場合または合議体の裁判官の過半数が交代した場合において、当事者の申出があったときには、実際に証人尋問をやり直すこととしている[(4)]。

しかし、事件が控訴審に移審した場合には、第一審の審理の途中における裁判官の交代とは異なり、第一審で行われた証人尋問を控訴審においてやり直すことを義務付ける規定はない。裁判官が交代した場合に弁論の更新のみで済ませるのではなく、一定の場合（単独の裁判官が交代するか合議体の裁判官の過半数が交代するかした場合において当事者から申出があったとき）に必要的に証人の再尋問をするという形で審理の効率性よりも直接主義の趣旨を重視するという決断をしたのであれば、事件が控訴審に移審して裁判官全員が新しい裁判官となる場合も、同様に審理の効率性よりも直接主義の趣旨を重視し、当事者の申出があれば必要的に証人の再尋問を行うのが自然なようにも思える。だが、二四九条三項が控訴審に準用ないし類推適用されるどうかには争いがあり、どの程度まで控訴審において証人の再尋問を認めるべきかを巡って議論がなされている。(5)

これまでの議論では、証人の供述態度を観察することが証言の信憑性を判断するにあたって本当に意味があるのかについては論じられてこなかったように思われる。そこで、本稿では、この視点からこの問題を取り上げたい。以下、**二**において、日本の控訴審における証人の再尋問をどの程度行うべきであるかを巡る議論の対立の原因が、事実認定を行うにあたって裁判官が証人の供述態度を観察することの価値についての認識の違いにあることを確認する。(6)そして、**三**において、証人の供述態度を観察することの価値について興味深い議論がなされたアメリカ法の議論を紹介する。証人の供述態度を観察することの価値に関してこれまでドイツの判例法理が紹介されたことはあったものの、(7)二四九条三項の導入にあたって関係のあるアメリカ法へ目を向けたものはなかったように思われるので、この点からも有益であろう。そのうえで、**四**において、控訴審における証人の再尋問について若干の検討をしたい。

検討を始めるにあたって、二つのことを確認しておきたい。まず、本稿では、控訴審における証人の再尋問について、証人の供述態度を裁判官が観察することの価値という視点から取り上げる。第一審の証人尋問における証人の供述内容が完全に記録されていないために証人尋問を控訴審においても再度行うことは、当然ながら考慮の外にある。言い換えれば、第一審の証人尋問における証人の供述内容が完全に記録されていることが前提である。(8)次は、「供述態度」が何を意味するかである。これまでの議論では、証人が法廷で証言する様子を裁判官が直接に観察するか、そうではなく第一審における証人の証言を記録した書面だけで済ませてよいのかが問われてきた。そのため、証人の供述内容ではないものであって、人間が機器を用いずに認識できるものを「供述態度」として考えておきたい。例えば、顔の色や表情、相づち、まばたき、視線、顔や身体の向き・震えや動き、身振り・手振りなどの手足などの動き、声の調子や大きさ、声を発する間隔、「あー」・「えー」・「そのー」といったつなぎ言葉などの話し方といったものがあげられる。(10)

なお、本稿では、二四九条三項による必要的再尋問の対象が証人とされていることから、人証のうち証人について検討を加える。しかし、供述態度を観察することの価値という観点からすると、証人と当事者を区別する理由はなく、本稿での議論は当事者についても妥当する部分が多い。

（1） 伊藤眞・民事訴訟法〈第四版補訂版〉（二〇一四）二五九頁。

（2） 刑事事件の第一審判決における事実誤認の有無を控訴審が判断する基準に関する判例ではあるものの、最高裁は、「第一審において直接主義・口頭主義の原則が採られ、争点に関する証人を直接調べ、その際の証言態度等も踏まえて供述の信用性が判断され、それらを総合して事実認定が行われることが予定されている」と述べている。最判平成二四・二・一三刑集六六巻四号四八二頁。

（3） 兼子一ほか・条解民事訴訟法〈第二版〉（二〇一一）一三九四頁。秋山幹男ほか・コンメンタール民事訴訟法Ⅴ（二〇一二）一四九頁も、裁判官の心証に特に重大な影響を与え、直接主義の履行がとりわけ必要とされる証人尋問については、実質的に直接主義が機能するようにしたのが趣旨と説明する。

（4） 証言の信憑性に重大な影響のある証人の供述態度等から得られた印象を新たな裁判官に伝えるということだけに着目するのであれば、証人尋問をやり直すという選択肢だけではなく、すでに行われた証人尋問をビデオ録画しておき、その全部（あるいは、口頭弁論調書に証人尋問における証人の供述内容が文字で記載されているのであれば、再生視聴するように当事者が申し出た部分）を新たな裁判官が再生視聴することを義務付けるという方法もあり得る。証人の再尋問という問題は、ビデオ録画技術の普及の程度と関係している面があることになる。鬼頭季郎「控訴審における審理と実務的・理論的諸問題」高橋宏志＝加藤新太郎編・実務民事訴訟講座〈第三期〉第六巻（二〇一三）七一頁は、証人の供述内容が口頭弁論調書にどの程度詳細に記載されるかの変遷を説明する中で、再生機能の利便性向上や再生が容易になるに伴ってＤＶＤやＳＤカードなどの記録媒体を利用した供述の録画録音に賛成する控訴審裁判官が多くなるものと推察している。なお、現行法でも、民訴規則六八条一項により、証人、当事者および鑑定人の供述内容を録音テープだけではなく、ビデオテープ等に記録することで口頭弁論調書の記載に代えることが認められている。ただし、録音テープやビデオテープ等をそのまま裁判官が再生視聴するよりかは、必要な場合に録音テープやビデオテープ等をもとにして供述内容を書面にすることが想定されている（同条二項）。口頭弁論調書への証人等の供述の記載が省略される場合の録音テープ、ビデオテープ等の扱いについては、民訴規則一七〇条二項、二二七条二項。

（5） 議論については、二を参照。

（6）この部分は、佐瀬裕史「民事控訴審の構造に関する一考察（六・完）」法協一二九巻八号（二〇一二）一八二八頁、一八二九頁、一八三四頁、一八三五頁、一八五六〜一八六〇頁と重複するところが多い。

（7）二〇〇一年改正前のものとして、栗田陸雄「ドイツ民事訴訟法関係新判例紹介《54》控訴審による証人の再尋問――ZPO398条――BGH, Urteil v. 7. 7. 1981――VI ZR 48／80（Karlsruhe）NJW 1982, 108 f.」判タ四九〇号（一九八三）四六頁。二〇〇一年改正後の民事訴訟法改正以後の状況について、勅使川原和彦「続審制の変容――二〇〇一年ドイツ民事訴訟法改正を中心に」民事手続法研究二号（二〇〇六）四二頁以下、松本博之「控訴審における『事後審的審理』の問題性」青山善充先生古稀祝賀・民事手続法学の新たな地平（二〇〇九）四五九頁。証人の供述態度の観点から検討したものではないものの、ドイツにおける証拠調べの直接主義の展開を取り上げるものとして、高田昌宏「証拠法の展開と直接主義の原則――ドイツ民事訴訟法との比較に基づく覚書」民訴雑誌五九号（二〇一三）四六頁。

（8）第一審の証人尋問における証人の供述内容は、かつては要領しか記録されなかったものの、現在では、逐語的な供述記録が作成されることが多くなっている。鬼頭・前掲注（4）六九〜七二頁。

（9）これらの言葉については、逐語的な供述記録を作成する際には「ケバ取り」によって省略されることが多い。しかし、これらも言葉を供述記録においても記録するのであれば、記録に残るので、供述態度として分類されなくなる。

（10）これらには、機器を用いた場合には認識できる程度が広がるものがあることに注意が必要である。呼吸、脈拍、血圧などの生理現象や脳波を用いるわけではないにしても、質問に対する供述者の応答の間隔、顔の動きまたは音声を分析することで嘘を述べているかを機器（コンピューター）を用いて判定する取り組みがある。

二　日本における議論の状況

1　第一審における証人の再尋問

控訴審における証人の再尋問を巡っては、二四九条三項が控訴審に移審した場合に準用・類推適用されるかという点から主に論じられる。そこで、まず、第一審における証人の再尋問についての二四九条三項を確認しておきたい。[11]

二四九条三項は、ＧＨＱの強い影響のもとで[12]一九四八年に追加された（昭和二三年法律一四九号[13]）旧民訴法一八七条三項を引き継いだものである。この立法趣旨は、証人に対する証拠調べについて、訴訟の迅速処理を若干犠牲にするとしても、できる限り直接審理主義を徹底するためであり、裁判官の心証は、裁判官が証拠に直面することによってはじめて可能であり、完全であり得るところ、殊に、その陳述の価値判断において、多分に主観的であることを避けがたい証人について、直接審理を必要とし、また、それを最も適当とするところは、実務の経験の教えるところであると説明されている[14]。証人尋問について調書に記載された文字には現われない心証を後任者に引き継げないという問題意識が背景にあり[15]、証言を行う証人の証言態度等の様子を裁判官が観察することが重要だと考えられていたといえる。

二四九条三項のこのような理解は、現在においても一般的に引き継がれ、裁判官が心証を得るにあたって証人の証言態度等が意味を持つことを前提に、裁判官が更迭された場合には証人の証言態度等が新しい裁判官に引き継がれないことに配慮した規定であると説明されている[16]。

2　控訴審における証人の再尋問

第一審で尋問された証人の控訴審における再尋問について定めた規定は存在しない。そこで、旧民訴法一八七条三項が追加された当初から、旧民訴法一八七条三項が控訴審にも準用・類推適用されないかが論じられてきた。旧民訴法一八七条三項の立法時には、直接主義という観点からすれば再尋問を必要的に行うという考え方もありえるものの、旧民訴法一八七条三項の対象は同一審級内の裁判官の更迭であり、控訴審は続審ではあるけれども裁判官の更迭という概念を容れる余地がないという理由から、控訴提起による裁判官交代の場合には適用がないが、再尋問の申出がなされた場合の運用としては、旧民訴法一八七条三項の趣旨をくんで控訴審において再尋問することが妥当と考えられていた[17]。判例では、控訴審は続審の性質を有していても、それは覆審におけるように全部に亘っての新たな手続ではないこと、控訴審において裁判所の構成が新しくなることを普通は裁判官の更迭とは言わないことなどから、立法時に考えられていたように旧民訴法一八七条三項が控訴審には適用されないという立場が採用されている。[18]学説では、その趣旨が類推されるとの主張も有力ではあるものの、[19]適用されないとの見解が伝統的には通説とされる。[20]

実務運用としては、[21]昭和二〇年、三〇年代には証人尋問の直接主義の価値を重視する考えから第一審で尋問された証人の控訴審における再尋問がかなり広く行われていたものの、[23]訴訟遅延の懸念や再尋問を行うことが真実に近づく方法であるとは常には言えないことから証人の再尋問への疑念が出され、[26]また、証人尋問における証人の供述内容が要領調書ではなく、逐語的な供述記録によって記録されるようになり、[27]記録からでも十分に供述内容を確認することができるようになったこともあり、再尋問は次第に行われなくなり、現在では再尋問の必要性が厳しく判断されて、必要な場合に限って行われるようになっている。[28]

このような証人の再尋問の実施を限定する実務運用に対しては、学説の中からは、民訴法二四九条三項の趣旨である証拠調べの直接主義などを根拠とする批判もある。[29]しかし、裁判官からは、記録のみから十分な心証を得られることを前提として、再尋問をすることの意義に否定的であり、[30]また、実務における事実認定の方法について、当事者間に争いのない事実、書証等から明らかな客観的な事実などの動かしがたい事実を中心に心証を形成し、人証の取調べは、主として動かしがたい事実の間をつなぎ、動かしがたい事実から形成された心証に誤りがないかを確認するために用いられ、証人等の供述態度や供述の細かなニュアンスで心証に違いが生じる事件は珍しいと述べ、人証の位置付けが研究者と実務家の間で異なっているとの指摘がなされている。[31]このような事実認定の手法は、現在においては裁判官の間では一般的なものであり、[32]証人尋問を自己の面前において行うことによって得られる証拠価値は、証人尋問の結果を記した記録を読むことによって得られる証拠価値とそれほど変わらない、[33]証人の供述態度を観察することには事実認定にあたってさほどの意味を持たないと考えられていることになる。二四九条三項は証人の供述態度を観察することが事実認定にあたって意味を持つとの理解から出発しているので、控訴審における証人の再尋問についての実務運用を批判する見解と実務運用との間には、証人の供述態度を観察することが事実認定にあたって意味を持つかどうかという点において認識の違いがある。この認識の違いは、二四九条三項の合理性や直接主義の根拠への疑問にも繋がることになる。事実認定にあたって証人の供述態度を観察することには意味があるのかが問われることになる。

（11）なお、旧民訴法一八七条三項が導入される以前には、証人の再尋問を義務付ける規定は存在していない。ただし、明治民訴法三一七条では、「証人訊問ノ完全ナラサルトキ」（二号）、「証人ノ供述カ明白ナラス又ハ両義ニ渉ルトキ」（三号）、「此他裁判所カ再訊問ヲ必要トスルトキ」（五号）に職権で再尋問ができるとされた。この規定は、大正民訴法では、裁判所による職権証拠調べを広く認める大正民訴法二六一条（「裁判所ハ当事者ノ申出テタル証拠ニ依リテ心証ヲ得ルコト能ハサルトキ其ノ他必要アリト認ムルトキハ職権ヲ以テ証拠調ヲ為スコトヲ得」）に吸収された。そして、大正民訴法二六一条は、一九四八年に弁論主義を徹底するという理由から（奥野健一＝三宅正雄・改正民事訴訟法の解説〔一九四八〕〔復刻版―日本立法資料全集別巻一六四（二〇〇〇）〕四九頁）削除されている。ただし、この規定の削除時には、職権による証人の再尋問は許されると考えられていた（最高裁判所事務局民事部「改正民事訴訟法詳説」松本博之編著・民事訴訟法〔戦後改正編〕（一）〔日本立法資料全集六一〕（二〇〇九）三四九頁）。証人尋問の再実施は裁判所が必要と認めた場合にのみ行うというのが旧民訴法一八七条三項ができるまでの規律であった。

（12）梅善夫「民事訴訟法の戦後改革序説――昭和二三年法律第一四九号『民事訴訟法の一部を改正する法律』（各法領域における戦後改革）」青山学院大学総合研究所・法学研究センター研究叢書第二号（一九九三）五五頁注一二。

（13）昭和二三年改正後の民訴法一八七条三項の立法過程およびその後の解釈については、上野泰男「続審制と控訴審における裁判資料の収集」民訴雑誌五三号（二〇〇七）一三五～一三七頁、上野泰男「旧民事訴訟法一八七条三項の新設について」青山善充先生古稀祝賀・前掲注（7）一頁以下においてまとめられている。

（14）奥野＝三宅・前掲注（11）四〇頁。

（15）「民事訴訟法の改正について総司令部担当官より考慮を求められた事項――その一（昭和二三年一月二六日）」松本・前掲注（11）一〇七頁、「民事訴訟法の改正について総司令部担当官が述べた意見――その二（昭和二三年二月三日）」松本・前掲注（11）一一〇頁、「民事訴訟法改正法律案に関する総司令部係官との会談経緯（昭和二三年二月二八日）」松本・前掲注（11）一二四頁。

（16）兼子ほか・前掲注（3）一三九四頁は、証言の信憑性に重大な影響のある証人の供述態度等から得られた印象が、新裁判官に伝えられないことに配慮した規定と説明する。また、秋山ほか・前掲注（3）一五七頁は、裁判官がその心証を得るのは、証言の言葉に現れたもののみではなく、その証言の際の証人の態度等（質問に直ちに答えたか相当時間躊躇した後に答えたか、あるいは顔を赤らめて述べたかなど）が重要な意味を持っていると説明する。

（17）民事裁判月報二号二二、二三頁（昭和二三年六月一〇日、一一日に行われた民事裁判官会同における協議を収録したもの）、最高裁事務局民事部「改正民事訴訟法詳説」松本・前掲注（11）三四〇頁。

（18）最判昭和二七・一二・二五民集六巻一二号一二四〇頁。

（19）旧民訴法一八七条三項の趣旨が控訴提起による裁判官交代の場合にも類推されると解するものとして、井上繁規＝斎藤秀夫編・注解民事訴訟法㈣〈第二版〉（一九九一）四二四頁〔小室直人＝渡部吉隆＝斎藤秀夫〕、斎藤秀夫ほか・注解民事訴訟法㈠〈第二版〉（一九九一）二三四頁〔小室直人＝東孝行〕、鈴木正裕＝青山善充編・注釈民事訴訟法㈣（一九九七）一三八頁〔小林秀之〕、上野・前掲注（13）「続審制と控訴審における裁判資料の収集」九四頁以下、松本・前掲注（7）四八一頁、上野・前掲注（13）「旧民訴法一八七条三項の新設について」一四頁以下。

（20）三ヶ月章・判例民事訴訟法（一九七四）一七八頁、兼子ほか・前掲注（3）一三九五頁、秋山ほか・前掲注（3）一五九頁など。

（21）控訴審における訴訟運営や人証取調べについての推移については、司法研修所編・民事控訴審における審理の充実に関する研究（二〇〇四）四二頁、二四〜三二頁、一一三〜一二一頁でまとめられている。

（22）村松俊夫「控訴審の審理」同著・民事裁判の諸問題（一九五三）一一九頁、西村宏一＝尾中俊彦「控訴制度の諸問題」民訴雑誌一〇号（一九六三）三〇頁。

（23）村松・前掲注（22）一一八〜一二〇頁、岩口守夫・訴訟遅延の防止に関する実証的研究——訴訟遅延の原因及びその除去策（司法研究報告書七輯三号）（一九五四）九三頁、西村＝尾中・前掲注（22）二八〜三〇頁。例えば、岩口・四〇頁によれば、昭和二八年度に判決が確定した事件を中心に一〇四件を調査した結果、地裁第一審事件の控訴審においては第一審で尋問した証人のうち四六％、簡裁第一審事件の控訴審においては証人のうち八〇％が控訴審において再尋問されていた。西村＝尾中・前掲注（22）二八頁によれば、昭和三六年の一五七件の調査の結果、地裁第一審事件の控訴審では、第一審で尋問された証人のうち四四・七％が控訴審でも再尋問されたという。

（24）村松・前掲注（22）一一九頁。

（25）西村＝尾中・前掲注（22）三一頁。

(26) 近藤完爾「控訴審の問題点」同著・民事訴訟論考第二巻（一九七八）二三五頁、二三六頁。

(27) 鬼頭・前掲注（4）六九〜七二頁。

(28) 平成二四年に終結した民事控訴事件における平均人証数は〇・〇三人、控訴審において人証調べが実施された事件の割合は一・七%、人証調べ実施事件における平均人証は、一・八人となっている。最高裁判所事務総局編・第五回裁判の迅速化に係る検証に関する報告書概況編（二〇一三）一九八頁図14「平均人証数及び人証調べ実施率の推移（民事控訴審訴訟事件）」。

(29) 上野・前掲注（13）「続審制と控訴審における裁判資料の収集」一三七頁、一三八頁以下、松本・前掲注（7）四八〇〜四九〇頁、上野・前掲注（13）「旧民訴法一八七条三項の新設について」一四〜一七頁以下、勅使川原和彦・民事訴訟法理論と「時間」的価値（二〇〇九）一五二頁。

(30) 民訴学会シンポジウム「上訴の理論的再検討」民訴雑誌五三号（二〇〇七）一五二〜一五四頁〔福井章代コメント〕、鬼頭・前掲注（4）七五頁。

(31) 民訴学会シンポジウム・前掲注（30）一五二〜一五四頁〔福井章代コメント〕。

(32) 例えば、「動かしがたい事実」を中心とする事実認定の手法について、司法研修所編・民事訴訟における事実認定（二〇〇七）二五〜二八頁、一九五頁、加藤新太郎編・民事事実認定と立証活動第Ⅱ巻（二〇〇九）一二三頁〔村田渉発言〕、三六三〜三六五頁〔村田渉発言〕。人証の供述態度に着目して供述の信用性を判断することについて、司法研修所・前掲一九五頁は、供述しながら顔を赤らめたとか、もじもじしていた、といったことが信用性の判断に影響を与えることがないとはいえないとしながらも、緊張しているためにそうなるなど供述内容とは関係のない事情からそのような態度を取ることがあり得るから、一般的には、これらはそれほど重視すべきではないことが多いとする。同様のものとして、加藤・前掲一二二頁〔村田渉発言〕、須藤典明「事実認定の極意とは」加藤・前掲三五七頁。なお、最近のものではないが、証人の動作や言葉を微細に観察することが証人の信憑性判断に極めて必要であるとするとしたり（小島武司ほか・民事実務読本［Ⅲ］（一九八九）八一頁）、証人の供述態度が供述の信用性評価の材料となることを肯定的に説いたりするものもあった（鈴木重信「人証と証拠評価に関する問題について」中村宗雄先生古稀記念・民事訴訟の法理〔一九六五〕二八八頁）。

(33) 注（31）で引用した福井コメントの含意については、民訴学会シンポジウム・前掲注（30）一六五頁〔佐瀬裕史質問〕、勅使川原・前掲注（29）一五二頁で論じられている。

三　アメリカ法における証人の供述態度（demeanor）を巡る議論

1　伝統的なアメリカにおける供述態度の位置付け

伝統的に、アメリカでは、陪審や裁判官といった事実認定者が証人の供述態度（demeanor）を観察することによって、それを観察しないよりも、供述の信用性を正しく判断できると考えられ、事実認定を行う際の証人の供述態度の有用性が広く認識されてきた。[34] そして、事実認定にあたっての証人の供述態度の重要性は、法制度にも取り込まれている。

例えば、連邦法においては、伝聞証拠の利用は制限されている。その一般的な根拠としては、伝聞証拠の中には宣誓下でなされていないものもあることや反対尋問の機会が相手方にないことの他に、事実認定者が証人の供述態度を観察する機会の重要性があげられる。[35] このため、宣誓のもとで相手方に反対尋問の機会が保障されたうえで得られた以前の証言（証言録取や他の事件における法廷での証言）であっても、当該証人が法廷で証言することが不可能な場合でなければ、伝聞法則の例外として証拠として用いることは、許されない（Fed. R. Evid. 804 (b) (1), Fed. R. Civ. P. 32 (a)）。[36]

また、連邦の刑事事件に関する規定ではあるものの、[37] 合衆国憲法修正六条では、公判において被告人に不利益な供述をする証人と対面する権利を被告人に認めている（対面条項）。これにより、原則として、公判外での証人の供述は証拠として認められず、証人は被告事件の公判において現実に証言をすることが必要とされる。連邦最高裁は、対面条項の目的のひとつとして、証人の供述態度から供述の信用性を判断することをあげ、[38] 証人の供述態度が事実認定者に観察されることまでを修正六条による保障の対象としている。

さらに、証人の供述態度は、第一審の事実認定を上訴審で審査する基準とも関係している。連邦の民事事件では、陪審ではなく、第一審裁判官によってなされた事実認定であっても上訴審においては尊重され、明白な過誤（clearly erroneous）の有無という審査基準が用いられるに過ぎない（Fed. R. Civ. P. 52（a））。この根拠として、第一審では公判において証人が証言し、事実認定者はその証人の供述態度を観察することができたところ、上訴審の裁判官にはそのような機会がなかったことが伝統的にはあげられてきた(39)。

なお、カリフォルニア州の証拠法典では証人の供述の信用性の判断に影響する事項が例示的に列挙されているところ、そのリストの最初に、証人の証言中の供述態度があげられている（Cal. Evid. Code § 780）(40)(41)。

2 証人の供述の信用性判断にあたっての demeanor の有用性への懐疑論

(1) 心理学における知見

法学では事実認定にあたって証人の供述態度を観察することに価値が見いだされてきたところ、心理学では、嘘をどのようにすれば見破れるかという研究分野において供述態度を取り上げる実験が一九六〇年代から本格的に行われてきた。これは、主として、供述者の供述態度を被験者が観察することで、被験者が嘘を見抜けるかを実験したものである。これらの結果の多くは供述態度を観察したとしても嘘を見抜けるようになることとの困難さを示すものであった。そのため、一般的には、一般人は供述態度を観察したとしても嘘をよりよく見抜けるようになるわけではなく、また、反対の実験結果もあるものの、警察官その他の法執行官、裁判官などの嘘を見抜く業務の経験のある者であっても、偶然に判断するよりもほんの少し正しく嘘を見抜けるに過ぎないというのが心理学における共通的な理解となっている(42)(43)。

大まかなイメージを摑めるようにする目的で(44)、一九九一年に Ekman および O'Sullivan が発表した、大学生だけではなく法執行官も被験者とした実験を簡単に紹介したい(45)。この実験は、アメリカのシークレットサービスの法科学部門のメンバー（三四人）、連邦政府機関に勤務するポリグラフ検査技術者（六〇人）、強盗事件を担当している警察官・捜査官（一二六人）、事実審裁判所の裁判官（一一〇人）、精神科医（六七人）、嘘を見破ることに関心のあるグループ(46)（七三人）、心理学を専攻している学部学生（三九人）を被験者としたもので、被験者が一〇人の女子学生のビデオインタビューを見て、嘘をついているかどうかを判定するものである。インタビューを受けた者全員は、彼女たちが見たとされる自然に関する映画を見た後の感情についての質問を受け、肯定的な感情を答えた。一〇人のうち半分は実際にその映画を見て正直に自身の感情を答えた一方で、残りの者はその映画を見る代わりにぞっとするような映画を見て嘘をついていた。実験の結果、各グループ毎の正答率は、シークレットサービスの職員六四・一二%、ポリグラフ検査技術者五五・六七%、警察官・捜査官五五・七九%、裁判官五六・七三%、精神科医五七・六一%、関心のある者五五・三四%、大学生五二・八二%であり、このうちシークレットサービスのメンバーのみが偶然よりも高い確率で嘘を見破れると統計的に判定された[47]。

では、なぜ供述態度を観察しても嘘を見破れることにさほど貢献しないのか。供述態度を観察することで嘘を見抜けるという考えは、人間が嘘をつくときに特徴的な徴候があり、それを人間が観察できることが前提となっている。例えば、嘘をつくときには、顔が赤くなる、視線をそらす、まばたきの増加、手の震えなどの身体の動きが増える、声のトーンが上がる、話間違いが増えるなどが考えられることが多い。しかし、心理学の多くの研究によれば、嘘をつくときに特徴的に現われると人が一般的に信じている手がかりの多くは実証的には正しいとは言えず、人は嘘をつくときに他の人が嘘の徴候だと考えているような行動をとらないという[48][49]。

(2) 心理学の知見の法学研究者の間での受容　供述態度を観察することが嘘を見抜くにあたって役に立つかに関する知見は心理学の世界においては一九六〇年代に広まったものの、その知見が法学の世界で普及し出すのは一九九〇年前後からであり[50]、法学の世界に特に強い影響を与えたものとして、Wellborn[51]、そしてBlumenthal[52]の論文をあげることができる。これらは、嘘を見抜くことについての当時の心理学の研究結果を詳しく紹介したもので、供述態度が事実認定にあたってさほどの重要性を持たないことを示し、事実認定にあたって供述態度が重要であることを前提とする法制度をどうするべきか、あるいは、事実認定をよりよく行うためにはどうしたらよいのかを論じたものであった。事実認定にあたっての証人の供述態度が重要であることを前提とする法制度についてどのような検討が行われたかの一端についてごく簡単に触れておくと、公判における証言を重視する制度については、供述態度を観察することが真実性判断に役立つとはいえないとしても、公判における証人の証言には何らかの別の価値があるのではないかとの議論がなされた。公判には真実を見分ける以上に当事者に納得をしてもらいやすくするという価値がある、[53]口頭での証言は複雑な事象を書面によるよりも理解を容易にする、[54]法廷での証言は証人を怖がらせることで不誠実な証言を防げる（ただし、思いつきに過ぎないとの批判がある）、[55]といった価値が主張された。伝聞証拠については反対尋問権の保障があるのであれば伝聞例外を拡大するべきとの主張があり、[56]上訴については、上訴審による第一審事実認定の審査基準について、上訴審による介入が行われると第一審裁判所の自信を損なったり、上訴件数を増加させるという問題があるとして、供述態度の重要性以外の理由から第一審の事実認定の尊重を基礎付ける試みがなされた。[57]一九九〇年代前後からの心理学の知見を法学に取り入れる論文をきっかけとして、供述態度の事実認定における価値についての伝統的な考え方が正しいものではないという考えが多くの法学研究者の間で広く受け入れられるに至っている。[58]しかし、法学研究者の間では心理学の知見が受け入れられたのとは対照的に、立法や実務においては、供述態度が事実認定をするうえで重要であるという従来の考えが主流である。[59]

3　日本法への示唆

アメリカでは、かつては証人の供述態度を事実認定者が観察することが事実認定にあたって意味のあるものであるとの認識が一般的であったものの、心理学の知見が法学研究に取り入れられ、素人でも、警察官などの専門家であっても、供述態度を観察したとしても事実認定に役に立つとは言えないことが法学研究者の間で認識されるようになった。日本では、これまで心理学の知見が民事訴訟における証人尋問の直接主義を考えるに際して導入されてきたわけではないので、実証的な根拠に基づいて議論をするという観点からすると、その知見を導入することは日本法においても意義がある。また、法廷において証人が証言することについて、正しい事実認定をするという観点からは重要ではないとしても、当事者の納得、複雑な事項の理解が書面よりも容易になるといった価値を見いだす指摘が心理学の知見が法学に導入された時点にあったことも、何のために再尋問をするのかを考えるうえで参考になると考えられる。

（34） 例えば、Wigmoreは、証人の供述態度の重要性についての明確なルールがなくとも、証人の供述態度は常に証拠とみなされる、と述べている（John Henry Wigmore, Evidence § 946（James H. Chadbourn rev. ed. 1970））。〝供述態度の証拠は、審判者に証人の証言は真実でないばかりか、真実は証言の反対であることを納得させうる〟、と説明するものとして、Henry S. Sahm, Demeanr Evidence. Elusive and Imponderables, 47 A. B. A. J. 580（1961）.

（35） FED. R. EVID. Art. VIII advisory committee's introductory note. ここでは、証人が証言をするにあたって要求される理想的な条件として、1. 証人が宣誓すること、2. 事実認定者の直接の面前において証言すること、3. 反対尋問が行われることの三つがあげられている。また、2. について、証人の供述態度は伝統的に事実認定者と相手方に対して貴重な手がかりを提供するとの認識を示している。

（36） この理由として、事実認定者が証人の供述態度を観察することの重要性があげられている。FED. R. EVID. 804（b）（1）advisory committee's note.

（37） ただし、連邦最高裁の判例には、手続的デュープロセスの内容として対面条項が要求されることがあり、刑事手続だけではなく、いくつかの行政手続などでも対面条項の保障を認めたものがある。国防業務に従事する技術者についての安全保障上の問題はないという確認の取消しに関して Green v. McElroy, 360 U.S. 474, 492, 496–497（1959）, 弁護士登録拒絶に関して Willner v. Committee on Character & Fitness, 373 U.S. 96, 103–104（1963）, 行政給付の打切りに関して Goldberg v. Kelly, 397 U.S. 254, 269–270（1970）.

（38） 対面条項に関する最初の主要判例である Mattox v. United States, 156 U.S. 237,242,243（1895）において、対面条項の目的として、「被告人が証人の記憶をテストし、証人の良心を呼び起こす機会となるばかりでなく、陪審が証人を見て証言台における証人の供述態度や証言している最中の振舞いから証人が信じるに値するかを判断するために証人を陪審と対面させる機会ともなる主尋問および反対尋問の代わりとして、民事事件においてしばしば認められてきた証言録取または一方当事者のためになされた宣誓供述書を被告人に対して用いることを防ぐことにある」と判示されている。Coy v. Iowa, 487 U.S. 1012,1029（1988）, Maryland v. Craig, 497 U.S. 836,846（1990）も、対面条項の意義として、証人の供述態度を事実認定者が観察することをあげる。

（39） 連邦民事訴訟規則五二(a)は、事実審裁判所が証人の信用性を判断する機会を有することに十分な考慮が払わなければならないことを規定している。また、Anderson v. City of Bessemer, 470 U.S. 564（1985）参照。なお、一九八五年以前の連邦訴訟規則五二(a)は、第一審の事実認定は明白な過誤の有無という基準によって上訴審で審査されることが規定されていたに過ぎなかったところ、事実審における事実認定がもっぱら書面によってなされた場合の審査基準に関して同条が適用されるかに争いがあり、一九八五年の改正によって、明白な過誤の有無の基準によって審査される第一審の事実認定は、口頭での証言に基づくか書面による証拠に基づくかを問わないことが規定された。この改正は、第一審と上訴審の役割分担を重視する観点から行われたもので、第一審の事実認定に終局性を与えることで司法の安定性と効率性を推進することに主眼がある（FED. R. CIV. P. 52（a） advisory committee's note to 1985 amendment）。証人の供述態度以外の事由も上訴審による事実認定の審査基準を考えるにあたって考慮されていることになる。一九八五年の改正については、溜箭将之・アメリカにおける事実審裁判所の研究（二〇〇六）四七〜四九頁参照。

（40） また、カリフォルニア州においては、裁判官による陪審への説示のモデル例においても、証人の証言を信じるか否かを決めるにあたり考慮できる事項の例として、証言している最中の証人の態度（attitude）があげられている（ただし、これは一番目にあげられているわけではなく、五番目である）。Judicial Council of California, Civil Jury Instructions（ver. Dec. 2013）Series 107.

（41） ただし、筆者が二〇一三年八月から二〇一四年八月のカリフォルニア州サンフランシスコ市滞在中に上位裁判所（Superior Court）の公判を傍聴した限りでは、陪審員は公判においてメモを取ることができるので、重要な事項であればあるほど、陪審員が証人の供述態度を観察せずに、下を向いてメモを取ってしまうことがよく見られた。そのため、陪審が実際にはさほど供述態度を観察していない可能性がある。なお、学部学生を対象とした心理学の実験をもとにして、人間が現実の世界において嘘を見破るに際して、供述態度はあまり利用されていない蓋然性を指摘するものとして、Hee Sun Park, Timothy R. Levine, Steven A. McCornack, Kelly Morrison & Merissa Ferrara, How People Really Detect Lies, Communication Monographs 69, 144（2002）がある。

（42） Charles F. Bond, Jr. & Bella M. DePaulo, Accuracy of Deception Judgments, Personality & Social Psychology Review 10, 214（2006）. この論文は、メタ解析と呼ばれる統計手法を用いて、二〇〇以上に及ぶ先行研究の統計分析を行ったものである。メタ解析とは、過去に行われた複数の研究結果のうち信頼性の高いものを収集・統合して解析する統計手法であり、個別の実験による結果のずれや違いを平準化するもので、統計手法の中では最も質の高い根拠とされる。また、M. G. Aamodt & H. Custer, Who can best catch a liar? A meta-analysis of individual differences in detecting deception, Forensic Examiner 15, 6（2006）も同様の結論を示している。

（43） なお、警察官は偶然に判断するよりも正しく嘘を見抜けるとする実験結果の中には興味深いものがある（Samantha Mann, Aldert Vrij & Ray Bull, Detecting True Lies: Police Officers' Ability to Detect Suspects' Lies, Journal of Applied Psychology 89, 137（2004））。これは、

イギリスにおいて、警察における実際の被疑者のインタビューを録画し、それをインタビューに関わっていない警察官に見せて、被疑者の供述が嘘か否かを判断してもらうというものである。その結果、嘘か真実かを正しく見抜く割合は六五％であり、偶然に判断するよりも有意に高い結果であった。また、人が嘘をつく際の徴候として信じられているものを正しいと考えている警察官は嘘を見抜く成績が低い一方で、供述態度ではなく供述内容（供述の詳細さや矛盾など）を嘘を見抜く徴候として言及している警察官は嘘を見抜く成績が高かった。供述内容に着目することの重要性を示す結果といえる。なお、注（49）も参照。

（44）人が嘘を見抜けるかという問題の実証方法として、現在の心理学の論文は、個別の実験結果の紹介も行われるものの、それよりも信頼性の高い統計手法であるメタ解析を用いるものが相当数ある。

（45）Paul Ekman & Maureen O'Sullivan, Who Can Catch a Liar?, American Psychologist 1991, 913（1991）.

（46）人を騙すことについての大学の公開講座に参加した者。このカテゴリーで参加した者には、実業家、法律家、会計士、警察官、主婦、ソーシャルワーカー、心理学者、看護師が含まれる。

（47）有意水準は五％が用いられた。

（48）See Bella M. DePaulo, James J. Lindsay, Brian E. Malone, Laura Muhlenbruck, Kelly Charlton & Harris Cooper, Cues to deception, Psychological Bulletin129. 1, 74（2003）; Siegfried L. Sporer & Barbara Schwandt, Paraverbal Indicators of Deception : A Meta-analytic Synthesis, Applied Cognitive Psychology 20, 421（2006）; Siegfried L. Sporer & Barbara Schwandt, Moderators of nonverbal correlates of deception : A meta-analytic synthesis, Psychology, Public Policy, and Law 13, 1（2007）. これらは、人間が嘘をついたときとそうでない場合の態度や声などの違いを分析した先行研究のメタ解析をしたものであり、嘘をつくときに現われると信じられている徴候が実際に嘘をつくときにどの程度出現するのかを、効果量（effect size）を算出することで示している。効果量とは、効果の強さを示す値で、値が大きいほど効果が強いことを表し、正の関係があればプラス、負の関係があればマイナスの値となる。メタ解析した結果の効果量は、例えば、Sporer & Schwandt, supra note 48（2006）, at 436によれば、ピッチは、標本の大きさ（sample size）によって重み付けした場合にはプラス〇・一〇、そうでない場合にはプラス〇・一三、発話の誤りは、標本の大きさによって重み付けした場合にはプラス〇・〇四、そうでない場合にはプラス〇・〇六である。Sporer & Schwandt, supra note 48（2007）, at 21は、まばたきについて〇・〇〇、視線をそらすについてマイナス〇・〇一、頭の動きについてプラス〇・〇六、手の動きについてマイナス〇・一九、足の動きについてマイナス〇・〇七という数値を示す。このSporer & Schwandtの二つの研究では、効果量として、ピアソンの積率相関係数rが用いられている。効果量としてrを用いた場合、rの値はマイナス一からプラス一までのいずれかの値となる。rの値が〇・一は弱い効果、〇・三は中程度の効果、〇・五は強い効果を意味するものと考えられている（Jacob Cohen, Statistical power analysis for the behavioral sciences, 77, 78（2nd ed. 1988））。

(49) ただし、非言語的な徴候であっても供述内容の分析や尋問方法（主として、警察における被疑者の尋問方法で、情報を被疑者に隠しながら尋問するもの）と組み合わせることなどによって、嘘を見抜くにあたって効果があるとする研究が近年には出されるようになり、研究がさらに進展している。Andreas Kapardis, Psychology and Law: A Critical Introduction, 274–279（3rd ed. 2010）を参照。そのため、本文の記述は若干単純化し過ぎている面がある。

(50) 古くはCharles T. McCormick, Deception-Tests and the Law of Evidence, 6 TENN. L. REV. 108, 127 & Nn. 50（1928）、一九七〇年にはEdward H. Cooper, Directions for Directed Verdict: A Compass for Federal Courts, 55 MINN. L. REV. 903, 934（1970）において、事実認定するうえでの供述態度の価値が実証的な根拠に基づかないことが法学文献でも指摘はされていた。

(51) Olin Guy Wellborn Ⅲ, Demeanor, 76 CORNELL L. REV. 1075（1991）.

(52) Jeremy A. Blumenthal, A Wipe of The Hands, A Lick of the Lips: The Validity of Demeanor Evidence in Assessing Witness Credibility, 72 NEB. L. REV. 1157（1993）.

(53) Wellborn, supra note 51, at 1092.

(54) Richard L. Marcus, Completing Equity's Conquest? Reflections on the Future of Trial Under the Federal Rules of Civil Procedure, 50 U. PITT. L. REV. 725, 759（1989）.

(55) Sporer & Schwandt, supra note 48（2006）, at 436, Wellborn, supra note 51, at 1092. 批判として、Mark Spottswood, Live Hearing and Paper Trials, 38 FLA. ST. U. L. REV. 827, 841–842（2011）.

(56) Wellborn, supra note 51, at 1099.

(57) Wellborn, supra note 51, at 1095–1096, さらには、George C. Christie, Judicial Review of Findings of Fact, 87 NW. U. L. REV. 14, 38–39（1992）.

(58) ただし、WellbornやBlumenthalが論文を出した当時の心理学の知見が法学研究者の間では普及していて、その後の心理学の進展が法学に十分に取り入れられていないとするものとして、Max Minzner, Detecting Lies Using Demeanor, Bias, and Context, 29 CARDOZO. L. REV. 2557, 2564（2008）がある。

（59） 例えば、連邦民事訴訟規則四三条は、公判について証人の証言が公開の法廷で行われることを要求しているところ、一九九六年の改正によって法廷外の場所との通信によって証人の証言を例外的にではあるが行えるようにする文言が追加された。この改正理由の説明では、法廷外での通信による証言はあくまで例外的に認められるに過ぎないことを述べるにあたり、証人と向かい合って証人の供述態度を判断する機会には伝統的に大きな価値が認められてきたとされている（FED. R. CIV. P. 43 advisory committee's note to 1996 amendment）。また、連邦最高裁の判例には、伝聞証拠の排除の根拠として供述態度の重要性に言及したものがある。Williamson v. United States, 512 U.S. 594, 598（1994）.

四　検　討

1　民訴法二四九条三項は、裁判官が心証を得るにあたって証人の証言態度を観察することに意味があることを前提とする規定である。そうすると、証人の証言態度を裁判官が観察することがより正しい事実認定をするにあたって意味がないのであるならば、一般的に理解されている二四九条三項の趣旨は現実には妥当しないということになる。裁判官更迭時に証人の再尋問をすることに新たな意義を見いだすか、それができなければ解釈論としては二四九条三項の適用範囲を限定的に解釈することになる（立法論としては、二四九条三項の廃止へとつながる）。

裁判官更迭時に証人の再尋問をすることの新たな意義としては、裁判官が口頭で証人の証言を聞けることによって複雑な事項の理解が書面よりも容易になることはどうか。更迭前の裁判官が証言内容に疑問を持たなかった（あるいは、証言内容を理解できた）としても、更迭後の裁判官が記録を読んで証言内容に疑問を持った（あるいは、証言内容に理解できない点があった）場合に疑問点の説明を求められるという点で再尋問には意味があるようにも思える。しかし、そうであれば、裁判官の疑問点の有無とは関係なく、当事者の権利として再尋問の実施を義務付けることは行き過ぎであって、複雑な事項の理解が容易になることを二四九条三項の意義と考えることはできない。

では、口頭弁論調書を通じて証人の証言内容が判決作成にあたって考慮されるだけでは足らず、実際に判決を書く裁判官に証人を見てもらいたいとする当事者の希望、そしてそれが行われた場合には当事者が判決を受容しやすくなるという点はどうか。確かに当事者がそのような希望を抱くのは自然であろう。しかし、日本法では当事者が証拠として申し出た証人の採否は基本的に裁判所の裁量に委ねられており、証人を法廷で尋問するという当事者の権利が重視されているわけではない（見方によっては、証人の採否について、裁判所の権限が強すぎ、当事者の権利が弱すぎるということになるのであろう）。そして、再尋問が問題となる証人について、主尋問あるいは反対尋問において尋問する機会を当事者は一度は有していたのであるから、当事者の希望や判決の受容可能性という点から、当事者の権利として再尋問を認める必要はないといえよう。

このように考えると、解釈論としては二四九条三項の適用範囲をできるだけ限定的に解釈することになる。

2　さらに、第一審で尋問された証人を控訴審において再尋問することについて、控訴審であることの特殊性も考慮したい。控訴審の段階では、第一審の審理が十分に行われている限りにおいては、通常、控訴審の口頭弁論開始の段階で十分な訴訟資料が揃っており、当事者の主張や争点が裁判所の視点から整理されている。そのため、控訴審裁判官からすると、特定の証人の証言が訴訟全体や個々の争点に対する判断においてどのような位置付けにあるのか、どの程度重要であるのかが比較的分かりやすいといえる。そうであれば、証人の再尋問の実施については、第一審裁判官よりも裁量の幅を広げるべきと考えることもできるであろう。

以上の検討から、証人の証言態度を裁判官が観察することにはより正しい事実認定をするにあたってさほどの意味がないのであれば、二四九条三項は限定的に解釈するべきであり、また、控訴審では第一審よりも再尋問についての裁判官の裁量の幅を広げるべきであるから、二四九条三項は控訴審には準用も類推適用もされず、また証人の供述態度を観察してもらうことを目的する当事者からの再尋問の申出を認めるべきということにもならないと解すべきである。

3　なお、本稿で検討した内容は、証人尋問の直接主義の価値そのものと関係する。そのため、受命・受託裁判官による裁判所外での証人尋問（民訴法一九五条）、大規模訴訟における受命裁判官による裁判所内での証人尋問（同法二六八条）、書面による証人の尋問（同法二〇五条）をどの程度まで認めるべきか、要件をどうするべきか、さらに、陳述書の利用をどのように捉えるべきかといった問題にも、それぞれの場面毎に問題状況は異なるものの、影響を与えよう。

＊この論文に係る研究は、一般財団法人司法協会及び公益財団法人野村財団による研究助成を受けた。

民事訴訟における違法収集証拠の取扱いについて

――適正な裁判を可能にする証拠収集制度を考える道標として

杉山悦子

一　はじめに
二　民事訴訟における違法収集証拠の分析の視点
三　裁判例における違法収集証拠の取扱い
四　学　説
五　違法収集証拠にどう向き合うか
六　結びに代えて

一　はじめに

1　本稿の目的

本稿の目的は、適正な証拠収集制度のあり方を探る道標とすべく、民事訴訟における違法収集証拠に対する規制を考察することである。周知のように、刑事訴訟の分野では、古くから違法収集証拠の排除法則が発展してきた[1]。これは、国家機関である捜査機関による違法な捜査手続を抑止して、適正な裁判を保障することが、憲法上の要請とされていることによる（憲三一条・三五条）。これに対して、民事訴訟では、刑事訴訟と異なり証拠能力を制限する規定はなく、違法収集証拠の主張がされた場合には、訴訟手続外での民事・刑事法による救済か、あるいは、弁護士が関与する場合には弁護士倫理の問題として扱われることはあっても[2]、基本的には証拠能力の制限には服さないと考えられてきた[3]。

ところが、民事訴訟でも、文書を窃取、横領するといった古典的な方法のみならず、録音、録画技術の発展により、小型の機器を用いて盗聴や盗撮をしたり、電子情報に不正にアクセスして入手した情報を証拠として提出することが容易となり、違法行為が多様化するとともに、違法性の意識自体も次第に希薄化している感も否めない。

無論、違法収集に歯止めをかけるべく、証拠能力に制限を設けるべきであるという議論も見られた。ところが、裁判例で証拠能力が否定された例は少なく、有力説である比較衡量説には、排除の基準やその過程が不透明であり、かつ、排除した証拠が裁判官の心証に影響を与えている印象を拭い去ることができないという限界がある。

そこで、本稿では違法収集証拠を用いる誘因を減少させるべく、より明確な排除基準を模索するとともに、現在の証拠収集制度の限界を明らかにしたいと思う。

2　伊藤眞教授のアプローチ――納税者のための民事訴訟という発想

伊藤教授はかつて違法収集証拠の問題を取り上げられたことがある。(4) その論考は「納税者の納得できる裁判」という章で始まり、「訴訟当事者の利益とともに、司法制度運営費用の担い手である国民の裁判への期待をも念頭に置かなければならない。納税者たる国民にとって、真実に基づく裁判は、もとより望ましいが、すべての事件について絶対的真実を発見することが、国民の期待に沿うかどうかは、必ずしも断言できない」と述べられる。(5)

ここには、違法収集証拠の問題が二当事者間の次元にとどまらず、訴訟制度を支える納税者にも影響を与えるという問題意識が現れている。伊藤教授自身は比較衡量説に理解を示されるが、この問題を単に当事者間の公平の問題として捉えるのではなく、裁判官にも、当事者の違法行為にお墨付きを与えてはならない、違法に収集された証拠を用いてはならないという規範が向けられていると解されているようでもある。

3　本稿のアプローチと進め方

本稿では、違法収集証拠の証拠能力を制限するためのより明確な基準を模索する。このような見解に対しては、証拠能力ではなく証拠力の問題として捉え、自由心証主義（民訴二四七条）の枠内で証拠力を減殺して評価すれば足りるという反論も考えられよう。しかしながら、実際に証拠を取り調べたところ、実質的な証拠力が限りなくゼロに近かった場合であればともかく、要証事実との関連性が高い重要な証拠である場合に、違法性の分だけ証拠力を低く評価される保証はない。(6)

証拠能力を制限する議論は今までも見られたが、本稿では、当事者や裁判官の信義則に制約根拠を見出すのみならず、公正かつ適正な証拠収集制度の利用・発展を促進する法則として位置づけて、その制限の基準を検討する。違法収集証拠の問題は、当事者の立証手段、証拠開示制度がどれほど充実しているのかという問題と裏表の関係にある。換言すれば、証拠開示制度が十分に機能していないことが、違法な証拠収集を助長している面もあり、証拠開示制度の整備を進めることにより、違法な証拠収集を用いる誘因は減ると考えられる。本稿では、あるべき適法な証拠開示制度を念頭に置きつつ、これまでの判例・学説を再検討し、違法収集証拠の排除基準を現代の視点から考察する。この問題についてはすでに比較法研究[7]を含めた多くの先行研究があり、これらと重複する箇所も少なくないが、携帯電話等を用いて収集された証拠や、電子データへの不正なアクセスで収集した証拠の扱いといった比較的新しい問題も取り上げる。なお、紙幅の関係上、比較法的な分析までは行わない。

（1）最判昭和五三・九・七刑集三二巻六号一六七二頁では、証拠物の押収等の手続に、憲法三五条およびこれを受けた刑訴法二一八条一項等の所期する令状主義の精神を没却するような重大な違法があり、これを証拠として許容することが、将来における違法な捜査の抑制の見地からして相当でないと認められる場合においては、その証拠能力は否定されるとした。

（2）加藤新太郎ほか「〈座談会〉立証活動における倫理（下）」判タ一三三七号（二〇一一）九頁〔加藤新太郎発言〕、一一頁〔馬橋隆紀発言〕。

（3）本稿の基礎となる講演を二〇一四年三月四日の司法研修所における民裁教官セミナーで行い、その際に多くの示唆を受けた。

（4）伊藤眞「違法収集証拠、証言拒絶権——証拠の収集〔その二〕」法セ三三二号（一九八二）九二頁。

（5）納税者のための民事訴訟という発想は、伊藤教授のその他の論考にもうかがわれる。たとえば、伊藤眞・民事訴訟法〈第四版補訂版〉（二〇一四）二五頁、同「営業秘密の保護と審理の公開原則（上）」ジュリ一〇三〇号（一九九三）七八頁等。

（6）井上治典・実践民事訴訟法（二〇〇二）一三二頁。

（7）間渕清史「アメリカ民事訴訟における証拠排除法則（一）（二・完）」民商一〇七巻一号八八頁、二号二一四頁（いずれも一九九二）、同「民事訴訟における違法収集証拠（一）（二・完）」民商一〇三巻三号（一九九〇）四五三頁、四号（一九九一年）六〇五頁、森勇「民事訴訟における違法収集証拠の取扱い」判タ五〇七号（一九八三）一八頁、春日偉知郎「判批」判タ三六七号（一九七八）一九一頁、河野憲一郎「違法収集証拠をめぐる訴訟当事者間の法律関係」立教六四号（二〇〇三）一〇〇頁、同「ドイツ民事訴訟法理論における違法収集証拠排除論の新たな展開」商学討究五六巻二＝三号（二〇〇五）三〇三頁。

二　民事訴訟における違法収集証拠の分析の視点

1　違法収集証拠の多様性

過去の裁判例で問題となったのは無断録音や窃取文書が多いが、その他にも実務で問題となる例として以下のものがある。証拠を窃取する例としては、書類を勝手に持ち出すような古典的なものにとどまらず、離婚訴訟や不貞行為の相手方に対する損害賠償請求訴訟で配偶者の不貞行為を立証するために、同居する配偶者のパソコン、携帯電話のメールを勝手に盗み見て、保存したデータを書証として提出したり、通話履歴を提出したりする例があり(8)、窃取の対象が有体物である場合に限らず、無体物である場合も増えている。窃取の態様に着目しても、同居人の文書等を密かに見る場合もあれば、暴力を用いて奪い取る場合、別居している配偶者宅に忍び込んで窃取する例もあろう。また、同居人の文書等を盗む場合であっても、文書等が他人に容易にアクセスできる状態にある場合もあれば、厳重に管理されている場合もある。

無断録音の態様も様々である。訴訟の相手方との会話を一方当事者が密かに録音する場合に限らず、第三者の会話を盗聴する場合もあるし、第三者が訴訟当事者間の会話を録音する場合もあろう。また、密室での会話を無断で録音する場合もあるし、公開での会話を無断で録音する例も考えられる。

違法行為を行う主体も、訴訟当事者である場合もあれば、第三者である場合もあろう。また、違法行為によって利益が侵害される者が、訴訟当事者である場合もあれば、訴訟とは無関係の第三者である場合もありうる。さらに、違法収集証拠が提出されるのが、弁論主義の妥当する通常の民事手続である場合もあれば、職権探知主義が妥当する人事訴訟である場合もある。

検討に際しては、このような証拠方法、収集の態様、主体、保護法益などの多様性を考慮する必要があろう。

2 違法収集証拠の定義――何の違法性か

前記に挙げた例は、いずれも、証拠方法の獲得、収集過程に実体法規違反が介在した場合であるが、論者の中には、違法収集証拠をより広い意味で捉え、訴訟法規に違反して獲得・感得された証拠も含めるものがある。[9] たとえば、法定代理人を証人尋問手続で尋問した場合（大判昭和一一・一〇・六民集一五巻一七八九頁）、宣誓が欠缺した場合（大判昭和一五・二・二七民集一九巻二三九頁、最判昭和二九・二・一一民集八巻二号四二九頁）などがその例である。このような場合には、違反した訴訟法規が任意法規である場合には異議権の対象となり、適時に異議を述べないと放棄したものとして価値が治癒される（民訴九〇条）。もっとも、これらは、裁判所が証拠資料を感得する過程に軽微な違法性があった場合であり、異議権の喪失で対処できるものとして、本稿では扱わない。[10]

なお、違法性が介在する段階に着目すると、証拠の取調べ段階を除いたとしても、無断録音のように証拠方法を作成、獲得する段階に違法性がある場合と、文書の窃取のように証拠収集段階で違法性がある場合とがあり、[11] 違法収集証拠の規律を考える際には、その違いに着目して分析を行うのが有益であろう。

（8） 加藤ほか・前掲注（2）九頁〔馬橋発言〕、一〇頁〔村田渉発言〕。
（9） 間渕清史「証拠能力」伊藤眞＝山本和彦編・民事訴訟法の争点（二〇〇九）一八八頁。
（10） 近藤完爾「証拠の証明力」民事訴訟法学会編・民事訴訟法講座第二巻（一九五四）五九二頁注4も、手続上の瑕疵は証拠の判断資料たる資格を失わせないとする。
（11） 上村明広「違法収集証拠の証拠適格」岡法三二巻三＝四号（一九八三）七四五頁、七四六頁、住吉博「判批」判時一〇二三号（一九八二）一八一頁、一八三頁〔判評二七六号三五頁、三七頁〕。

三　裁判例における違法収集証拠の取扱い

1　裁判例の検討にあたって

以下では、違法収集証拠が問題となった過去の裁判例を検討する。検討に際しては、証拠方法に着目して、無断録音テープの例と秘密裏に見聞した結果を記した報告書の例、さらには、日記帳などが窃取された場合に分けて整理を行う。録音テープや報告書は、証拠の作成過程に違法性が潜んでいるが、窃取文書は、すでに存在する証拠を収集する過程において違法性があるという違いがあるのに加え、文書窃取の場合には所持者の管理責任を問えるのに対して、録音の場合には本人の関与がない点で違法性が大きいという指摘もあるが(12)、文書の管理体制、録音の状況は多岐にわたるのであり、一概にそのようには言えないであろう。

2　無断録音テープ

①東京地判昭和四六・四・二六下民集二二巻三＝四号四五四頁では、詐害行為取消訴訟において、当事者間で行われた当該事件についての質疑応答の対談を一方当事者が勝手に録音したものが証拠として提出された。裁判所は、特に会談の内容を当事者以外に聞きとられまいと意図した形跡はないから、公序良俗に反し違法に収集されたとは言えないとして証拠能力を肯定した。公序良俗違反の場合には証拠能力は否定されるという考え方は、後の一部の学説にも影響を与えている。

②大分地判昭和四六・一一・八判時六五六号八二頁では、「公益を保護するため或いは著しく優越する正当利益を擁護するためなど特段の事情のない限り、相手方の人格権を侵害する不法な行為と言うべきであり、民事事件の一方の当事者の証拠固めというような私的利益のみでは未だ一般的にこれを正当化することはできない」として、原告が

被告の同意を得ずにした無断録音テープの証拠能力が否定された。録音テープの内容は明らかではないが、他にも証拠があったようであった。

先例として引用されることの多い③東京高判昭和五二・七・一五判時八六七号六〇頁は、自作の番組についてのテレビ映画の製作放映契約の成立を立証するために、原告会社の代表者が被告の担当者を酒席に招き、そこで誘導質問をしつつ会話を交わして、隣室で密かに録音をしたものを起こして証拠として提出したケースである。裁判所は、一般論として、「証拠が、著しく反社会的な手段を用いて、人の精神的肉体的自由を拘束する等の人格権侵害を伴う方法によって採集されたものであるときは、それ自体違法の評価を受け、その証拠能力を否定されてもやむを得ない」としつつも、無断録音テープは、通常話者の一般的人格権の侵害となることは明らかだが、本件では、発話者の不知の間に録取したのみであり、録音の手段方法が著しく反社会的と認められる事情はないとして、証拠能力を肯定した。録音テープの他に契約成立を認める証拠がなかったようであるが、テープの内容を確認したところ、誘導尋問による会話であるため、結局信憑性はなく、契約成立は否定されている。

④盛岡地判昭和五九・八・一〇判時一一三五号九八頁では、ひき逃げ死亡事故の調査をしていた民間人と加害者がホテル内で二人きりで事故の状況について詳細に交わした会話を密かに録音したテープの反訳が提出された。裁判所は、「一般に被録取者の同意を得ない録音はプライバシーを侵害する違法な行為」であり「民事訴訟法の基本原則である公平の原則に照らし、かかる証拠を事実認定の資料に供することが著しく信義に反すると認められる場合にはその証拠能力は否定すべきである」としつつも、「訴訟における真実発見の要請をも考慮するとき……会話の内容自体が個人の秘密として保護に値するか否か、とりわけその内容が公共の利害に関する事実か否か、訴訟において当該証拠の占める重要性等を総合考慮したうえその証拠能力の有無を決するのが相当」とした。このケースでは、誘導尋問はあるものの恫喝や強制はなく、精神的肉体的自由の拘束のもとに強制された供述を録取したものではないとし、不知の間に録取されたという録取の態様、証拠の重要性、長期間秘匿された犯罪行為という重大な公共の利害に関する

事実であることなどを考慮して、証拠能力が肯定されている。比較衡量を行っている点、違法行為を行ったのが訴訟当事者ではない第三者である点も特徴的である。

最近では、⑤東京地判平成一八・二・六LLI/DB（判例番号L06131140）登載で、被告が明確に拒絶していたにもかかわらず、原告が被告との会話を勝手に録音したテープの証拠能力が争われたが、人格権を著しく反社会的な手段方法で侵害したものとは言えないとして、証拠能力が肯定された。ただし、提出されたテープから要証事実は立証できないものと判断されている。その他にも、秘密録音されたものが提出される例は見られるが、特に争点となることなく、あるいは、違法収集証拠の主張が簡単に排斥され、証拠が許容される例がある。(13)

3 報告書

⑥名古屋地判平成一五・二・七判タ一一一八号二七八頁では、違法に音楽著作物を再生していた社交ダンス教室と受講契約を結んで受講生となった探偵業者が見聞し、作成した報告書の証拠能力が問題となった。ここでも、③の判決の一般論を引用しつつも、本件では、「事実を見聞するに際し、他人に危害を加えたり、自由意思を抑圧するなどの手段をとることはなかったこと」や、「被告らが原告の著作権を侵害している蓋然性が高かったこと」を考慮して、証拠能力が肯定された。注目されるのは、著作権侵害の可能性という、本案判断に踏み込んで証拠能力の有無が判断されている点である。この事件では証拠調べの後に証拠抗弁が出されたようであり、明示的な比較衡量こそしてはいないものの、諸般の事情を総合的に考慮する姿勢が全くなかったとまでは言えまい。

4 窃取された文書

窃取された文書などが提出される例の多くは、日記帳や手帳のようにプライバシーに関する事項である。戦前の⑦大判昭和一八・七・二民集二二巻五七四頁は、離婚訴訟において夫の居宅内に遺留されていた妻の日記帳を、妻の侮辱行為を立証するために夫が妻に無断で書証として申請した事例である。大審院は、日記帳が事実上夫の占有に委ねられており、このような場合に、作成者であり所持者である妻の許可がなければ証拠能力がないとする規定がないことを理由に、証拠能力を肯定した。

⑧名古屋高決昭和五六・二・一八判時一〇〇七号六六頁は、地位保全の仮処分申請の際に、人事部長の手帳が勝手に持ち出されて証拠として提出されたとして、証拠の申出の適法性が争われた。裁判所は、「書証の場合においても、当該書証が窃盗等正当な保持者の意思に反して提出者によって取得されたものであり、かつ、これを証拠として取調べることによってその者あるいは相手方当事者の個人的秘密が法廷で明らかにされ、これらの者の人格権が侵害されると認められる場合（私的な日記帳、手紙などがその適例である。）には、その書証を証拠方法とすることは許されないとした。しかしながら、このケースでは、手帳が盗まれたことが推認できるにすぎない上、手帳内容は職務上の出来事や行事予定にすぎず、私的領域の事項ではないとして証拠能力は肯定されている。プライバシー侵害があれば証拠能力が否定されることを示唆している点で着目される。

⑨神戸地判昭和五九・五・一八判時一一三五号一四〇頁でも、プライバシーとは関係ない文書の証拠能力が問題となった。ここでは、被告会社がキャビネットに保管していた書類が、何人かによって窃取され、それが原告である従業員の手に渡ったとして、証拠排除の申立てがされたが、裁判所は、当事者が自らまたは第三者と共謀の上、相手方の所持する文書を窃取するなど、信義則に反すると認めるべき特段の事情がない限り、証拠能力は否定されないと一般論を述べた上で、単に第三者が窃取したのみでは特段の事情はなく、このケースのように誰が窃取したか分からない場合でも特段の事情はないとして証拠能力を認めた。「誰が」違法行為を行ったかが、証拠能力に影響を及ぼすことが示唆されるとともに、違法行為の立証の困難性がうかがわれる。

⑩名古屋地判平成三・八・九判時一四〇八号一〇五頁は、妻から夫の不倫相手に対する慰謝料請求訴訟で、夫が不倫相手を住まわせるために賃借していたマンションの郵便受けから妻が無断で持ち出し開披、隠匿していた信書が書

証として提出された。裁判所は、「当事者が挙証の用に供する証拠は、それが著しく反社会的な手段を用いて採集されたものである等、その証拠能力自体が否定されてもやむを得ないような場合を除いて、その証拠能力を肯定すべき」とした上で、信書の無断持ち出しは夫婦間の一般的承諾のもとに行われる行為の範囲を逸脱しているとしつつも、夫が不倫相手との関係を原告に隠そうとしなかったことや、現在も原告と同居していることなどから、証拠収集の方法、態様は、証拠能力を否定するまでの違法性を帯びるものではないとした。問題となった信書は決定的な証拠ではなかったようだが、被侵害利益よりも、証拠収集の態様を重視しているようである。

証拠能力が否定されたのは、⑪東京地判平成一〇・五・二九判タ一〇〇四号二六〇頁である。これは、妻の不倫相手に対する損害賠償請求訴訟において、原告である夫が陳述書の原稿として弁護士に差し出したか、手元控えとして作成した大学ノートが妻によって持ち出され、被告から書証として申出された事例である。裁判所は、「当該証拠の収集の仕方に社会的にみて相当性を欠くなどの反社会性が高い事情がある場合には、民事訴訟法二条の趣旨に徴し、当該証拠の申出は却下すべき」として、本件ノートは、「その文書の密行性という性質及び入手の方法において、書証として提出することに強い反社会性があり」、信義則に反するとした。そもそも、ワークプロダクトとして保護する必要性が高かったものであるが、(14)他にも、窃取の事実を確認するために、証拠排除に先立って、ノートの内容を閲覧している点も着目される。

最近では、電子メールなどを勝手に提出する例が多く見られる。未公刊の裁判例ではあるが、⑫東京地判平成一七・五・三〇 LLI/DB（判例番号 L06032071）登載は、家出をして他の男性との不貞行為をした妻の所在や事情を確認するために、夫が共同使用するパソコンを開いてメールを閲覧、コピーした場合であっても、著しく反社会的方法によって取得されたものとは認められないとして証拠能力は肯定されている。⑬東京地判平成一八・六・三〇 LLI/DB（判例番号 L06132608）登載では、配偶者に暴力をふるって奪取した携帯電話のメールの送受信記録が証拠として提出されたが、暴行の程度を証明する写真等の客観的証拠が提出されておらず、人格権を著しく害する反社会的な手段方法や態様で収集したということは困難であるとして、証拠能力は肯定された。

5　裁判例から見えるもの

裁判例では一般に、証拠収集の方法が人格権を侵害するものであったのか、人の身体や精神を拘束するなど反社会的な手段が用いられたか否かが考慮されている。まず、無断録音テープについては、②③④の裁判例からは、基本的には人格権侵害、プライバシー侵害があるとしつつも収集方法が反社会性を帯びるものでなければ、証拠能力を肯定する姿勢が見受けられる。この「反社会性」は、発話者の許可なく録音した程度では足りず、身体的拘束や精神的拘束があったような場合を指すようであるが、そこまで制限する理由は明らかではない。また、証拠排除の判断に際して、証拠の重要性や事件の重大性等について比較衡量をするか否かは立場が分かれる。なお、無断録音がされる場合には、誘導質問などが入っている場合も少なくなく、③のように、証拠能力が認められても、結果的には信憑性がなく証拠力がない、あるいは低いとされる場合もある。(15) すなわち、証拠の作成過程に反社会的な行為が介在する場合には、定型的に証拠の証拠力が低いため、証拠能力を排除しているようにも見受けられる。

日記帳、信書、電子メール等の場合には、証拠の内容を本人の意に反して開示すること自体がプライバシー侵害であり、⑧のようにその点に触れるものもあるが、多くの判例は収集方法の反社会性にのみ着目して証拠能力を判断している。ここでも反社会性が認められるのは暴力を用いるような極端な場合であり、そもそも⑤⑬のように反社会的な行為の立証ができないケースもある。また、違法収集証拠排除の根拠を信義則に見出す場合、⑨のように、違法行為を行ったのが当事者であるか第三者であるかによって、証拠能力の判断に影響が及びうるとする考え方も見られる。いずれにせよ、違法行為の態様の反社会性のみに着目して証拠能力を判断する根拠は明らかではなく、また、実際にはこの要件が十分に機能しているのか疑問を感じざるを得ない。

(12)　上村・前掲注（11）七四五頁。

(13) 東京地判平成一五・一二・二六判タ一二〇四号五四頁、神戸地判平成一八・八・四判時一九六〇号一二五頁、東京地判平成二五・七・二三労判一〇八〇号五頁。
(14) 高橋宏志・重点講義民事訴訟法（下）〈第二版補訂版〉（二〇一四）五二頁注34。
(15) 伊藤・前掲注（4）九五頁、菊井維大＝村松俊夫・全訂民事訴訟法Ｉ〈補訂版〉（一九九三）一一六四頁。

四　学説

1　証拠能力肯定説から制限説へ

学説に目を向けると、古くは、証拠能力を無条件に肯定し、民事、刑事責任を別途追及すれば足りるというものもあった。[16] 現在の学説では証拠能力に制限を加える方が主流となっている。ただし、その根拠や具体的な要件をめぐっては見解が多岐に分かれる。

2　根拠と要件論

(1)　根拠　違法収集証拠の証拠能力を制限する根拠についての一つの考え方は、実体法と訴訟法の法秩序の統一性を根拠とする、すなわち実体法上違法なものは訴訟法上も違法とする考え方である。[17] しかしながら、証拠能力の判断を実体法の違法性判断と必ずしも一致させる必然性はないという批判が見られた。[18]

他方で、違法な証拠収集行為は、相手方当事者や裁判所に対して、信義に従い誠実に民事訴訟を追行する義務に反するので、その結果収集された証拠方法を用いることは許されないという見解が主張されるようになった。[19] この見解は、実体法規違反の行為を訴訟法規違反として構成することにより、法秩序の統一性説に対する批判を回避することが可能になる。[20] この見解が主張された当初は、訴訟法上の信義則を定める規定がなかったが、現在は制定法上の根拠が与えられている（民訴二条）。また、以前は、この信義則が当事者間で機能するのか、裁判所対当事者の関係で機能するのか明らかではないという指摘もあったが、[21] 現在は、相手方当事者のみならず裁判所に対しても信義則上の義務を負うと解されており、[22] この問題も解消されている。この見解は、諸要素を比較衡量して証拠排除を決する見解に比較的親和的であると思われるが、信義則の具体的内容、証拠排除の基準が明確にならないという問題は残らざるを得ない。

その他に主張された見解として、当事者間で妥当する「論争のルール」に照らして、個別に証拠の許容性を判断すべきという見解がある。[23] この見解は、違法収集証拠を当事者間の問題として捉えるものである。もっとも、「論争のルール」の内実、証拠排除の具体的な基準が明らかではないという問題があるが、論者は、証拠収集の際の具体的な状況、そして、証拠収集の方法のみならず、証拠申請の時点での訴訟手続の具体的経過や状況を考慮すべきとしており、後述の比較衡量説に近い。

当事者権の一つである証明権の内在的制約として証拠能力を否定する見解もある。[24] この見解に対しては、排除基準が明確ではない、裁判所の職権による証拠調べを排除することができないとの批判があるが、[25] 証拠排除の基準を実体法レベルでの違法性ないしは違法性阻却の判断基準に委ねれば指針は明確になり、裁判官の証拠利用権限もこの内在的制約に服すると再反論されている。[26]

最近では、違法収集証拠の排除法則は、訴訟外での差止請求に代替する訴訟内での相手方の救済手段であり、それは被告による証拠抗弁によって開始される訴訟内紛争として位置づけられるとする見解も見られる。[27]

(2) 排除の基準　違法収集証拠が排除される基準も多岐に分かれる。基準が比較的明確な見解は、憲法に反して収集された証拠（違憲収集証拠）は許容されないというものである。裁判例にも見られるこの考え方は、ドイツの学説を参考に、裁判官は憲法遵守義務を負うので憲法に違反した証拠を取り調べてはならないという発想を基礎とする。たとえば、人格権侵害があった場合は証拠能力が否定されるが、収集行為が違法であるにすぎない場合には、侵害利益の重大性と、原告の権利保護の必要性、真実発見の必要性を総合考慮して証拠能力の有無を決するという見解がこれにあたる(28)。あるいは、違法収集証拠にも証拠能力があるが、人格権侵害がある場合は原則として証拠能力がなく、違法性阻却事由を挙証者が立証する必要があると論ずるものもある(29)。これらの見解は、人格権侵害の場合に原則として証拠能力を否定する点で明快であるが、他方で、なぜ憲法違反の場合にのみ証拠能力が否定されるのかは明らかでない。職権主義的なドイツの民事訴訟では、当事者間の公平を図る以上に、裁判官による違法収集証拠の利用を禁止することが求められ、そのために裁判官の憲法遵守義務を引き合いに出したと考えられるが、当事者主義的な日本の通常民事訴訟においては別の説明も必要となろう。また、違憲な行為と違法な行為の境界、憲法上保護される権利の範囲は曖昧であり、憲法違反、人格権侵害の判断が困難になる場合がある。

最近では、真実発見の必要性と、違法な証拠収集で侵害される人格権などの被侵害利益と、違法な証拠収集の誘発を防止する利益とを調和すべく、これらの諸要素を比較衡量して決する考え方が多数を占める(30)。具体的には、当該証拠の重要性や必要性、すなわち代替証拠の有無や、事件の性質、相手方の態様や収集の態様、被侵害利益の重大性などを総合考慮して証拠能力を判断するものである。信義則違反や公序良俗違反の場合に証拠能力を否定する見解は早い時期から見られたが(31)、信義則の内容を明確化すると、結局のところ、比較衡量説が示す諸要素で決することになる(32)。この見解には排除の基準が不明確であるという問題があるが、比較衡量説によりつつも、収集手段が刑事上罰すべき場合には証拠能力は否定すべきとして、一定の明確な基準を示す見解も見られる(33)。

3　学説のまとめ

学説を俯瞰してみて分かることは、違法収集証拠を排除する根拠、要件ともに多岐に分かれるが、根拠論では、実体法上の違法性をどのようにして訴訟上のサンクションにつなげるかという点に焦点が当てられてきたことである。現在では、信義則が明文化されることにより、以前よりは説明が容易になったと思われるが、依然として制約の範囲は問題として残る。信義則を根拠とした比較衡量説が最近では有力であるが、批判は見られるものの違憲収集証拠を絶対的に排除しようとする見解には基準の明確性という点では劣る。

違法収集証拠を用いてはならないという規範が誰に機能するかという点に着目すると、人格権の侵害や憲法遵守義務などを重視する見解は裁判官に対する規範と捉えるのに対して、紛争ルールや当事者間の信義則の問題として考える見解は、当事者間の問題として捉える。前者によれば、当事者が異議を述べない場合や、職権探知の手続であっても証拠能力を否定する方向になるのに対して、後者の場合には、当事者が異議を述べなければ許容されることになろう。(34)

(16) 岩松三郎＝兼子一編・法律実務講座民事訴訟編四巻（一九六一）一五四頁、伊藤正己「判批」法協六二巻三号（一九四四）四一〇頁。

(17) 小林秀之・新証拠法（一九九八）一三四頁、一三五頁。兼子一ほか・条解民事訴訟法（一九八六）九四三頁も同趣旨か。

(18) 井上・前掲注（6）一二九頁。

(19) 山木戸克己「民事訴訟と信義則」末川博先生古稀記念・権利の濫用（中）（一九六二）二六五頁、二七六頁、上村・前掲注（11）三八九〜三九〇頁。兼子ほか・前掲注（17）五一八頁、九一三頁、松浦馨ほか〔兼子一原著〕・条解民事訴訟法〈第二版〉（二〇一一）一三七七頁〔竹下守夫〕、菊井維大＝村松俊夫・全訂民事訴訟法Ⅱ（一九八九）三八八頁、秋山幹男ほか〔菊井維大＝村松俊夫原著〕・コンメンタール民事訴訟法Ⅳ（二〇一〇）二三頁、谷口安平＝福永有利編・注釈民事訴訟法（六）（一九九五）二四頁〔谷口安平〕、内堀宏達「証拠能力と証拠価値」門口正人編集代表・民事証拠法大系第二巻（二〇〇四）九一頁以下。

(20) ただし、井上・前掲注（6）一二九頁は、この見解でも実体法上の違法性と訴訟法上の違法性の内的関連性の説明は容易ではないとする。

(21) 井上治典「違法収集証拠の証拠能力」鈴木正裕ほか・演習民事訴訟法（一九八二）一一二頁。

(22) 秋山幹男ほか〔菊井維大＝村松俊夫原著〕・コンメンタール民事訴訟法Ⅰ〈第二版追補版〉（二〇一四）三八頁、笠井正俊＝越山和広編・新・コンメンタール民事訴訟法〈第二版〉（二〇一三）一六頁。

(23) 井上・前掲注（21）一一二頁、同「証拠の収集（二）——違法収集証拠」新堂幸司ほか・演習民事訴訟法（二）（一九八五）一五二頁。

(24) 間渕・前掲注(7)「違法収集証拠(二)」六三〇頁、同・前掲注(9)一八九頁。

(25) 谷口＝福永編・前掲注(19)二二頁〔谷口〕、井上・前掲注(6)一三〇頁。

(26) 間渕・前掲注(9)一八九頁。

(27) 河野・前掲注(7)(立教六四号)一四五頁。

(28) 松本博之＝上野泰男・民事訴訟法〈第七版〉(二〇一二)四〇六頁、上田徹一郎・民事訴訟法〈第七版〉(二〇一一)三七一頁(収集の反社会性も考慮)。

(29) 森・前掲注(7)一八頁、春日偉知郎「違法収集証拠」同・民事証拠法研究(一九九一)一五九頁、一六七頁。

(30) 小林・前掲注(17)一三四頁、一三五頁、新堂幸司・新民事訴訟法〈第五版〉(二〇一一)五九六頁、高橋・前掲注(14)四九頁、伊藤・前掲注(5)(民事訴訟法)三五一頁、秋山ほか・前掲注(19)二四頁、笠井＝越山編・前掲注(22)九〇八頁、加藤ほか・前掲注(2)一〇頁〔村田発言〕。

(31) 菊井＝村松・前掲注(19)三八八頁、兼子・前掲注(17)九四五頁。

(32) 松浦ほか・前掲注(19)一三七六～一三七七頁〔竹下〕、谷口＝福永編・前掲注(19)二三頁、二四頁〔谷口〕。

(33) 伊藤・前掲注(5)(民事訴訟法)三五一頁。

(34) 井上・前掲注(21)一一四頁。信義則説の立場から、直ちに異議を述べなければ異議権を喪失するとするものとして、内堀・前掲注(19)九六頁。

五　違法収集証拠にどう向き合うか

1　分析の視点

以上の検討を踏まえて、違法収集証拠の取扱いにつき考察してみる。前述のように、これまでは違法収集証拠を排除する根拠や要件に焦点を当てて議論がなされてきたが、今日では、適法な証拠収集制度を用いた公正かつ適正な裁判を促進すべきという視点を加えて考察する必要がある。具体的には、①証拠を違法に収集・利用してはならないという規範はどの時点で、また誰に対して機能するのか、②違法収集証拠と適法な証拠収集制度との関係をどのように見るのか、それとの関係で、③違法に収集ないしは作成された証拠の内容と収集態様のどちらを重視するのか、④どのような手続で証拠の排除を行うのか、といった視点も必要となろう。

2　排除の根拠論——誰に向けられた規範なのか

①の問題は、違法収集証拠の排除論が機能する軸が、当事者対裁判所という垂直方向であるのか、当事者間という水平方向であるのか、違法収集証拠を用いてはならないという規範が向けられているのが裁判所なのか、当事者なのか、違法収集証拠の排除によって保護されるべきものは、当事者の利益、つまり私益なのか、それを超えた裁判の公正さ、司法に対する国民の信頼といった公益なのかという問題である。

民事訴訟の第一次的な目的は私益の保護であり、そうであれば、違法収集証拠の排除の根拠も、第一義的には当事者間の公平に求められよう。すなわち、両当事者は、民訴法二条の定める信義則に基づいて、公平な立場で攻撃防御を繰り広げる義務を負い、その中には実体法に違反した立証活動をしてはならない責務も含まれると解される。この信義則の機能する場面は、訴訟内にとどまらず、訴訟に提出される証拠の作成過程から、収集、申出も含み、そこに至る諸般の事情を総合的に考慮することになる。(35)

同時に、民訴法二条は、裁判所が公正かつ迅速に訴訟を行うように努める責務を定める。(36)ここには、私益の保護を第一次的な目的としつつも、公正な裁判とそれに対する信頼も保護する姿勢が表れており、それゆえに裁判所が違法な証拠収集活動にお墨付きを与えてはならず、また自ら違法な証拠収集活動を行うことも禁じられる。このように解すると、通常の弁論主義が妥当する民事訴訟においても、職権探知主義が妥当する人事訴訟などにおいても、違法に収集された証拠を、それと知りつつ裁判の基礎として用いることは許されない。

3　適法な証拠収集制度との関係

②の問題は、訴訟法が証拠の開示、証拠収集制度をどれほど整備しているのか、また、証拠収集を行う当事者の努力をどう評価すべきか、という問題である。

これらを考慮すると、第一に、訴訟法上の正当な証拠収集制度が可能である場合には、それを用いずに、あえて違法な手段で収集することは基本的には許されず、証拠能力を否定すべきである、という指針が導き出される。たとえば、医療事故のカルテを、証拠保全、文書提出命令、当事者照会などの制度を用いることなく、病院に侵入して盗み出して提出した場合には証拠能力は否定される。

第二として、正当な証拠収集制度を使っても、強制的に収集できないものについても、違法に収集することは認められず、収集態様、その反社会性の程度を問わず証拠能力を否定すべきである、という指針も導き出される。[37] 当事者間の公平な立証活動を保障するためである。証拠能力が否定される例として、後述のような、プライバシーや営業秘密、秘匿特権を侵害して収集された証拠が挙げられる。

現行法では、文書提出義務の除外事由として、自己利用文書が法定化され（民訴二二〇条四号ニ）、プライバシーは強制的な開示から免れ、絶対的に保護されるという態度決定がされた以上、プライバシーが侵害された場合は本人の同意がない限りは証拠能力が否定されるという指摘が見られる。[38] 任意提出がされない場合にも、文書提出命令で提出を強制できないとすると、当事者は違法な手段を用いて証拠を収集するしかなく、まさに違法な証拠収集行為を誘発する可能性が高くなるからである。企業の営業秘密、秘匿特権に関する事項（民訴二二〇条四号ハ・一九七条一項）も、これを違法な方法で収集することは許されない。

もっとも、このように考えると、これらの事項を含む文書等については、本人の同意がない限り、当事者によっても、裁判所によっても強制的に証拠として用いることができず、真実発見の上で不都合が生じないかという反論が想定される。

しかしながら、プライバシーに関しては、別の形での開示が可能である。たとえば、プライバシーは当事者照会においては回答拒絶事由となっておらず（民訴一六三条六号参照）、証言拒絶事由ともなっていない。すなわち、プライバシーが記載された文書は提出を免れても、秘密の対話の内容を、相手方や第三者の聞き手が証言することは禁止されない[39]。無断録音で考えると、会話の相手方が会話の内容を記憶にとどめ、これに基づいて話す場合と、話者が話したままの音声と言葉で克明に録音し、これを反訳して提出することで、あたかも聞き手が会話を当事者として直接聞いているのと同様の状況を作り出すのとではプライバシーの侵害のされ方が異なるからである[40]。

営業秘密の場合には、別の形での開示は想定されないが、非公開審理や秘密保持命令といった新たな審理方法を導入する形で解決すべきである[41]。

4　証拠方法の内容に着目した規律――プライバシー、営業秘密をどこまで保護するのか

(1)　問題の所在と営業秘密の範囲

③との関連で、プライバシー侵害等がある場合には、収集態様を問うことなく違法な証拠として排除されるとしても、違法に証拠収集されてはならないプライバシー、営業秘密の外縁をどのように画すべきかが問題となる。

営業秘密については、証言拒絶や文書提出命令の除外事由となる「技術又は職業の秘密」の意義について、最判平成一二・三・一〇民集五四巻三号一〇七三頁が「その事項が公開されると、当該技術の有する社会的価値が下落しこれによる活動が困難になるもの又は当該職業に深刻な影響を与え以後その遂行が困難になるものをいうと解するのが相当である」と定義づけ、最決平成一八・一〇・三民集六〇巻八号二六四七頁が、保護に値する秘密であるかどうかは、秘密の公表によって生ずる不利益と証言の拒絶によって犠牲になる真実発見および裁判の公正との比較衡量により決せられるとした。これと横並びで考えるのであれば、比較衡量の結果、保護に値する営業秘密の場合には、同意なく収集された場合には、証拠能力は否定されることになる。すなわち、保護の範囲は事案との関係で相対的なもの

になる。

(2) プライバシーの範囲　これに対してプライバシーは、「私生活をみだりに公開されないという法的保障ないし権利」[42]と解されており、そのため、日記帳、手帳のように純粋に個人利用目的の文書は、基本的に同意なく開示することは許されない。手紙、電子メール、密室の会話のように、相手方当事者に内容を委ねたと言える場合であっても、それを第三者に開示することが合理的に予測できない場合、秘密を放棄したとは言えない場合にもプライバシーとして保護に値しよう。

ここで、無断録音の場合に、プライバシー侵害があるかを考えてみる。民事訴訟の裁判例や学説でも、無断録音は、自分の音声を伴う話し言葉を支配、管理する自由である人格権の侵害であると説くものもあれば[43]、会話内容を相手方の支配に委ねているとして人格権侵害はないと評価するものもある[44]。刑事訴訟の分野に目を向けると、裁判例では、最決昭和五六・一一・二〇刑集三五巻八号七九七頁が、新聞記者が取材の結果を正確に記録しておくために録音したり、未必的にではあるが録音されることを認容していた場合に、相手方の同意を得ないで行われた無断録音を違法ではないとする。ただし、これは事例判断と言われ[45]、学説では、その他にも折衷的な見解が示されている。たとえば、原則合法であるが、録音しない明示の合理的約束がある場合、録音されないことの正当な期待がある場合、会話を不法に悪用する目的で録音された場合などには違法とする見解、原則違法としつつも、違法性阻却事由が認められる場合等には合法とする見解などである[46]。また、私人間の録音については、最決平成一二・七・一二刑集五四巻六号五一三頁が、被告人から詐欺の被害を受けたと考えた者が、後日の証拠とするため、被告人との会話を無断録音した場合も違法でないとして、録音テープの証拠能力を肯定している。ただし、「司法の無瑕性」の維持のため、特に内密性の強い会話を内容にするときは、証拠としての使用は許されないとする見解もある[47]。

このような議論を参考にすると、基本的には、無断録音もプライバシー侵害になるが、それは、会話がなされた具体的状況を踏まえて秘密性の放棄があったかという視点から判断されるべきである。すなわち、公開の場であるか否か、他に誰にも聞かれない状況で行われたのか、聞き手との間で会話内容を第三者に公開されないことが期待された状況でなされたか、会話の要保護性などを総合的に考慮して判断すべきである。会話の内容が取引に関するものである場合には、人格権侵害はないとして、証拠能力を肯定する学説も見られるが[48]、むしろ、営業秘密（民訴一九七条一項三号）や秘匿特権、守秘義務に該当する事項（同項二号）として保護されるか否かを検討すべきであろう。電子メールや手紙も同様に考えられる。

(3) プライバシー等の侵害が許容される場合　しかしながら、一定の場合には、違法性が否定される。一つは、所有者らの承諾がある場合である。明示の承諾がある場合はもとより、これがなくても、情報の管理体制が不十分であるような場合には、黙示の承諾があったと評価されることもある。たとえば、パソコンにパスワードをかけず、不仲の同居人が容易にアクセスできるようにしておいたところ、同居人がパソコン内のデータを許可なく持ち出した場合である。ただし、情報の管理体制から承諾を推認することは、慎重にならなければならない。

また、違法性阻却事由がある場合には、証拠は許容される[49]。すなわち、他の重大な法益を保護するための正当防衛に該当する場合、これを保護するために必要不可欠である場合には証拠能力は肯定される。たとえば、強迫電話を無断録音した場合、いじめや家庭内暴力の事実を立証するために無断録音した場合、不貞行為の立証手段がないので探偵を雇って密会現場を盗撮した場合などが考えられる。この違法性阻却事由の存否は、主観的な事情ではなく、客観的な事情に基づいて判断される必要はあろう[50]。

違法行為自体が立証事項となる場合、すなわち、違法収集を理由として後日損害賠償請求するような場合も、当該違法収集証拠を証拠として提出することは許容される。

(4) その他の問題　いくつか残された問題がある。まず、権利が侵害された者の属性に着目するかである。ここで、当事者のプライバシー侵害は違法性の程度が低く、第三者の権利が侵害された場合には違法性が高いという指摘も見られる[51]。しかしながら、適法な証拠収集制度と対比すると、この点で違いを設ける必要はない。というのも、自己利用文書も営業秘密を含む文書も、それが誰のものであるかによって提出義務の範囲に違いがあるとは解されていないからである。(52)

また、権利を侵害した者の属性に着目するかも問題となりうる。当事者間の信義則の問題として捉えると、同じ態様であれば、当事者による侵害行為は第三者による侵害行為と比べ、違法性の程度は大きいと評価できるかもしれない。しかしながら、信義則は証拠の申出段階においても機能すると解すると、第三者が違法に収集した証拠であることを知りつつ、証拠を申し出る場合も、違法性はあることになろう。(53) 少なくとも、プライバシー、営業秘密等では、被侵害利益が何であるのかが重要であり、侵害者による区別をしないのが適当である。たとえば、人事訴訟において、裁判官が、第三者が行った盗聴テープを積極的に取り調べることは許されないであろう。

5 証拠収集の態様にも着目した規律――プライバシー侵害等がない場合

これに対して、プライバシー等の侵害に該当しない場合には、訴訟上の信義則、公正な裁判を実現する利益等を考慮して、有力説の説くところの比較衡量説に則って相対的に判断せざるを得ないであろう。具体的には、被侵害利益の種類、侵害の態様、侵害の主体や当事者の関与の度合い、違法行為が介在した段階、すなわち証拠方法の作成過程か収集過程か、証拠や事件の重要性等を総合的に衡量して決することになる。

6 違法収集証拠をどのような手続で排除するのか

最後に、違法収集証拠を排除するための手続を検討する。証拠申出がなされ、これに対して違法収集証拠である旨の主張が提出された場合には、それが訴訟遅延目的に基づくなど、濫用的な抗弁でない限り、証拠決定の形で示すのが望ましい。(54) 基本的には当事者の証拠抗弁を待って判断が行われるが、当事者のプライバシーを侵害した証拠が提出されたにもかかわらず、直ちに証拠抗弁を提出しない場合に、異議権を喪失したとみなしてよいのか問題となる。基本的に、裁判所は、明らかに違法収集証拠であると知りながらこれを取り調べたり、心証形成の基礎とすることは許されないが、当事者の意思を確認した上で、事後的な同意があったとみなされる場合であれば、取り調べることができよう。

プライバシー侵害が主張される場合、その要保護性、違法性阻却事由の有無を検討するために、対立する利益との比較衡量が必要となるが、これは通常は本案訴訟で審理判断される事項である。そのため、証拠能力の判断が、最終的な本案の判断に依存せざるを得ない状況が生じうるが、証拠決定の段階では疎明をさせて判断せざるを得ない。また、会話の内容、重要性等も考慮しなければならない場合もあるが、心証への影響を最小限のものにするために、安易に証拠を閲覧するのではなく、会話のなされた状況など周辺的な事情から判断することが望まれる。営業秘密の侵害が主張された場合も同様である。比較衡量の方法を用いる場合でも、侵害態様の反社会性が著しく高い場合には、証拠を閲覧せずに証拠排除決定をすることが望まれよう。

(35) 上村・前掲注(11)二九〇頁。
(36) 裁判所自身も信義則上の義務を負うという見解も有力である（秋山ほか・前掲注(22)三八頁、松浦ほか・前掲注(19)二九頁〔新堂幸司＝高橋宏志＝高田裕成〕）。
(37) 住吉・前掲注(11)一八五頁（三九頁）も、文書提出義務や証言拒絶権の範囲とのバランスに配慮すべきと説く。
(38) 高橋・前掲注(14)四六頁。
(39) プライバシーを証言拒絶権の対象とする立法論もある（谷口＝福永編・前掲注(19)三一五〜三一六頁〔坂田宏〕、民事訴訟手続に関する改正要綱試案〔平五〕第五証拠二の二（取材源の秘匿）。反対、三木浩一＝山本和彦編・民事訴訟法の改正課題〔ジュリ増刊、二〇一二〕一二二頁）。
(40) 井上正仁「判批」昭和五六年度重判解（ジュリ七六八号）（一九八二）二〇二頁。また、垣内秀介「自己使用文書に対する文書提出義務免除の根拠」小島武司先生古稀祝賀・民事司法の法理と政策（上）（二〇〇八）二四三頁以下は、表現媒体の相違によるとする。
(41) 杉山悦子・民事訴訟法　重要問題とその解法（二〇一四）二頁以下。

(42) 東京地判昭和三九・九・二八下民集一五巻九号二三一七頁〔宴のあと事件〕。
(43) 上村・前掲注(11)三八四頁。河野・前掲注(7)(立教六四号)一四一頁。
(44) 判例②・⑤、松本＝上野・前掲注(28)四〇七頁。
(45) 井上・前掲注(40)二〇三頁。
(46) 井上・前掲注(40)二〇二頁、山名京子「判批」平成一二年度重判解(ジュリ一二〇二号)(二〇〇一)一八〇頁、福冨哲也「無断録音テープの証拠能力について」白川和雄先生古稀記念・民事紛争をめぐる法的諸問題(一九九九)二一九頁等参照。
(47) 井上・前掲注(40)二〇五頁。アメリカの議論につき、河野通弘「私人による違法獲得証拠と証拠排除」法と政治三三巻一号(一九八二)九一頁参照。
(48) 兼子ほか・前掲注(17)九四三頁、上村・前掲注(11)三八五頁、三八六頁、河野・前掲注(7)(立教六四号)一四二頁。
(49) 宴のあと事件・前掲注(42)参照。小山昇「録音テープの証拠調べ」判タ四四六号(一九八一)二六頁、二八頁、船越隆司「民事訴訟における証拠の証拠能力」三ケ月章＝青山善充編・民事訴訟法の争点(一九七九)二三六頁、二三七頁。
(50) 井上・前掲注(40)二〇四頁、山名・前掲注(46)一八一頁。
(51) 伊藤・前掲注(4)九五頁。逆の立場を示すのは内堀・前掲注(19)九八頁。
(52) 最決平成一九・一二・一一民集六一巻九号三三六四頁。
(53) 兼子ほか・前掲注(17)九四三頁。
(54) 河野・前掲注(7)(立教六四号)一四二頁。

六 結びに代えて

本稿では、当事者間の信義則および公正な裁判を実現するために、違法収集証拠の証拠能力を制限すべきとした。さらに排除される証拠の範囲を画するに際しては、適法な証拠収集制度とのバランスに配慮して、プライバシーや営業秘密等は絶対的に保護すべき利益であるため、これを違法に侵害された場合には、その態様や証拠の重要性等を考慮するまでもなく証拠能力を否定し、それ以外の場合には、証拠の収集から申出に至るまでの当事者間の事情を総合的に考慮して証拠能力を決するという立場を示した。保護されるべきプライバシーや営業秘密の範囲を決するにあたり、これと対立する利益等との比較衡量が必要となる場合もある。しかしながら、ここでいう比較衡量とは、有力学説の主張するように違法行為の態様、事件の重要性、証拠の重要性等をも考慮要素に含めて幅広く行うものとは異なり、保護されるべき利益の範囲を画するために必要最低限の範囲で行うものである。

繰り返しになるが、証拠が違法に作成、収集される事態を避けるためには、適法な証拠開示制度の拡充が不可欠である。そのためには、プライバシーや営業秘密の不当な開示からの保護も必要となる。これらの権利は違法な収集過程で侵害されるのみならず、訴訟の場で取り調べられることにより侵害が拡大するという側面を有するからである(55)。すなわち、これらは、当事者間で開示されるのみならず、公開法廷で第三者に開示される（憲八二条）ことによっても侵害されるのであり、第三者への開示から保護されるべき必要性が高い。立法論としては、プライバシーや営業秘密に関する事項であっても、たとえば、当事者間の訴訟に限り証拠としての利用を可能にしつつ、第三者への公開を制限できる制度にしていくことが必要であろう。

(55) 井上・前掲注(40)二〇五頁。

※ 謝辞

伊藤眞先生には、東京大学法学部の民事訴訟法第一部から第三部までの授業やゼミナールに始まり、同大学の助手として採用していただいて以降、現在に至るまで温かいご指導を賜り続けてきました。本稿で扱ったような証拠法の分野に関心を抱いたのも、アメリカの証拠法を扱うゼミに参加をさせていただいたのがきっかけです。ここに先生の古稀をお祝いするとともに、これまでのご指導に心より感謝申し上げます。

民事裁判における原則的証明度としての相当程度の蓋然性

須藤典明

一　はじめに
二　裁判規範としての証明度
三　実質的に優越的蓋然性によって判断されている場合
四　実務における原則的証明度の効果
五　渉外事件からみる高度の蓋然性の問題点
六　結　論

一　はじめに

わが国の民事裁判における事実認定は、高度の蓋然性によって判断されてきたことにより、民事裁判の質を押し上げてきたと評価できる。しかし、その反面で、事実認定に対する当事者の不満を招き、また、高度の蓋然性を超えるために裁判所が不十分な当事者の面倒をみるような訴訟指揮等にもなって、結果的に当事者主義の実現を妨げてきたことも否定できない。民事訴訟の本来の意義を再確認し、今まで以上に効率的で充実した審理を目指し、証拠が本来有している価値を適正に評価しつつ、より妥当な裁判を実現するため、事実認定における原則的な証明度を、高度の蓋然性から相当程度の蓋然性に変えるべき時期が到来している。本稿では、これまでの研究成果[1]をふまえて従来の議論の要点を確認し、優越的蓋然性的な考え方が正当である理由を補足した後、その判断が社会的に信頼されるためには、「五一・四九」という僅差の優越ではなく、相当程度の優劣の差があることを認識できることが必要であり、あえて数字でいえば、「六・四」程度の差がある相当程度の蓋然性を採用すべきことを論ずるものである。

（1）　兼子一・民事法研究第三巻（一九六九）一三〇頁、田中和夫・新版証拠法（一九五九）三四頁、石井良三・民事法廷覚え書（一九六二）一七八頁、村上博巳・民事裁判における証明責任（一九八〇）八頁、石田穣・証拠法の再構成（一九八〇）一四三頁、太田勝造・裁判における証明論の基礎（一九八二）一四七頁、加藤新太郎「証明度軽減の法理」木川統一郎博士古稀祝賀・民事裁判の充実と促進（中）（一九九四）一一〇頁、小林秀之・新証拠法〈第二版〉（二〇〇三）七六頁、伊藤滋夫・事実認定の基礎（一九九六）一七三頁、三木浩一「民事訴訟における証明度」法学研究（慶応大学）八三巻一号（二〇一〇）五六頁、伊藤眞「証明、証明度および証明責任」法教二五四号（二〇〇一）三三頁、春日偉知郎「『民事裁判における事実認定と事案解明』点描」融合する法律学（筑波大学法科大学院創設記念）（下）（二〇〇六）五一二頁、河野正憲・民事訴訟法（二〇〇九）四五九頁、田村陽子「民事訴訟における証明度論再考」立命館法学三二七・三二八号（二〇〇九）五一七頁、新堂幸司・新民事訴訟法〈第五版〉（二〇一一）五七一頁、松本博之＝上野泰男・民事訴訟法〈第七版〉（二〇一二）四一〇頁、高橋宏志・重点講義民事訴訟法（下）〈第二版補訂版〉（二〇一四）四〇頁、小島

武司・民事訴訟法（二〇一三）四四二頁などがある。

二　裁判規範としての証明度

1　証明度の意義

民事裁判は、ある法律効果を発生、変更、消滅させる主要事実やその推認に役立つ間接事実等の存否を認定して、権利の存否を確定するものである。そこで、審理及び判断を担当する裁判官が、ある事実の存否についてどの程度の心証を抱くことができれば、その事実が存在するものと認めてよいのか、また、その事実が存在するものと認めるべきなのかを判断する基準が証明度である。[(2)] 事実認定する裁判官は、その心証が設定されている証明度に到達しない限り、その事実の存在が証明されたものとしてはならないとされるから、証明度は規範的概念であり、裁判規範である。[(3)]

2　証明度をめぐるこれまでの見解等

裁判規範としての証明度については、判例は東大ルンバール事件判決（最判昭和五〇・一〇・二四民集二九巻九号一四一七頁）で「高度の蓋然性」を採用しており、通説も同様である。[(4)] 学説では古くから高度の蓋然性には限らないとの指摘もあり、現在では「証拠の優越」または「相当程度の蓋然性」（以下、論述の便宜のため、「優越的蓋然性説」と総称することがある）もかなり主張されている。[(5)] また、訴訟類型等に応じた「多段階的な証明度」を採用すべきであるとの見解も主張されている。[(6)] 実務では、大多数の裁判官が高度の蓋然性説を所与のものとして刷り込まれており、私も、伊藤眞教授が「相当程度の蓋然性説」を打ち出されたときには消極的であったが、現在は、僅差の判定には賛成できないものの、明らかにどちらかの立証が優越していることを認識できる程度の差があれば、事実を認定するのが適切であろうと考えている。[(7)]

3　高度の蓋然性説と優越的蓋然性説の比較検討

(1)　高度の蓋然性説の論拠　高度の蓋然性を採用すべき根拠としては、①証拠が十分に収集できるわけではない民事裁判では、証拠の優越を基準とすると、事実認定が偶然の要素に大きく左右されてしまい、不公平であること、②訴訟制度は現状の保護に価値を置いていること、③公権力による強制的な権利実現のもとになる判決は、基礎が十分であるべきこと、④証拠の偏在等により証明が困難な類型については、「必要性」「相当性」「補充性」を要件として個別に証明度を軽減すれば足りることなどが挙げられており[8]、ほかに、優越的蓋然性説の問題点として、ⓐ証拠の優越といっても、五〇％と五一％との境をどこに引くのか、ⓑ請求権の基礎の不当拡大をもたらし濫訴のおそれがある、ⓒ証明責任法則を不要にするなどの点が指摘されている[9]。

(2)　優越的蓋然性説からの反論　これに対し、優越的蓋然性説の立場から、上記①につき、証拠収集の充実を図るべきで、高度の蓋然性説によっても証拠収集方法が不十分であることに変わりはなく、偶然の要素を排除できるわけではないこと、②につき、訴訟状態を引き起こしている現状は、本来の原状ではなく、その直前に変更されたものである場合も少なくなく、必ずしもその現状保護が法的要請ではないこと、③につき、国家の執行権の発動を求めることが当然に高度の蓋然性に結びつくものではないこと、④につき、原則的な証明度は、審理の過程において当事者の立証活動を動機づけるものとして働き、当事者の立証活動を充実させるためには優越的蓋然性が望ましいことや、そもそも当事者間の公平原則が議論の出発点になるべきであることなどが指摘されており[10]、また、ⓐにつき、高度の蓋然性説によっても八〇％と七九％との境をどこに引くのか、同じ問題が生ずる上、「高度」とはどの程度なのかの理解についてバラツキがある、ⓑにつき、請求権の基礎を拡大することが不当であるとの証明はない、ⓒにつき、優越的蓋然性によっても証明責任法則が不要になるものではない、などの反論が加えられている[11]。

4　実務家からみた優越的蓋然性の原理的正当性

実務的観点から優越的蓋然性を採用すべきことを論ずる前に、原理的にも優越的蓋然性が正当であることにつき、若干の補足をしておきたい。

(1)　法的正義としての証明度　　裁判規範としての証明度の決定につき、伊藤眞教授は、「裁判の意義や手続の構造などを考慮して、規範として設定されるべきものであ」るとしており[12]、また、春日教授は、「実体法上および訴訟法上の多様な考量によって決定されるものであって、事案に応じて一定の幅の中で上下変動はあるとしても、これを捨象した最大公約数的な値を、社会は原則的証明度として認めることになる」としている[13]。民事裁判における多様な要請を総合考慮して証明度の妥当性を決定しようとするものであり、あまり異論はないようにも思われるが、裁判規範としての原則的証明度を論ずる以上、考慮要素の中でも重要性に違いがあるはずである。

(2)　民事裁判における法的正義としての平等原理　　民事裁判は、法的正義に合致した適正かつ迅速な紛争の解決を目指すものであるから、裁判規範としての原則的証明度を決定する第一の考慮要素は、そのような法的正義を最もよく実現することができる証明度は何かという観点であるべきである。最も古典的な正義の概念は「平等」を内容とするものであり[14]、近世、近代を経てその内容には争いがないわけではないが、当事者間の公平を前提とする「平等」が正義の基本であることは、今日でも間違いないであろう[15]。しかも、現在の民事裁判は、「平等な当事者」の間で、「主張立証の機会の平等」が保障された上で、攻撃防御が尽くされるのであるから、その判断も、「平等」を最も重視した証明度が原則とされるべきである[16]。ところが、「高度の蓋然性」という証明度は、一方の当事者にのみ過度に重い証明責任を課して、他方の当事者を有利に取り扱うことを強制するものであるから、原理的に正当ではないし、「原則的」という以上、個別に証明度を軽減するからいいというものではない。

(3)　民事裁判における法的正義としての実体的真実　　また、民事訴訟では、実体的正義を実現することも目的の一つである[17]。一般に、真実発見といわれるように、認定事実が「真実」であることを求めるものであり、優越的蓋然性説では事実認定を誤る可能性が高まり、国民の信頼を得られない[18]と批判される。しかし、そう単純なものではない。仮に「真実」を追求するのであれば、真実の確信を要件とすべきであり、ほぼ間違いないとの心証を抱いたとしても、絶対に真実であるとの確信を得られなければ、その事実を認定してはいけないはずである。そうすると、実際問題として、ある事実の存在を立証しようとする者は著しい不利益とリスクを負うことになるから、実体的正義＝真実を求めるといっても、絶対的真実を前提とするのではなく、「高度の蓋然性」によるのが適切だとされる。[19]確かに、実体的正義に基づく裁判という説明は、心地よい響きを有するものではあるが、「高度の蓋然性」によって実体的正義が実現できているわけではなく、むしろ当初の大前提である実体的正義の追求を途中で放棄していることに変わりはないし、そもそも東大ルンバール事件判決の妥当性＝真実性については、多くの疑問も指摘されている。[20]

(4) 積極的誤判と消極的誤判　また、前記(3)とも関連するが、高度の蓋然性説では、証明度を高めれば認定事実は真実である可能性は高まり、誤判の可能性が低くなるというが、それも一面的な見方である。誤判には、認定した事実が真実ではないという「積極的誤判」と、真実であったのに認定されなかったという「消極的誤判」とがある。刑事裁判では、[21]権力濫用の歴史を踏まえ、国家が刑罰権を独占し、強制捜査権を付与され、誤って死刑という究極の刑罰が科されてはならないから、「無罪の推定」により、十分な有罪立証ができない以上、積極的誤判を避けるために無罪とすること（消極的誤判には目をつぶる）のは「やむを得ない」といえるであろう。しかし、民事裁判では、対権力という構造ではなく、基本的に対等な当事者のうち、一方が勝てば、他方は負けるのであり、可能な限り双方が公平かつ平等に取り扱われるべきであるから、高度の蓋然性には達しなくても、明らかに優越する立証が認められるのに無視して切り捨てることは、正当化されないであろう。認定できる事実はできるだけ認定して、その当事者を勝たせることこそ、実体的正義の実現に適うはずである。[22]消極的誤判を無視した実体的真実は虚構であろう。

(5) 強制執行と原則的証明度　また、高度の蓋然性説から、公権力による強制的な権利実現の前提となる判決は、基礎が十分であるべきだとされる。[23]しかし、証拠の優越等を原則的証明度としている国家でも、当然ながらその判断について強制執行が認められており、国家機関が強制的に権利を実現するから高度の蓋然性でなければならないとする普遍的な論理必然性はない。[24] しかも、高度の蓋然性をとるわが国の民事法システムの下においても、例えば、民事保全などでは、「疎明」で判断された決定について強制執行が認められている。疎明によって一応確からしいとの心証を抱いても、「高度の蓋然性」による証明とはいわないであろう。もっとも、民事保全はあくまでも仮の執行であるとの反論があるかもしれないが、民事保全の執行であっても、そのインパクトは本来の強制執行に劣るものではない。[25] また、抵当権など担保権の実行においては、その旨の登記がなされていることを明らかにするだけで強制換価手続が開始され（民執法一八一条一項三号）、債務名義も必要ではない。

（2） 太田勝造・法律（社会科学の理論とモデル七）（二〇〇〇）九三頁など。なお、証明点基準領域として、証明ありとしてよい証明点から、必ず証明ありとしなければならない証明点に至るまでの幅をもたせるものとして、新堂・前掲注（1）五七〇頁や、萩澤達彦「裁判官の事実認定と証明度」高橋宏志＝加藤新太郎編・実務民事訴訟講座［第三期］第四巻（二〇一二）三一頁以下がある。

（3） 伊藤滋夫・前掲注（1）一五五頁、加藤・前掲注（1）一一〇頁、伊藤眞・前掲注（1）三五頁など。

（4） 兼子・前掲注（1）一三〇頁、斎藤秀夫・民事訴訟法概論〈新版〉（一九八二）二六一頁、菊井維大＝村松俊夫・全訂民事訴訟法Ⅱ（一九八九）三六〇頁、加藤新太郎・手続裁量論（一九九六）一四四頁、伊藤滋夫・前掲注（1）一八八頁、高橋・前掲注（1）四〇頁、松本＝上野・前掲注（1）四一〇頁、河野・前掲注（1）四五九頁など。

（5） 田中・前掲注（1）三四頁、石井・前掲注（1）一七八頁、村上・前掲注（1）八頁、石田・前掲注（1）一四三頁、三木・前掲注（1）五六頁、新堂・前掲注（1）五七一頁、田村・前掲注（1）五一七頁など。伊藤眞・前掲注（1）四〇頁は「相当の蓋然性」に切り替えるべきとしており、五〇％を超えればよいとするわけではない。

（6） 春日・前掲注（1）五一二頁、小林・前掲注（1）七一頁など。なお、橋本英史「医療過誤訴訟における因果関係の問題」太田幸夫編・新・裁判実務大系1医療過誤訴訟法（二〇〇〇）一九三頁も、証明度は固定されるべきではないとしている。

（7） 拙稿「実務からみた新民事訴訟法一〇年と今後の課題」民訴雑誌五五号（二〇〇九）九四頁

（8） 加藤・前掲注（4）一四四頁、同・前掲注（1）一三二頁、伊藤滋夫・前掲注（1）一八八頁、高橋・前掲注（1）四三頁など。

（9） 松本＝上野・前掲注（1）四一〇頁、春日・前掲注（1）二四二頁など。

(10) 伊藤眞「証明度をめぐる諸問題」判タ一〇九八号（二〇〇二）四頁以下、伊藤眞・前掲注（1）四一頁。
(11) 伊藤眞・前掲注（10）一二頁、田村・前掲注（1）五二六頁以下など。
(12) 伊藤眞・前掲注（1）三五頁
(13) 春日・前掲注（1）五一一頁
(14) たとえば、アリストテレス（高田三郎訳）・ニコマコス倫理学（上）（一九七一）二三一頁は、「正」とは「均等」を意味するとしている。
(15) ジェレミー・ベンサム（Jeremy Bentham, 一七四八—一八三二）に代表される功利主義は、平等を前提に「最大多数の最大幸福」の実現こそ正義であるとし、ジョン・ロールズ（John Rawls, 一九二一—二〇〇二）は“A Theory Of Justice, revised edition”（Harvard University Press, 一九九九）で「公正」を主張し、ロナルド・ドゥオーキン（Ronald Dworkin, 一九三一—二〇一三）は法の「平等」を主張している。最近話題のマイケル・サンデル教授（Michael J. Sandel, 一九五三—）は政治哲学として、市場中心の自由主義に反対して共同体主義を主張している。
(16) 伊藤眞・前掲注（10）一三頁、新堂・前掲注（1）五七二頁。
(17) 松本博之「民事証拠法の領域における武器対等の原則」講座新民事訴訟法Ⅱ（一九九九）二四頁など。
(18) 前掲注（4）の各文献の他、納谷廣美・民事訴訟法（一九九七）四七三頁などがある。
(19) 伊藤滋夫・前掲注（1）一七三頁。何となく納得させられてしまうが、なぜ「高度の蓋然性」が「適切な接点」なのかの根拠は示されていない。高度の蓋然性を所与の前提としているように感じられる。
(20) 中野貞一郎「科学鑑定の評価」同編・科学裁判と鑑定（一九八八）二七頁、萩澤清彦「医療過誤訴訟の一事例」同六一頁等。なお、私は司法研修所（第一部）教官時代に裁判官の病院研修を担当し、東大、東京医科歯科大、慶應大、順天堂大、昭和大等の病院の先生にご指導をいただいた際、多くの方から、ルンバールと後遺症との因果関係を認めた最高裁判決は医学的に誤りであるとのご指摘を受けた。
(21) 酒井邦彦「情況証拠による事実認定と立証の程度について考えたこと——平成二二年四月二七日の最高裁判決をきっかけとして」研修七七七号（二〇一三）三頁が刑事裁判の証明度を論じて興味深い。
(22) 伊藤眞・前掲注（10）一三頁、新堂・前掲注（1）五七二頁。なお、この点を敷衍するため、本稿脱稿後に須藤典明「信頼される民事裁判のために」金判一四五〇号（二〇一四）一頁を執筆した。

(23) 高橋・前掲注(1)四二頁。

(24) 高度の蓋然性説は証明度の軽減を認めるが、そのような証明度を軽減した判決による強制執行を許すのであれば、公権力による強制的な権利実現のもとになる判決は基礎が十分であるべきだとの高度の蓋然性を支持する論拠が崩れることになるであろう。

(25) かつて消費者金融会社が、第三債務者である勤務先等に仮差押決定が送達されると、多くの債務者があわてて債務の支払をすることに着目して、債権の仮差押えを多用したことを想起されたい。

三　実質的に優越的蓋然性によって判断されている場合

これまでの実務では、どのような原則的証明度を基準として判断したのかを判決書に記載することはないから、証明度を軽減したのか、優越的蓋然性によったのかは不明であるが、優越的蓋然性によって判断したと理解できる判決も少ないわけではない。

(1) 境界確定訴訟　例えば、境界確定訴訟は、類型的に裁判官の頭を悩ませる困難な事件の一つである。当事者間の感情的対立も激しく、新旧さまざまな図面や現場写真や説明書など実に多くの証拠が提出されるが、どれも決め手に欠けるため、高度の蓋然性に到達することは難しいが、形式的形成訴訟とされており(26)、原告の請求を棄却することはできず、必ずどこかで境界線を引かなければならない。そこで、担当裁判官は、よりもっともらしいところで判断するしかないが、「五一・四九」を認識して判断することは不可能であり、実際の訴訟では、いわゆる公図など過去の図面の記載や地形の変化等のほか、現在の占有状況等をも考慮して、高度の蓋然性の水準には至らなくても、それなりの優劣差を認識できる程度の心証に至ることは可能であり、それで境界を確定しているのが実情であろう(27)。

(2) 関係者が限定されている訴訟　また、いわゆるセクハラやレイプ等による損害賠償請求事件などは、密室での当事者だけの関係であることがほとんどであり、もともと客観的な証拠は極めて少ない。したがって、高度の蓋然性による心証を抱くことは困難なことが多いが、事実であれば重大な被害を受けていることになるから、簡単に高度の蓋然性による立証がないとして排斥するのは躊躇を感じる。[28]高度の蓋然性という高いハードルを超えることは容易ではないが、事件の発生に至る経緯、現場の客観的な状況、事件発生後の当事者双方の行動等を検討すれば、どちらの供述がより客観的状況に合致しているかを判断することは可能であり、そう困難ではない。その意味で、高度の蓋然性によるのではなく、優越的蓋然性によって判断しているのであろうと考えられる裁判例も指摘されている。[29]

(3) 交通事故による損害賠償訴訟　また、交通事故等における損害賠償請求においては、過失の認定、特に過失割合が問題となることが多いが、そもそも事故は瞬間的な出来事であり、当事者双方が事故現場に印を付けながら走行していたわけでもないから、例えば、一方の運転者が「①の地点で対向車を発見し、②の地点でブレーキを踏んだ。」などと供述して、それを前提に警察による実況見分調書等ができていても、高度の蓋然性で考えると、①②の地点そのものが確実なものとの心証を抱くことはできないことがある。他方の当事者の指示等も同様である。極端なことをいえば、事故が起きているのに、高度の蓋然性ではどちらの過失も明確には認定できないことになりかねない。しかし、そのようなことは非常識であり、実務的には、事故車両の損傷状況や現場に残されたブレーキ痕などを前提に、当事者双方の供述の整合性を検討して、ほどほどのところで、どちらが優勢かを検討し、優勢を認識できる程度の差が認められれば、それを前提に過失割合を認定しているのが実情であろう。[30]

(4) 主観的要素が問題となっている訴訟　民事裁判では、民法一七七条の対抗問題の例外としての「背信的悪意」や表見代理（民法一〇九条、一一二条）における「善意」や詐害行為（民法四二四条）における「詐害意思」など、主観的な要素の立証が問題になることも少なくない。しかし、行為者の内心がどのようなものであったのかを高度の蓋然性という高いレベルで立証することは困難であり、ずるい者を逃がしてしまうことになりやすい。一種の消極的誤判が生じやすいのであり、債権者は立証責任では納得しない。そこで、実務では、当時の客観的状況や、当事者や関係者の行動等を拾い集め、疑わしい事情と、信じるべき事情とを比較検討して、どちらが優勢かを見極め、一定程度の差をもってどちらかが優勢であれば、その優勢な方を採用して判断しているのが実情であろう。実質的には優越的蓋然性によって判断しているのであるが、このような総合評価は、多くの評価概念をめぐる事実認定についても同様である。(31)

(5) 因果関係が問題となっている訴訟　因果関係の認定については多くの問題点があるが、因果関係が問題となっている事件では、なされた行為や発生した症状やもたらされた結果そのものにはほぼ争いがないことが多く、その意味で、個々の事実自体の認定は、高度の蓋然性でも優越的蓋然性でも違いは生じない。問題の本質は、行為と結果との間に因果関係が認められるか否かの評価であり、推認の可否であるから、ある行為によって問題の結果が発生する可能性が高いとの経験則を適用して因果関係を認定することになる。ところが、実務で問題となるケースでは、ある行為によって問題の結果が発生する可能性があるとの経験則Aだけではなく、別の要因によって問題の結果が発生する可能性があるとの経験則Bも存在していて、どちらの経験則を採用するかで結論が異なる。(32) そこで、高度の蓋然性が真実の発見を目指すのであれば、因果関係を推認する経験則は、高度の確実性や信頼性が認められるものでなければならず、(33) 仮に別の要因によることを示唆する経験則Bに一定の確実性や信頼性が認められるのであれば、必然的に経験則Aの確実性や信頼性は低くなるから、これを前提にある行為と問題の結果との因果関係を推認することはできないはずである。

東大ルンバール事件では、①ルンバールによって脳出血（けいれん発作）が起きたか否かと、②脳出血によって後遺症がもたらされたか否かの二段階の推論が問題であり、最高裁は、時間的接着性（経験則A）によって①を肯定したが、(34) そもそもルンバールによって脳出血が起きるとの確実な医学的知見はなく、逆に、複数の権威者が化膿性髄膜炎の再発によって起きた可能性があるとの鑑定意見（経験則B）を提出しており、高度の蓋然性では（相当程度の蓋然性でも）、①を推論することには疑問があった。(35) しかも、ルンバールの終了時からではなく，その注射の開始からけいれん発作までには約四五〜五〇分経過しており、必ずしも時間的接着性があったとはいえない（経験則Aを適用する前提にも疑問がある）状況であった。このように高度の蓋然性を述べたルンバール事件判決の結論の妥当性にも疑問があり、高度の蓋然性によれば誤判を避けられるとの論拠も確実ではない。(36)

(26) 村松俊夫・境界確定の訴（一九七二）七八頁、大判大正一二・六・二民集二巻三四五頁、最判昭和三八・一〇・一五民集一七巻九号一二二〇頁、最近のものとして最判平成七・三・七民集四九巻三号九一九頁など。

(27) 山本和彦・民事訴訟法の基本問題（二〇〇二）五七頁は、境界確定訴訟につき証明度の引下げに言及している。

(28) 高橋・前掲注（1）四四頁など。なお、離婚や慰謝料請求でよく問題になる不倫等の有無についても、関係者が限定されていて密室性があるなど共通点が認められる。

(29) 仙台高秋田支判平成一〇・一二・一〇判時一六八一号一一二頁、田村陽子「『証拠の優越』原則による事実認定」山形大学法政論叢三二号（二〇〇四）四一頁など。

(30) 日弁連交通事故相談センター東京支部「民事交通事故訴訟・損害賠償額算定基準（上）（下）」二〇一四（平成二六年）年版などにより事故の類型化、定型化が進められているが、訴訟で争われているものは高度の蓋然性による事実の確定が難しいものが少なくない。割合的認定も領けるところがある。なお、損害論についてであるが、大島真一「交通事故損害賠償訴訟における虚構性と精緻性」判タ一一九七号（二〇〇六）二七頁。

(31) 村田渉＝山野目章夫・要件事実論三〇講〈第三版〉（二〇一二）九七頁など。

(32) 「〈座談会〉民事訴訟における証明度」での須藤典明発言・判タ一〇八六号（二〇〇二）一七頁以下。

(33) 経験則は自由な証明で足りるとした判例（大判昭和八・一・三一民集一二巻五一頁や最判昭和三六・四・二八民集一五巻四号一一一五頁など）は、ルンバール判決以前のものであり、原則的証明度を高度の蓋然性とするのであれば、推論の前提となる経験則を自由な証明で足りるとするのは整合的ではないであろう。なお、賀集唱「損害賠償訴訟における因果関係の証明」竹下守夫＝石川明編・講座民事訴訟⑤証拠（一九八三）二一一頁など参照。

(34) 牧山市治「判解」最判解民事篇昭和五〇年度四七七頁。なお、堀清史「医療訴訟における鑑定意見・私的鑑定意見の証拠評価について」岡山大学法学会雑誌六三巻一号（二〇一三）一七〇頁等も参照。

(35) 鑑定意見は大塚裁判官の補足意見（民集二九巻九号一四三頁以下）で要約されている。なお、伊藤眞「証明度（一）——ルンバール事件」伊藤眞＝加藤新太郎編・判例から学ぶ民事事実認定（二〇〇六）一一頁、松本＝上野・前掲注（1）四一三頁、林道晴「判批」NBL七九二号（二〇〇四）七三頁、溜箭将之「因果関係――『ルンバール事件』からの問題提起」ジュリ一三三〇号（二〇〇七）七五頁などの指摘も参照。

（36） 加藤新太郎「証明度（二）――長崎原爆訴訟上告審判決」伊藤＝加藤編・前掲注（35）二〇頁は、高度の蓋然性という原則的証明度を軽減したのではなく、これまで高度の蓋然性の内実が高すぎたので、内実を下げたものと理解するが、それでは高度の蓋然性の持っていた原則としての意義が曖昧になるであろう。

四　実務における原則的証明度の効果

1　高度の蓋然性の消極的効果

(1)　地裁での事実認定に疑問があるケース　高度の蓋然性という高い証明度のハードルが、事実認定における透明性を低め、当事者からブラックボックスといわれ、立証意欲を削ぎ、マイナス効果を及ぼすことは、これまでも指摘されている。[37] さらに問題なのは、担当裁判官にも一定の消極的効果を与えていることである。私は、東京高裁で民事控訴事件等を担当しているが、地裁で高度の蓋然性で認定されたはずの事実が高裁で覆されることは、そう稀なことではない。[38] そのような事件で気づいた特徴の一つは、「〇〇の事実を認めるに足りる（的確な）証拠はない。」などと判示していることである。もちろん、本当に証拠がほとんど提出されていないものもあるが、そのようなケースは高裁でも覆ることはない。問題は、基本的な文書や本人の陳述書が一通り提出されており、尋問もなされているケースである。なぜ、事実を認定することができなかったのかを考えると、大きく二つの原因が想像できる。

(2)　力不足型　第一は、担当裁判官の力不足によるものである。証拠評価はまさに裁判官の力量が問われるところであり、経験が少ないと、証拠の見方や評価について自信がないため、証拠方法から事実認定につながる有益な証拠資料を見つけることができなかったり、それらしい証拠資料は見つけたものの、それを的確に評価して推論に活かすことができない(39)。せっかく証拠があるのに、高度の蓋然性という高い証明度を超えることに躊躇を感じて、消極的な認定になってしまったと思われるケースである。ただ、経験が浅いといっても、単独事件を担当している人は五年を超える経験はあり、立証が相当程度優越しているのはどちらかであれば、そう困難なく判断することができ、消極的誤判は避けられたであろうと思われる。

(3) 見切り型　第二は、裁判官が高度の蓋然性には到達しないと見切りをつけたために、事実認定に説得力がない場合である。裁判官が審理を進める上では、事件の見通しを持つことが極めて重要であるが、審理の初期段階で、主張や書証から、裁判官がこれは到底、高度の蓋然性には到達しないであろうとの見通しを持ったため、当事者に対する釈明や審理過程での議論が不活発になり、一通りの立証と表面的な事実認定になったと思われるケースがある。若手よりも、中堅にさしかかって事件の見通し等にもある程度の自信を持ち始めた裁判官に見られるもので、どうせ高度の蓋然性という高い証明度に到達しないのであれば、あまり証拠調べをしても無駄だとの割り切りがあったのではないかと考えられる。そして、もともと訴訟活動に熱心ではない代理人も一定数存在するため、ますます主張立証活動が不活発になっていくという負のスパイラルが出現する。

2　優越的蓋然性の積極的効果

前記のような現象は、高度の蓋然性の高い壁がマイナス効果を及ぼし、事実認定が個々の裁判官によって異なる可能性があり、当事者からみれば、担当の裁判官次第という偶然の要素に左右されていることに他ならない(40)。もっとも、そのような裁判官もさらに経験を積んで熟達していくので、大きな問題ではないようにも思われるが、毎年九〇～一〇〇名の判事補が採用され、経験を積んでベテランになっていくキャリアシステムの下では、個々の裁判官は変わっても、常に一定数の経験の浅い裁判官や割り切りを行う裁判官が存在するのであって、原則的証明度を高度の蓋然性とする限り、構造的に常に発生する問題なのである。そこで、高度の蓋然性ではなく、どちらの立証が明らかに優越しているのかを基準とすれば、ほとんどの裁判官はあまり迷うことなく判断することができ、証拠評価にも力が入り、より妥当な結論を導くことができるはずである。

3　実務における相当程度の蓋然性としての「六・四」の優劣

このように、優越的蓋然性が正当であり、優れているとしても、単に「証拠の優越」により五〇％を超えればよいとすることは、実務的に賛成できない。実際の事件では心証度を厳密な数字で表すことは不可能であり、事実認定のツールとしての原則的証明度を「五一・四九」のような小さな数字の差で論ずることは、個々の裁判官によるブレが大きく、また、追加立証で心証が逆転する可能性も否定できないから、適切ではない(41)。多くの裁判官は、一定の立証が進んだ状態になれば（ある程度の解明度が伴えば）、そう困難もなく、どちらの立証が優越しているかを認識することができる。厳密な定義というものではないが、客観的には、「一方の立証が他方の立証を明らかに優越している状態」にあり、主観的には、「裁判官がそのことを認識できる状況」であれば、原則的証明度として十分に機能するであろう。理解の便宜のため、あえて数字でいえば、「六・四」程度の優劣差があり、これを認識できれば(42)、裁判官ごとの判断のブレも少なく、代理人としても立証の優劣差を感じ取ることができ、判決の予測可能性が高まり、手続の透明性も確保され、信頼も高まるであろう。しかも、実務的には、「六・四」程度の優劣差を認識できる状況になっていれば、それを支える一定の有力な証拠があるはずであるから、仮にさらに調べても、その心証が逆転することはほとんど生じないであろう。万が一逆転があるとすれば、有力な証拠の偽造が判明したような極めて例外的な場合であろうが、その場合には、高度の蓋然性を前提としても心証は逆転するであろうから、違いはない。

4　民事裁判における原則的証明度としての適用領域の広さ

これまで述べたように、民事裁判における原則的証明度としての適用領域を考えると、高度の蓋然性はそう広いものではないが、普通の事件では高度の蓋然性を適用して妥当な判断が導かれると主張している。しかし、普通の事件であれば、「六・四」程度の優劣性を要件とすれば、ほぼ心証が逆転することもなく、個々の裁判官による判断のブレもなく、法的安定性が害されることもないであろう。そして、上記のとおり、事実認定が比較的難しい事件については、高度の蓋然性説では、証明度の軽減などによって個別に救済を図ることになり、原則的証明度は適用されないことになるが[43]、証明度軽減の要件や適用等について判断が分かれる可能性があり、逆に法的安定性を害することになりかねない。これに対して、優越的蓋然性説では原則的証明度を変更することなく適用できる。原則的証明度とする以上、適用領域が広い方が優れているから、優越的蓋然性の方が高度の蓋然性よりも優れているであろう。

(37) 前掲注(31)座談会における大江忠弁護士の発言・同六頁。

(38) 最高裁判所事務総局「平成二五年七月裁判の迅速化に係る検証に関する報告書」一九五頁によれば、平成二四年の全国の民事控訴審訴訟の既済件数は一万八九八六件であり、判決が一万一四二九件（六〇・二％）、和解が五三八七件（二八・四％）、取下げ等が二一七〇件（一一・四％）である。そして、判決のうち、控訴棄却が八八三九件（四六・六％）、原判決取消しが二四九三件（一三・一％）、その他が九七件（〇・五％）である。和解で処理されたもののうち相当数は原判決変更の可能性があり、判決をすれば原判決取消しにカウントされるものであるから、仮に、和解の半分であれば一四・二％となり、原判決が取り消された一三・一％に加算すると、二七・三％が原判決取消し相当ということになる。

(39) 司法研修所編・民事訴訟における事実認定（司法研究報告書第五九輯第一号）（二〇〇七）三一五頁以下に、匿名ではあるが、著名な高裁判事の方々（はしがき参照）の感想が掲載されている。

(40) 藤原弘道『民事裁判と証明』（二〇〇一）三四頁は、事実を認定しなかった高裁判決例を示して疑問としているが、高度の蓋然性という高いハードルがその原因であって、藤原判事はそのケースを相当程度の蓋然性で認定しているものとみることができるであろう。

(41) 倉田卓次「民事事実認定と裁判官の心証」判タ一〇七六号二一頁。伊藤眞・前掲注(1)四〇頁が「相当程度の蓋然性」とするのも同旨であろう。

(42) 拙稿・前掲注(7)九四頁。倉田・前掲注(40)二一頁も、六〇％台の心証が取れれば認める余地があるとする。

（43）　加藤・前掲注（1）一一〇頁、高橋宏志・重点講義民事訴訟法（上）〈第二版補訂版〉（二〇一三）五八四頁など。

五　渉外事件からみる高度の蓋然性の問題点

さらに、わが国の民事裁判における原則的な証明度が「高度の蓋然性」であることから、渉外事件の関係では無視できない問題が生ずる。

1　「公序」に反するか否か

外国判決を日本国内で強制執行するためには、日本の裁判所で執行判決を得ることが必要であり（民執法二二条六号）、民訴法一一八条各号の要件を具備していなければならないが（民執法二四条三項）、民訴法一一八条三号は、「判決の内容及び訴訟手続が日本における公の秩序又は善良の風俗に反しないこと」と規定しており、訴訟手続が公序に反する場合も、外国判決を日本で執行することはできない(44)。原則的証明度が裁判規範である以上、わが国の原則的証明度である「高度の蓋然性」は訴訟手続における「公序」に該当するであろうから、高度の蓋然性を原則的証明度としないで認定された外国判決は、わが国の「公序」に反する疑いが出てくる。平成九年の萬世工業事件(45)では、懲罰賠償による高額賠償に注目が集まったが(46)、日本よりも緩やかなアメリカの「証拠の優越」(47)を原則的証明度として不法行為の成立が認められているものであった。もちろん、民執法二四条二項によって、事実認定そのものを日本の裁判所が審査することはできないが、前提とされた原則的証明度がわが国の「公序」に反するか否かを争うことはできるであろう(48)。結論にはさらに検討が必要であるが、日本国民や日本企業は、アメリカで訴えられると、「証拠の優越」と民事陪審制のため負けやすい状況である上に、日本でアメリカ企業等を訴えるときは、「高度の蓋然性」と精密的手法によって厳格に判断されるため勝ちにくい状況になっている。わが国の「高度の蓋然性」という原則的証明度が、

国益を損なう原因の一つになっていることは明らかであろう。(49)

2　子の引渡に関するハーグ条約との関係

その二は、国際結婚のもつれによる子の引渡しなどを定めたハーグ条約(50)に基づく子の返還請求をめぐる問題である。わが国でも、平成二五年五月に条約が批准され、同年六月一二日に「国際的な子の奪取の民事上の側面に関する条約の実施に関する法律」（平成二五年法律第四八号、以下「実施法」という。）が制定された。この実施法二七条では「返還事由」として「当該連れ去り又は留置が申立人の有する子についての監護の権利を侵害するものであること」（三号）が定められ、その二八条では「返還拒否事由」として、「申立人が当該連れ去りの時又は当該留置の開始の時に子に対して現実に監護の権利を行使していなかったこと」（二号）などが定められている。そこで、例えば、アメリカで結婚して、子を日本に連れ帰った日本人の妻Bに対し、アメリカ人の夫Aが子の返還請求を日本で起こした場合を考えると、「返還事由」の内容は監護権の侵害であるから、Aは、アメリカで一緒に生活していた当時、子育てに参加していたことを立証すれば簡単に認められる。実際の攻防の中心は「返還拒否事由」の存否であり、Bは、Aが「現実に監護の権利を行使していなかったこと」を高度の蓋然性で立証しなければならないが(51)、アメリカで生活していた当時の事柄を、日本で、高度の蓋然性で立証するのはそう簡単ではないであろう。これとは逆に、日本で結婚して、子をアメリカに連れ帰ったアメリカ人の夫Aに対し、日本人の妻Bが子の返還請求をアメリカで起こした場合を考えると、同様に攻防の中心は「返還拒否事由」の存否であるが、アメリカでは「証拠の優越」で足りるから、Aにおいて、Bが「現実に監護の権利を行使していなかったこと」を立証するのは必ずしも難しいものではない。結局、日本人配偶者は、日本で子の返還を求められると拒絶しにくいのに対して、わざわざアメリカに出向いて子の返還を求めても拒絶される可能性が高いということになる。日本での原則的証明度が高度の蓋然性であることが、ここでも日本国民に不利益を与えるおそれを生じさせている。

3　債権法改正との関係

現在、民法の債権法の改正が検討されており、国際標準に合致した分かりやすく、利用しやすい民法に改正し、国際取引のトラブルなどの解決に利用されることも期待されているが[52]、外国企業にとって、日本で民事裁判を起こすことがリスクであれば、債権法を改正しても、日本での裁判や仲裁は回避されてしまうであろう。日本で裁判や仲裁をするということは、「高度の蓋然性」による立証をしなければならないだけではなく、手続全体が精密司法でスピード感に欠ける上、日本の裁判所では日本語を使わなければならない（裁判所法七四条）という「非関税障壁」もあるから、日本での裁判や仲裁を避けようとするのは当然であろう。債権法改正の目的を本当に達成するためには、原則的証明度を、高度の蓋然性から優越的蓋然性に変えることも検討されるべきなのである。

（44）「公序」に手続的公序が含まれることは、最判昭和五八・六・七民集三七巻五号六一一頁で示されているところであり、現在の民訴法一一八条の文言にも明記されている。なお、早川吉尚「手続的公序」新・裁判実務大系③（二〇〇二）三五一頁。

（45）最判平成九・七・一一民集五一巻六号二五七三頁（萬世工業事件）は、アメリカ・カリフォーニア州における懲罰賠償等を命じた判決がわが国の「公序」に反するか否かが争われたものである。

（46）多くの判例解説等があるが、担当調査官であった佐久間邦夫判事の「判例解説」最判解民事篇平成九年度（中）八四〇頁以下に網羅的に示されている。佐久間解説後のものとして、拙稿「懲罰賠償判決のわが国での執行の可否と今後の課題」自正四九巻四号（一九九八）六二頁もある。

（47）アメリカの民事訴訟手続における原則的な証明度である「証拠の優越（preponderance of evidence）」について論じた最近の論文として、橋本聡「英米における事実認定理論の現状」高橋宏志＝加藤新太郎編・実務民事訴訟講座［第三期］第四巻（二〇一二）三〇五頁以下があり、参考文献も掲載されている。なお、アメリカにおける疫学的証明を紹介したものとして、山口龍之「民事訴訟における証明と証明度の問題に関する一考察――米国での疫学的因果関係の証明に関する議論を中心として」島大法学四七巻三号（二〇〇三）七九頁もある。

（48）高度の蓋然性は原則的な証明度であり、実質的には証明度の軽減なども認められているから、証拠の優越で判断された外国判決が直ちにわが国の「公序」に反するとまではいえないとの反論もありそうである。しかし、原則的証明度が「公序」であるならば、そのような反論は例外を理由とするものであり、「高度の蓋然性」を原則的な証明度とする意味がないというのに等しいものであろう。

(49) この萬世工業事件判決は、「証拠の優越」だけではなく、日本では認められていない民事陪審制により判断されており、アメリカ人陪審員によるアメリカ贔屓も加わっており、懲罰賠償問題を除いても、日本企業は二重の不利益を受けていたのである。これに加えて、アメリカでの訴訟追行には膨大な費用が必要であり、コストの問題も生じてくる。なお、脱稿後の平成二六年四月八日にルイジアナ州で武田製薬に対して六〇億ドル（約六一〇〇億円）もの懲罰賠償を命じた判決が出た。そこで、本稿をベースに、須藤典明「懲罰賠償判決にみる国益と証明度」（金法一九九四号（二〇一四）四頁）を執筆し、「証拠の優越」、「民事陪審」、「懲罰賠償制度」の三点セットの問題点を論じた。

(50) 一九八〇年一〇月にハーグの国際私法会議で作成され、一九八三年一二月に発効した「国際的な子の奪取の民事上の側面に関する条約」の略称である。

(51) もともと子の引渡請求事件は、家事事件手続法で定める家庭に関する事件（裁三一条の三第一項一号）ではあるが、人事訴訟法が適用される人事訴訟ではない（同法二条各号に含まれない）。したがって、ハーグ条約に基づく子の返還を求める事件についても、人事訴訟法の適用はなく、民事訴訟における原則的な証明度が適用されるであろう。なお、日米の手続問題を論じたものに、大谷美紀子「国境を越える子の監護問題の法的処理の現状と課題」判タ一三七六号四頁などがある。

(52) 内田貴・民法改正（二〇一一）二一一頁。

六 結論

わが国の民事裁判における原則的証明度である「高度の蓋然性」という基準は、同じ言葉を用いながら刑事事件における「高度の蓋然性」とは内実が異なっているうえ、「原則的」ともいえない状況になっている。そして、その高い証明度が一部の裁判官に消極的な影響を与え、事実の認定を躊躇させ、提出された証拠が有する本来の価値を生かすことができずに、消極的誤判を生じさせて国民の民事裁判に対する信頼を損なわせる原因となったり、国益を害するおそれを生じさせたりしているから、民事裁判において「高度の蓋然性」という基準を維持する意義は失われていると思われる。しかも、優越的蓋然性による判断では誤判が増えるという懸念は、「六・四」優劣差を基準とする相当程度の蓋然性を前提とすれば、まず問題にならないであろう。また、高度の蓋然性を前提とする精密司法による訴訟運営を前提としては、民事訴訟の運営改善の取組みも工夫の限界にあり、(53) 現在以上の迅速な裁判の実現も困難である。今後のわが国における民事訴訟にとって本当に必要な機能は何かを考えるならば、(54) 現在の民事裁判のすべてのプラクティスを支配している原則的証明度を高度の蓋然性から「六・四」の相当程度の蓋然性に変えるべき時にあることが分かるはずである。そして、「六・四」の相当程度の蓋然性に変えれば、民事裁判は劇的に変化し、手続の活性化が進み、手続の透明性が高まり、当事者の納得と信頼の得やすい妥当な判断がもたらされるであろう。(55)

(53) 例えば、前掲注(39)の他、公刊されているものとして、司法研修所編・民事訴訟の新しい審理方法に関する研究(司法研究報告書第四八輯第一号)(一九九六)、同・専門的な知見を必要とする民事訴訟の運営(同第五二輯第一号)(二〇〇〇)などがあり、また、東京地裁プラクティス委員会のものに、須藤典明ほか「文書送付嘱託関係のモデル書式について」判タ一二六七号(二〇〇八)五頁、菅野雅之ほか「民事訴訟の運用に関するアンケート結果(一)(二)」同一二六八号(二〇〇八)二九頁、同一二六九号(二〇〇八)四五頁、河野清孝ほか「民事訴訟の現状と今後の展望(一)(二)(三)」判タ一三〇一号(二〇〇九)五頁、同一三一六号(二〇一〇)五頁など枚挙にいとまがない。

(54) 民間でも、改善運動の限界として「イノヴェーション・ジレンマ」が指摘されている。その解決策は、発想を転換して、多くの消費者が必要としない高機能・高価格の商品を売ろうとするのではなく、本当に必要な機能に絞ったシンプルでコスト・パフォーマンスのよい商品を生み出して、消費者に提供することだといわれている。

(55) 私は、伊藤眞先生をお招きして加藤新太郎判事の司会で行われた前掲注(31)の座談会に参加させていただき、先生から直接お教えを受ける機会に恵まれて以来、この問題を意識的に考えるようになった。その後、先生のお考えに賛同し、その結論だけを発表させていただいた(前掲注(7)一一三頁)。今回、伊藤眞先生の古稀をお祝いする機会を与えていただいたので、これまでの学恩に感謝するため、実務家の立場から、あるべき証明度について論ずるのが私の役目ではないかと感じて、本稿を執筆させていただいた。なお、紙数の関係で、詳しい説明を大幅にカットせざるを得ず、引用文献も限られたものになってしまった。関係の皆様のお許しを請う次第である。

一部請求論について

高田裕成

一　はじめに
二　明示の一部請求と明示のない一部請求
三　伊藤教授の一部請求論
四　一部請求の適法性
五　残部請求論における既判力論の領分
六　結びに代えて

一　はじめに

金銭その他の不特定物の給付を目的とする債権ないしは請求権についてその一部のみの給付を求める訴えを一般に一部請求と呼ぶが、伊藤眞教授は、この一部請求にかかる議論の核心は、「一個の債権に基づく給付を処分権主義を根拠として分断することが許されるか、いいかえると、一部請求について請求認容または棄却の判決が確定したときに、その既判力が後の残部請求に対してどのような効果を及ぼすか」という点にあり、「既判力の客観的範囲に関する」問題であるとされる。(1)同じく、中野貞一郎博士も、早い時期に、「一部請求問題の中核」は、「一部請求判決確定後の残額請求の可否に他ならない」としつつも、(2)続けて「一部請求論を訴訟物をめぐる議論の繋縛から解き放って考え直さなければならない」とされ、一部請求論の訴訟物という枠組みからの解放を図られた。残部請求の可否は一部請求の訴訟物を同定することによっては明らかにすることはできないとする趣旨であり、先行する竹下守夫教授のご論攷(3)とともに、残部請求の可否にかかる議論に信義則の適用という手法を導入された。この信義則違反を根拠とする後訴の遮断というアプローチは、その後の判例にも影響を与える有力な流れを形成することになる。

それにもかかわらずというべきか、今日なお一部請求論から訴訟物にかかる議論が放逐されたわけではなく、(4)残部請求の可否にかかる議論においても、訴訟物と既判力を論じることからおよそ解放されているわけではない。その一つの例として、最高裁判所の近時の判例のある一節を挙げることができる。一部請求であることが明示されていたと解されるとして、残部の履行を求める後訴を許容した最高裁平成二〇年七月一〇日判決は、その判示において、「金銭債権の一部を請求する旨を明示して訴えを提起した場合には、訴訟物は当該一部に限定され、後訴において同一の訴訟物の残部を請求することが可能であるが、前訴においてその旨を明示しなかった場合には、一個の債権全体が訴訟物となり、同一の訴訟物につき別訴を提起した場合、前訴の確定判決の既判力に拘束される」とする原審判断を引用しつつ、最高裁は、この部分の判断は「是認することができる」とする。[5] そこで展開されているのは、判例が採用していると一般に理解されている法理、すなわち、一部請求の既判力の範囲は、一部であることの明示がされていたか、されていなかったかにより異なり、これにより残部請求の可否が定まるとする法理である。ここで、明示されていない場合[6]には債権全体が訴訟物となるとする判示が何を意味するか後述のように議論の対象となっているが、いずれにせよ、そこでは、訴訟物の範囲と既判力の範囲、そして残部請求の可否が結びつけて論じられていることを指摘することができる。一部請求論において、その訴訟物はなお論じられるべきテーマとして残されているようである。

同じく、訴訟物の範囲と既判力の範囲、そして残部請求の可否を結びつけて論じる枠組みに依拠する見解として、伊藤教授の見解を数えることができる。伊藤教授が展開される見解は、筆者の理解するところによれば、後に検討するように、文字どおりの「一部請求否定論」と見立てることが可能な議論であり、一部請求論の現状において特色ある位置を占める。まさにそれゆえに、その議論の意図と含意を正確に捉えることは、一部請求論の現在の状況を理解するために、あるいは今後の展開に期待するという観点から極めて有益であると考える。本稿は、一部請求にかかる判例法理とされる準則と伊藤教授のご見解とを対比させることをいわば補助線として、一部請求論において何がどのように語られるべきか、いわばその議論の作法を確認することをそのねらいとする。[7] もっとも本稿で論じられることは、学説において既に様々な形で説かれていることを筆者の問題関心から整理し直したにとどまり、その意味において覚書きの閾を超えるものではないことを予めお断りしておきたい。

（1） 伊藤眞・民事訴訟法〈第四版補訂版〉（二〇一四）二一四頁。この部分は、初版（一九九八）以来の叙述である。
（2） 中野貞一郎「一部請求論について」同・民事手続の現在問題（一九八九）八七頁。
（3） 兼子一ほか・条解民事訴訟法〈第二版〉（二〇一一）五二七頁。初出は、一九八六年（同書〈新版〉）である。その内容は、後に五において言及する。
（4） もっとも、本稿で扱う問題のほかにも、一部請求訴訟における判断構造については、とりわけ、被告の提出する相殺、弁済等の抗弁の取扱い（いわゆる外側説・内側説の議論がこれにあたる）について議論が残っている。中野博士もその後の論文で詳細な検討を展開されておられる。中野貞一郎「一部請求論の展開」同・民事訴訟法の論点Ⅱ（二〇〇一）八七頁。そこでも（とりわけ、一〇〇頁）的確に指摘されているように、一部請求において訴求された部分とその余の部分とが分割行使されたことが債権の単一性に影響を与えるかが問題の核心であると考える（先に挙げた抗弁についていえば、債権の同一性に影響を与えないと考える限り、外側説に立たざるをえないであろう）が、ここではこれ以上検討することはできない。

（5） 判時二〇二〇号七一頁。引用箇所は、七三頁。この判決は、以下、「（最高裁）平成二〇年判決」と略記する。ただし、この部分の判示は、平成二〇年判決においては傍論というべきであろう。

（6） しばしば「黙示の一部請求」と呼称されるが、この用語法には注意が必要である。後掲注（26）参照。また、残部請求の可否という規律との関係では、「隠れた一部請求」（あるいは「隠された一部請求」）の用語法が適切であることは論者の指摘するとおりである。たとえば、松本博之「一部請求訴訟後の残部請求訴訟と既判力・信義則」鈴木古稀・民事訴訟法の史的展開（二〇〇二）一九六頁（同・既判力理論の再検討〔二〇〇六〕二〇一頁所収）。中野・前掲注（2）九〇頁もこの用語法である。

（7） この限られた問題関心がゆえに、具体的規律については十分に論じることができない。また、一部請求を論じる文献は国内に限っても極めて多数に上るが、紙幅が限られていることもあり、そのすべてを挙げることを断念せざるをえず、以下、論旨の展開に必要なものに限定させていただく。この点についても、諸賢のご海容をお願いしたい。

二　明示の一部請求と明示のない一部請求

1　伊藤教授のご見解の分析を試みるに先立って、後の三以下における議論の展開に必要な限りで、判例法理を確認しておきたい。以下にも述べるように、最高裁判決をどのように整合的に理解するかという点を含めて、その不透明さは際だっていると言わざるをえないように思われるが、ここでは、本稿における筆者の問題関心を明らかにするために必要な限度で分析を試みる。

さて、一般に理解されているところによれば、判例法理は、大きく二つの準則からなることには大方の同意を得ることができよう。ひとつは、先に一で引用した「金銭債権の一部を請求する旨を明示して訴えを提起した場合には、訴訟物は当該一部に限定され、後訴において同一の訴訟物の残部を請求することが可能であるが、前訴においてその旨を明示しなかった場合には、一個の債権全体が訴訟物となり、同一の訴訟物につき別訴を提起した場合、前訴の確定判決の既判力に拘束される」という準則であり、他の一つは、最高裁判所平成一〇年六月一二日判決(8)が明らかにした「一個の金銭債権の数量的一部請求を全部又は一部棄却する旨の判決が確定した後に原告が残部請求の訴えを提起することは、特段の事情がない限り、信義則に反して許されない」とする準則である。

2　このうち、一部請求であることが、すなわち残部の留保があることが明らかにされている訴え、いわゆる明示の一部請求においては、訴訟物は給付を求められた部分に限られ、既判力もその範囲でのみ発生するとする準則は、「訴求部分＝訴訟物＝既判力対象(9)」という基本原則が判例法理のベイスラインにあることをうかがわせる。もっとも、ここでいう訴訟物とは何か議論がありうるところであるが(10)、いずれにせよ、明示された訴求部分に審判対象は限定され、裁判所はその限度で判決をする、そして裁判所が判決においてした給付請求権の存否の判断について既判力が生じるという規律が想定されている。

3　これに対して、一部請求であることが明示されていない場合においては残部請求は許されないとするのが判例準則と一般に理解されており、「一個の債権全体が訴訟物となり、同一の訴訟物につき別訴を提起した場合、前訴の確定判決の既判力に拘束される」とはこの趣旨を表すものと解されている。もっとも、次の二つの点につき留保が必要であろう。

まず、この準則の淵源は、通例最高裁昭和三二年六月七日判決(11)に見出されている。しかし、この昭和三二年判決は、そもそも前訴を一部請求と見ることはできないとした事例であり、さらに、前訴を一部請求と見た場合における残部請求の可否という上告理由が掲げた論点に対し、前訴においてした請求は「訴訟物の全部として訴求したものであることをうかがうに難くないから、その請求の全部につき勝訴の確定判決をえた後において、今さら右請求が訴訟物の一部の請求にすぎなかつた旨を主張することは、とうてい許されないものと解すべきである」とする判示を付加したものである。この最後の部分が既判力によるものか理解が分かれる。同判決の調査官解説は、（既判力ではなく）「禁反言法理の一適用」の問題としており、(12) この理解が同判決の位置づけとしては穏当であるように思われる。

このことは、後訴裁判所が「前訴の確定判決の既判力に拘束される」とは何を意味するかという次の問いにかかわる。判例法理においては、この局面を除き、一貫して、訴訟物たる法律関係について判決（主文）で判断された限りにおいて既判力を肯定してきており、(13) この理解を前提とすれば、債権全体が訴訟物であることは、債権全体について判決で判断されることを意味するのか、仮に一部請求ゆえに給付を求めた部分についてのみ判断されるとすれば、判断されていない部分について生じる既判力とは何か、直ちに問題となる。換言すれば、残部請求はいかなるメカニズムによって既判力により遮断されることになるのかという問いである。

4　こうした留保が必要ではあるが、明示されているか、明示されていないかによって残部請求の可否が定まるとするのが判例であるとすれば、明示の有無を判断する基準が極めて重要な意味をもつ。このことを改めて想い起こさせたのが一に掲げた最高裁平成二〇年判決であった。違法な仮差押えの執行があったことを理由とする損害賠償請求として、前訴において損害として弁護士費用相当額の賠償を求め、確定判決を得た後に、新たに訴え（後訴）を提起して、仮差押えの目的物にかかる買収金の支払が遅れたことによる遅延損害金相当の損害の賠償を求めた事件において、最高裁は、記録によれば仮差押命令の申立てが買収金の受領を妨害する不法行為であると主張していたことをもとに、それぞれの損害が実質的な発生事由を異にする別種の損害であること、遅延金損害の額がまだ確定しておらず、前訴において、遅延金損害の賠償を併せて請求することは期待し難いものであったこと、被告も遅延金損害が発生していることを認識していたということができる等の事実関係に照らして、「損害賠償請求権の一部である本件弁護士費用損害についての賠償請求権についてのみ判決を求める旨が明示されていたものと解すべきであり」、後訴には前訴「確定判決の既判力は及ばない」とした。残部が留保されていることを被告に了知できる形で明示しているとは必ずしも言い難いこの事例において、明示の存在を肯定することの是非については議論がありうるところであるが、このことは、そもそも明示がある場合とない場合とで異なる取扱いをする理由、すなわち、明示を要求する根拠を改めて問うことを自覚させる契機となっているように思われる。

5　最後に、請求棄却判決に作用する信義則について触れる。金銭債権の数量的一部請求を棄却する確定判決がある場合には、残部を請求することは特段の事情のない限り信義則に反するとする平成一〇年判決は、その理由として、金銭債権の数量的一部請求を棄却するためには、当該債権が存在し、その額は一定額を超えて存在しないことを確定して一部認容をするしかなく、自ずから債権全部について審理する必要があるのであって、当事者の主張範囲、裁判所の判断からみて残部の不存在についても実質的に判断があるとみてよいこと、したがって訴訟物とはなっていないが実質的には前訴で認められなかった請求および主張の蒸し返しであり、前訴によって当該債権の存否について紛争が解決されたとの被告の合理的期待に反し、被告に二重の応訴を強いるものであることを挙げる[14]。この理由づけは、一部であることの明示がある場合とない場合いずれにおいても妥当すると考えられ、そうだとすれば、ここでは明示の有無は有意性をもたない[15]。

もっとも、ここで挙げられている理由づけの合理性については既に疑問が出されている。たとえば、請求額を超える部分の不存在との判断は、訴訟物についての判断ではないとすれば、その判断に拘束力を認めることは理由中の判断に拘束力を認めたことにならないか、また、紛争が全体として解決されたとの合理的期待を被告がもつ基礎もないのではないか、といった疑問であり[16]、この準則についても不透明な点が残っていると評価されることになる。

(8) 民集五二巻四号一一四七頁。以下、「(最高裁) 平成一〇年判決」と略記する。
(9) 中野・前掲注 (2) 八七頁の用いる表現である。
(10) この限定された審判の対象となる部分を訴訟物と呼ぶ慣行もある一方、請求権（全体）、すなわち主張される権利自体を訴訟物と呼称する例もあり、後者の用語法によれば、審判の対象は「訴訟物のうち判決を求めた部分」と呼ぶことになろう。筆者自身は、後者の用語法に魅力を感じているが、本稿では、便宜「訴訟物」という用語法に従うことがある。
(11) 民集一一巻六号九四八頁。以下、「(最高裁) 昭和三二年判決」と略記する。
(12) 最判解民事篇昭和三二年度一一七頁〔青山義武調査官担当〕の指摘するところである。この理解からは、明示のない場合一般についての判示ではなく、ことさらに全部請求として前訴を追行した場合の判示と理解する余地があり、こうした意図がない場合については本件判旨の射程外であると解することも可能となる。後述（五）する中野教授の禁反言という枠組みと整合的ということができよう。
(13) 中野博士のいわれる「訴求部分＝訴訟物＝既判力対象」（前掲注（9））、筆者の表現を用いれば、「申立事項としての訴訟物＝判決の対象＝既判力の対象（生じる判断）」ということになる。また、次に述べる金銭請求が一部棄却された場合について、既判力ではなく、信義則を援用することになったことも同様の考慮を想定すれば容易に得心できる。こうした枠組みのもとでは、先の最高裁昭和三二年判決は、信義則による遮断を知らない時期の判例法理、裏からいえば既判力によってのみ後訴を遮断できるという当時の枠組みの中で展開された議論という理解も可能である。
(14) 判旨が述べたような判断構造にないとき、すなわち、判決をするに際して裁判所が「自ずから」債権全部について審理〔判断〕する必要がないとき、たとえば、平成二〇年判決の事例のように損害費目を異にする損害の賠償を求める場合（いわゆる特定表示がある場合）において、損害間で共通の請求原因の不存在を理由とするのではなく、個々の損害にかかる請求原因の不存在を理由として棄却したときには、多くの論者も指摘するとおりこの準則の射程外と考えることになりそうである。この点も含めて、この判決の判示が含意する内容については、越山和広「一部請求後の残額請求と既判力・信義則」伊東喜寿・現時法学の理論と実践（二〇〇〇）三〇七頁、上野泰男「明示の一部請求訴訟棄却判決の既判力」法学雑誌五五巻三・四号（二〇〇九）六九一頁以下に詳細な分析がある。
(15) もっとも、明示されている場合（この場合は、審判対象が給付を求めた部分に限定される）と異なり、明示されていない場合においては、棄却判決については異なる帰結が導かれる可能性がある。判決により棄却されているのはどの部分かに関わる。「債権全体が訴訟物である」とする表現を文字どおり捉えれば、全部請求と扱われ、債権全体が訴訟物として審判対象となる以上、請求棄却判決は、

（一部認容額を超える）すべての債権の不存在を既判力により確定するとすれば、信義則の発動の余地はない。

（16） たとえば、松本・前掲注（6）二二四頁。

三　伊藤教授の一部請求論

1　伊藤教授の一部請求論の骨子を確認する。[17]まず、「金銭その他の不特定物の給付を目的とする債権にもとづく給付訴訟において、原告が債権のうちの一部の数額についてのみ給付を申し立てる行為」と一部請求を定義される。そのうえで、一でも述べたように、一部請求の問題となるのは、「一個の債権に基づく給付を処分権主義を根拠として分断することが許されるか、いいかえると、一部請求について請求認容または棄却の判決が確定したときに、その既判力が後の残部請求に対してどのような効果を及ぼすか」という問題であり、残部請求の可否を考える際には「一部請求の訴訟物をどのように構成するかによって判断が分かれる」とされ、教授ご自身は、一部であることが明示されているかどうかを問わず、常に債権全体が訴訟物となり、既判力の客観的範囲もそれを基準として決定されるとする。債権全体が、当該訴訟の審判対象となる趣旨と解される。したがって、一部請求訴訟の判決が確定した場合には、明示の有無にかかわりなく債権全体の存在または不存在が既判力によって確定されることになろう。その上で、残部請求の可否を既判力の作用として説明される。

もっとも、その際、一部のみの給付を求める原告の意思は、給付命令の上限を画するものと解することになるとされ、訴訟物とは別個に、求める給付の範囲（申立事項）を原告が画する権限を認められる。この場合、求めた給付額を超える部分について債権が存在する場合においてその存否の判断をしたとき、その判断についての既判力の有無が問題となりうるが、明示行為の中には債権全体の確認申立てが含まれているとされ、その部分の存否が確定する一方、明示がない場合には、「当該債権の金額が給付を求められた金額をもって確定された」とされる。この結果、これと矛盾する主張をすること、すなわち、明示がない場合において、残部を改めて訴求することは既判力の双面性によって許されないとされる。

伊藤教授の見解の最大の特色は、訴訟物、すなわち当該訴訟の審判対象は債権全体とされる点にある。裁判所は、常に債権全体について審理し、その存否について判断をすることを要する。そして、その判断に既判力が生じるのである。その意味では、この訴えはもはや「一部請求」ではなく、教授において、「一部請求」であることの意義は、専ら申立てにおける求める給付額の特定が給付命令の上限を画することに求められているのである。

これに対して、判例を含む一般的な理解は、当事者の求めた給付の範囲が審判対象を画し、その限度で裁判所は給付請求権の存否について判決することになるとするものである。伊藤教授は、少なくとも教授の想定される類型の一部請求においては、こうした規律により、既判力の対象が限定されることになることに違和感を覚えられているということができる。ひとつの訴訟で債権全体についての終局的判断を確保することを指向すること自体、学説における有力な流れということできるが、当事者が求めた給付の範囲を超えて裁判所が判決することは、処分権主義、より厳密には民事訴訟法二四六条に定める申立拘束ルールと緊張関係に立つことはないのであろうか。

2　一部請求において債権全体が訴訟物となるとする議論は、既に戦前の兼子一博士の議論に見出すことができる。[18]兼子博士は、確定判決後の残額請求の問題を、「審判の対象となる訴訟物従つて又既判力の客観的範囲は其の権利の全部に亘るか、将又原告の主張した金額数量に局限されるのか」という問題と捉えられた上で、残額請求の可否は、全部請求の場合に認容額を超える債権がないことを主張できないとする既判力の双面性を前提に、判決の既判力に抵触するかどうかにより定まるとされた。この定式化は、その後、一部請求論において訴訟物および既判力論の軛からの解放が試みられるまで、学説の議論枠組みを嚮導する。さらに、兼子博士によるそこでの議論は、一部請求をすることによって自由に訴訟物を限定することができること、その結果として既判力の範囲を限定しうるという帰結が導かれることの妥当性を問う試みである。その上で、ドイツ法を含めた当時の一般的見解であった、当事者の申立てによって訴訟物ひいては既判力の範囲が画され、残部を請求することは妨げられることはないという理解に対する、日本では初めて展開された本格的な批判であった。

結論として、博士は、数量的可分な給付を分割請求することは常に適法となるわけではなく、「債権の一部が他の一部から区分し得る標準」がある場合に限り一部請求は適法とされる。[19] これに対して、区分しうる標準が存在しない場合、すなわち「特定債権の不特定の一部の訴求は、請求の趣旨の一定を缺くものとして不適法である」とされる。[20] 債権全体が訴訟物となり、債権全体の存否について判断することになるがゆえに、棄却された場合には残部の不存在が確定するとともに、勝訴した場合にも既判力の双面性によって、請求され裁判所が認容した「債権額が夫れ以上でも以下でもないことを確定する」がゆえに、これを超える債権が存在することを後訴で主張できないとする。[21]

伊藤教授の議論は、特定表示がない場合についての兼子博士の議論に随うものと考えられる。[22] ただし、既判力の双面性による勝訴原告による残額請求の遮断を、明示がない場合に限定された点で、明示の有無によって異なる扱いをする理由がないとされた兼子博士とは異なる帰結を導かれる。

(17) 以下の論述は、伊藤・前掲注 (1) 二一四頁以下による。伊藤教授の一部請求論の分析を試みる先行文献として、山本和彦「一部請求」同・民事訴訟法の基本問題 (二〇〇二) 一〇五頁がある。

(18) 兼子一「確定判決後の残額請求」同・民事法研究第一巻 (一九五〇) 三九一頁以下 (初出は、一九四〇) で展開されている議論である。

(19) 兼子・前掲注 (18) 四一七頁。

(20) 兼子・前掲注 (18) 四一六頁。もっとも、この場合に限り、一部請求と認めた場合に不都合 (審判対象の不特定) が生じることに着目する議論であるがゆえに、判例のように「特定の金銭債権について、その数量的な一部を少なくともその範囲においては請求権が現存するとして請求するもの」(最判平成六年一一月二二日民集四八巻七号一三五五頁) と一部請求を理解することができれば、異なる結論を導く余地もありそうである。

（21）　兼子・前掲注（18）三九六頁。

（22）　兼子博士が一部請求の可否のメルクマールとされた特定表示については、これに従う見解も少なくないものの（たとえば、松本博之＝上野桊男・民事訴訟法〈第七版〉〔二〇一二〕三九三頁など）、他方で、その曖昧さが批判されている（たとえば、中野・前掲注（2）八九頁など）。もっとも、兼子博士により特定表示があるとされる場合のうちいかなる場合を想定するかより評価が分かれることも考えられ、異なる請求原因事実ないしは要証事実を請求の基礎とする場合、たとえば、最高裁平成二〇年判決の事例のように、異なる事実関係に基づく損害を主張する場合であれば、その結論に賛成するかどうかは別にして、十分ありうる解釈論であろう。その基底にあるのは、事実関係の異同が既判力による遮断の範囲に影響を与えるとする訴訟物についてのいわゆる二分肢説に通底する考慮ということも可能である。

四　一部請求の適法性

1　伊藤教授の見解が、判例、そして今日の通説的な理解と袂を分かつのは、一つの債権の数量的一部についてのみ訴訟物とすること、本稿の用語では判決の対象とすることを当事者に許容するか否かという点であり、一部請求の許否の問題ということができる。

かつて存在した一部請求の許否ないしは一部請求の適法性という議論については、一部請求が適法であることは明らかであるとして余り論じられることはないが、この議論を紹介された兼子博士も明らかにされるとおり、本来、一部請求の適法性とは、審判の対象、端的には判決の対象を給付が可分な債権（典型的には数量的に可分な金銭債権）の一部に限定できることを意味した。（23）

ここで述べた意味における一部請求の適法性、すなわち、審判の対象ないしは判決の対象を債権の一部に限定できるとする見解については、従来もこれに対する異論が存在し、そこでは、「一部請求」が否認され、不適法とされていた。「債権の一部が他の一部から区分し得る標準」がない場合について一部請求を不適法とする兼子博士において、債権の不特定の一部の訴求は「不適法である」とされるとき、そこで想定されているのは、「裁判所は訴状の記載の補正を命ずる意味に於て、原告に対し其の特定を促し、尚特定せぬときは、債権額全額が特定されて居れば、之に付ての全部請求として訴訟用印紙の貼用を命ずべく、然らざるときは当該訴求金額を債権額とする全部請求として審判すべきである」という規律であった。[24] 異なる理解の仕方もありうるところだが、この場合不適法であるとは、判決対象を限定することを許さないという趣旨と理解することができるところであり、先に述べた意味において、一部請求を不適法とする見解であるということが可能である。適法な一部請求と不適法な一部請求、言い換えれば適法な一部請求と全部請求との区別を特定表示の有無に求めた兼子博士に対し、伊藤教授も、一部請求であることの明示の有無に一定の意義を認められるものの、やはり、給付を求めた申立ての範囲（金銭債権であれば訴求金額）によって訴訟物すなわち審判対象が限定されない場合を肯定される。[25]

一部請求であることが明示されていない一部請求について、「債権全体が訴訟物となる」としつつ、この訴訟物を審判対象、とりわけ判決の対象と捉える見解があるとすれば、そこでは「一部請求」が否定されているのであり、「黙示の一部請求」という呼称はそもそも適切とはいえない用語法ということになろう。[26]

2　こうした異説が成り立つことを確認した上で、改めて通説的見解に戻れば、判決対象を債権（給付請求権）の一部に限定するという意味において当事者の処分権を認めていることを意味する。いずれの当事者も求めていない事項について裁判所は判断することは認められていないのであり（二四六条）、これによって限定される判決事項には、給付を求める範囲（金銭債権であれば、支払を求める金額）が含まれることを意味する。処分権主義のもとで、こうした限定をする利益が原告に認められる以上、制限するだけの理由はないということであろうし、それ自体は正当な考慮であるように思われる。

このように考えた場合、それにもかかわらず伊藤教授が先のような審判対象の把握をされた理由に関心を抱かざるをえない。この点につき憶測をめぐらすに際しては、通説的な理解から伊藤教授が想定されるような規律を導き出すことはできないかを推し量ってみることが有効であろう。このような仮想を試みた場合、こうした訴訟物の把握が当事者の合理的意思に適うということができないか、なお検討の余地があるように思われる。たとえば、一般に、原告が一部請求をするのは、立証の難易、法解釈の不透明さ等から勝訴の可能性を正確に判断できないことに由来する敗訴リスクへの対処ということからすれば、訴求額を超えて認容されることが確実であるとすると、原告にとっては審判対象を拡大することがしばしば合理的な選択である。(27) 他方、認容額が請求額に満たない場合には、請求額を超える部分について債務が存在しないとの確認を求めることによって審判対象を拡大することは被告にとって合理的な選択となる。もっとも、裁判所の判決を正確に予測できない以上、それぞれの当事者がそれぞれの選択肢を採ることを現実には期待できないが、債権全体を審判することは当事者の合理的意思に反するわけではないという議論が成り立つ余地は十分にあるように思われる。(29) 裏からいえば、債権全体について審判することは、いずれの当事者も求めていない事項について審判することを直ちに帰結することになるわけではないことを意味する。このような観点からは、黙示の申立てを想定することになろう。その場合の規律は、伊藤教授の想定する規律と大きく重なる。当事者意思に着目しても、こうした規律を導き出すことは可能なのである。

3　それにもかかわらず、このような理解に必ずしも賛同が得られていないことは、制度運営のあり方として、請求の拡張、反訴の提起等の手続を経ることにより、当事者の選択に基づいて審判対象（訴訟物）が拡張されたことを手続上顕在化させるべきであると考えていることに由来するものと考えられる。訴えの変更にかかる裁判所の釈明、とりわけ一部請求の場面においては、心証の開示の可能性さえ示唆される現在の議論状況のもとにおいては、こうした拡張行為をすることを当事者に委ねることは負担ではなく、また、当事者の現実の意思に基礎をおく規律として、さらには生じうる不意打ちを避ける効用が見出される点でも合理性を持つ(30)。当事者の処分権については、当事者の申立行為の解釈の余地を否定するものではないものの、当事者の申立てにおいて明らかにされた求める給付の範囲が審判対象（訴訟物）を画するという通説の理解には、残部請求の許容性にかかる規律が的確になされる限りで合理性を認めることができる。そこでは、黙示の申立て（請求の拡張・訴訟中の訴え）を想定するにせよ、そうした申立ては、残部を請求する後訴との関係においてのみ意義をもつことになる。

もっとも、このことは、一部請求という形で審判対象を画する権限が当事者に認められることを前提に、当事者の意思解釈を的確に行うことが重要であることを意味するに過ぎない。訴状における請求の趣旨の記載に際して、あるいは訴訟係属中の請求の拡張に際して、求める給付の範囲（金銭債権であれば支払を求める金額）の特定を求める現在の実務のもとでは、そこに記載された給付内容が当事者の申立ての範囲、ひいては判決対象を画すると解することが当事者の意思の解釈原理として適切であるという趣旨であり、申立拘束ルールの硬度の問題ということができる(31)。

(23) 兼子博士のご論攷が、残部請求の可否を既判力の作用として論じた後に、一部請求の適法性について論じられることは象徴的である。ドイツ法においては、今日においても、一部請求の適法性とは、こうした限定をすることができることを意味するとされているところである。たとえば、Jauernig, Teilurteil und Teilklage, 50 Jahre Bundesgerichtshof. Festgabe aus der Wissenschaft (2000), S. 327 など。

(24) 兼子・前掲注（18）四一八頁。

(25) もっとも、明示がない場合において、訴求額を超える債権が存在した場合に、裁判所はどのような判決をすることになるのか、伊藤教授の見解には明らかではないところがある。「当該債権の金額が給付を求められた金額をもって確定され」（伊藤・前掲注（1）二一六頁）るとは何を含意するか、それに続く「後にそれと矛盾する主張をなすことは、既判力の双面性に反するものとして許されない」とするときの既判力の双面性が何を意味するかにより、異なる理解を導く。訴訟物を債権全体とするとき、明示がある場合とない場合とで審判の範囲について異なる扱いをする根拠を見出し難いとすれば、理論的には、裁判所は常に、口頭弁論終結時の債権の現在額を確定する（その余の請求を棄却する）ことになると考えることも可能である。ただし、この場合には、「確認の訴え」も「既判力の双面性」も不要となる。

(26) 当事者には、明示の一部請求か全部請求かの二つの選択肢しか与えられないことを意味する。裏からいえば、「黙示の一部請求」を肯定すること自体が、「一部請求」であること、判決対象（したがって、訴訟物）は、申し立てられた一部に限定されることを前提にしているといえる。この場合、黙示の一部請求と全部請求との区別が必要となるが、この点は必ずしも明らかではない。ドイツ法における、いわゆる主観説と客観説の対立がこれに関連するが、わが国では、「黙示の一部請求」の場合において、ドイツ法と異なり、明示のない場合には残部請求を許さないとする見解が有力であるがゆえに、この問題が顕在化することがないこともあって、この識別については議論が熟していない。

(27) たとえば、敗訴リスクを慮る原告は、過大請求に伴うリスクに対応するために一部請求を提起するのであり、これを超えて審判対象を限定すること自体に意義を見出しているわけではない。一部請求をすることは過小請求の可能性を伴うのであり、そのリスク（残部につき改めて訴求することが必要であること）に鑑みれば、その目標達成のために一部請求という権利保護形式が適切かという問いが生じるということであろう。周知のように、ドイツ法では、これに対処するために、金額の特定明示を要求しない訴えを許容しているが、現在の日本法のもとではその選択肢はない。

(28) 合理的な選択を想定すれば、原告にとっては、請求棄却を解除条件とする予備的請求の拡張、被告にとっては、請求認容を解除条件とする予備的反訴ということになろうか。

(29) 当然のことながら、こうした議論を現実の解釈論として展開するためには、訴え提起の手数料にかかる現行法の規律が制約条件となることはいうまでもない（山本・前掲注（17）一一二頁の指摘するところである）。ここでの議論はそのことをとりあえず捨象して考えた場合、どのような世界が見えてくるかという観点からの検討ということになる。

(30) この観点から、前訴の訴訟運営のあり方について精緻な検討を加えられた三木浩一教授の研究がある。三木浩一「一部請求論の考察」同・民事訴訟における手続運営の理論（二〇一三）九四頁。

(31) もっとも、一部請求と全部請求とを区別する解釈準則はなお必要である。ドイツ法では、金額不特定の訴えと、（確定）判決変更の訴えの対象となる反復的継続的請求を例外として、原則一部請求と解するとされているようである。この点については、既に中野・前掲注（2）九九頁注43が紹介するところである。このほか、Jauernig, a.a.O., S. 329 など。

五　残部請求論における既判力論の領分

1　まず、一部請求における残部請求論の現状を簡単に確認しておこう。今日の学説における残部請求の可否にかかる議論は、訴訟物あるいは既判力といった枠組みにとらわれることなく、実質論が展開されており、原告の分割請求の自由と、分割行使を許すことに伴うコスト、とりわけ被告の応訴の負担と裁判所の負担、いわゆる司法資源の節減という観点と調整の問題と解されているということができよう。その観点から、いくつかのヴァリエイションはあるものの、一部請求であることが明示されている場合と明示されていない場合、それぞれについて、請求が認容される場合と棄却される場合を組み合わせて、計四つの場合を想定して、それぞれについて検討が加えられる。その詳細につきここで立ち入って検討する余裕はないが、結論として、それぞれの組み合わせにおける残部請求の可否について、学説は帰一するところを知らない(32)。

他方で、本稿の問題関心である残部請求の遮断という効果を導く法技術に着目すれば、もちろん既判力がその基礎にあるものの、すぐ後に述べるように既判力の作用により説明できる範囲は限られていると理解されており、多くの場合「信義則違反」というルールが援用されることになる。最高裁判例が信義則を活用していることもあって、そこにはともすれば安易に信義則に依拠する傾向を見出すことも可能であり、伊藤教授のご主張はこうした流れに抗するものであったと評価することが可能である。

筆者もこの問題意識を伊藤教授と共有する。民事訴訟法の領域において信義則が果たしうる役割を軽視するものではないが、一般条項としての利用は、結果として白地の裁量を裁判所に認めることになる可能性をもつものであり、一般条項に安易に頼ることなく、可能な限り規範化、類型化が図られるべきであるように思われる(33)。とくに確定判決の「効果」として後訴を遮断する局面においては、その重大な効果に鑑みて、いわゆる事前の予測可能性、生じうる失権という結果を予測してその結果を回避するために適切な行動を取る機会の保障を確保するという観点からも、遮断効ルールを可能な限りで規範化することを試みる作業は不可欠であろう。この認識は今日学説では広く共有されていると思われ(34)、以下は、こうした観点から信義則違反を理由とする残部請求否定論のある側面に照射しようとするものである。

2　信義則の援用を不可避とする原因とされる、既判力の作用領域の限界は、判例を典型とする通説的見解が、先述したように、「訴求部分＝訴訟物＝既判力対象」と理解していることに由来する。この等式を示された中野博士が前提とされているところであり、博士の論文にも引用されているようにドイツ法における一般的な理解であって、母法の解釈を継受している。そこでは、一部請求の適法性は当事者に判決対象を限定することを許容することを意味し、判決対象の限定は一一四条一項のもとで既判力の対象（既判力の生じる判断）を訴訟物について裁判所がした判断に限定することを意味すると解される。これは、処分権主義（申立拘束ルール）と、裁判所のした判断について既判力が生じるという理解(35)との二つの原則が結びついた時に生じる自然の帰結であるということができよう。この規律は、当事者の求めた判決についての裁判所の判断にのみ既判力を生じさせる、裏からいえば、いずれの当事者も求めていない事項について裁判所は既判力を伴って確定することはないという地位を当事者に保障する。こうした理解を基層におく先の定式を強固な原則と捉える立場に立てば(36)、原告の定めた訴訟物を超えて遮断効を生じさせることに消極的にならざるをえないし、残部請求を遮断しようとすれば、必要があれば信義則といった既判力以外の手だてを展開することが必要となる。

3　このような観点からは、伊藤教授のご見解は、この制約を既判力の平面で緩和する試みであると位置づけられる。「判断効」を前提とする限り、既判力の範囲の拡大は、「訴求部分＝判決対象」の拡大を通してのみ可能である。

一部請求の訴訟物を債権全体とすることの一つの、そして最大の意義はここにある。こうした方法によってのみ一部請求における当事者間の利害調整を的確に図ることができるということであろう。しかしながら、兼子博士の見解に遡ることのできる伊藤説のこの部分については、その後追随者を見出しえない。三で論じたように、一部請求における判決対象の限定というルールに、当事者および裁判所の観点からのメリットないしは制度的な合理性が見出されているがゆえと考えられるところである。

もっとも、伊藤教授の見解の中にも「訴訟物＝既判力対象」という原則を離脱する議論の萌芽を見出すことは可能である。既判力の双面性の議論である。(37) 兼子博士に由来するこの議論は、伊藤教授によれば、金銭債権の一部であることが明示されている場合で、全部認容判決が認容されたときは、これを超える部分の残部請求を否定する作用を有する。こうした双面性理解については、既に批判がされている。たとえば、中野博士は、兼子博士の見解に対して「既判力の双面性は、既判力が勝訴者に有利にはたらくとは限らず不利益にも作用することをいうが、いずれにせよ、既判力をもって確定されたもののみに関する」規律とされ、(38) 一部請求において一部についてのみ判決される場合においては、それを超える部分の判断が作用することはないとされるが、中野博士の前提とされる「訴求部分＝訴訟物＝判決対象＝既判力対象」という定式を離れれば、訴求額を超える債権の不存在という裁判所の判断事項に既判力を生じさせること、そしてその既判力が作用することを意味するものと解することができる。(39)

最後に、念のために付言しておけば、これまた多くの見解によって指摘されているように、「黙示の一部請求」を適法な一部請求と理解しつつ、債権全体を訴訟物とし、既判力を生じさせる議論も、また、先の定式を前提とした判断効としての既判力理解からの逸脱である。ここでも、同様に、判断効としての既判力の外に、既判力の作用を想定することになる。

4　信義則論もまた、こうした既判力の対象論、作用論の限界を踏まえた試みである。適法な一部請求においては、裁判所によって判断されないがゆえに「訴訟物＝判決対象＝既判力対象」という理解のもとでは既判力が生じず、したがって残部の履行を求める後訴に既判力が作用しない部分についての遮断という効果を導き出すルールである。信義則論も多様に分かれるが、比較的多くの見解において信義則違反とされる場合、すなわち残部請求の遮断が試みられる場合として、以下の二つの場合を挙げることができる。ひとつは、前訴請求棄却の場合において一部を残部と切り離して審理の対象としえないとき（平成一〇年判決が前提としている場合である）、後ひとつは、請求認容の場合において一部請求であることの明示がないとき（同じく、昭和三二年判決が想定している場合である）である。

前者について、たとえば、竹下教授は、紛争解決についての被告の信頼ないし期待的利益を保護する合理的必要の観点から、残部請求についても敗訴判決理由中の判断の拘束力が及び、残額請求が妨げられるとされ、後者、請求認容判決が確定した場合において明示がないときについては、「一つの紛争に対して判決がなされた」ことを基礎とする紛争の全面的決着への被告の信頼を基礎に、具体的事情により前訴で全部請求をしなかったことについて正当な事由がある場合を除外事由として、「信義則に基礎を置く、訴訟物の枠を超える失権効の一種」を認めうるとされる。(40)他方、中野教授は、信義則が適用されるべき場合は、禁反言の法理により一括りで説明できるとされ、明示、特定がある場合と、それがない場合についてそれぞれ禁反言の趣旨を具体化されるが、直前に挙げた二つの場合に着目すればおおよそ次のような整理が可能かと思われる。明示・特定のない全部認容判決は、前訴において被告が全部請求と信じて訴訟法上の対応をし、複次応訴を避けるための手段をとらず、そのために生じる不利益は、残部請求を封じられる原告の不利益に比較してより保護に値することから、原則禁反言が働く。請求棄却の場合においても、明示、特定のある場合は、行為矛盾はないといえるが、例外的に、一部を残部と切り離して審理の対象としえないときについては、前訴で債権の全体として存否が争われ、具体的な事情に照らして被告が、紛争は前訴判決により全面的に決着をみたものと信じており、原告に後訴を許すことは不当に原告を利すると認められるときは、やはり禁反言を適用すべきである。(41)

ここで引用した限りにおいても、それぞれの場合における信義則の内容が異なることは、なお議論が収斂していないことを反映する。以下、筆者の問題関心に照らし、制御の可能性を高めるために規範化の可能性を探るという関心からの接近を試みてみたい。

5　ここで展開されている信義則の内容においても、とりわけ竹下教授の見解において明瞭であるように、（少なくとも）二つの異なる内容を包含していると思われる。(42)

一つは、裁判所の判断対象の「拡張」とも名づけうる試みである。請求を棄却するためには、当該債権が存在し、その額は一定額を超えて存在しないことを確定して一部認容をするしかないような金銭債権の棄却判決につき、平成二〇年判決は、裁判所の「実質的」判断があることが前提となり、そこから蒸し返しとの評価、および相手方の合理的な期待が導出されていた。竹下教授の信義則論においても同様であり、理由中の判断の拘束力との評価がされる。(43)そこでは、理由中の判断の拘束力を否定したと解される民事訴訟法一一四条一項との緊張関係が存在する。

これに対して、請求棄却の場合における残部請求の遮断を前訴判決の作用論として導くことができるとする有力な見解がある。たとえば、松本博之教授は、前訴の棄却判断にもかかわらず後訴を認容することは矛盾関係にあり、既判力が矛盾関係においても作用するとすれば、後訴にも既判力は作用するとされる。(44)既判力が矛盾関係においても作用すると考えることができれば、かつ、この場合にも矛盾関係を肯定できれば説明としては有効であろうが、ここでも、ことの実質は、残部について不存在であることが前訴裁判所により実質的に判断されていることが、議論の出発点となっているようにも思われる。(45)

このように見れば、問題の核心は、前訴の裁判所の判断事項に拘束力を結びつけることができるかという点にあり、繰り返し掲げた「〔訴訟物の〕訴求部分＝判断対象＝既判力」という定式との関係では、訴求部分が申立事項としての訴訟物、ここでは給付が求められた範囲における金銭債権の存否に限られるかどうか、という問題に関わると考えられる。[46]この点を超えることができる最も簡明な手法は、判決理由中の判断に拘束力（たとえば争点効）を認めることであろうが、より直截には、やや技巧的ではあるが「黙示の請求」を想定するということになろう。先に示唆したように、訴訟物の確定にかかる当事者の地位の非対称性に照らして当事者間の衡平（公平）を回復させる観点から、被告が（請求認容を解除条件とする訴求額を超える部分の）債務不存在確認の訴えを提起していると想定できれば、かつ、これについての判決が存在することを想定できれば、緊張関係は解消されることになる。裏からいえば、最高裁平成一〇年判決の存在にもかかわらず、こうした前提を取り得ない限り、信義則に基づく遮断効を肯定することには、なお慎重であるべきということを意味しよう。

6　これに対して、請求が認容される場合においては、請求棄却の場合と異なり、債権全体について裁判所が判断したとはいい難く、残部請求の遮断を判断効としての既判力により基礎づけることは一般には困難である。それゆえにこそ、明示がない場合において、信義則違反としての禁反言と評価できる場合に限定しつつも個別の事情に応じて遮断するとする解釈が落ち着きの良い解釈として魅力的なものと映るのである。これに対して、竹下教授は、先述したように、明示がない場合一般を想定しつつ「失権効」を想定される。さらに、黙示の一部請求の場合において残部請求が既判力により遮断されるとする見解も、先に述べたように、黙示の一部請求を適法とする限りにおいて、既判力の通常の作用では肯定できない、残部遮断という効果を導いており、ことの実質に照らせば、ここに並べることができる。しかし、裁判所の判断を想定できないこの場面において、失権の基礎は何に見出されているのであろうか。[47]

これに加えて、明示の有無にかかわりなく、残部請求は許されないとする有力な見解が存在する。[48]ここでも、一種の失権効が想定されているのであるが、これらの見解は、失権の基礎をより明確な形で浮かび上がらせているように思われる。すなわち、そこでは、分割請求の自由を原告の正当な利益と認めることはできないとされているのである。たとえば、高橋宏志教授は、仮に敗訴リスクの回避の観点から一部請求を認めることに合理性があるとしても、それは訴え提起の段階であって、請求の拡張が認められる以上、請求の拡張がされなかった部分についての失権を基礎づけることが可能であるとされる(49)。

では、こうした失権効を認めることは、判断効としての既判力理論と緊張関係に立たないのであろうか。現にドイツ法では、緊張関係に立つと一般に考えられているようである。

それにもかかわらず、こうした議論が登場する原因は、むしろ、既判力が判断効として捉えられていること自体に見出せるように思われる。よく知られているようにドイツ法は一九世紀を掛けて、既判力を判断効として再構成することに成功した。現在一般に説かれている判決効の対象論（訴訟物についての裁判所の判断）と作用論（既判力の対象と矛盾抵触する判断を禁止するという効果から導かれる積極的作用と消極的作用）は、この判断効としての既判力把握をその基礎におく(50)。他方で、こうした既判力理解によって背景に退いたのは、ローマ法以来の訴権の消耗という議論であり(51)、そこでは、当事者間の衡平の観点から、訴権の性質や訴権相互の関係等に基づいて、争点決定の対象となった訴権を超えて一定範囲で訴権の消耗という効果が結びつけられていた。こうした規律にそれなりの合理性があると考えれば、そして、現在の既判力論のもとでこうした規律の代替物を求めるとすれば、信義則ないしは失権効という枠組みを借りる必要があるということであろう。そこでの議論の核心は、当事者は審判範囲を画することはできても、失権の範囲を画することはできないことを正面から認めることにある。この場合、当事者は、失権を免れようとすれば、必要に応じて請求を拡張することが要求されることになろう。

当事者間の衡平に基礎をおくこうしたアプローチがありうることは、既にさまざまな局面において論者により指摘されているところである。判断効としての既判力論を貫徹されようとする伊藤教授も、訴訟物が異なる請求について信義則による遮断の余地を認めておられるところであり(52)、先述のように、一部請求の文脈における教授の「既判力の双面性」にかかる議論もこうした観点からの評価が可能である(53)。このように考えれば、ここでの問題は、請求の拡張を要求する規範を想定してよいか、換言すれば、「必要的拡張」というルールを想定してよいかということにあり(54)、裁判所の判断が想定されないにもかかわらず、信義則に反することを理由に残部請求を遮断する議論の是非は、詰まるところ、こうした規範的評価を想定することが適切かという問いに関わるように思われる。[55]

（32） 学説の分布については、たとえば、中野・前掲注（4）一〇七頁以下、松本・前掲注（6）二〇〇頁以下などを参照。
（33） 兼子ほか・前掲注（3）二九頁。
（34） たとえば、松本＝上野・前掲注（22）六〇五頁。さらに、ここでもそうであるように、信義則の基礎にある価値衡量を不透明なものにしてしまう危うさを内包している。
（35） 一般に「判断効」と呼ばれているようであり、以下、この表現を用いる。対立する理解が一事不再理、あるいはその先行理論としての訴権消耗である。「既判事項」という用語法がこの伝統を反映しており、判決の拘束力、矛盾抵触する判断の禁止という作用論がこの理解から導出されている。児玉寛「サヴィニーの既判力論についての覚書」法政研究五九巻三・四号（一九九三）五七九頁によれば、カノン法に端を発し、サヴィニーによって完成する既判力理解である。
（36） たとえば、先の定式を固い原則と捉えるドイツ法では、判決事項を超えて遮断効を生じさせることには極めて警戒的である。残部請求を広く許すドイツ法の状況については、中野・前掲注（2）九九頁、松本・前掲注（6）二〇一頁以下などで紹介されている。
（37） 三1で論じたところである。伊藤・前掲注（1）二一六頁。同頁注109にあるように、兼子博士の見解（三2）に従うものである。兼子博士の見解については、前掲注（18）三九四頁、四一四頁参照。
（38） 中野・前掲注（2）九三頁。もっとも、この批判が兼子博士の見解にそのまま妥当するか留保が必要であるようにも思われる。兼子・前掲注（18）三九四頁は、訴訟物の範囲で判決をすることを想定しており、債権全体について判決すること（ただし、主張の限度が画されるので、勝訴することはできない）を想定しているとの理解も可能である。もっとも、こうした理解に基づきその余の請求が棄却されているとすると、中野博士の見解によれば既判力の双面性を持ち出すまでもないということであろう。
（39） 全部請求の場合において、全部認容した判決は、同時に、その額を超える債権が存在しないことを確定するとの規律は、サヴィニーにも見出すことができる。Savigny, System des heutigen römischen Rechts (1847), Bd. 6 S. 303f. そこでは、判断効として既判力を理解することにより生じうる難点への対処という関心のもとで、裁判所の判断内容を拡充することを志向する議論として展開されていた。
（40） 兼子ほか・前掲注（3）五三〇頁以下。
（41） 中野・前掲注（2）一〇五頁。

(42) もちろん信義則論は、ここで論ずる内容に汲み尽くされるわけではない。たとえば、三木浩一「一部請求論の展開」同・前掲注(30)一二四頁は、より広い視野から信義則論を検討する。

(43) 兼子ほか・前掲注(3)五三二頁。なお、理由中の判断の拘束力に関しては、一部請求認容の場合において残部請求をする際に、請求原因事実(たとえば、不法行為の成立要件にかかる事実)について生じる拘束力が作用するかという問題もあるが、本稿では触れることができない。

(44) 松本=上野・前掲注(22)五九五頁以下、松本・前掲注(6)二二四頁。

(45) 作用論として矛盾関係の規律が問題なく適用できるのは、債務不存在確認訴訟と給付訴訟との関係であろうが、これを超えてどこまで「拡張」適用が可能かという問いに関わる。多くの見解が原告の所有権が確定された場合、所有権の排他性を介して、被告の所有権の主張を排斥するが、これを肯定するドイツ法でも、一部請求の請求棄却判決と残部請求との関係については消極的な見解が主流であるとされる。ドイツ法の議論については、松本・前掲注(6)二一九頁以下に詳しい。たとえば、この効果を肯定するJauernig, a.a.O., S. 333も明示がない場合に限定する。もっとも、これが既判力の作用の問題か、既判力の対象の問題かという問いが残されているが、松本教授も作用論のレベルではなく、既判力の生じる判断の問題とされており、その意味において、既判力の対象の問題と捉えられるが、もっぱら作用論として構成する余地もあるように思われる。

(46) ここで検討されたことは、「申立事項としての訴訟物=判決事項=既判力対象」という定式のうち、「申立事項としての訴訟物=判決事項」の等式に対する精査の必要性を指摘することを意味する。筆者の理解するところ、サヴィニーは、判決理由中の判断に既判力を認めたとされるが、争点決定を介して判決事項を拡張することを試みたものであって、先の定式を実質的に維持しつつ、判決理由中の判断の拘束力を認めたと考えられるのであり、このように考えることができれば、既判力の対象は何かという問いは別の様相を帯びることになろう。もっとも、争点効理論の登場を経た日本法においては、既判力によることの意義、その発生要件、さらには後訴における作用のあり方についてなお議論が必要ということができそうである。この点に関しては、注(14)に掲げた文献のほか、勅使川原和彦「一部請求と隠れた訴訟対象――判例によるルール設定と信義則による後訴遮断についての覚え書」早稲田法学七五巻三号(二〇〇〇)二五頁も参照。なお、前掲注(28)で論じた黙示の予備的反訴論もここの論点に関わるが、請求の拡張を広く許容する現行法のもとにおいて、サヴィニーの試みを踏襲する基礎が(どこまで)存在するのかは、なお一つの問いである。

(47) 信義則論においては、そこでいう信義則とは何かという問いに関わる。ことさらに残部がないことを装ったという評価が可能な場合を別にすれば、隠れた一部請求一般において、しばしば、明示がなかったことにより、被告が反訴の可能性を失ったことが信義則違反の根拠として挙げられるが、理論的には反訴はいつでも可能ということもでき、結局のところ原告の分割行使の自由と被告の負担の比較衡量の問題と位置づけざるをえないように思われる。BGHZ 135, 178 を有するドイツ法では、いずれの規律が武器対等の原則に適うかという議論枠組みが準備されているようである。詳細は、松本・前掲注（6）二〇一頁以下参照。このことは、たとえば新堂幸司教授（同・新民事訴訟法〈第五版〉〔二〇一一〕三三七頁）が指摘されるように、原告被告間の衡平の関係から被告に負担を負わせるべきではなく、原告が負うべきであるといった手続上の価値衡量を経ることなく、信義則に反するという結論が出てくるわけではないことを意味する。

（48） たとえば、新堂・前掲注（47）三三七頁、高橋宏志・重点講義民事訴訟法（上）〈第二版補訂版〉（二〇一三）一〇六頁、山本・前掲注（17）一一〇頁など。

（49） 高橋・前掲注（48）一〇七頁。

（50） このことは、ガウル「サヴィニー以後の既判力理論の展開と現状」同〔松本博之編訳〕・ドイツ既判力理論（二〇〇三）三頁以下に的確に描かれているところであり、Reishl, Die objektiven Grenzen der Rechtskraft im Zivilprozess (2002), S. 47ff. もある。

（51） 前注に掲げた Reishl, a.a.O. は、かつてドイツ法においても残部を遮断する見解があったにもかかわらず、そうした流れが潰えるその後の展開を追う。確認の訴えを認めるに至った今日においては、判断効理論の優位は疑えないと思われるが、給付の訴え相互間において、訴訟物についての判断効という把握だけで必要な規律を摑み切れているかというのがここでの問題意識である。

（52） 伊藤・前掲注（1）二〇五頁。教授は、訴状記載の事実に基づいて複数の実体法上の請求権が成立する場合には、黙示の選択的併合が成立するとされており（同書二一〇頁注94）、この場合の請求棄却は、既判力の作用として、いずれの請求についての後訴も遮断されることになりそうである。したがって、信義則が機能するのはこれ以外の場合ということになりそうであるが、信義則が適用される範囲についての教授ご自身の立場は明らかではない。しかし、広く信義則による遮断を図る解釈を想定すれば、異なる請求についても併合提起することが要求され、口頭弁論終結時までに追加的変更をしなかった場合には失権するとする「必要的併合」の規律を想定することと近似する。

ちなみに、黙示の選択的併合を認められる伊藤教授の見解は、その範囲で、とりわけ二分肢説を採用する新訴訟物理論と異なるものではないと考えられる。新訴訟物理論の理解の仕方も多様たりうるが、今日の一般的な理解では、裁判所による包摂の試みの対象が実体法上の請求権であることは新訴訟物理論であっても変わるところはなく、そこでは、訴訟物を「実体法上の現実的請求権を複数包含し得るものとして」措定するかどうかの違いに過ぎないと考えられる（山本克己「訴訟物論における『実体法的思考』の批判的検討」新堂古稀・民事訴訟理論の新たな構築（下）（二〇〇一）一五五頁参照）。こうした理解に基づけば、既に指摘されているように、新訴訟物理論を採用しても、特定の実体法上の請求権についてのみ判断を求める旨の「一部請求」を想定することは可能である。そこでは、特定の実体法上の請求権についてのみ審判を求める旨の限定をすれば、その請求権のみが判決対象となるということになろう。この帰結は、旧訴訟物理論を採用したのと同じ結論である。もっとも、新訴訟物理論を採る論者は、残部（他の請求権）を後訴に留保することを一般に認めず、認める場合にも一部の請求権を留保することについての正当な利益を要求することになるように思われるし、その存在が肯定される場合は限られるということであろう。

(53) 実体的な失権を伴うことなく、認容額を超える部分について「双面性」を根拠に既判力を生じることを認めるとすれば、判断効の外観にもかかわらず、実質、本文でいう失権効を肯定している可能性があるように思われる。

(54) 訴権消滅の思想を残すアメリカ法の規律に示唆を受けて、小松良正教授は「必要的請求併合」のルールの導入を図り（同「一部請求理論の再構成——必要的請求併合の理論による解決」中村古稀・民事訴訟法学の新たな展開（一九九六）一七四頁）、前掲注（47）に掲げた諸文献もそうした方向への展開を図る。三木・前掲注（30）一一二頁以下、一三六頁以下も信義則の枠組みでより複合的な規律を提示されるが、それを支えるものの一つとして「請求拡張責任」（同書一〇七頁、一二九頁）という発想を提示する。筆者も、認容判決について残部請求を遮断する効力論を展開するとすれば、こうした方向が唯一の可能性であると考えている。図式的にいえば、「債権の同一性」単位で「一事不再理」を考えることを意味する。問題はそうした「責任」が何によって基礎づけられるかにある。

(55) 筆者は、いまだ固定していない損害が生じている場合など分割行使をすることに合理的な理由があることを後訴で明らかにする場合に限り残部請求は可能であるとする近時の有力な見解に従うことに魅力を感じているが、詳細は別の機会に譲りたい。

六　結びに代えて

本稿では、伊藤教授の一部請求論を手がかりにして、一部請求の適法性とは一部請求における申立事項の確定の問題であり、申立事項の特定、ひいては審判の対象にかかる問題においてなお問われるべきことが残っていること、残部請求の可否の問題において、現在の既判力の生じる判断およびその作用に関する理論が有する限られた機能を前提にすれば、信義則の活用は不可欠とはいえ、信義則を基礎とする遮断効ルールの構築を試みることは有効なアプローチたりうること、その規範化を図り、適用範囲を的確に画するためには、判断効としての既判力による遮断という仕掛けの基底にある価値との緊張関係のなかで、その規範の内容を豊かなものにする試みが不可欠であることを指摘した。極めて雑駁な文字どおりの素描にとどまるが、訴訟法のあらゆる領域における様々な問題について先生から数え切れない刺激を受け続けてきた一後進として、これまでの学恩に感謝し、あわせて古稀をお迎えになられることをお祝いする気持ちのみを受け取っていただければ幸いである。

共有者の内部紛争における固有必要的共同訴訟の根拠と構造

鶴田滋

一　問題の所在
二　共有物分割訴訟における固有必要的共同訴訟の根拠と構造
三　遺産分割審判の前提問題に関する訴訟における固有必要的共同訴訟の根拠と構造
四　おわりに

一　問題の所在

1　本稿の目的

本稿の目的は、共有者の内部紛争における固有必要的共同訴訟の根拠と構造を明らかにすることである。とりわけ、共有物分割訴訟、および、遺産確認訴訟や相続権不存在確認訴訟のような遺産分割審判の前提問題に関する民事訴訟を念頭に置く。

2　従来の判例および学説の状況

(1)　管理処分権説と訴訟政策説の対立　筆者は、これまで、共有の対外的主張の場合における共有者の共同訴訟の必要性、すなわち、共有者が第三者に対して共有物全体に関する権利を訴訟において主張する場合に共有者全員が共同原告となるべき固有必要的共同訴訟となるかどうかという問題を主たる研究課題としてきた。この場面における固有必要的共同訴訟の判断基準をめぐっては、訴訟物たる権利関係についての実体法上の処分権能が共有者全員に共同して帰属するか否かにより判断する管理処分権説と、紛争の一回的解決という訴訟政策的観点から、利害関係人間の利益考量により判断する訴訟政策説が対立する、とされてきた。筆者は、この問題について、伝統的な判例および学説の立場である管理処分権説に立つべきであると主張してきた(1)。

(2)　共有者間の内部紛争における判例の状況　しかしながら、考察の対象である共有者の内部紛争においては、判例がその事件を実体法的な観点から固有必要的共同訴訟と判断しているかどうかは明らかではない。

たとえば、共有物分割訴訟では、判例は、共有者全員が原告であれ被告であれ当事者となることを要求し、それは「共有ノ性質上当然ノ結果」であるとしつつも、その理由として、「各共有者ハ、分割ニ於ケル当事者トシテ、共有物ノ分割ニ直接利害ノ関係ヲ有スル」（読点は筆者）ことを挙げるにすぎない。[2] 遺産確認訴訟でも、判例は、遺産共有関係の確認が訴訟の対象であることを挙げるものの、この事件が共同相続人全員が原告または被告となるべき固有必要的共同訴訟であることを、遺産共有関係についての実体法上の管理処分権能の有無から説明するわけではない。[3] さらに、相続権不存在確認訴訟では、相続欠格事由があり相続権が存在しないと原告（X）により主張される相続人（Y）だけでなく、当該訴訟の原告になろうとしない相続人（Z）をも共同被告としなければならないとされる。[4] このように、訴訟対象となる権利関係の主体と訴訟当事者にずれが生じる場合の固有必要的共同訴訟は、管理処分権説によればどのように正当化されるのかは明らかでない。

(3)　伝統的な管理処分権説による共有者間の内部紛争の例外的取扱い　また、伝統的な管理処分権説に立つ兼子一博士も、共有者の内部紛争の典型的な類型である共有物分割訴訟については、通常の場合における固有必要的共同訴訟の成否基準とは別の基準を用いて、例外的な取扱いを行う。

兼子博士は、固有必要的共同訴訟が成立する場面を、実体法上数人が共同して管理処分しなければならない財産に関する訴訟と、第三者が夫婦を共同被告として婚姻の無効または取消しの訴えを提起する場合（人訴一二条二項）を典型例とする、他人間の権利関係の変動を生じさせる形成の訴えの二つに分け、[5] 共有者の共同訴訟の必要性に関する問題を前者の類型に分類するのに対して、共有物分割訴訟を後者の類型に分類する。[6] さらに、共有物分割訴訟の構造についても、他人間の権利関係の変動をもたらす形成訴訟の他の類型と同様に、共同訴訟人間にも利害対立があるために三面訴訟が成立するとして、二当事者対立構造の妥当する必要的共同訴訟とは明確に区別する。[7]

さらに、徳田和幸教授は、「従来の伝統的な考え方によっても、他人間の権利関係に変動を生じさせる形成の訴えまたそれと同視すべき確認の訴えに……関しては、訴えの目的・機能が重視されているとみられるのであり、遺産確認の訴えもその一種として固有必要的共同訴訟になると解する余地もあるように思われる」と述べる。[8]

以上の叙述から、管理処分権説に立つとされる伝統的な見解に従っても、共有物分割訴訟や遺産分割審判の前提問題についての訴訟は、係争権利義務についての処分権能の共同とは別の理由から、共有者全員を原・被告とすべきでありかつ三面訴訟の構造を有する、特殊な固有必要的共同訴訟となる、と説明されることとなろう。

(4) 共有者間の内部紛争における訴訟政策説　これに対して、訴訟政策説の代表格の一人である高橋宏志教授は、固有必要的共同訴訟となる事件の類型を、「他人間の法律関係に変動を生じさせる訴訟」、「数人で管理処分・職務執行することになっている場合」、および、「共同所有形態における紛争に関するもの」の三つに分けるが、いずれの類型においても、訴訟政策的な考慮から固有必要的共同訴訟の成否を判断する。(9)高橋教授は、共有者の内部紛争である遺産確認訴訟を、このうちの第三の類型に分類するが、判例がこれを固有必要的共同訴訟とするのは、「実体権の性質から演繹されたというよりも、遺産の範囲を確定しておくことが遺産分割の手続全体から合理的だ、遺産分割手続が円滑に進むという考慮に支えられている」からであると述べ、(10)ここでも訴訟政策的な観点を重視する。

さらに、高橋教授は、とりわけ遺産確認訴訟を例に挙げて、二当事者対立構造を前提とし、原告から被告への請求という矢印でものを考える「矢印志向」では共同訴訟人間の既判力拡張を正当化できないと批判する。そのうえで、多数当事者訴訟では多数人間の紛争をそのまま訴訟に乗せる「メリーゴーランド構成（真ん中に柱があって、人が乗る馬型の輪が柱の頂点から綱でつながっているという構成。頂点のところで何かを決めれば、みなつながって、全体が円満に決着するという構成）」との親和性を示し、(11)遺産確認訴訟のみならず、共同訴訟または多数当事者訴訟全体において、「矢印志向」からの発想の転換が必要であることを主張する。(12)

以上から、訴訟政策説は、共有者間の内部紛争のみならず、問題となるすべての事件類型の固有必要的共同訴訟性を訴訟政策的観点から根拠づけ、その場合、判決効を及ぼすために利害関係人全員が当事者となっていれば足り、かつ、原告・被告の区別にとらわれる必要はないという考え方を貫いている点に特徴がある。

3　判例および学説の問題点

以上に紹介した判例・学説を見る限り、共有者間の内部紛争については、その固有必要的共同訴訟性を管理処分権説により根拠づけることは有力ではないようである。しかし、私見によれば、以上に紹介した判例および学説には多くの問題がある。以下では、大まかには次の二つの問題、すなわち、固有必要的共同訴訟の根拠の問題、三当事者対立訴訟または多数当事者訴訟の特殊性を強調することの問題に分けて示す。

(1)　固有必要的共同訴訟の根拠について　第一に、判例および伝統的な学説は、共有の対外的主張の場合は、係争権利義務についての管理処分権能を基準に、固有必要的共同訴訟の成否を判断するにもかかわらず、同じ共有者をめぐる紛争である共有者間の内部紛争にその基準を用いないのは一貫しない。判例も、前述のとおり「共有ノ性質上当然ノ結果」であると述べ、実体法上の権利関係に着眼して固有必要的共同訴訟の成否を判断するので、むしろそれがなぜ根拠となるのかを精査する必要がある。

第二に、伝統的な学説は、他人間の権利関係の形成訴訟が固有必要的共同訴訟となる根拠について立ち入って説明していない[13]。仮に訴訟政策的な考慮がその根拠となるのであれば、なぜこの訴訟類型についてのみ例外的な扱いが可能なのかを説明する必要がある。

第三に、第三者が他人間の法律関係の変動を主張する形成訴訟を、固有必要的共同訴訟となる他の事件と区別する、日本における伝統的な考え方は、母法国ドイツでは採られていない。ドイツでは、固有必要的共同訴訟となるべき事件を区別せず、すべての事件において、訴訟の対象となる権利関係についての処分権能の共同から、その事件が固有必要的共同訴訟であることを根拠づける[14]。筆者の調べた限りでは、兼子博士が、第三者が他人間の法律関係の変動を主張する形成訴訟を、固有必要的共同訴訟となる他の事件と区別する考え方を唱えて以降[15]、それが現在の日本における支配的見解になったにすぎず、それまでは日本の学説もドイツ法の考え方に同調していた[16]。

第四に、訴訟政策説によれば、共有者間の内部紛争においても、どのような社会的・経済的紛争が一回的に解決されるべきかという判断が法解釈者の価値観に委ねられることになる。[17] 固有必要的共同訴訟の成否の問題は訴訟追行権の問題でもあるので、訴訟において主張される実体権とは無関係には論じられないであろう。[18]

(2) 三当事者訴訟または多数当事者訴訟の特殊性の強調について　さらに、共有者間の内部紛争が、三当事者が相対立する特殊な訴訟構造（三面訴訟またはメリーゴーランド構成）であることから、固有必要的共同訴訟の成否のみならず、手続規律（独立当事者参加の規律の準用）、既判力の範囲（共同訴訟人間の既判力拡張）まで決めることにも問題がある。

まず、兼子博士は、他人間の権利関係の形成訴訟では、三当事者が互いに利害対立するために三面訴訟が成立すると述べる。しかし、他人間の権利関係の形成訴訟の典型例である、第三者による夫婦を共同被告とする婚姻無効・取消訴訟で判断されるのは、婚姻関係が不発生であるかどうか、消滅するかどうかだけであり、法律上、三当事者の利害は相対立しない。それゆえ、この場合に三面訴訟とする必然性はない。同様に、共有者の内部紛争であることから直ちに三当事者間で利害が対立する紛争類型となるのかどうかも、精査される必要がある。

また、共有者の内部紛争では、三当事者相互間で、とりわけ共同原告間または共同被告間で、どのような請求が立てられているかは必ずしも明らかでない。したがって、共有者の内部紛争における訴訟構造が、参加人が原・被告に対して請求を定立する独立当事者参加訴訟の典型例におけるそれと同じであるとは言えないのではなかろうか。[19]

加えて、三面訴訟であることを理由に、独立当事者参加の規律（民訴四七条四項）による必要的共同訴訟の規律（民訴四〇条）を適用することに対しても既に疑問が唱えられている。[20] したがって、仮に共有者の内部紛争が三面訴訟であるとしても、この場合に独立当事者参加の手続規律が適用される根拠についてもさらに論証が必要である。

その他、三面訴訟説やメリーゴーランド構成を採用すれば、三当事者相互間で既判力を作用させることができると説明されるが、第三者による夫婦を共同被告とする婚姻無効・取消訴訟では、人事訴訟における対世的効力により夫婦間にも既判力が作用するので（人訴二四条一項）、共同被告間に既判力を作用させるために、当該事件類型を三面訴訟とする必然性はない[21]。このように、三当事者間相互間で既判力を作用させるべきかどうかは、三面訴訟成立の可否とは別に議論することができる。

4　考察の視点・順序

以上の問題意識を踏まえて、本稿では、次の二つの視点から考察を行う。

第一に、共有者間の内部紛争における固有必要的共同訴訟という特殊な類型であっても、これに関するすべての具体的な法解釈問題を妥当な解決へと導く一つのモデルを探求することは避け、訴訟追行権の問題と、訴訟構造・手続規律や既判力拡張などのその他の問題を区別して論じる。そこで、本稿では、固有必要的共同訴訟の成否の問題、すなわち訴訟追行権の問題を解決することを主たる目的とし、これを前提に、可能な限りで、訴訟構造・手続規律や既判力拡張の問題に触れる。

第二に、伝統的な学説や判例が、共有の対外的主張における固有必要的共同訴訟の根拠を係争権利義務についての管理処分権の共同にあるとしていること、および、母法国ドイツにおいては一貫して、訴訟の対象となる権利関係についての処分権能の共同が、固有必要的共同訴訟の根拠とされていることから、共有者間の内部紛争における固有必要的共同訴訟も、係争権利義務についての実体法上の管理処分権能から根拠づけられるのではないか、という視点から論じる。

以上の視点から、以下では、共有物分割訴訟における固有必要的共同訴訟の根拠と構造（二）、遺産分割審判の前提問題についての民事訴訟における固有必要的共同訴訟の根拠と構造について論じ（三）、最後に、考察のまとめと今後の課題について述べる（四）。

（1）　私見の概要については、鶴田滋「通常共同訴訟と必要的共同訴訟との境界」伊藤眞＝山本和彦編・民事訴訟法の争点（二〇〇九）七〇頁以下、同「共有者を原告・被告とする訴訟における固有必要的共同訴訟の成否」法時八五巻九号（二〇一三）一〇頁以下等を参照。なお、伊藤眞教授も、多数当事者訴訟においても、訴訟物理論と同様に、紛争の一回的解決の理想を追い求めるのではなく、「紛争解決における私的自治を基本とした、当事者と裁判所の役割分担という視点」を強調される。伊藤眞「民事紛争の解決と民事訴訟法理論の役割」井上治典先生追悼・民事紛争と手続理論の現在（二〇〇八）一七頁。

(2) 大判明治四一・九・二五民録一四輯九三一頁。大判大正一二・一二・一七民集二巻六八四頁も同旨。

(3) 最判平成元・三・二八民集四三巻三号一六七頁。なお、勅使川原和彦「『訴訟共同の必要』に関する判例理論の現在」栂善夫先生・遠藤賢治先生古稀祝賀・民事手続における法と実践（二〇一四）六三九頁も参照。

(4) 最判平成二二・三・一六民集六四巻二号四九八頁。

(5) 兼子一・新修民事訴訟法体系〈増訂版〉（一九六五）三八四頁以下。現在の学説においても、他人間の権利関係に関する形成訴訟を他の固有必要的共同訴訟の類型と区別して整理するものがほとんどである。たとえば、伊藤眞・民事訴訟法〈第四版補訂版〉（二〇一四）六二四頁、新堂幸司・新民事訴訟法〈第五版〉（二〇一一）七七四頁、松本博之＝上野泰男・民事訴訟法〈第七版〉（二〇一二）七一六頁〔上野〕、小島武司・民事訴訟法（二〇一三）七五五頁以下。

(6) 兼子・前掲注（5）三八四頁以下。なお、現在でもこのような分類をする見解は多い。たとえば、伊藤・前掲注（5）六一八頁、松本＝上野・前掲注（5）七一六頁〔上野〕、小島・前掲注（5）七五五頁。

(7) 兼子・前掲注（5）四一〇頁以下。

(8) 徳田和幸「共同相続人間における遺産確認の訴えと固有必要的共同訴訟」同・複雑訴訟の基礎理論（二〇〇八〔初出一九九〇〕）三八〇頁以下。

(9) 高橋宏志・重点講義民事訴訟法（下）〈第二版補訂版〉（二〇一四）三二九頁以下。

(10) 高橋・前掲注（9）三四五頁注32。

(11) 高橋・前掲注（9）三九〇頁。「メリーゴーランド構成」については、谷口安平「多数当事者訴訟について考える（講演）」同・多数当事者訴訟・会社訴訟（民事手続法論集第二巻）（二〇一三〔初出一九八七〕）三六一頁以下を参照。

(12) たとえば、高橋教授は、入会権確認の訴えで、共同原告となることを拒否した共有者は被告に回してもよいとした、最判平成二〇・七・一七民集六二巻七号一九九四頁は、原告・被告の区別にこだわらない一例として紹介し、「多数当事者訴訟全体の基礎部分において、地殻変動の兆しが見える」と述べる。高橋・前掲注（9）三九〇頁。

（13）　この点を早くから指摘するものとして、谷口安平「共同訴訟」前掲書注（11）二八六頁以下（初出一九七三）。もっとも、最近の教科書である三木浩一ほか・民事訴訟法（二〇一三）五三六頁〔菱田雄郷〕は、「婚姻関係は夫と妻が共同して管理処分すべきものであるから、婚姻関係に係る訴訟追行権も共同して行使する必要があるという説明が可能である」と述べる。

（14）　現在のドイツの学説における実体法上の理由による必要的共同訴訟（日本における固有必要的共同訴訟に相応する）の根拠は、実体法上の共同処分権能、場合によっては、実体法により規律される共同の訴訟追行権にあるとされる。MünchKommZPO/ Schultes, 4. Aufl., Bd.1, 2013, § 62 Rn. 24; Stein/ Jonas/ Bork, Kommentar zur Zivilprozessordnung, 22. Aufl., Bd. 2, 2004, § 62 Rn. 14.

（15）　兼子一・民事訴訟法概論（一九三八）四二七頁。

（16）　たとえば、ヘルヴィヒは、固有必要的共同訴訟となる事件を、①ある形成権が複数の者に共同して帰属する、または、ある形成権が複数の者に向けられる場合、②関係人に管理権、それに含まれる訴訟追行権が共同して帰属する場合、および、③①と②の両方の原因を含む場合に区別する。K. Hellwig, Lehrbuch des Deutschen Zivilprozeßrechts, 3. Bd., 1909, S. 98. このように、ヘルヴィヒは、兼子博士の見解のように、①の類型を「第三者が他人間の法律関係の消滅を主張する」形成訴訟に限定しない。兼子博士の『概論』が発行される前の日本の大正一五年（一九二六年）民事訴訟法に関する体系書や注釈書も、ヘルヴィヒの見解に影響を受けて、管理処分権の共同の場合と、形成権が数人によりまたは対して行使されなければならない場合を、固有必要的共同訴訟に該当する事件類型に挙げる。たとえば、岩本勇次郎＝三ヶ尻好人・新民事訴訟法要論（下巻）（一九二八）一三一四頁以下、勅使河原直三郎・改正民事訴訟法概論（一九二八）一九〇頁以下、山田正三・改正民事訴訟法第三巻（一九三〇）五五〇頁以下、竹野竹三郎・新民事訴訟法釈義上巻（一九三〇）一八八頁、森田豊次郎・民事訴訟法概要（一九三六）六七頁。

（17）　詳細は、鶴田滋・共有者の共同訴訟の必要性（二〇〇九）七頁以下。訴訟政策説に対するその他の問題についても、同書七頁以下を参照。

（18）　鶴田・前掲注（1）争点七一頁。

（19）　前掲注（12）最判平成二〇・七・一七の事案で三面訴訟を成立させるために、いわゆる本来的被告と非同調者との間での請求定立が擬制されることの不自然さを指摘するものとして、山本弘「判批」高橋宏志ほか編・民事訴訟法判例百選〈第四版〉（二〇一〇）二一一頁。

（20）　山本弘「多数当事者訴訟」竹下守夫＝今井功編・講座新民事訴訟法Ⅰ（一九九八）一四六頁。

（21） ただし、伝統的な見解および有力説は、この場合の訴訟構造を三当事者訴訟すなわち三面訴訟と解する。兼子・前掲注（5）四一〇頁以下、高橋・前掲注（9）三三八頁注21を参照。

二　共有物分割訴訟における固有必要的共同訴訟の根拠と構造

1　共有物分割訴訟における固有必要的共同訴訟の根拠

⑴　形成訴訟としての共有物分割訴訟　民法二五六条一項本文によれば、各共有者は、いつでも共有物の分割を請求することができる。これは、共有物分割請求権と呼ばれ、伝統的な見解によれば、「既存の共有関係を廃棄して各共有者の間に共有物を分配すべき法律関係を作り出すことを一方的に申出ることであって、その請求自体は別段他の共有者に対して特定の行為を要求するものではないのだから」、形成権であるとされる[22]。ただし、この分割請求権を行使しても、共有者間で分割について協議すべき債務関係が発生するにとどまる。そこで、共有者全員での協議が調わないときにはじめて、各共有者は、民法二五八条に基づき、裁判上の分割請求訴訟を提起することができる[23]。

さらに、民法二五八条に基づく共有物分割の訴えは、「共有関係を廃棄して共有物の分割せられた部分について共有者各自の所有権を創設する判決を求めるものであり、……共有者の有する形成権を基礎とするものであるから」、形成の訴えであるとされる[24]。したがって、法律関係の画一性の要請のために、現物分割の場合は、判決確定後にはじめて、各共有者は分割された部分についてそれぞれ単独所有者となる。

このように、この場合の各共有者の権利は、民法二五六条一項に基づく共有物分割請求権と区別される。そこで、本稿では、民法二五八条に基づく各共有者の実体法上の権利を、実体的形成訴権としての「共有物分割訴権」と呼ぶ[25]。なお、共有物分割の訴えは、実質的に非訟の裁判を訴訟の形式で行っていることから、形式的形成訴訟であると理解されているが[26]、実質的非訟の特質については後に述べる。

(2)　形成訴訟における訴訟追行権　ところで、形成訴訟は原則として法律の規定により特別に認められることから、その訴訟追行権も、通常、法律により定められる(27)。しかし、共有物分割訴訟は、前述のとおり、民法二五八条の規定により形成の訴えとされているが、この規定は、誰が訴訟追行権を有するかを明確に示してはいない。したがって、この場合に、どのような理由から、誰が訴訟追行権を有するのかを説明する必要がある。訴訟追行権に関する一般的な考え方に従うと(28)、共有物分割訴訟においては、民法二五八条に基づき、各共有者がその他の共有者全員に対して実体法上の「共有物分割訴権」を訴訟上主張するのであるから、その権利が自らに帰属すると主張する者に原告適格が、その者により義務者であると主張される者に被告適格が付与される。そこで以下では、「共有物分割訴権」の権利帰属主体と義務帰属主体はどのような理由から誰になるのかについて述べる。

(3)　共有物分割訴訟において主張される権利・訴訟物　伝統的な見解によれば、共有物分割訴訟は形式的形成訴訟であるため、形成の訴えであっても、「形成の規準となる法規したがって又形成要件を欠き、法律的主張としての請求がない」とされる(29)。これによれば、共有物分割訴訟においては、訴訟物、ひいては原告により主張される実体法上の権利が存在しないように読める。

しかし、判例は、共有物分割訴訟では、不分割の契約の存在を理由に請求棄却判決を下すことができ、さらに、それが確定した場合には、共有権に基づく分割請求権の不存在について既判力が及ぶとする(30)。この分割請求権は、前述の実体権としての「共有物分割訴権」を意味すると思われる。

裁判所が請求を認容する場合にも、共有関係が存在しないこと、その物が分割すべき共有物でないこと、不分割の特約期間満了前であること（民二五六条）、分割が禁止されていること（民九〇八条参照）などの請求棄却事由(31)が存在しないことから、「共有物分割訴権」の存在が判断される。ただし、この場合、裁判所は、「共有物分割訴権」の存在を前提に、自らの裁量に基づいて適切な分割方法を形成する。

以上から、共有物分割訴訟においては、それが形式的形成訴訟であっても、原告により主張される実体法上の権利は、「共有物分割訴権」としての共有権に基づく分割請求権であり、旧訴訟物理論によれば、その主張が、当該訴訟における訴訟物となる。共有物分割訴訟の実質的非訟性は、実体権としての「共有物分割訴権」の効果について、裁判所に裁量権が付与されていることから根拠づけられることとなろう。(32)

(4)　「共有物分割訴権」の権利義務帰属主体・共有物分割訴訟の訴訟追行権　それでは、実体法上の「共有物分割訴権」は誰に帰属するのか。通常は、実体法上の権利または義務について処分権能を有する者が、実体法上の権利または義務の帰属主体となる。

共有物は共有者全員の合意によってのみ処分できるから（民二五一条参照）、共有関係の解消についても共有者全員の合意が必要である。それゆえ、民法は共有者全員の協議が調わない限りで、各共有者に共有物分割訴権を付与していると考えられる。したがって、「共有物分割訴権」が帰属するのは、それを行使する共有者であり、それ以外の共有者全員が当該義務の帰属主体となる、とすべきである。

したがって、共有物分割訴訟では、「共有物分割訴権」が自らに帰属すると主張する共有者に原告適格が、「共有物分割訴権」に対応する義務の帰属主体であると原告により主張される他の共有者全員に被告適格が与えられる。

(5)　実体法上の「共有物分割訴権」・共有物分割訴訟の訴訟物の個数　以上によれば、たとえばある特定の共有物についての共有者XYZ間の共有関係を解消するために、XがYとZを被告として共有物分割訴訟を提起する場合のみならず、XとYが共同してZを被告として当該訴訟を提起する場合にも、「共有物分割訴権」の権利主体であると主張する者とその者により当該義務の主体であると主張される者全員が訴訟当事者となっているため、適法である。しかし、後者の場合、「共有物分割訴権」は各共有者に帰属すると言われるのに、なぜXとYが「共有物分割訴権」を共同して主張しなければならないのかという点で、若干の疑問が残る。

しかし、「共有物分割訴権」は、一つの法律関係である特定の共有関係を画一的に解消させることを目的に、共有者全員による分割協議が調わなかった場合にのみ行使されるので、各共有者がそれぞれ個別に行使できる複数の同一の「共有物分割訴権」を有すると構成するのは当該権利の性質に合致しない。むしろ、一つの共有関係の解消という効果を享受しうる者全員が権利または義務の帰属主体となる、一つの「共有物分割訴権」があるとすれば十分である。したがって、XYがZに対して行使する場合も、XがYZに対して行使する場合にも「共有物分割訴権」は一つであり、かつ両者は同一であると解すべきである。

さらに、共有物分割訴訟では、一つの共有関係の解消請求という、共同原告または共同被告が単独では処分し得ない一つの権利の主張、または一つの形成内容の要求が訴訟物となるであるから、原告または被告が複数いる場合にも訴訟上の請求は一個である。(33)

2 共有物分割訴訟の構造

伝統的な見解によれば、共有物分割訴訟に三当事者以上が関与した場合には、三面訴訟となり独立当事者参加の規律に準じた取扱いをする。その理由は、「本質上全共有者間に相互に利害の対立する多面的訴訟である」ことにある。(34)共有物分割訴訟では、裁判所が裁量により判断する共有物分割の方法について、共同原告または共同被告間で争いとなることもありうるから、この場合に、利害の対立する共同訴訟人間で、二当事者対立構造を前提とする必要的共同訴訟の規律をそのまま適用するのは適切ではない。この意味では、伝統的な見解に賛同する。しかし、このことから直ちに三面訴訟が成立するということはできない。むしろ、共有物分割訴訟は、前述の理由から二当事者対立構造の民事訴訟になじまないからこそ、実質的非訟事件である形式的形成訴訟に分類されていると考えられるので、実質的非訟事件である当該訴訟の性質に合わせた具体的な手続規律を探究すべきである。もっとも、この点については今後の課題である。

同様に、共有物分割訴訟において既判力を共有者全員に及ぼすために、それが三面訴訟の構造を有することを強調する必要もない。私見によれば、共有者全員が訴訟当事者となっている訴訟において、共有者全員が権利または義務の帰属主体となりうる一個の「共有物分割訴権」の存否が既判力により確定するのであるから、たとえば、ＸのＹＺに対する「共有物分割訴権」の不存在が確定すれば、この判決の既判力は、その基準時後に提起された同一訴訟当事者間の同一訴訟物についての訴訟である、ＸＹのＺに対する同一の「共有物分割訴権」に基づく訴訟に作用しうる（民訴一一五条一項一号）。

(22) 末川博「共有物分割の訴について」同・占有と所有（一九六二〔初出一九三八〕）二三六頁。
(23) 末川・前掲注（22）二三七頁。
(24) 末川・前掲注（22）二三九頁。大連判大正三・三・一〇民録二〇輯一四七頁も参照。
(25) 形成の訴えにおいては、法律により、権利主体に、私法上の権利としての「実体的形成訴権（ein materielles Gestalltungsklagerecht）」、すなわち、実体法上の権利変動のための形成の訴えを提起する私法上の権能が付与されている、と説明する見解がある（松本＝上野・前掲注（5）一六七頁〔松本〕）。本稿ではこの見解に従う。したがって、共有物分割「訴権」と表記されるが、これは実体法上の権利である。
(26) 兼子・前掲注（5）一四六頁以下、末川・前掲注（22）二三九頁以下。なお、ドイツにおける共有物分割訴訟の詳細は、秦公正「共有物の分割方法とその訴訟手続」比較法雑誌四四巻二号（二〇一〇）二四三頁。
(27) 兼子・前掲注（5）一五九頁。
(28) この点については、給付訴訟を念頭に置いているものであるが、鶴田・前掲注（1）法時一一頁を参照。
(29) 兼子・前掲注（5）一四六頁以下。
(30) 最判昭和二七・五・二民集六巻五号四八三頁。
(31) この点については、小山昇「共有物分割請求訴訟においてその請求を棄却した確定判決の既判力の範囲」末川博編・最高裁民事判例批評（四）（一九六六）一五五頁を参照。なお、奈良次郎「共有物分割の訴えについて」藤原弘道＝山口和男編・民事判例実務研究第五巻（一九八九）三六六頁以下注2および注3も参照。
(32) 秦公正「共有物分割訴訟の非訟性の再検討（五・完）」法学新報一二〇巻三・四号（二〇一三）一頁以下も、私見と同旨と思われる。なお、要件における裁量性と効果における裁量性の区別については、垣内秀介「家事事件における要件事実の機能」伊藤滋夫編・

家事事件の要件事実（二〇一三）一二五頁以下、石橋英典「民事裁判官の裁量に関する基礎的考察」同志社法学六五巻六号（二〇一四）九六頁以下を参照。

（33）固有必要的共同訴訟における訴訟上の請求の個数についての詳細は、鶴田滋「固有必要的共同訴訟の構造」井上治典先生追悼・民事紛争と手続理論の現在（二〇〇八）三四一頁以下を参照。前記論文で述べたことは、共有者の内部紛争にもあてはまる。

（34）兼子・前掲注（5）四一一頁。

三　遺産分割審判の前提問題に関する訴訟における固有必要的共同訴訟の根拠と構造

1　遺産分割審判における固有必要的共同審判の根拠

⑴　遺産分割審判の判断構造　判例によれば[35]、家事事件手続法別表第二第一二号および一三号に規定する「遺産の分割に関する処分の審判は、民法九〇六条に則り、遺産に属する物または権利の種類および性質、各相続人の職業その他一切の事情を考慮して、当事者の意思に拘束されることなく、後見的立場から合目的的に裁量権を行使して具体的に分割を形成決定し、その結果必要な金銭の支払、物の引渡、登記義務の履行その他の給付を付随的に命じ、あるいは、一定期間遺産の全部または一部の分割を禁止する等の処分をなす裁判」である。そして、この審判の「性質は本質的に非訟事件であるから、公開法廷における対審および判決によつてする必要なく、したがつて、右審判は憲法三二条、八二条に違反するものではない」。

これに対して、判例は、「右遺産分割の請求、したがつて、これに関する審判は、相続権、相続財産等の存在を前提としてなされるものであり、それらはいずれも実体法上の権利関係であるから、その存否を終局的に確定するには、訴訟事項として対審公開の判決手続によらなければならない」とする。

もっとも、「審判手続においてした右前提事項に関する判断には既判力が生じないから」、「審判手続において右前提事項の存否を審理判断したうえで分割の処分を行うことは少しも差支えない」。ただし、「これを争う当事者は、別に民事訴訟を提起して右前提たる権利関係の確定を求めることをなんら妨げられるものではなく、そして、その結果、判決によつて右前提たる権利の存在が否定されれば、分割の審判もその限度において効力を失うに至る」とされている。

以上の判例法理によれば、遺産分割審判は、裁判所による後見的な裁量に基づき、遺産分割の具体的な内容を形成する非訟事件手続であるが、そのような審判を行うためには、その前提となる実体法上の権利関係の存否についても、（非訟事件であるがゆえに既判力が生じず、蒸し返しの可能性があるにせよ）判断せざるを得ないことを示している。このような遺産分割審判の判断構造は、前節で述べた共有物分割訴訟のそれと類似している。

(2) 遺産分割審判における共同相続人の共同審判の必要性　それゆえ、共有物分割訴訟において、共有物分割の具体的内容を裁判所の裁量により形成する前提として「共有物分割訴権」を観念することができるのと同様に、遺産分割審判においても、遺産分割の具体的内容を形成する前提として、一つの法律関係である特定の遺産共有関係を画一的に解消させることを目的とする「遺産分割訴権」を観念することができる（民九〇七条二項）。したがって、この「遺産分割訴権」の権利義務帰属主体が、遺産分割審判における当事者適格を有する。一つの遺産共有関係は、共同相続人全員によってのみ処分することができるのであるから（民八九八条・二五一条）、遺産共有関係の解消も全員が共同ですべきである（民九〇七条一項）。それゆえ、遺産分割の審判を求める共同相続人全員に原告適格、その他の共同相続人全員に被告適格がある。

判例は、「遺産の分割の審判は、相続人の全員について合一にのみ確定すべきものである」と述べ、これが共同相続人全員が当事者として関与することを要する固有必要的共同訴訟に相当するものであることを前提とするが[36]、以上の理由からこれを根拠づけることができよう。

2　遺産分割の前提問題に関する民事訴訟における固有必要的共同訴訟の根拠

(1)　遺産分割審判の前提問題に関する民事訴訟の必要性　前述の遺産分割審判の非訟性をめぐる判例によれば、遺産分割審判において判断された前提問題たる実体法上の権利関係には既判力が生じないことから、遺産分割審判の前提問題について争う当事者は、いったん下された遺産分割審判の効力を失わせないようにするために、遺産分割審判に先立って、その前提問題に関する民事訴訟を提起する必要がある。ここに、遺産分割審判の前提問題についての民事訴訟の実際上の必要性がある。判例によれば、遺産確認の訴えの「原告勝訴の確定判決は、当該財産が遺産分割の対象たる財産であることを既判力をもつて確定し、したがつて、これに続く遺産分割審判の手続において及びその審判の確定後に当該財産の遺産帰属性を争うことを許さ」ないことから[37]、遺産確認の訴えの即時確定の利益が肯定される。

(2)　遺産分割審判の前提問題に関する民事訴訟の対象となる権利関係　遺産分割の前提問題についての訴訟は、確認の訴えであることから、当該訴訟の訴訟物は、端的に、既判力により確定されるべき権利関係である。しかし、遺産分割審判の前提問題に関する訴訟は、遺産分割審判との連続性からその存在意義が認められるから、その特殊性に見合った権利関係のみが当該確認訴訟の対象となりうる。

判例によれば、「遺産分割の請求、したがつて、これに関する審判は、相続権、相続財産等の存在を前提としてなされるものであ」り[38]、これらの点について既判力が生じないからこそ、遺産分割審判の前提問題に関する確認訴訟の存在意義がある。したがって、遺産分割の前提問題についての確認訴訟は、誰が誰に対して、どの財産について、現在、「遺産分割の請求」権すなわち「遺産分割訴権」を有するかを確定するために行われる。

判例によれば、遺産確認の訴えの訴訟物は、「当該財産が現に被相続人の遺産に属すること、換言すれば、当該財産が現に共同相続人による遺産分割前の共有関係にあること」の確認請求であり[39]、相続権不存在確認の訴えの訴訟物は、「被相続人の遺産につき特定の共同相続人が相続人の地位を有」しないことの確認請求である[40]。いずれも、遺産分割審判における判断の前提となる「遺産分割訴権」のうち、前者では「遺産分割訴権」の客体のうちの特定の財産についての遺産帰属性が、後者では特定の共同相続人についての「遺産分割訴権」の権利義務帰属主体性が、共同相続人間で争いとなったために、争いある権利関係の存否のみが確認訴訟の対象とされたにすぎない。

このように、遺産分割審判の前提問題の確認訴訟では、一つの法律関係である特定の遺産共有関係を画一的に解消させることを目的とする一個の「遺産分割訴権」またはその一部の存否が訴訟の対象とならなければならない[41]。

(3) 共同相続人全員が当事者となるべき固有必要的共同訴訟　ところで、既に述べたとおり、遺産分割審判では、既判力が生じないのであれ「遺産分割訴権」の存否が判断の対象となること、および、遺産共有関係の共同処分の必要性を根拠に「遺産分割訴権」の権利義務帰属主体が共同相続人全員となることから、遺産分割審判は、共同相続人全員が当事者となり、かつ、相続人の全員について合一にのみ確定すべき固有必要的共同審判となる。しかし、遺産分割審判では「遺産分割訴権」の存否につき既判力が生じず、これについて既判力を生じさせるために、遺産分割審判の前提問題についての民事訴訟が存在する。

そうであるならば、遺産分割審判の前提問題に関する民事訴訟においても、遺産分割審判における当事者適格の規律、すなわち「共同相続人全員が当事者として関与し、その間で合一にのみ確定することを要する」固有必要的共同審判の規律をそのまま適用させないと、当該訴訟の目的を達成することができなくなる[42]。これが、遺産分割審判の前提問題に関する訴訟における共同相続人の共同訴訟の必要性の直接の根拠となる。このように、私見は、共同相続人全員の実体法上の管理処分権能の共同から基礎づけられる遺産分割審判の固有必要的共同審判の規律が、遺産分割審判の前提問題たる訴訟に投影されていると捉える[43][44]。

このように解しても、原告の主張する権利関係の主体が原告または被告と一致しない場合、たとえば、XがYとZを共同被告とするYの相続権の不存在確認請求にも、X、YおよびZ全員が原告または被告とならなければならない固有必要的共同訴訟であることを説明することは可能である。なぜなら、Yの相続権不存在確認請求は、その請求棄却判決に鑑みると、実質的には「遺産分割訴権」が共同相続人全員に共同して帰属することの確認請求であり、[45]「遺産分割訴権」について共同して処分権能を有する共同相続人全員が、原告であれ被告であれ訴訟当事者となっているからである。さらに、他人間の権利関係についての確認訴訟と同様に考え、後続の遺産分割審判との関係で、ZがXと共同原告とならない以上、XとZとの関係でもYの相続権の存否を確定させる必要があり、かつ、その判断とXとYとの関係でのYの相続権の存否の判断とを矛盾させることはできないことから、本件訴訟における即時確定の利益を基礎づけることも可能である。

3 遺産分割の前提問題に関する民事訴訟の構造

遺産分割審判の前提問題についての訴訟に三人以上の当事者が関与する場合の訴訟構造は、三面訴訟と解するのが有力である。[46]しかし、この類型の訴訟では、原告の主張する遺産分割の前提問題についての権利関係の存否についてのみ判断されるのであるから、三者間すなわち共同原告または共同被告間で利害が対立することは考えにくい。したがって、この場合は、二当事者対立構造を前提とする必要的共同訴訟の規律を適用すれば十分である。[47]もし、前述の例で、Yの相続権の不存在について争わないが積極的に関与しないために被告にさせられたZが、訴訟係属中にXと共にYの相続権不存在を積極的に主張したいと考えた場合のように、当事者が請求の当否についての見解を変更したい場合には、他方の当事者の側に共同訴訟参加をすれば足りる（民訴五二条）。なお、Zが共同訴訟参加した場合にも、訴訟物は依然として一個のYの相続権不存在確認請求であり、訴訟物の変更は生じない。

同様に、共同原告または共同被告間に既判力を生じさせるために、三面訴訟説を採用する必要もない。もっとも、遺産分割審判の前提問題に関する訴訟は、その後に続く遺産分割審判における判断の前提となる事項すなわち「遺産分割訴権」の存否を共同相続人全員の間で既判力をもって合一的に確定させることを目的とするため、共同訴訟人間に既判力を及ぼす必要性はある。私見によれば、共有物分割訴訟の場合と同様に、共同相続人全員が訴訟当事者となっている訴訟において、共同相続人全員が権利または義務の帰属主体となりうる一個の「遺産分割訴権」の存否が既判力により確定するのであるから、たとえば、XのYZに対するYの相続権不存在確認請求の棄却判決が確定すれば、この判決の既判力は、その基準時後に提起された同一訴訟当事者間の同一訴訟物についての訴訟である、XZのYに対するYの相続権不存在確認訴訟に作用しうる（民訴一一五条一項一号）。さらに言えば、Zは前訴において被告となり原告側に共同訴訟参加する機会が与えられていたことからも、XZによる後訴に前訴の既判力を及ぼすことを正当化しうる。

(35)　最大決昭和四一・三・二民集二〇巻三号三六〇頁。
(36)　最決平成一五・一一・一三民集五七巻一〇号一五三一頁。
(37)　最判昭和六一・三・一三民集四〇巻二号三八九頁。
(38)　前掲注（35）最大決昭和四一・三・二。
(39)　前掲注（37）最判昭和六一・三・一三。
(40)　最判平成一六・七・六民集五八巻五号一三一九頁。
(41)　遺言無効確認の訴えは、共同相続人全員が当事者として関与すべき固有必要的共同訴訟ではないとされているが（最判昭和五六・九・一一民集三五巻六号一〇一三頁）、これは正当である。もし、共同相続人間の遺産分割審判において遺言の無効が争いとなった場合にも、ここで重要なのは遺言の効力により特定の財産の遺産帰属性が否定されることなどであるから、遺言無効確認訴訟よりも、誰が誰に対してどの財産について遺産分割訴権を有するのかを端的に既判力により確定させる遺産確認訴訟などの方が、現状における紛争解決のためには、確認訴訟の対象選択として適切である。山本和彦「遺産確認の訴えと固有必要的共同訴訟」ジュリ九四五号（一九八九）五三頁も参照。
(42)　前掲注（40）最判平成一六・七・六。
(43)　それゆえ、遺産分割対象について処分権能を有する共同相続人には訴訟当事者たる地位が付与されなければならず、提訴に協力しない者や訴訟の結果について無関心な者に対する手続保障が、訴訟告知等により充たされるわけではない。したがって、山本克己「遺産確認の訴えに関する若干の問題」判タ六五二号（一九八八）二八頁注33には反対である。

(44) 最判平成二六・二・一四民集六八巻二号一一三頁によれば、相続分を他の共同相続人に全部譲渡した共同相続人は、遺産確認の訴えの当事者適格を欠く。相続分全部を他の共同相続人に譲渡した結果、「遺産分割訴権」の帰属主体たる地位を喪失したため、遺産確認の訴えの訴訟追行権も失ったと考えるべきであろう。なお、この判例については、鶴田滋・法教判例セレクト二〇一四〔Ⅱ〕(近刊)民事訴訟法①事件も参照。

(45) ただし、厳密に言うと、この場合、既判力が生じるのはYの相続権の存否のみであり、XやZの相続権の存否までは確定しない。

(46) 小山昇「遺産の範囲確定のための民事訴訟」小山昇著作集第八巻・家事事件の研究(一九九二〔初出一九七七〕)一七四頁、徳田・前掲注(8)三八三頁、笠井正俊「遺産分割審判における遺産の範囲の判断と当事者主義」田原睦夫先生古稀・最高裁判事退官記念・現代民事法の実務と理論(下)(二〇一三)一二一一頁注17。

(47) 前掲注(4)最判平成二二・三・一六も、共同訴訟人の一人による上訴により、他の共同訴訟人も上訴人となるとする。

四　おわりに

1　本稿のまとめ

本稿において明らかにしたのは主に次の三点である。

① 伝統的な管理処分権説とは異なり、共有物分割訴訟においても、係争権利義務についての実体法上の処分権能の共同を根拠として、共有者全員を原・被告とすべき固有必要的共同訴訟であることを正当化することができる。

② 遺産分割の前提問題に関する民事訴訟においても、その後に続く遺産分割審判における固有必要的共同審判の根拠、すなわち、共同相続人全員による遺産対象の共同処分の必要性から、共同相続人全員の共同訴訟の必要性が導き出される。

③ 遺産分割の前提問題に関する民事訴訟では、原告の主張する権利関係の当否が訴訟の対象となるので、二当事者対立構造の必要的共同訴訟の規律が適用されれば足りる。また、共同相続人全員が訴訟当事者となっている訴訟に

おいて、共同相続人全員が権利または義務主体となりうる一個の「遺産分割訴権」の存否が既判力により確定することから、共同原告間または共同被告間でも既判力は作用しうる。

2　今後の課題

本稿においては、共有者の内部紛争における固有必要的共同訴訟の根拠と構造を論じたにすぎない。遺産分割に関する前提問題に関する訴訟が、二当事者対立構造を前提とする必要的共同訴訟であるとしても、その場合の手続規律が具体的にどのようなものであるのかを明らかにする必要がある。同様に、実質的な非訟事件である共有物分割訴訟や、非訟事件である遺産分割審判における具体的な手続規律がどのようなものであるべきかについても明らかにする必要がある。

【付記】伊藤眞先生からは、筆者が大阪市立大学大学院の博士課程に在籍時に、急逝された宮川知法先生の代わりに倒産法の集中講義に来て下さったとき以来、ご指導を賜っている。本来であれば、当時からの御学恩に報いるために倒産法の論文を書くべきであるかもしれないが、一つのテーマについての研究を極め、それを基礎に他のテーマの研究へ拡げていくのが（若手）研究者の理想的な姿であるとの伊藤先生のお言葉に従って、筆者の従来の研究を発展させた拙稿を献呈させて頂いた。

本稿は、科学研究費補助金（課題番号二三七三〇〇九七および二六三八〇一一二）の成果の一部である。

なお、脱稿後、岡成玄太「遺産分割の前提問題と固有必要的共同訴訟――その比較法的研究」東京大学法科大学院ローレビュー九号（二〇一四）三頁に接した。

他人に帰属する請求権を訴訟上行使する「固有」の原告適格についての覚書

——債権法改正の訴訟法理論的受容可能性を契機として

勅使川原和彦

一　はじめに
二　債権法改正における、債権者代位訴訟と債務者による給付訴訟の原告適格の関係
三　「権利能力なき社団」が、構成員に総有的に帰属する不動産について代表者個人名義への移転登記手続請求訴訟における原告適格を認められる法律構成
四　結びにかえて

一　はじめに

債権法の大改正が企図され、[1]債権者代位権および債権者代位訴訟においても、『債権者―（被保全債権）―債務者―（被代位債権）―第三債務者』の関係の中で、とりわけ、債権者の代位権行使後においても、債務者が被代位債権の処分権能を維持し、かつ債権者代位訴訟の提起後も債務者が自己の債権（被代位債権）を訴求（現状では重複起訴の禁止との関係で共同訴訟参加。かつまた、現在でも被保全債権の存在を争っての独立当事者参加は認められている[2]）する際の当事者適格を喪わない、という旨の注目すべき提案もなされていた。[3]

そもそも、民法上、代位債権者が債務者の財産に介入し被代位債権の直接給付を受けられる理由がどういうものであろうと、とにかく債権者代位権が法定されているから、実体法上自己に帰属しない権利を訴訟物として訴求する債権者代位訴訟で、「訴訟物たる権利（＝被代位債権）の帰属主体ではない」代位債権者は原告として（しかもそれは「法定」訴訟担当としてのみ）当事者適格を有し、かつ有利にも不利にも判決効が債務者に拡張されるのか。それは今次改正の後でも同じなのか。

また近時、権利能力なき社団に、その構成員全員に総有的に帰属する不動産について、所有権の登記名義人に対し当該社団の代表者個人名義への所有権移転登記手続を求める訴訟の原告適格を認めた判例[4]が登場した。権利能力なき社団は、実体法上、構成員に総有的に帰属する財産の権利帰属主体たりえないが、[5]しかし当事者能力（民訴二九条）と当事者適格が認められたわけであって、やはり「実体法上、訴訟物たる権利（＝所有権移転登記手続請求権）の帰属主体ではない」者が原告として当事者適格を有するとされたことになるが、それも訴訟担当として構成しないと理解できないものか。

繰り返し検討されてきたテーマではあるが、[6]以下の小稿で、最近の判例を手がかりにこの点を自分なりに整理しておきたい。

（1）債権法改正中間試案（以下「中間試案」という）の概要とその補足説明については、法務省民事局参事官室「民法（債権関係）の改正に関する中間試案の補足説明」二〇一三年四月一六日ＷＥＢ公表（http://www.moj.go.jp/content/000109950.pdf）。以下では、引用の都合上、商事法務編・民法（債権関係）の改正に関する中間試案の補足説明（二〇一三。以下「補足説明」という）の該当頁を挙げる。

（2）最判昭和四八・四・二四（民集二七巻三号五九六頁、判時七〇四号五二頁、判タ二九五号二五四頁）。

（3）補足説明一五七頁以下。

（4）最判平成二六・二・二七（民集六八巻二号一九二頁、判時二二一五号九四頁、判タ一三九九号八四頁）。本稿では、「平成二六年最判」と略す。

（5）判例上は、民訴法二九条で当事者能力が認められても、それが訴訟上、権利能力なき社団に（たとえその事件限りであっても）権利能力を付与するものとは捉えていない。最判昭和五五・二・八（裁判集民事一二九号一七三頁、判時九六一号六九頁、判タ四一三号九〇頁）、最判平成六・五・三一（民集四八巻四号一〇六五頁、判時一四九八号七五頁、判タ八五四号六二頁）参照。

（6）すでに、山本弘「権利能力なき社団の当事者能力と当事者適格」新堂幸司先生古稀祝賀・民事訴訟法理論の新たな構築（上）（二〇〇一）八四九頁以下（と同稿掲記の諸文献）のように、優れた分析がある。

二　債権法改正における、債権者代位訴訟と債務者による給付訴訟の原告適格の関係

1　「要綱仮案」における債権者代位訴訟と債務者の処分権限

法制審議会の民法（債権関係）部会は、平成二六年八月二六日に、「民法（債権関係）の改正に関する要綱仮案」（以下「要綱仮案」という）を決定した(7)。債権者代位訴訟の提起によって、債務者の取立てその他の処分権限および被代位権利を訴求（実際には重複起訴の禁止との関係で共同訴訟参加あるいは独立当事者参加による）する際の原告適格はどうなるかについて、原告適格について「中間試案」以来の内容の変遷がある。

まず「中間試案」では、債権者が代位行使に着手し、債務者がその通知を受けるか、またはその権利行使を了知したときは、債務者は被代位権利の取立てその他の処分の権限を失うとした判例（大判昭和一四・五・一六民集一八巻五五七頁）の結論を改め、「債権者が（中略）債務者に属する権利を行使した場合であっても、債務者は、その代位行使に係る権利について、自ら取立てその他の処分をすることを妨げられないものとする。」とされ、これに加え「その代位行使が訴えの提起による場合であっても、同様とするものとする。」とされていた（傍線筆者、以下同じ）。しかし、この後段部分は「要綱仮案」では削除されている。

その趣旨について、「要綱仮案」の素案（「民法（債権関係）の改正に関する要綱案のたたき台」。以下「たたき台」という）の段階では、[8]「債権者代位訴訟が提起された場合にまで、上記判例の結論を改めて債務者が取立てその他の処分の権限を失わないとする必要はないと考えられる。」と説明されて、「債権者が（中略）訴えをもって債務者に属する権利を行使した場合において、（中略）訴訟告知をしたときは、債務者は、当該権利について、自ら取立てその他の処分をすることができない。この場合においても、相手方は、当該権利について、債務者に対して履行をすることを妨げられない。」という素案が提示された。これについては、「債権者が債権者代位訴訟を提起して訴訟告知をしたときは、債務者は被代位権利の取立てその他の処分の権限を失い、他方、代位行使の相手方は債務者への履行を妨げられない旨を定めるものである。」と説明され、訴訟告知を義務づけると同時に、裁判上の代位の制度も廃止され、訴訟告知によって債務者は処分権限を喪い、独立当事者参加のみが可能になるものとしていた。

しかし、さらに、「要綱仮案」では、訴訟告知の義務付けは残ったものの、「たたき台」において提示された処分制限に関する部分（前記傍線部分）は丸々削除された。「たたき台」の当該箇所が議論された議事録[9]を見る限り、中間試案のような規律（代位訴訟の提起と訴訟告知によって債務者は処分権限を喪う、という処分制限効を撤廃し、被代位債権の保全は仮差押えのような保全手続に任せる）に戻すべきとする方向性の意見が相次いだためとみられる。

結局、「要綱仮案」でも、「中間試案」ほど明示的ではないが、代位訴訟の提起と訴訟告知によっては、債務者が自己に属する被代位債権を訴求する際の原告適格は喪われない、という建付けになっているものといちおう考えられる。

2　代位訴訟における代位債権者の原告適格と被代位債権を訴求する訴訟における債務者の原告適格

代位訴訟提起（と訴訟告知）の後でも、債務者には、被代位債権の訴求にあたって原告適格が認められるのだとすると、代位債権者の原告適格は、どのような法律構成によるものと理解されるのであろうか。すでに、法定訴訟担当と捉える通説的見解、「訴訟の結果にかかる重要な利益」を有する者が当事者適格を有するとする観点から代位債権者は自己固有の当事者適格を有するとする福永説、本来型の債権者代位では権利催告・訴訟告知を義務付けた上で訴訟担当と解する新堂・池田説（池田説では、さらに転用型の債権者代位は、代位債権者固有の当事者適格とする）が現れており、(10)近時は新堂・池田説の方向性が支持を集めてきているとされる。(11)今次の債権法改正は、訴訟告知を義務づける点では、新堂・池田説の方向性に近い。

ただし、債権者代位訴訟では、その債権者代位が本来型であろうが転用型であろうが、債権者が、債務者に属する債権を訴訟上行使していることには変わりがない。現状で、他人の債権を訴訟上行使せんとする債権者が訴訟追行権を有する根拠は、言うまでもなく民法四二三条とされ、民法四二三条の規定が債権者に債務者に属する債権について管理権を付与しているとみて、それに基づいて当事者適格が与えられるとする「法定訴訟担当」構成が圧倒的通説である。その結果、必ずしも法定訴訟担当説自体からもたらされる帰結ではないと思われる（担当者と並んで訴訟物たる権利義務の主体が適格を有するとされる場合もある）が、民法四二三条が債権者代位権行使（と債務者の了知）により債務者が被代位債権の処分権限を喪うという先述の判例（昭和一四年大判）を前提に、代位訴訟提起後（訴訟告知によって）、債務者の当事者適格を喪わせるものと理解されている。すると今次改正の方向性にあるような、代位債権者と債権者の当事者適格の併存は、現在の通説の理解による訴訟担当構成には分が悪い。ただし、今次の改正後の民法に従い、代位訴訟提起と訴訟告知があっても処分権限を喪わない債務者の当事者適格も喪われない、とする結論を導くこと自体は訴訟担当構成でも可能であろう。しかし、その場合、（従前、訴訟担当構成説が固有適格説を批判していたように）代位債権者と債務者が並行的に当事者適格を有するとされることが、有利・不利にかかわらず代位債権者の得た判決効が債務者に拡張されることを阻害する要因と考えるならば、通説たる訴訟担当構成も維持できなくなる。

独立に当事者適格を持つ者は、自分が追行したのではない訴訟の判決の効力を及ぼされるべきではない、というのは、自分（債権者）が訴訟（ないし権利行使）をしないために認められたのが第三者（代位債権者）の当事者適格である、という視点を看過している。代位債権者に当事者適格を認めることで、第三債務者に余分な負担が生じることは前提され得ないし、正当化もされない。債務者に判決効が拡張されなければ（第三債務者の二重負担の危険が生じるならば）、代位債権者の原告適格はそもそも認められないと考えるべきである。すると、訴訟担当構成でも、自分が追行したのではない訴訟の判決の効力を債権者が及ぼされても仕方ないのは何故か、が問われる。

この点につき、訴訟告知の義務付けはその根拠たり得るであろうか。「要綱仮案」の訴訟告知の義務付けは、代位訴訟提起後遅滞なく告知すべき義務という構成であり、訴訟告知がなされなかった場合の効果がいかなるものか明示はない。今次改正の方向性では訴訟追行権の「移転」（代位債権者への当事者適格の移転と債権者の当事者適格の喪失）の要件と解することはできない以上、訴訟告知を代位債権者への訴訟追行権の付与の要件とみて訴訟要件欠缺で代位訴訟却下とするか、通常の訴訟告知効（民訴五三条四項。参加的効力）が生じないだけとみるかとなる。[12] 後者では当然には債権者・債務者間への既判力の拡張を生まない（告知者たる代位債権者と被告知者たる債権者との間で生じる効力に過ぎない）ので、前者の方向を考えることになる。訴訟告知がなされることに既判力拡張を正当化する作用（これがなければ既判力拡張は正当化されない、既に生じているはずの既判力拡張の効果を後付けで認めないとすること）を持たせることは可能だが、訴訟告知自体は訴訟告知効を生じるだけであり、もともと既判力拡張をする根拠たり得ないはずのものである。では、債権者代位を認めたこと自体による訴訟追行権の付与（これにより既判力が拡張される）と、代位権行使後も当事者適格を喪失しない債務者に判決効の拡張を正当化する要件として訴訟告知を要求する、という組み合わせ構成ではどうか。これも、結局、代位債権者が訴訟告知をしなければ判決効の拡張がないことになり、第三債務者に二重の請求を受ける負担を生じさせてしまう。したがって、債権者代位権自体が管理権を代位債権者に付与しており、それに基づき当然に代位債権者に代位訴訟の訴訟追行権を取得させる、という従前の構成を捨て、今次の改正により義務づけられた訴訟告知と相俟って初めて代位債権者に代位訴訟の訴訟追行権が付与され（その結果訴訟担当として、この者の受けた判決が被担当者たる債務者に有利にも不利にも拡張される）、代位債権者が訴訟告知をしなければ当事者適格を欠いて代位訴訟却下、とすべきことになろう。おそらくは、債務者は自分も適格を有しているのに、訴訟告知を受けても手続に参加せずに、自己に属する権利を代位債権者の訴訟追行に委ねていたということが、自己に不利にも判決効が拡張される根拠と考えられるのであろう(13)。任意的訴訟担当での（有利不利を問わない）判決効拡張の根拠に近接するものを感じる。

実体法上当然に授権されているというのではなく、代位債権者の訴訟告知行為に依存して初めて付与される訴訟追行権とは、本来の法定訴訟担当なのだろうか。法定訴訟担当だとしても、有利不利を問わない判決効拡張のために、今次改正の方向性のように訴訟告知を義務づけられるのだという理解を前提にすると、固有適格構成を採った上で、訴訟告知をも併せて訴訟追行権が付与されるとしたなら、判決効の拡張に関して、そうした構成との間に懸隔は大きいだろうか。

代位債権者が訴訟担当ではなく固有の当事者適格を有するとする著名な福永説(14)は、代位訴訟提起後も債務者が自己の（被代位）債権を訴求する当事者適格を喪わないとする点では、むしろ今次の改正にも親和性がある。しかしこの説が批判される最も大きな理由は、代位債権者が得た判決効は、有利な場合には債務者に及ぶが不利な場合には及ばない(15)、として第三債務者を再訴の危険に曝すことであり(16)、それを避けるために第三債務者の負担で債務者を訴訟に引き込む（民執一五七条一項類推）とする点にある。これは通説側の批判が正しいと考えられるが、通説の側も有利不利を問わず判決効が拡張されることが前提である。前述の通り、通説たる法定訴訟担当構成も、適格の根拠として実体法上当然に授権されているという構成を捨てて、実体法上授権されているがそれだけでは足らず訴訟告知をすることが要件として付加されると考え、不利にも判決効が拡張される根拠に「訴訟告知がされても代位債権者の訴訟追行に委ねていたとみられる」ことを措定するのだとすると、同じ判決効拡張の根拠は、固有適格構成では用いることができないだろうか。代位債権者の訴訟追行に「委ねる」といっても債権者が積極的に訴訟追行を授権したわけではなく、いわば「(消極的に) 委ねた」代位債権者の受ける判決の効力拡張の根拠となるだけである。同じ訴訟物たる権利関係について判決効が拡張されることを前提に、代位債権者と債務者とに当事者適格が併存して認められるときに、代位債権者に適格を認める際に訴訟告知要件を付加する点は同じとして、代位債権者に代位訴訟の訴訟追行権をそもそも基礎付けるベースが、民法四二三条の規定（とその解釈）か、あるいは、代位債権者固有の利益とみるかは、その境界がかつてほど明確ではなくなりつつあるようにも思われる。ただ、依拠できる実体法上の条文がある以上は、効果が変わらないなら、前記のような法定訴訟担当構成を維持することが便宜であると言えようか。

翻って、仮に、執行・保全手続が完備された我が国では本来型の債権者代位権を廃止せよという当初の検討時の議論[17]に今次改正が従った場合、訴訟法学の通説（法定訴訟担当説）では、債権者は（本来型の債権者代位で）代位訴訟をする当事者適格をも喪う、ということになろうが、逆に、債権者代位すべてで訴訟法上当事者適格を与える余地はなくなるか。執行・保全でもまかないきれない領域が実務上存在し[18]、債権者代位は必要性を残していて、今次改正でももちろん規定は残される方向にあるわけであるが、思考実験で、もともとフランス流の債権者代位は、ドイツ流に執行・保全手続を備えた我が国では採用されなかったとしてみよう。仮定の話に正答がないのは無論であるけれども、推測としては、なにがしかの解釈論の中で必要な範囲での「代位権」的なものを考えることはあり得たであろう。現に、民法学と実務は、「自己の債権を保全するため」という民法の文言にもかかわらず、「責任財産の保全とは無関係に、非金銭債権（特定債権）の内容を実現するための手段[19]」として「転用型」の債権者代位権を生み出してきたのである。

この「転用型」は、なるほど現行の民法四二三条を機縁としてはいるが、当初から転用型を認める見解でさえも「制度本来の趣旨を逸脱するもの」「制度の目的を逸脱したもの」としていたものである[20]。転用型に属する一定の場面では、法律や条文に明文の規定がある場合以外にも、実体法上、債権者に第三者に対する直接請求権を認める余地があるという見解さえも議論されてきたのである[21]。今次改正では、転用型の受け皿となる一般規定の創設も検討はされたものの[22]、「要綱仮案」では解釈や類推適用に委ねるとして見送られている[23]。

要は、仮に債権者代位の廃止がなくとも、すでに「転用型」については、明文規定の枠外の一定範囲で「転用」は実体法解釈上、存在し、かつ改正後も依然明文のないまま維持されそうであり、その実体法解釈に乗っかれば、（民法に明文はないが）法定訴訟担当にあたる、として、第三者に属する権利を訴訟上行使する者について訴訟法自身の当事者適格論をそれ以上検討する必要は小さい、とも言える。他方、仮に「本来型」が廃止されたなら、それこそ第三者に属する権利を訴訟上行使する者の「固有」の適格として、かつ第三者の負担なしに判決効も有利不利にかかわらず当該第三者に帰属させる必要性を生じさせ、現状の転用型と同様に明文規定によらない「解釈」でまかなおうとする可能性もあったろう[24]。そこで「代位」債権者の当事者適格をなお「法定」訴訟担当として基礎づけられたか疑問なしとしないが、しかしやはり仮定の思考実験に過ぎない。

さらに進んで、債権者代位訴訟のように実体法上は第三者に属する権利を訴訟上行使するのに、民法四二三条のような実体法上の根拠を有しない（依拠できる実体法上の条文がない）場面で、原告適格を認められた「権利能力なき社団」のケースを次に検討してみたい。

（7） 二〇一四年九月八日に法務省のサイトでＷＥＢ公表された（http://www.moj.go.jp/content/001127038.pdf）。

（8） 法制審議会民法（債権関係）部会・部会資料七三Ａ「民法（債権関係）の改正に関する要綱案のたたき台(7)」（http://www.moj.

go.jp/content/000118685.pdf）二七頁・二八頁、三二頁以下。

（9）法制審議会民法（債権関係）部会第八二回会議（平成二六年一月一四日開催）議事録（http://www.moj.go.jp/content/000124765.pdf）四六頁以下。特に、中井康之委員は、訴訟告知をしたときに限ってそこで処分制限効を認めたところで、第三者からの弁済を認めている以上、代位債権者としては仮処分なり仮差押えなりの保全手続をとらざるを得ず、実務的には何の役にも立たない、と指摘する。さらに、高須順一幹事は、素案を前提に、被代位債権に仮差押えをかけても、（代位訴訟の手続の終了後に）被代位債権について本案の給付訴訟をせざるを得ないことになると、二度手間ではないか、とする。

（10）現在の学説の簡明な整理として、高橋宏志・重点講義民事訴訟法（上）〈第二版補訂版〉（二〇一三）二五一頁以下参照。

（11）伊藤眞・民事訴訟法〈第四版補訂版〉（二〇一四）五五五頁注268。同頁で、伊藤教授ご自身は、立法論としては新堂・池田説に合理性が認められるとしつつも、解釈論としては通説たる訴訟担当構成を維持される。

（12）ただ、このように解すると、訴訟告知がなされるまでの間、訴訟追行権のない者が原告として訴訟を追行していることになり、訴訟告知がされるとようやく当事者適格が追完されることになる。訴訟告知がなされるまで当事者適格を有しない訴訟担当者による訴訟上の効果を被担当者が受けることは正当化されない可能性がある。酒井一「債権者代位権についての覚書――債権法改正検討委員会の提案を手掛かりとした検討」立命三三九・三四〇号（二〇一一）一一二頁参照。

（13）伊藤眞・民事訴訟の当事者（一九七八）二一二頁。同書には、法定訴訟担当は適格の面では問題がないのに対して判決効の拡張に関しては（本人の授権がないことを理由に、特に不利な判決効の拡張について）議論があるのに対して、任意的訴訟担当は適格の面では様々な見解が対立しているが、いったん適格が認められれば判決効が有利・不利に本人に及ぶことについて異論がない、という指摘がある（二一一頁）。

（14）福永有利「当事者適格理論の再構成」山木戸克己教授還暦記念・実体法と手続法の交錯（上）（一九七四）三四頁・六四頁（同・民事訴訟当事者論〔二〇〇四〕所収）。

（15）共同訴訟参加をしないために、自分に不利な判決効なら拡張されない、というのは制度の趣旨が逆転しており、自分に不利な判決が出てそれが自分に拡張されるのを防ぐ、ないし自分に有利な判決を得るために、共同訴訟参加をするのである。

（16）伊藤・前掲注（11）一八三頁注43、高橋・前掲注（10）二五六頁等。

（17）法制審議会民法（債権関係）部会・部会資料七―一「民法（債権関係）の改正に関する検討事項(2)」（http://www.moj.go.jp/

content/000033452.pdf）二頁、同七―二「民法（債権関係）の改正に関する検討事項⑵詳細版」（http://www.moj.go.jp/content/000033453.pdf）五頁、補足説明一五七頁参照。

（18）中井康之「債権者代位権」山本和彦・事業再生研究機構編・債権法改正と事業再生（二〇一一）二〇四頁以下、部会資料七―二・前掲注（17）五頁参照。

（19）部会資料七―二・前掲注（17）二五頁参照。

（20）森田宏樹・債権法改正を深める――民法の基礎理論の深化のために（二〇一三）三六一頁以下で、「転用」を積極的に評価したものとして我妻説と於保説が挙げられており、両説とも制度逸脱を明言している。転用そのものに批判的な初期の学説も併せて紹介されている。

（21）森田・前掲注（20）三七五頁以下。

（22）「転用型」の一般規定の創設について、「中間試案」の段階では、一般的な要件として、債務者の権利が行使されないことによって代位債権者の債務者に対する権利の実現が妨げられていること（必要性）、代位債権者の権利の性質に応じて相当と認められること（相当性）、代位債権者の権利を実現するために他に適当な方法がないこと（補充性）を定めることとされていた。補足説明一五九頁以下。この点につき、森田・前掲注（20）四三四頁以下は、「転用型」の一般規定の必要性がありそうな特定債権の保全類型一般について、「債務者の利益享受によって債権者の権利が保全される関係」（最判昭和三八・四・二三民集一七巻三号三五六頁参照）は必要ではなく、債務者の権利を代位行使することによって、債権者にとっては自己の権利が実現され、債務者にとっては自己の義務が履行されるという関係があれば十分、とし、補充性の要件も不要とする。

（23）要綱仮案一五頁以下、部会資料七三A・前掲注（8）三五頁・三六頁。

（24）なお、酒井・前掲注（12）一二二頁は、債権者に債務名義の取得を要求してよいとし、その方向性からは法定訴訟担当というより固有適格構成の方が親和的だとする。

三 「権利能力なき社団」が、構成員に総有的に帰属する不動産について代表者個人名義への移転登記手続請求訴訟における原告適格を認められる法律構成

1 「権利能力なき社団」の当事者適格

本論文集が献呈される伊藤先生は、若き日に、今も頻繁に引用され続けている『民事訴訟の当事者』を著された。同書で、「権利能力なき社団」の当事者能力について、社団性（団体の一般的独立性）を認める一般的要件として「対内的独立性」「対外的独立性」「内部組織性」を挙げられ、「財産的独立性」については金銭給付判決の被告となっている場面以外では、他の要件と相俟って社団性を認定するための補助的要件として働くものと整理された。[25] 他方で、主に執行の対象となる財産を念頭に置いて、①本来団体の財産であるものが、たまたま構成員の名義になっている場合と、②構成員の固有の財産である場合を区別し、①の財産への執行の必要は、「この種の団体の固有財産を形成する法技術が不備であることから生じ」「不動産を団体名義で登記する方法がなく、代表者名義か構成員の共有名義で登記せざるをえないという事情が存在するかぎり、団体を名宛人とする判決に基づいて代表者あるいは構成員名義の財産に対して執行することを認めざるをえない」のであって、この場合には、名義人たる代表者あるいは構成員は、民訴法一一五条一項四号にいう請求の目的物の所持者に該当する、旨が述べられていた。[26]

では、もし、こうした「権利能力なき社団」が、構成員の固有の財産と実質的に区別できる社団固有の財産を有していて（それくらいの程度に財産的独立性が認められて）、ただ法技術の不備のために「不動産を団体名義で登記する方法がなく、代表者名義か構成員の共有名義で登記せざるをえない」[27] 場合、社団が原告として、社団の代表者個人名義あるいは社団において登記名義人と定められた構成員個人名義への移転登記手続を求める訴えの適格は認められないものであろうか。

この点を正面から認めた判例が、冒頭で触れた平成二六年最判[28]である。以下、担当調査官による判例誌の「解説[29]」を手がかりに、簡単に検討してみたい。

2 平成二六年最判における「権利能力なき社団」の原告適格

平成二六年最判は、権利能力のない社団である消防団が、土地建物について、これらが消防団の所有に属すると主張して、共有持分の登記名義人のうち一人の権利義務を相続により承継した被告に対し、「消防団代表者個人名義」への持分移転登記手続を求めた事案であり、最高裁が、この消防団の原告適格を認めた判例である。

① 平成二六年最判における当事者適格の判断基準

判示はまず、「訴訟における当事者適格は、特定の訴訟物について、誰が当事者として訴訟を追行し、また、誰に対して本案判決をするのが紛争の解決のために必要で有意義であるかという観点から決せられるべき事柄である。」と述べる。実体法上の権利義務の帰属主体を当事者とする実体的当事者概念には立たないことを明らかにしている。しかし、「本案判決の名宛人となるべき者」という形式的当事者概念に立っただけでは基準の中身が無内容となるか[30]ら、判例としては、抽象的ではあるが一応「特定の訴訟物について、誰が当事者として訴訟を追行し、また、誰に対して本案判決をするのが紛争の解決のために必要で有意義であるか」という基準を採用し続けており[31]、本件でも判示冒頭で確認している。

これを前提として、本判決は、当該社団が、構成員全員に総有的に帰属する登記手続請求権を訴訟上行使することを前提としているのであって[32]、法人格なき団体も当該訴訟限りで権利能力を有するとか法人格なき団体にも部分的な権利能力を認めうる（その結果、社団自身の登記手続請求権を行使する）といった構成は採っていない。あくまで、実体法上自己に帰属しない請求権を訴訟上行使しているものとして扱っている。

② 権利能力なき社団がその構成員に総有的に帰属する登記手続請求権を訴訟上行使する場合の原告適格の有無

この社団の原告適格について、判示は、(i)「実体的には権利能力のない社団の構成員全員に総有的に帰属する不動産については、実質的には当該社団が有しているとみるのが事の実態に即していることに鑑みると、当該社団が当事者として当該不動産の登記に関する訴訟を追行し、本案判決を受けることを認めるのが、簡明であり、かつ、関係者の意識にも合致していると考えられる。」とした上で、さらに、(ii)「権利能力のない社団の構成員全員に総有的に帰属する不動産については、当該社団の代表者が自己の個人名義に所有権移転登記手続をすることを求める訴訟を提起することが認められているが（最高裁昭和四五年(オ)第二三二号同四七年六月二日第二小法廷判決・民集二六巻五号九五七頁参照）、このような訴訟が許容されるからといって、当該社団自身が原告となって訴訟を追行することを認める実益がないとはいえない。」という理由を挙げて、「権利能力のない社団は、構成員全員に総有的に帰属する不動産について、その所有権の登記名義人に対し、当該社団の代表者の個人名義に所有権移転登記手続をすることを求める訴訟の原告適格を有すると解するのが相当である。」と結論づける。

そもそも当事者能力が法人格なき社団にも認められるとする民訴法二九条の規定は、第一に、訴え提起にかかる原告の負担の緩和（取引の関係では団体そのものを相手にしてきたのであるからその団体をそのまま訴訟当事者に移行する方が意識に合致し、また、そうでないと相手方原告としては新たに団体とは別に構成員すべてを探し出してこれを被告としなければならなくなるし、逆に団体が原告として訴えを提起する場合でも同様の煩雑さを生じる）と、第二に、共同訴訟人たる社団の構成員が多数となる場合における共同訴訟の手続進行自体の煩雑さの回避、という、主体としては団体自身と相手方の双方の便宜、内容としては訴え提起と訴訟追行の両方の便宜がその趣旨と考えられている。(33)

そうすると、判示(i)は民訴二九条の規定の趣旨の第一に、判示(ii)は同じく趣旨の第二に、親和的である。しかし、これ自体は、一歩進んで当事者能力だけでなく、当事者適格を認める根拠としては、訴訟政策的な理由付けという評価しか受けない。(34) 訴訟政策的に適格を認めるべき根拠としては、それはそうとして、いかなる法律構成（訴訟担当構成か固有適格構成か）で当事者適格を認めるべきものとされたのかは不分明なのである。

しかし、判示は、続けて「判決の効力は、構成員全員に及ぶものと解される」としている。このことが、従来、議論を呼んでいるところである。

③　従来の判例と学説側からの評価

本件のように、実体法上自己に帰属しない請求権を訴訟上行使している場面での「固有」適格構成について、従来、正確な定義を与えていたのが、山本弘教授の分析である。山本（弘）教授は、「他人の権利についての第三者の訴訟追行権を、訴訟担当のように権利の帰属主体の管理処分権に依存しない」固有適格構成とは、「他人の権利につき原告が有する実体的な利益に着目し、かかる利益は第三者固有の原告適格を基礎付けるに足りる程度にまで、訴訟による保護に値する法的利益であるとする立場」だとする。[35]しかし、山本（弘）教授自身は、慎重に、こうした態様の原告適格が従来の学説において一致して承認されてきたのは、確認の利益があれば他人の権利の存否確認の訴えも適法であるという「他人の権利の確認訴訟」の類型だけである、として、訴訟物たる請求権の実体法上の主体以外の者が原告となって給付の訴えを提起するときの原告適格のあり方として「今のところ」訴訟担当以外の構成を知らないから、法人格なき団体が原告となり構成員の総有に属する登記請求権を訴訟物とする訴えを提起する場合の当事者適格の根拠付けに窮する、とされる。[36]

従来の学説も、多くは、訴訟担当構成とみており、入会地管理団体に入会権（総有権）確認請求訴訟の当事者能力と原告適格を認めた平成六年最判についても、判決効が構成員全員に及ぶとされていることを根拠に、訴訟担当構成（団体への授権がないので任意的訴訟担当構成ではなく、根拠は様々だが法定訴訟担当だとする）であるとしている。[37]固有担当構成では、少なくとも構成員各自に不利益な拡張を導き出すことが困難であるからだとされる。[38]

ところが、平成二六年最判につき調査官の手になる「解説」は、「本判決が、社団の受けた判決の効力が構成員全員に及ぶとしていることからすれば、社団を構成員全員のための訴訟担当者とする構成（訴訟担当構成）を採用したもののようにも思われないでもないが、本判決の説示からすれば、社団固有の適格を肯定する構成（固有適格構成）

を念頭に置いているようにも思われ、今後の議論が期待される」として、固有適格構成の採用を仄めかしている。もともと、平成六年最判でも、調査官解説[39]では、「当事者適格の有無は、訴訟物とされている権利の実体法上の帰属関係を主要な考慮要素として決すべきではあるが、権利者の権利救済の道を閉ざすことなく、訴訟関係を複雑化させずに、できる限り迅速に紛争を解決するという手続法の観点を忘れてはならない」としたうえで、「形式的には権利能力のない社団に当たる入会団体に解釈による法定訴訟担当者の地位を認めたものとの評価も可能であるが、むしろ、入会権（総有権）確認請求訴訟については、このような入会団体固有の事件と捉える方が事の実体を反映しているのではないか」としており、固有適格構成への傾斜は明らかであった。判決効の拡張の説明に窮する、という学説の頑なな態度とは別に、平成二六年最判も認容判決の判決効のみを念頭に置いているのではないとすると、判例は、繰返し、判決効が（有利にも不利にも）構成員に及ぶことを認める「固有適格構成」の検討を学説に突きつけてきているようにも思われる[40]。

3　民訴法一一五条一項二号等の適用可能性

民訴法一一五条一項二号は、言うまでもなく「当事者が他人のために原告又は被告となった場合のその他人」にも判決効が及ぶとした規定であり、形式的に文言を読めば、他人の権利すなわち社団の構成員に実体的に帰属する権利を、訴訟上行使した当事者たる社団の受けた確定判決の効力も、構成員に及ぶとすることは自然だとも言える。ここで、二つの疑問がありえ、一つは、民訴法一一五条一項二号は、訴訟担当者の受けた判決の効力を被担当者に拡張する場合だけを指すと考えられているのではないか、という疑問と、そしてもう一つは、構成員各自への不利な拡張が、構成員全員での当事者適格が別に認められる以上、根拠付けられないのではないか、とする疑問である。

前者については、規定の沿革等を探って再検討すべきであろうが筆者にはその時間的余力が今はなく将来の課題としたい。判決効が及ぼされる場合をすべて「訴訟担当」と呼んで来たのだとすれば、訴訟担当の概念設定の問題でもある。しかし、むしろ判決効を本人に及ぼしてもよいくらいの関係があれば、第三者に固有の当事者適格を与え、かつ他人の権利を訴訟物たる権利関係として訴求しているので民訴法一一五条一項二号の適用対象としてもよい、と解する余地はないであろうか。「他人のため」というのは、当事者と本人との間の利害関係の共通性が要件とされているようであるが、それに限られず当事者が本人の訴訟追行権を行使する場合一般を指すと理解すべきとされている。(41)構成員全員に形式的には帰属する権利を、社団が当事者として訴訟上行使する場合、構成員の意思が反映されている社団に当事者能力が与えられているのであれば、むしろ社団と構成員との間に利害関係の共通性があるとも評価でき、そうであれば、他人の実体法上の権利を訴訟上行使する当事者が受けた判決の効力をその他人に及ぼすことは、一一五条一項二号の文言には反しないようにも思える。

後者については、構成員の側から見て「構成員各自の債権者の摑取に服さないことを認めるに足りる程度に独立した財産の管理体制が整備されていること」(42)以上に、現にその程度まで独立した財産が社団に認められる場合を考えてみたい。この場合、逆に(社団の側から見ても)、社団が原告として敗訴したところで構成員各自の固有財産に影響はないと見られているはずである。形式的(実体的)には構成員の総有に属するとはいえ実質的には当該社団が有していると評価される社団の独立財産について、敗訴判決を受け、その手続を追行していない構成員全員にその判決効が及んだところで、構成員の総有に属するとされる社団の(実質的)固有財産について構成員が全員揃って再度同じ訴えをするにあたって既判力の拘束を受けたとしても、合理性を有する実質的な「不利益」は構成員に生じていないと評価できるのではないであろうか(これが被告であったら、請求の目的物の所持者に過ぎないとも評価されうる場合のように)。本案審理の主体としてふさわしい者に原告適格を与える観点から、訴訟担当のように権利の実体法上の帰属主体の管理処分権に依存しない固有適格に立ったとしても、勝訴敗訴にかかわらず判決効を拡張できる余地が、上記のような財産的独立性を有する社団にはありうるようにも思われる。(43)

あるいはまた、かつて伊藤説によって示唆されたところを敷衍して、一一五条一項四号で考えることもできるかもしれない。

前節の債権者代位訴訟のケースは、実体法上も実質上も債務者に属する権利を第三者（代位債権者）が訴訟で追行するものであって、それ故に、訴訟告知によって自己に実質的にも帰属する権利についての手続参加の機会を得ていながら、参加せずに第三者に委ねていることが、有利不利を問わない判決効拡張の根拠であったと考えられる。他方、権利能力なき社団が、実体法上は構成員全員に総有的に帰属する登記手続請求権を訴訟上行使する際に原告適格を認められたのは、登記の対象となる財産の所有権を実質的には社団自身が有していると認められて、その財産は構成員固有の財産とは摑取対象としては区別される程度の独立性を有している場面で、社団自身のそうした「固有」財産についての登記を求める場面であった（その登記は社団の代表者等の個人名義でしか認められないが、それ自体は、法技術の軛によるもので、固有適格を認める障害ではない）。

もっとも第三者の権利関係が訴訟上で訴訟物たる権利関係として審理対象となったからといって、当然に当該第三者に既判力が及ぼされることにならないことは、第三者の権利関係の確認訴訟の例を見れば明らかである。では何故、ここで問題としている「権利能力なき社団」のケースでは、既判力が当該第三者（構成員全員）に及ぼされるかと言えば、実質的には社団自身の「固有」財産として財産的独立性が認められることで、もし当該社団が被告であれば、構成員は請求の目的物たる当該財産に対して固有の利益を持たない「請求の目的物の所持者」に過ぎないとも評価されうる場合だからである、とは考えられないであろうか。これを原告側にシフトして考えると、代表者等の個人名義に移転登記手続を求める場合も、登記の法技術上の事情から構成員全員の共有名義か構成員から授権された代表者等個人名義において、社団のために登記名義を保持しているに過ぎない、という意味で、一一五条一項四号の趣旨を類推して「請求の目的物の所持者」と同様の取扱いができると考える余地もあるのではなかろうか(44)。当該財産について総有権の確認を求める場合も、権利能力なき社団に財産権が帰属させられないという実体法の事情から社団のために

「構成員全員に総有的に帰属する」という形式をとらざるを得ない点を捉えて、同じような取扱いをしたのだと、平成六年最判を捉える余地はないであろうか。

もっとも、実体法上の権利帰属に従って、当事者適格が構成員全員にも認められ得る以上、請求の目的物に「固有の利益」がないとは言えないのではないか、という疑問はもちろん残るが、社団と構成員全員が社団固有の財産については形式的か実質的かでヌエ的に同一の主体と評価されるのであれば、固有の利益がある、と言い切ることもまたそんなに容易ではないようにも思われる。[45]

なお、権利能力なき社団の当該財産について、社会的実質を離れ、実体法的・形式的には、構成員の総有とされているが、民事訴訟法は、前述のような訴訟法上の便宜（訴え提起の便宜、訴訟追行の便宜）を一定の法人格なき社団に図っており、そうした訴訟法上の実益と訴訟外での関係者の意識との合致といった実益を考慮して、迅速な紛争解決に資するから、形式的な帰属主体（構成員）でなく実質的な所有者（法人格なき社団）に当事者適格を認める、という判断は可能であろう。[46]

権利能力なき社団が適格を認められるためには、訴訟の相手方が二重応訴の危険を負担しないこと（訴訟物たる権利関係についての実体法上の帰属主体に、判決効の拡張があること）が前提となるべきことは、債権者代位訴訟の場合と同様である。しかし、社団自身の実質的な「固有」財産について、法的には構成員の総有とせざるを得ない以上は、紛争解決の実効性の観点からは、当該財産に係る訴訟の結果として生じる効力も構成員全員に帰属させて、構成員の再訴によって生じる、本案についての二重払いの危険から、相手方を解放する必要がある。一一五条一項二号等の趣旨から判決効拡張が導き出されて、結果的にその要請を取り込めるのであれば、当該社団の訴訟追行権自体の根拠としては、平成二六年最判の掲げる訴訟政策的理由でも充分であろう。加えて、構成員の意思が反映される社団である以上、構成員への訴訟告知などは必要がなく、構成員が自らも当事者適格を有しているのに、手続に参加することもなく社団の訴訟追行に委ねていたことを、判決効拡張の一つの根拠と考える余地もあるのではないか。

(25) 伊藤・前掲注（13）一九頁以下、特に二六頁以下。すなわち、敗訴判決の既判力も拡張されるということになる。

(26) 伊藤・前掲注（13）三一頁以下。

(27) これら社団の代表者等が原告として自らの個人名義への移転登記手続を求める訴えは、判例上認められている。最判昭和四七・六・二（民集二六巻五号九五七頁、判時六七三号三頁、判タ二八二号一六四頁）〔以下「昭和四七年最判」という〕、および最判平成六・五・三一・前掲注（5）〔以下「平成六年最判」という〕参照。

(28) 前掲注（4）。

(29) 以下、平成二六年最判「解説」の参照のために、便宜上、判タ一三九九号八四頁以下の「解説」の頁数を引用する。

(30) 高橋・前掲注（10）二四一頁。

(31) 平成二六年最判以前にも、最大判昭和四五・一一・一一（民集二四巻一二号一八五四頁、判時六一一号一九頁、判タ二五五号一二九頁）、平成六年最判等がある。

訴訟の対象が公法上の筆界であって、当事者に実体法上の処分権限がない境界確定訴訟でも、隣地所有者全員に当事者適格を認めているのも、実体的当事者概念に基づかないこの基準によるものと見られる。最判昭和四六・一二・九（民集二五巻九号一四五七頁、判時六六七号二七頁、判タ二七七号一五一頁）。同最判の調査官解説である柴田保幸・最判解民事篇昭和四六年度四一二頁は、土地の所有者が境界そのものについて管理処分権を有しないことは明らかだとしつつ、「最も密接な利害関係を有し、社会的にも紛争の当事者であり、その者に対し判決をすればその紛争を解決しうる者に当事者適格を与えるべきであ」るとする。

(32) 平成二六年最判「解説」判タ一三九九号八六頁。

(33) 伊藤・前掲注（13）二七頁、高田裕成「民法上の組合の当事者能力」福永有利先生古稀記念・企業紛争と民事手続法理論（二〇〇五）一一頁参照。

(34) 平成二六年最判「解説」判タ一三九九号八六頁。

(35) 山本（弘）・前掲注（6）八六三頁。

(36) 山本（弘）・前掲注（6）八六四頁。ただ、境界確定訴訟における当事者適格（前掲注（31）参照）を考えると、少し違った感想も持てるように思われる。境界確定訴訟の確定判決は対世効を有するとされるにもかかわらず、類似必要的共同訴訟ではなく固有必要的共同訴訟として扱ったため、訴訟担当構成を考える必要性がなくなっている（対世効によって、被担当者への判決効の拡張を考える必要もない）が、自己に属しない訴訟物（訴訟の対象）たる権利関係について当事者適格を認めることは、確認訴訟以外でもあり得たことになる。

(37) 山本（弘）・前掲注（6）八七〇頁は、総有という共同訴訟関係の属性に基づく一種の法定訴訟担当とし、山本克己「入会地管理団体の当事者能力・原告適格――最三小判平成六年五月三一日民集四八巻四号一〇六五頁」法教三〇五号（二〇〇六）一一一頁は、民訴法29条の解釈に基づく法定訴訟担当構成を示す。

(38) 山本（弘）・前掲注（6）八六五頁。

(39) 田中豊・最判解民事篇平成六年度三九四頁以下、特に四〇五頁以下。

(40) なお、平成二六年最判は、最終的に、「判決の効力は、構成員全員に及ぶものと解されるから、当該判決の確定後、上記代表者が、当該判決により自己の個人名義への所有権移転登記の申請をすることができることは明らかである。なお、この申請に当たって上記代表者が執行文の付与を受ける必要はないというべきである。」と判示している。訴訟担当構成であれば通常は承継執行文（交代執行文）の付与を要する（民執法二三条一項二号、同二七条二項参照）と解するのが自然なようでもある。ただ、本件では、登記権利者として社団の代表者個人名義が主文で掲げられており（そもそも「登記手続をすべきことを命ずる」給付判決〔不登六三条一項〕は、何人を登記権利者〔同二条一二号〕とし、何人を登記義務者〔同条一三号〕とする登記手続を命ずるものであるか、が主文において明瞭になっていることが求められている〔山野目章夫・不動産登記法概論――登記先例のプロムナード〔二〇一三〕三〇七頁〕）、もともと不登法六三条の登記申請は、狭義の強制執行ではないので登記権利者と登記申請者が一致していれば足りる。すでに、高橋・前掲注（10）一八二頁注6が指摘していたところである。仮に民執法二七条二項「債務名義に表示された当事者以外の者を債権者又は債務者とする執行文」にいう「当事者」は、債務名義に表示された「債権者・債務者」を指し、当事者欄と主文中の債権者・債務者がズレている場合（通常は当事者欄と債務名義の主文に掲げられた者は一致するが）は、当事者欄に掲げられた者ではなく、主文に債権者又は債務者として掲げられた者を指すと解することもできるとすれば、承継執行文でつなげることも不要ということで、本件で登記申請人になる代表者個人には執行文の付与は要らない、とすることができよう。

(41) 伊藤・前掲注（11）五五二頁参照。

(42) 山本弘「法人格なき社団をめぐる民事手続法上の諸問題（1）」法教三七四号（二〇一一）一三一頁注13。

(43) 名津井吉裕「不動産登記請求訴訟における権利能力なき社団の当事者適格」法教四〇九号（二〇一四）六三頁は、構成員が社団の受けた判決の「反射的効果」を受けるものと解して、固有適格構成も排除されていないと解することができる、とする。
(44) 高橋・前掲注（10）一八六頁注8も、「請求の目的物の所持者」の類推の可能性を排除していない。
(45) 山本（克）・前掲注（37）一一〇頁は、これを権利能力なき社団の「ヌエ的性格」とし、社団の実質的権利帰属主体性に着目すれば固有適格構成、形式的な権利帰属主体性に着目すれば訴訟担当構成になる、と指摘する。とりわけ、平成二六年最判の訴訟物との関係では、構成員全体からの授権のないまま、したがって任意的訴訟担当構成ができないから法定訴訟担当と構成する場面で、なぜ「法定」的に当事者適格が団体に認められるのかという実質的根拠は、本件「訴訟物」とその訴訟物を以て登場した「当事者」との関係では構成員全員に固有の利益がない（適格がない）と理解する（別の訴訟物なら、構成員全員にむしろ適格があると判断し固有必要的共同訴訟とするか、あるいは授権によって初めて一部の構成員に任意的訴訟担当としての適格を認める）ことと遠くない、と考えることもできそうに思われる。
(46) 社団代表者や業務執行者への任意的訴訟担当との比較では、授権を省ける便宜もあるかもしれないが、平成六年最判のように、団体の代表者の具体的な訴訟追行権限行使に制約を課すための「授権」が必要だとすれば（山本和彦「判批」高橋宏志ほか編・民事訴訟法判例百選〈第四版〉〔二〇一〇〕二七頁）、さしたる便宜とも言えない。

四　結びに代えて

平成二六年最判が、権利能力なき社団でも一定の場合には移転登記手続請求訴訟の原告適格が認められる、としたことで、訴訟外でも、（どうせ訴訟になればそういう扱いを受けるのだから）社団として登記の共同申請への協力を登記義務者に求める地位を事実上認めていく効果を持ちうるであろう。そうすると、実体法の側でも、当該社団に、代表者等の個人名義への登記請求権を解釈上認めていく、という波及的効果も考えられる。実体法の側が、そうした実体的地位を解釈上一般に認めるとなると、今度は改めて、実体法上の権利主体としての固有適格ということが言えるようになるのかもしれない。そうなると、訴訟法での当事者適格の構成が、実体法の世界に事実上影響し、それがまた訴訟法での当事者適格の議論に帰ってくるわけである。債権法改正によって、債権者代位訴訟の代位債権者の当事者適格の訴訟法的構成が変わってくるようなケース[47]もあり、実体法と訴訟法の相互影響と互いの理論的受容性、実務的な実行可能性の問題についてのさらなる検討について、他日を期したい。

(47) 参加形態の変容可能性については、日本民事訴訟法学会第八三回大会シンポジウム「債権法改正と民事手続法」民訴雑誌六〇号(二〇一四)八七頁以下〔名津井吉裕報告〕参照。

伊藤先生の多数の御著書・御論文で勉強してきた者の一人として先生に私淑させていただいており、またこの一〇年ほどは勤務先を同じくしてご謦咳に接する機会も得ましたが、その学恩に対し、誠に雑駁かつ検討不足で確定的な結論でもない「覚書」に過ぎない小稿をもって献呈の列の末尾に加わることをお詫び申し上げますとともに、先生のご健康とさらなるご研究成果の公表を心からお祈り致します。

*本稿は、平成二六年度科研費(基盤研究(C)課題番号二五三八〇一一六)の研究助成による研究成果の一部である。

給付の訴えと確認の訴えの役割分担再考

萩澤達彦

一　はじめに
二　執行可能でない場合の給付の利益と確認の利益
三　勝訴判決取得後の再訴の場合
四　おわりに

一　はじめに

1　確認の利益と方法選択の適否

確認の訴えは、権利関係の存否を観念的に確定することを通じて紛争を解決すると同時に、将来の派生的紛争を予防しようとするものである。確認判決は、既判力しか有せず、強制執行の債務名義とならないので、請求が強制的に実現されるという裏打ちがない。確認判決が下されても、それだけでは原告の権利の最終的な保護とはならない場合がある。したがって、当該紛争において権利の確認という紛争解決手段によって紛争が有効適切に解決することができるかという実効性の吟味をしないままでは、確認判決が無益なものとなってしまう可能性がでてくる。逆にいうと、確認の訴えのみが、原告の権利・法律的地位の不安を除去する手段として有効適切なものである場合にのみ、確認の利益を認めるべきなのである。そこで、確認訴訟以外の紛争解決形態（別の形の訴え等）を利用できる場合には、原則として確認の利益は否定される。この意味で、確認の訴えは補充的（他の手段がないときに用いられる）である。多くの場合には、既判力と執行力とを兼ね備える給付判決と確認判決との紛争解決手段としての有効性の比較となる。

2　現在給付の訴えと確認の利益

現在給付の訴えは、（判決の基準時に）履行期の到来している給付請求権の存在を主張するものである。現在給付の訴えが提起されれば、紛争解決の必要性・実効性が必然的に認められ、現在給付の訴えの利益は原則として認められる。現在給付の利益を認めるために、訴えの提起前に原告が履行を催告したとか、被告が履行を拒絶したとかいった紛争が顕在化していることを示す事情の存在は要求されない。被告が争っていない場合でも、原告は強制執行による権利実現に備えて給付判決を得る必要があるからである。

このことは以下のように説明されることが多い。即時に履行を求めることができる給付請求権の存在を現在給付の訴えにより主張することには、解決すべき紛争が存在し既に顕在化していることをも内包している。したがって、現在給付の訴えが提起されれば、紛争解決の必要性・実効性が必然的に認められ、その訴えの利益は原則として認められることになるというのである。(1)

また、給付請求権の内容として裁判上その履行を求めることのできる権能が含まれている以上は、訴えの利益が認められるのが通常であるとの説明もある。(2)

給付判決は、執行力があるのみならず、確認判決と同等の請求権の存在・不存在を確定する既判力による紛争解決機能を有している。現在給付の訴えの紛争解決の実効性は大きく、確認の訴えは、現在給付の訴えに対して補充的なものとなる。したがって、現在給付の利益が認められれば、確認の利益が認められないのが原則である。

3 本稿の目的

現在給付の訴えの紛争解決の実効性が大きいとはいえ、その紛争解決機能は万能ではない。場合によると、紛争解決の実効性が狭いとされている確認の訴えによる紛争解決の方がより実効性があるのではないかという疑問がある。本稿では、現在給付の訴えと確認の訴えの紛争解決機能が重複する場面として、以下の二つの場面を検討する。(3)

第一に、強制執行が、法律上不可能であったり、困難または事実上不可能である場面で、現在給付の訴えと確認の訴えのどちらを認めるべきか。

第二に、既に勝訴の給付判決を得ている者が、同一請求の後訴を提起して、（通常は、訴えの利益を欠くことになり後訴は却下されるが）例外的に後訴を認める必要がある場合に、後訴として現在給付の訴えと確認の訴えのどちらを認めるべきか。

（1） 新堂幸司・新民事訴訟法〈第五版〉（二〇一一）二六五頁、上田徹一郎・民事訴訟法〈第七版〉（二〇一一）二一七頁、中野貞一郎

ほか編・新民事訴訟法講義〈第二版補訂二版〉（二〇〇八）一三七頁〔福永有利〕、高橋宏志・重点講義民事訴訟法（上）〈第二版補訂版〉（二〇一三）三四九頁、秋山幹男ほか・コンメンタール民事訴訟法Ⅲ（二〇〇八）九〇頁、小林秀之編・新法学講義民事訴訟法（二〇一二）一二八頁〔萩澤達彦〕など。

（2）松本博之＝上野桊男・民事訴訟法〈第七版〉（二〇一二）一四五頁、伊藤眞・民事訴訟法〈第四版補訂版〉（二〇一四）一七一～一七二頁、梅本吉彦・民事訴訟法〈第四版〉（二〇〇九）三三二頁。

（3）そのほかに、債務不存在確認の訴えの係属中に債務の履行を求める反訴提起がなされた場合、本訴請求を認容すべきときに、本訴請求却下反訴請求棄却判決とすべきか、本訴請求認容反訴請求棄却とすべきかという問題もある。これについては、拙稿「債務不存在確認の訴えと債務の履行を求める反訴提起」成蹊法学七七号（二〇一二）一頁参照。

二　執行可能でない場合の給付の利益と確認の利益

1　従来の議論

給付の訴えは強制執行を目指すものとはいえ、強制執行が法律上不可能であっても、強制執行が困難または事実上不可能であっても、給付の利益を否定する理由にはならないというのが古くからの判例(4)・通説(5)である。これは、請求権の存在が認められた給付判決を得ておくだけでも意味があることもあるからとされている(6)。また、例えばZがXの給料債権の仮差押えをしていても、Xは第三債務者Yに対し当該給料債権を請求する給付訴訟を提起して無条件の勝訴判決を得ることができる(7)。Xが敗訴を免れないとすると、仮差押えが取り消されたときには、再度訴えを提起せざるを得ず不経済であるし、Xが時効を中断しておくことや執行力を得ておくことはZにとっても利益になるからである(8)。

2　裁判例の紹介

【裁判例1】　最判昭和四一・三・一八民集二〇巻三号四六四頁

原告Xは（他に家屋を所有していたので融資を受ける資格がなかったため）被告Y_1の名義を借りて住宅金融公庫（現在の住宅金融支援機構）から本件家屋建築資金の融資を受けた。そのため、当該家屋所有権登記はY_1名義となっていた。その後、Y_1は被告Y_2らと共謀して、登記名義を、Y_1からY_2へ移転し、さらにY_2から被告Y_3へと移転させた。Xは、当該家屋の実質上の所有者は自分であり、前記各登記名義移転は無効であると主張して、$Y_1Y_2Y_3$を共同被告としてそれぞれの抹消登記手続請求の訴えを提起した。

一審（盛岡地花巻支判昭和三四・五・一五民集二〇巻三号四五七頁参照）ではXは全員に勝訴した。この判決に対して、$Y_1Y_2Y_3$が控訴した。原審（仙台高判昭和三七・一一・二二民集二〇巻三号四六〇頁参照）は、Y_1Y_2に対する抹消登記手続請求を認めたが、Xは虚偽表示の善意の第三者であるY_3に対抗できないとして、一審判決のY_3に対する勝訴部分を取り消して抹消登記手続請求を棄却した。Y_1Y_2は、原判決がY_3の本件建物所有権を認めている以上、Y_1Y_2への抹消登記手続請求は無意味であり、抹消を求める実質上の利益を欠くと主張して上告したが、最高裁は、左記のように述べて、訴えの利益を認めて上告を棄却した。

「不動産登記の抹消登記手続を求める請求は、被告の抹消登記申請という意思表示を求める請求であって、その勝訴の判決が確定すれば、それによって、被告が右意思表示をしたものとみなされ（民訴法七三六条〔現行民執一七四条に対応〕）、その判決の執行が完了するものである。したがって、抹消登記の実行をもって、右判決の執行と考える必要はないから、右抹消登記の実行が可能であるかどうかによって、右抹消登記手続を求める請求についての訴の利益の有無が左右されるものではない。これを本件についてみるに、Xに対し、Y_1が本件建物について経由された自己名義の所有権保存登記の抹消登記手続を、Y_2が本件建物について経由された右Y_1からの所有権移転請求権保全仮登記および所有権移転登記の抹消登記手続を、それぞれする義務がある以上、XのY_1Y_2に対する右各登記の抹消登記手続を求める請求は、認容されるべきであり、たとえ、本件建物について右Y_2からY_3への所有権移転登記が経由されており、Xの右Y_3に対する右所有権移転登記の抹消登記手続請求が認容されず、したがって、Y_1 Y_2の経由した前記各登記の抹消登記の実行も不可能であっても（不動産登記法一四六条一項〔現行不登六八条に対応〕参照）、それがため、XのY_1 Y_2に対する前記各登記の抹消登記手続請求が、訴の利益を欠き、不適法となるわけではない。」

【裁判例2】 熊本地判昭和五九・一一・三〇判時一一八一号一三一頁

原告X（国）が、A破産会社管財人Yに、破産宣告後に破産会社に課せられた法人税の支払いを求めて訴えを提起した。Xは、本件法人税は、財団債権に該当するものであるが、破産手続中は、Yがその支払いを拒む限り、国税徴収法に基づく滞納処分ができないため、本件法人税額の支払いを求めると主張した。これに対して、Yは、滞納処分ができないことにより、これに代わる強制執行をするために、給付訴訟を提起することは許されないと反論して、訴訟要件を欠くものとして本件訴えの却下を求めた。本判決は、左記のように述べて訴えの利益を認めた上で、Xの請求を認容した。

「給付訴訟は実体法上の請求権の存否を確認するという確認的機能をも有するのであって、現在の給付の訴えにおいては、給付請求権の存在とその履行期の到来があれば訴えの利益が認められ、強制執行をなしうるか否かは訴訟要件とはならない……。」

【裁判例3】 横浜地判昭和六二・三・四判時一二二五号四五頁

アメリカ合衆国海兵隊所属偵察機墜落事故で受傷したXらは、偵察機の乗員であったYらに対して損害賠償請求の訴えを提起した。本判決は、左記のように述べて訴えの利益を認めた上で、アメリカ合衆国の軍人が公務執行中に惹起した事故について、アメリカ合衆国の軍人は、個人として被害者に対して賠償責任を負うものではないと判断して、請求を棄却した。

「安保条約第六条は、日本国における合衆国軍隊の地位は地位協定により規律される旨を規定し、地位協定第一八条第五項本文は、……本件事故のような場合につき、加害者たる合衆国軍人の日本国民事司法権からの完全免除までは規定しておらず、単に執行からの免除を規定しているに止まると解すべきであり……。従ってYら合衆国軍人も本件訴訟のような民事判決手続きに関しては、日本国民事司法権に服するものというべきである……(なお、給付判決は請求権の存在を確定する効果をも有するから、強制執行ができないからといって、その請求権について給付訴訟を提起する利益を欠くとはいえない)。」

【裁判例4】最判平成五・一一・一一民集四七巻九号五二五五頁

XがYに対し、別件訴訟において成立した訴訟上の和解でYが支払いを約した貸金および未払給料の支払いを求めて訴えを提起した。一審では、訴えが却下されたので、Xが控訴した。原判決は、右記和解において不執行の合意の成立が認められるとした上で、「かような不執行の合意のある債権は、これに基づき強制執行をすることはできないが、債務者に対して裁判により訴求することは妨げられず、裁判所はその請求にして理由のあるときは、実体判決(給付判決)をなすべきものと解される」と述べて、訴えの利益を認め、原判決を取り消しXの請求を認容した。Yが上告。最高裁は、左記のように述べて、Xの請求を認容しつつ原判決を変更して、判決主文において右請求権は強制執行をすることができない旨を明示した。

「給付訴訟において、その給付請求権について不執行の合意があって強制執行をすることができないものであることが主張された場合には、この点も訴訟物に準ずるものとして審判の対象になるというべきであり、裁判所が右主張を認めて右請求権に基づく強制執行をすることができないと判断したときは、執行段階における当事者間の紛争を未然に防止するため、右請求権については強制執行をすることができないことを判決主文において明らかにするのが相当であると解される。」

【裁判例5】浦和地判平成八・九・六判タ九四六号一九〇頁

原告Xら(土地所有者)は、Y(上尾市)に対して、Yとの合意に基づき、A(開発公社)にXらとの間で売買契約を締結させるようにすることを求めた(9)。Yは、「Aは、Yとは別に法人格を付与された団体であり、その業務の遂行にあたってはAに裁量が認められているのであるから、Yが、XらとAとの間で売買契約を締結させるようにするためには、Aの任意の意思表示が必要であるところ、その実現は、直接強制、代替執行又は間接強制のいずれの方法によっても不可能であることから、Xらの三次的請求は、訴えの利益を欠く不適法なものである」と主張した。本判決は、この請求について、「給付訴訟における請求の内容としての特定性を欠くものであるというほかないことから、Xらの請求は不適法であり、右請求にかかる訴えは却下すべきである」と判断して、訴えを却下したが、訴えの利益についても、左記のように述べて、否定している。

「しかも、仮に、Xらの主張が、Xらが、Yに対し、YとAとの間で、本件土地の買取業務に関する委託契約を締結したうえで、さらに、XらとAとの間で、本件土地についての売買契約を締結することを請求しているものと解するとしても、Xらが主張しているYの右義務は、Yの意思だけで履行しうるものではなく、公拡法〔公有地の拡大の推進に関する法律〕によりYとは別個の法人格を付与されたAの意思にかかり、Yはその意思決定を強制する法的根拠を有していないのであるから、その債務の性質上、直接強制が許されないことはもちろん、代替執行や間接強制も許されないものと解するのが相当である。そして、給付訴訟が、強制執行による実現を予想する紛争解決手段であって、強制執行が許されない場合には、もはや給付請求として不適法であると解すべきであるから、この点からみても、Xらの右請求は、給付訴訟として不適法であり、右請求にかかる訴えは却下すべきである。」

【裁判例6】 東京地判平成二〇・一一・一〇金法一八六四号三六頁

Xから本件各店舗を賃借していたA社が、再生手続中に賃貸借契約を中途解約した後、再生手続が廃止されて破産手続が開始された。Xは、A社の破産管財人に就任したYに対し、同契約上の中途解約違約金、右記各店舗明渡しまでの賃料相当損害金および原状回復工事代金の立替費用がいずれも右記破産手続上の財団債権にあたるとして、破産手続によらずして弁済を求めた。本判決は、左記のように述べて、Xの請求の一部は財団債権にあたるとして、Xの請求を一部認容した。なお、Yが控訴し、東京高判平成二一・六・二五金法一九七六号一〇七頁が控訴を棄却しているが、控訴審は訴えの利益について判断していない。

「Yは、破産法四二条一項が財団債権に基づく強制執行を禁じていることを理由に、Xには給付判決を取得する法律上の利益はなく、本件訴訟は給付判決を求める限度で訴えの利益を欠く旨主張するが、給付訴訟の訴訟物はXが訴求する給付請求権の存否及びその範囲であって、その点に既判力を生じることについて法的利益があるから、たとえ当該給付請求権に基づく強制執行を行うについて何らかの障害がある場合であっても、Xが給付訴訟を提起することは妨げられないというべきである。したがって、本件訴訟において、Xが、Yに対する給付請求権が存在し、当該給付請求権が財団債権に当たることを主張して、Yに給付を求めることは許されるし、裁判所が、原告の主張する給付請求権を財団債権として認めた場合には給付判決をするのが相当である。

そして、裁判所が原告の主張する給付請求権の存在を認めて給付判決をする場合、たとえば、被告からその給付請求権について強制執行をしない旨の合意があって強制執行ができないことが主張され、裁判所が同主張を認めてその給付請求権に基づく強制執行ができないと判断したようなときは、その合意の点が訴訟物に準ずるものとして審判の対象になるとともに、執行段階における当事者間の紛争を防止するために、同請求権については強制執行することができないことを判決主文において明らかにするのが相当であるが（最高裁平成二年（オ）第一七〇号平成五年一一月一一日第一小法廷判決・民集四七巻九号五二五五頁参照）、本件訴訟の場合には、Xの主張する給付請求権が財団債権として認められたとしても、Xがその給付請求権について法律上強制執行ができないことは争いがないからその点が訴訟物に準ずるものとして審判の対象になったとはいえず、かつ、執行段階においてその点について当事者間の紛争が発生することもあり得ないから、同請求権について強制執行をすることができないことを判決主文において明らかにする必要はないというべきである。」

できない場合でも、現在給付の訴えの利益は認めうるとしている。これらの裁判例は従来の判例・通説に従ったものであろう。

3 検 討

⑴ 裁判例の整理

【裁判例1】、【裁判例2】、【裁判例3】、【裁判例4】、【裁判例6】は、判決によって強制執行が許されない旨を判決主文中に明らかにして給付判決をすべきであるとしている点である。強制執行が許されない旨を判決主文中に明らかにした給付判決は、既判力のみを有するもので、むしろ確認判決をなすべきではなかったかという疑問が生じる。これに対して、【裁判例6】は、その給付請求権について強制執行ができないことにつき当事者に争いがないことを理由として、強制執行をすることができないことを判決主文において明らかにする必要はないと判示している。たしかに、当事者間で強制執行ができるかどうか争いがあって、裁判所がその給付判決による強制執行ができないと判断した場合には、その旨を主文で示した方が、将来に紛争を残さない。ところが、【裁判例4】の事案のような、不執行の合意の場合と異なり、請求権自体が性質上強制執行できない場合には、特に執行できないことを主文で明示するまでもないとも考えうる。しかし、強制執行ができないことにつき当事者間に争いがある場合には、強制執行ができるか否かについて執行文付与の段階でも争いになることが予想される。この場合も、執行力のない確認判決をすべきではないかという疑問が生じる。

【裁判例5】は、第三者の任意の意思表示を求めた事案で、「給付訴訟が、強制執行による実現を予想する紛争解決手段であって、強制執行が許されない場合には、もはや給付請求として不適法であると解すべきであるから、この点からみても、Xらの右請求は、給付訴訟として不適法であり」と判示して、給付の利益を否定し訴えを却下している。この結論について、強制執行が許されないにしろ、原告被告間の契約上の債務を判決によって確定しないのは、将来に紛争を残してしまうのではないかという疑問がある。

(2) 検討　以上で紹介した裁判例の事案を検討すると、執行不能な場合でも、給付の利益を認めて、給付判決をすべきという判例・通説の考え方は、多くの裁判例で維持されているが、しかし、その結論には疑問がある。

第一に、給付判決主文に示される給付命令は、本来現実の執行と直結して意義をもつべきものであるから、明らかに執行が不可能で給付判決をなすことが全く無意味と思われる場合は給付判決を求める利益はなく、確認の利益のみ是認しうると解すべきである。(10) 通説の立場からは、請求権の存在を認定して、被告に任意の履行を促す趣旨で給付判決をしておくことに、意味があるとの反論がなされている。(11) しかし、強制執行が可能か不可能かは執行機関の判定に委ねて、裁判機関としてはこの点につきわざわざ慎重な調査をする必要はないのであろうか。そうではないからこそ、【裁判例4】のように、給付請求権が性質上執行可能であるにもかかわらず、不執行の合意がある場合に、主文に強制執行ができない旨を示さなければならなくなる。また、請求権自体が性質上強制執行できない場合にも、請求権を確認する判決をする方がわかりやすい解決である。

結局、このような場合に、確認の利益のみ認めて、給付の利益は認めるべきではないことになる。しかも、この場合に、給付の利益がないとして、訴え却下判決を下すのでは、判決によって紛争解決の糸口さえも示されないことになり妥当ではないと思われる。したがって、給付請求訴訟において、請求権が強制執行できないものである場合には、給付の利益がないとして訴え却下判決をするのではなく、確認の利益を認めて、請求認容の確認判決をすべきということになる。このことは、原告の求めた救済方法と異なる救済方法が与えられることになり、処分権主義に反するかが問題になる。しかし、給付訴訟での請求棄却判決も確認判決であり、給付の救済形式を求めても、確認判決の救済形式で終了することもある。このことを考えると、(執行力が認められないという) 実質敗訴判決として、請求認容の確認判決を下すことも処分権主義の観点から許されると思われる。なお、訴訟指揮により、原告に給付訴訟から確認訴訟に訴えの変更することを求めることにより同様の結論を得られるとも考えられる。しかし、当事者が請求権が執行可能か否かを争っている場面では、執行可能でないことを前提に訴えの変更を求める訴訟指揮をすることには困難が伴うと思われる。

（4）大判昭和七・九・二九新聞三四七六号一六頁、大判大正八・一一・二六民録二五輯二一二四頁など。
（5）新堂・前掲注（1）二六五頁、伊藤・前掲注（2）一七二頁、高橋・前掲注（1）三五〇頁、梅本・前掲注（2）三三三頁、河野正憲・民事訴訟法（二〇〇九）一七一頁など。
（6）高橋・前掲注（1）三五〇頁。
（7）最判昭和四八・三・一三民集二七巻二号三四四頁。
（8）新堂・前掲注（1）二六六頁。
（9）これは三次的請求である。原告は五次的請求までしているが、本稿のテーマと無関係なので省略している。
（10）三ケ月章「権利保護の資格と利益」同・民事訴訟法研究第一巻（一九六二）二七頁〔初出：民事訴訟法学会編・民事訴訟法講座第一巻（一九五四）一四一頁〕、松浦馨ほか・条解民事訴訟法〈第二版〉（二〇一一）七七八頁〔竹下守夫〕。
（11）秋山ほか・前掲注（1）九一頁、高橋・前掲注（1）三四四頁。

三　勝訴判決取得後の再訴の場合

1　従来の議論

既に前訴で勝訴判決を得ている原告が、同一請求の後訴を提起する場合には、訴えの利益を欠くことになり後訴は却下される。(12) 既に執行力のある勝訴判決を得ておりもう一つ勝訴判決を得る必要性がないからである。ただし、時効の中断のために他に方法がない場合や、(13) 判決正本が紛失し、しかも判決原本が滅失するなどして新たな正本の付与を求めることのできない場合、新たに判決を得ることが必要であるから、これらの場合には訴えの利益は認められるとするのが通説である。(14) 後者の場合には、強制執行をするのに給付判決が必要になるので、給付の利益のみが認められることについて争いはない。前者については、給付の利益と確認の利益の選択を認める見解と確認の利益のみを認める見解とが対立している（これについては後述参照）。

2　裁判例の紹介

【裁判例7】福岡地判昭和六三・六・二〇判タ六八〇号二三七頁

X（信用保証協会）は、保証委託により代位弁済をし、代位弁済金につきYらに請求し、仮執行宣言付支払命令を得ている。その後、XはYらに対して、同じ債権について支払命令の申立てをした。Yらがこれに異議を申し立て、本件訴訟に移行した。本判決は、左記のように述べて訴えの利益を認め、Xの請求を認容した。

「本件では確定した支払命令にかかるYらに対する請求権の消滅時効の完成が切迫していたため、これを中断するために催告のうえ新たに支払命令あるいは判決を得ておく必要性があったものと認めることができる。

……一般に、判決やこれと同一の効力を有する裁判を得ることは、時効中断の方法として他の方法よりも確実で、かつ時効期間においても有利であるから、既に判決等を得ていたとしても、時効完成が切迫した段階で再度債権者がこれらの方法により時効中断の手続をすることは特に違法視されるべきものではないと考えられる。

本件の場合、Yらが不動産を有していないことは当事者間に争いがなく、Yらに他に容易に換価でき多額の債権の回収を図ることが可能な責任財産があり、これをXが容易に知りうることができたのに強制執行を行わなかったというような特段の事情の主張立証もないのであるから、Xの本件訴えが権利保護の適格を欠くものとは到底いいがたい……。」

【裁判例8】東京高判平成五・一一・一五判時一四八一号一三九頁

X（信用保証協会）は、信用保証委託契約に基づき、Yが経営する訴外A会社のために、代位弁済を行い、求償金債権を取得した。Xは、連帯保証人であるYに支払命令の申立てをし、支払命令が発せられた。その後、XがYに対し同一の債権の再度の支払命令を申し立て、支払命令が発せられ、これに対してYが異議を申し立てたので、督促手続から本件訴訟に移行した。一審判決（東京地判平成五・五・一九判タ八四四号二六二頁）は、時効を中断するために必要がある場合とはいえないとして、訴えの利益を欠くとして訴えを却下した。そこでXが控訴した。本判決は、左記のように述べて、訴えの利益があるとして、原判決を取り消し、差し戻した。

「右信用保証委託契約はAの営業のためにするものと推定される（商法五〇三条一項、二項）から、XがAに対して取得した求償金債権は商法五二二条により、五年の短期消滅時効に服する債権である……。連帯保証人に対する確定判決による時効中断の効果は主債務者にも及ぶ（民法四五八条、四三四条）が、確定判決により確定した権利は一〇年より短い時効期間の定めのある場合であってもその時効期間は一〇年とするとの効果（民法一七四条ノ二）は、当該判決の当事者間にのみ生じるものであり、当事者外の主債務者との関係においては、右確定判決はその時効期間について何らの影響はなく、その債権は依然として短期消滅時効に服するものと解される……。そして、連帯保証人は、主債務の消滅時効期間が経過したときは、その時効を援用することができ……、時効の援用により主債務が消滅したときは、民法四五八条、四三九条によりその債務を免れることができる。

したがって、XのAに対する本件求償金債権は、前記支払命令が確定した日（昭和六二年一一月四日）から起算して五年の経過により時効により消滅することになるから、Yは、右時効を援用することにより、Yの右求償金債務に対する連帯保証債務を免れることができるものといえる。

3　弁論の全趣旨によると、Xが平成四年一〇月一六日に本件訴えを提起した（本件支払命令の申立て）のは、Aに対する本件求償金債権の消滅時効を中断することによりYの連帯保証債務の時効を中断するためであること、AはYが代表取締役を勤めるYの個人会社ともいうべきもので、資産もなく現在は休業中であることが認められる。右認定の事実によれば、Yの連帯保証債務の時効中断のために、XがAを相手方として訴えを提起しないで、Yを相手方として訴えを提起したことは相当である。そうすると、Xは、本件訴えを提起するについて、訴えの利益があるといえる。」

【裁判例9】佐賀地判平成六・八・二六判タ八七二号二九二頁

Xが、連帯保証人Yを被告として、貸金などの返還を請求し、その請求が前訴で認容され、この判決が確定している。その後、Xは、消滅時効の進行を中断させるため、Yを相手方として、主位的に、前訴請求と同様の給付請求を行い、予備的に、右各債権の存在の確認の請求をした。原判決（佐賀簡判平成六・二・二四判タ八七二号二九四頁）では、主位的請求につき、原告の請求が認容されたので、Yが控訴した。本判決は、Xの主位的請求には、左記のように述べて訴えの利益は認められないとして却下したが、予備的請求を認めた。

「Xは、権利が時効によって消滅することを防ぐため再度の裁判上の請求をする必要性が認められる以上、すなわち、時効中断の利益が認められる以上、他に時効中断の方法があるかどうかにかかわらず、同一の給付判決を求めて再訴する場合にも訴の利益が認められると主張するが、同一の債務名義が成立してしまう結果に至ること、かえって、請求権の存在を確認する判決があれば、前訴判決の時効消滅が避けられ、前訴判決を以て執行することができるから、債権者の保護としては足り、本訴において改めて同一の給付の主文を求める必要はないこと等を考慮すると、Xの主張は採用できない。

これを本件についてみるに、口頭弁論終結時においてYにはみるべき資産は存在せず、また、XのYに対する本訴請求以外の債権について、XはYから分割で任意弁済を受け続けている（当事者間に争いがない。）が、かかる事情は前記再訴が認められる特別の事情には該当せず、他に主張立証のない本件では、XがYに対して給付判決を求めることは許されないというべきである。」

【裁判例10】大阪高判平成一一・六・三〇金判一一〇四号四〇頁

原告X（信用保証協会）が、主たる債務者Aに対する代位弁済による求償債権につき連帯保証したYに対し、連帯保証債務の履行を求める訴えを提起したところ、原審裁判所は全部認容の給付判決をした。Yは控訴して、本件訴訟は前訴の確定判決が存するから訴えの利益を欠くなどと主張した。本判決は、左記のように述べて、訴えの利益を認め、控訴を棄却した。

なお、本事案では、以下のような事情があった。主債務の消滅時効は五年であり、XY間の前訴判決により、保証債務の消滅時効期間は一〇年となる（民法一七四条ノ二第一項）が、右時効期間の延長は前訴確定判決の当事者間にしかその効果が及ばないから、主たる債務である本件債権の時効期間については影響がなく、本件債権の消滅時効期間は五年のままであった。

「……主たる債務者であるAの死亡後、限定承認による清算手続が行われ、配当弁済が実施されて、既にその清算手続が終了しているが、……本件債権につき、右清算手続の終了後は、訴えをもって履行を請求しその強制的実現を図ることが不可能となったとはいえず、また、消滅時効の進行を観念することができないともいえないから、本件債権の消滅時効は、右清算手続の終了後においてもなお進行するといわざるを得ない。そして、本件の場合は、本件債権の消滅時効期間が本件連帯保証債務のそれよりも短いため、Yが本件債権の消滅時効を援用すると、保証債務の付従性により、本件連帯保証債務も消滅し、Yはその支払義務を免れることになるので、Xとしては、本件債権の消滅時効を中断しておく必要が生じることになる。

しかしながら、Xが、本件債権の消滅時効を中断するために、本件連帯保証債務よりも先に本件債権について消滅時効中断の措置を講ずべき義務を負っていると解することはできないし、本件において、新たな相続財産の発見や法定単純承認事由の存在に関する証拠資料が存在しないにもかかわらず、Aの相続人らに対して訴訟の提起をしなければならないとすることは、事実上、著しく困難を強いるものである。他に右消滅時効中断の方法が存することを認めるに足りる証拠はない。

そうすると、Xが、本件債権の消滅時効を中断し、Yからの右時効援用による本件連帯保証債務消滅の抗弁を防止するためには、Yに対する再訴の提起という方法によらなければその目的を達することができないと認められるから、右の目的で提起された本件訴訟は、再訴を提起し得べき特別の事情が存し、訴えの利益があるというべきである。

Yは、本件訴訟が認容されると、同一債権について債務名義が二個作成されるため二度執行を受けるおそれがあると主張する。しかし、Xの求める給付判決をするときは、請求異議事由を本件訴訟の口頭弁論終結時以降のものに限定することができ、紛争の根本的な解決に適する事情も存すること、一般的に一個の債権について二個の債務名義が作成されたからといって、当然に再度の執行が行われるわけではないし、本件においてそのおそれが増大すると認めるべき具体的な事情も全くうかがわれないこと、万が一、再度の執行がなされた場合には、請求異議の訴えにより容易にこれを排除することができることからすると、前記特別の事情が認められる本件においては、再度の執行のおそれを理由に、本件訴訟の訴えの利益を否定するのは相当ではない。」

【裁判例11】 東京高判平成一六・一・二一訟月五〇巻一一号三三〇三頁

X（国）が、Yに対し、Yが軽二輪自動車を運転中惹起した交通事故につき、Xが被害者に対して自動車損害賠償保障法七二条一項所定の損害のてん補をしたことにより被害者の損害賠償請求権を代位取得したとして、損害賠償金の支払いを求め、Yに対し支払いを命じる前訴判決が確定した一〇年後に、再度同旨の訴えを提起した。原判決では、再度給付判決を求めることはできないとされたので、Xが控訴した。本判決は、左記のように述べて、原判決を取り消し、自判してXの請求を認容した。

「……給付を命ずる確定判決の請求権の消滅時効を中断するためには、当該確定判決に係る請求権の存在確認判決を求めるという方法もあるが、それによらなければならないものではなく、再度の給付判決を求めることもできるというべきである。

……Yには強制執行の対象となり得る財産の存否も不明であり、そのためXは、前訴判決に基づき直ちに強制執行に着手することができなかったことが認められるから、Xの本件訴訟の提起には訴えの利益があることが明らかである。」

3 検　討

⑴　裁判例の整理　【裁判例7】、【裁判例8】、【裁判例10】は、時効中断のために必要であるとして、給付の訴えの利益を認めている。また、【裁判例11】は、「前訴判決に基づき直ちに強制執行に着手することができなかった」ことを理由として、給付の利益を認めている。

これに対して、【裁判例9】は、同一の債務名義が二つ成立してしまうことを避けることができることから、時効中断の手段として、「請求権の存在を確認する判決」によるべきであるとして、主位的請求において給付の利益を否定し、予備的請求において確認の利益を認めている。これに対して、【裁判例10】は、同一の債務名義が二個作成されることの弊害は大きくないとして、給付の利益を認めている。しかし、同一の債務名義が二つ成立してしまう結果として再度の執行がなされた場合、事態が紛糾しないとはいえないと思われる。

⑵　検討　裁判例では、請求権の時効中断のための再度の給付の訴えの提起に、給付の利益を認めるものが多い。しかし、時効中断のためには確認判決を得れば十分であるし、再び給付判決をして債務名義を二重に取得させることには弊害もあることから、この結論には疑問がある。[15]この場合に、給付の利益を認めて給付訴訟を許すと、原告が二重に債務名義を取得してそれぞれにつき強制執行をしてくるという被告（債務者）にとっての不利益は無視できないと思われる。時効完成後の前訴給付判決による強制執行は、時効消滅を理由として請求異議の訴えを提起されたときには実施できなくなるとの指摘もある。[16]しかし、後訴で請求権を確認する判決を取得している以上、前訴の給付判決による執行を、請求異議の訴えで時効の主張をすることにより妨げることはできないと思われる。したがって、時効中断に関しては、確認の訴えの利益のみを認めれば足りると思われる。[17]また、もしこの場合に給付の利益を認めないと、時効中断のため、原告が給付訴訟を提起した場合に、訴えを却下せざるを得なくなり、（給付の訴えを提起すべきなのか確認の訴えを提起すべきかなのかという）無用な紛議が生じるのではないかとの疑問も呈されている。[18]しかし、二3⑵で述べたように、この場合に、原告が給付の訴えを提起しても、訴えの利益なしとして却下するのではなく、請

求権の存在を認容する確認判決を下すことを認めれば、そのような紛議は生じないと思われる。

（12） 新堂・前掲注（1）二六五頁、伊藤・前掲注（2）一七二頁、梅本・前掲注（2）三三三頁など。
（13） 大判昭和六・一一・二四民集一〇巻一〇九六頁。
（14） 秋山ほか・前掲注（1）九六頁、松浦馨ほか・前掲注（10）七三二頁〔竹下〕など。
（15） 三木浩一ほか・民事訴訟法（二〇一三）三五三頁〔垣内秀介〕。
（16） 梅本・前掲注（2）三三四頁。
（17） 新堂幸司＝福永有利編・注釈民事訴訟法（5）一二七頁〔上原敏夫〕、長谷部由起子・民事訴訟法（二〇一四）一三二頁。
（18） 秋山ほか・前掲注（1）九五頁。

四　おわりに

給付訴訟は、執行力があるのみならず、確認訴訟と同等の請求権の存在・不存在を確定する既判力による紛争解決機能を有している。そこで、従来、給付判決の紛争解決機能を重視しすぎるあまり、確認判決で紛争解決すべき場合も、大は小を兼ねるという考えから、安易に給付の利益を認めてきた傾向がある。しかし、本稿で検討したように、確認訴訟の紛争解決機能による解決が適切な場合でも、原告が給付訴訟を提起すれば給付の利益を認めるというのでは、請求権の存在・不存在を確定するという紛争解決の核心が表面にでてこないおそれがあると思われる。給付訴訟の対象である給付請求権を認めることによる紛争解決機能が、給付請求権確認の訴えの紛争解決機能で代替できる場合には、大は小を兼ねずに、現在給付の利益が否定され、確認の利益が認められるべきであると思われる。

証言拒絶権と文書提出義務の除外事由

——媒体の違いが正当化するもの

長谷部由起子

一　はじめに
二　自己利用文書と刑事事件関係文書についての判例法理
三　判例法理の評価と今後の課題
四　結　び

一　はじめに

現行民事訴訟法（以下、「現行法」またはたんに「法」という）制定前の民事訴訟法（以下、「旧法」という）の下では、証人義務は、別段の規定がある場合を除いては免除されない一般義務であり（旧法二七一条）、文書提出義務は、引用文書、権利文書（挙証者に引渡し・閲覧請求権がある文書）、利益文書および法律関係文書のみに認められる限定義務であった（旧法三一二条）。現行法は、これらの文書について提出義務を規定する（法二二〇条一号から三号）ほか、除外事由がない限り文書提出義務が認められる一般義務文書を創設し（同条四号）、文書提出義務を一般義務化した(1)。

もっとも、これによっても、証人義務と文書提出義務の範囲が同一になったわけではない。すなわち、一般義務文書の除外事由は、証言拒絶権に対応する事由のある文書（法二二〇条四号イからハ）のほか、「専ら文書の所持者の利用に供するための文書」（同号ニ。以下、「自己利用文書」という）および「刑事事件に係る訴訟に関する書類若しくは少年の保護事件の記録又はこれらの事件において押収されている文書」（同号ホ。以下、「刑事事件関係文書」という）についても認められる。その結果、文書の所持者の文書提出義務については、証人の証言義務に比べて、より広い範囲で免除が認められることになっている。

こうした規律は、どのような理由に基づくものだろうか。文書提出義務の除外事由も証言拒絶権も、本来であれば証拠調べの対象となる証拠について証拠調べを免除する事由（以下では、これを「秘匿特権」という）であるにもかかわらず、前者が後者よりも広く認められるのはなぜだろうか。コンピュータや複写機の普及により日常的に大量の文書が作成されている今日において、文書については証言よりも広い範囲で証拠調べが免除されるとすると、民事訴訟における適正な事実認定を確保するうえで支障は生じないのだろうか。

本稿は、これらの問題を検討するものである。

まず、自己利用文書と刑事事件関係文書についての判例法理を概観し、証言拒絶権によっては保護されない利益が、どの範囲で、文書提出義務の除外事由による保護の対象とされているのかを確認する（二）。次に、判例法理にどのような問題があるかを検討したうえで、文書に関する秘匿特権を証言よりも広く認めることの理論的根拠について考察する（三、四）。

（1） 立法の経緯については、上野泰男「文書提出義務の範囲」竹下守夫編集代表・講座新民事訴訟法Ⅱ（一九九九）四七〜五〇頁、竹下守夫ほか編集代表・研究会新民事訴訟法（一九九九）二七三〜二七五頁〔柳田幸三発言〕を参照。なお、文書提出義務が一般義務化されたとはいっても、一般義務文書について除外事由のないことを申立人が証明した場合でなければ、文書提出義務は認められない。そのため、「一般義務」という表現は、厳密にいえば適切ではないとする見解もある。高橋宏志・重点講義民事訴訟法（下）〈第二版補訂版〉（二〇一四）一六五〜一六六頁。

二 自己利用文書と刑事事件関係文書についての判例法理

1 自己利用文書

(1) 要件とその適用例　最決平成一一年一一月一二日民集五三巻八号一七八七頁（以下、「平成一一年決定」という）において判示された自己利用文書の要件は、①文書の作成目的、記載内容、これを現在の所持者が所持するに至るまでの経緯、その他の事情から判断して、専ら内部の者の利用に供する目的で作成され、外部の者に開示することが予定されていない文書であって（外部非開示性）、②開示されると個人のプライバシーが侵害されたり個人ないし団体の自由な意思形成が阻害されたりするなど、開示によって所持者の側に看過し難い不利益が生ずるおそれがあると認められ（不利益性）、③自己利用文書該当性を否定する特段の事情がないこと（特段の事情の不存在）である。この判断基準は、その後の最高裁決定によっても採用され(2)、判例準則として確立されている。

これら三つの要件を満たすとして自己利用文書と認められたものとしては、（ⅰ）金融機関が所持する貸出稟議書[3]、（ⅱ）市議会の議員が、所属会派に交付された政務調査費を使用して行った調査研究の内容および経費の内訳を記載して当該会派に提出した調査研究報告書およびその添付書類[4]、（ⅲ）市議会の会派が市から交付された政務調査費を所属議員に支出する際に各議員に提出させていた政務調査費報告書およびこれに添付された領収書[5]、ならびに（ⅳ）弁護士の懲戒処分に関する弁護士会の綱紀委員会の議事録のうち「重要な発言の要旨」に当たる部分およびそれに関連する議案書[6]がある。

(2) 保護法益――不利益性の内容　自己利用文書を除外事由とすることによって保護されるべき利益がなにかは、自己利用文書の第二の要件である「不利益性」の内容としてなにを想定するかと関係する。

(1)でも述べたように、判例は、「開示によって所持者の側に看過し難い不利益が生ずるおそれ」の具体例として、個人のプライバシーが侵害されるおそれ、および個人ないし団体の自由な意思形成が阻害されるおそれを挙げていた。これらは、銀行の貸出稟議書（（ⅰ））については「銀行内部における自由な意見の表明に支障を来し銀行の自由な意思形成が阻害されるおそれ[7]」、政務調査費関係の文書（（ⅱ）および（ⅲ））については「〔文書に氏名等が記載された〕第三者のプライバシーが侵害されるなどのおそれ[8]」、綱紀委員会の議事録等（（ⅳ））については「綱紀委員会における自由な意見の表明に支障を来し、その自由な意思形成が阻害されるおそれ[9]」と表現されている。

もっとも、判例は、プライバシーの侵害や自由な意思形成の阻害のみを「看過し難い不利益」としているわけではない。すなわち、（ⅱ）および（ⅲ）の文書については、「所持者である〔地方議会の〕会派及びそれに所属する議員の調査研究が執行機関、他の会派等の干渉等によって阻害されるおそれ」も「看過し難い不利益が生ずるおそれ」と認めている[10]。

(3) 不利益性の判断方法　「不利益性」の判断方法として判例が採用しているのは、文書の種類に応じた類型的な判断である。個々の文書に具体的にどのような内容の記載があったかは、問題とされない。また、文書が開示されることによってだれにどのような影響が及ぶのかについての具体的な認定も、必要とされていない。

たとえば、平成一一年決定は、貸出稟議書について、「通常は、……融資の内容に加え、銀行にとっての収益の見込み、融資の相手方の信用状況、融資の相手方に対する評価、融資についての担当者の意見などが記載され、それを受けて審査を行った……所定の決裁権者が当該貸出しを認めるか否かについて表明した意見が記載される文書」であり、「融資の是非の審査に当たって作成されるという文書の性質上、忌たんのない評価や意見も記載されることが予定されている」(傍点は筆者が付した) と述べ、ここから、貸出稟議書が「開示されると銀行内部における自由な意見の表明に支障を来し銀行の自由な意思形成が阻害されるおそれがある」と推論している。(11)

市議会の議員が所属会派に提出した調査研究報告書や政務調査費報告書が開示されると、これらの文書に氏名等が記載されている第三者のプライバシーが侵害されるおそれがあるとする最決平成一七年一一月一〇日民集五九巻九号二五〇三頁 (以下、「平成一七年決定」という) および最決平成二二年四月一二日判時二〇七八号三頁 (以下、「平成二二年決定」という) も、当該文書に調査研究に協力するなどした第三者の氏名が記載されていることを確認したうえで、こうした判断をしているわけではない。当該文書には、第三者の氏名が記載されている蓋然性がある、または蓋然性が高いと述べるにとどまっている。(12) これらの文書が開示されると、議員や所属会派の調査研究活動が執行機関、他の会派等の干渉等によって阻害されるおそれがあるという判断も、文書の所持者である会派が執行機関や他の会派等と対立しているなどの具体的な事実に基づくものではない。平成一七年決定が依拠するのは、条例に基づく要綱の趣旨の解釈、すなわち、政務調査費の交付に関する要綱において調査研究報告書の提出先を議員の所属会派の代表者と定めるにとどめ、議長への提出や市長への送付を予定していないことの趣旨は、「調査研究報告書には会派及び議員の活動の根幹にかかわる調査研究の内容が記載されるものであることに照らし、議員の調査研究に対する執行機関等からの干渉を防止するというところにある」という解釈である。(13)「会派及び議員の活動の根幹にかかわる調査研究の内容が記載される」文書ではない政務調査費報告書および領収書に関する平成二二年決定も、会派の代表者が議長に提出しなければならないものとされている収支報告書に、個々の支出の金額や支出先、当該支出に係る調査研究活動を行った議員の氏名、当該活動の目的や内容等を具体的に記載すべきものとしていない条例の趣旨をまず指摘する。すなわち、「会派による個々の政務調査費の支出について、その具体的な金額、支出先等を逐一公にしなければならないとなると、当該支出に係る調査研究活動の目的、内容等を推知され、その会派及び所属議員の活動に対する執行機関や他の会派等からの干渉を受けるおそれを生ずるなど、調査研究活動の自由が妨げられ、議員の調査研究活動の基盤の充実という制度の趣旨、目的を損なうことにもなりかねないことから、政務調査費の収支に関する議長への報告の内容等を上記の程度にとどめることにより、会派及び議員の調査研究活動に対する執行機関や他の会派等からの干渉を防止しようとするところにある(14)」。そのうえで、政務調査費報告書および領収書は、「個々の政務調査費の支出について、当該支出に係る調査研究活動をした議員の氏名、当該議員が用いた金額やその使途、主な調査内容等が具体的に記載されるものであり、これが開示された場合には、所持者である会派及びそれに所属する議員の調査研究活動の目的、内容等を推知され、その調査研究活動が執行機関や他の会派等からの干渉によって阻害されるおそれがある」としている(15)。

(4)　「特段の事情」の内容　外部非開示性の要件と不利益性の要件は充足するものの、特段の事情の存在により自己利用文書該当性が否定されるべきかが問題となった例としては、最決平成一二年一二月一四日民集五四巻九号二七〇九頁および最決平成一三年一二月七日民集五五巻七号一四一一頁がある。

前者は、信用金庫の会員が提起した代表訴訟において、当該会員が、信用金庫の所持する貸出稟議書について文書提出命令を申し立てた事案に関するものであり、後者は、経営が破綻した信用組合の営業の全部を譲り受けた整理回収機構が、信用組合の貸金債権等を回収するために提起した訴訟において、被告が、信用組合が作成し、その後、整理回収機構が所持するにいたった貸出稟議書について文書提出命令を申し立てた事案に関するものである。このうち前者に関しては、代表訴訟を提起する会員（株主）は信用金庫（会社）の内部者であることや、代表訴訟においては貸出稟議書に証拠としての定型的重要性が認められることを理由に、「特段の事情」を肯定すべきであるとする見解が有力であった[16]。しかし、「特段の事情」は前者については否定され、後者についてのみ、認められた。これ以後は、「特段の事情」の存在を理由に、自己利用文書該当性を否定した最高裁決定はあらわれていない。

2 刑事事件関係文書

(1) 制度趣旨　刑事事件関係文書は、公務文書（公務員または公務員であった者がその職務に関し保管し、または所持する文書）を対象とする文書提出命令制度の拡充を図った平成一三年の民事訴訟法改正によって、新たに除外事由とされたものである。その趣旨について、立法担当者は以下のように説明していた。

刑事事件関係文書については、刑事訴訟法、刑事確定訴訟記録法、犯罪被害者等の権利利益の保護を図るための刑事手続に付随する措置に関する法律、少年法および少年審判規則において、それぞれの文書の性質に応じて、文書を開示した場合に生ずるおそれのある弊害と開示することにより得られる公益との調整を考慮したうえで、開示の要件・方法等について独自の規律が設けられている。これらの開示手続により開示が認められている範囲を超えて、裁判所が民事訴訟において刑事事件関係文書の提出を命ずることになると、関係者の名誉・プライバシー等に対して重大な侵害が及び、また、捜査の秘密・公判または審判の適正を確保することができなくなるなどの弊害が生ずるおそれがある[17]。

(2) 刑事事件関係文書を対象とする文書提出命令の可能性　この立法担当者の説明によれば、刑事事件関係文書の開示については、刑事訴訟法等による開示の手続を経るべきであり、その手続によって開示が認められなかった文書の提出を民事訴訟の裁判所が命じることはできないことになる。しかし他方で、立法担当者は、刑事事件関係文書について法二二〇条一号から三号までの規定に基づき文書提出義務が認められる場合には、裁判所は、民事訴訟において当該文書の提出を命じうるものとしていた[18]。その場合の問題は、たとえば、刑事事件関係文書が法二二〇条三号後段の法律関係文書に該当すれば、それだけで当該文書の提出を命ずることができるのか、そうでないとすればどのような要件を必要とするのか、である。この点については、判例（最決平成一六年五月二五日民集五八巻五号一一三五頁、最決平成一七年七月二二日民集五九巻六号一八三七頁、最決平成一九年一二月一二日民集六一巻九号三四〇〇頁）により、以下の法理が形成されている。

刑事訴訟法四七条は、「訴訟に関する書類」を公にすることを原則として禁止しているが（同条本文）、公益上の必要その他の事由があって、相当と認められる場合には、例外的に開示を認めている（同条ただし書）。そして、「訴訟に関する書類」を公にすることを相当と認めることができるか否かの判断は、当該「訴訟に関する書類」を公にする目的、必要性の有無、程度、公にすることによる被告人、被疑者および関係者の名誉、プライバシーの侵害等の弊害発生のおそれの有無等諸般の事情を総合的に考慮してされるべきものであり、当該「訴訟に関する書類」を保管する者の合理的な裁量に委ねられているものと解すべきである。民事訴訟の当事者が、法二二〇条三号後段の規定に基づき、「訴訟に関する書類」に該当する文書の提出を求める場合においても、当該文書の保管者の前記裁量的判断は尊重されるべきであるが、当該文書が法律関係文書に該当する場合であって、その保管者が提出を拒否したことが、民事訴訟における当該文書を取り調べる必要性の有無、程度、当該文書が開示されることによる弊害発生のおそれの有無等の諸般の事情に照らし、その裁量権の範囲を逸脱し、または濫用するものであると認められるときは、裁判所は、当該文書の提出を命ずることができるものと解するのが相当である。

この判断枠組みの下で、判例は、問題となった文書の種類のほか、個別の事案の事情も考慮したうえで、刑事事件関係文書の提出を命ずるべきか否かを判断している。たとえば、当該文書を証拠として取り調べることが必要不可欠とはいえず、当該文書が開示されることによって個人の名誉、プライバシーが侵害されるおそれがないとはいえないとして、文書提出義務を否定した例がある。(19) これとは逆に、当該文書が文書提出命令の申立人の主張の立証のために不可欠の証拠とはいえないものの、取調べの必要性が認められ、関係者の名誉やプライバシーを侵害する記載があることがうかがわれないとして、文書提出義務を認めた例もある。[20] また、当該文書が民事訴訟において開示された場合、被害者等の名誉、プライバシーの侵害という弊害が発生するおそれがあることは、一般的には否定し難いものの、その事案における特別な事情の存在を考慮すれば、開示により弊害が発生するおそれがあるとは認められないとして、文書提出義務を肯定した例もある。[21]

（2） 最決平成一二・三・一〇民集五四巻三号一〇七三頁、最決平成一六・一一・二六民集五八巻八号二三九三頁、最決平成一七・一一・一〇民集五九巻九号二五〇三頁、最決平成一八・二・一七民集六〇巻二号四九六頁、最決平成一九・八・二三判時一九八五号六三頁、最決平成一九・一一・三〇民集六一巻八号三一八六頁、最決平成二二・四・一二判時二〇七八号三頁、最決平成二三・一〇・一一判時二一三六号九頁など参照。

（3） 平成一一年決定、および最決平成一二・一二・一四民集五四巻九号二七〇九頁（後述二1(4)）。

（4） 最決平成一七・一一・一〇（前掲注（2））。ただし、反対意見がある。

（5） 最決平成二二・四・一二（前掲注（2））。これにも、反対意見がある。

（6） 最決平成二三・一〇・一一（前掲注（2））。

（7） 最決平成一一・一一・一二民集五三巻八号一七九一頁。

（8） 最決平成一七・一一・一〇民集五九巻九号二五〇八〜二五〇九頁、最決平成二二・四・一二判時二〇七八号七頁。

（9） 最決平成二三・一〇・一一判時二一三六号一二頁。

（10） 最決平成一七・一一・一〇民集五九巻九号二五〇八〜二五〇九頁、最決平成二二・四・一二判時二〇七八号七頁。

（11） 最決平成一一・一一・一二民集五三巻八号一七九〇〜一七九一頁。

（12） 最決平成一七・一一・一〇民集五九巻九号二五〇八頁、最決平成二二・四・一二判時二〇七八号七頁。なお、後者に付された須藤正彦裁判官の反対意見は、本件各文書に第三者の氏名が記載されたり、間接的にこれを推知させるような記述がされたりすることは通常はなく、例外的にそうした記載や記述がされている場合でも、インカメラ手続を実施してそうした記載・記述があることを確認したうえで、文書提出命令の申立てを却下すべきことを指摘している。判時二〇七八号八頁。

（13） 民集五九巻九号二五〇八頁。

(14) 判時二〇七八号六頁。
(15) 判時二〇七八号七頁。
(16) 山本和彦「銀行の貸出稟議書に対する文書提出命令——最二決平一一・一一・一二の一読解」NBL六七九号（一九九九）一〇頁、同「代表訴訟における貸出稟議書の提出義務——最一小決平一二・一二・一四を契機として」金法一六一三号（二〇〇一）一八頁以下およびこれらに掲げられた文献を参照。
(17) 深山卓也ほか「民事訴訟法の一部を改正する法律の概要（下）」ジュリ一二一〇号（二〇〇一）一七四〜一七五頁。
(18) 深山ほか・前掲注（17）一八一頁注22。
(19) 前掲最決平成一六・五・二五（基本事件は、保険金詐欺の不法行為に基づく損害賠償請求訴訟であり、問題の文書は、被告の共犯者の捜査段階における供述調書であって、被告の有罪判決が確定した刑事事件の公判には提出されなかったものである）。
(20) 前掲最決平成一七・七・二二（捜索差押えの違法を理由とする国家賠償請求訴訟において、原告から文書提出命令の申立てがされた捜索差押許可状に関する判断である）。
(21) 前掲最決平成一九・一二・一二（検察官が性犯罪の被疑者の勾留請求の資料として裁判官に提供した被害者の告訴状および供述調書の文書提出義務を認めるにあたり、被害者が被疑者に対して被疑事実が不法行為を構成するとして損害賠償請求訴訟を提起しているなどの具体的事実関係の下では、被害者の名誉、プライバシーの侵害という弊害が発生するおそれがあるとは認められないとしたものである）。

三　判例法理の評価と今後の課題

1　判例理論の問題点

(1)　自己利用文書該当性の判断　自己利用文書を文書提出義務の除外事由とすることの保護法益として、判例がこれまでに認めているのは、団体の自由な意思形成、文書に氏名等が記載された個人のプライバシー、および文書の所持者である地方議会の会派とその所属議員の自由な調査研究活動である（二1(2)）。問題の文書が開示されると、これらの保護法益が侵害されるおそれ（看過し難い不利益が生ずるおそれ）があるとされているが、それは、文書の種類・性質に基づく類型的判断の結果である。文書にどのような記載があるか、そして、それを開示しないことが利害関係者にとってどの程度必要であるかは、考慮されていない（二1(3)）。ここから、判例の認める保護法益は、文書の記載内容を開示しないことについての特定人の利益ではなく、一定の類型の文書を開示しないことについての一般的な利益であると考えられる。(22)

判例の考え方に対しては、次のような反論が可能である。すなわち、自己利用文書概念が、証拠調べの必要性が認められる文書を証拠調べの対象から除外するものである以上、「看過し難い不利益が生ずるおそれ」は、当該文書の記載内容とそれを開示することが関係者にどのような影響をもたらすかを考慮した、具体的なおそれであるべきではないか、という反論である。(23)また、判例の認める保護法益に対抗する利益としては、民事訴訟における真実の発見、あるいは適正な事実認定に基づく裁判の実現が想定されるはずである。自己利用文書に該当するとされる文書が証拠として重要であり、代替証拠がない場合には、そうした事情も考慮したうえで、当該文書を開示すべきか否かを決するべきではないか、という反論もありえよう。(24)しかし判例は、こうした事情を、自己利用文書を開示するべき「特段の事情」としては考慮していない（二1(4)）。

(2) 他の除外事由との比較　文書の開示によって所持者の側に看過し難い不利益が生ずるおそれがあるか否かの判断に際して、文書の具体的な記載内容を考慮せず、また、文書を開示した場合の不利益と利益とを個別の事案ごとに考量することもない判例の立場については、積極的に評価する見解もある。すなわち、このような立場をとることによって、具体的事案における受訴裁判所の裁量的判断が際限なく拡大することを防ぎ、訴訟手続の中立性を保持することができるとされている。(25)

しかし判例は、法二二〇条四号ロ所定の「〔文書の〕提出により公共の利益を害し、又は公務の遂行に著しい支障を生ずるおそれ」については、「単に文書の性格から公共の利益を害し、又は公務の遂行に著しい支障を生ずる抽象的なおそれがあることが認められるだけでは足りず、その文書の記載内容からみてそのおそれの存在することが具体的に認められることが必要である」としている。[26] また、二2(2)でも述べたように、刑事事件関係文書が法律関係文書に該当する場合にその提出を命ずるべきかの判断にあたっては、当該文書の証拠調べの必要性の有無、程度、および当該文書が開示された場合に弊害が生ずるおそれの有無を、個別の事案における具体的事情をも勘案して検討している。さらに、職業の秘密に当たる情報が記載された文書について法二二〇条四号ハの除外事由が認められるかの判断についても、「その情報の内容、性質、その情報が開示されることにより所持者に与える不利益の内容、程度等と、当該民事事件の内容、性質、当該民事事件の証拠として当該文書を必要とする程度等の諸事情を比較衡量して決すべき」であるとしている。[27]

自己利用文書についてはなぜ、以上のような取扱いが認められないのか。その理由を判例は明らかにしていない。

2　秘匿特権の範囲が文書と証言で異なる理由

(1)　問題の所在　　判例が明らかにしていないいま一つの問題は、団体の自由な意思形成や個人のプライバシー等の証言拒絶権によっては保護されない利益が、自己利用文書概念の下ではなぜ保護されるのか、である。たとえば、銀行がある取引先への融資を決定する過程でだれがどのような意見を表明したかが尋問事項とされた場合に、証人は証言を拒否することができない。しかし、そうした情報が記載された貸出稟議書は自己利用文書とされ、文書提出義務を免れる。個人のプライバシーに関する情報も、証人尋問においてその提出を求められたときにはこれを拒むことができないのに、[28] そうした情報が記載された文書の提出は拒否することができる。証言義務と文書提出義務の間にこのような差異があることは、合理的といえるだろうか。

この問題については、垣内秀介「自己使用文書に対する文書提出義務免除の根拠」[29]（以下、「垣内論文」として引用する）が、証言と文書とでは情報の媒体が異なることに着眼した説明を試みている。

(2) 証言の「表現形態選択の利益」と文書の「文書化の利益」 証言の場合の情報の媒体は、人間の記憶であるのに対して、文書の場合のそれは、文字その他の記号を定着させた書面である。垣内論文は、証言と文書のこうした違いを出発点として、以下のような議論を展開している。

① 人間の記憶する情報は、利用の必要がある場合にその都度適宜言語化されて表現されるのに対して、書面上の情報は、書面作成の時点ですでに文字その他の記号という形態で言語化され、固定されている。そうした性質の違いから、両者はそれぞれ異なるメリットとデメリットをもつ。

まず、口頭の証言を利用する場合には、記憶の形で保持されている情報について、それが利用される場にふさわしい形で表現することができるというメリットがある反面、人間の記憶は不確実なものであり、時間の経過によって容易に劣化ないし変容し得るというデメリットをもつ。これに対して、文書を利用する場合には、原則として時間の経過による劣化・変容のおそれがないというメリットがある反面、当該文書が作成時には予定されていなかった場において利用される場合には、言語表現の形態を利用の場に適応させることができないというデメリットをもつ。すなわち、証言を利用する場合には、情報内容について適切な表現形態を選択する利益（表現形態選択の利益）を享受できるのに対し、文書を利用する場合には、文書化による表現形態固定の利益（文書化の利益）を享受できる。(30)

② 文書の形で情報を保有する者が、その内容とされる事項について証言義務は負うが、文書提出義務は負わないとすれば、当該情報保有者は、表現形態選択の利益を享受することができるとともに、文書化の利益を独占することもできることになる。これに対して、当該文書について提出義務を課される場合には、当該情報保有者は、表現形態選択の利益を奪われるとともに、文書化の利益の独占をも奪われることになる。以上から、証言拒絶権が認められない事項を記載した文書について提出義務の免除を認めることが正当化できる場合は、真実に即した裁判の実現という利益を考慮しても、(i)当該事項について表現形態選択の利益を保護すべきであると考えられる場合か、または、(ii)文書の所持者に文書化の利益の独占を認めるべき場合ということになる。(31)

③　表現形態選択の利益を保護すべきであるという理由から文書提出義務が免除される場合は、一般にはそれほど多くないが、自然人が、およそ他者にみせることを予定せずに私事にわたる事項を赤裸々に記載した日記帳については、この理由による保護を認める余地がある。そうした文書については、およそ他者に示すことを想定した表現はされていないことから、情報内容自体は保護に値せず、証言拒絶を認めることはできないとしても、文書そのものの提出ではなく証言の方法をとることにより、所持者が外部に表示するのに適切と考える表現形態を改めて選択させる必要があると考えられるからである。(32)

④　文書の所持者に文書化の利益の独占を認めるべきであるという理由から文書提出義務を免除することが正当化されるためには、二つの要件が必要である。第一は、問題の文書について提出義務を課した場合には、作成者が文書の作成自体を控えたり、その記載内容を制限したり、所持者が文書を廃棄するなどの萎縮効果がはたらく可能性（文書の作成・保管に対して重大な影響を及ぼす可能性）があることであり、第二は、当該文書の作成・保管を促進することについて、なんらかの公益的な価値が認められることである。(33)たとえば、金融機関の貸出稟議書について提出義務を免除することは、文書の作成・保管を促進することにより団体の業務執行の適正を確保するという政策的な観点から、合理性をもつことがある。(34)また、いわゆるワーク・プロダクトに該当する訴訟等準備文書についても、当事者の訴訟活動の充実という価値を実現するために、提出義務の免除が正当化される可能性がある。(35)

(3)　証人に「表現形態選択の自由」はあるか？　垣内論文によれば、日記を作成し所持する者が日記に記載された内容について証人として証言する場合には、外部に表示するのに適切と考える表現形態を改めて選択することができるという。これが具体的にどのようなことを意味するかを垣内論文は明らかにしていないが、「適切な表現形態の選択」として許容される場合は、実際にはそれほど多くはないように思われる。

まず、要証事実を認定するうえで必要な事項について、意識的にあいまいな表現を用いる（言葉を濁す、どちらともとれる言い方をする）ことは許されない。この場合には、相手方の反対尋問、さらには裁判官の補充尋問によって、より明確な供述をすることが求められるであろう。また、具体的な事実を述べる代わりに、評価を伴う抽象的な表現を用いる（たとえば、「原告と被告の間で、原告が主張する内容の契約が成立した」と述べる）ことも、適切ではない。すでに指摘されているように、過去の事実に関する証人の供述には多かれ少なかれ証人の判断あるいは評価が加えられている。[36]ときには、評価の仕方が誤っているために事実と異なる供述がされることもある。そうであるがゆえに、裁判官が事実認定を誤らないようにするためには、評価の具体的根拠を明らかにする必要があるといわれている。[37]したがって、この場合にも証人は、反対尋問または補充尋問によって、具体的事実の供述を求められるであろう。[38]

以上と異なり、証人の表現形態選択の自由に属すると考えられるのは、日記の表現が現在の証人の視点からはあまりにも率直、辛辣あるいは稚拙であって、外部にそのまま表示するには穏当を欠くと思われる場合に、別の表現を用いて言い換えることであろう。もっとも、これはあくまでも表現の修正にとどまり、情報内容それ自体を変更することまで許されるわけではないから、用いることのできる表現の範囲はおのずと限定される。証人が適切な表現形態を選択するためには、表現力と注意力を必要としよう。これにくわえて、法廷の厳粛な雰囲気の中でも平静を保つことができなければ、適切な表現形態を選択しながら供述することは困難であろう。一般に、証人は法廷で必要以上に緊張してしまうといわれており、[39]「表現形態選択の利益」を享受することのできる証人の範囲は限られているように思われる。

(4) 文書の作成・保管を促進することについての公益の実現

1　垣内論文によれば、文書の所持者に文書化の利益の独占を認めるべきであるという理由から文書提出義務が免除される場合には、免除の正当性の判断は、個別の文書の具体的記載内容よりもむしろ、文書の類型に着眼してなされる。それは、ここでの提出義務の免除が、将来にわたる文書の作成・保管の促進という点に関わるためである。[40]また、ある類型の文書について提出義務が課されるか否かについては、事前に判断可能であることが望ましく、提出義務存否の判断を個別事案ごとの比較考量に全面的に委ねるべきではない。提出義務の存否は、原則として文書の類型ごとに決定され、証拠の重要性や代替証拠の有無などを考慮して比較考量を行う余地は、例外的に認められるにとどまる、という。(41)

以上は、自己利用文書に関する判例法理と大きく異なるものではない。垣内論文が判例と異なるのは、提出義務の免除を正当化する理由として、個人のプライバシーのような文書の記載内容にではなく、文書の作成・保管を促進することに公益が認められること、そして、提出義務を免除しなければ萎縮効果が現実に生じ、公益が実現されなくなることを挙げている点である。

垣内論文によれば、提出義務の免除は、文書の作成・保管を促進することについての公益を実現するために萎縮効果を排除する目的で認められ、かつ、ここでいう公益は、真実に即した裁判の実現という対抗する利益を考慮してもなお、保護に値するものでなければならない。それゆえ、提出義務の免除が正当化されるかの判断を分けるのは、(i)ある文書について提出義務を課した場合に萎縮効果が生じる現実的可能性があるかどうか、および(ii)文書の作成・保管の促進により確保される公益が真に保護に値するものかどうか、だということになる。(42)

2　萎縮効果が現実的なものでない限り、提出義務は免除されないという考え方は、真実に即した裁判の実現という対抗利益を不当に損なわないようにするためには必要であろう。また、萎縮効果が現実的といえるかどうかの判断にあたって、文書の作成が法令上義務づけられているかどうかを考慮することも、適切であろう。問題は、萎縮効果が現実的であるかの判断にあたって、文書の具体的な記載内容を考慮しないことがはたして適切か、である。(43) たとえば、忌憚のない評価や意見が記載されていない貸出稟議書が開示されたからといって、貸出稟議書の作成自体が控えられるようになるとは考えにくい。たとえそうした記載があっても、証拠調べの必要性が認められない場合にはその部分を除いた一部提出が命じられるとすれば、やはり、萎縮効果は現実的とはいえないように思われる。(44)

3　垣内論文によれば、金融機関の貸出稟議書について提出義務を否定する判例は、貸出稟議書の作成・保管の促進により金融機関の業務執行の適正が実現されることを真実に即した裁判の実現に比肩し得る公益と認めたものとして、位置づけられるという。(45) かりにそうであるとして、この判例の判断に問題はないだろうか。

ある文書を開示すれば公益が害されることを理由として当該文書の提出義務を否定する考え方は、イングランド法の「公益に基づく不開示特権」（public interest immunity）の法理(46)においても採用されている。この法理にいう「公益」には、国防・外交・治安の維持といった国家機関の活動に関するもののほか、民間の団体の公益活動に関するものも含まれる。たとえば、児童虐待の防止と被虐待児童の保護を主たる目的とする団体（National Society for the Prevention of Cruelty to Children＝NSPCC）が作成・保管する文書が開示され、そこに記載された内容から児童虐待の通報者の身元が明らかになると、児童虐待に関する情報が一般から提供されなくなる可能性があるとして、公益を理由とする不開示を認めた判例もある。(47) しかし、営利を目的とする団体が作成・保管する文書が開示されると、その団体自身が文書を作成・保管しなくなるおそれがあるという理由で、公益を理由とする不開示を認めた判例はこれまでないし、今後もないであろう。

(22) たとえば、最高裁が想定する「銀行の自由な意思形成」は、貸出稟議書の記載が開示されることによって実際に銀行内部の意思形成が阻害されるか否かにかかわらず、貸出稟議書を不開示にしなければ保護されないものであった。長谷部由起子「判批」民商一二七巻一号（二〇〇二）八一頁。山本弘「判批」リマークス二四号（二〇〇二）一二一頁によれば、「貸出稟議書の不開示は金融機関内部における忌憚なき討論・意見交換のための制度的保障として必要であるというのが、最高裁の論理である」とされている。

(23) 平成一七年決定に対して「看過し難い不利益が生ずるおそれ」を具体的に明らかにしていないと批判する学説（川嶋四郎「判批」法セ六一四号〔二〇〇六〕一二五頁、山本和彦「文書提出義務をめぐる最近の判例について」曹時五八巻八号〔二〇〇六〕二五四九～二五五〇頁、藪口康夫「判批」平成一七年度重判解〔ジュリ一三一三号〕〔二〇〇六〕一三八頁、濵崎録「判批」法政研究七四巻一号〔二〇〇七〕一九八頁）は、この方向を志向するものであろう。後述するように（三2(4)2）、筆者もこの方向が適切であると考えている。

(24) 筆者がこの見解をとることについては、長谷部由起子「内部文書の提出義務――稟議書に対する文書提出命令を否定した最高裁決定の残したもの」新堂幸司先生古稀祝賀・民事訴訟法理論の新たな構築（下）（二〇〇一）三二一頁、同・前掲注（22）八三～八四頁を参照。

(25) 平成一七年決定の調査官解説である長屋文裕・最判解民事篇平成一七年度（下）（二〇〇八）八四五頁注11参照。

(26) 最決平成一七・一〇・一四民集五九巻八号二二六五頁、二二七三頁。

(27) 最決平成二〇・一一・二五民集六二巻一〇号二五〇七頁、二五一四頁。

(28) 現行法の解釈論として、プライバシーの保護を理由とする証言拒絶権は認められないことについては、竹下ほか編集代表・前掲注(1)二五一頁〔竹下守夫発言、秋山幹男発言〕、上野泰男「新民事訴訟法における文書提出義務の一局面」原井龍一郎先生古稀祝賀・改革期の民事手続法（二〇〇〇）一〇九〜一一〇頁、伊藤眞「自己使用文書再考」福永有利先生古稀記念・企業紛争と民事手続法理論（二〇〇五）二六一〜二六三頁などを参照。

(29) 小島武司先生古稀祝賀・民事司法の法理と政策（上）（二〇〇八）二四三頁。

(30) 垣内論文・前掲注(29)二五三〜二五四頁。

(31) 垣内論文・前掲注(29)二五四頁。

(32) 垣内論文・前掲注(29)二五五頁。

(33) 垣内論文・前掲注(29)二五七頁。

(34) 垣内論文・前掲注(29)二五七頁、二六七頁。

(35) 垣内論文・前掲注(29)二六四頁注39。

(36) たとえば、岩松三郎＝兼子一編・法律実務講座民事訴訟編第四巻（一九六一）八三頁は、証人は自己の経験した具体的な事実を供述する者であるといわれているが、実際には証言は証人の判断の表現であり、そのことが、証言の信用性に疑いを生じさせる原因の一つになっていると述べる。また、伊藤滋夫・事実認定の基礎（一九九六）四二〜四四頁は、「AがBに現金一〇〇万円を貸した」という証言にも証人のさまざまな評価が加えられている可能性があることを、具体的に論証している。

(37) 伊藤・前掲注(36)四四頁、四九〜五〇頁。評価の根拠となった具体的事実を確かめることの必要性に関して、吉岡進「事実認定に関する二、三の問題」司法研修所論集六二号（一九七八）一六〜一七頁は、「不貞行為の現場を見た」「夫が妻に暴行を働いたのを見た」と供述した証人に対して具体的にどのような行為をしたのかを尋ねると、「不貞行為」は「町を男と連れ立って歩いていたこと」であり、「暴行」は「室内に水を撒いたこと」である場合もある、と述べている。

（38）　加藤新太郎編・民事事実認定と立証活動第Ⅱ巻（二〇〇九）七四～七五頁〔秋山幹男発言〕は、主尋問の証言が特約の解除についての抽象的かつ断定的な供述であった場合に、反対尋問で具体的な事実を尋ねて成功した例を挙げている。また、同書五四～五五頁〔村田渉発言〕は、当事者本人尋問の事例として、「自らの主張する内容の契約が成立した」と供述する当事者に対して、裁判官が補充尋問で、契約時に当事者間で具体的にどのような言葉が出たかを尋ねることの重要性を指摘している。

（39）　吉岡・前掲注（37）一八～一九頁、同「民事法講話――事実認定について（下）」判時一〇四八号（一九八二）七頁、一〇頁。このほか、加藤編・前掲注（38）四九～五一頁〔須藤典明発言・秋山幹男発言〕は、訴訟代理人と証人が事前に主尋問の打合せをしていても、法廷では証人が緊張し、あがってしまう場合があることを指摘する。

（40）　垣内論文・前掲注（29）二五七頁。

（41）　垣内論文・前掲注（29）二五八頁。

（42）　垣内論文・前掲注（29）二五七頁。

（43）　垣内論文・前掲注（29）二六四頁注41参照。

（44）　学説においては、貸出稟議書についてはインカメラ手続を実施したうえで、評価・意見に関しない事実の記載のみの一部提出の可否を検討すべきとする見解が有力であった。山本・前掲注（16）NBL六七九号一一頁、大村雅彦「判批」平成一一年度重判解（ジュリ一一七九号）（二〇〇〇）一二五頁、小林秀之「判批」判評四九九号（判時一七一五号）（二〇〇〇）三四頁、田原睦夫「判批」民商一二四巻四＝五号（二〇〇一）七〇二頁、三木浩一「判批」平成一二年度重判解（ジュリ一二〇二号）（二〇〇一）一二〇頁など。

（45）　垣内論文・前掲注（29）二六七頁。

（46）　この法理については、see Zuckerman on Civil Procedure, 3rd ed., 2013, at 913–946; Phipson on Evidence, 18th ed., 2013, at 789–805. 邦語文献としては、A・A・S・ズッカーマン（長谷部恭男訳）「公益を理由とする情報の不開示」法協一一四巻一二号（一九九七）一五〇三頁がある。

（47）　D v NSPCC［1978］AC 171. 本判例については、長谷部由起子「提訴に必要な情報を得るための仮処分」竹下守夫先生古稀祝賀・権利実現過程の基本構造（二〇〇二）四八七～四八八頁を参照。

四　結び

証言よりも文書のほうが秘匿特権の範囲が広いことについて垣内論文が挙げる二つの正当化理由のうち、証言によるときは情報保有者は表現形態選択の利益を享受しうるという点は、証人尋問の実情を考慮する限り、普遍的なものとは言い難い。文書の作成・保管を促進することに公益が認められる場合に文書提出義務を免除しなければ、萎縮効果によって公益の実現が阻害されるという理由も、これによって金融機関の貸出稟議書の提出義務の免除を正当化することができるかには、疑問がある。真実に即した裁判を実現するという利益を不当に損なわないようにするためには、提出義務が課されることによって生じる萎縮効果は現実的なものでなければならず、その判断にあたっては、文書の類型だけではなく、文書の具体的な記載内容も考慮されるべきである。同様の理由から、文書を開示しないことによって保護されるべき公益とはなにかについても、比較法を踏まえた精査がされるべきである。

個人のプライバシーに関する情報が記載された文書について提出義務が免除されることを証言と文書の媒体の違いから正当化するとすれば、情報伝達に関する証言と文書の違いに着眼した説明が考えられる。すなわち、証人の記憶する情報を他者（裁判官・当事者・傍聴人）が直接認識することはできない。認識の対象は、質問者を介して得られた証人の供述であり、それは、質問内容や質問の仕方、証人自身の法廷における表現力などによって異なるものになりうる。他方、文書に記載された情報は、文書の閲読によって直接認識することができる。また、証人尋問は再現することができない(48)のに対し、文書は繰り返し閲読することが可能である。以上の結果、証人の供述を聞く場合よりも文書を閲読する場合のほうが、情報伝達は直接かつ確実に行われる可能性がある。情報が個人のプライバシーに関するものである場合には、情報伝達によるプライバシー侵害の程度は、文書の証拠調べによるほうが大きくなる可能性があろう。

本稿は、文書提出義務についても多くの優れたご論文を発表されている伊藤先生の古稀をお祝いするにはあまりにも拙いものではあるが、長年にわたってご指導を賜った先生への感謝の気持ちをこめて、献呈させていただきたい。

（48） 証人尋問をビデオに録画して再生したとしても、元の証人尋問と同一内容が再現される保障はない。

独立当事者参加訴訟における民事訴訟法四〇条準用の立法論的合理性に関する覚書

八田卓也

一　検討対象
二　議論の展開
三　論点の整理と若干の検討
四　まとめ

一　検討対象

独立当事者参加（のうちのとりわけ権利主張参加）の制度趣旨については、平成八年民事訴訟法改正前においては周知の通りこれを三面紛争の一挙的解決のためとみる立場(1)と参加人の利益保護のためとみる立場(2)とが相克していたが、平成八年民事訴訟法改正における片面的参加の許容を経た現行法の下では三面紛争の一挙的解決のためとみる立場はもはや維持できず参加人の利益保護のためとみる以外にないという方向で議論の一致をみているといってよい状況にあると思われる(3)(4)。

その上で、このように参加人の利益保護のための制度として独立当事者参加を捉えた場合にその制度設計として現行法が採用する建付けが妥当かどうかについて疑義が生じている。

それは、本来訴訟はその請求の始点と終点である原告と被告の私的自治に服するものであるはずのところ、民事訴訟法四七条四項による同四〇条の準用により独立当事者参加においてかかる私的自治に基づく既存当事者の訴訟処分権限が制約されることがどう説明されるのか、という問題意識に基づく。この問題意識は二方面に展開している。一方は、そもそもかかる既存当事者の訴訟処分権限の制約を正当化するだけの利益が参加人にあるのか、という方向であり(5)、他方は、かかる既存当事者の訴訟処分権限の制約を正当化するだけの利益が参加人にあることを前提としつつ、参加人が権利主張さえすれば無権利者であっても既存当事者の訴訟処分権限を制約できてしまうのは何故か(6)、という方向である。

後者の問題提起は独立当事者参加における民事訴訟法四〇条準用という制度設計自体は正当としつつその要件整備を問題とするのに対し(7)、前者の問題提起は独立当事者参加における民事訴訟法四〇条準用という制度設計自体を問題視するものであり、より根源的である。そしてこの前者の問題提起にかかる議論は現在なお錯綜しているといわざるを得ない状況にあると思われる。なぜなら、平成八年民事訴訟法改正直後に独立当事者参加における民事訴訟法四〇条準用が立法者の「過誤」である可能性を指摘する見解が登場しつつも、(8) その後独立当事者参加における民事訴訟法四〇条準用自体は是認する見解（以下ではこの立場を是認説という）(9) も有力に主張されたにも拘わらず、近時独立当事者参加訴訟における民事訴訟法四〇条準用を否定する方向の立法提案が公にされるという事態に至っているからである (10)（以下では、独立当事者参加訴訟における民事訴訟法四〇条準用を否定する見解を「否認説」という）。さらに是認説も一枚岩ではなく、その適用範囲につき、二当事者間における訴訟上の和解を残当事者が阻止できるかを巡り、できるという立場と、(11) 残当事者が介入できるのは判決を目指した行為に限定され、訴訟上の和解は阻止できないという立場に二分されている状況にある。(12)

そこで本稿では参加人の利益保護が独立当事者参加の目的であるという理解を前提にしつつ、独立当事者参加訴訟における民事訴訟法四〇条準用自体が制度的合理性を有するのか、を考察する。かかる問題に取り組む背景には、以下のような問題意識がある。現在、類似必要的共同訴訟（およびそれに伴い共同訴訟参加訴訟）における民事訴訟法四〇条発動の根拠について、これを当事者間の牽制関係という観点から説明する有力説が主張されている。(13) この見解は、片面的既判力拡張の場合の牽制の必要を他当事者のうける「事実的効果」を根拠に説明することを示唆している。(14) これは、補助参加・独立当事者参加（中とりわけ権利主張参加）・共同訴訟参加の三参加のすべてが、参加人の有する事実上の利益により基礎付けられる可能性があることを意味する。これは、同じ事実上の利益であるにも拘わらず従属的地位しか導けない補助参加を基礎付ける利益と、民事訴訟法四〇条の適用・準用により他当事者の訴訟処分権限への介入までを正当化する独立当事者参加にかかる利益、あるいは共同訴訟参加にかかる利益は、どのように差別化できるのか、という疑問を想起させる。この疑問にかかる問題状況の見通しをよくするには、独立当事者参加にかかる利益は民事訴訟法四〇条準用を正当化するのか、するとすればそれは何故か、という問題に対する解答を得ることが不可欠である。すなわち、参加制度相互の関係を解明する手がかりの一つとして独立当事者参加にかかる利益を検討したい、それが本稿の動機である。

以下では、是認説・否認説の議論の展開を跡付けた上で（二）、そこで浮かび上がってきた論点について筆者なりの整理をし（三）、最後に検討対象に対する結論を得ることを試みる（四）。

本稿での問題意識にも現れているように、「独立当事者参加」といいつつ、本稿の検討対象は権利主張参加に限定されている。また、以下では参加対象となる訴訟の原告をX、被告をY、参加人をZとして言及していく。

（1） 兼子一・新修民事訴訟法体系〈増訂版〉（一九六五）四一一頁、四一六頁、三ケ月章・民事訴訟法（一九五九）二二三頁、兼子一ほか・条解民事訴訟法（一九八六）一九四頁〔新堂幸司〕、斎藤秀夫ほか編著・注解民事訴訟法(2)〈第二版〉（一九九一）二四六頁〔小室直人＝東孝行〕、小山昇・多数当事者訴訟の研究（一九九三）二〇三頁以下、二二七頁、菊井維大＝村松俊夫・民事訴訟法Ⅰ〈全訂版補訂版〉（一九九三）四五三頁、四五五頁ほか。判例として、最大判昭和四二年九月二七日民集二一巻七号一九二五頁。

（2） 高橋宏志「各種参加類型相互の関係」上田徹一郎＝福永有利編・講座民事訴訟③（一九八四）二五三頁以下。井上治典・多数当事者訴訟の法理（一九八一）二六七頁以下、特に二九六頁をその嚆矢と位置付けることができようか。

（3） 現行法下でこの立場にたつものとして、徳田和幸「独立当事者参加の要件と訴訟構造」青山善充＝伊藤眞編・民事訴訟法の争点〈第三版〉（一九九八）一〇八頁以下、特に一一一頁、畑瑞穂「多数当事者訴訟における合一確定の意義」福永有利先生古稀記念・企業紛争と民事手続法理論（二〇〇五）一二五頁以下、特に一四二頁（以下、「福永古稀」で引用）、上野泰男「いわゆる二重譲渡事例と権利主張参加について」井上治典先生追悼論文集・民事紛争と手続理論の現在（二〇〇八）一九〇頁以下、特に二〇五頁、河野正憲・民事訴訟法（二〇〇九）七五一頁、八田卓也「独立当事者参加」法教三六三号（二〇一〇）三四頁以下、特に三五頁、山本弘「主観的予備的併合と同時審判申出共同訴訟」法教三七三号（二〇一一）一二八頁以下、特に一三四頁（同一三四頁注二二も参照）、兼子一ほか・条解民事訴訟法〈第二版〉（二〇一一）二五〇頁〔新堂幸司ほか〕、高橋宏志・重点講義民事訴訟法（下）〈第二版補訂版〉（二〇一四）四九七頁以下（以下、「重点下」で引用）、賀集唱ほか編・基本法コンメンタール民事訴訟法(1)〈第三版追補版〉（二〇一二）一三五頁、一三八頁〔上野泰男〕、畑瑞穂「独立当事者参加」長谷部由起子ほか編著・基礎演習民事訴訟法〈第二版〉（二〇一三）二四七頁（以下、「基礎演習」で引用）ほか。

伊藤眞・民事訴訟法〈第四版補訂版〉（二〇一四）六五五頁も、現行法では民事訴訟法四〇条準用の趣旨を三面訴訟という訴訟構造からは説明できないとする。もっとも、伊藤教授は、独立当事者参加における合一確定の根拠は「両当事者および参加人が相互に牽制しあってそれぞれの請求について矛盾のない判決を求めるという、独立当事者参加制度の趣旨」に求められるとされており（同書六五五頁）、参加人の利益保護という視点を明示的に打ち出しているわけでは必ずしもない。秋山幹男ほか・コンメンタール民事訴訟法Ⅰ〈第二版追補版〉（二〇一四）四六三頁もほぼ同旨を説く。竹下守夫ほか編集代表・研究会新民事訴訟法（一九九九）七九頁〔柳田幸三〕、高田裕成「いわゆる類似必要的共同訴訟関係における共同訴訟人の地位」新堂幸司先生古稀祝賀・民事訴訟法理論の新たな構築（上）（二〇〇一）六四一頁以下、特に六四五頁注二以下も参照。

（4）独立当事者参加の制度趣旨については、これらの見解の他、参加人が三面紛争の統一的解決自体に対し利益を有すると構成する見解として、上野泰男「独立当事者参加訴訟の審判規制」中野貞一郎先生古稀祝賀・判例民事訴訟法の理論（上）（一九九五）四七七頁以下がある（ただし、上野・前掲注（3）二〇五頁は、参加人の利益保護の観点から独立当事者参加の制度趣旨を説明する立場に立つことを明らかにしている。なお、松本博之＝上野泰男・民事訴訟法〈第七版〉（二〇一二）七三五頁以下、七四一頁〔上野〕も参照）。しかし、なぜかかる利益が参加人に認められるのかは、明らかでない。畑・前掲注（3）（基礎演習）二四八頁。また、上野・前掲（中野古稀（上））四九九頁以下が前提とする、Z→X請求・Z→Y請求に対する判決の既判力がX・Y間にも及ぶという考え方は、現在は少数説に留まる（ただし、後述**四**参照）。菱田雄郷「独立当事者参加について」小島武司先生古稀祝賀・民事司法の法理と政策（上）（二〇〇八）六八九頁以下、特に六九七頁注一〇（以下、「小島古稀上」で引用）。これらの理由により、この見解はさしあたり本稿の考察対象とはしない。

（5）山本弘「多数当事者訴訟」竹下守夫＝今井功編・講座新民事訴訟法Ⅰ（一九九八）一四一頁以下、特に一五一頁、三木浩一「多数当事者紛争の審理ユニット」法学研究七〇巻一〇号（一九九七）三七頁以下、特に七二頁（以下、「ユニット」で引用）、山本和彦「多数当事者訴訟について」民訴雑誌四八号（二〇〇二）一二九頁以下、特に一三四頁、畑・前掲注（3）（福永古稀）一三二頁、三木浩一「多数当事者紛争の処理」ジュリ一三一七号（二〇〇六）四二頁以下、特に五〇頁（以下、「ジュリ」で引用）、同「独立当事者参加の訴訟構造と要件・手続」伊藤眞＝山本和彦編・民事訴訟法の争点（二〇〇九）八六頁以下、特に八八頁、新堂幸司・新民事訴訟法〈第五版〉（二〇一一）八三七頁。古くは、村松俊夫「判批」民商法雑誌五九巻六号（一九六九）一〇一六頁以下、特に一〇二〇頁。高田・前掲注（3）六六一頁以下も参照。

（6）菱田雄郷「第三者による他人間の訴訟への介入（三）」法学協会雑誌一一九巻一〇号（二〇〇二）一八九九頁（以下、「介入（三）」

で引用）。

（7） 実際にこの問題提起は、独立当事者参加申出の際に参加人の権利の疎明を要求するという解釈論または立法論に結実している。畑・前掲注（3）（福永古稀）一四六頁、菱田・前掲注（4）（小島古稀上）七〇七頁以下。

（8） 山本弘・前掲注（5）一五一頁。もっとも同論文自体は「といってよいか否かは一つの問題ではある」という断り書きを付している。

（9） 畑・前掲注（3）（福永古稀）、菱田・前掲注（4）（小島古稀上）。菱田・前掲注（6）（介入（三））一一九頁注五一は、明示的に、現行四七条が全面的に立法者の過誤であるという理解をとらない旨宣言している。

（10） 三木浩一＝山本和彦編・民事訴訟法の改正課題（二〇一二）四〇頁以下。

（11） 菱田・前掲注（4）（小島古稀上）七〇〇頁。

（12） 畑・前掲注（3）（福永古稀）一四四頁。

（13） 高田・前掲注（3）。

（14） 高田・前掲注（3）六六八頁。

二　議論の展開

1　独立当事者参加訴訟にかかる参加人の利益

既存当事者の訴訟処分権限の制約を正当化するだけの利益が参加人にあるかを判断するには、その前提として独立当事者参加訴訟により守ろうとしている参加人の利益（独立当事者参加を認めないと生じてしまう参加人の不利益）は何かを同定する必要がある。

このようなものとして主張されているのは、⑴Xの請求を認容する判決が確定することにより、当該判決にZの権利を否定する方向での証明効が生じることを防ぐこと、[15]⑵Xの請求を認容する判決が確定するか、Xの権利を認める訴訟上の和解がX・Y間で成立すること等を通じてXの権利に裁判所によるお墨付きが付くこと（それをXが裁判外での権利主張において自己に有利に利用すること）を防ぐこと[16]、(3)参加人の権利実現が困難になることを防ぐこと[17]、といった点である。

このうち(3)の参加人の権利実現の困難化は、具体的には以下のように生じるといわれている。すなわち、まず、〔a〕Xが Yに対して売買契約に基づく移転登記手続を請求する訴訟を提起したがZはYの元にある登記は不実の登記であり真の所有者は自分だと主張しているという事例（以下、これを【事例1】という）を念頭に、Xの請求認容判決やXY間の訴訟上の和解等を通じて登記がYからXに移ってしまうと、そこからさらに不動産が転々流通することが有り得、その間に外観法理が介在することによりZの権利実現が事実上不可能になることが考えられるという[18]。また〔b〕Zから債権を譲り受けたと主張するXがYに対して債権の支払を求めて訴訟を提起したがZは債権譲渡の無効を主張しているという事例（以下、これを【事例2】という）を念頭に、Xの請求認容等を通じてYから債権が取り立てられてしまうと、債権の準占有者への弁済とみなされZによる取立がきわめて困難になるか、そうでないにしてもYの資力不足によりZの回収が不可能になる、少なくともYによるZに対する任意弁済の可能性が著しく低下する、ということが指摘されている[19]。また、ドイツにおける主参加訴訟に関する議論の紹介という文脈ではあるが、（主として権利僭称の事案を念頭に）Xの請求の実現がZの権利侵害を構成し、したがってZはXの本訴追行を差し止める実体法上の差止請求権を有し得る、という指摘が為されている[20]。

もっとも以上(1)から(3)のうち(1)の証明効にかかる利益は、是認説によっても独立当事者参加訴訟における民事訴訟法四〇条準用を正当化するには足りないと認められている。証明効だけが問題なのであれば、独立当事者参加訴訟の規律として必要なのはX→Y請求とZ→X・Y請求との同時判決のみであり判決内容をそろえる必要までは無いこと[21]、原告・被告間の訴訟上の和解や請求の認諾に証明効を観念することは困難であり、また裁判上の自白に基づく判決の証明効はきわめて弱いはずであることから、証明効だけを考えるなら自白・認諾・訴訟上の和解を排除する権限を参加人に与える必要は無いこと、[22]がその理由として挙げられている。したがって、独立当事者参加訴訟にかかる参加人の利益として実際に主張されているのは、(2)裁判所による「お墨付き」を回避する利益と(3)権利実現の困難化を防ぐ利益、の二者である。

2　否認説の理由

独立当事者参加訴訟における民事訴訟法四〇条準用自体に対して疑義を唱える見解が指摘するところとしては、[1]独立当事者参加の訴訟構造としての三面訴訟性は民事訴訟法四〇条準用の根拠にならないこと、[23][2]ZはX→Y訴訟の判決効を受けず、[24]Zが受ける影響は事実上のものに留まるのであり、その場合に基礎付けられるのはドイツ起源の参加類型としてはせいぜい補助参加に留まるはずであること、[25][3]X→Y訴訟が先行する場合にのみ独立当事者参加を通じたZによる牽制は可能であり、Z→X・Y訴訟が先行する場合には不可能であることを合理的に説明するのは無理であること、[26][4]弊害として紛争の実情に即した解決[27]や当事者間の自治的な解決が妨げられるという事態が生じること、[28]といったものがあった。

前述1にみた独立当事者参加にかかる参加人の利益の内容に鑑みて重要だと思われる指摘として、以上の内の[2]の他（この指摘は、事実上の利益の中で補助参加のみを基礎付ける利益と独立当事者参加を基礎付ける利益をどう仕分けるかという問題提起を含むからである[29]）、以下を挙げることができる。すなわち、いずれも直接には民事訴訟法四〇条準用により独立当事者参加訴訟において二当事者間の訴訟上の和解（や請求の認諾等）が禁止されることに向けられた批判ではあるが、[5]XとYが裁判外の和解をすることは可能である、[30][6]【事例1】においてZが独立当事者参加をしたにも関わらずXY間で訴訟上の和解が成立してYからXに登記が移ったとしても、それはYに対して処分禁止の仮処分をかけておかなかったZ自身の問題である、[31]という指摘である。

このうち[5]の指摘は二層にわたっている。第一の層は、したがって判決や訴訟上の和解だけを阻止しても意味が無い（同じ内容は裁判外の和解を通じて実現されてしまう）というものであり、第二の層は、裁判外の和解がなされ、それによる実体関係の変動が訴訟で主張・立証された場合にはそれが判決の基礎となるのだから、訴訟上の和解のみを阻止してもX・Y間の処分が訴訟に反映されることを阻止することはできない（そして、それは飽くまでX・Y間にのみ効力を生じるものであるからそれを訴訟に反映したとしてもZのX・Yに対する請求にかかる審理には影響を及ぼさずZが害されることはない）[32]、というものである。

3 是認説の応答

以上の2［2］［5］［6］の否認説による指摘に対する是認説からの応答は以下の通りである。

(1) 補助参加の利益との差別化について　まず2［2］については、以下の二つの観点から、補助参加の利益との差別化が可能である旨が指摘されていると考えられる。第一に、独立当事者参加が問題となる局面では、外観法理等を介在した結果Zが自己の権利を喪失する可能性が存在すること[33]、第二に、独立当事者参加が問題となる局面では、XのYに対する請求が実現されることにより、Zに対する権利侵害が生じること[34]、である（以上につき前述1(3)参照）。

このほか、独立当事者参加と同じく第三者の権利実現の困難化を阻止するための制度として強制執行に対する第三者異議の訴え（民事執行法三八条）の存在が指摘され、独立当事者参加と第三者異議の訴えとの制度的連続性が指摘されている[35][36][37]。

(2) 裁判外の和解が可能であることについて　次いで2［5］については、第二層の指摘から、是認説の中でも二つの異なる動きが生じている。

一つは、裁判外の和解による実体関係の変動が訴訟で主張・立証された場合にそれを判決の基礎とするのはやはり参加人を害するとして、和解による実体関係の変動の判決への反映を（民事訴訟法四〇条により）否定するという立論に向かう動きである。具体的には、XとYの間でどちらがAの相続人かという争いが生じてAの遺産に属するある動産の所有権確認訴訟をXがYを被告として提起したのに対し、ZがXから動産を買い受けたとして独立当事者参加をした、という事例（以下、これを【事例3】という）を念頭に、X・Y間でXが相続人で動産所有権者はXという裁判外の和解が締結された場合、かかる実体関係の変動が訴訟で主張されてこれが認められるとX→Y請求認容となってしまうが、これを認めるべきではなく、したがって裁判外の和解自体は有効に為し得その訴訟での主張も可能ではあるが参加人Z勝訴判決と事実上抵触する裁判外の和解は本案判決に結実しないとすべきであるというものである。(38)

もう一つは、判決への反映を否定してしまうと実体私法を変更してしまうことになってしまうとし、したがって裁判外の和解とその判決への反映は認めざるを得ないことを理由に、二当事者間の訴訟上の和解を民事訴訟法四〇条の規制の対象外に置く（したがって、Zは判決を目指す行為は牽制できるが、和解は牽制できないとする）という方向に向かう動きである。(39)この後者は、同時に、ZがX・Y間の訴訟上の和解を牽制できるとするならば、同様に裁判所が関与し執行力を有する民事調停はどうなるのか、という問題を提起する。(40)

次に、第一層の指摘に対しては、以下のような応答がなされている。すなわち、裁判外の和解と訴訟上の和解とでは、訴訟上の和解には裁判所が関与するため裁判所による「お墨付き」がつくこと、(41)確定判決と同一の効力（少なくとも執行力）があること、(42)の二点において相違がある。このうち執行力の点は、(43)裁判外の和解であればZはYに和解内容を履行しないように説得できさえすれば足りるが、訴訟上の和解では執行力によりX単独で和解内容を実現することができるのでYを説得するだけでは十分ではなくなってしまう、(44)という差異をもたらす。また、裁判所による「お墨付き」は、これをXが裁判外での権利主張の際に利用する可能性があるほか、(45)このお墨付き効果によりZがYに和解内容を履行しないよう説得を試みた場合にそれが困難になることも有り得る、(46)というのである。

関連し、第二層の否認説の指摘から派生した畑・前掲注（3）（福永古稀）一四三頁以下による、「お墨付き」と執行力が鍵なのであれば民事調停はどうするのか、という問題提起に対しては、民事調停においても第三者が関与してきた場合にはこれを排除した形での調停の成立を否定する方向での対応が示唆されるほか、(47)民事調停にもお墨付きが

あるからこそそれを上回る判決という御墨付きが必要なのだという応答が為されている。(48)

(3) 保全処分が利用可能であること　最後に2[6]については、保全処分だけでは不十分である、具体的には、Xの訴え提起がZにとって予想外である場合を考えれば、Zに保全処分を得るだけの時間的な余裕があるとは限らない、という応答が為されている。(49)

(15) 高橋・前掲注（3）（重点下）四九七頁、菱田・前掲注（4）（小島古稀上）六九八頁、八田・前掲注（3）三六頁。
(16) 高橋・前掲注（3）（重点下）五二五頁以下、菱田・前掲注（4）（小島古稀上）七〇三頁注一五。高田・前掲注（3）六六三頁、六六六頁注四五も参照。これに対し、畑・前掲注（3）（福永古稀）一四三頁は懐疑的か。
(17) 畑・前掲注（3）（福永古稀）一四三頁。
(18) 菱田・前掲注（4）（小島古稀上）六九八頁。
(19) 菱田・前掲注（4）（小島古稀上）六九八頁、八田・前掲注（3）三六頁。
(20) 菱田雄郷「第三者による他人間の訴訟への介入（一）」法学協会雑誌一一八巻一号四六頁以下、六三頁（以下、「介入（一）」で引用）、同・前掲注（6）（介入（三））一八九六頁。
(21) 畑・前掲注（3）（福永古稀）一四二頁、高橋・前掲注（3）（重点下）五二五頁以下、八田・前掲注（3）三七頁。
(22) 菱田・前掲注（4）（小島古稀上）六九八頁以下。
(23) 三木・前掲注（5）（ジュリ）五〇頁、三木＝山本・前掲注（10）四一頁。
(24) 三木・前掲注（5）（ジュリ）五〇頁、三木＝山本・前掲注（10）四一頁。
(25) 山本弘・前掲注（5）一五〇頁。
(26) 山本弘・前掲注（5）一四七頁、八田卓也「演習」法教三〇五号（二〇〇六）一四六頁以下、特に一四七頁。
(27) 具体的な事例として、XのYに対する著作権に基づく損害賠償等請求訴訟でXから著作権を譲り受けたと主張するZが片面的参加をしXが訴訟脱退を申し出たがYが同意しなかったという事案で、X→Y請求とZ→Y請求とで弁論を分離してX請求を棄却し、その後Z請求を棄却する判決を出すという処理を第一審判決がしたのに対し、これを違法として控訴審判決が取り消した、という事例（東京高判平成一三年五月三〇日判時一七九七号一三一頁）を取り上げ、法律論としては控訴審判決は正しいが事案の処理としては第一審の処理は適切であったと指摘する。三木・前掲注（5）（ジュリ）五一頁。
(28) 三木・前掲注（5）（ジュリ）五一頁、三木＝山本・前掲注（10）四二頁。
(29) [1]は、独立当事者参加訴訟の制度趣旨を参加人の利益保護に求める見解には妥当しない批判であるし、[4]は、かかる弊害を参加人の利益が正当化するかという形で、独立当事者参加にかかる参加人の利益が民事訴訟法四〇条準用を正当化するに足りるものかという問いに還元される問題である。[3]の指摘は鋭いが、二重起訴禁止法理の柔軟化の適用による解決の可能性が指摘されている。菱田・前掲注（4）（小島古稀上）七〇二頁以下。
(30) 三木・前掲注（5）（ユニット）六六頁以下。
(31) 三木・前掲注（5）（ユニット）六六頁。
(32) 三木・前掲注（5）（ユニット）七一頁。
(33) 菱田・前掲注（4）（小島古稀上）七〇三頁注五。
(34) 賀集ほか編・前掲注（3）一三五頁〔上野泰男〕は、「事実上の不利益が権利主張参加の理由の実体をなす」としつつ、これが「補助参加の利益を上回るのは、XまたはYの権利とZの権利とが実体法上両立不能という点に認められる」という。また、松本＝上野・前掲注（4）七三九頁は、「第三者の立場からすれば、係属中の訴訟の当事者が、第三者の権利を自分の権利であるとして訴訟追行をしていることは、詐害の典型例であると言えないこともない」と指摘する。
(35) 畑・前掲注（3）（福永古稀）一四八頁、菱田・前掲注（20）（介入（一））三七頁、六九頁注三四。
(36) 第三者異議の訴えを第三者による妨害排除請求という構成により給付訴訟に位置づける見解があることにつき、松村和徳「第三者異議の訴えの法的性質論（1）（2・完）」民商法雑誌九八巻二号（一九八八）六一頁以下、三号（一九八八）三六頁以下。
(37) かかる観点からすると、東京高判昭和五二年二月二二日下民集二八巻一～四号七八頁が、XがYを相手になした建物収去土地明渡の強制執行に対しその土地の真の所有者だと主張するZが第三者異議の訴えを提起した事案で、Zは債務名義獲得段階である判決手続において独立当事者参加をすることにより対処すべきであったと指摘しつつ、建物収去土地明渡の強制執行自体はZの土地所有権を侵害しないとしてZの請求を棄却する処理をしたのには、疑問があることになろうか。
(38) 高橋・前掲注（3）（重点下）五三〇頁注二八。
(39) 畑・前掲注（3）（福永古稀）一四三頁以下。

(40) 畑・前掲注(3)(福永古稀)一四三頁以下。
(41) 高橋・前掲注(3)(重点下)五二六頁。
(42) 菱田・前掲注(4)(小島古稀上)六九九頁以下。
(43) 以下では、【事例1】で、XがYに一〇〇〇万円を支払う代わりに、YはXに登記を移転する旨の和解が成立する場合を念頭に置かれたい。
(44) 菱田・前掲注(4)(小島古稀上)七〇三頁注15。
(45) 高橋・前掲注(3)(重点下)五二六頁。同五二四頁も参照。
(46) 菱田・前掲注(4)(小島古稀上)七〇三頁注15。
(47) 菱田・前掲注(4)(小島古稀上)七〇一頁、高橋・前掲注(3)(重点下)五三二頁注28。
(48) 高橋・前掲注(3)(重点下)五三二頁注28。
(49) 菱田・前掲注(4)(小島古稀上)七〇〇頁。

三　論点の整理と若干の検討

以上で浮かび上がってきた論点につき、以下、X・Yが裁判外の和解を締結することは可能であることをどのように考えるか(1)、補助参加の利益との差別化をどのように図るか(2)、Zが保全処分を利用できることとの関係をどのように考えるか(3)、の順序で整理をした上で、全体を通じた若干の検討を試みる。

1　裁判外の和解可能性をどう考えるか

この問題は二層にわたっていた。第一層は、裁判外の和解で判決や訴訟上の和解と同一内容が実現されてしまうこと、第二層は、裁判外の和解が訴訟上主張されることにより和解内容が判決内容に結実してしまうこと、である。

このうち第一層の指摘に対する是認説からの応答は、裁判所による「お墨付き」効果の存在の他、和解内容の履行阻止可能性において差異があるというものであった。しかし、まず「お墨付き」効果は本当にそのような効果があるのかどうかを含め、よく分からないところがある[50]。さらに後述のように裁判外の和解が訴訟上主張されることにより和解内容が判決内容に結実してしまうことを独立当事者参加訴訟においても否定できないとすれば、結局裁判外の和解の場合にも和解内容にお墨付きが付くことを否定できないことになろう。つぎに履行阻止可能性については、X・Y間の和解が裁判外の和解として締結されたとしても、すでに和解契約として成立したのであれば、これを履行しないようにZがYを説得するのはかなり困難なのではなかろうか。Yの不履行は、YのXに対する債務不履行責任等を生じさせるからである。さらにX・Y間の和解が有効に成立しているのであれば、何故その履行を阻止することをZに認めなければならないのか、ということも問題となろう。和解内容の実現阻止可能性という観点から裁判外の和解と訴訟上の和解とを区別するこの試みは、成功しているとはいいがたいように思われる。

次いで第二層の指摘についても、現行実体法を前提とする限りは否認説のいうとおりではないかと思われる。前述の【事例3】は確認訴訟の事例であるが、これを給付訴訟に置き換え、【XとYの間でどちらがAの相続人かという争いが生じてAの遺産に属するある動産の引渡請求訴訟をXがYを被告として提起したのに対し、ZがXから動産を買い受けたとして独立当事者参加をした】という事例を【事例3′】とした上で、この事例で一定の金員の支払いと引換にYがXに所有権があることを認めた上で当該動産を引き渡す旨の裁判外の和解がX・Y間で成立した場合、この和解が訴訟で主張・立証されれば、（YがXに所有権があることを認める部分はともかく[51]）和解によりYがXに対して負う債権的な義務に基づいてXのYに対する動産引渡請求について認容判決が出ることをZは（X・Z間の売買契約〔と指図による占有移転〕を主張・立証できたとしても）阻止できないというべきである。他人物売買を有効とする現行実体法を前提とする限りはそれ以外の帰結を導くことはやはり困難であるように思われる。

2　補助参加の利益との差別化の契機について

是認説によれば、補助参加の利益との差別化の契機は二つあった。第一に、独立当事者参加が問題となる局面ではZが権利を喪失する危険があること、第二に、独立当事者参加が問題となる局面ではXのYに対する請求が実現することがZに対する権利侵害を構成すること。この二つである。

補助参加を基礎付けるとされる利益と、独立当事者参加にかかるとされる利益との間には、以下の相違があるように思われる。即ち、補助参加が認められるとされる典型例である債権者Aが保証人Bに対して保証債務履行請求をしたのに対して主債務者CがB側に補助参加するという事例を念頭に考えると、この場合のCは、もし本当に主債務を負わないのであれば、その地位は、AのBに対する請求の内容が実現されても変化しない（Bが保証債務の履行としてAに弁済をしたからといってそれだけでCが主債務者になったりBに対して求償義務を負うことになるわけではない）のに対し、独立当事者参加が問題となる局面においては、【事例1】でいえば、Zが真に権利者であれば、X→Y請求の内容が実現されると、Zの所有権に基づく妨害排除請求権の相手方がYからXに変化するという意味で、Zの有する権利（または法的地位）の内容自体に直接変更が生じる、という点である。このように訴訟の結果如何により参加人の有する法的地位の内容に変更が生じるという点で、独立当事者参加にかかるとされる利益を補助参加（のみ）を基礎付ける利益と一応区別できるように思われる。もっともこの差異が独立当事者参加訴訟において民事訴訟法四〇条準用を正当化するかは別問題である。

まず、前記のうちの第一の契機に関しては、（権利喪失の危険を伴う）Zの権利実現困難化の不利益が生じる場合のすべてについて、独立当事者参加によりこの不利益発生が阻止できるわけではないことに注意が必要である。[52] 前述二1(3)〔a〕でみた不利益についていえば、例えば、ある不動産についてAからYへの移転登記が存在するが、XがAから実際に当該不動産を購入したのは自分だと主張してYに対して真正な所有権回復を原因とした移転登記請求を求める訴えを提起したのに対し、Aから不動産を購入したのは自分だと主張するZが、Yに対して同様の移転登記を求めて独立当事者参加をした、という事例（以下、これを【事例4】という）では、YからXに登記が移転すればさらにXから第三者に登記が移転されて外観法理の介在によりZの権利喪失の可能性が生じ、そしてZは独立当事者参加訴訟でAからの当該不動産の買い主がYでもXでもなく自分であることを主張立証できればX→Y請求認容を阻止できる。しかし【事例1】では、X・Y間の売買契約が有効である限り独立当事者参加をしてもZはX→Y請求認容を阻止できない。X→Y訴訟の訴訟物は売買契約に基づく所有権移転登記請求権であり、その要件は有効なY・X間の売買契約に尽き（条件や同時履行の抗弁等はここでは度外視する）、Zが独立当事者参加をしてZ・Y売買の無効、したがってZが不動産所有者であることを主張・立証しても、それはX→Y請求について裁判所が認容判決を出すことを妨げないからである。[53] 即ち、YがXに対してXによる請求内容を実現する債権的義務を負う限りは、Zは独立当事者参加によってもXの請求認容判決を阻止できず、したがって、是認説が問題とする不利益発生を阻止することはできない。

次いで第二の契機に関しては、X→Y請求が実現されること（によりZの有する権利内容に変更が生じること）が、Zに対する権利侵害を構成するといえるかどうかが問題となる。なぜなら、1でみた通り、X・Yが裁判外の合意を通じてXの請求内容を実現することは可能である。これは実体法がかかるX・Yの行為を容認していることを意味し、したがって、実体法はXのYに対する請求内容が実現されることはZに対する権利侵害を構成しないという評価をしている、というのが素直な理解だとも思われるからである。

これらは、いずれも、YがXに対して債権的な義務を負った場合には、現行実体法を前提とする限りはZはその実現を阻止することができないということに基づく問題だということができる。

3　保全処分との関係について

Zは保全処分で対処するのが本筋ではないか、という指摘に対しては、Zに保全処分を得るだけの時間的な余裕があるとは限らない以上保全処分で十分だとはいえない、というのが是認説からの応答であった。

これについては、Zが保全処分をかけるタイムリミットはXによる訴え提起時ではないのではないか（【事例1】を例に取ればY→Xの移転登記の実現までに処分禁止の仮処分の登記が間に合えば良いのではないか）、したがってX【事例4】による訴え提起が予想外であることを理由に保全処分では不十分だということはできず、結局、保全処分の利用を怠ったZを保護する理由はないのではないか、という疑問も想起し得る。

しかし、一つの土地の所有権をX・Y・Zの三者が争っており、XがYを相手に同土地の所有権に関する何らかの登記を求める訴えを既に提起している場合、XはYに対し処分禁止の仮処分をかけていることが通常であると考えられる。その場合にはその後でZがYに処分禁止の仮処分をかけたとしても、Xの企図する登記が実現されてしまえばそれに伴いZのYに対する処分禁止の仮処分の登記も抹消されてしまう以上（民事保全法五八条二項、不動産登記法一一一条一項）、ZはXに勝つことはできない[54]。

【事例4】でいえば、XがYに対して先に処分禁止の仮処分をかけていれば、ZがYに対して所有権に基づく移転登記請求訴訟を提起してこれに勝訴したとしても、その後にXがX→Y移転登記を実現してしまえば、その際にY→Zの移転登記は抹消されてしまう（ZがYに処分禁止の仮処分をかけてもこの仮処分はXの仮処分に後れるためこれを防ぐことはできない）。しかしXがX→Y移転登記の実現手段として仮処分に基づく本案訴訟を選択する限りは[55]、これに対する独立当事者参加を通じてそれを防ぐことができる。

【事例1】をモディファイした、X→Y→Zと土地が売却され、XからYに登記が移転されYからZへの移転登記が未了の間にXがYを相手に売買契約の無効を主張し処分禁止の仮処分をかけた上でXからYへの移転登記の抹消を求めて訴えを提起したという事例（【事例1′】とする）を想定すると、この事例についてもほぼ同旨が当てはまり、たとえZがYに対して売買契約を理由とする移転登記請求訴訟を提起して勝訴し、これに基づきYからZへの移転登記を実現したとしても、Xが仮処分をかけている以上、その後にXがX→Y移転登記の抹消登記を実現してしまえば、その際にY→Zの移転登記は抹消されてしまうが、XがX→Y移転登記の抹消登記実現手段として仮処分に基づく本案訴訟を選択する限りは、これに対する独立当事者参加を通じてZはそれを防ぐことができる。

【事例1】（Z→Y→Xと土地が売却され、ZからYに登記が移転されYからXへの移転登記が未了の間にXがYを相手に処分禁止の仮処分をかけた上でYからXへの移転登記を求めて訴えを提起したという事例を念頭に置く）でいえば、[56] XがYに処分禁止の仮処分をかければそもそもZとしてはYに対する移転登記抹消登記請求訴訟に勝訴しただけではZ→Y登記の抹消を実現することができなくなり（Xの承諾を得るかXに対する承諾請求訴訟に勝訴する必要が出てくる。民事保全法六八条）、[57] ZのXに対する承諾請求訴訟が進行している間にY→X移転登記が実現し、[58] さらに不動産が転々流通してしまう可能性が出てくる。

このように先に仮処分をかけられたZの対抗手段として独立当事者参加を位置づけることは可能であるように思われる（ただし現行実体法を前提とする限り【事例1】では、Zは自己の請求を理由づける事実であるZ・Y売買の無効を主張・立証してもX→Y移転登記請求訴訟を請求棄却に導くことはできず、それと関連しないY・X売買の無効を主張・立証する必要がある。【事例1′】でも同様に、Zは自己の請求を理由づける事実であるY・Z売買を主張・立証してもX→Y移転登記請求訴訟を請求棄却に導くことはできず、それと関連しないX・Y売買の有効を主張・立証する〔より正確にはX・Y売買無効の主張に対する否認と反証をする〕必要がある）。

また、Xが先に仮処分をかけていない場合を念頭に、Zが仮処分ではなく独立当事者参加を利用することの合理性を模索するに、【事例4】を例にとれば以下のようにいうことができるように思われる。すなわち、XがYに対して移転登記請求訴訟を提起していることを前提にすると、ZがYを相手に処分禁止の仮処分をかけたとしても、最終的にZが自己名義の登記を守りきるためには、Yを相手にZ→Yの移転登記請求訴訟で勝訴してZ→Yの移転登記を実現するだけでなく、その後Xが提起してくるであろうAからの買い主が自分であることを理由とするZ→Xの移転登記を求める訴訟にも勝訴しなければならない。これに対してX→Yの移転登記請求訴訟に独立当事者参加をすれば、この独立当事者参加訴訟でZ→Y請求認容判決、X→Y請求棄却判決およびZ→X請求認容判決を得れば、後からX

がZ→X移転登記を求める訴えを提起してきても、Z→Y請求認容判決またはZ→X請求認容判決での既判力でこれを阻止することができ、実質一回の訴訟で自己名義の登記を守ることができることになる。このようにZにとって独立当事者参加には仮処分にはない固有の意義が存在する。そしてここまでZを保護することは、Zが真の権利者である限りはXの請求内容の実現がZの権利侵害を構成することを理由として正当化され得る。また、X→Yの移転登記請求訴訟が存在する場合にだけこのような保護手段をZに与えることは、X→Yの移転登記請求訴訟が存在する以上その状態を訴訟の経済化に活用することは非合理とはいえないということにより正当化され得る。

なお、独立当事者参加を保全処分との関係で以上のよう位置付けた場合、保全処分が被保全権利と保全の必要性の疎明を要件とすることとの関係で、独立当事者参加においてもその要件として参加人の権利の疎明を要求するというのは[59]、合理的な制度設計ということができるように思われる。

結局、保全処分が可能だから独立当事者参加は不要だとまではやはり言い切れないようである。他方で、独立当事者参加は、保全処分よりもZの利益を保護する機能が弱いことは認識しておく必要がある。【事例1】を例にとれば、Zは事前に処分禁止の仮処分をかけておけばその後YがXに不動産を売却する売買契約を締結しXに登記を移転しても、その有効無効に関わらずYに勝訴すればY→X登記を抹消できるのに対し、独立当事者参加をした場合には、Y・X間の売買契約が有効である限りは、Xによる移転登記請求訴訟の請求認容とそれに基づくY→X登記の実現を阻止できないからである。これは、債権的な義務をYが負う限りはその実現をZは阻止できないという現行実体法による制約に基づくものである。

4 検討

以上によれば、結局問題は、Zの権利実現を困難とするような内容の債権的義務をYがXに対して負った場合にはZはその義務内容の実現を阻止できない、という現行実体法による規律をどう評価するか、ということに関わるように思われる。

他方で是認説の指摘する通り（二3(1)参照）、S名義で登記されている不動産を責任財産としてSに対して債務名義を有するGが不動産競売を申し立てた場合、当該不動産の真の所有権者は自分であると主張するDは、第三者異議の訴えの提起・認容を通じてこの不動産競売を阻止できる。Dは民事執行法三八条一項にいう「強制執行の目的物について所有権その他目的物の譲渡又は引渡しを妨げる権利を有する第三者」に該当するのであり、このことは、Gの申立てにより当該不動産についてSと買受人（K）との間で売買契約が締結されて登記と占有がKに移転することが、Dに対する権利侵害を構成することを前提としているように思われる。執行を阻止できるのであれば判決も阻止できるとみるのが素直であるように思われ（ただし、この事例におけるG・S・Dは、独立当事者参加におけるX・Y・Zと対応しているわけではない）、こちらの側、すなわち手続法の側から推していけば、【事例1】（および【事例4】）においてXのYに対する移転登記請求が実現されることはZの権利侵害を構成するとみる可能性が出てくる。

以上のようにみてくると、手続法が想定する実体法と、現実の実体法との間に齟齬があり、その齟齬が（どちらを観察の出発点とするかを通じて）独立当事者参加訴訟における民事訴訟法四〇条準用に対する評価の相違をもたらしているように思われる。

この齟齬を解消する方法には三通りある。

一つは、現実の実体法に合わせて手続法を修正するという方法である。すなわち、【事例1】【事例4】においてYからXへの移転登記を目的とする契約をX・Yが締結した場合にそれは有効であるという実体法の規律を出発点とし、したがってそうである以上、XのYに対する移転登記請求が実現されることはZの権利侵害を構成せず、これに対する妨害排除請求権もZは有しない、よって【事例1】【事例4】で訴訟（判決および訴訟上の和解）を通じてY→Xの移転登記が実現することをZが阻止することも認めるべきではない、と結論付ける方向である。

今一つは、実体法を手続法の想定に合わせて修正する、という方法である。この方法としては、例えば、【事例1】

【事例4】においてXのYに対する移転登記請求が実現されることはZの権利侵害を構成し、したがってこれを目的とするX・Y間の契約（【事例1】ではXの請求の根拠となる売買契約自体がこれに該当する。【事例4】ではYからXへ登記を移転する旨の和解契約をかかる契約として想定できる）は無効となるとした上で、かかる無効を主張する資格をZに限定するという実体法上の規律を採用するという選択肢が考えられる(60)。

最後の方法は、手続法も現行実体法（Zの権利実現を困難にするような内容の和解をY・Xが締結した場合にそれは有効である、という内容としてのそれ）も修正せずに折り合いを見出す、という方法である。具体的には、①畑・前掲注（3）（福永古稀）一四三頁以下が指摘する、和解は阻止できないが判決は阻止できるとする方向のほか、②契約が締結されてしまった場合のその効果の問題と、契約締結自体の事前阻止可能性を区別し、【事例1】【事例4】においてYからXへの移転登記が実現されることはZの権利侵害を構成し、したがってZはX・Y（そのうちさらに正確にはYということになろうか）に対してかかる行為をするなという妨害排除請求権を有し、これを目的とする契約の締結にYが応じることを阻止する権限をZは有する（裁判外の和解の成立を阻止できないのは、その手段が存在しないことの事実上の帰結である）。しかし、その阻止が奏功せず、かかる契約の締結が実現してしまった暁には、Zはもはや文句をいうことはできずかかる契約は有効として扱われる、という実体法上の規律を採用するという選択肢が考えられる。②の立場を採用した場合には、Zは訴訟上の和解の成立と判決を阻止できることになろう（ただし訴訟上の和解も、それを裁判所が誤って成立させてしまった場合にはそれは有効となる）。

以上の三つの方法は、いずれも取り得る方法であるように思われる。第一の方法は、否認説の主張する立場であり、Zの権利実現困難化という不利益をそれほど重視しないという価値判断を前提とするものと思われる。Zの保護は保全処分という手段の提供で十分であり、それが利用されなかった場合にまでZを保護する必要は無いと割り切るということであろう。第二の方法は、Zの不利益を重視し、その保護を可及的に図ろうという方向である。そして、【事例1】を例に取れば、Zが真の所有権者であり、自己名義の登記の実現を欲しているという状況を前提とした場合に、

Y・X間に合意が存在するからといってY名義の登記をXに移転することを認めることにどれだけの合理性があるのか、という素朴な感覚をその背景に有するものと思われる（Xに登記が移転しても、ZがXに登記請求をすることになるだけだと思われるからである）。また、無効の主張資格を、無効により利益を享受する主体に限るという規律自体は、実体法が知らないものではない(61)。第三の方法のうち、①は、合意ベースと強制ベースを区別するという方法であり（Yが債権的義務を負わない限りでZによる阻止を許すというものである）、②は、Zの利益保護と、一定の契約上の地位を取得したXが当該地位に対して有する利益の保護との調和を志向する方法である。

第一の方法には、第三者異議の訴えをどう説明するかという問題があるほか、Zが真の所有権者であり、自己名義の登記の実現を欲しているという状況を前提とした場合に、Y・X間に合意が存在するからといってYからXへの登記移転の実現を認めることにどれだけの合理性があるのか、という第二の方法が前提とする素朴な疑問があてはまるように思われる。他方で第二の方法には、かかる実体法の規律の修正が本当に許容できるのか、という問題がある。第三の方法には第二の方法から第一の方法へと同様の疑問があてはまるほか、かかる折衷的な解決に合理性があるかという疑問も妥当しよう。

(50) もっとも、【事例4】を念頭に考えた場合、X→Y請求の認容判決が確定するか、Y・X間でYがXの所有権を認め移転登記をする旨の訴訟上の和解が成立した場合、それは、Y・X間でYがXの所有権を認め移転登記をする旨の裁判外の和解が成立した場合よりも、Xが同土地を他者（例えばW）に転売するのをより容易にする（したがって、前述二1(3)でみた〔a〕の転々流通の不利益が生じやすくなる）ということはあるかも知れない。Zがその土地の真の所有者が自分であると主張しているという状況を前提として考えると、Xが、かかるZの主張は間違いだとWを説得してこれに同土地を転売するのは、裁判所の「お墨付き」があった方がない場合よりも容易であるといえるかも知れないからである。

しかし、Zがその土地の真の所有者が自分であると主張している場合にWがXから同土地の購入を躊躇するのは、究極的には購入後にZから訴訟を提起される可能性があるからではなかろうか。であるとすると、訴訟上の和解ないし判決がある方が裁判外の和解の場合よりも転売が容易になるのは、訴訟上の和解ないし判決がある場合にはWがZに勝訴しやすくなるからでなければならず、そうだとすればそれはこれらについての「証明効」の存在を前提とするのではなかろうか。であるならば、「証明効」を独立当事者参加にかかる利益の基礎付けに使えないならば、「お墨付き」効果も同様の取扱いを受けるべきであるように思われる。他面、かかる「証明効」を背景としない「お墨付き」効果（例えば、素朴にWがXを信じやすくなるというようなもの）は実体を伴わないものであり、その存在を前提として議論を進めるのは訴訟法理論としては望ましくない（むしろかかる実体を伴わないお墨付き効果自体を払拭する方向で制度改革を図るべきである）ように思われる。

(51) 八田・前掲注（3）三七頁注4。

(52) この点、後述する研究会でご教示を頂いた。

(53) 佐賀義史「判例にみる独立当事者参加における権利主張参加の要件」甲南法務研究六号（二〇一〇）一頁以下参照。また、司法研修所編・増補民事訴訟における要件事実第一巻（一九八六）一三八頁以下。

(54) いわゆる二重譲渡事例（YがX・Zに不動産を二重譲渡したという事例）を念頭に、高橋・前掲注（3）〔重点下〕五〇八頁が指摘するところである。もっとも、同書が「Zには、独立当事者参加をするしか、いわば後がない」とされる点は、やや行き過ぎであるように思われる。YからXに登記が移転したとしても、その後でZがXを相手にY→X譲渡の無効または不存在ならびに有効なY→Z譲渡の存在を主張して真正な登記名義回復を原因とする移転登記を求める訴えを提起していくことは可能だからである。

(55) 不動産登記法上、仮処分後の登記の抹消を導くXによる登記は判決による登記申請に基づくものである場合に限られず、共同申請に基づくものでもよいと解されている。鎌田薫＝寺田逸郎編・新基本法コンメンタール不動産登記法（二〇一〇）三一八頁〔千葉和信〕。したがって、Xが登記実現手段としてYとの裁判外の和解を選択した場合には、Zにはこれを阻止する手だてがない。これはやむを得ないものというべきであろう。

(56) 【事例1】にかかる問題状況については、青木哲神戸大学准教授から貴重なご教示を頂いた。

(57) 旧不動産登記法一四六条・一四七条についてであるが、遠藤浩＝青山正明編・基本法コンメンタール不動産登記法〈第四版補訂版〉（一九九八）三一七頁、三二七頁〔林久〕参照。

(58) なお、XがY→Xの移転登記の経由に成功すれば、このY→X移転登記を抹消しない限りZ→Y移転登記を抹消できなくなる。鎌田＝寺田編・前掲注（55）二〇九頁〔河合芳光〕。

(59) 菱田・前掲注（4）〔小島古稀上〕七〇七頁、畑・前掲注（3）〔福永古稀〕一四六頁。前掲注（7）も参照。反対、三木・前掲注

（5）（ジュリ）五一頁（疎明審理が本案化する、疎明資料と証明資料は結局同一になる、という。これに対する是認説からの応答として、菱田・前掲注（4）（小島古稀上）七一二頁以下注28）。

（60）高橋・前掲注（3）（重点下）五三一頁後ろから二行目以下の記述にかかる実体法上の規律を採用することに対する志向を読み取ることができる。

（61）錯誤無効の主張資格につき、最判昭和四〇・六・四民集一九巻四号九二四頁、最判昭和四〇・九・一〇民集一九巻六号一五一二頁。

四　まとめ

以上の考察によれば、まず独立当事者参加にかかる利益は、訴訟の結果が参加人Zの権利内容自体に変更をもたらし得るという点で、補助参加（のみ）を基礎付ける利益と区別し得る。

そして、これにより独立当事者参加訴訟における民事訴訟法四〇条準用を正当化できるかどうかは、「訴訟の結果によりZの権利内容自体に変更が生じ得ること」をZの不利益としてどれほど重要視するかに依存し、この評価は、Zの権利内容の変更をもたらすような行為を内容とする合意をX・Yがした場合にはそれは有効であるという現行実体法の規律との見合いでなされるものと思われる。かかる現行実体法の規律を変更し、Zの権利内容の変更をもたらすような内容のX・Y間の合意はZがその無効を主張する限り無効とするという規律を実体法上採用するか、あるいは、合意ベースの規律と強制ベースの規律の区別もしくは合意成立前の規律と合意成立後の規律の区別により、上記現行実体法の規律を尊重しつつ参加人による介入を正当化することができるとすれば、独立当事者参加訴訟における民事訴訟法四〇条準用という現行手続法の規律も維持可能であるように思われ、問題はこれらの吟味の結果如何に依存するように思われる。

結局本稿で指摘できたことがあるとしても、それは吟味の必要性に留まる。そのような検討に留まることを恥じ入りつつ、謹んで伊藤眞先生の古稀のお祝いを申し上げたい。

※ 本稿は、平成二五年度文部科学省科学研究費補助金・基盤研究(B)「複数人による、または、複数人のための財産管理制度のあり方」(課題番号二五二八五〇二七)による研究成果の一部である。また、同科学研究費補助金にかかる研究会において本稿の元となる報告をさせて頂き、研究メンバーである山田誠一神戸大学教授、山本弘神戸大学教授、青木哲神戸大学准教授から多くの貴重なご教示を頂いた。記して感謝申し上げる。

抜本的な紛争解決と釈明

林　道　晴

一　はじめに
二　二件の最高裁判決
三　釈明義務違反の判断基準の議論と裁判例
四　釈明の目的・機能論との関係
五　法的観点指摘義務
六　抜本的な紛争解決に向けた釈明の在り方

一　はじめに

平成二二年に最高裁が釈明義務違反を理由として原審の高裁判決を破棄して差し戻した判決が二件出された。一つは、平成二二年一月二〇日大法廷判決（民集六四巻一号一頁）で、市が市有地を神社施設の敷地としての利用に供している行為が政教分離を定める憲法に違反しないか問われた有名な事件であり、市が違憲性を解消する他の合理的で現実的な手段が存在するか否かについて、当事者に釈明権を行使しなかったことが問題となった事案である[(1)]（以下「平成二二年一月二〇日判決」という）。もう一つは、平成二二年一〇月一四日第一小法廷判決（判時二〇九八号五五頁、判タ一三三七号一〇五頁）で、法人から定年により職を解かれた職員が雇用契約上の地位確認・賃金の支払等を求めた訴訟で、当事者が主張していない信義則違反の法律構成について、当事者に釈明権を行使しなかった（原告に対して主張するか否かを明らかにするように促す一方、被告に十分な反論・反証をする機会を与えなかった）ことが問題となった事案である[(2)]（以下「平成二二年一〇月一四日判決」という）。この二つの最高裁判決については、伊藤眞先生が民事訴訟法〈第四版補訂版〉（二〇一四）の三〇七頁で、弁論の全趣旨に照らし合理的通常人を前提とすれば、現に主張されている以外の事実主張が期待される場合には、釈明権の行使を通じて、新しい事実主張をする意思の有無を確認すべきであるとして、注157に近時の重要判例として平成二二年一月二〇日判決を取り上げられている。また、法的観点摘示義務を論じた三〇〇頁の注143で平成二二年一〇月一四日判決が重要であると指摘されている[(3)]。本稿では、この二件の最高裁判決を素材として、釈明の目的ないし機能の一般論としては論じられることはあっても、それだけに特化した形で論じられることが少なかった、釈明の（抜本的な）紛争解決機能を論ずることとしている。まず、この二件の最高裁判決の事案と判決の論旨を関係する部分に絞って紹介し、次に、釈明に関する従来の学説・裁判例を検討した上で、釈明と抜本的な紛争解決との関係について、私見を述べることとしたい。

（1）平成二二年一月二〇日判決については、最高裁調査官（清野正彦）の解説が公刊されており（最判解民事篇平成二二年度（上）一頁）、差戻し後の札幌高裁判決に対する再上告に基づく最高裁判決（平成二四年二月一六日第一小法廷判決民集六六巻二号六七三頁）についても、最高裁調査官（岡田幸人）の解説が曹時六五巻七号三〇四頁に掲載されている。

（2）平成二二年一〇月一四日判決の判例評釈としては、平成二二年度重判解一六一頁〔髙田昌宏〕がある。

（3）伊藤先生が司会をされて、垣内秀介教授、春日偉知郎教授、加藤新太郎判事、松下淳一教授、山本和彦教授が参加された〔訴訟理論研究会〕座談会「民事訴訟手続における裁判実務の動向と検討」の第一回（判タ一三四三号四頁）で平成二二年一月二〇日判決が、第二回（判タ一三六一号四頁）で平成二二年一〇月一四日判決がそれぞれ取り上げられている。

二　二件の最高裁判決

1　平成二二年一月二〇日判決

この判決の事案は、市の住民が市長に対し、市有地を神社施設の敷地として無償で使用させていることは、憲法の政教分離原則に違反する行為であるとして、市長が敷地の使用貸借契約を解除し神社施設の撤去・土地明渡しを請求しないことが、違法に財産の管理を怠るものであると主張して、当該怠る事実の違法確認を求めた住民訴訟に係るものである。原告の請求を一部認容した第一審判決に対する控訴を棄却した原審判決について、最高裁は、平成二二年一月二〇日判決で、下級審判決を破棄し原審に差し戻した。最高裁は、神社施設の無償使用については、一般人の目から見て、市が特定の宗教に対して特別の便益を提供し、これを援助していると評価されてもやむを得ないとして、憲法八九条、二〇条一項後段に違反すると判断したが、この違憲判断については、本稿の主題ではないことから、これ以上は言及しない[4]。平成二二年一月二〇日判決は、違憲判断に続けて、以下に述べる事情の下では、違憲性を解消するために他の合理的で現実的な手段が存在するか否かについて審理判断しないで、当事者に対し、釈明権を行使しないまま、怠る事実を違法とした原審の判断は違法であると判断している。判示の事情とは、①神社施設を直ちに撤去させるとすると、神社施設を管理し祭事を行っている氏子集団の宗教的活動を著しく困難なものとし、その構成員の信教の自由に重大な不利益を及ぼすこと、②神社施設の撤去および土地明渡し請求以外に、土地の譲与、有償譲渡または適正な対価による貸付等、違憲性を解消するための他の手段があり得ることが、当事者の主張の有無にかかわらず明らかであること、③原審は、当事者がほぼ共通する他の住民訴訟の審理を通じて、②の違憲性を解消するための他の手段が存在する可能性があり、市長がこうした手段を講ずる場合があることを職務上知っていたことである。

平成二二年一月二〇日判決を受けて、市側と氏子集団側が協議をし、神社施設の敷地として利用される市有地の部分を大幅に縮小し、適正な賃料を利用の対価として支払うこと、その範囲を外見的にも明確にする措置をとるなどの対応をすることとなった。この対応は差戻し後の判決では「本件手段」と略称され、本件手段が平成二二年一月二〇日判決の指摘するところの、違憲性を解消する合理的かつ現実的な手段であるかが争点となった。最高裁第一小法廷は、平成二四年二月一六日の再上告審判決でこの点を肯定し、同じ結論をとった差戻し後の原審判決に対する上告を棄却した。

平成二二年一月二〇日判決には、いくつかの個別意見が付されている。釈明に係る判旨については、今井功裁判官が反対意見を述べる一方、田原睦夫裁判官と近藤崇晴裁判官が補足意見で法廷意見を支持する意見を述べている。今井裁判官の反対意見は、違憲性を解消する他の合理的かつ現実的な手段に関する主張立証責任について、被告が主張立証すべきとする抗弁説をとった上で、本件の審理経過から見ると、裁判所の釈明を待つまでもなく、神社施設の利用提供行為が違憲であると判断される場合に備えて、敷地の譲与等の他の合理的で現実的な手段が存在するとの抗弁を主張する機会は十分あったなどとして、原審の措置には釈明義務違反はないとするものである。これに対し、田原裁判官は、本件のような行政事件訴訟が判決に対世効がある等、その結果が広く公益に影響するところが少なくなく、殊に、訴訟の結果が広く住民全体の利害につながる住民訴訟等においては、当該事案の性質上、当然に主張されてしかるべき事実を当事者が主張せず、かつ、その主張の欠如が判決に影響を及ぼし得る場合には、裁判所は積極的に釈明をなすべき責務を負うものと解され、本件において原審が釈明権を適切に行使しなかったことは審理不尽に当たるとする。また、近藤裁判官は、抗弁説に立ったとしても、違憲性を解消する他の手段として、敷地の譲与等その他の適切な手段があり得ることは、当事者の主張を待つまでもなく明らかであり、神社施設の撤去等の請求により、憲法が保障する氏子（信者）の信教の自由を侵害する危険性が生ずる場合には、裁判所に釈明権の行使を怠った違法があるとする。

2　平成二二年一〇月一四日判決

この判決の事案は、被告（学校法人）から定年規程所定の六五歳の定年により職を解く旨の辞令を受けた原告（職員）が、被告との間で原告の定年を八〇歳とする旨の合意があったと主張して、被告に対し、雇用契約上の地位確認および賃金等の支払を求めた事案である。第一審裁判所は、弁論準備手続期日において、本件の争点が前記合意の存否である旨を確認し、口頭弁論期日でその結果を陳述した上で、原告本人尋問および証人尋問を行い、前記合意があったとは認められないとして原告の請求を棄却する旨の判決をした。控訴審裁判所は、第一回口頭弁論期日で口頭弁論を終結したが、同期日で陳述された控訴理由もそれに対する答弁も、専ら前記合意の存否に関するものであった。控訴審裁判所も、前記合意の存在を否定し地位確認請求を棄却したが、実際には定年規程がゆるやかに運用されてきたことから、被告には、定年退職の少なくとも一年前には定年規程を厳格に適用して再雇用しない旨を告知すべき信義則上の義務があったとして、原告の満六五歳の退職時期が到来した後も、定年の告知の時から一年を経過するまでは、賃金支払義務との関係では、信義則上定年規程による定年退職の効果を主張することができないとして、賃金請求の一部を認容した。最高裁は、平成二二年一〇月一四日判決で、原審が原告、被告ともに主張していない法律構成である信義則違反の点について、原告に主張するか否かを明らかにするように促すとともに、被告に十分な反論および反証の機会を与える措置をとることなく、被告が定年退職の告知の時から一年を経過するまでは、賃金支払義務との関係では、信義則上定年規程による定年退職の効果を主張することができないと判断したことには、釈明権の行使を怠った違法があると判断して、被告敗訴部分を破棄して原審に差し戻した。

なお、信義則違反のような一般条項については、規範的評価を基礎付ける具体的事実が主要事実であるとする見解（主要事実説）が有力であり[5]、この主要事実説によれば、規範的評価を基礎付ける具体的事実に弁論主義が適用されることになり、当事者の主張がなければ判決の基礎とすることができないはずであるが、信義則のような一般条項については、規範的評価を基礎付ける具体的事実は、主要事実であっても当事者の主張がなくして裁判の基礎とすることができるとの見解がある[6]。ただ、本件では、「信義則違反」という規範的評価自体は、当事者から主張されていないが、被告には七〇歳を超えて勤務する教育職員が相当数存在していたことや、信義則違反と評価され得る具体的事実が主張されていた。規範的評価自体は、法の適用の問題で裁判所の職責に属し、当事者の主張は不要であることから、前記見解をとらなくても、本件に弁論主義違反の違法の点を問題にする必要はなかったところである。

（4）　違憲判断については、前掲注（1）で掲げた調査官解説を参照願いたい。

（5）　司法研修所編・民事訴訟における要件事実(1)〈増補版〉（一九八六）三一頁。

（6）　多数文献があるが、本稿の主要な論述対象でなく詳論しない。前掲注（2）で前掲の髙田昌宏教授の判例評釈（とそこに掲げられた文献）を参照願いたい。

三　釈明義務違反の判断基準の議論と裁判例

二件の最高裁判決を検討する前提として、釈明義務についての従前の議論を概観することとする。

釈明義務違反について論じた裁判例の分析は少なくない[7][8]。戦前からの変遷があるが、昭和三〇年前後からは、釈明権の不行使を理由とする破棄判例が現れるようになり、その傾向が強まるとの指摘が一般的である[9]。裁判例の分析を基に、釈明義務違反についての判断基準を設けようとした試みとして評価され引用されているのが、中野貞一郎先生が「弁論主義の動向と釈明権」[10]で提案された「消極的釈明」と「積極的釈明」の区別である。すなわち、釈明についての当事者と裁判所との関係の持ち方に着眼して、当事者が積極的に特定の申立て・主張等を提出しているが、それらの不明瞭・矛盾・不用意がある場合における補充的な釈明を「消極的釈明」といい、当事者のした申立て・主張等が事案について不当または不適当である場合、あるいは、当事者が適当な申立て・主張等をしない場合に、裁判所が積極的にそれを示唆・指摘してさせる是正的釈明を「積極的釈明」というものである。そして、中野先生は、昭和三〇年代までの裁判例は、消極的釈明に関するものであったが、昭和四〇年代以降は、積極的釈明に関する裁判例が多くなっていると分析される。その上で、消極的釈明権の不行使は、釈明義務違反となるが、積極的釈明義務については、異なる配慮が必要であるとする。というのは、積極的釈明を強調することは、適正な裁判の確保や訴訟の整序・促進のために強力に作用し得るが、それだけに、反面において、訴訟追行に関する当事者責任を稀釈するだけでなく、当事者に対する影響によって、実体的真実を枉げ当事者の公平を害する結果となるおそれがあることから、積極的釈明をしないことが釈明義務違反となるかを検討するための考慮要素（考量されるべきファクター）を提案される。[11]すなわち、①判決における勝敗転換の蓋然性、②当事者の申立て・主張等の法的構成の不備、③釈明権の行使を待たずに適切な申立て・主張等をすることを当事者に期待できる場合かどうか（期待可能性）、④その事項を釈明させることが当事者間の公平を著しく害することにならないか、⑤その他の事情（例えば、積極的釈明によって、より根本的な紛争解決を招来し、再訴を防止することができるといった事情は、釈明義務を肯定する方向の事情であり、反対に、釈明させることによって訴訟の完結を著しく遅滞せしめることといった事情は、これを否定する方向の事情となる）である。

この中野先生が提案された「消極的釈明」「積極的釈明」の区別は、広く支持を受け民事訴訟法の教科書やコンメンタール等で引用されているし、[12]平成二二年一月二〇日判決もこの区別を暗黙の前提としていると思われる。[13]釈明義務違反の大まかな分類と性格付けとして有用であるので、以下この区別を前提として論ずることとする。

ただ、積極的釈明の不行使を釈明義務違反とするかを検討するための考慮要素については、論者によって異なる見解がある。例えば、新堂幸司先生は、中野先生の①、③と同様な考慮要素を挙げた（②、④の事情は挙げていない）上で、三つ目の要素として、釈明により紛争のより抜本的な解決が可能となったであろう事情を挙げ、これについては、原判決の結果が変わる蓋然性が高くない限りは、既に事実審理を終えた段階である上告審では重視すべきではなく、むしろ、そこでは原判決破棄による訴訟遅延のマイナスの方を重く評価すべきであるとして、中野先生が「⑤その他の事情」として上げていた二つの事情を総合し、積極的釈明を否定する考慮要素と整理している（新堂先生は、このほか、四つ目の考慮要素として、当事者間に証拠が偏在しているような場合に、公平の見地から釈明が認められるとしている）。[14]

一方、紛争解決と釈明義務との関係に言及した裁判例として、最高裁第一小法廷昭和四五年六月一一日判決（民集二四巻六号五一六頁）がある。事案の詳細は紙幅の関係から省略するが、控訴審裁判所が原告の主張と異なる請求原因を釈明し、原告がそのとおりの主張をし、釈明どおりの趣旨で原告が勝訴した判決に対し、被告らが著しく公正を欠く釈明権の行使でその範囲を逸脱した違法なものであると上告した事案である。最高裁は、原告の申立てに対応する請求原因として主張された事実関係とこれに基づく法律構成とが、それ自体正当ではあるが、証拠資料により認定される事実関係との間に食い違いがあって、その申立て（請求）を認容することができないと判断される場合においても、その訴訟の経過や既に明らかになった訴訟資料、証拠資料から見て、別個の法律構成に基づく事実関係が主張されるならば、原告の申立て（請求）を認容することができ、当事者間における紛争の根本的解決が期待できるにもかかわらず、原告においてその主張をせず、かつ、主張しないことが明らかに原告の誤解または不注意に基づくものと認められるようなときは、事実審裁判所は、その釈明の内容が別個の請求原因にわたる結果となる場合でも、その権能として、原告に対し、その主張の趣旨とするところを釈明し、場合によっては発問の形式によって具体的な法律構成を示唆して真意を確かめることも許されるとして、上告を棄却した。この判決は、一般論として、「釈明の制度は、弁論主義の形式的な適用による不合理を修正し、訴訟関係を明らかにし、できるだけ事案の真相をきわめることによって、当事者間における紛争の真の解決をはかることを目的として設けられたものである」と説示しており、事実審裁判所の釈明の在り方について積極的態度を示した判決と評されている。[15] 当時異論が強かった請求原因（訴訟物）が異なることとなる積極的釈明を正当化するために、「紛争の真の解決」という強い表現を用いたものとも推察できないではない。平成二二年一月二〇日判決もこの判決を意識していた可能性がある。[16]

（7）ここで論ずる釈明義務違反は、最高裁への上告理由となり得るもの（評価規範としての釈明義務違反）を前提としている。行為規範としての釈明義務と評価規範としての釈明義務の関係については、秋山幹男ほか・コンメンタール民事訴訟法Ⅲ（二〇〇八）二六八頁、また、平成一〇年に施行された現行民事訴訟法においては、法令違背が上告理由でなくなったこと（民訴三一二条）により、釈明義務違反の問題は、上告受理申立て（民訴三一八条）により最高裁の判断を受けることになるが、上告受理の理由としては、民事訴訟制度の運営にとって一般的な意義を有する事項に限定する見解が有力であることについては、賀集唱ほか編・基本法コンメンタール民事訴訟法第二巻〈第三版追補版〉（二〇一二）七七頁〔山本克己〕をそれぞれ参照願いたい。

（8）平成年間で出された裁判例までカバーしたものとしては、竹下守夫＝伊藤眞編・注釈民事訴訟法(3)（一九九三）一二一頁以下〔松本博之〕、秋山ほか・前掲注（7）二七四頁、八木一洋「釈明権の行使に関する最高裁判所の裁判例について」民訴雑誌五六号（二〇一〇）八〇頁がある。

（9）例えば、新堂幸司・新民事訴訟法〈第五版〉（二〇一一）四九五頁、秋山ほか・前掲注（7）二七四頁。

（10）中野貞一郎・過失の推認（一九七八）二一五頁（増補版は、一九八七年）に収録されている。

（11）中野・前掲注（10）二二三頁。

（12）例えば、中野貞一郎ほか編・新民事訴訟法講義〈第二版補訂二版〉（二〇〇八）二〇四頁、河野正憲・民事訴訟法（二〇〇九）二四〇頁、梅本吉彦・民事訴訟法〈第四版〉（二〇〇九）五一一頁、新堂・前掲注（9）四九六頁、川嶋四郎・民事訴訟法（二〇一三）四五四頁、小島武司・民事訴訟法（二〇一三）三九六頁、秋山ほか・前掲注（7）二六九頁、松浦馨ほか・条解民事訴訟法〈第二版〉（二〇一一）九二二頁〔新堂幸司＝上原敏夫〕、賀集ほか編・前掲注（7）七八頁〔山本克己〕。

（13）清野・前掲注（1）五二頁がこの区別に言及している。

（14）新堂・前掲注（9）四九七頁、松浦ほか・前掲注（12）九二二頁〔新堂＝上原〕、小島・前掲注（12）四〇〇頁。

(15) 最高裁昭和四五年六月一一日判決の調査官（吉井直昭）解説である最判解民事篇昭和四五年度(上)二九三頁。
(16) 清野・前掲注（1）五三頁も、昭和四五年六月一一日判決の一般的な説示を紹介している。
訴えの変更と釈明権の関係は、本稿のテーマではないので、ここでは、梅本・前掲注（12）五一二頁注7、昭和四五年六月一一日判決の評釈である高橋宏志ほか編・民事訴訟法判例百選〈第四版〉（二〇一〇）一一二頁〔大濱しのぶ〕とそこに紹介された文献を指摘するにとどめる。訴えの変更と釈明については、筆者は、「申立事項と裁判事項論と訴訟の審理」高橋宏志＝加藤新太郎編・実務民事訴訟講座第三期第二巻（二〇一四）一三七頁で、必要な局面では釈明を積極的にすべきであるとの私見を述べているが、同論説では、紙幅の関係等から当該論点への文献の引用は一切していないので、この注記をもってそれを補充することをご容赦いただきたい。

四　釈明の目的・機能論との関係

そもそも、釈明の目的をどのようにとらえるかについても議論がある。(17) その際問題となるのは弁論主義との関係であり、従来から弁論主義の形式的適用によって生じ得る不都合を是正することが目的であり、弁論主義を補充するものと論じられることが多い。前記三で紹介した最高裁昭和四五年六月一一日判決も、その一般的な説示において「釈明の制度は、弁論主義の形式的な適用による不合理を修正し、」としている。ただ、近時は、弁論主義を補充することにとどまらない機能が指摘されるのが一般的である。特に、竹下守夫先生が、民事訴訟法判例百選〈第二版〉（一九八二）一六八頁で、釈明の本来の意義は、口頭弁論審理ないし対審構造の目的をよりよく実現するため、裁判所が事件の解決に重要と考える論点を指摘し、当事者にこの点につき充実した弁論を尽くさせるところにあると論じられたことが影響を及ぼしたと思われる。(18) 裁判所が釈明を通じて後見的に関与して弁論主義の形式的適用による不都合を是正するということよりも、当事者の弁論を尽くさせるための働きかけの側面を重視する考え方である。この考え方を「弁論主義と釈明権との結びつきを希薄に解する見解」ととらえるものもあるが、(19) 近時の学説としては、弁論主義の補充といいながら、同時に、当事者の弁論権ないし当事者権を充実させ手続保障を図ることが重要であると指摘するものが多い[20]。

筆者は、争訟性のある決定事件を直接の対象としながら、民事訴訟手続も含めて、当事者双方が立ち会う期日（審尋ないし審問期日、訴訟手続の口頭弁論期日や争点整理の期日）における、口頭による活発な議論を重視する立場から論説を公にしている[21]。そうした立場からも、釈明の目的や機能については、裁判所の関与により弁論主義を形式的に適用することによる不都合を解消する機能（この機能があることは否定しないが）にとどまらず、釈明権の適切な行使により、裁判所側の問題関心を明らかにして、口頭弁論期日や争点整理の期日で裁判所と当事者双方との議論（弁論）を活発に行い、事案の解明や紛争の解決を図る機能が重要となっていると考えており、前記近時の学説を支持したい。

一方、紛争解決と釈明との関係については、前記三で、最高裁昭和四五年六月一一日判決が一般的な説示で、釈明制度は、「当事者間における紛争の真の解決をはかることを目的として設けられたものである」と判示していること、また、積極的釈明をしないことが釈明義務違反となるかを検討するための考慮要素として、中野先生が、積極的釈明によってより根本的な紛争解決を招来し、再訴を防止することができるといった事情を、釈明義務を肯定する要素として挙げられていることを紹介した。このほか、注目されるものとしては、奈良次郎元裁判官と松本博之先生との間の論争がある。若干長くなるが、紛争解決と釈明との関係について、参考となる点があると思われることから、以下紹介したい。

奈良元裁判官が、講座民事訴訟四巻（一九八五）一一五頁の「訴訟資料収集に関する裁判所の権限と責任」で、「当事者に対し訴訟資料の収集・提出を求める釈明権の行使は、当該紛争の真相を把握し事案に即した適切・妥当な判断を得る目的でなされ、提出された訴訟資料は、口頭弁論に上程され双方から口頭弁論を尽くして審理するという形式でなされる。このように、真相に合致した適切・妥当な解決を図るという裁判所の公共的使命を果たすことに釈明権の目的・本質があるというべきである」（同書一三一頁）と論じられた。一方、松本先生は、前掲注（8）注釈民事訴訟法(3)一一三頁で、釈明権の目的又は法理論的根拠を何に求めるかについて、三つの見解の対立があるとした上で、第一説として、最高裁昭和四五年六月一一日判決や上記奈良元裁判官の見解等を、裁判所が事案に適した適切・妥当な判断を得て、事件の適切・妥当な解決を図るという裁判所の公共的使命を果たすことなどに、釈明権の本質目的があるという見解であると評価した上で、以下に述べる批判を加えた（なお、松本先生は、第二説として挙げた竹下先生の見解を支持していると思われるので、第三説の紹介は省略したい）。これに対し、奈良元裁判官が「新民事訴訟法と釈明権をめぐる若干の問題（下）」判時一六一四号（一九九七）三頁で、第一説を「紛争的確解決説」として読み替え、二つの論点について再反論をしている。一つは、松本先生の、「事案の真相・紛争の真の解決を強調することにより、徹底した真実発見手段をもたない裁判所の場当たり的な釈明権の行使が正当化されるものではない」との批判に対し、奈良元裁判官は、「裁判官の経験から見て、真剣に記録を読み、証拠調べの結果を慎重に検討した結果に基づき、いわゆる事案の真相・紛争の真の解決を求める以上」、場当たり的釈明といった現象は、理論的にも裁判実務的にもあり得ないと反論される。「場当たり的」というやや刺激的な表現に対する反発が影響している感があるが、奈良元裁判官は、仮に現実に生じているとしても、第一説以外の説をとっても生じ得る問題であり、本質的な批判になっていないとされる点は同感できる。もう一つは、松本先生の、「審理を尽くしたうえでの判断」という「以上に『事案の真相』に即した紛争の真の解決、ことに『勝つべき者を勝たせる』ということが追求されるならば、釈明権の行使により職権探知に近づき、裁判所が当事者を後見し、その利益擁護者になるという事態に陥るであろう」との批判に対し、奈良元裁判官は、釈明権を行使しても、当事者が主張ないし証拠を提出しなければならないことは変わらない（当事者に選択権を与えている）、また、「本来、法的紛争は、正義に適った形での解決が一番望ましく、まさに、その実現こそ、釈明権の第一の基本原則であった筈である」、第一説の方が、裁判所が「自ら、積極的に、真の争点を見出し、その争点を攻撃防御にさらすことは、一番審理も充実することになる」と反論される。裁判所の釈明事項について、当事者との議論にさらされることが前提となっており、実務感覚に合っていることから、奈良元裁判官の反論に共感を覚えるところである。松本先生の批判は、紛争解決が釈明の目的であるといってしまうと、裁判所が過度に職権主義的な運営がされるおそれがあることへの警戒が基礎となっているものと推察され、現実の釈明権の行使がそうした運用とならないように注意する必要があることは当然であろう。

（17） 以下は、秋山ほか・前掲注（7）二六六頁と高橋宏志・重点講義民事訴訟法（上）〈第二版補訂版〉（二〇一三）四四二頁以下によっている。
（18） 竹下先生と同様な問題意識からの学説については、高橋・前掲注（17）四四七頁注39を参照願いたい。
（19） 秋山ほか・前掲注（7）二六六頁。
（20） 例えば、新堂・前掲注（9）四九二頁（「当事者の方からいえば、事件についての裁判所の見通しおよび相手方の見立てを十分にインフォームされた状況で、みずからの弁論を展開できる地位（弁論権）ないし手続保障を確保される重要な装置」）、川嶋・前掲注（12）四五〇頁（「釈明権の行使は、……弁論の明確化や円滑化を促進することにより、当事者の弁論権の確保と実質化を図り、私的自治を実効化させる内容を持つ。」）。
手続保障という観点では共通であるが、裁判所の手持ちの情報を当事者に開示してインフォームドされた状態を形成するなどして、裁判所と当事者との間のコミュニケーションを図る手段ととらえる見解もある（秋山ほか・前掲注（7）二六五頁、小島・前掲注（12）三九六頁、河野・前掲注（12）二三八頁、新堂・前掲注（9）四九二頁）。
（21） 「口頭による争点整理と決定手続」田原睦夫先生古稀・最高裁判事退官記念論文集・現代民事法の実務と理論（下巻）九九五頁、「決定手続における対審審理による手続保障」高橋宏志＝加藤新太郎編・実務民事訴訟講座第三期第三巻一九九頁（いずれも二〇一三）。

五　法的観点指摘義務

釈明義務の関係で関連する問題として取り上げられるものとして、「法的観点指摘義務」または「法的観点摘示義務」がある。ここでは、伊藤眞・民事訴訟法〈第四版補訂版〉三〇〇頁の説明に沿って問題を設定したいと思う。事実に関する裁判資料の提出は、当事者の責任に委ねられ、法令の適用は裁判所が責任を負い法令の解釈適用については弁論主義が適用されないのが原則であるが、法規の事実への当てはめ（法的観点）は、事実の主張と不可分の関係にあり、当事者がある法的観点を前提として事実主張をしているときに、裁判所が同一事実に基づいて異なる法的観点を採用することは、弁論主義には違反しないが、当事者の攻撃防御方法には影響が生ずることになる。そこで、当事者の弁論権を尊重するために、裁判所は、当事者に対し、裁判所が考えている法的観点の内容を指摘しなければならないという考え方である。

この問題について、釈明義務の一態様ととらえる見解[22]と、釈明義務とは別の独立の義務ととらえる見解[23]がある。平成二二年一〇月一四日判決については、この法的観点指摘義務が問題となった事案で、釈明義務の一環としてこれを認めたものと理解するのが一般的である。[24]釈明の一態様としても、理論としては相対的に独立のものととらえる後者の見解の方向で進むべきとする有力説があるが、[25]釈明の目的なり機能で当事者の弁論権を重視する立場からは、「法領域における対論保障義務としての釈明義務の一環として位置付けることも可能であろう」[26]と指摘されている。筆者も前記四で述べたとおり、裁判所が釈明を通じて当事者の弁論を促し、討論の活性化を促す機能を重視するものであり、事案の結論を左右しかねない法的観点は、そうした討論において、基本的な事実関係に準ずる重要性を有することはいうまでもない。そもそも、法的観点自体と当該法的観点に基づく事実の主張や根拠となる資料の提出（裁判所の釈明に応じて行われる当事者の主張・立証）とは実際上不可分のものであり、いずれの事項も、当事者との議論の対象となるように配慮することが大事であるから、釈明義務の一態様として説明可能であり、それにより円滑な実務運用が期待できると考えている。

（22） 例えば、小林秀之・民事裁判の審理（一九八七）三一一頁。
（23） 代表的なものは、徳田和幸・フランス民事訴訟法の基礎理論（一九九四）八六頁、山本和彦・民事訴訟審理構造論（一九九五）一七頁。
（24） 例えば、前記一の伊藤眞・民事訴訟法〈第四版〉（二〇一一）三〇〇頁注143、注（2）で前掲の判例評釈一六二頁〔髙田昌宏〕、新

堂・前掲注（9）四九四頁注1、川嶋・前掲注（12）四五六頁注230、注（3）で前掲の訴訟理論研究会第二回判タ一三六一号二〇頁〔松下教授の基調報告〕。

（25）高橋・前掲注（17）四五四頁。

（26）川嶋・前掲注（12）四五六頁、小島・前掲注（12）三八三頁。

六　抜本的な紛争解決に向けた釈明の在り方

平成二二年の二つの最高裁判決は、前記三で検討した積極的釈明に関するものである。また、前記五のとおり、平成二二年一〇月一四日判決は、法的観点指摘義務として議論される信義則（による解雇の制限）に関係する釈明が問題となっているし、平成二二年一月二〇日判決も、神社施設の市有地利用に係る違憲性を解消する、他の合理的で現実的な手段の有無が直接的な釈明事項となっているものの、違憲状態の解消という法的観点が問題となった事案と理解できないではない(27)。前記五で述べたとおり、法的構成が問題となる局面も釈明義務の一態様として理解する私見でも、法的構成が不可分に問題となる事案であったと考えられる。そして、平成二二年一月二〇日判決の釈明事項が、訴訟物である「怠る事実の確認」を通じて、神社施設の市有地利用の違憲性の解消という、この事案が抱える抜本的な紛争状態の解決を図ろうとしたものであることは評価できる。一方、平成二二年一〇月一四日判決についても、原審の意図としては、訴訟物のうち、解雇の効力を否定することは困難であるが、信義則を根拠にその効力を一定期間停止することにより、その間得られる賃金等を原告が得ることで、全体のバランスを図ろうとしたとも推察され、事案の和解的な解決を図ろうとしたものと見ることができる(28)。

その上で、平成二二年一月二〇日判決は、原告が求めていた神社施設の撤去・土地明渡しという手段が、原告の信教の自由との衝突状態は解消されても、反対に、神社施設を利用して宗教活動をする氏子集団側の信教の自由に重大な不利益を与えること（バランスの悪い結果となる）などを考えると、紛争の抜本的・最終的な解決が可能であるならば、裁判所と当事者は、共にそれを実現する方途を検討するべきであるとのメッセージを発したものと考えられる。おそらく、信教の自由・政教分離という憲法上の論点について、双方当事者ががっぷり四つに組んで議論している中で、それとともに、紛争状況の現実的な解消も忘れてはいけないとの示唆をしたとの受け止めも可能であろう。これに対し、平成二二年一〇月一四日判決は、原審が志向した和解的な解決の方向に異論をさしはさむわけではないが、そうであるならば、当事者の不意打ちとならないように、裁判所が重視する法的観点を明確にして、当事者との議論にさらすべきとしたもので、当然の結論であり、原審としてはもう少し配慮していればと思われるものである。特に、平成二二年一月二〇日判決については、前記二1で紹介した①から③までの事情を前提としていることや、田原補足意見が指摘する客観訴訟（住民訴訟）であることを考慮すると、釈明義務に係る判旨の射程は、必ずしも大きいものではないとの見方が一般的であるが[29]、民間同士の訴訟でも客観訴訟と同様に第三者に判決効が拡張される会社訴訟への影響が考えられるとの指摘もされている[30]。また、前記三のとおり、中野先生が、積極的釈明の釈明義務違反となるかを検討する五つの考慮要素のうち、平成二二年一月二〇日判決は、①判決における勝敗転換の蓋然性、②当事者の申立て・主張等の法的構成の不備、⑤その他の事情（より根本的な紛争解決を招来し、再訴を防止することができること）を満たしており、この考え方によっても、釈明義務を認めた結論が相当であったとの指摘がある[31]。

ここでは、平成二二年一月二〇日判決が、積極的釈明として、紛争全体を念頭において解決を志向した点について注目したい。それゆえに、裁判実務家からは、評価規範としての釈明義務違反を認めることへの抵抗感があり得るところで[32]、今井反対意見も、そうした裁判実務家の抵抗感に配慮した面があるかもしれない。しかし、平成二二年一月二〇日判決の事案は、判決効が拡張される客観訴訟にとどまらず、最近よくいわれるハードケースないし政策形成訴訟という類型に属するものであり、事件の当事者だけではなく、社会一般や広い範囲の関係者が事件の帰趨に注目し、現に、訴訟の結論が広範な影響を及ぼし得るものである。そうした類型の事件については、紛争の背景事情、紛争に至る経過、訴訟の結論が関係者や社会に与える影響等を勘案しないと、紛争の全体像なり社会的な実態を把握することができない面が強く、そうした紛争の全体像や社会的な実態を踏まえない結論では、社会一般の関心や関係者の期待に応えることができない事件である。当事者が申し立て、主張している訴訟物や攻撃防御方法を検討することはもちろんであるが、そうした広がりを持った視点で事案をとらえることが必要である。そうした考察を踏まえて、審理に当たっては、原告が選択した訴訟物が紛争の解決に的確であるのか、争点の設定も、要件事実や間接事実レベルのものとは別に、紛争の実態レベルでポイントとなっている事項は何であるのか、和解による解決が可能であるとすれば、その方向性とともに、どのような事項に配慮する必要があるかなどを十分検討し臨む必要があると考えられる。こうした態度は、ハードケースや政策形成訴訟に限らず、複雑困難な民事訴訟事件のうち、新しい社会経済の現象を背景とするものや、社会経済への影響が少なくない事象を対象とするものの審理に当たっても、望まれるものであろう。裁判所としては、紛争の全体像や社会的な実態の把握に努めた上で、紛争の解決のために当事者との間で議論を尽くしておいた方がよい事項（法的観点が関係する事項が問題となることが多いと思われる）でありながら、当事者が明示的な主張立証をしていないために、議論が尽くされていないものがあることが判明した場合には、積極的釈明の手法を用いて、裁判所の問題意識を当事者に伝えて、争点整理期日や口頭弁論期日で議論を尽くすことに努めるべきであると考えられる。なお、平成二二年一〇月一四日判決の事案は、以上のような複雑困難性があったとは思われないが、和解的な解決という最終的な紛争解決（というよりは、座りや落ち着きの良い解決）を志向しており、しかも、当事者が明示的に主張していない法的観点が問題となっていたことから、釈明により当事者との議論にさらす必要性があったのであり、紛争解決の視点からの積極的釈明という点では共通する部分があったと評価することができよう。(33)

以上の積極的釈明は、裁判所の審理に臨む心構え的な面が強く、従前の釈明に係る議論に当てはめれば、行為規範に関するものである。こうした行為規範が課されることとなっても、訴訟の結論を得るためには、紛争の全体像や社会的実態を把握しなければならない事案を前提としており、当然行われるべき作業の過程で問題となる事項を釈明すべきといっているだけである。そうした事案の解決自体が裁判官に相当な負担となることはいうまでもないが、その解決に必要な釈明事項を検討すること自体で、さらに負担が増すわけではない。さらに、釈明事項について当事者との議論を尽くしていけば、当事者や関係者からも当該紛争の抜本的な解決につながると評価される、特定の方策なり方向性が浮かび上がる可能性が高かったとすれば、当該釈明をしなかったことを、評価規範の釈明義務違反として論ずることができると考える。平成二二年一月二〇日の事案では、神社施設の市有地利用による違憲性を解消する他の手段が、現実に検討され、再上告審に至って、違憲性を解消する（紛争を抜本的に解決する）ことが実現しており、まさに、そうした事案であったといえる。

一方、行為規範が基本とはいえ、裁判所にこのような抜本的な紛争解決をにらんだ積極的釈明を求めることは、過度にわたる釈明として批判されることも考えられないではない。また、前記四の松本先生の指摘（過度に職権主義的な運営につながる釈明はいけない）は、そのとおりであるし、当事者の自己責任が訴訟の基本であり（当事者主義）、裁判所が手を貸して弁護士の能力不足を補うことにより、健全な競争で訴訟活動をしっかりできる弁護士の育成を阻害するおそれがあるとの批判[34]にも配慮する必要があろう。しかしながら、本稿が想定している抜本的な紛争解決のための積極的釈明は、裁判所の釈明に基づき、当事者との間で、徹底した議論がされることが大前提であり、そうした議論がなければ、当事者の納得や関係者の理解は得られず、抜本的な紛争解決にはつながらないのである。そもそも、釈明事項に到達するために、紛争の背景事情、紛争に至る経過、訴訟の結論が社会や関係者に与える影響などを検討し、紛争の全体像や社会的な実態を把握する必要があり、その検討材料を得るために当事者の協力が不可欠であることから、審理の経過に反する形で、いきなり釈明がされるという事態は考えにくい。抜本的な紛争解決に当該釈明が必要であるとの考えに至った場合には、押し付けとならないよう当事者に問いかけ、考え得る法的観点も含めてしっかり議論するというプロセスが重要なのであり、そうしたプロセスを経るのであれば、「過度にわたる釈明」という批判を回避することが十分可能であると思われる。

(27) 訴訟理論研究会第一回判タ一三四三号二四頁〔垣内教授の発言〕。平成二二年一月二〇日判決の評釈（法学研究八四巻五号（二〇一一）一四四頁）〔三木浩一〕は、事実問題については積極的釈明義務の問題として抑制的な運用を求めるが、法律問題は法的観点指摘義務の問題として切り出し、強い義務性を求めるべきとする。

(28) 平成二二年一〇月一四日判決の法律雑誌のコメント（判時二〇九八号五七頁）は、原判決が、信義則を根拠として、「解雇をめぐる訴訟において、使用者に復職は命じないが一定額の金銭を支払わせるといった解決（解雇の金銭解決）」を志向した「いわば和解的判決」と評価していることが参考となる。このような解雇の金銭解決は、労働審判手続で日常的に見られるもので、合理性が認められる。

(29) 田中秀幸＝倉地康弘「最高裁民事破棄判決等の実情（上）平成二二年度」判時二一一五号（二〇一一）九頁、注（27）で前掲の三木教授の評釈一五二頁。

(30) 注（3）で前掲の訴訟理論研究会第一回判タ一三四三号二四頁〔松下教授、山本教授の発言〕。これに対し、平成二二年一月二〇日判決の最新判例批評〔市川正人〕判例評論六四七号（二〇一三）一五二頁注14は、客観訴訟の裁判であっても、十分職権主義的に行動しなかったとして違法とすることは、よほど極端な場合に限られるべきであるとする。

(31) 注（27）で前掲の三木教授の評釈一五四頁。

(32) 例えば、注（3）で前掲の訴訟理論研究会第一回判タ一三四三号二四頁では、加藤新太郎判事が、「事案の特殊性から、最高裁に釈明すべきだと言われれば、そのとおりかもしれませんが」、「評価規範としてそう言われるのは承服せざるを得ないけれども、行為規範として、事実審の裁判官が、どこまで受け止めなければいけないかについては」、「難しさがある案件ではないかと思います」と発言されている。

(33) 前記四で前掲の奈良次郎「訴訟資料収集に関する裁判所の権限と責任」一五二頁、小島・前掲注（12）三八三頁は、現代型訴訟ないし新しい法理が問題となる複雑訴訟では、裁判所の釈明による当事者との法的な討論が重要であるとの考えを示すものであり、本文の論述と同様な問題意識によるといってよいと思う。

(34) 伊藤眞ほか・民事訴訟法の論争（二〇〇七）一八三頁以下。

（最後に）法学部生時代に、講義やゼミ等で伊藤眞先生からご指導をいただく機会はなかったが、民事訴訟法の講義（新堂幸司先生）で紹介された『民事訴訟の当事者』（一九七八）に関心を持ち一読したところ、「紛争管理権」を中心とした斬新で思い切った議論が強い印象として残った。裁判官に任官し、最高裁事務総局民事局在勤中に平成民事訴訟法の改正作業に関与することとなり、法制審議会等で、伊藤先生の柔軟でありながら筋を通される議論を聞くことができ、引き続く倒産法の改正作業などでご一緒する機会も多くなり親しくお話できるようになった。その後、『条解破産法』の編集作業にも参加させていただき、伊藤先生のご高説を直接伺うことができるようになったが、お話を聞く度に、民事訴訟法の教えを受けられなかった残念な思いが強くなったところである。本稿は、伊藤民事訴訟法学への憧れ、その高みに少しでも近づけないかという思いから、執筆させていただいたものである。いつか伊藤先生の授業を受ける日がくることを楽しみにしつつ、先生の今後益々のご健勝、研究のご発展をお祈りして筆をおかせていただく。

第三者による再審の訴えについて

——訴え提起に係る手続的規制を中心として

菱田雄郷

一　はじめに
二　学説
三　裁判例
四　特別法
五　若干の検討
六　おわりに

一　はじめに

対世的な効力を持つ確定判決により自らの利益を侵害される第三者が、かかる判決の取消しを求めて再審の訴えを提起することがある。その際、再審事由として主張されるのは多くの場合、当該第三者自身当該判決に係る訴訟手続に関与する機会がなく、当該判決に影響を及ぼすべき攻撃防御方法を提出し得なかった、あるいは原被告が共謀により当該第三者の権利を害する目的で判決をさせたというような類のことであり、このような事柄が再審事由として認められるか否かについては議論があるけれども、本稿ではこの点については立ち入らない。本稿が関心を持つのは、第三者が再審の訴えを提起する際に妥当する手続的な規律如何である。

ここでいう手続的な規律として主として念頭に置かれているのは、第一に、いかなる手続により、第三者は再審の訴えを適法に提起することができるかである。すなわち、端的に再審の訴えを提起することが許されるか、補助参加の申出とともにする必要があるか、独立当事者参加の申出とともにする必要があるか、というような問題である。そして、第二に、仮に前記のような事由が再審事由として認められるとして、いかなる手続で訴えを提起するかで、主張可能な再審事由の範囲に違いが生じるか、である。

なお、以下の叙述では、再審の訴えによる取消しが求められている確定判決を原判決、原判決に係る訴訟手続を原訴訟手続、第三者自身原判決に係る訴訟手続に関与する機会がなく、原判決に影響を及ぼすべき攻撃防御方法を提出し得なかった、あるいは原被告が共謀により当該第三者の権利を害する目的で判決をさせたというような再審事由を第三者再審事由と呼ぶことにする。

二　学説

1　大正一五年（一九二六年）民事訴訟法改正前

一般論としては、当事者（およびその一般承継人）のみが再審の訴えの原告適格を有する、という記述がなされることが多いようである(1)。理由を明示しないものが大半であるが、大正改正近くになると、再審は原訴訟手続の続行であることから、上訴の当事者となることができる者に再審の当事者適格が認められる、と論じるものも見られるようになる(2)。また、その他に第三者は補助参加人として再審の訴えを提起できるという記述も見られる(3)。

なお、この時期には詐害再審の規定が存在したが、これについては、本来第三者は他人間の訴訟による拘束は受けないので、再審の訴えを提起する必要は必ずしもない、民法財産編三四一条の要請もあり、便宜上設けたものである、という位置付けがなされる傾向にある(4)。

2　大正一五年（一九二六年）民事訴訟法改正後

詐害再審の規定を削除する大正民訴改正後も原告適格を有するのは当事者およびその一般承継人である、という記述が目につく(5)。理由を挙げないものが多い一方、理由が挙げられる場合には、再審と上訴の類似性に着目されるというのも従来の傾向と余り変わらない(6)。ただ、補助参加人による再審の訴えについては、消極説が目立つようになってきたという点で若干違いが見られる(7)。消極説の理由としては、補助参加の要件たる訴訟係属に欠けるという点が挙げられる場合がある(8)。

もっとも、昭和八年（一九三三年）に原判決確定後の特定承継人に対する再審の訴えを適法とした原審の判断をそのまま維持した大審院判決(9)が現れると、特定承継人が再審の訴えの当事者たり得るか、という点について立ち入った議論がなされるようになる。まず、山田正三は、再審と上訴の類似性を強調する立場から、特定承継人は再審の訴えの当事者適格を有しないと論じる一方で、特定承継人が再審に関与する余地を詳細に検討する。(10)その結果、特定承継人が再審の訴えを提起する場合は、前主の補助参加人として訴えを提起するとともに、民事訴訟法七一条により当事者双方を共同被告とする主参加併合訴訟を提起することができ、また、特定承継が被告側であった場合、原告としては被告に対して再審を提起するとともに、特定承継人に対しては訴訟引受けを申し立てることができる、と論じる。

山田の議論は、従来の議論の延長線上において特定承継人について論じるものと位置付けられるが、これに対して細野長良は、従来の議論の前提自体を批判に晒す。(11)すなわち、再審の訴えと上訴との類似性を強調する従来の議論に反して再審の訴えの原訴訟手続からの独立性を強調しつつ、再審が判決を取り消す最後の手段であることから既判力を受ける者に再審の訴えの提起を認めるべきであるとするのである。再審の訴えの当事者の範囲拡大を志向する議論と評価することができるが、細野においても、原訴訟手続との関係は無視できなかったという点は注目に値する。すなわち、再審に係る訴訟手続は原訴訟手続とは別個ではあるけれども、原判決が取り消された場合、再審に係る訴訟手続での資料も利用しつつ、原訴訟手続の請求について本案判決をする必要がある結果、再審に係る訴訟手続と原訴訟手続とは併合することになるのだから、再審の訴えを提起する者は、原訴訟手続で訴訟行為をなし得る者でなければならない、と主張されるのである。(12)そこで、細野も、当事者または一般承継人ならざる者が、既判力を受ける者という資格で再審の訴えを提起できる論理如何という問題に対応する必要に迫られることになるが、これについては特定承継人を素材として次のように論じられる。すなわち、特定承継人による再審の訴えの場合、原訴訟手続に対する補助参加の申出も訴えに当然に包含され、(13)口頭弁論終結後に特定承継があった側に対して再審の訴えを提起する場合には、訴訟引受けの申立てが訴えに当然に包含される、(14)と。山田とは出発点を異にしつつも、参加制度、訴訟承継制度等の助けを借りる必要を認めるという点では、両者は一致をみていたといえようか。

3　兼子一の登場とその議論の変化

このような状況で登場した兼子は、昭和一三年（一九三八年）に出版された概説書において、再審原告は確定判決の効力を受け、かつ、この取消しを求める利益を有する者である、という命題を提示する。[15] 細野の議論と同じ系統に属するものといえそうである。

もっとも、この時点では兼子もこの命題のみで原告適格を判断していたわけではない。というのは、兼子は、判決効の拡張を受ける第三者は、原訴訟手続の訴訟物について自ら当事者適格を有するのであれば、再審の訴えを提起できる、[16] とも論じているからである。つまり、この時期の兼子は、原訴訟手続に係る訴訟物についての当事者適格も再審の当事者適格の要件にしていたということができる（兼子旧説）。

兼子は、太平洋戦争後まで、この議論を維持し続けていたが、[17] 昭和二七年（一九五二年）に出版された注釈書において態度変更を行った。[18] すなわち、再審原告は確定判決の効力を受け、かつ、この取消しを求める利益を有する者である、という命題はそのまま維持しつつ、確定判決の効力を受ける第三者は、判決の取消しについて固有の利益を有する限り、独立当事者参加の形式をとり、本訴（原訴訟手続）の両当事者を共同被告とすることで再審の訴えを提起することができる、と論じたのである。これは、原訴訟手続の訴訟物についての当事者適格を要求しないということであって、従来の兼子の議論とは明確に一線を画するものといえる（兼子新説）。

このような態度変更の理由は必ずしも明らかではない。ただ、すでに紹介した通り、原訴訟手続において当然には訴訟行為をなし得ない者が再審の訴えに関与するための方法について議論が蓄積しつつあり（山田説、細野説）、また、この方向での議論が河本喜與之[19]によって深められたことが兼子に一定の影響を与えたということは考えられる。[20] これらの議論は特定承継人を素材にしたものであるが、兼子は、これらの議論を、他の既判力拡張類型に応用したということである。[21] もっとも、兼子は従来議論の焦点であった特定承継に関しては、山田らの議論に与していないのであり、[22] 以上のような推測も十分な説得力を有しないかもしれない。

4 兼子新説の通説化とこれに対する批判

兼子新説は、その体系書の中でも維持され(23)、以後多くの追随者を獲得し(24)、通説としての地位を占めることになるが(25)、追随者の叙述から、兼子新説を他のあり得る見解との比較の上で自覚的に選び取ったという思考の過程を読み取ることは困難である。兼子新説はすでに当然の前提と目されていたということなのかもしれない。

もっとも、兼子新説に対する批判もないわけではない。その多くは判例評釈等での短いコメントという形をとるので断片的であるが、主たるものとしては、①既判力の拡張を受ける第三者は、独立当事者参加の申出をすることで原訴訟手続の訴訟物についての当事者適格を当然に取得するわけではないから、独立当事者参加の申出を経由することで、再審の原告適格を認めるという論法は採り得ない(26)、②独立当事者参加としながら従来の当事者を共同被告としている点、および、参加の要件を判決効に求めている点で不透明である、③独立当事者参加の要件を満たさなければならないとなると再審の訴えの提起は困難となる(27)、④独立当事者参加の形式は、再審事由の存否を従前の当事者との間で合一的に確定するために要求されているのだとすると、再開後の原訴訟手続において再審原告が訴訟行為をできる理由が明らかではない、そこでは独立当事者参加の本来の要件である三面訴訟性が認められる必要があるが、これは常に認められるものではない(28)、といったものがある。ただ、このような批判に対して兼子新説の側から、十分な応接がなされるということはないようである。

5 少数説とその問題点

兼子新説が通説的な地位を長らく占めているけれども、少数説が皆無というわけではない(29)。

第一に、前記批判の①の問題があることを理由に兼子新説を斥けつつ、既判力を受ける第三者は再審の原告適格を有する者に補助参加をした上で、再審の訴えを提起すべきである、という見解がある（三谷説(30)）。通説も、補助参加の申出とともに再審の訴えを提起するという途を否定するわけではないから(31)、この少数説の眼目はこれしか認めないという点にある。
第二に、前記批判の③を意識しつつ、行政事件訴訟法三四条を類推し、補助参加の利益がある限り、自ら原告として再審の訴えを提起することを認めるとともに、再開された原訴訟手続においては補助参加人として訴訟行為をする（共同訴訟的補助参加）という説もある。[32]
以上が比較的有力と目される少数説であるが、いずれも問題がないではない。まず、第一説については、補助参加人自身についての事由を再審事由として主張できるのか、被参加人が再審の訴えを取り下げた場合、再審の訴えは維持されるのか、という問題があることが指摘されている。[33] これに対して、第二説はこのような問題を免れやすいが（そこが狙いである）、行政事件訴訟法三四条類推の基礎があるか、民事訴訟法の従来の議論との整合性は十分に確保できるか、といった疑問を呈することがなお可能である。

（1） 井上操・民事訴訟法述義第三冊（一八九一）一二三八頁、本多康直ほか・民事訴訟法講義（一八九三）四九八頁、深野達・民事訴訟法改訂講義〈第四版〉（一八九四）六六三頁以下、仁井田益太郎・民事訴訟法要論（中）（一九〇八）九三七頁、佐伯兼次郎・民事訴訟法通義（一九〇九）五三二頁。
（2） 前田直之助・民事訴訟法講義第二編乃至第五編〈増訂三版〉（一九二五）四三二頁。
（3） 深野・前掲注（1）六六四頁、仁井田・前掲注（1）九三七頁。
（4） 深野・前掲注（1）六六五頁、井上・前掲注（1）一二六一頁以下、江木衷・民事訴訟原論（一八九三）六三〇頁以下、本多ほか・前掲注（1）四九九頁以下、伊藤悌治・民事訴訟法正解（下）（一九〇一）六五二頁。
（5） 岩本勇次郎＝三ケ尻好人・新民事訴訟法要論（下）（一九二八）一九六三頁、住岡時三郎・改正民事訴訟法論（一九二九）六〇九頁、菰淵清雄・改正民事訴訟法注解（一九二九）五一三頁、前野順一・新民事訴訟手続（一九三〇）五九六頁、勅使河原直三郎・改正民事訴訟法概論〈全訂一二版〉（一九三三）四四七頁、下山四郎・民事訴訟法（一九三五）三九四頁、野間繁・民事訴訟法学概論（下）（一九三五）五七三頁。
（6） 中島弘道・日本民事訴訟法第二編乃至第五編（一九三四）一七六四頁以下、山田正三「判批」法学論叢三〇巻四号（一九三四）一六七頁以下。
（7） 消極説としては、岩本＝三ケ尻・前掲注（5）一六〇三頁、板倉松太郎＝中尾芳助・評釈新民事訴訟法（一九二八）四一二頁、勅使河原・前掲注（5）四四七頁がある。
（8） 板倉＝中尾・前掲注（7）四一二頁。
（9） 大判昭和八年七月二二日民集一二巻二二四四頁。
（10） 山田・前掲注（6）一六八頁以下。
（11） 細野長良・民事訴訟法要義(5)（一九三七）一〇頁
（12） 細野・前掲注（11）一一頁以下
（13） 細野・前掲注（11）一四頁以下
（14） 細野・前掲注（11）一八頁。
（15） 兼子一・民事訴訟法概論（一九三八）五二六頁。
（16） 兼子・前掲注（15）五二七頁。
（17） 兼子一・民事訴訟法(1)（一九四九）三三六頁。
（18） 兼子一・条解民事訴訟法Ⅲ（一九五二）三〇一頁以下。
（19） 河本喜與之「再審の訴の正当なる当事者」法学志林四〇巻一二号（一九三八）二四頁以下は、特定承継人の再審原告適格に関する論考であるが、①再審原告は再開される原訴訟手続において訴訟行為をなし得るものでなければならない、②再審請求認容判決の効果は原訴訟手続の当事者に及ばなければならないという二つの条件を満たすべく、特定承継人は補助参加人として再審の訴えを提起した上で、原判決取消しを条件に参加承継を申し出る必要がある、と論じる。
（20） 注（19）で触れた河本の二つの問題意識は兼子も共有していたと考えてよいと思われる。①は兼子が当初から有していた問題意識であるし、②について無関心ではないことも、再審による判決取消しの効果を特定承継人に及ぼすためその者も被告とすべきであるとする兼子・前掲注（18）三〇二頁の記述や兼子一「行政処分の取消判決の効力」同・民事法研究(2)（一九五四）一一六頁（初出、一九五一）に現れている。
（21） 独立当事者参加の利用についても、山田の前述の議論や加藤正治・民事訴訟法要論〈再版〉（一九四八）五二七頁にその萌芽が見られ、この観点からも兼子が学説の影響を受けていたということはあり得るように思われる。

(22) 兼子は、特定承継人は、前主と並び、またはこれに代わって相手方に対して再審の訴えを提起することができる、相手方は前主のみに対して再審の訴えをすることも、判決効を及ぼすために特定承継人も被告として再審の訴えを提起することもできる、と論じる（兼子・後掲注（23）四八五頁以下）。特定承継人が再開後の原訴訟手続でいかなる資格で訴訟行為をなし得るかが不明であり、兼子説内在的にも、既判力の拡張を受ける第三者が再審の訴えを提起する際に独立当事者参加を要求することと十分に整合的であるか、という点は問題になり得る。

(23) 兼子一・民事訴訟法体系〈増訂版〉（一九六五）四八五頁。

(24) 齋藤秀夫編著・注解民事訴訟法(7)（一九八一）七頁〔小室直人〕、小島武司・要論民事訴訟法〈全訂版〉（一九八二）三九五頁、鈴木正裕ほか・注釈民事訴訟法（一九八五）六四五頁以下〔鈴木正裕〕、右田尭雄・民事訴訟法〈改訂版〉（一九八六）五一一頁、石川明＝小島武司編・民事訴訟法（一九八七）三九九頁〔豊田博昭〕、松浦馨ほか・条解民事訴訟法〈第二版〉（二〇一一）一七一五頁〔松浦馨〕、新堂幸司・新民事訴訟法〈第五版〉（二〇一一）九四四頁以下、上田徹一郎・民事訴訟法〈第七版〉（二〇一一）六三〇頁、笠井正俊＝越山和広・新・コンメンタール民事訴訟法〈第二版〉（二〇一三）一一三四頁以下〔林昭一〕、川嶋四郎・民事訴訟法（二〇一三）九五一頁以下。

既判力を受ける第三者がいかなる手続によって再審の訴えを提起し得るか、という点については十分な記述がないものの「再審原告は確定判決の効力を受け、かつ、この取消しを求める利益を有する者である」という命題を受け入れているものとしては、菊井維大・民事訴訟法講義（一九五五）四九〇頁、小山昇・民事訴訟法〈五訂版〉（一九八九）六一一頁、三ケ月章・民事訴訟法〈第三版〉（一九九二）五四八頁、石川明編・民事訴訟法講義（一九九二）三七一頁〔菊池定信〕、木川統一郎＝中村英郎編・民事訴訟法（一九九四）三三五頁〔中山幸二〕、林屋礼二・新民事訴訟法概要〈第二版〉（二〇〇四）四八八頁、遠藤功＝文字浩編・講説民事訴訟法〈第三版〉（二〇〇四）三二二頁〔文字浩〕、梅本吉彦・民事訴訟法〈第四版〉（二〇〇九）一〇八三頁、伊藤眞・民事訴訟法〈第四版補訂版〉（二〇一四）七二九頁以下（ただし、六五八頁も参照）、小島武司・民事訴訟法（二〇一三）八九七頁がある。

(25) 石川明＝高橋宏志編・注釈民事訴訟法(9)（一九九六）一四頁〔高橋〕、高橋宏志・重点講義民事訴訟法（下）〈第二版補訂版〉（二〇一四）七九四頁は、兼子新説が通説である、というやや距離を取った表現をする。

(26) 三谷忠之「判批」同・民事再審の法理（一九八八）三二九頁以下（初出、一九八五）。加波眞一「判批」リマークス四七号（二〇一三）一二六頁も同趣旨の視点を提供する。河野正憲・民事訴訟法（二〇〇九）八五三頁以下も原訴訟手続の訴訟物についての当事者適格がないと再審の訴えの当事者にはなれないという。中野貞一郎ほか編・新民事訴訟法講義〈第二版補訂二版〉（二〇〇八）六四七頁〔加波眞一〕、松本博之＝上野泰男・民事訴訟法〈第七版〉（二〇一二）六六四頁も同旨。

(27) 鈴木正裕「判批」リマークス二号（一九九一）一三〇頁。

(28) 富越和厚「判解」最判解民事篇平成元年度（一九九一）三七二頁以下、吉村徳重「判解」平成元年度主判解（判タ七三五号、一九九〇）一七九頁。

(29) 小室直人編著・民事訴訟法講義（一九七八）二九三頁〔小室〕は兼子旧説に近い立場であったが、齋藤編・前掲注（24）七頁および齋藤秀夫ほか編著・注解民事訴訟法⑽〈第二版〉（一九九六）二一〇頁以下〔小室直人〕により、兼子新説に改説している。

(30) 三谷・前掲注（26）三三二頁。

(31) 兼子・前掲注（23）三九九頁、四八六頁。

(32) 本間靖規「判批」民商一〇二巻六号（一九九〇）八二〇頁以下は、第一次的には、再開後の原訴訟手続での当事者適格を本来は認められない者であっても、場合によっては当事者適格を認めるべきであると主張しつつ、それが無理でも、再開後の原訴訟手続において共同訴訟的補助参加人として訴訟追行することを前提として、再審の訴えは原告として提起することは認めるべきである、と主張する。鈴木・前掲注（27）一三一頁も行政事件訴訟法三四条の処理に対する共感を表明する。

(33) 鈴木・前掲注（27）一三一頁。最決平成二六年七月一〇日金判一四四八号一〇頁の金築判事意見も、補助参加人は、被参加人の主張し得る再審事由しか主張し得ないとする。

三　裁判例

1　特定承継人が関わる場合

特定承継人を被告とする再審の訴えについては適法なものとするのが従来の裁判例である（前掲・大判昭和八年、福岡高判昭和三二年一二月二六日高民集一〇巻一一号六五四頁）。このうち、福岡高裁の判決は、特定承継人があるときは、その者にも再審による判決取消しの効力を及ぼすために当事者としなければならない、とするものである。他方、大審院の判決は、理由を述べておらず、福岡高裁と同様の考え方に立つものかという点も含めて真意は明らかではない。

特定承継人を原告とする再審の訴えについても判例は適法としている（最判昭和四六年六月三日判時六三四号三七頁）。既判力を受ける以上、その不利益を免れしめるため、再審の訴えの提起を許すのが相当という理由である。

2 対世効を受ける第三者が関わる場合

昭和三〇年代には、兼子新説を採用する例が見られる（千葉地判昭和三五年一月三〇日下民集一一巻一号一七六頁、名古屋地判昭和三九年三月六日下民集一五巻三号四八八頁）。このうち、名古屋地裁の判決は、独立当事者参加の申出を要求する点につき、独立当事者参加を経由しない限り、再開後の原訴訟手続では再審原告にとって他人間の訴訟物しか存在せず、再審原告としてはその審理判断を受けるべき正当な当事者たる資格を有しないからである、と説明している。

しかし、独立当事者参加の申出を経ない再審の訴えを認めた例もその後現れている（福岡地判昭和五八年一二月一日判時一一一八号二〇二頁、その控訴審である福岡高判昭和五九年六月一九日判時一一三八号九三頁）。認知判決により相続権を害される第三者が再審の訴えを提起したという事案であるが、福岡地裁の判決は、原判決の取消しについて固有の利益を有しているということのみから原告適格を認め（東京高判昭和四三年一一月二七日下民集一九巻一一・一二号七四八頁も同趣旨のものである）、福岡高裁の判決は、共同訴訟的補助参加の利益が認められるということから（補助参加の申出はない）、原告適格を認めている。ただ、この事件の上告審は、原告適格を否定している（最判平成元年一一月一〇日民集四三巻一〇号一〇八五頁）。再審は、原訴訟手続の再審理を伴う以上、再審の訴えの原告は確定判決の本案についても訴訟行為をなし得ることが前提となるところ、再審原告は認知の訴えの当事者適格を有せず、補助参加をすることができるにすぎず、独立して訴訟行為をすることができない、という理由である。

その後、下級審では兼子新説による処理を認めるもの（大阪高決平成一五年一二月一六日判タ一一五二号二八七頁）と、共同訴訟的補助参加をなし得るものであれば再審の原告適格を認められるとするもの（東京高決平成二四年八月二三日判時二一五八号四三頁）が現れたが、後者の許可抗告審である最決平成二五年一一月二一日民集六七巻八号一六八六頁は原審の判断を斥け、兼子新説によるべきことを明らかにした。なお、同決定においては独立当事者参加の申出は原訴訟手続についてなされること、これは再審原告が原訴訟手続再開後に原確定判決の判断を左右するような訴訟行為をすることを可能とするために要求されていることが明確に示されている。兼子新説に伴う不明確性を相当程度払しょくするものといえよう。

ただし、最決平成二五年の提示したルートがそう容易に利用できるものではない可能性があることを示す判例も続く。最決平成二六年七月一〇日金判一四四八号一〇頁であり、会社解散判決の取消しを求めて原訴訟手続の当事者ではなかった株主が再審の訴えを提起した事案で、独立当事者参加の申出である以上、ただ原告の請求を棄却するとの判決を求めるのみでは請求の定立として不十分であるし、解散事由不存在確認請求では事実の確認になってしまうから訴えの利益を欠くとして、独立当事者参加の申出とともに再審の訴えを不適法とする。

3　裁判例において残された問題

裁判例は、1のケースでは、特定承継人が再審原告または再審被告となることを認める傾向にあり、それ自体は、既判力を受ける者の救済という観点から理由のある判断であると見ることができるが、原訴訟手続再開後において特定承継人がいかなる資格で訴訟行為をするか、という点に意を払った形跡がない。この点は問題であるが、本稿ではこれ以上立ち入らない。

次に、2のケースでは、紆余曲折がありつつも、兼子新説が近時明確に採用されることとなった点が注目に値する。これにより原訴訟手続で再審原告が訴訟行為をする理由は十分に提供できるようになったと思われるが、その要件、とりわけ独立当事者参加の要件の厳しさはすでに問題となっている（最決平成二六年がその事案であり、また最判平成元年の原告が独立当事者参加を経由しなかったこともこの点に起因すると考えられる[34]。したがってこの類型においては、独立当事者参加はなお可能か、可能でないとすれば別のルートを整備するか、独立当事者参加の要件を通常よりも緩和するか、といった点が引き続き問題として検討されることになろう。

(34) 原強「判解」平成元年度重判解（ジュリ九五七号、一九九〇）一三七頁。なお奈良次郎「検察官を当事者とする人事訴訟と手続保障（中）」ジュリ八五七号（一九八六）八二頁は両当事者に請求を定立するのは一般的に困難である、と論じる。

四　特別法

1　行政事件訴訟法

行政事件訴訟法三四条によると、処分または裁決を取り消す判決により権利を害された第三者で、自己の責めに帰することができない理由により訴訟に参加することができなかったため判決に影響を及ぼすべき攻撃または防御の方法を提出することができなかったものは、これを理由として、確定の終局判決に対し、再審の訴えをもって、不服の申立てをすることができる。

この場合の第三者は自ら原告となり、原訴訟手続の原告および被告を共同被告として再審の訴えを提起するものであり[35]、再審開始決定が確定し、原訴訟手続が再開された場合、原告である第三者は、行政事件訴訟法二二条の参加人として訴訟行為を行う。参加の性質については、再審原告は自ら訴訟上の請求を定立するわけではないので、（共同訴訟的）補助参加であると解されている[36]。

原訴訟手続には補助参加人として参加するしかない第三者に再審の原告適格を認める規律である点で特徴的ではあるが、民事訴訟法における議論との整合性についての問題関心は希薄のようである。また、再審原告は、再審開始決定確定後は、補助参加人として訴訟行為をすることになるが、この場合は再審原告兼補助参加人という扱いになるのであろう。

2 会社法

会社法八五三条一項一号によると、責任追及等の訴えが提起された場合において、原告および被告が共謀して責任追及等の訴えに係る訴訟の目的である株式会社の権利を害する目的をもって判決をさせたときは、株式会社または株主は、確定した終局判決に対し、再審の訴えをもって、不服を申し立てることができる（同条一項二号・三号については省略）。

条文の文言からは誰が被告適格を有するかは明らかでないが、原訴訟手続の原被告双方が再審の被告になる、と解されているようである(37)。

原訴訟手続について原告適格を有する再審原告は、再審開始決定確定後は原訴訟手続の原告の共同訴訟人という位置付けを与えられる(38)。他方、会社法八五三条一項一号は株式保有期間や提訴請求の有無にかかわらず株主に再審の訴えの原告適格を認めているため(39)、このような者が再審原告となった場合、再審開始決定確定後にいかなる資格でこの者が訴訟行為をするかが問題となるが、これについては十分な議論がないようである。補助参加人となるという議論もあり得そうであるが、そうだとすると、会社法八五三条一項一号も行政事件訴訟法三四条と同種の構造を内包しているということになりそうである。

3 特許法

特許法一七一条一項は、確定した取消決定および確定審決に対しては、当事者または参加人は、再審を請求することができる旨を定める。ここで参加人という文言が挿入されているのは、平成八年の民事訴訟法改正により、再審の訴えの提起が補助参加人の権限とされたことによる(40)。ただ、ここでいう参加人が当事者として再審を請求するのか、補助参加人として（本項のいう参加人は補助参加人には限られないようであるが）再審を請求するのかは、余り明確ではないようである。

次に、特許法一七二条一項によれば、審判の請求人および被請求人が共謀して第三者の権利または利益を害する目的をもって審決をさせたときは、その第三者は、その確定審決に対し再審を請求することができる。例えば、特許権者Aがその特許権についてBのために質権を設定し、その後Cが請求した無効審判でCと共謀して無効審決を受け、それが確定した場合に、Bは本項に基づいて再審を請求することができる[41]。この場合の被請求人はAとCの双方である（特許一七二条二項）。Bが原手続においていかなる資格で手続行為を行うか、という点は余り詰められていないようであるが、行政事件訴訟法三四条のような議論になる可能性はあろう。

（35） 室井力ほか編・コンメンタール行政法Ⅱ行政事件訴訟法・国家賠償法〈第二版〉（二〇〇六）三七〇頁〔山下竜一〕。

（36） 室井ほか編・前掲注（35）二五一頁〔前田雅子〕、南博方＝高橋滋編・条解行政事件訴訟法〈第三版補正版〉（二〇〇九）四四六頁〔新山一雄〕、富越・前掲注（28）三七四頁。

（37） 阿部一正ほか・条解・会社法の研究11取締役(6)別冊商事法務二四八号（二〇〇二）二三九頁以下〔高橋宏志〕、江頭憲治郎＝中村直人編著・論点体系会社法6（二〇一二）二二九頁〔澤口実〕。

（38） 富越・前掲注（28）三七三頁。

（39） 上柳克郎ほか編集代表・新版注釈会社法(6)（一九八七）三八五頁〔北沢正啓〕、江頭＝中村編・前掲注（37）二二九頁〔澤口実〕。

（40） 中山信弘編著・注解特許法（下）〈第三版〉（二〇〇〇）一六四五頁〔青木康〕、特許庁編・工業所有権法逐条解説〈第一九版〉（二〇一二）四七〇頁以下。

（41） 特許庁編・前掲注（40）四七二頁。

五　若干の検討

1　論点の設定

以上概観したところから、以下のような論点を抽出し得るように思われる。

第一に、兼子新説固有の問題であるが、その具体的な意味が不明確であるという批判がある。仮に兼子新説を維持するのであれば、この批判には応答する必要がある。

第二に、原訴訟手続の訴訟物についての当事者適格は再審の当事者適格を認める上で必要か、が問題となる。これは少数説が兼子新説に投げかける疑問であり、特別法の規律を民事訴訟法一般に及ぼそうという見解に対しても妥当し得るものである。

第三に、兼子新説の問題であるが、独立当事者参加の要件は厳しすぎないか、が問題となる。裁判例を概観したところ、独立当事者参加の要件を満たし得ない結果、第三者が適法に再審の訴えを提起できなかったのではないか、と疑われる事案が見られる。そこで、独立当事者参加の要件をそのまま妥当せしめることでよいか、という点が検討課題となり得る。

第四に、原訴訟手続の再開後、補助参加人として関与し得るにすぎない者が再審原告となり得るか、が問題となる。特別法は多くの場合これを認めており、学説の一部もこれに対する共感を表明するが、兼子新説はこのようなことを認めていない。そこで、このようなことを認めることの利点および難点如何が検討課題となり得る。

第五に、補助参加人として再審の訴えを提起した場合に第三者再審事由の主張が許されるかが問題となる。兼子新説に反対し、補助参加の申出とともにする再審のルートしか認めない三谷説はこれを肯定することでバランスを取っているように見ることもできるが、そういえるかどうかである。

2　兼子新説の不明確性

兼子新説に対しては、(1)独立当事者参加としながら従来の当事者を共同被告としている点、および、(2)参加の要件を判決効に求めている点で不透明であるとの批判があった。また、(3)独立当事者参加の形式は、再審事由の存否を従前の当事者との間で合一的に確定するために要求されているのだとすると、再開後の原訴訟手続において再審原告が訴訟行為をできる理由が明らかではない、とする批判もあった。

(1)は、それ自体趣旨が明確ではないが、独立当事者参加の場合、(かつての主参加とは異なり)、係属中の訴訟手続の原告と被告を被告にするとは表現しないではないか、という趣旨であると理解することができようか。もっともそうだとすると、これに対しては、原訴訟手続の原被告を共同被告とした再審の訴えと、原訴訟手続再開を想定しつつなされる独立当事者参加の申出を区別することで応答が可能であると思われる。共同被告という表現は、前者の側面についてのものであり、後者についてのものではない、という理解である。[42]

以上の応答は部分的には(3)に対する応答にもなると思われる。なお、(3)は、三面訴訟説を前提として原訴訟再開後に独立当事者参加の要件は常に満たされるわけではない、と論じているように思われるが、この前提は少なくとも現行法では妥当しないということもできそうである。

(2)に対しては、再審の場合の変容であるという応答が可能である。[43] 再審を、判決効を解除するための手段と位置付けるのであれば、これに見合う形で参加の要件も限定するというのは自然であると解するものと思われる。

3　原訴訟手続の訴訟物についての当事者適格の要否

すでに見たように、兼子新説に対しては原訴訟手続の訴訟物についての当事者適格を必要とする立場からの批判がある。兼子は自覚的にこのような立場を採用していないことを考えると、外在的な批判にすぎないとも解されるが、いずれの構成が好ましいか、という点はなお問題となり得よう。

もっとも、いずれかが論理的に成り立ち得ないというものではないように思われ、そうだとするとその検討は帰結主義的な観点からなされざるを得ない。結局、この論点は独立の論点とはならないように思われる。

4　独立当事者参加の要件の適切性

独立当事者参加といっても権利主張参加の要件は常に満たされるとは限らないから、主として問題になるのは詐害防止参加の要件ということになろう。より具体的にいえば、民事訴訟法四七条一項の「訴訟の結果によって権利が害されること（詐害性）」と請求定立要件である。以下順に検討する。

(1)　詐害性要件　既判力が拡張するというだけで詐害性要件が満たされるとするのであれば、本稿の対象との関係では要件が厳格にすぎるということはない。また、既判力の拡張に加えて何等かの詐害的な訴訟追行が必要であると解しても、これは第三者再審事由の主張立証に通常は吸収されるであろうから、やはり要件が厳格にすぎるということにはなりにくい。しかし、いずれにしても逆に再審原告適格の範囲を広げすぎる、という懸念が生じる可能性がありそうである。そうすると、いかなる権利が害されることが要求されるか、という内実を詰める必要が生じるけれども、現時点では、他人間の訴訟に介入することを正当化するだけの利害関係がなければならない、という程度の抽象度の議論があるのみである。[44] 抽象的であるだけにここでの問題にも適合的な解を導き得るものであるが、直ちに有用な基準として機能するというものではない。

(2)　請求定立要件　次に、独立当事者参加の場合、原訴訟手続の原被告の少なくとも一方には請求を定立しなければならない（原判決取消請求自体は、原訴訟手続の原被告の双方に定立しているはずであるから、ここで問題にしている請求は実体法上の権利主張としての請求である）。双方に請求を定立しなければならなかった平成八年民訴改正前に比べれば格段に容易になったとはいえ、なお適当な請求を想定し難い場合もあるか、という点が問題になりそうである。従来の裁判例を概観する限り、何等かの請求を想定できなくはないようにも思われるが、[45] 想定され得る事案の全てについてこの点を検討し尽くすのは困難であろう。

5　補助参加の利益しか有しない者の再審原告適格

特別法は、補助参加人として原訴訟手続に関与するしかない者にも再審原告適格を認めるが、兼子はこのような扱いを認めない。もっとも、原訴訟手続の訴訟物についての当事者適格を要求しない兼子新説においても、再審原告が再開後の原訴訟手続で訴訟行為をなし得ることが確保されていれば十分であるようにも思われ、同説において特別法のような処理が排除されなければならない理由は明らかではないように思われる。

そこで、なお理由とし得る点があるとすれば、兼子新説においては補助参加の利益しか有していない者が再審原告となり、第三者再審事由を主張することに対する警戒感がある、ということが考えられようか（兼子の真意は不明である）。補助参加の利益しか有していない者については補助参加の申出とともにする再審の訴えの提起しか許さず、その際には第三者再審事由を主張することもできない、とするのである。

しかし、仮に再審の訴えを提起し得る第三者に第三者再審事由を主張し得る者とし得ない者が存在するとして、その仕分けを、独立当事者参加をなし得るか、補助参加のみなし得るかの判断によって代替することが合理的かという点は自明ではない（とりわけ請求定立要件を要求することの合理性が不明確である）。また、再審の訴えを提起し得る第三者内部における区別が必要だとしても、このような区別は第三者再審事由の概念規定それ自体によってもなし得ないではなく、この意味でも兼子新説の優位性は自明ではないといい得るように思われる。

6　補助参加の申出とともに再審の訴えを提起する者の地位

三谷説に対しては、補助参加の申出とともにする再審しか認めないのでは、地位が弱すぎるという批判がなされるが、三谷自身は必ずしも弱い地位とは考えていないようである。[46]

最も問題になるのは、第三者再審事由を補助参加人が主張し得るか、という点であるが、肯定説、否定説いずれも成り立ち得るように思われる。通常の補助参加を想定する限り、その従属性から被参加人の主張し得ないことは主張し得ないという帰結は自然に導けると思われるが、独立性が強化されている共同訴訟的補助参加の場合、当然には同様の議論とならない。とりわけ共同訴訟的補助参加の場合、上訴期間を被参加人と独立に計算する(47)、参加時の訴訟状態に拘束されない(48)というような解釈論を採用するのであれば、被参加人のなし得ないことを補助参加人はなし得ることとなるのであり、再審事由についてだけ従属性を維持することの正当性は相当程度減殺されよう(49)。なお、三谷説に対しては、被参加人を基準に出訴期間が判断される、被参加人が再審の訴えを取り下げることを阻止し得ないといった批判もなされているが、これらについても共同訴訟的補助参加の理解如何で変わり得る面があり、決定的な批判とはいい難い。

以上のように三谷説によっても、共同訴訟的補助参加の理解如何では妥当な帰結を導くことができなくはない。しかし、これは裏を返せば共同訴訟的補助参加の理解如何では不当な帰結をもたらし得る不安定な見解であるということでもあり得る。そうだとすれば、さしあたりは三谷説から距離を取るのが安全であるということがいえようか。

7 まとめ

兼子新説については、独立当事者参加をなし得る第三者と補助参加のみをなし得る第三者とで、第三者再審事由の主張の可否について扱いを変える試みとして理解することも可能であるが、このような試みの合理性は自明ではない。また、第三者の利害関係如何で第三者再審事由の主張の可否を変えるという規律が合理的であるとしても、これは第三者再審事由の概念の中に、第三者の利害関係の強度まで取り込むというアプローチを採用することにより特別法の規律でも対応可能であり、その方が議論としてはシンプルである可能性がある。以上が本稿のたどり着いた兼子新説および特別法の規律に対する評価ということになろう(50)。なお、三谷説については、維持不可能というわけではないものの、共同訴訟的補助参加の解釈の不安定性をそのまま取り込むことになるため、他のよりシンプルな議論が可能であれば、避けるのが望ましい、というのが本稿の評価となる。

(42) 鈴木正裕「判決の反射的効果」判タ二六一号(一九七一)一二頁自体がこのような理解に立っている。
(43) 高橋・前掲注(25)七九四頁。
(44) 井上治典「独立当事者参加」同・多数当事者の訴訟(一九九二)三四頁以下(初出、一九八二)、中野ほか編・前掲注(26)五七三頁〔井上治典〔松浦馨補訂〕〕、松浦ほか・前掲注(24)二五三頁〔新堂幸司ほか〕。
(45) なお検討が必要であるが、前掲(三2)・最判平成元年では、認知訴訟たる原訴訟手続の原告と亡父との間の父子関係不存在確認請求を、前掲(同)・最決平成二六年では、清算人の地位不存在確認請求を定立することが考えられようか。もっともいずれもやや苦しい面がないわけではない(後者については山浦反対意見も参照)。
(46) 三谷忠之「判批」判タ七二二号(一九九〇)八二頁以下。
(47) 兼子・前掲注(23)四〇七頁、三ケ月・前掲注(24)二八七頁、新堂・前掲注(24)八一八頁、伊藤・前掲注(24)六四九頁、松本=上野・前掲注(26)七三四頁、高橋・前掲注(25)四七〇頁等。
(48) 高橋・前掲注(25)四七四頁。
(49) 補助参加人の権限は被参加人がなし得たことという範囲になお限定されるが故に補助参加人は第三者再審事由を主張することができない、という立論は可能であるものの、そこに線を引くことが必然であるか、という問いはなお可能であると思われる。
(50) 特別法の規律で処理するという場合、類推適用ではなく、民事訴訟法の一般理論上、そのように処理するという論法を取ることになろう。

六　おわりに

結局のところ、本稿では既知の事柄を記述したにとどまり、新たな知見を提示することはできていない。再考の機会を近い将来に得られることを切に願う。

失権効再考

福田剛久

一　はじめに
二　改正提案における失権効の提案
三　現行法に旧法の失権効が引き継がれなかった理由と現行法の手続終了効の意義
四　現行法の手続終了効の現状
五　改正提案の評価
六　失権効と信義則
七　失権効と釈明義務

一　はじめに

本稿は、民事訴訟法についての、民事訴訟法改正研究会（代表・三木浩一）の改正提案[1]（以下「改正提案」という）、特に、争点および証拠の整理手続（以下「争点整理手続」という）の失権効の提案を題材に、関連する現在の民事訴訟の問題点について、実務的な観点から考察するものである。

改正提案の中には、電話会議システムによる双方不出頭の期日における手続の提案（「当事者双方ともに不出頭である場合にも、電話会議システムを用いる方法（裁判所および当事者双方が音声の送受信により同時に通話をすることができる方法）によって、弁論準備手続の期日および和解の期日における手続を行うことができるものとする。」というもの[2]）のように、既に現行制度について運用の実績が重ねられ、次のステップに進んでも特段の問題が生じないことが予想されるもの（したがって、当事者にも裁判官にもあまり異論はないと考えられるもの）もある。しかし、争点整理手続に失権効を設けるという提案は、①信義則の適用、②時機に後れた攻撃防御方法の却下、③裁判所の釈明義務、④控訴審における新たな攻撃防御方法の提出、⑤本人訴訟の存在感の増大など、現在の民事訴訟の抱える様々な問題と切り離して検討することはできず、これらの問題が、現行民事訴訟法（以下「現行法」といい、現行民事訴訟規則を「現行規則」という）施行後一五年以上が経過した現在、新たな局面を迎えていることを浮き彫りにするものでもある。

（1）三木浩一＝山本和彦編「民事訴訟法の改正課題」ジュリスト増刊二〇一二年一二月号。なお、三木浩一（司会）「〈シンポジウム〉民事訴訟法の今後の改正課題」民訴雑誌五九号（二〇一三）一四五頁以下参照。
（2）三木＝山本編・前掲注（1）一〇五頁以下。

二　改正提案における失権効の提案

1　旧法および現行法が定める争点整理手続の手続終了効

現行法は、争点整理手続として、準備的口頭弁論、弁論準備手続、書面による準備手続の三つを創設したが、その手続終了効としては、次のとおり、旧法下の争点整理手続である準備手続のいわゆる失権効（旧二五五条一項）を引き継がず、相手方に対する説明義務にとどめた。

○旧法

二五五条一項

　調書又ハ之ニ代ルヘキ準備書面ニ記載セサル事項ハ口頭弁論ニ於テ之ヲ主張スルコトヲ得ス但シ其ノ事項カ裁判所職権ヲ以テ調査スヘキモノナルトキ、著ク訴訟ヲ遅滞セシメサルトキ又ハ重大ナル過失ナクシテ準備手続ニ於テ之ヲ提出スルコト能ハサリシコトヲ疏明シタルトキハ此ノ限ニ在ラス

○現行法

一六七条（準備的口頭弁論終了後の攻撃防御方法の提出）

　準備的口頭弁論の終了後に攻撃又は防御の方法を提出した当事者は、相手方の求めがあるときは、相手方に対し、準備的口頭弁論の終了前にこれを提出することができなかった理由を説明しなければならない。

一七四条（弁論準備手続終結後の攻撃防御方法の提出）

一六七条の規定は、弁論準備手続の終結後に攻撃又は防御の方法を提出した当事者について準用する。

一七八条（書面による準備手続終結後の攻撃防御方法の提出）

書面による準備手続を終結した事件について、口頭弁論の期日において、一七六条四項において準用する一六

五条第二項の書面（（注）争点及び証拠の整理の結果を要約した書面）に記載した事項の陳述がされ、又は前条の規定による確認がされた後に攻撃又は防御の方法を提出した当事者は、相手方の求めがあるときは、相手方に対し、その陳述又は確認前にこれを提出することができなかった理由を説明しなければならない。

2　改正提案の提案

改正提案における失権効の提案は次のとおりである。(3)

「一　民事訴訟法一六七条および一七八条を廃止し、以下の規定を新設する。

①　準備的口頭弁論の終了または弁論準備手続の終結前に提出しなかった攻撃防御方法は、その後の口頭弁論において提出することができない。ただし、その攻撃防御方法が、裁判所が職権で調査すべき事項に関するものであるとき、または、当事者が準備的口頭弁論の終了もしくは弁論準備手続の終結前に提出することができなかったことについて故意もしくは重大な過失がないことを疎明したときは、この限りでない。

②　前項の規定は、書面による準備手続を終結した事件について、口頭弁論の期日において、第一七六条第四項において準用する第一六五条第二項の書面に記載した事項の陳述がされ、または第一七七条の規定による確認がされた後の攻撃防御方法の提出について、準用する。

二　攻撃防御方法の提出期間の裁定に関する以下の規定を新設する。

①　裁判長は、当事者双方の意見を聴いて、特定の事項についての攻撃または防御の方法を提出すべき期間を定めることができる。

②　前項の期間の経過後に当事者が提出した攻撃または防御の方法については、裁判所は、申立てによりまたは職権で、却下の決定をすることができる。ただし、その当事者がその期間内に当該攻撃または防御の方法を提出することができなかったことについて故意または重大な過失がないことを疎明したときは、この限りでな

い。」

(3) 三木＝山本編・前掲注(1)八七頁。

三　現行法に旧法の失権効が引き継がれなかった理由と現行法の手続終了効の意義

1　現行法に旧法の失権効が引き継がれなかった理由

現行法に旧法の失権効が引き継がれなかった理由としては、一般に、失権を恐れるために仮定的な主張が多数出されて、かえって争点等の整理を困難にする結果を招き、準備手続が利用されない大きな要因の一つとなっていたからと説明されている(4)。もっとも、旧法の準備手続が利用されなかった原因としては、それ以外にも、旧法の準備手続では、手続の終結に当たって、要約準備書面を当事者に提出させるか、裁判所が要約調書を作成しなければならないことになっており、この点の負担が準備手続の利用に対する心理的な制約になっていたことや、準備手続における裁判官の権限が弱くて、争点整理に必要な書証の取調べができないことはもちろん、証拠調べの準備行為などもできなかったことが挙げられている(5)。

2　現行法の手続終了効の意義

現行法は、旧法の失権効を引き継がなかったが、前記二1記載のとおり、相手方の求めに応じて争点整理手続において当該攻撃防御方法を提出できなかった理由を説明すべき義務(以下、「手続終了効としての説明義務」という)の定めを置いており、その意義について改めて確認しておく必要がある。

現行法二条は、通則として、「当事者は、信義に従い誠実に民事訴訟を追行しなければならない」と定め、民事訴訟全体を通して当事者間の信義則を重視することを明らかにし(6)、不誠実な訴訟追行に対しては厳しい態度で臨んでいる（法二四四条〈審理の現状に基づく判決〉、法二六三条〈訴えの取下げの擬制〉など）が、手続終了効としての説明義務も、当事者間の信義則を尊重する考え方に基づいて定められたものである。[7][8] また、手続終了効としての説明義務を相手方当事者の求めにかからせたのは、職権進行主義の原則は維持しながらも（法九三条、規則三五条～三八条）、訴訟進行についての当事者の主体性を尊重し、当事者が訴訟進行に主体的に関わっていくことを求める現行法・規則の基本的な理念の現われでもあり（この理念の現れとしては、ほかにも、①裁量移送等の際には当事者の意見を聴くこと〔規則八条一項〕、②呼出費用の予納がない場合の訴え却下は、被告に異議がないことを要件とすること〔法一四一条〕、③審理の計画を定め、あるいは変更するときは当事者双方と協議すること〔法一四七条の三第一項・第四項〕、④弁論準備手続に付する場合は当事者の意見を聴くこと〔法一六八条〕、⑤当事者双方の申立てがあるときは弁論準備手続に付する裁判を取り消さなければならないこと〔法一七二条ただし書〕、⑥電話会議の方法により弁論準備手続を行う場合は、当事者の意見を聴くこと〔法一七〇条三項〕、⑦書面による準備手続に付する場合は当事者の意見を聴くこと〔法一七五条〕、⑧電話会議の方法により進行協議期日における手続を行う場合は、当事者の意見を聴くこと〔規則九六条一項〕、⑨テレビ会議システムによる証人尋問を採用する場合は、当事者の意見を聴くこと〔規則一二三条一項〕、⑩書面尋問の採用は当事者に異議がないことを要件とすること〔法二〇五条〕、⑪大規模訴訟において、裁判所内での受命裁判官による人証の尋問は当事者に異議がないことを要件とすること〔法二六八条〕などの規定が挙げられる）[9][10][11]、一方当事者が争点整理手続終了後に新たな攻撃防御方法を提出したら、相手方当事者は、当然のようにその理由の説明を求め、説明が不合理なものであれば、時機に後れた攻撃防御方法（一五七条）として却下を求めるという訴訟慣行が確立することが期待されていた。[12][13]

（4） 法務省民事局参事官室編・一問一答新民事訴訟法（一九九六）一八五頁。
（5） 竹下ほか編集代表「研究会新民事訴訟法」ジュリスト増刊一九九九年一一月号一七八頁〔柳田幸三発言〕。
（6） 秋山幹男ほか・コンメンタール民事訴訟法Ⅰ〈第二版〉（二〇〇六）三五頁以下参照。
（7） 竹下ほか編集代表・前掲注（5）一八七～一九二頁。

(8) 秋山幹男ほか・コンメンタール民事訴訟法Ⅲ(二〇〇八)四七四〜四七五頁。
(9) 竹下ほか編集代表・前掲注(5)一八七〜一九二頁。
(10) 秋山ほか・前掲注(8)四七四〜四七五頁。
(11) 福田剛久「文書提出命令及び当事者照会の制度と主張・立証責任」門口正人編集代表・民事証拠法大系第一巻(二〇〇七)一九四頁。
(12) 竹下ほか編集代表・前掲注(5)一八七〜一九二頁。
(13) 秋山ほか・前掲注(8)四七五〜四七六頁。

四 現行法の手続終了効の現状

平成二四年の統計データに基づく裁判の迅速化に係る検証に関する報告書(以下「迅速化報告書」という)によれば、民事第一審訴訟(過払金等以外)の争点整理実施率(準備的口頭弁論、弁論準備手続および書面による準備手続が実施された事件の割合)は、平成二四年は四〇・四%であったとされており[14]、東京高裁で控訴審を担当してきた経験(以下の記述は、基本的に、筆者の約四年間の控訴審経験に基づくものである)から判断すると、欠席判決で終了する事件や早期に和解で終了する事件などを除いた本格的に争われている事件では、その大半で、争点整理手続、それも、弁論準備手続が採用されているものと考えられる。

迅速化報告書によると、平成二四年の民事第一審訴訟(過払金等以外)の平均争点整理期日回数は二・六回(平成一七年〜平成一九年は二・二回、平成二〇年〜平成二二年は二・三回、平成二三年は二・四回であるから、明らかに増加傾向にある)であるが[15]、控訴されてきた事件では、一〇回を超える弁論準備手続期日が開かれている事件も多い。そして、ほとんどの事件で、弁論準備手続終結後は集中証拠調べが実施されている。迅速化報告書によると、人証調べを実施した事件の八三・七%が一回の期日で、九七・五%が二期日以内で人証調べを終えているということなので[16]、本格的に争われている事件では、弁論準備手続で争点整理をし、弁論準備手続終結後は、集中証拠調べを実施し、判決（あるいは和解）に至るという運用が定着したものと考えられる。しかし、このような運用が定着しても、なお、弁論準備手続終結後に新たな書証や主張が提出されている事件も少なくないし、控訴審で新たな書証が提出され、新たな主張がされることも珍しくない。控訴審でも争点整理手続の手続終了効が維持されている（二九八条二項）が、相手方が手続終了効としての説明義務に基づき争点整理手続において当該攻撃防御方法を提出できなかった理由の説明を求めることはほとんどない。説明を求めることなく、直ちに時機に後れた攻撃防御方法として却下を求めることもあるが、新たな攻撃防御方法の提出に対抗して自らも新たな攻撃防御方法を提出することもある。

（14）　最高裁判所事務総局・平成二五年七月「裁判の迅速化に係る検証に関する報告書」（二〇一三）三六頁。
（15）　最高裁判所事務総局・前掲注（14）三五頁。
（16）　最高裁判所事務総局・前掲注（14）四〇頁。

五　改正提案の評価

1　改正提案の立論

手続終了効としての説明義務は、旧法下で、準備手続終結による失権効が主として当事者と裁判所との関係、いわば、縦の関係において考えられていたものを当事者と当事者との関係、いわば横の関係で考えようとするもので、そこには大きな発想の転換があった。[17][18]そして、このような発想の転換は、現行法・規則に先行する民事訴訟法の運営改善の経験がもたらしたものであった。[19]

これに対して、改正提案における失権効の提案は、失権効の根拠を信義則に置きつつ、失権効の要件の有無、すなわち、信義則違反の有無を裁判所が判断することとし、争点整理手続の手続終了効を当事者の主体性に委ねないというものであり[20]、争点整理手続の手続終了効に縦の関係を復活させるものである。そして、その理由として、二〇〇〇年の段階においても、争点整理手続終了後に当事者から新たな主張や重要な書証の提出がされる事案が相当あるとされる一方、そうした事案で相手方当事者から説明要求がされるのはごく僅かであるとの報告が存在することや、二〇〇〇年代後半以降になると、集中証拠調べそのものは多くの事件で実施されているものの、中には、弁論準備手続が形骸化し、書面交換の場と化している事例や、攻撃防御方法の適時の提出が徹底されず、争点整理手続終了後に重要な書証が提出されるような例も散見されるといった指摘もされる状況になっていることが援用されている。

2 現在の訴訟環境

これまで述べてきたとおり、手続終了効としての説明義務の制度は、十分に機能していない。当事者の主体性に委ねる制度は、手続終了効としての説明義務の制度だけでなく、当事者照会の制度（法一六三条。以下では、訴えの提起前における照会の制度〔法一三二条の二、一三二条の三〕も含めて「当事者照会の制度」という。）も十分に機能していない[21]。当事者照会の制度は、当事者の自主的な運用に委ねられたものであるが、弁護士会においてガイドラインが作成されたということもなく、当事者照会があれば弁護士同士の信頼関係の中で回答していくという実務慣行も成立していない（前掲注（21））。手続終了効としての説明義務の制度も、当事者照会の制度も、今後、十分に機能するようになることを期待することはできないといわざるを得ない。

また、当事者の主体性に委ねる制度については、主として弁護士が訴訟代理人に選任されている事件（弁護士訴訟）を念頭に置いて制度設計をすればよいという状況ではなくなっているという問題もある。弁護士白書二〇一三年版（日本弁護士連合会）によると、現行法が施行された平成一〇年の弁護士数（正会員数）は、一万六、三〇五人であったが、平成二五年の弁護士数（正会員数）は、三万三、六二四人と倍増している。しかし、迅速化報告書によると、民事第一審訴訟（全体）では、当事者双方に訴訟代理人が選任された事件の割合は、平成一五年から平成一七年までは四〇％前後で推移していたが、平成一八年からは減少し、平成二二年には二七・八％となったが、平成二三年に増加に転じ、平成二四年は三七・六％となっている（過払金等以外の民事第一審訴訟では、当事者双方に訴訟代理人が選任された事件の割合は、平成一五年から平成二三年までは四〇％前後で推移していたが、平成二四年は四五・二％と増加している）。[22]このように、弁護士数は倍増しても弁護士選任率は増加していないだけでなく、民事訴訟制度研究会による「二〇一一年民事訴訟利用者調査」によると、今後、さらに弁護士数が増えても、弁護士選任率が大きく増加することは期待できない。すなわち、前記調査は、二〇一一年六月に事件が終了した民事訴訟の当事者に調査用紙を郵送で送付し、郵送で回答を返送してもらう形で実施された結果をまとめたものであるが、弁護士を選任しなかった当事者（本人訴訟で訴訟を追行した当事者）に対する弁護士を選任しなかった理由についての質問に対する回答は、「自分だけでもできると思った」という回答が五七・四％で、最多であったとされている[24]（回答の選択肢は、「①自分で裁判をしたいと思った」、「②自分だけでもできると思った」、「③他人に頼むのがいやだったから」、「④弁護士の知り合いがいなかったから」、「⑤弁護士が近くにいなかったから」、「⑥弁護士の情報が少なかったから」、「⑦弁護士に頼むだけのお金がなかったから」、「⑧弁護士に頼んだが断られたから」、「⑨弁護士に頼むと費用倒れになるから」の九つであり、そのうち、最も肯定回答が多かったのは、「②自分だけでもできると思った」（五七・四％）であり、「⑦弁護士に頼むだけのお金がなかったから」（四一・七％）、「⑨弁護士に頼むと費用倒れになるから」（三七・二％）、「①自分で裁判をしたいと思った」（三五・七％）がそれに続いている。弁護士過疎を推測させる「④弁護士の知り合いがいなかったから」、「⑤弁護士が近くにいなかったから」は、肯定回答の割合が一八・一％（④）、一一・八％（⑤）にとどまっている）。

控訴審で実務を担当していると、迅速化報告書の弁護士選任率の統計上の数値とは異なり、本人訴訟が増加しているという印象がある。事実認定上、あるいは法解釈上難しい争点を含み、本来、弁護士訴訟となるべき事件であるのに本人訴訟になっている事件が増えていることがそのような印象を与えているものと考えられる。インターネットで調べれば様々な法律情報が溢れているので、そのような情報をもとに自分だけでも訴訟ができると思うようになる当事者は、これから増えることはあっても減ることはないであろうし、実際に、相手方に弁護士が選任されていても本人訴訟で勝訴する当事者も珍しくない。件数だけでなく、内容も含めて、本人訴訟は次第にその存在感を増していると言ってよい。

3 手続終了効として失権効を認めることの是非

争点整理手続が終了した後に、特に集中証拠調べが終了した後に新たな攻撃防御方法を提出するという行為は、当事者と裁判所が協力して積み上げてきた成果を一方的に崩すものであって、それを正当化する特段の事由のない限り相手方及び裁判所の信頼を裏切るものとして信義則に反するというべきであろう。弁論準備手続終結後に新たな攻撃防御方法が提出される事件では、当事者が証拠に基づかない主張を記載した準備書面の応酬を繰り返し、裁判所も、これを容認しているため、弁論準備手続で当然提出されるべき書証や主張が提出されず、弁論準備手続終結後の新たな攻撃防御方法の提出を招いていると思われるものもないではないが、例外的であり、前記特段の事情の問題といえる。

現行法施行後一五年以上が経過して、争点整理手続（主として弁論準備手続）を経て集中証拠調べを実施し、判決（和解）に至るという運用が定着してきたのであり、その成果を踏まえて争点整理手続の手続終了効について考えると、手続終了効を機能しないまま放置し、当事者と裁判所が協力して積み上げてきた成果を一方的に崩すことを認めるのは相当でなく、一、二審を通じて機能する手続終了効（失権効）を検討すべき時期に来ているといえよう。[25] 弁論準備手続は、利用されにくかった旧法下の準備手続に立法、運用のいずれの面でも改善を加え、既に実務に定着しており、失権効が認められるようになったからといって、失権を恐れるために仮定的な主張が多数出されて、争点整理を困難にする結果が生じるとは考え難い。本人訴訟も含めて考えると、手続終了効としての説明義務の制度は、今後も機能しないと考えざるを得ず、改正提案の方向性には正当性があるというべきである。

(17) 竹下ほか編集代表・前掲注(5)五二一頁〔福田剛久発言〕。
(18) 福田剛久「準備的口頭弁論と書面による準備手続」竹下守夫編集代表・講座新民事訴訟法Ⅰ(一九九八)二九九頁。
(19) 竹下ほか編集代表・前掲注(5)五二一頁〔福田剛久発言〕。
(20) 三木＝山本編・前掲注(1)九四頁。
(21) 志知俊秀「当事者照会と訴えの提起前における照会」門口正人編集代表・民事証拠法大系第五巻(二〇〇五)二二七頁以下。
(22) 最高裁判所事務総局・前掲注(14)三二～三三頁。
(23) 民事訴訟制度研究会編・二〇一一年民事訴訟利用者調査(二〇一二)。
(24) 民事訴訟制度研究会編・前掲注(23)六六頁。
(25) 秋山ほか・前掲注(8)四七八～四七九頁。

六　失権効と信義則

1　失権効の例外事由としての訴訟不遅滞(不遅延)要件

改正提案が、争点整理手続の手続終了効(失権効)の根拠を信義則に求め、その例外事由(その事由が存在すれば失権効が認められなくなる事由)に旧法二五五条一項が例外事由としていた「著ク訴訟ヲ遅滞セシメサルトキ」などの訴訟不遅滞(不遅延)要件を加えないものとしていることも評価できる。[26] 本稿は民事訴訟における信義則について論じることを目的とするものではないから、詳しく述べることは控えるが、控訴審で新たな証拠や主張が提出される場合、相手方は、時機に後れた攻撃防御方法の却下を申し立てるとともに、併せて新たな攻撃防御方法の提出が信義則に反するとの主張をすることがある。例えば、一審においては主張しないと言っていた主張を控訴審で主張する場合、一審では撤回した主張を控訴審で主張する場合、一審では申出をしないと言っていた人証や鑑定の申出を控訴審でする場合などである。一審で主張しないと言っていた主張や撤回した主張を控訴審でする場合は、必ずしも訴訟の完結を遅延させることになるとは限らず、信義則に反するか否かの判断をすることが多いが、書証の提出以外の証拠の申出を控訴審でする場合は、これにより訴訟の完結を遅延させることになるのは明らかであるから、時機に後れた攻撃防御方法の却下（法一五七条）の枠組みで判断することが多い。しかし、よく考えてみると、一審では申出をしないと言っていた証拠の申出を控訴審ですることは、一審でその証拠調べがされ、その結果も踏まえた一審判決を受ける利益を相手方から奪ったということもできるのであり、訴訟の完結を遅延させることになるか否かの判断をするまでもなく、信義則に反するというべきではないかとも思われる。信義則違反の判断に訴訟の完結の遅延の問題が全く影響しないとはいえないが、基本的には、信義則違反と訴訟の完結の遅延は分けて考えるべきものであるから、争点整理手続の手続終了効（失権効）の根拠を信義則とし、例外事由に訴訟不遅滞（不遅延）要件を加えないという改正提案の説明には合理性が認められる。(27)

2　控訴審における新たな攻撃防御方法の提出

改正提案は、控訴審における攻撃防御方法の提出について、「控訴審の規律」として、次のような提案をしている。(28)

「1　第一審において時機に後れたものとして適法に却下された攻撃防御方法については、控訴審において提出を許さない旨の規定を新設する。

2　控訴審においては、新たな攻撃防御方法を提出することはできないことを原則とするが、その当事者が第一審で提出できなかったことについて重過失がないときまたはその攻撃防御方法が職権調査事項に関するものであるときはその限りでないとする規定を設ける。

3　三〇一条については、第一審における争点整理手続後の攻撃防御方法の失権に関する規律と同一の規定内容となり、それに吸収される。」

現行法は、一審における争点整理手続の手続終了効（説明義務）は、控訴審においてもその効力が維持される旨定めており（二九八条二項）、この規定が維持される限り、争点整理手続の手続終了効として失権効を定めれば、その効力が控訴審においても維持されることになる。したがって、一審で争点整理手続を経ている事件については、原則として控訴審で新たな攻撃防御方法を提出することはできなくなる。

前記提案2は、この枠組みを超えるものであって、一審で争点整理手続を経ていても経ていなくても、原則として控訴審では新たな攻撃防御方法の提出はできない（更新権の制限）とし、ここでも例外事由に訴訟不遅滞（不遅延）要件を加えないというものである。この提案は、争点整理手続の失権効の問題あるいは信義則の問題から離れた控訴審の構造に関わる問題であるから、詳しくは述べないが、現在の控訴審の運用が、一回の口頭弁論期日で口頭弁論が終結されることが多いこと、人証の取調べが行われることは少ないことは、改正提案で指摘されているとおりであり[29]、前記提案2のように更新権を制限しなければ、控訴審の審理が滞るというような状況にはない。もっとも、現在は、控訴審で提出された新たな攻撃防御方法を却下するのは、主として時機に後れて提出されたものと判断できる場合であるから、訴訟の完結を遅延させないもの、例えば、書証の提出や一審で提出された証拠で判断できる新たな主張などは、却下することができない場合が多いが、前記提案2によれば、これらも却下できることになる（その点では、争点整理手続の手続終了効としての失権効と同じ効果を生じることになる）[30]。

前記提案2は、一審の審理の充実を前提とするものであるから、その点についての検討もしなければその評価をすることはできないが、仮にこのような制度を設計するのであれば、控訴理由書の提出を義務的なものとするなど、控訴審全体の仕組みを見直す必要があろう。

（26）三木＝山本編・前掲注（1）九四頁。
（27）三木＝山本編・前掲注（1）九四頁。
（28）三木＝山本編・前掲注（1）一四七頁。
（29）三木＝山本編・前掲注（1）一四八頁。

(30) 三木＝山本編・前掲注(1)一四九頁。

七　失権効と釈明義務

改正提案は、「裁判所は、適切な審理および裁判の実現に必要と認める場合には、訴訟関係を明瞭にするため、当事者に対して問いを発しなければならないものとする規定を設ける」としている。[31] 釈明義務の広狭については議論があるものの、一定の場合には義務となることについては、今日では異論がなく、また、判例上確立された法理であることがその理由とされている。[32] そして、判例は、「釈明の制度は、弁論主義の形式的な適用による不合理を修正し、訴訟関係を明らかにし、できるだけ事案の真相をきわめることによつて、当事者間における紛争の真の解決をはかることを目的として設けられたもの」との理解に立っており(最判昭和四五・六・一一民集二四巻六号五一六頁)、最高裁に対する上告理由を憲法違反と絶対的上告理由に限定し、法令違反については、法令の解釈に関する重要な事項を含むものと認められる事件について上告受理申立てができるものとした現行法の下でも、最高裁は、上告を受理し、釈明義務違反を理由に原判決を破棄している(最判平成一七・七・一四判時一九一一号一〇二頁)。[33][34]

しかし、「事案の真相をきわめること」(実体的正義を求めること)と信義則を重視した手続的正義(失権効)とは、時として相容れない関係に立つのであり、釈明に関する現在の判例理論については、「裁判官主導型審理をもたらすものであり、これを当事者自立型審理に転換していこうとする場合には、その見直しが図られることが必要になるようにも思われる。手続的正義と実体的正義との調整をどのように図っていくかという問題の一分枝であり、訴訟代理人である弁護士層などの手続の担い手の質量の充実などの制度基盤との兼ね合いでも議論が深められることが必要であろう」との意見[35]にも留意する必要がある。釈明義務違反や審理不尽(釈明すべきところを釈明しなかったことから生じた審理不尽)を理由に破棄されるということが増えれば、裁判官は、失権効の適用に慎重にならざるを得ない(例外事由を緩やかに認める）であろう。釈明義務を法定する場合は、そのような影響についても考慮する必要がある。

(31) 三木＝山本編・前掲注（1）八〇頁以下。
(32) 三木＝山本編・前掲注（1）八四頁。
(33) 八木一洋「釈明権の行使に関する最高裁判所の裁判例について」民訴雑誌五六号（二〇一〇）八〇頁以下。
(34) 秋山ほか・前掲注（8）二七四～二八一頁。
(35) 秋山ほか・前掲注（8）二八一～二八二頁。

共同訴訟的補助参加の理論的基礎

――「当事者総論」との関わりに留意して

松原弘信

一　はじめに
二　共同訴訟的補助参加の訴訟参加上の位置づけおよび構造と二当事者対立構造
三　共同訴訟的補助参加の要件・効果ないし参加人の地位と当事者概念・当事者権
四　結　び

一　はじめに

共同訴訟的補助参加については、かねてよりあいまい（不透明）なところのある制度であるといわれてきた。[1] そうしたなか、共同訴訟的補助参加の概念不要論[2]や詐害防止参加など他の訴訟参加との重複互換性を認める見解[3]が有力に主張される一方、それら他の訴訟参加と峻別すべきであるとする見解[4]も有力である。また最近では、各訴訟参加の要件・効果の峻別を前提に、共同訴訟的補助参加の明文化を詐害防止参加の廃止・詐害再審の明文化とセットで主張する民事訴訟法改正研究会（以下「民訴改正研」と略）の立法提案[5]がなされている。

筆者が本稿において共同訴訟的補助参加を取り上げる主な理由は、それが当事者概念・当事者権・二当事者対立構造といった筆者の造語たる「当事者総論」[6]との有機的連関の観点からとても興味をひく「当事者各論」の領域だからである。そこで、本稿は、「当事者各論との有機的連関における当事者総論の研究」という筆者の研究テーマの全体構想[7]の一環として共同訴訟的補助参加を考察の対象とする。したがって、本稿の目的は、共同訴訟的補助参加について、前記の立法論・解釈論および詐害防止参加や共同訴訟参加との関連を視野に入れつつ、その理論的基礎を「当事者総論」たる二当事者対立構造、当事者概念、当事者権との関わりに留意して明らかにしようとするものである。

（1）　たとえば、井上治典「共同訴訟的補助参加論の形成と展開――参加人の地位を中心として」同・多数当事者訴訟の法理（一九八一）一一〇頁、一三二頁（初出一九六八）、高橋宏志・重点講義民事訴訟法（下）〈第二版補訂版〉（二〇一四）四七一頁、四七四頁注55。

（2）　これには、井上治典博士の補助参加一本化論（井上・前掲注（1）一〇九頁以下、一四九頁）および桜井孝一博士の共同訴訟参加一本化論（桜井孝一「共同訴訟的参加と当事者適格――通説に対する批判的考察」中村宗雄先生古稀祝賀・民事訴訟の法理（一九六五）二一九頁以下）がある。なお、榊原豊「共同訴訟的補助参加」民事訴訟法の争点（一九七九）一二九頁参照。

（3）　井上治典「参加『形態論』の機能とその限界――再構成のための一視点」同・多数当事者訴訟の法理（一九八一）三〇七頁以下（初出一九七八）、高橋宏志「各種参加類型相互の関係」新堂幸司ほか編・講座民事訴訟③（一九八四）二五三頁以下など。

（4）瀧川叡一「株主総会決議の効力を争う訴訟における訴訟参加――共同訴訟的補助参加を中心として」松田判事在職四十年記念・会社と訴訟（上）（一九六八）三二一頁以下。

（5）三木浩一＝山本和彦編「民事訴訟法の改正課題」（二〇一二）三二頁以下、杉山悦子「判決の効力を受ける第三者の保護」民訴雑誌五九号（二〇一三）一七三頁以下。

（6）「当事者総論」「当事者各論」という筆者の造語につき、松原弘信「当事者論における当事者概念――『当事者総論』構築への一考察」民訴雑誌五三号（二〇〇七）一頁以下。

（7）松原・前掲注（6）一頁以下、松原弘信「当事者論における当事者権の研究序説」熊本法学一二二号（二〇一一）三一頁以下。本稿は、その点で科学研究費（基盤研究費C）の研究課題「当事者論における当事者権の研究」の成果の一部である。

二　共同訴訟的補助参加の訴訟参加上の位置づけおよび構造と二当事者対立構造

ここでは、共同訴訟的補助参加の訴訟参加上の位置づけについてドイツ法との比較において日本法を概観した[8]うえで、日本法におけるその構造を明らかにし、さらに、二当事者対立構造との関係を考察する。

1　共同訴訟的補助参加の訴訟参加上の位置づけ

（1）ドイツ法の場合　一八七七年ドイツ民事訴訟法は、第三者の訴訟参加のうち主参加・従参加、訴訟告知、僭望者参加、本人指名参加について規定し、従参加のなかに共同訴訟的従参加（六九条）を民法の規定により本訴訟においてなした裁判が従参加人と相手方との法律関係につき既判力を生じる場合として規定した。このドイツ民訴法における共同訴訟的補助参加の明文化は、補助参加の通常のそれと特殊なそれへの二分化、すなわち、学説において一方で補助参加の枠組みにおける通常の補助参加について補助参加人の地位の被参加人の地位への従属性を強調する動きのなかで、それから分化する形で判決効が第三者に拡張される場合に限って補助参加人の被参加人からの従属性を大幅に緩和し、「共同訴訟人とみなす」ことにして、当事者に準じる地位で参加できる制度として制定されたといえよう。[(9)] そして、ドイツ法では、当事者参加について明文の規律がないなか、[(10)] 共同訴訟的補助参加の規律後は当然のことながら、その条文の解釈論として、それをめぐる学説・判例の展開が見受けられる。

(2) 日本法の場合　日本法における共同訴訟的補助参加の訴訟参加上の位置づけは、ドイツ法と異なり、民訴法に明文の規定がないなか、明文の規定のある当事者参加たる共同訴訟参加や詐害防止参加との関係を抜きにしては、その訴訟参加上の位置づけを語れない点で特徴を有すると考える。以下その点を明らかにするために必要な限度で、日本法における共同訴訟的補助参加の訴訟参加上の位置づけについて、密接な関連を有する前記当事者参加との関係に着目しつつ、民訴法の制定（大改正）を契機として第一期から第三期まで大別し、各期における法規律と学説・判例を順次概観する。

〔第一期〕旧旧（明治）民訴法制定以降

(a) 共同訴訟的補助参加の規定の欠如　明治二三（一八九〇）年制定の旧旧民訴法（明治民訴法）は、一八七七年のドイツ民訴法を継受して、主参加、従参加、訴訟告知、本人指名参加について規定し、[(11)] 通説によれば、第一期には共同訴訟的補助参加の規定がなかった。

(b) 詐害防止主参加および詐害再審の明文化　詐害訴訟防止の機能を有する詐害防止主参加および詐害再審の規定があり、第二期の詐害防止参加の規律へと展開する契機となった。

(c) 学説・判例　旧旧民訴五四条二項に「従参加人ノ陳述及ヒ行為ト主タル原告若クハ被告ノ陳述及ヒ行為ト相抵触スル場合ニ於テハ主タル原告若クハ被告ノ陳述及ヒ行為ヲ以テ標準ト為ス、但民法ニ於テ此ニ異ナル規定アルトキハ此限ニ在ラス」という規定があったため、当時から一部の有力学説は、前記但書を根拠としてドイツ民訴法六九条と同様の共同訴訟的補助参加を認めたものと解し、同旨の下級審裁判例もあった。しかし通説によれば、前記但書は、ドイツ民訴法六九条とは関係なく、旧民法財産編三三九条の規定に対応して立法されたものであり、大審院も、

通説や立法理由に従い、第一期では共同訴訟的補助参加を認めなかった。(12)

〔第二期〕旧（大正）民訴法制定以降

(a) 共同訴訟参加の明文化　ドイツ民訴法における共同訴訟的補助参加に相当するものとして、共同訴訟参加が明文化された（旧民訴七五条）。その立法理由は、同六九条の共同訴訟的補助参加の規定を承継しつつ、一歩進めて「共同訴訟人トシテ」訴訟に参加しうるとしたものである。(13)

(b) 詐害防止参加の明文化と詐害再審の廃止　詐害防止参加が、第一期の詐害防止主参加の規定を継承し、詐害訴訟の防止を念頭に置いて、訴訟参加の性質を有しかつ当事者参加たることを明確にして規律される(14)一方で、詐害再審は廃止された。

(c) 学説・判例　共同訴訟参加の明文化について、立法当初は立法者も学説も、参加人が当事者適格を要することなく、ドイツ民訴法六九条によって共同訴訟的補助参加ができる者は、全部共同訴訟参加ができると考えていた。しかし、その後共同訴訟参加人に当事者適格を要求する当事者適格必要説が通説・判例となり、共同訴訟参加について共同訴訟参加人の当事者適格が必要と解すると、他人間の判決の効力を受けるが当事者適格を有しない者の保護が別途必要となり、かかる者を保護するために通説・判例は、明文の規定なしにドイツ民訴法六九条にならい共同訴訟的補助参加を解釈論上認めるに至った。(15)この共同訴訟的補助参加の通説・判例の承認と詐害防止参加の明文化により、詐害訴訟防止の機能を有するものとして共同訴訟的補助参加と詐害防止参加が考えられることから、両参加の関係が特に株主総会決議の効力を争う訴訟において問題となった。すなわち、両参加の要件・効果上の差異を強調して、両参加を整然と区別できるし区別すべきとする峻別説に立って会社以外の被選任取締役等の主な利害関係人に共同訴訟的補助参加のみを認める説、(16)および、両参加等の要件・効果の重複を認めて参加人がいずれかを選択することができ適法と解する重複互換性肯定説(17)が、ともに有力に主張された。

〔第三期〕平成八年民訴法制定以降

(a)　共同訴訟的補助参加の明文化の挫折　現行法制定に至る第一段階たる「民事訴訟手続に関する検討事項」では、共同訴訟的補助参加の規定を新たに設け、その第三者がすることのできる訴訟行為を法文上明確にするという考え方が示された。続いて、「民事訴訟手続に関する改正要綱試案」では、判決の効力が及ぶ第三者がする補助参加について六九条二項（現行四五条二項）を適用しないものとする旨が示されたが、これは改正要綱に取り入れられず、明文化は見送られた[18]。

(b)　独立当事者参加における「片面的参加」の許容　平成八年民訴法において詐害防止参加等の独立当事者参加が存続するとともに、「片面的参加」の明文上の許容が図られた。

(c)　平成一五年人訴法における共同訴訟的補助参加の明文化　旧法の人事訴訟手続法の改正である平成一五年人事訴訟法では、その一五条において、検察官を被告とする人事訴訟において、訴訟の結果、相続権を害される第三者が補助参加をした場合、民訴法四五条二項を排除し、同四〇条一項・二項・三項（中止部分のみ）を準用する旨を規定した[19]。

(d)　学説・判例　一方で共同訴訟的補助参加について民訴法に規定されず通説・判例により解釈論上引き続き承認され、他方で独立当事者参加について「片面的参加」の明記によりその訴訟構造および民訴法四〇条準用の根拠としての旧法下の判例・通説たる三面訴訟説への疑念が高まるなか、両訴訟参加の境界があいまいとなり、その関係が改めて問題となった。なぜなら、共同訴訟的補助参加は、判決効が参加人に法的に拡張される場合に認められるものであるのに、その参加人の地位については「請求なき非当事者」として従属性が大幅に緩和されながらもなお存在すると一般に解されているのに対し、詐害防止参加は、判例・多数説によれば判決効が参加人に法的に拡張される場合に限られないのに「片面的参加」を認める形で「請求なき当事者」として独立した当事者地位が参加人に保障される点で、一種の「ねじれ現象」を惹起したからである[20]。そうしたなか、詐害防止参加の存続を前提にあいまいなところがある共同訴訟的補助参加の存在意義に益々疑念をもたらすことになったとする見解[21]と並んで、「請求なき当事者」

を否定的に解して詐害防止参加を廃止し、「非請求定立参加」としての共同訴訟的補助参加の明文化を提唱する民訴改正研の立法提案もみられる。(22)

以上要するに、日本法では、ドイツ法と異なり、共同訴訟的補助参加は明文化されず、独自の当事者参加が明文化されるなか、これら訴訟参加の関係が判例・学説上問題になった。第一に、第二期にドイツ法の共同訴訟的補助参加に代わるものとして共同訴訟参加が明文化され、しかも、それが当事者参加である以上当事者適格を要するとの通説・判例がその後形成されたため、共同訴訟参加とは概念上区別しつつそれに準ずるまたはそれと通常の補助参加の中間的な訴訟参加として、(23)共同訴訟的補助参加が通説・判例により解釈論上承認されるようになった。したがって、共同訴訟的補助参加は、参加人が独立の当事者適格を持たない場合にかぎり効用がある。(24)第二に、詐害訴訟の防止という共同訴訟的補助参加と同じ機能を有する当事者参加として第二期に詐害防止参加が明文化されたため、両訴訟参加の関係が問題になり、峻別説と重複互換性肯定説がともに有力に主張された。しかも、第三期において独立当事者参加に「片面的参加」が許容され、両訴訟参加の関係に「ねじれ現象」が生じるなか、詐害防止参加の存続を前提に共同訴訟的補助参加の存在意義に疑問を呈する見解と共同訴訟的補助参加の明文化を図る一方で詐害防止参加の廃止を立法提案する民訴改正研の見解が共に有力に主張され、両訴訟参加の立法論的な存立意義が論点として浮上してきている。

2　共同訴訟的補助参加の構造と二当事者対立構造

(1)　共同訴訟的補助参加の構造　これについて考察する理由は、わが国において詐害防止参加との関係で現在問題となっている前述した解釈論ないし立法論上の見解対立の状況があるなかで、その構造が重要な意義を有すると考えるからである。(25)

さて、日本法における共同訴訟的補助参加は、次の三つの見方が可能であり、その意味で多重的な構造を有すると考える。すなわち、第一に、ドイツ法やわが国の伝統的通説にみられるように、共同訴訟的補助参加を補助参加の一種という面からその独立性の強化に重きを置いて共同訴訟的補助参加を捉える伝統的な見方がある。[26] 第二に、共同訴訟的補助参加を共同訴訟参加の変形として捉える見方であり、[27] わが国における共同訴訟的補助参加の沿革や必要的共同訴訟の特則準用だけでなく、後述するように当事者権の観点からもかかる構造を有するといえよう。第三に、共同訴訟的補助参加が最も効用を発揮する被参加人が詐害的に訴訟追行する場合、共同訴訟的補助参加も詐害防止参加も詐害訴訟の防止という機能を有し、とりわけ詐害防止参加につき「片面的参加」が認められる現行法下で、両訴訟参加の同質的な構造を指摘できよう。敷衍すると、旧民訴法下では、詐害防止参加を含めて独立当事者参加を二当事者対立構造の例外と解する三面訴訟説が判例・通説となるなか、参加人の当事者双方に対する請求の定立が必要と一般に考えられるようになった。しかしながら、詐害防止参加は、本来三面訴訟を念頭において三面紛争の解決をめざして立法化されたものではなく、その沿革からみても当事者双方への請求定立を要しない当事者参加を認めようとしたものであり、必ずしも三面的訴訟構造や独自の請求の定立を重視すべきでなく、他人間の判決から不利益が及ぶことを除去するために当事者性を認めたものと解する見解が妥当とするならば、[28]「片面的参加」を認めた現行法下で同じく詐害訴訟の防止の機能を有する共同訴訟的補助参加と実質上同質的な構造を有するとはいえないだろうか。勿論形式的には、詐害防止参加は参加人が当事者の双方または一方に対する訴えという請求定立を要する形式的当事者たる参加人による当事者参加（請求定立参加）であるのに対して、共同訴訟的補助参加が当事者双方に対して請求の定立を要しない形式的当事者ではない参加人による補助参加の特殊態様（非請求定立参加）という面での違いは確かにあろう。[29] しかし、現行法下でかかる形式的な違いを強調するよりも、両訴訟参加とも、参加人は、形式的当事者（詐害防止参加）、あるいは当事者権の観点から実質的に形式的当事者と同等の手続保障上の地位を有する「実質的当事者」（共同訴訟的補助参加）でありうる点での手続保障上の地位の同質性をこそ強調すべきであると考える。まして、詐害防止参加において独自請求の申立ては不要であり、請求棄却の申立てで足りると解しうるとすれば、「請求定立参加」

か「非請求定立参加」かの差異を重視した形式的・画一的な訴訟参加の構造論よりも「詐害訴訟の防止」の機能面や参加人の権能に基づく実質的地位に着目した同質的な構造の観点からの訴訟構造論の見直しこそが肝要であろう。(30)

(2) 共同訴訟的補助参加と二当事者対立構造　次に、両訴訟参加の構造と関連して二当事者対立構造との関係が問題となりうる。ここではまず二当事者対立構造という概念内容が当事者参加を認めないドイツ法と当事者参加を認める日本法とでは微妙に違う点から述べることにする。(31) すなわち、ドイツ法における二当事者対立構造の概念は、第一に、(対)自己訴訟の禁止であり、第二に、多面訴訟ないし多重当事者訴訟の禁止という二つの概念内容を有する。ここで問題となる後者について敷衍すると、訴訟に利害関係を有する者が三人以上訴訟に関与する場合には、原告側か被告側のいずれかに当事者、すなわち、共同訴訟人として立つか、さもなければ、当事者に対して何らかの従属性を有する補助者にすぎない、つまりせいぜい共同訴訟的補助参加人として立つことができるだけである。それに関して、共同訴訟は複数の二当事者対立訴訟の併合であり、第三者の訴訟参加では、二面訴訟を超えた三面訴訟(当事者参加などの多面訴訟)は二当事者対立構造の概念に反するとして禁止されており、共同訴訟的補助参加はドイツ法において当事者参加を認めることなく二当事者対立構造を厳守するための砦としての意義と役割を有している。(32) このように当事者参加の観念を知らないドイツ法では、共同訴訟的補助参加は純然たる二当事者対立構造の概念を厳守するための訴訟参加として位置づけられる。

それに対し日本法では、二当事者対立構造に関してドイツ法と異なり当事者参加を正面から認めるなかで、その概念にはドイツ法とは微妙なズレがあるといえよう。まず、共同訴訟参加では二当事者対立構造が妥当する点で異論がない。次に、独立当事者参加が二当事者対立構造の例外かをめぐって見解の対立がみられ、旧法下で詐害防止参加を含め独立当事者参加について二当事者対立構造の例外と解する三面訴訟説が判例・通説となり、それと関連して当事者双方に対する参加人の請求の定立が必要であると考えられた。そして、「片面的参加」を認めた現行法下でも、三面訴訟説への批判がかなり有力ではあるものの、両面参加に関する限りなお三面訴訟説が妥当するとして二当事者対立構造の例外と捉える見解も依然有力である。だがここで問題となる詐害防止参加については、三面訴訟を念頭において三面紛争の解決をめざして立法化されたというより、前述したように、詐害防止を目的とした訴訟において独立した当事者地位を保障すべく認められたものであり、当事者参加の観念を知らないドイツ法の二当事者対立構造の概念には該当しないとしても、日本法のそれには該当すると解する余地があるのではなかろうか。最後に、共同訴訟的補助参加について、被参加人が詐害的訴訟追行をしない場合だけでなく、詐害的訴訟追行をする場合にも、詐害防止参加と同様、原告の請求を起点として、訴訟上の請求を定立する原告側（たとえば株主総会決議の取消しを求める側）と詐害的訴訟追行をする被告に代わり原告の請求に対して全面的に争う参加人側（たとえば株主総会決議の取消しを否定する側）による実質的な二当事者対立訴訟であり、二当事者対立構造が採られていると解すべきであろう。[33] そうだとすれば、このことは日本法における共同訴訟的補助参加と詐害防止参加の重複互換性を認める解釈論を構造論からも理論的に基礎づけうるとともに、立法論としても、対照的な立場たる、井上・高橋説の共同訴訟的補助参加不要論および民訴改正研の詐害防止参加廃止論をともに理論的に基礎づけ、それらが有力に提唱される所以でもあるといえよう。

（8）　この点について筆者の問題意識に基づくとはいえ専ら先学の研究の成果に負うものであるが、紙数の制約上引用は最小限に止めざるをえないことをお断りする。
（9）　井上・前掲注（1）一〇九頁以下に詳しい。
（10）　高橋・前掲注（3）二五三頁以下。ドイツ法において日本法と異なり当事者参加がないことの影響について、井上・前掲注（1）一一〇頁。
（11）　徳田和幸「訴訟参加制度の継受と変容――本人指名参加の廃止を中心として」民訴雑誌三七号（一九九一）一頁以下。
（12）　瀧川・前掲注（4）三二八頁。
（13）　瀧川・前掲注（4）三二六頁、桜井・前掲注（2）二二三頁、徳田・前掲注（11）一九頁。
（14）　山木戸克己「訴訟参加と訴訟承継」民事訴訟法学会編・民事訴訟法講座第一巻（一九五四）二七三頁、徳田和幸「独立当事者参加における請求の定立について――詐害防止参加の沿革を中心として」新堂幸司先生古稀祝賀・民事訴訟法理論の新たな構築（上）（二〇〇一）七一五頁以下。
(15) 桜井・前掲注（2）二二四頁以下。瀧川・前掲注（4）三二八〜三二九頁。
(16) 瀧川・前掲注（4）三二一頁以下。
(17) 井上・前掲注（3）三〇七頁以下、高橋・前掲注（3）二五三頁以下。
(18) 竹下守夫ほか編・研究会 新民事訴訟法（一九九九）七六〜七七頁、三木＝山本編・前掲注（5）三三頁。その理由は、①いかなる場合が共同訴訟的補助参加という類型に該当するかをめぐって大きな争いがあり、その範囲を確定することが難しかったこと、②参加の効果に関して、たとえば、参加人に生じた事由によって手続停止の効果が認められるかなどについて意見の一致が見られなかった点にあるとされる。
(19) 人訴法一五条の趣旨について、高橋宏志＝高田裕成編「新しい人事訴訟法と家庭裁判所実務」ジュリ一二五九号（二〇〇三）五一頁〔小野瀬厚発言〕。
(20) 共同訴訟的補助参加と詐害防止参加の関係について、榊原豊「独立当事者参加と共同訴訟的補助参加」法教〔第二期〕七号（一九七五）一四四頁。
(21) 高橋・前掲注（1）五〇四頁注8は、「詐害防止参加が認められる日本法のもとで、しかも、……請求なき当事者参加を認めるとすると、共同訴訟的補助参加の必要性が疑われるべきであるのかも知れない。共同訴訟的補助参加は、不透明なところのある制度だからである。」という。
(22) 三木＝山本編・前掲注（5）三二頁以下、四六頁以下。
(23) この点で概念上のあいまいさがみられるが、これを合理的な理由に基づく面があることを理由に徒に消極的な評価をすべきでないことにつき、本稿「**四** 結び」五九三頁注（52）。
(24) 林田学「共同訴訟的補助参加」民事訴訟法の争点〈新版〉（一九八八）一四四頁。高橋・前掲注（1）四七〇頁以下。
(25) 高橋・前掲注（1）五五二頁以下は、参加類型相互の関係について伝統的な民訴法学にみられる形態論・構造論からの分類や形態論・構造論を重視して各訴訟参加を峻別する方向を批判する。その趣旨は理解できるが、構造論自体はなお有用であり、むしろ、峻別説による形式的・画一的なそれを見直し、実態や実質を重視する方向で構造論を捉え直すべきであると考える。
(26) 伝統的通説は、この立場であり、共同訴訟的補助参加につきこの面だけで捉えると、二当事者対立構造の下での形式的当事者概念の貫徹をもたらし、「非請求定立参加」としての画一的な効果なり参加人の地位なりが導かれよう。

(27) 瀧川・前掲注（4）三四〇〜三四一頁は、「〔旧〕七五条〔共同訴訟参加〕のあるわが民訴法では補助参加の一種というよりも共同訴訟参加の変形とみた方がよいと思う」と述べている。高田裕成「いわゆる類似必要的共同訴訟関係における共同訴訟人の地位」新堂古稀・民事訴訟法理論の新たな構築（上）（二〇〇一）六四一頁以下も、論文全体として共同訴訟的補助参加について共同訴訟参加と関わる類似必要的共同訴訟の類推という観点から主に論じている。

(28) 徳田・前掲注（14）七一九頁、高橋・前掲注（1）四九七頁。

(29) この点を強調するものとして、杉山・前掲注（5）一七三頁以下。

(30) 徳田・前掲注（14）七二九頁は、詐害防止参加について、その立法上の沿革の考察を踏まえて、参加人に対する独自請求の要求が必ずしも必然的なものでなく、場合によっては原告の請求棄却の判決を求めれば足りると解することも十分に成り立ちうるとして、従来の訴訟構造論についても見直しの必要があるとする。

(31) この点につき、松原弘信「二当事者対立主義論序説（1）——多数当事者訴訟論との関連を中心に」熊本法学九五号（一九九九）五頁以下、松原・前掲注（6）一七頁以下。

(32) 高田裕成「いわゆる対世効論についての一考察（1）——人訴法に焦点をあてて」法協一〇四巻八号（一九八七）一頁（一一二九頁）。

(33) 松原弘信「会社組織関係訴訟の被告適格——手続法の視点から」川嶋四郎＝中東正文編・会社事件手続法の現代的展開（二〇一三）一六一頁以下（初出「会社の組織に関する訴えの被告適格——手続法からの分析」法時八四巻四号（一〇四五号）一八頁〔二〇一二〕）。

三　共同訴訟的補助参加の要件・効果ないし参加人の地位と当事者概念・当事者権

1では共同訴訟的補助参加の要件をそれに該当する訴訟類型との関連において考察したうえで、2では共同訴訟的補助参加の効果およびそれと関わる参加人の地位について当事者概念および当事者権との関わりにおいて考察する。

1　共同訴訟的補助参加の要件と該当する訴訟類型

共同訴訟的補助参加の要件については種々の見解があり[34]、まず、第三者に判決効が及ぶことを要件とする点では判例・学説上争いがないが、有利不利を問わず第三者に判決効が及ぶことのみを要件とする説（①説）、第三者に不利な判決効が及ぶことのみを要件とする説（②説）があるほか、被参加人敗訴の判決の効力が参加人に及ぶことに加え、これにより第三者の権利・法的利益が侵害されることを要件とする見解（③説）があり、また、③説の要件に加え、判決の効力を受ける第三者が当事者の一方と実質的な利害を共通にすることを要件として付加する説（④説）もある。さらに最近では、立法提案ながら独自の要件として②説の要件に加えその第三者が共同訴訟的補助参加をする申立てをすることを必要と解する民訴改正研の説（⑤説）もある。こうした要件をめぐる見解の対立の根底には、共同訴訟的補助参加の要件に該当する具体的な訴訟類型として何を想定するかをめぐる見解の対立がある。たとえば、③説は、判決効が「及ぶ」ことの解釈において第三者に絞りをかける必要があるとし、当事者適格に準じた要件であると位置づけ、判決効が有利にしか及ばない第三者は共同訴訟的補助参加に値しないと解する。また、④説は、破産者の補助参加を共同訴訟的補助参加から外すことを目的として要件を絞り込んだ見解であるといえる。共同訴訟的補助参加の申立てを要件とすべきかについても、判例実務・通説は、補助参加を申し立ててきたもので要件を満たせば共同訴訟的補助参加と扱うことは差し支えないと解し、現に判例が共同訴訟的補助参加と扱ったのはほとんどこうした事例であったといわれているが、峻別説を徹底すれば、⑤説のように共同訴訟的補助参加の申立てを要すると解することが整合的といえよう。以下では、共同訴訟的補助参加の要件に該当する（またはその点争いのある）具体的事例としていかなるものがあるかを類型化して検討する[35]。

〔A〕第三者の訴訟担当による訴訟において民訴法一一五条一項二号により判決の効力が参加人に及ぶ場合[36]

〔A－1〕法定訴訟担当による訴訟において判決の効力が第三者に及ぶ場合

(a)　破産管財人が法定訴訟担当者として追行する破産財団に関する訴訟に破産者が参加する場合に共同訴訟的補助

参加が認められるか議論がある。[37] 伝統的通説は、共同訴訟的補助参加に該当すると解するだけでなく、その典型的事例であると解してきた。これに対し、少数有力説は、破産者には破産財団に関する管理処分権はなく、破産財団に属する財産がどのように債権者に分配されるかは、基本的には破産者に関係しない事項であり、したがって、破産財団に関する訴訟につき破産管財人に当事者としての訴訟追行が委ねられた以上、破産者に破産管財人の訴訟活動を阻止できる共同訴訟的補助参加を保障するまでのことはなく、通常の補助参加を認めれば足りるとする。そのうえで、破産管財人が相手方と馴れ合い十分な訴訟追行をしない等の特別の事情があれば、それを牽制するための独立的地位を認めてよいとする。

(b) 遺言執行者が法定訴訟担当者として追行する訴訟に相続人が参加する場合も同様の議論があり、通説は共同訴訟的補助参加を認める。だが、井上説は通常の補助参加のみを認め、その理由として、遺言執行者はその職務権限に基づき当事者としての訴訟追行を委ねられている以上、遺言執行者の訴訟活動を阻止できる共同訴訟的補助参加を相続人に保障するまでもなく、通常の補助参加を認めれば足りるからとする。そのうえで、(a)と同様、遺産執行者が相手方と馴れ合い十分な訴訟追行をしない等の特別の事情があれば、それを牽制するための独立的地位を認めてよいとする。[38]

(c) 債権者の第三債務者に対する債権者代位訴訟に債務者が訴訟参加する場合、判例・通説によれば、この訴訟は法定訴訟担当であり、民訴法一一五条一項二号によりその判決効は債務者に及ぶとともに、債権者代位権を行使された債務者は当事者適格を失うので原則として共同訴訟的補助参加をなしうるにとどまるとする。そのうえで、例外的に債務者が被差押債権たる代位債権者の債務者に対する債権の存否を争う場合には（特殊な）権利主張参加が認められるとする。それゆえ、通説・判例は先の(a)(b)と異なる扱いをする。他方、債権者代位訴訟により当事者適格が失われないとして債務者に共同訴訟参加を認める少数有力説がある点でも(a)(b)の場合とは異なる。[39]

〔A－2〕 選定当事者等に加え狭義の任意的訴訟担当を含む広義の任意的訴訟担当の場合　共同訴訟的補助参加

か、それとも通常の補助参加かを問題としうるが、授権を撤回すれば自ら当事者として訴訟参加できるから、補助参加すら認める必要はないとの見解もありえよう。

〔B〕第三者が判決の反射的効力等の付随的効力を受ける場合　典型例たる債権者・債務者間の訴訟係属中における保証人の訴訟参加について、通常の補助参加にとどまると解する通説と共同訴訟的補助参加であると解する少数有力説の対立がある。

〔C〕第三者が判決の対世効を受ける場合

(a)　取締役選任決議取消訴訟などの会社訴訟における被告適格について、従来から、また会社法が規律する現行法下でも、主に会社被告説（判例・通説）と共同被告説（少数有力説）の対立がある。会社被告説では共同訴訟的補助参加と詐害防止参加の可能性、共同被告説では共同訴訟参加と詐害防止参加の可能性があるなか、いずれか一つの参加のみ認める峻別説と両参加の選択可能性を認める重複互換性肯定説の対立がある。峻別説[40]によると、総会決議の効力を争う訴えでは、会社を被告として訴えが提起された場合、会社が原告と馴れ合い、または不十分な訴訟追行をした結果請求認容の判決を受けると、これによって第三者の権利や法律上の利益が害される場合が生ずるので、第三者に「馴合訴訟」防止のため当該訴訟に参加を開く必要があるが、総会決議の効力を争う訴訟の請求認容判決により自己の権利または法律上の利害を害される者は、被告会社側に共同訴訟的補助参加をすることによって被告が原告と馴れ合って請求認容の判決を受けるのを防止することができるとする。このほかに詐害防止参加を認める必要があるかについて、それは判決の効力が第三者に及ぶ場合を含まない趣旨であったとして否定的に解する。しかし、詐害防止参加は判決の効力が第三者に及ぶ場合を含まない趣旨かはその沿革や昨今ともに有力な判決効説の存在からも疑問に思われるし、詐害防止参加と共同訴訟的補助参加の要件を満たすかぎりいずれの参加も可とする説が、前述した両参加の構造からも、馴合訴訟により自己の権利または法律上の利害を害される参加人の保護からも妥当であると考える。[41]

(b)　人事訴訟については人訴法において共同訴訟的補助参加が規律されている。[42]検察官を被告とする死後認知の訴えなどが提起された場合の死亡した被相続人の子など判決の結果自らの相続権を害される第三者の訴訟参加として、対世効（人訴二四条一項）を前提とすれば共同訴訟的補助参加が問題になり、その地位・権限（人訴一五条三項による民訴四五条二項の適用排除）について、合一確定のための必要的共同訴訟の規律の準用（人訴一五条四項による民訴四〇条一項から三項まで準用）がある。第三者にこのような強力な地位が認められるのは、共同訴訟的補助参加人の特質によるものであるが、実際には、公益の代表者として当事者となる検察官よりも、実質的利害関係をもつ補助参加人の訴訟追行によって適正な審理の実現が期待されるためであると解されている。

以上の会社訴訟、人事訴訟のほかにも、行政処分取消訴訟、特許訴訟などの知的財産法上の訴訟など対世効を有する形成訴訟にその例が多く見られる。(43) 実務上共同訴訟的補助参加が機能する例は、訴訟過程で被参加人の具体的な処分もしくは処分類似の行為の効力が問題になり、この解決を図る段階で終局判決または中間判決のなかで、当該補助参加を共同訴訟的補助参加と認定して参加人の地位の保護をはかった例が相当の比重を占めている。(44) そうしたなか、実際に共同訴訟的補助参加が認められた（裁）判例は、ほとんど会社訴訟など対世効を有する形成訴訟ばかりであり、しかも被告側に補助参加する場合が圧倒的に多いことも、後述する2との関係で興味をひく事実である。

以上要するに、共同訴訟的補助参加の要件をめぐる争いの根底にはいかなる訴訟類型がそれに該当するかをめぐる争いがあるのに加え、その要件を満たすと一般に解される該当事例の中にも種々の類型があり、さらに、通常の補助参加か共同訴訟的補助参加かが争いのあるもの（〔A－1〕(a)(b)、〔A－2〕、〔B〕）もあれば、共同訴訟参加か共同訴訟的補助参加かが争いのあるもの（〔A－1〕(c)、〔C〕(a)）もあり、決して一様でない。したがって、共同訴訟的補助参加を明文で規律する場合、前記の点を踏まえ、要件面で広く捉えて規律したうえで、引き続き判例・学説の解釈論上の争いに委ねることが望ましいと考える。

2　共同訴訟的補助参加の効果ないし参加人の地位と当事者概念・当事者権

共同訴訟的補助参加の効果については概ね次の通りである。[45] (1)共同訴訟的補助参加人は被参加人の行為と抵触する行為を有効になしうる。よって、被参加人が上訴権を放棄しても参加人は有効に上訴することができ、被参加人のみが上訴を取り下げても参加人はなお上訴できる。被参加人が自白等の不利な行為をなしてもそれを阻止することができる。この点概ね異論がない。(2)上訴期間は共同訴訟的補助参加人に送達されたときから被参加人とは独立に計算される。この点も異論がない。(3)議論があるのは、共同訴訟的補助参加人に中断・中止の事由が発生すると、手続全体が中断・中止となるかであり、これについて、共同訴訟的補助参加人にいかなる地位を付与するかと関連して、無条件肯定説、折衷説（詐害を条件とする条件付肯定説）、否定説の対立があり、折衷説が近時有力である。(4)共同訴訟的補助参加人が、訴えの取下げ、請求の放棄・認諾、訴訟上の和解などの訴訟自体を処分する行為をなしうるかについては、議論があるものの通説はこれを否定する。(5)共同訴訟的補助参加人が参加時点の訴訟状態に拘束されるか（訴訟状態承認義務があるか）については議論が分かれる。以上の(3)～(5)、特に(4)を前提に、当事者と共同訴訟的補助参加人の地位にはなお決定的な違いがあるというのが通説的理解であろう。[46] 前述した民訴改正研説も、前記通説を前提に共同訴訟的補助参加を「非請求定立参加」と位置づけたうえで、効果につき詐害性の有無のみで異なる規律を設けようとするものといえよう。[47]

1において述べたように、判決効により（不利益を）受ける第三者という要件を満たす共同訴訟的補助参加にも様々な類型があるうえ、通常の補助参加か共同訴訟的補助参加かについて議論のあるものもあれば、共同訴訟的補助参加か共同訴訟参加かについて見解が対立するものもある。しかも、（裁）判例上問題となるほとんどの割合を占める会社訴訟等の形成訴訟（(C)）における利害関係人の共同訴訟的補助参加は、被告側のそれがほとんどである。かかる場合に訴訟処分行為が問題になるのは、せいぜい請求の認諾、訴訟上の和解であるうえ、[48] 共同訴訟的補助参加人が訴訟処分行為をなしえないとしても、その同意なしに、被参加人たる会社等の当事者がそのような訴訟処分行為をなしうるかについても議論がある(49)。たとえば、会社を被告とする取締役選任決議取消訴訟のような会社訴訟において被参加人たる会社が被選任取締役など共同訴訟的補助参加人の同意なしに請求認諾、訴訟上の和解等の訴訟処分行為をなしうるかについて、否定説が多数説ないし通説であり、彼らの独立した手続保障に鑑み同意を要すると解するのが妥当であると考える(50)。そうだとすれば、共同訴訟的補助参加の要件を満たす具体的な訴訟類型上の違いを抜きに十把一絡げに共同訴訟的補助参加の効果ないし参加人の地位を一律に解し、当事者は自由に処分行為ができるのに対して共同訴訟的補助参加人はできない点で両者は決定的な違いがあると解してきた通説的見解を見直すべきである。私見は、判決効拡張を受けるにもかかわらず当事者適格が否定される趣旨から大きく二つに場合分けして、効果ないし参加人の訴訟上の地位に差異を認める林田・高橋説を基本的に妥当としたうえで、民訴改正研が提唱する詐害性の有無を組み合わせて効果および参加人の地位を二元的に規律すべきであると考える(51)。以下では、前記の私見の妥当性を前述したわが国の共同訴訟的補助参加の多重的構造および井上博士の訴訟担当機能の考え方を参考にして理論的に基礎づけたいと考える。

共同訴訟的補助参加は、その構造において、①補助参加の特殊態様という一面があり、それのみを重視すれば、共同訴訟的補助参加は、参加人が自己の名において請求を定立しない「非請求定立参加」であり、判決の名宛人にもならない点で補助参加の一種であり、形式的当事者概念との整合性からは処分権を有しない緩和された従属性を有するとして、前記通説の立場が基礎づけられる。だが他方で、日本法における共同訴訟的補助参加は、②共同訴訟参加の変形として共同訴訟参加に準じる一面、さらに③詐害訴訟の防止の機能の観点からは詐害防止参加と同質的な構造を有する。そうした多重的構造のゆえに共同訴訟的補助参加における参加人は当事者権の観点から見て形式的当事者に準じる「実質的当事者」たる地位を有しうることを理論的に基礎づけることができる。もっとも、共同訴訟的補助参加に該当するすべての訴訟類型について当事者権の面で形式的当事者と同視しうる「実質的当事者」を基礎づけうるかはなお疑問である。なぜなら、共同訴訟的補助参加は、性質を異にする大きく二分化される性質を有する。すなわち、破産管財人・遺言執行者等の財産管理人の訴訟上の地位は当事者としての訴訟追行（訴訟担当）を容認するための当事者概念として実体的当事者概念の破綻および形式的当事者概念の成立に大いなる寄与をしたもので、訴訟担当者の訴訟追行による判決の既判力は権利帰属主体（被担当者、破産者や被相続人の子などの相続人）にも拡張される。破産管財人や遺言執行者は破産者や相続人の有する管理処分権の喪失ゆえに権利帰属主体（破産者や相続人）の当事者〔適格〕性を剝奪して彼らに訴訟担当者たる地位を付与したものであり、訴訟担当者たる破産管財人や遺言執行者に訴訟担当機能が付与される。そうだとすれば、破産管財人や遺言執行者が訴訟担当資格を有する場合における破産者や相続人の地位は原則として判決効が及ぶとはいえ当事者たる被参加人に対してなお明確な従属的地位を有するのではなかろうか。したがって、被担当者が訴訟参加した場合の参加人の地位を判決効が不利益に及ぶことを理由に一律に当事者権の観点から形式的当事者に準ずる実質的当事者と解してよいかは大いに疑問である。ただし、机上の議論の面が否定できないものの、破産管財人や遺言執行者が詐害的訴訟追行をする場合には詐害防止参加の参加人（形式的当事者）にもなりうる点、また、二当事者対立構造における破産管財人や遺言執行者に代わって一方の極たる地位を有する点に鑑み、実質的当事者であると解して形式的当事者に準じる当事者権を保障すべきであると考える。これに対して死後認知訴訟（人事訴訟）における検察官や取締役選任決議取消訴訟（会社訴訟）における会社など被参加人たる当事者は、原告の訴訟提起の便宜といった訴訟政策的・公益的見地からの形式的当事者であるということができ、実質的な訴訟担当機能を有するのは共同訴訟的補助参加人たる相続人や被選任取締役である。彼らは訴訟政策的見地ないし原告の保護（訴訟提起の便宜）の観点から当事者適格を有しないが、検察官や会社が仮に詐害的な訴訟追行をしなくても、当事者権の観点から形式的当事者と同視できる「実質的当事者」として位置づけ、それにふさわしい手続保障上の地位を付与すべきであると考える。

(34) 共同訴訟的補助参加の要件をめぐる諸見解について紙数の制約上個々の引用をしないことをお断りする。詳細は、三木＝山本編・前掲注（5）三三頁以下、三六頁以下。高橋・前掲注（1）四七〇頁以下。

(35) 共同訴訟的補助参加の要件該当性が問題となる訴訟の類型化は、梅本吉彦・民事訴訟法〈第四版〉（二〇〇九）六六九頁以下の分類を参考にしつつ修正したものである。
(36) 形式的当事者概念の下で法定訴訟担当者として当事者適格を有する法定訴訟担当（三ケ月博士のいう吸収型法定訴訟担当）において被担当者が共同訴訟的補助参加をする場合ともいえよう。
(37) この点の詳細な議論につき、高橋・前掲注（1）四七五頁注57。
(38) 上田徹一郎＝井上治典編・注釈民事訴訟法(2)（一九九二）一二五頁〔井上治典〕。
(39) この類型は三ケ月博士のいう対立型法定訴訟担当の場合であり、債務者の当事者適格（共同訴訟参加）を認めるどうかについて、否定説（判例・通説）と肯定説の対立がある。
(40) 瀧川・前掲注（4）三二三頁。
(41) 井上・前掲注（3）三〇七頁以下、高橋・前掲注（3）二五三頁以下。
(42) 伊藤眞・民事訴訟法〈第四版補訂版〉（二〇一四）六四三頁、松岡正毅ほか編・新基本法コンメンタール人事訴訟法・家事事件手続法（二〇一三）四一頁以下。
(43) 瀧川・前掲注（4）、上田＝井上編・前掲注（38）一五三頁〔池尻郁夫〕、三木＝山本編・前掲注（5）三三～三四頁。
(44) 井上治典「第三者の訴訟関与」ジュリ五〇〇号（一九七二）三三六～三三七頁。
(45) たとえば、伊藤・前掲注（42）六四二頁以下、高橋・前掲注（1）四七〇頁、四七四頁注53。
(46) 山本弘（司会）「会社法の制定と民事手続上の問題点」民訴雑誌五五号（二〇〇九）一六三～一六四頁、一七六頁〔中島弘雅発言〕、松原・前掲注（33）一六九頁以下。
(47) 三木＝山本編・前掲注（5）三四～三五頁。
(48) この点についてドイツ法を踏まえて詳細に論じる注目すべき文献として、高田・前掲注（27）六六二頁注42がある。これについて、松原・前掲注（33）一七一頁注20。
(49) 三ケ月説は肯定するが、井上説は否定する。この点につき林田・前掲注（24）一二五頁。
(50) ドイツにおいても、共同訴訟的補助参加人によって被参加人による処分行為、つまり取下げ、請求の拡張、減縮などは妨げられない、というワルスマンの見解が浸透しているといわれている。菱田雄郷「第三者による他人間の訴訟への介入（1）」法協一一八巻一

号（二〇〇一）一頁以下注33、井上・前掲注（1）一一九頁以下。

（51） 井上・前掲注（44）三三三頁は、「当事者と第三者の距離――補助参加の訴訟担当的機能」と題して次のように述べており、注目される。「補助参加例の中には、もっぱら参加人が事実上は主たる当事者の役割を演じ、かんじんの主当事者たる被参加人はその背後に退いている場合がかなりある（……）。参加人のみが上訴し、上訴審で参加人が事実上単独で訴訟を行なっている場合などは、その好例である。被告がいわば形式的当事者（特許訴訟における特許庁長官、人事訴訟における検察官、救済命令取消訴訟における労働委員会、会社訴訟における会社、その他）で、その被告側に一定の利害関係人が補助参加している場合にも、このような傾向が看取される。現実の補助参加が事実上訴訟担当的な機能をおびている場合も少なくないということは、……他方では、手続関与者の地位、権限を考える際にわれわれがとかくとりがちな考慮、すなわち、その者がいわゆる『当事者』（判決の名宛人）か『第三者』かで形式的にわり切ってしまうという態度にも、若干反省を要するものを含んでいるように思う。」

四　結び

本稿における考察の結果得られた結論は、次の通りである。共同訴訟的補助参加について、その構造を①補助参加の特殊態様の面のみで捉えると、二当事者対立構造の下での形式的当事者概念の貫徹のなかで、「非請求定立参加」として画一的な効果なり一律の緩和された従属性を有する参加人の地位が導かれよう。だが、共同訴訟的補助参加を、①だけでなく、②必要的共同訴訟の特則が準用される共同訴訟参加の変形の面および③詐害防止参加と同じく詐害訴訟の防止の機能を有する「請求なき詐害防止参加」の構造を併せ持つ多重的構造において捉えると、参加人の地位につき当事者権の観点から見て「形式的当事者」と同視できる「実質的当事者」としての地位を、一定の者（「対世効を受ける重大な利害関係人」および「被参加人たる当事者が詐害的訴訟追行をする場合の判決効を受ける独自の利益をもつすべての参加人」）に認めるべきであることが理論的に基礎づけられよう。したがって、効果論についても、前記共同訴訟的補助参加の多重的構造と要件該当の訴訟類型の多様性に鑑み、共同訴訟的補助参加に該当する参加人に一律に同じ効果を付与する通説にも、また、詐害性の有無だけで効果を分ける民訴改正研の改正提案にも賛同できない。むしろ、詐害性の有無だけでなく、当事者適格を否定する趣旨ないし訴訟担当機能からも効果を二通りに分ける見解が妥当である。そこで、当事者権の観点に基づく実質的当事者概念と連動させる前記解釈論の余地を残すため、効果につきあえてドイツ民訴法のように抽象的に規律して判例・学説の展開に委ねるべきである[52]。そうだとすると、本稿の冒頭に述べた共同訴訟的補助参加の概念のあいまい（不透明）さも、要件該当の事件類型の多様性とそれに基づく効果の一律的規律の困難さという合理的な理由に基づく面があり、一概に消極的な評価のみをすべきものでないのではなかろうか。

（52） 本稿注（18）において引用した現行民訴法の下で共同訴訟的補助参加が明文化されなかった理由については、基本的に今日においても変わりないといえよう。だが、それゆえに明文化しないのではなく、ある程度抽象的・概括的に明文化したうえで後は判例・学説の発展に委ねるべきであるという点でドイツ法に倣うべきであると考える。

消費者集合訴訟制度の構造と理論

三木浩一

一　はじめに
二　一段階目の手続の法構造
三　一段階目の手続の追行
四　一段階目の判決の効力
五　二段階目の手続の法構造
六　一段階目および二段階目における和解
七　特定適格消費者団体による仮差押え
八　強制執行

一　はじめに

二〇一三年一二月四日、消費者の過去の被害を集合的に回復するための新しい民事訴訟制度を創設することを目的とする「消費者の財産的被害の集団的な回復のための民事の裁判手続の特例に関する法律（以下、単に「特例法」という）」が、参議院本会議において可決・成立し、同月一一日、法律第九六号として公布された。この法律は、公布の日から起算して三年を超えない範囲内において施行するものとされており（特例法附則一条）、いまのところ、二〇一六年の施行が予想されている。

この特例法は、消費者被害の集合的な回復を図るために、ブラジル法やカナダ法に先駆的な例がみられるいわゆる二段階型の手続構造を、わが国で初めて採用した。すなわち、まず、一段階目の手続は「共通義務確認訴訟」と名付けられ、特定適格消費者団体が原告となって、相当多数の消費者と事業者との間の共通義務の存否および内容について、裁判所が確認判決によって判断を下す。次に、二段階目の手続は、一段階目の判決を受けて行う個別の対象債権の確定手続であり、その審理を簡易かつ迅速に行うことを目的として導入された「簡易確定手続」が原則的な手続となる。

このように新機軸を盛り込んだ訴訟制度は、マスコミや識者によって、「消費者集団訴訟」、「消費者集合訴訟」、「日本版クラスアクション」等と呼ばれている。しかし、「消費者集団訴訟」という呼称については、わが国では人的規模の大きい共同訴訟（民訴三八条参照）を「集団訴訟」と呼んできた歴史があるのでそれと紛らわしく、また、「日本版クラスアクション」という呼称については、アメリカやカナダ等のクラスアクションとの類似性が低いなどの問題がある。したがって、前記の中では、「消費者集合訴訟」が相対的に無難な呼称であろう。本稿においては、単に「本制度」と呼ぶことにする。

消費者集合訴訟制度は、すでに諸外国にも種々の立法例があり、わが国の今回の制度も、前述のように、ブラジル法やカナダ法の立法思想や、未成立に終わったフランスの法案などを参考にしている。しかし、二段階型の手続構造は、わが国の立法例としては初めての試みであるうえに、参考にしたブラジル法やカナダ法とも、大きく異なるところが少なくない。法成立から施行までに二年以上の長期間が予定されているのも、本制度に数多くの新機軸が盛り込まれていることから、既存の民事訴訟規則とは別に新たな最高裁判所規則を制定する必要があることや、本制度の趣旨や内容を国民各層に広く周知する期間が必要なことなどが一因である。

そこで、本稿では、こうした消費者裁判手続特例法に基づく消費者集合訴訟制度について、理論的な観点からの分析を加えるとともに、法文の規定のみでは十分に分からない構造や運用のイメージについても、若干の検討を加えてみることとしたい。

二　一段階目の手続の法構造

1　一段階目の手続の概要

本制度における一段階目の手続は、特例法上、「共通義務確認訴訟」（特例法二条七号括弧書）と呼ばれる。ここにいう「共通義務」とは、「消費者契約に関して相当多数の消費者に生じた財産的被害について、事業者が、これらの消費者に対し、これらの消費者に共通する事実上及び法律上の原因に基づき、個々の消費者の事情によりその金銭の支払請求に理由がない場合を除いて、金銭を支払う義務」（特例法二条四号）である。つまり、多数の同種の権利者を有する紛争における共通争点を意味する。一段階目の手続は、こうした共通争点について、その存否および内容を一括して確認訴訟として審判し、後行する個別争点を対象とする二段階目の手続の前提として、確認判決によって共通争点の確定を図る手続である。

それでは、この一段階目の確認訴訟における確認の対象、すなわち、共通義務確認訴訟における訴訟物は何であろうか。共通義務確認訴訟は、実体権の成立要件の一部のみを対象として審判する。たとえば、不法行為に基づく損害賠償請求権であれば、主として被告事業者の故意・過失と行為の違法性が対象であり、他方、被害との因果関係や損害は二段階目の手続で審判される。したがって、共通義務確認訴訟の訴訟物は、実体権そのものではなく、実体権の成立要件の一部を取り出して、訴訟物としているものと考えられる。(1) これは、訴訟法学上の位置づけとしては、証書真否確認の訴え（民訴一三四条）と類似する。すなわち、証書真否確認の訴えは、要件事実の一部に該当する主要事実を訴訟物とするものではないので、共通義務確認訴訟と同じというわけではないが、実体権とは異なるもの（証書真否確認の訴えの場合は「証書の真否という一種の事実」(2)）を訴訟物とする点や、実体権の判断における重要な前提となる事項（証書真否確認の訴えの場合は「証拠の形式的証拠力」）を対象とする点において、共通性を有する。したがって、共通義務確認訴訟の対象は、証書真否確認の訴えの場合と同様に、厳密にいえば、裁判所法三条一項の「法律上の争訟」には該当しないが、同条同項の「その他法律において特に定める権限」に該当するものであるので、いうまでもなく立法上の問題はない。

このように、共通義務確認訴訟は実体法上の個人の主観的権利を確定するものではないとすると、共通義務確認訴訟は主観訴訟ではなく、一種の客観訴訟ではないかとの疑問が生じる。しかし、客観訴訟は、公益の実現や法秩序の維持を目的とする訴訟と理解されているところ、共通義務確認訴訟は、あくまでも個人の主観的権利の実現に奉仕するための手続であり、公益の実現や法秩序の維持を目的として創設されたものではないので、客観訴訟と考えるべきではない。(3) この点、行政法学者の中川丈久教授も、共通義務確認訴訟は、もともと消費者個人が個別に行使しうる請求権の共通部分だけを括り出して、特定適格消費者団体にいわば圧縮して訴権を付与したものであり、客観訴訟ではなく、あくまでも主観訴訟であるとする。(4)

2　共通義務確認訴訟の法的性質

共通義務確認訴訟を前述のように主観訴訟とみるとしても、次に、それがどのような性質の主観訴訟であるかが問題となる。より具体的にいえば、特定適格消費者団体の当事者適格を、訴訟法学上、どのように位置づけるかという問題である。この点については、すでに、一種の固有権とする見解（以下、「固有権説」という）、一種の停止条件付きの任意的訴訟担当とする見解（以下、「任意的訴訟担当説」という）、一種の法定訴訟担当とする見解（以下、「法定訴訟担当説」という）等が主張されている。そこで、どのように解すべきかであるが、検討の前に、次のことを確認しておく必要がある。そもそも、以下の法的性質に関する議論は、純粋な学理上の問題であり、いかなる見解をとろうとも、具体的な問題の結論や解釈論の方向性に影響を与えるものではない。また、厳密には、共通義務確認訴訟の当事者適格は、既存の法概念のいずれとも何らかの相違があり、その意味では、特例法に独自のものというほかはない。しかし、それでも、既存の法概念を配置した地図上のどのあたりに位置づけられるかを探る作業は、研究者に課せられた責務であろう。つまり、共通義務確認訴訟の法的性質に関する以下の検討は、いわば法概念上の近似値を探る作業であるということができる。

まず、固有権説をとるものとして、山本和彦教授の見解がある。(5) 同教授は、共通義務確認訴訟は、請求権の中味を分断して共通義務を取り出したものであり、その部分について、団体に一種の固有権を与えたものであるとする。こうした同教授の議論の背景には、同教授の、本制度の保護法益は消費者個人の主観的権利とは別の集団利益であるとの基本認識があるようである。しかし、固有権説には、次のような問題がある。第一に、消費者の事業者に対する権利はもともと個人帰属性を有する主観的権利であり、その同じ権利の成立要件の一部を束ねたものにすぎない共通義務について、これとは別に集団的権利を観念することは、実質的には同一の権利のダブルカウントを認めることになる。(6) 第二に、固有権説は、結局、共通義務確認訴訟を客観訴訟とみることに等しいともいえる。第三に、共通義務確認訴訟に引き続く二段階目の手続が任意的訴訟担当（ここにいう「訴訟」は、非訟を含む広い意味である）であることに争いはないが、一段階目の当事者適格を固有権と考えるとすると、二段階目との接続が説明しにくいという難点がある。[7] 第四に、固有権説は、本制度に基づく仮差押え（特例法五六条）の法的性質が後述のように法定保全担当であることとは必ずしも整合せず、特定適格消費者団体による強制執行が任意的執行担当であることとも整合性が低い。

次に、任意的訴訟担当説をとるものとして、八田教授の見解がある。[8] この見解は、二段階目における債権届出による授権を停止条件とする一種の停止条件付きの任意的訴訟担当という理論構成を示唆するものである。しかし、任意的訴訟担当説には、次のような問題がある。第一に、特例法は、一段階目の共通義務確認判決を中間判決ではなく終局判決としており、二段階目とは別個独立の手続として制度設計をしており、二段階目が任意的訴訟担当であるということから、一段階目の法的性質を導く論理には疑問がある。第二に、本制度に基づく消費者集合訴訟は、共通義務に関する訴訟上の和解や請求の認諾と個別の対象債権の訴訟外の和解を組み合わせることにより、二段階目に至ることなく終結することもあり得る。第三に、二段階目の手続のうち、簡易確定手続はその名前のとおり簡易版の手続であり、適法に異議が出されれば、本来の債権確定手続である通常訴訟に移行するが、異議後の訴訟は届出消費者が自身で訴訟追行することもできるので、二段階目の手続がすべて任意的訴訟担当というわけではない。第四に、二段階目の簡易確定手続において、理論的には、対象消費者からの債権届出が皆無という事態もあり得るのであり、その場合に、一段階目が停止条件付きの任意的訴訟担当であったと考えることは困難である。

このように、特定適格消費者団体の当事者適格については、固有権説や任意的訴訟担当説には問題があり、近似的には一種の法定訴訟担当と考えるべきであろう。[9] もちろん、法定訴訟担当の場合は、訴訟担当者に対する実体法による実体権の授権が必要となるが、本制度の場合には、特例法三条にそれを求めることができよう。ただし、本来の法定訴訟担当は、他人の実体法上の権利の管理処分権についての授権を要するのに対し、本制度では、共通義務確認訴訟の訴訟物は実体法上の権利そのものではなく、実体権の成立要件の一部であるので、通常の法定訴訟担当とは異なる。[10] したがって、厳密にいえば、既存の法概念のいずれにも属さないが、既存の法概念を配置した地図上の位置としては、本制度は、他人の実体法上の権利について、その成立要件の一部についてではあるが、管理権の部分的な法定授権があるとみることができるので（処分権の法定授権はない）、一種の法定訴訟担当と考えるべきであるというのが私見である。

3　共通義務確認訴訟と処分権主義

一段階目の共通義務確認訴訟は、特例法における特則の適用を別にすれば、あくまでも通常の民事訴訟である。したがって、原則として、民訴法が採用している処分権主義の適用を受ける。具体的には、①訴え提起における不告不理の原則、②訴訟物の特定権能、③当事者の意思による訴訟の終了、のすべてについて、当事者は、自治的に訴訟物の処分を行うことができるし、裁判所はその当事者の処分に従う義務を負う。これらのうち、特例法に特則が置かれているのは、③の一部である訴訟上の和解（特例法一〇条）のみである。

まず、①の不告不理の原則であるが、共通義務確認訴訟は、特定適格消費者団体が原告として訴えを提起しなければ開始されない。訴え提起の有無やタイミングは、特定適格消費者団体の判断に委ねられている。この点につき、特例法七五条一項には、「特定適格消費者団体は、対象消費者の利益のために、被害回復関係業務を適切に実施しなければならない」との定めがあるが、この規定は、特定適格消費者団体の行為規範を定めたものであり、被害回復関係業務の適切な実施が行われていないときには特定認定の取消し等の事由にはなり得ても、不告不理の原則をはじめとする訴訟法上の効果に影響を及ぼすものではない。また、同条二項は、「特定適格消費者団体は、不当な目的でみだりに共通義務確認の訴えの提起その他の被害回復関係業務を実施してはならない」と定めているが、この規定の位置づけも前記と同様である。

次に、②の訴訟物の特定権能については、以下のように解すべきである。共通義務確認訴訟を提起する特定適格消費者団体は、通常の訴訟と同様に、訴状における請求の趣旨と原因の記載（共通義務確認訴訟は、文字どおり確認訴訟なので、基本的には請求の趣旨のみによる特定で足りることが少なくないであろう）によって訴訟物を特定することができ（民訴一三三条二項二号）、その訴訟物は、裁判所の判決の対象および範囲を拘束する。いわゆる申立事項による判決事項の拘束である（民訴二四六条）。したがって、たとえば、学納金の不当利得に基づく返還義務の事件において、対象債権として授業料のみが記載されているときには、入学金についての判決をすることは許されない。また、対象消費者の範囲として平成○年○月○日から同年○月○日までに在学契約を締結した者と記載されているときに、その期間以前または以後の者を加えることも許されない(11)。他方、その期間のうちの一部の者のみについて共通義務を認め、残りの者の共通義務は否定することは、一部認容判決として許される。

また、③については、以下のように解される。まず、訴えの取下げについては、特例法に特則はなく、民訴法の規律に従うことになる（民訴二六一条）。したがって、特定適格消費者団体は、いつでも共通義務確認の訴えを取り下げることができるが、被告事業者の応訴後はその同意を要する（同条二項本文）。なお、前述のように、特例法七五条一項には、「被害回復関係業務を適切に実施しなければならない」との定めがあり、同条二項には、「不当な目的でみだりに……実施してはならない」との定めがあるが、これらは前述のように行為規範であるから、訴えの取下げに関する訴訟法上の効力に影響を与えるわけではない。請求の放棄については、特例法八六条二項に、「特定適格消費者団体がその相手方と通謀して請求の放棄……をしたとき」は認定取消しの事由になり得る旨の定めがあるが、これも監督に関する行為規範であるから、請求の放棄に関する訴訟法上の効力とは無関係である。請求の認諾については、被告事業者の行為であり、もちろん行為規範としての規定もない。ただし、民訴法上、請求の認諾は、原告勝訴（請求認容）の確定判決と同一の効力を有することから（民訴二六七条）、特例法一二条により、請求認容判決と並ぶものとして、二段階目の簡易確定手続を起動させる原因として明文で言及されている(12)。なお、和解については、二段階目における和解と併せて後述する。

（1）伊藤眞「消費者被害回復裁判手続の法構造――共通義務確認訴訟を中心として」曹時六六巻八号（二〇一四）二〇四八頁以下は、

共通義務確認訴訟の訴訟物は、他人間の法律関係であり、その内容は、範囲によって特定された被害者の金銭支払請求権とそれに対する事業者の義務としての概括的法律関係であるとする。しかし、ここにいう「概括的法律関係」なるものが、文字どおりの「法律関係」、すなわち、「本来の意味での権利」という趣旨なのか、それとも、単なる修辞上の表現としての「法律関係」なのかは判然としない。かりに、前者であるとすれば、共通義務確認訴訟の訴訟物は、裁判外または裁判上で権利として行使することはできないので、これを「概括的『法律関係』」と呼ぶことは不当であろう。他方、後者であるとすれば、結局のところは、実体権の成立要件の一部を「概括的法律関係」と呼んでいるにすぎないものと思われる。

(2) 中野貞一郎「確認訴訟の対象」同・民事訴訟法の論点Ⅱ（二〇〇一）四七頁参照。

(3) 三木浩一「消費者集合訴訟制度の理論と課題」NBL一〇一六号（二〇一四）四八頁参照。また、三木浩一（司会）「〈座談会〉消費者裁判手続特例法の理論と課題」論究ジュリ九号（二〇一四）一四六頁〔三木浩一発言〕も参照。

(4) 三木ほか・前掲注（3）一四六頁〔中川発言〕参照。

(5) 山本和彦「集団的利益の訴訟における保護」民商一四八巻六号（二〇一三）六二六頁参照。

(6) 筆者は、「暴力団員による不当な行為の防止等に関する法律（以下、「暴対法」という）」の二〇一二年改正における周辺住民の人格権を訴訟物とする暴力団事務所使用差止めの団体訴訟の導入に際して、団体への人格権の授権に基礎を置く任意的訴訟担当構成のほかに、理論的には、固有権構成も考え得る旨を論じたことがある。三木浩一「暴力団追放団体訴訟の立法における理論と展望」NBL九六九号（二〇一二）三二頁参照。しかし、この場合と本制度とでは、前提条件が異なる。暴対法の場合は、周辺住民の人格権という個人帰属性を有する権利とは別に、社会の安全や平穏という公益が存在するので、この公益を保護法益として取り上げれば、一個の権利の実質的なダブルカウントとはいえず、固有権構成も可能であると考えられる。これに対し、本制度の場合は、保護法益は純然たる私益のみである。もちろん、かりに消費者被害の拡がりが社会の安全や秩序の侵害といえる程度に構造的なものとなり、それに対応するための新たな訴訟制度が創設された場合には、そこに公益の要素を見出すことも可能であろう。しかし、本制度は、そうした事態を想定してのものではない。

(7) 伊藤教授は、固有権説は、共通義務確認訴訟の訴訟物を抽象的法律関係と捉えるものであるところ、特例法五条が対象債権および対象消費者の範囲を訴状の必要的記載事項としていることに照らして、訴訟物は具体的法律関係と考えるべきであり、抽象的法律関係と考えることは妥当ではないとの批判を述べている。伊藤・前掲注（1）二〇四八頁参照。

（8） 八田卓也「消費者裁判手続特例法の当事者適格の観点からの分析」千葉恵美子ほか編・集団的消費者利益の実現と法の役割（二〇一四）三九八頁参照。

（9） 三木・前掲注（3）五〇頁、三木ほか・前掲注（3）一四七頁参照。

（10） 伊藤・前掲注（1）二〇四八頁は、共通義務確認訴訟は、訴訟物が他人または他人間の権利関係にあたらない以上、法定訴訟担当と考えることは困難であるとし、また、固有権説や任意的訴訟担当説にも疑問を呈する。しかし、本文で述べたように、共通義務確認訴訟の当事者適格に関する議論は、厳密には既存の法概念のいずれにも該当しないことを認識した上での議論である。そのことは、すべての説が、例外なく「一種の」という限定を付けていることからも明らかである。なお、伊藤教授自身は、共通義務確認訴訟の法的性質について、これを他人間の法律関係の確認訴訟と捉えているようである。しかし、共通義務が果たして本来の法律関係かという問題を別にしても、特定適格消費者団体は、対象消費者と被告事業者との間の法律関係について確認の利益を有しないはずであり、当事者適格の問題は確認の利益に包含されていると考えられるのであるから、本来は認められないはずの当事者適格がどのような法概念との近似で認められるのかは、伊藤教授の説明では全く不明である。すなわち、上記のような説明は、共通義務確認訴訟の法的性質の追及を放棄したものと位置づけることができよう。

（11） 伊藤・前掲注（1）二〇五七頁参照。

（12） 伊藤教授は、請求の放棄や認諾は、確定判決とは異なってその効力が他の特定適格消費者団体に拡張されないので、本制度の下では実務上の意義に乏しいとし、解釈論として、他の特定適格消費者団体への拡張を検討する余地があるとする。伊藤・前掲注（1）二〇五八頁参照。しかし、確定判決や確定判決と同一の効力の他の主体への拡張は、判決効の相対性の原則に対する例外的な措置であるので法の明文が必要であり、解釈による拡張は無理であろう。また、法律上の拡張がないとしても、特例法七五条一項および二項が定める監督に関わる行為規範がある以上、他の特定適格消費者団体が同一事件の蒸し返しに当たる別訴を提起することは、現実には考えにくい。したがって、早期の訴訟終了を望む当事者にとっては、それなりの実務上の意義があろう。

三　一段階目の手続の追行

1　訴訟物の特定

一段階目の手続は、共通義務の確認を求める訴えであるから、訴状の記載によって特定されるべき訴訟物は、一定範囲の消費者に共通する金銭の支払義務ということになる。たとえば、学納金返還請求の事案であれば、「別紙当事者目録記載の対象消費者による在学契約の解除に基づいて被告事業者が負う不当利得返還義務」が訴訟物であり、一段階目の共通義務確認訴訟では、その存在を確認する判決の要求が請求の趣旨となる。別紙当事者目録記載の対象消費者は「範囲」で特定することになるため（特例法五条）、別紙当事者目録の記載は、対象消費者の範囲を明らかにするために必要な事実を、その限度で具体的に書くことになる。

たとえば、「平成○年○月○日から同年○月○日までの間に、○○大学との間で在学契約を締結し、同契約に基づいて授業料を支払った後に、平成○年○月○日までに同契約を解除した消費者」等の記載により特定する(13)。対象債権が契約内容の不当性に基礎を置く場合には、その契約を前記のように契約の内容と時期の範囲によって特定することで、対象消費者の範囲の特定が可能である。これに対し、対象債権が勧誘行為の不当性に基礎を置く場合は、特定がより複雑または困難になる事態があり得るものと思われる。しかし、特定の基本的な考え方は同じであり、契約の場合と同様に時期によって範囲を限定するほか、共通的な勧誘の方法（文言、手段、場面）をもって、特定を図ることになろう(14)。

なお、特例法五条は、「対象債権及び対象消費者の範囲」を記載して特定しなければならないとしているが、一般には、前記のように対象消費者の範囲を特定すれば、自動的に対象債権の範囲の特定もなされることになるものと思われる。先ほどの例では、前記の範囲に含まれる同大学に授業料を支払った合格者の全員に共通する不当利得返還請求権が共通義務ということになる。

2　訴訟物の競合

一段階目の共通義務確認訴訟は、特定の消費者被害事件における被告事業者の共通義務の存否および内容の確認を行うことが目的であるが、一個の事件について確認を求められる共通義務が一個であるとは限らない。たとえば、事業者の提供したサービスが債務の本旨に従った履行ではなかった場合などでは、共通義務として、債務不履行に基づく損害賠償義務と不当利得に基づく返還義務という二とおりの法律構成が考えられる場合がある。また、意図的に虚偽の事実を記載したパンフレット等により勧誘が行われた場合などでは、不法行為に基づく損害賠償義務と債務不履行に基づく損害賠償義務の二とおりの法律構成が考えられる場合がある。

こうした場合、原告となる特定適格消費者団体には、訴訟物の設定について、①訴え提起の段階でいずれかの法的構成に訴訟物を絞り込み、その法的構成のみについて裁判所の審判を求める（単純訴訟）、②複数の法的構成を客体的に併合し、そのすべてについて裁判所の審判を求める（単純併合）、③複数の法的構成に順位を付け、上位の法的構成の認容判決がなされることを下位の法律構成の解除条件として、いずれかについて裁判所の審判を求める（予備的併合）、④複数の法的構成に順位を付けず、一方の法的構成の認容判決がなされることを他方の法的構成の解除条件として、いずれかについて裁判所の審判を求める（選択的併合）、という選択肢がある。

共通義務確認訴訟の訴訟物は公益とはいえず、あくまでも対象消費者の私益に属するものであるので、同訴訟に処分権主義が妥当することに疑いはない。また、債務不履行に基づく損害賠償義務と不当利得に基づく返還義務、あるいは、不法行為に基づく損害賠償義務と債務不履行に基づく損害賠償義務では、それぞれ実体法上の要件や効果が異なるので、前記の①ないし④のいずれが望ましいかは、具体的な事案の内容に応じて異なり得るものであり、場合によっては、原告となる特定適格消費者団体の戦術的な判断が必要となることもあろう。したがって、前記の①ないし

④のいずれを選ぶかは、基本的に特定適格消費者団体の自由であると解される。

この点につき、伊藤教授は、後続する簡易確定手続との関係を考えると、単純併合か選択的併合かが特定適格消費者団体によって明示されていない場合は、単純併合ではなく選択的併合として取り扱うべきであるとする。[15] この見解は、簡易確定手続との関係では、特定適格消費者団体は、確定した共通義務確認判決で認められた訴訟物のみを前提として手続きの申立てをすれば足り、対象消費者も、それを前提として特定適格消費者団体に対する授権をすることになることを考慮して、訴訟物が一つに絞られることになる選択的併合とみなすべきであるとするものである。しかし、処分権主義の原則に照らして考えれば、やはり原告の意思がいずれであるかを釈明権の行使によって確かめるべきであり、裁判所がそれをせずに職権で選択的併合として取扱うことは許されないというべきであろう。

また、伊藤教授は、共通義務確認訴訟と簡易確定手続とを含む被害回復関係業務を対象消費者の利益のために適切に実施すべき特定適格消費者団体の責務を考えれば（特例法七五条一項）、単純併合よりも適切な併合の形態である選択的併合または予備的併合を主張することを求める訓示規定を最高裁判所規則に置くべきであるとする。[16] たしかに、それぞれの対象消費者は、最終的には一つの債務名義しか得られないのであるから、多くの場合にはあえて単純併合を求める合理性はない。また、それが訓示規定に止まるのであれば、処分権主義の原則に抵触するものではなく、そうした最高裁判所規則を置くこと自体は検討に値しよう。しかし、同じことは、通常の訴訟についても等しく妥当することであるから、そうした規定を設けるのであれば、特例法に対応した最高裁判所規則ではなく、すべての民事訴訟事件に適用される一般規範である民事訴訟規則に置くべきであろう。

3　判決の形態

一段階目の共通義務確認訴訟の判決には、全部認容判決、全部棄却判決、一部認容判決の三とおりがあり、この点については、通常の訴訟の場合と格別異なるところはない。これらのうち、まず、全部認容判決であるが、判決主文は、たとえば、「被告が、別紙当事者目録に記載された対象消費者に対し、対象消費者各自の個別事情によって請求に理由がない場合を除き、被告と対象消費者との間で締結された在学契約に基づき被告に対して支払われた金員につき、在学契約の解除を原因とする不当利得返還義務を負うことを確認する」というように、個別事情を除外して、共通義務の存否（事案によっては共通義務の具体的な内容を含む）を確認するものとなろう。次に、全部棄却判決については、判決主文は、いうまでもなく「原告の請求を棄却する」であり、その実質的な内容は、前記の例でいえば不当利得返還義務の不存在の確認である。

共通義務確認訴訟は、実体権の成立要件の一部のみを訴訟物とする特殊な確認訴訟ではあるが、通常の訴訟と同じく、請求の一部のみを認めて残りの一部を棄却する判決、すなわち一部認容判決も、理論上、当然のこととして認められる。たとえば、前記の学納金返還義務の確認訴訟を例にとると、入学金部分と授業料部分の両方の返還義務の確認を求めたときに、授業料部分のみの存在が確認されて、入学金部分は不存在が確認された場合は一部認容判決となる。(17) また、前記の訴訟物の競合の例のように、不法行為と債務不履行の両方の法的構成を立てて、不法行為は認められたが、債務不履行は認められなかった場合なども、一部認容判決の例である。以上は、請求の客体的併合があった場合における一部認容判決の例であるが、一個の訴訟物の一部のみを認める一部認容判決としては、たとえば、エステの施術を行うサービス契約において、不適切な薬剤の使用および不適切な施術方法を理由として、債務不履行に基づく損害賠償義務の確認を求めた場合において、不適切な薬剤の使用はなかったとして、施術方法のみについて損害賠償義務を認めるなどの例が考えられる。

訴訟物の競合の事案では、対象消費者を複数のグループに分けて、それぞれに別の共通義務を認める判決をすることも、現実の必要性は多くないであろうが、理論的には許される。たとえば、不法行為による法的構成と債務不履行による法的構成が単純併合されている場合において、グループAには不法行為に基づく共通義務を認め、グループBには債務不履行に基づく共通義務を認めるなどである。また、これら二つの法的構成が選択的併合または予備的併合の形で定立されている場合にも、同様に、グループAとグループBとの間で別の共通義務を認めることは当然に可能である。なお、対象消費者を複数のグループに分けて共通義務確認判決を出すことは、訴訟物の競合がない場合でも考えられる。たとえば、「平成○年○月○日から同○年○月○日までの間」に被告と契約をした者を対象消費者として特定した場合に、その期間の前半に属する消費者のグループにのみ共通義務を認めるなどである。

(13) 消費者庁消費者制度課編・一問一答消費者裁判手続特例法（二〇一四）二二頁、三木ほか・前掲注（3）一四九頁〔加納発言〕参照。

(14) 三木ほか・前掲注（3）一四九頁〔野々山発言〕参照。

(15) 伊藤・前掲注（1）二〇五五頁参照。

(16) 伊藤・前掲注（1）二〇五六頁参照。

(17) 三木ほか・前掲注（3）一五四頁〔加納発言〕参照。

四　一段階目の判決の効力

一段階目の共通義務確認訴訟における判決の種類は、請求認容判決および請求棄却判決のいずれの場合についても確認判決である。すなわち、請求認容判決は、訴訟物の存在について既判力を有し、請求棄却判決は、訴訟物の不存在について既判力を有する。この点は、訴訟物が実体権ではなくその成立要件の一部であることを除けば、通常の確認訴訟と格別異なるところはない。他方、次の二点において、本制度に固有の効力を有する。第一は、共通義務確認訴訟の確定判決の効力は、民訴法一一五条一項に定める者のほか、当事者となった特定適格消費者団体以外の特定適格消費者団体および二段階目の債権届出を行った対象消費者にも及ぶことである（特例法九条）。すなわち、既判力の主体的範囲が拡大されている。第二は、共通義務確認訴訟の確定した請求認容判決（全部認容判決と一部認容判決のいずれでもよく、また、請求認容判決と同様の内容をもつ請求の認諾や訴訟上の和解を含む）は、本制度の二段階目の手続を起動させる効力があることである（同法一二条）。これに対し、請求棄却判決は、二段階目の手続を起動させる効力を有しない。そこで、以下、請求棄却判決と請求認容判決とに分けてみていくことにする。

1　一段階目における請求棄却判決

一段階目の判決が請求の全部棄却の場合は、手続が二段階目に移ることはない。したがって、この場合は、前記の第一として述べた一段階目の既判力の拡張が主たる問題となる。さらに、既判力が拡張される者として、二段階目が行われない以上、届出消費者は登場しないので、ここでは、当事者以外の特定適格消費者団体への拡張のみが問題となる。具体的には、一段階目で原告となった特定適格消費者団体が敗訴すると、他の特定適格消費者団体も、同じ事件については同じ内容の訴えは起こせないということになる。これは、共通義務確認訴訟において攻撃防御を尽くして勝訴判決を得た被告事業者に対し、他の特定適格消費者団体が同一内容の別訴を起こすことにより、実質的に紛争が蒸し返されることを禁止する趣旨である(18)。

2　一段階目における請求認容判決

一段階目の判決が請求の認容（全部認容または一部認容）の場合は、一段階目の手続を追行した特定適格消費者団体は、二段階目の手続を申し立てることができるので（特例法一二条）、一段階目の確定した請求認容判決には、二段階目の手続を起動させる効力がある。この請求認容判決の効力は、他の特定適格消費者団体にも拡張されるが（同法九条）、二段階目の手続を申し立てることができる者は、一段階目の共通義務確認訴訟が終了した時に訴訟当事者であった特定適格消費者団体に限られるので、この点についての他の特定適格消費者団体への判決の効力の拡張は、実質的にはとくに意味をもたない(19)。

3　既判力の片面的拡張か

一段階目の共通義務確認訴訟で請求認容判決が確定した場合、すなわち、原告である特定適格消費者団体が勝訴した場合は、手続は二段階目へと移行し、二段階目で届出消費者となった対象消費者は、一段階目の勝訴判決の効力を自己に有利に享受することができる。これに対し、共通義務確認訴訟で請求棄却判決が確定した場合には、二段階目の手続が行われることはなく、また、対象消費者は、共通義務確認訴訟の結果にかかわらず、みずから事業者に対して個別に通常の訴えを提起することができるので、事業者は、その意味では、一段階目の勝訴判決の効力を享受することができない。そこで、本制度における共通義務確認訴訟は、消費者側に有利な形で既判力の片面的拡張を認めたものであるといわれることがある。

しかし、前述したように、共通義務確認判決では一部認容判決もあり得るが、一部認容判決の場合における原告敗訴部分の既判力、すなわち、共通義務の不存在が判断された部分の既判力は、二段階目の手続に加入した届出消費者に不利に及ぶ。つまり、こうした意味では、共通義務確認訴訟の既判力は、双面的に拡張される。また、共通義務確認判決で請求が認容された場合、すなわち、被告事業者が敗訴した場合でも、その確定判決の効力は、二段階目で債権届出をしなかった対象消費者には及ばない。したがって、事業者は、非届出対象消費者に対する関係では、債務不存在確認訴訟などの個別訴訟を自由に提起することができる。つまり、こうした意味でも、共通義務確認訴訟の既判力は双面的である。

もちろん、原告側が勝訴した場合に、その既判力が二段階目で勝訴者側に有利に利用できるのに対し、被告側が勝訴した場合には、その既判力を二段階目で勝訴者側に有利に利用する方途はないので、結果として、既判力の片面的拡張に類似した現象が生じることはたしかである。しかし、それは、既判力の片面的拡張によるのではなく、被告事業者のための二段階目の手続が設けられていないからである。本制度における一段階目の確定判決の既判力が、片面的拡張として制度設計されていないことは、いわゆる既判力の片面的拡張なるものが、二段階目の手続にみずからの意思で任意に加入した対象消費者についてだけ及ぶことからも明らかである。なぜなら、およそ、既判力の及ぶ主体の範囲は、その主体の意思によって任意に左右できるものではなく、法律の規定によって確定的に定められるのが常であるからである。[20]したがって、本制度の一段階目と二段階目の関係を既判力の片面的拡張とする議論は、[21]制度の仕組みの問題と表面的な現象を混同したものといえよう。

(18) 消費者庁消費者制度課編・前掲注（13）五一頁参照。
(19) 消費者庁消費者制度課編・前掲注（13）五〇頁参照。
(20) 消費者庁消費者制度課編・前掲注（13）五〇頁は、本制度における共通義務確認判決の既判力は、会社法八三八条におけるいわゆる対世効とは異なる旨を述べる。また、世界で最初に本格的な二段階型の集合訴訟制度を立法したブラジルのクラスアクションは、消費者保護法一〇三条で既判力の拡張の仕組みを採用しているが、わが国の制度は、これとは異なる仕組みをとっていることに注意を要する（ちなみに、ブラジル国内における同制度の評価についても、それが既判力の片面的拡張なのかどうかについては議論があると聞く）。三木浩一「ブラジルにおけるクラスアクション（集団訴訟制度）の概要」ＮＢＬ九六一号（二〇一一）五三頁・六三頁参照。
(21) 八田・前掲注（8）三九八頁参照。

五　二段階目の手続の法構造

1　二段階目の手続の概要

二段階目の手続は、一段階目の共通義務確認訴訟の結果としての判決や和解等によって確定した共通義務を前提として、個別の対象債権の確定を行うものである。その確定手段であるが、まず、非訟事件の実質を有する簡易確定手続を一次的な手続として予定している。これは、個別性を有する対象債権の確定をなるべく簡易・迅速に行い、早期に消費者側に負担の少ない権利救済を実現することを意図したものである。しかし、当事者の裁判を受ける権利（憲法三二条）を保障する必要があるので、異議による通常訴訟への移行が認められている。詳しくは、以下のとおりである。

まず、簡易確定手続は、一段階目の手続を追行した特定適格消費者団体の申立てによって開始する（特例法一二条）。申立てを行った特定適格消費者団体は、対象消費者からの授権を受けて（同法三一条）、裁判所に対して対象債権の届出を行い（同法三〇条）、裁判所書記官は、これに基づいて届出消費者表を作成する（同法四一条）。他方、相手方事業者は、裁判所が定めた認否期間内に、届出債権についての認否を行う（同法四二条一項）。相手方事業者が、認否期間内に認否をしなかったとき、または、相手方事業者が届出債権の内容の全部を認めたときは、届出債権の内容は、そのとおりに確定する（同法四二条二項・三項）。これによって確定した届出債権については、届出消費者表の記載は確定判決と同一の効力を有する（同法四二条五項）。

相手方事業者が、届出債権の内容の全部または一部を争ったときは、特定適格消費者団体の側がこれに対する応答を行う順番となる。すなわち、特定適格消費者団体は、相手方事業者が認否した内容に対して不服があるときは、認否期間の末日から一月の不変期間内に、裁判所に対して相手方事業者の認否を争う旨の申出をすることになるが（同法四三条一項）、不服がないときはこの申出をしない。その場合には、届出債権の内容は、相手方事業者の認否の内容に従って確定する（同法四七条一項）。これによって確定した届出債権については、届出消費者表の記載は確定判決と同一の効力を有する（同法四七条二項）。

特定適格消費者団体により、相手方事業者が行った適法な認否に対して、これを争う旨の申出があったときは、裁判所の簡易確定決定によって届出債権の内容を確定することになる（同法四四条一項）。簡易確定決定を行うに際しては、裁判所は、当事者双方を審尋しなければならない（同法四四条二項）。簡易確定決定を行うための証拠調べは、書証に限られる（同法四五条一項）。これらは、簡易かつ迅速に手続を進めるための規律である。簡易確定決定に対して適法な異議の申立てがなければ、簡易確定決定は確定判決と同一の効力を有する（同法四六条六項）。

簡易確定決定について、これに不服がある一定の者は、簡易確定決定の決定書の送達の日から一月の不変期間内に、簡易確定決定をした裁判所に異議の申立てをすることができる（同法四六条一項）。適法な異議の申立てにより、簡易確定決定は、仮執行の宣言を付したものを除いてその効力を失うとともに（同法四六条五項）、債権届出の時に、簡易確定決定をした裁判所に訴えの提起があったものと擬制される（同法五二条一項）。これによって、手続は通常訴訟（異議後の訴訟）へと移行し、通常の判決により、届出債権の内容が確定することになる。

2　二段階目の手続の法的性質

二段階目の手続においては、特定適格消費者団体は、一段階目とは異なり、対象消費者からの授権を得なければならない（特例法三一条）。一段階目の手続では、請求認容判決であると請求棄却判決であるとを問わず、たとえ判決が確定しても対象消費者の具体的な権利の得喪という結果は直ちには生じないという意味で、対象消費者の権利処分とはいえないのに対し、二段階目の手続は、対象消費者の権利処分をもたらす手続段階であるからである。したがって、二段階目の手続における特定適格消費者団体と対象消費者の関係は、訴訟法上にいわゆる任意的訴訟担当（ここにいう「訴訟」には、非訟を含む）ということになる。

二段階目において、第一次的な手続として法が想定しているのは、簡易かつ迅速に届出債権の確定を得ることができる簡易確定手続である。この簡易確定手続は、任意的口頭弁論によるものであり（同法一三条）、その法的性質は非訟事件である。ただし、本制度の趣旨に特化した特殊な非訟事件であるとともに、特例法において完結的に規律がなされているので（同法五〇条において、特別の定めがある場合を除き、簡易確定手続については、その性質に反しない限り、そこに列挙された民事訴訟法の規定が準用されるものとされている）、非訟事件手続法の適用はないものと考えられる。

この簡易確定手続は、届出債権に対する相手方事業者の認否と、その認否に対する特定適格消費者団体の応答によって進められる。すなわち、特定適格消費者団体は、まず、対象消費者から授権を受けて（同法三一条）、裁判所に対して届出書により債権届出を行う（同法三〇条）。裁判所書記官は、これに基づき、届出債権について届出消費者表を作成する（同法四一条）。他方、相手方事業者は、届出期間内に届出債権の内容について認否を行う（同法四二条）。特定適格消費者団体は、相手方事業者が届出債権の内容を全部認めて届出債権の内容が確定した場合（同法四二条三項）を除き、その認否を争うか（同法四三条）否かの応答をする。こうした認否とその応答の交換を経て、両者間で認識が一致すれば、届出消費者表の記載は確定判決同一の効力を有することになる（同法四二条三項・五項、同法四七条一項・二項）。

こうした両当事者による認否とその応答の交換によるという手続の制度設計に際しては、わが国の倒産手続などとともに、カナダのクラスアクションの二段階目におけるいわゆる書式の交換による手続も、参考とされているものと思われる。(22) カナダの手続は、まず、原告側の弁護士が、個別損害の届出方法、賠償額の算定方法、賠償金の支払方法等を記載し、各クラス構成員が金額を記入できるようにした欄等を設けた書式を作成する。裁判所がこれを了承すれば、各クラス構成員に提供し、各クラス構成員は、自己の基本データとともに被害額をこの書式に記入する。こうして完成した書式を被告側に提案する。被告側がこれに異議を唱えなければ、この記入内容に従って個別債権が確定し、被告側から任意に金銭債務の支払いが行われる。他方、被告側が同意しない場合には、被告側が、対案として新たな書式を作ることになる。このように、書面手続により、消費者等の個別の被害者の負担を軽くして、簡易かつ迅速に権利救済を進めることを意図した仕組みである。(23)

前記のカナダの書式の交換による手続は、カナダでは、合意型のＡＤＲの一種として認識されている。これと同様に、わが国の特例法の二段階目における認否と応答の交換による簡易確定手続も、制度的な和解合意の調達手続であると解される。現実にも、相手方事業者による届出債権の認否や特定適格消費者団体による認否への応答には、一定の譲歩を伴う場合があろう。したがって、届出消費者表の記載は、「確定判決と同一の効力」(24) を有するとされているが（同法四二条五項・四七条二項）、既判力については錯誤等の瑕疵の主張を許す制限的既判力と解すべきである。

被告事業者による認否に対し、特定適格消費者団体がこれを争う場合には、簡易確定決定という非訟的な裁判により、届出債権の内容の確定が行われる（同法四四条）。これに対し、異議申立権者（二段階目の手続の申立人、被申立人、届出消費者。同法四六条一項・二項）から適法な異議の申立てがなければ、簡易確定決定は確定判決と同一の効力を有する（同法四六条六項）。この場合の「確定判決と同一の効力」は文字どおりの意味であり、既判力も、当然、完全な既判力である。他方、異議申立権者から適法な異議の申立てがあれば、簡易確定決定は、仮執行宣言が付されたものを除いて、その効力を失い（同法四六条五項）、手続は通常訴訟へ自動的に移行する（同法五二条）。この異議後の訴訟は、特例法に若干の特則（同法五四条等）がある点を別にすれば、完全な通常の民事訴訟である。

(22) カナダのクラスアクションでは、二段階目における個別債権の確定に際し、簡易かつ迅速な手続を実現するために、さまざまなADR的な工夫が試みられているが、本文に述べた書式の交換による手続もそのうちの一つである。大村雅彦「カナダのクラスアクションの基本構造」同・比較民事司法研究（二〇一三）一一六頁参照。

(23) 大村・前掲注(22)一一八頁参照。

(24) 裁判上の和解に既判力を認めた判例として、最大判昭和三三・三・五民集一二巻三号三八一頁、最大決昭和三五・七・六民集一四巻九号一六五七頁等。裁判上の和解に瑕疵がある場合に無効主張を認めた判例として、最判昭和三一・三・三〇民集一〇巻三号二四二頁、最判昭和三三・六・一四民集一二巻九号一四九二頁等。

六　一段階目および二段階目における和解

特定適格消費者団体は、一段階目の手続および二段階目の手続の双方で、和解を行うことができる（特例法一〇条・三七条）。もともと、集合訴訟は、同種の多数の権利を一つの訴訟手続に束ねることにより、一括的で簡易迅速な権利救済の実現を図る制度であるが、いかに同種の権利といえども権利ごとの個別争点を有するため、単に多数の権利を一つの手続に束ねただけでは、その目的を効果的に達成することはできない。そのため、世界的にみても、成功している集合訴訟制度は、最終的には和解による解決を目指して制度構築がなされていることが多い。たとえば、世界で最も成功している集合訴訟と目されているアメリカのクラスアクションも、トライアルを経て終局判決が下されることは稀であり、ほとんどの事件の解決は和解または実質的には和解に近い処理によってなされている[25]。本制度も、こうした和解による解決の重要性を意識して、明文の規定によって一段階目および二段階目における和解の可能性を認めたものである。

まず、一段階目の和解であるが、一段階目の訴訟物は対象消費者が有する個別の権利ではなく、それらの成立要件の一部である共通義務であり、特定適格消費者団体に付与された権限の対象も共通義務に限られるので、和解の対象も、基本的には共通義務の存否に限られることになる（特例法一〇条・二条四号）。ただし、それに付随する事項については、特例法による権限付与があるものと考えられるので、併せて和解の対象に含めることができよう。たとえば、共通義務に関する和解の内容を被告事業者の負担により公開すること、事業者の行為についての事業者による謝罪、問題となった約款の事後の不使用の約束などにつき、これらを和解の中に含める場合等が考えられる[26]。

これに対し、対象消費者の個別の権利を対象とした訴訟上の和解は認められず、共通義務に関する和解に付随する事項として和解に含めることも認められない[27]。一段階目の時点では、対象消費者からの個別の授権はなく、特例法による法定の授権も認められないからである。それでは、対象消費者から個別の授権を受けて対象消費者の権利に関する訴訟外の和解をし[28]、これと併せる形で訴訟上において共通義務に関する和解を行うものとする準併合和解の許容性はどうであろうか。これにつき、伊藤教授は、検討に値するとされる[29]。しかし、訴訟外の和解を準併合和解の形で訴訟上の和解に取り込むためには、その訴訟外の和解の対象である権利等について訴訟上の和解を行う権限が必要である。ところが、特定適格消費者団体の一段階目の和解権限は特例法がとくに付与した創設的な権限であるところ、特例法は、一段階目における対象消費者の個別の権利についての訴訟上の和解を否定する態度をとっているうえに、訴訟外の和解は、特定適格消費者団体の立場ではなく、一般の消費者団体の立場で締結されるものである。したがって、伊藤教授が示唆するような準併合和解は許されないものと解される。

一段階目の共通義務に関する和解は、和解調書への記載によって、確定判決と同一の効力を有する（民訴二六七条）。この点は、通常の訴訟上の和解と異ならない。本制度に固有の法的効果は、次の二つである。第一に、その和解の効力は、確定判決と同一の効力であることから、特例法に基づく確定判決の効力と同じく、他の特定適格消費者団体および二段階目の届出消費者に対しても及ぶ（特例法九条）。第二に、共通義務の存在を認める内容の和解については、請求認容の簡易確定判決と同じく、二段階目の手続を起動させる原因となる（同法一二条）。なお、前記のように準併合和解は認められないが、和解による早期の解決自体は望ましいことであるので、特定適格消費者団体が対象消費者から授権を受けて訴訟外の和解を行い、請求の認諾または訴えの取下げによって訴訟を終了させることは許されるものと解される。

次に、二段階目の和解であるが、特例法三七条は、「債権届出団体は、簡易確定手続において、届出債権について、和解をすることができる」とする。二段階目の簡易確定手続においては、特定適格消費者団体は対象消費者からの授権を受けて当事者として手続を追行するものであるので、一段階目とは異なり、この場合の特定適格消費者団体と対象消費者の関係は任意的訴訟担当である。任意的訴訟担当においては、訴訟上の代理（民訴五五条二項）とは異なり、授権は和解等の権限を含む包括的なものでなければならず、むしろ授権時に権限を制限することは許されない[30]。したがって、二段階目における特定適格消費者団体の和解権限は、債権届出をする際の授権に含まれていると考えられるので[31]、同条は、その意味では一種の確認規定といえよう[32]。

(25) 三木ほか・前掲注（3）一五二頁〔三木発言〕参照。
(26) 消費者庁消費者制度課編・前掲注（13）五五頁参照。
(27) 消費者庁消費者制度課編・前掲注（13）五四頁参照。
(28) この場合の訴訟外の和解については、特定適格消費者団体の立場としてではなく、一般の消費者団体の立場として行うことになろう。消費者庁消費者制度課編・前掲注（13）五六頁参照。

(29) 伊藤・前掲注(1)二〇六〇頁参照。

(30) 選定当事者に関する判例として、最判昭和四三・八・二七判時五三四号四八頁参照。

(31) 消費者庁消費者制度課編・前掲注(13)八六頁参照。

(32) 実務上の配慮としては、特定適格消費者団体が授権のために作成する書式には、和解の授権が明記されていることが望ましいことは、いうまでもない。

七 特定適格消費者団体による仮差押え

1 制度の概要

特例法は、本制度に固有の特殊な保全手段として、特定適格消費者団体による一種の概括的な仮差押えの制度を創設した(特例法五六条)。この特殊な仮差押制度は、主として以下の三点において特徴を有する。

第一は、保全命令の発令手続における手続要件(訴訟における訴訟要件に相当するもの)として、管轄等の通常の手続要件に加えて、保全すべき権利にかかる金銭の支払義務について共通義務確認の訴えを提起することができる場合であることを、明らかにする必要があるという点である(同法五六条二項)。これは、この仮差押えの制度が消費者集合訴訟に限って認められる特殊な保全手段であることに基づくものであり、いわば当然の要件である。

第二は、この仮差押えの被保全権利に相当する金銭債権が、申立権を有する特定適格消費者団体自身が有する権利ではなく、二段階目で手続に加入した対象消費者が有する債権であるという点である。つまり、この仮差押えの法的性質は、法定保全担当ということになる。[33] もっとも、こうした法定保全担当という構造は、本案事件が法定訴訟担当である事件においては、普通に生じ得るものである。したがって、消費者集合訴訟制度の一段階目の法的性質を特殊な法定訴訟担当と捉える私見の立場からは、本制度に固有の仕組みとまではいえない。

第三は、被保全権利の特定方法として、対象債権および対象消費者の範囲ならびに当該特定適格消費者団体が取得する可能性のある債務名義にかかる対象債権の総額による特殊な概括的特定で足りるとしている点である（同法五六条三項）。通常の仮差押えの場合、その要件は、保全の必要性と被保全権利の疎明である。そして、前者の保全の必要性については、本制度においても、実質的に異なるところはない。他方、後者の被保全権利の疎明については、通常の仮差押えでは、個別債権の内容および額を明らかにして被保全権利を具体的に特定する必要があるのに対し、本制度では、前記のような概括的特定でよいとするものである。この点は、まさに本制度に固有の仕組みである。(34)

2　総額の疎明

本制度に基づく仮差押えでは、被保全債権の疎明は、「対象債権の範囲および対象消費者の範囲」と「当該特定適格消費者団体が取得する可能性のある債務名義にかかる対象債権の総額」を明らかにして行う。このうち、「対象債権の範囲および対象消費者の範囲」については、本案訴訟の一段階目である共通義務確認訴訟で要求されるものと基本的に同じである（訴状の必要的記載事項に関する特例法五条の規定参照）。したがって、本制度に基づく仮差押えにおいて特に問題となるのは、「当該特定適格消費者団体が取得する可能性のある債務名義にかかる対象債権の総額」の疎明（以下、単に「総額の疎明」という）である。

この総額の疎明であるが、法が要求しているのは、当該消費者被害事件の被害の全体額ではなく、あくまでも中立団体が取得する可能性のある債務名義にかかる対象債権の総額であるから、本案訴訟の二段階目で申立団体に対する債権届出が見込まれる対象債権の総額である。つまり、対象消費者がみずから個別訴訟等で回収する可能性がある債権の額や、他の特定適格消費者団体に対する債権届出の可能性がある債権の額は、被害の全体額から控除する必要がある。これは、必要な範囲を超えた過剰な仮差押えを防ぐための規律であると考えられる。

具体的な総額の疎明の方法であるが、本制度に基づく仮差押えを申し立てる特定適格消費者団体は、①対象消費者は少なくともa人存在する、②同団体に債権届出をする対象消費者の割合は少なくともbパーセントと見込まれる、③一人当たりの債権額は少なくともc円である、という三点を算出し、これらを掛け合わせた数値（a×b×c）をもって総額を出すことになろう[35]。算定のための資料としては、国民生活センターのPIO-NET情報、特定適格消費者団体が収集した被害状況の情報、事業者から提供を受けた契約資料等が考えられる。ただし、これらは不可避的に将来の予測を伴うものであるので、裁判所は、その点を考慮して、柔軟に疎明責任が果たされているか否かを判断する必要がある。

3　本執行への移行に伴う問題

⑴　問題の所在　本制度に基づく仮差押えを行った特定適格消費者団体が一段階目の共通義務確認訴訟において勝訴し、さらに、二段階目の簡易確定手続による届出債権の確定を得た場合には、被告から任意履行が得られないときは本執行の申立てをすることになるが、その際には、仮差押え段階における総額による概括的な特定と本執行の対象となる個別の届出債権との関係が問題になる。なぜなら、仮差押えの段階では被保全債権はあくまでも総額による特定であり、いわば金額の大枠で差し押さえられているだけなので、本執行の段階でこの大枠に割り付けられる個別の届出債権につき、それを誰がどのように選択するかという問題が残るからである。

たとえば、特定適格消費者団体が、本制度に基づく仮差押えの対象債権の総額（特例法五六条三項）を二〇〇〇万円として仮差押執行をしているとする。この場合、簡易確定手続における届出債権の総額が二〇〇〇万円以下である場合には、この二〇〇〇万円の大枠に割り付けられる個別債権の選択という問題は生じない。これに対し、届出債権の総額が二〇〇〇万円を超えた場合には、この問題が顕在化することになる。たとえば、届出債権の総額が四〇〇〇万円（一人当たり一〇万円で四〇〇人）とすると、その総額が仮差押えでカバーされるわけではないため、割り付けにおける選択という問題が生じる。

さらに、この場合において、すべての届出債権が同時に確定して債務名義を取得するケースと、そのうちの一部のみ（たとえば一〇〇人分の一〇〇〇万円）が先に確定して債務名義を取得するケースが考えられるが、それぞれの場合をどのように考えるべきかについても、検討しておく必要がある。また、これらの検討に際しては、特例法五九条が、特定適格消費者団体は、仮差押え執行がされている財産に本執行の申立て等をする場合には、届出債権を平等に取り扱わなければならない旨を定めていることにも、留意する必要がある。

そこで、どのように考えるべきかが問題となるが、対外的関係と対内的関係とは分けて検討すべきであろうと思われる。ここでいう対外的関係とは、本執行の司法上の効果を意味し、対内的関係とは、特定適格消費者団体が届出消費者に対して負う行為責任を意味する。

(2)　対外的関係　まず、対外的関係については、仮差押えおよび本執行の申立権者は特定適格消費者団体であるので、処分権主義の原則に照らして、特定適格消費者団体は、仮差押執行の総額をいずれの届出債権に割り付けるかにつき、みずからの自由な判断で選択することが許されると解される。別の言葉でいえば、法律上、特定の割り付けの仕方が強要されるわけではない。

たとえば、仮差押えの総額が二〇〇〇万円で届出債権の総額が四〇〇〇万円の場合、四〇〇人全員に均等に五万円ずつを割り付けて本執行を申し立てることもできれば、四〇〇人の中から二〇〇人をピックアップして、それらの届出債権については各自に一〇万円全額を割り付けることも可能である。また、届出消費者のうちのたとえば一〇〇人のみの債権が先に債務名義を取得した場合には、それらの届出債権について、先行的に本執行を申し立てることも許されよう。あるいは、残りの届出債権について債務名義が取得されるのを待ち、債務名義の総額が二〇〇〇万円に達した段階で本執行を行うこと、または、四〇〇人すべての届出債権の確定を待って、均等な割合額で本執行を申し立てることのいずれも、許されるであろう。

もちろん、届出債権相互の間で平等を欠く取扱いがあれば、届出消費者に対する関係では法的責任を問われる可能性があるし、場合によっては、改善命令（特例法八五条二項）や特定認定の取消し（同法八六条一項四号）等の措置の可能性もあろう。しかし、特例法五九条は、あくまでも特定適格消費者団体の行為規範を定めるものであり、本執行の有効性には影響を及ぼさないものと解される。

(3) 対内的関係　次に、対内的関係であるが、特例法五九条は、前記のように、本執行の効力には関係しないとしても、特定適格消費者団体の行為規範として、これを遵守すべき要請があることはいうまでもない。そこで、いかなる場合が、同条にいう平等取扱いに反するかが問題となる。

まず、前記の例で、届出債権の総額が四〇〇〇万円の場合、四〇〇人全員に均等に五万円ずつを割り付けるのでなければ、常に特例法五九条の平等取扱いの義務に違反することになるであろうか。これについては、たとえば四〇〇人のうちの任意の二〇〇人だけに全額を割り付けたとしても、残りの二〇〇人も債務者の他の責任財産や第三者の保証等によって届出債権の満足を得ることができる見込みがある場合には、平等取扱いの義務に違反しているとはいえない。他方、残りの二〇〇人が他の責任財産等から履行を得られる見込みがない場合は、特段の事情がない限り、特例法五九条に反することになるものと思われる。

次に、先に債務名義を取得した一〇〇人のみの届出債権について、先行的に本執行を申し立てる場合を考えてみよう。この場合、仮差押えによってカバーされない二〇〇人分との関係については、前記の議論が同様に妥当することになろう。それでは、仮差押えによってカバーされる一〇〇人分との関係はどうであろうか。これは、権利実現の時期のずれを生じさせることが、平等取扱いの義務に反することになるか否かという問題である。たしかに、一部の者について先に権利実現を与えることは、その限りでは平等な取扱いではないともいえよう。しかし、この場合に本執行の申立てを許さないとすると、すでに債務名義を取得している届出消費者について、残りの者の債務名義の取得まで待たせることになり、不当に救済を遅らせることになるともいえよう。つまり、残りの一〇〇人も仮差押えによってカバーされているのであれば、一部の者を先行させることには、相応の合理性が認められる。したがって、こうした形で先行的な本執行の申立てとこれに基づく先行的な配当を行ったとしても、特例法五九条に反するとはいえないと解すべきである。

(33) 特定適格消費者団体が、対象消費者から授権を受けて個々の対象債権を保全するための仮差押えの申立てをすること、すなわち任意的保全担当は、明文で許されないものとされている（特例法五六条四項）。任意的保全担当ではなく法定保全担当にしたのは、立案担当者によれば、一段階目の手続の早期の段階における実効性のある仮差押えを可能にするためとのことである。三木ほか・前掲注（3）一六〇頁〔加納発言〕参照。

(34) 消費者庁消費者制度課編・前掲注（13）一二四頁における通常の仮差押えと本制度の仮差押えの比較表参照。

(35) 消費者庁消費者制度課編・前掲注（13）一二五頁、三木ほか・前掲注（3）一六〇頁〔野々山発言〕参照。

八　強制執行

1　制度の概要

本制度に基づいて債務名義が成立するのは、①相手方事業者が届出債権の内容を全部認めたことにより届出消費者表の記載が確定判決と同一の効力を有するに至った場合（特例法四二条五項第一文）、②相手方事業者の適法な認否を争う旨の申出がないことにより届出消費者表の記載が確定判決と同一の効力を有するに至った場合（同法四七条二項第一文）、③簡易確定決定に対して適法な異議の申出がないことにより簡易確定決定が確定判決と同一の効力を有するに至った場合（同法四六条六項）、④簡易確定決定に対する異議後の訴訟（同法五二条〜五五条）が確定した場合である。これらの場合において、相手方事業者からの任意履行がないときは、手続は強制執行の段階に移ることになる。

強制執行を申し立てる原則的な主体として想定されているのは、債権届出団体たる特定適格消費者団体である（以下、単に「特定適格消費者団体」という）。ただし、届出消費者も、承継執行文（民執二七条二項）の付与を受けて、みずから強制執行をすることを妨げられない。[36] つまり、本制度に基づいて債務名義を得た場合には、特定適格消費者団体を申立人とする強制執行と、個別の届出消費者を申立人とする強制執行とがあり得る。

こうした特例法の執行段階における規律は、債務名義の成立段階とはやや態度を異にする。債務名義の成立段階では、手続追行の主体は特定適格消費者団体に限定されており、実体法上の権利者である消費者の手続参加は認められていない。具体的には、一段階目の共通義務確認訴訟では、対象消費者は、当事者になれないばかりか、民訴法四二条にかかわらず、補助参加をすることもできない（特例法八条）。また、二段階目の簡易確定手続でも、特定適格消費者団体のみが申立資格を有しており（同法一二条）、対象消費者が申立人になることはできず、手続参加の仕組みもない。こうした債務名義の成立段階における規律の理由は、手続の主体を特定適格消費者団体に一本化することにより、手続の複雑化を避けるためである。これに対し、執行段階では、手続の最後の段階なので個別の執行を認めたとしても複雑化の負担が途中の段階ほどではないこと、および、消費者各自が直接執行すれば特定適格消費者団体による配当の必要がなくなることなどが、実質的な理由として考慮されたものと思われる。[37]

2　特定適格消費者団体による執行申立て

特定適格消費者団体が強制執行を申し立てる場合は、他人の権利について自己の名で強制執行を追行することになるので、理論上、第三者による執行担当として位置づけることができる。執行担当にも、法定執行担当と任意的執行担当とがあるが、届出消費者からの授権に基礎をおくものであるので、この場合は任意的執行担当である。その法的性質は、既存の制度との対比ではサービサー（債権管理回収業に関する特別措置法一一条一項）による強制執行に近い性格のものと解される。すなわち、訴訟担当者が引き続き執行手続において執行担当者となる点で、サービサーの場合と同じくいわゆる接続的執行担当である。[38]

サービサーの場合には、金融機関等から委託を受けて債権の管理・回収を行う場合と、金融機関等から譲渡を受けて債権の管理・回収を行う場合とがある。本制度の場合、特定適格消費者団体は、届出消費者から債権譲渡を受けるわけではないので、サービサーにおける前者の場合に擬すことができよう。ちなみに、サービサーは、前者の場合であっても、自己の名で債務名義を取得して強制執行を申し立てることができるが、この場合は接続的執行担当と解されており[39]、本制度に基づく特定適格消費者団体による執行申立ての場合も、これと同様である[40]。

接続的執行担当の場合には、債務名義上の当事者は訴訟担当者であるので、執行文の種類は単純執行文となる（民執二三条一項一号・二六条）。本制度の場合も、債務名義上の当事者は債権届出団体としての特定適格消費者団体であるので、特定適格消費者団体は単純執行文の付与を受けて強制執行を行うことになる。

3　届出消費者による執行申立て

特定適格消費者団体が債権届出団体として債務名義を得た場合でも、債務名義に表象された実体法上の権利者はあくまでも届出消費者であるので、各届出消費者は、承継執行文（民執二三条一項二号・二七条二項）を得ることにより、みずから強制執行を申し立てることができる[41]。

（36）消費者庁消費者制度課編・前掲注（13）一三五頁参照。
（37）三木ほか・前掲注（3）一五九頁〔三木発言・加納発言〕参照。
（38）中野貞一郎・民事執行法〈増補新訂六版〉（二〇一〇）一四五頁参照。
（39）中野・前掲注（39）一四七頁参照。
（40）消費者庁消費者制度課編・前掲注（13）一三五頁の注には、「判決等をする手続と強制執行手続とを分離し、強制執行をする裁判所は、判決等の内容について審査することなく強制執行をするから、判決等に債権届出団体に支払うべき旨記載されている以上は、債権届出団体が強制執行をすることができ、手続上配当を受領することができるものです。このことは簡易確定手続授権契約又は訴訟授権契約で、消費者と特定適格消費者団体との内部関係において強制執行について委任するか否かにかかわらないものです。」との記述がある。その意味するところは必ずしも明瞭ではないが、債権届出団体自身は実体上の権利者ではなく、債権届出団体に対する債権譲渡が行われるわけでもなく、実体上による法定の授権が定められているわけでもない以上、債権届出団体による執行は任意的執行担当と解さざるを得ない。たしかに、判決等手続と執行手続との分離の建前から執行文付与機関は債権届出団体の実体的な取立権の有無を審査・判定する権限を有してはいないが、仮に届出消費者から債権届出団体への執行の授権がない場合には、執行債務者は、債務名義の不当使用として請求異議の訴え（民執三五条）により、執行力の排除を求めることができるはずである。

（41）　消費者庁消費者制度課編・前掲注（13）一三五頁、三木ほか・前掲注（3）一五九頁〔三木発言・加納発言〕参照。

確認訴訟機能の多様化に関する一考察

村上正子

一　本稿の目的
二　即時確定の利益における実質的考慮と確認訴訟の機能
三　確認訴訟の活用とその限界
四　当事者の最後の拠り所としての確認訴訟

一　本稿の目的

確認の利益は、確認対象選択の適否と即時確定の利益ないし紛争の成熟性を中心として判断するのが伝統的な考え方である。(1) このうち、確認対象選択の適否については、「確認の対象は現在の権利・法律関係に限る」という命題が厳然と掲げられていたが、他方で過去の権利・法律関係については、紛争の抜本的解決に資するのであれば確認の対象となるとする考え方が定着し、その限りで権利・法律関係の基準時の要件は緩和された。(2) 学説はさらに将来の権利・法律関係についても、基準時要件の緩和を試み、そこでは確認訴訟の予防的機能あるいは救済の必要性が強調され、確認対象選択の適否はもはや確認の利益を判断する際の基準としてはさほど重要ではなく、確認訴訟の機能に着目し、即時確定の必要性の判断を中心とした実質的考慮こそが重要であるとする学説が有力になってきたのである。(3)

現代社会の複雑化、価値観の多様化に伴い、裁判所に持ち込まれる紛争も、当事者が訴訟を提起する目的も多種多様になりつつある。従来司法審査の対象としては予想されていなかったような新たな社会的紛争が、確認訴訟という形で解決を求められることも少なくない。かつて伊藤教授は、社会的紛争解決についての確認訴訟機能の拡大・多様化に着目し、同じく確認訴訟といっても、紛争の形態に応じて様々な機能を果たすことから、確認訴訟をその実質的な紛争解決機能に従って再構成し、確認の対象・利益について考察を加えられた。(4) そこでは、確認訴訟は給付訴訟や形成訴訟では対応できない新しい形態の紛争を解決するために利用されることから、裁判制度を利用する者の最後の拠り所として機能していると指摘されていた。確認訴訟は、給付訴訟や形成訴訟とは異なり、その対象が無限定であり、紛争の実態に応じて如何なる権利・法律関係（あるいはそれ以外）を確認対象として選択するかは、処分権主義のもと当事者に委ねられている。価値観や利害が多様化し、各当事者が訴訟に込める意味合いも様々であり、それらを最も直接的に反映しうるのが確認訴訟である。(5) このことから、確認の利益を判断する際には、紛争の実態に即した総合的な考慮の中で、確認訴訟の果たすべき機能を改めて考える必要があると思われる。本稿では、同じく確認訴訟といっても紛争の形態に応じて様々な機能を果たすという伊藤教授の指摘に示唆を受け、紛争の形態の異なる三つの裁判例を選び、それぞれにおいて、裁判所がどのような実質的考慮のもとで確認の利益を判断しているのか、そこにはどのような確認訴訟の機能が見出せるのか、あるいは見出せないのか、そして確認訴訟が最後の拠り所としての機能を果たす意義等について考察する。価値観の多様化する現代社会において、様々な確認訴訟が裁判所に持ち込まれる中で、司法に期待されている機能とは何か。約四〇年前の伊藤教授の問いかけに対して、明確な答えも新しい指針も出せたわけではなく不勉強を露呈する以外ないが、謹んで古稀のお祝いとさせていただきたい。

（1） 確認の利益をめぐる一般的議論については、野村秀敏「訴えの利益の概念と機能」新堂幸司＝谷口安平編・講座民事訴訟②訴訟の提起（一九八四）一二七頁以下、坂田宏「確認の利益」伊藤眞ほか編・民事訴訟法の争点〔ジュリ増刊〕（二〇〇九）一〇一頁以下およびそこに挙げられている文献を参照。また、確認の利益の判断基準については、権利保護の資格と権利保護の利益という観点で整理する立場と、確認の利益を、確認の方法の適否、対象の適否、即時確定の必要性という三つ（あるいは被告選択の適否を入れて四つ）の基準で判断する立場に分かれる。前者でいう「権利保護の資格」は、法律上の争訟と同義で、訴訟の対象がその性質上一般的に訴えをもって主張されるに適するかどうかという訴えの利益の問題であり、後者の権利保護の利益が狭義の確認の利益として、即時確定の利益、すなわち、原告の権利・法的地位に生じている危険・不安が、確認判決による即時の除去・解消を必要としている場合に限って確認の利益が認められる。兼子一ほか著・条解民事訴訟法〈第二版〉（二〇一一）七六七頁以下〔竹下守夫〕。伊藤教授は、権利関係の基準時を権利保護の利益の問題と位置づけている。伊藤眞・民事訴訟法〈第四版補訂版〉（二〇一四）一七六頁。なお、確認の対象適格性を権利保護の資格の問題と位置づける立場には、法律上の争訟と確認の対象の問題を区別せずに議論するものも見られるが、法律上の争訟にあたるかどうかは、民事司法権の作用との関係で審判権の限界をどこに設定するか、憲法との関係で司法がどこまで介入できるかという問題であり、司法権が及ぶことが前提で問題となる確認対象選択の適否の問題とは区別するべきである。竹下・前掲書七三二頁。両者を同レベルで議論することで、確認の利益の基準がかえってわかりにくくなっているという感は否めない。

（2） 学説・判例の変遷については、坂田・前掲注（1）一〇一頁以下参照。

（3） 竹下・前掲注（1）七六七頁以下、野村秀敏・予防的権利保護の研究（一九九五）二三一頁以下および三六四頁以下、中野貞一郎

「将来の権利関係の確認」同・民事訴訟法の論点Ⅱ（二〇〇一）五六頁以下、山本和彦「判批」伊藤眞ほか編・民事訴訟法判例百選〈第三版〉（二〇〇三）七〇頁、川嶋四郎・民事救済過程の展望的指針（二〇〇六）二〇二頁以下等。しかし判例は将来の権利・法律関係については正面からは認めず、現在の権利・法律関係に引きなおし、さらに即時確定の必要性も認めたうえで確認の利益を肯定している。

（4）伊藤眞「確認訴訟の機能」判タ三三九号（一九七六）二八頁以下。そこでは確認訴訟の機能は、①紛争の抜本的解決を目的とした訴訟、②給付訴訟の代替的目的を持つ訴訟、③確認訴訟による紛争解決が法制度上保証されている訴訟、④裁判の波及効果を求める訴訟、⑤予防的目的をもつ訴訟、⑥包括的解決を目的とする訴訟、⑦個人的利益よりも社会的利益の実現を目的とする訴訟、⑧団体の内部紛争解決を目的とする訴訟、の八つに類型化されていた。

（5）松尾卓憲「確認の利益」青山善充ほか編・民事訴訟法の争点〈第三版〉（一九九八）一二七頁。

二　即時確定の利益における実質的考慮と確認訴訟の機能

――最判平成二一・一二・一八判時二〇六九号二八頁・判タ一三一七号一二四頁

1　事案の概要と判旨

Aは平成一六年一二月七日に死亡したが、生前、自己の遺産につき、Aの法定相続人B（後に死亡）、Y_1、Y_2およびXに対して遺産分割の方法を指定する公正証書遺言をしていた。Yらは、Xの死亡より約一年後の平成一七年一二月二日頃、Xに対し、遺留分減殺請求の意思表示をした。これに対してXは、遅くとも本件訴訟の提起をもって、Yらに対し、本件遺言による遺産分割の方法の指定がYらの遺留分を侵害するものである場合は民法一〇四一条所定の価額を弁償する旨の意思表示をした。Yらは、Xに対して、遺留分減殺に基づく目的物の返還請求も価額弁償請求もいまだ行っていない。

Xは平成一八年、Yらに対して、①Y_1はAの相続についてXに対する遺留分減殺請求権を有しないこと、②Y_2がAの相続についてXに対して有する遺留分減殺請求権は二七七〇万三五八二円を超えて存在しないことの確認を求めてことの確認等を求める訴訟を提起し、この訴訟はXの訴訟と併合審理された。Yらの請求は控訴審において棄却され、上告も上告受理申立ても退けられ確定した。

第一審は、Xによる前記各訴えは適法であることを前提としたうえで、Xの請求を概ね認める本案判決を下した。これに対して原審は、以下の理由で前記各確認の訴えは確認の利益を欠き不適法であると判断し、第一審判決中、前記各確認請求に係る部分を取り消して、訴えを却下した。XがY$_1$の遺留分について価額弁償をすべき額がないことの確認を求めるものであるとしたうえで、Yらが、Xに対して遺留分減殺請求をしたが、いまだ価額弁償請求権を行使していない段階では、Yらの価額弁償請求権は確定的に発生しているとはいえないから、本件各確認の訴えは将来の権利の確定を求めるものであり、現在の権利関係の確定を求める訴えということはできない。仮に、Xらにより価額弁償をする旨の意思表示があったことにより、潜在的にYらがXに対して価額弁償請求権を行使することが可能な状態になったことを根拠として、本件各確認の訴えをもって現在の権利関係の確定を求める訴えであると解する余地があるとしても、受遺者または受贈者が価額弁償をして遺贈または贈与の目的物の返還義務を免れるためには現在の履行または履行の提供を要するのであって、潜在的な価額弁償請求権の存否またはその金額を判決によって確定しても、それが現実に履行されることが確実であると一般的にはいえない。そして、その金額は、事実審の口頭弁論終結時を基準として確定されるものであって、口頭弁論終結時と前記金額を確認する判決の確定時に隔たりが生ずる余地があることをも考慮すると、本件各確認の訴えは、現在の権利義務関係を確定し、紛争を解決する手段として適切とはいい難い。これに対してXからなされた上告受理の申立てが受理されたのが本件である。

裁判所は、請求①について、本件遺言による遺産分割の方法の指定によりXが取得した財産につきY$_1$が持分権を有していないことの確認を求める趣旨であると合理的に解釈し、確認の利益を認めた。続いて請求②についても、遺留分権利者が受遺者等に対して遺留分減殺請求権を行使したが、いまだ価額弁償請求権を確定的に取得していない段階においては、受遺者等は、遺留分権利者に帰属した目的物の価額を弁償し、またはその履行の提供をすることを解除条件として、前記目的物の返還義務を負うものということができ、このような解除条件付きの義務の内容は、条件の内容を含めて現在の法律関係というに妨げなく、確認の対象としての適格に欠けるところはない、とした。そして以下の理由に基づき、即時確定の必要性も認めた。すなわち、「遺留分減殺請求を受けた受遺者等が民法一〇四一条所定の価額を弁償し、又はその履行の提供をして目的物の返還義務を免れたいと考えたとしても、弁償すべき額につき関係当事者間に争いがあるときには、遺留分算定の基礎となる遺産の範囲、遺留分権利者に帰属した持分割合及びその価額を確定するためには、裁判等の手続において厳密な検討を加えなくてはならないのが通常であり、弁償すべき額についての裁判所の判断なくしては、受遺者等が自ら上記価額を弁償し、又はその履行の提供をして遺留分減殺に基づく目的物の返還義務を免れることが事実上不可能となりかねないことは容易に想定されるところである。弁償すべき額が裁判所の判断により確定されることは、上記のような受遺者等の法律上の地位に現に生じている不安定な状況を除去するために有効、適切であり、受遺者等において遺留分減殺に係る目的物を返還することと選択的に価額弁償をすることを認めた民法一〇四一条の規定の趣旨にも沿うものである。

そして、受遺者等が弁償すべき額が判決によって確定されたときはこれを速やかに支払う意思がある旨を表明して、上記の額の確定を求める訴えを提起した場合には、受遺者等がおよそ価額を弁償する能力を有しないなどの特段の事情がない限り、通常は上記判決確定後速やかに価額弁償がされることが期待できるし、他方、遺留分権利者においては、速やかに目的物の現物返還請求権又は価額弁償請求権を自ら行使することにより、上記訴えに係る訴訟の口頭弁論終結の時と現実に価額の弁償がされる時との間に隔たりが生じるのを防ぐことができるのであるから、価額弁償における価額算定の基準時は現実に弁償がされる時であることを考慮しても、上記訴えに係る訴訟において、この時に最も接着した時点である事実審の口頭弁論終結の時を基準として、その額を確定する利益が否定されるものではない」。

2　検　討

(1)　即時確定の利益における実質的考慮　本件でXが確認を求めている対象は、遺留分減殺に係る目的物の返還という義務の内容そのものよりも、いくら支払えば目的物の返還義務を免れることができるのかという解除条件の内容である。(6) 本判決が実質的に考慮したのは（その判断を決定づけたのは）、以下の点である。すなわち、①民法一〇四一条は受遺者等に対して現物返還と価額弁償との選択権を与えているが、遺留分侵害額や、遺留分権利者が減殺請求によって取得した目的物の弁償時の時価について争いがあった場合には、受遺者等が自ら適正な提供額を決定することは非常に困難であること、②受遺者等が自ら決定して提供した金額が、後に裁判で提供すべきであるとされた金額よりも低いと判断されると、価額弁償の効果は生じず、せっかくの提供が無駄になること、③受遺者等に対して価額弁償により現物返還義務を免れる手段を与えた民法一〇四一条を実効性あるものとするためには、当事者において具体的に弁償すべき価額を裁判所が確定するよう求めることを可能にする必要があること、である。(7) 価額弁償をすることにより現物返還義務を免れたいという受遺者等の目的を達するためには、受遺者等が弁償すべき価額の確定を裁判所に求めることを可能とすることが必要であり、本件において確認訴訟は、実体法の規定を実効性あるものとするために機能しているといえる。

(2)　応訴を強いられる被告の不利益とのバランス　確認の利益が認められるためには、原告が訴訟を追行し請求認容判決を得ることを相手方との関係で正当化できることが必要である。では、本件の訴えについて確認の利益を認めることは、応訴を強いられる被告との関係で正当化できるだろうか。受遺者等が価額弁償の意思表示をしただけで、価額弁償の履行の提供さえもしていない段階で、受遺者等による本件訴えにつき確認の利益を肯定し、弁償すべき価額を確定してしまった後で目的物の価額が高騰したとしても、現実の支払時点での価額との差額を得ることはできないことから、被告である遺留分権利者に不利益が生じる可能性はある。判決確定後、弁償額を速やかに支払うことが受遺者の意思表示への期待や信頼に基づくにとどまり、これを法的に保障する基盤が必ずしも明確に示されているわけではないからである。(8) 本件のような事案の場合、本来はY_1、Y_2がXに対して、目的物の返還請求または価額弁償請求等の給付の訴えを提起するべきところ、本件では、早急に目的物返還義務を免れたいと欲するXが、自らY_1、Y_2に対して債務不存在確認請求を提起したものである。今のままでは、弁償すべき価額に争いがあるためにその履行の提供ができず、自らが適正と思った金額を提供したところで、後に裁判所が確定した金額の方が高額であれば、目的物返還義務を免れることはできないのである。

確かに、債務不存在確認訴訟が攻撃的に利用される場合には、確認の利益は厳密に解するべきであるという見解も有力である。(9) 交通事故において症状が固定していないために損害が確定していないから、被害者が損害賠償請求訴訟を提起できない段階で、債務者である加害者が債務不存在確認訴訟を提起した場合、損害賠償債務の確定については被告である被害者に証明責任があることから、証明の準備が整っていない段階で立証を強いられることになり、訴訟活動が不十分なまま敗訴してしまう可能性も否定できない。このような不都合を回避するために、確認の利益を厳格に解して、紛争の成熟性の観点から確認の利益を否定し、訴えを不適法却下するべき場合もある。(10) しかし、本件においては、このような懸念はあてはまらない。遺留分権利者の権利関係の確定を先延ばしすることについての利益は保護に値するものではない。(11) 遺留分権利者は、現物返還請求権またはその時点での目的物の価額に相当する価額弁償請求権を行使する時期を選び得る地位が制度上保障されているわけではないし、また、受遺者等から提起された弁償額の確定訴訟において、価額弁償を求める反訴を提起することで、速やかに価額弁償または現物返還を実現することが可能である。(12) 受遺者と遺留分権利者の関係をみると、受遺者が提起する弁償すべき額を確定するための確認訴訟は、現物返還義務を負い、現物返還請求権または価額弁償請求権を行使されるのを待つのみの、いわば受け身の立場の受遺者にとって、両者間に存在する不均衡を是正するための正当な手段であり、そこに本件における確認訴訟の機能をみることができる。

(3) 紛争の実態と請求の趣旨　即時確定の利益の有無が、確認判決が紛争の解決にどれほど役立つかに基づいて判断されるとすれば、既判力を有する判決主文＝請求の趣旨をどう設定するべきかは重要な問題である。本件においても、原告が裁判所に求めている「弁償すべき具体的な額の確定」を適切に表わす請求の趣旨はどうあるべきかが問題となっている。

本件で原告Xが設定した請求の趣旨は、①Y_1はAの相続についてXに対する遺留分減殺請求権を有しないこと、②Y_2がAの相続についてXに対して有する遺留分減殺請求権は二七七〇万三五八二円を超えては存在しないこと、の二つである。原審は①につき、XがY_1の遺留分について価額弁償をすべき額がないことの確認を求めるものであり、②につき、Y_2に対する確認請求は、XがY_2の遺留分について価額弁償をすべき額が二七七〇万三五八二円を超えないことの確認を求めるものであると解したうえで、確認の利益を否定した。これに対して本判決は、①の訴えについて合理的に解釈し、本件遺言による遺産分割の方法の指定によりXが取得した財産につきY_1が持分権を有していないことの確認を求める趣旨であるとし、確認対象適格性を肯定している。

Xが設定した請求の趣旨①については、遺留分減殺請求権は形成権であり、それを行使すれば物権的効果が発生し、遺留分減殺請求権自体は消滅すると考えられていることからして、Y_1が遺留分減殺請求の意思表示をした後は当該請求権は存在していないことになるので、それを確認訴訟の訴訟物とすることは適当ではないとされている[13]。ではどのような請求の趣旨であれば、原告の求める紛争解決の基準を最も適切に表現できるのか。これについては、「被告（遺留分権利者）が被相続人の相続について原告（受遺者）に対してした遺留分減殺請求に係る目的物につき、原告が民法一〇四一条の規定によりその返還義務を免れるために支払うべき額が××円（原告主張の額）であることの確認を求める」ことが考えられるとされている[14]。また本判決が示すように、「遺産分割によりXが取得した財産についてY_1が持分権を有していないことの確認」とする方が、単に遺留分減殺請求権を有しない、あるいは遺留分について価額弁償すべき額がないことの確認を求めるよりも、遺留分減殺請求権を実際に行使した場合に生じうる当事者間の持分権をめぐる争いを、事前に封じることができるという意味で、より紛争解決機能が高いといえよう。同じく、請求の趣旨②の価額弁償すべき額についても、消極的確認請求よりも、前述のように積極的に金額を示した方が、具体的な金額さえ確定すれば速やかにそれを支払うという原告の意思も明確になる。また債務不存在確認請求の場合、訴訟物となるのは原告が不存在と主張していた部分のみで[15]、請求認容判決、すなわち本件でいえば、「XがY₂の遺留分について価額弁償をすべき額は二七七〇万三五二八円を超えないこと」を確認する旨の確認判決の既判力が、下限額までの残債務の存在に生じるかどうかについては争いのあるところである[16]。したがって、価額弁償の金額が具体的に確定するわけではなく、将来再度具体的な金額をめぐって訴訟を提起しなければならない事態もありうることなどを考慮すれば、確認訴訟の紛争予防機能を最大限に発揮できるような請求の趣旨＝判決主文＝既判力の範囲を考えるべきであろう[17]。ただ、請求の趣旨をこのように解した場合、つまり、原告が具体的な額を示して積極的な確認の形式にした場合、裁判所は原告の主張した金額に拘束されるかどうか、弁償額を査定することを求める訴えと解することはできないかについては、さらに検討する必要がある[18]。

（6）市川多美子「判解」曹時六四巻七号（二〇一二）二八一頁、二八九頁。なお、本判決は、解除条件の内容を含めて現在の法律関係であるとするが、未だ成就していない条件ないしその内容を無理に現在の法律関係と解する必要はなく、将来の法律関係の確認を求める訴えであっても、一律に対象適格を欠くわけではなく、即時確定の利益があれば確認の利益が認められるとする余地もあるとする。徳田和幸「遺留分減殺請求により弁償すべき額の確認の利益」民商一四二巻二号（二〇一〇）七三頁。なお、条件付きの権利・義務も現在の法律関係であるとするのは、最判平成一一・一・二一民集五三巻一号一頁。これについても、より直接的に将来の権利関係を認めたものと評価する見解も有力である。例えば、山本・前掲注（3）七〇頁。

（7）市川・前掲注（6）二九〇頁。

（8）本間靖規「判批」リマークス四二号（上）（二〇一一）一一三頁。

（9）小林秀之「判批」高橋宏志ほか編・民事訴訟法判例百選〈第四版〉（二〇一〇）六五頁。なお、東京高判平成四・七・二九判時一四三三号五六頁も参照。

（10）高橋宏志・重点講義民事訴訟法（上）〈第二版補訂版〉（二〇一三）三八三頁。

（11）市川・前掲注（6）二九三頁。
（12）市川・前掲注（6）二九四頁、本間・前掲注（8）一一三頁。なお、安達栄司「判批」法の支配一五八号（二〇一〇）八四頁。
（13）市川・前掲注（6）二九七頁。
（14）市川・前掲注（6）二九五頁、徳田和幸「判批」民商一四二巻二号（二〇一〇）六五頁、七四頁。
（15）最判昭和四〇・九・一七民集一九巻六号一五三三頁。
（16）肯定する説として、青山善充「判批」法協八三巻四号（一九六六）五九七頁、新堂幸司・新民事訴訟法〈第五版〉（二〇一一）三四一頁。否定する説として、伊藤眞・前掲注（1）二一三頁、栗田隆「判批」伊藤眞ほか編・民事訴訟法判例百選〈第三版〉（二〇〇三）一七五頁。なお、既判力は否定するが信義則による拘束力を肯定する説として、竹下・前掲注（1）一三五七頁、出口雅久「債務不存在確認訴訟の訴訟物と判決効」青山善充ほか編・民事訴訟法の争点〈第三版〉（一九九八）一五三頁。
（17）最判平成一一・一・二一民集五三巻一号一頁は、建物賃貸借契約継続中における敷金返還請求権の存在確認を求める訴えについて、確認の対象は停止条件付きの現在の権利・法律関係であるとしている。この事案では、現時点では、敷金返還請求権により担保される債権の有無、額が決まらないので、条件付きのかつ抽象的な敷金返還請求権の確認にとどまらざるを得ず、将来再度確定額の敷金返還請求訴訟を提起しなければならない事態もありうることなどを考慮しても、確認訴訟の紛争の事前予防に果たす役割を重視して、即時確定の利益を肯定する考え方を採用したものであると解されている。大坪丘「判解」最判解民事篇平成一一年度（上）九頁参照。そして、このような価値判断は本判決と共通していると指摘されている。市川・前掲注（6）二九五頁。
（18）例えば、安達・前掲注（12）八五頁は、価額弁償すべき額の確定を求める訴えの性質につき、地代確定手続（民法三八八条後段）に類似する形式的形成訴訟であるとし、処分権主義の問題は生じないとする。徳田・前掲注（6）二一三頁も同旨か。また本間・前掲注（8）一一三頁は、弁償価額の決定に関しては、全体として非訟的処理になじむが、債務不存在確認の訴えが提起されたときは中立拘束力を認め、適宜釈明権を行使して適正化をはかるべきであるとする。なお、停止条件あるいは解除条件付きの現在の権利・法律関係を確認する判決の既判力はどの範囲で生じるのかについては、高田裕成「将来の法律関係の確定を求める訴えとその判決の既判力」青山善充先生古稀祝賀・民事手続法学の新たな地平（二〇〇九）一七五頁以下参照。

三　確認訴訟の活用とその限界

——東京高判平成一二・一〇・三判時一七五九号七三頁・判タ一〇七二号二五一頁

1　事案の概要と判旨

X（原告・控訴人）とY（被告・被控訴人）とは、一九六九年四月二日に婚姻届出をした夫婦であったが、一九九三年一〇月一三日、東京家裁において調停離婚が成立した。この調停の調停条項には、子の親権者を父に指定する旨や子の将来の出費に備えた預金をするという条項の他に、「当事者双方は、本件離婚に関する紛争は一切解決したものとし、今後は相互に名義の如何を問わず何ら金銭その他の請求をしない」とする、いわゆる清算条項があった。ところがその後Xは、Yが本件調停成立時において、Xからの要求に対して、自己の財産関係について虚偽の事実を回答して本件調停を成立させたものであることが判明したとして、本件調停を成立させる旨のXの意思表示はYの詐欺によるものであると主張し、Yに対して、一九九七年一〇月二〇日頃到達の家事調停申立書により、本件調停を成立させる旨のXの意思表示を取り消す旨の意思表示をした。さらにXは、同年一〇月二〇日に、Yを相手方として、財産分与を求める調停の申立てを行うとともに、そのために必要であるとして、本件離婚調停のうち、前記清算条項のみの無効確認を求めて訴えを提起した。

これに対して、Yは、調停の無効確認を求める訴えは、現在の法律関係の存否の確認を求めるものではないとして、本件訴えは確認の利益を欠き不適法であると主張した。第一審は、本件訴えの適法性について明示的な判断を行うことなく、Yが、X主張のような財産の存否について、欺罔的な発言をしたと認めるに足りる証拠はなく、本件調停の成立過程においてX主張の詐欺があったとは認められないとして、Xの請求を棄却した。これに対してXが控訴したのが本件である。

控訴審は、確認の利益について次のように判示して、原判決を取り消し、本件訴えを却下した。

「一般に、調停の合意における意思表示に詐欺や錯誤等を理由とする瑕疵があるときは、確認の利益があるかぎり、右調停の無効確認を請求することができる。しかし、本訴請求は本件調停全体の無効確認を求めるのではなく、その後に控訴人が申し立てた別件調停事件において財産分与の請求をするために、本件調停のうちの離婚及び親権者の指定等に関する合意は有効に成立したものとして、これを維持したまま、いわゆる清算条項である本件条項のみの無効確認を求めるものである。

複数の調停条項のうち、特定の権利義務を定めた条項だけを取り上げて、請求異議の訴え等によりその債務名義の効力を争い、あるいは、当該条項に基づく特定の権利義務を負わないことの確認を求めることも場合により許されないではないが、本件条項は、いわゆる清算条項であって、特定の権利義務を定めたものではなく、したがって、本件条項のみの無効を確認しても、これによって、当事者間の特定の権利義務の存否や法律関係が確定するものではないから、特段の事情がないかぎり確認の利益はないものといわなければならない。

控訴人は、特段の事情として、別件調停事件において、被控訴人に対し、改めて離婚に伴う財産分与について調停をするためには、本件条項の無効を確認する利益があると主張するが、本件条項があったとしても、当事者間において新たな合意をすることは自由であり、したがって、それだけでは本件条項の無効を確認する利益があるとはいえない。また、別件調停事件において新たな合意が成立しない場合には、控訴人の財産分与請求権は、離婚の時から二年を経過しているのであるから、本件条項の有効無効にかかわらず、消滅している（民法七六八条二項但し書き）ため、審判手続きにおいてその請求権を主張することはできず、したがって、その場合においても、確認の利益がないことは明らかである。

以上によれば、控訴人の本件訴えは、いずれにしても確認の利益に欠けるといわなければならない」。

2 検　討

本判決は、以下にあげる理由で確認の利益を否定した。第一に、確認の対象は「具体的な権利関係」に限られるという命題を前提とし、清算条項は特定の権利義務を定めたものではないから、それのみの無効を確認しても、これによって、当事者間の特定の権利義務の存否や法律関係が確定するものではないとした。第二に、仮に具体的な権利関係ではなくても、特段の事情があれば確認の利益が認められることを前提とし、Xが本件訴えは改めて離婚に伴う財産分与について調停をするために必要であると主張しているのに対して、そのためにわざわざ本件条項を無効にする必要はなく、当事者間で新たな合意をすればよいのであるから、特段の事情、すなわち例外的に抽象的、あるいは一般的な権利関係を確認の対象とする利益はないとした[19]。第三に、本件条項の有効無効にかかわらず、控訴人の財産分与請求権は、離婚時点から二年を経過し既に消滅しているため、審判手続においてそれを主張することはできないことを理由に、確認の利益がないとした[20]。

本件で確認の対象とされている「清算条項」は、当該手続に関係する紛争のすべてを包括的かつ一挙的に解決することを目指した条項であり、特定の権利義務関係に向けられたものではないという点で抽象的であり、本判決ではそれが確認対象適格性を否定する根拠となっている。抽象的な権利関係は対象適格性を欠くとするのが伝統的な考え方であるが、これについては、その訴訟・判決の具体的な機能との関係で実質的な考慮が行われる傾向にあることは既に述べたとおりである[21]。

それでは、本件確認訴訟の具体的な機能は何か。Xが本件訴訟を提起した理由を考えてみると、Xによる、「別件調停事件においてYに対し、改めて離婚に伴う財産分与について調停をするため」という主張から、X・Yは財産分与手続に行き詰まり、その閉塞状況を打ち破るために提訴したとも考えられる。そうであるとすれば、裁判所が言うように、本件清算条項があったとしても当事者間において新たな合意をするということは、あまり期待できない状況であるといえ、この限りで、前記の第二の理由は形式的に過ぎると指摘されている[22]。また本件では、清算条項の無効が確認の対象となってはいるが、Xは、Yが調停の場で、自身の資産状況について虚偽の陳述をしたと主張しており、清算条項の無効を契機に財産分与のやり直しができるかどうかが紛争の実態であり、裁判所が財産分与請求権の消滅を言うのであれば、確認の利益を認めて本案判決を示した方が、両当事者にとって財産分与をめぐる紛争に決着をつけることになるのではないかとも考えられる(23)。

ただ他方で、調停における清算条項の無効確認を訴訟物とするメリットがどれほどあるのか疑問なしとしない。本件では、Xは問題となっている調停を成立させる旨の意思表示を取り消す旨主張し、新たに財産分与を求める調停の申立てを行っている。本件判旨が第二の理由で指摘するように、当事者は本件条項があったとしても新たな合意をすることは自由である。これは言い換えれば、わざわざ本件条項の無効を判決で確定しなくても、調停における話し合い自体は可能であり、ただそれを有利に進めたいというXの希望だけで、調停とは別の訴訟に応訴を強いられる被告の不利益を考えると、Xには保護に値する利益はないと言わざるを得ないのではないか。

さらに問題となるのは、本件では調停条項の一部のみの無効確認請求をしている点である。この点については、以下の指摘がある。すなわち、各条項は、相互にそれぞれ他の条項について合意が成立する前提条件になっているから、各条項が一体となって一つの契約を成り立たせているとみるべきであり、全体としての合意、すなわち調停や和解自体に無効ないし取消原因があるということはありえても、一部の条項は有効で、他の条項は無効であるということは実体法上ありえない。本件においても、その他の条項の合意の効力は維持しつつ、清算条項の合意についてのみ効力を排除することは、実体法上できないのであり、このように考えるのであれば、調停条項の一部のみの無効確認請求は実体法上理由がないのであるから、確認の利益を欠くゆえの訴え却下ではなく、請求棄却の本案判決をするべきであるとする指摘である(24)。以上のことからすると、Xが自分に都合の悪い清算条項のみの無効確認を求めて事を有利に運ぼうとするのを認めるのは、応訴を余儀なくされる被告との間での衡平に反するし、Xの主張する通り、調停手続の過程で詐欺的行為があったのであれば、調停条項全体を取り消して、改めて最初から全てについて話し合うのが筋ではないか。このような実質的考慮があるとすれば、本件では即時確定の利益は認められない。

本件においても確認の利益を認めるべきであるとする立場は、確認訴訟を軽やかに活用し、当事者間の紛争の経緯を踏まえ、確認訴訟・確認判決が事件の具体的文脈における「争点解消・法的情報提供機能」を発揮できる場合には、確認の利益を緩やかに肯定してよいという考えにその基礎を置いている。[25] 裁判所が確認の利益を否定する理由は、簡単にいえば、当該訴訟について確認判決を下しても、それが紛争の解決にはつながらないという点にある。確かに裁判所は、確認の利益を認めるにあたって、「紛争の抜本的解決」という確認訴訟の機能を重視してきた。[26] しかし他方で、その解決は、多分に当事者の自主性に委ねられている。[27] 確認判決自体は紛争の一部しか解決しなくても、それが残りの紛争解決の一つの基準となって当事者による自主的な解決が見込めるのであれば、その基準作成のために確認訴訟を利用することを認めるという考え方もある。[28] 確認訴訟が多様な機能を果たすに伴い、それを気軽に活用できる途を開くことこそ、多様な当事者のニーズに応えることになるのかもしれない。もっともこのように解すると、確認訴訟を適切な範囲に限定するという確認の利益の本来の機能が働かなくなる恐れがでてくる。[29] やはりそこでは、被告の保護、そして裁判所利用の濫用防止という被告・国家の立場からする訴えの利益の外在的制約による絞り込みが不可欠であると思われる。[30]

（19） 即時確定の利益があれば、確認の対象の不適格性は克服されることを示唆していると評価するものとして、川島・前掲注（3）一五〇頁。

（20） 川島・前掲注（3）一五〇頁は、「確認の利益を否定するかたちで清算条項をめぐる争いを終結させるとともに、同時に、Xが本件認容判決を梃子に有利な解決を目指した別件調停事件の終結をも意図することを狙ったものであり、それなりに、X・Y間の紛争の「抜本的解決」を企図したものなのである」とし、第一審が本案判決を行っていることから、東京高裁が本件の背後にある財産分与請求の別件調停事件をも視野に入れて、財産分与請求権の消滅を指摘するかたちで一定の指針を示す事を通じて、その紛争の解決をも志向したものと評価している。

（21） 川島・前掲注（3）一五七頁は、抽象的な権利関係の確認の方が、具体的な権利関係以上に有効な紛争解決機能を果たす場合もあるとし、清算条項の無効確認を通じて、当事者間では、債権債務関係の清算がなかったことになり、その結果、当事者間における具体的かつ特定の権利主張が可能になり、その限りで清算条項をめぐる紛争が解決することになるとする。また、清算条項の有効・無効を確認することは、特定の権利義務の存否を確定するための前提になり、それをめぐる当事者間の紛争の解決ないし予防にも寄与する可能性を認める見解として、石渡哲「判批」法学研究七五巻一一号（二〇〇二）一二二頁。

(22) 川島・前掲注（3）一五九頁。

(23) この点、裁判所は、清算条項の有効無効にかかわらず、財産分与請求権は既に消滅しているため審判手続において主張することはできないとするが、財産分与の合意が錯誤によって無効となった後に改めて財産分与が問題となった場合には、民法一六一条の類推適用の余地があるとか、清算条項が無効であれば、その限りで家事調停手続は終結していないので、期日指定を申し立てることにより、その手続の再開を求めて新たに財産分与を求めることも可能であるとの指摘もある。川島・前掲注（3）一六〇頁。なお、財産分与請求権が既に時効により消滅しているというのは、確認の利益を否定する根拠にはならないと思われる。

(24) 石渡・前掲注（21）一二一頁。

(25) 川島・前掲注（3）一六三頁以下参照。

(26) 過去の法律関係の確認対象適格性を認める際に示した基準であり、その後も随所で引用されている。

(27) 松尾・前掲注（5）一二七頁は、確認訴訟において重要なのは、紛争の抜本的解決よりも、当事者が自らの紛争を訴訟後も自主的交渉その他の形で処理しているだけの契機を与えることに尽きるのであり、確認の利益もかかる観点から捉えられるべきであるとする。

(28) 小林秀之・ケースでわかる民事訴訟法（二〇一四）一三〇頁。伊藤教授が類型化された確認の機能のうち、裁判の波及効果を求める訴訟としての機能（波及効果を利用した紛争解決機能）も、これに通ずるものがある。

(29) 野村秀敏「判批」伊藤眞ほか編・民事訴訟法判例百選〈第三版〉（二〇〇三）六七頁、木村健「判批」法学研究六九巻五号（一九九六）一八〇頁。

(30) 松村和徳「遺言無効確認の訴えに関する諸問題――遺言者生存中の遺言無効確認の訴えの適法性を中心にして」中村英郎教授古稀祝賀（上）・民事訴訟法学の新たな展開（一九九六）一七九頁、一九五頁、野村・前掲注（3）二〇八頁、同・前掲注（1）一五三頁。

四　当事者の最後の拠り所としての確認訴訟

――名古屋高判平成二三・二・一七判時二一一六号七五頁・判タ一三五二号二三五頁

1　事案の概要と判旨

プロ野球の各球場における暴力団や悪質応援団による粗暴行為、不当行為等の防止を目的として、平成一七年六月、プロ野球一二球団および社団法人日本野球機構によって、楽器、応援旗等を使用して観客を組織しまたは統率して行われる集団による応援（以下、「応援団方式による応援」という）には、球団の許可を要し、また、禁止行為に違反した場合等の所定の事由に該当する者については、主催者が入場券の販売拒否対象者に指定することができるものとする試合観戦契約約款および特別応援許可規程が定められた。

原告は、プロ野球球団の一つである中日ドラゴンズの私設応援団である八団体（団体Xら）およびその構成員である個人一〇四名（個人Xら）（以下、総称してXら）であり、平成二〇年度における応援団方式による応援の申請（特別応援許可申請）をしたところ、被告である日本プロフェッショナル野球組織（Y野球組織）、社団法人日本野球機構（Y野球機構）およびプロ野球の一二球団（Y一二球団）（以下、総称してYら）により、平成二〇年三月二七日付で不許可とされた。さらに、Yらにより、個人Xらの一部は、Yら主催の試合等の入場券の販売拒否対象者にも指定された。これに対してXらは、その人格的権利が侵害された等と主張して、Yらに対し、Yらが平成二〇年度にしたXらの「応援団方式による応援」の申請の不許可の撤回、Xらが応援団方式による応援を行うことに対する妨害の差止め、個人Xらの一部に対してした入場券の販売拒否対象者の指定の無効確認、販売拒否対象の個人Xらがプロ野球を観戦することなどに対する妨害の差止めおよび損害賠償等を求めて訴えを提起した。本件の請求は多岐にわたるが、ここでは、確認の利益に関する部分に焦点をあてて紹介する。

第一審判決（名古屋地判平成二二・一・二八判時二〇七五号六二頁・判タ一三四一号一五三頁）は、Xらの訴えのうち、一部を訴訟要件（団体Xらの当事者能力）の欠缺を理由に却下し、Y野球組織を除くYらに対する販売拒否対象者指定の無効確認請求については認容、販売拒否対象Xらの損害賠償請求については一部認容し、その他の請求についてはその全部を棄却した。このうち、販売拒否対象者指定の無効確認請求に係る訴えの確認の利益については、以下のように判断した。すなわち、「販売拒否対象Xらは、たとえプロ野球の観戦のため球場への入場を希望したとしても、本件販売拒否対象者指定により、将来にわたって入場券を購入することができず、また、何らかの方法により入場券を取得しても、その入場を拒否される地位に置かれる」ところ、「本件では、販売拒否対象Xらがそのような地位に置かれるのが正当であるのかどうかが争われている」のであって、「その争いは、後述のとおりのプロ野球の公共的な性格を考慮すると、販売拒否対象Xらの法的な利益と何ら関係のない単なる事実上の争いと見るのは相当でなく、法律上の争訟の範ちゅうに属するものと見るのが相当であ」り、「仮に本件販売拒否対象者指定の無効が確認されれば、販売拒否対象Xらは、その他の販売拒否事由及び入場拒否事由に該当しない限り、一般の観客と同じように入場券を購入して球場に入場し、退場させられることなく試合観戦をすることができるようになることが合理的に期待できるから、本件販売拒否対象者指定の無効確認を求めることは、上記の紛争を解決するための有効、適切な方法であるということができる」ので、「販売拒否対象Xらは、本件販売拒否対象者指定の無効確認について確認の利益を有するものと認めるのが相当である」。そのうえで原判決は、本案について、本件販売許否対象者指定を権利濫用ゆえに違法である（約款に定められている違反行為を何らしていないのに、特別応援許可申請において虚偽記載があったことを理由として販売許否対象者として指定することは、球場での観戦自体を制限するものであり、入場券の販売に関し主催者が裁量権を有することを考慮しても、その裁量権の範囲を逸脱するもので許されない）として、その無効を確認した。

これに対して、XらおよびYら双方が控訴したのが本件である。

控訴審は、販売拒否対象者指定の無効確認請求について、以下の理由により確認の利益を否定した。すなわち、「販売拒否対象者指定は、単に、将来、販売拒否対象一審原告らから、個々の試合の主催者である一審被告一二球団及び一審被告野球機構に対し、入場券の購入の申込みがされても、同一審被告らは承諾せず、同一審原告らの入場を拒否するとの方針を採用し、そのことを事前に伝達したものに過ぎず、それ自体が直接的に法律効果の発生に向けられた行為ということはできない。

また、仮に、販売拒否対象者指定が無効である旨宣言したとしても、それによって一審被告一二球団及び一審被告野球機構に対し、当然に入場券の販売に関する契約（以下、「観戦契約」という。）の締結義務が課されるわけではなく、まして、観戦契約の成立が擬制されるわけでもない。

したがって、本件販売拒否対象者指定は、無効確認の対象たる適格を有しない上に、その無効確認を求めることは上記の紛争を解決するための有効、適切な方法であるとは認められず」、本件販売拒否対象者指定の無効確認請求に係る訴えは、「確認の利益を欠くというべきである」。

2 検討

本件では、プロ野球を観戦する権利は法的保護に値する権利かどうか、本来は私的自治の領域にあり、契約自由の原則のもと自由に決められるはずの販売契約の条件等をめぐって争いが生じている場合に、それを司法審査の対象とするかどうか、司法の判断によって何らかの制約を加えることにより保護するほどの「法的利益」があるかどうかが問題となっている。Xらは本案の争点の中で、球場でプロ野球を観戦することおよび応援団方式による応援をすることは、憲法一三条に基づく幸福追求権の一内容をなす人格権ないし法律上保護された利益であると主張した。これに対して第一審は本案の問題として、不法行為における違法性について、被侵害法益の種類と侵害行為の態様の相関関係を判断するにあたり、被侵害法益にあたるプロ野球の観戦または応援は、明確な権利性を有するものとはいえないうえ、法的な利益として保護される余地があるとしても、趣味・娯楽の領域に属し、契約自由の原則によって規律されるものであるから要保護性が高いとはいえないとした。しかしそれにもかかわらず、プロ野球の有する公共的な性格を考慮し、プロ野球の観戦または応援に対する制約が、契約自由の原則に従って主催者の全くの自由であるということはできないのであり、被侵害法益の要保護性の程度を考慮しても、裁量権の逸脱または濫用等がある場合には、権利濫用として違法となり不法行為が成立する余地があるとしたのである。確認訴訟の場合、確認の利益の判断で、原告の実体的利益が法的保護に値するかどうかが考慮されることから、訴訟要件の判断と本案についての実体判断とに不可分な部分があることは否めない(31)。第一審が要保護性は低いとしながらも、プロ野球の公共的な性格に鑑みて、プロ野球観戦のための球場への入場を拒否される地位に置かれる原告の救済の必要性を認めたのに対して、控訴審は、販売拒否対象者指定は単なる事実に過ぎず、またその無効を確認する判決も原告の救済にはならないとした(32)。

では本件ではXらは何を求めて提訴しているのか。Xらが求めているのは、Yらが作成した本件約款・規程の解釈・運用のあり方であり、YらがXらを販売許否対象者に指定した経緯について、その指定が約款に基づいて適正に行われているかどうかである(33)。指定の妥当性自体は、XらがYらに対して行った不法行為に基づく損害賠償請求が認められるかどうかという本案の判断の中でも検討されている。その限りでは原告の目的は達成されているともいえ、確認の訴えは不要とも考えられる。しかし、仮に不法行為に基づく損害賠償請求が認められたとしても、被告らのした販売拒否対象者指定がはずされない限りは、Xらは野球観戦をすることはできない。Xらが、球場でプロ野球を観戦することおよび応援団方式による応援をすることは、憲法一三条に基づく幸福追求権の一内容をなす人格権ないしは法律上保護された利益であると主張していることからも明らかなように、Xらの最終的な目的は、販売拒否対象者指定をはずして、再び球場で野球観戦を可能にすることであり、そのための手段としては、やはり販売拒否対象者指定の無効確認が最も適しているといえよう。確かに控訴審判決が言うように、確認の利益を認めて本件指定の無効を認める確認判決があっても、それによってYらに対して、当然に観戦契約の締結義務が課されるわけでも、観戦契約の成立が擬制されるわけでもない。裁判所は、XらがYらとの間で、既に特定の試合につき観戦契約を締結していたり、特別応援許可を得ているなどの事情があって、観戦契約の対象である特定の試合あるいは特別応援許可の対象となる特定の年度に行われる試合について、具体的な法律上の利害関係を有するに至っている場合を法律関係としているが、本件の販売拒否対象者指定は、将来予想される個々の試合ごとになされる申込みに対する拒絶の基礎となる、基本的かつ具体的な法律関係であるといえよう(34)。

本件でもう一つ重要なのは、Yらが X らに対して一方的優位な地位にあるということであり、販売拒否対象者指定等の措置の手続も全く不透明であるという点である。人種や性別を理由に入場の許否を決めるというような差別が許されないのは明らかであるが、本件のように、プロ野球界から反社会的勢力を排除する目的で定められた約款や規程は、その目的の正当性ばかりが強調され、ともすれば手続が不透明なまま、Xらは観戦の自由を不当に奪われる危険性がある。このような当事者間の地位の不均衡を是正するためにも、本件確認訴訟は有効、適切な方法であるし、また確認の利益を否定し、無用な訴訟から被告を保護する必要性も認められない。さらには、本件において確認の利益を認め、本案判決を下すことは、それが請求認容、すなわちYらの措置が無効であると確認されたとしても、手続の透明性を確保し、反社会的勢力の排除という目的のために作成した約款や規程を適切に運用するための体制作りの一助となる。[35] このような確認訴訟は、本件のような一見裁判所の関与が不相当に思われる紛争の当事者にとっては、その利害調整のための最後の拠り所として、一種のＡＤＲ的な機能を果たすと評価できる。[36]

(31) 本件において、第一審は本案判決を下したが、控訴審では原告の地位は保護に値するものではないとして確認の利益が否定された。この場合、実体的地位は保護しないという結論が先にあって、いずれにしろ請求は棄却されるのだから、面倒な本案判断を避けるために確認の利益を否定したと思わなくもない。この点につき、本件が暴力団等排除の許否にからみ様々な実体判断を求められることから、その負担を回避するために確認の利益を否定したとみることもできるのではないかと指摘するものとして、小林学「判批」判時二一三三号（二〇一二）一七五頁（判評六三六号二九頁）。同論文は、法律上の争訟が正面から問題となる宗教上の教義に関わる宗教団体の内部紛争などとは異なるのであるから、実体判断を安易に避けるべきではないとする。また、松尾・前掲注（5）一二七頁は、何が保護されるべき利益かの判断を裁判所に全面的に委ねてしまう危険性を指摘している。

(32) 一般的には、個別の法的な諸関係や法律関係の一部でも対象適格は認められるのに対して、ある法律関係の個別の要件要素は事実であって法律関係ではなく、確認訴訟の対象とはならないとされる。中野貞一郎「確認訴訟の対象――『事実』はどこまで対象適格をもつか」同・民事訴訟法の論点Ⅱ（二〇〇一）三八頁、四六頁。ただし実際には、両者の区別は微妙な場合があるとする。同様に、具体的か抽象的かという区別も相対的なものであり、抽象的な権利関係は確認の対象となり得ないという命題のみに依拠して確認の利益が判断されるならば、恣意的になるおそれがあり、実際上の適用において実質的基準とはなりえないことを指摘するものとして、野村・前掲注(3)二二六頁。川嶋・前掲注(3)一五六頁も同旨。

(33) なおこの点については、被告作成の約款等において、これらに基づく許可の可否等について異議を申し立てまたはこれを争うことはできず、販売拒否対象者指定に関する被告らの判断には何人も何ら異議を出すことはできないと規定されていることから、これをもって不起訴の合意があるとする被告の主張に対して、第一審は、本件約款等は被告らが制定したものであり、対等な当事者間でされた合意とは性格を異にすること、公共的な性格を有するプロ野球の観戦について一定の制約を加える事柄を含むことから、不起訴の合意があったとまで解するのは相当ではないとしている。

(34) その意味では、本件販売拒否対象者指定は、「暴力団お断り」や「暴力団排除宣言の店」といった暴排ステッカーに見られる承諾拒絶の一般的かつ予告的な方針の表明とは異なり、観客に対して一方的優位にたつプロ野球一二球団や社団法人日本野球機構などの組織が、一丸となって対象を特定して行った具体的な意思表示であるとされる。小林・前掲注(31)一七四頁。

(35) 小林・前掲注(31)一七六頁。

(36) 確認判決が紛争解決に一定の規準を示し、それに基づいて当事者が自主的に行動することによって紛争解決を期待するという、確認訴訟のもつ波及効果は、本来私的自治を原則として動いている市民社会にとって有用なものと考えられていたとする。伊藤・前掲注(4)三〇頁。

定期金賠償と民事訴訟法二四六条

――実体法と訴訟法の役割分担の観点からの問題の整理

山本克己

一　はじめに
二　最判昭和六二年二月六日と東京高判平成一五年七月二九日
三　定期金賠償の問題構造
四　実体法と訴訟法の役割分担および有意的な規律モデル
五　定期金賠償と民事訴訟法二四六条
六　おわりに

一　はじめに

筆者は、立退料判決と民事訴訟法二四六条の関係を検討した論稿（以下、「前稿」という）において、立退料判決ができるかどうかは基本的に実体法の問題であるとの私見を展開する際に、次のように述べたことがある。(1)

「民事訴訟法二四六条（旧民事訴訟法一八六条）は、そもそも訴訟上の請求になっていない事項について主文で判断することを禁ずること（例えば、売買代金の支払請求訴訟において、被告の反訴提起がないにもかかわらず、判決主文で原告に売買目的物の引渡しを命ずることはできない）も含むが、裁判所が審理の結果達した訴訟物についての実体法的な判断（例えば、不法行為に基づく損害賠償請求権の額が五〇〇〇万円であるとの判断）と、原告の申立て（例えば、同じ請求権に基づき三〇〇〇万円の支払を求める申立て）との間にずれがある場合に、裁判所の判断に即した判決主文の判決を下すことが許容されるかどうか、という問題に関わっている。したがって、立退料判決においても、裁判所の達した実体判断と原告の申立ての間にずれが生じて初めて、民事訴訟法二四六条（旧民事訴訟法一八六条）の適用の有無が問題になると考えるべきである。〈中略〉

以上述べたように、請求の当否に応答する判決主文の内容は原則的に実体法が定めるものであり、民事訴訟法二四六条（旧民事訴訟法一八六条）はそれを例外的に制約することがある、という立場を前提にする場合には（立退料以外のコンテクストでは、ほとんどの論者が、かかる前提に立っていると推測される）、立退料による正当事由の補完を認めるかどうか、認めるとして、立退料の額をいくらにすべきかは、実体法の問題であると考えるべきことになる。」

慧眼の読者がこの引用文を一読すれば、「従来の判例・学説には、定期金賠償を命ずる判決の可否ないし許否は民事訴訟法二四六条の問題である、とするものが多いが、筆者〔山本〕は定期金賠償を命ずる判決の場合をどのように説明するのであろうか」、あるいは、「引用文中の『立退料以外のコンテクストでは』という部分は限定の仕方として適切を欠くのではないか」という疑問が沸き起こるに違いないと推測している。本稿の目的は、実体法と訴訟法の役割分担という観点からの問題の整理（一種のモデル論的な整理）を行うことによって、前者の疑問に対する筆者の回答を公にし、大方の批判を仰ぐことにある。なお、後者の疑問に対しては、現状認識の誤まりを認めざるを得ないと考えている。

ところで、「実体法と訴訟法の役割分担」という二分法的な問題の把握に対しては、当然ながら、実体法と訴訟法の中間領域としての救済法の独自性を認める見解[2]から異論が出されることが予想される。しかし、本稿では立ち入った検討をすることができないが、筆者は、救済法の領域に属するとされる事項の大半は、「裁判による実体法ルールの形成」か「実体法的非訟化」[3]に還元でき、救済法の独自性を認める必要はないと考えている。このような理由から、本稿では、伝統的な実体法と訴訟法の役割分担を前提にして議論を進めることにしたい。

（1）拙稿「立退料判決をめぐる実体法と訴訟法」石川正先生古稀記念・経済社会と法の役割（二〇一三）一二〇三頁以下。

（2）川嶋四郎・民事訴訟過程の創造的展開（二〇〇五）所収の論稿をはじめとする、川嶋教授の一連の論稿では救済法の独自性が強く打ち出されている（教授の定期金賠償に関する論稿として、「判批」法政研究六七巻三号（二〇〇一）八二一頁以下がある）ほか、竹下守夫「民事訴訟の目的と機能」民訴雑誌四〇号（一九九四）一頁以下、山本和彦「民事訴訟法における法的利益の保護」一橋論叢一一七巻一号（一九九七）六四頁以下が主張する訴訟目的論としての新権利保護説が、救済法的な発想を取り込んだ内容となっている。また、本稿の直接のテーマである定期金賠償との関係では、断言はできないが、坂田宏「処分権主義よりみた定期金賠償判決」谷口安平先生古稀祝賀・現代民事司法の諸相（二〇〇五）一七一頁以下が、救済法的な視点を持ち込んで議論を展開しているように思われる。もっとも、その後に公表された、同「定期金賠償判決の要件に関する一考察」法学七四巻六号（二〇一一）八三八頁では、「たとえ裁判（民事訴訟）といえども、実体法上の権利義務関係を変動させるものではない」と述べており、救済法的な視点はまったく影を潜めているような印象を受ける。なお、後掲注（14）および（24）も参照。

（3）「裁判による実体法ルールの形成」と「実体法的非訟化」の区別については、拙稿「裁判手続と紛争処理」田中成明編・現代理論法学入門（一九九三）八九頁以下を参照。

二　最判昭和六二年二月六日と東京高判平成一五年七月二九日

本論に入る前に、定期金賠償に関する裁判例として広く知られている二つの判決を素材に、筆者の問題意識の所在を明らかにしておくことにする。

まず、最判昭和六二年二月六日（判時一二三二号一〇〇頁。以下、「最判昭和六二年」という）を取り上げる。市立学校のプールにおける事故により全身麻痺の障碍を負った生徒が、横浜市に対して一時金（金額は不明）による損害賠償を求めた事案において、第一審（横浜地判昭和五七年七月一六日判時一〇五七号一〇七頁）が一億三〇〇〇万円余の支払を命ずる一部認容判決を、控訴審（東京高判昭和五九年五月三〇日判時一一一九号八三頁）が一億二〇〇〇万円余の支払を命ずる一部認容判決を下した。これに対して、被告・横浜市が上告したところ、最高裁は、上告を棄却したのであるが、理由中で次のように述べた（なお、最判昭和六二年の事案には、定期金賠償を命ずる判決の取消し・変更制度を定める現行民事訴訟法一一七条に相当する条文がない、旧民事訴訟法が適用されていることを付言しておく）。

「損害賠償請求権者が訴訟上一時金による賠償の支払を求める旨の申立をしている場合に、定期金による支払を命ずる判決をすることはできないものと解するのが相当であるから、定期金による支払を命じなかった原判決は正当である。」

上告理由が公刊されていないので明確ではないが、この判示は、（特に将来の逸失利益の賠償や将来の介護費用の賠償について）定期金賠償を命ずべき事案において一時金による賠償を命じた原判決は違法である、との被告（上告人）の主張に対する応答であると推測される。

さて、この最高裁の判示における「訴訟上……申立」とは、旧民事訴訟法一八六条所定の「申立」のことであると考えられるので、この判示は、「原告の請求が一時金による賠償の支払を求めるものである場合には、旧民事訴訟法一八六条により、定期金による支払を命ずる判決をすることはできない」という趣旨であると理解できる。

しかし、被告（上告人）の上告理由が筆者の推測したような内容のものであったとすると、上告理由の趣旨は、将来の逸失利益の一時金賠償を求める権利が成立しているのかどうか、あるいは、将来の治療費・介護費用の一時金賠償を求める権利が成立しているのかどうか、という損害賠償法（実体法）上の問題設定を含むものであると考えられる。にもかかわらず、旧民事訴訟法一八六条（現行民訴二四六条）の規律に言及するだけで、上告理由に対する応答として十分なのであろうか。

この最判昭和六二年と矛盾抵触すると解する余地のある判示をしているのが、現行民事訴訟法施行後の事案を扱った東京高判平成一五年七月二九日（判時一八三八号六九頁。以下、「東京高判平成一五年」という）である。同判決の事案の概要を説明すると、被告が起こした交通事故によっていわゆる植物状態になった原告が、逸失利益、介護費用、慰謝料等の合計一億一三八六万円余りの損害賠償の支払を求めて訴えを提起し、第一審（千葉地裁八日市場支部）が九四一四万円の限度で請求を一部認容をしたところ、被告が控訴したというものである。被告（控訴人）は、控訴審において、原告（被控訴人）が平均余命年齢まで生存するとの前提の下に、介護費用について一時金による賠償を命ずることは、被告（控訴人）にとっては酷にすぎる結果となる可能性が高いので、「被害者保護を確保することを当然の前提とし（現実の生存期間にわたっての介護費用が賠償されるよう確保して）、損害の衡平な分配という不法行為法の理念を失わずに賠償義務を加害者に負わせる方法として、定期金賠償の方法が検討されねばならない」と主張した。東京高裁は、この被告（控訴人）の主張を認め、介護費用については、原告（被控訴人）が死亡するまでまたは平均余命年齢である満八四歳に達するまでのいずれか早い方の時点に至るまでの間、一か月金二五万円の賠償を命ずる、という内容に原判決を変更した。

東京高裁は、判決理由中で、まず、定期金賠償を命ずることの積極的な根拠として、

「推定的余命年数を前提として一時金に還元して介護費用を賠償させた場合には、賠償額は過多あるいは過少となってかえって当事者間の公平を著しく欠く結果を招く危険がある。このような危険を回避するためには、余命期間にわたり継続して必要となる介護費用という現実損害の性格に即して、現実の生存期間にわたり定期的に支弁して賠償する定期金賠償方式を採用することは、それによることが明らかに不相当であるという事情のない限り、合理的といえる。」

と判示している（それ以外に、東京高裁は、定期金賠償を命じたとしても、民事訴訟法一一七条によって、インフレーションなどの将来の変動要因に対処できるとの指摘を行っている）。

次に、定期金賠償は相当でないとする原告（被控訴人）が、自らの立場を正当化するために主張している、定期金賠償は賠償義務者の資力悪化の危険を被害者に負わせることになるという論拠に対して、東京高裁は、交通事故の加害者が任意保険に加入している場合には、その論拠は妥当しないとの反論を加えるとともに、被告（控訴人）が任意保険に加入していることを指摘している（明示的に判示してはいないが、東京高裁は、加害者の一種の期限の利益や支払不能となることを回避する利益を肯定したことになる）。その上で、東京高裁は、将来の介護費用については定期金賠償を命じたのである。

しかし、東京高判平成一五年において、推定余命年数を算定の基礎とする将来の介護費用の一時金賠償が相当でないという判断の当否についての検討の対象とされた論拠は、民事訴訟法一一七条に関するものを除いて、賠償額の公平さや将来における債務者の資力喪失のリスクなど、加害者と被害者の実体法的な地位に関するもの（民事訴訟法二四六条に関する一般的な議論においては斟酌されない論拠）である。したがって、東京高裁の判示は、実体法の解釈について論じており、それに付随して民事訴訟法一一七条（同条が実体法に従った定期金賠償を可及的に実現するための規律を内容とすることに注意が必要である）に触れたに過ぎない、と言うべきである。その意味において、東京高裁が、判決理由中で、民事訴訟法二四六条と最判昭和六二年のいずれにも言及していないことは、大いに示唆的である。(4)

このように、ここで検討した定期金賠償に関連する二つの裁判例は、定期金賠償について実体法と手続法の役割分担という観点からの検討の必要性を示唆しているように思われる。

（4） ただし、後掲注（16）参照。

三 定期金賠償の問題構造

さて、実体法と訴訟法の役割分担の問題を捨象すると、「一時金賠償かそれとも定期金賠償か」という法解釈上の問題の構造は、次のようなものになると考えられる。なお、議論を複雑化させないために、将来の介護費用の賠償だけを念頭に置き、かつ、将来の介護費用の一部について定期金賠償、残部について一時金賠償がされるという可能性を排除して、議論を進めることにする。

まず、将来の介護費用の損害賠償の要件が具備されている場合において、かかる損害賠償が一時金賠償と定期金賠償のいずれによるかについて、法が何者かによる選択の余地を残しているかどうか、という問題がある（問題Ⅰ）。この問題に否定的な答えを出す（選択の余地を否定する）、つまり、法によって一時金賠償と定期金賠償のいずれによるかが確定的に指図がされている（場合分けをして、ある場合には一時金賠償が、別の場合には定期金賠償による旨が指図されることを含む）と考える場合、[5]これから述べる問題は生じない。

これに対して、何者かによる選択の余地が残されていると考える場合には、第二の問題として、選択権を誰が有するのか、という問題に答える必要がある（問題Ⅱ）。この問題に対する有意的な答えは、①被害者[6]（損害賠償請求訴訟においては原告が自らが被害者であると主張することが通例である）、②加害者[7]（損害賠償請求訴訟においては被告が原告によって加害者であると主張されることが通例である）と③損害賠償請求訴訟の受訴裁判所[8]の三通りである。

なお、選択の余地を残した場合には、選択権が行使される前の賠償請求権の内容をどのようなものとして構想するかが、考えておかなければならない一個の問題をなす。この点については、大きく分けて二つの考え方があり得るように思われる。一つは、給付内容がまだ特定されていない債権として構想する考え方である。もう一つは、選択権行使前は一方の給付を求めることができる権利であり、選択権行使によって他方の給付を求めることができる権利に切り替わる、という考え方である。

しかし、筆者は、前者の考え方には難点があると考えている。というのも、被害者に裁判外で行使できる選択権を認める場合（四2参照）を除いて、選択権の主体が被害者・加害者・裁判所のいずれであっても、選択権行使の効果が生じていない段階で、被害者が将来の介護費用の賠償請求権を倒産債権（特に破産債権）として届け出る場合などに困難な問題が生ずるからである。[9] また、とりわけ加害者による選択を認める見解がそうであるように、印象論に止まるが、選択権の行使の結果、一時金の支払から定期金の支払へと給付内容が切り替わると考えている（あるいは暗黙のうちに前提としている）見解が多いのではなかろうか。このような一時金賠償から定期金賠償への切替えは、一時金賠償を原則とする損害賠償法学における一般的な考え方と適合的であるので、以下では、問題Ⅰに否定的な答えを出した場合の将来の介護費用の賠償請求権の内容について、選択権行使により一時金給付から定期金給付に切り替わる、という構想を前提に議論を進める。

（5） このような考え方を採る論稿として、倉田卓次「年金賠償再論」判タ八五四号（一九九四）八頁以下、特に一七頁があり、余命認定不能の場合に定期金賠償によるべきであると説いている。

なお、ドイツ民法典はこの考え方によっているものと思われる。ドイツ法における定期金賠償に関しては、古典的な業績である山田晟＝来栖三郎「損害賠償の範囲および方法に関する日独両法の比較研究」我妻栄先生還暦記念・損害賠償責任の研究上巻（一九五七）二〇九頁以下を参照。

（6） 被害者の選択権を認める論稿として、楠本安雄「定期金賠償と訴訟法」（初出一九六七）同・人身損害賠償論（一九八四）二三五頁、同「定期金賠償と生活保障」（初出一九六九）同書二〇八頁、池田辰夫「定期金賠償の問題点」（初出一九八二）同・新世代の民事裁判（一九九六）八三頁などがある。

（7） 加害者の選択権を認める論稿として、藤村和夫「判批」交通民集一六巻索引・解説号（一九八五）三六一頁、坂田・前掲注（2）現代民事司法の諸相一八七頁以下などがある。

（8） 裁判所の選択権（裁量権）を認める論稿として、倉田卓次「定期金賠償試論」（初出一九六五）同・民事交通訴訟の課題（一九七〇）九九頁以下、高見進「訴え提起の柔軟化」ジュリ一〇二八号（一九九三）七六頁以下などがある。ただし、高見教授の議論は、被害者と加害者の双方に選択権を認めている、との解釈の余地を残している。

（9） 倒産債権の届出の際に、権利の内容をどのように記載すべきかが問題になるほか、破産債権として届け出る場合には、現在化とそれに伴う金銭評価をどのように行うかが問題となる。なお、後者の金銭評価に関しては、五1での一時金賠償と定期金賠償の比較を参照。

四　実体法と訴訟法の役割分担および有意的な規律モデル

以上の問題構造の把握を前提として、「一時金賠償かそれとも定期金賠償か」という法解釈上の問題が、実体法と訴訟法のいずれに属するものとして把握されるべきかを検討し、それを踏まえた上で有意的な選択肢としてどのような規律モデルがあるかを検討することにする。

1　基本的な考え方

まず、問題Ⅰについて否定的に答える場合には、特定の事案における将来の介護費用の賠償について、法が一時金によってされるべきことを指図しているか、それとも、法が定期金によってされるべきことを指図しているかのいずれかであることになる。実体法と訴訟法の二分法を前提とする限り、いずれの指図を行っているにせよ、かかる指図をする法のルールが実体法に属することには疑いを容れる余地がないように思われる。というのも、このような法のルールは、損害賠償請求権によって求めることができる給付の内容を定めているからである。このような実体法のルールによって、一時金賠償か定期金賠償かが定まっているという規律モデルは、一つの合理的な選択肢であると考えられる。

次に、**問題Ⅱ**について肯定的に答える場合には、選択権を誰が有するかを指図する法のルールを想定しなければならない。加害者、被害者と裁判所のいずれを指定するにせよ、選択権者を指図する法のルールは実体法に属するものであると考えられる。2と3では、この点についてもう少し検討を加えることにする。

2　被害者または加害者に選択権を認める場合

選択権を加害者と被害者のいずれかに与えることは、債権債務関係の当事者である私人に給付内容についての選択権を与えることを意味するから、将来の介護費用の賠償請求権は法定の選択債権（もっとも、選択権の行使により一時金賠償から定期金賠償に切り替わると構成する場合には、むしろ、選択債権類似の債権と言うべきかも知れない）であることになる。したがって、選択権の付与を定める法のルールは、実体法に属することになる。もっとも、このように言うと、民法四〇六条により選択権は一次的には債務者である加害者に帰属するしかないのではないかとの疑問が生ずるかもしれない。しかし、同条は約定に基づく選択債権における選択権の所在についての任意規定に過ぎないので、法定の選択債権に直ちに適用されるわけではないのではなかろうか。

むしろ、将来の介護費用の賠償請求権を法定の選択債権であると考える場合には、法が選択債権とする趣旨によって選択権の所在が決定されるべきであるように思われる。つまり、選択債権とされる趣旨が被害者の利益を保護するためであれば、選択権が被害者に、その趣旨が被害者の利益を保護するためであれば、選択権が加害者に与えられる。これに対して、選択を可能とする趣旨が、一義的に被害者または加害者の保護にあるとは言えず、個別事案の具体的状況に応じて選択をするかどうかを判断すべきである場合には、法のルールによって選択権を債権債務のいずれかの当事者に与えることはできず（法定の選択債権構成を採ることができず）、裁判所が両者の利害状況を勘案して選択を行うべきことになる。

では、被害者または加害者に将来の介護費用の賠償請求権における選択権の性質はどのようなものになるのであろうか。かかる選択権は、将来の介護費用の賠償請求権によって求めることができる給付の内容を、私人の一方的意思表示によって特定するものであるから、形成権であることになる。ここでの選択権が形成権であるとすると、次にその行使方法をどのように定めるかが問題になる。一般に形成権は行使方法によって、訴えによらなければ行使できない形成権、否認権のような裁判上行使しなければならない形成権と、民法総則が定める各種の取消権のような裁判外でも行使できる形成権の三種類に分類できる。

訴えによってしか行使できない形成権を行使する訴えは、形成の訴え（形式的形成訴訟に係る訴えを除く）である。被害者にこのような形成権を与えることは一つの選択肢ではあるが、この選択肢を採用する場合、将来の介護費用の定期金賠償を求めるために、被害者は一時金賠償から定期金賠償への切替えを求める請求と定期金賠償を命ずることを求める請求を併合提起しなければならない。給付請求単体では定期金賠償を求めることができなくなるのである。これは従来想定されてきたことと大きく齟齬することになるので、訴えによらなければ行使できない形成権という構成は度外視してよいと思われる（加害者に訴えによらなければ行使できない選択権を与えることは、更に問題を複雑化させるので、同様に度外視してよい）。また、否認権のような限られた場合にしか採用されていない、裁判上行使すべき形成権という構成も同様に考慮の外に置いてよかろう。

このように、私人に選択権を与える場合に考えられる有意的な構成は、被害者または加害者に裁判外で行使できる実体法上の形成権としての選択権を与えることであると考えられる。

3　裁判所に選択権を認める場合

受訴裁判所に選択権を認める場合の検討に移ると、受訴裁判所に選択権を認めることは、裁判所に裁量的な形成の権限を付与することを意味する。このような裁量的な形成権限が裁判所に与えられる例としては、遺産分割審判や共有物分割訴訟を挙げることができるが、このいずれについても実体法が裁量的な形成を裁判所に委ねている場合であると説明するのが一般的である。一時金賠償から定期金賠償へと切り替えることができる裁判所の権限も、これらの場合と同様に、実体法に基づいていると位置づけるべきであろう。

このように裁判所の裁量的な形成権限の根拠を実体法に求めることに対しては、少額訴訟における判決による支払の猶予（民訴三七五条一項）の場合には、訴訟法によって裁判官の裁量的形成権限が与えられているではないか、という反論が投げかけられることになろう。しかし、これに対しては、この支払の猶予は、原告が少額訴訟の手続によることを選択する旨の陳述をし（同三六八条一項・二項）、かつ、被告が通常の手続に移行する旨の陳述（同三七三条一項）をしない場合に限ってすることができるのであるから、この場合の裁判所の裁量的な形成権限は、両当事者が支払の猶予がされることを容認していたこと、つまり、両当事者の一致した意思に求めることができる。換言すると、この支払猶予の制度は、友誼的裁判官仲裁に類似したものであると考えられるのである。そして、裁判所にそのような権限を付与できる根拠は、訴訟物についての当事者の実体法上の処分権限にあり、訴訟法はこのような処分権限の行使のあり方を制度化しているに過ぎないと考えられる。

さて、このような一時金賠償から定期金賠償に切り替える裁量的な権限を受訴裁判所に認めた場合、定期金賠償を命ずる終局判決の主文は、定期金賠償への切替えという形成的要素と形成結果に基づいた給付命令という二つの性格を併有することになると考えられる（詳細は五1で述べる）。つまり、扶養料の支払を命ずる家事審判と一面において類似する性格を有するのである。しかし、このことは、損害賠償請求権の内容を全面的に裁判所の裁量に委ねる（非訟化する）ことを当然に含意するわけではない。と言うのも、定期金賠償に切り替えられた後の定期金賠償を求める権利の内容は、実体法のルールによって決まるという立場もあり得るからである。そして、このように考えることは、実体法ルールの内容については十分なコンセンサスはなくても、実体法のルールによって損害賠償請求権の内容が指図されるべきである、というメタレベルにおけるコンセンサスが多くの論者の間で成立している日本の損害賠償法学の趨勢[10]とも整合的である。もっとも、一時金賠償から定期金賠償への切替えを裁判所の裁量的判断に委ねることが、そのような損害賠償法学の趨勢と整合性を欠くのではないか、という疑問は残るように思われる。しかし、「一時金賠償かそれとも定期金賠償か」は裁判所の裁量的判断によって決すべきである、という見解は相当に有力であるので、この構成も有意的なものとして検討の対象として残すことにする。

4 小括

以上の検討の結果、有意的な規律モデルとして残るのは、(ア)「法」のルールによって一時金賠償と定期金賠償のいずれがされるべきかを定めること、(イ)「法」が被害者に裁判外で行使できる形成権（一時金賠償から定期金賠償に切り替える権利）を与えること、(ウ)「法」が加害者に裁判外で行使できる同様の形成権を与えることと、(エ)「法」が一時金賠償から定期金賠償に切り替える権限を受訴裁判所に付与することの四つである。そして、この四つの選択肢における「法」はいずれも訴訟法ではなく実体法である、というのが筆者の見解である。

(10) 本文で述べたことは、平井宜雄・損害賠償法の理論（一九七一）四八九頁以下が説く損害の金銭評価の非訟化は、必ずしも受け入れられていない、という筆者の現状認識に基づいている。

五 定期金賠償と民事訴訟法二四六条

ここでは、(ア)から(エ)の実体法上の構成のそれぞれについて、本題である民事訴訟法二四六条との関係で生ずる問題点を検討し、付随的に、弁論主義や裁判官の釈明との関連で生ずる問題点も考察することにする。

1　民事訴訟法二四六条との関係

定期金賠償と民事訴訟法二四六条の関係を論ずる場合、二つの問題を検討しなければならない。一つは、同一の将来の介護費用について一時金賠償を求める訴訟上の請求と定期金賠償を求める訴訟上の請求における訴訟物が同一か、という問題（問題α）である。それが肯定された場合に、二つめとして、一時金賠償請求と定期金賠償請求の一方が他方を包含する関係にあるかどうか、換言すれば、一方が他方の質的一部かどうか、という問題（問題β）を検討する必要が生ずる。[11]問題βは、将来の介護費用の全額ないし特定期間分の賠償を求める前提で、一方の請求だけが立てられている場合に、他方の請求の認容判決に相当する判決を、一部認容判決としてすることができるかどうか、という問題と同義である。なお、学説においては、周知のように、一時金賠償請求がされている場合に、一部認容として定期金賠償を命ずることができるか、という問題設定がされることが多いが、逆の場合も検討の俎上に載せることにする。

まず、問題αについて検討すると、この問題との関係で、旧訴訟物理論と新訴訟物理論の対立は意味を持つのであろうか。根拠（不法行為か債務不履行か）を同じくする一時金賠償を求める権利と定期金賠償を求める権利が実体権としての同一性を有すると仮定した場合、旧訴訟物理論と新訴訟物理論の対立は、不法行為に基づく一時金賠償を求める権利と債務不履行に基づく定期金賠償を求める権利が、あるいは、債務不履行に基づく一時金賠償を求める権利と不法行為に基づく定期金賠償を求める権利が、それぞれ単一の訴訟物に包含されるかどうか、という点については異なる結論をもたらすのに対して、不法行為に基づく一時金賠償を求める権利と同じく不法行為に基づく定期金賠償を求める権利が、あるいは、債務不履行に基づく一時金賠償を求める権利と同じく債務不履行に基づく定期金賠償を求める権利が、それぞれ単一の訴訟物に包含されることは、旧訴訟物理論と新訴訟物理論のいずれにおいても承認されることになると思われる。したがって、根拠を同じくする一時金賠償を求める権利と定期金賠償を求める権利が、実体権としての同一性を有するかどうかを検討する必要がある。

もっとも、実体法上の請求権の同一性の判断が必ずしも一義的にできるわけではないことは、つとに指摘されているところである。[12] しかし、しばしば、「一時金賠償かそれとも定期金賠償か」は損害賠償の「方式」の問題であると言われることがある。[13] この損害賠償の「方式」という表現は、損害賠償請求権の「内容」とは区別して用いられているように思われる。仮にそうだとすると、「方式」という表現は、根拠を同じくする一時金賠償を求める権利と定期金賠償を求める権利が実体権として同一性を持っていることを含意していると言えそうである。そこで、筆者としての決定的な論拠を示すことができないのではあるが、以下では両者の権利が実体権としての同一性を有することを前提に議論を進めることにする。[14] 一時金賠償請求だけがされている場合に、定期金賠償を命ずることができると主張する見解は、おそらくこのように考えているのではないかと思われる。

次に、**問題β**を検討するが、以下では、旧訴訟物理論における不法行為に基づく将来の介護費用に係る一時金賠償請求と定期金賠償請求の扱いを例に議論を進めることにする。

しかし、将来の介護費用の賠償の場合を検討する前に、比較の対象として、少額訴訟における分割払を命ずる判決（民訴三七五条一項）の場合に考察を加えておくことにする。分割払を命ずる判決の制度は、原告が現在の給付を求めている場合において、通常訴訟であれば原告の請求を全部認容すべきときであっても、質的一部認容として、付帯請求部分（将来の遅延損害金）を除いた認容すべき金額について、分割払をすることを被告に許容するものである。この場合の全部認容判決と分割払を命ずる判決を比較すると、遅延損害金を除く被告が支払うべき金銭の名目額は同じである。しかも、分割払を命ずる判決においては、その金額の大半に期限の猶予が付され、その結果として、被告が遅延損害金を支払わなければならなくなる可能性が減じられている。つまり、分割払を命ずる判決は、全部認容判決よりも一方的に被告に有利である（もちろん、猛烈なデフレが進行している局面では、分割払は必ずしも被告にとって有利ではないが、そのような場合には被告は期限の利益を放棄すれば足りる）。[15] 民事訴訟法二四六条の趣旨の一つは、敗訴リスクの上限を被告に対して予測可能にすることにあるから、一部認容判決としての分割払を命ずる判決をすることは、同条に反しないと言うべきである。なお、同法三七五条一項の場合に、分割払の名目額の合計が請求額を超えてよい、という見解は皆無であるように見受けられる。

これに対して、同一事案についての一時金賠償請求を認容する判決と定期金賠償を認容する判決を比較すると、遅延損害金を除く被告が支払うべき金銭の名目額が、次の要因によって同額かどうかを判定することができない。

まず、一時金賠償判決が推定余命である一〇年分の将来の介護費用の賠償を命じ、定期金賠償判決が同じ一〇年間将来の介護費用の賠償を命じる場合を考えると、今後一〇年間に被害者が死亡しないと仮定しても、前者で支払が命じられる元本は、後者で各期において元本として支払を命じられた金額から中間利息を控除した金額の合計額である（つまり、名目額ベースでは前者の方が少額である）。他方では、定期金賠償が命じられる期間の上限は被害者の死亡時までと設定されることが通例である。[16] 定期賠償の最大の利点がこの点にあるからである。しかし、このような判決においては、確定的な期間（右の設例では一〇年）の将来の介護費用の賠償が命ぜられるわけではないため、定期金賠償判決によって支払が命じられる金額の合計を算出することは不可能である。更に、定期金賠償判決は民事訴訟法一一七条による取消し・変更を受ける可能性がある。

このように、同一事案において一時金賠償と被害者の死亡時を終期とする定期金賠償（以下ではこのような定期金賠償のみを念頭に置くことにする）のいずれが被害者に有利（加害者に不利）であるかは、判決の時点で確定的に判断することができない。別の言い方をすれば、一時金賠償を求める権利と定期金賠償を求める権利の一方が他方を包含する関係にあるとは言えないのである。「一時金賠償かそれとも定期金賠償か」に係る選択権の主体について、被害者であるという見解と加害者であるという見解の両方が存在しているのは、このことの反映であると考えられる。したがって、一時金賠償請求がされている場合に定期金賠償を命ずることも、定期金賠償請求がされている場合に一時金賠償を命ずることも、原告の請求に基づいて計算できる被告の敗訴リスクの上限（請求が全部認容されると仮定して計算される）を超える可能性を常に内在していることになる。したがって、いずれの場合も、質的一部認容判決に該当する

と言うことはできず、ともに民事訴訟法二四六条に反すると言わなければならない。(17)

もっとも、一時金賠償請求がされている場合に定期金賠償を命ずることができるかどうか、あるいは、定期金賠償請求がされている場合に一時金賠償を命ずることができるかどうか、という問題点(前者の問題点だけが論じられることが一般的である)に関しては、民事訴訟法二四六条の適用が排除される、という見解も一定の合理性を有するように思われる。しかし、被害者であると主張する原告には、一時金賠償請求と定期金賠償請求を客観的予備的併合の形で併合提起する可能性(訴訟物が同じにもかかわらず、二つの請求の併合が可能であるのは、一時金賠償請求と定期金賠償請求では申立ての内容が異なるからである、という説明をすることになろう)が残されているにもかかわらず、損害賠償請求全般ではなく(特に請求額以上の損害賠償を命ずることが民事訴訟法二四六条違反であるという見解は、損害賠償請求の枢要部分について同条の適用を認めていることになる)、この局面に限って民事訴訟法二四六条の適用を排除する根拠は乏しいように思われる。

仮に、一時金賠償請求だけがされている場合に定期金賠償を命ずることができるかどうか、という問題点に民事訴訟法二四六条の適用が排除されるべきであると主張する論者が、この場合に同条の適用を認めると、定期金賠償を求める権利の成立が定期金賠償を求める請求がされていることに依存する結果、裁判所は判決理由中で「被害者が加害者に対して定期金賠償を求める権利を有している」という判断をすることすらできなくなる、という想定に立っているのだとすると、多くの場合、そこには実体法と訴訟法の混同があると言わなければならない。というのも、前述の(ア)(イ)(ウ)のいずれの選択肢においても、裁判所は、将来の介護費用の賠償請求権が成立すると認める場合には、原告が被告に対して一時金賠償と定期金賠償のいずれか一方を求める権利を有するという判断をすることが可能であり、このことは原告の請求とは関係ないからである。原告が一時金賠償請求だけをしている場合に、裁判所が判決理由中で「被害者が加害者に対して定期金賠償を求める権利を有している」という判断をすることすらできなくなる、という想定が成り立つのは、被害者に訴えによって行使すべき形成権としての選択権が与えられる、という構成(本稿では四2でその有意性を否定した）以外では、(エ)の構成を採用する場合だけである。

その説明に入る前に、裁判所は裁判の主文においてしか形成的判断ができないという前提の下に、(エ)の構成において、一時金賠償を求める訴えと定期金賠償を求める訴えの性質がどのようなものになるかを分析しておく。まず、被告に定期金賠償を命ずる判決の主文は、原告が被告に対して求めることができる損害賠償を一時金賠償から定期金賠償に切り替えるという形成判決的な性格と、形成された結果に基づいて被告に定期金賠償を命ずるという給付判決的な性格を併有することになると考えられる。このことは、定期金賠償を求める訴えは、形式的形成の訴えと給付の訴えの両方の性質を有するハイブリッドな訴えであることを意味する（このようなハイブリッドな訴えを認めない選択肢もあり得るが、この選択肢を採用する場合には、(エ)の構成において、当事者が定期金賠償を求めるためには、一時金賠償から定期金賠償への切替えを求める形式的形成請求と純粋の給付の訴えとしての定期賠償を求める訴えを併合提起しなければならない、という構成を採るしかないが、このようなことはこれまで誰も考えていないと思われる）。これに対して、一時金賠償を命ずる判決は単なる給付判決であり、したがって、一時金賠償を求める訴えは単なる給付の訴えである。

以上を前提に、(エ)の構成における民事訴訟法二四六条に考察を加えると、同条の適用を認め、かつ、問題βについて前述の解釈を採る場合には、一時金賠償請求だけが立てられているときに、裁判所が諸般の事情に鑑みて被告に定期金賠償を命ずることが相当であるとの結論に至っても、主文において定期金賠償への切替えという形成的判断をすることができないため、原告はなお一時金賠償を求める権利を有することになる。したがって、裁判所は、被告に定期金賠償を命ずることが相当であるとの結論に達しても、一時金賠償を命じなければならないことになる。しかし、このような帰結は、原告が定期金賠償を求める訴えを起こしていなかったためであり、民事訴訟法二四六条によって一応正当化できる。しかし、このことは、定期金賠償を求める訴えを起こしたからと言って定期金賠償を命ずる判決を得られるとは限らない、という点で完全な選択権ではないけれども、事実上原告に選択権を与えるに等しい帰結をもたらす（このことが事実上のものでしかないことは、六で改めて述べることにする）。

仮に原告に部分的な選択権を与えたに等しい状況を回避するのが相当であるとすると、**問題β**についての私見を前提とする限り、民事訴訟法二四六条の適用を排除するしかない。しかし、同条の適用を排除したとしても、一時金賠償を求める訴えは純粋の給付の訴えであるから、主文で形成的判断をすることはできず、定期金賠償を命ずることはできない。したがって、一時金賠償請求と定期金賠償請求を併合提起しなければ、この難点は解消できないことになる。これに対して、定期金賠償請求だけが立てられている場合に、裁判所は、一時金賠償を命ずることが相当であるとの結論に至った場合に、判決理由中で原告は一時金賠償を求める権利を有するという判断をすることが可能である。したがって、(エ)の構成においても、一時金賠償請求との関係では、**問題β**についての私見を前提としても、民事訴訟法二四六条の適用を排除する必要がない。

このように、(ア)から(エ)のいずれの構成においても、民事訴訟法二四六条の適用を排除する必要はない（この点はやや視角を変えて六で改めて検討する）。

なお、**問題β**についての私見を前提として、民事訴訟法二四六条を適用すると、一時金賠償請求だけがされている場合に定期金賠償を求める権利があるとの結論（(エ)の構成においてはかかる結論に至る可能性はない）に至った場合と、定期金賠償請求だけがされている場合に一時金賠償を求める権利があるとの結論に至った場合に、裁判所は、全部棄却判決をすることになる。しかし、この場合の全部棄却判決が確定しても、現在給付請求につき請求権の履行期未到来を理由として全部棄却判決が下された場合と同様に[18]、訴訟物である将来の介護費用の損害賠償請求権が存在しないことに既判力は生じないと考えるべきである。

2　弁論主義

定期金賠償を命ずることができるかどうかは、弁論主義の問題である、と説かれることがある[19]。しかし、このような主張に左袒することはできないと考えられる。

まず、(ア)の構成において、「将来の介護費用の賠償は、原則として一時金による。ただし、要件甲があれば定期金による」という実体法ルールを仮定する。この場合、甲に該当する事実は、一時金賠償請求との関係では抗弁事実であり、定期金賠償請求との関係では請求原因事実である。むろん、当事者の甲に該当する事実の主張がなければ、弁論主義の効果として、この事実は判決において斟酌できない。その結果、甲に該当する事実の主張によってそれを主張する当事者が定期金賠償を選択したかのような現象が起こる。しかし、このような現象は、弁論主義の下では、「一時金賠償かそれとも定期金賠償か」というコンテクストだけではなく、様々な場面で生ずる。例えば、貸金返還請求訴訟において、訴訟物である貸金返還請求権について弁済があったことは、訴訟において弁済の事実の主張がなければ判決によって斟酌されない。その結果、弁済による貸金返還請求権の消滅を弁済の事実を主張した当事者（主張共通の原則により、被告とは限らない）が選択したかのような現象が生ずる。しかし、弁済の事実の主張があり、それについて争いがないかその事実が証明された場合に、原告の請求が棄却されるのは、貸金返還請求権が存在しないという訴訟外の事態を判決が写し取った（確認した）からであるという建前が一般的に承認されている（権利既存の観念）。右の甲の事実についても同様のことが言える。そして、この写し取った結果と原告が立てた訴訟上の請求の間にずれがある場合が、民事訴訟法二四六条が通用される場面である[20]ことに変わりはない[21]。

次に、(イ)(ウ)の構成においては、弁論主義が適用される結果、裁判外で行使できる形成権である選択権の行使の事実が訴訟上主張されなければならない。しかし、選択の効果は、あくまでも選択権行使の事実によって生ずるのであり、選択権行使の事実が訴訟上主張されることによって生ずるわけではない。なお、形成権が訴訟上行使された場合と訴訟外で行使された場合の弁論主義が妥当する訴訟での扱いは前稿で詳しく述べた[22]ので、ここでは繰り返さないことにする。

3　釈明との関係

判決で定期金賠償を命ぜられる場合、それに先立つ審理の過程において釈明が重要な役割を果たす旨の論述をしばしば目にする。このコンテクストにおいて釈明権の行使が必要である場合が多々あることは否定できない。しかし、定期金賠償の選択を実体法のルール自体が行っているのか(構成㋐)、それとも、実体法が選択を誰かに委ねているのか、それは誰か(構成㋑㋒㋓)、という問題についての考え方次第で、釈明権を行使する相手方(原告か被告か、それとも、その両者か)や釈明権の果たす役割(単なる不意打ち防止か、請求の変更の促しか、事実主張の促しか、それとも、形成権行使の促しか)が異なってくることに注意が必要である。当然ではあるが、釈明権を行使することそれ自体が、判決によって定期金賠償を命ずることを実体法的に可能にするわけではない。

(11)　越山和広「定期金賠償と新民事訴訟法一一七条の変更の訴えについて」近畿大学法学四五巻二号(一九九八)は、一時金賠償と定期金賠償は質的に異なると述べているが、これは**問題**αを否定する趣旨に出たものであると考えられる。また、吉村徳重「判批」判タ二九八号(一九七三)九四頁以下は、やはり同じく質的な相違を理由に**問題**αを肯定することに対する疑念を明らかにしつつ、仮に**問題**αを肯定したとしても、本文で展開する私見と同様の観点から**問題**βは否定されるべきであると説いている。

(12)　新堂幸司「家屋明渡訴訟の訴訟物」(初出一九六九)同・訴訟物と争点効(上)(一九八八)一一五頁以下。

(13)　代表的なものとして、前掲注(5)および(8)所掲の倉田卓次氏の二本の論稿のほか、四宮和夫・不法行為法(一九八七)四六九頁以下を挙げておく。

(14)　本文で述べたことは、実体権の二重性を認めることに帰着する。つまり、将来の介護費用の損害賠償請求権のうちに、一時金賠償を求める権利と定期金賠償を求める権利が包含されると構成していることになるのである。違和感を覚える構成ではあるが、民法所定の選択債権も選択権行使前の債権と行使後の債権の同一性を認めていると解する余地があるように思われる。

なお、救済法的な思考を採る論者は、「一時金賠償かそれとも定期金賠償か」は、権利の問題ではなく(損害賠償請求権の存否は権利の問題であるとされる)、救済方法の問題であると捉えている。坂田・前掲注(2)現代民事司法の諸相一八七頁以下。

(15)　拙稿「金銭債務不存在確認の訴えと申立事項の拘束力」法教二九一号(二〇〇四)一〇四頁以下。

(16)　なお、東京高判平成一五年では、死亡時または平均余命年齢に達する時のいずれか早い方までの期間の定期金賠償が命ぜられている。これは、定期金賠償がされる将来の介護費用の期間を、一時金賠償の対象となる将来の介護費用の期間以下とするためであると考えられる。しかし、同判決の判示からは、当該事案において実体権としての定期金賠償を求める権利が、その期間についてしか成立しないと考えているのか、平均余命年齢を超えても死亡しない場合にも、実体法上は死亡時（平均余命年齢に達した後に死亡した場合を含む）までの定期金賠償を求める権利が成立しているが、民事訴訟法二四六条を適用した結果、平均余命年齢に達した以降の将来の介護費用の賠償を命ずることは許されないと考えたのかは、必ずしも明らかではない。菱田雄郷「判批」平成一五年度重判解（二〇〇四）一三六頁は後者であるとする。

たしかに、同判決の事案においては、原告が、将来の介護費用の月額が二五万円であることを前提にして、平均余命年齢に達するまでの間の将来の介護費用の一時金賠償を求めており、裁判所も月額二五万円の定期金賠償を命じているので、後者である可能性が高い（しかし、例えば、同判決の事案において、裁判所が将来の介護費用につき月額二〇万円あるいは三〇万円が相当であると判断した場合、民事訴訟法二四六条の要請を満たすために、定期金賠償の終期を何時にすべきであろうか）。しかし、仮にそうだとしても、本文で述べるように、有利不利の判断を名目額ベースで（中間利息控除をしないで）行うべきかどうかという問題があるほか、民事訴訟法一一七条で定期金の額が増額される可能性もあることを考えると、平均余命年齢に達した後の定期金賠償を認めないことによって、民事訴訟法二四六条の要請をクリアできたと言えないように思われる。

(17) 定期金賠償について判示した近時の裁判例である、東京高判平成二五年三月一四日判タ一三九二号二〇三頁は、「一時金賠償方式による将来の介護費用の支払を求める請求に対し、判決において、定期金賠償方式による支払を命じることは、損害金の支払方法の違いがあることにとどまっていて、当事者の求めた請求の範囲内と解される」、その原判決である東京地判平成二四年一〇月一一日判タ一三八六号二六五頁は、「一時金払と定期金払は、単なる支払方法の違いに過ぎない」として、一時金賠償請求だけがされている場合に定期金賠償を命ずることは、民事訴訟法二四六条に違反しないとしている。しかし、これらの判決が挙げる論拠は**問題**αを肯定する理由とはなり得ても、**問題**βを肯定する理由とはならないように思われる。なお、両判決とも、最判昭和六二年には言及していない。

(18) ここで念頭に置いているのは、一時的棄却説である。一時的棄却説については、高橋宏志・重点講義民事訴訟法（上）〈第二版補訂版〉（二〇一三）六〇四頁を参照。

(19) 倉田・前掲注（5）一七頁は、一時金賠償請求がされている場合に、余命認定不能の抗弁が提出され裁判所に容れられることにより、民事訴訟法二四六条の適用を免れることができるかのような認識を示している。

(20) 拙稿・前掲注(1)一二一七頁注13を参照。
(21) 坂田・前掲注(2)現代民事司法の諸相一八九頁も同旨。
(22) 拙稿・前掲注(1)一二一二頁。

六 おわりに

以上の検討においては、被害者が加害者に対して一時金賠償と定期金賠償のいずれを求める権利を有するかを決することが、実体法の役割であることを前提として、実体法についての有意的な規律モデルを複数選び出して、そのそれぞれとの関係で民事訴訟法二四六条と付随する訴訟法上の問題点について解釈論的な議論を展開した。このように実体法についてモデル論的な議論を行う一方で、民事訴訟法については解釈論的な検討を加えた理由の一つは、実体法について解釈論的な議論を行う能力が現在の筆者に欠けていることにある。しかし、判例や学説において実体法と訴訟法の役割分担を十分に意識しないままに民事訴訟法二四六条との関係につき様々な議論がされている現状に鑑みて、モデル論的な分析枠組みが思考の整理に役立つのではないかと考えたことが、もう一つの理由である。もっとも、四つの規律モデルの選別はいくつかの明示または黙示の仮定に基づいており、その仮定が否定される場合には、それ以外の規律モデルも有意性を有することになる。

右の「実体法と訴訟法の役割分担が十分に意識されていない」との指摘は、原告に選択権を認める論者において、被害者であると主張する原告が、訴えにおいて一時金賠償請求と定期金賠償請求のいずれを定立するかによって、選択がされると考えているかのような論述が学説においてしばしば見出されることと、そして、その背景には選択が請求定立行為によってされることが民事訴訟法二四六条によって当然に要請されるとの理解があるのではないか、という筆者の印象に基づいている。

しかし、請求定立行為によって原告が「一時金賠償かそれとも定期金賠償か」という選択をすることになるのは、被害者に訴えによってしか行使できない形成権としての選択権を与えた場合だけである。しかも、その場合には、被害者であると主張する原告は、定期金賠償を命ずる判決を求めることの前提として、「原告の被告に対する将来の介護費用に係る損害賠償請求権を定期金賠償を求める権利に変更する」旨の判決を求める形成請求を立てる必要がある。このような形成請求が立てられていない場合に、裁判所が定期金賠償を命ずることが許されないことは、次のように説明できる。まず、定期金賠償を命ずる判決において、同じ判決においてかかる形成が主文で宣言されておらず、かつ、その判決に先立ってかかる形成を宣言する判決が確定していない場合に、定期金賠償を命ずることは、定期金賠償を求める権利が存在しないにもかかわらず定期金賠償を命じたという点において、実体法に違反するからである。次に、形成請求が立てられていないにもかかわらず、定期金賠償を命ずる判決において、主文でかかる形成を宣言することは、民事訴訟法二四六条に違反する。以上の説明から明らかなように、原告の選択権を訴えによってしか行使できない形成権と構成する場合には、原告の選択権と民事訴訟法二四六条は一定の限度で関連性を有している。しかし、このような形成の訴えの必要性を主張する見解は、卑見の及ぶ限りでは存在していない。

これに対して、原告の選択権を裁判上行使すべき形成権または裁判外でも行使できる形成権と構成する場合、訴状において否認権行使の意思表示や契約解除の意思表示がされる場合と同様に、訴状をもって原告が被告に対して選択権行使の意思表示をすることが可能である。しかし、このことは単なる形成権の訴訟上行使の一場面に過ぎない。そして、定期賠償請求が請求の趣旨として記載された訴状が被告に送達されることは、形成権行使の黙示の意思表示とみなすことができる。このように訴状において選択権行使の黙示的な意思表示がされた場合には、訴えによって選択がされたかのような現象が生ずるが、それは民事訴訟法二四六条とは全く関係のない事柄である。

また、裁判所に裁量的な選択権を与える(エ)の構成においては、被害者であると主張する原告に選択権を与えたかのような現象が生ずる。それは、実体法上の法律関係の形成は、それが裁量的形成であっても、判決主文でする必要があり、かつ、民事訴訟法二四六条により、判決主文で裁量的な形成を行うためには、裁量的形成を求めることを（も）内容とする請求の定立がなければならないからである。このように(エ)の構成においては、定期金賠償を求める権利の成立そのものが請求定立行為を前提としていることになる。しかし、加害者であると主張されている者が原告となって、被害者であると主張する者を被告として、「原告は被告に対して被告の将来の介護費用の賠償として被告が死亡するまで月額二五万円を支払う義務を負う」旨の確認の訴えを提起した場合において、仮にかかる訴えに確認の利益が肯定されるときには、やはり受訴裁判所は、裁量的形成を行うことができると考えられる。つまり、(エ)の構成においては、事実上の選択権を有するのはあくまでも原告であって、原告が被害者であると主張する者と加害者であると主張される者のいずれであるかは問われないのである。

以上で述べたことから、被害者（あるいは、被害者であると主張する原告）に選択権を与えることと民事訴訟法二四六条とが直接的な関連性を有するのは、ごく限られた実体法上の規律モデル（被害者の選択権を訴えによってしか行使できない形成権として構成するモデル）においてだけであると考えられ、かつ、そのような規律モデルを主張する論者は見当たらない（このような認識に基づいて、本稿では**四2**でかかる規律モデルの有意性を否定した）。にもかかわらず、被害者（ないし原告）に選択権があると主張する論者が、その選択権を民事訴訟法二四六条と関連づけている場合には、民事訴訟法二四六条と選択権を定めるべき実体法の役割の分担について混同があると言わなければならない。

このことを**一**で行った問題設定と関連づけてパラフレーズすると、(エ)の構成を採用しない限り、定期金賠償を求める権利の存否そのものと、民事訴訟法二四六条は無関係である。したがって、(エ)の構成以外の有意的な規律モデルを採用した場合に、民事訴訟法二四六条が「一時金賠償かそれとも定期金賠償か」というコンテクストにおいて意味を有するのは、一時金賠償請求がされている場合において裁判所が定期金賠償を求める権利が存在するとの結論に至ったときに定期金賠償を命ずることができるかどうかという問題と、定期金賠償請求がされている場合において一時金賠償を求める権利が存在するとの結論に至った局面で、一時金賠償を命ずることができるかどうかという問題においてだけである。つまり、これらの二つの局面においてのみ、同条が適用されるべきかどうか、そして、適用されるとの結論を採用する場合に、同条の許容するところかどうか、という問題が生ずることになるのである[23]（この問題点について採り得る結論は、民事訴訟法二四六条の適用がなく当該の給付判決をすることができる、同条の適用があるが当該の給付判決は同条に違反しないのでかかる判決をすることができる、そして、同条の適用があり当該の給付判決は同条に違反するので請求棄却判決をすべきである、の三通りである）。したがって、一で引用した前稿での筆者の主張は、実体法上(エ)の構成を採用した場合を除いて、定期金賠償との関係でも維持することができると考えられる。なお、(エ)の構成においても、定期金賠償請求が立てられている場合において、裁判所が一時金賠償が相当であるとの結論に至ったときには、民事訴訟法二四六条は、それ以外の有意的な規律モデルにおけると同じ働きをすることになる[24]。

以下では、右に述べた点をより明確にするために、本稿で選び出した四つの有意的な実体法の規律モデルのそれぞれについて、民事訴訟法二四六条の適用に関する本稿での検討の結果（私見）をまとめておく。

実体法のルールによって一時金賠償と定期金賠償のいずれがされるべきかを定める、という(ア)の構成においては、民事訴訟法二四六条は適用されるべきであって、一時金賠償請求がされている場合に原告の死亡時を終期とする定期金賠償を命ずることも、原告の死亡時を終期とする定期金賠償請求がされている場合に一時金賠償を命ずることも、質的一部認容判決として許容される限界を超えている（請求棄却判決をすべきである）。実体法が被害者に裁判外で行使できる形成権（一時金賠償から定期金賠償に切り替える権利）を与える、という(イ)の構成と、実体法が加害者に裁判外で行使できる同様の形成権を与える、という(ウ)の構成においても、同条の適用については(ア)の場合と同じ結論となる。

これに対して、実体法が一時金賠償から定期金賠償に切り替える権限を受訴裁判所に付与する、という(エ)の構成においても、他の構成の場合とは適用の結果が異なる形になるが、民事訴訟法二四六条が適用されるべきである。つまり、(エ)の構成の下では、一時金賠償を求める訴えが純粋の給付の訴えであるのに対して、定期金賠償を求める訴えは形式的形成の訴えと給付の訴えの両方の性質を有するハイブリッドな訴えである。そして、定期金賠償請求だけが立てられている場合に、裁判所が一時金賠償を命ずるのが相当であると判断したときは、同条は(ア)(イ)(ウ)と同じ結論をもたらす。これに対して、一時金賠償請求だけがされている場合は、裁判所は、定期金賠償を命ずるのが相当であるとの判断に至ったとしても、原告が定期金賠償請求を立てていないために、同条を適用して、一時金賠償請求を認容することになる。なお、一時金賠償請求だけがされている場合、一時金賠償と定期金賠償のいずれが相当であるとしても、一時金賠償請求を認容しなければならないから、将来の介護費用の賠償請求権が成立するとの結論に至った裁判所は、一時金賠償と定期金賠償のいずれが相当かという判断を省略できることになる。

最後に、以上の検討の結果を踏まえて、二で取り上げた二つの裁判例について、筆者なりのコメントを加えてみたい。

まず、最判昭和六二年であるが、(ア)(イ)(ウ)の構成とは両立しない可能性が高い。というのは、(ア)(イ)(ウ)の構成においては、一時金賠償請求を認容するためには、原告の損害賠償請求権が、定期金賠償を求める権利ではなく、一時金賠償を求める権利である旨の実体法的な判断をすることが必要であるところ、最高裁はそのような判示をしていないからである。これに対して、(エ)の構成を採用することが実体法の解釈問題であることを意識してはいないように思われるものの、最高裁の判示は(エ)の構成と極めて親和的である。

次に、東京高判平成一五年であるが、「一定の場合には、将来の介護費用の賠償は定期金賠償によるべきである」という実体法のルールを解釈によって導き出している点で、(ア)の構成を採用していると考えられる。しかし、民事訴訟法二四六条の適用を黙示的に排除している点で、あるいは、同条の適用を黙示的に回避しようとして失敗している点で、[25]筆者としては賛成することができない。

(23) 前掲注(17)で言及した二つの下級審裁判例は、ともに、余命の認定が不可能あるいは困難である場合には、将来の介護費用について定期金賠償によるべきであるとの実体法上のルールを設定し、これを適用しつつ、一時金賠償請求だけがされている場合であっても、定期金賠償を命ずることは民事訴訟法二四六条に反しないと判示しており、実体法と訴訟法の役割分担という点に関しては本稿の立場と軌を一にしている。

(24) 坂田・前掲注（2）現代民事司法の諸相一八七頁以下は、本訴における申立事項の設定についても被告の権限を認めるべきであるという教授の年来の主張を前提にして、原告が一時金賠償請求だけを立てている場合であっても、将来の介護費用の損害賠償請求権があると認められる事案においては、被告が定期金賠償によるべきである旨の申立てをすることにより、定期金賠償を命ずる判決が可能となると述べている（ただし、この被告の申立てによって定期金賠償を求める権利が成立ないし現実化するものと捉えられているのかどうかは、明らかではない）。仮にこのような本訴の申立事項の設定についての被告の共働可能性を肯定するとしても、本稿の立場からは、被告の申立てだけでは定期金賠償を命ずる判決はできない。つまり、定期金賠償を求める権利が存在することがかかる判決をするための要件であり、定期金賠償を求める権利が成立する要件を定めるのは実体法である、というのが本稿の立場である。ただし、(エ)の構成を採用する場合には、被告の申立てに裁判所による裁量的形成を求める趣旨が込められていると考えれば、裁判所が定期金賠償が相当であると判断するときに、定期金賠償を命ずることについて実体法上の障碍は存在しないことになる。もっとも、被告の申立ての内容（特に定期金の額と終期を特定する必要があるのかどうか）をどのようなものとして考えるのか、教授の見解は明確でない。そのため、教授が(エ)の構成を採用としていると仮定しても、民事訴訟法二四六条の適用につき、本稿の立場から教授の見解を論評することはできない。

(25) 前掲注（16）参照。

弁論終結後の承継人に対する既判力の拡張に関する覚書

山本　弘

一　はじめに
二　形式説とそれに対する伊藤眞教授の批判
三　分　析
四　従来の学説に対する疑問
五　原点としての兼子説
六　現在の有力学説の分析
七　おわりに

一　はじめに

事実審口頭弁論終結後（以下、単に「弁論終結後」という）の承継人に対する既判力の拡張については、とりわけ特定承継人に対して既判力が拡張される場合の拡張の「され方」の説明を巡って、いわゆる形式説と実質説の対立が存在するといわれてきた。まず、次の事例①を題材に、両説の内容と対立点を確認することから始めることとしたい。

〔事例①〕

甲が乙に対し、甲から乙への売買を原因とする所有権移転登記が経由されている本件土地につき、所有権に基づいて、真正な登記名義の回復を原因とする甲宛ての所有権移転登記手続を求めて、訴え（「前訴」という）を提起し、乙宛ての所有権移転登記の原因である売買が虚偽表示により無効であることを理由に、甲の勝訴が確定したが、前訴の弁論終結後に、本件土地につき、売買を原因とする乙から丙への所有権移転登記が経由された。そこで、甲が丙に対し、所有権に基づいて、真正な登記名義の回復を原因とする甲宛ての所有権移転登記手続を求めて、訴え（「後訴」という）を提起した。丙は、自分は民法九四条二項にいう「善意の第三者」であるから、甲は甲乙間の売買の無効を丙に対して主張できない、と主張して請求の棄却を求めた。

この場合、実質説は、丙の善意の第三者性が否定されれば、丙には、民訴法一一五条一項三号にいう乙の弁論終結後の承継人として、前訴確定判決の既判力が拡張されるが、丙が善意の第三者であるときは、丙は承継人に当たらないので、既判力は拡張されない、と説明する。実質説は、既判力拡張の可否を後訴における訴訟上の請求についての審理の結果に依存させるものである。これに対し、形式説は、弁論終結後に登記名義が乙から丙に移転した事実（甲の乙に対する所有権に基づく地上建物収去・土地明渡請求訴訟の弁論終結後に、丙が地上建物の所有権を前訴で敗訴した借地人乙から買得したという事例〔以下、事例②という〕であれば、乙から丙へ占有が移転した事実）があれば、それだけで丙には民訴法一一五条一項三号により既判力が拡張され、丙は、乙が甲に対し所有権移転登記手続義務を負うことを争えなくなるが、丙固有の防御方法である善意の第三者性は、それにかかわらず丙はこれを主張することができ、その立証が奏功すれば、甲の丙に対する請求は棄却される。登記名義や占有の移転という事実から直ちに既判力の拡張を肯定する点で、形式説といわれる。

二　形式説とそれに対する伊藤眞教授の批判

実質説(1)に対して、形式説は自説の優位性の根拠を以下の四点に求める。(2)第一に、実質説では、善意の第三者性が認められる場合には、既判力が丙に拡張されない結果、丙は、甲が乙に対し所有権移転登記手続請求権を有するか否かを争うことができることになり、不当である。第二に、実質説といえども、前訴で通謀虚偽表示性が否定され乙が勝訴している場合には、乙に対する既判力の拡張を認めるはずであり、前訴で甲が敗訴していれば既判力の拡張があり、前訴で甲が勝訴した場合には既判力の拡張がないというのは、甲との関係で不公平であり、前訴の勝敗如何にかかわらず丙への既判力があると説いた方が、一貫性がある。第三に、既判力の拡張の可否を善意の立証が成功するか否かに依存させる実質説は、既判力の性質、すなわち職権調査事項であることとそぐわない。第四に、形式説では、訴訟係属中に登記名義が丙に移転した場合と弁論終結後の承継人への既判力拡張とを整合的に説明できる。これを敷衍すると、登記名義の移転という事実が訴訟係属中に生ずれば、既に形成された乙に不利な訴訟状態（実体的側面では、裁判所の心証が乙に不利に傾いている状態、手続的側面では、それを挽回するために乙が新たな事実と証拠を提出しようとしても、時機に後れたものとして民訴法一五七条一項により却下される状態）が丙に承継されるが、丙固有の防御方法（善意の第三者性）の主張・立証は許される。これに対し、実質説によると、善意の第三者性が立証されれば丙は承継人ではなくなるから、遡って丙には訴訟承継の資格がなかったので、請求棄却ではなく、引受申立てが却下されることになり、訴訟経済に反し、紛争解決の実効性を損ない、不当な結果となる。

さて、本稿の被献呈者である伊藤眞教授は、最近では少数派といってよい、形式説に対する批判者である。正確にいうと、伊藤説は、実質説と形式説という概念構成をする必要性は乏しいとする。[3]

まず、形式説のいう第一の論拠に対しては、丙が、甲から乙への売買による所有権の喪失を主張する（主張①）ことは、抹消登記手続請求を認めた前訴確定判決の既判力に触れて許されないが、民法九四条二項により甲は丙に対しては所有権を主張しえないことを主張する（主張②）のであれば、前訴判決の訴訟物に関する判断と何ら矛盾せず、既判力が拡張されるべき対象を欠くこととなる、とする。第二の論拠に対しても、請求棄却判決については丙に既判力が拡張され、請求認容判決であれば丙への既判力拡張が否定されることがあるのは、後訴においていかなる権利関係やそれを基礎づける法律上の地位が主張されるかに係るのであって、その結果のみを取り上げて公平、不公平を論じても意味がない、とする。さらに第三の論拠については、既判力が後訴裁判所に対する確定判決の拘束力である以上、丙が原告の所有権喪失の原因として、①を主張するのか、それとも②を主張するかによって、既判力の拡張が左右されるのは当然のことである、とされる。[4]

（1）　実質説は兼子一博士の創見にかかるとされる。後に本文で引用する同・民事訴訟法体系〈増訂版〉（一九六五）三四五頁にある、占有侵奪者の特定承継人が訴訟係属につき悪意でない限りこれに対し既判力を及ぼすことはできない、との記述は、占有の特定承継人に対する既判力拡張の有無を占有の特定承継人の善意悪意に係らしめている点において、実質説であり、また、大決昭和五年四月二四日判決評釈（同・判例民事訴訟法（一九五〇）三〇一頁）に「第三者が（筆者注・所有権に基づく妨害排除請求に係る）妨害物に対する権利を前主と別個独立の権原に基いて取得した場合は、承継人とならない」とある場合の第三者として、動産所有権の即時取得者のごとき者が念頭に置かれているのであれば、既判力拡張の有無を占有取得者が善意無過失であるか否かに係らせている点において、やはり実質説である。ほかに、現在実質説を自覚的に主張する論者として、上田徹一郎教授が挙げられる（同「原始取得と既判力の主観的範囲拡張の限界」同・判決効の範囲（一九八五）三二頁、特に五〇頁以下）。

これに対し、形式説は、新堂幸司・新民事訴訟法〈第五版〉（二〇一一）七〇四頁、高橋宏志・重点講義民事訴訟法（上）〈第二版補

訂版〉（二〇一三）六九二頁以下、兼子一ほか・条解民事訴訟法〈第二版〉（二〇一一）五七五頁〔竹下守夫〕、越山和広「既判力の主観的範囲――口頭弁論終結後の承継人」高橋宏志＝加藤新太郎編・実務民事訴訟講座〔第三期〕第三巻（二〇一三）三〇一頁、三一五頁以下等。

（2） 新堂幸司「訴訟当事者から登記を得た者の地位」同・訴訟物と争点効（上）（一九八八）二九七頁、三二九頁以下。高橋・前掲注（1）六九三頁以下もこれにならう。

（3） 伊藤眞・民事訴訟法〈第四版補訂版〉（二〇一四）五四五頁以下、鈴木正裕＝青山善充編・注釈民事訴訟法(4)（一九九七）四一三頁以下〔伊藤眞〕。伊藤説のほか、実質説と形式説を対立させる構図の有用性を疑問視する見解として、上野泰男「既判力の主観的範囲に関する一考察」法学論集（関西大学）四一巻三号（一九九一）三九五頁、四〇六頁以下があるが、上野説も、承継人に対する既判力拡張では形式説にならざるをえないとする（伊藤説と旧来の実質説および上野説の相違につき、越山・前掲注（1）三一五頁参照）。

（4） 新堂説が挙げる第四の論拠について、伊藤説は何も語るところがないが、私見によれば、訴訟承継において実質説的発想に依拠した場合、審理の結果丙の善意の第三者性が否定されるときは、甲の請求棄却ではなく引受申立ての却下となるとの帰結は、必然ではない。訴訟引受けを次のように法律構成すれば、実質説的な発想に依拠してもそれは回避できる。先ず、訴訟引受けは、甲の丙に対する甲宛の所有権移転登記手続請求の定立を伴うが、これは給付の訴えであるから、右給付請求権を主張すれば適法な訴えである。もっとも、この新訴の旧訴との併合の許否は、受訴裁判所の判断に委ねられている（民訴法五〇条一項）が、引受申立ての許否の判断において丙の善意の第三者性を審理することは、引受けの許否の裁判が決定手続であることおよび善意の第三者性が本案の請求に対する丙の再々抗弁であることに照らし、適切ではなく、甲が、訴訟係属の後丙に登記名義が移転したとの事実を主張・立証すれば、引受申立てを認めるべきである。丙の側から訴訟の目的たる義務を承継したとして参加する場合には、五一条が準用する四七条により、丙がそう主張するだけで参加が適法となり、あとには本案の問題しか残らないこととの均衡からも、そう解するのが妥当である。そうすると、丙の善意の第三者性は専ら甲の丙に対する本案の請求の当否の問題である。進んで、丙に訴訟状態承継義務があるか否か（一五七条一項による却下は職権でできるから、これは職権調査事項と解される）は、丙が①、②を主張する場合には、②の審理結果に係り、丙の善意の第三者性が否定されれば、虚偽表示の成否に関する訴訟状態が丙に承継される。他方で、丙が善意の第三者と認められる場合でも、五一条、五〇条三項が引受承継につき四一条を準用（参加承継では四七条四項が四〇条を準用）する関係で、弁論を分離して甲の丙に対する請求を棄却することはできず、乙に対する請求の当否を審理したうえで一個の判決で裁判することとなる。

三　分　析

筆者も、伊藤説のいう通り、実質説と形式説との対立には意味がない、と考える。より正確にいうと、形式説が実質説に対する自説の優位性の根拠として挙げる点は、無意味であるか、または、実質説によっても同じ帰結を導くことができる、と考える。

まず、形式説が挙げる第一の論拠については、伊藤説のいう通りというしかない。丙の②の主張が認められる場合には、①の主張の当否を審理するまでもなく、直ちに甲の請求は棄却されるのであるから、形式説では①の主張を既判力により遮断できるといっても、それは法的に無意味である。ただ、この点は第二の論拠が提示する問題と関連があり、後に再論する。

次に、形式説がいう第三の論拠について先に検討するに、既判力拡張の可否を善意の第三者性の立証に依存させることと既判力が職権調査事項であることとは、矛盾しない。職権調査事項とは、当事者が訴訟法規違反の有無を当事者が指摘しなくとも裁判所が自ら顧慮しなければならない、というに尽きる。既判力拡張の可否が特定の事実の存在の証明に係ること、その事実が真偽不明の場合に、証明責任の原則により前訴の当事者または第三者のいずれかに不利益を帰することは、既判力が職権調査事項であることとは矛盾するものではなく、無関係でもある。弁論終結後の承継人に対する既判力拡張につき形式説で説明する論者も、このことを、少なくとも請求の目的物の所持人に対する既判力拡張では、認めている。

これを敷衍すると、次の通りである。ＡのＢに対する動産の引渡請求訴訟でＡの勝訴が確定した後、訴訟係属前よりＢからその動産を預って占有しているＣに対し、Ａがその動産の引渡しを請求した場合、無償の受寄者のようにＣがその動産を占有することにつき固有の利益を有しない場合には、ＡのＢに対する動産引渡請求権の存否につき改めてＣに判決手続を保障する必要がないことに、民訴法一一五条一項四号の既判力の拡張の根拠がある。反対に、Ｃが、自分はその動産をＢから賃借している、または、Ｂに対する貸付けの質物として占有している、と主張する場合、それが事実だとすれば、ＢのＡに対する引渡義務の存否を当事者として争う地位をＣに保障する必要がある。したがって、ＡのＣに対する動産引渡請求訴訟において、既判力拡張が認められるか否かは、Ｃが主張する賃借権や質権の存否に係り、Ｃの主張が事実か否かを審査し、真偽不明であればそれを不存在として、既判力拡張を肯定する、という処理になる。(5)

ただ、請求の目的物の所持人の場合には、Ｃが目的物を占有することにつき固有の利益を有しないことは、専ら既判力が拡張されるための要件に過ぎないが、承継人の場合における丙の善意の第三者性の有無は、実質説では、既判力拡張の要件であると同時に、本案の主要事実として、弁論主義に服するところ、丙がこれを主張しなければ直ちに既判力の拡張が肯定されるという帰結に、躊躇を感じる向きもあるかもしれない。しかし、請求の目的物の所持人の場合でも、Ｃが目的物を占有することについての固有の利益を何ら主張しないときに、裁判所が質権、賃借権等が成立する可能性を悉皆調査しなければ既判力拡張を認めることができないとは、考えられていないと思われる。職権調査とは、当事者が民訴法一一五条一項四号の適用につき何ら言及しなくとも、裁判所はそれを斟酌しなければならないということに尽きるのであって、既判力拡張が一定の実質的要件に係ること、その要件に該当する事実につきその提出責任を当事者に課すこととは、既判力の職権調査性と何ら矛盾するものではない。(6)

さて、形式説が挙げる第二の論拠に戻ろう。実質説においても、前訴で甲が勝訴しておれば、丙としては、後訴において善意の第三者性を立証しない限り、前訴判決の既判力が拡張により敗訴を免れないし、立証できれば、繰り返しとなるが、形式説がいうような既判力拡張を認める意味がない。他方で、前訴で甲が敗訴しておれば、丙としては善意の立証をするまでもなく、前訴判決の既判力により丙は勝訴できるが、これは前訴で甲が敗訴したことに対する自己責任であって、どこにも形式説がいうような不公平など存在しない。その限りで、伊藤説は正しいが、これは形式説にとって致命的な批判ではない。なぜなら、丙が、①と②の両方を主張する場合に、裁判所が①の事実をまず取り上げて審理することが、法律上なぜ許されないか（許されないことは、伊藤説も前提としている）を、なお説明する必要があるからである。

形式説の完成者といえる新堂教授は、次のように述べる(7)。

「第一の考え方（実質説）においては、丙の保護を図るために、丙を口頭弁論終結後の承継人でないとして既判力が一切丙には及ばないとする……わけであるが、その結果、丙は、前訴の結果である甲が乙に対して甲→乙登記の抹消請求権（筆者注・新堂論文では、事例①の前訴は、移転登記の原因行為の無効を原因とする抹消登記手続請求である）をもつという判断をも自分の知らないことであるといって、これを争うことが理論上許されることになる」としつつ、『理論上』とことわったのは、実際問題としては、丙がたとえこのような主張をしたとしても、既判力の拡張の有無に関係なく裁判所がその点を審理の対象にする場合はほとんど考えられないと思われるからである。けだし、実質説による場合、既判力の拡張の有無を決めるために丙が善意かどうかをまず審理しなければならず、そこで、善意であるということになれば、裁判所としては、もはや甲乙間の売買の有効無効の審理をするまでもなく甲の丙に対する請求を棄却しうる。他方、丙が善意でないとの判断に達したときには、丙に対して全面的に既判力が及ぶということであるから、これまた甲乙間の売買の有効無効、甲の乙に対する登記抹消請求権の有無を審理する余地なく、丙は、無効な登記名義人乙から移転登記を得た者として、甲からの抹消請求に直ちに敗訴することになる筈であるからである。」

新堂説によれば、「実際問題としては」実質説においても形式説を採用した場合と同じこととなるが、「理論上」は、①の主張と②の主張のいずれを採用して丙を勝たせるかは、認めやすい方を認めて丙を勝訴させればよいという、後訴の受訴裁判所の裁量の問題に過ぎず、受訴裁判所が、まず丙の①の主張の当否について判断をすることを法律上禁止される根拠が、実質説では導き出せない。これに対し、形式説では、口頭弁論終結後の登記名義の移転により丙に対する既判力拡張が肯定されるから、後訴において丙が①と②の両方を主張する場合、①の主張は前訴の訴訟物たる甲の乙に対する移転登記抹消請求権が存在するとの前訴確定判決の既判力ある判断を蒸し返すものとして、丙に拡張される既判力が持つ消極的作用により遮断され、したがって、②の主張のみが後訴における適法な争点となり、②が証拠から認められなければ、丙に拡張される前訴確定判決の積極的作用により、後訴裁判所は前訴と同じく甲の請求を認容する判断をすべく拘束される。(8) この争点限定機能を導くことができることこそが、実質説と形式説の対立に法律上の意義があり、かつ、形式説が実質説に対し法技術的に優れている証であるとされる。(9)

しかし、実質説によっても、丙に既判力が及んでいるか否かは丙が善意の第三者か否かに係るところ、丙が①と②の両方を主張する場合、後訴裁判所としては、自らが前訴確定判決の既判力に拘束されているのならば、①の主張を不適法として排斥しなければならない。形式説が第三の根拠において強調する通り、まさしく既判力が職権調査事項である以上、その帰結として、自己を拘束する既判力が存在するかを調査すべく、受訴裁判所は②の主張を先に取り上げて審理しなければならないことは、法律上の要請であるはずである。

かくして、実質説と形式説の対立は意味がないとする伊藤説は、結論として正しいというべきである。

(5) 高橋・前掲注(1)七〇六頁。

(6) 職権調査における判断の基礎資料の提出を当事者の責任とすることは職権調査性と矛盾しないことは、新堂・前掲注(1)四九〇頁も認めるところである。

(7) 新堂・前掲注(2)三二九頁、三三七頁。

(8) 山本克己「判批」高橋宏志ほか編・民事訴訟法判例百選〈第四版〉(二〇一〇)一八八頁。

(9) 兼子ほか・前掲注(1)五七五頁〔竹下〕、越山・前掲注(1)三〇一頁、三一五頁以下。

四　従来の学説に対する疑問

以上の通り、形式説においては後訴における適法な争点は丙の主張の内②に限定され、実質説によっても、後訴裁判所はまず②の主張を取り上げて審理すべきものとされるが、両説とも、そこで②の主張が認められない限り、前訴確定判決の既判力の拡張により、甲の丙に対する真正な登記名義の回復を原因とする移転登記手続請求は認容されるに至る、と考えている点では、共通している。

しかし、山本克己教授の次の指摘から明らかなように、これは疑問である。

「所有権に基づく所有権移転登記請求権は、物権的妨害排除請求権であるところ、妨害（ここでは他人の所有権登記名義の存在）が生じる度に当該妨害者に対して新たに発生する。本件に当てはめると、仮に甲が丙に対して所有権に基づく移転登記請求権を有するとすると、この請求権は、丙が所有権移転登記を経由した時点で新たに発生するのである。これを義務の側から見ると、丙は乙の義務を承継したのではなく、所有権移転登記を経由したことによって原始的に義務を負担するのである（物権的返還請求権に係る義務者側の占有の特定承継の場合にも、同様の問題がある）。丙が乙の義務を承継することがない以上、前訴の訴訟物は仮定上の後訴の訴訟物の先決的法律関係ではないことになる。したがって、本件の前訴確定判決の既判力を、仮定上の後訴に及ぼしても無意味であることになる。(10)」

同じことを要件事実論の角度から整理すると、次の通りである。(11)

［前訴］

請求原因は、甲所有＋乙登記名義

抗弁は、甲→乙売買（による甲の所有権喪失）

再抗弁は、甲→乙売買の虚偽表示による無効

甲の勝訴確定

［後訴］

請求原因は、甲所有＋丙登記名義

抗弁は、甲→乙売買（による甲の所有権喪失）
再抗弁は、甲→乙売買の虚偽表示による無効
再々抗弁は、乙→丙売買＋丙は善意の第三者

以上から明らかなように、「乙が甲に対し所有権移転登記手続義務を負う」ことは、後訴においては、甲にとっても丙にとっても、攻撃防御方法を構成しない。その理由は、山本克己解説[12]のいう通り、丙の物権的な移転登記手続義務は、乙が負うそれを乙から承継するものではなく、丙が登記名義を取得することにより新たに甲に対し負うに至るものだからである。これを要件事実論に即していえば、前訴において、甲が再抗弁として主張した虚偽表示による無効が認められ、前訴判決が本件土地は甲の所有に属することを認めていても、それはあくまで甲の再抗弁に対して示された判決理由中の判断に過ぎない[13]。

これは、事例①のように、丙固有の防御方法が想定される事例だけではなく、甲の乙に対する所有権に基づく地上建物収去・土地明渡請求訴訟の弁論終結後に、丙が乙から建物を買い受けた場合（事例②）でも、同じである。

［前訴］

甲の請求原因は、甲所有＋乙占有
乙の抗弁は、占有権限（甲→乙土地賃貸借）
甲の再抗弁は、賃貸借契約の解除
甲の勝訴確定

［後訴］

甲の請求原因は、甲所有＋丙占有
丙の抗弁は、占有権限（甲→乙土地賃貸借＋乙→丙建物売買による借地権の移転）
甲の再抗弁は、賃貸借契約の解除

事例②の後訴においても、やはり乙が甲に対し建物収去・土地明渡義務を負うことは攻撃防御方法を構成しない。反対に、前訴で勝訴した甲が丁に土地所有権を譲渡した場合でも、丁の乙に対する後訴請求の請求原因は、丁所有＋乙占有、乙の抗弁は、甲乙間土地賃貸借＋敷地所有権譲渡による賃貸人たる地位の丁への移転（占有権限）、丁の再抗弁は、甲乙間賃貸借契約解除であり、甲が乙に対し建物収去・土地明渡請求権を有していたことは、攻撃防御方法を構成しない。丁の物権的請求権は、丁が所有権を取得することにより新たに妨害者乙に対して取得するもので、甲から承継したものではないからである。そして、前訴判決が乙の借地権を否定していたとしても、それは乙の抗弁についての判決理由中の判断に過ぎない点は、事例①と同じである。(14)

そして、以上の事柄は、実質説を採用して、事例①において、丙が善意の第三者性の立証に失敗したため、前訴判決の確定により生じた「乙が甲に対して甲宛ての所有権移転登記手続義務を負う」との既判力が丙に拡張されると説明するとしても、右に示した要件事実を前提とする限り、そのことは後訴請求の先決的法律関係とならないから、同じである。

（10） 山本克己・前掲注（8）一八九頁（当事者の表記は事例①に合わせてある）。

（11） 丹野達「既判力の主観的範囲についての一考察」法曹時報四七巻九号（一九九五）一頁以下、特に九頁以下、中西正「既判力・執行力の主観的範囲の拡張についての覚え書き」伊藤滋夫先生喜寿記念・要件事実・事実認定論と基礎法学の新たな展開（二〇〇九）六一二頁、六二〇頁以下は、実務において一般的に行われ、それに準拠して現在法科大学院などで教授されている要件事実論に基づいて整理すれば、事例①、事例②において民事訴訟法学説が説いている既判力の承継人への拡張についての説明がそれとかい離していることを、明快に論じている。また、菱田雄郷「口頭弁論終結後の承継人に対する既判力の作用」法学（東北大学）七四巻六号（二〇一一）一七〇頁以下も、要件事実論的整理によれば、丙に対する後訴において前訴訴訟物である乙の甲に対する登記義務が争点を構成する余地はなく、その既判力を丙に拡張しても有意義ではないとする。

（12） 山本・前掲注（8）一八九頁左段。

なお、同解説の対象である最判昭和四八・六・二一民集二七巻六号七一二頁は、前訴において、Yの破産管財人が、YとAとの通謀虚偽表示によりA名義で登記されていた土地につき、Aに対し真正な登記名義の回復を原因とする所有権移転登記請求訴訟を提起し、そこで原告側の勝訴が確定したところ、その事実審口頭弁論終結後に、Aの債権者が同土地につき開始申立てをした強制競売手続において、Xが同土地を落札したので、AからX宛てに所有権移転登記が経由されたが、Yは、前訴確定判決につきXに対する承継執行文を得て、本件土地の所有名義をY宛に回復するための所有権移転登記を経由したため、Xが、本件土地につき、Xの所有権確認およびX宛ての真正な登記名義の回復を原因とする所有権移転登記手続を請求した、という事案である。同判決につき、髙田昌宏教授は、承継人に対する既判力拡張は、前訴訴訟物が、後訴訴訟物と同一の場合、後訴訴訟物にとって先決関係または矛盾関係である場合には認められるが、この事件における前訴訴訟物（真正な登記名義の回復を原因とするY宛ての所有権移転登記手続請求権）と後訴訴訟物であるXの所有権とは、訴訟物同一でも先決関係または矛盾関係でもないから、いわゆる争点効を認める立場から、争点効の丙への拡張を認めることはともかく、このような場合にまで既判力による遮断を主張することは、前訴当事者につき生ずる既判力を超える効力を承継人に及ぼすものであり、「既判力」の承継人への拡張という土俵をはみ出した議論であるとして、批判する（同「判批」伊藤眞ほか編・民事訴訟法判例百選〈第三版〉〔二〇〇三〕一九〇頁、一九一頁左段）。正当な指摘である（菱田・前掲注（11）一七一頁も、事例①において甲にとって有意義な丙への既判力の拡張を構想しようとすれば、丙は、後訴において、甲の乙に対する請求権を基礎づけている甲の所有権の存在を争えないとの効果を考える必要があるが、通説の自然な延長としてかかる効果が導けるとは、当然には言いえないとする。この点に関する高橋教授の反論については、注（21）で触れる）。

他方で、前訴の訴訟物と、後訴のもう一つの訴訟物である、真正な登記名義の回復を原因とするX宛ての所有権移転登記手続請求権とは、矛盾関係に立つように見える。もっとも、後訴において、Xが通謀虚偽表示についての善意の第三者性を主張し、これが認められれば、Xは勝訴できるが、これが否定されれば、実質説、形式説のいずれによっても、Xには前訴確定判決の既判力が拡張される。しかし、仮に前訴判決が、前訴の訴訟物、すなわち真正な登記名義の回復を原因とするY宛ての所有権移転登記手続請求権を認める前提として、YA間の所有権移転の原因行為を通謀虚偽表示により無効とし、本件係争地がYの所有に属することを認めていたとしても、それは前訴判決理由中の判断に過ぎず、この判決理由中の判断が、後訴訴訟物（真正な登記名義の回復を原因とするX宛ての所有権移転登記手続請求権）の請求原因として主張される、X所有、Y登記名義のうち前者と矛盾関係に立つに過ぎない。これを矛盾関係における既判力の作用で説明しようとすれば、後で検討する通り、前訴でその存在が既判力を以て認められた、Y宛てに所有権移転登記手続をすべきAの物権的負担は、弁論終結後のAからXへの登記名義の移転によりXに承継されるから、後訴訴訟物たる真正な登記名義の回復を原因とするX宛ての所有権移転登記手続請求権は、前訴判決で既判力を以て確定されXに承継されたこのAの物権的負担と矛盾関係に立つ、と構成するほかない。ただし、本稿は、物権的請求権とそれに対応する義務者側の物権的負担が承継されることはありえないとの立場を採る。

(13) 丹野・前掲注(11)一二頁。

(14) 丹野・前掲注(11)一〇頁以下。

五　原点としての兼子説

ここで検討すべきは、既判力拡張により、丙は、乙が甲に対し所有権移転登記手続義務（事例①）または建物収去土地明渡義務（事例②）を負うことを争えなくなるので、敗訴するという、実体法とそれに基づく要件事実論からすればおかしな説明が、民訴法学においてかくも浸透したのかという点にある。

以下は、実質説の創始者である兼子一博士の叙述である。

「但し特定承継については、承継人となるか否か或は承継人に不利に作用することを認め得るか否かは、権利関係の実体法的性格によつて異ることに注意すべきである。所有権に基く返還請求や妨害排除請求の相手方としての資格である占有者又は妨害物件の所有者から、目的物の占有を承継し又は物件を譲受けた者は、その請求に対する義務の承継人といえるが……、単に占有権に基く回収請求については、被告から目的物の占有を取得した者は、訴訟係属について悪意でない限りこれに対し既判力を及ぼすことができないし（民二〇〇Ⅱ参照）、更に対人的な債権に基く物の引渡請求であれば、被告から目的物の引渡を受けた者を被告の承継人と取扱うことはできない（例えば、買主が売主に対する目的物の引渡又は明渡請求について、第三者が買主から買得又は賃借してしまつた場合の如し）[15]。」

「このような物権的請求権に対応する義務は、妨害物自体に固着したものとして、その物件に対し現在支配権（所有権乃至占有権）を有する者がこれを負うのである。したがって、かかる請求に関する訴訟及び執行は、この者を相手方としなければその目的は達し得ない。ところで、訴訟中又は判決後にこの者の妨害物件に対する権利が第三者に譲渡された時は、該第三者は、これに伴うて収去義務の負担者としての地位を前主から承継し（但し損害賠償債務のような人的義務については然らず）、それに関する訴訟状態上の利益不利益又は判決の既判力、執行力を受けることとなるのが当然である（単に実体法的にのみ考えれば、この場合第三者は妨害物件の取得者として新に独立に収去義務の負担者となるのであって、前主の義務を承継すると考える必要はないようであるが、訴訟状態の顧慮を実体上の法律関係に反映させて見る時は、訴訟上の利益又は負担を一括して実体法上の地位を考うべきであって、この場合の義務も承継を認むべきである。但し第三者が妨害物に対する権利を前主と別個独立の権原に基いて取得した場合は、承継人にはならない[16]）」

つまり、既判力に関する権利実在説に立つ兼子博士によれば、物権的請求権につき訴訟係属が生じた後は生成過程にある同請求権に対応する物権的負担が、同請求権を認めた判決の確定後は実在化した同請求権に対応する物権的負担が、承継人に承継されるのであって、訴訟の係属または判決の確定の先後で、訴訟物である物権的請求権について、権利者と義務者の実体法上の攻撃防御のあり方に変容が生じるのである[17]。甲の丙に対する甲宛ての所有権移転登記手続請求訴訟において、丙が民法九四条二項にいう善意の第三者という前主から独立した地位を有する者でない限り、丙は、前訴判決の既判力によりその存在が実在化された乙の物権的負担を、金銭債権の義務者側に免責的債務引受けがあった場合と同じように、乙から承継するのであるから、前訴で確定された乙の物権的負担は、後訴訴訟物である丙の物的負担にとって先決的法律関係となり、そこに既判力が生じている以上、甲はもはや甲所有という請求原因事実を主張・立証する必要なく、勝訴しうるのである。

さて、少なくとも判決が確定した後は原告側の物権的請求権またはそれに対応する被告側の物権的負担が承継人に承継されるとの発想、ここではこれを仮に「既判力による実体法の書き換え」と呼んでおくが、既判力に関する権利実在説を採用せず、かつ、形式説を採用する論者や承継人に対する既判力の作用につき形式説的な理解を示す論者においても、この「既判力による実体法の書き換え」が暗黙裡に前提とされている、というのが本稿の仮説である。[18][19]

（15） 兼子・前掲注（1）（民事訴訟法体系）三四五頁（漢字を新字体に改めた）。
（16） 兼子・前掲注（1）（判例民事訴訟法）三〇一頁（漢字とカナを新字体に改めた）。
（17） 丹野・前掲注（11）四頁は、これを権利固着説と名付ける。
（18） この仮説にとっては、傍証に過ぎないが、形式説が確立される過程における先駆的論文として位置づけられる、山木戸克己「訴訟物たる実体法上の関係の承継」法セ三〇号（一九五八）四四頁、特に四五頁が、本稿で先に引用した兼子評釈のいい回し（「訴訟中又は判決後にこの者の妨害物件に対する権利が第三者に譲渡された時は、該第三者は、これに伴うて収去義務の負担者としての地位を前主から承継〔する〕」）をそのまま再現していることを挙げることができる。他方、形式説の形成に山木戸論文と並んで寄与したと位置づけられる、小山昇「口頭弁論終結後の承継人の基準に関する学説の展開について――日本民事訴訟法学説史の一断面」同・判決効の研究（小山昇著作集第二巻）（一九九〇）一六八頁、二一〇頁は、兼子説は、既判力を実体法関係に反映させることにより、物権的収去義務の承継を根拠づけたとの評価を示すものの、学説史研究の限界ゆえか、この兼子説に対する小山博士自身の賛否は示されていない。
（19） 越山・前掲注（1）三〇六頁注11は、この兼子説が、その前提である訴訟状態説と権利実在説は別として、現時点の学説の根幹となっていることは否定できず、兼子説の発想を根本的に覆して新たな基準を樹立することに成功した学説は、未だ現れていないと指摘する。兼子説の後世への圧倒的な影響力に対する評価については全く同感であるが、本稿は、物権的請求権とそれに対応する義務者側の物権的負担の承継可能性を前提とすること、つまり実体法の書き換えに否定的である。

六　現在の有力学説の分析

中野貞一郎教授は、兼子説における実質説は、兼子説に特有な権利実在説の帰結に他ならないと断じたうえ、実在化されるに至った権利義務がそのまま承継される場合はともかく、所有権に基づく建物収去・土地明渡請求を認容した確定判決の弁論終結後における建物占有の承継（事例②）のように、建物収去・土地明渡義務の承継ではなく、それを超えて既判力拡張が要請されるような場合には、形式説が志向するような補助的考慮の導入が要請される、とされる。[20] しかし、そこで、中野説がいう「形式説が志向するような補助的考慮」とは、実は兼子説的な「既判力による実体法の書き換え」にほかならないと考えないと、以下の叙述は理解できない。

すなわち、中野説が「形式説が志向するような補助的考慮」が要請される事例として挙げるのは、甲の乙に対する動産の引渡請求で甲勝訴の判決が確定した訴訟の弁論終結後に丙が乙から動産の引渡しを受けて現在占有中であるので、甲が丙に対して動産の引渡請求訴訟を提起した、という場合（事例③という）である。形式説と同じく、中野説も、弁論終結後の占有移転の事実により丙に対する既判力拡張を肯定し、そこで拡張される既判力の内容は「口頭弁論終結時に甲が乙に対して動産の引渡請求権を有していたことを争うことができない」ことであると説明する。続けて、中野説は「それは、乙から丙に占有が移っても、乙が甲との間で既判力ある判断に矛盾するため遮断されるような主張を、丙も甲との間で主張できない、ということでなければならないから、後訴において、丙は、もし乙がそこで主張するのであれば乙は既判力によりそれを遮断されるような主張を丙がすることを、既判力によって妨げられる」とする。ここでは、甲の動産引渡請求権との関係において、丙と乙とは同じ立場に立たされている。しかし、実体法によれば、後訴における甲の丙に対する請求原因は、①甲所有、②丙占有であって、甲の乙に対する動産引渡請求権は後訴の攻撃防御方法を構成しないから、丙が、前訴判決のこのような既判力を盾にすることは無意味である。中野説とて、甲乙間における甲勝訴の確定判決が存在しない場合を想定して、甲の丙に対する動産引渡請求の請求原因は、と問われれば①甲所有、②丙占有と答えるであろう。ということは、中野説の先の言辞は、甲乙間で甲の乙に対する動産引渡請求権の存在が既判力を以て確定されると、同請求権に対応する乙側の物権的負担は承継可能なものになるから、現実に乙から丙に占有が移転した場合における甲の丙に対する動産引渡請求の請求原因は、①乙の甲に対する動産引渡義務、②弁論終結後の乙から丙への占有の移転による①の義務の承継、に転化し（「既判力による実体法の書き換え」）、②が証明されることにより、①という、既に既判力により確定されている先決的法律関係が丙に承継される。だからこそ、動産の引渡義務について丙は乙と同じ地位に立ち、「後訴において、丙は、もし乙がそこで主張するのであれば乙は既判力によりそれを遮断されるような主張を丙がすることを、既判力によって妨げられる」のである。[21]

(20) 中野貞一郎「弁論終結後の承継人――いわゆる実質説・形式説の対立の意味」同・民事訴訟法の論点Ⅰ（一九九四）二一三頁、二二三頁以下。

(21) 高橋・前掲注（1）七〇一頁注123は、乙が、後訴において乙の甲に対する義務の存在を争う場合に前訴確定判決の既判力により遮断される攻撃防御方法（既判力基準時において、事例①では甲が係争土地の所有権を有していない、事例②では係争土地につき借地権を有する、事例③では甲が係争動産の所有権を有していない）は、丙と甲との間の法律関係を訴訟物とする後訴において、丙も遮断される。このことを、訴訟物に反映させると、前訴訴訟物が後訴訴訟物と同一でも前者が後者の先決的法律関係でもない場合には、訴訟物の同一性が擬制される、と説明する。「請求権の同一性の擬制」という、上野泰男教授の表現（上野・前掲注（3）九三二頁注48）に修正を施したもので、中野・前掲注（20）二二五頁以下、二四〇頁注22、越山・前掲注（1）三一〇頁以下、同「口頭弁論終結後の承継人への既判力――その作用についての論点整理」香川法学二二巻一号（二〇〇二）四七頁、五七頁以下は、上野教授にならっている（なお、松本博之「民事訴訟における訴訟係属中の係争物の譲渡（2）」龍谷法学四三巻四号〔二〇一一〕一六一〇頁、一六四〇頁以下、同「口頭弁論終結後の承継人への既判力の拡張に関する一考察」龍谷法学四四巻四号〔二〇一二〕一二三七頁、一二五六頁は、丙は乙から Sachlegitimation を承継したとの法律構成から、上野説等と同じ帰結を正当化している）。
　事例①に即していうと、後訴訴訟物（甲の丙に対する真正な登記名義の回復を原因とする甲宛ての所有権移転登記手続請求権）が前訴の訴訟物（甲の乙に対する真正な登記名義の回復を原因とする甲宛ての所有権移転登記手続請求権）と同一視される、ということであろう。しかし、このような説明は、丙に対する後訴の請求認容の結論を導くためには不十分であり、また、このような説明は、以下で述べる「既判力による実体法の書き換え」という「事の実質」から目を背けさせるものである（なお、菱田・前掲注（11）一九三頁以下は、「請求権の同一性の擬制」という補助概念の導入の必要性を示すことと、そのような補助概念の導入がいかなる理論的根拠に基づいて許されるかを説明することとは、別の問題であり、上野説においてすら、後者の議論は提供されていない、と評価する）。

訴訟物が債権的請求権であり、弁論終結後に被告側に免責的債務引受けがあった場合を想定しよう。債務の引受人が引き受けた債務に対応する債権（後訴訴訟物たる請求権）と前主に対する債権（前訴訴訟物たる請求権）との間には、擬制ではなく、真正の同一性がある。だからといって、前訴訴訟物につき確定した請求認容判決があれば、それで直ちに引受人に対する履行請求が認容されることにはならない。それに加えて、まず前提として、債務引受けを可能とする実体法が存在することが必要であり、そのうえで、その実体法が定める債務引受けの要件に該当する事実が主張・証明されなければならない。そして、前主と債権者との間に前訴確定判決が存在すれば、その既判力が引受人に拡張される結果、後訴のもう一つの請求原因事実である「前主が債権者に対し債務を負っていたこと」について、後訴裁判所は前訴確定判決の既判力に拘束され、その結果として、引受人に対する債権者の履行請求が認容されるのである（要件事実論的に表現すれば、後訴の請求原因は、①前主が債権者に対して債務を負ったこと、②前主と後訴被告の間で債務引受けがあったこと、であり、山本克己教授がいわれるように、前訴訴訟物が、後訴訴訟物の先決的法律関係として、請求原因となる関係にある）。

そうだとすれば、事例①において訴訟物たる請求権の同一性を「擬制」したからといって、それで直ちに甲の丙に対する後訴請求が認容されるわけではないことは、明らかであろう。後訴における甲の請求原因事実は、実体法本来のあり方では、①甲所有、②丙登記名義であるはずであるが、甲乙間の所有権移転登記手続請求訴訟における甲勝訴の確定判決が介在することにより、兼子説と同様に、実体法では本来承継されえない当該登記義務が承継可能なものに変質する結果、あたかも債権的請求権の債務引受けの場合と同じように、請求原因は、本文に記したように、①、②から①′、②′に転化する（「既判力による実体法の書き換え」）ため、その②′に該当する事実が証明されると、既判力によりその存在が確定された先決的法律関係である①′が丙に承継されるので、乙が既判力によって遮断される主張・立証は、丙もまた遮断され、後訴裁判所は①′を認めるべく拘束されることとなるのである。

ちなみに、中西・前掲注（11）は、上野説等とは異なり、民訴法一一五条一項三号の関係すなわち訴訟法のレベルでは、前訴訴訟物が後訴訴訟物の前提問題（中西説は、先決的法律関係ではなく前提問題と呼ぶ）となる場合に準じるとし、これに弁論終結後の承継人に対する占有または登記名義の移転の事実が加わることにより、甲乙間の訴訟物を前提問題とする甲丙間の後訴の訴訟物たる請求権が発生したのだと説明する。他方で、中西教授は、実体法のレベルでは、甲乙間の前訴訴訟物は甲丙間の訴訟物の前提問題ではないとの立場を維持するため、前訴判決の既判力の丙への拡張は、積極的作用の面では無意味であり、丙が甲の所有権を蒸し返して争うことを禁止する消極的作用（遮断効）のみが意味を持つ、とする。要件事実論に基づく説明として「請求権の同一性の擬制」よりも精緻であることは確かであるが、それが却って、甲乙間の訴訟における既判力の発生による物権的請求権の承継可能性の取得と、それに伴う甲丙間の訴訟物に関する請求原因の変容という「事の実質」を、一層際立たせている（後訴訴訟物にとって何が先決的法律関係かは、実体法で決まっている問題であり、何ゆえに、前訴判決の確定により後訴訴訟物の前提問題でない前訴訴訟物が訴訟法のレベルでは前提問題に準ずるものになるのだろうか）。

なお、高橋・前掲注（1）七〇一頁注123は、前訴が甲の乙に対する真正な登記名義の回復を原因とする甲宛ての移転登記手続請求、後訴が丙に対する甲の所有権確認請求の場合のように、前訴訴訟物が後訴訴訟物と訴訟物同一、後者の先決関係または矛盾関係に立たない場合に、既判力拡張を否定する髙田昌宏教授の見解（髙田・前掲注（12）一九一頁左段。中野・前掲注（20）二二六頁以下も、後訴が甲の所有権確認請求である場合は、それを認めた前訴確定判決の判断は判決理由中の判断に過ぎないから、丙はこれを争うことができるとする）を「狭すぎる」と批判される。この場合も、既判力の拡張を認めるが、この場合を「請求権の同一性」とするのは適切でないがために、後訴と前訴の「訴訟物」の同一性が擬制される、と表現するのである。あり体にいえば、前訴は本件土地についての甲の所有権確認請求だったことにしてしまおうということである。弁論終結後の乙から丙への登記名義の移転により、擬制されたこの訴訟物についての既判力が丙に拡張されることになるが、髙田昌宏教授が指摘するように、前訴当事者である甲乙間ですら認められないはずの判決理由中の判断の既判力を甲丙間においては認めるという、制定法の規律とは相容れない帰結を覆い隠すための「擬制」という性格が顕著である。

七　おわりに

兼子説のように、既判力の本質につき権利実在説を採用するとしても、そこから、既判力が生じることにより実在化された権利義務が、それ以前には有していなかった承継可能性を取得する、という帰結までもが導き出せるわけではない[22]。まして、既判力と訴訟外の実体的権利または法律関係との関係性を切り離す訴訟法説において、そのような帰結は自説の前提を否定するものであろう。それにもかかわらず、多くの訴訟法学説が、本来の実体法からすれば、甲の丙に対する後訴において攻撃防御方法を構成しない甲の乙に対する物権的請求権を、後訴訴訟物の先決的法律関係に変容させるという無理をあえておかす実質的な理由は、そうしないと、確定給付判決の既判力は多くの場合においてその意義を喪失してしまうからである、という。目的物の所持人、たとえば無償の受寄者といえども、占有補助者や占有機関と異なり、目的物について独立した占有を有する（だからこそ、既判力や執行力の拡張が必要となる）以上、所持人に対して引渡請求を定立する場合、その請求原因は原告所有、被告占有であるから、間接占有者との関係で同人に対する引渡請求権について既判力が生じており、それが所持人に拡張されると説いたところで、同請求権が後訴の攻撃防御方法を構成しない以上、意味がない(23)。特に、弁論終結後の承継の場合、承継人側は、自己に関わる訴訟物を、前訴のそれと同一、先決関係、矛盾関係でない形で作り出すことができ、それで既判力を免れることになってしまうと、前訴勝訴者の権利の安定という既判力拡張の根本理念に反する。そこで、新旧両訴の請求権または訴訟物の同一性を擬制することで、実体法を「乗り越える」のだ、と説明される(24)。正確には、本来承継されえない義務を承継可能とする実体法の書き換えによって、前訴勝訴当事者の法的地位の安定を図ろうとしているのである。

こうして「乗り越え」（「書き換え」）られてしまう実体法は、もとより物言わぬ存在である。しかし、あえて実体法に人格を「擬制」すれば、こう反問するであろう。

もともと、確定給付判決の既判力の主観的範囲の拡張が意義の乏しいものとなった直接の原因は、判決理由中の判断に既判力を否定したことにある(25)。これによって、既に当事者間ですら、確定給付判決の既判力の意義は限定的なものになってしまったが、それでもなお、同一当事者間で訴訟物同一の再訴が提起された場合には、既判力によって後訴を遮断することが可能だが、承継人が現れた場合には、債権的請求権における債権譲渡や債務引受けのように、前訴訴訟物自体が実体法的に承継される場合は別として、実体法上承継の対象とならない物権的請求権が訴訟物の場合には、原告の物権それ自体は、前主との間の前訴においても承継人との間の後訴においても、請求原因に過ぎないから、前訴判決理由中の判断に既判力を認めない以上、訴訟物につき既判力の拡張を認めてもその意義が乏しいこととなるのは、はじめから折り込み済みのはずである。そして、判決理由中の判断に既判力を認めないという決断は、実体法が訴訟法にそうして欲しいと頼んだからそうなったのではなく、より短い時間とより安い費用で本案判決に至ることを可能にするという、訴訟法の側の都合でそうしただけである。それによって不可避的に生ずる勝訴当事者の法的地位の不安定化は既判力制度の根本に反するという、これまた訴訟法の側の都合から、実体法は乗り越えられ（書き換えられ）ても仕方がないとは、御都合主義に過ぎないか。そして、この実体法の書き換えにより、判決理由中の判断には既判力は認められないという、訴訟法が自ら定めた大原則がいとも呆気なく「乗り越えられて」（「書き換えられて」）しまうのは、訴訟法内在的に見ても、背理ではないか。そもそも、判決理由中の判断に既判力を認めないことに伴う確定給付判決の既判力が有する紛争解決機能の低下は、訴訟法の側でも織り込み済みだったからこそ、その対処策として、確認訴訟が用意されたのではなかったか。甲が勝訴後の自己の法的地位の安定を望むなら、事例①であれば甲の所有権確認を、事例②であれば乙の借地権の不存在確認を、併せて請求しておけば済むはなしである。これらは、後訴訴訟物にとって先決的法律関係であるから、この確認判決の既判力の丙への拡張（形式説、実質説のいずれによっても、異論なく認められよう）によって、甲の地位は安定的に保護される。他人である実体法に迷惑をかけない解決策が訴訟法の中に用意されている以上、それによるのが筋であろう。

少なくとも法科大学院発足後の授業では、わたくしは、事例①では、前訴を甲の所有権確認および所有権に基づく真正な登記名義の回復を原因とする甲宛ての移転登記手続請求、事例②では、前訴を乙の借地権不存在確認および建物収去・土地明渡請求、という設定で説明をしている[26]。右に記した実体法の「声なき声」に同調することが理由であるが、学生諸君が派遣裁判官教員から教わる要件事実と全く違う話をして、学生諸君を混乱させたくないこともあるからである[27]。

（22） 注（15）で引用した兼子・民事訴訟法体系三四五頁の最後の叙述は、たとえば、「賃貸借契約終了の後借主は速やかに土地を貸主に明け渡すものとする」という賃貸借契約の条項に基づき、前訴で契約解除を理由に甲が乙に対し建物収去土地明渡しを求め、甲の勝訴が確定したが、弁論終結後に乙が丙に建物を賃貸した場合を例に採れば、甲と丙とは契約関係に立たないから、この場合には承継関係になく既判力の拡張はないという意味であり、この叙述が示すのは、権利実在説といえども、実在化される以前に請求権が具有していなかった実体法的性質を実在化により具有するに至ることはないという、正当な認識であり、これと物権的請求権が実在化により承継可能性を取得するという議論との異質さは、際立っている。

ところで、前訴がこのような債権的請求権を訴訟物としたか物権的請求権を訴訟物としたかで、民訴法一一五条一項三号の承継人の範囲が異なるという指摘は、三ケ月章博士の提唱に係る新訴訟物理論に対して、兼子博士、中田淳一博士が唱えたものであり（昭和三二年日本私法学会シンポジウムにおける「請求権の競合」と題する三ケ月報告とそれに対する中田発言。私法一九号〔一九五八〕三九頁以下、六六頁参照。この三ケ月報告は同・民事訴訟法研究第一巻〔一九六二〕七七頁以下に収録されており、中田博士の見解は同・民事訴訟判例研究〔一九七二〕一二二頁、一三〇頁に示されている）、三ケ月説は、執行文付与の訴えまたは執行文付与に対する異議の訴えにおいて、甲の明渡請求が物権的請求権という法的観点からも認められたか否かを審査する必要性を認めるに至った（いわゆる「法的評価の再施」。三ケ月章「特定物引渡訴訟における占有承継人の地位」同・前掲書二八五頁参照）。これに対して、同じ新訴訟物理論でも、新堂・高橋説は、この法的評価の再施は甲の所有権の主張・立証そのものであり、既判力拡張の意義は乏しいと指摘し（ただし、三ケ月説では、甲の権利主張は所有権によっては基礎づけられない単なる交付請求権に過ぎないことは、執行文付与の訴えにおける抗弁、執行文付与に対する異議の訴えにおける請求原因として、新占有者である丙がその主張・証明責任を負うとする。本来、甲の所有・丙占有は引渡・明渡請求の請求原因であるから、その限りで、弁論終結後の占有移転による既判力拡張の意義が乏しいとはいえない。ただし、既判力の拡張がそのような証明責任の転換を招来する理論的根拠は明らかではなく、これもひとつの「既判力による実体法の書き換え」であろう）、前訴の訴訟物は（債権的請求権、物権的請求権のいずれの法的観点からも支持されうる）特定物の引渡し・明渡しという給付の受給権（乙から見れば給付義務）であり、前訴で債権的請求権という法的観点から請求が認容され判決が確定した場合でも、この受給権の存在が既判力を以て確定され、弁論終結後の占有の移転により、この既判力が丙に拡張される（形式説）結果、丙は、前訴の弁論終結前に存在していた事情（その時点において甲は所有権を有していなかった）を持ち出して、この給付義務の存在を争うことはできなくなる。本来、甲と契約関係に立たない丙に対しては、甲は自己の所有権を主張していかねばならないのに、契約終了による明渡しを命じた前訴確定判決があると、その必要がなくなる。注（24）で引用する「実体法をなにがしか乗り越えている」という表現は、直接にはこの事態を説明するために用いられている。

物権的請求権が丙に承継されるものではないうえ、甲と契約関係に立たない丙に乙の契約上の明渡義務が承継されるはずはない。二重の意味で承継可能性は実体法上否定されているにもかかわらず、これらの法的観点に支えられる給付義務の承継可能性を肯定すると、こういう帰結となる。実体法の「乗り越え方」が兼子説より一層大胆であり、このような立場からすれば、従来の学説が物権的請求権の承継可能性を前提としていることを問題視する本稿などは、些細なことに拘泥する頑迷な議論に過ぎないと評価されるであろう。しかし、前訴の勝訴当事者の法的安定の確保を理由に、ここまでの「実体法の乗り越え」（くどいようだが、本稿の立場では「実体法の書き換え」）を認める点にこそ、実体法の拘束を常に意識せざるをえない実務家はもちろん、多くの民事訴訟法学者をもして、新訴訟物理論の採用を躊躇させる原因があるのではなかろうか（既判力の拡張による証明責任の転換を認める三ヶ月説についても、程度の差はあれ同じことがいえよう）。

(23) 越山・前掲注（1）三一〇頁。

(24) 高橋・前掲注（1）七〇一頁以下注123。

(25) 高橋説がいう「訴訟物の同一性の擬制」という説明（注（21）参照）はこの制約を「乗り越える」ためのものである。

(26) 注（18）で引用した山木戸論文（四五頁）や、注（1）で引用した条解民事訴訟法〈第二版〉が、丙が固有の防御方法を主張することが既判力によって遮断されないことを説く部分（五七四頁）においては、事例③における前訴を甲の動産所有権確認訴訟と設定している。これはおそらく意図してのことであろう。後訴において丙は乙が甲に対し動産の引渡義務を負うことを争えないと記述することは、実体法に対し謙抑的な姿勢を維持する限り、避けたほうがよいとの判断が働いたものと考える。

(27) 注（4）で論じた訴訟承継との関係で、参加・引受承継における丙の訴訟状態承認義務について一言しておく。たとえば事例②における建物の譲受人丙に対し、甲が、建物収去土地明渡請求を定立して、引受承継させたとする。この場合の請求原因は、①甲土地所有、②丙土地占有であり、①は乙に対する請求の請求原因と重なる。この場合、①について承継前に甲乙間において形成されていた訴訟状態につき、丙は承認義務を負うか。弁論終結後の占有移転であれば、①を認めた前訴判決の判断は判決理由中のものに過ぎず既判力は生じないこととの均衡から、乙に対する甲の所有権確認請求が併せて定立されている場合はともかく、そうでない限り、否定すべきである。

＊本稿は、平成二六年度科学研究費補助金の交付を受けた研究（基盤研究(B)課題番号二五二八五〇二七）の成果の一部である。

倒産手続

アメリカ破産法の憲法問題
——破産条項、契約条項、司法権条項をめぐって

浅香吉幹

一　はじめに
二　合衆国憲法制定以前の債権回収法
三　合衆国憲法第一編八節四項の破産条項
四　連邦破産立法の変遷
五　破産条項と契約条項
六　破産裁判官と合衆国憲法第三編司法権条項

一　はじめに

伊藤眞先生が一般読者を想定して破産制度の意義を概説した『破産――破滅か更生か』（一九八九）では、はしがきに先立つページで、チャールズ・ディケンズの自伝的要素の多々含まれた長編小説『デイヴィッド・コパフィールド』（一八四九）第一二章の、年収二〇ポンドで支出が一九ポンド一九シリング六ペンスならば happiness だが二〇ポンド六ペンスならば misery、という著名な一節を掲げている。(1) これはデイヴィッドを下宿させていたミコーバ氏が債務者監獄（debtors' prison）に収監され、釈放された後にデイヴィッドに与えたアドヴァイスであるが、ディケンズ自身の父親も債務者監獄に収監されたことがあり、そのときの経験がディケンズの人生や作品にさまざま影響を与えたことも知られている。

それよりも一〇年ほど遡る一八四〇年、フランス人アレクシ・ド・トクヴィルは、『アメリカのデモクラシー』第二巻第三部第一八章で、アメリカにおける破産に対する態度について、驚きをもって記述している。「商業における無謀を一種の徳と考えるアメリカ人は、いかなる場合にも、無謀な人間を咎めるはずがない。このため、合衆国では、破産した商人は異様に寛大に遇される。商人の名誉はこれしきの波乱では少しも傷つかない。この点で、アメリカ人は、ヨーロッパの諸国民と違うだけでなく、現代のあらゆる商業的国民と異なっている。したがってまた、アメリカ人はその地位と必要において、それらの国民のどれとも似ていない。(2)」

一九世紀中頃の英米における破産法は、現代日本の倒産法とは大きく違ったものであった。現代のアメリカ倒産法は、そこから紆余曲折を経ながら発展してきた。しかしその間、アメリカの破産法の憲法上の取扱い、とくにアメリカ特有の連邦制上および三権分立上の諸問題については、明確な指針が示されないまま、その場その場の対応がなされるという状況が続いてきた。本稿では、アメリカ破産法が憲法問題を明快に解決しないままに発展してきた過程について、合衆国憲法成立前後から今日に至るまで歴史的に跡付ける。

(1) 引用されているのは岩波文庫旧訳版の市川又彦訳であるが、岩波文庫新訳版の石塚裕子訳(一)(二〇〇二)四三六―三七頁に対応。

(2) 松本礼二訳・アメリカのデモクラシー第二巻(下)(二〇〇八)一三一頁。他の日本語訳では井伊玄太郎訳・アメリカの民主政治(下)(一九八七)四一八頁、英語訳ではALEXIS DE TOCQUEVILLE, DEMOCRACY IN AMERICA 622 (J. P. Mayer ed., George Lawrence trans., HarperPerennial 1988)(1966)に対応。

二　合衆国憲法制定以前の債権回収法[3]

イングランドでは、一三世紀頃までには債務者拘禁(imprisonment for debt)の制度が成立し、一八六九年まで続く[4]。すなわち債務の支払が滞ると、債権者の請求と簡易な手続とで債務者は収監されるのである。債務返済が困難な債務者にとっては身柄解放が切実な問題となるが、債務者の財産をすべて拠出し、債権者間で分配することにより釈放してもらえるようにする手続が破産(bankruptcy)と呼ばれるもので、一六世紀から発達した。手続を運営するのは大法官(Lord Chancellor)の任命するcommissionerであった。一七〇五年の破産法(Bankruptcy Act)[5]では、債務者は生活に必要な一定範囲の免除財産(exemption)を除いて財産をすべて拠出することにより、身柄の解放、さらに残債務についての免責(discharge)も可能となった[6]。ただし破産手続は、資金繰りにリスクがつきものの商人(trader)にのみ認められるもので、返済のあてのない債務を負うべきではないと道徳的に考えられていた一般債務者の利用に供されてはいなかった。また破産申立は債権者側からなされるinvoluntary bankruptcyであって、自己破産(voluntary bankruptcy)はなかった。

アメリカ各植民地でも一八世紀までにはイングランドと同様に、債務者拘禁を含んだ支払不能法(insolvency law)

が成立していた。債務者監獄においては、衣食の支弁は監獄や債権者が行うものではなく、債務者本人や家族、あるいは慈善団体によって賄われていた。植民地時代および一七七六年独立後の邦（state）の時代を通じて、とくに北部で、債務者が財産をすべて拠出して債権者間で分配する破産の制度が設けられることもあった。諸植民地・邦の破産法の内容は、商人に限定され、自己破産ができないということを除けばまちまちであるが、免除財産や免責が条件付で認められる例もあった。債務者拘禁は各州において、一八三〇年代以降、人道の観点から州憲法などで廃止されていくことになる。

（3） LAWRENCE M. FRIEDMAN, A HISTORY OF AMERICAN LAW 198–202（3d ed. 2005）; F. REGIS NOEL, A HISTORY OF THE BANKRUPTCY CLAUSE OF THE CONSTITUTION OF THE UNITED STATES OF AMERICA 23–66（1918）; Vern Countryman, *A History of American Bankruptcy Law*, 81 COM. L. J. 226, 227–29（1976）; Bruce H. Mann, *The Transformation of Law and Economy in Early America*, *in* 1 THE CAMBRIDGE HISTORY OF LAW IN AMERICA 365, 389–95（Michael Grossberg & Christopher Tomlins eds., 2008）.

（4） Debtors Act, 1869, 32 & 33 Vict., c. 62.

（5） Statute of 1705, 4 Ann., c. 17.

（6） WILLIAM BLACKSTONE, 2 COMMENTARIES *471–88.

三　合衆国憲法第一編八節四項の破産条項

合衆国憲法では、第一編八節において合衆国議会の立法権限が一八項限定列挙されているが、その第四項においては、「帰化の統一準則、および合衆国全域における破産の問題に関する統一法律を制定する（To establish an uniform Rule of Naturalization, and uniform Laws on the subject of Bankruptcies throughout the United States）」権限が規定されている。破産手続に関する立法権限が合衆国議会に付与されたこと自体は驚きではないが、むしろ一七八七年のフィラデルフィア憲法制定会議において、この破産条項の制定趣旨を明らかにするような議論がほとんどなされていないことが注目される。

憲法制定会議は一七八七年五月二五日に定足数に達し、五月二九日に議論のたたき台となる一五項目のVirginia Planが提案されたが、その中には破産に関する言及はない。破産についての規定を盛り込む提案は、五名の委員で構成された委員会（Committee of Detail）を中心に具体的に条文化する作業が進行中の八月二九日になって初めて、後に第四編一節の十分な信頼と信用条項（full faith and credit clause）となる規定の審議の過程で、Charles Pinckneyによって、外国為替手形の拒絶証書から生ずる損害に関する規定の提案と合わせてなされた。九月一日には委員会から、破産条項を盛り込む提案が行われ、九月三日に九邦賛成一邦反対の表決で提案が可決された。その後も破産について議論が特段なされることもなく、九月一七日に憲法案が可決された[7]。

批准過程においても破産条項の制定趣旨を示すような議論はない。ニュー・ヨーク邦での批准を目先の目的に執筆された『ザ・フェデラリスト』では、James Madisonの執筆した第四二編において、「州間の調和と適切な交流（harmony and proper intercourse among the States）」のための規定として破産条項に言及しているものの、「破産の統一法を制定する権限は、通商の規制と密接に結びつき、そして当事者やその財産が所在したり他州に持ち去られたりするような場所で多くの詐欺を防止するので、その意義に疑問の余地はありそうにない。」という一文だけである[8]。ただここでは、破産が州内で完結するとは限らないという連邦制上の問題が意識されているようにもみえる。邦の議論でも、破産条項に反対する議論もわずかにあったが、全体の議論の中でとくに取り上げられるものでもなかった[9]。

（7） 2 RECORDS OF THE FEDERAL CONVENTION OF 1787, at 447, 484, 489 (Max Farrand ed. 1911); NOEL, *supra* note 3, at 76–80.

（8） THE FEDERALIST No. 42, at 277–78 (James Madison) (Edward M. Earle ed., 1937). 日本語訳ではA・ハミルトン＝J・ジェイ＝J・マディソン・齋藤眞＝武則忠見訳・ザ・フェデラリスト（一九九一）二一〇頁に対応。

（9） NOEL, *supra* note 3, at 80–81.

四　連邦破産立法の変遷(10)

このように合衆国議会に、「統一的な」破産法を制定する権限が与えられたということは、一見すると、破産法は連邦の専権となったかのようにもみえる。しかし実際には、一九世紀においても統一的な連邦破産法のない時期が長い。不況の時期に連邦破産法が制定されても、債権者の強い反対ですぐに廃止されるのが通常であった。

最初の連邦破産法は、一八〇〇年の Act of Apr. 4, 1800, ch. 19, 2 Stat. 19 で、もともと一八〇五年までの時限立法であったが、一八〇三年に Act of Dec. 19, 1803, ch. 6, 2 Stat. 248 で廃止された。内容はイングランド法に倣って、商人のみを対象とし、自己破産がなく、地方裁判所裁判官が事件ごとに任命する commissioner が運営するものであった。また免除財産および免責に関する規定もあった。

一八四一年破産法 Act of Aug. 19, 1841, ch. 9, 5 Stat. 440 は、一八四二年に施行されたが、一八四三年に Act of Mar. 3, 1843, ch. 82, 5 Stat. 614 で廃止された。商人の債権者申立手続とは別に、商人および非商人に自己破産の手続を認めていた。

一八六七年破産法 Act of Mar. 2, 1867, ch. 176, 14 Stat. 517 は、一八七八年に Act of June 7, 1878, ch. 160, 20 Stat. 99 で廃止される。商人非商人問わず債権者申立手続と自己破産手続が設けられ、初めて会社にも適用された。運営は、合衆国首席裁判官の指名に基づき地裁裁判官が任命する register が行う。

一八九八年連邦恒久法 Bankruptcy Act（Nelson Act）of 1898, ch. 541, 30 Stat. 544 では、これまでの連邦破産法から一転、免除財産は州法に従うものとされ、地裁裁判官が任命し、手数料を報酬とする referee が手続を運営する。Referee は一九四六年に給料制となる。一八九八年法は一九三〇年代に Chandler Act of 1938, ch. 575, 52 Stat. 840 などの一連の大改正がなされている。

一八九八年法のもとで、合衆国最高裁判所は手続規則を定めてきたが、一九六四年に合衆国法律集（United States Code）第二八編二〇七五条（Pub. L. No. 88-623, 78 Stat. 1001）で、破産規則制定権が他の裁判所規則制定権とは別建てで最高裁に付与され、施行された破産規則は矛盾する既存の法律を廃止する効果を有するものとされた。そのため、最高裁は一九七三年から順次制定した破産規則（Bankruptcy Rules）により、一八九八年法の実質的な改正を行っている。一九七三年規則では、referee を bankruptcy judge と称するものとした。

一九七八年、破産規則の多くの規定を法律化するとともに一八九八年法に取って代わる大改正をした Bankruptcy Reform Act of 1978, Pub. L. No. 95-598, 92 Stat. 2549 では、連邦破産法を合衆国法律集の第一一編に「破産法典（Bankruptcy Code）」として組み込んだ。そして破産規則（現行一九八三年規則は Federal Rules of Bankruptcy Procedure と称される。）を制定することで既存の法律を廃止する効果を認めた規定は、第二八編二〇七五条から削除された。Bankruptcy judge という名称と破産裁判所の構成、権限、手続に関する規定も、第二八編一五一条以下などで盛り込まれた。

（10） Countryman, *supra* note 3, at 228-32; David A. Skeel, Jr., *Bankruptcy Lawyers and the Shape of American Bankruptcy Law*, 67 FORDHAM L. REV. 497（1998）.

五　破産条項と契約条項

一九世紀のほとんどの時期、連邦破産法はなかったけれども、州の支払不能法がそれを補っていた。しかし支払不能法の内容は州ごとにまちまちで、しばしば債務者救済を強く志向し、内容や執行について不十分、不公平などの問題を孕んでいた。(11) それでは合衆国憲法上、州の支払不能法はどのように正統化されていたのであろうか。

Sturges v. Crowninshield, 17 U.S.（4 Wheat.）122（1819）では、債権者または債務者の申請に基づき債務者の全財産が債権者間で分配された後で残債務が免責される手続を設けていた一八一一年のニュー・ヨーク州法について、合衆国憲法上争われた。John Marshall 首席裁判官の執筆する七裁判官全員一致法廷意見では、第一に、このような法律を制定する権限が憲法上州にあるか、それとも合衆国憲法第一編八節四項により連邦の専権となったのか、という争点については、破産法と支払不能法とは明確に区分できるものではないので、連邦破産法の規定していない部分に州支払不能法は及んでよい、とする。そして連邦破産法が一旦制定された場合でも、それが廃止されたのであれば、州の立法権限は回復し、支払不能法を制定することができるものとされた。

しかし、第二の争点として、合衆国憲法第一編一〇節一項の契約条項（Contract Clause）で、「州は……契約上の債権債務を害する法律（Law impairing the Obligation of Contracts）を制定し……てはならない。」とされていることが問題となった。この条項は Marshall 首席裁判官の時代に州の立法権限を制約する場合に用いられることがあった[12]。Marshall 法廷意見は、合衆国憲法は州が支払不能法を制定することを禁じてはおらず、契約上の債権債務を実現するための救済方法を改めることはできるが、有効な債権債務そのものに手を付けるのは別問題であるとする。そして本件はニュー・ヨーク州法制定前に振出された約束手形に関する事件であるので、その債務を免責する当該州法は契約上の債権債務を害する法律として違憲になるものとした。

では、免責を定めた州法制定以後の契約の場合はどうなるのであろうか。一八〇一年のニュー・ヨーク州法による免責が問題となった Ogden v. Saunders, 25 U.S.（12 Wheat.）213（1827）では、合衆国最高裁判所を構成する七裁判官のうち、四裁判官はその場合は免責も合憲であるとする。それに対し、Marshall 首席裁判官が執筆し、Gabriel Duvall, Joseph Story 両裁判官が同調した意見では、契約上の義務は政府の付与ではなく当事者間の行為に由来するものであるという考えが契約条項の背景にあるとして、救済方法ではなく契約上の権利関係を変更する州法を、契約締結が制定の前後かを問わず同様に契約条項違反とする。憲法制定時に州が契約関係に介入する害悪が懸念されていたことに鑑みても、また州法を制定してしまえばそれ以前の契約への適用が問題となるのは短期間にすぎないことに鑑みても、遡及的に債権債務を害することのみ禁止しているものと契約条項を解することはできないという。

他方で、免責州法を制定後の契約に関しては合憲とする四裁判官も、それぞれ異なる理由付けをしていて、一致した契約条項解釈を示していない。Smith Thompson 裁判官は、破産法は連邦の専権ではなく、州も制定できるとされている以上、破産法で免責を与えるのは連邦ならいいが州ではいけないという理由がないとする。他方、Robert Trimble 裁判官は、契約が自然法に由来するとしても、社会契約により政府を樹立した以上、債権債務について州法による規定は可能となっている、とする。William Johnson 裁判官に至っては、当該免責州法を他州債権者に適用するのは主権を逸脱しているとして、債権者が他州市民である本件の具体的結論においては、Marshall ら三裁判官とともに免責を認めない多数を形成した。

一八九八年に連邦の恒久的な破産法が制定されてからは、破産条項で認められた連邦立法権限の範囲ないし限界についての問題が潜在していたが、Continental Illinois Nat. Bank & Trust Co. of Chicago v. Chicago, R. I. & P. Ry. Co., 294 U.S. 648（1935）で、相当に広範な破産法を定めても合憲とされた。争点となったのは、一九三三年に制定された鉄道会社再建手続で破産裁判所が債権者の担保権の処分を停止したことの合憲性であった。George Sutherland 裁判官執筆の八裁判官全員一致法廷意見（一裁判官不参加）は、一般論を展開し、bankruptcy と insolvency は憲法上互換的であり、連邦の破産立法権限も憲法制定当時のイングランド法や植民地法に限定されるものではなく、経済発展による新しい状況に対応できるものとされ、支払不能の債務者と債権者との関係に関する問題であれば広範に認められてきたとする。そして、連邦破産法で強いられる債権者の譲歩も、政体の構成員として他者との関係で公益のためになすものであって、法のデュー・プロセスなしに財産を奪うことにはならないという。また、本件のように担保権者が担保権を処分することを差し止めたとしても、州に対する契約条項に対応する連邦に対する合衆国憲法上の規定はないし、破産に関する立法で付随的に契約を害したり破壊したりしたとしても第五修正のデュー・プロセス条項違反にはならないとした。

この判決の時代がまだ、合衆国憲法第一四修正のデュー・プロセス条項に実体的デュー・プロセスとして「契約の自由（liberty of contract）」を読み込むなど、合衆国最高裁にレッセ・フェールの傾向の強かった、いわゆるLochner時代[13]であったことは興味深い。

（11） FRIEDMAN, *supra* note 3, at 201-02.
（12） 会沢恒「州立法に対する連邦最高裁の司法審査」樋口範雄ほか編・アメリカ法判例百選（二〇一二）六頁、安部圭介「契約条項による財産権の保護の修正」同書二六頁。
（13） Lochner v. New York, 198 U.S. 45 (1905); 川岸令和「経済的自由とデュー・プロセス条項(1)」樋口ほか編・前掲注（12）九〇頁、山本龍彦「ロクナー時代の終焉」同書九四頁。

六　破産裁判官と合衆国憲法第三編司法権条項[14]

1　合衆国憲法第三編に基づかない破産裁判官

破産事件においては、一九七八年までは連邦地方裁判所がrefereeと称される補助裁判官（一九七三年、合衆国最高裁判所は規則により破産裁判官（bankruptcy judge）という名称を与えた。）を用いつつ、最終的権限を維持した制度を運用してきた。一九七八年法で設立された地方裁判所の付属（adjunct）の破産裁判所（bankruptcy court）は、任期一四年の破産裁判官に広範かつ拘束力の強い権限を与えたために、後述のとおり一九八二年合衆国最高裁判決により違憲とされた。現在の破産裁判所は一九八四年にBankruptcy Amendments and Federal Judgeship Act of 1984, Pub. L. No. 98-353, 98 Stat. 333（合衆国法律集第二八編一五一条以下）によりあらためて設立されたもので、任期一四年の破産裁判官（定員三五〇名）[15]が単独で審理を行う地方裁判所の部門（unit）とされる。破産裁判官は各巡回区控訴裁判所が任命し、無能、非行、義務懈怠、身体的または精神的障害を理由に同巡回区の裁判官会議（Judicial Council of the circuit）によって解任されうる。各破産裁判所の首席裁判官（chief judge）はそれぞれの地方裁判所が指名する。上訴は地方裁判所になされるが、巡回区単位で設立される破産裁判官三名の合議体（bankruptcy appellate panel）への上訴が当事者の同意を得てなされる場合もある。いずれの場合であってもそこからの上訴は各巡回区控訴裁判所へなされる。

合衆国憲法第三編の司法権条項では、連邦裁判官は大統領の指名と合衆国議会上院の承認とにより任命され、非行なき限り（during good Behaviour）終身の身分保障と俸給保障を与えられることになっている。したがって、第三編に基づく裁判官は、自ら引退するか、死亡する以外では、弾劾（impeachment）裁判で有罪とされた場合にしか解任されず、任期を定めることも憲法上できない。破産裁判官を第三編に基づく裁判官とすれば、もとより憲法上の問題はない。それでも、第一編八節四項の破産条項を根拠として破産手続を合衆国議会が設ける際に、任期制の破産裁判官に手続を主宰する権限を与えること自体は違憲とは考えられていない。実際問題としても、連邦地方裁判所裁判官の定員が六七七名であるように(16)、格の高い正規裁判官の人数が少ないイングランド以来の伝統、専門の特化した裁判官に対する否定的・消極的評価、人事配置や俸給歳出の硬直化の問題、などを主張する Warren Burger 合衆国首席裁判官を始めとする連邦司法部の強い反対もあって、重要な役割を果たす破産裁判官を第三編に基づく裁判官とすることは、繰り返し提案されても実現はしていない(17)。そのため問題は、第三編との関係で、どこまで破産裁判官に強い権限を与えることができるかにある。

2　一九八二年合衆国最高裁判所判決

一九七八年に設立された破産裁判所は、地方裁判所に付属（adjunct）する機関とされたが、そこで裁判を行う破産裁判官は大統領の指名および上院の助言と同意によって任命され、任期は一四年で解任事由の定めもあった。その管轄権は、連邦破産法のもとで生起し（arising under）、または破産事件の中で生起し（arising in）もしくは関連する（related to）民事手続すべてに及ぶものとされた。したがって破産裁判所は、破産者の債権債務やその財産の権利関係をめぐる民事訴訟についても、実体法が連邦法であれ州法であれ管轄権を有し、陪審審理を主宰する権限も与えられていた。破産裁判所からの上訴は特別に設けられた破産裁判官三名の合議体か、地方裁判所になされるが、「明白な誤り（clearly erroneous）」の有無という、原審の判断を尊重する基準で上訴審理がなされる。

一九八二年の合衆国最高裁判決 Northern Pipeline Constr. Co. v. Marathon Pipe Line Co., 458 U.S. 50（1982）では、会社更生事件に関連して提起された契約上の損害賠償請求訴訟事件が問題となり、結論としては合衆国憲法第三編に基づかない破産裁判官にここまで広範で拘束力のある権限を与えることを違憲とした。しかし裁判官の間で意見は分かれ、過半数の裁判官による法廷意見は形成できなかった。

William Brennan 裁判官執筆の四裁判官最多賛成意見（plurality opinion）は、このような破産裁判所は第三編に基づく裁判所が行使すべき「司法権の本質的属性（essential attributes of the judicial power）」を奪っており、当事者の同意によっても治癒できない権力分立原則に反し、合衆国憲法違反であるとした。この意見では、第三編に基づかない裁判所には以下の二種類があるとする。第一に Legislative Court と呼ばれる、広範な管轄権が伝統的に憲法上の例外として認められてきた裁判所がある。これには、合衆国憲法第四編三節二項に基づき州裁判所と同等の一般的管轄権を与えられた連邦直轄領裁判所（territorial court）、第一編八節一四項で合衆国議会に広範な立法権限が与えられている軍隊における軍法会議（court-martial）がある。また、関税不服申立などのような連邦政府と私人との間の公的関係については、もともと行政内部の非司法的処理が可能であるが、合衆国議会がこのような公権（public rights）に関し第三編に基づかない裁判所を設ける場合もこれに含まれる。第二は第三編に基づく裁判所に付属する裁判所で、合衆国議会が連邦実体権を設けるときに、それに関する事実認定機能を第三編に基づかない裁判所に与える広範な裁量権も確かに有しているが、それでも司法権の本質的属性が第三編に基づく裁判所に維持されるようにしなければならない。たとえば治安判事（magistrate judge）はトライアル前の手続において広範な権限を与えられているが、その判断に関して地方裁判所は覆審的（de novo）審査をできることになっている。

結論に限って賛成に回った William Rehnquist 裁判官執筆の二裁判官意見では、本件のような契約に関する州法上の紛争についてまで第三編に基づかない裁判所の管轄権を及ぼすことは先例上も認められない、として、最多賛成意見のような一般論を展開するまでもなく違憲とする。

Byron White 裁判官執筆の三裁判官反対意見は、第三編に基づかない裁判所の合憲性について明確な原則が示されてこなかった歴史に鑑み、競合する憲法的価値と立法判断とを衡量する必要があるとする。そして第三編に基づく裁判所による上訴審理があること、政治部門が司法部の権限を奪おうとしているものではないこと、第三編に基づかない破産裁判所を設立する立法判断に正当性があること、を理由に合憲とする。

なお破産裁判官を第三編に基づく裁判官とすることに前述のとおり強く反対していた Burger 首席裁判官は、White 反対意見に同調した上で、単独の意見として、本件判決は合衆国議会に破産手続の抜本的再編を求めるものではない、と強調している。

3　二〇一一年合衆国最高裁判所判決(18)

一九八二年判決には、法廷意見が形成できなかったことによる不明瞭さがあった。それでも、第三編に基づかない破産裁判所が狭い意味での破産手続を行って、その判断に高い程度の尊重を与えることが許されない、というものではなかった。実際、一九八四年法（Bankruptcy Amendments and Federal Judgeship Act of 1984）によりあらためて設立された破産裁判所は、地方裁判所の部門（unit）として任期一四年の破産裁判官によって構成されるが、このような破産裁判官は、合衆国法律集第二八編一五七条で、破産法のもとで生起し（arising under）、または破産事件の中で生起した（arising in）、core 手続については終局判決を下して、上訴審である地方裁判所はその事実認定を通常の上訴での「明白な誤り」の審査基準を用いた審査をすることになっている。それに対し破産事件に関連する（related to）だけのコアではない手続については、破産裁判官は事実認定と法の結論の原案を示すだけで、地方裁判所はそれを覆審的審査した上で終局判決を下すことになる。なお人身損害や不法致死の不法行為事件については、現在の破産裁判所では審理できない。

しかしStern v. Marshall, 131 S. Ct. 2594（2011）では、富豪の遺産争いに起因する破産事件の中で、名誉棄損を理由とする債権申立に対して反訴として提起された遺贈妨害を理由とする不法行為損害賠償請求について、破産裁判所がコア手続として扱えるかが争われ、五裁判官対四裁判官の票決で、本件反訴について破産裁判所で終局判決を下すものとすることは合衆国憲法第三編に反して違憲であるとされた。

John Roberts首席裁判官執筆の法廷意見はまず、本件反訴は一九八四年法上のコア手続の例示列挙の中の「破産財団に対して請求を申し立てた者に対する破産財団による反訴」に該当し、コア手続はすべて破産事件の中で、または破産法のもとで、生起したものとされていると諸条文から解されるので、本件のような反訴は法律上、破産裁判所が終局判決を下すことのできるものと分類した上で、その合憲性について以下のように述べる。

一九八二年合衆国最高裁判決では、第三編に基づかない破産裁判官に州法上の契約事件の裁判をさせる権限を与えることを違憲とした。伝統的に憲法上は、執行部または立法部に属する機能ではあるが裁判所に審査権を与えることも妨げない公権については、第三編に基づかない裁判官に終局判決を下すことを認めることができ、この例外は連邦政府が当事者である場合に限られないとされているけれども、あくまでも請求が連邦規制スキームに由来する場合や規制目的から専門的政府機関による請求の審査が不可欠である場合に限定されている。Granfinanciera, S.A. v. Nordberg, 492 U.S. 33（1989）では、破産管財人が非債権者に対して提起した詐害譲渡（fraudulent conveyance）を根拠とする訴訟について、債権者間での配当の問題ではなく破産財団の資産を増加させようとするもので、本質的にコモン・ロー上の訴訟であり、公権ではなく私権に分類されるとした。本件反訴のような州法上のコモン・ローに基づく私人間の請求については、判例が認めてきた公権の例外の定式に該当しない。反訴被告が破産手続上の債権届出をしたことも、反訴の性格を変えるものではない。Katchen v. Landy, 382 U.S. 323（1966）およびLangenkamp v. Culp, 498 U.S. 42（1990）では、債権届出をした債権者に対する破産管財人の偏頗行為否認（voidable preference）や偏頗譲渡返還請求

(preference transfer claim) について破産手続上の判断を認めたが、それは偏頗行為についての判断なくして債権の許否についての判断ができない、また偏頗行為に関する破産管財人の権利が連邦破産法上で認められたものであるからであった。それに対し本件では、本訴の判断をするだけでは反訴が解決されないし、反訴は連邦法に由来するものではなく州の不法行為訴訟である、という区別ができる。さらに、破産裁判所自体が専門的な限定された法分野についての権限ではなく司法権の本質的属性を行使すること、そして上訴審理に服すだけの終局判決まで下すことができることから、地方裁判所の付属 (adjunct) ともいえないとする。

これに対し Stephen Breyer 裁判官執筆の反対意見は、一九八二年判決が法廷意見を形成できなかったのに対し、Thomas v. Union Carbide Agricultural Products Co., 473 U.S. 568 (1985) と Commodity Futures Trading Comm'n v. Schor, 478 U.S. 833 (1986) の合衆国最高裁判決の法廷意見では合衆国憲法第三編の権力分立原則をプラグマティックに解釈していることを指摘する。そして考慮される要素は、(1)判断される請求の性質、(2)第三編に基づかない裁判所の性質、(3)第三編に基づく裁判所が手続に対してコントロールを及ぼす程度、(4)当事者の同意の有無、(5)裁判権限を終身制や給与保障のない裁判官に付与することによって得られる立法目的の性質と重要性、で、私権に関するということはそれだけで結論を導くものではないとした上で、それらを考慮すると本件での司法権への侵害の程度は僅かであるので、本件の条項は合憲となるものとした。

4　二〇一四年合衆国最高裁判所判決

一九八二年判決後とは異なり、二〇一一年判決に応じた法改正は、そこで問題とされた反訴をコア手続とする列挙規定を含め、まったくなされていない。二〇一一年判決も、すべての反訴が憲法上コア手続になりえないというのではなく、あくまでも本件の具体的事案では違憲となるものとしたと理解できるのである。それでいて、二〇一一年判決では法廷意見を形成できたにもかかわらず、合衆国憲法第三編上、第三編に基づかない破産裁判官が終局判決を下せる範囲について、合衆国最高裁自身で明確な画定をしなかったし、下級裁判所に明確な判断基準を示したともいいがたかった。そのため連邦控訴裁判所レヴェルでは、第三編の制約のもとでの現行法上の破産手続の取扱いについて、巡回区間で細かい点の異なる判例が蓄積しつつある。

Waldman v. Stone, 698 F.3d 910（6th Cir. 2012）：更生債務者が、債権者の債権は詐欺によって獲得されたとして、破産裁判所において、否認を申し立てるとともに、債権者に対して損害賠償を請求した。地方裁判所は、破産裁判所が終局判決で、否認を認めるとともに、懲罰的損害賠償（punitive damages）を含む損害賠償を認めたことを認容した。第六巡回区控訴裁判所は、第一に、下級審で債権者が合衆国憲法第三編を根拠とする異議を申し立てなかったことは、第三編が当事者の私的権利のみならず司法権の構造的原理にかかわる問題であることから異議の放棄にあたらないとする。第二に、詐欺は州法上の主張であるけれども、倒産手続上の債権否認の過程の中で提起されたものであるから、破産裁判所が終局判決を下すことも合憲とする。第三に、債権者に対する損害賠償請求は、破産手続とは無関係に存在する州法上の請求であるので、破産財産に関連するものとして破産裁判所が管轄権を行使することはできても、終局判決を下すことはできない。第四に、本件損害賠償請求はそもそもコアではない手続と解されるので、本件での破産裁判所の判断を終局判決ではなく事実認定と法の結論に関する提案とするよう差戻す。

In re Bellingham Ins. Agency, Inc., 702 F. 3d 553（9th Cir. 2012）：破産管財人が破産債権者ではない者に詐害譲渡を理由とする財産返還請求をして、請求を認容した破産裁判所の終局判決を地方裁判所も認容した。第九巡回区控訴裁判所は第一に、最高裁判例では本件詐害譲渡の主張は公権の問題ではなく、本件詐害譲渡が連邦法上の主張であったとしても、破産裁判所が終局判決を下すことは合衆国憲法第三編上できないとする。第二に、法律上、詐害譲渡に関するものをコア手続としているが、だからといって破産裁判所が事実認定と法の結論に関する提案のみを行い、地方裁判所が覆審的審査を行うことを妨げるものではないとする。第三に、最高裁判例も第三編は主として構造的利益ではなく私的利益を保護するものとしていて、当事者の同意があれば、コアではない手続ですら、第三編に基づかない破産

裁判官が終局判決を下すことも認められるのだから、本件のように破産裁判官が終局判決を下すことができないとされるコア手続でも、同意により終局判決が可能となるものとする。

Wellness Int'l Network, Ltd. v. Sharif, 727 F.3d 751（7th Cir. 2013）：破産事件において債権者が、⑴破産債務者による財産隠匿、⑵破産債務者による記録情報の隠匿廃棄改竄、⑶破産債務者の偽証、⑷行方不明財産について破産債務者からの説明なし、⑸破産債務者が受託者となっている信託が破産債務者と同人格（alter ego）であるとして破産財団への組込みを宣言する判決、を申し立てた。これらの主張を認めた破産裁判所の欠席判決を地方裁判所は認容した。第七巡回区控訴裁判所は、第一に、破産裁判所のコア手続で終局判決を下す権限における合衆国憲法第三編上の瑕疵は当事者の同意によって治癒されるものではなく、下級審で主張しなくとも異議の放棄にならないと最高裁判例を解釈する点で、前記控訴裁判所二判例のうち、第九巡回区判例ではなく第六巡回区判例に同意する。第二に、⑴から⑷までの主張については、連邦破産法に由来する破産債務者の免責を妨げるものとして、破産裁判所がコア手続として終局判決を下すこともできるが、⑸の同人格の主張は、公権を含まない私人間の州法上のコモン・ローに基づき、破産手続から独立したものであるので、法律上はコア手続であるとしても、憲法上は破産裁判所が終局判決を下すことはできないものとする。第三に、同人格の主張が法律上でコア手続かコアではない手続かは差戻しを受けた地方裁判所が判断するが、もしコア手続となると、破産裁判所の判断を事実認定および法の結論に関する提案と扱って地裁での覆審的審理に基づく終局判決を下す法律上の根拠規定がないので、地裁は合衆国法律集第二八編一五七条(d)項で認められた破産裁判所付託の撤回を命じて自らの手続を開始する以外に手段はないとする。

二〇一四年になって合衆国最高裁は、前記第九巡回区控訴裁判所判決の上訴審である Executive Benefits Ins. Agency v. Arkison, 134 S. Ct. 2165（2014）で、法律上のコア手続でも二〇一一年最高裁判決により破産裁判官が終局判決を下すことができない場合、コアではない手続規定に従って、破産裁判官の判断について地方裁判所が覆審的審査をすることは可能であるとし、当事者の同意で破産裁判官に終局判決権限を付与することができるか否かについて判断することなく、全員一致で原判決を維持した。ただし、この判決では破産裁判官が憲法上どのような事件で終局判決ができるのかを明確にすることは争点となっていない。

（14） 木南敦「合衆国の司法権と破産裁判所」田原睦夫先生古稀・最高裁判事退官記念・現代民事法の実務と理論（下）（二〇一三）二頁。

（15） John D. Bates, Judicial Business of the United States Courts: 2013 Annual Report of the Director, tbl.12 [http://www.uscourts.gov/Statistics/JudicialBusiness/2013.aspx].

（16） *Id.* tbl.11.

（17） Lawrence Baum, Specializing the Courts 198–201 (2011).

（18） 浅香吉幹「最近の判例」アメリカ法二〇一二―一号（二〇一二）一七三頁。

韓国における企業構造調整促進法

――議論および展望

呉　守　根
（翻訳　崔裕奈・崔廷任）

一　序　言
二　企促法の主要内容
三　企促法の存在における巨視的な議論
四　法的争点
五　評価と展望

一　序　言

韓国の倒産制度は債務者回生および破産に関する法律（以下「債務者回生法」）に基づいている。そして、債務者回生法以外に、企業構造調整促進法（以下「企促法」）という法律に基づいて行われる管理手続が、債務者回生法による倒産手続に類する役割を果たしている。

一九九七年、経済危機により、韓国の経済は大きな試練にさらされることになったが、当時の法定倒産手続は、政府や企業から信頼されていなかった。政府は、大企業の倒産、これによる取引企業の連鎖倒産および金融機関の倒産を防ぐために、一九九八年六月、二一〇の金融機関に「企業構造調整促進のための金融機関協約」に署名するようにして、金融監督院に企業構造調整委員会を設置し、管理手続、いわゆるワークアウトを実施した。

ワークアウトの実施にあたって、政府は、制定法上の根拠が必要であると判断した。ワークアウトは、金融監督機関の影響下で行われたが、引き続きその影響力を認めることができるか、また、それは正当化されるものであるかが疑問視されると同時に、ワークアウトを推し進めた公務員の個人的な法的責任が後に問題となるおそれもあった。さらに、金融機関が自律的に債務を再調整できる実務慣行が形成されていない状況と、金融機関の株式保有制限のため出資転換などが困難であることを、立法的に解決する必要があった。

法定倒産手続があるにもかかわらず倒産手続と同様の制度を設けることや官治金融[1]に対する強い批判があったので、当初二〇〇五年末まで有効な時限法として、第一次企促法が二〇〇一年に制定された。その後、企促法は三度も再立法され、企促法が存在しない時期においては、債権金融機関の協約によってワークアウトが引き続き行われてきた。

この論文は、韓国の企促法の内容とそれをめぐる法的な議論を紹介した上で、この法律に対する評価および課題を提示することを、その目的とする。この論文は、全体が五つの部分で構成されている。序言に続き、二では、企促法

〈図表 1〉 企促法の存在期間

2001	2002	2003	2004	2005	2006	2007	2008	2009	2010	2011	2012	2013	2014	2015
	第 1 次						第 2 次				第 3 次		第 4 次	

の主要内容を紹介する。三では、企促法の存在における巨視的な議論を、四では、適用過程において表れる微視的な法的争点を整理する。最後に、五では、課題を提示する。

（1） 官治金融の概念や実在するかどうかについては議論があるが、政府が金融機関の人事や金融機関の経営判断に直接影響を及ぼす現象を指すものと解される。呉守根「企業の構造調整及び法治主義」公法研究二九巻二号（二〇〇一）九八頁以下参照。

二 企促法の主要内容（2）

1 目的と適用範囲

企促法は、その目的が市場機能による常時的な企業構造調整の促進にあると規定している（企促法一条。以下、条項数のみ掲げる）。そこで「常時的な構造調整」とは、債務企業に対して継続的に信用リスクを評価し、必要な構造調整をするという意味と解釈できる。しかし、市場機能による企業の構造調整が具体的に何を意味しているかは条文上、明らかでない。

企促法の適用範囲は、次の三つの基準によって制限される。第一に、債務者は、信用供与額が五〇〇億ウォン以上の企業のみに限られる（二条四号）。第二に、債権者は、韓国内で営業する金融機関のみに限られる（同条一号）。第三に、金融機関が保有する債権のうち、信用供与に該当する債権のみに限られる（同条六号）。

これらの制限によって、信用供与額が五〇〇億ウォン未満の企業に対しては企促法が適用されず、信用供与額が五〇〇億ウォン以上の企業の場合においても、商取引債権、外国金融機関の債権は、企促法が適用されないこととなる。さらに、信用供与額が五〇〇億ウォン以上の企業に対して国内の債権金融機関が保有する債権であっても、その債権を信用供与と見ることができない場合は、企促法が適用されないこととなる。

2　債権金融機関協議会および調整委員会

管理手続（実務上「ワークアウト」という）において、主債権銀行の他に、債権金融機関協議会（以下「協議会」）および債権金融機関調整委員会（以下「調整委員会」）が一定の役割を果たしている。協議会は、当該企業の債権金融機関によって構成される（一五条一項）。協議会の招集および運用は、主債権銀行が主管する（同条二項）。協議会は、議決を通じて不実兆候企業の認定、管理手続の開始および継続の可否の決定、債権行使の猶予期間の決定および延長、経営正常化計画の実施のための約定の締結および履行の点検、債権の再調整または信用供与計画を樹立する（一七条）。協議会の議決は、債権金融機関の総信用供与額のうち四分の三以上の信用供与額を保有する債権金融機関の賛成によってなされる（一八条一項）。

協議会の招集通知がなされた後に、債権金融機関が当該企業に対して保有する債権を債権金融機関以外の者に売却しようとする場合や管理権を委託しようとする場合、債権金融機関は買主から企促法の規定に従う旨の確約書を受け取り協議会に提出しなければならない。

協議会の議決を履行しなかった債権金融機関は、他の債権金融機関が被った損害を連帯して賠償する責任がある。保有債権を債権金融機関以外の者に売却し、または管理権を委託する際に確約書を協議会に提出しなかった場合も同様である（二一条一項）。

調整委員会は、不実兆候企業の効率的な整理および債権金融機関との意見の調整などのために置かれる（二二条一項）。調整委員会は、自律的な協議にもかかわらず解消されない意見の相違の調整、反対債権の買取価格および条件に関する調整、損害賠償に代える違約金の価額および支払われた違約金の配分に関する調整などを行う（二二条四項）。

債権金融機関は、協議会の審議事項に関して異議がある場合には、調整委員会に調整の申請をすることができる（二三条一項）。不実兆候企業も、債権再調整または信用供与計画の策定について、債権金融機関間の自律的な協議が行われない場合は、主債権銀行に対し、調停の申請を求めることができる（二三条三項）(3)。調整委員会の議決は、在籍委員の三分の二以上の賛成によってなされる（二二条六項）。調整委員会の調整は、協議会の議決と同じ効力を有する。調整の結果に不服がある債権金融機関は、裁判所に変更決定を請求することができる（二四条二項）。

3　手続の進行

債権金融機関は、定期的に、企促法の適用対象企業について信用リスクを評価し、不実兆候があるか否かを判断しなければならない。不実兆候企業とは、外部からの資金支援、または別途の借入（常時的な金融取引で発生する借入を除く）がなければ、金融機関からの借入金の償還が困難であると認められた企業をいう（二条五号）。

主債権銀行は、取引企業の信用リスクを評価した結果、不実兆候企業に該当すると判断した場合には、その事実と①協議会による債権金融機関の共同管理、②債権銀行協議会による債権銀行の共同管理、③主債権銀行による銀行管理の開始の申請ができることを、当該企業に通知しなければならない（四条一項）(4)。主債権銀行が管理手続を強制することはできない。しかし、管理手続開始の申請をしない場合、債務企業に不実兆候があると判断している以上、当該企業に対し新規信用供与や満期延長をすることは自己矛盾であり、満期に資金を回収することになるだろう(5)。

通知を受けた不実兆候企業は、事業計画書等を備えて主債権銀行に対し管理手続の開始を申請することができる（四条三項）。主債権銀行は、申請を受けた日から七日以内に管理手続を開始するかどうかの決定をするための協議会の招集を通知しなければならない（四条四項）。

主債権銀行は、管理手続を開始するための協議会を招集する場合、その事実を金融監督院の院長に通知しなければならない。金融監督院長は、債権金融機関への協議会の招集通知があった日から第一回協議会が招集される日まで、当該企業に対する債権行使を猶予するよう要請することができる（六条一項）。債権金融機関は第一回協議会において一ヵ月（資産負債の実査が必要な場合には、三ヵ月）を超えない範囲で、債権行使の猶予を定めるものとし、さらに一回に限り、一ヵ月の範囲で猶予を延長することができる（六条二項）。

協議会の招集の通知を受けた日から五日以内に、債権金融機関は、主債権銀行に対し、招集通知日の前日を基準とした当該企業に対する信用供与額を申告しなければならず、申告された信用供与額に比例して協議会で議決権を行使する（一九条一項・二項）。

主債権銀行または協議会は、不実兆候企業に対する会計法人などの外部専門機関による資産負債実査を通じて、継続企業としての存続能力を評価することができる（七条一項）。実査の結果、正常化の可能性があると判断したときは、協議会は、債権再調整や新規信用供与のための協議をする。協議が成り立てば、それを協議会で議決する。債権再調整は債権金融機関の総担保債権額のうち、四分の三以上の担保債権を保有する債権金融機関が賛成しなければ、その効力が生じない（一〇条二項）。債権金融機関間の債務再調整や新規信用供与のための協議、決定がなされると、債務企業との間で、当該企業の経営を正常化を目的とした計画を履行するための約定を締結する（八条一項）。

4　反対債権者の権利保護

債権金融機関は、協議会の決議内容に拘束されるが、決議に反対する債権金融機関（反対債権者）は、二つの方法によって、自らの権利を保護することができる。第一は、債権の買取を請求するものであり、第二は、決議の取消しを請求する訴訟を提起するものである。

管理手続の開始、債権再調整、または新規信用供与のための協議会の議決に反対した債権金融機関は、協議会の議決日から七日以内に、協議会の議決に賛成した債権金融機関（賛成債権者）に対して、自己の保有する債権を買い取るよう請求することができる。期間内に債権の買取を請求しなかった者は、当該協議会の議決に賛成したものとみなされる（二〇条一項）。

賛成債権者は、二〇条一項の規定による請求を受けた日から六カ月以内に連帯して、その債権を買い取らなければならない。債権の買取価格および条件は、賛成債権者と債権の買取を請求した反対債権者が協議して決める。協議が行われない場合、賛成債権者または反対債権者は、調整委員会に対し、債権の買取価格および条件の調整を申請することができる。この場合、調整委員会は、当事者の合意で選任した会計専門家が当該企業の価値、財産状態、約定の履行可能性、およびその他の事情を参酌して算定した結果を考慮し、公正な価格でこれを決めなければならない（二〇条三項・四項）。実務では、最近の実査結果、算定された清算価値を買取価格としている。

反対債権者の債権は賛成債権者が直接買い取らず、債務企業が買い取る形式をとる。その理由は、金融機関が他の金融機関の不実債権を買い取ることが会計的に問題となるおそれがあり、また債務会社が、自己の保有する債権を割引して買い取った場合、債権の名目額と買取価格の差額を債務調整利益として計上することができるからである。

また、協議会の招集手続または決議の方法が企促法に違反したときは、債権金融機関または不実兆候企業は、協議会の議決があった日から一四日以内に裁判所に議決取消しの訴えを提起することができる。この訴えは、株主総会決議取消しの訴えに関する規定が準用される（一八条の二）。

5　特例と是正措置

出資転換は、有効な構造調整手段であることから、金融機関の株式の取得を禁じる法律はその適用が排除される（二五条一項）。

金融委員会は、債権金融機関が企促法から課された義務を履行しない場合、一定の期間を定めてその是正を要求することができ、もし是正要求を履行しなかった場合には、債権金融機関および役員に対して懲戒処分などを要求、または命じることができる。さらに、営業の一部を停止することもできる（二六条）。

（2） 四度の企促法の内容は、互いに異なる部分もあるが、ここでは、第四次企促法を中心として述べる。
（3） 債権金融機関間の協議が行われず、意見調整のための申請もないまま放置される例が多いことから、第三次企促法は、債務企業も調整の申請を求めることができるように改正された。
（4） 第一次および第二次企促法では、主債権銀行が取引企業を不実兆候企業と判断すると、当該企業に対する管理手続を開始するための債権者協議会の招集を一方的に通知することができた（第二次企促法五条、七条）。
（5） 曹圭洪（チョ・キュホン）「現行の企業構造調整促進法によるワークアウト実務」BFL五三号（二〇一二）四七頁。

三　企促法の存在における巨視的な議論

1　必要性の議論

管理手続の必要性について、二つの視点から考えることができる。第一に、経済政策を実行するための必要性である。政府主導型の経済開発の政策下で、韓国政府は、伝統的に、大企業の倒産に直接介入してきた。産業化の進展につれて、経済運営において、政府主導や官治金融の影響力も弱まっているが、経済官僚は企業不実に対する処理も自分の仕事であり、それに関する権限も持っていると思っている節がある。その意味で、企促法による管理手続は金融監督当局が大企業の不実に関与できる正当な道を開いてくれたものであるといえる。企促法が存在しなければ、官治金融がますますひどくなっていただろうという意見も同じ考え方に基づいている。

第二に、法定倒産手続よりも効率的な債務再調整手続の必要性である。倒産実務の改善にもかかわらず、法定倒産手続は、企業価値の保全と拡大に限界がある。まず、法定倒産手続が開始されると、市場では、当該企業を「不渡り企業」と認識するので、手続開始と同時に企業の価値が毀損され始める。したがって、法定倒産手続が開始されると営業を継続することに様々な困難が生じる。さらに、回生に必要な新規資金の流入を期待することも難しい。そこで、倒産手続の開始と同時に、企業は「溶ける氷」(6)のような存在となる。したがって、法定倒産手続のように、企業の価値を毀損することなく、債務再調整をする制度が必要となるが、債権者の自律的な協議に委ねるだけでは債権再調整が困難であるため、これを一定の範囲で強制しなければならないということになる。

2 違憲の議論

(1) 違憲審判の提請　企促法は、二〇〇一年、初めて制定されたときから、違憲性の問題が争われてきた。このような違憲の議論を公論化したのが二〇〇四年ソウル高等裁判所の違憲審判の提請(7)である。債務会社が発行した社債を保有する債権者が、当該会社の管理手続において債権金融機関協議会が出資転換を決議したにもかかわらず、これに応じなかったため、主債権銀行が、当該会社の債権者に対し出資転換の履行を請求した事件で、ソウル高等裁判所は、この法律に違憲の要素があると判断した。(8)この違憲提請の決定により、憲法裁判所に違憲審判事件が係属されたが、二〇〇六年一二月、原告が訴えを取り下げた。訴えが取り下げられたため、違憲性についての判断はされず、それ以降、違憲審判の提請や憲法訴願はなかった。

(2) 平等権侵害の有無

① 違憲の主張　適用対象となる債務者を、信用供与額の合計が五〇〇億ウォン以上の企業のみに限定したのは、合理的な基準なしに、恣意的かつ不明確な基準によって信用供与額が五〇〇億ウォン未満の企業を差別するものである。また、適用対象となる債権者が国内の債権金融機関に限られ、外国の金融機関および一般債権者は適用対象外となり、合理的な理由なしに、国内の金融債権者の犠牲で外国の金融機関および商取引債権者等が不当な利益を得るという結果をもたらすことになる。

② 検討　信用供与額が五〇〇億ウォン未満の企業は、比較的、債権金融機関の数が少なく、また特定の債権金融機関に対する与信集中度が高く、自律的な債務調整の進行が容易であるため企促法を適用する必要性が比較的低い

ものと見られる。しかし、五〇〇億ウォンという基準が、合理的な根拠のあるものかどうかは疑問である。

適用対象となる債権者を国内金融機関だけに限定することは、三つの要素に分けて考えることができる。第一に、商取引債権者と金融債権者の区別であるが、これは営業継続のための措置と説明できるだろう。商取引債権者の権利行使を禁じては、企業活動の継続が困難になるからである。第二に、金融機関の債権者と非金融機関の債権者との区別であるが、金融監督機関の規制を受ける金融機関債権者のみを適用対象とすることに合理的な根拠があるのか疑問である。第三に、国内の金融機関債権者と外国の金融機関債権者との区別であるが、これもやはり合理的な根拠があるのか疑わしいところである。

(3) 私的自治の原則違反および財産権侵害の有無

① 違憲の主張　債権金融機関は、協議会への加入が義務付けられていて（一九条）、協議会の議決事項について履行義務が課されていることは、私的自治の原則に反するものである。議決に反対した債権金融機関が債権の買取請求権を行使する場合、実務上、買取価格は、企業の清算価値が基準となり、低い価格で決められる場合がほとんどであるため、公正な取引価格の支払を保障できず、憲法二三条三項が規定する正当な補償もできなくなり、財産権を侵害する結果となる。

② 検討　倒産制度においても、債権者の意思決定にあたって、多数決の原則によることが許されているので、反対した債権者に対し、多数決による意思決定を強制すること自体が私的自治の原則を侵害したとはいえないだろう。

しかし、問題となるのは、反対債権者に対し清算価値を保障するという点である。実務では、買取請求の価格は清算価値と解釈されるため、清算価値が保障されているようにみえる。しかし、清算価値の算定は、直近に実施された実査報告書を基準とするため、手続の開始時とはある程度の時間差がある。企業の価値が下落し続けるという現実を考慮すれば、後に行われた実査時の清算価値が開始時の清算価値より低くなることもありえるので、清算価値が保障されなくなる可能性が高い。

（6） 呉守根「回生手続におけるM&Aの法的争点――ウンジンホールディングス例を中心に」商事法研究三二巻二号（二〇一三）一四一頁。

（7） 「法律が憲法に違反するか否かが裁判の前提となった場合、裁判所は、憲法裁判所に提請し、その審判によって裁判する」（憲法一〇七条一項）。

（8） ソウル高等法院二〇〇五・四・二六宣告二〇〇四ナ六八三九九決定。

四　法的争点

1　適用範囲

どの債権が企促法の適用対象にあたるかは、債権者と債務者間においてその債権の存在自体を認めるか否かの問題ではない。債権の存否は、企促法の適用範囲とは無関係に決められる。既にその存在が確定した債権の行使時期および方法は、企促法の適用対象になるか否かによって決められる。企促法の適用対象の債権は、一般の民事手続において自由に行使できず、管理手続においてのみ行使できる。したがって、企促法の適用対象外の債権は、適用対象になる債権より先にそしてより多くの弁済を受けられるので、債権が適用対象になるかの問題は、むしろ債権金融機関間において重要な問題になる。

(1)　債権金融機関の範囲　　実際は債権金融機関が行った取引であるが、債権者名義が債権金融機関以外になる場合がある。債務企業の信用供与限度を超えて信用供与をするため、特殊目的法人を設立し、その法人名義で取引をするというケースである（いわゆる迂回融資）。この問題に対しては、二つの対応方法が考えられる。第一は、特殊目的法人を債権金融機関とみなす方法である。これは、特殊目的法人に対する債権金融機関の支配力を根拠として、その特殊目的法人を債権金融機関とみなすというものである。

第二は、特殊目的法人を設立し、その法人を債務企業とした金融取引のすべてを債権金融機関の取引とみなす方法である。これは、信用供与を定義した企促法二条六号キ目の「金融機関が直接、ア目ないしカ目に該当する取引をしたものではないが、その実質からそれに該当する結果をもたらすことがある取引」をしたものとみなすというものである。

⑵　信用供与の意味　信用供与の意味については、二つの問題が挙げられている。第一に、担保提供である。現行のワークアウト実務において、債務企業が第三者のために債権金融機関に対し担保を提供した場合（物上保証）、債権金融機関の権利は信用供与規制の対象から外される。その理由は、監督規定において、信用供与とは当該企業に対し償還を請求できるすべての「債権」と定められているからである。しかし、上位法が「金融機関に損失をもたらすことがある取引」と規定したのに対し、下位法規で物権を規制の対象から外したのが妥当であるかは疑問である。

第二に、責任竣工約定である。不動産開発事業を行う施工社に融資する際に、債権金融機関団は、まず事業対象の土地に抵当権を設定するが、それに加え、施工建設会社に対し責任竣工約定も締結させる。これは担保を補強するためのものである。責任竣工約定が締結されると施工建設会社は工事代金が支払われない場合にも責任を持って竣工させなければならない。これに関して判例[9]は、責任竣工約定は施工建設会社と金融機関間の信用取引ではないとの理由で責任竣工約定を企促法の適用対象から排除した。しかし、責任竣工約定は実質的に見て保証と扱うべきであり、「金融機関に損失をもたらすことがある取引」であるので企促法の適用対象とすべきである。

2　新規信用供与

ワークアウトにおいて、新規信用供与は、既存債権の償還の可能性を高める役割を果たすが、必ずしも償還がなされるとはいえないため、債権金融機関としては負担になる。新規信用供与の義務を課すこと自体の違憲性は別として、その義務を負わせるための基準について争いがある。債権再調整は、公正かつ衡平の原則によって行われると明示されているが（一〇条）、新規信用供与の基準については明確な法律の規定がなく、慣行的に維持されてきた分担基準によって新規資金を支援させている。実務慣行は、債権の回収可能性や債権者の特質を考慮せず、信用供与額を基準として、一律に新規信用供与を負担させている。以下、新規信用供与をめぐって多く争われ、実務において議論がある部分をいくつか紹介する。

第一に、債権金融機関の特質上、新規資金の支援ができない場合である。保証会社や資産流動化会社などの与信行為ができない機関は、新規資金支援なしに、構造調整の失敗などによって損失が発生した場合、自分に発生したであろう損失を負担するという確約書を提出している。

第二に、建設会社に対する保証債務の履行請求権の処理である。保証債務の履行請求権を保有する債権金融機関が、新規信用供与の義務を負担しないという問題を解決するため、二つの方法が考案された。一つは、施行社に対する貸付債権のうち一部のみを回収した保証債務の履行請求権の全額を認めず、ワークアウト開始時の無担保債権の清算価値の回収率による金額のみを認める方法である。もう一つは、主債権の特質によって出資転換の価額に差をつけ、保証債務の履行請求権の確定後、直ちに出資転換をする方法である。

第三に、造船業の損益精算の問題である。金融機関が中小の造船会社の前受金払戻し保証（以下「ＲＧ」）を含む巨額の信用供与をした場合、ＲＧ債権者と一般債権者とでは利害関係が異なる。もし会社が正常化されるとＲＧ債権者は一般債権者より先に損失から解放されるからである。また、ＲＧ債権者間においても危険から免れる時期に差が出る。これらの問題を解決するために、第一回協議会の招集通知の前日を基準として債権残高の割合を確定し、将来、構造調整が中断される場合、その中断日を基準に、各債権金融機関が保有する債権額を当初の債権額の割合で精算している。

3　買取請求権

買取請求権においては、反対債権者に経済的な損失を与えないことが重要である。そのために考えるべき問題として、第一に、買取価格の算定方式がある。実務では、買取価格について、「清算価値による回収率」を適用して算定している。このような実務慣行は、管理手続に入った不実兆候企業に対して債権再調整が行われない場合、当該企業が「清算」されることを前提としている。回生手続において、手続継続のための要件として、清算価値を算定する際、または裁判所が強制認可をするために権利保護条項を設定する際に、資産の分離売却を前提として清算価値を算定する実務と同じ趣旨のものであるが、このような実務処理には様々な批判がなされてきた。(10)

管理手続が失敗した場合においても、債務者回生法による回生手続が適用でき、その場合、個々の債権者が債務者の個々の資産に対して強制執行をすることができない。それにもかかわらず「清算」を前提とするのは極端な仮定である。さらに大きな問題は、この「清算」を個々の資産の分離売却と理解している点である。不実兆候企業に対し債権再調整が行われないからといって、債務企業が必ずしもバラバラに分解され、売却されるわけではない。営業譲渡や合併となることもありうる。また、様々な資産が一体となって売却されることもありうる。したがって、「清算」を前提に買取価格を算定することは、買取請求権を行使した反対債権者に対し、継続営業中の企業に対して得られる取り分を返還するという手続の理念に妥当しない。

したがって、当該企業に個々の資産価値の合計を超える継続企業の超過価値（going-concern surplus）がある場合は、その超過価値を反映して買取価格を算定するのが妥当であり、これを実務において、どのように実現するかが課題となる。

第二に、価格算定の基準時である。実務では、実査報告書で策定された企業の清算価値が買取価格として用いられる場合が多い。反対の買取請求権の行使時と実査時に大きな時間差がない場合は特に問題がないが、両者の間に大きな時間差が生じると、買取請求権を認める根拠となる反対債権者に正当な取り分を支払うという趣旨が没却されることもありうる。特に、再実査をすることになれば、既に企業価値の変化が反映され、清算価値に差が生じる可能性があるので、どの時点の実査報告書を基準にするかによって買取価格が異なることになる。

第三に、買取請求の対象と買取請求権行使の効果である。単純な貸付債権の場合は、買取請求権が行使されると債権が移転され、反対債権者は債務企業と何ら法律関係を持たなくなる。しかし、前払金返還保証や支払保証の場合、保証債権者との関係は買取請求権の行使とは無関係に保証期間中は存続することとなり、買取請求権を行使しても当該企業との関係から完全に自由になるとはいえない。また、金融機関と債務企業が、先物為替契約をする場合、金融機関は、為替レートの変動に起因するリスクから自分を守るために反対取引をすることになるが、反対取引で発生した責任や義務も買取請求の対象となるかが問題となる。

（9）ソウル中央地方裁判所二〇一三・九・二六宣告二〇一二ガハブ五七八五四判決。

（10）呉守根「清算価値保障の原則」民事判例研究二六巻（二〇〇七）、金成龍（キム・ソンヨン）「反対債権者の債権買受請求権」企業構造調整促進法の専門家のセミナー資料集（二〇一四）四七頁。

五　評価と展望

1　管理手続の性格

管理手続は、制定法による強制的債務調整手続である。そのような点からすると、管理手続を、私的または自律的債務再調整（あるいは構造調整）と呼ぶのは語法上適切なものではない。強制的債務調整という点では、管理手続と債務者回生法による回生手続とは同じである。

債務企業が、管理手続または回生手続を選択できるという点からすると、両手続は競争関係にある。債務調整自体の観点からすると、回生手続に比べて管理手続が持つ利点は、大きく分けて三つある。第一に、市場においての認識である。回生手続に入った企業は「不渡り企業」として認識されるのに対し、管理手続に入った企業は「状態が良くない企業」と認識される程度に留まる。第二に、営業の継続である。回生手続に入ると、返済や債権の行使がすべて禁止されるため、少なくとも一時的な営業の中断は避けられないのに対し、管理手続においては、商取引債権者は、適用対象から外れるため、管理手続の開始から何の影響も受けず、引き続き取引することができる。第三に、新規資金調達である。管理手続においては、債権再調整だけでなく、新規資金支援も本質的な項目であるのに対し、回生手続においては、債権者に対し新規資金支援を強制する方法がない。

これに対し、回生手続は次のような利点を持つ。第一に、金融負担のみを緩和すれば営業利益を出せる企業であれば、債権者の構成がどのようなものであっても、債務の変更を通じて回生させられるという点である。管理手続においては、企促法の適用を受けない非協約債権者が多い場合、債務再調整が行うことができないこととは対照的である。第二に、徹底した構造調整が可能である。管理手続は、債権金融機関の主導で行われるため、なるべく権利の変更を最小限にしようとする。一方、回生手続においては、回生の水準で権利を変更することができる。

2　管理手続に対する評価

これまで管理手続に対する実証的評価は二回にわたって行われた。そして、その評価は次のとおりである。第一は、筆者による二〇〇六年度の研究であり[11]、一九九七年から二〇〇四年までに法定倒産手続やワークアウトに入った上場企業を対象（二〇〇四年度末基準）としたものである。ワークアウトは全四八社の対象企業のうち三三社の企業において大株主の変動があったが、会社整理手続は四五社の対象企業のうち二社を除く四三社の企業において大株主の変動があった。このような点からワークアウトは大株主自らが自分の経営権を守るための一つの手段となっていたということがわかる。また、ワークアウトの場合、対象企業のうち二八％の企業が上場廃止されたが、会社整理の場合は四四％、和議の場合は五〇％の企業が上場廃止となった。

手続が終結された企業を対象に、ワークアウトと法定手続を比較すると、開始時の営業利益と終結時の営業利益が

〈図表2〉 研究対象企業における各手続別の進行状況（2004年度末時点）

	終結	中断／棄却／廃止	進行中
ワークアウト	38（63%）	11（18%）	11（18%）
会社整理	29（50%）	10（17%）	19（33%）
和　　議	20（54%）	7（19%）	40（26%）

異なることから、意味のある対比を見いだすことができた。まず、手続開始時においては、ワークアウト終結企業の平均営業利益は、約二八一億ウォンであるのに対し、会社整理終結企業は、約一〇〇億ウォンの営業損失を記録した。また、和議終結企業は、三三億ウォンの営業利益を出した。このように、三つの手続の営業利益には有意な差が出た。しかし、終結時においては、状況が逆転し、会社整理終結企業は約三〇〇億ウォンの営業利益を出したのに対し、ワークアウト終結企業は約一三〇億ウォン、和議企業は五二億ウォンの営業利益を出すに留まった。そこで、開始時と終結時の営業利益を比較すると、会社整理終結企業は約四〇〇億ウォン増加したのに対し、ワークアウト終結企業は約一五〇億ウォン減少し、和議終結企業は一九億ウォン増加した。三つの手続における手続開始時と終結時の営業利益の差は、大きな対比を見せている。これは、会社整理手続における構造調整が他の手続より徹底的に行われている証拠である。

一方、処理期間については、和議の場合、ワークアウトや会社整理より時間がかかっているが、ワークアウトと会社整理の間には差がなかった。ワークアウトは、迅速な手続であるのに対し、会社整理手続は、緩やかな手続であるという認識が多かったが、実際の結果はそうではなかった。開始時から終結時までにかかった平均時間は、ワークアウトの場合が四・七七年、会社整理の場合が四・九四年で、統計的に有意な差はなかったのである。

第二は、姜東秀の二〇一〇年の研究であり、一一〇社のワークアウト企業（大企業三二、中小企業七八）と九二社の回生手続企業（大企業五、中小企業八七）における企業の構造調整前後の営業利益率と利子補償倍率の変化を調査したものである(12)。全調査対象の営業利益率は、構造調整の開始時以前においては、ワークアウト企業と回生企業の両方がマイナス〇・〇五程度であり、互いに似たような営業利益率が見られる。しかし、構造調整の開始時における営業利益率は両企業ともに悪化し、特に回生企業の悪化が比較的著しい（回生企業マイナス〇・四五、ワークアウト企業マイナス〇・一五）。手続の第一次年度以降、ワークアウト企業は従前の営業利益率を回復したのに対し、回生企業は回復の速度が遅く、その数字も低かった。もっとも建設業と造船業の場合、開始時の営業利益率が低下するという点は同じだったが、回生企業における営業利益率は第二次年度からワークアウト企業を上回るようになった。

利子補償倍率の場合、両集団ともに似たような状況に置かれ、開始時から低下していくが、回生企業の方がより大きい低下率を見せた（ワークアウト企業マイナス八、回生企業マイナス一四）。ワークアウト企業は第一次年度以降になると開始前の水準を回復するのに対し、回生企業は第一次年度にだけゼロを上回り、その後の第二次年度からは再び急激な低下を見せた。建設業や造船業の場合は、開始時に利子補償倍率が低下する点および回生企業の方がより大きい低下を見せるという点においては全体集団と同じだったが、第一次年度における回復の様子は回生企業の方が遥かに高いものであった。

3　展望と課題

韓国国会は、二〇一三年一二月に四度目の企促法を制定し、付帯意見として政府に対し、二〇一四年内に企促法の恒久法化に関する合意案を国会に提出するよう要求した。そのため、企促法の存廃と立法の方向をめぐる議論が予想される。企促法は、主要国には存在しない、韓国ならではの法律であるので、この法律がなぜ必要なのかについてさらに詳しい説明が必要になる。

企促法が存続するためには、次の三つの点に関して検討する必要がある。第一に、現行の債務者回生法に加えて、強制的債務調整手続が必要なのかという問題である。この問題に答えるためには、まず既存の管理手続がどのように社会経済的な効用を生み出したのか検討しなければならない。さらに、なぜ債務者回生法による法定手続ではそれが不可能なのかを説明しなければならない。

企促法による管理手続が、法定倒産手続である回生手続の利用を妨げていると批判する法律家も多い。もし企促法が存在しなかったとすれば回生手続を利用したであろうと思われる企業が企促法の管理手続に入り、回生手続には管理手続に入るのが難しいほど財務状態が悪い企業のみが入ってくるということである。しかし、管理手続が回生手続に比べてより多くの社会経済的な効用を生み出すというならば、回生手続をより多く利用させるために管理手続を廃止することは適切ではない。したがって、管理手続が回生手続に比べより多くの社会経済的な効用を生み出すものであるかについて検討しなければならない。

第二に、このような強制的債務調整手続が金融監督機関の主導で行われることが正しいかを検討しなければならない。政府は、経済政策（産業政策や金融政策を含む）を遂行するために企業の債務調整に関与することができる。問題は、企促法が定めている内容や手続がそのような政策遂行の手段として妥当なものであるかである。金融監督当局は、今まで実施されてきた管理手続を通じて、二つの機能を果たしていた。一つは、大企業が倒産の危機に直面したとき、これを防ぐ機能を果たしたことである。一九九七年の通貨危機の際、主要な財閥企業の解体を防ぎ、営業を継続させたことが代表的な例である。もう一つは、個々の債権銀行が、不実企業と引き続き取引をする際、それを強制的に防ぎ、それ以上の不実の拡大を避ける機能を果たしたことである。二〇〇八年のリーマンショック以降の建設業と造船業における構造調整がその例である。したがって、これらの金融監督当局の措置が必要であるか否か、必要であれば企促法による管理手続が適切な政策実現の手段になるかを検討しなければならない。

第三に、企促法の内容は、憲法に適合しなければならない。時限法なら、外部環境による不可避性を理由に違憲性の議論を回避する余地もあったが、恒久法として制定するならば、他の法律と同様に厳格な憲法適合性を維持しなければならない。現行の企促法の規定のうち最も問題となるのは、適用対象を限定することが平等権の侵害にならないかという点と、新規信用供与に反対した債権者に清算価値だけを保障することが財産権の侵害にあたるか否かの点である。そしてこの二つの点について違憲性を判断する際に、この二つの規定を回生手続に適用すると仮定し、それが違憲になるか否かを検討することも一つの方法になると考える。

(11) 呉守根「ワークアウトに関する研究」商事法研究二四巻四号（二〇〇六）一一七〜一五六頁。
(12) 姜東秀（カン・トンス）「効率的企業構造調整体系」常時企業構造調整の活性化のためのワークショップ資料集（二〇一〇）。

支払停止概念の再構成と判断構造

岡　伸　浩

一　はじめに
二　支払停止の意義
三　支払停止の機能
四　支払不能概念との連続性
五　支払停止概念の継続性
六　支払停止概念の規範的要件性とその特質
七　支払停止の判断構造
八　各論的考察

一　はじめに

本稿は、支払停止概念を検討し、今日の私的整理から法的整理への動態的な倒産実務に対応できる概念に向けて再構成したうえで、その判断構造を考察することを目的とする。なお、支払停止概念は破産法のみならず民事再生法や会社更生法にも存在するものの、焦点を明確化するため、本稿では破産法上の支払停止概念を対象とする。

二　支払停止の意義

1　判例による定義

破産法は支払停止につき定義規定を用意していない。支払停止の意義を明らかにした最初の最高裁判決として位置付けられている最判昭和六〇・二・一四集民一四四号一〇九頁は、支払停止を「債務者が資力欠乏のため債務の支払をすることができないと考えてその旨を明示的または黙示的に外部に表示する行為」をいうと判示する。学説もこれと同様に、支払停止を弁済能力欠乏のため債務者が一般的・継続的に債務の弁済ができないことを外部に表示する行為であるとし、「一般的」とは、総債務について支払できないことを意味し、「継続的」とは、一時的な手元不如意を除く趣旨であり、一時に多数の債務を請求されたり一個の巨額な債務を請求されて支払をなすことができない状態をいうと説明する。(1)多少の表現振りの違いは認められるとしても、裁判例も学説もほぼ同様に支払停止を定義し、支払停止概念は、債務者自身がもはや自己が支払不能であると判断したこと、これを外部に表示したことを内実とする。(2)

2　外部への表示

支払停止概念における「外部への表示」の意義については、特定債権者に対してのみなされた支払不能である旨の表示が支払停止に該当するかという形で問題となる。(3) この「外部への表示」が求められる根拠について近時、債権者間の平等確保のため、否認訴訟や相殺禁止をめぐる複数の異なる訴訟の間で支払停止の時点は可能な限り同じであることが望ましいとして、支払停止の時点を可及的に統一するために「外部への表示」が必要となると説明する有力な見解が主張されている。(4) たしかに複数の訴訟において支払停止の時点が統一化されれば、債権者平等の原則が貫徹されうるといえよう。もっとも、この立場によれば、支払停止に公知性や周知性が必要となると解されるが、(5) 一定数以上の者が認識できる状態に至って初めて支払停止となるとすれば、一定数とは何かといった点で、その限界についてさらに問題となる余地が生じる。また、実務上、債権者に対して、支払停止の時点を統一的に明確化することが困難な事案も存在する。

破産法は、否認権や相殺禁止の規律において、支払停止について悪意であるか否かを基準としている以上（詐害行為否認についての破一六〇条一項二号、偏頗行為否認についての破一六二条一項一号イ、対抗要件否認についての破一六四条一項、相殺禁止についての破七一条一項三号、七二条一項三号）、これを認識していない相手方は、否認対象や相殺禁止の対象とはならないという形で保護されることになる。このことから考察すれば、破産法は支払停止が必ずしも公知性や周知性を具備したものであることを貫徹しておらず、外部に表明されたものであれば足り、一部の者のみが「外部への表示」を認識することも想定しているといえよう。むしろ、三で述べるように、支払停止概念が支払不能推定機能と危機時期確定機能を有する以上、これらの機能を充足できるように解釈することが望ましい。

支払停止があれば、これを認識した相手方は債務者が一定の危機時期にあることを前提に自らの行動を取捨選択することとなる。その意味で、支払停止であるか否かは、相手方に行動選択の基準を提示する役割を担うこととなるといえよう。かかる役割を果たすため、支払停止には認識可能性が求められ、「外部への表示」とは、この点を意味するものと考える。(6) 前掲・最判昭和六〇・二・一四は、「債務者が債務整理の方法等について債務者から相談を受けた弁護士との間で破産申立の方針を決めただけでは、他に特段の事情がない限り、いまだ内部的に支払停止の方針を決めたにとどまり、債務の支払をすることができない旨を外部に表示する行為をしたとすることはできないものというべきである」と判示する。単なる内部的な方針決定のみにとどまる場合には、相手方の認識可能性は生じていないから、行動選択の基準としての支払停止がなされたとはいえず、かかる判断は合理的であるといえる。

これに対して東京地判平成一九・三・二九金法一八一九号四〇頁は、相殺禁止（破七一条一項三号）との関係で、債務者会社および取引銀行のいずれも債務者会社の手形不渡りを避けることができないことを認識している中で、債務者会社が手形不渡りを出すことを認識しつつ、当該預金口座に決済資金を入金することなく手形債務の決済資金について一切手当てをしなかった行為をもって支払不能であることを外部である当該取引銀行に黙示的に表示する行為ということができるとして、支払停止に該当するとしている。

この平成一九年判決との関係では、特定の取引銀行に対する表示をもって「外部への表示」といえるかという点が問題となる。この問題について、先に紹介した近時の有力説は、「外部への表示」は一定数以上の者が知りうる状態になるという公知性あるいは周知性が必要であり、特定の債権者のみに向けられた表示（不作為）を支払停止に該当するとした同判決には疑問が生じると指摘する。(7) もっとも、支払停止の外部への表示性について、相手方に行動選択の基準を提示するという意味を重視する本稿の立場からは、同判決の指摘する事実関係のもとで、当該取引銀行に本来入金されるべき決済資金の入金がなされない事実は、もはや当該特定の債権者に対しては行動選択の基準が提供されたと評価できるから、支払停止に該当すると解することに不都合はない。なお、同判決では、すでに客観的状態として支払不能にあることを当該取引銀行自体が認識していたという事情が考慮され、債務者会社が決済資金を入金しなかったという不作為を黙示の支払停止と認定したという点に特色があると指摘できる。

(1) 伊藤眞・破産法・民事再生法〈第三版〉（二〇一四）一〇九頁。なお、支払停止概念の形成と展開については、山本研「『支払停止』概念の形成と具体化」法教三九〇号（二〇一三）二三頁以下が詳細に検討する。また、河崎祐子「破産手続開始原因概念の再検討」慶應法学二八号（二〇一四）八一頁以下は、歴史的検討および比較法からの示唆を踏まえて支払不能および支払停止概念を再検討する。
（2） 中西正「破産手続開始原因――支払不能・支払停止」山本克己ほか編・新破産法の理論と実務（二〇〇八）七七頁。
（3） 松下淳一「偏頗行為否認の諸問題」田原睦夫先生古稀・最高裁判事退官記念・現代民事法の実務と理論（下）（二〇一三）二五一頁以下。
（4） 松下・前掲注（3）二五二頁。
（5） 松下・前掲注（3）二五三頁参照。
（6） 日比野泰久「判批」青山善充ほか編・倒産判例百選〈第四版〉（二〇〇六）四八頁以下。特に四九頁。
（7） 松下・前掲注（3）二五二頁。

三　支払停止の機能

破産法は、支払停止概念に支払不能推定機能（破産原因についての破一五条二項、偏頗行為否認についての破一六二条三項）と危機時期確定機能（詐害行為否認についての破一六〇条一項二号・二項、無償行為否認についての破一六〇条三項、対抗要件否認についての破一六四条一項、相殺禁止についての破七一条一項三号・二項二号、七二条一項三号・二項二号）という二つの機能を付与している。

1　支払不能推定機能

破産法上の支払不能推定機能を担う支払停止は、破産手続開始原因（破一五条二項）の場合と偏頗行為否認（破一六二条三項）の場合である。

破産法は、すべての債務者に共通する破産原因として支払不能を定める（破一五条一項）。破産法は支払不能を債務者が支払能力を欠くために、その債務のうち弁済期にあるものにつき、一般的かつ継続的に弁済することができない状態をいうと定める（破二条一一項）。[8]

支払不能は、債務者の客観的な財産状態であり、外部から容易に立証できないことから、支払停止に支払不能を推定する機能を付与し（破一五条二項。法律上の事実推定）、支払停止に支払不能の立証困難性を緩和する機能を付与している。同様に、破産法は偏頗行為否認の基準を支払不能概念に求め（破一六二条一項一号・二号）、立証困難の解消のため、支払停止（破産手続開始の申立て前一年以内のものに限る）があった後は、支払不能であったものと推定する（破一六二条三項）。[9]

2　危機時期確定機能

破産法は支払停止を否認権（破一六〇条一項二号・二項・三項、一六四条一項）や相殺禁止（破七一条一項三号・二項二号、七二条一項三号・二項二号）の基準時や認識対象とし、支払停止に一定の危機時期を確定する機能を認めている。これを支払停止の危機時期確定機能と呼ぶことができる。

まず、否認権の場面では、支払停止または破産手続開始の申立て（これらをあわせて「支払の停止等」という。破一六〇条一項二号括弧書）後の詐害行為否認（破一六〇条一項二号・二項）、無償行為否認（破一六〇条三項）、対抗要件具備行為の否認（破一六四条一項）がある。これらは、否認対象行為が支払停止の後のものであることや支払停止についての受益者の悪意を否認権行使の要件とする。[10]

次に、破産法は相殺禁止と支払停止に関して、受働債権たる債務の負担時期による相殺の禁止（破七一条一項）や自働債権たる破産債権の取得時期による相殺の禁止（破七二条一項）の場面で、支払停止に危機時期確定機能を付与している。以上の否認権行使の要件や相殺禁止の要件との関係での支払停止概念は、いずれも支払停止以降はいわゆる危機時期に該当するものとして規律するという破産法の態度を表明したものであるといえる。

(8) なお、支払停止が支払不能であることを外部に表示する行為であると理解した場合、支払不能概念との関係で問題となる債務がすでに弁済期が到来した債務を意味するのか、弁済期がまだ到来していない場合でも近日中に到来する予定の債務についてあらかじめ支払うことができない場合も含むかに関し、争いがある。立案担当者は、弁済期の到来している債務を問題とすべきであると説明する（小川秀樹編・一問一答新しい破産法〔二〇〇四〕三一頁）。これに対して松下淳一「新たな否認権と相殺制限の理論的根拠」今中利昭先生古稀記念・最新倒産法・会社法をめぐる実務上の諸問題〔二〇〇五〕五二頁以下は、支払不能は客観的状態であり、弁済期の到来した債務について弁済できないものが現にあるという事態が発生している必要はないとして、無理算段により弁済している場合にも支払不能を認定できるとする。このような解釈をしないと債務者が無謀な財産の管理処理によって支払不能の時期を操作できることになり妥当でないことを理由とするが、本稿もこの立場に賛成する。山本和彦「支払不能の概念について」新堂幸司＝山本和彦編・民事手続法と商事法務〔二〇〇六〕一五一頁以下。

(9) 伊藤眞・民事訴訟法〈第四版補訂版〉〔二〇一四〕三六三頁注261参照。高橋宏志・重点講義民事訴訟法（上）〈第二版補訂版〉〔二〇一三〕五六一頁は、法律上の事実推定の例として、破産法一五条二項の破産原因の推定を挙げる。

(10) 伊藤・前掲注（1）五六一頁。偏頗行為否認において危機否認の基準時は支払不能とされており（破一六二条一項一号イ）、詐害行為の場合と異なっている。この点について、竹下守夫編集代表・大コンメンタール破産法〔二〇〇七〕六二九頁〔山本和彦〕。

四　支払不能概念との連続性

支払停止概念の持つ二つの機能には、支払停止と支払不能との連続性という点で異なる様相を呈するという特色がある。すなわち、支払不能推定機能の場面では、支払停止の当時支払不能でないこと（支払不能の不存在）は、支払停止の支払不能推定機能を覆す抗弁事実として機能することになる[11]。その意味でここにおける支払停止は、支払不能と密接に関連する概念として位置付けられる。これに対して、危機時期確定機能の場面では、支払停止は、支払不能とは切り離された別個独立の概念として位置付けられると解する。この点に関連して、たとえば、破産法一六〇条一項二号は、破産者が支払停止後にした破産債権者を害する行為を否認権の対象行為としているが、支払停止の当時支払不能でなかったときに、支払停止後の行為であることを理由に同二号により否認できるかという点が問題となる。[12]この問題について、支払停止はあくまでも現に支払不能であることが根底にあると考え、支払停止の当時支払不能でなかったときは、支払停止後の行為であることを理由に同二号により否認することはできないとする見解が主張されている。[13]しかし、危機時期確定機能としての支払停止は、支払不能とは独立した概念であり、支払不能を推定するものではなく、[14]必ずしも支払不能であることを根底に置く概念ではないと解する。[15]破産法一六〇条一項二号の適用場面では、破産法が支払停止自体を独立した要件として定立している以上、支払停止の時点で支払不能でなかったとしても同二号による否認は可能であると考える。もっとも、破産法一六〇条一項二号の否認権行使が可能となるためには、支払の停止等の存在のみならず、相手方（受益者）の破産債権者を害する事実の認識（悪意）を充足する必要があり、支払停止の時点で支払不能でなかったことを認識していた場合、相手方がこの要件を欠くと解される場面も生じうるであろう。

（11）伊藤・前掲注（1）一一二頁注81参照。
（12）同様の問題は、無償行為否認（破一六〇条三項）など支払停止の危機時期確定機能を採用している否認権の類型の場面でも生じうる。
（13）山本和彦ほか・倒産法概説〈第二版〉（二〇一〇）二五二頁、二七九頁〔沖野眞已〕。なお、中西正「危機否認の根拠と限界（二）」民商九三巻四号（一九八六）五一六頁以下。特に五三八頁。
（14）破産法一六二条三項は偏頗行為否認の場面であるが、否認権行使の場面でも支払停止が支払不能を推定する場合は、あえて推定規定を設けている。
（15）竹下編集代表・前掲注（10）六三〇頁〔山本和彦〕。伊藤眞ほか・条解破産法〈第二版〉（二〇一四）一〇七六頁。

五　支払停止概念の継続性

1　学説の状況

支払停止概念について、それが一個の行為なのか、それとも継続性を要する概念と捉えるべきかという問題がある。この問題について、支払停止に継続性を要求する見解（継続性必要説）は、破産手続開始決定時における支払不能を推定する支払停止（破一五条二項）の場合、過去の一定時点における支払停止が破産手続開始決定時まで現に継続していることを要し、債務者が支払停止後に債務の免除や期限の猶予、信用の供与を受けて一般的に支払を再開したときは継続性を欠き支払不能を推定できないと主張する。[16]

これに対して支払停止は、破産手続開始前の一定時点における債務者の行為であるから、継続性は必要ないという見解（継続性不要説）が主張されている。従前は継続性必要説が主流であったものの、近時はむしろこの見解が通説的立場にあると指摘することが可能であろう。[17] 支払停止概念は、かつての継続性を要するという状態概念から、今日では一回的行為として捉えられ行為概念として理解されるに至っているといえよう。

さらに、支払停止の二義性説と呼ばれる見解がある。[18] この見解は、破産法上の破産手続開始に際しての支払不能の推定原因としての支払停止（破一五条二項）と、否認権行使の要件（破一六〇条一項二号等）および相殺禁止の要件としての支払停止（破七一条一項三号等）は異なる意義を有するとし、[19] 破産原因を推定させる支払停止は、支払不能を表明する債務者の主観的行為で足りるのに対して、否認権行使や相殺禁止の要件としての支払停止は、このような債務者の主観的行為のほか、現実に破産手続開始決定に結びつく支払不能の客観的財産状態にあることを要する、と主張する。[20]

2　考察――行為性と継続性の複合概念としての支払停止

では、どのように考えるべきであろうか。まず、現行破産法の解釈として二義性説は妥当であろうか。危機時期確定機能の場面である破産法一六〇条一項二号および一六〇条三項の否認類型では、債務者が支払停止当時、支払不能であったか否かを問題としない。その意味で、先に考察したとおり、破産法は、危機時期確定機能の場面では支払停止概念が支払不能という客観的財産状態とは結びつかない事態を想定していると考える。また、相殺禁止の規律として、「支払の停止があった時において支払不能でなかったとき」と規定し（破七一条一項三号但書）、支払停止と支払不能が食い違う場面を想定している。このような規定振りは、破産法が、たとえ支払停止があっても必ずしも支払不能という債務者の客観的財産状態に結びつかない事態が存在することも想定していることの証左であるといえる。(21)よって、現行破産法の解釈として、否認権、相殺禁止の基準時としての支払停止概念に客観的財産状態としての支払不能との結びつきを求めることは合理性を欠くといえよう。さらに、同一法文上の同一の文言について異なる解釈を盛り込むことは、法文解釈の法的安定要求に照らして、可及的に回避されるべきである。(22)この点で、かつて主張された二義性説は現行破産法の解釈としては困難であるといわざるを得ない。(23)

次に、支払停止概念は一回的行為としての行為概念として捉えるべきであろうか。それとも継続性を内実とした状態概念と捉えるべきであろうか。この点に関し、支払停止概念を一回的行為であり行為概念として理解する学説が形成されるに至った背景には、かつて過去の我が国において支払停止の典型として理解され、念頭に置かれた事象は、廃業、閉店、手形不渡りや夜逃げといったもともと債務者の一回的な行為がほとんどであったということがあり、このような時代背景に少なからず影響を受けたものという面も否定できないと解される。しかし、現在、かつての支払停止の典型であった手形不渡りによる倒産件数は大幅に減少している。(24)さらに、倒産手続が多様化し、事業再生ADRをはじめとする制度化された私的整理が増加し、しかもこれが法的整理に先行して行われ、一定期間、私的整理手続が遂行された後に法的倒産手続に移行する場面も生じている。このような場面では、私的整理開始後の手続進行や法的整理への移行の中で、事態の変化や一定の時間的経過を経て手続の状況に応じて危機時期も変化するし、いったん生じた危機時期が解消され、その後、一定の行為が存在した後に新たな支払停止が発生するといった場面も現に生じている。ここにおいては、私的整理の進行状況や私的整理から法的整理への移行に伴う時間的経過を連続的に捉えて、支払停止に該当するか否かを動態的に判断すべきとする要請が高いといえよう。倒産法制にあって極めて重要な機能を営む支払停止概念の内実は、現代社会における倒産法実務の現況を踏まえ、かかる要請を充足する法概念であることが期待されるべきである。

かような現代倒産法実務に照応し、実態に即した解釈論を定立するためには、支払停止概念を一定時点における行為のみを指すものと捉える必然性は乏しい。むしろ、いったん行われた支払停止が後に解消したり、さらには、当初の支払停止が解消した後に新たな別の原因に基づく支払停止を認定すべき事態が生じることも容易に想像できる。支払停止概念は、事態の変化や時間的経過を踏まえることのできる概念として捉えるべきであると考える。このような視座から、支払停止概念は、一定時点における明示または黙示の行為を起点とするものの、その後も支払をしない債務者の態度が破産手続開始決定時や否認対象行為が行われる時点まで継続することを要すると解し、行為性と継続性を有する複合概念として捉えるべきであると解する。このことは、特に支払停止概念の危機時期確定機能の場面では、支払不能推定機能の場面に比べて一層重要な意義を有するといえよう。[25] すなわち、先に考察したとおり支払停止の危機時期確定機能の場面では、支払停止は、支払不能と切り離された独立の概念であり、支払不能でないことが支払停止の抗弁として無意味であることとなる。そうだとすれば、仮に支払停止が一回的行為であり外部への表示によって完成した場合、それ以降は支払不能であるか否かに拘らず、危機時期として確定され、その後の行為は否認権や相殺禁止の対象となるとするのが論理的帰結となろう。もちろん破産法は、破産手続開始の申立ての日から一年以上前にした行為を否認権行使の対象から除外しているものの（破一六六条）、かかる規定に該当しない場面でも債務者が支払停止から脱却した場合に支払停止が解消する余地を認める必要が生じると解するのが合理的である。

そこで、本稿では、支払停止概念に行為性とともに継続性を導入すべきであると解する。このことは、かつての二義性説とは異なり否認権や相殺禁止における支払停止に支払不能の客観的財産状態との結びつきを要求するというのではなく、支払不能と切り離された独立した概念としての支払停止の場面でも支払停止概念自体の継続性を要求するものである。もっとも、このように考えると支払停止が状態概念となり、支払不能概念と近接し、支払不能の推定機能を認めた趣旨を没却しかねないという批判や、支払停止概念に継続性を持ちこむと破産管財人による支払停止自体の立証負担を増大させ、もともと支払不能の立証責任を軽減しようとした支払停止概念の意義が希薄化するという批判が予想される。[26] そこで、この点を回避するため、支払停止概念は、行為性とともに継続性を内実とする複合概念であるものの、主張立証責任の問題としては、訴訟等において支払停止を主張する側は、一定時点になされた明示または黙示の支払停止該当行為の存在を主張立証すれば足り、その後も支払停止が継続していることを主張立証する必要はないという点に特質があると解すべきである。[27] これに対して、支払停止を否定しようとする相手方としては、当初の支払停止の行為性を覆す評価障害事実を主張立証するか、もしくは支払停止の継続性を覆す評価障害事実を主張立証する必要が生じる。後者の場面で、相手方がある時点以降の支払停止の継続性を否定することに奏効した場合には、当該時点で支払停止が解消されたこととなると考える。

(16) 山木戸克己・破産法（一九七四）四七頁。
(17) 伊藤・前掲注（1）一一二頁。中島弘雅・体系倒産法Ⅰ破産・特別清算（二〇〇七）四三頁。
(18) 青山善充「支払停止の意義および機能」木川統一郎ほか編・新・実務民事訴訟講座⒀（一九八一）五五頁。なお、西澤宗英「支払停止の『二義性』について」法研五九巻一二号（一九八六）三三三頁は、支払停止概念は一義的であるとしたうえで、いずれの背後に実際にも「支払不能」（客観的状態）を伴っていることを要するとする。
(19) 伊藤・前掲注（1）一一二頁参照。
(20) 青山・前掲注（18）六七頁以下。
(21) 高橋宏志「破産原因と破産障害」石川明ほか編・破産・和議の実務と理論（一九九四）二七頁は、「支払停止は一定の時点において成立するということ（行為）、それが持続するということ（状態）とは、行為と状態であるから矛盾するといえば矛盾するのである」と指摘する。

（22）なお、伊藤眞ほか編・新破産法の基本構造と実務（二〇〇七）二一頁〔山本発言〕参照。

（23）山本・前掲注（1）二八頁以下。現行破産法においては、支払停止を二義的に捉える必要性が乏しいことを指摘する。なお、松下淳一「判批」ジュリ九五〇号（一九九〇）一三六頁以下。

（24）平成一六年倒産法改正に至る作業当時、企業倒産の約九割は手形不渡り・取引停止処分を伴っていたのに比べて、今日では、手形の利用は減少し、手形不渡り・取引停止処分で支払停止という企業倒産が激減しているとの指摘につき、清水祐介「支払不能と支払停止をめぐる考察」岡正晶ほか監修・倒産法の最新論点ソリューション（二〇一三）一六二頁以下。

（25）伊藤眞教授は、支払停止を一定時点における債務者の行為として位置付け、支払停止の事実後に債務者が債務免除や弁済の猶予を受けて一般的に支払を再開した場合のように支払停止にもとづいていったん支払不能が推定されても、その後に支払を一般的に再開した事情が存在するときには、支払不能の不存在が立証されたものとして推定が破られ破産手続開始決定をなし得ないと説明される（伊藤・前掲注（1）一一二頁）。破産原因に関する支払停止の支払不能推定機能の場面では、このような主張立証の構造も成り立つと解される。もっとも、本稿は危機時期確定機能の場面での支払停止を支払不能と独立した概念として位置付ける。本文中で考察したとおり、ここでは支払不能の不存在は支払停止の抗弁とならず、この点で支払停止の解消といった事態を受け入れる法律構成が別途必要になると考える。

（26）これに対して、継続性を要求しない立場からは、申立時に相手方債務者から支払停止自体が当該時点で存在しない旨の反証か、いったん支払停止が認められ、これによって推定された支払不能が解消した等の理由で不存在であることの証明を要するという立証責任分配における差異が生ずることとなる。佐藤彰一「判批」青山善充ほか編・倒産判例百選〈第四版〉（二〇〇六）一四頁。

（27）このような解釈は、谷口安平・倒産処理法（一九七六）七六頁注2にて、すでに提唱されている。これに賛成する見解として、高橋・前掲注（21）二七頁以下。

六　支払停止概念の規範的要件性とその特質

1　支払停止概念の規範的要件性

規範的要件とは、法律効果の発生要件であり、過失、重過失、正当理由、正当事由といった規範的評価に関する一般的、抽象的概念を取り入れたものを意味する。(28)規範的評価を成立させるためには、その成立を根拠付ける具体的事実が必要であり、このような事実を評価根拠事実と呼ぶ。(29)この規範的要件の主要事実をいかに捉えるかについては、規範的評価自体が主要事実であり、その評価根拠事実は間接事実であると理解する見解（間接事実説）と評価根拠事実が主要事実であると理解する見解（主要事実説）が主張されている。規範的評価自体が主要事実であるという間接事実説からは、規範的評価自体を証拠によって直接証明できるということが前提とされるべきこととなろうが、規範的評価自体を証拠によって直接証明することは困難である。したがって、規範的評価を基礎付ける評価根拠事実を主要事実と認める主要事実説が妥当であると解する。支払停止は、それ自体、具体的な事実そのものではないことは明らかであり、支払停止か否かは一定の事実をもとにした法的評価を伴う以上、支払停止は規範的要件に該当するものといえよう。(30)先の主要事実説からは、支払停止の評価根拠事実が主要事実となり、たとえば、手形不渡り等の個々の具体的事実がこれに該当する。これに対して、支払停止の成立を否定しようとする相手方は、評価障害事実を主張立証することにより、支払停止に該当しないとの評価を受けることができる。

2　閉ざされた規範的要件としての特質

このように支払停止は規範的要件であるといえるものの、その機能に照らして考察すると、次のような特質を有すると考える。すなわち、支払不能推定機能の場面では支払不能という実質概念を主張立証することの困難性を回避するために支払停止という外部から判断できる概念に推定機能を付与している。また、支払停止の危機時期確定機能の場面では、支払停止は外部から客観的に認識しうることから、支払停止を基準とすることによって相手方に行為規範を定立するという役割を有する。これら支払停止の各機能に照らせば、たとえば正当事由（借地借家六条、二八条等）、権利濫用（民一条三項）、過失（民一一二条但書、七〇九条等）等とは異なり、その判断に過度に規範性・実質性を持ち込むことは、支払停止に該当するか否かの判断を複雑にし、その本来的機能を没却することになりかねない。そこで、支払停止は規範的要件であるとはいっても、その本来的な機能ゆえにその規範性には限界が存し、むしろ外形的、客観的判断になじむという宿命を負うものと解する。その意味で、支払停止概念は、いわば閉ざされた規範的要件とでもいうべき特質があると考えることができよう。[31]

（28）　司法研修所編・増補民事訴訟法における要件事実第一巻（一九九八）三〇頁。

（29）　司法研修所編・前掲注（28）三〇頁。

（30）　伊藤滋夫＝山崎敏彦編著・ケースブック要件事実・事実認定（二〇〇二）三六二頁以下〔永石一郎〕。なお、清水・前掲注（24）一八二頁は、ある外形的行為が「支払停止」に該当するか否かはそれ自体が法的評価の対象であり、一義明確とは限らないと指摘する。

（31）　松下・前掲注（3）二五五頁は、最判平成二四・一〇・一九金判一四〇六号二六頁に関し、「支払停止」概念を実質化・規範化する必要はない旨を指摘する。

七　支払停止の判断構造

1　支払不能推定機能の場面

破産法一五条は、二項で支払停止は支払不能を推定することを明らかにし、一項では支払不能を破産原因とする。したがって、支払停止が破産原因である支払不能を推定するという場合、この支払不能の基準時は破産事件を審査する裁判のなされる時点である。[32]

ところが、実務上、破産手続の申立代理人が着手から申立てまでに、ある程度の時間を要する事態が多々存在する。[33]支払停止を一回的行為であると捉えれば、当該支払停止によって推定されるのは、当該支払停止が認められた時点での支払不能であり、破産手続開始決定時の支払不能を直ちに推定するものではない[34]。支払停止はその時点の支払不能を推定するものであり、破産手続開始決定前の過去の一時点における支払停止の事実が認められると、その時点での支払不能が推定される（法律上の事実推定）。支払不能は継続性を有する債務者の財産状態であるから、支払停止によってひとたび推定されると、さらに当該支払不能は破産手続開始決定時まで継続していると推定される[35]。また本稿の立場からは、支払停止は、行為性とともに継続性を有する複合概念であると解したうえで、支払停止を主張立証する者は支払停止該当行為の存在（支払停止を基礎付ける評価根拠事実）を主張立証すれば足り、継続性の不存在（支払停止の継続性を覆す評価障害事実）はこれを争う者が抗弁として主張立証すべきと解することになる。このような立場からは、破産手続開始決定を争う相手方の主張立証手段としては、当時の支払停止が継続しておらず事後に解消した事実を抗弁として主張立証する方法と、当時の支払停止によって推定された支払不能が破産手続開始決定時にはすでに存在しないことを主張立証することによって争うという方法を選択することが可能となると解する。もっとも、いったん生じた支払停止により支払不能の推定が働く以上、通常は破産手続開始決定を争う相手方は支払不能の不存在の抗弁を主張立証する方法を選択するのが通常であるといえよう。偏頗行為否認に関する支払停止についても、支払不能を推定する機能を付与されている以上（破一六二条三項）、基本的には同様の主張立証の構造となると考える。

2　危機時期確定機能の場面

次に、支払停止の危機時期確定機能をめぐる主張立証の構造を考察する。たとえば、破産管財人が詐害行為否認（破一六〇条一項二号）に該当するとして否認権を行使するためには詐害行為の存在、支払停止の事実、支払停止についての相手方の悪意を主張立証する必要がある。すでに考察したように破産法一六〇条一項二号の支払停止は支払不能を前提とする概念ではなく、支払不能とは独立の概念である。よって、本稿の立場からは、支払停止が認められれば現実には支払不能でなかったとしても破産管財人は否認権行使が可能であると解する[36]。また、支払停止は行為性と継続性を有する複合概念であり、その特質から破産管財人は支払停止の評価根拠事実として、一定時点での支払停止該当行為があったことを主張立証すれば足り[37]、その後の支払停止が継続していることまでは主張立証の対象ではないと解すべきである。これに対して支払停止を否定しようとする相手方としては、当初の支払停止の行為性を覆す評価障害事実を主張立証するか、もしくは支払停止の継続性を覆す評価障害事実を主張立証する必要が生じる。後者の場面で、相手方がある時点以降の支払停止の継続性を否定することに奏効した場合には、当該時点で支払停止が解消されたこととなると考える[38]。支払停止の解消を相手方が主張立証してこれが認められれば支払停止は継続性を欠き、支払停止はその時点で解消することになる。その結果、支払停止が解消された後に「破産債権者を害する行為」が認められたとしても、破産法一六〇条一項二号による否認権行使は認められないこととなる。なぜならこの場合、相手方が支払停止の継続性を覆す評価障害事実を主張立証したことによって、支払停止の危機時期を確定する機能は失われており、危機時期を確定する支払停止の後に「破産債権者を害する行為」（破一六〇条一項二号）がなされたとはいえないからである。これらの判断構造は、規範的要件における評価根拠事実と評価障害事実の取扱いと同様に、評価根拠事実は規範的評価が成立する方向に働くのに対し、評価障害事実は当該評価を妨げる方向に心証を形成させる効果を有し[39]、破産管財人が主張する支払停止の評価根拠事実とこれを否定する相手方側が主張する支払停止の不存在や継続性の解消といった評価障害事実の総合評価で判断されるべきことになると解する。このような解釈は、破産管財人の側の主張立証責任を過度に加重することなく、現代における制度化された私的整理から法的整理への移行や牽連破産といった一定の連続性を持ち、支払停止にあったか否かが一定の時間的経過をもって動態的に把握されるべき場面が存在する現代の倒産法実務の潮流に合致するものと考える[40]。

（32） 大決大正一五・五・一民集五巻三五八頁、佐藤・前掲注（26）一四頁。
（33） 東京弁護士会倒産法部会・破産申立マニュアル（二〇一〇）二四頁。
（34） 佐藤・前掲注（26）一四頁は、同様の観点から「過去の個別の支払停止から直接開始決定時の支払不能を導くのは、開始決定時の支払停止の認定をスキップする点で、推定の道筋を一段階省略するものである」と指摘する。
(35) 高橋・前掲注（9）五五三頁。
(36) 竹下編集代表・前掲注（10）六二九頁〔山本和彦〕。
(37) なお、このように一定時点で支払停止があったことが立証された場合、支払停止の継続性を事実上の推定として捉える余地もあろうが、事実上の推定とは、あくまでも裁判官の自由心証の問題であり、法律要件事実について証明責任の転換をもたらすものではない（伊藤・前掲注（9）三六六頁）。また、事実上の推定とすると心証の問題に帰着する点で法的安定性からも問題が生じうる（伊藤眞『私的整理の法理』再考——事業再生の透明性と信頼性の確保を目指して」金法一九八二号（二〇一三）三九頁注8参照）。よって、本稿は、支払停止概念を行為性と継続性の複合的概念として捉え、その継続性は事実上の推定に基づくものではなく、支払停止の特質から認められる主張立証の構造自体に基づく解釈論として主張するものである。
(38) 谷口・前掲注（27）七六頁注2参照。
(39) 村上渉＝山野目章夫編著・要件事実三〇講〈第三版〉（二〇一二）九二頁。
(40) なお、加藤哲夫・破産法〈第六版〉（二〇一二）九三頁。佐藤・前掲注（26）一五頁。

八　各論的考察

以上を前提に近時問題となった裁判例につき、次のように考察する。

1　債務整理通知と支払停止

最判平成二四・一〇・一九集民二四一号一九九頁は、破産者が弁護士事務所を通じて債権者に債務整理開始の通知をした後、被告が破産者に対する貸金債権について同人の給与から控除する方法により合計一七万円の弁済を受けたところ、破産管財人である原告が被告に対して、前記弁済が破産法一六二条一項一号イに該当するとして否認権を行使して、一七万円および利息の支払を求めた事案である。ここでは、破産者の代理人である弁護士が被告を含む債権者一般に対して債務整理開始通知（受任通知）を送付した行為が破産法一六二条一項一号イおよび三項にいう「支払の停止」に該当するかが問題となった。

判旨は、破産法一六二条一項一号イおよび三項にいう「支払の停止」とは、債務者が、支払能力を欠くために一般的かつ継続的に債務の支払をすることができないと考えて、その旨を明示的または黙示的に外部に表示する行為をいうものと解される（最判昭和六〇・二・一四集民一四四号一〇九頁参照）としたうえで、本件通知には、債務者が自らの債務の支払の猶予または減免等についての事務である債務整理を法律事務の専門家である弁護士らに委任した旨の記載がされており、また、債務者の代理人である当該弁護士らが債権者一般に宛てて債務者等への連絡および取立行為の中止を求めるなど債務につき統一的かつ公平な弁済を図ろうとしている旨をうかがわせる記載がされていたとして、債務者が単なる給与所得者であり広く事業を営む者ではないという本件の事情を考慮し、本件通知は黙示的な「支払の停止」（破一六二条一項一号イおよび三項）に該当すると判示した。

本稿で先に検討した支払停止の外部への表示性との関係でも、弁護士による債務整理の受任通知をもって明示または黙示の支払停止に該当するという本判決の立場に賛成する。

なお、本判決には、対象となった債務者が「単なる給与所得者であり広く事業を営む者ではないという本件の事情を考慮すると」と判示している点に関連して、須藤正彦判事の補足意見が付されている。同補足意見は、「一定規模以上の企業、特に、多額の債務を負い経営難に陥ったが、有用な経営資源があるなどの理由により、再建計画が策定され窮境の解消が図られるような債務整理の場合において、金融機関等に『一時停止』の通知等がされたりするときは、『支払の停止』の肯定には慎重さが要求されよう」とし、その理由として「このようなときは、合理的で実現可能性が高く、金融機関等との間で合意に達する蓋然性が高い再建計画が策定、提示されて、これに基づく弁済が予定され、したがって、一般的かつ継続的に債務の支払をすることができないとはいえないことも少なくないからであ

る」と指摘する。(41)

しかし、かかる論法には、いくつかの疑問がある。第一は、現在の通説的見解によれば、支払停止概念は一回的行為であるから、一時停止の通知があった時点で当該通知が支払停止に該当するか否かの判断に迫られることとなるのが論理的帰結である。その意味で、合理的で実現可能性が高い再建計画の策定・提示といった事情は支払停止該当性の判断時点では考慮に入れることが困難であるという点である。第二に、支払停止の危機時期確定機能に照らして、再建計画の合理性や実現可能性の有無といった実質的な要素を取り入れることは、支払停止概念を過度に規範化するものであるという点である。(42)むしろ、支払停止概念は行為性と継続性を有する複合概念であると捉える本稿の立場からは、弁護士による債務整理通知を債権者一般に対して送付する行為は、支払停止に該当するとしたうえで、その後の合理的な再建の策定・提示によって債務整理の進行に合わせて主要債権者との間で合意を取り付けた場合には、かかる事実は支払停止の継続性を否定する評価障害事実として位置付け、相手方がこの主張立証に奏効した場合は、もはや当該通知による支払停止は継続性を喪失し、当該時点で支払停止が解消したものと構成し、相手方は破産管財人による否認権行使を回避できることとなると解する。

2　事業再生ＡＤＲと支払停止

事業再生ＡＤＲ手続との関係で債務免除要請行為や一時停止の要請通知(43)が支払停止に該当するかが問題となる。近時、事業再生ＡＤＲ手続の申請に向けた債務の支払猶予等の要請は、支払停止に該当しないとする決定例（東京地決平成二三・一一・二四金法一九四〇号一四八頁）が存在する。前記決定は、支払猶予等の要請であっても、合理性のある再建方針や再建計画が主要な債権者に示され、これが債権者に受け入れられる蓋然性があると認められる場合には、「支払の停止」に当たらないと解するのが相当であるところ、本件の事案はそのような事案であるとして、「支払の停止」に該当しないとしている。しかし、先に指摘したように支払停止は、規範的要件であるがその機能に照らして過度に規範性を盛り込むべきではない。前記決定がいう「合理性のある再建方針や再建計画」か否かは、支払猶予等の要請行為があった時点で債権者は判断できないであろう。さらに、前記決定の「合理性」や「これが債権者に受け入れられる蓋然性」とは、どの程度の内容を意味するのか必ずしも明らかでなく、債権者がこれを判断することは、困難であり現実的ではない(44)。このような理解は、支払停止概念に過度に規範性を盛り込む解釈であり、合理性を欠くといわざるを得ないと考える(45)。

本件では、事業再生ADR期間中の支払猶予と資金手当を要請した説明が果たして支払停止に該当するか否かが問題とされたが、むしろかかる行為は近日中に事業再生ADRの利用申請を予定したうえで、一定期間の支払猶予を得てその間に資力の回復を図り債務の履行を可能とするための協力を要請したものであり、当時の状況に照らし、性質上、客観的にみて支払停止には該当しないと考える。さらに、事業再生ADRにおける一時停止の通知は、特定認証紛争解決事業者である事業再生実務家協会による事業再生ADR手続では、協会と債務者が連名で一時停止の申し出を行うものであり（事業再生に係る認証紛争解決事業者の認定等に関する省令七条）、その前提として厳密な審査手続を経ることが必要となる。事業再生ADRにおける一時停止の通知は、通知の後のADR手続によって事業再生の見込みがあるとの認識を協会が示すものであり、債務者が支払不能であることを外部に表示するものではなく、やはりかかる性質上、客観的にみて支払停止に該当しないと解すべきである(46)。

(41) 伊藤眞「債務免除等要請行為と支払停止概念」NBL六七〇号（一九九九）一五頁以下、同「第三極としての事業再生ADR」金法一八七四号（二〇〇九）一四四頁以下。杉山悦子「判批」ジュリ一一八八号（二〇〇〇）八四頁以下。なお、清水・前掲注（24）一八二頁は、支払停止が問題とする客観的外形的行為は、債務者の主観の顕れとしての行為である以上、どのような主観が顕れた行為であるかを検討すべきであるとする。

(42) 松下・前掲注（3）二五五頁は、「債務者の行為という本来は外形的に判断可能な事柄について、一部免除や猶予の申出（再建計画案）の合理性や債権者による受け入れの蓋然性という実質的な、あるいは規範的は判断を持ち込むのは適切でないと考える」と指摘する。本稿も同様の問題意識を有する立場であり、賛成である。

(43) 産業競争力強化法五一条一項の規定に基づく認証紛争解決事業者の認定等に関する省令七条参照。
(44) 一時停止の要請行為の法的性質を踏まえ、私的整理の法理の再構築と法的整理の協働に関する規律を論じるものとして、伊藤・前掲注(37)三〇頁以下がある。同論文は、一時停止の要請の受容等を支払停止の評価障害事実と位置付け考察する点で本稿と共通する。もっとも、支払停止を一回的行為と解したうえで、その後の事情の変化を事後的に評価障害事実として斟酌するとなれば、法的安定性との関係でさらなる議論が必要となると考える。
(45) 増田勝久「偏頗行為否認に関する近時の問題点」田原睦夫先生古稀・最高裁判事退官記念・現代民事法の実務と理論(下)(二〇一三)二八八頁。なお、難波孝一「事業再生ADRから会社更生手続に移行した場合の諸問題」松嶋英機弁護士古稀記念・時代をリードする再生論(二〇一三)二三五頁。
(46) 伊藤・前掲注(41)(金法一八七四号)一四四頁は、一時停止の要請通知は、事業再生の見込みの存在と停止の必要性とを協会が公証したものであり、銀行取引約定における期限の利益喪失事由には該当しないと説明する。中森亘「私的整理から法的整理への移行における諸問題」「倒産と金融」実務研究会編・倒産と金融(二〇一三)三六三頁も同様。また、田頭章一「事業再生ADRと法的整理の関係について」法の支配一七〇号(二〇一三)五〇頁は、支払停止該当性の判断における予測可能性の観点の重要性を指摘する。なお、この問題の背景には、実務上、支払停止を債務者の期限の利益喪失事由とする場面が多く存在し、弁済猶予の申し出や事業再生ADRにおける一時停止の通知が支払停止に該当すると解すると再生に困難を来すという不都合性が存在している。この点について清水・前掲注(24)一八四頁。

(追記)

伊藤眞教授の法律学が、学界および実務界を常に先導し、多大な影響を与え続けるのは、教授の学問の根底に絶えず問題の本質を見極めようとする崇高な精神と、人間に対する深遠で敬虔な愛情が存在するからに他ならない。長年のご指導に対する深甚なる感謝の念と共に、今後の末永きご活躍を祈念し、伊藤眞教授の古稀を心よりお祝い申し上げる。

倒産手続開始後の相手方契約当事者の契約解除権と相殺権

岡　正　晶

一　はじめに

二　倒産手続開始後の相手方契約当事者の契約解除権

三　倒産手続開始後の契約解除に伴う損害賠償請求権等を自働債権とする相殺権

一　はじめに

破産者等倒産者[1]と契約を締結していた相手方当事者は、倒産手続開始時までに適法に契約解除権を取得していた場合には倒産手続開始後に契約解除をできるが、そうでない場合は、倒産手続開始後に倒産者の履行不能を理由として契約を法定解除することはできないとするのが通説[2]である。さらに近時、売主が買主に信用供与していた売買契約（目的物引渡済み、代金後払い）の買主倒産事案では、相手方契約当事者である売主は、買主の倒産手続開始前に契約解除権を取得していたとしても、解除権を行使できないと解する見解[3]が発表された。

本稿は、これらの見解と異なり、相手方契約当事者は、倒産手続開始後でも、倒産者の履行不能（倒産手続開始による履行不能も含む）を認定できる場合には、それを理由として、契約解除権を取得・行使できると解すべきである、そう解しても公平な結果が得られるという見解を提示するものである。

また、近時、請負人の破産管財人が請負契約四件を破産法五三条一項に基づき解除した場合に、相手方契約当事者（注文者）は、その解除によって取得する損害賠償請求権（破産債権、破五四条一項）を、その四件の請負契約に基づき破産者に対して負担する債務（既施工部分にかかる報酬支払債務）と相殺することはできないと判断した下級審判決[4]が現れた。しかしこの考え方は支持できない。本稿は、相手方契約当事者は、破産法五三条一項等による解除であれ、自ら行う法定解除であれ、その解除に伴う損害賠償請求権（倒産債権）と、同一の契約に基づき倒産者に対して負担する報酬支払債務とを、倒産手続開始後に相殺できるという見解を提示するものである。

（1）　本稿では、倒産者とは、破産者、再生債務者、更生会社を意味する。倒産手続開始決定とは、破産、民事再生、会社更生の各手続開始決定を意味する。厳密には各手続毎に違いが生じうるが、本稿では最大公約数的なレベルで検討を行った。手続毎に違いが生じる問題については今後引き続き検討したい。

（2） 福永有利「倒産手続と契約解除権」竹下守夫先生古稀祝賀・権利実現過程の基本構造（二〇〇二）六九〇頁。
（3） 中西正「破産管財人の実体法上の地位」田原睦夫先生古稀・最高裁判事退官記念・現代民事法の実務と理論（下）（二〇一三）四一一頁。
（4） 東京地判平成二四・三・二三金法一九六九号一二二頁、札幌地判平成二五・三・二七金法一九七二号一〇四頁。

二　倒産手続開始後の相手方契約当事者の契約解除権

1　相手方契約当事者による法定解除を認めない見解とその検討

(1) 通説が指摘する理由は次の二つと考えられる。

(ア) 倒産者の債務（相手方にとっての倒産債権）が履行不能となっても、法律に基づく履行禁止であるから、倒産者側の「責めに帰すべき事由によらない」ので、法定解除権は発生しない。(5)

(イ) 倒産手続開始後は、倒産手続によらなければ倒産債権を行使することができない（破一〇〇条一項）、また（再生・更生）計画の定めるところによらなければ、弁済を受け、その他これを消滅させる行為（免除を除く）をすることができない（民再八五条一項、会更四七条一項）と定められているところ、相手方契約当事者による契約解除は、「債権の行使」または「倒産債権を消滅させる行為」にあたるので、行うことができない。(6)

しかしいずれも理由がないと考える。

(2) まず、(1)(ア)に関し、債務者に帰責事由がなくとも債務不履行解除を認めるべきであるという見解が、近時、民法学界で有力であり、民法（債権関係）改正項目にもなる見込みである。法制審議会民法（債権関係）部会資料六八Aの二六頁は次のように言う。

「そのような解除権の制限の法理（継続的契約に関する法理など――筆者注）とは別に、当該債務不履行が債務者の責めに帰することができない事由によるものであることのみをもって債務不履行による解除を否定することは、現代の取引社会における適時かつ迅速な代替取引の必要性[7]や、債務不履行解除の制度が債務者に対して債務不履行責任を追及するためのものではなく債権者に対して契約の拘束力からの解放を認めるためのものであることに照らせば、正当化することが困難である。債務の不履行がたとえ不可抗力によるものであったとしても、債務不履行解除の持つ機能や制度目的に照らせば、そのことのみをもって解除を否定するのは相当でないと考えられる。」

説得力のある合理的な見解である。債務の履行不能が法律による弁済禁止であっても同様と考える。例えば売買契約の買主（金銭債務者）倒産の場合、買主の残代金支払債務が弁済禁止（履行不能）になるが、契約が存続しているならば、売主は、目的物引渡債務（ただし残代金支払と同時履行の抗弁権付き）を負い続け、「両すくみ状態」のまま、当該目的物を他に売却するなどの代替取引をすることができない。これは売主を不当に拘束するものであり正当でない。また請負契約の請負人（役務提供者）倒産の場合で、請負人による工事の続行・完成が客観的に見て履行不能で、平時であれば相手方契約当事者である注文者から契約解除できるような場合に[8]、請負人に倒産手続が開始されていること一事をもって契約解除不可（代替取引への転換不可）と解することは、正当でない。なおこの場合の履行不能は法律による禁止ではないので、厳密には(1)(ア)の対象でなく、後記(3)(4)の論点と考えられる。

(3)　前述の買主倒産の場合のような「両すくみ状態」が生じるのは、倒産手続開始時に双方未履行になっている双務契約の場合である。倒産法は、この場合、倒産者側に契約解除か履行かの選択権を付与している（破五三条等）。この付与は、このような「両すくみ状態」を倒産者側のイニシアチブでのみ解決する趣旨であるので、この観点から、（少なくとも双方未履行双務契約につき）相手方契約当事者の解除権は否定されるべきであるとの見解がある。

しかし、この付与は、倒産者側のイニシアチブで「両すくみ状態」を合理的に解決するツールを創設することが目的・趣旨であり、相手方契約当事者の解除権を全面的に封じるまでの趣旨・目的はないと解するのが相当である[9]。そこまで封ずる合理的実質的な理由はなく、文言上もそのような禁止まで行っているとは読み取れない。

よって相手方契約当事者は、双方未履行双務契約の場合でも、倒産手続開始後の事情（特に再建型倒産手続で債務者が履行選択した場合には、共益債権の履行可能性などの事情）も踏まえて、実体法上の解除要件（重大な契約不履行といえない場合には解除要件がないと判断される）[10]があると認められる場合には、契約を解除できると解するのが相当である。[11]なお倒産者側から先に、破産法五三条等に基づき適法に解除した場合は、その解除が優先する。[12]

(4) 次に(1)(イ)に関し、破産法一〇〇条、民事再生法八五条等が、倒産者の債務不履行（法律による弁済禁止を含む）を理由とする倒産債権者による契約解除を禁止しているか否かを検討する。

民事再生法八五条と同じ文言の旧会社更生法一一二条につき、三ケ月章ほか・条解会社更生法（中）（一九七三）三七三頁は、「更生手続で予定している方法以外の方法で、更生債権の満足を得る行為はすべて禁止される。弁済、代物弁済、更改、管財人よりする相殺及び供託がこれにあたる。更生債権の強制的取立による満足も禁止される」旨解説しているが、相手方契約当事者による契約解除が禁止されるとは記述していない。調査した限り、破産法、民事再生法、会社更生法の教科書、コンメンタールにも、契約解除が禁止されると明記したものはなかった。

倒産法の趣旨からいっても、破産法一〇〇条、民事再生法八五条等は、「倒産手続によらないで倒産債権の満足を得る」行為を禁止していると解するのが相当である。

とすれば、相手方契約当事者による契約解除が、「倒産手続によらないで倒産債権の満足を得る」結果をもたらすのか否かを、検討する必要がある。それを次項で行う。

結論を先取りすれば、相手方契約当事者による契約解除を認めても、破産管財人・再生債務者の第三者性の議論等によって、「倒産債権の満足を得る」結果はもたらされない。(1)(イ)の理由によって、相手方契約当事者の契約解除権を否定することは相当でないと考える。[13]

2　相手方契約当事者による契約解除を認めた場合の具体的検討

(1)　売買契約における買主（金銭債務者）の倒産（図のA）

(a)　相手方契約当事者である売主が契約解除した場合、売主は、目的物の返還請求権と受領済み代金の返還債務を負う。ただし目的物の返還請求権については、倒産管財人が民法五四五条一項但し書きの「第三者」にあたると解されているので、現物の返還請求はできず、価額償還請求（倒産債権）しかできないと解されている[14]。

目的物の価額が一〇〇で全部引渡済み、代金債権一〇〇のうち七〇支払済み、三〇未払いの事案で、目的物の価額が一〇〇で変動していないケースを想定する。契約解除した場合、売主は、一〇〇の償還請求権（倒産債権）と七〇の受領済み代金の返還債務を取得・負担する。この債権債務は、両当事者の原状回復義務であり、民法五四六条により同時履行関係に立つもので、結びつきは強い。またこの七〇の返還債務は、倒産手続開始時に、契約解除を条件とする債務として既に存在していたと解するのが相当であるので、売主は相殺できると解する（理由の詳細については後記(b)参照[15]）。とすれば、売主は相殺後の三〇の倒産債権を主張できるだけであり、契約解除をしない場合（残代金三〇の倒産債権のみ）と同じ立場になるだけである。「倒産手続によらないで倒産債権の満足を得る」結果はもたらさない。したがって、1(1)(イ)の議論は理由がない。

なお目的物が解除時までに値下がりしていた事案では、売主は、値下がり後の金額でしか価額償還請求できないが、値下がり相当額につき損害賠償請求権（倒産債権）を取得する[16]（その相殺問題については後記三参照）。逆に目的物が解除時までに値上がりしていた事案では、売主はその増額分だけ多い償還請求権（倒産債権）を取得すると考えられる。いずれの場合も、倒産債権の金額の増減で公平を図る妥当な帰結であり、倒産債権の満足を得る結果はもたらさない。

(b)　中西正教授は、破産手続開始前に売主が契約解除権を取得していた事案についての論述であるが、右の見解のうち、売主が原状回復義務たる受領済み代金の返還債務と目的物の価額償還請求権とを相殺できるとする点を消極に解し、そうだとすればかえって売主に不利益を与えることになるので、そもそも売主は契約解除権を行使できないと解するのが妥当と主張される。[17]

しかし、売主が契約解除によって負担する原状回復債務（受領済み代金の返還債務）は、倒産手続開始時の客観的状態（買主の債務不履行）を基礎に、解除の意思表示によって現実化する債務であって、倒産法上の条件付債務[18]と評価するのが妥当である。加えてこの債務と自働債権である価額償還請求権とは、同一の契約に基づく一対の原状回復債務であり、同時履行関係にもある結びつきが強い債権債務[19]である。実質的・経済的には相互に負う債務につきその間に等価関係をもたらす機能を持つものというべきである。この売主の代金返還債務（倒産者（買主）側から見れば債権（倒産者の財産））については、総倒産債権者より当該売主の方が遥かに強い利害関係を有しており、売主のこの債権債務の相殺に対する期待は合理的というべきであり、その相殺は総倒産債権者の利益・期待を不当に害するとはいえないと考える。むしろ両者間の関係を切断し、代金返還請求権を倒産者の責任財産に組み込むことは、総倒産債権者に「棚ボタ利益」を与えることになると考えられる。[20]よって倒産法上、相殺は許されると解するのが相当である。

また目的物の価額が変動する事案では、解除を認めた方が合理的な解決を得られる。相手方契約当事者は解除権行使を許されず、残代金を倒産債権として請求できるだけとの見解では、前述した値下がり・値上がり事案における公平な結論を導き出せない。これらの理由から中西説は支持できない。

ただ実務では、目的物引渡済みの事案で、売主が契約解除をする事案はまずない。目的物の価額が約定代金と同じで変動がなければ、結論（届出すべき倒産債権の金額）に差異がないからである。

(2) 売買契約における売主の倒産（図のB）

(a) 相手方契約当事者である買主が契約解除した場合、買主は、支払済み代金の返還請求権（倒産債権）と受領済み目的物の返還債務を負う。両者は同時履行関係に立つ（民五四六条）。要件を満たす場合は、買主は目的物につき商事留置権を有する。

買主が、目的物たる不動産の引渡しは受けていたが移転登記は未了で、代金一〇〇のうち七〇支払済み、三〇未払

図　契約及び倒産当事者のパターン毎検討表

記号	契約・倒産当事者のパターン	倒産手続開始時に相手方が有する債権債務	相手方が契約解除した場合に相手方が有する権利義務
A	売　主（相手方） ↓ 代金請求権 《買主の倒産》	債権：代金請求権（倒産債権） 債務：目的物引渡債務（同時履行抗弁権付き債務）	権利：目的物返還請求権 義務：受領済み代金返還債務（同時履行抗弁権付き債務） 損害賠償請求権：目的物が値下がりした場合など
B	買　主（相手方） ↓ 目的物引渡請求権 《売主の倒産》	債権：目的物引渡請求権 債務：代金支払債務（同時履行抗弁権付き債務）	権利：支払済み代金返還請求権（倒産債権） 義務：受領済み目的物返還債務（同時履行抗弁権付き債務） 損害賠償請求権：目的物が値上がりした場合など
C	請負人（相手方） ↓ 報酬請求権 《注文者の倒産》	債権：報酬請求権（倒産債権） 債務：仕事引渡債務（同時履行抗弁権付き債務）＋瑕疵修補債務	《既施工部分》 「可分＋当事者が給付に関し利益を有するとき」は，特段の事情のない限り，解除不可 《未施工部分のみの解除》 権利：返還請求権はない 義務：受領済み報酬の返還債務 損害賠償請求権：手配済みの原料代など
D	注文者（相手方） ↓ 仕事引渡請求権 《請負人の倒産》	債権：仕事引渡請求権＋瑕疵修補請求権（＋追加費用損害賠償請求権） 債務：報酬支払債務（同時履行抗弁権付き債務）	《既施工部分》 「可分＋当事者が給付に関し利益を有するとき」は，特段の事情のない限り，解除不可 《未施工部分のみの解除》 権利：支払済み代金の返還請求権（倒産債権） 義務：未施工部分にかかる返還債務はない 損害賠償請求権：追加費用など

いの状態で倒産手続開始決定を受けた事案を想定する。

まず解除しない場合を検討する。買主は、移転登記未了のため、倒産管財人側（民法一七七条の「第三者」にあたると解されている）に対して、移転登記を求めることができない[21]。移転登記請求権は履行不能となり損害賠償請求権に転化し、目的物の価額が一〇〇で変動していないケースでは、一〇〇の金銭債権（倒産債権）になると考えられる。そして未払代金債務三〇（手続開始時に存在しているもの）との相殺が許されると解されるので、差し引き七〇の倒産債権を有することになる。そしてこの類型においては、倒産管財人側は、棚ボタ的利益ではあるが、買主に対して目的物の引渡しを求めることができる。これに対し、相手方契約当事者である買主は、前記七〇の倒産債権との同時履行関係を主張できるであろうか。難問であるが、この倒産管財人側が行う引渡請求は、実質的には、倒産管財人等に付与された双方未履行双務契約の特別の解除権（破五三条一項等）の行使に準ずるものと考えるのが相当ではないか。そう解すれば、倒産管財人側は目的物の返還請求をする代わりに、受領済み代金七〇の返還債務を財団債権として負い（破五四条二項等）、またこの両者は同時履行関係に立つので、買主は七〇の倒産債権を優先的に回収できると考えられる。この結論は公平である。

次に、買主が契約解除した場合を検討する。買主は、七〇の支払済み代金の返還請求権（倒産債権）と受領済み目的物の返還債務を取得・負担する。この債権債務は民法五四六条により同時履行関係に立つ。したがって倒産管財人側が目的物の返還請求を望む場合は、買主は七〇の倒産債権につき優先的に回収できる。この結論は、前述の見解を採れば契約解除をしない場合と同じである。この類型においても相手方契約当事者による契約解除は「倒産手続によらないで倒産債権の満足を得る」結果はもたらさない。よって、ここでも1(1)(イ)の議論は理由がない。

(b)　この局面は、売主倒産の所有権移転型取引において対抗要件否認がなされた場合にも事後的に出現する。買主が、代金を全額支払い、目的物たる不動産につき登記も引渡しも受けていたが、倒産手続開始後に対抗要件否認により移転登記を抹消された事案を想定する。

この場合、筆者はかつて、買主が、売主（倒産者）の移転登記義務不履行を理由に売買契約を解除できる、買主は支払済み代金の返還請求権（倒産債権）と受領済み目的物の返還債務を取得・負担し、両者は同時履行関係に立つので、売主（倒産者）が目的物の返還を求める限り、買主は代金返還請求権を優先的に回収できる、との見解を提示した。(22)

右見解が賛同を得られないとしても、前述のとおり、売主の倒産管財人側が行う（対抗要件否認の後の）目的物返還請求は、倒産管財人等に付与された双方未履行双務契約の特別の解除権（破五三条一項等）の行使に準ずるものと考えるのが相当である。こう解すれば、対抗要件否認をされた買主も、倒産者側が受領済み代金の返還債務を財団債権として負う（同時履行関係にも立つ）ので（破五四条二項等）、支払済み代金の返還請求権を優先的に回収でき、公平な結果をもたらすことができる。

(3)　請負契約における注文者（金銭債務者）の倒産（図のC）

(a)　請負契約の工事完成前に注文者に倒産手続が開始された場合、その時点では報酬支払債務の弁済期が到来していない（債務不履行が生じていない）ことが通常で、その場合には相手方契約当事者である請負人から債務不履行解除はできない。(23) これを踏まえて民法六四二条は、注文者の破産の場合に、請負人に契約解除権を特別に付与している。(24) 破産手続においては、相手方契約当事者たる請負人が、破産手続開始後に、破産手続開始を理由として契約解除できることが、立法で明らかにされているのである。なお解除の効果については特別な規定が設けられていないので、一般の債務不履行解除と同様と考えられる（損害賠償請求権に関する特則については後述）。

他方再建型倒産手続においては、注文者の履行不能を理由とする契約解除の実体要件が満たされる場面は極めて少ないと考えられる。倒産者（注文者）の将来の報酬支払債務（再生債務者が履行選択すれば共益債権になる（なお範囲については争いがある））につき、履行不能が客観的に明らかといえる場合に限られよう。

なお請負契約については、いかなる理由による中途終了であっても（請負人の債務不履行による解除の場合であっても）、

「工事内容が可分であり、しかも当事者が既施工部分の給付に関し利益を有するときは」既施工部分については契約解除はできないと解するのが通説・判例であり、民法(25)（債権関係）改正項目にもなる見込みである。(26)この理は民法六四二条に基づく請負人からの解除についても同様と解される。工事内容が可分でない請負契約ももちろんあるが、実務で問題となるのは、多くが、工事内容が可分と解される建築請負契約である。本稿ではそれを対象に検討する。

(b) 解除が許されない既施工部分についてまず検討する。

相手方契約当事者である請負人は、既施工部分に関する報酬請求権（倒産債権）を取得し、既施工部分の引渡債務を負い、両者は同時履行関係に立つ。既施工部分が引渡し前であれば、請負人は同時履行の抗弁権によって優先回収できるが、引渡し済みであれば倒産債権としての按分弁済を受けるにとどまる。

請負人は、既施工部分についても契約関係の拘束を受け続けるので、既施工部分に関する瑕疵修補債務を負い続ける。請負人がその部分に関する報酬を全額回収できた場合は問題ないが、請負人が報酬の一部しか弁済を受けられなかった事案では、瑕疵修補債務は減縮されると解すべきである。双務契約の対価均衡性を踏まえると、請負人は、受領した按分弁済額を上限として、既施工部分の価値を担保する（補修する）債務を負うにとどまると解すべきである。

(c) 次に未施工部分につき請負人が民法六四二条に基づき行う解除につき検討する。

相手方契約当事者である請負人は、未施工部分の施工義務から解放され、注文者（倒産者）も当該部分の報酬支払義務は負わなくなる。未施工部分に関するお互いの将来約束を破棄するだけであり、請負人に「倒産債権の満足を得る」結果をもたらすものではない。よってこの場面でも1(1)(イ)の議論は理由がない。

なお請負人が、前払金を受領していた場合には、解除に伴う原状回復義務として倒産者側に返還債務を負う。

請負人が、未施工部分に関し原材料調達等をしていた場合でも、既施工部分にかかる費用（報酬と別枠請求できる旨の約定がある場合に限る）と評価できる部分については、破産債権として請求できる（民六四二条一項）。

請負人の倒産者（注文者）に対する損害賠償請求権については、民法六四二条二項によって、立法的に行使を否定されている。ただこの否定は、同条に基づく解除、すなわち注文者の破産手続開始を理由として行う解除に設けられた特則である。したがって再建型手続において、請負人が一般の債務不履行解除を適法に行った場合には、同条の制約はなく、損害賠償請求権を倒産債権として行使できる。

このような損害賠償請求権（いずれも倒産債権）を、解除に伴う原状回復義務である前払金等返還債務と相殺できるかについては、後記三で検討する。

(4) 請負契約における請負人の倒産（図のD）

(a) まず解除が許されない既施工部分について検討する。

相手方契約当事者である注文者は、既施工部分の引渡請求権を取得し、その部分にかかる報酬支払債務を負う。両者は同時履行関係に立つ。通常は、報酬後払いなので、注文者は、自分に利益となる既施工部分の引渡しと引き換えにのみ報酬を支払えば足りる。

なお実務においては、この報酬をいくらと算定するかが、重大問題である。「約定報酬金額×出来高割合」で算定するのが基本であるが（請負人の利益部分が含まれる結果となる点につき若干の疑問がある）、次の二点がしばしば問題になる。①注文者は既施工部分の引渡しを受けて、他の業者に続行工事をさせることになるが、通常「追加費用（損害）」がかかる。これを報酬から控除できるか。②既施工部分につき、将来瑕疵修補請求権が生じる可能性がある。建築・土木工事等の場合、瑕疵が判明するのは引渡し後ある程度時間が経過した後のことが多い。この担保をどうできるか、である。

右①につき、三つの見解が成り立ちうる。支払うべき報酬の算定に際し考慮できる（控除できる）とする見解、報酬とは別の損害賠償請求権になるが報酬支払債務と相殺できるとする見解、別途損害賠償請求できるにとどまりかつ報酬支払債務と相殺はできないとする見解である。この点につき、一で指摘したとおり、近時、最後の見解を採る下級審判決が現れた。しかし賛成できない。工事が中途終了した場合、しかも請負人に倒産手続が開始されたことが原因で中途終了した場合、工事未完成である以上、請負人は報酬請求できないのが大原則である。しかし「注文者にとって利益がある場合」に限って、公平の理念から、報酬請求を認めるのが通説・判例である。最後の見解を採れば、注文者にとって利益とならない施工部分の押しつけとなる。これは中途終了の場合に報酬請求を認める趣旨に明らかに反する。この趣旨に照らせば、最初の見解が相当と考える。大阪地判平成一七・一・二六判時一九一三号一〇六頁も、再生債務者たる請負人が民事再生法四九条に基づき契約解除した事案についてであるが、追加費用が大きく既施工部分を考慮してもなお損害が生じている場合には、報酬請求をすることはできないと判示した。最初の見解を採用したものと思われる。相殺の可否については後記三で検討する。

右②については、相手方契約当事者である注文者は、報酬支払債務と瑕疵修補請求権とを相殺適状になった時点で相殺できる権利を有していると解する。報酬支払債務は倒産手続開始時に発生（負担）している債務であり、瑕疵修補請求権も停止条件付ではあるものの倒産手続開始時に既に取得している倒産債権と考えられるからである。両者間には、最判昭和五三・九・二一（前掲注（19））が述べるような強い結び付きがあり、より一層相殺は認められるべきである。よって注文者に将来相殺できる権利があることを踏まえて、事案に応じた合理的な解決を実務で工夫するべきである（一定期間一定金額を留保するとか、統計等に基づき一定金額値引きするなど）。

(b)　次に未施工部分につき注文者が行う解除について検討する。

まず相手方契約当事者たる注文者に解除権が生じるのは、請負人に倒産手続が開始された事実だけでは十分でなく、請負人による今後の工事続行・完成は不能であること（履行不能）が明らかとなった場合に限られる。その要件がある場合において注文者が契約解除した場合、注文者は、未施工部分の引取り義務および報酬支払義務から解放され、請負人（倒産者側）は、未施工部分につき工事を続行する権利および報酬を請求する権利を失う。未施工部分に関するお互いの将来約束を破棄するだけであり、注文者に「倒産債権の満足を得る」結果をもたらすものではない。よってこの場面でも1(1)(イ)の議論は理由がない。

なお注文者が請負人（倒産者側）に未施工部分にかかる前払金を支払っていた場合には、解除に伴う原状回復請求権として、前払金返還請求権を取得する。これは倒産債権となる（その相殺問題については後記三参照）。この点、倒産者側が双方未履行双務契約として解除した場合は、この前払金返還請求権（原状回復請求権）は、破産法五四条二項等によって財団債権・共益債権となるが（ただし反対する解釈論・立法論が多い[27]）、これは倒産法が特別に付与した効果であり、相手方契約当事者が倒産者側の債務不履行を理由として解除した場合には適用はない。この意味で、この類型の場合、相手方契約当事者は、自分から債務不履行解除を行うより、倒産管財人側に破産法五三条等に基づく解除をさせた方が有利となる。相手方契約当事者の解除権を認める方が、倒産者側に有利になるのであって、倒産法がそのような解除を禁止しているとは考え難い。

（5） 福永・前掲注（2）六九〇頁、伊藤眞ほか・条解破産法〈第二版〉（二〇一四）四一二頁(1)(b)、中田裕康「契約当事者の倒産」別冊NBL六〇号・倒産手続と民事実体法（二〇〇〇）二七頁等。

（6） 福永・前掲注（2）六九〇頁。東京地判平成一七・八・二九判タ一二〇六号九〇頁以下は、「会社更生手続や民事再生手続、破産手続が開始され、当該手続における債務者が締結していた契約に約定解除権を留保する旨の規定がある場合、その約定解除権の行使が許容されるのは、その手続開始前に約定解除権発生の要件が充足された場合に限ると解される。しかし、これは、倒産手続の開始後、債権者が手続開始前から有していた債権は、更生債権ないし再生債権として手続内において行使されるべきであり、個別的な権利行使を許すべきではないから、個別的な債権の履行がされないことを理由に解除を認めるのは相当でないとの考慮によるのである」という。

（7） 相手方契約当事者は、契約に拘束される限り、代替取引（売主なら目的物を他へ売却すること、買主なら他から目的物を購入すること）をノーペナルティで行うことができない。債務不履行をされた相手方当事者としては、早く代替取引に切り替えて、時間ロス・損失等を最小限に抑えたいはずであり、それは正当な利益と考えられる。

（8） 双方未履行双務契約の場合で倒産者側が履行選択した場合の問題である。倒産者側（請負人）のみ未履行の場合は、工事続行を求める債権は単純な倒産債権となりその履行・弁済が法律上禁止される。この場合の解除については2(4)(b)で検討する。

（9） 伊藤ほか・前掲注（5）四一一頁(1)。なお同書は、この問題に関連して、本稿二1(1)(ア)の問題（通説に賛成する）、弁済禁止保全処分が出ていた場合の問題、いわゆる倒産解除特約について検討している。

(10) 法制審議会民法（債権関係）部会資料六八Aの二〇頁以下参照。
(11) 赫高規「破産法上の双務契約の規律についての改正提案および解釈論の提案――規律根拠の再検討を踏まえて」倒産法改正研究会編・続々提言倒産法改正（二〇一四）二二四頁も同旨。
(12) 福永・前掲注（2）六八九頁。請負人破産の事案で、破産管財人が破産法五三条一項に基づく解除を先に行った場合、注文者は約款に基づく違約金請求権（注文者が契約解除をした場合に発生する記載されているもの）を取得できないとした高裁判例がある。名古屋高判平成二三・六・二金法一九四四号一二七頁、札幌高判平成二五・八・二二金法一九八一号八二頁。
(13) 筆者としては、中田裕康教授のいう「契約起点思考」と「債権起点思考」の接合と調整を試みたものである（中田裕康「使用貸借の当事者の破産（1）（2）」曹時六六巻二号〔二〇一四〕一頁・六六巻三号〔二〇一四〕一頁）。
(14) 伊藤ほか・前掲注（5）五九一頁。なお取戻権を認める見解、財団債権・共益債権等と解する見解もある。福永・前掲注（2）七〇〇頁。
(15) 福永教授は、この原状回復債務は、倒産手続開始後に生じた（負担した）債務なので、破産債権との相殺はできないとの見解と思われる。福永・前掲注（2）七〇三頁参照（破産法五三条に基づく解除の場合の記述）。
(16) 岡正晶「不動産の値下がり等を理由とする損害賠償金の課税問題」税務事例研究四七号（一九九九）二九頁参照。
(17) 中西・前掲注（3）四一一頁。なお中西教授は、倒産管財人は第三者であるという論理（民法五四五条一項但し書きの適用など）で問題を解決している論点について、そうではなく、当該利害関係人（相手方契約当事者など）の権利は倒産手続上尊重されるべきか（どの程度に尊重されるべきか）という観点から検討・解決すべきである、との鋭い問題提起をされている。
(18) 破産法六七条二項第二文。民事再生法、会社更生法には、条文がないため議論されているが、条件付債務の手続開始後の相殺を認める見解として、山本和彦ほか・倒産法概説〈第二版〉（二〇一〇）二六四頁。なお立法論としては、条件付債務なる概念を用いるのでなく、自働債権側の規律に合わせて、「倒産手続開始前の原因に基づいて生じた債務（ただし他人の債務を引き受けた場合は除く）」なる概念を用いることも考えられる。
(19) 最判昭和五三・九・二一金法八七八号二四頁は、請負契約における注文者の工事代金支払債務と注文者の瑕疵修補に代わる損害賠償請求権の相殺につき、この損害賠償請求権は実質的・経済的には、請負代金を減額し、請負契約の当事者が相互に負う義務につきその間に等価関係をもたらす機能を有する、また両者はともに同一の原因関係に基づく金銭債権であり、この実質関係に着目すると、両債権は同時履行の関係にあるとはいえ、相殺を認めても相手方に不利益を与えることにはならず、むしろ双方の便宜と公平にかない、法律関係を簡明ならしめるゆえんであり、相殺は認められる旨判示した。同時履行関係にある両債権の相殺を認めてよい場合とその場合の留意点につき、谷口知平＝五十嵐清編・新版注釈民法⒀（一九九六）五三〇頁〔沢井裕・清水元〕。

（20）倒産法上の相殺規律については、相殺権者側の期待の内容・程度だけでなく、総倒産債権者側の責任財産に含まれるはずとの期待の内容・程度も検討すべきである。岡正晶「倒産手続開始時に停止条件未成就の債務を受働債権とする相殺」田原古稀・最高裁判事退官（下）・前掲注（3）一五七頁以下参照。

（21）伊藤ほか・前掲注（5）五八〇頁。

（22）岡正晶「対抗要件否認」ジュリ一四五八号（二〇一三）六四頁以下。

（23）履行期前でも債務者が履行しない旨確定的に意思表示した場合は、相手方契約当事者は、契約解除できると解されている（法制審議会民法（債権関係）部会資料六八Aの二七頁参照）。この理に基づけば、注文者の破産により注文者の報酬支払債務の大部分の履行不能が明らかになったとして（注文者の破産管財人が履行選択した場合は除く）、請負人から一般の債務不履行解除をできるとの解釈も成り立ちうる。

（24）幾代通＝広中俊雄編・新版注釈民法⒃（一九八九）一八八頁〔打田畯一・生熊長幸〕。

（25）村田一広「請負工事の中途終了と報酬請求の可否」判タ一一七六号（二〇〇五）九六頁以下。

（26）法制審議会民法（債権関係）部会資料七二Aの一頁以下参照。

（27）最判昭和六二・一一・二六民集四一巻八号一五八五頁。松下淳一「契約関係の処理」別冊NBL六九号・倒産実体法（二〇〇二）四八頁以下参照。

三　倒産手続開始後の契約解除に伴う損害賠償請求権等を自働債権とする相殺権

1　相殺を否定した下級審判決例とその問題点

東京地判平成二四・三・二三金法一九六九号一二二頁（前掲注（4））は、請負人の破産管財人が同一注文者との四件の請負契約を破産法五三条一項に基づき同時解除した事案について、次のような理由に基づき、注文者は、その解除によって生じる損害賠償請求権（追加費用相当額）を自働債権とする相殺（受働債権はその四件の請負契約に基づく報酬支払債務（既施工部分にかかるもの））をすることは、破産法七二条一項一号の類推適用により許されないと判断した。

① 破産法七二条一項一号は、破産手続開始後に実質的価値が下落した破産債権を取得した者による相殺を禁止したもの

② この趣旨からすれば、破産債権者が自ら「新たな」破産債権を取得した場合であっても、同号を類推適用して、相殺は禁止されると解するのが相当

③ 本件で被告（注文者）が主張する債務不履行に基づく損害賠償請求権[28]は、原告（請負人の破産管財人）の法五三条一項に基づく解除によって生じる債権であり、法五四条一項によって破産債権者としての権利行使が認められるものであるから、破産手続開始後に「新たに取得された」破産債権[29]ということになる。

④ 右損害賠償請求権は、破産手続開始前には発生すらしていなかったもので、破産手続開始前に被告がこの請求権を取得していたものと同視することはできないし、被告が保護に値する相殺に対する期待を有していたとも認められない。

しかしこの判断は支持できない。

第一に、②のような広い類推適用は、法の趣旨に反するし、最判平成二四・五・二八民集六六巻七号三一二三頁にも反する。

破産法七二条一項一号の趣旨は右①のとおりであり、その類推適用は、「破産手続開始後に実質的価値が下落した破産債権を取得した」と評価しうる場合に限定されるべきである。それが右最判の採る立場である。すなわち同最判は、債務者（破産者）からの委託を受けて破産手続開始前に保証人になっていた者が、破産手続開始後の保証履行によって「破産手続開始後に取得した自らの事後求償権」による相殺については、破産法七二条一項一号の類推適用を

せず、手続開始後の相殺を許容した。そして無委託保証についてのみ、「破産手続開始後に、破産者の意思に基づくことなく破産手続上破産債権を行使する者が入れ替わった結果相殺適状が生ずる点において」破産法七二条一項一号が禁ずる相殺と異なるところがないとして、類推適用を行い、相殺不可と判断した。法の趣旨に従った慎重な類推適用である。

第二に、③④において本件損害賠償請求権の「取得の時期」だけに着目している点が不当である。倒産法の相殺規律は、自働債権たる倒産債権については「倒産手続開始前の原因に基づいて生じた財産上の請求権」（破二条五項等）に該当さえすれば、相殺可とし、「他人の破産債権の取得」だけを禁じている。したがって、「他人の破産債権の取得」あるいはこれに類似すると評価されるかどうかが決め手である。この「破産手続開始後に他人の破産債権を取得した」と評価しうるか否かについては、「破産手続開始時にどういう法律状態であったか」を検討することが重要と考える。前記最判の事案では、手続開始時にまさしく他人（債権者）の債権として存在していた（それが弁済による代位によって倒産債権者に移転した）のであり、類推適用を検討すべき（できる）事案であった。

第三に、損害賠償請求権者の相殺に対する期待の要保護性につき十分な検討を行っていない（④）。相殺に対する期待の要保護性については、倒産者の財産である債権（ここでは既施工部分の報酬請求権）につき、自働債権者（ここでは注文者）と総倒産債権者の、どちらが、より強い回収期待を客観的に持つかという観点から検討することが重要と考える。

2　追加費用にかかる注文者の損害賠償請求権について

⑴　まず、二2⑷⒜で述べたとおり、注文者に生じた追加費用は、本来、既施工部分の報酬認定の際の減価要因として考慮するのが合理的と考える。

⑵　そうでなく損害賠償請求権になるとしても、次の理由から、破産法七二条一項一号（民事再生法、会社更生法の

対応条文の場合も同様である。以下同じ）の類推適用はなく、倒産手続開始後の相殺は許されると解する。請負人の破産管財人が破産法五三条一項に基づき解除した場合も、相手方契約当事者である注文者が債務不履行解除した場合も同様である。

まず第一に、追加費用にかかる相手方契約当事者たる注文者の損害賠償請求権は、倒産者の債務不履行（未施工部分の工事不能）を理由とするものである。この損害賠償請求権は、本来の履行請求権の拡張ないし内容の変更というべきものであり、本来の履行請求権と法的に同一性を有すると見ることができると解されている（最判平成一〇・四・二四判時一六六一号六六頁）[30]。この点からまず追加費用にかかる損害賠償請求権が「倒産手続開始前の原因（請負契約）に基づいて生じた債権」に該当し、原則として相殺可と解されるべきである。

第二に、「倒産手続開始時の法律状態」は、注文者が請負人（倒産者）に対し本来の履行請求権（工事の続行・完成を求める債権）を有している状態であった。注文者から見れば、倒産手続開始時点においても自分自身の債権であり、倒産手続開始後に債権の内容が変化しただけである。「他人の倒産債権、しかも実質的価値が下落した債権」を「他人から取得」したと評価できるような事情・要素は全くない。加えて、本件債務不履行責任は、破産者の意思に基づく請負契約を原因として発生したものであり、前記平成二四年最判が重要視した「破産者の意思に基づかない点」もない。破産法七二条一項一号の類推適用を認めるべき事実関係はない。

第三に、注文者の相殺に対する期待も合理的というべきであって、相殺を容認することが相当である。注文者の追加費用にかかる損害賠償請求権と、既施工部分に関する報酬支払債務とは、同一の請負契約に基づき、倒産管財人による解除という同一の理由によって、同時に発生した債権債務である。一つの契約を清算するにあたって両当事者に負わされた一対の債務同士であり、原状回復債務同士（二2⑴⒝）に準じるものと評価するのが相当である[31]。注文者の既施工部分に関する報酬支払債務（倒産者側から見れば倒産者の財産）については、総倒産債権者より当該注文者（追加費用にかかる損害賠償請求権者）の方が、遥かに強い利害関係を有しており、注文者のこの債権債務の相殺に対する期待は合理的というべきであり、その相殺は総倒産債権者の利益・期待を不当に害するとはいえないと考える。むしろ両者間の関係を切断し、報酬請求権を倒産者の責任財産に組み込むことは、総倒産債権者に「棚ボタ利益」を与えることになると考える。

3 その他の損害賠償請求権等について

(1) 売買契約の買主（金銭債務者）倒産事案の、値下がり相当額の損害賠償請求権（二2(1)、図のA） この損害賠償請求権も、相手方契約当事者である売主が、倒産手続開始時に有していた本来の履行請求権が「拡張ないし内容変更」したものである。この損害賠償請求権は、倒産債権の定義に該当し、かつ「倒産手続開始時の法律状態」は自分自身の債権（代金請求権）である。「他人の倒産債権、しかも実質的価値が下落した債権」を「他人から取得」したと評価できるような事情・要素はない。破産法七二条一項一号等の類推適用を認めるべき事実関係はない。

加えてこの損害賠償請求権と、受働債権として想定される「受領済み代金返還債務」とは、同一の契約に基づき、契約解除という同一の理由によって、同時に発生した債権債務である。一つの契約を清算するにあたって両当事者に負わされた一対の債務同士であり、原状回復債務同士（二2(1)(b)）に準じるものと評価するのが相当と考える。この理由から、相手方契約当事者である売主が持つ、この両者の相殺に対する期待は合理的というべきであり、その相殺は総倒産債権者の利益・期待を不当に害するとはいえないと考える。

よって倒産手続開始後の右記相殺は許されると解する。

(2) 請負契約の注文者（金銭債務者）倒産で、民法六四二条二項の適用がない民事再生の事例における、未施工部分のために原材料等を先行調達等していた場合の損害賠償請求権（二2(3)、図のC） この損害賠償請求権も、相手方契約当事者である請負人が、倒産手続開始時に有していた本来の履行請求権が「拡張ないし内容変更」したものである。この損害賠償請求権は、倒産債権の定義に該当し、かつ「倒産手続開始時の法律状態」は自分自身の債権

（報酬請求権）である。「他人の倒産債権、しかも実質的価値が下落した債権」を「他人から取得」したと評価できるような事情・要素はない。破産法七二条一項一号等の類推適用を認めるべき事実関係はない。

加えてこの損害賠償請求権と、受働債権として想定される「受領済み報酬返還債務」とは、同一の契約に基づき、契約解除という同一の理由によって、同時に発生した債権債務である。一つの契約を清算するにあたって両当事者に負わされた一対の債務同士であり、原状回復債務同士（二2(1)(b)）に準じるものと評価するのが相当と考える。相手方契約当事者である請負人が持つ、この両者の相殺に対する期待は合理的というべきであり、その相殺は総倒産債権者の利益・期待を不当に害するとはいえないと考える。

よって倒産手続開始後の右記相殺は許されると解する。

(3)　請負契約の請負人倒産で、注文者が債務不履行解除をした場合の、未施工部分にかかる原状回復請求権たる前払金返還請求権（二2(4)、図のD）　これは損害賠償請求権でなく、同時履行関係となる相手方の原状回復義務がない、単独の原状回復請求権である。しかしこの原状回復請求権も、相手方契約当事者である注文者が、倒産手続開始時に有していた本来の履行請求権が「拡張ないし内容変更」したものである。この原状回復請求権も、倒産債権の定義に該当し、かつ「倒産手続開始時の法律状態」は自分自身の債権（工事の続行を求める債権）である。「他人の倒産債権、しかも実質的価値が下落した債権」を「他人から取得」したと評価できるような事情・要素はない。破産法七二条一項一号等の類推適用を認めるべき事実関係はない。

加えてこの原状回復請求権と、受働債権として想定される「既施工部分にかかる報酬支払債務」とは、同一の契約に基づき、契約解除（既施行部分は解除不可）という同一の理由によって、同時に発生した債権債務である。一つの契約を清算するにあたって両当事者に負わされた一対の債務同士であり、原状回復債務同士（二2(1)(b)）に準じるものと評価するのが相当と考える。この理由から、相手方契約当事者である注文者が持つ、この両者の相殺に対する期待は合理的というべきであり、その相殺は総倒産債権者の利益・期待を不当に害するとはいえないと考える。

よって倒産手続開始後の右記相殺は許されると解する。

（28）破産管財人による破産法五三条一項に基づく解除により生じる、同法五四条一項所定の損害賠償請求権が、破産者側の債務不履行に基づく損害賠償請求であることを認める判示である。解除に伴って行使できる損害賠償請求権は、債務不履行による損害賠償と解する（契約の消滅によって生じた損害の賠償とは解しない）通説に沿った解釈であり、相当である。星野英一・民法概論Ⅳ（一九八六）九三頁、谷口＝五十嵐編・前掲注（19）七三四頁〔山下末人〕。

（29）札幌地判平成二五・三・二七（前掲注（4））は、傍論で、（破産管財人による破産法五三条一項解除がなされた場合に、注文者の約定違約金請求権が発生するとしても）その請求権は、破産決定後の事由である本件管財人解除によって発生したものであり、破産決定時点においては「相殺適状になかった」ので、相殺は許されない旨判示した。しかし破産手続開始時に相殺適状が必要との前提が誤っており、支持できない。

（30）本判決は、この判示に続いて、履行不能によって生ずる損害賠償請求権の消滅時効は、本来の債務の履行を請求しうる時から進行を開始すると判断した。この点については議論が分かれている。四宮和夫＝能見善久・民法総則〈第八版〉（二〇一〇）三七九頁、高橋眞「判批」判例評論四八五号（一九九九）二三頁など。

（31）解除に伴って生ずる損害賠償債務も、相手方の原状回復債務と、同時履行関係に立つとの見解もある。谷口＝五十嵐編・前掲注（19）七四二頁〔山下〕。なお同四七一頁〔沢井・清水〕も参照。

「破産管財人論」再考

河崎祐子

一　問題の所在
二　破産管財人論の変遷
三　現在の議論状況
四　むすびにかえて

一　問題の所在

破産法の目的は、手続開始原因を備えた「債務者の財産等の清算に関する手続を定めること等により、債権者その他の利害関係人の利害及び債務者と債権者との間の権利関係を適切に調整し、もって債務者の財産等の適正かつ公平な清算を図る」こと等にある（一条。以下、現行破産法の条文は条項数のみを引用する）。この実現のために、裁判所は破産手続開始決定と同時に破産管財人を選任し（三一条一項）、選任された管財人には破産財団に属する財産の管理および処分をする権利が専属する（七八条一項）。管財人は裁判所の監督に服するが（七五条一項）、裁判所の下部機関ではないので裁量行為についてまでその監督が及ぶわけではなく、善良な管理者の注意をもって（八五条一項）広範な職務を行うものとされる。(1) 管財人に関するこうした規律は、現行法の前身である一九二二年の破産法（大正一一年法律第七一号）以来基本的に変わっていない。

このように、破産管財人は破産手続の中枢機関(2)であり、その法的性質をどう捉えるかを問う管財人論は、長らく破産理論の中核を成してきた。(3) ところが、一九七〇年代中頃(4)を境として、それまでの破産理論は「理論構成の問題」であって「個別的事項に関する解釈において結論の差異を導くものはほとんどな」い(5)との認識が生まれ、やがて「全ての関係を矛盾なく説明しきれるかという問題(6)」にすぎないという評価が広く普及したといってよい。

とはいえ、理論と実践は本来相互に作用しあうものである。例えば、日本破産法の母国ドイツでは、〝適切な管財人の理論は倒産手続の目的に基づいてのみありえ、特に公法上、労働法上、租税法上の管財人の職務について、重要な問題の多くの実際的解決策はこの目的および理論に由来する〟(7)と指摘されている。また日本でも、旧法下において加藤正治博士は、管財人の「地位ノ見方如何ニヨリ種々ナル問題ノ解決ニ付結果ヲ異ニスルニ至ルモノ」(8)と同様の問題意識を明らかにしていたし、さらに現行法下でも、近年、管財人の義務に関して相次いだ最高裁判決（後掲三3参照）は、結論を導く前提として管財人の法的性質を論じている。ここから示唆されるのは、どのような破産手続観に基づいて管財人の法的性質をどう把握するかは、具体的な問題の解決に影響しうるのではないか、ということである。以上の問題意識に基づいて、本稿では日本の破産管財人論の変遷と法的意義を理論的に問い直すことを目的とする。そのために、各時代に通説的地位を占めた三つの管財人論を取り上げ、現在の議論とともにそれぞれの理論形成に至った問題意識、主張内容およびその背後の破産手続観の三点に焦点をあてて考察し、その現代的意義を考えてみたい。

（1）竹下守夫編集代表・大コンメンタール破産法（二〇〇七）三三〇頁、三三二頁〔田原睦夫〕、三二四頁〔中澤智〕参照。

（2）加藤正治「破産管財人ノ地位ヲ論ス」破産法研究第二巻〈第三版〉（一九二四）一四五頁。なお、日本最初の破産法規である旧商法（明治二三年法律第三二号）第三編破産では、託宣主義による選定や破産主任官による指揮・監督の制度等がとられており、管財人は破産に関する国家の政務を取り扱う国家の機関と位置づけられていた。水野錬太郎（梅謙次郎閲）・破産法綱要　完（一八九三）一五一～一五二頁、一六一～一六二頁、松岡義正・破産法〔明治三二年〕講義　完（一九〇三）三三一～三三四頁参照。

（3）兼子一・強制執行法・破産法〈新版〉（一九六三）一八三頁。

（4）この時期には対抗要件否認の制度趣旨をめぐる学説にも変質現象がみとめられる。伊藤眞「破産管財人に対抗できる登記の範囲」法教五三号（一九八五）七四頁、河崎祐子「判批」速報判例解説（法学セミナー増刊）vol.15（二〇一四）一八八頁以下参照。

（5）山木戸克己・破産法（一九七四）八二頁。

（6）谷口安平・倒産処理法〈第二版〉（一九八〇）六〇頁。

（7）Insolvenzordnung（InsO）Kommentar, P. Leonhardt, S. Smid, M. Zeuner, 3., new Aufl., 2010, S.840, Rn.16.

（8）加藤・前掲注（2）一四六頁。

二　破産管財人論の変遷

1　公吏説

⑴　問題意識　　管財人の法的性質をめぐる議論がこんにちに通じる形で本格化したのは、一九二二年の旧破産法下においてであった。同法の立案に携わった加藤正治博士は、まず破産手続の性質について次のように論じている。すなわち、日本の破産手続は「會社ノ清算手續ノ如ク債權者ト債務者トノ間ニ成ル單純ナル清算手續ニ非ス」「極メテ複雜ナル訴訟事件」であって、「破産ナル特別ノ場合ニ於テ國家カ私權ノ保護ヲ爲ス要件、手段及方法ヲ規定シタ」のが破産法である、という。というのも、自力救済の禁じられた社会においては「國家ニ向テ私權ノ保護ヲ要求スルコトヲ得ル」「私權保護請求權」という「公權」が認められるからであり、このうち特に破産手続をもってする請求權を「破産的私權保護請求權」と呼ぶ。

破産的私権保護請求権は、破産申立権と破産参加権を内容とする。前者は「破産ノ宣告ヲ受ケ直チニ破産財團ノ假差押ヲ爲サントスルモノ」、また後者は、「訴ノ提起ニ該當シ破産手續ニ於テ其債權ノ確定ヲ計」る「判決請求權」と、「配當加入ヲ請求スル」「强制執行請求權」とが破産債権の届出によって同時に行使されるもの、と理解されている。具体的には、破産手続の開始が確定してもそれだけでは仮差押えの効力が生ずるのにとどまり（仮差押決定に基づく執行が行われても、本案債権についての訴え提起または債権の確定がない間は本差押えの効力を生じないのと同様）、破産債権が調査手続を経て確定した時に初めて本差押えの効力を生じて財団の換価および配当が可能となる、と考えるのである。このように破産事件の性質を「共同訴訟及共同執行事件」と捉えれば、破産債権者相互の関係は「全ク訴訟法ニ依リテノミ定ムヘキモノ」であるから権利帰属主体としての債権者団体の成立を認めるまでもないし、また、管財人を私法上の代理人とみてその地位を私法上の事実とする説に対しては、「國家カ强制執行ニ依リ債權者ノ保護ヲ爲スノ實ハ何處ニ在リヤ」との疑問が呈されることになる[9]。

⑵　意義　　こうして加藤博士は、管財人を破産的一般執行の責に任ずる国家機関と捉える公吏説を主張した。破産手続は「國家カ之ニ依リ私權ノ保護ヲ爲ス手段」だからである。これによれば、その職務の執行に任ぜられた管財人は「國家ノ執行機關」であってその性質は「全ク執達吏ト同一」であり、直接の法律の規定に基づき「公法上ノ職

権トシテ」行われるその行為の効力は、直接に破産者および破産債権者に及ぶ。ゆえにこれは「私法上ノ代理ノ観念ニ」基づく私の機関ではない。また否認権についても、「國權ノ作用ニ屬シ國家所屬ノ權利」であって、管財人が「執行機關トシテ」これを行うときは「國家ヲ代表スル管財人」所属の権利として行うものと解される。(10)

(3) 破産手続観　以上のように、加藤博士は、破産事件を「共同訴訟及共同執行事件」として捉えており、この立場からすれば、破産事件を非訟事件と理解し、商人が商号を解く場合の手続との類比により裁判所の指揮監督の下で債務者とその総債権者との間に成る清算手続と把握する立場は退けられることになる。というのも、加藤博士からすれば、届出債権者の権利確定のための共同訴訟関係と、管財人による財産の占有・管理、換価・配当を踏まえた総債権者による共同執行関係として捉えるほうが当を得ているからである。(11)

ここで注目されるのは、破産制度が単に破産者とその総債権者との間の関係とは理解されていない点である。すなわち、社会的観点から分析すれば、破産制度は「保険制度等の如く社會經濟上に於ける損失分擔主義を實行することを目的とする社會政策的立法の一」つなのであり、ここから「總債權者を以て消極財産卽ち損失を分擔せしむる共同團體」という考え方が生まれた。この背後には、「破產は社會上より見れば猶ほ火災、震災等の如く社會經濟上に於ける不幸なる自然現象に外ならぬ」との認識がある。つまり当時の日本社会において、破産はよい債務者でも不幸にして陥りうるものであり、むしろその連鎖を食い止めて経済社会全体を混乱に陥れないようにすることが重要だったのである。(12)

2 破産財団代表説

(1) 問題意識　加藤博士の公吏説に対して、破産財団代表説を提唱した兼子一博士は、管財人の法的性質をめぐる従来の学説を、「國家の選任授權に基き其の職務として財團の管理權能を自己の名において行使する者と做す」職務説と、破産者や債権者といった「實質的な權利主體の代理人とする見解の總称である」代理人説とに大別し、前者については実体上も手続上も結局は管財人を代理人と認めるに等しいことを、また後者については、例えば否認権行使や管財人と破産者との間の法律行為などの説明において破産者の代理と捉えた場合には理論的な無理や矛盾が認められることを指摘する。つまり「破産財團を單に管理人の管理權の客體としてのみ考える限り問題は依然として未解決に殘る」のであり、それゆえ財団代理説のように「破産財團を破産者より獨立した法主體と認める」ことに注目するのであった。(13)

こうした着眼の背景には、破産手続は「究極の目的に於て執行的性格を有し乍ら、清算的方法を手段とする點で、其の内容は個別的强制執行とは著しくその風貌を異にする」との問題意識があった。これは、破産手続を「債權者ト債務者トノ閒ニ成ル單純ナル清算手續」ではなく「極メテ複雜ナル訴訟事件」であるとした加藤博士の所説に対する異議申立てにほかならない。(14)というのも、兼子博士にとって破産とは債権者間の「公平と利害の調整を図る」機会であり、破産法とは「破産手続に関する手続規定のほかに、破産を契機とする実体関係についての特別の定めをする実体規定」や「破産に関する犯罪を処罰するための刑罰規定」をも含んだ「全体として〔中略〕混合的な性格を有」するものだからである。(15)

(2) 意義　兼子博士による破産財団代表説は、破産財団について「法律關係の客體として」みるのでなく「權利義務の歸屬點としての主體性を承認」し、「之を圍繞する者の閒の法的關係を先づ破産財團との閒の法律關係として觀察し、破産財團を中繼點として其の關係の整序構成を試み」ようとする理論である。というのも、破産財団は債務者と「債權者との緩衝地帶を成し」、「管財人は其の中閒にあって此の利益の調和擁護の衝に當るので」あり、また「之以外の第三者も管財人の管理する破産財團に對する關係で其の權利を主張したり、財團に關し管財人の法律行爲を爲して權利を取得し義務を負う關係に立つ」と考えられるからである。つまり、破産関係の中核には破産財団があり、「關係人の利害の對立と一致との交錯點を成す」。ここで「破産管財人は破産財團の代表者としての地位權限を有し其の管理行爲は專ら破産財團について效力を生ずる」のである。(16)

(3)　破産手続観　破産手続を、目的においては「執行的性格」を有しながら手段としては「清算的方法」をとるものと捉えた兼子博士は、「國家權力に基き債務者の意思を問はず強制的に其の財産を債權者の債權の實現資料に供する點」では強制執行に属するものの、破産者の財産関係の清算を伴う点で解散法人や相続財産の清算に類すると説明する。ただ、破産における清算的現象は、破産の主眼が「積極財産の不足を前提として総債権者に公平な満足を与えること」にあるため、「手段として又一面其の結果として」随伴される点で異なる。「国家権力の発動が強化され、被清算人であるはずの破産者の地位が後退させられ」るのは、「清算がより厳格精密に行われなければならない[17]」からなのである。

それゆえ、兼子博士のこの破産手続観は、二つの点で加藤博士とは違ったものとなった。まず、管財人というヒトではなく、法律関係の「中繼點」たる破産財団というモノに注目することで、破産手続の「執行的性格」と「清算的方法」が統一的に把握されることとなった。またその結果として、管財人はもはや単なる「國家ノ執行機關」でなくなったため、破産手続における国家による強制性、すなわち私的な財産関係に対する国家の介入が相対的に軽減されたことになる。

ただ、その一方で兼子博士は、「破産は、個人にとっても社会にとっても、好ましいものではないのは当然であるが、その起こった以上はなるべく速やかにまたできるだけ多額の満足を債権者に与えるために、合理的な破産制度を設けないと、一つの企業の破産は他に伝染して行くおそれがあ」ると捉えた。この社会的視点は、債権者だけでなく、「事業を失」う破産者や、「社会経済上不利」な「事業の解体」とそれに伴って「使用人、労働者も職を失う[18]」ことをも見据えているところにも表れている。つまり、加藤博士と同様、兼子博士もまた破産を誰にでも起こりうるものと認識するがゆえに、連鎖倒産の防止を強く意識していたということができる。

(1) 問題意識　兼子博士の提唱した破産財団代表説は長らく通説的な支持を集めたが、一九七〇年代に入ると批判も聞こえてくるようになった。「破産財団と破産者の管理目的における対立」を「同一対象についての破産法的規制」が「民法的規制」を「制限するという対立」と捉えると、「破産財団に私法上の法主体性を認めることにより従前の私法的規制から分離し独立した私法的規制の対象を創出するか」どうかは、「論理必然的に定まるものではなく、実定法が実定的に定めるものである」[19]というのである。破産財団に実定法上の根拠のない主体性が認められるのかというこの疑念を具体化したのが、兼子博士と入れ違うように登場した、山木戸克己博士の提唱にかかる管理機構人格説であった。

同説によれば、まず「包括的執行である破産」における「管財人による破産財団の管理および処分は」、個別執行のように「裁判所が自ら破産財団の管理処分をしないで、管財人をおいてこれにあたらせている」という意味で「財産帰属者である破産者の意思を抑圧してなされるものであ」り、その点で「財団法人（および権利能力のない財団）における財産の管理運営と趣を異にする」、それゆえ破産財団代表説はとりえないというのである。また、管財人は「破産財団すなわち破産的清算のための目的財産の独立の管理機構であ」り、「管理処分権の帰属する」この「管理機構としての管財人」に、破産財団と切り離して「法主体性（人格）を認めるのが妥当である」、なぜなら、「法人たる破産財団は破産者の責任財産が破産的清算の目的のために破産法の定める管理機構のもとにおかれている形態」を指すが、「そこでの法人すなわち法律関係の帰属点としての破産財団は、管理機構そのものを意味している」と考えたからであった。こうして破産財団代表説における主客を逆転させた山木戸博士は、むしろ破産財団代表説こそが「結局、管理機構としての管財人に法主体性を認めるものとして、ここに提唱した管理機構人格説に帰一する」と主張した。[20]

(2) 意義　こうして山木戸博士は、破産財団代表説の考え方の枠組みをそのまま承継しつつ、「破産財団の管理機構としての管財人は破産財団の管理処分権の帰属する法主体（法的人格者）である」と解する。この原型は、兼子博士が職務説の理論的矛盾を論破する過程で試みに提示した「破産管財人の資格そのものを抽象化して之を管理権の屬する法主體とし、個人たる管財人は其の資格の荷帯者（Träger）と爲すこと」という考え方にみられる。兼子博士は、「管財人資格は官廳の如き國家機關ではないから（中略）此の見解は實は逆に其の管理財團の獨立性、主體性の反映を無意識に認めるに歸する」との理由からこれを排斥したが、山木戸博士は「管財人の概念に破産財団の管理機構とその担任者（Träger）の二つの意義を認め」ると読み替えたうえで、「破産財団は独立性を有するが、管理機構としての管財人の法主体性は、むしろ包括執行である破産手続の構造に基づく」[21]として、破産手続観の問題に置き換えたのであった。

かくして、破産財団というモノに着目した破産財団代表説において、破産財団を「圍繞する者の閒の法律關係」と説明された破産手続は、管財人という管理機構の管理処分権を行使する「担任者」たるヒトに着目したものとして把握されることとなった。〝モノの破産法〟から〝ヒトの破産法〟への回帰である。この点について管理機構人格説を支持する論者は、「お互いに利害の対立する利害関係人の側から統一的に説明することにはもともと無理があり、かといって管理処分の対象にすぎない財産を主体的にとらえるのも不自然」であって、「管理の機構そのもの」に「主体性を認めるのがその独立的性格に最も忠実な理解であ」り、しかも「破産管財人と更生管財人の性格を統一的に理解するうえでも有意義である」と評している[22]。

(3)　破産手続観　山木戸博士は、「破産は、国家権力により強制的に、債務者の総財産をもって総債権者の公平な満足をはかる手続であるが、そのことは破産が債務者の全財産関係についての一種の清算であることを意味する」とし、その際に「破産財団の管理処分」が「包括的執行（総債権者に共同の金銭的満足を与えるため債務者の総財産に対してなされる強制執行）として行」われるところに破産の特異性があると論じた[23]。つまり破産における「清算は、広義の強制執行として行われ[24]」るのである。ここからは、破産の目的は清算であり、そのための手段として強制執行が行われるという山木戸博士の破産手続観が読み取れる。そしてこれを兼子博士による「究極の目的に於て執行的性格を有し乍ら、清算的方法を手段とする」との分析と対照すると、ここで〃目的〃と〃手段〃は逆転しているのである。

それゆえ、管財人の法的性質は従来の説との比較において以下のように変化した。第一に、破産手続の目的は執行ではなく清算であるから、管財人は基本的に（執行官ではなく）〃清算人〃である。それゆえ公吏説はとりえない。しかし第二に、破産手続における清算は「広義の強制執行として行われ」るから、〃清算人〃である管財人は強制執行を行う主体である。したがって、管財人は〃強制執行の権限を与えられた清算人〃[25]ということになる。かくして、兼子博士が指摘したような破産法の「混合的な性格」は見失われ、以後は管財人が〃清算〃のための〃強制執行〃をどのように行うのかという実践の側面に議論の比重が移っていくことになるのである。

以上のような山木戸博士の手続観の背後には、当時の破産制度が「十分に社会的機能を果たして」おらず、「破産制度の健全な運用を確保しその濫用を防止する施策を検討することは、当面の重要な課題」であるとの認識がみとめられる。加えて、個別的な「強制執行がなされる状態においては、債務者はすでに弁済能力を欠いていることが多いと推測される」ことから、「強制執行と破産との機能的分化をはかる」観点に囚われすぎず、より積極的に「集団的負債整理手続」としての破産手続を活用すべきとであるとの制度構想もあった。[26]こうした叙述からは、債務者の弁済能力の欠乏に起因して債権者の債権回収が困難となることへの強い危惧が窺われる。加藤博士（や兼子博士）のように破産を不幸な「自然現象」だと理解するかわりに「社会経済生活における病理現象」と捉えた山木戸博士は、「国家機関の管掌のもとに」「債務者の無理な経営継続による負債の膨張およびそれに伴う倒産の影響の社会全般への波及を阻止する」[27]という形で、連鎖倒産の防止を考えていたのである。

（9） 加藤・前掲注（2）二〇〇～二一五頁。齋藤常三郎「破産の観念」破産法及和議法研究第壱巻（一九二六）六八～六九頁参照。
（10） 加藤・前掲注（2）二一四～二一五頁、同・破産法要論〈訂正三版〉（一九三五）二九八頁。
（11） 加藤・前掲注（10）九～一〇頁。

(12) 加藤・前掲注(10)六〜七頁。また、第四十五回帝國議會衆議院破産法案他一件(破産法案和議法案)委員會議録(筆記速記)第三回参照(連鎖倒産の防止は「破産法ノ根本ノ趣旨」〔司法次官山内確三郎政府委員〕)。日本の歴代破産法の趣旨や特徴については、河崎祐子「倒産手続における裁判所の役割についての序論的考察」法学七四巻六号(二〇一一)一〇七頁以下参照。

(13) 兼子一「破産財団の主体性」民事法研究第一巻〈第六版〉(一九五四)四二九〜四三八頁、同・前掲注(3)一八三〜一八四頁参照。

(14) 兼子・前掲注(13)四二四頁、同・前掲注(3)一六二頁。

(15) 兼子・前掲注(3)一五七頁、一六一〜一六二頁。

(16) 兼子・前掲注(13)四二五〜四二七頁、四七二頁。また、英米法の信託法理により管財人を受託者として破産財団の普通法上の権利名義人とするならば正に職務説が当てはまるが、日本法の依拠する大陸法の理論において破産財団を権利の客体とするのは適当ではないとする(兼子・前掲注(3)一八四〜一八五頁)。

(17) 兼子・前掲注(13)四二三頁、同・前掲注(3)一五八頁、一六二頁。

(18) 兼子・前掲注(3)一五八頁。

(19) 小山昇「破産財団の法律上の性格」斎藤秀夫＝伊東乾編・演習破産法(一九七三)一九八〜二〇〇頁。

(20) 山木戸・前掲注(5)八〇〜八二頁。

(21) 兼子・前掲注(13)四三二頁(なお、「管財人なる資格の下」での登場と管財人の「固有の名に於て」の登場とを区別する考え方は職務説に由来する(同四三三頁参照))、山木戸・前掲注(5)八〇頁、八三頁。

(22) 谷口・前掲注(6)六一頁。この後者の利点は、受託者説(小林秀之・新・破産から民法がみえる(二〇〇六)一〇一頁参照)に道を開くものであったといえるだろう。

(23) 山木戸・前掲注(5)五頁、八二頁。

(24) 山木戸・前掲注(5)五頁。

(25) 一般に「執行」とは、国家による強制性の発現であり、「刑事における刑罰の執行、民事における強制執行、及び行政執行をいう」。また「清算」とは私法上の財産関係の整理であって、「その清算事務を遂行する」「清算人」になるのは「普通は」理事や業務執行社員または取締役、定款等で定めた者があればその者である(竹内昭夫ほか編集代表・新法律学辞典〈第三版〉(一九八九)六一二頁、八二二頁参照）。
（26）山木戸・前掲注（5）一八〜一九頁。
（27）山木戸・前掲注（5）四〜五頁。

三　現在の議論状況

1　問題意識

管理機構人格説を支持する伊藤眞教授[28]は、破産財団代表説に対して、「破産管財人をめぐる種々の法律関係を統一的に説明するための概念」すなわち「説明概念としての役割を果たしたことで」その任務は終わり、「これが、管財人の法的地位に関する議論が風化するはじまりであ」ったと批判する。すなわち、「破産管財人の法的地位に関する具体的問題を妥当に解決するためには、財団代表説による第三者としての地位という、形式的な規準では十分でなく、それぞれの法律関係の性格に応じて、破産管財人と破産債権者、あるいは破産者との関係を具体的に分析する必要がある」というのである。[29]この問題意識はやがて、管理機構人格説をも含むそれまでの破産管財人の法的性質をめぐる議論は「破産手続内部の法律関係の説明を目的としたものであって、破産手続外の第三者と管財人との関係を対象とするものではなかった」という評価に発展した。そこで、「破産手続内部の法律関係」と区別される「外部の法律関係については、それほど多くの議論はなされていない」が、「管財人の地位をめぐる実際的法律問題としては、外部の法律関係は、重要な意義を持っている」として、「破産手続の理念である公平の見地から、管財人の地位を再検討」しようとしたのだった。[30]

2 「外部」の三基準

こうして伊藤教授は、内部の権利者との関係では「総債権者に最大の満足を与えうるという意義が強調されるべきである」[31]とする一方で、特に「外部の法律関係」における「管財人の地位」について、「破産財団の性格などの破産手続の内部関係についての理論によって決定されるのではなく、外部の権利者の権利を破産債権者との関係でどのように扱うのが公平の理念に合致するかという視点から決定されなければならない」として、次のように強調する。すなわち、「外部の権利者にとっては」破産手続の開始は「自己に関係のない場面で生じる偶然の」出来事にすぎないから、それによって「権利に変更が加えられるについては、何らかの正当な理由がなければならない」、「破産法の理念の一つである債権者平等の理念」は、「破産財団に不当な利益をもたら」しつつ、「外部の権利者」に「不当な」あるいは「特別の不利益を生じさせることまでを正当化するものではない」のである。[32] この着想の背景には、責任財産が不十分であるがゆえに利害関係人に対して強いざるをえない「何らかの不利益」が「利害関係人の目からみて、公平なものとみなされるかどうか」が問題であるから、「公平」とは基本的に「権利の特質を尊重しつつ、それに応じた地位を認めることにほかならない」、という「破産手続の理念及び社会的機能」についての捉え方があり、この趣旨は破産法一条に表現されているとする。[33]

そこで、伊藤教授は、実体法律関係における「管財人の地位」を決定する三つの基準を提唱する。第一は、「破産者と同視され、またはその一般承継人とみなされる破産管財人」であり、破産手続開始決定により管財人が管理処分権を付与されても権利義務の帰属自体には何ら変更がないとすれば[34]、従来の法律関係を変更する特別の規定がない限り、管財人は破産者の「地位」をそのまま承継すると考えるのが妥当であるとする。第二は、財団財産に対する差押債権者と類似の法律上の「地位」が認められる「破産債権者の利益代表としての破産管財人」であり、この場合の管財人に限り、破産手続開始決定の包括差押えの効力を正当化根拠として、実体法上第三者として扱われることになる。これはまた、管財人の破産債権者の利益代表としての側面でもある。そして第三に、法律の規定によって差押債権者を超える「特別な地位が与えられている」管財人である。これは差押債権者としての「管財人の地位」が法律の規定により強化されている場合であり、破産法五三条一項や否認権の行使がこれにあたるとされる(35)（以下、伊藤教授のこの理論を「外部三基準説」とよぶ）。

3　破産手続観

以上の外部三基準説を特徴づけるのは、管財人と利害関係人との関係を破産手続の「内部の法律関係」と「外部の法律関係」とに区別し、「外部の法律関係」における「管財人の地位をめぐる実際的法律問題」を「外部の権利者」の視点から再検討したところである。なぜならば、「外部の法律関係」を観念することで、破産手続が開始しようと「何らかの正当な理由」がない限りはそのことによる「不利益」の及ばない領域が作り出され、破産の影響を専ら「内部の法律関係」に封じ込めることができるからである。「取引先の倒産は、相手方にとっては迷惑なもの(36)」なのである。

ではなぜ「外部の法律関係」からみると「管財人の地位」は三つの基準で分けられるのだろうか。それは、「内部の法律関係」を構成するのは、「外部」からみれば①破産者、②「内部」の債権者、そして③法律の規定によって特別に地位の強化された「内部」の債権者であり、これら三つの「内部の法律関係」者の立場を統括するのが管財人だからである(37)。こうした手続観は、管財人を実質的に破産者と同視する第一基準に最も顕著に表れており(38)、それが外部三基準説の独自性でもある。なぜなら、それまでのどの管財人論によっても「破産財団に属する破産者の財産について中立的な立場でそれを管理処分する独立の管理機関（機構）」たる管財人が「第三者的地位を有することにとくに異論はな」く(39)、破産手続上の利害関係人自身とは切り離された形で議論されてきたからである。これに対して外部三基準説は、破産手続が開始しようとも「外部の法律関係」における破産者の義務は、特に法律が定めない限り何ら平時と変わらず、そのまま継続されなければならないとしたのであった。

したがって、外部三基準説における「管財人の地位」は全体としてみれば、「内部の法律関係」については管理機構人格説に則り包括執行債権者たる〝(「内部」の)債権者の地位〟に、他方、「外部の法律関係」においては〝破産者の地位〟に、それぞれ分裂していることになる。ここからイメージされるのは、裁判所の強制力によって正当化された管財人による〝破産共同体の経営〟という破産手続観ではないだろうか。すなわち、「外部の権利者」の権利行使があれば破産財団を構成する債務者の財産は減少するのだから、「外部の法律関係」における管財人を破産者と同視することは「内部の法律関係」そのものを一つの損失分担共同体として捉えることを意味し、その一方で「内部の法律関係」においては、「総債権者に最大の満足を与える」という破産制度の目的の実現(ある種の〝事業〟)のために、破産者の財産で構成される破産財団について法律上与えられた管理処分権に基づく〝経営〟手腕が振るわれる、というものである。これを管理機構人格説における管財人像すなわち〝強制執行の権限を与えられた清算人〟との対比でいえば、〝強制執行のできる経営者〟ということになろう。このように考えれば、破産者と同視される管財人を再建型倒産処理手続におけるＤＩＰと連続的に捉えて、倒産処理手続全体で統一的な理解が可能になるものと積極的に位置づけることもできるかもしれない[40]。

裏返していえば、平成一八年および平成二三年に出された二つの最高裁判決[41]とそれに対する伊藤教授の議論[42]が示しているように、二つに分裂した「管財人の地位」を管理処分権が架橋しているということである。「破産財団をめぐる法律関係」は「破産管財人がその管理処分権の行使として整理を行う[43]」ものであるから、管理処分権は破産財団の範囲の確定に関わる。このように外部三基準説では、管財人の管理処分権が「内部の法律関係」と「外部の法律関係」をつないでいるのである[44]。

(28) 伊藤眞・破産法・民事再生法〈第三版〉(二〇一四)二〇三頁。

(29) 伊藤眞「破産管財人の法的地位」法教四三号(一九八四)二四頁。問題意識を同じくするものとして、小林秀之「判批」新堂幸司ほか編・新倒産判例百選(一九九〇)五五頁、山本和彦ほか・倒産法概説〈第二版〉(二〇一〇)三六四頁〔山本和彦〕。

(30) 伊藤眞「破産管財人の第三者性」民商九三巻臨時増刊号(2)（一九八六）九一～九三頁。
(31) 伊藤眞・破産――破滅か更生か（一九八九）三七頁、一七四頁。
(32) 伊藤・前掲注（30）九一～九五頁、同・前掲注（28）三二五～三二七頁。
(33) 伊藤・前掲注（28）一六～一七頁。
(34) 同じく管理処分権の対象財産の帰属主体およびその範囲に着眼した櫻井孝一教授も、「破産管財人は、破産者の一般承継人ではないが、破産者の有していた財産関係の一般的な承継者的地位をもつ」としている（櫻井孝一「破産管財人の第三者的地位」道下徹＝高橋欣一編・裁判実務大系(6)（一九八五）一八一頁）。こうした着想に強い影響力を与えたとされるものとして、今中利昭「破産宣告の動産売買先取特権に基づく物上代位に及ぼす影響」判タ四二七号（一九八一）四三頁参照。
(35) 伊藤・前掲注（30）九五～九六頁、同・前掲注（28）三二六～三二九頁。
(36) 伊藤・前掲注（31）一七六頁。
(37) 近時、外部三基準説の考え方を踏襲しつつ発展させる試みがいくつかみられる。このうち「内部の法律関係」に着目したものとして、山本和彦・倒産処理法入門〈第四版〉（二〇一二）六五頁、高田裕成「判批」青山善充ほか編・倒産判例百選〈第四版〉（二〇〇六）三九頁、また「内部」と「外部」の債権者間の序列に着目したものとして、田頭章一「判例評論」判時一八九七号（二〇〇五）一八五頁、水元宏典「破産管財人の法的地位」高木新二郎＝伊藤眞編集代表・講座倒産の法システム(2)（二〇一〇）四九頁。
(38) 第一基準の管財人は、当初は破産者の「一般承継人と同様に考えるのが妥当」（伊藤・前掲注（30）九五頁）とされていたがその後若干変化して現在の形となっており、その趣意は管財人を実質的に破産者の「地位」に据えることにあるといってよいだろう。
(39) 櫻井・前掲注（34）一八一頁。
(40) 伊藤教授自身、更生管財人や民事再生手続における管財人は破産管財人と同様に考えられるとして、破産管財人に事業経営権までは付与されていないのは手続目的の反映にすぎないとする（前掲注（28）二〇三頁脚注49）。なお、平成一六年破産法改正の過程でも、個人破産事件に限りＤＩＰ型清算手続を導入することが検討されたが、破産手続の適正な遂行の観点から採用されなかった（同二二二頁脚注38参照）。
(41) 最判平成一八・一二・二一民集六〇巻一〇号三九六四頁、最判平成二三・一・一四民集六五巻一号一頁。
(42) 伊藤眞「破産管財人等の職務と地位」事業再生と債権管理一一九号（二〇〇八）七頁、一一～一三頁参照。

（43）伊藤・前掲注（28）三二五頁。
（44）ただし、管理処分権の行使に際して管財人が払うべき善管注意義務の対象に関しては、やはり「破産財団の受益者すなわち破産手続内の利害関係人」に限定されるとする。伊藤眞ほか「破産管財人の善管注意義務」金法一九三〇号（二〇一一）七二頁参照。

四　むすびにかえて

本稿では、各時代に通説的地位を占めた三学説を取り上げ、現在の議論状況と対照させながら、日本の破産管財人論の法的意義を考察した。これを簡単に振り返れば、破産事件の性質を「共同訴訟及共同執行事件」と捉えた加藤博士が管財人を「國家ノ執行機關」と位置づけたのに対し、兼子博士は破産手続の「執行的性格」に加えてその手段としての「清算的方法」を重視し、この兼子博士の考え方の枠組みを継承しつつ主軸および基調を逆転させた山木戸博士は、破産手続をむしろ「破産的清算のため」に「破産財団の管理処分」が「包括的執行」として行われるものと性格づけたのであった。かくして「國家ガ强制執行ニ依リ保護スル實ハ何處ニ在リヤ」との疑問はいまや聞かれることもなく、日本の破産管財人論の軌跡は、破産手続における国家による強制性の要素を圧縮し、債権者間の清算という私的領域を拡張していくプロセスであったと捉えることができる。そうすると、こんにち広く普及している外部三基準説は、破産財団に関わる利害関係を「内部」と「外部」に分け、「外部の法律関係」については国家権力の発動を伴う裁判手続の強制性から切り離した私的領域を認めようとしているという意味で、山木戸博士の考え方のさらなる発展型と位置づけられるだろう。

ただ、これまでの管財人論の展開を踏まえると、ここでいくつかの素朴な疑問が浮かばないでもない。というのは、破産手続の「内部」と「外部」は、理論上は分離できても、実際にはつながっているからである。例えば、「外部の権利者」に平時と変わらぬ履行をすれば、「内部」の配当原資はその分大きく減少するし、逆に、「内部」の権利者のうちに〝特別に強化された差押債権者〟があれば、「外部」の債権者もそのことによって影響されうる。

このように考えてくると、近年伊藤教授が提唱する、「破産債権者の利益と公益とを調整する場面に遭遇した場合、破産管財人は、公益や社会的利益にも十分な配慮をすることが求められる(45)」という視点の重要性が見えてくるのではないだろうか。また、その際に伊藤教授が挙げる具体例は、人身損害等に基づく損害賠償債権者の救済や産業廃棄物の処理等であるが、これにはさらに広がりをもたせることが可能であるようにも思われる。というのは、歴代の論者が一貫して連鎖倒産の誘発を強く意識していたことからも明らかなように、倒産はもともと広範な波及効をもち、その意味で社会的な問題だからである。したがって、こうした社会的な「調整」の観点からこんにちの倒産法制ならびに破産制度が果たすべき機能を再確認し、管財人の法的性質を再考することが、現代の課題なのではないだろうか。

(45) 伊藤眞「破産管財人の職務再考」判タ一一八三号（二〇〇五）三七頁。これは本稿一で取り上げたドイツの論者の指摘にも通じるものである。

破産法一〇四条三項等の規律は相殺に及ぶか

――一部の代位弁済に基づく求償権を自働債権とする相殺の可否および具体的方法について

木村真也

一　問題の所在

二　設例の設定

三　破一〇四条三項等の規律が相殺に及ぶか――設例一（一）関係

四　破一〇四条三項等の規律の相殺に対する適用方法――設例一（二）・（三）関係

五　再生手続における適用について――設例二関係

六　結　　論

一　問題の所在

破産法一〇四条三項および四項の規律（以下「破一〇四条三項等の規律」という）は、全部義務者が一部の代位弁済をした場合に取得する求償権による相殺にも及ぶか。

破一〇四条三項等および四項（民再八六条二項、会更一三五条二項）においては、破一〇四条一項および二項に定められるいわゆる現存額主義の規律を踏まえて、破産者に対して将来求償権を有する者（以下、「将来の求償権者」という）の権利行使の方法が規律されている。すなわち、将来の求償権者は、その全額について破産手続に参加することができるが、債権者が破産手続開始の時において有する債権について破産手続に参加したときはこの限りでない(1)。この場合において、破産者に対して将来の求償権者が破産手続開始後に債権者に対して弁済等をしたときは、その債権の全額が消滅した場合に限り、その求償権を有する者は、その求償権の範囲内において、債権者が有した権利を破産債権者として行使することができる。そして、同条五項において、前記の規律が物上保証人にも準用されている。

このような規律の趣旨については、原債権と求償権という実質的に同一の債権について二重の権利行使を認めて他の破産債権者の利益を害する結果となることを回避することにあるとされる(2)。

ところで、破一〇四条三項等において、将来の求償権者の「破産手続への参加」が規律されているが、その規律は、破産債権等の届出を対象とするものであるところ、将来の求償権者が相殺をする場合についてもその規制が及ぶか。

この点については、後述のとおり、既に最判平成一〇・四・一四民集五二巻三号八一三頁により一定の判断が示されている部分もあるが、旧和議法下での判断であるうえその構成については疑義が残る面がある。また、筆者の接する限りこの問題については、実務上の取扱いも必ずしも統一されていないように思われる。さらに、仮に破一〇四条三項等の規律が相殺に及ぶと解する場合にも、その具体的な適用のあり方についても検討を要する点がある。そこで、本稿ではこれらの点について筆者なりに検討を試みたい。

(1) この場合、将来の求償権者が予備的届出（破一〇四条一項に規定する債権者が破産債権の届出を取り下げ、またはそれらの債権の全額につき満足を受けたことを条件とする届出）であることを明らかにしない限り、裁判所はこれを却下するべきとするものとして、竹下守夫編集代表・大コンメンタール破産法（二〇〇七）四四五頁〔堂薗幹一郎〕、裁判所が却下するのではなく、債権調査に委ねるべきであるとするものとして、澤野芳夫「近時における破産・和議の諸問題――破産と保証人の求償権、和議の履行状況を中心として」金法一五〇七号（一九九八）一一頁参照。

(2) 伊藤眞・破産法・民事再生法〈第三版〉（二〇一四）二八九頁、兼子一監修・条解会社更生法（中）（一九七三）三六一頁、中野貞一郎＝道下徹編・基本法コンメンタール破産法〈第二版〉（一九九七）六〇頁〔上田徹一郎〕、旧破産法、和議法下の判例として、最判昭和六二・六・二民集四一巻四号七六九頁、最判昭和六二・七・二金法一一七八号三七頁。この規律は、民五〇二条の例外をなすものとするものとして、竹下編集代表・前掲注（1）四四六頁〔堂薗〕。

なお、破一〇四条三項および四項の適用対象となる求償権が、事前求償権か事後求償権かについて争いがあり、立法論上の問題があることを指摘するものとして、山本克己「求償義務者倒産時における求償権者の地位――その権利行使方法に関する立法論的考察」石川明先生古稀祝賀・現代社会における民事手続法の展開（下）（二〇〇二）六三一頁がある。本稿では、さしあたり、設例のとおり、比較的典型的であると思われる事後求償権を自働債権とする相殺を念頭に検討を進めたい。

二　設例の設定

以下のような設例を念頭に検討を進めたい。

【設例一・破産手続】　Aが破産手続開始決定を受け、Yが破産管財人に選任された。破産手続開始時点で、Aに対してBは一億円の貸金債権（破産債権）を有しており、XはAの委託を受けた保証人であった。Aは、破産手続開始の時点でXに対して五〇〇〇万円の売掛金債権を有していた。Xは、破産手続開始後、保証債務の履行としてBに対して二五〇〇万円を弁済した。Aの破産管財人Yは、Xに対して前記売掛金五〇〇〇万円の支払いを求めている。

（一）Xは、Aの破産手続開始後に代位弁済を実施したことにより取得した二五〇〇万円の求償権を自働債権として、AのXに対する売掛金債権と対当額での相殺を主張することができるか。なお、Bは、一億円の破産債権の届出をしているものとする。

（二）債権届出期間および債権調査期日等が指定されておらず、Bは一億円の破産債権の届出をしていない場合には、Xの相殺の主張の可否について結論が異なるか。

（三）Xは、代位弁済の実施が未了であるが、将来保証債務の履行をした場合にはAに対して求償権を取得することから、破七〇条による寄託請求をなしうるか。

【設例二・再生手続】　設例一の事例で、Aに再生手続が開始したとする。

Aに再生手続が開始した後、債権届出期間内に、Xは、代位弁済を実施したことにより取得した二五〇〇万円の求償権を自働債権として、AのXに対する売掛金債権と対当額での相殺を主張することができるか。

なお、以上を通じて、問題を端的にするため、利息、遅延損害金は度外視することとする。

三　破一〇四条三項等の規律が相殺に及ぶか――設例一（一）関係

まずは、設例一の破産手続の事例を念頭に検討を進め（三、四参照）、後に、設例二の再生手続における取扱いについて検討をすることとする（五参照）。

1　判例の状況について

まず、この点に関する判例として、和議認可決定が確定した連帯債務者の一人に対し、他の連帯債務者が和議開始決定後の弁済により取得した求償権をもってする相殺の要件および限度について判断をした前掲最判平成一〇・四・一四において、以下のように判示されている。すなわち、「連帯債務者の一人について和議認可決定が確定した場合において、和議開始決定後の弁済により右連帯債務者に対して求償権を取得した他の連帯債務者は、債権者が全額の弁済を受けたときに限り、右弁済によって取得する債権者の和議債権（和議条件により変更されたもの）の限度で右求償権を行使することができると解される。そして、右にいう求償権の行使には、和議債務者に対する履行の請求のみならず、求償権を自働債権として和議債務者の債権と相殺することも含まれるというべきであり、右の限度で相殺を認めることは、和議開始決定後に取得した和議債権による相殺を禁じた和議法五条、破産法一〇四条三号の規定に反するものではない」。

この判決は、和議手続開始後に連帯債務者が債務の一部を弁済したことにより取得した求償権を自働債権として相殺を主張したのに対して、原債権への代位のためには全部の弁済を要することを判示したものであり、現行法に置き換えれば破一〇四条三項等の規律が相殺にも及ぶことを示したと理解することもできそうである。(3) しかしながら、同判決は、以下のような点で、現行法下の判例として当然の前提とすることには問題が残ることから、前記判旨が現行破産法等の下で妥当性を有するかについてなお実質的に検討しておく必要があると考える。

すなわち、第一に、前掲最判平成一〇・四・一四は和議の事案に関する判断であり、現行民事再生法九二条に相当する相殺の期間制限の規律がなかったために和議認可後に相殺の可否が判断され、その関係で権利変更後の債権を自働債権とする範囲での相殺を許容するという判断をしている点で、現行の破産法、民事再生法、会社更生法のもとでは生じない事案についての判断である。したがって、仮に前記最判の判断の趣旨が現行破産法等の下でも妥当しうるとしても、その具体的な適用方法については、明らかではない部分がある。

第二に、旧和議法四五条により準用されていた旧破二六条では、一部代位による求償権者の権利行使の方法が条文上明らかではなかったが、現行破一〇四条二項および三項においてその点が明確にされるなどの改正がなされた経緯

があり、前提となる破産法の条文の文言も異なる。(4)

第三に、この判決は、求償権の行使が代位弁済により取得する原債権たる和議債権の限度に制約されるという構成をとっている。しかしながら、平時の実体法における弁済による代位であれば、求償権の範囲で原債権を行使することとなるところ（民五〇一条、五〇二条）、これとは逆転して求償権の行使が原債権の限度に制約されるという構成についての疑問がある。この意味で、前掲最判平成一〇・四・一四のとった構成およびその前提に疑義が生じている。(5)最判平成二四・五・二八民集六六巻七号三一二三頁のもとでは、当該求償権自体が破産債権に該当するものと認識したうえで、これを自働債権とする相殺の可否が問題とされており、これについて破一〇四条三項等の規律が及ぶかどうかが正面から問われる必要がある。

2　破一〇四条三項等の規律は相殺には及ばないと解する場合の考えうる根拠

そこで、まず、破一〇四条三項等の規律は、相殺には及ばないと解する場合の根拠として考えられるものを列挙する。

第一に、条文の文言上の根拠である。すなわち、破一〇四条三項の文言は、「破産手続に参加」することについての規律である。他方、破六七条一項は、破産債権者は、破産手続開始の時において破産者に対して債務を負担するときは、「破産手続によらないで」相殺をすることができる旨定めている。相殺権の行使は破一〇四条三項のいう「破産手続に参加」することではなく破産手続外でなされることであるから、その規制は及ばないと読むのが自然であるといえる。

関連して、相殺権の行使の性質についての理由づけが考えられる。すなわち、従来、相殺権の行使は破産債権の届出の方式により行うべきであるとの見解も主張されたが、(6)現在では、相殺権は破産手続によらずに行使することができると解するのが一般的であり、(7)破六七条一項の前記文言もその旨を示していると解される。

第二に、相殺の担保的機能を強調する立場からの理由づけが考えられる。すなわち、設例一において、Xは、Aの破産手続開始後であっても、少なくとも全額の代位弁済をした場合には、Aに対して取得する求償権を自働債権とし、AのXに対する反対債権たる売掛金債権を受働債権として相殺をすることは認められている。[8] そこで、このような相殺に対する期待は相殺の担保的機能として保護されるべきことを強調し、Aの売掛金債権に対して担保（例えば債権質権）を有している場合に類する状況であると理解するのである。質権が設定されていた場合には一部であっても代位弁済をして求償権が具体化した場合には、その具体化した範囲で質権を実行することは実体法上可能である。そして、そのような質権の行使については、別除権として破産手続外で行われる以上（破六五条）、相殺について破一〇四条三項等の規律は及ばないと解するのである。[9]

第三に、第二に指摘した相殺の担保的機能を強調する立場からは、破一〇四条三項等の規律の趣旨との整合性については、以下のように説明することとなる。すなわち、この規律は、第一の規律の結果他の債権者への不利益を及ぼすことのないよう、二重の権利行使という事態を回避する趣旨であると解される。ところで、設例一のAのXに対する売掛金債権は、既にXの将来の求償権の担保対象となり、いわば一般破産財団から除外された財産である。したがって、設例一の事例において、Bが債権全額である一億円をもって破産手続に参加する一方、Xが代位弁済を実施した二五〇〇万円で相殺をすることを許容しても、破産財団に対する権利行使は二重になされているとは評価されない。したがって、破一〇四条三項等の規律の趣旨に反するものではない。

3　破一〇四条三項等の規律が、相殺にも及ぶと解する根拠

以上に対して、破一〇四条三項等の規律が、相殺にも及ぶとする見解が有力である。[10] この見解の根拠としては、以下のような点を挙げうると思われる。

第一に、まず条文の文言上の根拠としては、破一〇〇条は、「破産債権は、この法律に特別の定めがある場合を除

き、破産手続によらなければ、行使することができない。」と定めている。破六七条一項による相殺も、破一〇〇条にいう「この法律に特別の定めがある場合」に該当し、同条にいう破産債権の「行使」に他ならない。このような破産債権の「行使」の一つの態様である相殺は、破一〇四条にいう「破産手続に参加」に含まれると読む余地がある。

第二に、相殺は担保的機能を果たすとしても、担保的構成に至るものではないのであり、担保と同様の規律が妥当すると解することはできないとする反論が考えられる。

第三に、第二の立場を前提とすれば、設例一のAのXに対する売掛金債権は別除権の対象財産ではなくまさに一般破産財団を構成する財産である。Bが一億円の貸金債権をもって破産手続に参加している場面において、Xが二五〇〇万円の求償権を自働債権として前記売掛金債権との相殺をすることを仮に許容するならば、Bによる権利行使とXによる権利行使が一部重複している状態になるとみるほかない。

4 私見

(1) 破一〇四条三項等の規律は相殺に及ぶかについて　筆者としては、後者の破一〇四条三項等の規律が相殺にも及ぶとする見解を支持したい。その理由は以下のとおりである。

すなわち、両見解の挙げる第一の根拠の限りでは、破一〇四条三項等の規律は相殺には及ばないと解する根拠のほうに説得力があるようにもみえなくはない。しかし、これらの根拠は比較的形式的な、文言及び相殺権の性質に関する一般論を中心とするものにとどまり、決定的な根拠となるとはいえない。

むしろ、より実質的には、相殺の担保的機能としてどの程度の保護が適切であるか、それと関係して破一〇四条三項等の規律の趣旨との抵触如何をどのように考えるか、という点が、重要であると考えられる。そして、いわゆる相殺の担保的機能の理解については、最大判昭和四五・六・二四民集二四巻六号五八七頁は「相殺の制度は、……債権につきあたかも担保権を有するにも似た地位が与えられるという機能を営むものである。相殺制度のこの目的および機能は、現在の経済社会において取引の助長にも役立つものであるから、この制度によって保護される当事者の地位は、できるかぎり尊重すべきものであ〔る〕。」[11]としていたが、相殺の担保的機能一辺倒の解釈態度に疑問を呈する見解も有力に主張されている。すなわち、相殺は当事者間の公平を図る機能を基礎として担保的機能を果たす。しかし、相殺権があるからといって、対立債権者はその債務消滅ないし取立（履行を迫ること）について、何らの拘束を受けないし、逆相殺も許容される。[12]相殺はあくまで債権の消滅原因の枠組みの中で担保的機能を果たすものであり、担保的構成に至るものではないことを確認するべきであると指摘されている。[13]相殺をあたかも担保権と同様であるとして、前記の破一〇四条三項等の規律が相殺には及ばないとする見解の第二、第三の指摘には無理があるといわなければならない。受働債権が担保権により拘束された財産ではなく一般破産財団に属する財産である以上、その財産に対する求償権による権利行使は原債権と実質的に二重の権利行使であってはならないという破一〇四条三項等の規律の趣旨が妥当する。以上より、破一〇四条三項等の規律は相殺にも及ぶと考える。

(2) 前掲最判平成一〇・四・一四の構成の妥当性について　以上の限りでは、前掲最判平成一〇・四・一四の判断との齟齬はないともいえる。しかしながら、前記にも指摘したとおり、同判決が求償権の行使が原債権の限度に制約されるという構成をとったことについては疑問がある。このような構成がとられた背景として、同判決の調査官解説等において示されるとおり、[14]求償権は非和議債権であるとの理解があると解される。このような理解を前提として、原債権が権利変更されているのに求償権が権利変更を受けないままに行使されることはバランスを欠くことから前記のような構成がとられたとの理解が可能であると思われる。[15]しかるところ、前掲最判平成二四・五・二八は、委託無き保証人が破産手続開始後に代位弁済したことにより取得した事後求償権は破産債権であると判断し、さらには傍論であるが委託のある保証人が破産手続開始後に代位弁済をして取得した事後求償権を自働債権とする相殺について原債権の限度に限定されるとの留保なく許容されることを述べている。[16]

むしろ端的に求償権自体を破産債権ととらえたうえで、その破産債権の行使について破一〇四条三項等の規律が及ぶものとし、[17] さらにその規制は求償権を自働債権とする相殺にも及ぶと解するべきである。このように解することで、求償権自体による破産手続参加を認める破一〇四条三項の文言と整合性が確保されるうえ、実体法上の弁済者代位の制度との統一性も維持することができる。[18] 実務上も、原債権の届出がないままに求償権の届出またはこれを自働債権とする相殺がなされることは珍しいことではなく、原債権を経由せずに求償権自体の権利行使を端的に規律することが簡明である。

さらにいえば、Xが代位弁済により取得する原債権を自働債権として相殺することは、破七二条一項一号に抵触して許されないと解され、その相殺が破一〇四条三項等の規制を受けるかについて検討するまでもなく相殺は許されないはずであり、[19] 破一〇四条三項等の規律が及ぶかを検討する必要性は低い。むしろ実際上問題となるのは、Xが一部の代位弁済により取得した求償権自体を自働債権として相殺することの許容性である。このような求償権が破産債権に該当すること、および、求償権を自働債権とする相殺は破七二条一項一号等に抵触しないことは、前掲最判平成二四・五・二八により示されている。そこで、このような場面において、さらに破一〇四条三項等の規律が及ぶかどうかを直截に検討する必要がある。その意味において、前掲最判平成一〇・四・一四が、原債権に対する代位の規制を経由して求償権による相殺を規制するという構成は迂遠であり、適切ではないと考える。

(3) 結論　以上によれば、設例一（一）においては、破一〇四条三項等の規律に反しXの相殺は認められない。

（3） この判断を支持するものとして、板倉充信「判批」判タ一〇〇五号（一九九九）二六四頁、松下淳一「判批」平成一〇年度重判解（一九九九）一三五頁。

（4） 旧破二六条二項が削除されたことなどにつき、小川秀樹編著・一問一答新しい破産法（二〇〇四）一五一頁。また、旧破二六条一項は、「求償権ヲ有スル者ハ……破産債権者トシテ権利ヲ行フコトヲ得」としていたのに対して、現行破一〇四条三項は、「求償権を有する者は……破産手続に参加することができる。」という表現となっている。

（5） 詳細については、拙稿「委託なき保証人の事後求償権と破産手続における相殺」金法一九七四号（二〇一三）三二頁参照。

（6） 井上直三郎・破産法綱要（第一巻）実体破産法〈増訂第三版〉（一九四五）一二四頁。

(7) 伊藤眞ほか・条解破産法〈第二版〉(二〇一四)五三六頁、伊藤・前掲注(2)四九七頁、竹下編集代表・前掲注(1)二九五頁〔山本克己〕。

(8) 前掲最判平成二四・五・二八。

(9) このような理解が成立しうることを示唆するものとして、山本和彦編著・倒産法演習ノート――倒産法を楽しむ二二問〈第二版〉(二〇一二)七七頁〔山本和彦〕。

(10) 伊藤眞・会社更生法(二〇一二)二二五頁注135、伊藤眞・破産法・民事再生法〈第三版〉二八九頁注113、山本和彦ほか・倒産法概説〈第二版〉(二〇一〇)一六四頁〔沖野眞已〕、山本・前掲注(9)七七頁〔山本〕。

(11) 我妻栄・新訂債権総論(一九六四)三一六頁も同旨。

(12) 最判昭和五四・七・一〇民集三三巻五号五三三頁。

(13) 林良平「相殺の機能と効力」加藤一郎ほか編集代表・担保法大系〈第五巻〉(一九八四)五三二頁。相殺の担保的機能を制限的に解する立場として、奥田昌道・債権総論〈増補版〉(一九九二)五七〇頁、鳥谷部茂「相殺の第三者効は、現状のままでよいか」椿寿夫編・講座・現代契約と現代債権の展望〈第二巻〉債権総論(2)(一九九一)三二三頁、深谷格「相殺の構造と機能(1)〜(4)」法政論集第一三三巻(一九九〇)三三三頁、第一三四巻(一九九〇)三三九頁、一三六巻(一九九一)三三五頁、一三七巻(一九九一)三九七頁。

(14) 八木良一「判批」最判解民事篇平成七年度(上)一〇頁、三七〇頁、山下郁夫「判批」最判解民事篇平成一〇年度(上)四四五頁。

(15) 前掲最判平成一〇・四・一四が引用する最判平成七・一・二〇民集四九巻一号一頁は、求償権を和議債権(和議条件により変更されたもの)の限度で行使しうるとする根拠として、「和議制度の趣旨にかんがみても、和議債務者に対し、和議条件により変更された和議債権以上の権利行使を認めるのは、不合理だからである」と述べている。

(16) なお、同事件の原々判決大阪地判平成二〇・一〇・三一民集六六巻七号三一六八頁および原判決大阪高判平成二一・五・二七民集六六巻七号三二二〇頁においては、破一〇四条三項等の規律が相殺に及びうるかについて争点とされているが、原債権者の債権届出が代位弁済後の残額にとどめられていたため、破一〇四条三項ただし書を適用する余地はないとされている。また、その上告審判決では、この点は取り上げられていない。

(17) 求償権が破産債権に該当すると解するべきことにつき、拙稿前掲注(5)三八頁参照。また、同様の構成をとり形式面および実質面から、前掲最判平成一〇・四・一四の判断に疑問を呈するものとして、山本和彦「判批」金法一五五六号(一九九九)六七頁。

（18）現行破産法の下で求償権自体が破産債権に該当し、これを原債権とは独立して権利行使が可能性であることを認めるものとして、竹下編集代表・前掲注（1）四四七頁〔堂薗〕、伊藤ほか・前掲注（7）七六七頁。これに対して、求償権者の破産債権行使は原債権の範囲に限定されるとするものとして、沖野眞已「主債務者破産後の物上保証人による一部弁済と破産債権の行使」曹時五四巻九号（二〇〇二）二九頁、勅使川原和彦＝杉本和士「全部義務者の破産と破産債権」山本克己ほか編・新破産法の理論と実務（二〇〇八）三七〇頁がある。

（19）その意味では、相殺を許容した前掲最判平成一〇・四・一四は特殊な事案である。また、原債権を自働債権とすると理解する場合には、仮に全額を代位弁済したとしても、破七二条一項一号により相殺が許されないこととなる虞がある。

四　破一〇四条三項等の規律の相殺に対する適用方法――設例一（二）・（三）関係

1　はじめに

以上のとおり、破一〇四条三項等の規律は相殺にも及ぶと解するとしても、その具体的な適用のあり方については、いくつかの問題が生じる。たとえば、Bによる破産債権の届出が現実になされていない段階においても相殺が禁止されるのかどうか、という点である（設例一（二））。そもそも、破一〇四条三項等の規律においては、Bが全額をもって破産手続に参加する場合には、Xは求償権をもって破産手続に参加することができないということであり、Bによる破産債権の届出がない場合には、Xの権利行使は制限されていないはずである[20]。

破産手続において、配当の見込みが立たない限り債権届出期間および債権調査期間または債権調査期日を定めない運用が可能とされ、大阪地方裁判所等相当数の裁判所でそのような運用が行われており（破三一条二項参照[21]）、Bによる破産債権届出が直ちになされない事例も多い。そのような場合において、Bによる破産債権届出がない状況下で、Xによる相殺は制限されるのかどうかが問題となる。

また、前記とは別に、代位弁済が終了していない部分について、将来の相殺に備えた寄託請求の利用の可能性が問題となる（設例一（三））。

2　原債権者が債権届出をしていない場合における求償権による相殺の制限について――設例一（二）関係

この点の問題の実質は、破一〇四条三項等は、破産手続への「参加」のレベルでの規制であり、本来、配当に相当する債権の満足のレベルを対象とするものではない。これに対して、相殺は自働債権を行使するとともに自働債権の優先的満足の結果を生じる制度である。このような相殺の制度に破一〇四条三項等の規律を及ぼすことに伴い、その適用方法についての問題を生じるものであるといえる。

この点について、Xが一部代位弁済をしたに過ぎない場合には、Bによる破産債権の届出の有無如何にかかわらず、Xが求償権を自働債権として相殺をすることは許されないと解する立場も考えられる。そのように解するならば、破一〇四条三項等の規律である二重権利行使の防止の趣旨は十分に確保されるうえ、法律関係も簡明であるというメリットがある。

しかしながら、そもそも、破一〇四条三項等の規律の本来の適用場面においては、債権者が手続に参加しない限り求償権者の権利行使は制限されないものとされている。これは、債権者が債権の届出をしない場合には、求償権者が破産手続に参加するとしても、二重の権利行使となるものではなく他の債権者に不利益を及ぼさないので、そのような場面での権利行使を許容する趣旨によるものである。この規律を相殺に及ぼす場合に、本来の適用場面以上に規制を強化することについては疑問が残る。現実にBが何らかの事情により最終的に破産手続に参加しないような場合には、Xが二五〇〇万円の求償権を自働債権として相殺をすることは二重の権利行使となるものではなく許容されてよいはずである。その可能性まで封じることは、破一〇四条三項等の規律の本来の趣旨を逸脱する過大な規制となる。

そこで、破一〇四条三項等の規律の趣旨を忠実に相殺に及ぼすためには、以下のような構成が適当であると考えられる。すなわち、Bが全債権額である一億円をもって破産手続に参加している限りにおいて、Xは一部の代位弁済により取得した求償権をもって、反対債権との相殺をすることは許されない。Bが一億円の破産債権をもって破産手続に参加していない場合には、Xによる相殺は制限されない[22]。ただし、後にBが破産手続に参加した場合には、Xによる相殺は許されないことに帰着する（破一〇四条三項ただし書参照）。その意味で、Xによる求償権の行使は、Bによる破産債権の届出を解除条件として許容されるものであると理解される（破六七条二項前段参照）。

そうすると、設例一（二）において、Xによる相殺は、Bが破産手続に参加することを解除条件とする債権を自働債権とする相殺（破六九条）であると理解することとなる。したがって、Bが破産債権の届出をしていない限り、Xは二五〇〇万円の求償権をもって相殺をすることが許されるが、その相殺によって消滅する債務の額である二五〇〇万円について、破産財団のために担保を供し、または寄託をしなければならないものと解する。そして、最後配当の除斥期間満了前に解除条件が成就しなければ[23]、前記により提供された担保はその効力を失い、前記により寄託した金額はXに支払わなければならない（破二〇一条三項）。このように解することにより、後述する設例一（三）および設例二の場面の処理とのバランスも確保しうる。

3　代位弁済前の将来の求償権に基づく相殺のための寄託請求について——設例一（三）関係

以上に対して、設例一（三）において、Xが代位弁済を実施した二五〇〇万円を超える七五〇〇万円の部分については、XはAに対して将来の求償権を有するにすぎないため、破一〇四条三項等の規制如何にかかわらず、実体法上直ちに相殺をなしうる状態にない。そこで、Aの売掛金のうち（二）により（解除条件付にて）相殺をなしうる部分を超える二五〇〇万円の部分については、Yの請求に応じて売掛金を支払うほかかない。

しかしながら、Xは、破七〇条に基づき、将来の請求権を有する者として、破産者Aに対する債務を弁済する場合には、後に相殺をするため、その債権額の限度において破産管財人Yに対して弁済額の寄託を請求することができると解される。

結局、XはYに対して売掛金二五〇〇万円（前記（二）による解除条件付相殺後の残金）の支払いをするに際して、将来の相殺に備えて寄託を請求することができるが、その後最後配当の除斥期間満了までに代位弁済を実施したときは、それにより取得する自働債権との相殺を主張することができる。これにより売掛金の弁済はその限度で効力を失い、[24]Xは寄託金から相殺により消滅した売掛金相当額を受領することができると解する。

(20) これに沿う判断を示すものとして、前掲最判平成二四・五・二八の原々判決大阪地判平成二〇・一〇・三一および原判決大阪高判平成二一・五・二七がある。
(21) 大阪地方裁判所・大阪弁護士会破産管財運用検討プロジェクトチーム編・新版破産管財手続の運用と書式（二〇〇九）四頁ほか。
(22) Bが、七五〇〇万円の破産債権のみ届け出たような場合も同様であるといえる。
(23) 現実の破産事件は、配当がなされずに異時破産手続廃止となるものが非常に多い。その場合には、破産手続廃止決定（の確定）のときまでに解除条件が成就しなければ、配当事案において除斥期間が満了した場合と同様に、提供された担保はその効力を失い、前記により寄託した金額はXに支払わなければならないものと解する。
(24) 破七〇条による寄託請求の性質として、除斥期間満了前に条件が成就して自働債権が具体化したときは、弁済は失効することとなるとするものとして、伊藤ほか・前掲注（7）五一四頁。

五　再生手続における適用について——設例二関係

次に、設例二に関して、再生手続における適用方法について検討しておきたい。

まず、破一〇四条三項等の規律が再生手続においても準用されることは前記のとおりであり（民再八六条二項）、破一〇四条三項等の規律を相殺に及ぼす旨の明文がない点においても破産手続と問題状況を同じくする。そして、破一〇四条三項等の規律が二重権利行使の禁止の趣旨によるものであり、Xが一部の代位弁済をした段階で求償権による相殺を認めることはその趣旨に反すること、相殺は担保的機能を有するとしても担保的構成に至るものではないのであり担保権と同視すること等により破一〇四条三項等の規律を排することはできないことについては、破産手続について述べたところが再生手続にも妥当すると解する。破産法と同様に、その趣旨からして破一〇四条三項等の規律を相殺に及ぼすべきことは前記にて破産手続の関係で論じたことがそのまま妥当すると考える。

もっとも、再生手続においては、相殺をすることができるのは、債権届出期間内に限定される（民再九二条一項）。このため、Xが一部を代位弁済したことにより取得した求償権に基づく相殺の意思表示も債権届出期間内に限りすることができる。

ところで、破一〇四条三項等の規律を再生手続上の相殺にも及ぼすとの立場からは、Bが一億円の貸金債権の債権届出をしていれば、Xによる相殺は許されないこととなる。ところが、この段階では債権届出期間内であるがゆえにBが一億円の債権届出をしていない場合が考えられる。このような場合に、Xは相殺をなしうるかという問題が生じる。

この点は、破産手続について四の2で検討した問題点と共通する。破産手続においては、Xが行使する自働債権は、Bによる破産債権の届出がないことを解除条件として行使しうるとの解除条件が付されたものとして、破六七条二項前段・同六九条による処理によるべきであると解した。民事再生法においては、これに相当する規定は存しないが、解除条件付の自働債権による相殺については、実体法上自働債権自体は成立している以上相殺は許容されると解する。[25]もっとも、その後、Bが一億円の再生債権の届出をして、Xの自働債権についての解除条件が成就した場合には相殺は効力を失うから、清算の必要を生じる。[26]

なお、再生手続には破七〇条に相当する規定がないため、債権届出期間内に代位弁済を実施していない限り、将来の求償権を自働債権とした相殺をする余地はない。[27]

（25） 伊藤・前掲注（2）三六三頁注80は、破六七条二項前段は、解除条件付債権に基づく相殺について特に要件を緩和しているわけではないので、厳密には相殺権の拡張に属するものではないとされており、同書七〇七頁では解除条件付自働債権による相殺が許容されるとする趣旨であると理解される。また、再生手続ないし更生手続上、解除条件付債権を自働債権とする相殺を許容するものとして、兼子・前掲注(2)八八二頁、山本ほか・前掲注(10)二六三頁〔沖野〕、才口千晴＝伊藤眞監修・新注釈民事再生法〈第二版〉上(二〇一〇)五〇三頁〔中西正〕、園尾隆司＝小林秀之編・条解民事再生法〈第三版〉(二〇一三)四八〇頁〔山本克己〕参照。
(26) 山本ほか・前掲注(10)二六三頁〔沖野〕。
(27) 山本ほか・前掲注(10)二六三頁〔沖野〕。

六 結論

以上、破一〇四条三項等の規律が相殺に及ぶかどうか、及ぶ場合における具体的な適用の方法について、筆者なりに検討に努めた。その要点をまとめると以下のとおりである。

第一に、破一〇四条三項等の規律が、求償権を自働債権とする相殺に及ぶかについては、破一〇四条三項等の明文上明らかではないが、これを肯定することが同条の趣旨に適合する。相殺は担保的機能を有するとしても、担保的構成に至るものではなく、前記の制約を排除することは適当ではない。

第二に、前記の結論は、前掲最判平成一〇・四・一四と矛盾するものではないが、同判決が、原債権をもって求償権を制約するとの構成をとったことには疑問があり、前掲最判平成二四・五・二八を踏まえれば、端的に求償権自体が破産債権であり、その行使については破一〇四条の制約が及ぶところ、その求償権を自働債権とする相殺についても破一〇四条三項等の規律が及ぶと解することが明快である。

第三に、前記のように、求償権を自働債権とする相殺について、破一〇四条三項等の規律を及ぼす場合にも、本来の適用場面以上の規制をすることは適当ではなく、原債権者が債権届出をしていない限り、一部の代位弁済に基づく求償権による相殺は直ちに無効とはならない。このような相殺は、将来原債権者が破産手続に参加することを解除条件とする自働債権による相殺として、破六九条の規律に服すると解する。

第四に、代位弁済未了の将来の求償権を自働債権とする相殺が許されないことは当然であるが、反対債権を弁済する際には、破七〇条による寄託請求が可能である。

第五に、再生手続においても、債権届出期間内に相殺適状を生じる限り、前記第一および第二の点は妥当し、第三の点については、解除条件付の自働債権としての相殺が許容される余地があると解する。

【追記】伊藤眞先生には、『条解破産法』(二〇一〇)、『条解破産法〈第二版〉』(二〇一四)、『会社更生法』(二〇一二)、『破産法・民事再生法〈第三版〉』(二〇一四)のご執筆、ご改訂の際に御原稿を拝読させていただき、または原稿検討会に参加させていただくなどの機会を通じて、大変多くのご指導を賜った。その際、筆者のような一介の若手実務家なりの現場での悩みや理解の及ばない点などに実に丁寧にご対応いただき、ご教示を賜った。筆者が曲がりなりにも倒産法の分野の広がりと奥行きの一端を学ばせていただいたとすれば、伊藤眞先生のご鞭撻によるものにほかならない。本原稿は、伊藤眞先生からのご高配の成果としては余りに未熟であるものの、伊藤眞先生のますますのご健勝をお祈りする筆者の思いだけをおくみいただければ幸いである。

また、拙稿の執筆にあたり、多くの研究者、実務家、裁判官等の方々から貴重なご教示をいただいた。個別にお名前を挙げることは控えさせていただくが、この場をお借りしてお礼を申し上げたい。

再生手続における合意による不足額の確定

栗原伸輔

一　はじめに
二　学説・判例の検討
三　合意による不足額の「確定」
四　おわりに

一　はじめに

再生手続において別除権者は、再生債権である被担保債権について再生計画に基づき権利行使をするためには、不足額すなわち被担保債権のうち担保権の行使によって弁済を受けることができない部分を「確定」しなければならない（民再一八二条）。民事再生法八八条とともに、和議手続においてその適用について議論のあった、いわゆる不足額責任主義を明らかにするものである。現行法は、不足額確定の方法として、別除権行使を原則としつつ、その他に別除権者による担保権放棄や再生債務者等との合意によることを認めているところ（民再八八条）、このうち再生債務者等と別除権者間の合意による方法については、いかなる合意であれば不足額を確定する合意としての要件を満たすのかという問題がある。具体的には、不足額を確定する旨の合意を含む別除権協定が解除または解除条件成就（以下「解除等」という）により失効した場合に、別除権者は不足額部分について再度担保権の行使により弁済を受けられるようになるのか――被担保債権額が別除権協定締結前の額に「復活」するのか――という問題が従来から論じられている。本稿ではこの問題を検討する。

以下では、まず従来の学説と判例を概観し、本稿における具体的な検討課題を設定した上で（二）、若干の検討を行う（三）。

（1）栗田隆「破産手続における不足額責任主義の拡張」関法六三巻四号（二〇一三）一〇四頁は、被担保債権と密接な関係を有する債権についても不足額責任主義の類推適用があるとする。

（2）和議法時代の議論については、滝澤孝臣＝平城恭子「民事再生手続における不足額責任主義」銀法五七五号（二〇〇〇）三八頁、全国倒産処理弁護士ネットワーク編・新注釈民事再生法（上）〈第二版〉（二〇一〇）四六八頁以下〔中井康之〕参照。

（3）和議法は、旧破産法九六条とは異なり、別除権放棄による不足額確定を明文では認めていなかった（和議四三条）。民事再生法八八条但書は、別除権行使以外の不足額確定方法が認められることを明らかにする目的で設けられたものである（園尾隆司＝小林秀之編・条解民事再生法〈第三版〉（二〇一三）四五八～四五九頁〔山本浩美〕）。

（4）被担保債権額の「復活」という表現は、不足額確定の合意は被担保債権額を減額させる合意であるという理解が前提になっているように思われる。しかし、別除権ないし担保権の「行使によって弁済を受けることができない債権の部分」（民再八八条・一八二条）という文言からは、被担保債権のうち担保権の行使によって優先的に弁済を受けられる範囲を制限するような合意も不足額確定の合意に含まれると思われる。本稿では後者の場合も含め「復活」という表現を用いる。

（5）合意による不足額確定の場合に、被担保債権額の変更登記を要するかという問題も論じられている。必要説（花村良一・民事再生法要説（二〇〇〇）二五六頁、伊藤眞ほか編著・注釈民事再生法（上）〈新版〉（二〇〇二）二八四頁〔木内道祥〕、深山雅也「再生法八八条ただし書の適用と登記の要否」「倒産と担保・保証」実務研究会編・倒産と担保・保証（二〇一四）三〇七頁など）と不要説（須藤英章編著・民事再生の実務（二〇〇五）三一二頁〔須藤英章〕、四宮章夫ほか編・詳解民事再生法〈第二版〉（二〇〇九）三一三頁〔山本和彦〕、松下淳一・民事再生法入門（二〇〇九）九六頁、全国倒産処理弁護士ネットワーク編・前掲注（2）四七三頁〔中井〕）が対立する。

不要説の理由として、後述する復活説が挙げられる場合がある（深沢茂之「別除権をめぐる問題」銀法五九五号（二〇〇一）六〇頁、須藤・前掲三一三頁〔須藤〕）。それに対して、深山・前掲三一二頁は被担保債権の復活の可否は個々の協定の意思解釈の問題であり、登記の要否とは無関係であるとする。しかし、後述する平成二六年最判のように破産手続開始による別除権協定失効の場合には、破産管財人の第三者性との関係が問題となろう。

二　学説・判例の検討

別除権目的財産が再生債務者の事業継続に必要である等の場合に[6]、再生債務者等（民再二条二号）と別除権者の間で、目的財産の受戻し（民再四一条一項九号）が合意される場合がある[7]。そこでは再生債務者等が別除権目的財産の受戻しの対価として一定額（以下「受戻価格」という）を分割で支払うこと、および別除権者は分割払いの期間中別除権を行使せず、その間の再生債務者等による目的財産の利用を認めること等が合意される。受戻価格は再生債務者等と別除権者との間の交渉によって決められるが、いわゆる担保割れ状態の場合には実務上は目的財産の処分価格と事業継続を前提とした評価額の間のどこかで合意することが一般的なようである(8)。

このような被担保債権額を下回る受戻価格を合意した別除権協定が後日受戻価格の分割弁済の債務不履行による解除または協定に定められた解除条件成就により失効し別除権者が担保権を行使した場合に(9)、担保権行使により弁済を受けることができる被担保債権の額が幾らになるのかについて議論がある(10)。

1 学　説

学説においては、別除権協定が解除等により失効した場合であっても一定の場合には被担保債権額は受戻価格のままとなるとする説（固定説(11)）と、被担保債権額は協定締結前の額に復活するという説（復活説(12)）が対立する。

固定説はまず、被担保債権額を下回る受戻価格を定める別除権協定を、被担保債権額と受戻価格の差額分をどのように処遇する趣旨かによって二つに分類する(13)。別除権協定が被担保債権額と受戻価格の差額分について不足額として確定することを（明示または黙示に）その目的とする場合（以下「不足額確定型協定」という）と、不足額の確定を目的とせず、受戻しの合意のみをその目的とする場合である（以下「復活型協定」という）。その上で、復活型協定については、後日別除権協定が解除された場合には被担保債権額は協定締結前の額に復活するが、不足額確定型協定については、後日協定が失効した場合も不足額確定の合意の効力は失効せず、被担保債権額は受戻価格に固定されることになるとする。したがって、固定説の下では、別除権者は別除権協定締結の際に不足額を確定させて再生計画に基づく弁済を受けるか、確定させずに後日協定が失効した場合に備えるかを選択しなければならない(14)。

不足額確定型協定の場合に別除権協定の解除等の効果が制限され被担保債権額が受戻価格に固定されるべき理由としては、主として次の二点が挙げられている。まず第一に、被担保債権額の復活を認めることは不足額責任主義の観点から問題があるとする。民事再生法八八条但書は、被担保債権の全部または一部が「担保されないこととなった場合」に当該部分について別除権者の権利行使を認めるが、そこでは「担保されないこと」が確実なものとなる必要があり、別除権協定の解除等によって被担保債権額が復活するような合意はそれにあたらないとする[15]。第二に、被担保債権額が復活するとした場合には、別除権協定が失効した場合の別除権者への総弁済額が過大になり得るとする。具体的には、次のような事例に基づく議論が展開されている[16]。

〔事例〕　被担保債権額一〇〇〇万円、別除権目的財産である工場の評価額六〇〇万円の別除権について、受戻価格六〇〇万円について一〇年間の均等分割弁済をすること、および残額四〇〇万円を不足額として確定する旨の別除権協定を締結した。不足額四〇〇万円については、再生計画により八〇％免除した後に一〇年間均等分割弁済を受けることとされた。しかし、別除権協定および再生計画に基づく六回目の弁済後に協定が解除され、別除権者は担保権を行使した。

この事例において、もし別除権協定および再生計画が予定通り遂行されていれば、別除権者は総額で六八〇万円の弁済を受けるはずであった。しかし、六回目の弁済後に別除権協定が解除された結果、復活説の下で別除権者は未払債権額五九二万円（受戻価格の残額二四〇万円＋復活後の未払不足額三五二万円）全額を被担保債権とする担保権行使が認められるとすると、工場の価値が変動していない場合には、別除権者は当初の被担保債権額一〇〇〇万円全額を回収できることとなる。このように再生計画が履行される場合よりも別除権者にとって有利な結果が生じ得る復活説には問題が多いとする[17]。

それに対して復活説は、不足額確定型協定の場合であっても別除権協定が失効した場合に不足額確定合意の失効を制約する理由はないとして、被担保債権額は協定締結前の額に復活するとする。まず前述のような固定説の指摘に対しては、再生債務者等が別除権協定を履行しない場合に担保権の実行により協定を上回る金額が別除権者に配当される可能性がないとはいえないが、別除権協定に限らず、再生計画が履行されない場合にも再生計画取消しにより再生計画によって変更された再生債権は原状に復する場合があり（民再一八九条一項二号・七項）[18]、また担保権消滅許可による根抵当権の元本の確定も申立ての取下げ等により覆ることからすれば[19]、別除権協定の不履行による変更の可能性は不足額の確定とは矛盾するものではないとする。また、不足額確定型協定の目的は不足額について再生計画に基づく弁済をすることにあり、再生計画が失効した場合にはその必要性は失われることから当然に被担保債権額の復活を認めるべきとの指摘をする下級審裁判例もある[20]。なお、実務上は復活説に基づく処理が一般的なようである[21]。

2 判　例

この問題に関する公刊裁判例は近時までみられなかったところ、最判平成二六・六・五民集六八巻五号四〇三頁・判時二二三〇号二六頁[22]（以下「平成二六年最判」という）は、再生計画の履行完了前に再生債務者について破産手続開始決定がなされたことで別除権協定の解除条件が成就したと解される場合について、協定において受戻価格まで減額された被担保債権額は協定締結前の額に復活すると判示する。これは一見すると復活説の立場からの判示のようであるが[23]、筆者は固定説と必ずしも矛盾するものではないと考えている[24]。

3 検討課題の設定

このように、不足額確定型協定が解除等により失効した場合に被担保債権額が復活するか否かを巡って対立があり、そこでは不足額の「確定」の意義が問題となっているようにみえる。しかしながら従来の議論においては、不足額責任主義の下での不足額の「確定」と、被担保債権額の復活の是非との関係は実はそれほど明確ではない。

まずそもそも、被担保債権額の復活を否定する固定説は、不足額責任主義のみをその論拠とするものではない。前述した固定説の論拠のうち第二の点、すなわち復活説の下では別除権協定が失効した場合の別除権者に対する総弁済額が過大となり得るという問題は、少なくとも前述の〔事例〕のように別除権目的財産の価値が変動しない場合においては、協定失効前の別除権者に対する一部弁済の結果として生じるものである。そこでは、別除権者に対する再生計画に基づく弁済の他に、不足額責任主義と直接には関係のない別除権協定に基づく受戻価格の分割弁済の既弁済分の処遇が問題となっている。

そして、別除権協定失効前に協定に基づき支払われた受戻価格の既弁済分の処遇という観点から被担保債権額の固定の必要性が基礎づけられるかについては疑問がある。別除権協定失効前の受戻価格の既弁済分の処遇については、従来から被担保債権額が復活することを前提とした議論がある。そこでは、別除権協定に基づく既弁済分の返還を否定する見解[25]と、協定が失効した場合には別除権者は少なくともその一部を返還する必要があるとする議論が対立している[26]。従来の議論において本稿との関係で重要な点は、別除権協定が失効した場合に別除権者は受戻価格の既弁済分を返還すべき場合があるとするこれまでの論者はいずれも、その具体的内容については異同があるものの、別除権目的財産の性質等により返還の是非および返還額は異なり得るとして、協定の失効のみを理由として既弁済分全額を返還すべきであるとはしていないことである[27]。このことは、復活説によった場合の別除権者に対する過大な弁済という問題の原因のうち少なくとも受戻価格の既弁済分の処遇については、被担保債権額の受戻価格への固定により解決しなければならない問題ではなく、またそのような解決が望ましいものであるとも言い難いことを示しているように思われる。すなわち、別除権協定失効による被担保債権額の復活を肯定した場合であっても、何らかの方法による協定失効前の受戻価格の既弁済分の価値の返還により[28]、少なくとも当該部分を原因とする別除権者に対する過大な弁済という帰結を回避することが可能である。また、別除権協定失効の場合の受戻価格の既弁済分の返還の是非および返還額は協定失効という事実のみから一律に判断することができるような問題ではないことからすると、別除権者に対する過大な弁済の可能性から不足額確定型協定の場合に一律に被担保債権額を固定することが適切な解決策であるかについては疑問が残る。

このように、従来の固定説の論拠のうち別除権者に対する過大な弁済の可能性という点からは被担保債権額の固定の必要性が基礎づけられないとすると、被担保債権額の復活を否定する実質的な論拠は、同説の論拠のうち専ら第一の点、すなわち不足額確定型協定が失効した場合に被担保債権額が復活するような合意は、不足額責任主義の下で不足額を「確定」するものとは言えないという点に求められることになる。そこで以下では、再生手続における不足額責任主義の下における再生債務者等と別除権者による合意による不足額の「確定」は、解除等による失効の可能性を許容するものなのか否かという問題について若干の検討を行う。

（6）高値での任意売却を目的として受戻しが行われる場合もある（上野正彦ほか編・詳解民事再生法の実務（二〇〇〇）三九〇頁〔須藤英章〕）。
（7）このような協定が締結される理由として、担保権消滅請求（民再一四八条以下）の場合、再生債務者等は比較的短期間で目的財産の処分価額相当額全額を裁判所に納付しなければならない（民再規七九条一項・八一条）ことがある。
（8）中井康之「倒産手続における財産評定」今中利昭先生古稀記念・最新倒産法・会社法をめぐる実務上の諸問題（二〇〇五）四〇八頁、山本和彦ほか「新法下における破産・再生手続の実務上の諸問題――全国倒産処理弁護士ネットワーク第四回全国大会シンポジウム報告」事業再生と債権管理一一一号（二〇〇六）二七～二八頁〔林圭介発言〕。処分価格を上回る受戻価格を定めることの問題点を検討する論稿として、倉部真由美「別除権協定について」事業再生研究機構編・民事再生の実務と理論（二〇一〇）三四六頁以下。
（9）従来の議論では、別除権協定上の債務不履行の場合のみを論じるものが多い。その中には、後述するように債務不履行の場合と解除条件成就の場合を区別する議論もみられる。
（10）なお、受戻価格の弁済終了後は、担保権が消滅するため被担保債権額の復活は問題とならない（山本和彦ほか編・Q&A民事再生法〈第二版〉（二〇〇六）二五三頁〔難波修一〕）。
（11）四宮ほか編・前掲注（5）三一二頁〔山本〕、山本ほか編・前掲注（10）二五三頁〔難波〕、全国倒産処理弁護士ネットワーク編・前掲注（2）四七四頁〔中井〕、長谷川卓「民事再生手続における別除権協定の諸問題――あるべき別除権協定の姿とは」倒産法改正研究会編・続々・提言倒産法改正（二〇一四）一二六頁、安木健ほか編著・一問一答民事再生の実務〈新版〉（二〇〇六）二九五頁〔木内道祥〕。
（12）上野ほか編・前掲注（6）三八六頁〔須藤〕、遠藤元一「別除権協定の後に破産手続が開始された場合の効力」事業再生と債権管理一三九号（二〇一三）一八頁など。
(13)　中井康之「別除権協定に基づく債権の取扱い」ジュリ一四五九号（二〇一三）九二〜九三頁。
(14)　三上徹「別除権協定の諸問題」商事法務編・再生・再編事例集4事業再生の思想――主題と変奏（二〇〇五）四五頁。中井・前掲注(13)九三頁は、別除権者が復活型協定を選択する動機として、再生債務者の再生可能性に疑義がある場合、別除権目的財産の価格が将来値上がりする可能性がある場合を挙げる。
(15)　四宮ほか編・前掲注（5）三一二頁〔山本〕。
(16)　全国倒産処理弁護士ネットワーク編・前掲注（2）四七四頁〔中井〕が提示する事例である。固定説の他の論者もこの事例を引用する（山本和彦「別除権協定の効果について」田原睦夫先生古稀・最高裁判事退官記念・現代民事法の実務と理論（下）（二〇一三）六二三頁、長谷川・前掲注(11)一二五〜一二六頁）。
(17)　ただし、別除権協定失効前の再生計画に基づく既弁済分である四八万円の処理は不明であるとしている（全国倒産処理弁護士ネットワーク編・前掲注（2）四七四頁〔中井〕、長谷川・前掲注(11)一二六頁）。山本ほか編・前掲注(10)二五三頁〔難波〕も、復活説の下での再生計画に基づく弁済の処理は不明であるとする。
(18)　上野ほか編・前掲注（6）三八六頁〔須藤〕。
(19)　須藤編著・前掲注（5）三一三頁〔須藤〕。
(20)　後述する平成二六年最判の第一審である松山地判平成二三・三・一金判一三九八号六〇頁。
(21)　山本・前掲注(16)六二四頁。それに対して、軸丸欣哉ほか編著・民事再生実践マニュアル（二〇一〇）二〇四頁は、別除権協定が債務不履行解除された場合について、固定説による扱いが実務上多いとする。
(22)　評釈として、黒田直行「判批」ＪＡ金融法務五二三号（二〇一四）四八頁、高木裕康「判批」事業再生と債権管理一四六号（二〇一四）一一〇頁など。
(23)　高木・前掲注(22)一一二頁。ただし、判例時報の匿名コメント（判時二二三〇号二八頁）は、固定説と復活説の対立は別除権協定が解除された場面の議論であるとして、解除条件に係る本判決は議論とは無関係であるとする。なお原審（高松高判平成二四・一・二〇金判一三九八号五〇頁）は、固定説と親和的な判示をしている（木村真也「判批」新・判例解説Watch〔法学セミナー増刊〕一四号一八六頁）。

(24) 栗原伸輔「判批」新・判例解説 Watch 文献番号 z18817009-00-150261110（Web 版二〇一四年九月一二日掲載）。
(25) 遠藤・前掲注（12）一九頁。なお、他の復活説の論者のこの点についての立場は必ずしも明らかではない。
(26) 髙井章光「牽連破産に関する諸問題」事業再生研究機構編・前掲注（8）二五八頁以下、中井・前掲注（13）九四頁。
(27) 受戻価格の既弁済分が、別除権協定の下で再生債務者が収益を挙げる機会を得たことと対価的関係にある場合（髙井・前掲注（26）二六〇頁）や、動産リースなど、担保目的財産の利用によってその財産価値が比例的に下落するような場合で、既弁済分が担保価値の減価分に見合う場合（中井・前掲注（13）九四頁）には既払い分の返還が不要となり得ることが指摘されている。
(28) 具体的な返還の方法については、受戻価格の既弁済分の再生債務者（または破産管財人）に対する返還義務を肯定する見解（中井・前掲注（13）九四頁）の他に、受戻価格の既弁済分だけ担保権が一部消滅するとの見解（髙井・前掲注（26）二六〇頁）や、否認の可能性を指摘する見解（三上・前掲注（14）四四頁）がある。

三　合意による不足額の「確定」

再生手続における合意による不足額の「確定」とはどのようなものでなければならないのかという問題の検討のために、以下ではまず同様に不足額責任主義（またはそれと同様の規律）を採用する強制執行手続および破産手続と比較して再生手続における不足額責任主義がどのような特徴を有しているのかを明らかにする。その上で、合意による不足額の「確定」の意義について検討する。

1　再生手続における不足額責任主義

強制執行手続、破産手続および再生手続は(29)、いずれも不足額責任主義またはそれと同様の規律を有する。すなわち、いずれの手続も、一方で担保権者による権利行使を原則として自由に認めつつ、他方で担保目的財産以外の債務者一般財産からの被担保債権の満足の範囲を制約する規律を有する。しかしながら、その具体的な実現方法には違いがみられる。

まず強制執行手続および破産手続の規律を概観すると次のようなものである。強制執行手続においては、抵当権者は[30]、抵当不動産の代価から弁済を受けない債権の部分についてのみ、債務者の他の一般財産から弁済を受けることができる（民三九四条一項）[31]。その実現方法として、担保権実行手続に先立って債務者の他の一般財産の強制執行手続が行われる場合[32]、当該強制執行手続において抵当権者は被担保債権全額について弁済を受けることができるが、他の債権者は抵当権者に配当すべき金額の供託を請求できる（民三九四条二項）[33]。後日、抵当権の実行等により不足額が明らかになった場合、供託金の配当が行われる[34]。配当においては各債権者の債権額に応じた按分弁済がされるとするのが多数説である[35]。

次に破産手続においては、別除権となる担保権（破六五条二項）等について不足額責任主義が定められている（破一〇八条）。その実現方法をみると、破産手続はいわゆる打切主義を採用しており、別除権者は原則として最後配当の除斥期間内に不足額を証明しなければ、最後配当および追加配当に参加することはできない（破一九八条三項・二一五条三項）。中間配当が行われる場合、別除権目的財産の処分着手の証明および不足額の疎明により、中間配当に参加することができる（破二一〇条一項）。もっとも、中間配当に参加した場合も、別除権者に対する配当額は破産管財人によって寄託されるに留まる（破二一四条一項三号）。中間配当に参加できなかった場合、その後の中間配当または最後配当に参加した際に、先の中間配当において受けることができた額について他の同順位の破産債権者に先立って配当を受けることができる（破二一三条後段・一九四条二項）[36]。最後に、破産法は根抵当権については例外的な定めを置く。根抵当権の被担保債権については、最後配当の除斥期間内に不足額が証明されなかった場合であっても、最後配当の許可日における被担保債権のうち極度額を超える部分について不足額とみなし最後配当への参加が認められている（破一九六条三項・一九八条四項）。このような特別の処遇が行われるのは最後配当および追加配当に限られ、中間配当については通常の手続を経る必要がある。

以上のような強制執行手続および破産手続における規律からは、次のような特徴を見出すことができると思われる。第一に、担保権の被担保債権についての債務者の一般財産に対する権利行使を不足額に限定すること自体からは、担保権者による担保目的財産の換価時期の選択の制約の必要性が直ちに導かれる訳ではない。実際、強制執行手続においては、先に債務者の一般財産についての強制執行手続が行われた場合には抵当権者に対する弁済額を供託させることで、担保権者による担保目的財産の換価時期の選択の余地を残しつつその目的を達成している。それに対して、破産手続においては打切主義により破産配当を受けようとする別除権者の換価時期に制約が課されているが、これは不足額責任主義から直接に導かれる帰結ではなく、強制執行手続と同様の制度を採用した場合の配当に係る手続費用の増大を避ける必要性から導かれるものであるということができる(37)。第二に、両手続は、担保権者に対する暫定的な配当を行うことについて、極めて慎重な姿勢をみせている。具体的には、両手続において最終的な配当の前に担保権者に対して暫定的な配当を行う際には、実際に配当を行うのではなくて供託ないし寄託をすることとし、それによって後日暫定的な配当額が最終的な配当額よりも多いことが判明した場合であっても、担保権者のその時点における資産状態にかかわらず調整を行うことを可能にしている。破産手続において根抵当権に関する特則が中間配当の場合には認められていないことも同様の機能を果たすものである。

これら二つの観点から再生手続における不足額責任主義に関する規律をみると、担保権者による担保目的財産の換価時期選択の尊重という点においては両手続の中間的な規律となっており、また担保権者に対する暫定的な配当という点においては両手続とは異なる規律が採用されている。まず、担保目的財産の換価時期についてみると、別除権者の不足額が確定していないときは、再生計画において不足額が確定した場合における再生債権者としての権利行使に関する適確な措置を定めなければならないとされている(38)（民再一六〇条一項）。これは、少なくとも再生計画における再生債権の弁済期間中は、別除権者による別除権行使時期の選択を可能にするものである。このことは、前述のように破産手続における打切主義が配当に係る費用の増大を直接の理由とするものであると理解することとも整合的である。次に、再生手続における暫定的な配当についての規律をみると、まず根抵当権について明文の規律が置かれており、根抵当権の元本が確定している場合には、再生計画において被担保債権のうち極度額を超える部分について再生計画において仮払いに関する定めを置くことができることとされている。仮払いに関する定めを置く場合には、不足額が確定した場合の精算に関する措置も定めなければならない（民再一六〇条二項）。そして、根抵当権について仮払いの定めを置く場合には、あらかじめ根抵当権者の同意を得なければならないとされていることからすれば（民再一六五条二項）、この規定は後日根抵当権者に対する仮払いが過大となった場合には、精算段階において根抵当権者に対して過払い分について返還請求する可能性があることを予定した規定であるといえる。(39) また、別除権一般についても、再生計画における適確な措置の一貫として別除権者に対する仮払いを行うべきではないかとの議論もみられるところである。(40) もっとも、これについては根抵当権に関する規定の反対解釈から否定的な見解が多いように思われる。(41) いずれにせよ、再生手続における別除権者に対する暫定的な配当についての規律は、特に根抵当権についての規律において強制執行手続や破産手続とは異なるものとなっている。

2　合意による不足額の「確定」

不足額を確定するための合意とはどのようなものでなければならないのかを検討するにあたっては、以上のような各倒産手続における不足額責任主義の実現方法の差異を考慮して論じる必要がある。

まず破産手続についてみると、同手続における合意による不足額確定の意義は、もっぱら打切主義を前提として別除権者に破産配当への参加の可能性を保障する点に求められる。すなわち、別除権行使は場合によっては長期間に及び得るため、常に別除権行使によって不足額を証明しなければならないとすると別除権者が破産配当に参加する道は著しく狭いものとなってしまう場合があることに鑑み、合意により迅速に不足額を確定する方法を認めたものであるといえる。(42) 加えて、前述のように破産法が別除権者に対する暫定的な配当について厳格な態度を示していることからも、破産手続における不足額責任主義の下における合意による不足額の確定は、最後配当の除斥期間内において不足額を終局的に確定し、後日の調整の可能性を排除するものとして理解する必要があるといえる。このような合意による不足額の確定は、打切主義を含めた破産手続における不足額責任主義に関する規律を補完しより合理的なものとするものとして位置づけられる。

それに対して、再生手続においては事業譲渡による再生のような場合を除き、一定の間、再生計画履行期間が継続することが予定されており、合意による不足額の確定は、破産手続の場合と同様に不足額を終局的に確定するものとして理解する必然性は乏しく、別除権協定が解除等により失効した場合には必要な精算を行うことを条件として、合意された不足額について別除権者が再生計画に基づく弁済の仮払いを行うことも許容するものとして理解すべきではないか[43]。前述のように再生手続において別除権者は少なくとも再生計画における再生債権の弁済期間中は再生計画に基づく弁済受領可能性を失うことなく別除権行使時期を選択することができる地位にあり、破産手続の場合と同様に不足額の合意を終局的なものと解することは、少なくとも別除権者との関係では意義が乏しい。また、不足額の合意をこのように再生計画および別除権協定が履行された場合に限定された暫定的なものと解することは、協定締結段階での交渉費用の削減をもたらし得ることから他の一般債権者にとっても利益となり得る[44]。そして、このように再生手続における合意による不足額確定をとらえた場合、再生計画に基づく弁済を供託または寄託するような合意の場合を除き、後日精算段階において別除権者に対し過払い分の返還を求める必要性が生じることになるが、不足額の合意と類似する根抵当権について民事再生法はそのような精算の可能性を容認する規定を置いていることからすれば、そのような可能性が生じることは許容し得るものであるといえよう[45]。前述のように根抵当権以外の担保権につき再生計画において仮払措置を設けることについては否定的な見解が多いが、ここで問題となっているのは、担保権一般について別除権者保護の観点から仮払いを認めるべきかという問題ではなく、再生債務者の事業継続に必要な別除権目的財産に係る別除権についての別除権協定が失効した場合という極めて限定的な場面の問題であり、根抵当権と同様の処遇を認めることには充分な理由があると思われる。(46) このような理解は従来の復活説(47)や判例(48)とも必ずしも矛盾するものではないと思われる。

(29) 特別清算手続では、担保権者の議決権行使（会社五四八条四項）や調査命令申立て（会社五二二条二項）または債権者集会招集請求（会社五四七条二項）の判断においては不足額部分のみが考慮されるが、協定に基づく弁済に関して不足額責任主義を直接定めた規定はなく、協定による権利変更は協定債権者間では原則として平等でなければならない（会社五六五条）。ただし、いわゆる清算価値保障原則に反する協定は不認可となる（会社五六九条二項）。会社更生手続については後述。

(30) 不動産質権にも準用されている（民三六一条）。それに対して、動産質および債権質には準用されない。その理由としては、抵当権の沿革が物的責任であったことや公示制度の存在が指摘されている（大阪地判昭和五一・三・一七判時八二六号七一頁）。また、柚木馨＝高木多喜男編・新版注釈民法（9）〈補訂版〉（二〇〇一）六三七頁〔生熊長幸〕は、仮登記担保や譲渡担保の目的物が不動産の場合に類推適用を肯定する。

(31) 民法三九四条の沿革について、栗田・前掲注（1）一一一頁以下。

(32) 抵当権者が申立人の場合、一般債権者は異議を述べられるとするのが通説である。ただし、異議の内容・方法には争いがある（柚木＝高木編・前掲注（30）六三七～六三八頁〔生熊〕）。

(33) 供託実務においては、一般債権者は執行裁判所に対して供託請求をし、執行裁判所が供託を行うものとされている（昭和五〇・四・五民事四第一七六四号民事局長回答・登記研究三三一号（一九七五）六六頁）。

(34) 道垣内弘人・担保物権法〈第三版〉（二〇〇八）二〇〇頁は、民事執行法九一条一項一号および同九二条一項が類推適用されるとする。

(35) 我妻栄・新訂担保物権法（一九六八）三〇一～三〇二頁、柚木＝高木編・前掲注（30）六三九頁〔生熊〕、道垣内・前掲注（34）二〇〇頁など。それに対して、石田文次郎・全訂擔保物權法論（上巻）（一九四七）二八一頁、谷口知平ほか・ポケット註釈全書民法総則・物権法〈新版〉（一九八六）六八三～六八四頁は、供託金はまず抵当権者に対して配当されるとする。

(36) 破産法二一三条後段の文言上は必ずしも明らかではないように思われるが、結論に異論はない。

(37) 追加配当が「相当の財産」があることが確認された場合に限られているのも同様の趣旨である（伊藤眞ほか・条解破産法（二〇一〇）一三四七～一三四八頁）。

(38) 典型的には、別除権不足額が確定した場合に、他の同種の再生債権に関する権利変更の一般的基準（民再一五六条）を適用するとの条項が定められる（全国倒産処理弁護士ネットワーク編・新注釈民事再生法（下）〈第二版〉（二〇一〇）三五頁〔加々美博久〕）。

(39) 根抵当権者の同意を課す理由としては、仮払いの措置は根抵当権者の利益を図るものであり根抵当権者が望まない場合には定めを置く必要性が欠けること、および後日の根抵当権者に精算義務が課され得ることが挙げられている（山本ほか編・前掲注（10）三九八頁〔小林信明〕、全国倒産処理弁護士ネットワーク編・前掲注（38）五四頁〔長島良成〕、森恵一「民事再生法における担保権の処遇」才口千晴ほか編・民事再生法の理論と実務（下）（二〇〇〇）七九〜八〇頁）など）。精算段階で根抵当権者から仮払金の返還が必要となる場合としては、被担保債権が保証債務であり、主たる債務者の弁済により被担保債権額が極度額を下回る場合などがある。なお、実務上は仮払いによる二度手間を避けるため、精算条項が定められることは少ないようである（園尾隆司ほか編・最新実務解説一問一答民事再生法（二〇一一）五二三頁〔多比羅誠〕）。

(40) 園尾隆司＝小林秀之編・条解民事再生法〈第二版〉（二〇〇七）七五八頁〔河野玄逸〕など（ただし、同書三版ではこの点の記述が削除されている）。実際に仮払措置を行った事例もみられる（事業再生研究機構編・再生計画事例集〈新版〉（二〇〇六）三三六、三九六頁）。

(41) 山本ほか編・前掲注（10）三九九頁〔小林〕、上野ほか編・前掲注（6）三九一頁〔須藤〕、鹿子木康編・民事再生の手引（二〇一二）二九七頁〔鹿子木康〕など。

(42) 伊藤ほか・前掲注（37）七三六頁。

(43) このように解することで、債務不履行後に別除権目的財産が評価額よりも高価で換価できたような場合に、担保権者に不当な利得を与えることになるという懸念（四宮ほか編・前掲注（5）三二二頁〔山本〕）にも答えられる。

(44) 別除権者が再建に協力するために競売価格を下回る受戻価格に合意した場合を念頭に置き固定説を批判する見解がある（金判一三九八号五五〜五六頁の匿名コメント）。そのような想定の現実味については疑問があるが、受戻価格に係る交渉に際して再建失敗の可能性を考慮対象外とすることで交渉成立を容易にすることは確かであろう。

(45) 高木・前掲注（22）一一四頁も、後日の精算を前提として被担保債権額の復活を肯定する。もっとも、前述のように、実務上受戻価格は目的財産の処分価格を上回る額で合意されることが一般的であることを前提とすると、実際に別除権者に対して返還を求めることになる場合は限られよう。

(46) なお、根抵当権以外の担保権についての仮払い措置を否定する論者の中には、「適確な措置」の一つとして、不足額予定額分について、他の確定再生債権者が受領する金額と同率の金額を別除権者に預託することを認めるものがある(須藤編著・前掲注(5)三一八頁〔須藤〕)。

(47) 復活説の下での再生計画に基づく既弁済分の処理が必ずしも明らかではないことにつき、前掲注(17)参照。それに対して、遠藤・前掲注(12)一九頁は、民事再生法一九〇条一項を類推適用し、破産手続での中間配当としての取扱いを認めるべきであるとする(ただし、別除権者から返還する場合は通常は想定し難いとする)。しかしながら、民事再生法一九〇条一項は再生債権者とその後の破産手続までに債権者となった者の間の利害調整を図る規律であり、ここで問題となっている別除権者と他の全ての一般債権者との公平が問題となる不足額責任主義への類推適用は困難ではないか。

(48) 平成二六年最判は、前述のように被担保債権額の別除権協定締結前への復活を認めつつ、協定失効前の別除権者に対する弁済を控除した額が最終的な被担保債権額になるとするが、どの範囲の弁済が控除されるのかについて判旨は明確な態度を示してはいない(栗原・前掲注(24)、高木・前掲注(22)一一五頁)。

四 おわりに

本稿では、不足額確定型協定が解除等によって失効した場合における処理の場面を念頭に置き、再生手続における合意による不足額の「確定」の意義について検討を行った。本稿の結論は、不足額確定型協定が失効した場合に被担保債権額の復活を肯定したとしても、協定失効までの別除権者に対する再生計画および別除権協定に基づく既弁済分についてそれぞれ必要な調整を行うこととする限りにおいて、そのような合意は再生手続における不足額責任主義に反するものとまではいえないというものである。このような理解は、事案毎に柔軟な処理が可能になるという点からも望ましいものではないかと思われる。

本稿での検討は現在の再生手続における規律を前提とするものである。再生手続とともに再建型倒産手続に位置づけられる会社更生法においては、担保権は手続に拘束され、更生計画による更生担保権の変更の効力はその後牽連破産があった場合であっても影響を受けない（会更二四一条三項）。別除権協定において被担保債権額の減額を合意した後に再生債務者について破産手続が開始した場合、平成二六年最判を前提とすると多くの事案において協定は解除条件成就により失効することになると思われるが、その結果再生手続と更生手続において担保権者の処遇が大きく異なり得ることとなる。再建型倒産手続が失敗に終わった場合の担保権の処遇をどのように考えるべきかという問題は立法論として重要であるが、今後の課題としたい。

伊藤眞先生には、ロースクール時代から現在に至るまで多くの教えを賜ってきた。先生の古稀をお祝いするとともに、謹んで本稿を捧げたい。

倒産法における債権者の一般の利益

佐藤鉄男

一　はじめに
二　債権者の一般の利益の沿革
三　多用される債権者の一般の利益
四　裁判例にみる債権者の一般の利益
五　一義か多義か？　債権者の一般の利益の解釈と運用の試み
六　結びにかえて

一　はじめに

債務者が経済的に破綻したことで利用が始まる倒産手続にあっては、その受益者たる債権者が完全な満足を受けることは通常はありえない。そして、倒産事件は債権者だけでなく多くの者の利害が複雑に絡み合う集団的な現象として現われるものであり、こうした利害関係を調整するということは全体的な意味での最善が追求されることを意味する。すなわち、倒産事件の処理が突出した利益を享受する者と不利益を被る者との明暗を分かつことは好ましいことではなく、端的には手続の失敗と言えよう。

複雑な集団現象としての倒産事件につき、わが国では、これを裁判所の手続として四とおりの方法（破産、再生、更生、特別清算）で扱うこととし、細部では違いをみせながら、大きくは同じ目的を目指す領域、すなわち倒産（処理）法の存在が認知されている。もっとも、ここに至るまでには、根拠となる制定法の立法展開一つとっても複雑な経緯を辿ってきたものであり(1)、事実としての個々の倒産事件処理レベルではそれこそ多様な現われ方をしてきた。この裁判所における四つの倒産手続は、利用条件、担い手、スキル、そして清算か再建かという出口も、バラエティーに富んでいるが、倒産という事態を前に権利・利害関係の調整がなされるという点では共通している(2)。これは、債務者が支払不能ないしそれに近い経済的破綻に陥ってしまった以上、権利者を完全に満足させることはできない、放っておいては弱肉強食の早い者勝ちによる混乱を避けられないので、可能な最善策で社会の安全を図ろうとすることによる。その最善なることの視点として強調されるものは、債権者の平等であったり、一〇〇％は無理でもできるだけ最大限の価値の実現であったり、あるいは公共の利益であったり(3)、と必ずしも一様ではないが(4)、個々の利害に立脚するのではなく全体的な立脚点が前面に出てくることになる。現行倒産法では、「債権者の一般の利益」という文言が多用されており、どうやらその文言では、個と集団の利害が秤にかけられ、後者を優先することで倒産処理を推し進める役割を担っているように思われる。すなわち、かかる場面で個々の利益追求に拘っていたのでは倒産処理は目的を達しえない可能性があるので、受益者を代表する債権者全般におおむね不満が出ないであろう方向へと事件を導く必要がある。倒産処理では随所にこうした分水嶺がある。そこでこの「債権者の一般の利益」がいかに効用を発揮しているかは気になる問題であり、この機会に検討を加えてみたいと思った次第である。

伊藤眞先生の古稀をお祝いするには不十分な論考と自覚しつつ、精一杯の思索をめぐらせた一考察を捧げたい。

(1) 佐藤鉄男「倒産法制の明日へ――倒産処理の不易と流行」ジュリ一四一四号(二〇一一)一〇七頁。佐藤鉄男「担い手にみる我が国の倒産法概史――第三者機関中心モデルの生成と変遷」金法二〇〇五号(二〇一四)七六頁。

(2) この点は、根拠が会社法にあり独自の単行法をもたない特別清算を除けば、他の三つの根拠法たる破産法、民事再生法、会社更生法の一条(目的規定)に表現されている。このことについては、佐藤鉄男「倒産手続の目的論と利害関係人」田原睦夫先生古稀・最高裁判事退官記念・現代民事法の実務と理論(下)(二〇一三)三〇頁。

(3) ここでいう公共の利益とは、倒産処理が非効率な財産運用を見直し再編成を促すことに鑑み、この機会に広い視点でより望ましい価値(財産)の再分配をしようとすることを意味する。その結果、倒産処理の効果として財産権が侵害されることがあっても、制度は違憲を免れうると説かれる。免責制度につき、最大決昭和三六・一二・一三民集一五巻一一号二八〇三頁、会社更生制度につき、最大決昭和四五・一二・一六民集二四巻一三号二〇九九頁。

(4) こうした視点のどれが強調されるかは、国により、時代により、変遷している。倒産法の基礎理論として説かれるところがこれに相応すると考える。これについては、水元宏典・倒産法における一般実体法の規制原理(二〇〇二)第一章〜第五章。

二　債権者の一般の利益の沿革

現行倒産法においては、後述するように多用される「債権者の一般の利益」という文言であるが、既に旧倒産法制においても使用例のあるものであった。

最初の使用例は、大正一一年制定の破産法と和議法においてであった。もっとも、破産法における使用例は強制和議に関するものであり、その趣旨は和議法と同趣旨のものである。すなわち、和議法では、第一に、和議開始申立ての棄却事由の一つとして、「和議ノ条件カ和議債権者ノ一般ノ利益ニ反スルトキ」（和一八条五号）と使われ、第二に、和議不認可事由の一つとして、「和議ノ決議カ和議債権者ノ一般ノ利益ニ反スルトキ」（和五一条四号）と使われており、後者と同じ趣旨の規定が破産法にもあったというものである。(5) これらは、和議手続の入口と出口において、裁判所が事件の行方を決するものであり、そこで当該和議事件の処理が好ましくない方向に進んでしまうのを、前者は開始申立ての棄却で、後者は和議不認可で、阻止する役割が期待されていた。問題はその中身であり、同じ大正一一年の制定で、清算型手続を定める破産法に対し再建型手続を定めるのが和議法と対比され、和議の正当化として、破産となった場合に債権者が受けるべき配当以上が確保されるべきこと、(6) すなわち、これは清算価値保障の原則が体現されたものとみるのが通説であった。したがって、申立て時に提示された和議条件がこれを満たしていなければこれを棄却し、仮に手続が進み多数決をもって和議が可決されてもそれが破産配当を下回るものと判断すれば裁判所が和議不認可とし少数派の債権者を保護するというわけである。(7)

もっとも、清算を前提とした破産配当と再建を前提とした和議条件は、必ずしも単純に比較できるものではなかった。古い判例ながら債権者の一般の利益に関するリーディング・ケースとされてきたものがある（大決昭和一四・一二・二二判決全集七輯四号一六頁）。医師にかかる和議の事案において、将来の収入が和議条件の中で考慮されないことが直ちに債権者の一般の利益に反するものではないと判断された。(8) すなわち、債権者の一般の利益として、現時点での清算価値が最低保障として確保されていればよく、将来の収入はその射程外とされたのである。

次に、昭和一三年に商法典に旧倒産法制の一環をなす会社の整理が導入され、そこで「債権者の一般の利益」が使われていた。すなわち、会社の整理は多数決制を採用しない全員一致型の倒産法制であったところ、全員一致が得られそうにない成り行きとなった際に、破産に移行するか（商旧四〇二条）、和議に移行するか（商旧四〇一条）という岐路に立つことになり後者による場合に存在したものである。すなわち、「債権者ノ一般ノ利益ノ為必要アリト認ムルトキハ裁判所ハ和議ノ申立ヲ為スコトヲ認可スルコトヲ得」と使われていた。これは、全員一致による整理の困難が即破産というのでは酷な場合もあり、和議を選択して可能な数の賛成(総債権額の四分の三)が得られるのであれば、破産よりは和議による再建の途に就かせるのが債権者にとってよいとの趣旨によるものである。(9) 現行法には類似の使用例がない、という意味で特殊な使用例であった。

さらに、昭和二七年に制定された旧会社更生法でも「債権者の一般の利益」が使用されている。第一は、更生手続の開始条件の一つとして、先行する「破産手続、和議手続、整理手続又は特別清算手続」によることが「債権者の一般の利益」に適合するときは更生手続の開始申立てを棄却するというものである(旧会更三八条四号)。ここに示された発想が倒産手続相互の調整規定として現行法に受け継がれたとみてよいもので、本来は優位にある更生手続によるよりも先行して係属する他の手続の方が債権者の利益に適う分には更生手続の優位原則が修正されることになる。第二は、清算を内容とする計画案に関してである(旧会更一九一条一項)。すなわち、事業の継続を前提とした更生手続にあって、それが困難となった場合に、手続を廃止して破産に移行させるより、更生手続を利用して清算を進めるという趣旨の規定であるが、「債権者の一般の利益」を害するときはこの限りでないとする、現行会社更生法一八五条一項とほぼ同趣旨の規定が存在していた。というのも、清算するなら端的に破産に移行する方が簡便であるので、実体法・手続法両面の利益考量を行うべきものと解されていたからである。(10) ちなみに、破産手続が先行しやがて清算に至ることが濃厚でも、債権者から更生手続の開始申立てがなされ、「破産手続を継続した場合に比べ債権者らにとって有利となる可能性が高い」とみて、「破産手続を継続することが債権者の一般の利益に適合するとは認められず、また、会社更生手続によった場合に更生の見込がないとは認められない」と更生手続を開始した例(大阪地決平成一〇・三・二二判時一六四三号一八五頁)のように、右の二つの条文の関係を示唆する裁判例もあった。

このように旧倒産法制の下では、使用例が右に挙げたものに限られていたこともあり、「債権者の一般の利益」について深く掘り下げられるところまでには至らなかった。ちなみに、和議法に関しては、比較法的な意味では、オーストリアやドイツの影響があったものと思われる。[11] また、ドイツの和議法においては、最低弁済率の規定があり、[12] これを下回る和議条件は不当なものとする考えがあり、現在の倒産計画にも引き継がれていることも興味を引く。これに対し、アメリカ法をモデルに制定された旧会社更生法であるが、この「債権者の一般の利益」という表現はアメリカ法に由来したものではないようである。しかし、アメリカでも、倒産処理における個別的な問題の処理にあたりそれが適切かどうか、債権者全般の利益（general interest）という視点が持ち出されていることは興味深く、[13] その発想には共通するところがあるように感じられる。

（5）旧破産法三一〇条一項四号である。破産から移行する強制和議なので、前者（和一八条五号）に相当するものはここでは観念されない。

（6）麻上正信＝谷口安平編・注解和議法（一九八五）一三六頁・三九六頁〔福永有利〕。

（7）債権者の一般の利益として、清算価値保障のほか、和議履行の可能性も問うかどうか、ここに吸収する理解と区別する理解があった。谷口安平・倒産処理法〈第二版〉（一九八二）三五二頁、霜島甲一・倒産法体系（一九九〇）五三七頁。大決昭和一〇・四・一一民集一四巻四五三頁は区別するが、戦後の下級審は区別していない傾向にあった。

（8）他方で、否認権行使で回復すべきものは加算されていることを求めている。田邊誠「判批」新堂幸司ほか編・新倒産判例百選（一九九〇）一九八頁、菱田雄郷「判批」青山善充ほか編・倒産判例百選〈第三版〉（二〇〇二）二〇八頁。

（9）本条の理解には、清算を内容とする和議のために使用されるというものもあったが、整理の失敗即破産より、和議によることが債権者の利益になることを条件に和議に移行する（牽連和議と呼んでいた）ものとの理解が通説であった。霜島甲一・新版注釈会社法⑿（一九九〇）四〇一条注釈七・八。

（10）三ケ月章ほか・条解会社更生法（下）（一九七四）一九四頁。

（11）時代的には、和議法の制定は、オーストリア（一九一四年）、日本（一九二二年）、ドイツ（一九三五年）の順である。和議条件の不認可事由として、債権者の一般の利益に反することがほぼ同じような形で規定された。

（12）その割合は債権額の三五％、弁済期間が一年を超えるときは四〇％とされていた（ドイツ和議法七条）。

(13) ドイツでは、現行倒産法にかかる倒産計画(Insolvenzplan)に関係して登場し(ドイツ倒産法二五一条一項二号)、アメリカでは、債務者の権限を温存するのが原則である第一一章手続にあって(DIP原則)、管財人を選任するには相当の理由と債権者全般の利益に照らすものとされている(アメリカ連邦倒産法一一〇四条(a)(2))。アメリカ法について、藤本利一「『債権者一般の利益』概念の意義と機能」松嶋英機ほか編・倒産・再生訴訟(二〇一四)三〇四頁に校正段階で接した。

三 多用される債権者の一般の利益

現行法では、「債権者の一般の利益」という表現は、多数の条文で使用されている。まずは法律別に使用例を確認し、その後、これらを分類してみたい。

1 各法律別の使用例

ここでは、制定順にこれをみておく。最初に制定されたのが民事再生法であり、その前身たる和議法に使用例があり、それが伝播したとも言える。

(1) 民事再生法　民事再生法において、「債権者の一般の利益」が使用されているのは以下の場合である。

第一は、倒産手続相互の優劣関係に関するもので、(本来は優位にある)再生手続より破産手続または特別清算手続が債権者の一般の利益に適合するときは、その開始申立てを棄却するというものである(民再二五条二号)。逆に、(いったん開始された)破産手続から再生手続への移行も債権者の一般の利益に適合すれば許可される(民再二四六条二項)。第二は、担保権の実行手続の中止命令にかかるものであり、別除権となり実行を妨げられない担保権について、債権者の一般の利益に適合する場合にこれを中止するというものである(民再三一条一項)[14]。第三は、再生債務者等から再生債権との相殺をする場合で、相手方が倒産状態にあるなどして相殺が債権者の一般の利益に適合するときに許されるとするものである（民再八五条の二）。第四は、再生計画に関するもので、再生計画の決議が債権者の一般の利益に反するときは不認可とすべきであり（民再一七四条二項四号）、その点は先行して付議決定でもチェックされる（民再一六九条一項三号）。なお、債権者の一般の利益に反する再生計画を不認可とすべきことは個人再生についても同様である。[15] 第五は、第四とも関係するが、再生計画案が決議に付するに足りないときは再生手続を廃止するとしており（民再一九一条）、債権者の一般の利益に反することは手続廃止事由ともなりうる構図となっている。第六は、個人再生における免責、具体的にはハードシップ免責に関しての使用例である（民再二三五条一項三号）。これは再生計画の遂行がその責めに帰すことができない事由により困難となった債務者につき、その段階で例外的に免責を認めるというものであるが、その条件の一つとして「再生債権者の一般の利益に反するものでないこと」が挙がっている。すなわち、ハードシップ免責は、債権者の一般の利益という下限がある再生計画の履行が頓挫している場面で債務者に免責という利益を与えるものであるので、ルーズに流れないよう歯止めをかける趣旨のもので、実質的には計画遂行終盤で頓挫した場合でしかこの免責の可能性がない方向に働く。[16]

(2)　会社更生法　会社更生法においてもこの用語は使われているが、民事再生法とはやや様相を異にしている。

第一は、倒産四法制の優劣関係に関するものである。すなわち、四法制の中で更生手続は最優位にあるのであるが、既に係属する破産手続、再生手続または特別清算手続によることが債権者の一般の利益に適合するときは当該手続によるものとし、更生手続は開始せず棄却になるというもので（会更四一条一項二号）、裁判例も現われている（後述）。そして、これとは逆に、先行する破産手続、再生手続から更生手続への移行に際しても、債権者の一般の利益に適合するかどうかがチェックされるものとされている（会更二四六条二項・二四八条二項）。第二は、管財人から更生債権との相殺をする場合、それが債権者の一般の利益に適合することを要するというものである（会更四七条の二）。第三は、更生計画に関するもので、更生会社の事業の全部の廃止を内容とする更生計画案の作成の許可に際し、債権者の一般の利益が害されないかどうかチェックするというものである（会更一八五条一項）。もっとも、更生計画に関し、清算価値保障の原則を体現した規定は、民事再生法と異なり存在していないが、会社更生法がこの原則を採用しない趣旨と断ずることはできないとされている。(17)

(3) 破産法　破産法では、この用語の使用例は比較的少ない。

第一は、破産管財人から破産債権との相殺をする場合のもので、民事再生法、会社更生法にあるのと同趣旨のものである（破一〇二条）。第二は、担保権消滅許可の申立てにかかるものである（破一八六条一項）。すなわち、担保権に別除権の地位を与える破産手続にあって、担保目的財産を「任意に売却して当該担保権を消滅させることが破産債権者の一般の利益に適合するとき」裁判所は消滅を許可することができるとされる。もっとも、消滅にかかる当該担保権者の利益を不当に害する場合はこの限りではないとカウンター・バランスが考慮されている。民事再生法、会社更生法でも名称を同じくする担保権消滅許可の制度が採用されているものの、消滅許可に際して債権者の一般の利益との適合がチェックされるのは破産法の場合だけとなっている。(18)

(4) 特別清算　会社法を根拠にする倒産手続である特別清算手続では、債権者の一般の利益が登場するのは、次の四点である。

第一は、特別清算開始の条件の一つとして、「債権者の一般の利益に反する」かどうかがチェックされる（会社五一四条三号）。第二は、担保権の実行手続の中止命令で、民事再生法三一条一項と同趣旨のものである（会社五一六条）。第三は、特別清算の中核をなす協定に関するもので、債権者集会によって可決された協定につき、裁判所が不認可とすべき場合の一つとして、「協定が債権者の一般の利益に反するとき」が挙げられている（会社五六九条二項四号）。清算価値を保障しない再生計画につき裁判所が不認可決定をするのと同趣旨のものと考えられる。第四は、清算型手続としての破産と特別清算の優劣に関するもので、本来なら特別清算を優先すべきところ、特別清算開始後で当該会社に破産手続開始原因となる事実がある場合で「特別清算によることが債権者の一般の利益に反するとき」は裁判所は職権で破産手続開始の決定をしなければならないとするものである（会社五七四条一項三号）。これは、倒産手続相互の調整規定という意味では他の法律に存在するのと類似のものであるが、先行している特別清算では債権者の一般の利益が確保されない場合は、破産手続に移行させるというもので、係属する手続を否定する方向で「債権者の一般の利益」を考慮する点では他の使用例と趣きを異にしている。

2 使用例の分類

以上、倒産四法制中に文言として現われた「債権者の一般の利益」の使用例を法律別に確認したが、それらは全く同じものであるのか違うのか、この点を考える前提作業として、使用例を横断的に眺めてみたい。すると、各法律で使用例に差があり、理解を難しくしている観があるが、次の四つに分類することが可能であろう。

(1) 倒産手続の調整場面　第一は、最も使用例の多い、倒産手続相互の調整に関してのものである。縦割りで四法制が用意されているわが国では、これは避けて通ることのできない問題と言える。すなわち、再建型優先と特別法優先の考えで四法制の抽象的な優劣関係は定まっており、「更生＞再生＞特別清算＞破産」の順とし破産を最終受け皿としている。これ自体は支持される考え方であると思われるが、これはあくまで理念的な意味での優劣にすぎず、現実の個別事件にとっての最適手続の選択とは別問題である。たとえば、そもそも全く更生・再生の余地のないような債務者に更生・再生の試みを前置させることはナンセンスであるから最初から清算型手続を選択するのが合理的というものである[19]。したがって、倒産手続相互の調整という脈絡での「債権者の一般の利益」は、個別事件にとっての現実の手続の優劣が比較されることを意味する。この点は、裁判例も登場している。そこでは、再生手続が先行していたところ、債権者の一部が更生手続による処理を望むという形で問題が現われた[20]。

こうした競合が生じた場合に、債権者の一般の利益に適合する限りでは更生手続優先原則を修正するという形でこの文言が使用される。手続の進捗状況、債権者に対する弁済の時期や額、経営陣の責任の有無など種々の事情を総合的に判断して決すべき問題とされ、当該事件では再生手続が望ましいとされた。再生手続と更生手続は、ともに再建型手続として清算価値の保障が要請されている点で共通しており、ここでの「債権者の一般の利益」は清算価値との比較だけでは測れない要素を含んだものと考えるほかない。

これに対し、一見同じような手続競合でも、再建型手続と清算型手続とが競合する場合は(21)、前者において清算価値が保障されないような場合は、再建型手続の優先を修正して清算型手続を支持する際に、この文言が生かされることになろう。そうすると、競合調整における「債権者の一般の利益」は、民事再生法二五条二号のそれがもっぱら再建型手続と清算型手続の比較であるのに対し、会社更生法四一条一項二号のそれは同様の比較に加え再建型手続相互の比較をも含んだものとなっていることに気づく。

さらに、会社法五七四条一項三号もこの倒産手続の相互関係に関するものであるが、やや趣きを異にする。すなわち、手続が競合する場面ではなく、係属する特別清算手続が「債権者の一般の利益」に反するときは職権で破産手続に移行させるというものである。ここでは、清算型手続相互での比較が職権で試みられる。すなわち、特別清算手続の基本的な処理手法が債権者の多数決による協定であるところ（会社五六七条）、これが清算価値を保障しないなど「債権者の一般の利益」に反するときは、裁判所が後見的に介入し当該事件を破産手続に移行させることで清算価値の確保に資そうとする(22)。その意味で、後述する再生計画を清算価値の保障という視点でチェックする場合と共通するところがあるが、当該事件にとってどの倒産手続が適切かを見極めることで、四法制の抽象的な優劣関係を具体的事件との関係で修正するものとしてここに分類してもよいであろう。

(2)　担保権の規律場面　　第二は、破産法と民事再生法に現われた担保権規律に関係した「債権者の一般の利益」の使用例である。この両法における担保権の基本的な処遇方針はこれを別除権として手続外での権利行使を許容する点で共通している（破六五条一項、民再五三条二項）。しかし、破産手続も再生手続も、現実には担保権者との折衝がきわめて重要なものとなっていることは周知のところである。これに関連して、「債権者の一般の利益」が興味深い使われ方をみせている。

現行倒産法制は担保権の規律に関して旧法制にはなかった新たな手法を導入した。担保権消滅許可請求の制度がそれであり、制度目的、要件設定、手続枠組みを異にしながら、民事再生法、会社更生法、破産法の順で出来上がった。[23]これは、担保権の存在が債務者側からすると足枷になることが少なくないので、所定の要件・手続の下で裁判所の許可によって強制的に消滅させるというものであるが、ここで「債権者の一般の利益」を登場させるのは破産法であり、しかも制度の根幹の位置にある。すなわち、破産における担保権消滅許可は、破産管財人が担保目的物の任意売却による換価金の一部を破産財団に組み入れることを想定し、本文で「担保権を消滅させることが破産債権者の一般の利益に適合する」ことを要するとする一方で、但書で「当該担保権を有する者の利益を不当に害することとなると認められるときは、この限りでない」と相関的な利害調整に制度の命運を託した。要は、破産の場面で、破産管財人がする換価によってであれ、担保権者自身の実行によってであれ、早晩目的物の値段が顕現する状況下において、組入金と消滅を導く価額とのバランスが重視されることになる。目的物を受け戻せるくらいならこの制度は不要であり、被担保債権の全額を弁済できなくても担保権を消滅させて組入金を導こうという制度であり、ここでの「破産債権者の一般の利益」は清算価値の保障などでは捉えきれるものではない。むしろ、破産管財人の消滅許可申立てに対する担保権者側の対抗手段として、担保権の実行の申立て（破一八七条）、買受けの申出（破一八八条）が認められている点で、担保権者の最低保障への配慮がされており、価額面での線引きは担保権者側の方を向いた形で存在しているとも言えよう。実際、担保余剰の乏しい目的物はこれを破産財団から放棄することも可能な中、[24]破産管財人が任意売却に向け担保権消滅許可の申立てという大鉈を振るったところで破産財団の実益になるのがわずかというのでは制度の利用が破産管財人のスタンド・プレイになるだけであろう。これを避け、制度の受益者が破産債権者であることを明確に打ち出したのがここでの「破産債権者の一般の利益」の意義であると思われる。

さて、担保権消滅許可制度は民事再生法にも存在しているが、そこでは「債権者の一般の利益」は使用されていない。しかし、関連する制度である担保権の実行手続の中止命令の制度にこれがみられる（民再三一条）。これは、別除権として建前は担保権の実行は自由なわけであるが、これがされると事業の再生に支障を来すおそれがあるので、実行を阻止し、次いで、別除権協定を結ぶか、それができない場合は担保権消滅許可制度を使うことによって事業再生の基盤を整える、そういう再生手続特有の担保権規律の一環として位置づけられたものである。そして、この実行中止命令の発令要件として「再生債権者の一般の利益」が組み込まれている。すなわち、「再生債権者の一般の利益に適合し」かつ「競売申立人に不当な損害を及ぼすおそれがない」と認めるときに中止を命じうるものとされている（民再三一条一項）。債権者一般の利益と競売申立人（担保権者）の利益の相関的な調整という構図は、くしくも破産法における担保権消滅許可制度と一緒である。もっとも、ここでの問題は当面の担保権の実行を止めることによる影響が債権者と担保権者にどう現われるかということであり、清算価値の保障原則と結びついているようには思えない。実際、実行の阻止が債権者の利益にどう還元されるかはかなり計測の難しいものであり、中止命令単体の効用は言ってしまえば時間稼ぎ程度にすぎない。逆に、中止命令が競売申立人に及ぼす損害は、当該財産の性質等に照らし価値の目減りという形で現れることが多い。その意味で、担保権者の把握する現在の競売価格の保障を基礎として、中止命令を機に、別除権協定や担保権消滅許可を経て事業再生への展望が一応は描けなければならないというのが、ここでの「再生債権者の一般の利益」であろうと考える。会社法五一六条の中止命令も同じ構造となっている。

(3)　債務者側からの相殺　第三は、唯一「債権者の一般の利益」の使用例として、破産法、民事再生法、会社更生法で共通するものである。それは倒産手続にある債務者側からする倒産債権との相殺である（破一〇二条、民再八五条の二、会更四七条の二）。[25] 倒産法における相殺の規律と言えば、倒産債権者からする相殺権の行使そして相殺禁止が中心であろうから、その意味ではこれは逆方向の相殺の問題となる。通常、倒産債務者側から倒産債権者に対して相殺をすることは、一部の債権者に手続外での満足を与えることになり債権者間の平等を害し好ましくないと理解される。したがって、従来はこうした相殺、すなわち倒産債務者が有する債権を自働債権とし倒産債権を受働債権とする相殺の可否については争いのあるところであった。

しかし、ここでの自働債権たる倒産債務者が有する債権と受働債権たる倒産債権の実価を比較した場合、前者の方が低いという状況、つまり倒産債権者側も倒産しているような事態（双方倒産）も稀ではない。このような場合は、相殺を許しても債権者の実質的平等を害することはないし、むしろ相殺する債務者側にとって有利な結果となる。そこで、裁判所の許可を得てこうした相殺を認める規定が導入されたのである。(26) この許可の要件として、「債権者の一般の利益」に適合することが求められている。ここでいう債権者は相殺する側の倒産債権者であり、倒産債権とは相手方の債権である。相殺に供する債権の実価を比較するという意味では、ここでの「債権者の一般の利益」は清算価値の保障に通じる債務者財産の最大化と考えることができよう。ただ、関連会社が同時に倒産し、債権債務を持ち合っているような場合は、相殺によって内部債権を消し合い手続を簡便化するためにこれを認めるとすると、利益は金銭に還元されないものも含まれることになり微妙である。

(4) 計画に関する債権者の利益　第四は、再生（更生）計画に関するものである。用法という点では、和議法における使用例と趣旨を同じくするものであり、この用語の原型と言ってもよく、特に、再生計画に関して多く現われている。すなわち、再建型倒産手続の一般法として、再生計画による弁済が破産配当を上回ることはその妥当性の基礎づけとなるものであり、これを確保する意味で「債権者の一般の利益」が、通常再生でも個人再生でも用いられている。通常再生で言えば、付議決定（民再一六九条一項三号）、不認可事由（民再一七四条二項四号）、そして手続廃止事由（民再一九一条）と多段階で清算価値の保障がチェックされる仕組みになっていることがわかる。

もっとも、民事再生法はこれを積極的な要件とすることはせず、「債権者の一般の利益」に反するときは不認可等の対応をするとして消極的な要件としている。これは、裁判所の過度の後見的介入を抑制し当事者（債務者と債権者）自治を尊重した民事再生法の基調に即したものであろう。もっとも、その前提として、債権者が正確な情報に基づいて意思決定ができるよう、財産評定が正しくされていることが必要となる。(27)

ところで、前述したように、更生計画に関しては、清算価値保障の原則を体現したような明文規定はない。担保権者から株主まで優先順位を異にした者を手続に取り込んだ関係で、更生計画はその内容はもちろん成立の手続も複雑なものとなり、清算価値といった物差しのみで測ることが困難であるので、条文の文言としては「公正かつ衡平」という抽象的な基準によるものとされたが、清算価値保障の原則を背後に含んだものと理解される。(28) もっとも、会社更生法も、事業の全部の廃止を内容とする更生計画案に関して「債権者の一般の利益」を持ち出している(会更一八五条一項)。これは、旧会社更生法において、清算型更生計画を是認する際に同様に「債権者の一般の利益」によるチェックを用意していた(旧会更一九一条一項)のと同趣旨のものと思われる。すなわち、株式会社の再建を本旨とした更生手続にあって、事業の全部を廃止することは確かにイレギュラーな手続利用ではある。(29) つまり、破産、特別清算でよく、特に破産で厳格に強制清算するのが倒産法制の本来の役割分担のはずである。しかし、いきなり破産させるより再建型倒産手続の枠組みを使って徐々に清算することも許容する意味で明文の規定があり、現行法にもこれが引き継がれた。すなわち、事業の全部廃止はやむを得ないとしても、それが破産、特別清算によった場合よりも債権者にとって不利にならないようにという意味で「債権者の一般の利益」によるチェックを行うものである。したがって、いたずらな出費を伴い清算価値を食い潰してしまうような更生計画は許されないことになる。

(5) 債権者委員会と債権者の利益　ここで、表記を異にしているので、各法律別の所では挙げていないが、各法律でほぼ共通する類似のものについて触れておこう。

それは、現行法で採用された債権者委員会に関するものである。すなわち、各倒産手続において、利害関係者として大きな比重を占める債権者の意向を手続に反映させるべくその関与が承認されるものであるが、「債権者全体の利益を適切に代表する」と認められることが条件とされている(30)(破一四四条一項三号、民再一一七条一項三号、会更一一七条一項三号)。

制度の趣旨から考えて、ここでは清算価値といった実体的な利益が問題とされているのではなく、手続的な利益が想定されていることは明らかである。要は、委員が利己的な関与をしないこと、委員が債権者の中からバランスよく選任されていること、などが重視されるものと思われる。「一般の利益」と「全体の利益」とでは文言としては類似しているが、「適切に代表」といった脈絡につながっている点で、別のものとみておくのが妥当だろう。したがって、これ以上触れることはしない。

(14) 他方で、競売申立人に不当な損害を及ぼすおそれがないものと認められることをカウンター・バランスとして求めている。中止命令の制度は、その後の別除権協定、担保権消滅許可請求（民再一四八条以下）へとつなぐ暫定的な処分という位置づけにある。
(15) 小規模個人再生では一七四条二項の準用であるが、給与所得者等再生では、改めて規定されている（民再二四一条二項二号）。これについては、野村剛司「個人再生における清算価値保障原則の再検討」日本弁護士連合会倒産法制等検討委員会編・個人の破産・再生手続（二〇一一）一三一頁。
(16) このことは、四分の三以上の弁済を終えていることという条件でより客観的に示されている（民再二三五条一項一号）。合わせて、債権者の利益を保護するものとして働き、仮に再生計画が清算価値ぎりぎりであったような場合は、四分の三はクリアーしていても債権者の一般の利益はクリアーできていないということがありえよう。
(17) 会更一九九条二項一号または二号にその趣旨が含まれるとするのは、山本和彦ほか・倒産法概説〈第二版〉（二〇一〇）五〇三頁〔中西正〕、伊藤眞・会社更生法（二〇一二）六三二頁。
(18) このことが担保権消滅を緩やかに許可することにつながるわけではない。「当該財産が再生債務者の事業の継続に欠くことのできない」（民再一四八条一項）、「更生会社の事業の更生のために必要である」（会更一〇四条一項）と、各々の手続の趣旨に照らした別の要件が設定されている。ただ、考慮要素の性質はかなり異なっていることがわかる。
(19) 諸外国の立法例では、政策的見地から再建型手続を前置させることがあったが（たとえば、一九八五年のフランス倒産法）、およそ再建の可能性のない事件でこれをすることは清算が遅れ余計な出費もかかるので、そうした考えは早々に見直された。
(20) 大阪高決平成一八・四・二六金判一二四四号一八頁、東京地決平成二〇・五・一五および同二〇・六・一〇判時二〇〇七号九六頁。これらの裁判例について、佐藤鉄男「再生手続と更生手続の関係――解除特約と競合事例にみる融合の可能性」青山善充先生古稀祝賀・民事手続法学の新たな地平（二〇〇九）七三五頁。
(21) 更生手続または再生手続と破産手続または特別清算手続が競合する場合であり、四とおりあることになる。
(22) 萩本修編・逐条解説新しい特別清算（二〇〇六）二四三頁、江頭憲治郎＝中村直人編著・論点体系会社法４（二〇一二）三五八頁

〔松村正哲〕。

(23) 多くの文献があるが、その理論的、そして実務的分析の試みとして、佐藤鉄男＝松村正哲編・担保権消滅の理論と実務（二〇一四）、特にその第八章を挙げておく。

(24) たとえば、破産財団に属する不動産に担保権が設定されている場合、担保余剰がなくとも競売前の管理費用や固定資産税等の負担は破産財団から財団債権として支出される。担保余剰のない財産の放棄（破七八条二項一二号）は破産管財人の大事な決断と言える。

(25) 相殺をする主体は管理処分権を有する者であり、破産手続における破産管財人、再生手続における再生債務者等、更生手続における管財人である。

(26) 現行破産法の制定に際して導入され、その際に、民事再生法、会社更生法にも同趣旨の規定が追加された。小川秀樹編著・一問一答新しい破産法（二〇〇四）一五一頁。もっとも、それが相手方の倒産手続からみて相殺禁止条項に触れる場合は、許可されることにはならないとされる。伊藤眞ほか・条解破産法〈第二版〉（二〇一四）七五二頁。

(27) 財産評定は、開始決定を基準時として（民再一二四条）、処分価値で導かれる（民再規五六条一項本文）。それが清算価値の判断材料となる。伊藤眞・破産法・民事再生法〈第三版〉（二〇一四）一〇一六頁、九五六頁、山本克己編著・破産法・民事再生法概論（二〇一二）三四三頁〔山本弘〕。

(28) 伊藤眞「会社更生手続における更生担保権者の地位と組分け基準」判タ六七〇号（一九八八）二三頁、山本和彦「清算価値保障原則について」前掲注(20)・青山善充先生古稀祝賀九〇九頁。

(29) 民事再生法には、事業の廃止を前提とした規定が存在しておらず、清算のために再生手続を利用しうるか否かが問題となる。これについては、富永浩明「民事再生手続の発展的利用――清算的民事再生の利用と限界」事業再生研究機構編・民事再生の実務と理論（二〇一〇）五〇頁。

(30) 担保権者や株主も当該手続に取り込む会社更生法では、更生債権者委員会、更生担保権者委員会、株主委員会が別々に組織される可能性がある（会更一一七条）。

四　裁判例にみる債権者の一般の利益

次に、「債権者の一般の利益」が実際にどういう脈絡で使われどう判断されたか、裁判例でこれを考えてみよう。これまでのところ、必ずしも三で述べたすべての点で裁判例が現われているわけではないようだが、この抽象的な文言の具体的な役割をある程度探ることは期待できよう。

1　再生計画に関係する裁判例

旧法での使用例に近いという意味で、「債権者の一般の利益」の原型を意識させるのが①東京高決平成一五・七・二五金判一一七三号九頁である。これは、債務者が第三債務者に対して行った債務免除は詐害行為であると債権者が主張する訴訟の係属中に債務者につき再生手続が開始され、その後、当該訴訟は中断したまま監督委員によって受継されることなく推移し、この点が考慮されることなく再生計画案が作成され可決・認可に至ったという事案で問題が現われたものである。この認可決定に対し、当該債権者から、当該債権について債権者代位訴訟を提起し第三債務者の財産について仮差押えもしていたので、これを弁済原資として考慮しない再生計画案は「再生債権者の一般の利益」に反するとして抗告がなされた。東京高裁は原認可決定を取り消し、差し戻した。本決定で裁判所は、「監督委員が当該詐害行為取消訴訟の受継をしないで、弁済原資となる可能性のある債権の回収を怠っているのを放置したまま本件再生計画を成立させたものであり、再生債権者の利益に反するというべきである」と言及している(31)。本決定で示された発想は、既に和議に関する前述の大決昭和一四・一二・二二でも現われていたところである。

右の裁判例で説かれた趣旨は、②東京高決平成二二・一〇・二二判タ一三四三号二四四頁にも現われている。本件は、小規模個人再生のケースで、債務者が再生申立ての直前に農協共済の解約返戻金で住宅ローンの延滞分を弁済していたことをめぐって、個人再生委員から、当該弁済は偏頗性が強いので相応額を弁済する再生計画案にすべき旨が勧告されたのに債務者がこれに従わなかったため、再生手続が廃止されたというものである。再生債務者から清算価値保障原則に反することはないとして即時抗告され、東京高裁がこれに応答したのが本決定であり、「再生計画案における弁済率を算定する際は、計画弁済総額が、再生債務者が破産した場合の予想配当額を下回ってはならない（清算価値保障原則）。そこで、再生債務者が、特定の債権者に対し偏頗弁済を行っていた場合、弁済相当額が清算価値から流出していることになるから、同額が計画弁済総額に上乗せされない限り、再生計画案は、『再生債権者の一般の利益』に反し、違法であり、当該再生計画案を決議に付することはできない」として、再生債務者の即時抗告は棄却された。手続処理を簡便にする意味で個人再生では否認権に関する規定は適用除外とされているが（民再二三八条参照）、否認権があればその行使によって回復されるであろう財産相当額を上乗せしない再生計画案は認可すべきでないと解されており[32]、その考えに従ったものと言える。

これら二つとは論点を異にしているものとして、③東京高決平成一九・四・一一判時一九六九号五九頁がある[33]。すなわち、民事再生法一七四条二項四号では「債権者の一般の利益」とあるので、あたかも債権者の全般的というか平均的な利益を考慮すべきもののように映るが、はたしてどうなのか。実際、債権者と言っても内実が異なる場合もあり、本件では、担保権を有し別除権行使による不足額の限りでの債権者、再生債務者の内部者[34]に相当する債権者がいたため、これらの債権者にとっての再生計画の内容が問題となった。もともと債権者の数が少なく（七名）、計画案で示された弁済率がきわめて低い事案であったところ、次のような判断が示された。まず、「再生債権者の一般の利益」については、「再生計画の内容を総合的に判断して、再生債務者が破産したと仮定した場合に再生債権者が受けうる利益を下回る結果、再生債権者全体の利益に反する場合をいうものである」と一般論を述べた上で、七名中四名を占める内部者についてはこの考慮から除外するものとし、本件再生計画の内容は他の三名について破産の場合を下回るもので、再生債権者全体の利益に反するかどうかはこの三名限りで判断される、とされたものである。特殊な事案とも言えるが、債権者の「一般の利益」が個別的なものになることを示唆する[35]。

前述のように、担保権の規律場面での「債権者の一般の利益」は、破産における担保権消滅許可と再生および特別清算における担保権実行手続の中止命令に現われている。このうち、この点が問題となった裁判例があるのは、目下のところ再生に関するものである。

まず、再生債務者の有する賃料債権につき抵当権者がする物上代位権の行使に関する、④大阪高決平成一六・一二・一〇金判一二二〇号三五頁である。中止命令の可否について、これを中止しても再生債務者が当該賃料を取り立てて利用できるわけでもなく、再生債権者の一般の利益に適合することにならない、と否定的に判断された。次に、集合債権譲渡担保に関し実行手続の中止命令が問題になったのが、⑤東京高判平成一八・八・三〇金判一二七七号二一頁である。[36] 現に中止命令が発せられ確定までしていたが、別訴において、担保権者と被担保債権の弁済方法等について合意が成立する可能性がなく、担保目的物を再生のために有効利用して事業の継続を図る見込みもなかったので、再生債権者の一般の利益に適合するという要件に欠けた無効なものであると判断された。別除権者の扱いを受ける担保権者に我慢を強いる制度であるがゆえに、[37] 債務者の側で担保目的物を有効利用させひいては一般債権者への弁済額が増加する、そうしたプラスαの利益が意識されていることがよくわかる。

この点は、中止命令が許容された、⑥福岡高那覇支決平成二一・九・七判タ一三二一号二七八頁で確認できる。事案は、再生債務者が事業収入の三割を占める賃料債権を取引銀行のために譲渡担保権に供していたところ、それの実行手続について中止命令が認められ、譲渡担保権者たる銀行が即時抗告したというものである。裁判所は、譲渡担保に供した賃料債権が再生債務者の資金繰りにとって重要なものであり、「本件中止命令は、相手方が資金繰りに窮して破産に移行せざるを得なくなるのを回避させ、民事再生の手続内で清算価値以上の配当を可能とさせる見込みがあるものとして、再生債権者の一般の利益に適合するというべきである」とした。すなわち、清算価値保障に言及し当該再生事件においてそれ以上を確保するのに中止命令が有効であるというふうに、債権者の一般の利益との関係をとらえたわけである。なお、中止命令については、前述したとおり、債権者の一般の利益への適合とともに競売申立人によって被る損害は、不当なものと認めるに足りない」と判示している。[39]

那覇支決では、この点について、賃貸借契約が自動更新され将来も継続が見込まれるので期限を区切った「中止命令

（担保権者）に不当な損害を及ぼすおそれがないことと相関的な要件充足が試みられるものとされている。[38] 右の福岡高

3 倒産手続の調整と債権者の一般の利益

先に述べたとおり、四つの倒産手続が縦割りで用意されているわが国では、その相互関係は不可欠の課題となっている。[40] 四法制の理念的な優劣は定まっているので、問題は実際の個別事件にとっての手続選択の適合性ということになろう。この問題にとって最も深刻な場面となるのは、再建型手続で行くのか、清算型手続で行くのか、すなわち、清算価値を保障しえない再建型手続を回避する、という場合であろうと思われるが、裁判例は意外にも存在しない。それは、現実の事件にあっては迷うまでもなくそれが明白であることも少なくないであろうし、そもそも両者が事業譲渡の活用で近づき流用も可能なのでさほど深刻にならずに済むようになったこと等によろう。

裁判例が現われているのは、再生手続か更生手続かという場面である。前述したように、両者は事業の再生を前提としている点で、清算価値の保障という視点で優劣が決せられる関係にはない。むしろ、経営権の行方や計画案における権利処遇の内容などの差により関係者の認識に違いが現われる可能性のある問題であり、そもそもこれを「債権者の一般の利益」という視点で調整しうるのかどうか自体に疑問がなくはない。[41]

裁判例が現われたのは、ゴルフ場運営会社の再建をめぐってである。以下のいずれの事件とも、債務者の申立てによる再生手続が先行していたところ、これに抵抗する形で一部の債権者が更生手続による処理を希望したというものである。結論的には、いずれも先行する再生手続による方が債権者の一般の利益に適合するとしたものであるが、事件の様相はかなり異なったものであった。

まず、⑦大阪高決平成一八・四・二六金判一二四四号一八頁である。[42] 関連会社が十数社あり、会員に対する預託金

返還債務の合計が一千億円を超える事件で、その特定調停の試みに関与した弁護士が報酬請求債権者として、債務者の再生手続に抵抗すべく一連の行動を起こしたものである。グループの中心にある会社の再生計画は、再生債権の九五％をカットする厳しいものであったが九〇％を超える債権者の賛成を得て可決され認可に至っていた。そして、競合的に申し立てられた更生手続に関して本テーマに関係する判断が現われた。すなわち、更生手続と再生手続が競合した場合には、現行法制が更生手続優先主義を採用していること、そして再建にとっても更生手続が望ましいことを認めつつ、本件では再生手続によることが債権者の一般の利益に適合するとしたからである。その適合性判断は「制度の相違や双方の手続の進捗状況等を踏まえた上で、債権者に対する弁済の時期や額のみならず、事業継続による債権者の利益の有無、資本構成の変化等による債権者の企業経営参加の要否と可能性等を総合的に」するとした。明らかに清算価値の保障といったボトムの次元とは異なる利益が考慮されていると考えてよいであろう。

次の⑧東京地決平成二〇・五・一五および同二〇・六・一〇判時二〇〇七号九六頁も、債務者申立てによる再生手続が先行し債権者が更生手続の開始申立てでこれに抵抗したというものである。(43) 本件でいう債権者とはゴルフ会員債権者であり、単独ではなく七名または一〇名が共同して更生手続による処理を希望したという点で、大阪の事案とは異なる。先行した再生手続による再生計画は債権者の賛成多数で可決され認可に至ってはいるが、圧倒的多数と言えるほどではなかった。(44) しかし、スポンサー選定に不当性がなく、事業価値の毀損もなく、債権者が再生計画に賛成しているとして、「これらの事情を総合考慮すると、開始前会社の再建については、本件再生手続によることが債権者の一般の利益に適合するものと認められる」と判断された。本件もまた、清算価値の保障とは異なる意味で債権者の一般の利益が判断されたように思われる。実際のところ、内容的そして手続的な要件をクリアーした再生計画が可決・認可に至っている事件について、理念として優先する更生手続に切り換えるべしとするのはよほどの場合しかありえないだろう。

再生手続と更生手続が競合した場合の具体的解決としてはあまり異論のないところであるが、何が債権者の一般の利益であるのかはいささかわかりにくい。もっと言えば、両手続の競合を「債権者の一般の利益」で決するかのような表現に違和感も覚えるところである。

(31) 本決定をめぐり「債権者の一般の利益」について解説するのは、菱田雄郷「判批」青山善充ほか編・倒産判例百選〈第四版〉(二〇〇六) 一六六頁、小林秀之「判批」伊藤眞＝松下淳一編・同〈第五版〉(二〇一三) 一八六頁。二億六千万円の債権につき、一億三千万円相当の第三債務者財産の仮差押えをしていたとされており、この点が大きく影響していよう。

(32) 始関正光編・一問一答個人再生手続 (二〇〇一) 二六九頁、園尾隆司＝小林秀之編・条解民事再生法〈第三版〉(二〇一三) 一二一八頁〔佐藤鉄男〕。本決定については、本間靖規「判批」伊藤眞＝松下淳一編・倒産判例百選〈第五版〉(二〇一三) 一九〇頁。

(33) 本件は、再生債務者の関係者が再生債権を譲渡することで頭数要件をクリアーするという信義に反する行為が行われたことをもって不正な方法により再生計画が可決された (民再一七四条二項三号) として不認可になった例 (最決平成二〇・三・一三民集六二巻三号八六〇頁) の原審である。

(34) 内部者とはもともと金融商品取引法の内部者 (insider) 取引の禁止からくる概念であるが、倒産法でも劣後化すべき債権者の属性として、また否認権行使の容易化の関係で定着したものである。後者につき、破産法一六一条二項各号参照。

(35) 山本・前掲注 (28) は、本件にも言及し、債権には強制履行力があり (民四一四条一項)、それは憲法で保障された財産権の一環でもあるので、債権者の個別的な清算価値が基準とされるべきものとする (九一六頁、九一九頁)。

(36) 裁判例として知られているのは中止命令そのものについてのものではなく、それが確定した後に中止命令に関係する債権の支払を求めて提起された別訴、というやや特異な現われ方をしたものである。原審で請求棄却となった後の控訴審判決がこれであるが、ここで中止命令に関して「債権者の一般の利益」に言及がされたというのが経緯である。

(37) 中止命令の手続のあり方や担保権者の利益保護については、伊藤眞「集合債権譲渡担保と民事再生手続上の中止命令」谷口安平先生古稀祝賀・現代民事司法の諸相 (二〇〇五) 四三九頁、倉部真由美「民事再生手続における担保権の処遇に関する一試論」民訴雑誌五九号 (二〇一三) 二三四頁。

(38) 両要件が相関的な利害調整関係にあることについて、池上哲朗「再生手続における担保権の実行手続の中止命令、担保権消滅許可請求、価額決定請求」島岡大雄ほか編・倒産と訴訟 (二〇一三) 三六七頁。

(39) 医療法人の再生事件で、診療報酬債権について集合債権譲渡担保に供され、これについて中止命令が発せられた事案でも、担保権者に不当な損害を及ぼすおそれはないとされている。大阪高決平成二一・六・三金判一三二一号三〇頁。

(40) 調整には、手続相互の優劣関係という入口での問題と、先行した手続から別の手続への移行問題とがあり、パターンも様々である。

(41) 会社更生法と民事再生法では、手続に拘束され計画によって権利変更の可能性のある者の範囲がそもそも異なる。担保権者から株主まで手続に拘束される者の範囲の広い更生手続の開始の可否を「債権者の一般の利益」で決めてよいのか、という問題である。

(42) 正確に言えば、グループ会社にかかる多数の事件が係属し、同日に高裁決定があり、そのうちの三件が判例雑誌に掲載されたものである。すなわち、債権者が対抗して申し立てた更生手続の開始申立棄却決定についての即時抗告が二件、先行する再生計画認可決定に対する即時抗告が一件であり、いずれも同一人物が申し立てたものである。本件については、大島義孝「会社更生手続と民事再生手続の競合」NBL八五五号（二〇〇七）二一頁、三森仁「判批」金判一三六一号（二〇一一）一一四頁。

(43) 全くの別件で決定日も違うが、経緯は似ており、同一の裁判体がほぼ同じような判断を示したものである。五・一五の決定については、高井章光「判批」金判一三六一号（二〇一一）三二頁。

(44) 五・一五の方は、賛成の議決権額割合は、五八・二％、六・一〇の方は、頭数で三分の二、議決権額で四分の三、ということであった。

五　一義か多義か？　債権者の一般の利益の解釈と運用の試み

以上の考察を踏まえ、現行倒産法において多用されている「債権者の一般の利益」を改めて整理し、その解釈と運用の指針を見出してみたい。

1　債権者の一般の利益の意義

経済的に破綻した債務者の出現を前提にその者を取り巻く権利や利害の調整が試みられる倒産手続において、この「債権者の一般の利益」はいささか抽象的に過ぎるが、事件処理の上で効果的な調整弁の役割を果たしているように思える。おそらく、ここで「債権者」とは倒産手続における権利・利害調整の中心に位置する存在という意味で掲げられているものであり、債権者の属性を有する利害関係人を広く含む趣旨ではないかと思われる。(45) そして、「一般」の意味は、倒産手続の集団性に鑑み、個別的な利害よりも全体的平均的な利害を調整の基準とすることを宣言したものであろう。というのも、倒産手続において個別当事者の実体的な権利義務の有無が問題になる場面では、最終的に訴訟手続を用意しそこで争うことにしており、(46) 基本は決定手続により小異を捨て大同に沿った効率的な処理を旨とするのが倒産処理と言える。(47)「債権者の一般の利益」が登場する場面はすべて裁判所が決定手続によって対応すべきものとして位置づけられ、こうした場面で裁判所のフリーハンドの裁量に委ねるのではなく、権利・利害調整の中心に位置する債権者の全体的平均的な利害を斟酌させようとしたものと思われる。

既にみてきたように多くの場面で使用される「債権者の一般の利益」であるが、二種類のものに分けてよいのではないかと考える。すなわち、清算価値保障原則ひいては財産価値の最大化を基礎にしたものと、必ずしも清算価値とは関係しない価値の比較で導かれるものである。これを具体的に分類すると、①計画や協定に関する条文、そして②債務者側からする相殺に関する条文が前者に属し、(48) ③倒産手続の調整に関する条文、④担保権の規律に関する条文が後者に属する、(49) と考える。具体的には、次のようなことである。

第一の計画や協定に関する条文では、倒産手続におけるボトムとして保障されるべきものとして清算価値を想定し、それを再生計画や協定が下回ることのないよう、裁判所の倒産手続の正当性を確保する意味で債権者の一般の利益が使われている。第二の債務者側からの相殺は、相手方も倒産しているという限定的な場面では相殺が債務者財産の維持に資し債権者の利益につながるという意味で、やはり最大化努力による清算価値を意識したものと考えられよう。これに対し、第三の倒産手続の調整に関する条文は、様々な競合パターンがある中で、具体的な成り行きを前提にどちらの手続で処理することが相対的に諸々の価値を実現できるか、それを「債権者の一般の利益」と表現しているように思われる。中には、清算価値を保障するために、更生や再生を棄却し破産手続を支持するという意味で清算価値の保障による説明が可能なパターンも含まれているが、この原則だけでは更生と再生の優劣は決まらないので、やはり競合する手続の相対的な比較から導かれるということになろう。第四の担保権の規律に関する条文は、破産法の担保権消滅許可請求、民事再生法および特別清算の担保権実行の中止命令に現われたものであり、本来は別除権の地位を与えあたかもアンタッチャブルに映る担保権者に所定の犠牲を強いる制度で、犠牲となった分、債権者の利益に寄与するという実益を確保しようという意味のもので、最も清算価値の保障とは掛け離れたものと解される。

2　積極要件型と消極要件型

右に述べたように、「債権者の一般の利益」は二種類四とおりのものがあると分類できたところで、さらにこれを運用する上での着眼点を示しておきたい。それは、この用語が積極要件となっている場合と消極要件となっている場合とがあることである。

この区別は、二当事者が対立する訴訟の場面では証明責任の問題となっていくところのものである。ただ、前述したように、この用語が使われている場面では訴訟は用意されていないので、基本的には裁判所の決定裁量の方向づけに帰着するものと思われる。旧法下での使用例がそうであったという意味で、「債権者の一般の利益」は消極要件型から出発している。すなわち、「債権者の一般の利益に反するときは」裁判所が所定の効果を伴う決定をするというタイプである。(50)このタイプは、裁判所によるネガティブ情報の考慮ということになるので、運用上の裁量の余地は大きいように思われる。これに対し、積極要件型とは、「債権者の一般の利益に適合するとき」に裁判所が所定の効果を伴う決定をするタイプで、多くの競合する倒産手続の調整において、(51)そして担保権の規律においてみられるものである。このタイプは、当該事件に最適の手続を確保したり、別除権者に犠牲を強いるものである関係で、ポジティブ情報として債権者の一般の利益を裁判所が摑んでいるべきであるという立法者意思を感じ取ることができ、当該条文の効果を望む当事者は要件充足を裁判所に示す必要があろう。(52)

（45）もっとも、担保権規律の場面、債務者側からの相殺の場面、に関しては、「破産債権者」「再生債権者」「更生債権者」と限定されていることに注意。たとえば、破産法における担保権消滅許可請求に関して言えば、担保権者も債権者の属性を兼ねている場合が多いが、ここでは無担保の「破産債権者」と「担保権者」の利害を調整するので、両者を含んだ「債権者」というくくり方では状況に合わないからである。

（46）具体的には、債権の存否・額をめぐる問題、否認権の成否、法人の役員の責任について、決定手続による処理に加え訴訟手続による決着の道を用意していることである。そのほかにも、倒産手続がきっかけでもそこから離れ個別に訴訟で決着をつけるべき問題は存在する。これらについては、佐藤鉄男「わが国の Vis attractiva concursus に関する一考察」同法六二巻六号（二〇一一）二一頁。

（47）多数決原理の採用で権利・利害の帰趨を決しても倒産手続が財産権を保障した憲法に反することにならないのである。前掲注（3）最大決昭和四五・一二・一六。しかし、それだけに信義則に反するような多数決要件の充足には厳しく臨む必要もある。前掲注（33）最決平成二〇・三・一三。

（48）前者に属するのは、①計画や協定に関するものとして、民事再生法一七四条二項四号・一六九条一項三号・二四一条二項二号・二三五条一項三号、会社更生法一八五条一項、会社法五六九条二項四号、②相殺に関するものとして、破産法一〇二条、民事再生法八五条の二、会社更生法四七条の二、を挙げることができる。

（49）後者に属するのは、③倒産手続の調整に関するものとして、民事再生法二五条二号・二四六条二項、会社更生法四一条一項二号・二四六条二項・二四八条二項、会社法五一四条三号・五七四条一項三号、④担保権の規律に関するものとして、破産法一八六条一項、民事再生法三一条一項、会社法五一六条、を挙げることができる。

（50）計画や協定に関して「債権者の一般の利益」が使われている場合がこのタイプである。なお、消極要件タイプには、「反するものでないこと」（民再二三五条一項三号）、「反することが明らか」（会社五一四条三号）、と若干ニュアンスを異にしたものもある。

（51）これに関しては、特別清算だけ例外的に消極要件型になっている（会社五一四条三号・五七四号一項三号）。

（52）もっとも、担保権規律にかかる、破産法上の担保権消滅許可請求、民事再生法の担保権実行手続の中止命令では、本文でも述べたように、債権者の利益と担保権者の損害のカウンター・バランスが考慮されている点が特徴的である。

六　結びにかえて

以上述べてきたように、現行倒産法において、「債権者の一般の利益」は多くの条文に組み込まれ、多様な役割を担っていることがわかった。債権者が倒産手続の最大の利害関係人であることを考えると、これは「債権者の平等と衡平」にも比すべき基礎的な考え方かもしれない。その内包と外延は今後も探っていかなければならないものでもあろう。本稿では、その清算価値保障原則との対応関係を考察するなどして、この用語の今後の解釈と運用への示唆を得ようとした。何がしかの参考になれば幸いである。

改めて、伊藤眞先生の古稀、心よりお祝い申し上げます。

清算価値保障原則の再構成

高田賢治

一　はじめに

二　清算価値保障原則の趣旨

三　旧和議法における清算価値保障原則

四　民事再生法における清算価値保障原則

五　おわりに

一　はじめに

民事再生法は、再生計画の不認可事由の一つとして、「再生計画の決議が再生債権者の一般の利益に反するとき」（民再一七四条二項四号）を定める。有力説は、この「再生債権者の一般の利益に反するとき」とは、清算価値保障原則違反を定めたものと解する。(1)

また、多数説も、同号における「再生債権者の一般の利益」とは、再生債権者全体としての利益であると解しつつも、その典型例として、清算価値保障原則を挙げるにとどまる。(2) 多数説は、再生債権者の一般の利益を多義的に解するようにみえるが、清算価値保障原則しか典型例に挙げておらず、再生債権者の一般の利益を清算価値保障原則とほぼ同じ概念と解する立場といえる。したがって、民事再生法一七四条二項四号における再生債権者の一般の利益を清算価値保障原則と同一の概念、またはほぼ同一の概念と解するのが一般的な見解である。

これまで清算価値保障原則は、再生計画による弁済率が破産手続による配当率を下回ってはならないことをいうと解されてきた。(3) つまり、従来の学説は、清算価値保障原則を民事再生法において妥当する原則ととらえてきた。ところが、近時の倒産法学の有力な学説（以下では、近時の学説という）は、清算価値保障原則を民事再生法一七四条二項四号の解釈を超えて、倒産法全体に妥当する基本原則と位置づける。(4) 近時の学説の特徴は、清算価値保障原則を、民事再生法のみならず、会社更生法にも妥当する原則ととらえる点にある。

清算価値保障原則が倒産法全体に妥当する基本原則であることを前提とする記述も増えている。たとえば、倒産法の概説書のいくつかは、清算価値保障原則の解説を民事再生法一七四条二項四号における「再生債権者の一般の利益」に関する解説において言及するにとどまらず、清算型手続と再建型手続との関係を論じる部分（倒産法総論の部分）において清算価値保障原則に言及する。(5) また、清算価値保障原則が倒産法上の一般原則として、実務的にも確立されつつある。(6) そして、清算価値保障原則とは、「計画による権利変更の後の債権者の権利の内容は、倒産債務者が破産したと仮定した場合に債権者が得られる仮定的な破産配当を下回ってはならないという一般原則」(7)と広く定義される傾向にある。

近時の学説に大きな影響を与えた論文は、伊藤眞教授の「会社更生手続における更生担保権者の地位と組分け基準」(8)であろう。清算価値保障原則という言葉は、この論文が登場するまであまり使われていなかったと思われるが、この論文の中で明確に位置づけられたことで、更生手続にとどまらず、倒産法学全体の基礎理論、各種権利者の固有権というべきものは一体何なのかということを考察するのに有用な枠組みを提示したと評されている。(9) 伊藤論文は、不動産担保権に係る更生担保権の減免に合理的限界を画するねらいがあり、個別担保権者に目的物の価値を保障する根拠として清算価値保障原則を用いた点にそもそもの意義があった。

伊藤教授は、さらに進んで、著書『破産――破滅か更生か』において、担保権者のみならず、一般債権および株主の権利も、憲法上保障された財産権であり、合理的理由なしに多数決で制限できず、その合理的理由として、清算価値保障原則の充足の必要性を主張する。(10) 近時の学説は、この伊藤説における清算価値保障原則を前提にして、民事再生法にも清算価値保障原則が妥当すると主張し、清算価値を基準として個々の再生債権者の弁済額が保護対象になると論じる（個別弁済基準説(11)）。

しかし、債権の個別弁済額を基準とする清算価値を保障するという意味における清算価値保障原則は、本当に現行倒産法全体に妥当する基本原則であると解すべきなのであろうか。そのような清算価値保障原則は、現行民事再生法の解釈として適切であろうか。

本稿は、清算価値保障原則の趣旨に関する議論を整理し、清算価値保障原則の再構成を試みることを目的とする。本稿の検討対象は、法人（株式会社）の再生手続（いわゆる通常再生）である。個人再生（小規模個人再生と給与所得者等再生）は、研究対象として重要であるが、法人の再生手続との対比において言及するにとどめている。

検討順序は、まず、清算価値保障原則の趣旨について近時の学説を紹介し、仮説を提示する。次に、旧和議法における清算価値保障原則を確認した後、民事再生法における清算価値保障原則を、中立棄却事由、手続開始原因の緩和、担保権実行の中止命令・担保権消滅制度、および否認権の四点について検討する。さらに、再生債務者が個人の場合と法人の場合との相違点を指摘する。最後に、検討によって得られた結論を述べる。なお、近時の学説について、清算価値保障原則に関する貴重な先行研究である山本和彦教授の論文[12]に多くを負っていることを予めお断りする。

（1）伊藤眞・破産法・民事再生法〈第二版〉（二〇〇九）八〇四頁、山本和彦ほか・倒産法概説〈第二版〉（二〇一〇）四一〇頁、四四五頁〔笠井正俊〕、松下淳一・民事再生法入門（二〇〇九）一四九頁。

（2）深山卓也ほか・一問一答民事再生法（二〇〇〇）二三五頁、全国倒産処理弁護士ネットワーク編・新注釈民事再生法（下）〈第二版〉（二〇一〇）一一二頁〔須藤力〕、園尾隆司＝小林秀之編・条解民事再生法〈第三版〉（二〇一三）九二二頁〔三木浩一〕など。ただし、後掲注（52）参照。

（3）本間靖規「判批」伊藤眞＝松下淳一編・倒産判例百選〈第五版〉（二〇一三）一九〇頁。清算価値保障原則の検討とは別に、「債権者一般の利益」は、倒産法における重要概念であるため、各条文における「債権者一般の利益」に関する学説・判例を整理する必要があるが、これは、別の機会に譲る。

（4）中西正「更生計画の条項」判タ一一三二号（二〇〇三）二一九頁、山本和彦「清算価値保障原則について」青山善充先生古稀記念・民事手続法学の新たな地平（二〇〇九）九一一頁、九二〇頁、九二四頁注37（山本和彦・倒産法制の現代的課題（民事手続法研究Ⅱ）（二〇一四）所収）。

（5）山本ほか・前掲注（1）二四頁〔水元宏典〕、山本克己編著・破産法・民事再生法概論（二〇一二）七頁〔山本克己〕。

（6）小林秀之「判批」伊藤眞＝松下淳一編・倒産判例百選〈第五版〉（二〇一三）一八七頁、鹿子木康編・民事再生の手引（二〇一二）二七四頁、松下淳一＝事業再生研究機構編・新・更生計画の実務と理論（二〇一四）三〇七頁、萩本修編・逐条解説新しい特別清算（二〇〇六）二三二頁。

（7）山本編著・前掲注（5）七頁〔山本克己〕。

（8）伊藤眞「会社更生手続における更生担保権者の地位と組分け基準」判タ六七〇号（一九八八）四頁。

（9） 加藤新太郎ほか「〈座談会〉伊藤民事手続法学と判例・実務」判タ一二五三号（二〇〇八）二三頁〔松下淳一発言〕。更生担保権における清算価値保障原則について議論が深められている。松下淳一「更生手続における『時価』について」事業再生研究機構財産評定委員会編・新しい会社更生手続の「時価」マニュアル（二〇〇三）二二五頁、山本和彦「コメント1」同書二四三頁、山本克己「コメント2」同書二四九頁参照。
（10） 伊藤眞・破産――破滅か更生か（一九八九）四三頁以下。
（11） 山本・前掲注（4）九一八頁。
（12） 山本・前掲注（4）九〇九頁以下。

二　清算価値保障原則の趣旨

1　近時の学説

近時の学説が清算価値保障原則の趣旨をどのように考えているかを概観しておこう。

伊藤説は、再生計画の決議が再生債権者の一般の利益に反するとき（民再一七四条二項四号）という要件は、清算価値保障原則と呼ばれ、再生型手続の特質を表すものであり[13]、再生手続は、再生債権者に対して破産手続以上の満足を与えるところに存在意義があるという[14]。この見解の背景には、次の考え方がある。すなわち、関係人の権利は、憲法で保障された財産権であり、合理的理由なしにそれを制限したり、はく奪したりすることは許されない[15]。法的手続に基づく多数決によって関係人に再建への合意を強制することができるのは、清算価値よりも継続事業価値の方が大きいから、たとえ合意を強制しても関係人の利益を損なうものではないという根拠に基づいている[16]。つまり、個々の債権者に清算価値が憲法上の財産権として保障されるという立場である。

山本（克）説は、清算価値保障原則を、計画による権利変更の後の債権者の権利の内容は、倒産債務者が破産したと仮定した場合に債権者が得られる仮定的な破産配当を下回ってはならない、という一般原則といい、事業再建による事業内容の改善の成果を仮定的な破産配当にプラスして債権者に分配すること（ゴーイング・コンサーン・ボーナスの分配）が、再建型の倒産処理手続の基本的な性格の一つであるという。[17] これも、伊藤説のように、再生手続の存在意義について述べた見解である。

中西説は、清算価値保障原則の趣旨を、破産手続における財産分配基準の合理性から論じる。中西説は、清算価値保障原則を、再生手続で各再生債権者に分配される価値は、仮に破産手続が行われた場合に各債権者に分配される価値と同等かそれ以上であることを保障する原則と定義し、[18] 清算価値保障原則が妥当する根拠については、倒産による損失回避手段および損失の合理的範囲への抑制を倒産処理の場面でも尊重・実現することが倒産手続でも必要であり、破産法はそのような調和を達成するのに適した分配基準を定立しているので、それが基本原則となり、倒産処理法全体に妥当するという。[19] 中西説は、清算価値が破産配当を基準とする根拠はどこにあるのかという問題意識をもつ見解である。

松下説は、次のようにいう。「再生債権者の一般の利益」とは、破産による清算が行われた場合の弁済（配当）額を意味し、破産手続による配当未満の弁済しかできなくなる場合には、再生債権者の一般の利益に反することになる。個々の再生債権者から見れば、予想破産配当額は個別の同意なしに奪われることのない利益であるということであり、この建前を清算価値保障原則と呼ぶという。[20] 松下説も伊藤説に近い立場であろう。

水元説は、計画案に反対する少数派債権者に再投資を強制する正当化根拠としての清算価値保障原則を、おおよそ以下のように説明する。

継続事業価値が清算価値を上回る場合に再建、反対の場合に清算という基準が一般論として成り立つが、継続事業価値の算定には不確定要素が多分に含まれるから、その価値を唯一絶対的なものとして客観的に認識することは不可能である。そもそも清算か再建かの選択に最も利害関係を有しているのは債権者集団であり、債権者にとってその選択は、投下資本を即座に回収するか、その回収しうる投下資本を債務者企業に再投資するかの投資判断でもあるから、債権者の投資判断にゆだねられるべきである。[21] また、債権者の多数によって再建を内容とする計画案が可決され、正当に再建が実施される場合においても、少数派債権者が債務者企業に再投資を強制されるべき理由はない。したがって、反対債権者には投下資本を即座に回収した場合、すなわち債務者企業を清算したと仮定した場合に得られるであろう価値の配分が保障されなければならない。これを清算価値保障原則という。[22]

前記水元説は、継続事業価値と清算価値の選択について債権者の多数決が導入されている点を債権者の投資判断として正当化しつつ、債務者企業への再投資を少数派債権者に強制する根拠として清算価値が保障されなければならないとする点に意義がある。

山本（和）説は、次のようにいう。破産手続による配当額は、それが清算価値として強制執行において債権者が得ることができるものを保障するという意味で「財産権」の内容をなしているという理解があると考えられる。このように考えると、再建型手続の場合にも、破産配当額に化体される債権の実質的価値は確実に保障される必要があり、再生計画において清算価値保障原則違反があるとすれば、それは憲法違反（財産権侵害）のおそれがあることになろう。[23] 山本（和）説は、清算価値保障原則の趣旨を少数派の反対債権者に対して、憲法上の財産権の内容である清算価値を保障しなければならないとする点で伊藤説と同じであるが、債権の効力に立ち戻って考察した点に意義がある。

以上、近時の学説は、清算価値が予想破産配当率であることを前提に、清算価値保障原則の趣旨を再生計画案の決議に反対した少数派債権者の保護にあると考える。[24]

2 谷口説

旧和議法（大正一一年法律七二号）五一条四号は、不認可事由の一つとして「和議ノ決議カ和議債権者ノ一般ノ利益ニ反スルトキ」（旧和議）を定めていた。この規定の趣旨について、谷口説は、次のように解説する。可決された和議条件が極端に債権者に不利であるため破産配当を受けたほうがむしろ有利と考えられる場合を指す。賛成した債権者にとってはいくら不利でも承知のうえだからよいようなものであるが、誤解に基づくかも知れず、またとくに少数債権者がその巻添えになるのは不当であるから裁判所が後見的立場から介入する趣旨である。(25)

前記谷口説に対して、山本（和）説は、おおよそ次のように批判する。少数派債権者の保護を清算価値保障原則の趣旨とする近時の学説と、賛成債権者の保護をも含むとする少数説とでは、債権者の一〇〇％が賛成する場合にも清算価値保障原則が認可要件として発動されるべきかどうかという問題で結論が分かれるが、一〇〇％同意の場合、この原則の適用はないと解してよい。賛成債権者の誤解のおそれを根拠とするパターナリスティックな発想は、債権者の決議を骨格とする再建型手続の存在の根幹を危うくする。誤解が生じないように情報開示の正確性等を確保することが重要で、ありうる誤解の事実上の存在を前提に解釈すべきではない。(26)

山本（和）説の批判における情報開示の重要性は、そのとおりであろうが、裁判所による再生計画の認可または不認可の決定という仕組みは、債権者自治に対する後見的な審査・監督という意義を有するものである。(27) 民事再生法は、賛成が一〇〇％か否かで不認可事由を区別しておらず、民事再生法一七四条二項四号の不認可事由は、付議決定時にも考慮される（民再一六九条一項三号。なお、同意廃止について、民再二一七条三項参照）(28) ことから、解釈論として疑問が残る。

そこで本稿は、谷口説から示唆を得て、法人の再生手続における清算価値保障原則の趣旨について、債権者の集団的意思決定に対して裁判所の後見的な介入が許される基準として清算価値保障原則の再構成を試みる。すなわち、民事再生法一七四条二項四号の「再生債権者の一般の利益」の典型例である清算価値保障原則とは、「計画に拘束される少数派債権者を保護するために、多数派債権者の意思決定が不合理か否かについて、裁判所が後見的に審査することができる基準である」というのが本稿の仮説である。この仮説の妥当性を検証するにあたり、旧和議法と民事再生法との相違点を清算価値保障原則の観点から確認しておこう。

（13） 伊藤・前掲注（1）八〇四頁。

(14) 伊藤・前掲注(1)七五三頁。
(15) 伊藤・前掲注(10)四三頁。
(16) 伊藤・前掲注(10)五四頁。
(17) 山本編著・前掲注(5)七頁〔山本克己〕、四宮章夫ほか編・詳解民事再生法〈第二版〉(二〇〇九)五頁〔山本克己〕。
(18) 四宮ほか編・前掲注(17)二三四頁〔中西正〕。
(19) 中西・前掲注(4)二一九頁。ただし、最近の中西説について、後述四2および後掲注(62)参照。
(20) 松下・前掲注(1)一四九頁。
(21) 山本ほか・前掲注(1)二三頁〔水元宏典〕。なお、山本弘「ドイツ連邦共和国における倒産法改正の試み」三ケ月章先生古稀祝賀・民事手続法学の革新(下)(一九九一)五四八頁参照。
(22) 山本ほか・前掲注(1)二四頁〔水元宏典〕。
(23) 山本・前掲注(4)九一六頁。なお、山本・前掲注(4)倒産法制の現代的課題六二頁補注1参照。
(24) 山本・前掲注(4)九一七頁参照。
(25) 谷口安平・倒産処理法〈第二版〉(一九八〇)三五二〜三五三頁。
(26) 山本・前掲注(4)九一七頁。
(27) 園尾＝小林編・前掲注(2)九一五頁〔三木浩一〕。
(28) ただし、山本(和)説が、付議時・同意廃止時において、「再生債権者の一般の利益」に清算価値保障原則を含めるべきではないという主張であれば、清算価値保障原則の射程を狭くすることになるが、山本(和)説として一貫する。しかし、それは、債権者の一般の利益を多義的にとらえることになる。かりに各場面において清算価値保障原則を多義的にとらえるという主張であるとすれば、それは、再生債権者の一般の利益を多義的にとらえることと大差ない。再生債権者の一般の利益を多義的に理解すれば足り、わざわざ清算価値保障原則という中間的な概念を多義的に用いる意義は少ない。

三　旧和議法における清算価値保障原則

1　旧和議法の規定

「再生債権者の一般の利益に反するとき」（民再一七四条二項四号）の典型例が、再生計画による弁済が破産手続による配当を下回る場合であるという解釈は、旧和議法五一条四号の通説・判例の立場である[29]。旧和議法の条文を確認しておくと、旧和議法一八条五号は、和議開始の申立ての必要的棄却事由の一つとして「和議ノ条件カ和議債権者ノ一般ノ利益ニ反スルトキ」を定めており、旧和議法五一条四号は、不認可事由の一つとして「和議ノ決議カ和議債権者ノ一般ノ利益ニ反スルトキ」を定めていた。後者の「和議の決議」は、集会で可決された和議の内容をなす和議条件の意味であり、旧和議法五一条四号は、同法一八条五号と同趣旨の規定であると解されていた[30]。

2　旧和議法一八条五号の趣旨と解釈

旧和議法一八条五号は、おおよそ次のような趣旨と解されていた。和議制度は、債務者の利益を図るとともに、債権者の一般の利益をも図ろうとする制度であるから、和議条件が和議債権者の一般の利益に反するときは、和議を認可することができない（旧和議五一条四号）。そのような不利益な和議を、反対債権者に押しつけることは妥当でないということからも、この取扱いの正当性を理由づけることができる。当初から和議条件が債権者一般の利益に反することが明らかな場合には、申立てを棄却してしまうことにしたのが本号である[31]。

和議債権者の一般の利益は、次のように解されていた[32]。「和議条件が和議債権者の一般の利益に反する」か否かは、裁判所が、総合的に、かつ、実質的に判断すべきである。まず、和議債権者が和議条件によって取得すべき利益と、債務者の破産によって債権者が受けるべき配当とを比較して、前者の方が不利益である場合には、債権者一般の利益に反するといえる。もっとも、和議条件が破産の場合に比して不利益かどうかは、単に弁済すべき額の大小のみではなく、据置期間や分割弁済期間の長さやその間の利息等の有無、担保の有無、履行の確実性などを考慮して判断すべきである。また、債務者の現有財産がどれぐらいであるかを判断するに際しては、破産の場合の否認権行使によって回復しうる金額をも含めるべきであり（大決昭和一二・七・二三判決全集四輯一四号三二頁）、他方、債務者が将来取得すべき収入のごときは考慮に入れるべきではない（大決昭和一四・一二・二二判決全集七輯四号一六頁）。

旧和議法下の通説・判例の解釈は、民事再生法における清算価値保障原則の解釈に影響を与えているが、民事再生法には旧和議法と異なる点が多いことから、旧和議法との相違点をふまえて民事再生法における清算価値保障原則を検討しておく必要がある。

(29) 園尾＝小林編・前掲注（2）九二二頁〔三木浩一〕参照。
(30) 麻上正信＝谷口安平編・注解和議法〈改訂版〉（一九九三）四〇二頁〔福永有利〕。
(31) 麻上＝谷口編・前掲注（30）一三八頁〔福永有利〕。
(32) 麻上＝谷口編・前掲注（30）一三九頁〔福永有利〕。

四　民事再生法における清算価値保障原則

1　申立棄却事由

民事再生法には、旧和議法一八条五号に相当する規定（「再生計画案が再生債権者の一般の利益に反するとき」）が存在しない（民再二五条各号参照）。これは、再生手続開始の申立時に再生計画案の提出が要求されていないからであると考えられる（民再一六三条一項。再生計画案の事前提出は可能である。民再一六四条一項）。

旧和議法は、手続開始と同時に和議条件の提示を要求していたため、適切な和議条件の提示が困難という問題があったが、民事再生法は、手続開始時に再生計画案の提出を要求せず、手続開始後、裁判所の定める期間内に提出すれば足りるとした(33)。この結果、旧和議法において清算価値保障原則の中核となる規定が民事再生法には存在しない。申立棄却事由としての「裁判所に破産手続又は特別清算手続が係属し、その手続によることが債権者の一般の利益に適合するとき」（民再二五条二号）を清算価値保障原則と解することもできるが、[34]破産手続（または特別清算手続）の係属という限られた場面の規定であり、その他の場面において問題が残る。

もっとも、民事再生法二五条三号は、申立棄却事由として「再生計画案の作成若しくは可決の見込み又は再生計画の認可の見込みがないことが明らかであるとき」を定めている。そして、不認可事由として「再生計画の決議が再生債権者の一般の利益に反するとき」（民再一七四条二項四号）があることから、再生計画の決議が再生債権者の一般の利益に反することが明らか、つまり清算価値保障原則違反が明らかなときは、申立てを棄却することができると解される。しかし、個別弁済基準説に立つならば、プライオリティ・ルールが破産と異なりうる（民再一五五条一項但書）再生計画案の提出前に継続事業価値の各債権者への個別弁済額を認定することは困難であり、清算価値保障原則違反を審査することはできないはずである。

民事再生法二五条三号は、再生の見込みの有無という実体判断を裁判所に行わせることが合理的でなく、ひいては、手続開始そのものに消極的になるおそれがあることを考慮して、再生計画案の作成等の見込みという手続的判断に代えたものである。[35]そうすると、申立てが法律に違反し、その不備を補正できない場合はともかく、[36]再生計画案提出前に、裁判所が継続事業価値の個別弁済額を想定して清算価値保障原則を審査することは、改正の趣旨に合致しない。

以上より、清算価値保障原則は、再生計画案の事前提出がない限り、申立棄却事由にならないと解される。

2　手続開始原因の緩和

旧和議法は、手続開始原因が破産原因と同じであったため（旧和議一二条一項）、手続の開始が遅れ、企業の再建が困難であったという問題があったが、民事再生法は、手続開始原因を緩和し（民再二一条一項）、破産原因が生じる前でも早期に再建に踏み出すことを可能にしている。[37]

ところで、清算価値保障原則に関する議論の一つに、清算価値の基準時の問題がある。清算価値の基準時は、①開始時説、②認可時説[38]、③原則として開始時であるが認可時までに違法でない事情により資産が減少したときはその基準時を計画提出時もしくは認可時まで繰り下げることができるとする折衷説[39]、④その時々に清算価値が保障されなければならないとする判断時説[40]などがある[41]。

しかし、民事再生法の手続開始原因は、破産原因より緩和されたため、支払不能前の早い段階で再生手続を申し立て、破産手続であれば開始決定がされていなかったであろう時点で再生手続の開始決定がされうる。再生手続の開始原因の緩和は、早期申立てを促進し、破産手続より早期に再生手続が開始されて開始時の資産価値が高い水準で保全されることをねらいとする。そうすると、手続開始時に再生債務者財産の清算価値が高いことは、立法趣旨に適う結果である。しかし、清算価値の基準時について開始時説に立つと、申立てが早期化すればするほど清算価値保障原則のハードルが高くなるという矛盾が生じる。したがって、開始時説の立場に立つ場合、再生手続の早期開始によって保全された財産価値（破産手続しか存在しなければ失われていたであろう財産価値）は、再生手続の利用によって財産価値が増大した部分（以下では、「再生増価」という）であり、理論上、これを開始時の清算価値から控除すべきである。

中西正教授は、再生債権の根拠に関する文脈においてであるが、次のように指摘する[42]。

倒産処理法上、優先権を排除した趣旨を損なわない限度で、優先的倒産債権などが認められている。しかし、再生手続など再建型手続においては、優先権排除の原則（再生債権など倒産債権一般につき弁済において平等に扱わなければならないという原則）が妥当しない場合がある。すなわち、支払不能前に手続が開始された場合、理論的には、支払不能発生まで債務者の財務状況が悪化したと仮定すれば存在すると予測される債務者財産の価値を超える部分の分配には、優先権排除の原則が妥当しない。支払不能に陥っていない債務者については、支払不能に陥った時点で存在したであろう債務者財産の価値を超える財産は、形式的な債権者平等ではなく、公正・衡平な差等に従って配当してよいことになる（支払不能に陥った時点で存在したであろう債務者財産の価値を分配しなければならないことが清算価値保障原則からの帰結である）。ただし、支払不能前に手続が開始された企業が、その後、支払不能になっていたはずの時期およびその時期における財産価値を予測し、評価することは、実際上、困難である。

この見解は、再生増価を清算価値として債権者に分配する必然性がないという結論を示唆し、再生手続が早期に開始された場合、開始時の清算価値から再生増価を控除した価値を清算価値として算定すべきであることの根拠となる。

なお、最近の中西説は、特別清算の文脈において、次のように明確に論じる(43)。清算株式会社が支払不能に陥っていない場合、清算価値をどのように算定するかは問題である。この場合、当該時点で破産手続を開始することは不可能であるし、そうであることを理由に、清算株式会社の財務状況がさらに悪化し、支払不能に陥り、破産手続が開始された時点を想定し、その時点での清算株式会社の財産価値を保障の対象とするのも不合理だからである。この場合、破産配当を考えるのではなく、清算株式会社の個々の財産の清算価値を積み上げて保障すべき価値を算定することになろう。

以上の考えを前提として、最近の中西説は、清算価値保障原則を、「計画による弁済総額の現在価値が、再生債務者の個々の財産（否認権行使により回復される財産がある場合にはそれも含む）の清算価値を積み上げた総額以上でなければならない原則」とし、破産手続を介さずに定義しうると論じる。

3　担保権実行の中止命令・担保権消滅制度

旧和議法には、担保権の実行を制限する方法がなく、事業継続に不可欠な財産に担保権が設定されている場合、和議手続の進行が困難であったが、民事再生法は、担保権実行の中止命令（民再三一条）を導入し、担保目的物の価額の支払による担保権消滅制度（評価型の担保権消滅制度。民再一四八条）を創設した(44)。

担保権実行の中止命令と評価型の担保権消滅制度を利用すると、担保目的物以外の財産価値や事業価値が維持される場合がある。担保権実行の中止命令や評価型の担保権消滅制度という破産法に存在しない制度によって債務者の財産または事業の価値が維持された場合、破産手続を利用していれば存在していたであろう価値との差額を再生増価として、清算価値から控除すべきである。

清算価値保障原則の議論の一つに、事業譲渡価値が清算価値に含まれるか否かという問題がある。有力説は、事業譲渡価値も清算価値に含まれるとする。水元説は、事業譲渡の買い手が現に存在し、その提示額が解体処分価値を超えているときは、清算価値保障原則のもとで保障されるべき価値は、当該事業譲渡価値が基準となるという(45)。

山本(和)説は、水元説を支持し、仮に現実の買い手が現れていなくても、その出現が破産手続の下で合理的に予測されるような場合にも、やはりその予測された買い手の示すであろう価額が清算価値となりうるものと解されようとして、予想清算価値に含める見解を示しつつも、他方で、債務者が破産していることによる価額の引下げ要因(事業価値の毀損)等の不利益は十分に考慮する必要があろうと述べている(46)。

事業譲渡価値を、継続事業価値ととらえる前提に立つ場合、自主再建による収益弁済の総価値と事業譲渡価値の比較は、複数ある継続事業価値の選択の問題となり、債権者自治と公平誠実義務によって解決すべき問題であって、清算価値保障原則の射程外であると考える(47)。これに対して、事業譲渡価値を清算価値とする立場に立つ場合には、担保権実行の中止命令・担保権消滅制度の存在によって生じる再生債務者財産の価値の維持・増大部分を、再生増加として譲渡代金から控除すべきである。もっとも、この場合の再生増価の算定は、実際上、困難である。

4　否認権

旧和議法は、否認権の制度がないことが欠点の一つとされていたが、民事再生法は、否認権の制度を設けて、再生手続において詐害行為や偏頗行為の効果を否定できるものとした(48)。破産手続と再生手続の間に否認権制度の有無に相違がない。

旧和議法下の清算価値の算定においては、否認権行使により回復可能な財産が含まれると解するのが判例(前掲大決昭和一二・七・二三、前掲大決昭和一四・一二・二二)・通説であった(49)。しかし、民事再生法における清算価値保障原則の解釈として、清算価値の算定において否認権行使によって回復可能な財産を含めるべきであろうか。旧和議法における判例・通説を引き継ぐ民事再生法における学説や実務は、清算価値の算定において否認によって回復可能な財産が含まれていないことが清算価値保障原則に反するという[50]。

しかし、再生手続において否認権の不行使について義務違反を問題としないまま、清算価値に否認権行使によって回復可能な財産を含める扱いは、一貫性を欠く。清算価値に否認権行使によって回復可能な財産を含めていないとして不認可とするよりも、再生手続において否認権行使を促すことが債権者の利益になるからである。

下級審裁判例（東京高決平成一五・七・二五金法一六八八号三七頁）は、詐害行為取消訴訟が受継されないまま再生計画認可決定がされたのに対して、詐害行為取消訴訟を提起した債権者が抗告した事案において、監督委員が詐害行為取消訴訟を受継しないで弁済原資となる可能性のある債権回収を怠っているのを放置したままで成立させた再生計画の決議が再生債権者の一般の利益に反するとした。

多くの見解は、この裁判例を清算価値保障原則に関する判例と位置づける[51]。しかし、この裁判例は、清算価値保障原則とは異なる根拠から認可を取り消して差し戻した裁判例と位置づけられるべきである[52]。再生手続において否認権を行使すべきであるにもかかわらず、否認権を行使しない場合、再生債務者等の公平誠実義務違反を問うべきである。

仮に公平誠実義務の内容として清算価値保障原則を理解する場合、そこでいう清算価値保障原則とは、本稿で検討対象とする清算価値保障原則とはまったく異質なものであり[53]、再生債務者等の公平誠実義務の下限としての清算価値の意味であり、再生債務者（またはその代理人）が公平誠実義務違反にならないようにする行動準則としての意味をもつに過ぎない（しかし、なぜ下限を清算価値とすることができるのかは、不明である）。

なお、個人再生（民事再生法第一三章の小規模個人再生と給与所得者等再生）においては、否認権の制度がないことから（民再二三八条参照）、旧和議法下の判例・通説が妥当し、否認権行使によって回復可能な財産を清算価値に含めるのは妥当である（小規模個人再生について、東京高決平成二二・一〇・二二判タ一三四三号二四四頁）。破産してれば増加していたはずの価値の減少部分といえるからである。

5　法人債務者と個人債務者の相違点

債務者が法人（株式会社を念頭におく）であるか個人であるかは、清算価値を算定する基礎となる破産財団の範囲に影響を与える。個人債務者の場合、破産財団の範囲は、破産者が破産手続開始時に有する財産に限定される（固定主義。破三四条一項）。個人破産の場合、生活保障の観点から、手続開始後の新得財産、差押禁止財産、放棄された財産、自由財産の範囲拡張の裁判による財産が自由財産とされる（破三四条三項・四項）。判例は、個人債務者（医師）の事案において、仮に破産した場合、固定主義が妥当するため、将来の収入を清算価値に含めるべきではないとする（前掲大決昭和一四・一二・二二）。和議条件による利益と破産配当との比較という考え方も、個人債務者の将来の収入の清算価値への算入の当否が争点となった事案であるこの判例に由来する。

これに対して、法人債務者の場合、債務者の生活保障という観点が不要のため、債務者のすべての財産が破産財団に含まれると考えられており、その反面、法人破産について自由財産を認めるべきではないというのが多数説である。(54)また、法人破産においては、手続開始後に事業を継続することで将来の収益が発生することがあっても、その収益は、破産財団に含まれると解されている。(55)

以上のように、個人債務者と法人債務者との間の破産財団の範囲に関する相違から、清算価値保障原則の理解について、以下のような違いを導くことができる。

個人債務者の場合、自由財産を除く現有財産を処分してその価値を一括配当するのが破産手続であり、将来の収入を原資として分割弁済するのが再生手続である。それぞれ原資が明確に異なるため、現有財産を債務者に購入させ、その購入代金を将来の収入から分割弁済させる手続（再生手続）を利用するにあたり、現在価値以上の価格で現有財産を購入せよと要求するのが清算価値保障原則であると位置づけることができる。

これに対して、法人債務者の場合、債務者の総財産の処分価値（または事業譲渡価値）を原資として一括配当するのが破産手続であり、法人の財産をすべて利用して事業を継続し、将来の収益から分割弁済するのが再生手続である。清算価値の評価対象財産と将来の収益の基礎となる財産の範囲が一致する。それゆえ、清算価値（再生増価を控除する前の価値）と継続事業価値との違いは、評価方法の違いにすぎない。(56)

したがって、法人債務者の場合、再生増価を控除しない現有財産の清算価値は、再生計画案が債権者の再投資した財産を効率的に運用するものか否かという問題について、再投資した財産額を提示し、継続事業価値が再投資した投下資本以上のものかどうかを判断する際の参考資料としての役割を果たす。この場合の清算価値は、債権者が再投資した資本の資本効率性の算定資料とみるべきであり、(57)債権者は、合理的な理由があれば、清算価値を下回る継続事業価値による再生計画案を可決することも許容されると考える。つまり、法人の再生手続における清算価値保障原則は、裁判所にとって、計画の妥当性（合理的理由の有無）を判断する必要があるか否かの基準にすぎない。

(33) 山本和彦・倒産処理法入門〈第四版〉（二〇一二）一三七〜一三八頁。
(34) 伊藤・前掲注（1）五八一頁。
(35) 伊藤・前掲注（1）五八一〜五八二頁。
(36) 園尾＝小林編・前掲注（2）一二一頁〔瀬戸英雄＝上野尚文〕。
(37) 山本・前掲注（33）一三七〜一三八頁。
(38) 伊藤眞ほか編著・注釈民事再生法〈新版〉（上）（二〇〇二）三八九頁〔阿多博文〕。
(39) 園尾隆司「東京地裁における民事再生実務の新展開と法的諸問題」債権管理九二号（二〇〇一）二〇頁。
(40) 中井康之「財産評定をめぐる2、3の問題」事業再生と債権管理一〇五号（二〇〇四）九四頁。
(41) 全国倒産処理弁護士ネットワーク編・新注釈民事再生法（上）〈第二版〉（二〇一〇）六九〇〜六九一頁〔服部敬〕。
(42) 四宮ほか編・前掲注（17）四八〜四九頁〔中西正〕。
(43) 松下淳一＝山本和彦編・会社法コンメンタール13――清算⑵（二〇一四）二四六頁〔中西正〕。

(44) 山本・前掲注（33）一三八頁。

(45) 山本ほか・前掲注（1）二二頁、二四頁〔水元宏典〕、山本編著・前掲注（5）三七〇頁注三〔山本弘〕。

(46) 山本・前掲注（4）九二五頁、九三三頁注四七。会社更生についてであるが、松下＝事業再生研究機構編・前掲注（6）三〇七〜三〇八頁も同趣旨であろう。なお、「予測された買い手」の意味について、山本・前掲注（4）倒産法制の現代的課題七一頁補注2参照。

(47) 旧和議法下で自主再建を念頭に形成された理論である清算価値保障原則は、自主再建の再生計画を事業譲渡価額を下回ることを理由に不認可とすべきかという問題を解決するに当たり決定的でないとするものとして、松下＝山本編・前掲注（43）二四七頁〔中西正〕。

(48) 山本・前掲注（33）一七〇頁。

(49) 麻上＝谷口編・前掲注（30）一三九頁〔福永有利〕。

(50) 山本・前掲注（4）九三〇頁、小原将照「判批」金判一三六一号（二〇一一）一二二頁。実務について、鹿子木康編・民事再生の手引（二〇一二）二三三頁〔島岡大雄〕参照。

(51) 小原・前掲注（50）一二二頁、小林・前掲注（6）一八六頁。

(52) 村田典子「判批」ジュリ一三一八号（二〇〇六）一九二頁は、監督委員が詐害行為取消訴訟を受継しなかったこと自体が債権者一般の利益に反するといい、菱田雄郷「判批」青山善充ほか編・倒産判例百選〈第四版〉（二〇〇六）一六七頁は、監督委員が債務者の資産価値を増価させる機会を逃したことが債権者の一般の利益に反するという。いずれも清算価値保障原則とは区別して債権者の一般の利益に多義性を認める見解といえる。

(53) 清算価値保障原則に多義性を認める意義は少ない。前掲注（28）参照。

(54) 伊藤・前掲注（1）一八五頁、竹下守夫編集代表・大コンメンタール破産法（二〇〇七）一四〇頁〔高山崇彦〕、山本克己「破産財団の意義」山本克己ほか編・新破産法の理論と実務（二〇〇八）一五八頁など。

(55) 伊藤眞ほか・条解破産法〈第二版〉（二〇一四）三〇三頁。

(56) 前述した最近の中西教授の見解は、清算価値を再生債務者の個々の財産（否認権行使により回復される財産がある場合にはそれも含む）の清算価値を積み上げた総額ととらえる点で、再生債務者財産の評価方法の相違にすぎないという本稿の立場に近いといえる。

松下＝山本編・前掲注（43）二四六頁〔中西正〕。

（57）伊藤・前掲注（10）五一頁参照。

五　おわりに

破産手続と再生手続の選択について最も利害関係をもつのは債務者と債権者である。申立段階においては、債務者に各手続の申立権を付与しつつ、最終的に債権者の多数の意向によって再生手続による事業再生の可否が決定される仕組みとなっている。

水元説が指摘するように、継続事業価値の算定には、不確定要素が多く含まれるが(58)、これまでみてきたとおり、法人債務者については、民事再生法における手続開始原因の緩和、担保権の実行中止命令・担保権消滅制度の創設によって、再生債務者財産の価値の増大（再生増価）が図られた結果、予想破産配当額としての清算価値の算定にも、不確定要素が多くなっており、予想破産配当額の算定が困難になっている(59)。たとえ、予想破産配当額を正確に算定することができると考える場合でも、もう一方の継続事業価値が不確実なものであるというのであれば、両者を比較して清算価値保障原則の充足を審査することの意味は大きくないであろう。

清算価値が予想破産配当額であるとしつつ、その算定を容易にするには、将来収益を除く現有資産のみを破産財団と考えること、破産手続と再生手続との間で、プライオリティや担保権の処遇を共通化すること、対象を将来の収益（収入）が予測可能な債務者に限定することが考えられる。これらは、個人再生が予想破産配当率を清算価値とする清算価値保障原則に適した手続であることを示唆する。

これに対して、民事再生法の下、法人債務者について、清算価値を破産配当額とすることは、困難な作業である。特定財産上の担保権であればともかく、特定の財産上の権利ではない一般の無担保債権について、予想破産配当額を憲法において保障された財産権とみることは実際上困難であり、むしろ再生手続において多数派債権者が合理的な意思決定により可決した計画を通じて弁済を受ける権利こそが財産権の内容であると考えることができる。そこで、仮に再生増価を考慮しないで現有財産の清算価値のみを清算価値とする前提に立つならば、清算価値と継続事業価値は、評価方法の相違と考えるべきであり、清算価値は、計画弁済率の妥当性の判断資料と位置づけるべきである。

清算価値を、予想破産配当額と切り離された、現有財産の解体処分価値と理解する場合、清算価値以上の継続事業価値が示された再生計画案が可決されれば、その決議には合理性があることが推定され、原則として決議が尊重される（認可決定がされる）。清算価値を下回る継続事業価値が示された再生計画案が可決されれば、その債権者の決議には不合理な理由が含まれている可能性があり、裁判所による決議の不合理性の審査が開始されることになる。これは、清算価値が継続事業価値を上回るにもかかわらず、計画案が可決された場合は、賛成した多数派債権者が不合理な意思決定をしたのではないかという推測が成り立つからである。

その場合に限り、裁判所が多数派債権者の意思決定を審査し、債権者に対して開示される情報の不足、または債権者の知識不足や無関心などの理由によって、不合理な意思決定がされたことが認められれば、再生債権者の一般の利益に反する場合として不認可決定をする。(60) 清算価値保障原則違反は、他の不認可事由と同様に、裁判所の後見的審査・監督を許す場面の一つであり、再生手続の公正さを確保し、再生手続の法的整理としての信頼性を維持することに資するものである。

反対に、多数派債権者が、合理的な理由によって再生計画を可決したときは、清算価値を下回る再生計画であっても裁判所は、決議を尊重して認可すべきであることになる。ここでいう合理的な理由とは、たとえば、事業再生によって取引が継続されることで新たな利益を期待することができること、(61) 連鎖倒産を防ぐことによって債務者の取引先への融資の回収困難を回避することができること、不法行為被害者を救済することや地域にとって公益性のある企業を支えることで金融債権者がパブリック・イメージを保つことができることといった、間接的な経済的利益をいう。(62)

債権者全体にとって、これらの間接的な経済的利益が期待できるときは、たとえ計画による弁済率（直接的経済的利益）が清算価値を下回っていても、再生債権者の一般の利益に反しないと考えられる。

清算価値を下回る再生計画を認可する場合に問題となるのは、反対する少数派債権者が間接的な利益を享受できない場合や不法行為被害者のような非自発的債権者である場合にどのように扱うかである。少数派債権者の救済が必要であるとしても、不認可とするのは、多数派債権者の利益を害することから問題であり、反対債権者に清算価値による債権買取請求を認める条項を設けるなどの方策を検討すべきであろう。今後の課題とする。

（58） 山本ほか・前掲注（1）二三頁〔水元宏典〕。

（59） 旧和議法下でも清算価値の不確実性を指摘するものとして、宮川知法・債務者更生法構想・総論——倒産法新世紀への憧憬と道標（一九九四）四〇一頁がある。

（60） 伊藤眞・破産法・民事再生法〈第三版〉（二〇一四）一〇一五頁注82は、「再生計画案の基礎たる事実が再生債権者に対して十分に開示されず、可決の決議が再生債権者の合理的な意思決定の結果とはみなされないような場合も含まれようが、そのような事情が不正の方法による決議成立と評価されることも考えられる」とする。

（61） 伊藤・前掲注（10）四〇頁。

（62） 中西教授の最近の論考では、事業譲渡と自主再建の比較において清算価値保障原則が決定的でない理由として、実現される価値の多寡のみならず、雇用や取引先に対する影響、事業継続の可能性、地域に与える影響なども考慮されなければならないと解されるからであるという。松下＝山本編・前掲注（43）二四七頁〔中西正〕。

＊本稿は、倒産実務交流会（二〇一四年七月二六日・大阪市中央公会堂）における報告に基づくものである。

＊本稿は、科研費（課題番号二四五三〇〇九六）による研究成果の一部である。

個人破産申立て代理人弁護士の成功報酬と免責

高橋宏志

一　本稿の問題関心
二　実　情
三　破産法からの検討——破産債権性（免責対象性）
四　弁護士倫理からの検討
五　結　び

一　本稿の問題関心

個人破産手続申立て人とその代理人となる弁護士との間で、着手金は〇〇万円とする、免責許可決定が確定した場合には〇〇万円の成功報酬を支払う、という報酬契約が結ばれる例がある。しかし、この成功報酬債権は、免責の対象債権ではないか、また、免責後の依頼者の経済的更生を弁護士が阻害することは弁護士倫理から見て問題ではないか、というのが本稿の問題関心である。

この問題に接したとき、当初は、弁護士倫理の問題を直感した。しかし、解釈論としては、破産法上の位置付けも重要であろう。双方を検討してみたい。

二　実　情

解釈論を展開する前に、実情を見てみよう。むろん、私自身は実態調査をする能力も余裕もない。そこで、日弁連の「市民のための弁護士報酬の目安」を参考とした。これは、旧弁護士報酬等規程が廃止されたことを受け弁護士報酬のおおよその目安を市民に知ってもらうべく全国の弁護士にアンケートを実施した結果をまとめたものであり、日弁連のホームページから見ることができる。二〇〇八（平成二〇）年に実施したものによると、個人の自己破産事件で同時廃止後に免責を得たときに、成功報酬を取らない弁護士は六六・三％いるとある。一〇万円程度受け取る弁護士は一三・六％、二〇万円程度は一二・〇％、三〇万円程度は三・八％、四〇万円程度は〇・五％である。ちなみに、破産手続申立ての着手金は、一〇万円前後が九・八％、二〇万円前後が三七・三％、三〇万円前後が四八・七％、四〇万円前後が一・六％である。日弁連のコメントで「個人破産申立の報酬金は請求しない例も多くありますが、弁護士によっては免責を得たときに報酬金を請求することがあります。報酬金の有無をふくめて、あらかじめ弁護士に確認してください」とある。以上により、三分の一の弁護士は、成功報酬をもらっているようである。成功報酬の詳細は不明であるけれども、前述の免責確定を条件とした成功報酬だと想像される。

弁護士会のクレサラ報酬基準では、着手金が二一万円以内であり、免責を得られれば、成功報酬を着手金と同額で請求する、とある。他方、日弁連会規第九三号「債務整理事件処理の規律を定める規程」（平成二三年二月）では、弁護士報酬は着手金と報酬金に分かれるという定義はあるが、免責確定後の報酬金受領に関する規定はない。

さらに、インターネットで債務整理を広告している弁護士のサイトを見てみると、成功報酬を請求するとされているのが普通である。たとえば、某法律事務所では、成功報酬は最長一二回の分割払いができるとする。その成功報酬が免責決定後の請求であるかは明らかでないものもあるが、免責確定後の請求だと明記してあるものもある。

要するに、成功報酬をもらっている例は、かなりあると見られる。しかし、そうでない弁護士も三分の二はいるようであり、実情は双方があるということであろう。

三　破産法からの検討――破産債権性（免責対象性）

個人破産事件の成功報酬債権は、文言上、破産法二条五項に規定する破産債権、すなわち「破産者に対し破産手続開始前の原因に基づいて生じた財産上の請求権であって、財団債権に該当しないものをいう」に該当するであろう。金銭債権であるから財産上の請求権であることは間違いなく、申立て前に委任契約を結ぶのであるから破産手続開始前の原因に基づいて生じたことも問題ない。免責決定を得た場合というのであるから、条件付きの請求権となるが、条件付きの債権が破産債権となりうることに異論はない(1)。財団債権であるかは後述する。

そして、破産法二五三条の非免責債権には、弁護士報酬に該当するものはない。ただし、一項六号の「破産者が知りながら債権者名簿に記載しなかった請求権」となるかは微妙なものを含むが、いずれにせよ、申立て代理人弁護士の請求権は同号括弧書きにある「当該破産者について破産手続開始の決定があったことを知っていた者の有する請求権を除く」が適用されるので、やはり非免責債権とはならない。

かくして、素直に考えれば、成功報酬は、破産債権であって免責されることになる。高度の弁護士倫理を問題にするまでもなく、弁護士は請求できないことになるはずである。事実、かつての弁護士報酬等規程の解説では、当時の同規程二八条二項が、「前項の事件〔自己破産等の倒産事件――引用者注〕の報酬金は、第一八条〔訴訟事件についての規定〕を準用する。この場合の経済的利益の価額は、配当資産、免除債権額、延払いによる利益、企業継続による利益等を考慮して算定する」とあるところ、「債務者申立代理人として受任した場合には、報酬金を一応観念しえても、結局のところ報酬金債権は破産債権……になり本項適用の意味はない（事業者の自己破産申立代理人が破産宣告を得て依頼の目的を達して報酬金請求権を取得しても、それは破産宣告前の原因に基づいて生じたものであるから破産債権であり、破産手続によらなければ権利行使はできないのである）。」と明記されていた。(2)

しかし、そうだとすると、成功報酬契約を現実に結んでいる弁護士は、どう考えているのであろうか。次のようなものが考えられるであろう。

1　最後配当までに条件が成就することはあり得ないということ

ここでの問題状況は、免責許可決定を得た後の成功報酬である。破産申立ての前に弁護士に提供した弁護士報酬（着手金）のことではない。前述のように「免責許可決定を得たときは」という条件付き破産債権である。

しかし、この免責許可決定確定という条件は、最後配当までに成就することはあり得ず、破産手続内でこの成功報酬が配当されることはあり得ない（破一九八条二項）。従って、特別の考慮、すなわち免責許可決定確定後の支払いを許容すべきだとすることが考えられる。しかし、条件が成就せず、履行されずに終わる破産債権は他にもあり得るのであるから、この点だけで成功報酬債権を特別視することはできない。とはいえ、申立て代理人弁護士は、破産手続開始決定後も破産手続・免責手続の関係で破産した債務者のために主張をしたり上申書を提出したりと仕事をする。その対価を得られないのはおかしい、という感覚はあり得るであろう。他の破産債権とは、性質が異なるのではないか、ということになる。

これをさらに推し進めると、破産手続申立て代理人の報酬は、破産債権者の共同の利益のためにする裁判上の費用の請求権（破一四八条一項一号）たる財団債権となるという解釈論に至る。(3) 破産手続を動かす上での費用だと考えるのである。財団債権は、前述破産法二条五項により破産債権ではない。

しかしながら、財団債権であるということは、破産手続終了後に、さらには免責許可決定確定後に破産者が責任を負うことを意味しない。かねてから財団債権の債務者は誰かという形で議論されてきた問題であるが、理論構成はともあれ、破産者に責任を負わせることは否定されるのが近時の見解である。(4) もっとも、使用人の給料（破一四九条）の財団債権では、破産者が債務者だという有力説はある。(5) では、申立て代理人の成功報酬は、使用人の給料に準ずるか。申立て代理人は着手金は得られることから、準ずるとするのは困難であろう。

以上から、条件が成就しないこと、財団債権に準ずることを理由にして成功報酬債権が免責されないとする解釈論は難しいと思われる。

2 申立て代理人報酬を否認の対象とする判例が存在すること

破産申立て代理人弁護士は、支払不能であることを知悉しているのであるから、申立て前に弁護士報酬を受領している場合、否認の要件を充たすとしてよいであろう（破一六〇条、一六二条）。下級審裁判例も、「弁護士による自己破産申立てに対する着手金ないし報酬金の支払行為も、その金額が、支払の対価である役務の提供と合理的均衡を失する場合、その部分の支払行為は、破産債権者の利益を害する行為として否認の対象となり得る」とする。東京地判平成九・三・二五判時一六二一号一一三頁、東京地判平成二一・一〇・一四判タ一三四〇号八三頁、東京地判平成二三・一〇・二四判時二一四〇号二三頁、神戸地伊丹支決平成一九・一一・二八判時二〇〇一号八八頁、等々である。ということは逆に、合理的均衡を失しない弁護士報酬は、弁護士が受け取ってよいということである。破産手続を動かすためのコストであるから、一般債権者が甘受すべきだという正当化もあり得よう。

しかし、これらの裁判例は、破産開始決定の前に受領した場合に関するものであって、免責許可決定確定後の成功報酬に関するものではない。免責許可決定確定後の成功報酬については、否認が問題となるのではなく免責されているかが問題となる。そこで、否認に関する裁判例の延長上に、合理的均衡内の弁護士報酬は、破産手続実施の対価として、その支払いを一般債権者も甘受すべきである、比喩的に言うと弁護士報酬はもともと破産財団の外側にあると立論することができるならば、着手金のみならず合理的均衡内の成功報酬も、破産財団の外側にあると論ずることができる。そうだとなると、合理的均衡内の弁護士報酬は着手金であれ成功報酬であれ破産債権となるものではなく、免責の対象ともなり得ないこととなろう。

けれども、明文もないのに、破産財団から別除されるという強い債権を肯定するのは妥当であろうか。また、この結論は、後述の弁護士倫理からの批判に耐え得るものであろうか。

3　双方未履行双務契約ではないかということ

破産手続開始決定の後も、破産手続に関してであれ免責決定手続に関してであれ、申立て代理人弁護士の業務は残っている。他方、成功報酬は支払われていない。従って、弁護士への委任契約は双方未履行双務契約（破五三条）に該当する、と見ることができそうである（直接それを問題とするものではないが、東京地判平成二三・二・八判タ一三五三号二四四頁参照）。申立て代理人弁護士は免責のための仕事が残っているのだから、当然に履行が選択されるということになろう。

しかし、履行を求めるためには、管財人の側の債務も履行しなければならない。それは、免責許可決定確定後の成功報酬を支払うことであり、免責許可決定確定前には矛盾に陥る。財団債権となると解したとしても、前述のように、財団債権となるというだけでは、免責許可決定が確定した後の本稿問題関心には結び付かない。

そうではあるのだが、翻って考えると、そもそも申立て代理人弁護士に対する免責決定手続を含めての委任契約につき破産管財人が履行または解除を選択できるとすることが奇妙である。免責手続等が残っているのに、破産管財人が委任契約を解除できるとしてよいであろうか。さらに言えば、免責の関係は、破産者の自由財産にかかわり、自由財産に対して権限のない破産管財人が免責手続代理人契約を解除するというのはおかしいと考えることもできる。そうだとなると、自己破産申立ての代理までは破産財団にかかわり、免責の代理の関係は自由財産にかかわると分離されることになる。免責許可決定後の成功報酬が、免責関係のものである限り、破産者の自由財産から支弁されるのはむしろ当然だということになる。自由財産にかかわるものだとするのであれば、それは破産債権ではなく免責の対象云々という問題自体が消失することとなる。

しかしながら、自己破産申立てをすれば免責許可申立てをしたものとみなす（破二四八条四項）という現行法制の下で、破産財団にかかわる破産手続と自由財産にかかわる免責手続を峻別する解釈論は、妥当であろうか。破産者（依頼者）は、そのように意識しているのであろうか。しかし、ともあれ、理論的には免責手続のみに関する成功報酬だと位置付けられるならば、成功報酬を受領することに問題はないということになる。ただし、成功報酬の金額が、前述の「市民のための弁護士報酬の目安」では一〇万円ないし二〇万円程度であるのが妥当か、弁護士会のクレサラ報酬基準で二一万円以内というのが妥当か、という別の問題が生ずる。破産手続申立ての着手金との見合いでこういう金額となっていると推測され、免責手続のみの成功報酬金額ではなさそうだからである。もっとも、これは、金額の妥当性の問題に帰着し、そもそも成功報酬を受領できるかという本稿の問題関心とは異なるものとなる。

4　法律扶助で弁護士報酬を立て替えてもらった場合、破産者は立替金を償還していること

法律扶助で弁護士報酬を立て替えてもらった場合、破産者は立替金を償還している。原則として、月一万円だということである。そうだとすると、この法律扶助との比較において、成功報酬を破産免責者に対して請求することは不当でないという論法が生ずるであろう。

しかし、この立替金は、その性質上、成功報酬ではなく着手金であろう。仮に着手金と成功報酬を区別しない弁護士報酬だとしても、法律扶助は、そもそも立替えというのが法律によって制度の建て付けとされている（総合法律支援法第三〇条一項二号で、弁護士報酬の立替えと明記されている）。立替えとすることによって、できるだけ多くの人々が法律扶助を受けられるように制度設計されているのである。個々の申立て代理人弁護士の成功報酬には、この要素はない。さらに、法律扶助には国費（税金）が投入されており、租税債権が非免責債権であること（破二五三条一項一号）の影が及んでいる。むろん、個々の申立て代理人弁護士の成功報酬に、この要素はない。

結局、個々の弁護士が、私的に審査して自己の成功報酬が法律扶助の立替金償還に準ずると扱うのは、飛躍があると考えるべきであろう。法律扶助との権衡を言うのであれば、申立て代理人弁護士は法律扶助の申請を勧めるのが本来の筋合いである。

（1）　伊藤眞・破産法・民事再生法〈第三版〉（二〇一四）二六一頁、ほか。
（2）　日本弁護士連合会調査室編著・全弁協叢書　弁護士報酬規程コンメンタール（一九八八）一五三頁。
（3）　伊藤眞・破産法・民事再生法〈第二版〉（二〇〇九）二二七頁注一〇八は、代理人報酬は合理的範囲内でのみ共益債権となり、その範囲を超える場合には否認の対象となるとしていたが、伊藤・前掲注（1）三〇〇頁注一四五では代理人報酬は原則として破産債権となる、とする。要するに、財団債権になるとは明言していない。
（4）　伊藤・前掲注（1）三一一頁、ほか。
（5）　松下淳一「財団債権の弁済」民訴雑誌五三号（二〇〇七）五四頁。

四　弁護士倫理からの検討

次に、弁護士倫理からどう評価されるか。

しかし、この点に関する直接の規定は、弁護士職務基本規程には存在しない。弁護士報酬に関して存在するのは、同規程二四条であり、「弁護士は、経済的利益、事案の難易、時間及び労力その他の事情に照らして、適正かつ妥当な弁護士報酬を提示しなければならない」とある。免責許可決定後の成功報酬は、後述のように「その他の事情」にかかわる余地はあるが、直接に規定されているものではない。また、同規程三三条に、「弁護士は、依頼者に対し、事案に応じ、法律扶助制度、訴訟救助制度その他の資力の乏しい者の権利保護のための制度を説明し、裁判を受ける権利が保障されるように努める」とあるが、これは努力規定にとどまる。

しかしながら、「弁護士は、良心に従い、依頼者の権利及び正当な利益を実現するように努める」ものである（弁護士職務基本規程二一条）。免責は、破産者の経済的更生のためになされる。その経済的更生を、仮に金額は多くはないとしても、成功報酬を要求することによって阻害することは「弁護士は、名誉を重んじ、信用を維持するとともに、廉潔を保持し、常に品位を高めるように努める」（弁護士職務基本規程六条）ことに背馳しないであろうか。弁護士は、依頼者たる破産者の経済的更生を支持し励ますべき立場にある。その弁護士が、前述の某法律事務所の例で言うと一二回の分割請求をして破産者を煩わせることは首肯できるのであろうか。分割支払いの重荷を経済的にも心理的にも背負わないことが、経済的更生というものであろう。

もっとも、毎月、成功報酬を分割弁済することが破産者の経済的更生に資するという正当化もあるであろう。確かに、家計簿を付け、毎月の支出入をきちんと管理する習慣を破産者が身につけることは経済的更生に役立つ。しかし、それは、家計債務全般についていえることであり、弁護士の成功報酬だけで役立つことではないであろう。仮に譲って、弁護士の成功報酬だけでも習慣付けが有用だとしても、それは破産者が自発的に行なう姿が望ましく、法的な請求権と構成するのには違和感があろう。

さて、弁護士職務基本規程二四条の「その他の事情」の中に免責による経済的更生を読み込むことによって、免責許可決定後に成功報酬を、分割払いであれ一括払いであれ、請求することは弁護士職務基本規程違反となるであろうか。仮に違反になるとしても、弁護士職務基本規程はいわば取締規定であり、私法上の効果に直結するであろうか。戒告等の懲戒処分の対象となり得るのはともあれ、成功報酬契約を無効とするであろうか、という問題である。確かに、適正かつ妥当な金額を超える場合、または適正かつ妥当な期間を超えて成功報酬を請求する場合に、超過部分を無効とすることは不当な解釈ではないであろう。けれども、免責許可決定確定後の成功報酬を一般的に無効とすることは、弁護士職務基本規程を超えていると見るべきかもしれない。しかし、廉潔・品位という弁護士の高度の倫理観、正義感には、やはり反するのではなかろうか。

五　結　び

破産手続・免責手続に関して、弁護士にただ働きを強いることは許容されず、正当な報酬は与えられてしかるべきである。しかし、それを着手金において実現するのはよいが、免責許可決定後の成功報酬として実現するのは許されないのではないか。免責決定確定後の成功報酬は、破産債権であるという破産法の建前からも、弁護士の廉潔・品位という弁護士倫理からも、弁護士は請求することが許されないのではないか。弁護士が債務者の代理人となれば、債権者からの厳しい取立ては収まるのが通常であるから、着手金の工面は依頼者にとって不可能ではないはずである。ただし、免責手続だけに純化しての成功報酬であれば、免責対象債権でないと解する余地はあるけれども、高度の弁護士倫理からはそれも避けるべきである、というのが本稿の試論である。理論はともかく免責許可決定後に成功報酬を取ってはならないと先輩弁護士から教えられてきたと、倒産事件に練達した弁護士が私に語ってくれたことがある。これが弁護士のあるべき感覚であろう。

しかしながら、着手金の受領は肯定するのであるから、この試論は、成功報酬とされてきた部分を着手金に上乗せさせるよう誘導するだけだ、着手金の額が大きくなればそれを工面する時間も長くなり、破産申立て・免責許可の時期がそれだけ遅れることとなるという反論があり得よう。経済的には、その通りであろう。私見は、研究者の観念論の可能性がある。

とはいえ、免責許可決定確定後に、弁護士から成功報酬を請求され、弁護士会の紛議調停（弁護三三条二項一二号）に駆け込む破産者がいるという。紛議調停の調停者は、どう考えるべきか迷うようである。弁護士倫理の書物も、成功報酬可否の問題に言及せず、法律扶助制度の利用が可能となるよう弁護士は努めると論ずるのみの段階にある。(6) 本稿の試論は、三分の一の弁護士の業務を否定しクレサラ報酬基準をも否定するものであって正に回瀾を既倒にかえす面を持つけれども、本稿試論が端緒の一つとなり、よりよい解釈論が出来することを願って筆を擱く。

（6） 日本弁護士連合会倒産法制等検討委員会編・倒産処理と弁護士倫理（二〇一三）二七頁以下、特に三二頁。

新破産法における相殺の否認の余地について

高見　進

一　はじめに
二　旧破産法下での危機時期における相殺についての判例・学説
三　新破産法における危機時期における相殺の規制と学説
四　新破産法における危機時期における相殺の否認の余地についての検討
五　おわりに

一　はじめに

破産における相殺制限の規定として、破産法七一条、七二条があるが、破産手続開始後の債務負担あるいは債権取得について規定するそれぞれの一項一号を別とすると、それらは直接には、危機時期において後に破産者となる債務者に対する債権を得、あるいは、債務を負った者が、破産手続開始後に自己の債権と破産財団に対して負う債務とを相殺することを制限する規定である。債務者の危機時期において、後に破産者となる債務者に対する債権を得、あるいは、債務を負った者が、後の破産手続開始を見越して、破産手続開始前にいち早く自己の債権と破産財団に対して負う債務とを対当額で相殺し、その後に結局破産手続が開始された場合の手続開始前の相殺の扱いについては明示の規定はない。この相殺を無条件に有効なものとするのでは、債権者間の公平が害される点は、破産手続開始後の相殺と同じであるので、何らかの対処が必要と思われるが、これについては、旧破産法下では、相殺を否認することを認める方法と相殺を無効とする方法とが考えられていた。本稿ではその点について若干の検討をする。二で、手続開始前に相殺がなされた場合に手続開始後に相殺が無効となるかついての旧破産法下での判例・学説と、手続開始後の相殺の否認の可否についての旧破産法下での判例・学説をを検討し、三で、新破産法の下での相殺制限の規制と学説を検討した上で、四で若干の検討を行いたい[1]。

（1）　民事再生法、会社更生法については、破産法と同様の規律をしており（民再九三条・九三条の二、会更四九条・四九条の二）、なお検討の余地はあるものの、破産法での議論がおおむねそのままあてはまると思われる。

二　旧破産法下での危機時期における相殺についての判例・学説

1　旧破産法下での危機時期における債権取得または債務負担と破産手続開始前の相殺の効力

(1)　判例　戦前の判例としては、①大判昭和四・五・一四民集八巻五二三頁は、銀行から貸し付けを受け、担保として株式を差し入れていた債務者が、銀行が取り付け騒ぎにより営業を休止し、支払停止となった後に、その事実を知って銀行の債権者から債権譲渡を受け、自己の債務と対当額で相殺したが、その後銀行について和議が開始し、債務者が、相殺の有効を前提に、銀行に対して担保として提供した株式の返還を訴求した事案である。大審院は、旧和議法五条が準用していた旧破産法一〇四条旧三号（昭和四二年改正後の四号）について、相殺が破産宣告後であれば制限される場合に、破産宣告前になされたときは、相殺は当然無効ではないものの、後日破産宣告があればその相殺の意思表示は当初に遡って無効となり、その趣旨は和議にもあてはまるとした。(2) ②大判昭和七・三・二五民集一一巻六号四九九頁も、①判決とほぼ同様の事案で、和議開始後銀行が債務者のした相殺の無効を前提に債務の支払いを求めたが、大審院は、①判決を引用して相殺を無効としている。③大判昭和九・一・二六民集一三巻七四頁は、銀行に対する債務者が、銀行の支払停止の二か月後に銀行の債権者から債権譲渡を受け、その債権と銀行に対する自己の債務とを相殺したが、その一年五か月後に銀行が破産宣告を受けたため、相殺の有効を主張する債務者が破産管財人に対して債務不存在確認の訴えを提起したところ、管財人から相殺の否認の主張がされた事案である。大審院は、後に述べるように相殺の否認の余地を認めなかったが、(3) 相殺禁止と否認権はその精神は同一であり、それぞれが補いあって破産債権者全般のために特定の債権者の詐害の患をなくすことに遺漏がないことを期する制度であり、破産宣告の時から一年前に破産債権を取得した場合だけはどちらの制度の対象にもならないというのはおかしく、破産債権者を害することを知って取得した破産債権にもとづく相殺については、旧破産法一〇四条の規定の目的から相殺は無効とすべきであるとした。④大決昭和九・五・二五民集一三巻八五一頁は、自己の不動産を担保として銀行から与信を受けた相手方が、銀行の支払停止後にそのことを知って銀行の債権者から債権譲渡を受け、それと自己の銀行に対する債務と相殺をし、銀行に対して債務消滅確認訴訟を提起し勝訴したが、その後に、銀行に和議が開始した事案で、大審院は、債務者の相殺は遡って無効となるとした。⑤大判昭和一〇・一〇・二六民集一四巻号一七六九頁は、無尽掛戻債務者が、債権者が支払不能であること知りながら、債権者の債権者から債権譲渡を受けてそれと自己の債務を相殺した後に債権者が破産し、相殺の効力が争われた事案であるが、大審院は、旧破産法一〇四条旧三号の規定は、債務者の支払不能が破産原因とされ、支払停止によって支払不能が推定される以上、支払不能を知りながら債権譲渡を受けたときに当然類推適用され、相殺は無効であるとした。

戦後の判例としては、⑥最判昭和四一・四・八民集二〇巻四号五二九頁は、旧破産法一〇四条が、危機時期において債権者が債務を負担しそれを自己の債権と相殺をする場合について規定をおいていなかったため、その場合の相殺が許されるかが争われたが、一審から最高裁まで、破産手続開始前の相殺が相殺制限にふれる場合はその相殺は破産宣告後は無効であることを前提として判示をしている。この事件では、銀行の取引先の会社の支払停止後第三者からその会社の銀行口座への振込みがあり、銀行がそれと貸付債権とを順次対当額で相殺したところ、会社について後に破産宣告がなされたが、破産管財人は、銀行に対して、一方で相殺の無効を主張し、他方で、相殺の否認も主張して訴えを提起した。一審は、旧破産法一〇四条一号を拡張解釈して相殺を無効としたが、原審は、一号を拡張解釈するとしても、会社と銀行間の以前からの当座勘定取引契約が第三者の振込みによる債務取得の原因となるので、同条旧三号ただし書きの趣旨から相殺は許されるとした。最高裁は、危機時期後の債権の取得と債務の負担では違いがあるとして同条一号の拡張解釈を否定し、また、相殺の否認の余地も認めず原審の結論を維持したが、その理由として、債務負担の原因となる売買などの行為を否認することができる場合にそれについて否認を認めれば足りるとしている。(4)もっとも、判決の翌年には、昭和四二年破産法改正で二号が追加され、危機時期において債務負担をしてそれと自己

のもつ債権とを相殺することは明示的に制限されることとなった。(5)

(2) 学説　戦前の学説では、浅沼説は、旧破産法一〇四条は、文言上、「破産者」、「破産債権者」と規定されており、破産宣告後の相殺のみを予定していて、破産実体法の規定はほとんどすべて破産宣告後はじめて適用される規定であるし、相殺についての章の冒頭にある九八条も破産相殺規定全体の適用範囲を限定的に明示したものであるので、破産宣告前になされた相殺は相殺制限の規定の対象とならず相殺は有効であるとした。(6)松本説などが同説である。(7)浅沼説は、手続開始前の相殺については、後に二2(2)で検討する破産管財人に否認権行使を認めることで不都合に対処すべきとした。(8)

これに対して、加藤説は、破産法の規定は破産宣告後にする相殺についてのものであるが、法の趣旨に鑑み、破産宣告前になされた相殺も、後に破産宣告があったときは、相殺の意思表示の時に遡って無効となるものと解すべきとした。(9)斎藤説などが同様の立場にたつ。(10)加藤説は、相殺は任意の弁済と異なりかつ安価の債権買得による便利があるので弁済とは区別すべきで否認権以上の一層の禁止の必要があるとし、また、和議の場合には手続開始前の相殺の効力を否認権を行使して覆滅させることはできないので、相殺を端的に無効とするべきであるとしている。(11)

戦後は、中田説などすべて、手続開始前の相殺が相殺制限の規定にふれる場合には、手続開始後は無効となるとする。(12)

なお、明文では禁止されていなかった危機時期において債権者が債務を負担しそれを自己の債権と相殺をする場合については、戦前から有力な学説が拡張解釈をして相殺を無効とすべきと主張していた。(13)

2　旧破産法下での破産手続開始前になされた相殺の否認の余地

(1) 判例　戦前の判例としては、⑦大判昭和七・五・二一新聞三四三九号一二頁は、債務者である銀行の承諾をえた上で預金債権の譲渡を受けた債権者がその債権と銀行に対する債務とを相殺し、後に銀行が破産宣告を受けた事案で、債権譲渡が破産宣告よりも一年以上前で、旧破産法一〇四条旧三号ただし書きにより形式的には相殺制限を主張できなかったため、銀行の破産管財人が旧破産法七二条一号による否認を主張したところ、裁判所は、銀行の預金債権譲渡承認行為が破産債権者を害することを知ってなされた行為であるとして否認を認めた。先述の③判決は、相殺の否認の余地については、要旨つぎのように述べている。相殺適状が破産者の行為によって生じた場合にその行為自体が否認の要件を具えるときには否認はもとより可能である。相殺自体の否認について、旧破産法七二条は、破産者の行為について否認できるとしているが、それは通常の場合であって、否認できる行為が破産者の行為に限られないことは、債務名義にもとづく執行行為も否認できるとする旧破産法七五条からも明らかである。経済的には相殺は弁済と同じことであるが法律上の様式は異形の償却であり、旧破産法七二条二号の債務消滅の方法が義務に属しないものとして危機否認の対象となり、同七二条一号の故意否認の対象となる余地もある。しかし、相殺の否認を認めても相殺適状の状態が復活するだけであるので、それでは相手方は破産手続の中で改めて相殺することができてしまい、否認の目的を達することができないので、結局相殺自体の否認は許されない。⑧大判昭和一〇・三・八民集一四巻二七〇頁は、相殺に近似する債権者による債務充当行為についてのものであるが、預金者に対して手形債権を有していた銀行が、預金者の支払停止を知って、手形債権の満足のために預金債権を充当し債務の一部の弁済としたところ、後に預金者について破産宣告がなされたため、管財人から銀行の充当による債務消滅に関する行為の否認が請求された事件で、大審院は、旧破産法第七二条にいう債務消滅に関する行為があったものとして、否認の余地を検討するべきであると判示している。

戦後の判例としては、⑨最判昭和四〇・四・二二判時四一〇号二三頁は、債務者が第三者に振り出した手形を割り引いた銀行が手形金債権と債務者の預金債権とを相殺した後に、債務者について破産手続が開始し、破産管財人が銀行の相殺を否認すると主張して銀行に対して預金債権を訴求した事案であるが、最高裁は、否認を認めずその理由をおおむねつぎのように述べている。破産宣告があっても、破産債権者は何らこれによって妨げられることなく、当然の権利として相殺をなしうるが、それは、破産債権者は自己の関与せざる相手方の破産という事実によって、本来有する相殺権が影響を受けるべき理由はないからであり、この権利が破産に際して濫用される弊害を慮って、旧破産法一〇四条は例外的に制限を規定したにとどまるので、破産債権者の相殺権の行使は、同法条の制限に服するのみであって、七二条各号の否認権の対象となることはない。先述の⑥判決も、相殺の無効の主張を否定するほか、破産債権者のなした相殺権行使自体は破産者の行為を含まないので、旧破産法七二条各号の否認権の対象となりえないとしている。⑩最判平成二・一一・二六民集四四巻八号一〇八五頁も同旨である。[14]

(2)　学説　戦前の学説では、兼子説は、③判決の「判旨は破産債権者の為す相殺を以て異形償却に準ずべきものと認めるが、相殺は元来債権が相互に担保視し合って居る状態に基く債権者の当然の権利であり、之を以て代物弁済の如き債務者の加工処分を要する異形償却と同視すべきではない」として相殺については否認の余地がないとした。[15]菊井説は、「相殺適状を生ぜしめたる行為或は変更弁済たる相殺は否認さるべき場合は絶無ではなく」とするが、⑧判決の事案については、「相殺或は質権の実行なりと解し従って否認の対象とならないとの議論を進めてゆけば、自ら別の展開を見せたことと思はれる」と述べており、相殺適状を生じさせる原因となる行為の否認の余地は認めるが、相殺自体を否認することはできないとしていると思われる。[16]加藤説も、債権譲渡の承認行為の否認の余地を認める一方で、⑧判決の事案で弁済充当ではなく相殺と主張すれば否認の余地はなかったとする。[17]これに対して、板木説は、相殺自体の否認と相殺適状を生じさせた行為の否認のいずれも認める余地があるとする。相殺自体の否認を認める理由としては、弁済と相殺は債権の個別的満足をきたす点で実質的に同一であるので債権者の一方的行為にもとづく（強制執行による）弁済の否認を許す以上、債権者のする相殺の否認も許さないと不合理でもあり、権衡をも失することをあげる。相殺自体が否認されたときには、否認の目的から相殺適状は復活しないと解し、かりに復活するとしても重ねてされた相殺は破産目的に反するものとして旧破産法一〇四条旧三号の適用を受け無効であるとする。[18]

戦後の学説では、中田説など通説は、手続開始前になされた相殺については、それ自体の否認の余地を否定している。[19] 通説の中では、相殺権者の保護のために旧破産法一〇四条の相殺制限の規定を文字通りに厳格に解するものが多かったが、[20] 破産債権者を害すること、ないし、支払不能を知って取得した破産債権による相殺を無効とする③⑤判決を、破産債権者の悪意が要件となっているので是認できるとし、旧破産法一〇四条について文言よりは多少緩和して解釈するものもあった。[21] 他方、相殺自体の否認の余地を認める説も伊藤説をはじめ、しだいに主張されるようになっていた。[22]

旧破産法下での危機時期における相殺についての判例・学説をおおまかにまとめると、以下のようになる。判例は、旧破産法、旧和議法を問わず、危機時期においてそれを知った債権者が債権を取得し相殺適状を作出し、手続開始前にした相殺は手続開始後は遡って無効となるとし、相殺の否認については、破産手続開始後に、債権者が相殺適状を作り出す原因となる行為について否認の要件が具備すれば否認をすることは認めたが、相殺自体を否認することは認めなかった。破産管財人が相殺の無効ではなく、相殺の否認を主張した理由は、旧破産法一〇四条を形式的に適用したのでは、相殺制限の除外事由にあたることなどのために相殺を無効にできないので、そのような場合にも、債権者の害意などを根拠に旧破産法七二条一号の詐害行為などとして相殺の効果を否定することを追求したためである。これに対しては、戦前には、債権者の害意などを根拠に旧破産法七二条一号の詐害行為として相殺の効果を否定するべきような状況では、旧破産法一〇四条により相殺は無効となるとして相殺制限の規定と否認の規定の調整を図ろうとする③判決などもあったが、戦後は、⑥判決など旧破産法一〇四条の文言を超えて相殺が無効となる場合を認めることには慎重な態度を示している。

学説は、旧破産法一〇四条の相殺制限にふれるような相殺が手続開始前になされた場合、戦前には、有効説と無効説が対立していたが、戦後は無効説に収斂した。相殺の否認については、相殺適状を生じさせる原因となる行為に否認の要件があれば否認を認め、ひいて、相殺が無効となることを認めることでは一致していたが、相殺それ自体の否認については戦前も否定説が多数であり、戦後もその状況は続いていたものの、少数説もしだいに主張されるようになってきていた。[23]

（2）　旧和議法には旧破産法と同じ趣旨の否認の規定は存在しなかったので、旧和議法では相殺を否定しようとすると遡及的無効という解釈をとらざるをえないと思われる点で旧破産法におけるとはやや異なる状況であったと思われる。この点、民事再生法では、否認規定があるので破産法と状況の近似性が高い。

（3）　この③判決が、相殺の否認の余地を認めなかった点については、後述二2(1)を参照。

（4）　この判決の詳細については、高井章吾「判批」法学研究四〇巻一二号（一九六七）一六八一頁、安部正三「判批」最判解民事篇昭和四一年度（一九六九）一二七頁参照。

（5）　下級審裁判例としては、東京地判昭和四一・一・二三下民集一七巻一＝二号九二頁は、会社更生の場合も、相殺の意思表示は、更生会社につき更生手続が開始される以前になされていることにかかわりなく、更生手続の開始により無効となるとし、神戸地判平成四・八・一二判タ八〇一号二四六頁は、会社が支払不能となった後に第三者から会社の銀行預金口座に振り込みがあり、銀行が、会社の支払不能を知った上で、会社に対する預金債務と会社に対して有する債権とを相殺した事案で、旧破産法一〇四条二号本文の類推適用を認め、相殺は禁止されると解している。

（6）　浅沼彦一郎「破産宣告前の相殺」法学新報三六巻一一号（一九二六）八八頁以下。

（7）　松本蒸治・新聞二七三〇号（一九二七）一八頁、金井正夫・実例破産手続詳解（一九二七）五八一頁、野中轍「破産法上の相殺権について」法学新報三八巻五号（一九二八）二九頁以下、四九頁以下。

（8）　浅沼・前掲注（6）八八頁以下。しかし、野中・前掲注（7）四九頁以下は、反対する。

（9）　加藤正治・破産法研究七巻（一九二六）一一二頁、四一一頁。

（10）　斎藤常三郎・破産法及和議法研究二巻（一九二六）一八三頁、同・日本破産法（一九三三）二九〇頁以下、兼子一「判批」判民昭和一六年度五六事件（一九四四）二四九頁。

（11）　加藤・前掲注（9）一一五頁。また、加藤説は、母法であり同様の規定をもつドイツでライヒ裁判所が無効説にたつ判決を下し（RGZ 85, 38, 40f.）、Jaeger の注釈書がそれに対応して有効説から無効説に改説したこと（Jaeger, Konkursordnung, 5Aufl., Bd. 1, § 55 Anm. 17 (1914)）を無効説の根拠の一つとしている（加藤・前掲注（9）一一二頁以下）。

（12）　中田淳一・破産法・和議法（一九五九）一三三頁、小野木常・破産法概論（一九五七）二一五頁、山木戸克己・破産法（一九七

四）一六八頁、納屋廣美「相殺権の制限」斎藤秀夫＝伊東乾編・演習破産法（一九七三）三六五頁、鈴木重勝「判批」新堂幸司ほか編・倒産判例百選（一九七六）一一二頁以下、斎藤秀夫ほか編・注解破産法上巻〈第三版〉（一九九八）七二一頁、七二六頁など。なお、本稿では、他の箇所を含めて、文献の引用が網羅的でなく不十分であることをお詫びしたい。

（13）加藤正治・破産法要論〈増訂六版〉（一九三七）二三〇頁、兼子一・強制執行法・破産法〈新版〉（一九六四）五四頁、中田・前掲注（12）一三四頁など。

（14）下級審裁判例としては、東京地判昭和三二・八・二〇金法一五一号六頁、大阪高判昭和三八・四・一一高民集一六巻四号二一八頁、東京地判昭和三八・五・三一金法三五一号七頁なども、破産宣告前の危機時期における相殺も、それが旧破産法一〇四条で許容される相殺である限り、否認権の対象から除外されるとして相殺の否認の余地を認めていない。東京高判昭和三七・九・二八金法三二二号五頁は、破産宣告前なされた合意相殺について旧破産法一〇四条の準用があると解すべきで、その場合には当然無効で、否認権行使の余地はないとし、また、合意相殺が旧破産法一〇四条により無効とされない場合には否認権の対象となりうるようであるが、否認しても相殺適状が復活するだけであるので意味がないとし、自働もしくは受働債権を成立させた行為につき否認権を行使し、相殺の基礎たる債権の対立自体を消滅させうる場合があることは別として、合意相殺そのものにつき否認権を行使することは許されないとしている。

（15）兼子一「判批」判民昭和九年度八事件（一九四一）二〇頁。

（16）菊井維大「判批」判民昭和一〇年度二〇事件（一九三六）八八頁。

（17）加藤正治・破産法研究九巻（一九三六）一三三頁、一三六頁。

（18）板木郁郎・否認權に關する實證的研究（一九四三）一八〇頁、一九二頁

（19）中田・前掲注（12）一三三頁以下、木村鐘台「判批」法協八四巻三号（一九六七）三八八頁、山木戸・前掲注（12）一七〇頁。谷口安平・倒産処理法〈第二版〉（一九八〇）二四四頁、斎藤ほか編・前掲注（12）七二六頁以下。

（20）中田・前掲注（12）一三三頁、谷口・前掲注（19）二四四頁、斎藤ほか編・前掲注（12）七二六頁以下など。

（21）山木戸・前掲注（12）一七〇頁。同旨、納屋・前掲注（12）三六四頁以下、斎藤ほか編・前掲注（12）七二〇頁以下。

（22）伊藤眞・債務者更生手続の研究（一九八四）四一二頁以下、四二四頁以下。山下朝一「判批」金法三七二号（一九六三）二二頁、天野弘「否認権に関する一考察」司法研修所創立二〇周年記念論文集二巻（一九六八）一六二頁、今中利昭「倒産企業に対する銀行の行なう相殺の効力（上）（下）」ＮＢＬ一一八号（一九七六）二二頁、一二〇号（一九七六）三六頁（相殺の否認を認めるとともに、相

殺制限規定の拡張解釈も主張する）、石原辰次郎・破産法和議法実務総攬〈全訂版〉（一九八一）二五九頁、中野貞一郎＝道下徹編・基本法コンメンタール破産法〈第二版〉（一九九七）一一五頁〔池田辰夫〕も肯定説にたつ。三ケ月章ほか・条解会社更生法（中）〈第四次補訂版〉（二〇〇一）二六頁以下は、「否認権と相殺の制限とは、ともに債権者間の公平を追求する制度であってその適用領域は必ずしも排他的な関係にあるのではなく、むしろ部分的に重複的な関係にあり、一六三条により自動的な無効をきたさない相殺についても、なお否認権行使の要件と手続の制限のもとで、その効力を否定する余地を認めるべきであろう」、とし、「更生手続開始申立より一年内であるが、開始決定より一年前の行為につき、一六三条による相殺禁止のほか、七八条一項二号三号の否認を認める実益が存する」とする。

（23）　なお、相殺権の行使も権利の行使であるから濫用が問題となりえ、危機時期の債権の取得あるいは債務の負担による相殺についても相殺の濫用による無効の議論を応用する可能性もありえた。中野＝道下・前掲注（22）一五六頁〔山本克己〕は、濫用論は、濫用的な自働債権取得のみならず、濫用的な受働債権の負担についても用いることができるとしている。

三　新破産法における危機時期における相殺の規制と学説

1　新破産法における危機時期における相殺の規制

新破産法は、七一条および七二条に相殺制限についての規定をおいているが、形式的危機時期のみならず実質的危機時期の債権または債務の取得についても規制の対象としている点で旧破産法よりも対象範囲が広がったといえる。また、一年以上前に生じた原因にもとづく債務の負担あるいは債権の取得の場合に相殺制限を免れるが、その起算点を手続開始の時からではなく手続開始の申立てがあった時からに変えている点も手続進行の遅延などの理由で不当な相殺が許されてしまうという弊害を解消することになろう。さらに、債務負担については、相殺制限がされる場合を、破産法七一条一項二号は、もっぱら破産債権をもってする相殺に供する目的などの場合に絞り、債権取得については、七二条二項四号で新たな与信契約などの場合を除外するなどきめ細かい規律を行っており、旧法よりも、より精密に、立法者が合理的と考える範囲での相殺期待を保護し、合理的な範囲を超える部分では相殺期待を保護しないとする利益衡量の結果として規定が作られている。(24)

一方、立法過程においては、「破産手続及び会社更生手続において、危機否認の対象となる行為に、破産債権者又は更生債権者がした相殺を加えるものとするとの考え方」、「例えば、相殺禁止の範囲を拡大する（例えば、相殺の否認が認められないとしても、否認権行使の要件を満たす場合には相殺を禁止する。）ものとするとの考え方」が検討がなされたが、(25) この点の明文の規定はおかれなかった。(26)

2　新破産法における危機時期における相殺についての学説

新破産法でも、破産手続開始後に行えば禁止される相殺が、手続開始前に為された場合には、相殺は無効とする通説の解釈は維持されている。(27) 相殺の否認については、松下説は、「相殺否認論は改正法の下では役割を終えたものとして考えるべき」、「相殺禁止規定は担保権設定に対する偏頗否認の規律と同様の考慮に基づいているわけですが、相殺否認論の問題意識を担保設定行為に及ぼしますと、支払不能になる直前の担保設定も詐害行為として否認できると考えないと一貫しないことになります。しかし、これは法一六〇条一項の柱書の括弧書で、担保設定を詐害行為否認の対象から除外するという文言にも整合しませんし、支払不能が破産債権者間の比例的平等を基礎づけるという、今回の否認・相殺制限の改正の基本となる考え方とも整合性しないことになります。相殺否認論をとらないと実質的に不当な結論が出る、ということがあるとすれば、むしろ相殺禁止規定における支払不能の解釈問題として解決すべきではないかと考えます」とし、(28) 山本（和）説も、「現行法は、旧法に比べても相殺禁止の範囲を拡大し、より合理的に画しており、その範囲を超えてまで否認によって相殺の範囲を制限していくことは相当とは考えられない。したがって、相殺の対象となる自働債権の作出行為等を別途否認することはもちろん考えられるし、また一般論として相殺権の行使が権利の濫用にわたる場合に許されないことは当然であるが、相殺権の行使自体は否認の対象とならないと解してよい。」とする。[29]

これに対して、肯定説をとる伊藤説は、「支払不能になった後の債務負担や破産債権取得にまで拡大された現行法の下では、相殺の否認を議論する意味が、旧法下に比較して少なくなったことについては、疑問の余地がない。しかし、支払不能になる前でも破産者の倒産が必至となった状態での債務負担や破産債権取得を基礎として相殺期待が創出される可能性はあり、これに対して詐害行為否認（破一六〇Ⅰ①）の成否を議論する意義が失われたわけではない。本書でも、なお相殺の否認可能性を維持する」とし、否認の効果については、「復活した債務は、破産財団に対して現実に履行されることを予定されるものであり、相殺適格を否定すべきである（民五〇五Ⅰ但書）。」とする。否認の必要性については、「相殺そのものを否認の対象としなくとも、その基礎となる破産者の債務負担行為を否認すれば十分であるとの主張が通説の側からなされる。しかし、自働債権の取得や第三者からの口座振込みなどにもとづく債務負担のように、債務者の直接的な行為が介在しない場合も多いので、相殺否認の必要性は存在する。[30]」とする。また、宗田説も、「相殺の禁止の規定に漏れた場合でも、否認の要件に適合することが可能である」、「否認権を破産法秩序を侵害する効果の否定と解する立場からは、債権者の行為も否認の対象となることになる。」とする。[31]

（24）　危機時期後に債務を負担して自己の債権と相殺することについては、破産法七一条一項二号は、もっぱら相殺目的でなければ相殺は可能であるとして、債務者の支払不能後に、そのことを知って、相殺をすることだけを目的に債務者から動産を買い受け、その債務と自己のもつ債権とを相殺することは制限されるが、継続的な取引で従来通りの商品の納入を受けて債務を負う場合など問題のない場合は相殺が認められる。また、危機時期後に債権を取得して自己の債務と相殺することについても、破産法七二条二項四号は、危機時期後の新たな与信契約など、破産者に対して債務を負う者が破産者との契約によって債権を取得する場合には、債務者の挽回の努力に水をさすべきでないとして相殺は制限されないとしている。

（25）　「倒産法制に関する改正検討事項」第四部第四　二(二)ウ、第六　二（法務省民事局参事官室編・倒産法制に関する改正検討課題（別冊NBL四六号）（一九九八））。

（26）　立法過程において、この問題に検討を加えているものとして、山本克己「相殺権と相殺禁止の見直し」ジュリ一一一一号（一九九九七）一一七頁以下、加藤哲夫「否認制度の検討課題」ジュリ一一一一号（一九九七）一二三頁以下、中西正「否認権及び相殺権」ジュリ一一三四号（一九九八）四三頁以下などがある。

(27) 山本和彦ほか・倒産法概説〈第二版〉（二〇一〇）二六〇頁など。

(28) 伊藤眞ほか編・新破産法の基本構造と実務（二〇〇七）四六六頁〔松下淳一発言〕。同じ座談会で、山本（克）説も、「相殺の否認は本来は旧法〔一〇四条〕の二号禁止の問題なのです。二号禁止に該当するような事案は、本来は相殺の否認によって対処すべきであったのを、日本の債務者行為性についての厳格な考え方から、相殺の否認はできないという見解が通説化したために、二号禁止を昭和四二年改正で付け加えざるを得なかったわけです。このような経緯から考えますと、旧法下でも二号禁止を超えて相殺の否認を認めることは難しかったと思います」とし、新破産法の解釈について、松下説に賛成する（伊藤・前掲四六七頁）。

(29) 竹下守夫編集代表・大コンメンタール破産法（二〇〇七）六四六頁〔山本和彦〕。

(30) 伊藤眞・破産法・民事再生法〈第三版〉（二〇一四）四九六頁以下。

(31) 宗田親彦・破産法概説新訂第四版（二〇〇八）三九二頁以下。

四　新破産法における危機時期における相殺の否認の余地についての検討

1　新破産法における相殺の否認を論じる必要性の減少と法律構成上の困難性

旧破産法下では、古くは、相殺が破産宣告の一年前に生じた原因にもとづくものとして相殺制限を受けないということも実際に多くあり、それへの対処として、相殺の否認を認める意味があったし、危機が支払停止などの形で顕在化する前の支払不能後の債権債務の取得が正面からは相殺制限の対象となっていなかったため、相殺の否認を認める意味もあった。しかし、これらの点についての新破産法の改正により、解釈論としてなお相殺の否認の余地を認める意義が減少していることは否定できない。もっとも、伊藤説が、三2で述べたような事例についてなお相殺の否認の意義があると主張している点について検討する意味があるように思われる。

しかし、この問題意識を相殺の否認という形で実現することには、否定説が主張するように新破産法の条文の構成との関係で問題があることも事実である。伊藤説があげる例では、支払不能前の相殺行為を否認するのであるから、条文は、破産法一六〇条一項一号であり、破産債権者の相殺については、相殺の時点（あるいは、相殺のための債務を負った時点）で相殺により他の債権者が害され、相殺をした債権者がそのことを知っていたことが必要となる。他の債権者が害されるとは、相殺により債務者の一般債権者に対する引当財産が減少することを意味するが、相殺により両債権が対当額で消滅するのであるから債権債務のプラスマイナスはないともいえる。この点、破産法一六〇条一項柱書括弧内は、「担保の供与又は債務の消滅に関する行為を除く。」としており、相殺による債権債務の消滅は、弁済と同じく、「既存の債務についてされた債務の消滅に関する行為」として、破産法一六二条でしか否認できないとも考えられる。旧破産法では、判例が本旨弁済について詐害行為否認を認めていたように[32]、詐害否認の中に偏頗否認の実質をもつものが混ざっていたが、詐害否認と偏頗否認を明確に区別して条文も異ならせた新破産法では、相殺について破産法一六〇条一項による詐害行為否認を認めることは難しくなったとの主張はもっともな点がある。また、松下説が説くように、債権者が債務を負担して相殺状態を作出して相殺するのと、債権者が債権について担保の供与を受けるのとは、実質的には同じ面がある。破産法一六〇条一項柱書括弧内は、債務の消滅に関する行為と同様、担保の供与に関する行為をこの条文による否認の対象から除いているので、支払不能前の相殺をこの条文で否認するのであれば、支払不能前の既存債務に対する担保供与もこの条文で否認することができるとしないとバランスを欠くことになるが、それは破産法一六二条の構成に直接抵触するようにも思われる。

2　債権を取得してする相殺と債務を負ってする相殺の制限の違いについて

相殺を債務者の弁済や担保供与と同様に考えると、新破産法では、破産法一六〇条ではなく、一六二条で規律されるべきであるということになる。確かに、債権者が債務者に対して新たに債務を負って相殺する類型は、相殺は異形弁済で債権者の満足をはかる形式であるとの前提で議論してよいであろう。しかし、債務を負っている者が債権者に対する債権を取得して相殺する類型は、本来弁済して債務者財産を充実させなければならないところそれを免れる行為であり、債務者財産の充実を妨げるものとして、債務者財産を（消極的な形ではあるが）逸出させるものと考えられる。そのように、債権者が自働債権を取得してする相殺は、破産法一六〇条一項柱書括弧内の行為とはいえず、それについて破産法一六〇条一項で否認を認めることも必ずしもおかしいことはないのではなかろうか。相殺適状自体は、債権債務が対立する状態であるので、債権をもつ者が債務を負担して相殺適状となった場合であろうと、債務を負っている者が債権を取得して相殺適状となった場合であろうと、現象的には異ならないようであるが、どのように相殺適状が作り出されたかによりその相殺の実質的意味に違いがあるように思われる。他方、債権者が債務を取得してする相殺は、異形弁済の実質があるので、「既存の債務についてされた債務の消滅に関する行為」として、否認するとすれば破産法一六二条で否認するべきものと考えることになろう。そうすると伊藤説があげるような支払不能前それに接着した時期の債務の負担と既存債権との相殺は、これを全体として債務者の債務の弁済とみて、破産法一六二条一項二号の要件を基準にして、否認を認めるという解釈論を考えるべきであるとも考えられる。そのような解釈に対しては、松下説が説くように、「支払不能が破産債権者間の比例的平等を基礎づけるという、今回の否認・相殺制限の改正の基本となる考え方とも整合性しない」との批判を受けることになるが、支払不能前の債務弁済行為について破産法一六二条一項二号が否認を認めていることを手がかりに、紛争の妥当な解決の視点から必要があれば微調整として相殺制限についての拡張解釈や類推解釈の余地があると思われる。

3　手続開始後の相殺制限と手続開始前の相殺の否認の関係

破産法七一条、七二条の規定からは形式的には手続開始後の相殺が制限されない場合について、手続開始前に相殺がなされたときに、相殺適状を生じさせる原因となる行為の否認ではなく相殺自体の否認を認めるべき場合がかりにあるとしても、それを認めたときにその効果として双方の債権が対立する相殺適状の状態が復活するだけであるとすると、③判決がいうように、改めて債権者が相殺することを禁じることができないとも考えられるが、板木説、伊藤説が述べるように、相殺が否認されれば、その限りで、相殺適格は否定されると考えることも可能であろう。もっとも、否認されたときにのみ再度の相殺について相殺適格が否定されるのであれば、相手方は、手続開始前には相殺せず、手続開始後になってはじめて相殺することを考えるであろうが、相殺の否認を認めるべきような事態ではそれも許されないとしなければ均衡がとれない。その効果を否定すべき実質的に不当な手続開始前の相殺というものがあり、その相殺が否認されうると考える以上、そのような相殺が手続開始後にはじめて行われる場合にも制限されると解することが自然である。そうすると、結局、相殺の否認の余地を認める解釈論をたてることは、相殺制限についての破産法七一条、七二条の規定で示された明文の規律を正面から問題とし、解釈論として再調整する、すなわち、一定の場合に、破産法七一条、七二条の規定の類推ないし拡張解釈をすることに行き着かざるをえないと思われる。それを認めれば、相殺否認後の復活した債権債務の相殺が制限されることは無理なく説明することができる。しかし、そう解するのであれば、そのような場合の手続開始前の相殺は、後に破産手続が開始すれば否認をする必要はなく、そもそも無効とする解釈をするべきで、やはり相殺の否認は認める必要がないとの結論にもなりうる。

二1(2)、2(2)でみたように、現在の判例・通説と異なり、戦前には手続開始前の相殺については、当然無効ではなく、否認権の行使によってその効力を否定すべきであるとの学説が存在した。その考え方をとると手続開始前の相殺は、その時点では有効であるが、後に破産手続が開始すると遡って無効となるという法定解除条件付きの相殺という法律構成をとる必要がなくなる。また、そう考えることで弁済など他の場合の処理とのバランスもとれるように思われる。債権者が手続開始後に破産者から弁済を受けた場合は、その弁済は無効である（破四七条、一〇〇条）。一方、手続開始前の危機時期に債務者から弁済を受ければ、破産法一六二条の要件があっても、当然には無効ではなく、管財人が否認権を行使してその効果をはじめて否定することができる。それとの対比で考えると、手続開始後の管財人に対してする相殺が相殺制限により無効であるとしても、手続開始前の債務者に対する相殺は、当然には無効ではなく、管財人が手続開始前になされた行為を倒産法の目的から覆滅させるために設けられた否認権を行使してその効果を否定することができると考えることもできよう。そのように解することが手続的に多少とも意味があるかについて考えると、相殺が否認された場合に、債権者は割合的満足を受けるためには破産債権として自己の債権を届ける必要があるが、否認訴訟が提起されたときに、自己の債権を破産債権として予備的にでも届け出ておく機会が保障されることになる。無効構成をとると、債権者は相殺によって満足を受けたと考えて、債権の届出をしなかったところ、管財人が後から思いかけず相殺の無効を主張してきて敗訴すると、債権届出の機会も失っているかそうでないとしても届出が困難になるというようなことが生じえよう。また、否認権の行使は期間制限もあり、管財人に否認権の行使をさせることが債権者にとって権利保護につながる面もあるのではなかろうか。(33)(34)

(32) 大判昭和七・一二・二一民集一一巻二二六六頁、大判昭和八・一二・二八民集一二巻三〇四三頁、大判昭和一五・九・二八民集一九巻一八九七頁、最判昭和四二・五・二民集二一巻四号八五九頁。

(33) 否認権の行使は、管財人の裁量であるので、否認権を行使しない代わりに相手方がもつ他の債権で問題のあるものの届出を取り下げさせるというような柔軟な対処ができる可能性があるようにも思われるが、無効構成をとっても、管財人と相手方で和解することは可能であるのでどちらでも実際上の違いはあまりないかもしれない。

(34) ドイツでは、RGZ85, 38, 40f. の判決以降、判例・通説は、危機時期に取得しあるいは債務を負って破産手続開始前にいち早く相殺したときにも後に破産手続が開始した場合には、破産手続後の相殺が制限される限りで相殺は遡って無効となるとしてきており、一九九九年の改正ドイツ倒産法の相殺制限を規定する九六条一項三号は、旧法の文言を相当に変えているが、それにもかかわらず、その点の解釈は維持されている（Jeager/Henckel/Windel, Insolvenzordnung 1Aufl., Bd. 2, § 96 Anm49 (2007)）。もっとも、少数ではあるが、Walter Gerhardt, Zur Insolvenzanfechtung eines Vergleichs i.S. des § 779 BGB, KTS 2004, 195, 199ff. など、手続開始前に相殺がされたときにはその否定は、相殺の否認で対処すべきであるとの学説も存在する。本稿との関係では、それらの少数学説について十分に検討すべきであるが、ここでは、その存在を指摘するにとどめる。

五　おわりに

本稿では、旧破産法下での相殺の否認についての判例学説の展開をたどった上で、新破産法の下での相殺自体の否認の余地について不十分ながらも若干の検討を行った。その結果、旧破産法の下でよりもそれを認めることは解釈上より困難となったことは否定できないが、それを認める余地が全くないとまではいえないとの結論に至った。その結論自体にもなお論証の不十分な点があろうが、その結論をとるとしても、その上で、破産法七一条、七二条の条文形式上は相殺が許されるが、なお、否認の規定の趣旨から相殺が許されず、破産手続開始前にそれがなされた場合に否認されるべき場合が具体的にどのような場合かについて検討しなければならない。しかし、本稿ではそこまで進むことができなかった。その意味で本稿の検討は中途半端なものであるが、紙幅も尽きたことでもあり、今後の裁判例の展開なども参照しながら、その点は別の機会に改めて考えることとして、ひとまずここで筆を擱くこととする。

イギリスの事業再生手法としての「会社整理計画」

中島弘雅

一　イギリスの事業再生の仕組みと本稿の目的
二　「会社整理計画」の沿革
三　「会社整理計画」による事業再生の特徴
四　おわりに

一 イギリスの事業再生の仕組みと本稿の目的

1 会社管理と会社任意整理――イギリスの再建型企業倒産手続

イギリス(イングランドおよびウェールズ)で現在使われている倒産法は、一九八六年に成立した倒産法(Insolvency Act 1986, c.45)である。この法律が規律する再建型企業倒産手続としては、①会社管理(administration)と②会社任意整理(company voluntary arrangement)の二つがある。これらは、イギリス倒産法上初めての、企業の再建を目指した、ないしは企業の再建のための本格的な倒産手続として、当初、一九八五年倒産法(Insolvency Act 1985, c.65)に導入され、ほとんどそのまま一九八六年現行倒産法に引き継がれたものである(1)。

(1) 会社管理

会社管理(administration)は、元々はいまだ健全な財務基盤を有するものの、流動資金上の困難に遭遇しているため、その債務を弁済できない状態にあるか、できなくなるおそれのある会社に対して、債権者による強制的取立てを一時的に猶予した上で(支払猶予効)、裁判所の選任する管理人(administrator)の下で、会社を再建させるための道筋をつけたり、再建が困難な場合には会社財産を清算手続によるよりも有利な条件で換価するための準備をする手続として導入されたものである。しかし、後に3で述べるように、二〇〇二年企業法(Enterprise Act 2002, c.40)による倒産法の改正により、会社管理には、一九八六年倒産法の制定当初から存在していた、①裁判所に管理命令の申立てを行い、裁判所が管理命令を発令(=管理人を選任)した場合に管理手続を開始する「裁判所命令による会社管理」(administration by court order)のほかに、新たに、②裁判所に申立てをすることなく、会社や取締役、浮動担保権者が管理人を選任するだけで手続を開始できる、新しいタイプの「裁判外の会社管理」(out-of-court administration)が導入された。しかし、会社管理は、その手続内部に整理計画案に反対する債権者を拘束するメカニズムを有していないだけでなく、少なくとも制度導入時には、管理人は基本的に債権者への配当権限を有していないと解されていた(2)。

そのため、会社管理では、管理手続の後に、再建の場合には、会社任意整理（company voluntary arrangement）や（本稿で詳しく取り上げる）会社法所定の会社整理計画（scheme of arrangement）を通じて事業再生や弁済等を行い、清算の場合には、債権者による任意清算（creditors' voluntary winding up）等を通じて配当を行うことが予定されている。その意味で、会社管理は、基本的に、わが国の民事再生手続や会社更生手続のように、その手続の中で債務者会社ないしその事業を再建させたり、清算させるという完結した手続構造になっていない点に注意する必要がある。(3)

(2)　会社任意整理　会社任意整理（company voluntary arrangement）は、そのままでは支払不能となるおそれのある会社と債権者・株主との間で、裁判所の緩い関与の下に、会社債務の免除（composition）または会社業務の整理（arrangement）に関する合意を簡易・迅速に成立させることによって、主として会社の清算を回避することを目的として創設された手続である。裁判所の手続開始命令（order）なしに、もっぱら会社と債権者・株主との間で任意整理を成立させるための手続が進められるが、しかし、それにもかかわらず、会社と債権者・株主との間に成立した任意整理計画が会社と債権者・株主とを拘束するという点に特徴がある。この手続は「任意整理」と名付けられているが、裁判所は任意整理事件に後見的に関与しており、債権者等から異議があると、必要に応じて裁判所が介入するというシステムが採用されている。会社任意整理は、比較的手続構造が単純な、いわば債務者と債権者・株主との和解手続の一種であり、この単純性は、利害関係人の集会で計画案について賛否を問う際に、手続構造を複雑にする可能性のある利害関係人の組分けを行わず、一つの債権者集会および株主総会で計画案の賛否を問うという点にも現れている。そのため、会社任意整理では、担保付き債権者や優先債権者（具体的には給料債権者）の債権を、それらの者の同意なしに不利益変更することはできない。この点が、後述の会社整理計画と大きく異なる点である。

会社任意整理の利用の仕方には、①独立型会社任意整理、すなわち、会社の取締役が、整理委員（nominee）予定者たる倒産実務家（insolvency practitionar）（後述三(3)参照）の助言を受けながら整理計画案を作成し、整理委員による裁判所への報告書提出等を経て、債権者集会・株主総会へと進み、そこで承認されると、監督委員（supervisor）（多くは整理委員がそのまま留任する）の下で任意整理計画が遂行されていくというタイプの会社任意整理と、先行する会社管理手続の後を受けて、会社任意整理へと持ち込まれる②併用型会社任意整理、すなわち、裁判所の選任した管理人（administrator）が会社任意整理案を作成し、会社任意整理手続における債権者集会・株主総会で承認が得られると、任意整理計画の遂行へと進んでいくタイプの会社任意整理とがある。会社任意整理が会社管理手続と併用される主たる理由は、会社任意整理では、手続が開始されても、小規模会社を除き、支払猶予効が認められていないためである。(4)

2　管理レシーバーシップ

しかし、イギリス現行倒産法には、①会社管理と②会社任意整理のほかに、事実上再建型企業倒産手続としての機能を有する手続として、③管理レシーバーシップ（administrative receivership）という手続も規定されている。元々イギリスには、現行倒産法制定前から、レシーバーシップ（receivership）という浮動担保権（floating charge）の実行手続が存在していた。レシーバーシップは、浮動担保権者がレシーバー（receiver）を選任することにより開始され、たいていのレシーバーシップ事件では、債務者会社は清算に追い込まれるのが一般的であった。しかし、有能なレシーバーに恵まれたレシーバーシップ事件では、その者によってそれまで経営危機に陥っていた会社が再建されたり、あるいは会社事業の全部または一部が継続企業として別会社に売却されることにより、その事業が維持・継続されたり、従業員の雇傭が確保されるといったことがまま見られた。(5)現行倒産法は、前述のように会社管理手続を新たに導入したが、その一方で、それとは別に、従来のレシーバーシップの流れをくむ管理レシーバーシップ（administrative receivership）をも同時に導入し、管理レシーバーが行う管理レシーバーシップに正式に法的倒産手続としての性格づけを与え（倒産法 PART III）、倒産法の中で規律することにしたのである。(6)

しかし、現行倒産法は、制定当初、この管理レシーバーシップに会社管理手続よりも優越的地位を与えるという取扱いをした。すなわち、浮動担保権者は、会社等から管理命令の申立てがなされた後も、裁判所の許可なしに管理レシーバー（administrative receiver）を選任することができ、また、すでに選任されている管理レシーバーがその職務を行うことは何ら禁止されていなかった（倒産法旧一〇条(2)(b)(c)・(3)）。しかも、管理命令の申立人は、申立ての五日前までに浮動担保権者を含む関係当事者に通知をしなければならないとされており（倒産法旧九条(2)(a)）、浮動担保権者としては、管理命令の申立てがなされることを事前に知り得るので、もし必要があれば、直ちに管理レシーバーを選任して、管理命令の発令を妨げることもできた（これを浮動担保権者の拒否権"veto"という）。また、管理命令の申立て前にすでに管理レシーバーシップが開始されている場合には、裁判所は、①管理レシーバーを選任した者が管理命令に同意するか、②裁判所が、当該管理レシーバー選任の基礎となった浮動担保権は、倒産法二三八条ないし二四〇条により解除（release）、または同法二四五条により取り消されるべきであるとの確信を抱かない限り、管理命令の申立てを棄却（dismiss）しなければならないとされていたので（倒産法旧九条(3)）、管理命令の申立てがなされても、管理レシーバーは、基本的にそのまま管理レシーバーシップの手続を進めることができた[7]。実は、現行倒産法が再建型企業倒産手続として会社管理手続を導入したにもかかわらず、当初、その利用件数が伸びなかったのは、主にこの点に原因があった[8]。

3　二〇〇二年企業法による倒産法改正

しかし、その後、イギリスでは、二〇〇二年に、経営危機に陥っていても存続可能な企業はできるだけこれを救済すべきであるとする文化（救済文化）を促進するため、企業法（Enterprise Act 2002, c.40）が制定され[9]、同法による倒産法の改正によって、管理レシーバーシップと会社管理との関係について極めて重要な法改正がなされた。第一は、企業法二五〇条が、一九八六年倒産法の中に新たにSchedule B1を挿入し、その七二A条ないし七二H条（さらに詳細にはSchedule 2A）において、二〇〇三年九月一五日以降に設定された浮動担保権については、原則として、会社管理手続開始後は、浮動担保権者による管理レシーバーの選任を禁止する旨の規定を置いた点である[10]。第二は、会社管理制度そのものも見直され、①会社等が裁判所に会社管理の申立て（application）を行い、裁判所が管理命令（administration order）を発令した場合に会社管理が開始する（従来からある）「裁判所命令による会社管理」（administration by court order）（倒産法 Schedule B1 一〇条以下）のほかに、新たに、②裁判所に申立てをすることなく、浮動担保権者や会社、取締役が管理人を選任するだけで自動的に会社管理手続を開始できる「裁判外の会社管理」（out-of-court administration）が導入されたという点である（倒産法 Schedule B1 一四条以下・二二条以下）。その際、改正倒産法が、②裁判外の会社管理について、一定の資格を有する（qualfying）浮動担保権者に、会社管理の利用適格（＝管理人の選任権限）を認めたのは（倒産法 Schedule B1 一四条）、今後は、浮動担保権者も、管理レシーバーシップの利用（＝管理レシーバーの選任）によってではなく、会社管理の利用（＝管理人の選任）によって債権の回収を図るべきであるという立場を明確にするためである。(11)

4　本稿の目的

イギリスでは、企業が経営危機に陥った場合、まず最初に、裁判外の私的整理（out-of-court work out）が試みられるのが一般的であり、私的整理で事業再生計画がまとまらない場合に法的整理手続に進むことになる。その際、従来は、①債務者会社自身が、会社管理手続を申し立て、引き続き会社任意整理手続を利用することにより会社の事業を再生するという方法（併用型会社任意整理）や、②債務者会社から依頼を受けた倒産実務家（insolvency practitionar）が会社債権者との間で会社任意整理を利用することについて合意ができた案件や、支払猶予効が法律上付与されている小規模会社の会社任意整理事件では、会社が、会社管理手続を経ずに、直接会社任意整理を利用して、会社任意整理によってその事業を再生するという方法（独立型会社任意整理）がとられたり、あるいは、③浮動担保権者主導による管理レシーバーシップによって、会社の事業再生が行われる場合が多かった。

しかし、二〇〇二年企業法による倒産法改正により、会社管理手続開始後、原則として③の浮動担保権者主導による管理レシーバーシップという方法が使えなくなったことから、近時は、④浮動担保権者主導による裁判外の会社管理（out-of-court administration）の利用、すなわち、浮動担保権者自らが会社管理手続の管理人（administrator）を選任し、裁判外の会社管理手続を開始することにより、会社の事業再生を目指すという方法が目に見えて増加しているといわれている。[12]

しかし、他方で、最近のイギリスの倒産企業の事業再生局面では、会社が、最初に、倒産手続たる会社管理手続を申し立て、会社財産を保全した後に、会社法所定の「会社整理計画」（scheme of arrangement）を接続することにすれば、支払猶予効がないという会社管理手続の欠陥を補うことができるという点や、会社整理計画が会社法上の制度であって倒産手続ではないことから、会社の権限内であればかえって柔軟な整理計画を作成できるという点、さらには会社整理計画が会社法に規定された制度であるため、倒産というイメージからくる企業価値の毀損を回避できるといった点などが評価され、近時、イギリスでは、会社整理計画が、経営不振に陥った企業の有効な事業再生手法として脚光を浴びている。[13]

筆者は、以前、一九八五年旧会社法下における会社整理計画の実情・運用について紹介する機会を得たが、[14]イギリスでは、二〇〇六年に新しい会社法（Companies Act 2006, c.26）が成立し、会社整理計画に関する規定が整備された。そこで、本稿では、二〇〇六年現行会社法第二六編の規律する会社整理計画を改めて取り上げ、事業再生手法としての会社整理計画が、どのような特徴をもっているのかを明らかにし、もってわが国の今後の事業再生手法を検討する上での参考に供したいと思う。ただ、その前に、会社整理計画の沿革をごく簡単に振り返っておくことにする。

（1）一九八五年倒産法は、いったんは成立したものの、その大部分は一度も施行されることなく、同法と一九八五年会社法（Companies Act 1985, c.6）の倒産関連規定とを統合した一九八六年現行倒産法に取って代わられるという運命を辿った。この点については、中島弘雅「イギリスの再建型企業倒産手続（一）」民商法雑誌一一八巻四・五号（一九九八）六〇一頁参照。

（2）*Re St. Ives Windings Ltd*（1987）3 BCC 634.

（3） もっとも、それでは、あまりに使い勝手が悪いことから、二〇〇二年企業法による倒産法改正で、管理人にも配当実施権限が付与されたが、あまり使われていないようである。以上の点も含め、会社管理手続については、さしあたり中島弘雅「近時のイギリスにおける事業再生の枠組みについて」青山善充先生古稀祝賀・民事手続法学の新たな地平（二〇〇九）八〇九頁以下参照。

（4） 会社任意整理手続については、さしあたり中島・前掲注（3）八二二頁以下参照。

（5） このことにつき、P.L. Davies, *Gower's Principles of Modern Company Law* (6th. ed. 1997) 〔hereinafter cited as *Gower's Company Law* (6th. ed.)〕, 818.

（6） D. Prentice, F. Oditah and N. Segel, "Administration: The Insolvency Act 1986, Part II" [1994] LMCLQ, 492-493; J. Birds, A. J. Boyle, E. Ferran and C. Villiers, *Boyle & Birds' Company Law* (3rd. ed. 1995) 〔hereinafter cited as *Boyle & Birds' Company Law* (3rd. ed.)〕 301-302; A. Belcher, *Corporate Rescue: A Conceptual Approach to Insolvency Law* (1997), 142-143.

（7） 以上につき、E. Bailey, H. Groves and C. Smith, *Corporate Insolvency* (1988), 88-90; Prentice *et al.*, cited above note 6, at 501-503; I. F. Fletcher, *The Law of Insolvency* (2nd. ed. 1996), 435-437; *Gower's Company Law* (6th. ed.), 820-821; R. Goode, *Principles of Corporate Insolvency Law* (2nd. ed.), 293-294; 中島弘雅「イギリス倒産手続における担保権の処遇」民商法雑誌一二〇巻四・五号六七四頁（一九九九）参照。

（8） 中島・前掲注（7）六七八〜六七九頁参照。

（9） 二〇〇二年企業法の制定には、アメリカ合衆国連邦倒産法第一一章再建手続の影響が色濃く見られるが、それは、イギリスの国内企業の倒産事件に、アメリカ資本の金融機関や社債保有者などがそれらの倒産事件に関与するようになっていたことが深く関係している。倉部真由美「イギリスにおける倒産文化のアメリカ化」福永有利先生古稀記念・企業紛争と民事手続法理論（二〇〇五）六三二頁参照。

（10） ただし、①浮動担保権者が、二〇〇三年九月一五日以前に浮動担保権を取得していた場合だけでなく、②二〇〇三年九月一五日以降に浮動担保権が設定された場合についても、主として資本市場への影響を考慮して八つの例外（たとえば、資本市場、有益な計画、都市再生計画、プロジェクトファイナンス、ファイナンス市場、一定の鉄道会社など）を認め、それらについては、以後も、浮動担保権者が管理レシーバーを選任できることにしている。詳細については、事業再生研究機構編・プレパッケージ型事業再生〔事業再生研究叢書4〕（二〇〇四）（以下では、「事業再生研究機構編・プレパッケージ型事業再生」として引用する）四七頁〔阿部信一郎〕、倉

部・前掲注（9）六四七頁、中島・前掲注（3）八一一〜八一二頁参照。

（11）J. Birds, A.J. Boyle, E. Ferran and C. Villiers, *Boyle & Birds' Company Law* (6th. ed. 2007)〔hereinafter cited as *Boyle & Birds' Company Law* (6th. ed.)〕, 871; 中島・前掲注（3）八一二頁参照。

（12）経済産業省経済産業政策局産業再生課編・各国の事業再生関連手続について——米英仏独の比較分析（二〇一一）一八頁・三五頁参照。R. Goode, *Principles of Corporate Insolvency Law* (4th. ed. 2011), 389 も参照。

（13）以上につき、事業再生研究機構編・プレパッケージ型事業再生四八頁〔阿部〕、事業再生研究機構編（河合祐子ほか著）・事業再生ファイナンス——米・英の現状と日本への示唆〔事業再生研究叢書5〕（二〇〇四）（以下では、「事業再生研究機構編・事業再生ファイナンス」として引用する）一三五頁、中島・前掲注（3）八二九頁参照。また、B. Hanningan, *Company Law* (3rd. ed. 2012), 703 も参照。

（14）中島・前掲注（3）八二八頁以下参照。

二 「会社整理計画」の沿革

1 会社清算手続による事業再生

イギリス会社法の規定する"scheme of arrangement"は、イギリスの法律辞典によると、「会社が財務的に困難な状態にある場合に、または、企業買収を実現する（effect a takeover）ために行われる、会社と債権者または（会社と）株主との間の合意」と説明されている。[15] これは、広く会社の財産関係全般に関する整理計画、すなわち「会社整理計画」を意味する。

イギリスでは、一八四四年会社清算法（Joint Stock Companies Arrangement Act 1844, 11 & 12 Vict. c.45）が、イギリス法上はじめて、裁判所による清算（強制清算）（winding-up by the court）に関する規定、すなわち、債務の支払いができなくなった会社を裁判所の命令で強制的に清算するための規定を置いたのに続き、一八五六年会社法（Joint Stock Company

Act 1856, 19 & 20 Vict. c.47）が会社の任意清算（voluntary winding-up of company）、すなわち会社が株主総会の特別決議を経た上で任意に清算するための規定を、また続く一八六二年会社法（Companies Act 1862, 25 & 26V Vict. c.89）が強制清算と任意清算の中間に位置する「裁判所の監督による清算」（winding-up under supervision）に関する規定を順次整備していったが、[16] 会社がいったん清算手続に入ったからといって、常に解体・清算されてしまうわけではない。現に、会社の任意清算に関する一八六二年会社法一六一条は、株主総会が、会社の再建（reconstruction）が望ましいこと、そのために清算人（liquidator）を任命して任意清算手続を行うこと、清算人に、新しい会社へその全額または一部払込済みの株式と引替えに旧会社の事業（undertaking）を譲渡する権限を与えることについて特別決議を行うと、清算会社の事業を新しい会社に譲渡できることを認めている。従って、この規定を利用すれば、元の会社の事業は新会社の下で継続されるので、（任意）清算手続に基づき会社の事業を再建することは可能である。[17]

2　会社整理計画の導入とその後の規律の変遷

しかし、一八七〇年会社整理法（Joint Stock Companies Arrangement Act 1870, 33 & 34 Vict. c.104）は、会社法の前記の清算規定とは別に、何らかの清算（強制清算、任意清算または裁判所の監督による清算）手続に入った会社と債権者とが“compromise or arrangement”（和解または財産関係の整理）[18] の合意をすることにより会社を再建するという方法を新たに規定するに至った。すなわち、裁判所が、申立てに基づき、債権者または一定種類（class）の債権者の集会を招集し、その集会において、債権総額の四分の三にあたる者の多数決により、和解または債務整理案が可決され、かつ、裁判所がそれを認可する（sanction）と、和解または債務整理はすべての（または一定種類の）債権者と会社を拘束するという再建方法がそれである（同法二条）。いわゆる「会社整理計画」（scheme of arrangement）の原型がここに現れたことになる。

しかし、その後、会社整理計画は、一九〇〇年会社法（Companies Act 1900, 63 & 64 Vict. c.48）では、会社と債権者との間だけでなく、会社と株主との間でも認められるようになり（同法二四条）、さらに、一九〇七年会社法（Companies Act 1907, 7 Edw. 7. c.50）では、会社が清算手続に入っていなくても、債権者や株主との間でかかる和解または債務整理をすることができることに改められた（同法三八条）[19]。

このように会社整理計画は、その後の法改正により、当初の清算手続中の会社を再建ないし救済するための制度という側面が薄れたため、一九〇八年会社（総括）法（Companies（Consolidation）Act 1908, 8 Edw. 7. c.69）では、会社整理計画に関する規定は、第四編の清算（Winding Up）の規定とは別の場所、具体的には、第三編の管理および業務執行（Management and Administration）の規定の最後に置かれるに至った（同法一二〇条）。そして、続く一九二九年会社法（Companies Act 1929, 19 & 20 Geo. 5. c.23）でも、会社整理計画に関する規定は、第四編の管理および業務執行に関する規定の中の会社の整理および再編（Arrangements and Reconstruction）に関する規定として、第五編の会社の清算の規定とは別に置かれ（同法一五三条〜一五五条）、一九四八年会社法（Companies Act 1948, 11 & 12 Geo. 5. c.38）でも、会社整理計画の規定の場所および内容を含め、一九二九年会社法とほとんど同様の取扱いがなされている（同法二〇六条〜二〇八条）[20]。その後の一九八五年会社法（Companies Act 1985, c.6）においても、制定後、公開会社に関する規定（同法四二七A条）が追加されたほかは、基本的にその扱いは一九二九年会社法時代と変わっていない（同法四二五条〜四二七A条）。

3　会社再編手続としての会社整理計画

こうして会社整理計画は、会社の清算とは直接には無関係な制度であると解されるようになったことから、その後、イギリスでは、会社整理計画は、経営不振・危機に陥った会社を再建ないし救済するという目的以外の目的で、具体的には、資本構成の変更や、会社の合併を行うためにも利用されるようになった[21]。しかし、元々の制度導入の経緯からいって、倒産会社や倒産しそうな会社がこの会社整理計画を利用することはもちろん可能であった。ただ、会社整理計画は、以上のように必ずしも倒産企業の再建ないし救済のみを念頭においた制度ではなくなったために、会社整理計画を利用して倒産企業を再建させるには、様々な不都合があった。イギリス一九八六年倒産法の成立に大きな影響を与えた倒産法改正検討委員会（The Review Committee on Insolvency Law and Practice）〔通称、コーク委員会〕の最終報告書（コーク・リポート）によると、当時の一九四八年会社法の下における会社整理計画には、たとえば、次のような欠陥があると指摘されている。[22] すなわち、①会社整理計画案が練られている間、債権者に対し、インフォーマルな支払猶予（moratorium）を強制する一般的な権限が認められていない、②会社は、法律上の争訟（legal actions）、財産の差押え（seizure）、賃貸人および担保権者に与えられた様々な物的権利（real rights）の行使、または会社の清算の申立てを、整理計画案が検討されている間、停止させることができない、③会社整理計画を実現するためには、会社経営陣の積極的な協力が必要であるが、債務整理が必要であることについての認識が不足していたり、彼らがなかなか協力したがらない場合に、経営陣の協力が得られにくい、④担保権者が整理計画に簡単には同意しないことによって計画が挫折してしまう、といった欠陥がそれである。[23] そうしたこともあって、この制度は、現行倒産法制定前後にはほとんど使われなくなっていた。[24] その意味で、イギリスには、一九八六年現行倒産法が施行されるまで、もっぱら倒産企業の再建を目指した、ないしは倒産企業の再建のための本格的な倒産手続は存在しないのも同然であった。そこで、一九八五年および一九八六年倒産法において、倒産企業の再建のための手続が整備されるに至ったのである。[25] もっとも、会社整理計画の規定は、一九八六年倒産法の制定に伴い、会社の清算規定が倒産法に移った後も、一九八五年会社法中に依然として残った（同法四二五条）。しかし、債務整理に対して利害関係を有する当事者（債権者・株主）の四分の三の同意を確保し、かつ、裁判所の認可を得るのに（同条(2)参照）、手続が複雑でかつ煩わしい上に、時間がかかるという理由から、一九八六年倒産法が、会社任意整理（company voluntary arrangement）について規定を置いて以降、さらに使われなくなっていた。[26]

しかし、前述のように、最近になって、会社整理計画が、経営不振に陥った企業の有効な事業再生手法として、再び注目を浴びるようになっているのである。そこで、次に、二〇〇六年会社法第二六編所定の会社整理計画が、事業再生という観点からみた場合、どのような特徴をもっているのかを明らかにすることにしたい。

（15） E. A. Martin, *Dictionary of Law*（3rd. ed. 1994）, 359.

（16） 会社の清算手続規定の変遷については、さしあたり本間輝雄・イギリス近代株式会社法形成史論（一九六三）一四三〜一四四頁・一五四〜一五八頁、中島・前掲注（1）五八六〜五八八頁参照。

（17） このことにつき、F. B. Palmer, *Company Law : A Practical Handbook for Lawyers & Business Men*（2nd. ed. 1898）, 270–271.

（18） “compromise or arrangement”の訳語につき、中島弘雅＝田頭章一編・英米倒産法キーワード（二〇〇三）三一〜三二頁〔中島弘雅＝倉部真由美〕を参照のこと。

（19） 以上につき、L. W. Evance and F. S. Cooper, *Notes on The Companies*（*Consolidation*）*Act 1908*（1909）, 162 ; A. Wilkinson and A. Cohen, “Creditors' Scheme of Arrangement and Company Voluntary Arrangement”, in *Current Issues in Insolvency Law*（1991）（ed. A. Clarke）, 121 *et seq*.

（20） 一九四八年会社法の定める債務整理および再編の手続については、小町谷操三・イギリス会社法概説（一九六二）四八〇頁以下、武市春男・イギリス会社法（一九六一）五一五頁以下参照。

（21） H. Goitein, *Company Law*（2nd. ed. 1949）, 294 ; L. C. B. Gower, *The Principles of Modern Company Law*（1st. ed. 1954）, 525.

（22） *Insolvency Law and Practice : Report of the Review Committee*, Cmnd. 8558（1982）, paras 406–422〔hereafter cited as Cork Report〕.

（23） 以上につき、Prentice *et al*., cited above note 6, at 495.

（24） A. Belcher, cited above note 6, at 107. もっとも、第二次世界大戦前の不況期には、この制度が広く利用されたこともあるようである。このことにつき、J. R. Lingard, *Corporate Rescue and Insolvency*（2nd. ed. 1989）, 53 ; A. Wilkinson and A. Cohen, cited above note 19, at 123.

（25） 以上につき、中島・前掲注（1）五九〇〜五九二頁参照。

（26） J. R. Lingard, cited above note 24, at 54 ; D. Millman and F. Chittenden, *Corporate Rescue : CVAs and the Challenge of Small Companies*, ACCA Research Report No. 44（1995）, 1–2.

三　「会社整理計画」による事業再生の特徴

1　会社整理計画の意義

会社整理計画"scheme of arrangement"は、会社と債権者との間で、または会社と株主もしくは一定種類の債権者もしくは一定種類の株主との間で行われる、"compromise or arrangement"（和解または財産関係の整理）に関する合意である（二〇〇六年会社法〔以下では、単に会社法という〕八九五条(1)参照）。会社整理計画は、会社が倒産状態にある場合にだけ用いられるのでなく、合併（merger）や企業買収（takeover）を実現するためにも用いられるため、ここにいう「整理」"arrangement"には、異なる種類の株式の統合、異なる種類の株式への株式の分割、またはそれらの両方により会社の株式資本を再編することも含まれる（同条(2)）。

会社整理計画が成立するためには、会社整理計画案に関する、債権者もしくは一定の種類債権者、株主もしくは一定の種類株主の集会または総会の承認と、裁判所による会社整理計画の認可が必要である（会社法八九九条(1)）。その手続過程はむしろ煩わしく、費用も決して安くはない。しかし、倒産状態にある会社の事業再生局面において、会社管理の後続手続として、会社任意整理（company voluntary arrangement）ではなく、会社整理計画が使われているのは、後述のように、会社整理計画には会社任意整理にはないメリットがあり、債権者構成や資本構造が複雑な会社の事業再生に向いていると考えられているためである(27)。

会社整理計画は、以下の三段階を経て、効力発生に至る。第一段階は、裁判所に対し整理計画案承認のための債権者集会や株主総会の開催命令の発令を求める申立てが、申立人（後述）によりなされる段階である。裁判所は、これを受けて、一つまたはそれ以上の債権者集会または株主総会を開催すべきか否かを決定する。第二段階は、作成された会社整理計画案が、債権者集会や株主総会に提案される段階である。整理計画案は、頭数において二分の一以上、および価値において、出席をし、かつ、本人自身または委任状で投票した債権者または株主の四分の三以上の多数決で承認される。第三段階は、債権者集会等における整理計画案の承認を受けて、会社法八九九条二項に基づき、裁判所による整理計画の認可（sanction）を求めて申立てがなされる段階である。[28] このように、裁判所が、第一段階と第三段階の二回にわたり、会社整理計画に関与する点に特徴がある。

以下、時系列にそって、会社整理計画発効までのプロセスを見ていくことにする。

2　会社整理計画案承認のための集会等開催命令の申立て

会社整理計画が成立するためには、以上のように、債権者もしくは一定の種類債権者の集会（または株主もしくは一定の種類株主の総会）の承認が必要であるが、それらの集会（または総会）の開催命令を発令するのは裁判所である（会社法八九六条(1)）。そして、裁判所に対して債権者集会等の開催命令を申し立てるのは、明文上、会社、債権者、株主、会社が清算手続中の場合の清算人（liquidator）または会社管理手続中の場合の管理人（administrator）とされている（同条(2)）。会社整理計画案は、主要債権者との事前の交渉を経て、この申立てがなされる前の段階であらかじめ策定され、その中の重要な条件については会社と主要な債権者との間で事前合意がなされているのが普通である（プレパッケージ型事業再生[29]）。

会社整理計画案承認のための債権者集会等の開催命令の申立てに際しては、会社整理計画案とともに説明書が裁判所に提出されるが、一九八五年旧会社法下では、この説明書に、どのような事項を記載すべきかについて法律に規定がなく、何を記載すれば申立てが適法となるのかが、必ずしも明らかではなかった。そのため、申立人が、非常に長い説明書を作成してくる場合が多く、文書作成の費用がかさむ原因となっているとの指摘もあった。[30] 現行会社法下では、申立ては、次のように行われる。

申立てに際しては、司法省（Ministry of Justice）の定めたCPR（民事訴訟規則）Part 49と会社法および関連法の申立書式に関するPractice Direction(実務指示)49A(para.15)の適用を受けるものとされ、整理計画案、説明書その他整理計画案に関する情報を含む添付書類によって裏付けることが求められている。[31] また、この会社整理計画案承認のための債権者集会等の開催命令申立てによって、(i)債権者集会の開催を求める申立て(directions)、(ii)整理計画案が集会で承認される場合には、それに対する裁判所の認可(sanction)、および、その目的のための審尋(hearing)を求める申立て、および(iii)申立人が、各集会の議長による裁判所への報告書のコピーを提出することの申立てがなされることになる。[32] かかる申立てを受けて、裁判所(裁判官または裁判所登記官)は、債権者集会等開催の命令書と通知書を作成するが、重要な(内容のある)整理計画に関する申立てについては、裁判官によって処理されるべきものとされている。[33] 裁判所は、この段階で、一つまたそれ以上の集会を開催すべきか否かを決定する。また、債権者集会等を開催するときは、誰がその集会等を招集すべきかも決定する。[34] ただし、この段階では、裁判所は、整理計画案が公正か否かについて判断することはしない。この点は、実際の審尋に基づいてのみ考慮されるべき問題であるからである。[35]

裁判所から債権者集会等開催の命令書と通知書が届くと、会社は、債権者に対し、少なくとも集会日の二一日前までに招集通知を送付しなければならない。[36]

3 倒産実務家の関与の有無

イギリスでは、一九八六年倒産法が施行されるまで、適切な職業資格を有していたり、特にその経験がなくても、会社の倒産事件における清算人(liquidator)や個人破産の場合の管財人(trustee)になることができた。しかし、そのために、イギリスでは、一九七〇年代から八〇年代の初めにかけて、そのことを悪用し、倒産事件の処理によって不当な利益を得ようとする輩が数多く現れるに至った。とりわけ裁判所の関与なしに手続が進められる会社の任意清算ではその弊害が著しく、それらの者が会社の清算人となり、会社資産を実際の価値をはるかに下回る価格で従前の取締役、取締役の関連会社、自己の知人などに売却するといったことが平然と行われていた。[37] かかる弊害を一掃するため、コーク委員会の最終報告書（コーク・リポート）は、倒産事件の処理にあたる者に対して法的規制の必要があることを強調していたが[38]、これを受けて、一九八六年倒産法は、倒産事件の処理にあたる者は、倒産実務家（insolvency practitionar）の資格をもっていなければならないことにした[39]。

しかし、会社整理計画は、倒産手続ではないから、倒産実務家がこの手続に関与することは要求されていない。ただ、一部の会社整理計画では、整理計画案が債権者集会等で承認され、裁判所によって認可された後に、整理計画に基づく会社債務の履行を監督するため、計画自体に基づいて「監督委員」（supervisor）が設置されることがある。この監督委員も、必ずしも倒産実務家である必要はないが、最近は、倒産実務家の中から選ばれることが多いようである[40]。

4　債権者の組分け

近時のイギリスの事業再生局面において、《会社管理→会社整理計画》による事業再生という手法が、《会社管理→会社任意整理》という手法よりも多用されるようになった主たる理由は、前述のように、会社整理計画が、会社任意整理と比べて、債権者構成や資本構造が複雑な会社の事業再生に適した手続であるからである[41]。

会社任意整理と会社整理計画の最大の相違点は、債権者等の利害関係人の分類方法にある。すなわち、会社整理計画では、計画によって影響を受ける関係人が異なる種類の権利を有する場合には、わが国の会社更生手続のように、議決権行使のために債権者の組分けが必要である[42]。そして、会社整理計画では、組別に債権者の議決権が行使されるので、種類の異なる債権者に対して個別に整理計画案の賛否を問うことができ、それぞれ整理計画によって影響を受ける債権者のみが議決権を行使すれば足りるため、全体として多面的な計画について債権者の合意を取り付けることができる。特に会社任意整理と比べた場合、いずれも法定多数決で成立した計画によって少数反対債権者を拘束できるという点では同じであるが、会社整理計画では、整理計画の一部を切り出して独立の計画案とし、直接の利害関係人のみを集めてこれに承認を得ることができるのに対して、会社任意整理では、一つの整理計画案が作られ、担保付き債権者を含むすべての債権者および株主総会で整理計画案について賛否が問われる（しかも多数決で担保付き債権者や優先的債権者〔労働債権者〕の権利変更ができない）ため、賛成多数が得られにくいという難点がある。これが、比較的大きな会社の事業再生事件で、会社整理計画が好んで用いられる主たる理由である。[43]

債権者の種類に応じた組分けを行うかどうかを決めるのは、会社整理計画案承認のための債権者集会等の開催命令の申立人である。高等法院（High Court）の判例によると、この申立てに関する最初の裁判所の審尋（hearing）で、申立人から提案のあった債権者の組分けが妥当かどうかについて、裁判所が判断するのが適切であるとされている。[44] 債権者の種類に応じた組分けが必要とされ、かつ、裁判所がその組分けについて承認（approval）したときは、必要な債権者集会が招集される。会社任意整理と異なり、会社整理計画では、株主総会の招集・開催は必要的とは解されていない。[45]

5　会社整理計画案と債権者集会

会社整理計画案は、その承認のための債権者集会開催命令申立て前の段階であらかじめ策定され、その中の重要な条項については会社と主要な債権者との間で事前に合意がなされているのが一般的である。整理計画案を作成するのは、多くの場合、会社の取締役である。会社債権者が整理計画案を作成するのは自由であるが、会社の承認が必要である。さもないと裁判所は整理計画を認可できないと解されている。[46]

会社整理計画案には、債権者（および株主）の権利を変更する条項が盛り込まれる。会社任意整理では、計画により担保付き債権者や優先債権者（労働債権者）の債権を彼らの同意なしに不利益変更を行うことができないのに対し、会社整理計画では、計画で担保付き債権者や優先的債権者の権利をその者たちの同意なしに不利益変更することができる。[48]

また、会社整理計画の中で、M&Aや事業譲渡、会社資産の売却を行うことももちろんできる（会社法九〇〇条(2)参照）。

債権者の種類に応じた組分けが必要とされ、かつ、裁判所が組分けについて承認を与えたときは、必要な債権者集会が招集・開催され、そこで整理計画案について賛否が問われる。しかし、提案された整理計画案によってその権利が影響を受けず、かつ、会社に対して経済的利害（economic interest）を有していない者には、債権者集会の招集通知を送付する必要はない。債権者またはその者も含む一定種類の債権者が、整理計画によって何も受領できる見込みがない場合には、経済的利害を有しないものと解されている[49]（このこととの関係で、次述6参照）。

各債権者集会において、出席者の過半数（頭数）で、かつ、額面総額（金額）の四分の三以上を保有する債権者が整理計画案に賛成し、かつ、裁判所が後述の認可要件を充たすと判断すると、裁判所は会社整理計画を認可できる（会社法八九九条(1)）。ところで、現行会社法は、整理計画の可決要件として、金額要件のほかに、出席者の過半数という頭数要件も要求している。このことは、整理計画案の反対者が数において多数を占めているときは、彼らの債権総額が全体としては取るに足りないパーセンテージであるとしても、提案された整理計画を覆すことができることを意味する。そのため、立法過程では、この頭数要件を廃止すべきであるとの提案もあったが[50]、二〇〇六年会社法改正ではこの提案は実現されなかった。

6　会社整理計画の認可

整理計画案が債権者集会で可決された後、会社整理計画認可のための申立て（会社法八九九条(1)）がなされたのを受けて、裁判所は、整理計画を認可すべきかどうかを判断する（会社法九〇〇条(1)）。その際、裁判所は、①会社整理計画が妥当かどうか、②債権者集会の参加者によって各組の意見が正当に代表されているかどうか、③招集通知、債権者集会の開催、説明文書の送付、議決権行使などが法律の規定に従って行われたかどうか等を審査する[51]。

会社整理計画に反対の債権者は、裁判所が整理計画を認可するかどうかを判断するための審尋（hearing）において、①会社整理計画が不合理・不平等である、②組分けが違法である、③手続に瑕疵がある、④会社整理計画は不要である等の理由に基づき、裁判所に異議を申し立てることができる[52]。そして、たとえば、債権者の組分けが不適切であることを理由に異議が述べられたような場合、裁判所が審尋で異議を取り上げ、申立てを棄却することもある[53]。

この点に関し、会社整理計画による弁済から排除されたメザニン債権者（mezzanine lender）[54]が、自分たちの債権者グループに議決権行使の機会を与えないまま可決された整理計画に対して異議を申し立てた事件として、*Re Bluebrook Ltd, IMO (UK) Ltd and Spirecove Ltd* 事件[55]がある。本件会社整理計画は、グループ企業の自動車洗車ビジネスを再編する（restructuring）過程で作成されたものであり、その内容は、当該グループ企業のすべての資産を新しいグループ企業に移転し、かつ、先順位債権者（senior lender）に新しいグループ企業の株式（equity）の大部分を与えるというもの（DES）であった。会社側は、当該グループ企業の事業価値は、先順位債権者への弁済にさえ不足する程度であり、劣後合意により先順位債権者に劣後するメザニン債権者および他の債権者は、当該グループ企業に対して経済的利害はないとして、メザニン債権者らを排除した計画案を作成し、彼らには議決権行使の機会を与えないまま、債権者集会で当該会社整理計画案が可決されたという事案であった。メザニン債権者の異議申立てに対し、この事件を担当したマン判事（Mann J.）は、メザニン債権者は、会社資産から何も受領できる見込みがなく、彼らは当該グループ企業に対して経済的利害を有していないことは明らかであるから、本件会社整理計画は、メザニン債権者にとって不公正ではないとして、異議申立てを認めなかった[56]。

このことは、会社の資産ないし事業譲渡を内容とする会社整理計画については、会社の資産ないし事業譲渡の対価が、当該債権者より優先する債権者の債権を賄うに足りない場合には、そうした劣後的地位を有する債権者には、会社整理計画案の賛否を問う債権者集会において、議決権を認める必要はなく、そうした劣後的地位にある債権者のグループを排除して、会社整理計画を成立・発効させ得るということを意味する。周知のように、わが国の民事再生手続や会社更生手続では、債務者会社が債務超過の場合には、株主総会の特別決議（会社四六七条一項一号二号・三〇九条二項一一号）がなくても、裁判所の許可だけで事業譲渡を行うことができるが（民再四二条・四三条、会更四六条）、イギリスでは、本来、倒産手続と位置づけられていない会社整理計画において、剰余価値・持分（equity）を有しない権利者については、その賛否を問うまでもなく、事業譲渡を内容とする会社整理計画を成立させることができると解されているという点で、わが国とはその取扱いが大きく異なる。(57)

7 会社整理計画の効力

会社整理計画がひとたび裁判所によって認可（sanction）されると、整理計画は、すべての債権者または計画によって影響を受ける一定種類の債権者（および株主もしくは一定の種類株主）、および会社自身を拘束する（会社法八九九条(3)）。整理計画に反対した者も計画の拘束力を受けるのはもちろんのこと、会社整理計画案を承認する債権者集会の通知を受けなかった債権者も拘束力を受ける。しかし、計画外にいる債権者は計画に拘束されず、彼らは完全な権利を保持したままである。(58)さらに、先に6で述べたように、会社は、整理計画の対象となる債権者を選ぶ権利を有しており、当該整理計画によって影響を受けない債権者を整理計画の対象にする必要はないのである。そのような者は、会社に対して経済的利害を有していないからというのが、その理由である。(59)

このように会社整理計画では、少数の計画反対者の意見を押し込めることができるが、イギリスでは、これを"cram down"と呼んでいる。周知のように、アメリカ合衆国連邦倒産法にも"cram down"という概念がある。しかし、アメリカのそれは、再建計画が、連邦倒産法一一二九条(a)の(1)から(16)の事由のうち、(8)の要件（すべての組の再建計画への賛成）を満たしていなくても、他の要件がすべて満たされ、権利変更がなされた組の少なくとも一つの組が再建計画案を受諾した場合には、他の組が再建計画案を拒絶したとしても、再建計画が、権利変更された組で、かつ再建計画を拒絶した組の債権・株式に関して、①不公平（unfairly）な差別をしておらず、かつ②公平かつ衡平（fair and equitable）である限りは、裁判所は再建計画を認可しなければならないことをさす（アメリカ連邦倒産法一一二九条(b)(1)）。[60]これに対し、イギリスのそれは、単に法定多数決を得た整理計画の効力を反対意見を持つ少数債権者に対して及ぼすことを意味するにすぎない。従って、両国の"cram down"概念には違いがあることに注意する必要がある。[61]

（27） このスキームは、たとえば、倒産した保険会社に関してよく利用される。それらの事件では、関係する広い範囲の保険金請求権者と再保険者がおり、また、多数のグループ会社（あるものは倒産状態にあり、あるものは倒産状態にない）が存在するからである。実例として、*Re Sovereign Marime & General Insurance Co. Ltd*〔2007〕1 BCLC 228 参照。以上につき、B. Hanningan, cited above note 13, at 703 参照。

（28） R. Goode, cited above note 12, at 485, 490 参照。また、*Re BTR Plc*〔2000〕1 BCLC 740 at 742; *Re Hawk Insurance Co. Ltd*〔2002〕BCC 300 も参照。

（29） イギリスのプレパッケージ型事業再生スキームについては、さしあたり経産省産業再生課編・前掲注（12）三三頁参照。

（30） 内閣府産業再生機構担当室・各国の事業再生関連手続について――英仏米の比較分析（二〇〇五）三三～三四頁参照。

（31） R. Goode, cited above note 12, at 490 参照。このあたりの事情について詳しくは、J. Birds, A.J. Boyle, E. Ferran and C. Villiers, *Boyle & Birds' Company Law*（8th. ed. 2011）〔hereinafter cited as *Boyle & Birds' Company Law*（8th. ed.）〕, 836-839 参照。

（32） R. Goode, cited above note 12, at 490 参照。

（33） *Practice Statement*（*Companies; Scheme of Arrangement*）〔2002〕1 WLR 1345, para 3.

（34） 以上につき、R.Goode, cited above note 12, at 485, 490 参照。

（35） *Re British Aviation Insurance Co. Ltd*〔2006〕BCC 14.

（36） 経産省産業再生課編・前掲注（12）について一六頁。

（37） このことにつき、P. Totty and M. Jordan, *Insolvency: An introduction to the 1985 Act*（1986）, 4; Bailey *et al.*, cited above note 7, at 22; *Boyle & Birds' Company Law*（3rd. ed. 1995）, 305, 572; 長谷部由起子「〈紹介〉A. Clarke（ed.）, Current Issues in Insolvency Law（Stevens & Sons, 1991）」成溪法学三五号（一九九二）一一二頁参照。

（38） Cork Report, Chap.15, 16 and 17.

（39） 倒産実務家制度については、中島・前掲注（1）六〇四頁、小原将照「倒産専門家制度について――イギリスにおける倒産実務家制度を参考にして」岡山商科大学法学論叢一三号（二〇〇五）七八頁、高田賢治・破産管財人制度論（二〇一二）一六八頁など参照。

（40）内閣府産業再生機構担当室・前掲注（30）三四頁参照。

（41）R. Goode, cited above note 12, at 484; B. Hanningan, cited above note 13, at 703 参照。

（42）*Re BTR Plc*［1999］2 BCLC 675. 債権者の組分けをめぐる問題点については、さしあたり R. Goode, cited above note 12, at 488-489 参照。

（43）事業再生研究機構編・事業再生ファイナンス一三四〜一三五頁、中島・前掲注（3）八三一頁参照。R. Goode, cited above note 12, at 492 も参照。

（44）*Equitable Life Assurance Society v Bowley*［2004］1 BCLC 180 参照。

（45）R. Goode, cited above note 12, at 490.

（46）このことにつき、*Re Savoy Hotels Ltd*［1981］Ch 351.

（47）イギリスのデット・エクイティ・スワップについては、松嶋隆弘「イギリス法におけるデット・エクイティ・スワップ（上）（下）――日本法との比較を中心に」企業会計六六巻一一号（二〇一四）七三頁以下・同一二号（二〇一四）八二頁以下が詳しい。

（48）R. Goode, cited above note 12, at 484；高木新二郎「英米独仏の早期迅速事業再生スキームの最近の展開」NBL九五七号（二〇一一）一四頁参照。

（49）R. Goode, cited above note 12, at 490 参照。

（50）*Modern Company Law for a Comparative Economy: Final Report*（London: Company Law Review Streering, 2001）, para. 13. 10.

（51）R. Goode, cited above note 12, at 491. *Re British Aviation Insurance Co. Ltd*［2006］cited above note 35 も参照。

（52）以上につき、R. Goode, cited above note 12, at 491；内閣府産業再生機構担当室・前掲注（30）三四頁参照。

（53）このことにつき、*Boyle & Birds' Company Law*（8th. ed.）, 837 参照。

（54）メザニン（mezzanine）とは、本来、「中二階」を意味する英語である。メザニン債権者は、弁済順位が先順位債権者より劣後する債権者であり、一般に高い金利が保障されている。しかし、他方で、残余財産請求権はエクイティ保有者より優先されており、リスクが先順位債権者とエクイティ保有者との中間に位置する。そのためメザニン債権者と呼ばれている。

（55）［2009］EWHC 2114（Ch）,［2010］BCC 269.

（56）以上につき、*Boyle & Birds' Company Law* (8th. ed.), 846-847; R. Goode, cited above note 12, at 491-492 参照。

（57）このことにつき、経産省産業再生課編・前掲注（12）一六頁参照。

（58）*Re Marconi Corp Plc* ［2003］ EWHC 1083 (Ch), per Lindsay J. at ［18］.

（59）以上につき、R. Goode, cited above note 12, at 492 参照。

（60）アメリカ合衆国連邦倒産法の"cram down"については、高木新二郎・アメリカ連邦倒産法（一九九六）三八五頁以下、福岡真之介・アメリカ連邦倒産法概説（二〇〇八）二九三頁以下、堀内秀晃ほか・アメリカ事業再生の実務（二〇一一）二〇九頁以下、阿部信一郎編著（粕谷宇史著）・わかりやすいアメリカ連邦倒産法（二〇一四）一八八頁以下など参照。

（61）以上につき、中島・前掲注（3）八三〇～八三一頁参照。

四　おわりに

以上、本稿では、最初に、イギリスにおける近時の事業再生手法の概要をごく簡単に紹介した上で、事業再生手法として近時注目されているイギリスの会社整理計画について、その特徴的な点を明らかにしてきた。イギリスでは、二〇〇二年企業法による倒産法の改正、さらには二〇〇六年の会社法改正を経て、《浮動担保権者主導による裁判外の会社管理》と、《会社管理→会社整理計画》という二つのタイプの事業再生手法が、経営不振企業の事業再生のための有効な手段となりつつあるように思われる。しかし、それらは、いずれも法的整理というよりは、むしろ制度化された私的整理（裁判外整理）ないし両者の中間的な整理方法と位置づけた方が適切な事業再生スキームであるといってよい。特に本稿で取り上げた会社整理計画は、倒産手続である会社管理手続に接続して用いられるとはいえ、会社整理計画自体は、会社法上の制度であり、厳密には、倒産手続とは位置づけられてはいない。にもかかわらず、債権者集会における法定多数決で債権者の債権をカットできる点や、会社資産に対して経済的利害を有していない権利者には、会社整理計画案の賛否を問う債権者集会において、議決権を認める必要はなく、そうした劣後的地位にある債権者のグループを排除して、会社整理計画を成立・発効させ得ると解されている点など、その実質は倒産手続ではないかと思われるユニークな特徴を有している。その意味で、本来ならば、今少し詳しくこの制度について紹介を試みたいところであるが、本稿では、紙幅の制約等から、その運用の実態にまで立ち入って紹介することはできなかった。この点は次の課題としたい。

伊藤眞先生には、筆者がまだ駆け出しの研究者であった頃から三〇年以上にわたり、多大な学恩を賜ってきた。にもかかわらず、伊藤先生の古稀をお祝いする本論文集に、このような未熟な論稿しか献呈できないことは慚愧に堪えないが、筆者のお祝いの気持ちのみをお受け取りいただければ幸甚である。

［付記］本研究については、平成二六（二〇一四）年度慶應義塾学事振興資金による研究助成を受けた。

破産法における「債権者平等原則」の検討

――公平の原則と優先権排除の原則

中西　正

一　問題の提起
二　ドイツ法
三　アメリカ法
四　検　討
五　結　び

一　問題の提起

債権者平等原則について、以下のような問題が提起されている[1]。債権者平等原則は民法、民事執行法、倒産法を貫く基本原則であるが、その位置づけは必ずしも明確でない。すなわち、債権者平等原則を民法の基本原則と位置づけつつ、これが民事執行法、倒産法においてどのように発現するかを考えるアプローチが存在する一方、破産法における債権者平等原則を基本としつつ、これが民事執行法においてどのように現れるかを検討するアプローチもある。そして、このような対立が生じるのは、民法、民事執行法、倒産法における「債権者平等」の内容が異なるからであり、それぞれの内容と相互関係を明らかにし、「債権者平等原則」の意味を明らかにすれば、その例外が許容される場合も明確にできるのではないか。

本稿は、このような問題意識の下で、破産法における「債権者平等原則」について、若干の検討を試みるものである。

なお、検討に当たっては、ドイツ破産法、倒産法と、アメリカ合衆国・連邦倒産法を、参照することにしたい。一八七七年のドイツ破産法は我が国の旧破産法の母法であり、アメリカ合衆国・連邦倒産法は世界で最も進化を遂げた倒産法の一つだからである。

（1）　中田裕康「債権者平等の原則の意義」曹時五四巻五号（二〇〇二）一頁以下。本稿の問題設定は、中田論文に依拠するものである。このほか、中田裕康「契約当事者の倒産」野村豊弘ほか・倒産手続と民事実体法（別冊ＮＢＬ六〇号）（二〇〇〇）三三頁以下、鈴木禄弥「『債権者平等の原則』論序説」曹時三〇巻八号（一九七八）一頁以下も参照。

二　ドイツ法[2]

1　一八七七年のドイツ破産法[3]

(1)　ドイツ普通法時代、当初、物的担保権者は破産手続に服さず、担保物を破産財団より除外する権利（別除権）を付与されていた。ところが、その後、普通法も地方特別法も、特定の財産を対象とする担保権、債務者財産全体を対象とする担保権、占有の移転など公示を伴う担保権、占有の移転を伴わないなど公示されない担保権を、同じ弁済順位に置いた。[4]そこで、一方で過大があれば他方で過少を以て均衡を取るように、破産手続において、これら増大した物的担保権は優先権へと縮小され、他の債権とともに一つの弁済序列に組み入れられた。これらの順位は正義と公平に従って決定されたので、以上のような物的担保権は、常に一定の破産債権より後れた順位に置かれ、破産手続参加の強制から逃れることができなかった。[5]

このような優先権の体系は、担保信用を衰退させる一方で、無担保信用を妨げることにもなった。一八五五年のプロイセン破産法の草案理由書は、以下のように述べる。[6]優先権、とりわけ公示されない優先権は、無担保信用の妨げとなる。これらの優先権は、債権者が債務者の財産状態を知ることを困難にする。これらは、長期に渡り、資金を産業界から遠ざけてきた。優先権を設定するか否かは債務者の自由であるため、強硬に弁済を求める債権者に優先権を設定して満足させ、財務状況を長期に渡って隠蔽し、その間債務者は新たな信用の供与を受けるといったことも，可能になる。したがって、立法が信用制度を確立させねばならないなら、優先権は可及的に排除されなければならない。

(2)　ドイツ破産法は、破産債権への配当につき、複雑な序列を排除し、可能な限り平等な取扱いをしようとした。[7]この債権者平等原則の根拠は、以下のとおりである。[8]信用制度の確立のためには、債務者に信用を供与しようとする者が、債務者の財産はその債権の支払に十分であるか否かを容易に判断できねばならない。そして、そのためには、債務者財産について競合する債権が同じ順位であることが必要である。なぜなら、信用供与者は現在および将来における優先権の存否や範囲を確定できない以上、優先権の数や種類が多くなればなるほど、こうした判断は容易にはできなくなるからである。どのように「良い」優先権の序列も悪であり、精巧にすればするほど、また多くの等級に分ければ分けるほど、その序列はますます悪くなる。全ての優先権の排除こそ、忘れられてはならない立法の目標である。

ただし、この債権者平等原則には例外が設けられ、手続遂行の費用などが財団債権（財団費用・財団債務）とされ（ドイツ破産法五八条・五九条）[9]、租税債権、賃金債権などが、優先的破産債権とされた（六一条一項）。手続遂行の費用を財団債権としたのは、費用を第一順位で支払わなければ破産手続の遂行は不可能になるからだと解される[10]。租税債権を優先的破産債権としたのは、国家運営の費用は確保せねばならないからであり、賃金債権を優先的破産債権としたのは、賃金債権者は保護されなければならないし、賃金債権の存在は予測可能だからである[11]。

他方、無償行為に基づく債権は、破産財団に対して効力をもたないとされた。このような債権者は対価を支払うことなく破産財団から弁済を受ける一方、一般の破産債権者は自らの給付は完了したのに反対給付については按分弁済しか受け得ない点に鑑みて、両者の公平を図ったのである[12]。

2　倒産法の危機（破産制度の破産）

ドイツ破産法は、制定当初は効果的に機能していたといわれる。しかし、その後、手続により拘束される財産（破産財団）の価値は減少を続け、まず、破産債権に対する配当率の低下が問題となり、次に、減少の程度がさらに大きくなって、財団不足に基づく破産申立て棄却や、破産手続の廃止の頻発が問題とされるに至った。そして、一時は、破産申立ての約七五パーセントが棄却され、開始された破産手続の約二〇パーセントが廃止され、遂行された破産手続における一般債権に対する平均配当率は三ないし五パーセントであると、報告された。ドイツ破産法は、深刻な機能不全に陥ったのである。[13]

このような機能不全の原因は、以下のように分析されている。

(a) 破産法制定以後、公示されない担保権である所有権留保や譲渡担保が形成され、無占有動産担保権（債務者が占有する動産上の公示されない包括的担保権）が著しく発達した結果、[14] 破産手続開始の時点で大部分の動産が別除権の対象となった。無占有動産担保権は、公示されない包括的担保権という点で優先権と同様であり、債権者は担保を取れる限り与信を続け、担保に取る財産が尽きると与信を打ち切り、これにより債務者は支払停止となり（この時点から否認が可能となる）、破産手続開始決定を受けるわけである。[15]

(b) 無占有動産担保権の担保目的物の管理・処分の費用や、破産損失金制度に基づく事務処理費用により、財団債権（財団費用）は著しく増大した。[16]

(c) 以上により、破産債権者に対する配当原資は著しく減少し、租税債権や賃金債権などの優先的破産債権は、それまでのように十分な配当を受けることができなくなり、これを補い、十分な配当を得さしめるため、これらの優先的破産債権の財団債権化が進められた。[17] このようにして、破産法制定以後、財団債権（財団費用・財団債務）は著しく拡張された。

3　一九九四年のドイツ倒産法（Insolvenz Ordnung. BGBl 1994, 2866）

ドイツ倒産法は、優先的倒産債権を規定せず（ドイツ倒産法三八条以下を参照）、財団債権（財団費用・財団債務）を基本的に手続遂行の費用に限ることにより（五三条ないし五五条を参照）、優先権の排除を徹底した。①企業の自己資本が比較的少なく、負担する債務が比較的多い現状では、倒産財団が貧弱になることは避け難く、そのような状況の下で、優先権を認めれば、優先権者は完全な満足を得る一方、一般の倒産債権者は配当から除外されてしまう可能性が高いこと、②このような結果をもたらす、先順位の債権者が完全な満足を得てから後順位の債権者が弁済を得るという制度には、十分な根拠はないと思われること（これに代えて、倒産債権者をグループ分けし、例えば配当率一〇パーセントの組・二〇パーセントの組などを創るという、「差」の制度が、認められている。後述ⓒを参照）等が、その趣旨であると思われる。[18]

ただし、ⓐ賃金債権については倒産給付金の制度があること、[19]ⓑ社会計画から生じる債権は財団債権（財団債務）とされていること（一二三条二項本文）、ⓒ倒産処理計画において「差」を設けることが許されている点（二二二条二項）等が示すように、[20]債権者間の公平・衡平が否定されたわけではない。なお、無償行為に基づく債権は、劣後的倒産債権とされた（三九条一項四号）。

（2）以下の論述は、中西正「財団債権の根拠」法と政治四〇巻四号（一九八九）二八九頁以下、同「無償否認の根拠と限界」法と政治四一巻二＝三号（一九九〇）一四頁以下、同「ドイツ破産法における財産分配の基準（一）」法と政治四三巻二号（一九九二）二一頁以下、同「ドイツ破産法における財産分配の基準（二・完）」法と政治四三巻三号（一九九二）八五頁以下に、若干の加筆を行ったものである。紙幅の制約上、引用は、これらの文献に依拠することにしたい。

（3）Konkursordnung vom 10. Februar 1877（RGBl. S. 351）in der Fassung der Bekanntmachung vom 20. Mai 1898（RGBl. S. 612）.

（4）ローマ法においては、公示されない担保権にも物権的効力が付与されたため、信用制度は衰退した。そこで、担保権に代わるものが求められ、債務者財産全体を対象とする優先権が、その役割を果たすものと信じられた。しかし、これは、信用制度および担保権の本質に反し、常に別の優先権の助力を必要とし、避けようと意図された信用制度の衰退を増すだけの方策であった。ローマ法の継受とともに、この優先権の体系がドイツにも導入され、担保物の占有を伴った在来の担保権は放逐された。普通法の理論も、地方特別法も、ローマ法の体系をさらに発展させ、新たな優先権を次々と創り出し、「公平」の観念は、優先権を付与することにより、当該債権者に、それがなければ獲得することの出来ない満足を付与することに専念することになった。中西・前掲注（2）（法と政治四三巻二号）四三八頁。

（5）中西・前掲注（2）（法と政治四三巻二号）二八頁以下。

（6）中西・前掲注（2）（法と政治四三巻二号）二九頁、四七頁。

（7）紙幅の制約上、条文の紹介は他の文献に譲る。財団債権については、中西・前掲注（2）（法と政治四〇巻四号）三〇一頁以下を参照。立法当初の破産債権の順位に関しては、神戸大学外国法研究会・現代外国法典叢書・独逸民事訴訟法Ⅳ破産法・和議法（一九五六）一七七頁以下を参照。

（8）中西・前掲注（2）（法と政治四三巻二号）四三頁。

（9）ドイツ破産法における財団債権は、財団費用と財団債務により構成される。破産法の立法者は、財団費用を破産手続遂行の費用だと理解した。また、財団債務を、主として、破産手続遂行の費用でその対価が破産財団に流入するものだと理解した。したがって、破産法制定当時は、財団債権は主として破産手続遂行の費用であったということができる。中西・前掲注（2）（法と政治四〇巻四号）三〇八頁以下、同・前掲注（2）（法と政治四三巻三号）一〇〇頁（注41、42）を、参照。ところが、その後、破産債権となるべき債権（破産手続開始前の原因に基づく債権）も財団債務に加えられ、倒産法の危機へと進んで行くわけである。

（10）中西・前掲注（2）（法と政治四〇巻四号）三〇八頁以下。

（11）中西・前掲注（2）（法と政治四三巻二号）四二頁以下。

（12）中西・前掲注（2）（法と政治四一巻二＝三号）一四頁以下。

（13）中西・前掲注（2）（法と政治四三巻三号）八六頁、同・前掲注（2）（法と政治四〇巻四号）三一一頁以下を参照。

（14）この問題については、三上威彦・ドイツ倒産法改正の軌跡（一九九五）二五頁以下、八一頁以下、木川裕一郎・ドイツ倒産法研究序説（一九九九）一〇九頁以下を参照。

（15）中西・前掲注（2）（法と政治四三巻三号）八七頁、九二頁、九五頁以下を参照。

（16）中西・前掲注（2）（法と政治四三巻三号）八七頁、九五頁以下、九七頁を参照。

（17）ドイツ破産法の規定については、中西・前掲注（2）（法と政治四三巻三号）九三頁以下を参照。

（18）Bundesministerium der Justiz, Diskussionsentwurf; Gesetz zur Reform des Insolvenzrechts, 2. Allgemeine Begründung, 1988, A26f., A54ff.; ders, Referentenentwurf; Gesetz zur Reform des Insolvenzrechts, 2. Teil, Allgemeine Begründung, 1989, A30ff., 62ff.; Ruth Schmidt-Räntsch, Insolvenzordnung mit Einführungsgesetz, 1. Aufl., 1995, S.19ff., 33ff.

これに先立ち、倒産法委員会も、倒産法上の優先権の廃止を提案していた。その趣旨は、「債権者平等原則」を再び強く妥当せしめることにある。そして、ある債権者のグループに優先権を与えると、必ず他の債権者のグループも優先権を求め、最後にそれが裁判所や立法者に認められてしまうのが、破産法の歴史であったと、述べている。Bundesministerium der Justiz,Erster Bericht der Kommission für

Insolvenzrecht, 1985.

（19） 倒産給付金制度については、野村秀敏「ドイツにおける倒産給付金制度の展開」新堂幸司先生古稀祝賀・民事訴訟法理論の新たな構築（下）（二〇〇一）七〇五頁以下を参照。

（20） 同じ法的地位の債権者を「経済的利益」を基準に更に組み分けし、弁済率などに差を設けることができるが、米国の実務が示すように、組み分けには様々な基準を考えることができる。Klaus Wimmer, Frankfurter Kommentar zur Insolvenzordnung, 7. Aufl., 2013, S.1927.

三 アメリカ法

1 一八九八年法制定以前

一八〇〇年に連邦倒産法が制定されて以来、優先権を付与される債権の種類・数は増え続けた。一八〇〇年の連邦倒産法においては、連邦政府が有する債権のみに優先権が付与された。一八四一年の連邦倒産法は、手続開始前四ヶ月以内に生じた賃金債権につき二五ドルを限度に優先権を付与した。一八六七年の連邦倒産法は、以上に加え、倒産処理手続を遂行する費用、倒産財団を管理・換価する費用、州政府の租税債権、連邦法により（平時実体法上の）優先権を付与された債権などに対しても優先権を付与し、賃金債権に関しても手続開始前六ヶ月以内に生じたものにつき五〇ドルを限度に優先権を認めた[21]。

2 一八九八年の連邦倒産法（the Bankruptcy Act of 1898）

(1) はじめに[22]

(a) 一八九八年の連邦倒産法は、制定当初、①連邦政府の租税債権、州政府などの租税債権、②倒産財団管理・換価の費用、③債権者申立事件の申立費用、④倒産処理手続遂行の費用、⑤手続開始前三ヶ月以内に生じた賃金債権

（ただし三〇〇ドルを限度とする）、および⑥連邦政府、州政府の法律により（平時実体法上の）優先権を付与された債権に対して、①ないし⑥の順位で、優先権を付与していた（連邦倒産法六四条）。

一九〇三年の改正法は、さらに、破産者の詐害行為により逸出した財産、破産者が隠匿した財産を原状回復するために、債権者が出捐した費用（償還請求権）にも、優先権を付与し、一九〇六年の改正法は、賃金債権の優先権の範囲を拡大した。

一九二六年の改正法は、以上に対し、第一順位であった租税債権を後らせて、前述した⑤の順位と⑥の順位の間に置き、また、ある不動産についての租税債権は、当該不動産の実価を超えて支払う必要はないとするなど、(23)租税債権の優先性を制約した。他方、債権者申立事件における破産者の弁護士費用に優先権が付与されたり、賃金債権が優先権として保護される範囲が六〇〇ドルに引き上げられたりもした。

(b) 一八九八年の連邦倒産法下では、制定法によるリーエン（statutory lien）は原則として尊重され、目的物からの優先弁済を保障されていた（六七条b）。制定法によるリーエンは危機時期に取得されても偏頗行為否認に服さず、手続開始時に公示されていなくても無効とされなかった（手続開始後に「完成」することができた）。そこで、各州は、連邦倒産法による優先権の制限をかいくぐるため、制定法により、優先権であるはずの債権に、債務者が有する財産全体あるいは動産全体を対象とする公示されない包括的担保権を付与したのである。このような制定法によるリーエンは、実質的には優先権である。

(c) そして、このような制定法によるリーエンと、前述のように拡大された優先権は、倒産法の機能不全をもたらした。

一九三八年の改正法は、このような問題を明確に認識し、㋐優先権（とりわけ州法による優先権）による弊害と、㋑制定法によるリーエンによる弊害に対処するため、それぞれにつき新たな規制を設けた。同じ趣旨の法改正は、その後も、一九五二年、一九五六年、一九六六年に行われた。以下、紹介する。

(2) 優先権による弊害の除去

(a) 一九三八年の改正法（the Chandler Act of 1938）

(i) 一九三八年の改正により、優先的倒産債権およびその弁済順位は、六四条aにおいて、比較的簡素に規律された。第一順位は倒産財団を管理・換価する費用、倒産手続を遂行する費用、第二順位は賃金債権（ただし、手続開始前三ヶ月の間に生じたもので、総額六〇〇ドルまでに限られた）、第三順位は和議、免責などを破棄するための手続費用、第四順位は連邦政府、州政府などの租税債権、第五順位は、連邦政府の法律により優先権を付与された債権、および州法により優先権を付与された不動産賃貸借の賃料債権（ただし、当該不動産が現実に貸し渡された場合に、手続開始前三ヶ月以内の賃料債権に限って認められた）であった。

(ii) 一九三八年の改正法の立法史料は、以下のように述べる[24]。

我々は州法が創出する優先権を、倒産法においては原則として認めないこととした。ただし、不動産賃貸借の賃料債権に付与される州法上の優先権に関しては、当該不動産が現実に貸し渡されていた場合に、手続開始前三ヶ月以内に生じた賃料債権に限り、優先権を付与した（六四条b）。

多くの州法は、不動産貸主の賃料債権に、優先権を付与している。そして、賃貸借契約は、多くの事例において、賃貸借契約期間満了までの将来の賃料債権の期限の利益喪失条項を含んでいる。それゆえ、不動産貸主は、しばしば、賃貸借契約上の終了時までの将来の賃料債権につき、州法上の優先権を主張する。司法長官の下で集計された統計資料によれば、倒産財団のかなりの部分がこのような賃料債権に対する弁済に充てられており、財団の規模が比較的小さな事件においては、しばしば、全ての財産がその弁済に充てられている。このような結果は、不公平である。

また、倒産手続開始までに留置（自救的差押え）をしなくても賃料債権に制定法によるリーエンが付与される州においては、賃料債権は、倒産財団の管理・換価の費用を含む全ての倒産手続費用に優先することになる。このような結果も、不公平であろう。そこで、不動産貸主の賃料債権で、制定法によるリーエンを付与されるため、前述した優先権に関するルールが適用されないものについても、六七条cにより、同様の制約（手続開始前三ヶ月以内に生じた賃料債権に限る）を適用することにした。

以上と同様の趣旨により、我々は、他の全ての州法上の優先権を倒産法から排除することにした。このような規律の必要性は明白である。数・額において拡大を続ける州法上の優先権は、一般倒産債権者の犠牲の下に、多くの倒産財団を消耗せしめ、不公平な結果を生ぜしめているのである。

(b)　一九五六年の改正法　　優先権を付与される賃金債権の範囲を明確化する改正がなされた。[25]

(c)　一九六六年の改正法　　一九六六年の改正法は、租税債権につき、手続開始前三年の間に成立しかつ納期限の到来したものに限り、第四順位の優先権を付与することとした。一九六六年の改正法の立法史料は、その趣旨を以下のように説明する。[26]

連邦倒産法（Bankruptcy Act）の下では、一定のタイプの無担保債権は、倒産財団の分配において、優先的地位を付与されている。このような優先権者は、目的財産上に存在する担保権という財産権によりその優先弁済を正当化される担保権者と、区別されなければならない。優先権者は無担保債権者ではあるが、社会政策上の見地から、弁済において他の無担保債権者に優先する地位を付与されているのである。こうして、倒産手続遂行の費用、賃金債権、租税債権、そして州法が不動産賃貸人に優先権を付与している場合の賃料債権は、他の無担保債権者より先順位で配当を受けるのである。ただし、賃金債権の優先権は、手続開始前三ヶ月の間に生じたもので、総額六〇〇ドルに至るまでと制限され、賃料債権のそれも、当該不動産が現実に貸し渡され、手続開始前三ヶ月以内に生じた賃料債権に限られている。

ところが、現行法の下では、租税債権の優先権について何の制約も付されていない。そのため、優先権と非免責性の保障の下、租税債権者は長期間に渡り租税債権の滞納を許す事例が、数多く起きている。新たな租税債権が加わる上、滞納されている租税については延滞税も加算されるため、破産者に対して物やサービスを提供した対価として債権を有する一般の無担保債権者には、配当原資はほとんど（あるいは全く）残らないことになる。

債権者は、債務者より財務諸表（financial statements）の開示を受けることにより、このような事態を防ぐことができる場合もある。しかし、会計上の問題や法律の解釈問題などにより租税債権の存否・額が判明しない事例や、債務者自身が虚偽の開示をした事例では、防御は不可能である。そこで、租税債権者も、長い年月に渡り租税債権が滞納されその額が積み上がって行くのを許した以上、債権者の一人として債務者のビジネスの失敗による損失を分担すべきではないかという問題が、生じている。

委員会は、優先権を手続開始前三年の間に成立しかつ納期限の到来した租税債権に限ることにより、租税債権を徴収せねばならないという公共の利益と、滞納された租税債権が積み上がることによる無担保債権者への不利益を、合理的に調整することができるものと考える。

(3) 制定法によるリーエンの弊害の除去

(a) 一九三八年の改正法　一八九八年の連邦倒産法下では、制定法によるリーエンは原則として尊重されたが、一九三八年の改正法はこのルールの例外を設けた。すなわち、①動産（personal property）上の制定法によるリーエンで、債権者による当該動産の占有を伴わないもの、および②不払賃料のためのリーエン（liens of distress for rent）は、第一順位の優先権（倒産手続遂行の費用・倒産財団管理の費用など）、および第二順位の優先権（賃金債権）に後れることとされた（六七条c）。

その立法趣旨につき、立法史料は、㋐倒産手続開始前に不払賃料債権に制定法によるリーエンを認める州では、そのような賃料債権は倒産財団を管理する費用などの手続費用に優先して支払われることになってしまう(27)、㋑制定法によるリーエン、とりわけ租税リーエンへの弁済に倒産財団の全てが充てられる事例が、数多く見受けられる等(28)と、述べている。したがって、連邦倒産法六七条cは、州法が制定する実質的な優先権により、連邦倒産法の優先権に関する規律（無担保債権者の配当に充てられるべき倒産財団を可能な限り確保するため優先権を制限するという趣旨）が骨抜きにされることを回避するため、実質的な優先権である制定法によるリーエンを制限したと、解される。

(b) 一九五二年の改正法　一九五二年の改止法は、この六七条cのルールを、州法に基づく動産上の制定法によるリーエンで、占有、差押え、自救的動産差押え等を伴わないものは、管財人との関係で無効であると、改めた。その趣旨は、一九三八年の改正法の意図をさらに進める点にあったものと思われる。[29] 当時、連邦倒産法六四条aの優先順位を潜脱するため、優先権付債権に制定法によるリーエンを付与する州法が増え、弊害を生ぜしめていることが、指摘されていた。[30]

(c) 一九六六年の改正法　一九三八年、一九五二年の改正法は、州法に基づく動産上の制定法によるリーエンで、占有、差押え、自救的動産差押え等を伴わないものという基準は、その立法趣旨を実現する上で不適切であると、批判された。[31]

一九六六年の改正法の立法史料は、以下のようにいう。[32] 一九三八年改正法の主要な目的の一つは、制定法によるリーエンの形をした優先権により、連邦法である倒産法の優先順位が侵害されることを防ぐ点にあった。起草者は、動産上の制定法によるリーエンで債権者による占有を伴わないものを、第一順位の優先権（倒産手続遂行の費用・倒産財団管理の費用など）、および第二順位の優先権（賃金債権）に後れるとすれば、実質的には優先権である制定法によるリーエンによる弊害を除去できると考えたわけである。一九五二年の改正法はこのようなリーエンを無効とすることにより、前述の規律はさらに強化された。

しかし、最近の州法による制定法によるリーエンの調査により、当該リーエンが占有を伴うか否か、当該リーエンが動産上に成立するか不動産上に成立するかという基準は、立法目的を達成する上で適切ではないことが、明らかになった。保護に値する担保権（特定の物の上に成立する公示された財産上の権利である担保権）がこの基準により無効とされる一方で、本質的に州法による優先権であるリーエンが適用を免れて有効とされているのである。

そこで、州法の制定法上のリーエンにより連邦倒産法における優先権の規律が潜脱されることを防がねばならない一方で、保護に値する担保権は倒産手続においても尊重せねばならない点を考慮して、以下のルールを定立することとした。

以下の制定法上のリーエンは、倒産管財人に対して無効である。

① 債務者の支払不能、債務者財産の清算、債務者財産に対する強制執行などにより、初めて効力を生じるリーエン。

② 倒産手続開始時に債務者からの善意有償の第三取得者に対して完成されていないリーエン。

③ 不払賃料のためのリーエン。

①のルールは、倒産手続もしくは清算手続における弁済順位を決定することだけを目的とするリーエンを無効とする趣旨である。このようなリーエンは、特定の財産上の権利ではなく、債務者財産の清算手続を離れて主張されることはなく、当該財産が譲渡された場合にはもはや主張され得ないものであり、その実体は優先権である。

なお、②のルールは、実質的には優先権と等しい制定法上のリーエンを含む、公示されない制定法上のリーエン全体を、倒産手続との関係で無効とする趣旨である。③のルールについては、前述2・(2)・(a)を参照されたい。

3 一九七八年の連邦倒産法（The Bankruptcy Reform Act of 1978）

(1) 立法当初、五〇七条(a)は、優先権を、以下のように規定した（弁済は⒜から⒡の順序による）[33]。⒜倒産処理手続遂行の費用（五〇三条(b)を参照）。⒝Involuntary gap creditors の債権（債権者申立て事件において申立てから手続開始または管財人選任までに生じた債権で、債務者との通常の取引の範囲で生じたもの。五〇二条(f)を参照）。⒞賃金債権（手続開始申立て前九〇日間等に生じたもので、二〇〇〇ドルを限度とする）。⒟従業員給付制度に基づく債権（手続開始申立て前一八〇日間等になされた仕事に基づくもので、二〇〇〇ドルを限度とする等の制約がある）。これは、United States v. Embassy Restaurant, 359 U.S. 29（1958）を覆したものである。⒠消費者が、商品を買ったり、借りたり、サービスを受けたりするため、相手方に金銭を預けたが、商品やサービスを受け取る前に相手方に対し手続が開始された場合の、消費者の返還請求権（九〇〇ドルを限度とする）。ⓕ所得税、財産税などの租税債権。

制定法によるリーエンの無効については、五四五条が、一九六六年の改正法を受け継ぎつつ、次のように規定した[34]。以下の制定法上のリーエンは、倒産管財人に対して無効である。①債務者に対して倒産処理手続が開始されること、財産管理人（Custodian）が任命されること、債務者が支払不能等に陥ること、債務者の財産に対して強制執行が行われたこと等により、初めて効力を生じるリーエン。②倒産手続開始時に債務者からの善意有償の第三取得者に対して完成されていないリーエン。③不払賃料のためのリーエン。④不払賃料のための自救的動産差押えによるリーエン。

その後、連邦倒産法は、優先権を追加的に認めている[35]。その結果、現在の五〇七条(a)の優先権の概略は、以下のとおりである（弁済は①から⑩の順序による）。①扶助義務（domestic support obligations）に基づく債権。②ⓐに同じ。③ⓑに同じ。④ⓒに同じ。ただし、手続開始申立て前一八〇日間等に生じたもので、一万二四七五ドルが限度となった。⑤ⓓに同じ。ただし、一万二四七五ドルが限度となる等とされた。⑥穀物貯蔵施設を運営する債務者が倒産した場合の生産者の請求権、海産物を扱う事業者が倒産した場合の漁師の請求権など。⑦ⓔに同じ。ただし、二七七五ドルを限度とするものとされた。⑧ⓕに同じ。ただし、保護される租税債権の範囲が変更されている。⑨連邦預金保険機構に関する負担金。⑩飲酒運転、違法薬物の使用などにより生じた交通事故に基づく債権など。

以上については、優先権の種類は増えたものの、基本的に、手続遂行の費用、賃金債権、租税債権に優先権を付与するという基本的な構造は不変であると、いえよう。

(2)　しかし、これとは別に、優先権について、連邦倒産法下で、大きな変化が生じている。それは、債務者の事業価値の維持・向上のための優先権である。すなわち、連邦倒産法の下では、早くから、債務者の事業継続に必要不可欠な商取引債権者への弁済について、柔軟に優先弁済が認められていたが（一〇五条(a)[36]）、その後、五〇三条(b)(9)、五四六条(c)により、このような趣旨が明文化された[37]。また、D.I.P. ファイナンスとの関係で、いわゆるスーパープライオリティーの制度も設けられている（三六四条(c)）。[38]

（21） H. R. 12889, 74th Cong., 2nd Sess.（1936）, at 200.

（22） H. R. 12889, 74th Cong., 2nd Sess.（1936）, at 200.

（23） それまでは、当該不動産より完全な満足を得られなければ、破産財団より他の債権者に先立って弁済を受けることができた。3 Part II Collier on Bankruptcy ¶64. 01.（James WM. Moore ed., 14th ed. 1977）, at 2049.

（24） H. R. 12889, 74th Cong., 2nd Sess.（1936）, at 201.

（25） Collier, supra note 23, ¶64.01, at 2057.

（26） H. R. Rep. No. 687, 89th Cong., 1st Sess.,（1965）, at 3-4.

（27） House Report No. 1409 on H.R. 8046 75th Cong., 1st Sess.,（1937）, at 16.

（28） H. R. 12889, 74th Cong., 2d Sess.（1936）, at 212..

（29） H. R. Rep. No. 2320, 82th Cong., 2st Sess.（1952） at 13.; Collier, supra note 23, ¶67.27, at 373.

（30） Collier, supra note 23, ¶67.281, at 413.

（31） Collier, supra note 23, ¶67.27, at 373.

（32） H. Rep. No. 686, 89th Cong., 1st Sess.（1965）; Collier, supra note 23, ¶67.281, at 417.

（33） Senate, 95th Congress, 2nd Session, Report No. 95-989（to accompany S. 2266）, July 14（legislative day, May 17）, 1978, at 68-73.

（34） Senate, 95th Congress, 2nd Session, Report No. 95-989（to accompany S. 2266）, July 14（legislative day, May 17）, 1978, at 85-86.

（35） 一九八四年、一九九〇年、一九九四年、二〇〇五年に法改正が行われている。連邦倒産法五〇七条については以下の文献を参照。4 Collier on Bankruptcy ¶507（Alan N. Resnick, Henry J. Sommer ed., 16th ed. 2011）.

（36） 詳細は、杉本純子「事業再生とプライオリティ修正の試み」同志社法学六〇巻四号（二〇〇八）一五五頁以下を参照。

（37） 杉本・前掲注（36）一七七頁以下を参照。

（38） 詳細は、三上二郎「米国連邦倒産法におけるスーパープライオリティの導入の当否について」「倒産と金融」実務研究会編・倒産と金融（二〇一三）一一二頁以下を参照。

四　検　討(39)

1　はじめに

ドイツ破産法、倒産法、およびアメリカ合衆国・連邦倒産法の歴史を見ると、債権者間の公平の要請に鑑みて、優先権、あるいは実質的に優先権に等しい担保権が創られ、その数・額が多くなり過ぎると、倒産法の機能が低下し、機能低下の問題を解決するため、つまり、無担保債権者に対する配当を増やし、さらには倒産手続を遂行する費用を確保するため、優先権を排除することが、繰り返されてきた。まさに、歴史は繰り返されたわけである。

したがって、ドイツ法でも、アメリカ法でも、倒産財団を引き当てとする債権の弁済順位に関しては、債権者間の公平を図るベクトルと、優先権を排除するベクトルが、存在していると、見ることができよう。言い換えれば、倒産法には、公平の原則と、優先権排除の原則が存在し、両者は対立し、拮抗していると、見ることが許されよう。

そこで、以下では、公平の原則、優先権排除の原則、そして両者の関係につき、検討することにしたい。

2　債権者間の公平の原則

債権者間の公平の原則の存在は、ドイツ法、アメリカ法において、数多くの優先権、あるいは実質的に優先権に等しい担保権が創り続けられた歴史から、明らかであろう。①当該債権者と債務者との関係、当該債権者が債務者の倒産に寄与した程度、②当該債権者にとってその債権がもつ意味（債権者の生活が主としてその債権に依存しているのか、当該債権の損失は他の取引に転嫁できるのか、その債権に多数の人々・社会が利益をもつのかなど）、③当該債権者がリスクを引き受けたか否か（リスク引受の対価を受け取ったか否か）などの観点からすれば、倒産した債務者に対する債権は決して平等ではあり得ず、差が設けられるのは当然であると思われる。

そこで、公平の判断基準は何か、その基礎となる価値観は何かという問題が、生じてこよう。しかし、これは、正義・公平とは何かに関わる根源的な問題であり、国、社会、時代により結論が異なり得る問題でもあり、これ以上の検討は、容易でないことから、本稿では断念したい。

ただし、手続遂行の費用に関する債権に最優先の地位を付与せねばならないことは、明らかであろう。また、賃金債権、租税債権は、優先的地位を付与されるべきであり、無償行為に基づく債権は一般の倒産債権に劣後すべきであると思われる(40)。

3　優先権排除の原則

(1)　はじめに　優先権排除の原則の存在は、ドイツ法、アメリカ法において、優先権の数・額が多くなり過ぎ、倒産法の機能が低下すると、必ずその排除が行われたことから、明らかであろう。この原則は、破産債権者の形式的平等といわれることもあるが、公平の原則とは無関係である。そこで、優先権排除の原則の根拠は何かが問題となる。これは、次の二点に求めることができるのではないかと思われる。

(2)　支払不能を破産原因とする制度に内在する制約　破産手続を何時開始する（何を破産原因とする）かは、債務者の事業を継続する利益と債権者全体の破産による損失を回避する利益の調整の問題である。開始の時点を遅らせれば、債権者全体の損失を回避する利益の犠牲の下で、債務者の事業を継続する利益をより保護することになり、早めれば逆になる。

消極財産の価値が積極財産の価値を超えた時点（債務超過となった時点）で、債務者につき破産手続を開始するなら、各債務の履行期が到来するまでに事業により得た収益などにより各債務をその履行期に弁済し得る債務者から、事業継続の自由を奪うことになり、不当である。

そこで、消極財産の価値が積極財産の価値を超えただけでなく、収益力の低下等により債務の大部分をその履行期に支払えなくなった（一方で債務者の積極財産、将来得られる収益、将来獲得可能な信用等の支払手段を確定し、他方で債務者が負う債務の額と履行期を確定し、このような支払手段からこのような債務を履行期が到来する順に支払うという計算をした結果、ある時点以後は債務の大部分を支払えなくなった）時点で、破産手続を開始すれば、前述の如き問題を生じることなく、債務者の事業を継続する利益と債権者全体の破産による損失を回避する利益を合理的に調整できるものと思われる。支払不能を破産原因とする趣旨は以上のように理解できよう。

このような支払不能を破産原因とする制度は、各債権者が弁済順位において平等であることを不可欠の前提としている。各債権者の弁済における順位が同一の場合、支払不能を破産原因とした趣旨は問題なく実現されよう。しかし、各債権者が各々弁済において異なる順位を有しているなら、支払不能発生時に破産手続を開始しても、先順位の債権者には「早過ぎた」という結果（「早過ぎた」とは破産手続開始がもっと遅くても債務者の利益と当該債権者の利益を合理的に調整できたという意味である）に、後順位の債権者には遅過ぎたという結果（「遅過ぎた」とは債務者の利益と当該債権者の利益の合理的な調整のためにはもっと早く破産手続を開始せねばならなかったという意味である）になり、支払不能を破産原因とする制度が目的とする債務者と債権者の利益の合理的な調整は達成されないことになろう。

ドイツ破産法草案理由書の「債務者に信用を供与しようとする者が、債務者の財産はその債権の支払に十分であるか否かを容易に判断できねばならない。そして、そのためには、債務者財産に競合する債権が同じ順位であることが必要である」旨の説明も、同様の趣旨であると理解できよう。

(3)　支払不能の表面化を引き延ばす機能　　優先権が支払不能を破産原因とした制度の趣旨を損なう原因は、もう一つ存在する。これは、優先順位の高い優先権が生ぜしめる問題であるが、以下の設例に基づき説明したい。債務者Aは、表面化してはいなかったが支払不能に陥っており、租税債権の支払ができなかった。徴税当局は、滞納処分をすることで、Aの財務状況の悪化が明らかとなり、倒産に至ることを気の毒に思い、納税を事実上猶予した。破綻の表面化が回避されたため（租税優先権は公示されず外界より認識し難いからである）、これを知らない無担保債権者は信用の供与を続けた。しかし、Ａの財務状況はさらに悪化し、間もなく著しい破綻状態（租税債権者が滞納処分を行っても弁済を得られない状態）に立ち至ると判断したため、徴税当局はやむなく滞納処分をし、それを契機に支払不能が明るみに出たため、Ａに対して破産手続が開始された。

優先権者は、債務者が当該債権に対する弁済をすることができない場合でも、一般に、権利行使をして債務者を債務不履行に追い込むことは差し控え（事実上期限の猶予を与え）、結果的に債務者の実質的破綻が表面化するのを妨げてしまう。①誰しも債務者倒産の引き金を引くことは避けたいものであること、②優先権者は、後に破産手続が開始されても、その優先的地位により他の債権者に先立って弁済を受けることができ、損失を回避できること、③優先権の取得は、担保権の場合とは異なり、偏頗行為の危機否認に服さないので、優先権者は債務者の危機を知っている場合でもリスクを負うことなく優先権を取得できること等が、その理由である。

しかし、優先権者も、債務者の実質的な破綻が一層深刻になり、自らも損失を回避することが危うくなれば、やむなく猶予を打ち切り、権利の強制的な実現に踏み切り、完全な弁済を得る。ここで債務者の破綻は表面化する。そして、それまでの破綻の隠蔽により、信用供与を差し控えなかった、あるいは破産手続開始の申立てをしなかった他の一般債権者（破産債権者）は、破産手続の開始が遅れ、債務者財産が一層減少しているため、大きな損失を被ることになる。

以上のような優先権の弊害は、前述の如く、プロイセン破産法、ドイツ破産法、そしてアメリカ合衆国・連邦倒産法においても、指摘されていた。事実上の期限の猶予を付与する動機には問題がない（非難される点はない）だけに、このような優先権が存在する限り、以上のような事態が無くなることはないであろう。

4 公平の原則と優先権排除の原則の関係

(1) 以上のように考えれば、破産法においては、破産債権者の間には公平の原則が妥当する一方で、優先権排除の原則も妥当していることになる。

公平の原則は、民法その他の平時実体法が定める、弁済における優先順位＝債権者平等原則とその例外であり、正義、公平などに基づく、一般的・普遍的なルールである。

これに対して、優先権排除の原則は、倒産手続、とりわけ破産手続の機能を維持するために必要とされる、手続内在的な原則である。

したがって、公平の原則から優先的な権利（財団債権・優先的破産債権）を創らなければならないとしても、それは、破産手続に関しては、優先権排除の原則を損なわない範囲に制限されなければならない。平時実体法が優先権排除の原則を考慮することなく多数・多額の優先権を創るなら、破産法は、破産手続に関する限度で、必要とされる範囲で、これを排除せねばならない。[41] 我国の破産法は、一般の先取特権その他一般の優先権ある破産債権を、一律に優先的破産債権（一部は財団債権）としているが（破九八条一項・一四八条一項三号・一四九条）、ドイツ法でも、アメリカ法でも、優先的な倒産債権の範囲は、平時実体法のルールをそのまま受け容れるのではなく、倒産手続の機能維持の観点から決定されていることを、看過してはならない。

(2) 平時実体法上の優先権を破産法が排除する一例として、破産手続開始前の原因に基づいて生じた租税等の請求権の取扱いの問題を挙げることができる。

旧破産法四七条二号本文は、破産手続開始前の原因に基づく租税債権を一律に財団債権としていた。これは、平時実体法が定める租税債権の優先権を尊重した結果である。しかし、これに対しては、通常きわめて多額の租税債権が財団債権になるため、①破産財団の大部分が租税債権に分配される、②少なからぬ事例で、財団不足となって破産手続を遂行できず、債務者や破産債権者が破産法による救済を奪われる、③多額の租税債権が手続外で行使された場合、破産管財人による管財実務の円滑な遂行が不可能となるなどの批判が、なされていた。[42]

そこで、現行破産法は、破産手続開始前の原因に基づいて生じた租税債権で、手続開始当時まだ納期限の到来していないもの、または納期限から一年を経過していないものを財団債権とした（一四八条一項三号。ただし、これに該当しないものも優先的破産債権になると解される。九八条二項）。すなわち、租税等の請求権につき滞納（債務不履行）があった場合、納期限から一年が経過するまでに権利行使（滞納処分または担保の取得）をしなければ、破産手続開始決定があったときに、当該租税等の請求権は財団債権として扱われない（当該租税等の請求権の最優先性を剥奪する）というルールを定立し、租税等の請求権者に、租税等の請求権の早期の権利行使を促し、結果的に支払不能が隠蔽されることを回避しようとしたのである。[43] 破産法一四八条一項三号の趣旨について、「直近に発生した租税等の請求権は、破産財団所属財産形成との牽連性が強いが、それ以前のものについては、牽連性が弱いと考えられる」との見解もあるが、[44] 優先権の弊害を除去する必要性を看過することになるのではないかと思われる。

(3) 優先権は、破産手続が支払不能発生後遅滞なく開始された場合でも、支払不能を破産原因とした制度の趣旨を損なう（前述四3(2)を参照）。平時実体法上の優先権を尊重した上で、さらに衡平の原則により優先権を創れば、その弊害はより顕著になろう。したがって、破産法が衡平の原則に従い特定の債権を優遇することを正面からは認めないのは、正当であると思われる。[45]

5 支払不能を手続開始原因としない倒産手続

(1) 民事再生、会社更生などのように、支払不能を手続開始原因としない倒産手続も、財務状況が悪化したある時点で債務者財産の価値を拘束し、各倒産債権者に損失を負担させる以上、優先権排除の原則が妥当していると見るべきである。ただし、拘束される債務者財産の価値は、破産のように支払不能を手続開始原因とする倒産手続と比べ多くなり、弁済原資の価値も多くなり、これに応じて、優先権排除の要請も緩和されると思われる。

すなわち、公平の原則は一般的・普遍的であり、民法その他の実体法のルールであるのに対し、優先権排除の原則は倒産法に固有の手続法のルールであり、倒産手続ごとに強弱があると見るべきであり、その結果、債権者平等の原則は、倒産手続ごとに異なった形で存在すると、見るべきである。このような意味では、優先権の排除が基本的に要請されない民事執行においては、債権者平等の原則は公平の原則に近い形で存在しているものと思われる。

(2)　ドイツ破産法、ドイツ倒産法は、いずれも支払不能を手続開始原因とするので（後者では債務者申立ての場合は支払不能の虞れで足りる）、優先権排除の原則が強く妥当していることに、十分な合理性があろう。

一八八九年のアメリカ合衆国・連邦倒産法も、債務者の支払不能を手続開始原因としていたので、優先権排除の原則は我が国の破産手続と同様に強く妥当したものと思われる。一九七八年のアメリカ合衆国・連邦倒産法が制定当初は優先権を限定的に認めていたのは、同法が一八八九年の連邦倒産法下での経験・思索の集大成であった点に鑑みれば、当然であったと思われる。しかし、一九七八年の連邦倒産法は、債務者申立ての事件については手続開始原因を設けず、申立てと同時に手続を開始させる。これだけ手続開始が早まるなら、それに応じて優先権排除の要請も弱くなるのではないかと思われる。一九七八年の連邦倒産法においては、制定後、数多くの優先権が創られているが、これは、公平の原則は以前と同様に妥当する一方で、優先権排除の原則は弱くなったという観点から、説明が可能であると思われる。

(3)　他方、一九七八年の連邦倒産法において、債務者の事業を継続し、その事業を再構築することに資する債権に、優先権が付与されるのは、事業価値の最大化（債務者財産価値の最大化）が倒産処理の目的の一つとなったからだと、思われる。

事業価値の最大化を倒産処理の目的の一つとすることは、①弁済原資を最大化し、倒産債権者が被る損失を最小限に抑えるのは公平である点からも、②倒産を契機に債務者の事業価値の最大化を図ることは、経済社会全体の生産性を高めるという倒産処理の社会経済的機能に合致する点からも(46)、正当であると思われる。また、このような優先権を認めても、事業価値を高めることで、倒産債権者に対する配当がより多くなるのであれば、優先権排除の原則の趣旨を損なうこともないと思われる。

ただ、債務者Aの債権者Bは、Aの事業継続に必要な存在であるから優先されるが、債権者Cは、そうでないから優先されないという弁済における順位が、これまでの債権者間の公平・衡平の原則と両立し得るか否かは、問題であろう。

(39) 債務者Aに対して、B、C二人の債権者がおり、弁済期は同じであるが、Bの債権はCの債権に実体法上優先しているとする。民事手続外であれば、Cが先に満足を得たためBは完全な弁済を得られなかったとしても、債権者平等原則違反は問題とならない。しかし、Aの責任財産に対する強制執行や、Aに対する倒産手続においては、B、Cに対する弁済は、実体法が定める弁済における優先順位に従って行われる。本稿が検討する債権者平等原則は、この弁済における優先順位（プライオリティー・ルール）である。

(40) 中西・前掲注（2）（法と政治四一巻二＝三号）三九頁以下。

(41) 中西正「債権の優先順位」ジュリ一二七三号（二〇〇四）七一頁以下。

(42) 中西正「租税債権の取扱い」ジュリ一一一一号（一九九七）一四九頁以下とそこに引用の各文献、「倒産法見直しの動向と租税等の請求権優先主義が抱える課題」税五二巻一二号（一九九七）二六頁以下を、参照。

(43) 中西正「破産法一六三条三項の根拠と限界」東北学院法学七一号（二〇一一）八四頁以下。なお、小川秀樹編著・一問一答新しい破産法（二〇〇四）一九一頁、佐藤英明「破産手続と租税」税務事例研究九一号（二〇〇六）四六頁以下も参照。

(44) 伊藤眞・破産法・民事再生法〈第三版〉（二〇一四）三〇二頁。

(45) 伊藤・前掲注（44）二二頁。

(46) 伊藤眞・破産——破滅か更生か（一九八九）六頁以下、山本和彦ほか・倒産法概説〈第二版〉（二〇一〇）一八頁以下〔水元宏典〕を、参照。

五　結び

破産法においては、債権者間の公平の原則と、優先権排除の原則が、対立・拮抗しており、破産法における「債権者平等原則」は、両原則の均衡する点に存在している。

債権者間の公平の原則は一般的・普遍的であり、民法などの実体法に由来すると位置づけられるが、優先権排除の原則は、破産手続の機能維持を目的とし、手続固有の原則であると位置づけられる。

以上の構造は再生型倒産手続（民事再生・会社更生）においても同様である。ただ、債権者間の公平の要請は一般的・普遍的であり破産と同じである一方、優先権排除の要請は破産と比べて弱いので、再生型倒産手続においては、両原則の均衡点は、債権者間の公平・衡平の方向に移動する。

再生型倒産処理の目的に債務者の事業価値の最大化を加えるなら、債務者の事業継続、事業再構築に資する債権にも、優先権が付与されるべきである（民再八五条五項、会更四七条五項を参照）。このような優先権付与の要請、一般的・普遍的な債権者間の公平の要請、優先権排除の要請（事業価値の最大化を目的としなかった頃の再生型倒産処理より更に弱くなると思われる）の三者の力の均衡点の上に、再生型倒産処理における新たな「債権者平等原則」が成り立つことになろう。

＊本論文は、全国銀行協会学術研究振興財団の助成による研究成果である。

訴訟行為・執行行為の否認に関する覚書

畑　瑞　穂

一　はじめに
二　従来の状況
三　若干の検討
四　おわりに

一　はじめに

本稿は、訴訟行為・執行行為の否認について若干の検討を試みるものである。

明文規定のある執行行為のみならず訴訟行為一般も否認の対象になりうるというのが大方の理解であるように見受けられるにも拘らず、そのことの意味が必ずしも十分明らかになっていない面があるように思われるためである。(1)

（1）　本稿は、山本克己編著・破産法・民事再生法概論（二〇一二）二五九頁以下〔畑瑞穂〕で述べたところを敷衍し、さらに若干の検討を試みるものである。

二　従来の状況

1　「執行行為の否認」規定の立法趣旨等

訴訟行為の否認に関連する規定としては、倒産諸法制を通じて「否認権は、否認しようとする行為について執行力のある債務名義があるとき、又はその行為が執行行為に基づくものであるときでも、行使することを妨げない。」といったほぼ同様の条文が置かれており（破一六五条、民再一三〇条、会更八九条）、近時は、これらの条文との関係で、執行行為に限らずその他の訴訟行為の否認の問題が論じられることが多くなっている（後述2参照）。

もっとも、「執行行為の否認」の規定自体は、もともとそれほど多様な状況を想定したものではなかったようである。

沿革を辿ると、旧商法破産編にはこの種の規定はなかったが、大審院判例は、債権者が強制執行によって満足を得たことが旧商法九九一条一項の「異議」の対象になりうる、としていた(2)（大判大正六・三・一五民録二三輯三六六頁、大

判大正六・六・二九民録二三輯九九三頁）[3]。

このような状況の下で設けられた旧破産法七五条の「執行行為の否認」規定は、当然のことを確認的に規定するものとして起草されたものであり[4]、旧破産法の立案過程で重要な役割を果たした加藤正治博士は、同条について、債務名義がある債務について任意弁済がされた場合（【類型①】とする）と債務名義に基づく強制執行で債務の弁済を得た場合（【類型②】とする）を念頭に置いた説明をしている[5]。おそらく、【類型①】が同条前段に、【類型②】が同条後段に、それぞれ該当するという趣旨であろう。【類型①】・【類型②】ともに偏頗行為であり、【類型①】は「執行行為の否認」そのものではないわけである。

さらに、加藤説は、これとは別に、故意否認（旧破七二条一号）の対象には裁判上の和解、認諾、放棄、自白等の訴訟行為も含まれる、としており、「執行行為の否認」規定とは別に、一般原則による訴訟行為の否認可能性は認めていたことにも注意する必要がある[6]。

2　その後の学説

(1)　その後も当初は、加藤説と同様に、「執行行為の否認」規定とは別に、裁判上の自白等の訴訟行為も否認の対象になる、という簡単な説明をするものが多かったように見受けられるが[7]、やがて、訴訟行為の否認と「執行行為の否認」規定を関連付ける記述が見られるようになる。

例えば、中田淳一説は、否認の対象として裁判所の自白等の悪意の訴訟追行行為を挙げるとともに、「従って、その結果としての確定判決やこれに準じる調書の効力（これらを債務名義とする強制執行をも含む）も否認できる」として、旧破産法七五条を引いていた[8]。中田説はさらに、訴訟行為の否認の効果について、「もっとも、これら訴訟行為を否認したからといって、その訴訟法上の存立自体を奪うのでなく、否認は、常にこれらによって惹起されもしくは裏づけられた破産者の財産関係に関する実体的変動を、破産財団のために否定無視しうることにかかわる」という説明を加えており、その意味するところは必ずしも明らかではないが、後述（4(2)）するドイツ法の議論に見られるようなある種の相対的な効果を意図していると理解する余地もありそうである。

(2) さらにその後の学説の論述に大きな影響を与えたと見られるのは、「執行行為の否認」規定に関する『条解会社更生法』の以下のような論述である。[9]

まず、前段の適用事例としては、三つの場合を挙げている。すなわち、第一に、否認対象行為（例えば、不当に高価な商品購入）によって生じた債務者の義務（例えば、売買代金債務）について債務名義が存在する場合の否認（「原因行為の否認」）（【類型③】とする）、第二に、例えば、債務者による請求認諾や執行受諾の意思表示等の債務名義の成立に関与する行為の否認（「訴訟行為ないし債務名義自体の否認」）（【類型④】とする）、第三に、例えば、債務者に金銭の支払いを命じる確定判決がある場合に強制執行（【類型①】）や任意弁済（【類型①】）によって債権者が満足を受けたときのように、債務名義の内容を実現する行為の否認（「履行の否認」）である。

他方、後段の適用事例としては、債権執行における転付命令による被転付債権の移転の効果の否認（【類型⑤】とする）、競売において不当に廉価な競落がされた場合の競売自体の効果の否認（【類型⑥】とする）、非金銭執行による対抗要件具備行為（動産の引渡し、不動産の登記名義の移転）の否認（【類型⑦】とする）などを挙げている。

なお、『条解会社更生法』の論述も、否認対象行為の一般論として、訴訟行為を含む、という論述を前提とするものである。[10]

その後の学説の多くは、基本的にこの説明に従っているが、否認対象行為の一般論として、訴訟行為を含む、という論述が脱落する傾向があるようにも見受けられる。[11]

(3) もっとも、近時、いわば旧破産法立法時の理解（前述1参照）に立ち戻る方向が一部で示されるようになっている。すなわち、中尾彰判事は、「執行行為の否認」規定が確認的なものであることからその対象を議論する実益は乏しいとしつつ、一応の整理としては、加藤正治説に立ち戻って、前段は【類型①】を、後段は【類型②】を対象と

する、と論じているのである。(12)

3 旧破産法施行後の判例

旧破産法施行後の判例の状況を見ておくと、公刊されているものの多くは、【類型②】(強制執行で債務の弁済を得たことに対する否認)に関するものであり、さらにそのうち多くは、債務者の行為の要否について、旧破産法七二条一号の故意否認においては、破産者が害意をもって強制執行を招致した場合(大判昭和一五・一〇・三一判決全集七輯三四号一二頁、最判昭和三七・一二・六民集一六巻一二号二三一三頁)のほか、破産者が自ら弁済したとすれば悪意をもってしたものと認められるべき場合(大判昭和八・一二・二八民集一二巻三〇四三頁、大判昭和一四・六・三民集一八巻六〇六頁)に否認が可能であり、旧破産法七二条二号の危機否認においては、破産者の害意ある加功は必要ない(大判昭和一〇・三・八民集一四巻二七〇頁、大判昭和一七・二・二一判決全集九輯一七号七頁、最判昭和三九・七・二九集民七四号七九七頁、最判昭和四八・一二・二一判時七三三号五二頁、最判昭和五七・三・三〇判時一〇三八号二八六頁・判タ四六八号八三頁)、とする判例法理に関するものである。(13)(14)

また、【類型⑥】に関して、動産の競落価格が不当に低廉であるとして管財人が「事実上の競落人」に対して目的物返還ないし差額償還を請求したのを否定した大判昭和八・一二・二三新聞三六七五号七頁、(15)動産の強制競売及び滞納処分による公売について競落価格の低廉さから無償行為と同視すべき有償行為であるとして無償否認(旧破七二条五号)を認めた浦和地判昭和三〇・二・二六下民集六巻二号三五八頁がある。(16)

さらに、【類型⑦】に関して、仮登記仮処分(旧不登三三条)に基づく仮登記も対抗要件否認規定(旧破七四条一項)による否認の対象になりうるとした最判平成八・一〇・一七民集五〇巻九号二四五四頁がある。

4 若干の補足

(1)　詐害行為取消権　否認権と沿革を共通にするとされ、実質的にも関連が深い民法上の詐害行為取消権については、十分な調査をなしえておらず、誤解を恐れるが、【類型④】に関しては、基本的には訴訟行為は取消しの対象にはならないものの、訴訟上の和解・請求の放棄・認諾など訴訟行為が同時に法律行為である場合には対象になる、という考え方が有力であるように見受けられる。[17]

他方、よく知られているように、旧民法財産編三四一条二項・三項、旧々民事訴訟法（明治民訴法）四八三条が詐害行為取消権に関連して詐害再審を規定していたことや、[18]大正一五年の民事訴訟法全面改正で設けられた詐害防止参加（民訴四七条一項前段＝旧民訴（大正民訴）七一条前段）が、沿革的には詐害行為取消権を補うものとして用意された面があることからすると、[19]詐害的な訴訟追行に対しては、詐害行為取消権そのものではなく、これらの訴訟法上の手当てで対応する方向が主流であるとも考えられ、大正一五年の民事訴訟法全面改正で明治民訴法の詐害再審が廃止された後も、解釈論上何らかの再審を認めることが論じられているところである。[20][21]

もっとも、否認権における通説的な見解（前述１・２参照）と同様に、訴訟行為を詐害行為取消権の対象とするという解釈論も見られないわけではない。[22][23]

他の類型についてはあまり論じられないように見受けられるが、とりわけ債権者に対する弁済が詐害行為取消しの対象となりうることを前提とすると、詐害的な訴訟追行の問題を離れて否認権における【類型①】・【類型②】等の扱いが問題となり、「執行行為の否認」規定は確認的な規定であることから詐害行為取消権の場合も同様に解すると明言する見解等が見られる。[24]

なお、否認権において議論されている類型のいくつかに関する裁判例が若干見受けられる。[25]

(2)　ドイツ法　日本の破産法（や民事訴訟法）の母法であるドイツ法についても、やはり十分な調査をなしえておらず、誤解を恐れるが、日本法の「執行行為の否認」の規定と同様の規定を有している（旧破産法［KO］三五条・現行倒産法［InsO］一四一条）。やはり確認的なものとして起草され、現在でもそう理解されているようであり、主に念頭に置かれているのはやはり【類型①】・【類型②】であるように見受けられる。[26] なお、まったく言葉だけの問題であるが、ドイツ法の当該条文の見出しは「執行力ある債務名義（Vollstreckbarer Title）」というものであり、日本法の「執行行為の否認」という見出しよりも適切であるように思われる。

訴訟行為一般と否認の関係については、旧破産法の立法時から現行倒産法下の現在まで、訴訟行為も否認の対象になると考えられてきているようである。[27] なお、訴訟行為の否認の効果については、当該訴訟行為によってもたらされた確定判決が取り消されることになるわけではなく、債務者自身は自らがうけた確定判決に拘束されたままである、といった説明が見受けられる。[28][29]

また、現行倒産外取消法（AnfG）ないし旧破産外取消法（旧AnfG）においても、日本法の「執行行為の否認」規定と同様の規定が存在して（現行倒産外取消法一〇条・旧破産外取消法六条）確認的なものと解されているとともに、[30] 一般論として訴訟行為も取消しの対象となると解されているようであり、[31] 否認におけるのとほぼ同様の状況であるように見受けられる。

5 小括

まず、「執行行為の否認」規定の対象については、中尾説（前述2(3)参照）も論じるように、基本的に確認的な規定である以上、何が適用対象であるかを厳密に論じる意味はあまりないが、一応の出発点としては、条文の文言からしても、沿革に忠実に【類型①】・【類型②】を想定する方向が素直であるように思われる。

そして、出発点としての【類型①】・【類型②】以外の類型については、むしろ、一般原則によって否認可能かどうか、一般原則によって否認可能でないとすると、どのように考えるべきか、が問題であろう。とりわけ、否認対象行為の有害性について意識的に整理し、財産減少行為と偏頗行為にわけて規定を置いている現行倒産法の下では、訴訟行為・執行行為・執行行為の有害性について検討することが必要であると考えられる。

また、これらの類型において対処すべき問題がある場合は、それにどのような方法で対処し、それがどのような効果を有するのか等についても検討が必要であるように思われる。

（2） 債務者と債権者が共謀して執行証書が作成され、債権執行（転付命令）が行われ、第三債務者による弁済済みの事案について、強制執行によって債権を満足せしめたことが否認の目的であり、旧商法九九一条にいう総ての支払いとは、強制執行等の方法で債権の満足を得ることをも指す旨を述べた。

（3） やはり転付命令の後、第三債務者による弁済済みの事案について、債権転付は異議の目的にならないが、転付債権の受領は異議の対象になる、この場合、転付の効果及び弁済受領の当事者間での効力に消長を来させるものではない旨を述べた。

（4） 司法省編・改正破産法理由（一九二二）四七頁は、「否認せらるへき行為は公の名義に基くと否とを問はす之を否認することを得へきを明にす固より当然の規定にして説明を要するものなし」、としている。

（5） 加藤正治・破産法要論〈新訂増補〉（一九五七）一六六頁。

（6） 加藤・前掲注（5）一五五頁以下。

（7） 井上直三郎・破産法綱要〈増訂第五版〉第一巻（一九三〇）一六〇頁、齋藤常三郎・破産法・和議法（一九三七）二一六頁、菊井維大・破産法概要〈改訂増補七版〉（一九五六）一一〇頁以下。

（8） 中田淳一・破産法・和議法（一九五九）一五八頁以下。兼子一・強制執行法・破産法〈新版〉（一九六二）二一三頁の記述もこれに近い。

（9） 兼子一監修・三ケ月章ほか・条解会社更生法（中）（一九七三）一〇一頁以下。

（10） 兼子監修・前掲注（9）二二頁。

（11） 伊藤眞・破産法・民事再生法〈第三版〉（二〇一四）五一三頁以下、五五七頁以下等。

（12） 中尾彰「支払不能前の債権差押えと執行行為の否認について」判タ一三四二号（二〇一一）二八頁、三〇頁。なお、伊藤眞ほか編著・注釈民事再生法〈新版〉（上）（二〇〇二）四一三頁以下〔山本克己〕も、【類型①】・【類型②】のみに言及していた。

（13） このほか、破産手続開始後に強制執行による配当がされてしまった場合の処理に関して、（当事者の主張ないし判旨において）否認権に言及されたものがある（大判大正一四・一〇・一五民集四巻五〇四頁、大判大正一四・一一・一二民集四巻五五五頁）が、指摘されている（加藤正治「判批」法協四四巻一〇号〔一九二六〕一九三八頁、同「判批」法協四四巻一〇号〔一九二六〕一九七三頁）ように、否認権そのものの問題ではないであろう。
(14) 【類型②】に関する下級審裁判例として、旧破産法下の佐賀地判昭和三二・一〇・一一下民集八巻一〇号一八九八頁、大阪高判昭和四八・一二・四判時七三六号五六頁・判タ三〇四号一六九頁、現行破産法下の東京地判平成二四・七・一〇LEX/DB（文献番号25495823）があるほか、会社更生手続開始申立て後、権利質権者が、質権の目的たる債権を直接取り立てた行為が執行行為の否認規定の類推適用により否認の対象となると判断した大阪地判平成九・一二・一八判時一六五一号一三七頁・判タ九七二号二七三頁がある。
(15) 執達吏が売得金を受領したのを否認しうるが、執行行為を否認することはできない。まして、競落人でない者に請求することはできない、とする。
(16) このほか、抵当権実行としての競売で申立抵当権者自身が目的不動産を買い受けた事案で否認を認めた東京高判昭和三一・一〇・一二高民集九巻九号五八五頁があるが、競落価格の低廉さは問題にされておらず、むしろ、抵当権設定行為と一体として捉えて、偏頗行為として否認の対象としているように見える。
(17) 奥田昌道編・新版注釈民法⑽Ⅱ（二〇一一）八四四頁以下〔下森定〕参照。
(18) 条文は以下のようなものであった。
旧民法財産編三四一条〔一項省略〕
二項　債務者カ原告タルト被告タルトヲ問ハス詐害スル意思ヲ以テ故サラニ訴訟ニ失敗シタルトキハ債権者ハ民事訴訟法ニ従ヒ再審ノ方法ニ依リテ訴フルコトヲ得
三項　右孰レノ場合ニ於テモ債務者ヲ訴訟ニ参加セシムルコトヲ要ス
旧々民事訴訟法（明治民訴）四八三条
一項　第三者カ原告及ヒ被告ノ共謀ニ因リ第三者ノ債権ヲ詐害スル目的ヲ以テ判決ヲ為サシメタリト主張シ其判決ニ対シ不服ヲ申立ツルトキハ原状回復ノ訴ニ因レル再審ノ規定ヲ準用ス
二項　此場合ニ於テハ原告及ヒ被告ヲ共同被告ト為ス
(19) 菱田雄郷「独立当事者参加について」小島武司先生古稀祝賀・民事司法の法理と政策（上）（二〇〇八）七一四頁注32、八田卓也「詐害行為取消訴訟における他の債権者による権利主張参加の可否」田原睦夫先生古稀・最高裁判事退官記念・現代民事法の実務と理論（下）（二〇一三）九五二頁参照。

(20) 兼子一・民事訴訟法体系（一九五四）四一三頁（詐害訴訟を一種の執行妨害として捉え、その処罰を前提に、五号の再審事由を類推することを示唆する）、船越隆司「詐害判決論」法学新報（中央大学）七四巻四・五号（一九六七）一〇五頁（債務者の処分権・訴訟追行権が債権者との関係で制限されていると見て、三号の再審事由による取消しを認める）、鈴木正裕「判決の反射的効果」判タ二六一号（一九七一）一〇頁以下（債権者詐害の場合に限らず、より一般的に詐害再審を構想する）等。

(21) なお、債務者の受けた確定判決が債権者に及ぼす効果がいわゆる反射効であり、反射効においては馴合訴訟による無効が認められるとすると、そもそも詐害再審のような対応の必要性が低いことになりうるが、馴合訴訟と詐害的訴訟追行が完全に重なるかは必ずしも明らかではなく、また、反射効概念自体や、馴合訴訟による無効が認められるかについても見解が分かれているところである。鈴木・前掲注（20）参照。

(22) 近藤英吉＝柚木馨・註釈日本民法（債権編総則）（上）（一九三四）二七一頁（民法四二四条の類推適用を認める）。飯原一乗・詐害行為取消訴訟（二〇〇六）二八三頁以下も、否認権における通説的な見解に引き付ける解釈論を指向している。

(23) もっとも、否認権におけるのと異なって、詐害行為取消権を行使する訴訟の性質については、形成訴訟を含むとするいわゆる折衷説が判例・通説であり、これを前提としつつ取消しの対象を確定判決として捉えると、詐害再審との距離はあまりないことにもなりそうである。

(24) 板木郁郎「債権者取消権・債権者代位権」谷口知平＝加藤一郎編・民法演習Ⅲ（一九五八）九七頁。なお、奥田編・前掲注（17）八四五頁〔下森〕は、板木・前掲を馴合い訴訟への対応を論じるものとして引用しているように見えるが、ミスリーディングではないだろうか。

(25) 【類型③】に関して、大阪高判昭和三八・九・一八金法三五八号七頁は、土地による代物弁済について所有権移転登記手続を命じる確定判決があり、それに基づいて登記手続がなされたとしても、代物弁済自体についての取消しを妨げない、としている。また、最判平成一二・三・九民集五四巻三号一〇一三頁は、離婚に伴う財産分与および慰謝料支払いの合意の取消しについての判断を示したものであるが、これらの合意について執行証書が作成されていても取消しの妨げにはならないことを前提としており、その意味では【類型③】に関するものである。

【類型④】に関しては、訴訟上の和解の取消しを認めた東京控判昭和一一・一一・三〇新聞四一〇六号一四頁、請求の認諾の取消しの余地を残しつつも事案としては否定した東京高判昭和五五・四・九東高民時報三一巻四号七六頁がある。

【類型⑤】に関して、大阪高判昭和四〇・三・三一金法四〇九号一一頁は、転付命令による債権の移転は、債務者の行為に基づかないので取消しの対象にならない、としている。

【類型⑥】に関して、釧路地網走支判昭和五・一二・八新聞三二一二号一一頁は、競売による売買は取消しの対象にならない、としている。

このほか、大判明治三七・四・二五民録一〇輯一二巻五四三頁は、詐害行為取消権に言及しつつ、債務者と通謀して債権およびそれを担保する抵当権の存在を仮装した者が当該抵当不動産に対する強制執行を行うのに対して、債権者は第三者異議の訴えを提起しうる、としているが、その意味するところは必ずしも明らかではなく、大判明治四四・三・二四民録一七輯五巻一一七頁によって詐害行為取消権の性質等に関する現在の判例の枠組みが確立される前のものであることもあって、先例としての意義は小さいと見るべきであろう。

（26） 旧破産法（Konkursordnung）の草案理由書につき、Vgl. Hahn/Mugdan, Die gesamten Materialien zu den Reichs-Justizgesetzen Bd. 4.（1881）S. 130. 現行倒産法（Insolvenzordnung）下の解釈論につき、Vgl. Jaeger/Henckel, Insolvenzordnung Bd. 4.（2008）§ 141 Rn. 2ff.

（27） 旧破産法の草案理由書につき、Vgl. Hahn/Mugdan, a.a.O. 注（26）S. 126. 旧破産法下の解釈論につき、Vgl. Jaeger/Henckel, Konkursordnung 9. Aufl.（1997）§ 29 Rn. 4, 6, 11. 現行倒産法の草案理由書につき、Vgl. BT-Drucksache 12/2443 S. 157. 現行倒産法下の解釈論につき、Vgl. Jaeger/Henckel, a.a.O. 注（26）§ 129 Rn. 10.

（28） Jaeger/Henckel, a.a.O. 注（26）§ 129 Rn. 28. 必ずしも文脈が明らかでないように思われるが、旧破産法の草案理由書も同趣旨を述べているようにも見える。Vgl. Hahn/Mugdan, a.a.O. 注（26）S. 139.

（29） 他方、少数説と思われるが、口頭弁論中の倒産手続開始の場合、倒産管財人は否認権を行使して債務者が提出を怠っていた主張をしうるが、判決確定後は法的安定の要請が優先する、という見解も見受けられる。Patrick Kuehnemund, Die insolvenzrechtliche Anfechtung von Prozeßhandlungen des Insolvenzschuldners nach der InsO（Diss. Hamburg, 1998）; ders, Insolvenzanfechtung von zivilprozessualen Präklusionslagen KTS1999, 25.

（30） Micael Huber, Anfechtungsgesetz 10. Aufl.（2006）§ 10 Rn. 1. ただし、倒産法上の否認権と異なって、債務者の行為のみが取消しの対象となると解されていることから、少なくとも債務者の協力があったことが取消しの前提となると解されているようである。Huber, a.a.O. § 1 Rn. 16f., § 10 Rn. 6f.

（31） Huber, a.a.O. 注（30）§ 1 Rn. 9, § 3 Rn. 6.

三　若干の検討

1　訴訟行為・執行行為の否認の諸相

そこで、挙げられてきた各類型について検討すると、まず、【類型①】債務名義がある債務について任意弁済がされた場合に、偏頗行為否認が可能であることに関してはおそらく異論はないであろう。

【類型②】債務名義に基づく強制執行で債務の弁済を得た場合についても、偏頗行為否認が可能であることに関しては、やはりおそらく異論はなさそうである。[32] なお、債務者の行為の要否の問題については、偏頗行為の故意否認を廃して債務者の意思を問題にしない危機時期の行為の否認に一本化した現行法の下では、旧法下の危機否認に関する判例準則（前述二3参照）のみが働き、債務者の行為は必要ないことになろう。

【類型③】債務者の義務について債務名義が存在する場合であっても、その原因行為の否認が財産減少行為否認（ないし相当価格処分行為否認）として可能であることについても、やはりおそらく異論はないであろう。

【類型④】「債務名義の成立に関与する行為の否認（訴訟行為ないし債務名義自体の否認）」については、財産減少行為とも偏頗行為とも言いにくい面があり、問題があると言うべきであろう。この点については後に改めて検討したい（後述2）。

【類型⑤】債権の転付命令（や譲渡命令）については、否認の対象になりうることに基本的には問題なさそうである。ただし、この場合を債権者の満足とは別の「執行行為による権利移転の否認」として捉える必要はなく、中尾説が説くように、[33]【類型②】と同様に、代物弁済の一種すなわち債権者の満足についての偏頗行為否認として捉えれば足りるように思われる。[34]

【類型⑥】競売が廉価になされた場合の財産減少行為否認の可能性については、裁判所によって強制的に行われる競売の効果が後に否認されることは原則的にはないと言うべきであろう。なお、相当価格処分行為の否認（破一六一条等）の可能性も一応問題になりうるが、競売代金の執行手続による配当が予定されていることからすると、「隠匿等の処分」をするおそれやその意思は認めにくいと考えられる。(35)

【類型⑦】強制執行によって対抗要件（登記・引渡等）を具備した場合は、たしかに対抗要件否認の問題を生じ、このため対抗要件否認の規定と「執行行為の否認」規定の関係が論じられることがあるが、(36)「執行行為の否認」規定が確認的なものに過ぎないとすると、対抗要件否認の規定と排他的な関係に立つわけではないことになり、どちらの規定が適用されるのか、といった問題の立て方自体が適切でないように思われる。実質面では、対抗要件具備行為の否認である以上、この場合の行為の有害性は何か（財産減少行為なのか、偏頗行為なのか、それ以外なのか）、どのような時期のどのような行為が否認の対象になるのか等も含めてすべて、対抗要件否認に関する解釈とその適用に係ることになろう。(37)

2 「債務名義の成立に関与する行為の否認」について

(1) 前述したように、この【類型④】の基本的な問題点は、どのような意味での有害性があるのかが必ずしも明らかでないことにあるように思われる。

おそらく、例えば、実際には存在しない債務を債務者が負っているかのように、ないし、実際には債務者が有する権利が存在しないかのように、既判力をもって確定されてしまうことが財産減少行為ないしそれに準じるものとして捉えられているように思われるが、あるいは、債務名義を成立させることによって偏頗的な弁済につながることが問題にされている可能性もあろうか。

もっとも、前者の財産減少行為的な側面については、財産減少行為性を示すために、例えば、「実際には債務は存在しないこと」や「実際には債務者は権利を有すること」まで主張・立証する必要があるのか、主観的要件としても

「実際には債務は存在しないこと」や「実際には債務者は権利を有すること」についての善意・悪意を問題にする必要があるのか、といった疑問があるように思われる。実際にはそこまでの主張・立証が想定されているようには見受けられないが、そうだとすると、実体法上の行為についての通常の意味での財産減少行為性とはやや異なる有害性が問題になっていることになりそうであり、やはりややあいまいではあるものの、訴訟法的な意味での詐害性が問題となっていると言えようか。

後者の偏頗行為的な側面については、実際に偏頗行為が行われる前の段階での債務名義の成立を問題にする必要があるのかということ自体に疑問があるように思われる。

他方で、古くから訴訟行為の否認が可能であるとされてきたことや、詐害行為取消権に関連して詐害再審や詐害防止参加の制度が存在してきたことからしても、何らかの対応を要する問題がこの領域にあることは否めないように思われる。

そこで、網羅的ではないが、さらに類型を分けて、それぞれの有害性とそれへの対応の要否・方法について若干の検討を試みる。

(2) まず、執行証書における執行受諾の意思表示については、否認権等で対応する必要性自体がないのではないだろうか。

すなわち、執行証書には既判力のような拘束力はないため、実際には存在しない債務が存在するかのように確定してしまうという財産減少行為的な意味での有害性はない。

執行力についても、言うまでもなく、当該執行証書に基づく強制執行手続が開始していない段階で倒産手続が開始した場合は強制執行の申立てをすることはできない（破四二条一項、民再三九条一項等）し、強制執行手続の開始後・終了前の段階で倒産手続が開始した場合も失効ないし中止になる（破四二条二項、民再三九条一項等）ため、仮に実際には存在しない債務について執行証書が作成されたとしても、強制執行を防ぐという意味では執行証書の効力を否定する必要はない。

執行証書の効力を否定することで債権確定手続における起訴責任を転換する意味があるという議論もありうるが、[38] そもそもこの場合どのような形で否認権を行使することが想定されているのか、必ずしも明らかではない。否認権は裁判上行使することを要する（破一七三条一項等）が、否認権を行使する裁判が形成的な裁判であるわけではなく、否認権行使を前提とする適宜の請求を立てることになると理解されているところ、この場合は何らかの給付を求めるわけではないため、例えば執行証書の無効確認を求めることになるのであろうか。[39] しかしながら、何らかの訴えを提起して勝訴することによって起訴責任の転換を得るというのはあまり意味があることではないように思われる。この場合の請求を訴訟手続ではなく、決定手続である否認の請求（破一七四条等）でなしうるとすると、[40] 訴えを提起するよりは負担が少なくて済むとも考えられるが、[41] いずれにしても、この点は財産減少行為性や偏頗行為性と大きく隔たった問題であって、否認権等で対応すべきものであるのか疑問があり、また、訴訟手続にせよ決定手続にせよ、そこで執行証書の成立に関する何らかの詐害性を確定し、それによって起訴責任が転換されて、今度は債権者側からの債権査定の申立て等によって債権の存否自体を確定する、というのが全体として合理的な制度設計かどうかも疑わしいように思われる。

他方、強制執行が終了した段階で倒産手続が開始した場合に、なされた給付を返還させる効果を導く意味があるとも論じられる。[42] その意味自体必ずしも明らかでないように思われるが、強制執行終了後に債務名義の成立が否認されることによって、ただちに強制執行が無効になり、強制執行で実現された給付の返還が求められることになるという趣旨だとすると、妥当ではないように思われる。[43] そうではなく、債務が実際には存在しないことに基づいて強制執行で実現された給付の返還を求めることを想定しているのだとすると、前述の通り執行証書には既判力はないため、もともとその種の返還請求は妨げられず、執行証書の成立の否認を想定する意味は当然ながらない。[44]

(3)　これに対して、詐害的な訴訟追行（裁判上の自白等）に基づく確定判決が存在する場合は、その既判力を排除することにはたしかに意味があろう(45)。

しかしながら、その手段については検討の余地があるように思われる。すなわち、否認権の行使という対応（「否認権構成」とする）のほかに、詐害行為取消権について見たような詐害再審等の訴訟法的な対応がありうるためである。そして、一般的に言えば、（裁判上の行使を要するとは言え）形成権である否認権の行使で確定判決の効力が失われるというのはやや異例な構成であり、確定判決の既判力を排除するのは再審の役割とする方が素直な構成（「詐害再審構成」とする）ではないか、あるいは、詐害的訴訟追行という訴訟法的な問題には訴訟法的な手当てで対応するのが素直ではないか、とも考えられる。

これに対して、ドイツ法において論じられている（前述二4(2)参照）ように、否認権の行使によって当該訴訟行為に基づく確定判決が取り消されることになるわけではなく、債務者自身は自らが受けた確定判決に拘束されたままである（否認権行使の効果のある種の相対性ということになろう）とすると、形成権の行使という構成の不自然さも減少するとも考えられるが、このような意味での相対効を想定すること（詐害再審構成でも問題になりえよう）が妥当であるかがそもそも問題であるように思われる。たしかに、否認権行使の効果については、実体法上の行為の否認の場合を念頭に置きつつ「相対的」であるとされるが、債務者に効果が及ばないと表現されることはないように見受けられ、実質的にも、否認権行使によって回復された財産が破産財団中に残存したまま破産手続が終了したようないわばイレギュラーな場合を別として、その効果は債務者に及んでいることになりそうである(46)。訴訟行為が問題になる場合においても、否認権構成であれ詐害再審構成であれ、例えば、相手方の所有権を認める詐害的な確定判決の効果を一旦否定したとしても、その効果が債務者に及ばず、倒産手続終了後に債務者が詐害的な確定判決の効果を否定できないというのでは、実体法上の行為の否認の場合とのバランスを欠き、場合によっては倒産手続の目的を達せないおそれもあるのではないだろうか。

また、詐害再審構成には、問題がない限りで旧訴の訴訟状態を利用できるというメリットも（実際的な意味はともあれ）あり、また、詐害的な訴訟追行に対する訴訟法的な対応という意味で、詐害防止参加制度の存在との整合性も高いとも考えられる。

なお、言うまでもなく現行法にはこの場合を想定した詐害再審の条文は存在せず、責任追及の訴えに関する詐害再審（会社八五三条）や行政訴訟に関する詐害を要件としない第三者再審（行訴三四条）等の規定があるのみであるが、先にも触れた（前述二4⑴）ように、かつては詐害行為取消権に関連する詐害再審の規定があり、その削除後も詐害再審を構想する見解も有力であるとともに、近時は、新株発行無効の訴えや株式会社解散の訴えに関して、解釈論上詐害再審ないしそれに類するものを認める最高裁判例が出ている（最決平成二五・一一・二一民集六七巻八号一六八六頁、最決平成二六・七・一〇金判一四四八号一〇頁）ところであり、この場合にある種の詐害再審を解釈論上想定することも、必ずしも不可能ではないであろう。

もちろん、詐害再審構成による場合の訴訟構造等についてはさらに検討する必要があるが、本稿で立ち入ることはできない。(47)

⑷　ところで、以上では詐害的な訴訟追行に基づく判決の確定後の段階を念頭に置いてきたが、詐害的に追行されている訴訟の係属中の段階ではどうなるか、という問題もある。(48)この段階では、詐害行為取消権の場合はすでに言及してきたように詐害防止参加の問題になるのに対して、倒産手続の場合は、例えば破産管財人による訴訟手続の受継（破四四条二項等）の問題になる。(49)この点に関しては、破産管財人が債務者によって追行されてきた従来の訴訟状態に拘束されるのが適当か、という点が問題になり、破産管財人が受継を拒絶できるかについて見解が分かれているが、受継を拒絶できないことを前提としつつ、債務者による問題のある訴訟追行には否認権で対処するという方向も示唆されているところであり、(50)この方向は、受継がされるかされないかの二者択一を避けて、やはり問題がない限りで従来の訴訟状態を利用できるという点で魅力的であるように思われる。これに対して、訴訟法的な対応を考える方向による場合は、破産管財人が実体法上は差押債権者と同様の地位をも有するとして扱われること等から、(51)訴訟上も、受

継義務を肯定した上で債権者が詐害防止参加をした場合とほぼ同様の地位を認めることが考えられるが、これによると、前述の方向との違いは実際上はあまりないことになりそうである。(52)(53)

(5) 最後に、詐害的な裁判上の和解・請求の放棄・認諾の扱いは、これらの法的性質や効力、瑕疵の主張方法の問題等とも関係して難問であるように思われる。(54)

まず裁判上の和解については、さしあたりいわゆる併存説的な理解によることとして、和解調書に確定判決と同様の既判力はないことを前提とすると、少なくとも裁判外の和解の場合と同様に、その内容が詐害的な場合に財産減少行為否認によって効力を否定しうることになろう。(55) この場合を同時に詐害的な訴訟追行として捉えて詐害再審の事由があると考えることもできそうであるが、いずれにしても、その主張のために詐害再審そのものを想定する必要はなさそうである。

請求の放棄・認諾についても、前述（二4(1)）したように、詐害行為取消権に関して、裁判上の和解と同様に実体法上の法律行為を伴うものとして取消しの対象となる、という理解が多い。しかしながら、貸金返還請求の原告による請求の放棄のような場合はともかく、請求の放棄・認諾のすべての場合について実体法上の法律行為を伴うものと言えるかどうか、検討の必要がありそうである。(56) とはいえ、実体法上の法律行為を伴うと言いにくい場合であっても、一方で詐害的な確定判決、他方で詐害的な裁判上の和解についての対応を想定する以上、何らかの対応が必要であることは否めない。そこで、この場合は詐害的な訴訟追行の問題として捉えた上で、放棄・認諾調書に確定判決と同様の既判力はないことを前提として、詐害再審そのものによることなくその効力を否定しうる、と考えたい。

裁判上の和解・請求の放棄・認諾を通じて、その効力を否定する方法については、意思表示の瑕疵を主張する場合と同様に（あるいはそれ以上に）問題がありそうであり、なお検討を要するが、実体法上の法律行為の否認として捉えるにせよ、詐害再審の事由の主張と捉えるにせよ、例えば、破産管財人が受継申立てとともに期日指定の申立てをして訴訟の続行を求めることが考えられよう。(57)

(32) なお、前掲・大判大正一四・一一・一二や前掲・大判昭和八・一二・二三は、動産執行において執行吏による売得金の受領が否認の対象になる旨の一般論を述べていたが、否認の対象はやはり債権者が満足を得たことであろう。

(33) 中尾・前掲注(12)三一頁注9。

(34) 第三債務者から差押債権者への弁済済みの場合についても、中尾・前掲注(12)三一頁注9が説くように、否認の対象は転付(一種の代物弁済)による満足であって、非転付債権の弁済による満足ではなく、代物弁済の目的物たる非転付債権が弁済によって消滅しているために価格償還を求めることになる、と理解すれば足りるように思われる。

(35) 債権者への弁済が「隠匿等の処分」にあたるか、というより一般的な問題についても、原則としてあたらないという説が多いように見受けられる。伊藤・前掲注(11)五二二頁注225等。

(36) 大橋弘「判解」ジュリ一一一五号(一九九七)一三九頁参照。

(37) 私見につき、畑瑞穂「対抗要件否認に関する覚書」井上治典先生追悼・民事紛争と手続理論の現在(二〇〇八)五四五頁。

(38) 「債務名義の成立に関与する行為の否認」一般について、兼子監修・前掲注(9)一〇二頁。

(39) そもそも、執行証書の成立の瑕疵を主張するルートは請求異議の訴えではないか、という点も検討を要しよう。

(40) もともと想定されるのが請求異議の訴えだとすると(前注(39)参照)、それを否認の請求の形でなしうるのか、検討の必要がありそうである。

(41) 例えば、否認の請求の申立手数料については民事訴訟費用等に関する法律には規定がなく、無料と解されている。伊藤眞ほか・条解破産法〈第二版〉(二〇一四)一一七四頁等。

(42) 「債務名義の成立に関与する行為の否認」一般について、兼子監修・前掲注(9)一〇二頁。

(43) 債務名義にもともと瑕疵がある場合の強制執行の効力については議論があり(中野貞一郎・民事執行法〈増補新訂六版〉〔二〇一〇〕一七二頁以下参照)、最判昭和五〇・七・二五民集二九巻六号一一七〇頁は不動産の競売における買受人の所有権取得を否定しているが、この場合に配当までもが当然に無効になるのかは必ずしも明らかではなく、また、一般に強制執行終了後に債務名義が取消しにより失効しても強制執行の効力は維持されると解されている(中野・前掲書一六八頁参照)ことからしても、執行証書の成立の事後的な否認によって強制執行の効果が覆るという帰結は認めにくいのではないだろうか。なお、債務名義に瑕疵はないが債務は存在しないという場合も競売の効果は覆らない。最判昭和五四・二・二二民集三三巻一号七九頁。

(44) 詐害行為取消権に関しても、執行証書の作出自体の詐害性を問題にする必要はないように思われる。

(45) ただし、債務者が受けた確定判決が管財人等に及ぼす効力の性質が、管財人等が債務者の地位を引き継ぐことから既判力そのものであるのか、管財人等が差押債権者と同様の地位を有することから反射効的なものであるのかについては、必ずしも明らかではないように思われ、後者だとすると、前注（21）で債権者について述べたのと同様に、対応の必要性自体が低下しうるが、債務者が効力を受けたままでよいか、という本文で後述する問題も含めて、必要性がないとも断定しにくいということになろう。

(46) 畑瑞穂「詐害行為取消訴訟の構造に関する覚書」石川正先生古稀記念・経済社会と法の役割（二〇一三）一一六三頁、一一六八頁、一一七七頁参照。なお、債権法改正準備作業においては、詐害行為取消権について債務者に正面から取消しの効力を及ぼす方向で検討されている。「民法（債権関係）の改正に関する要綱仮案」一九頁以下参照。

(47) 民事再生において管理命令が発令されていない場合は、第三者性を有する手続機関としての再生債務者が詐害再審を提起することを想定することになろうか。これに対して、否認権構成を前提とすると、訴訟行為の否認のための権限を監督委員に付与し（民再五六条一項）、それによって、訴訟行為の否認を前提とする訴え提起等の権限が与えられることになる（同条二項）、と解するのであろうか。後注（52）も参照。

なお、詐害行為取消権については、詐害再審構成ではなく、訴訟行為の取消しという構成によるとしても、判例・通説のいわゆる折衷説を前提とすると、取消しの対象の捉え方にもよるが、確定判決の取消しを求める形成訴訟を提起する必要があることになるのだとすると、詐害再審構成との距離は大きくないことにもなりえそうである。

(48) 議論があるが、認めるのが多数説であろう。高橋宏志・重点講義民事訴訟法（下）〈第二版補訂版〉（二〇一四）五〇一頁注4参照。

(49) 破産債権に関する訴訟の場合は、債権確定手続の一環としての異議者等による受継の問題（破一二七条）になる。

(50) 見解の対立も含めて、山本克己ほか編・新基本法コンメンタール破産法（二〇一四）一一四頁〔垣内秀介〕参照。

(51) 伊藤・前掲注（11）三二七頁以下等。

(52) 民事再生において管理命令が発令されていない場合は、手続の中断・受継は生じないが、やはり第三者性を有する手続機関としての再生債務者に、債権者が詐害防止参加をした場合とほぼ同様の地位を認めることになろうか。これに対して、否認権構成によることを前提とすると、ここでもやはり訴訟行為の否認のための権限を監督委員に付与することになりそうであるが、これによって監督委員にどのような管理処分権が与えられ、監督委員がどのような形で訴訟に関与することになるのか、難問を生じそうである。前注（47）

も参照。

(53) 破産債権に関する訴訟の場合（前注（49）参照）には、異議を述べた他の破産債権者が手続を受継することもありうる。ここでも、従来の詐害的な訴訟追行の結果に異議者が拘束されるのは問題であるようにも思われるが、なお考えたい。

(54) これらについて、高橋宏志・重点講義民事訴訟法（上）〈第二版補訂版〉（二〇一三）七七一頁以下、七八一頁以下参照。

(55) 詐害行為取消権に関する前掲注（25）・東京控判昭和一一・一一・三〇は、実体法的な詐害性を検討している。なお、裁判上の和解・裁判外の和解を通じて、権利義務関係がはっきりしない場合における紛争解決のための合意についての詐害性をどのように認定・判断するのかに関しては、検討を要する面があるように思われる。

(56) 例えば、請求の認諾による無因の債務負担を観念しうるのか、請求の放棄による所有権の単純な放棄を観念しうるのか、といった問題がありそうである。

(57) 詐害行為取消権の場合についてもなお検討を要するが、例えば、債権者が詐害防止参加の申立てとともに期日指定の申立てをして訴訟の続行を求めることが考えられよう。

四　おわりに

以上、極めて雑駁な検討しかできておらず、中心的な検討対象である詐害的な訴訟追行への対応についても、大まかに言えば、倒産手続においては否認権構成が主流であるのに対して、倒産手続外では詐害再審等の訴訟法的な手当てによる対応が主流であり[58]、詐害行為取消権を否認権に引き寄せる少数説も存在するところ、本稿は、逆に、倒産手続において訴訟法的な手当てで対応する可能性を示唆したにとどまる[59]。

そもそも「詐害的な訴訟追行」をどのように認定・判断するのか、といった問題も含めて、今後の検討を要する点が多いが、紙幅をはじめとする諸般の制約から本稿の検討はここまでとせざるを得ない。

(58) これまた極めて大まかな印象論の域を出ないが、前者がドイツ法の流れを汲み、後者がフランス法の流れを汲む、という位置づけの可能性もあろうか。

（59）　詐害的な訴訟行為に関する公刊判例が見当たらない（前述二3参照）ことは、この問題の実務的な重要性が高くないことを示唆するが、方向転換に無理が少ないことを意味するとも言えようか。

将来財産を目的とする担保権の倒産法上の取扱い

――アメリカ連邦倒産法五五二条の研究

藤澤治奈

一　問題の所在
二　連邦倒産法制定前の議論
三　連邦倒産法五五二条の成立
四　おわりに

一　問題の所在

1　本稿が扱う問題

伊藤眞先生が、御著書『債務者更生手続の研究』の中で提起された問題の一つである集合動産・債権担保の倒産法上の取扱いという問題は[1]、今もなお解決されることなく私達の前に立ちはだかっている。集合動産・債権担保の実務上の重要性が高まった現在において、むしろ、この問題提起の意義は大きなものとなっているとも言えよう。

そこで、本稿では、伊藤眞先生の御研究に学んだ上、アメリカ法を参考としつつ、この問題の解決の糸口を探ってみたい。

なお、本稿では、「集合動産・債権担保」という枠組みではなく、「将来財産を目的とする担保権」という枠組みを用いて、前記の問題の一部を取り扱う。というのも、集合動産・債権担保の倒産法上の取扱いという問題は、倒産手続開始時の債務者の財産に着目すれば、以下の二つに分けることができる。第一に、倒産手続開始時に既に債務者の下に存在していた財産の取扱いの問題、第二に、倒産手続開始後に債務者（倒産財団）が取得することになる財産の取扱いの問題である。そして、第一の問題については、後述するように、伊藤眞先生による詳細なアメリカ法の御研究があるが、後者の問題については[2]、日本におけるアメリカ法の理解に混乱もみられるところである。そこで、本稿では、倒産手続開始前に存在した担保権が、債務者が将来取得する財産をもその目的としている場合に、その効力が、債務者が倒産手続開始後に取得した財産に及ぶか否かという問題を扱うこととする。

2　日本における議論の状況

将来財産を目的とする担保権の倒産法上の取扱いをめぐる議論には、数多くのものがある。紙幅の関係上、これらの議論を網羅的に紹介することはできないが、そこには、ある特徴が見て取れる。

(1) 担保目的財産について　第一の特徴は、担保目的財産の種類によって議論が異なっている点である。まず、従来の多くの研究において、動産譲渡担保の効力の問題と債権譲渡担保の効力の問題とが区別して論じられており[3]、さらに、今次の民法(債権関係)改正作業との関係もあって、将来債権譲渡に議論が集中している[4]。もちろん、我が国の判例が、動産と債権とを区別して扱っていることから[5]、このような議論のあり方は当然といえば当然である。しかし、債務者の倒産との関係で生じる問題には、担保目的財産が動産であろうが債権であろうが変わらないものもある[6]。

また、ほとんどの議論において、不動産を目的とした担保権の効力の問題は、その射程からはずれている。不動産を目的とした担保権、すなわち抵当権は、債務者が既に所有している不動産をその目的とするものではあるが、被担保債権の債務不履行後は、その果実にも及ぶとされている(民三七一条)。そこで、抵当権者は、物上代位(民三七二条・三〇四条)や担保不動産収益執行(民執一八〇条二号)の方法を用いて、債務者が倒産手続開始後に取得した賃料債権から優先弁済を受けられる場合がある。そして、物上代位の方法を用いるときに、抵当不動産の管理費用を倒産財団が負担するとすれば、賃料を抵当権者が独占してよいのかといった、動産担保や債権担保と同様の問題が生じる。ところが、こうした問題は、将来財産担保をめぐる活発な議論から取り残されているように見える。

(2) 手続について　第二の特徴は、倒産手続の種類に関しても、議論の射程が狭い点である。破産手続のような清算型倒産手続においては、手続開始後に債務者が何らかの財産を取得する余地が少ないため、将来財産担保権に関する議論の実益がないと解される一方、民事再生手続や会社更生手続のような再建型倒産手続においては、債務者が事業を継続するため、それにより新たに取得された財産上に手続開始前の担保権が及ぶか否かは重要な問題となる。そこで、将来財産担保権の効力に関する議論は、再生型倒産手続の場面を念頭に置くものが多い[7]。

もちろん、個々の手続の特性によって異なる問題があることは当然である。しかし、財産の取得費用をめぐる担保権者と財団（一般債権者）との利害の衝突のように、どの倒産手続にも共通し、一般的に検討されるべき問題があることも指摘されているところである(8)。

3　アメリカ連邦倒産法からの示唆

そこで、アメリカ連邦倒産法を見れば、日本のような議論の枠組みは、アメリカにおいては採用されていないことが分かる。

アメリカ連邦倒産法には、将来財産を目的とする担保権の倒産法上の効力につき規定した条文が存在するが、これが、本稿が検討の対象とする連邦倒産法五五二条である(9)。

この条文の特徴は、第一に、将来財産を目的とする担保権であれば、その目的が動産であるか債権であるかを問わずに適用される点にある。さらには、不動産を目的とする担保権が、不動産の将来の収益をもその目的とする場合もカバーしている。つまり、担保目的財産の種類を問わないルールとなっている点で、日本における議論とは異なっている。

第二に、同条は、連邦倒産法の総則的な部分に規定されており、清算型倒産手続にも再生型倒産手続にも適用される条文となっている。つまり、倒産手続の種類を問わずに適用されるルールとして位置づけられており、この点においても日本における議論とは異なっている。

そこで、本稿では、連邦倒産法五五二条の成立過程を分析することにより、これら二つの特徴を明らかにしたい。これにより、将来財産を目的とする担保権の規律には、アメリカ連邦倒産法のようなアプローチもありうることを示し、日本における議論を相対化できると考えている。

4 日本におけるアメリカ法理解の問題点

なお、連邦倒産法五五二条は、これまでに日本においても、将来債権譲渡の倒産法上の効力等に関する議論に際して紹介されてきた。ところが、日本におけるこの規定の理解には、二つの問題があると考えられる。

⑴ 連邦倒産法五五二条の内容　第一の問題は、そもそも五五二条の内容の理解に混乱があることである。

例えば、ある論稿は、同条を以下のような規定であると紹介する。[10] ①原則として、倒産手続開始後の財産に対しては担保権の効力が及ばないが、②例外として、爾後取得財産条項（after-acquired property clause）があった場合には、裁判所が否定しない限り、倒産手続開始後の財産に対しても担保権の効力が及ぶ。

また、別の論稿は、同条を以下のような規定であると紹介する。[11] ①倒産手続開始後に取得された財産にも担保権が及ぶ約定がある場合、原則として担保権の効力が及ぶが、②裁判所が、衡平の観点から審理して、除外することもできる。

ところが、実際の五五二条は、前記のように定めているわけではない。

まず、五五二条a項は、倒産手続開始前に設定された担保権の効力が、債務者の将来取得する財産に及ぶものと約定されていたとしても、債務者が倒産手続開始後に取得した財産には、当該担保権の効力が及ばないことを定めている。つまり、爾後取得財産条項の効力は、手続開始後の財産には及ばないのである。そして、その趣旨は、債務者のフレッシュ・スタートを可能にすることにあると説明されている。[12]

しかし、同条b項は、この原則に例外を定めている。手続開始時に債務者に帰属していた財産が、手続開始後に姿を変えて、債務者が何らかの代替物等を取得するに至った場合には、担保権の効力はその代替物等に及ぶというのである。ここでは、在庫が売却されて売掛債権になった場合や売掛債権が回収されて金銭になった場合などが想定されている。担保目的不動産からの収益も、この例外に含まれる。

そして、同項は、前記の例外にさらなる例外を置いている。それが、五五二条b項の後半部分であり、それによれば、倒産裁判所は、衡平の観点から代替物上の担保権の効力を否定することができる。ここでは、例えば、倒産手続開始時の担保目的物である原材料が加工されて在庫となり、その費用が倒産財産から支出されたことにより一般債権者に損失が生じたような場合に、当該費用の範囲で在庫上の担保権の効力を否定することが想定されている(13)。なお、このような五五二条の内容は、アメリカ連邦倒産法の解説書によって、既に日本においても紹介されている(14)。しかし、条文の構造の複雑さからか、先述のような混乱の下に議論が進められている現状がある。

そこで、本稿は、日本における議論に際して、連邦倒産法五五二条を参考にするための前提を確認することをも目的とする。

(2) 連邦倒産法五五二条の理想化　第二の問題は、連邦倒産法五五二条の理想化である。

先に挙げた五五二条を紹介する論稿は、日本においても五五二条のような規定を設けるべきであると主張する(15)。また、五五二条により、担保目的財産が確保され、手続開始後のＤＩＰファイナンスが可能になるといった分析をしている(16)。

ところが、連邦倒産法五五二条をめぐっては、様々な判例があり、「代替物」の範囲や「衡平」の内容は、未だはっきりとしていない(17)。そのため、五五二条が担保権者保護に役立っているのか、反対に、倒産財団の充実のために用いられているのかについて、簡単に結論を下すことは適切ではない。

この条文を用いて、アメリカの倒産裁判所がどのような秩序を作り出しているのかの分析を待って、このようなルールが我が国にとって望ましいものであるかが検討されるべきであろう。なお、この作業は、本稿の目的から外れるものではあるが、ここで指摘をしておきたい。

5　本稿の行論

以上に述べたように、本稿は、アメリカ連邦倒産法五五二条の内容を明らかにした上で、その特徴を示し、日本における議論を相対化することを目的とする。そして、この目的を達するために、連邦倒産法五五二条の制定過程を分析することとする。

そこで、以下では、まず、連邦倒産法制定前の議論を紹介する（二）。次に、連邦倒産法五五二条の成立に至る過程を分析する（三）。最後に、以上をふまえて、連邦倒産法五五二条が日本法に与える示唆を明らかにする（四）。

（1）伊藤眞・債務者更生手続の研究（一九八四）三三〇頁、初出「集合動産・債権担保と会社更生（1）〜（4・完）」NBL二四二号五四頁、二四七号二二頁、二四九号三四頁、二五〇号二八頁（一九八一〜一九八二）。

（2）なお、倒産手続開始後の問題についても、伊藤眞先生による日本法の御研究があり、本稿の問題意識は、これに多くを負っている。伊藤眞「倒産処理手続と担保権――集合債権譲渡担保を中心として」NBL八七二号（二〇〇八）六〇頁（伊藤①）、同「集合債権譲渡担保と事業再生型倒産処理手続再考――会社更生手続との関係を中心として」曹時六一巻九号（二〇〇九）二七五七頁（伊藤②）参照。

（3）集合動産譲渡担保においては、倒産手続開始や担保権実行により目的物が「固定化」すると説明されることが多く、これに対して、将来債権譲渡担保においては、手続開始後債権につき譲渡担保の効力が及ぶか否かにつき先鋭な学説の対立がある。なお、ABLのような資金調達方法を念頭に置き、このような議論の状況に変化が生じていることを指摘するものとして、中島弘雅「ABL担保取引と倒産処理の交錯――ABLの定着と発展のために」金法一九二七号（二〇一一）七一頁がある。

（4）伊藤達哉「融資実務からみた将来債権譲渡に係る法改正の方向性――将来債権譲渡担保の効力を中心として」銀法七一一号（二〇一〇）二六頁、佐藤正謙ほか「企業取引実務から見た民法（債権法）改正の論点・第三回債権譲渡②――倒産手続開始後に発生した債権に対する将来債権譲渡の効力」NBL九二三号（二〇一〇）二四頁、山本和彦「債権法改正と倒産法（上）」NBL九二四号（二〇一〇）一三頁、小林信明「将来債権譲渡に関する法制」山本和彦＝事業再生研究機構編・債権法改正と事業再生（二〇一一）一一一頁等がある。

（5）判例は、債務者が将来取得する動産を譲渡担保目的物とするためには、「集合物」概念を用いるが（最判昭和五四・二・一五民集三三巻一号五一頁）、これに対して、債権については、そのような概念を介さずに、将来発生する債権を譲渡担保の目的とすることを認めている（最判平成一三・一一・二二民集五五巻六号一〇五六頁、最判平成一九・二・一五民集六一巻一号二四三頁）。なお、このような判例の理解を批判するものとして、伊藤①および②・前掲注（２）がある。

（６）この点を指摘するものとして、伊藤①・前掲注（２）六六頁以下。

（７）中村廉平「再建型法的倒産手続におけるＡＢＬの取扱いに関する考察――いわゆる『固定化』問題を中心として」ＮＢＬ九〇八号（二〇〇九）二九頁、山本慶子「再建型倒産手続における将来取得財産に対する担保権の処遇――事業収益型担保の処遇を中心に」金融研究二九巻二号（二〇一〇）一五九頁等がある。

（８）このような問題意識を示すものとして、和田勝行・将来債権譲渡担保と倒産手続（二〇一四）一三頁。

（９）連邦倒産法五五二条は、「倒産手続開始後の担保権の効力」と題されており、以下のような規定になっている。

(a)　本条ｂ項に規定されている場合を除いて、倒産手続開始後に倒産財団または債務者によって取得された財産は、手続開始前に債務者によって締結された担保権設定契約から生じるいかなる担保権にも服さない。

(b)　(1)　本章三六三条、五〇六条ｃ項、五二二条、五四四条、五四五条、五四七条および五四八条に規定された場合を除いて、倒産手続開始前に債務者が担保権設定契約を締結し、その担保権設定契約に基づいて発生した担保権が、手続開始前に債務者が取得した財産のみならず、その財産の代替物（proceeds）、生産物（products）、子孫（offspring）、または利益（profits）に及ぶ場合、その担保権は、担保権設定契約および平時実体法によって認められる限りにおいて、手続開始後に倒産財団によって取得された、代替物、生産物、子孫または利益に及ぶ。ただし、裁判所が、通知および審尋の後、衡平（equity）に基づき、異なった命令を下した場合を除く。

(2)　本章三六三条、五〇六条ｃ項、五二二条、五四四条、五四五条、五四七条および五四八条に規定された場合を除いて、また、本章五四六条ｂ項の規定にかかわらず、倒産手続開始前に債務者が担保権設定契約を締結し、その担保権設定契約に基づいて発生した担保権が、手続開始前に債務者が取得した財産のみならず、その財産の賃料またはホテル、モーテル、その他の宿泊用財産の部屋およびその他設備の使用または専有のための料金、使用料、代金、その他の金銭に及ぶ場合、その担保権は、担保権設定契約によって認められる限りにおいて、手続開始後に倒産財団によって取得された賃料、料金、使用料、代金、その他の金銭に及ぶ。ただし、裁判所が、通知および審尋の後、衡平に基づき、異なった命令を下した場合を除く。

（10）山本・前掲注（７）一九四～一九五頁は、五五二条を以下のように紹介している。「原則として、倒産手続開始後の財産に対しては担保権の効力は及ばないことが定められているが（五五二条ⓐ）、例外として、担保権設定後に債務者が取得した財産（米国では、事後取得財産（after acquired property）と呼ばれる）も担保目的財産となることを定める条項（事後取得条項）があった場合には、裁判所が否定しない限り、倒産手続開始後の財産に対しても担保権の効力は及ぶことが定められている（同条(b)(1)）」。

（11）岡正晶「民法（債権法）改正の課題 実務家からの情報発信——企業間取引を中心に」ひろば六二巻一〇号（二〇〇九）三七頁、四三頁「・倒産手続開始後に取得された財産にも担保権が及ぶ約定がある場合、原則として担保の効力が及ぶが、裁判所が審理して衡平の観点から除外することもできる。・裁判所は、開始後に倒産者がかけた費用額等（原材料を製品に加工した費用、販売費用など）を考慮して、開始後に取得された財産の一部を担保に服さないものとして財団に帰属させることができる」。

（12）COLLIER on Bankruptcy, 16th edition（2013), ¶552.01.

（13）House Report No. 95-595, Sept. 8, 1977, p. 376-377; Senate Report No. 95-989, July 14, 1978, p. 91.

（14）高木新二郎・アメリカ連邦倒産法（一九九六）二〇九頁、福岡真之介・アメリカ連邦倒産法概説（二〇〇八）二〇三〜二〇五頁参照。

（15）岡・前掲注（11）四三頁は、「今般の民法改正にあわせて、是非、右のような趣旨の倒産実体法の改正をすべきである」とする。

（16）山本・前掲注（7）一九五頁は、「米国ではこうした規定によって柔軟な対処が可能となっており、結果的には手続開始後のＤＩＰファイナンスのための担保目的財産の確保が図られているともいえる」と述べている。

（17）SCHWARCZ, Protecting Right, Preventing Windfalls: A Model for Harmonizing State and Federal Laws on Floating Liens, 75 N.C.L. Rev. 405 (1997), p. 406.

二　連邦倒産法制定前の議論

１　ＵＣＣ第九編の成立による倒産法への影響

（1）ＵＣＣ第九編の成立と爾後取得財産条項の承認　連邦倒産法は、一九七八年に成立したが、その直前には、アメリカの担保法における大きな変化があった。

数多くの研究が指摘しているように、かつてのアメリカ法は、将来財産を目的とする担保権に厳しい態度を示しており、その有効性は制限されたものであった。[18] しかし、統一商事法典（Uniform Commercial Code, UCC）第九編は、実務上の要請に応え、爾後取得財産条項の有効性を認めることにより、将来財産を目的とする担保権の設定を可能にしたのである。[19]

しかも、UCC第九編は、それまで担保目的物ごとに異なっていた様々なルールを統合し、動産および債権（personal property）に共通するルールを置いた。これにより、動産と債権とが、共通のルールで規律されることになっただけでなく、債務者が有する動産および債権をまとめて担保化することも可能になった。

UCCは、一九五二年に成立し、その後、相次いでアメリカの各州で採択された。

(2) 倒産法への影響　このような担保法の変化を受けて、一九六〇年代に入ると、爾後取得財産条項によって可能となった将来財産を目的とする担保権が倒産法上も有効であるか否かという議論が、ローレビューや裁判において繰り広げられることとなった。[20]

担保権者の保護を強調する立場、すなわち、爾後取得財産条項の有効性により在庫担保や売掛債権担保の利用が可能になったのであるから、その効力を尊重すべきであるという立場からは、そのような担保権は倒産法上も有効であるという主張がなされた。[21]

これに対して、ある担保権者が包括的な担保を取得することにより、他の債権者が害されることを危惧する立場からは、将来財産を目的とする担保権の効力は、倒産法上は、制限されるべきであるとの反論がなされた。[22]

2　連邦破産法をめぐる議論

(1) 連邦破産法六〇条との関係　このとき、議論の中心となったのは、爾後取得財産条項にもとづく担保権の設定は、連邦破産法上の偏頗行為か否かという点であった。というのも、当時の連邦破産法六〇条は、危機時期における債務者による偏頗行為を否認の対象としており、[23]同条によれば、債務者が危機時期に取得した財産が爾後取得財産条項にもとづき担保目的物となることが、偏頗行為となる可能性があったからである。

なお、この問題については、伊藤眞先生の御研究があることから、以下では、この御研究をもとに、かつての連邦破産法下の議論および現在の連邦倒産法の規定を簡単に紹介する。[24]

⑵　学説　この問題につき、否認を肯定する立場は、担保権の成立時期は、債務者が財産を取得した時点であるとして、危機時期以降の担保目的物の取得が否認の対象となると解する。[25]

これに対して、将来財産担保を擁護する立場は、①集合物論等を用いて担保権の成立時期を担保権設定契約時とする、[26]②担保目的物の取得と同時にその対価の提供（新たな価値の付与）があったとみなして偏頗性を否定する、[27]③ＵＣＣにおける担保権の成立と破産法上否認の対象となる財産移転とを区別するといった、[28]いくつかの理由づけを用いて、否認の可能性を否定した。

⑶　判例の立場　こうした議論をふまえて、多数の判例が採用したのは、後者の立場であった。[29]

しかし、このような判例に対しては、なぜ偏頗行為否認の対象とならないのかについての論拠が曖昧であるとの批判もある。[30]また、一般債権者保護の観点から、爾後取得財産条項付の担保権の効力を強く認めすぎているのではないかとの危惧も生じた。[31]

3　ギルモア委員会レポートによる解決

⑴　一九七〇年ギルモア委員会レポート　そこで、この問題については、立法的な解決が待たれることとなった。

一九六六年に組織された「破産法とＵＣＣとの調和のための委員会」（Committee on Coordination of the Bankruptcy Act and the Uniform Commercial Code〔同委員会は、その議長の名から「ギルモア委員会」と通称される。そこで、以下では同委員会を「ギルモア委員会」とする〕）は、倒産法会議（National Bankruptcy Conference）からの諮問を受けて、担保権の倒産法上の取扱いについて検討し、一九七〇年に最終報告書を提出するに至った。[32]

一九七〇年の報告書の作成に際して、議論の中心となったのは、ＵＣＣ第九編によってその有効性を認められた爾後取得財産条項にもとづく担保権の倒産法上の取扱いであった。ギルモア委員会は、爾後取得財産条項にもとづく担保権につき、否認を認めるという見解および否認を認めないという見解は、それぞれ極端であり、その中間の解決を立法により図るべきであるという立場に立つ。そこで、このような立場から、連邦破産法六〇条の改正が提案された。

⑵　二時点比較法にもとづく立法提案　　ギルモア委員会による改正案六〇条a項四号Ⅳは、まず、債務者の通常の営業の範囲内で生じた在庫や売掛債権の取得は、原則として否認の対象とならないとして、爾後取得財産条項付の担保権を尊重している。しかし、一定の場合には、否認の対象となることを認めて、一般債権者への配慮を示した。(33)

ここで、否認の対象を決定する基準が、ある二つの時点の比較であることから、この基準は「二時点比較法（two-point test）」と呼ばれている。

というのも、この規定は、①第一の時点として、倒産手続開始四カ月前の時点を取り上げ、この時点における被担保債権額と担保価値との差額を問題とする。この時点で、被担保債権額が担保価値を上回っている場合、すなわち、不足額（deficiency）が存在する場合には、第二の時点が問題となる。

そして、②第二の時点とは、倒産手続開始の時である。この時点で、前記の不足額が解消されている、または、改善されている場合には、財産の移転が債務者の通常の営業の範囲内のものであったとしても、偏頗行為として否認の対象となる。

このようなルールによって、爾後取得財産条項付の担保権は原則として保護され、他方で、倒産手続開始直前にあえて在庫を増やすなどの偏頗的な行為を否認の対象とすることができるようになる。

4　現在の連邦倒産法の規定

その後、一九七八年には新たに連邦倒産法が制定されるが、連邦倒産法も、ギルモア委員会レポートの提案にしたがって、二時点比較法を採用している。これを規定しているのが、連邦倒産法五四七条c項五号である。

同号は、まず、在庫もしくは売掛債権、または、それらの代替物を目的とする対抗要件を備えた担保権を生じさせる財産移転は、原則として、否認の対象とはならないとする。ただし、二時点比較法にしたがって、倒産手続開始の時点で以前より不足額が減少しており、それが、無担保債権者の損失にもとづいている場合には、そのような財産移転は、偏頗行為として否認の対象となるとしている。(34)

（18）大和田実「米国における動産担保法の形成（一）」法学協会雑誌九五巻二号（一九七八）三六九頁・三七七頁以下、角紀代恵・受取勘定債権担保金融の生成と発展（二〇〇八）第三章、初出「アメリカ法における爾後取得財産条項の効力」星野英一先生古稀祝賀・日本民法学の形成と課題（上）（一九九六）、森田修・アメリカ倒産担保法――「初期融資者の優越」の法理（二〇〇五）一五頁以下。

（19）二〇〇一年改正前のＵＣＣ九―二〇四条一項は、「（前略）担保権設定契約において、被担保債権の全部または一部を爾後取得財産によって担保することを約定することができる」と規定し、爾後取得財産条項の有効性を宣言した。

（20）KRONMAN, The Treatment of Security Interests in After-Acquired Property Under the Proposed Bankruptcy Act, 124 U.Pa.L. Rev.100（1975-1976）, p. 116, 120.

（21）FRIEDMAN, The Bankruptcy Preference Challenge to After-Acquired Property Clauses under the Code, 108 U.Pa.L. Rev.194（1959）, p. 220.

（22）COUNTRYMAN, Code Security Interests in Bankruptcy, 75 Com. L.J.269（1970）, p. 269.

（23）連邦倒産法六〇条ａ項によれば、偏頗行為とは、①債務者の財産の債権者への移転行為であり、②手続開始前の債務のためになされたものであり、③倒産手続開始４カ月前以降になされた行為であり、④その際に、債務者が支払不能の状態にあり、⑤当該移転行為により、債権者が同列の他の債権者に比べて高い割合で弁済を受けることになるような行為をいう（KING, *infra* note 25, p. 1118）。

（24）伊藤・前掲注（1）三六四頁以下参照。なお、この問題については、米倉明・譲渡担保の研究（一九七六）一六八頁注9、初出「流動動産譲渡担保論一斑（三）」北大法学論集一八巻四号六六三頁（一九六八）、谷口安平「浮遊担保と否認権――アメリカ統一商法典と連邦破産法の一問題」法学論叢八八巻四＝五＝六号一五六頁（一九七一）、角・前掲注（18）等の研究もある。

（25）GORDON, The Security Interest in Inventory under Article 9 of the Uniform Commercial Code and the Preference Problem, 62 Colum. L. Rev. 49（1962）; KING, Section 9-108 of the Uniform Commercial Code: Dose It Insulate the Security Interest from Attack by a Trustee in Bankruptcy?, 114 U.Pa.L. Rev.1117（1966）; COUNTRYMAN, *supra* note 22.

（26） HENSON, "Proceeds" under the Uniform Commercial Code, 65 Colum. L. Rev. 232（1965）.

（27） KRAUSE=KRIPKE=SELIGSON, The Code and the Bankruptcy Act: Three Views on Preference and After-Acquired Property, 42 N.Y.U.L. Rev. 278（1967）; HOGAN, Games Lawyers Play with the Bankruptcy Preference Challenge to Accounts and Inventory Financing, 53 Cornell L. Rev. 553（1968）.

（28） FRIEDMAN, *supra* note 21.

（29） KRONMAN, *supra* note 20, p. 132. なお、この時期の判例については、谷口・前掲注（24）一七三頁以下に紹介がある。

（30） KRONMAN *supra* note 20, p. 133-134.

（31） Report of the Committee, *infra* note 32, p. 208.

（32） Report of the Committee on Coordination of the Bankruptcy Act and the Uniform Commercial Code（1970）, House Report No. 95-595, p. 204-219.

（33） ギルモア委員会による改正案六〇条a項四号Ⅳは、以下のように定めている。「債務者の通常の営業の過程で在庫が取得され、または、売掛債権が発生し、それが担保権設定契約にもとづき担保目的物となった場合において、在庫もしくは売掛債権、または、それらの代替物の移転は、対抗要件を具備していれば、否認の対象とならない。ただし、譲受人〔担保権者〕が以下の基準に従って、その地位を改善した場合は除く。譲受人〔担保権者〕が地位を改善する場合とは、(a)破産申立て四カ月前、または、四カ月の期間内に初めて担保権設定契約にもとづき新たな価値（new value）が与えられた場合には、新たな価値が与えられたときに、不足額（deficiency）が存在し、(b)その不足額が、破産申立ての時に減少するか、超過額になっていたことをいう。譲受人〔担保権者〕は、前記の基準に従って、自らの地位を改善していないことを立証する責任を負う。本号の規定により財産の移転が否認される場合には、破産申立て前の一時点で債務者が支払不能であったか否か、譲受人〔担保権者〕が財産移転時に債務者が支払不能であると信ずべき相当の理由があったか否かを問わず、否認が認められる」。なお、改正案の翻訳については、谷口・前掲注（24）を参考にした。

（34） 連邦倒産法五四七条c項五号は、以下のように規定している。

(c) 本項において、管財人は、以下のような財産移転を否認することはできない。

(5) 在庫もしくは売掛債権、または、それらの代替物を目的とする対抗要件を備えた担保権を生じさせる財産移転。ただし、譲受人〔担保権者〕への財産移転によって、担保目的物の価格を被担保債権額が超える部分が、倒産手続開始時に以下のうちの遅い時点より減少し、それが、無担保債権者の損失による場合は除く。

(A)(i)本条b項四号(A)が適用される移転については、倒産手続開始九〇日前

(ii)本条b項四号(B)が適用される移転については、倒産手続開始一年前

(B)担保権を生じさせる担保権設定契約にもとづき、新たな価値が最初に与えられた時

なお、同号(A)にいう連邦倒産法五四七条b項四号(A)が適用される場合とは、倒産手続開始九〇日前以降に財産移転がなされた場合であり、同号(B)が適用される場合とは、倒産手続開始一年前以降、九〇日前以前に財産移転が行われ、財産移転を受けた債権者が、移転時に内部者(insider)であった場合を指す。

三　連邦倒産法五五二条の成立

1　ギルモア委員会レポートの残された問題

このように、二時点比較法に立つ連邦倒産法五四七条c項五号により、爾後取得財産条項付の担保権の倒産法上の取扱いという問題は解決されたかにみえる。

しかし、二時点比較法による否認権の規律は、ある問題を残すことになった。それが、倒産手続開始後に債務者が取得することになる財産の問題である。

というのも、二時点比較法は、否認権によって処理する財産移転の範囲を明確にするものであった。すなわち、五四七条c項五号が処理するのは、倒産手続開始時点までの担保目的物の取得である。そこで、同号によって手続開始前の担保目的物の取得が否認の対象とならないとしても、その後に債務者が取得する財産に担保権の効力が及ぶか否かは、依然として問題となるのである。

そこで、連邦倒産法の起草に際しては、この問題に対処する条文が置かれることとなる。これが、連邦倒産法五五二条である。

2　一九七三年草案

(1)　一九七三年草案の紹介　　一九七八年に成立する連邦倒産法五五二条の元となるルールは、一九七三年の草案に登場する。(35)　一九七三年草案の位置づけは、以下のようなものである。一九七〇年、連邦議会は、アメリカ合衆国倒産法委員会（the Commission on the Bankruptcy Laws of the United States）を組織し、同委員会は、一九七一年から倒産法改正のための検討を開始した。この委員会が、一九七三年に発表したのが、一九七三年の委員会レポートである。このレポートの第一部は、委員会からの答申および勧告を記したものとなっており、第二部が、これらを具体化した倒産法の草案になっている。一九七三年草案については、一九七五年以降、議会での検討が進められ、一九七七年には、連邦倒産法の原案が、上院および下院において取りまとめられることとなる。

(2)　将来財産に関する規定の登場　　連邦倒産法五五二条の元となったルール、すなわち、一九七三年草案七―二〇三条は、同草案のうち「再生手続」と題された第七章に置かれていた。

一九七三年草案七―二〇三条は、担保権設定契約の文言にかかわらず、倒産手続開始後に管財人または債務者によって取得された財産には、手続開始前に債務者によって締結された担保権設定契約にもとづく担保権の効力は及ばないと定めている。(36)

そして、その趣旨は、以下のように説明されている。「この条文は、第七章の倒産事件において、担保権設定契約における爾後取得財産条項の有効性、および、担保目的物の代替物、生産物または子孫に対する担保権者の権利を制限するものである。この条文は、爾後取得財産条項による担保権者の担保権（例えば、UCC九―二〇四条三項によって認められた担保権）の効力は、倒産手続開始後に管財人または債務者によって取得された財産には及ばないことを明確にしている。停止が中止されるか保護命令（例えば、分別管理の命令や代替物保管の命令）が発令されない限り、管財人または債務者は、担保目的物およびその代替物を使用することができる」。(37)

(3)　一九七三年草案七―二〇三条の特徴　　このように、一九七三年草案七―二〇三条は、UCC第九編によって認められた爾後取得財産条項の効力は、倒産手続開始後の財産との関係では、遮断されることを明示したものとなっている。この意味では、草案の規定は、現在の連邦倒産法五五二条と同様である。

ただし、草案の規定には、現在と異なる点もあることを指摘しておかなくてはならない。

第一に、既に述べたとおり、この規定は、「再生手続」と題された第七章に置かれており、再生型倒産手続の場面を対象としたルールとして起草されていた。

第二に、明文上、代替物上の担保権の効力については触れられていないものの、その趣旨説明からは、代替物についても、担保権の効力が遮断されることが想定されていることが分かる。これは、現在の五五二条とは異なる点である。担保権者の保護は、自動停止の中止または「適切な保護」に委ねられている。

3　一九七三年草案が参照する判例

(1)　判例の紹介　このように、連邦倒産法五五二条のルールは、一九七三年草案に初めて登場する比較的新しいものである。しかし、一九七三年草案は、それ以前の判例を参照しており、五五二条の沿革は、判例法にも求めることができる。

一九七三年草案が参照する判例とは、以下のようなものである。(38)

【事実の概要】

フランクリン・ガーデン・アパートメント株式会社（Franklin Garden Apartments, Inc.）（債務者）は、一九四一年二月五日、連邦破産法第一〇章の再生手続開始申立てを行い、同申立てにもとづき再生手続が開始し、シドニー・クリスタル（Sidney Crystal）が管財人に選任された。

債務者は、不動産業に従事しており、ニューヨークのロングアイランドに、一二三室からなる六棟のアパートメントおよび六〇台の自動車を収容できるガレージを所有していた。これらの不動産には、グリーンポイント貯蓄銀行

（Green Point Savings Bank）のモーゲッジが設定されており、同銀行は債務者に三八二五〇〇ドルの融資を行っていた。債務者は、一九四〇年一二月に、同債務の利息の支払を怠った。モーゲッジのコベナンツによれば、利息の債務不履行の際には、賃料の譲渡が行われることとなっていたため、これに従って、一九四一年一月二一日に、債務者は、現在発生している賃料、および、将来発生する賃料をモーゲッジ債権者に譲渡する旨の証書を発行した。この証書において、モーゲッジ債権者が賃料回収の代理人に任命されていたため、証書の文言に従って、その後は、モーゲッジ債権者が不動産の占有を行い、賃料の回収を行うことになった。

これに対して、管財人は、土地および設備の価値は、五五七五〇〇ドルであり、モーゲッジによる融資額三八二五〇〇ドルを一七五〇〇〇ドル上回っていることを示す宣誓供述書を提出した。そして、再生手続において、管財人がモーゲッジ目的不動産の占有を有し、賃料を収受すべきことを命じる命令を求めた。モーゲッジの対象となった建物のために、債務者は既に五一六九四五ドルを支出しているが、未だ完成には至っておらず、賃貸に付されていないアパートメントにスプリンクラーなどの種々の設備を設置するために、さらに一六〇〇〇ドルが必要であり、これを調達するために賃料を収受する必要があるというのである。既に賃貸されている七三室のアパートメントから得られる収益は、月々約五〇〇〇ドルであるが、一二三室全てのアパートメントおよびガレージが賃貸されるようになれば、月々の収益は九七〇〇ドルになるという。

【原審の判断】

原審（連邦地方裁判所）は、[39] まず、①当時の連邦破産法にもとづいて、管財人がモーゲッジ不動産の占有を取得することを認めた。さらに、②管財人が、一九四一年二月以降の賃料を回収する権限を有することを認めた。ただし、③賃料から、不動産を運営する費用、建物等を完成する費用、および、これらの過程で発生する管理費用を除いた残額は、モーゲッジ債権者に引き渡されるべきことを命じた。

【裁判所の判断】

そこで、モーゲッジ債権者は、①、②および③について異議を述べて控訴した。

これを受けて、裁判所（連邦第二巡回裁判所）は、基本的には原審の判断を踏襲する判断を下した。すなわち、裁判所は、①連邦破産法にもとづき、管財人がモーゲッジ不動産の占有を取得することを認め、また、②賃料を回収することを認めた。

しかし、③管財人が回収した賃料から取得することができる費用の範囲については、原審と異なる判断を下している。裁判所は、不動産の運営費用については、管財人が取得することを認めたものの、それ以外の費用の回収を認めず、残額をモーゲッジ債権者に引き渡すことを命じた。

(2) 判例の分析　前記の判例からは、第一に、不動産を目的とする担保権（モーゲッジ）の効力がその賃料にも及ぶとされている場合、倒産手続開始後に不動産の占有は管財人に委ねられるとしても、担保権者の賃料に対する優先権が認められることが分かる。

第二に、担保権者が賃料に対する優先権を有しているとしても、その全額を取得できるわけではない。不動産の運営費用については、管財人が取得することが認められている。そして、建物を完成させる費用等のさらなる費用の回収が認められるかについて、原審と本判決との判断が分かれていたのである。

以上のような判例が、一九七三年草案七―二〇三条の起草にあたって参照されていたことは、連邦倒産法五五二条の射程を理解する上で重要である。というのも、同条は、UCC第九編、すなわち、動産・債権担保法の変化に対応するために起草された条文ではあるものの、不動産担保に関する判例法にもその沿革を有し、後述するように、不動産担保にも適用されるからである。

4　連邦倒産法五五二条の成立とその後の展開

(1)　連邦倒産法五五二条の成立　先に紹介した一九七三年草案を経て、一九七八年の連邦倒産法には、将来財産を目的とする担保権の効力について、新たに五五二条が置かれることとなった。(40)

このとき、連邦倒産法は、一九七三年草案に二つの変更を加えている。

第一の変更点は、連邦倒産法五五二条は、倒産手続開始後に債務者が取得した財産につき、手続開始前の担保権の効力を遮断するものの、その唯一の例外として、代替物等の上に担保権の存続を認めた点である。そのような変更の理由は、立法資料で明確に論じられているわけではないが、「ＵＣＣとの一貫性」という文言が見られる。(41)また、一九七三年草案が引用する前記の判例の立場とも整合するルールとなっている。そして、この例外のさらなる例外として、判例で行われていたように、一定の範囲で裁判所が代替物上の担保権の効力を否定することができる旨も、明文で規定されることになった。

第二は、五五二条のルールが置かれる章の変更である。先述したように、一九七三年草案の時点では、このルールは、再生手続に関する章に置かれていた。これに対して、現在の連邦倒産法では、「債権者・債務者・財団（Creditors, the Debtor, and the Estate）」と題された第五章に条文が置かれており、第七章の清算手続（Liquidation）や第一一章の更生手続（Reorganization）等に共通するルールとして位置づけられている。この変更についても、立法資料において明確な説明がなされているわけではないが、五五二条の趣旨、すなわち、債務者のフレッシュ・スタートやＵＣＣとの一貫性といった立法趣旨は、基本的には、倒産手続の種類を問わずに妥当するものであり、共通ルールとしての位置づけを与えられたと考えられる。

(2)　五五二条の改正　なお、一九九四年の連邦倒産法改正の際に、五五二条についても改正が行われ、現在のｂ項二号が付け加えられた。(42)

というのも、ｂ項によれば、担保権の効力を手続開始後の代替物や収益に及ぼすためには、平時実体法上も、そのような効力の波及が認められている必要がある。ところが、モーゲッジの目的である不動産の賃料に関しては、州によって対抗要件具備の方法が異なっているといった事情があり、平時実体法に関する判例の混乱があった。そこで、一九九四年改正に際しては、この混乱に終止符を打つために、不動産の賃料等を動産や債権の代替物等と区別し、五五二条b号二号という新たな条項が付け加えられた。これにより、平時実体法が賃料への効力の波及を認めているという要件が不要となり、当事者の約定さえあれば、手続開始後の賃料について担保権が認められることとなった。[43]

このことからも、五五二条が、不動産を目的とする担保権との関係でも用いられ、重要な役割を果たしていることが分かる。

（35） Report of the Commission on the Bankruptcy Laws of the United States, H. R. Doc. No. 137, 93rd Cong., 1st Sess.（1973）.

（36） なお、七―二〇三条は、「リース目的財産または担保目的財産の使用」と題されており、担保権の効力等につき、本文に紹介した以外のルールも定めている。条文の文言は、以下のようになっている。

(a) 財産の使用　動産のリース契約または担保権設定契約の文言にかかわらず、⑴管財人、レシーバー、または、管財人もしくはレシーバーが選任されていない場合の債務者は、四―五〇一条に定められた停止期間が終了するまでは、債務者の営業の範囲内で、担保権の目的となった財産とその代替物、および、引き受けられていないリース契約におけるリース目的動産を使用することができる。⑵手続開始日以降に管財人または債務者によって取得された財産は、手続開始前に債務者によって締結された担保権設定契約にもとづく担保権に服することはない。

(b) 停止の中止または停止の変更　倒産手続規則および四―五〇一条の定めに従って、担保権者またはレッサーは、①停止の中止または、②財産およびその代替物の使用条件が担保権者を適切に保護するような停止の変更を求めることができる。管財人または債務者は、手続開始日における担保権の価値またはリース目的物の価値が適切に保護されていることを証明する負担を負う。

（37） 一九七三年草案七―二〇三条の注四参照。

（38） *In re* Franklin Garden Apartments, Inc.; Crystal v. Green Point Savings Bank, 124 F.2d 451（1941）.

（39） *In re* Franklin Garden Apartments, Inc., 38 F. Supp. 377（1941）.

（40） COLLIER on Bankruptcy, *supra* note 12, ¶552. LH.

（41） S. Rep. No. 95-989, *supra* note 13, p. 91.

（42） 連邦倒産法五五二条b項の文言については、前注（9）参照。
（43） COLLIER on Bankruptcy, *supra* note 12, ¶ 552. LH.

四 おわりに

1 まとめ

(1) 五五二条の射程　以上のように、連邦倒産法五五二条は、UCC第九編が動産・債権担保につき爾後取得財産条項の有効性を承認したことに対応すべく新設された条文であると同時に、不動産担保に関する判例にもその沿革を有する。そこで、その適用範囲は、動産・債権担保だけではなく、不動産担保にも及ぶ。また、五五二条は、清算型倒産手続にも再建型倒産手続にも適用されるルールである点も指摘した。

(2) 五五二条の趣旨　そこで、五五二条の立法趣旨を振り返ってみれば、まず、①五五二条a項は、倒産手続開始後に取得された財産に担保権の効力が及ぶことを否定し、債務者のフレッシュ・スタートを可能にするという役割を担っていた。他方で、②同条b項は、平時実体法が、担保権の効力が目的物の代替物や果実に及ぶことを尊重し、そのような効力の波及を倒産法上も認める規定となっている。ただし、③同項後半によれば、財団すなわち一般債権者の損失によって、代替物等の上に担保権を取得することは認められない。

このような趣旨が、基本的には、財産の種類を問わず、また、倒産手続の種類を問わず妥当すると考えられていることから、連邦倒産法は、前記のような規定ぶりになっているのではないか。

(3) 日本法への示唆　現在、日本においては、倒産法改正に向けた議論が活発に行われている。そこでは、将来債権譲渡の倒産法上の効力につき論じられることが多いが、財産の種類を問わない形の議論があってもよいように思われる。

また、将来財産担保の効力を検討するにあたっては、清算型倒産手続との関係では、その実益が少ないことも指摘されている。しかし、理論的には手続の種類を問わずに妥当する問題もあることから、射程の広い議論があってもよいのではないか。

2 今後の課題

しかし、連邦倒産法五五二条のようなルールが日本にとって望ましいかどうかは、別の問題である。

先述したように、五五二条b項にいう代替物等（proceeds, products, offspring, profits）がどのような範囲に及ぶかについては、UCC第九編における代替物（proceeds）概念の混乱とも相まって、はっきりとはしていない。また、衡平にもとづき代替物上の担保権が否定される場面についても、裁判所によって異なっているとの指摘もあるところである。[44] つまり、五五二条が現実の倒産事件においてどのような役割を果たしているかについては、明確にされていない。

そこで、この問題についての分析を行い、五五二条のようなルールが日本法においても導入される可能性があるのかについて検討することを今後の課題としたい。

（44） SCHWARCZ, *supra* note 17.

＊なお、本研究を行うにあたっては、全国銀行学術研究振興財団の助成を受けた。

一時停止通知と「支払停止」

松下淳一

一　はじめに
二　伊藤説について
三　「支払停止」の概念をめぐる従来の学説・判例
四　一時停止通知と「支払停止」再考
五　最後に

一　はじめに

制度化された（準則型の）私的整理においては、その手続の開始の際に、債務者が単独で、あるいは債務者と私的整理の実施機関との連名で、私的整理への参加が想定される債権者宛に、債権回収行動を控えて欲しい旨の要請がされることがある。制度化された私的整理の一つである事業再生ＡＤＲにおいては、特定認証紛争解決事業者は、認証紛争解決手続における紛争の当事者である債権者に対し一時停止を要請する場合には、債権者に対し、債務者と連名で、書面により通知しなければならない、とされており、ここで「一時停止」とは、債権者全員の同意によって決定される期間中に債権の回収、担保権の設定または破産手続開始、再生手続開始、会社更生法もしくは金融機関等の更生手続の特例等に関する法律の規定による更生手続開始もしくは特別清算開始の申立てをしないことをいう、とされている（経済産業省関係産業競争力強化法施行規則（平成二六年一月一七日経済産業省令第一号）二〇条前段）。

本稿は、私的整理の後に裁判上の倒産処理手続（以下「法的整理」という）が開始された場合に、この一時停止の通知のように、私的整理において債務者から債権者宛の債権回収行動の自制を要請する行為が、偏頗行為否認・相殺禁止の基準時となる「支払停止」（破一六二条三項・七一条一項三号・七二条一項三号）（民事再生法および会社更生法における対応する条文も同じ）、および破産手続開始の原因となる事実である支払不能を推定する「支払停止」（破一五条二項）に該当するかどうかを検討することを目的とする。

この問題については、次述するように、本論文集の被献呈者でいらっしゃる伊藤眞教授が、制度化された私的整理が現在のように盛況になる前から見解を発表されており、後述（二1）のように、近時刊行された体系書においてその見解は一層精緻なものとなってきている。本稿は、まず前記の問題についての伊藤説の展開を確認した上で、支払停止概念をめぐる従来の学説を振り返ってその意義を押さえ、その上で上記の問題について筆者なりに検討を加えることとする。

予め結論を述べれば、私見は、伊藤説とは逆に、債務者から債権者宛の債権回収行動の自制を要請する行為を広く「支払停止」と捉える見解であり、(1) 長年にわたってご指導を頂いてきた伊藤教授にここで胸を借りることができればと念じている。

（1）私見を「偏頗行為否認の諸問題」田原睦夫先生古稀・最高裁判事退官記念・現代民事法の実務と理論（下）（二〇一三）二四四頁、二五三～二五七頁に記したところ、伊藤教授から私見の問題点のご指摘を頂いた（伊藤眞・破産法・民事再生法〈第三版〉〔二〇一四〕一一一頁〔注78の後半〕）。本稿は、伊藤教授からのご指摘をふまえて再考した、現時点での筆者の考えを内容とするものである。

二　伊藤説について

1　伊藤説の展開

一九九九年に公表された伊藤眞「債務免除等要請行為と支払停止概念(2)」は、債権者による受入可能性等から見て相当性を備えない免除等の申出行為は、債務者の弁済資力の欠乏を自認する支払停止行為とみなすべきである、として、相当性を備える免除等の申出行為は支払停止に該当しない、と論ずる。そしてその相当性は、第一に、申出の相手方たる債権者の範囲、第二に免除等の申出が債権者によって受け入れられる合理的蓋然性の有無から判断する、合理的蓋然性に関わる事情としては、申出前後の債務者と債権者との交渉過程、申出の基礎として債権者が自己の資産および負債に関する情報を開示しているか、将来の収益力回復の見込みに関する基礎を債権者に対して明らかにしているかがある、と述べる。そして、このような見解にもとづいて、債務者が主要な債権者を網羅した債権者団に対して債務の一部免除等の申出をなしており、申出前後の債務者と債権者団との交渉の経緯、および申出の理由となる情報が開示されている場合には、債務免除等要請行為は、自己の弁済資力回復を信じ、これを外部に表示する債務者の行為と認められ、これをもって弁済資力の欠乏を外界に表示する支払停止とみなすことはできない、と論ずるのである。この論稿の公表後に、二〇〇一年策定の「私的整理に関するガイドライン」を嚆矢として、企業の倒産処理のために、制度化された私的整理が活用されるようになってきた。

現行破産法制定後の二〇〇九年に公表された伊藤眞「第3極としての事業再生ADR——事業価値の再構築と利害関係人の権利保全の調和を求めて(3)」では、産業活力再生特別措置法（当時）にもとづく事業再生ADRの手続における一時停止について、厳密な要件により認定された特定認証紛争解決事業者と債務者の連名でなされるものであり、事業再生の見込みがあり、それが債権者全体の利益保全に資するものであるとの特定認証紛争解決事業者の判断を表明したという性質を持っているのであるから、支払停止行為とみなすべき理由はない、と述べる。先述の論稿との関係では、一時停止の通知の前に事業再生計画案が公正・妥当性、経済的合理性や実行可能性を有していることを事実上確認済みであるということから、免除等の申出行為には、原則として相当性が備わっている、という理解であると思われる。

二〇一四年に刊行された伊藤眞・破産法・民事再生法〈第三版〉四九〜五四頁では、一時停止の支払停止該当性についての議論は一層精緻なものとなっている。即ち、主要な債権者である取引金融機関が参加するバンクミーティングにおける一時停止の要請行為は、自らの弁済能力の欠乏を外部に表示する行為であり、支払停止に該当する、しかし、主要債権者がそれを受容する意向を明らかにすれば、資力回復の合理的な見込みを伴うものと評価され、支払停止に該当するとの評価が妨げられる、即ち主要債権者による受容の意向は評価障害事実である、もっとも、主要債権者による受容の意向が、私的整理の機関に対する申請またはその受理がされるまでという期限付のものである場合には、期限が到来すれば既往の評価障害事実が消滅するから、その時点以降、以前から維持されている一時停止の要請行為は支払停止に該当すると評価されることになる、と論ずる(4)。

さらに同箇所は、以上の一般論を踏まえて、三つの具体的な事例に即して支払停止該当性の判断を以下のように示す。

第一に、一時停止の要請後の担保提供の否認可能性についてである。まず、一時停止の要請を受容した債権者が秘密裏に債務者から担保を徴求した場合には、一時停止の要請通知を発した私的整理の機関に対する背信的行為であり、当該債権者は、信義則上、評価障害事実としての一時停止の要請の合理性を主張することはできず、その担保設定は、支払停止後のものとして否認の対象となりうる。次に、一時停止の要請を受容しなかった債権者が秘密裏に債務者から担保を徴求した場合には、一時停止の要請により自らも偏頗行為をしないと約束した債務者の背信的行為を利用して担保を徴求した債権者は、他の債権者が受容の意向を表明したという評価障害事実を援用して、当初の債務免除等要請行為が支払停止に該当しないと主張することを信義則上妨げられる、と論ずる。

第二に、一時停止の要請後に登記留保担保権について対抗要件を具備した場合の対抗要件具備行為の否認可能性についてである。債権者が一時停止の要請を受容したか否かにかかわらず、私的整理の準則として、対抗要件を具備していない担保権者の権利は保全債権と扱われることから、対抗要件具備は私的整理の準則を逸脱したものではなく、信義則違反との評価をすべきではなく、したがって一時停止の要請が支払停止に該当しないとの主張を信義則上遮断されることはなく、対抗要件具備に対する否認は免れる、と論ずる。

第三に、一時停止の要請後のメインバンクへの資金移送とメインバンクの相殺可能性についてである。メインバンクが一時停止要請を受容した場合、メインバンクの債務者名義口座に集約された預金は、事業継続のためのものであって、メインバンクの債権の優先回収のために用いるとすれば相殺権の濫用の規律が適用される、と論ずる。一時停止の要請が受容されたら支払停止という評価が妨げられるので、支払停止を基準時とする相殺禁止は適用されないが、別途相殺権の濫用の法理で相殺の効力を否定する、という趣旨であると思われる。

2　裁判例への影響

私的整理における支払の免除または猶予を求める行為が「支払停止」に該当するかという問題を扱う裁判例の多くは、伊藤説に拠っている。

東京地決平成二三年八月一五日（判タ一三八二号三四九頁）は、対抗要件否認の要件である「支払停止」との関係で、「支払の免除又は猶予を求める行為であっても、合理性のある再建方針や再建計画が主要な債権者に示され、これが債権者に受け入れられる蓋然性があると認められる場合には、一般的かつ継続的に債務を弁済できない旨を外部に表示する行為とはいえないから、『支払の停止』ということはできない」との一般論を述べた上で、債務者が債権者に対して支払の猶予を求めたとしても、「事業再生ＡＤＲにおける事業再建を図ることを前提として専門家に事業再生計画の策定を依頼し、近く事業再生ＡＤＲの利用申請をすることを予定した上で、相手方にその内容等を説明したものであるから、上記説明をもって『支払の停止』には該当しない」と判示する。東京地決平成二三年八月一五日（判タ一三八二号三五七頁）および東京地決平成二三年一一月二四日（金法一九四〇号一四八頁）も、対抗要件否認との要件である「支払停止」との関係で同様の判示をする。(5)

さらに、最判平成二四年一〇月一九日（判時二一六九号九頁）における須藤正彦裁判官の補足意見にも伊藤説の影響が見られる。(6)須藤補足意見は、「一定規模以上の企業、特に、多額の債務を負い経営難に陥ったが、有用な経営資源があるなどの理由により、再建計画が策定され窮境の解消が図られるような債務整理の場合において、金融機関等に『一時停止』の通知等がされたりするときは、『支払の停止』の肯定には慎重さが要求されよう。このようなときは、合理的で実現可能性が高く、金融機関等との間で合意に達する蓋然性が高い再建計画が策定、提示されて、これに基づく弁済が予定され、したがって、一般的かつ継続的に債務の支払をすることができないとはいえないことも少なくないからである。たやすく『支払の停止』が認められると、運転資金等の追加融資をした後に随時弁済を受けたことが否定されるおそれがあることになり、追加融資も差し控えられ、結局再建の途が閉ざされることにもなりかねない。反面、再建計画が、合理性あるいは実現可能性が到底認められないような場合には、むしろ、倒産必至であることを表示したものといえ、後日の否認や相殺禁止による公平な処理という見地からしても、一般的かつ継続的に債務の支払をすることができない旨を表示したものとみる余地もあるのではないかと思われる。」と述べる。一時停止通知がされても、策定・提示される再建計画が合理的で実現可能性が高く、対象債権者が合意する蓋然性が高ければ、「支払停止」には該当しないと述べるのであり、伊藤説に依拠するものであると思われる。

3　伊藤説の特徴

前述のような伊藤説の特徴として、以下の三点を挙げることができる。

第一に、支払停止は規範的・評価的な概念として理解されている点である。即ち、免除や猶予の要請行為があればとりあえず支払停止ありと認めてよいが、しかし主要債権者からの受容の合理的蓋然性あるいは受容の意向の表明があれば支払停止という評価が妨げられ、ただしその受容が期限付である場合には期限の到来とともに元々の要請行為を支払停止と評価することになる、と構成されているのである。

第二に、支払停止が規範的・評価的な概念として理解されていることの帰結として、一時停止通知をした時点では、その行為が支払停止に該当するかどうかは直ちに一義的には決まらないという点である。即ち、主要債権者による受容の合理的蓋然性という債務者からの免除や猶予の要請行為の内容に立ち入った判断をする必要があり、また猶予が期限付である場合には期限が到来しないと、一時停止通知が支払停止に該当するかどうかが確定しないことになるのである。

第三に、否認権の成否について、支払停止該当性を否定する評価障害事実を、否認権行使の相手方である債権者が信義則上主張できるかどうかが決め手となっている点である。即ち、一時停止通知の後に担保を徴求した債権者あるいは担保を提供した債務者の背信的行為を手掛かりに、債権者による評価障害事実の主張が封じられる（その結果として免除や猶予の要請行為が支払停止と認められる）場合がある、と説くのである。

以上のような特徴を持つ伊藤説の意義を検討するために、次に、支払停止概念をめぐる従来の学説や判例を振り返ってみることにする。

（2） NBL六七〇号（一九九九）一五頁、一七頁。

（3） 金法一八七四号（二〇〇九）一四四頁、一四六〜一四七頁（事業再生実務家協会事業再生ADR委員会編・事業再生ADRの実践〔二〇〇九〕一七頁所収）。

（4） 同書一一〇頁注78は、支払停止は評価概念としての側面を持ち、単純な債務免除等の要請であれば支払停止に該当するが、主要債権者が受け入れる相当程度の蓋然性を伴う合理的な事業再生計画案を基礎としていれば、支払停止に該当するとの評価を妨げることになり、ただしその後に主要な債権者がそれを受け入れない意思を明らかにすれば、上記の蓋然性が消滅したことになるため、債務免除等要請行為が支払停止とされることになる、と述べる。

（5） 他方で、大阪高決平成二三年一二月二七日（金法一九四二号九七頁）は、保全管理命令発令の要否の判断の際には更生手続開始の見込みがあるかどうかも考慮すべきであるという命題との関係で、債務者は金融機関に対する債務の弁済を停止し、事業再生ADRの申立てをしており、破産原因たる支払不能を推定させる支払停止の事実があることから、会社更生法一七条一項一号に該当する事実があると判示し、事業再生ADRの申立てが支払停止に該当する旨の判断を示している。

（6） この判決自体は、個人債務者の代理人である弁護士が、債権者一般に対して、債務者が、自分の債務の支払の猶予・減免についての事務である債務整理を法律事務の専門家である弁護士に委任した旨、そして、債務者の代理人である当該弁護士らが、債権者一般に宛てて、債権者等への連絡や取立行為の中止を求めるなど、その個人債務者の債務につき統一的かつ公平な弁済を図ろうとしている旨が記載されている通知を送付する行為が、偏頗行為を規律する破産法一六二条一項一号イおよび三項に言う支払停止に当たる、と判示したものであり、支払停止該当性についての一事例を示したものであって、結論に異論は概ねないものと思われる。

三　「支払停止」の概念をめぐる従来の学説・判例

1　支払停止の二義性をめぐる議論とそこから今日学ぶもの

旧破産法（大正一一年法律第七一号）の下における支払停止概念をめぐる議論として興味深いのは、青山善充「支払停止の意義および機能」(7)（以下「青山論文」とする）の提示する支払停止の二義性についての議論である。

青山論文は、支払停止が破産原因の推定と否認・相殺禁止の基準という二つの異なる機能を有していることから、支払不能との関連で支払停止の概念を機能に即して二つに分けて考えるべきであるとする。即ち、破産原因の推定の場面では、支払停止と支払不能とが異なるものであればあるほど推定機能が十分に発揮されることになり、また破産手続の開始を争う側で支払不能ではない旨の立証が可能である以上は、支払停止は、立証困難な客観的な支払不能の状態とは異なる債務者の一時点の主観的行為でも足り、支払不能に裏打ちされている必要はない、とする。他方で、否認・相殺禁止の基準の場面では、否認対象行為あるいは債務負担、債権取得の時点で債務者の財産状態が破産宣告と結びつく危機状態であったこと、客観的に支払不能の状態であったことが必要である、とする。

現行法との対比という観点からは、旧法の下では、破産原因も否認・相殺禁止の基準時も、支払不能を基礎とするものでありながら、破産原因の場面では支払停止は支払不能を推定する前提事実に過ぎず、支払不能ではない旨の反対事実の証明をする余地があったのに対して、否認・相殺禁止の基準時の場面では、支払停止の時点が基準時とされていて、支払不能ではない旨の反対事実の証明により否認・相殺禁止の規律の適用を免れるという余地は、少なくとも条文上はなかった、という点に注意が必要である。

この支払停止の二義性に関する具体的な解釈論は、現行法の下ではとりえないものとなった。支払停止が破産手続開始の原因となる事実である支払不能を推定する機能を有する点（破一五条二項）は旧法と同様である。他方で、否認の場面でも、支払不能の時点が基準時となり、支払停止は支払不能を推定する前提事実に過ぎない旨が条文上明らかにされている（破一六二条三項）。相殺禁止の場面では、支払停止が支払不能を推定するという形の規定にはなっていないものの、支払停止を基準時としつつ支払不能ではない旨の証明がされたら相殺禁止が解除されるという規律（破七一条一項三号・七二条一項三号）は、支払停止が支払不能を推定するという規律と機能的には同一である。青山論文の支払停止の二義性に関する議論によるのであれば、旧法下での破産原因を推定する支払停止の概念が、現行法の下では否認・相殺禁止の場面にも当てはまるということになろう。

しかし、青山論文の提起した、支払停止の二義性に関する議論そのものは、一時停止通知が支払停止に該当するかどうかという問題との関係で、現在でもなお十分に参照に値すると考える。旧法における破産原因を推定する支払停止についてそうであったように、支払不能ではない旨の反対事実の証明をする余地が条文上存するのであれば、債務者が支払不能の旨を外部に表示する行為をもって形式的に支払停止であるとする方が、推定に係る規律の実効性の確保のためには望ましい、という指摘は重要である。

2　支払不能の旨の表示の解釈

旧法にも現行法にも支払停止を定義する規定は存しない。しかし、前述の支払停止の二義性に関する議論を措くとすると、最判昭和六〇年二月一四日（判時一一四九号一五九頁）が対抗要件否認の要件との関係で判示した、支払停止とは「債務者が資力欠乏のため債務の支払をすることができないと考えてその旨を明示的又は黙示的に外部に表示する行為をいう」という解釈は、最大公約数として一般に認められているものと思われる(8)。

支払停止が支払不能を推定するという規律の基礎には、自己の財産状態を通常は最もよく知る債務者本人が支払不能である旨を外部に表示すれば、（客観的には支払不能ではないにもかかわらず弱気等により支払不能であると表示してしまったという稀な場合を除けば）客観的にも支払不能という状態にある可能性が高い、という経験則がある。そして、従来の判例・学説においては、債務者が「資力欠乏のため債務の支払をすることができない」旨を一言一句そのまま表示しなくても、前記の経験則が働く程度に自己の財産状態について黙示的に、あるいは不作為を通じて表示した場合であれば、支払停止であると考えられてきた。

例えば、福岡高決昭和五二年一〇月一二日（判時八八〇号四二頁）は、「債務者振出の巨額の手形が不渡処分に付せられた場合においては、債務者は、その個人的な希望ないし決意は兎も角として、原則として、その後における債務の支払を一般的に停止する意思表示をしたものと解するのが相当である。」と判示し、その理由として「けだし、現在の手形社会において、手形交換所から銀行取引停止処分に付せられるが如きは、信用を重んずべき商人にとつては致命的な打撃を被ることを意味し、何人もその防止対策に尽力するところであるから、巨額の手形不渡の事実は、特段の事情のない限り、該手形の振出人又は引受人においてその努力に拘らず資金の融通に窮した結果、その後における債務の支払を一般的に停止せざるをえない状態に陥つたと認めるほかはないからである。」と述べる。当座預金に満期の到来する手形に係る債務を全額弁済するに足りる資金を用意しないという不作為から支払停止を認定してよい、という判示である。

学説上も、債権者に対する営業停止の通知・説明会による告知、店頭掲示、廻状、閉店・逃亡等が挙げられており、[9]支払不能の旨の表示は緩やかに解釈されていると言ってよいと思われる。

（7）　鈴木忠一＝三ケ月章監修・新・実務民事訴訟講座⒀（一九八一）五五頁。

（8）　山本研「『支払停止』概念の形成と具体化」法教三九〇号（二〇一三）二三頁は、支払停止概念が判例・学説においてどのように発展してきたかを詳細に示す。

（9）　竹下守夫編集代表・大コンメンタール破産法（二〇〇七）六八頁〔小川秀樹〕。

四　一時停止通知と「支払停止」再考

1　基本的な考え方

旧破産法の下では、支払停止が偏頗行為否認や相殺禁止を直接基礎付けていたから、それらの場面での支払停止概念を支払不能に引き寄せて解釈する必要があった。これが青山論文の支払停止の二義性の議論であり、また一九九九年当時の伊藤説であった。

しかし、現行破産法の下では、支払停止は、破産原因との関係だけでなく、偏頗行為否認や相殺禁止の基準時との関係でも支払不能を推定する前提事実と位置付けられているに過ぎない。そのような規律の下では、偏頗行為否認や相殺禁止の規定を実効的に機能させるために、支払停止概念は外形的に債務者の行為・不作為として把握すべきであり、支払の免除・猶予の要請の債権者による受容の合理的蓋然性というような実質的な評価の要素のない、形式的な概念として理解すべきであると解する。(10) 仮に受容の合理的蓋然性があったとしても、ある債権者が経済合理性を無視して私的整理に反対し、その結果として法的整理が開始された場合には、私的整理進行中かつ挫折前に秘密裏になされた弁済や担保提供は、支払停止後のものとして原則として否認できてしかるべきであろう（後述3参照）。

他方で、主要債権者が支払の免除・猶予の要請の受容を現に表明した場合には、その免除・猶予の内容次第では、弁済負担の軽減や期限の猶予により債務者が支払不能ではなくなることがありうる。このような場合には、支払停止はあったがその後間もなく支払不能を脱した旨を主張立証すれば、偏頗行為否認や相殺禁止は適用されなくなる。このような判断枠組みが、現行法における支払停止による支払不能の推定、および支払不能ではないという反対事実の証明の可能性という構造とストレートに結びつくのであって、債権者あるいは債務者の背信的行為があったことを理由として受容の意向という評価障害事実を信義則上援用できなくなる、という一般条項に依拠する議論をする必要はないように思われる。

また、取引安全の要請や相手方の予見可能性の確保の観点からも、支払停止は外形的かつ形式的に判断できる方が望ましく、かつ支払停止という行為の後の事情を考慮しないで判断できる方が望ましいと考える。

さらに、支払の免除・猶予の要請が将来の視力の回復の見込みを表示するものであることは確かであるとして、その前提として免除や猶予をまだ得ていない現状では弁済が一般に困難である旨も併せて表示している、と解するのが、これまでの支払不能の旨の表示の緩やかな解釈と整合的であろう。

2 一時停止通知が「支払停止」に該当するとして私的整理が成立した場合

一時停止通知が支払停止に該当するという私見を前提として、私的整理が成立し、しかしその後二次破綻して法的整理に至った場合に、私的整理進行中になされた商取引債権への弁済を支払停止後の偏頗行為として否認できるかが問題となる。

現行法においては、支払不能が偏頗行為否認を基礎づけている以上、当該弁済を否認するためには、弁済時の支払不能状態が法的整理における否認権行使時まで継続している必要があると解する。しかし、私的整理が成立すれば、債務の一部免除や期限の利益の付与がされていることになるから、いったんは支払不能状態を脱しているのが通常であろう。したがって、一時停止通知が支払停止に該当するという解釈を前提としても、私的整理がいったんは成立した以上は、私的整理進行中の商取引債権に対する弁済時の支払不能は解消されたことになるから、その後の二次破綻により法的整理に至ったとしても、支払停止後の弁済はその後の支払不能の解消という事情により否認できなくなると解する。

3 一時停止通知が「支払停止」に該当するとして私的整理が成立しなかった場合

一時停止通知が支払停止に該当するという私見を前提として、私的整理が成立せず、法的整理が開始された場合に、一時停止通知後の弁済や担保提供が否認できるかが問題となる。

一方では、私的整理進行中に、特定の債権者が債務者と通じて秘密裏に弁済を受け、あるいは担保を供与されていた場合には、このような場面にこそ否認権の実効性を確保するために、支払不能の立証を経ずに、支払停止後の行為として否認できるとしなければならない。

他方では、私的整理進行中の商取引債権への弁済も同様に後の法的整理において否認できるとなると、私的整理進行中の弁済ひいてはその弁済のための救済融資に対する萎縮的な効果が生じ、私的整理を通じた事業の再建に支障を来すおそれがあることから、商取引債権への弁済は否認できないという結論をとるべきであり、問題はその理論構成である。この点が私見にとっての最難関であるが、以下のような理論構成が考えられる。

第一に、私的整理進行中に商取引債権に対して弁済がされることを私的整理の対象債権者が承諾していた場合には、その弁済を否定する結果を望むとは考えられないことから、形式的には偏頗的満足に該当する行為により不利益を被る債権者が否認可能性を事前に放棄した、と考えることができないか。否認権は、債権者への弁済率を高くすることを目的とする権利であるから、その利益を受ける債権者は当該利益を事前に放棄することもできると解する。もっとも、このように解することができるのは、債権者が、私的整理の対象債権者と商取引債権者のみである場合だけであり、社債権者や不法行為にもとづく損害賠償請求権者等、私的整理の対象債権者でも商取引債権者でもない債権者もいる場合には、これらの債権者の否認権行使についての利益を保護する必要があることから、上記のような理由では否認可能性を否定することはできない。

第二に、商取引債権への弁済の原資が救済融資である場合には、最判平成五年一月二五日（民集四七巻一号三四四頁）が示した、借入金による弁済の否認可能性に関する判例法理を用いて商取引債権の弁済の否認可能性を否定することができる場合がある。即ち、融資時に特定債務への弁済に充てることを貸主・借主間で約定し、この約定がなければ融資がされず、融資の後直ちに弁済がされた場合には、融資金により弁済をしても債権者の共同担保を害することはないから、当該弁済は否認できない、とする法理である。もっとも、判旨が示したよりも緩やかな条件でも債権者の共同担保を害しないという判断を導くことはできるように思われる。まず、救済融資の際に、商取引債権への弁済に充てる旨、そしてその他の用途に用いるのであれば救済融資はしない旨を約定していれば、どの商取引債権と特定していなくても、救済融資は債権者の共同担保を実質的には構成しておらず、救済融資による弁済は債権者平等を害しないと考えることができる。次に、救済融資の後直ちに商取引債権への弁済がされたのではない場合であっても、救済融資によって商取引債権への弁済がされたという追跡が可能な程度に資金の流れが特定できるのであれば、否認可能性を否定してよいと考える。もっとも、実際には、商取引債権に緊急に弁済をする必要があるからこそ救済融資がされるのであろうから、融資と弁済との間が時間的に空くことはあまり考えられない。

第三に、商取引債権への弁済の偏頗性の判断の中に、民事再生法八五条五項後半・会社更生法四七条五項後半による個別弁済許可の肯否の判断における考慮と同様の考慮を持ち込むということが考えられる。即ち、法的整理開始後にこれらの条文に基づいて個別弁済が許可されるような状況が私的整理進行中に存するのであれば、法的整理開始前に弁済をしても他の債権者を害することはない、という議論である。具体的には、当該債権を早期に弁済しなければ事業の継続に著しい支障を来すことと、弁済される債権が少額であることである。前者（事業継続支障性）については、当該商取引の継続が債務者の事業の継続に不可欠であること、および当該債権の弁済をしなければ相手方が将来の取引を拒絶する蓋然性が高く、代替する取引先が容易には見出しがたい場合に認めることができよう。(11)

以上のような法律構成により、商取引債権への弁済の否認可能性を否定できると考える。

4　個別的論点

一時停止通知等の支払の猶予・免除を要請する行為は支払停止に該当するという私見をとる場合に生ずる各論的な

問題について検討する。

(1) 商取引債権への弁済と弁済不能の一般性　制度化された私的整理においては、対象債権者とされる金融債権者は一時停止通知を受けて債権回収行動をとることを控える一方で、債務者の企業価値を維持するために、債務者はいわゆる商取引債権へは弁済を継続するのが通例である。ところで、支払停止は、支払不能である旨、即ち支払能力の欠乏のために弁済期にある債務について一般的・継続的に支払えない状態にある旨を外部に表示する行為であるところ、私的整理の進行中に商取引債権への弁済は継続していることから、弁済不能の一般性が欠けるのではないかとの疑念が生じうる。

もっとも、一般的に支払をすることができない旨を表示する債務者の行為がある以上、小口の債務に対して多少の弁済はしていても、大口債務については弁済できない旨を表示している以上は、支払停止と認定することを妨げない、と理解されている。[12]

したがって、一時停止通知の後に商取引債権への弁済を継続しているとしても、一時停止通知を支払停止であると認定することの妨げにはならないと解する。

(2) 破産原因である支払不能の推定と破産手続開始の有無　私的整理の進行中になされた一時停止通知が支払停止に該当するという見解をとると、破産手続開始の原因である支払不能が推定されて（破一五条二項）、私的整理が成功する可能性がある事案であっても、破産手続が開始されることになってしまい（破三〇条一項柱書）、私的整理による事業の再建の可能性が断たれてしまうので適切ではない、という指摘がありうる。

確かに、事業の再建を目指す私的整理の進行中に破産手続が開始されてしまう事態は避ける必要があるが、しかしそのために支払停止概念を実質化する必要はないと考える。

私的整理進行中に破産手続開始の申立てを債務者がすることは想定しがたく、申立てをするとすれば、私的整理では適切な倒産処理を期待しがたいと考える債権者であろう。ここで、債務者が私的整理において主要な債権者に対して提示する再建計画が、従前の債務者と債権者との交渉過程、債務者による資産および負債に関する情報や将来の収益力回復の見込みに関する情報の債権者への開示等を考慮して、受け入れられる合理的蓋然性がある場合には、当該債権者による破産手続開始の申立ては、破産法三〇条一項二号に規定する不誠実な申立てであるとして棄却すべきであると考える。(13)

(3) 弁済期未到来で支払不能予測を表示しその後弁済期到来の場合　支払停止とは、債務者が支払不能の旨を外部に表示する行為である、という定義から、債務者が弁済期の到来した債務があることを認識している旨が表示の中に含まれている必要がある。債務者本人が、弁済期の到来した債務があることを認識した上でその弁済不能を外部に表示するのであれば客観的にも支払不能である可能性が高い、という経験則が、支払停止による支払不能の推定を支えているからである。

以上のように考えると、債務者が、現在弁済期の到来した債務は存しないが、近い将来弁済期が到来したら支払不能になるという旨を外部に表示した場合には、直ちには支払停止とはならないことになる。もっとも、そのような表示をしてからそれほど時間をおかずに債務者が表示した弁済期が到来したら、債務者が改めて現在弁済期にある債務の弁済不能を表示しなくても、その時点で支払停止があったと考えてよいであろう。当初の表示の中に、期限付の弁済不能の旨の表示が含まれていると考えられるからである。他方で、明確な線は引きにくいものの、将来弁済期が到来したら支払不能になる旨を表示してから相当の時間が経過して債務者が表示した弁済期が到来した場合には、当初の表示を支払停止と解釈するのは困難であろう。

(4) 偏頗行為否認・相殺禁止・破産原因推定以外の場面での支払停止　本稿が検討の対象としたのは、前述1のように、偏頗行為否認・相殺禁止の基準時（破一六二条三項・七一条一項三号・七二条一項三号）および破産原因である支払不能の推定の前提事実としての支払停止（破一五条二項）であるが、破産法には、これらの規定以外にも支払停止を要件とする条文がある。

詐害行為否認の基準時としての支払停止（破一六〇条一項二号）は、支払停止前であれば要件となる破産者の詐害意思（破一六〇条一項一号本文）の証明を不要とするものである。支払停止の後という外形的にも明らかな破産直前の状態において財産減少行為をした場合であれば、破産者が破産債権者を害することを知らなかったということは通常は考えられない、という考慮にもとづく。(14) 支払不能の旨を外部に表示する行為があれば、そのような考慮が当てはまることから、支払停止と考えてよいと思われる。表示の内容について厳密な区別をする意味はあまりないかもしれないが、詐害行為否認は支払不能ではなく債務超過を基礎とする否認類型であることから、支払不能ではなく債務超過の旨を外部に表示する行為もここでの支払停止に含まれると考えてよいであろう。

無償否認（破一六〇条三項）において支払停止が基準時とされている理由については、従来あまり議論がされていない。詐害行為否認の基準時としての支払停止と同様に解してよいようにも思われるが、なお検討したい。

対抗要件否認（破一六四条）における支払停止の意義については、対抗要件否認をどのような否認類型であると理解するかによる。対抗要件否認を偏頗行為否認として理解する見解は、「支払停止」という条文の文言そのものを「支払不能」と読み替えるという解釈論を示しており、(15) 支払停止そのものの意義の探求は不要となろう。これに対して、対抗要件否認の規定で否認できない対抗要件具備行為を詐害行為否認（破一六〇条一項一号）で否認できるとする見解(16)によれば、論理必然ではないものの、対抗要件具備行為を財産減少行為と把握することになるから、詐害行為否認の基準時としての支払停止と同様に解することになりそうである。

さらに、法律ではなく、契約の中に、契約当事者の信用状態悪化の徴表として支払停止という用語が用いられることもある。そこでの支払停止の意義如何は、特に契約が定める支払停止の効果との関係で検討されるべき契約の解釈問題であり、契約毎に解釈が異なることもありうる。ただ、本稿の立場からは、支払停止の効果が支払不能を基礎とするものなのかどうか、支払停止と認められた場合に支払不能ではない旨を証明して効果の発生を妨げる余地があるかどうかを考慮に入れて、その意義を解釈すべきであるということになる。

(10) 増田勝久「偏頗行為否認に関する近時の問題点」田原古稀・最高裁判事退官記念・前掲注(1)二六六頁、二八八〜二八九頁は、示された再建計画の実現性合理性の検証は提示段階ではなされておらず、後日の判断にかからしめざるをえないのであり、このようなものを基準とすることはそれ自体不安定で、支払停止の判断の基準として不適切であり、支払停止の有無とは無関係である、と述べる。

(11) 会社更生法四七条五項後半について、伊藤眞・会社更生法(二〇一二)一八六〜一八七頁。

(12) 大判昭和七年三月二五日(民集一一巻四九九頁)、大判昭和一五年九月二八日(民集一九巻一八九七頁)。

(13) 永島正春「破産手続開始条件・破産障害事由」山本克己ほか編・新破産法の理論と実務(二〇〇八)一一〇頁は、弁済期の到来した債権者による破産手続開始の申立てを棄却するのは、財務状況の適切な開示がされ、大多数の債権者の賛同の下で適切な内容・手続による私的整理が進行中であるにもかかわらず、整理案による債務の一部免除に納得せず、全額弁済を求めて執拗な申立て審理外交渉をするような場合に限られるであろう、と述べる。

(14) 小川秀樹編著・一問一答新しい破産法(二〇〇四)二二一頁。

(15) 畑瑞穂「対抗要件否認に関する覚書」井上治典先生追悼・民事紛争と手続理論の現在(二〇〇八)五四五頁、五五一頁、五五四〜五五五頁。

(16) 伊藤眞ほか・条解破産法〈第二版〉(二〇一四)一一一九〜一一二〇頁。

五　最後に

冒頭に、伊藤教授の胸を借りたいと書いてはみたが、結局は、蟷螂の斧を振るうに終わった感がする。特に、私的整理進行中の商取引債権への弁済を否定する理論構成としての、民事再生法八五条五項後半・会社更生法四七条五項後半による個別弁済許可の肯否の判断における考慮と同様の考慮を、法的整理前の弁済の偏頗性を判断する際に持ち込むという議論は、少額債権への弁済許可の要件の議論がなお生成中であること、また突き詰めていくと実体法上の優先権を変更する結果となりかねないことから、さらに慎重な検討が必要であることは自覚しているつもりである。

拙い論稿ではあるが、伊藤教授の古稀をお祝いする微意をお酌み取り頂ければ幸いである。

再生債務者代理人の地位に関する一考察

松下祐記

一　はじめに
二　再生債務者の代理人の責務
三　再生債務者の代理人の法的地位
四　再生債務者の代理人の選任、解任、報酬

一　はじめに

倒産手続における債務者の代理人は、その地位・責務の基礎を依頼者との契約関係に置いており、倒産法規に置くのではない。実定倒産法上、代理人の地位・責務に関する規定はほとんど見当たらない（説明義務に関する破産法四〇条一項二号、業務や財産状況についての報告に関する民事再生法五九条一項二号などが見られる程度である）。にもかかわらず代理人は、倒産手続開始前の準備段階から多様な職務を遂行し、倒産処理の帰趨に重大な影響をもたらす。破産手続においては、申立代理人の手続開始前における職務遂行が重視され、反面として報酬支払の否認や責任追及という形で裁判例の対象となっている。また会社更生手続においても、近時のいわゆるＤＩＰ型更生手続の運用において、申立代理人である弁護士が管財人や管財人代理に任命されたりする事例がある。(1)そしてとりわけ、ＤＩＰ型を原則とする民事再生手続においては、手続開始申立てから手続終結段階に至るまで、再生債務者が極めて重要な役割を果たすのに伴い、代理人にも相応の任務を務めることが望まれている。かかる状況にあって、倒産手続の担い手としての債務者代理人につき、その地位・責務に関して包括的な検討を行い、基礎理論の定立を試みることには、十分な意義を認め得ると思われる。

債務者代理人の地位・責務について議論が深化する契機となったのは、再生債務者制度の導入である。そこで本稿も、再生債務者の代理人の法的地位に関する分析・検討を行う。ここでは、債務者が株式会社である場合に限定する。また代理人に選任され得る人物の資格につき民事再生法上制限はないが、ここでは弁護士を想定する。

なお、「申立代理人」という呼称は、ややもすれば民事再生開始申立ての事務のみを受任する者を想起させ、必ずしも実態を反映していないと思われる。そこでの代理人たる弁護士は、申し立てた民事再生手続がその目的（民再一条）を実現するよう、申立ての前後を通じて、債務者の代理人として、再生債務者の業務遂行権等の現実の行使に関与し、手続を事実上主宰することが期待されている。そのため、「申立代理人」の呼称を本稿では用いず、[2]代わりに「代理人」の呼称を、そのような役割を担う者の意味で用いる。

再生債務者・代理人間の法律関係は、手続開始前に締結された委任契約をベースとしており、民事再生法（以下「法」と称す）四九条を除けば倒産法外のものに見える。しかし代理人の役割の重要性に鑑みれば、この法律関係を倒産法に取り込むことが考えられよう。具体的には、その職務遂行における責務ないし行動準則、更に辞任・解任・報酬に関して、倒産法的規律のあり方を検討すべきように思われる。本稿ではその作業を行いつつ、その過程で抽出される代理人の法的地位の描写を試みる。[3]

（1）なお、会社更生におけるいわゆるDIP型会社更生の一形態として、債務者を代理して手続を申し立てた弁護士が法律家管財人に選任される形態がある（いわゆる「中間型」）。かかる代理人弁護士の法的地位を論じたものとして、拙稿「管財人に選任される『申立代理人』の地位」松下淳一＝事業再生研究機構編『新・更生計画の実務と理論』（二〇一四）六八七頁以下を参照。

（2）「申立代理人」よりも「再生債務者代理人」と呼ぶ方が正確であるとするものとして、松下淳一・民事再生法入門（二〇〇九）三九頁。

（3）本稿は、第八四回日本民事訴訟法学会大会シンポジウム「倒産手続の担い手――その役割と考え方」第二報告（平成二六年五月一八日・九州大学）の原稿（民訴雑誌六一号（二〇一五）掲載予定）を基礎としつつ、加筆修正を施し、かつ脚注を付したものである。

二　再生債務者の代理人の責務

1　債務超過状態にある債務者から倒産手続開始の申立てを受任した代理人の地位

委任における受任者は、委任の本旨に従い、善良な管理者の注意をもって委任事務を処理する義務を負う（民六四四条）。委任契約においては、受任者と委任者との間の人的な信頼により裏付けられた信認関係が成立するとされる。[4]複雑な事務処理の効果は委任者に及び重大な結果をもたらし得るので、高度な信頼関係が必要となり、かかる信頼関係に基づき受任者には裁量権限が与えられる。それによって複雑な事務処理が可能となる。受任者の善管注意義務の内容は、委任の本旨によって定まるところ、我が国を含む大陸法系の契約法は義務補塡機能を有し、個別の契約当事者の具体的な合意のみならず、契約類型ごとの性質に着目して定型的な義務を設定することが信義則や衡平などによって可能であるから、善管注意義務の内容に信認義務を認めることが可能になる。(5) そのように民法学上説かれている。したがって、委任者たる債務者・受任者たる代理人間では、委任契約に基づく信認関係が成立し、代理人は債務者に対し信認義務を内容として含む「善管注意義務」（以下、債務者に対する善管注意義務をこの意味で用いる）を負う。債務者との関係では——信認義務の表れとして——代理人は受益者たる債務者の利益のために行動すべきことになる。

かかる法律関係を基本としつつ、債務超過状態（負債額の総計が資産額の総計を超過している状態、insolvent）にある株式会社が倒産手続開始の申立てを内容とする委任契約を締結した場合の、受任者の地位を検討する。

まず、債務超過状態にある債務者は、自己の資産を保全し、かつ債権者を平等に取り扱う義務が一般に課されると考えられる。(6) これを債務者が債権者に負う信認義務と構成することができる。(7)

また、株式会社が債務超過状態にある場合、会社の実質的所有が株主から債権者の手に移るため、取締役は債権者に対して信認義務を負うとの有力説がある。(8) ここで取締役が義務の主体とされるのは、行為を規律し責任を追及するのにふさわしい対象が取締役という個人であるからに過ぎない。したがって、信認義務を負う本来的主体は会社本体であり、それを会社の業務を執行する取締役が個人の義務として負うと解するのが自然である。

そして、債務者が債権者に対して負う信認義務を、民事再生法において体現したのが、公平誠実義務（法三八条二項）であると考えられる。(9) すなわち、公平誠実義務は、再生債務者が債権者に対して負う信認義務を、手続上の義務として表現したものである。(10)

このように債務者が債権者に対して信認義務を負うことは、債務者の代理人の地位・責務にどのような影響を及ぼすか。(11) 債務超過の債務者について倒産手続開始の申立てを受任した代理人は、申し立てられた手続がその目的を達成するよう、債務者の財産保全および適正な事業遂行に意を用いなければならない。この規範は、申立ての主体たる債務者本人のみならず、現実に申立てを履践する代理人個人にも課されるべきであり、さもなければ手続の公正な進行を期し得ない。そして代理人に課されるこの規範は、倒産手続の利害関係人を受益者として課されるものであって、債務者に対する善管注意義務に解消できない性質をもつ。[12] ここでいう倒産手続の利害関係人は、各倒産手続において異なるものの、その中心は債権者である。[13] そうだとすれば、代理人は、倒産手続の目的を実現すべくなされる、債務者の財産保全および適正な事業遂行について、債権者に対し直接信認義務を負うと解することができる。[14][15]

そして代理人が弁護士である場合には、専門家としての義務を負うと解される。すなわち弁護士に課せられる誠実義務（弁護士法一条二項・三〇条の二第二項、弁護士職務基本規程五条）については議論があるが、多数説は、専門家たる法律家が負う、通常の善管注意義務が加重された法的義務であると解している。[16] かかる誠実義務は委任の内容に従って具体的に発現するところ、委任者たる債務者が債務超過の場合に受任者として委任者の倒産申立ての事務を処理する弁護士は、誠実義務の内容として、申し立てた手続が開始されその目的を実現するために、債務者の財産管理処分および事業遂行に意を用いなければならず、債務者が不適正な財産管理処分や事業遂行に出るときは、専門家として適切な措置を取らなければならない。その際に、弁護士は、委任者たる債務者の利益を図る義務に加え、倒産手続の主たる受益者たる債権者の利益をも図る義務を負っているものと考えられる。すなわち、弁護士法一条二項に基づく誠実義務が、債務超過状態にある債務者の倒産手続開始申立ての際に発現する形態が、債権者に対する信認義務であると解する。[17] 代理人弁護士は、債務者に対しても誠実義務を負うが、それとは別に債権者との信頼関係の存在および代理人の高度の専門性に鑑み、債権者に対しても誠実義務を負うものと考える。[18]

このように、代理人は債権者に対し直接信認義務を負うと解するが、その結果、債務者本人と代理人の信認義務が並立し、債務者に信認義務違反が生じ責任を追及される際には代理人も義務違反の責任追及を受け、両者の債務は不真正連帯債務になるかに見える。しかし、債務者本人の信認義務違反の責任追及は債務者本人に対してのみなされるべきであり、代理人に対してはできないのが原則と解される。代理人の行為は債務者の名の下に行われ、債務者に法律効果が帰属するからである。したがって、債務者と代理人の方針が異なり、代理人の意向を無視して債務者が行為を行い、その結果が債務者本人の信認義務違反となるとき、代理人はその個人の信認義務違反を問われないのが原則である。代理人個人が負う信認義務は、債務者がその信認義務違反行為をしないよう、監視し適切な措置を講ずる義務であり、かかる義務が遂行されれば代理人個人は責任を追及されることはないと考える。「適切な措置」の内容については5で言及する。

（4） 樋口範雄・フィデュシャリー［信認］の時代——信託と契約（一九九九）は、アメリカ法の研究を基に、①一定の権限を他人に委ね信頼し依存する関係を「信認関係」として、法が「契約関係」とは別個に保護していること、②信頼・信託を受けた者が受認者として自己の利益を図ることが禁止され、それを破れば通常の契約違反では認められないような救済（利得の吐き出し）が認められることになり、他方で彼に依存する受益者（beneficiary）は自己責任原則とは切り離されることを指摘する。

また、アメリカの信認法に関する近時の基本文献の邦訳として、タマール・フランケル（溜箭将之監訳）・フィデューシャリー——「託される人」の法理論（二〇一四）がある。同書七九頁によれば、信認関係はその外延を決することが困難であるが、受認者に共通する特徴を挙げるとすれば、①サービスの提供、②財産または権限を託すこと、③託す人が受認者の権限を特定してしまうと、関係の有用性が失われてしまうこと、④託す人が受認者を細かく監視して、託した内容通りに受認者が行動していることを確認することができないこと、にあるという。

（5） 大村敦志「現代における委任契約——『契約と制度』をめぐる断章」中田裕康＝道垣内弘人編・金融取引と民法法理（二〇〇〇）九五頁、一〇一頁。また道垣内弘人・信託法理と私法体系（一九九六）一六七頁以下は、信託・委任・会社等の制度は、信認関係に基づいて他人のために財産を管理・運用する複数の類似制度として私法体系上に位置づけられ、受任者や取締役等について明示に規定されている各種の義務（例えば忠実義務）は基本的には他の類似の義務者にも類推して課される、と説く。

（6） 債務超過状態になり、事実上支払不能となった債務者には、自己の資産を最大化し、債権者を平等に取り扱う義務が一般に課されるのであり、それは倒産手続開始によってもたらされる効果ではなく、債務超過・支払不能状態による規範の変容に基づくのである、と説かれる。道垣内弘人「『人の性格』の変容」野村豊弘ほか・倒産手続と民事実体法〔別冊ＮＢＬ六〇号〕（二〇〇〇）二五一頁、二七五頁。また、債務超過またはそれに近い状態の株式会社の取締役には、会社債権者の損害拡大を阻止するべく、再建可能性・倒産処理等を検討すべき義務が善管注意義務として課されており、その任務懈怠について悪意・重過失があり、第三者に直接損害を被らせれば、取締役に損害賠償責任（会社四二九条一項）が課される。江頭憲治郎・株式会社法〈第五版〉（二〇一四）五〇三頁。もっとも、株式会社が債務超過に陥ったことが、取締役の破産手続開始申立て義務を――解釈論としても、立法論としても――もたらすものではない。その結果、取締役は、債務超過を認識しても、事業継続か破産手続開始申立てかの選択肢を有する。吉原和志「会社の責任財産の維持と債権者の利益保護（三・完）」法協一〇二巻八号（一九八五）一四八〇頁、一五二二頁、伊藤眞・破産法・民事再生法〈第三版〉（二〇一四）一一四頁注八八参照。

（7）　ドイツ破産法は、現在は債務超過であるが履行期までには債務を返済できる者から経済活動を行う機会を奪うことのないよう、債務を返済できる可能性のなくなった時点すなわち支払不能発生の時点で、債務者財産を拘束するという考え方を採用した。中西正「危機否認の根拠と限界（一）（二・完）」民商九三巻三号（一九八五）三五七頁・四号（一九八六）五一六頁、同「ドイツ破産法における財産分配の基準（一）」法と政治四三巻二号（一九九二）四三一頁。我が国の現行倒産法において、財産拘束の考え方は、危機時期における偏頗行為・財産減少行為の否認、および危機時期における相殺権取得の禁止に援用されている。信認義務が債権者の利益を念頭に置くものだとすれば、財産拘束の時期との関係は問題である。具体的には債務超過であるが支払不能でない債務者に、債権者に対する信認義務を認めるかである。

この点、物的会社について、支払不能とは別に債務超過が破産原因とされていることについて、以下のような説明がある。支払不能に至っていないために債権者平等を強制する必要は生じていないものの、債務者が物的会社であるために、債権者に生じた倒産リスクが相当程度抽象的な場面でも破産手続を開始させることができるようにして、一層の財産状態の悪化を防ぐという配慮から、物的会社については開始原因が前倒しされて、債務超過に至っていれば支払不能には陥っていなくても破産手続を開始できるようにした、と。松下淳一「新たな否認権と相殺制限の理論的根拠」今中利昭先生古稀記念・最新倒産法・会社法をめぐる実務上の諸問題（二〇〇五）三九頁、五〇頁。同旨、伊藤眞ほか・条解破産法〈第二版〉（二〇一四）一二六頁。このような理解を前提にすれば、債務者の負う信認義務の始期を債務超過時期に前倒しし、債権者に生じる倒産リスクを可及的に抑える一方で、偏頗行為否認等の基準時を支払不能時にすることは、両立できるように思われる。

（8）　黒沼悦郎「取締役の債権者に対する責任」曹時五二巻一〇号（二〇〇〇）一頁。これに対し、藤田友敬「株主の有限責任と債権者

保護（1）（2）」法教二六二号八一頁、二六三号一二二頁（二〇〇二）。

（9）公平誠実義務は、英米の広い意味における信託法理に由来するものであり、受託者（fiduciary）が受益者（beneficiary）を平等に扱う義務と、受託者が受益者との関係で利益相反行為をすることを禁止することを内容とし、他人（受益者）の利益のために財産管理主体となった者（受託者）に課される義務である。そして再生債務者に公平誠実義務が課されることは、再生債務者が管財人と同様に、債権者の利益を擁護すべき債権者の利益代表者としての性格を有することを明らかにしたものである。山本克己「再生手続の開始決定とその効果」銀法五六六号（一九九九）三七頁。そして、株式会社が再生債務者となる場合、信認関係を基礎とする公平誠実義務が法人たる再生債務者に負わされており、そのことを根拠として、法人の機関たる取締役が――忠実義務または善管注意義務を通じて――再生債務者法人の負う公平誠実義務を負う、と説かれる。高田賢治「ＤＩＰの法的地位――公平誠実義務を負う主体とは誰か」今中古稀・前掲注（7）一六七頁、一七九頁。また、村田典子「民事再生法上の公平誠実義務と会社役員の義務への影響」神作裕之ほか編・会社裁判にかかる理論の到達点（二〇一四）六三五頁参照。

なお、アメリカにおける倒産手続の管財機関の生成と、その過程に信託理論が及ぼした影響について概観した我が国の業績として、工藤敏隆「アメリカ倒産法における管財機関の生成と信託理論（1）（2・完）」慶應法学二八号一三五頁、二九号三二五頁（二〇一四）がある。それによれば、アメリカ倒産手続上の管財機関の生成過程において、管財機関が行う債務者財産の管理処分が、広義の信託ないし信認関係に属するものとして、信託理論の一部が適用されてきており、また管財機関が受益者（債権者）に対して負う信認義務も、信託受託者が負うものと基本的に同内容のものとされてきたという。

（10）公平誠実義務は、手続開始後の再生債務者の義務として規定されている（法三八条二項）。しかし、平時における債権者取消権の規定、また倒産法における否認権や相殺禁止の規定等が相俟って、債務超過時には既に債務者の債権者に対する信認義務が発生している。法三八条二項は、手続開始前のかかる義務を否定する趣旨ではないと解される。

（11）債務超過自体の認定がしばしば困難であることに鑑みると、債務超過の存在につき善意であった代理人については、そこでの措置について事後的に義務違反に基づく責任を問われることはないものと考える。すなわち、弁護士が依頼者から相談を受けた時点で債務超過かどうかを調査し、その結果に基づいてその行動を律することは、行為規範としては要求されるが、債務超過が明確でない段階の行動について評価規範として損害賠償責任を負わせることは、原則として否定されるべきである。

（12）ここで代理人に課される信認義務は、専門家としての義務について本文で後述するように、善管注意義務より加重された法的義務である。したがって、「債務者に対する善管注意義務が債権者に対しても拡大された」というのではないのであり、善管注意義務とは異なる性質の義務であると考える。特に、債務者や（債権者以外の）第三者の利益を図ることを目的として行為をしてはならないという義務が、信認義務の内容として導き出される。これとは別に、代理人が利害関係人に善管注意義務を負うかは、積極にも（滅失毀損の場合）、消極にも解せられる。その地位の特殊性から、管理失当の場合には、善管注意義務違反の責め（損害賠償責任）を問われないと解する。

(13)　この段階、すなわち債務超過発生後手続開始前の段階においては、信認義務の名宛人たる「債権者」には、一般債権者のみならず、倒産手続開始後において一般優先債権・共益債権（民事再生）、財団債権（破産）、優先的更生債権・共益債権（会社更生）、別除権（民事再生・破産）、更生担保権（会社更生）として処遇される債権者をも含む。ただし、義務違反を追及する「債権者」としてはまだ固まっていない。その意味で義務に「抽象性」があるように思われる。注（19）参照。

(14)　この段階での信認義務は、後述する手続開始申立て後の信認義務よりは抽象的なものであり、かつ軽減されたものである。したがって代理人の信認義務の内容は、債務者が自身の信認義務に反することがないように促すものにとどまり、それを超えて本人の意思に反して積極的に法的措置をとることが要求されるものではない。例えば、債務者の現在の財産状態を悪化させないよう債務者にアドバイスすることが要求されるが、それを超えて特定の倒産手続を選択し申立てを実行することまでが義務付けられるものではない。手続の選択そして申立ては、債務者の権能だからである。また、代理人が自身の信認義務違反により責任が問われる可能性も、申立て後に比べ相当に低いと思われる。例えば、本人による取引が否認権行使の対象となる場合、それ以上に代理人個人の責任を問われることはないと解する。

(15)　その結果、債務者本人の信認義務と代理人の信認義務が並立し、債務者に信認義務違反が生じ責任を追及する際には代理人も義務違反の責任追及を受け、両者の債務は不真正連帯債務になるかのように見える。しかし、そのように解するのは妥当ではない。債務者の信認義務違反の責任追及は債務者本人に対してのみなされるべきであり、代理人に対してはできないのが原則と解される。代理人の行為は債務者の名の下に行われ、債務者に法律効果が帰属するからである。したがって、債務者と代理人の方針が異なり、代理人の意向を無視して債務者が行為を行い、その結果が債務者本人の信認義務違反となるとき、代理人はその個人の信認義務違反の責任を問われないのが原則である。代理人個人が負う信認義務は、債務者がその信認義務違反行為をしないよう、監視し適切な措置を取る義務であり、その義務が履行されれば代理人個人は責任を追及されることはないと考える。ただし、債務者本人の信認義務違反行為が代理人の情報提供懈怠等に基づくときに、代理人個人に対する独自の制裁があり得ることは別論である。

(16) 伊藤眞「弁護士と当事者」上田徹一郎＝福永有利編・講座民事訴訟③当事者（一九八四）一一五頁、一二二頁、日本弁護士連合会調査室編著・条解弁護士法〈第四版〉（二〇〇七）一二頁。弁護士・依頼者関係は、契約当事者の一方が相手方の信頼を受け、その者の利益を念頭に置いて行動し、助言しなければならない関係＝信認関係（fiduciary relation）であり、信認関係の下における受認者の義務は専ら相手方の利益を図るため信義誠実を尽くして行動すべき忠実義務であり、誠実義務はかかる弁護士・依頼者関係の構造に由来する忠実義務であって、通常の善管注意義務が加重されたものである。加藤新太郎・弁護士役割論〈新版〉（二〇〇〇）一〇頁。

(17) 債務者の債務超過時から代理人弁護士が債権者に対し信認義務を負うとの立論に対しては、批判がある。すなわち、確かに手続開始前でも否認権や相殺禁止規定、更には公平誠実義務が提示する規範を踏まえ、これらを先取りして不合理な財産の散逸がないよう委任事務を遂行する行動規範が代理人に課されるが、それはあくまで委任契約に基づく委任の本旨に沿った対応であるに過ぎず、代理人が直接債権者に対して信認義務を負う法的根拠が明らかでない、というのである（前掲注（3）・第八四回日本民事訴訟法学会大会シンポジウムにおける岡伸浩弁護士コメント）。この点については、財産管理処分に制約を受けた債務者の代理人については——債務者本人と同じく——受益者たる債権者との間に信認関係が成立し信認義務が発生すること、それは（専門家たる弁護士について）弁護士法一条二項の誠実義務から具現化されるということを指摘したい。

(18) 義務違反の場合に専門家が負う責任の法的性質については、依頼者に対しては契約責任であり、第三者に対する責任は不法行為責任であると解するのが一般である。ただ、少なくとも専門家の注意義務の内容は専門家と非専門家との社会的関係から生まれてくるものであり、明示的な契約関係が存在するか否かに関わりなく定まるものである。鎌田薫「専門家責任の基本構造」加藤雅信編・新・現代損害賠償法講座(3)製造物責任・専門家責任（一九九七）二九五頁、三〇〇頁。また、二当事者間の通常の委任関係と異なり、委任者が倒産状態にある場合の財産管理処分を担う受任者たる専門家からは、債権者は完全な第三者ではなく、中間責任ないし独自的な責任を負う対象であるとの理解もあり得る。

2 代理人の債権者に対する信認義務の民事再生手続への投影

前述のように債務者が債務超過状態にある場合に倒産手続開始申立ての事務を受任した代理人が負うべき信認義務

は、民事再生手続上の義務としてはどのように投影されるのか。
債務超過状態にある債務者につき、再生手続開始の申立てを受任した代理人は、債務者に対する善管注意義務とともに、債権者に対する信認義務を負っている。そして再生手続開始申立てがなされると、この信認義務は、法一条が定める目的を実現すべく作用する手続上の義務となる。すなわち、代理人の債権者に対する信認義務は、手続開始前の再生債務者（法二条一号）に関する、法一条及び弁護士法一条二項に基づく再生手続上の義務として構成されることになる。債務超過後手続開始申立てまでは抽象的な義務であった信認義務が、再生手続開始申立て後はいわば具体的な再生手続上の義務として発現するのである。そして、申立て前までは抽象的に「債権者」に対する信認義務であったものが、申立て後は、再生債権者（法八四条）に対する義務として具現化することになる。[19][20][21]
この点、債権者に対する公平誠実義務の主体はあくまで再生債務者本人であり、その代理人は債権者に対する義務の主体となることはなく、代理人という法的地位に忠実に、専ら委任契約上の義務を再生債務者本人に対して負うのみとする考え方もあり得る。[22]例えば、再生債務者の公平誠実義務違反の例として取り上げられる、「清算価値という名目で資産を可能な限り低く評価して、その評価で算出した弁済率（予想破産配当率）をほんのわずか（例えば一%）上回る弁済率をもって再生計画案を作成する」というケース（ケース1）を考えてみると、代理人弁護士がかかる再生計画案について利害関係人と交渉する際には、弁護士は債務者の代理人として債務者の利益を体現しつつ行動するが、債権者に対する公平誠実義務違反を問われるのはあくまで再生債務者本人である、ということになる。また、手続開始前に、再生債務者がその資産を物理的に隠匿するケース（ケース2）でも、再生債務者自身が公平誠実義務違反を問われるのと別に代理人が義務違反を問われることはないということになる。[23]
しかし、筆者は、以下のような理由から、代理人も直接債権者に信認義務を負うとの考え方を採りたい。[24]ケース1・2においても、場合によっては代理人自身が債権者に対する信認義務違反を問われ得るということである。[25]すなわち、財産を託され、その管理運用に実質的に関与する代理人については、財産の帰属者たる再生債務者本人のほかに、債権者を受益者として想定できるのであり、かかる受益者との間の信認関係に基づく義務を負うと解する。

① 委任者である再生債務者本人がその管理処分権に制約を負っているのであれば、それは債務者財産上の客観的制約であり、債務者財産の管理処分権を本人の名の下に行使する代理人も、その制約を承継すると考えざるを得ない。

② 再生債務者の代理人となる弁護士は、二当事者訴訟モデルに基づく関係のみならず、より厳格な信認基準に基づく関係を精査すべきと考えられる。[26] このことは、アメリカにおいて、債権者委員会など利害関係人に弁護士が就き、法定の権限を行使し利益代表の役割を果たしているのとは状況が異なる。[27] 我が国では、債権者の利益の確保を制度的に保障するために、再生債務者の代理人に信認義務を負わせる必要が高く、そのような形で代理人に再生債務者本人の信認義務の実現を担保させることが、倒産手続に対する利害関係人の期待にも適う、との理解もできるのではなかろうか。[28]

③ 確かに、現行倒産法上は、そのような代理人の義務を指示する直接の規定はないが、再生債務者の業務遂行権等の行使に実質的に関与する代理人にも、法三八条二項の類推適用ありとする余地はあり得る。また、弁護士に課せられる誠実義務（弁護士法一条二項、三〇条の二第二項、弁護士職務基本規程五条）は、専門家たる法律家が負う、通常の善管注意義務が加重された法的義務であるところ、再生手続においては、法一条所定の目的を実現すべく、依頼者たる債務者の利益を図る義務に加え、債権者の利益を図る義務を負うことが、誠実義務の内容として導かれると考えられる。[29][30]

④ 管財人の代理人たる管財人代理が、第一次的には管財人本人に対し善管注意義務を負いながら、その任務違背に基づき利害関係人に対し損害賠償責任を負う（法七八条・六〇条類推）とされていることとも対比される。[31] この点、否認権行使の点など管財人と再生債務者は異なり、その代理人同士も異なるとの反論もあろうが、その業務遂行権等の行使の実質と利益状況とを見れば、むしろ再生債務者の代理人の責務についての規定がないことの是非が問われよう。

(19) 前述したように、債務超過発生後手続開始申立てまでは、信認義務は、債権者全体（倒産手続において別除権、財団債権・共益債権、一般優先債権として取り扱われる債権者を含む）を名宛人として生じる。しかし、倒産手続が選択され申立てが行われると、かかる信認義務の名宛人は具現化する。民事再生においては、再生債権者に対するものとして現れる。いわば匿名の「債権者」に対する義務であったものが、再生債権者に対する義務として具現化するものと考える。

(20) 再生債務者本人につき、公平誠実義務のほかに善管注意義務を負うかの問題がある（園尾隆司ほか編・最新実務解説一問一答民事再生法（二〇一一）四一〇頁〔山本和彦〕）。代理人についても、再生手続開始申立後に具現化する信認義務とは別に、善管注意義務を負っているのか、仮に負っているとすればそれと信認義務との関係は何かが問われよう。私見においては、代理人は、債務超過後手続開始申立てまでは利害関係人たる債権者（別除権者、共益債権者、一般優先債権者を含む）に対しあまねく信認義務を負っていたが、民事再生手続開始申立て後は手続の直接の利害関係人たる再生債権者に対し（後掲注（21）で述べるように申立て前よりも具体的かつ高度の）信認義務を負うが、それは善管注意義務とは別個の義務である。例えば、債務者や第三者の利益を目的としないで単に怠慢で財産を散逸させる等の行為は、信認義務違反を問われることはない。これとは別に、代理人が善管注意義務を負うか否かは、再生債務者本人のそれと同様に（再生債務者について善管注意義務が規定されていないこととの関係に鑑みても）、難題である。専門家としての性格に着目すれば負うともいえるし、代理人の地位に着目すれば本人と別個には負いえないともいえるからである。

他方で、再生債権者以外の債権者（別除権者等）については、倒産手続において自ら権利実行が可能であり、再生債務者の公平誠実義務および代理人の信認義務によって保護されることを要しないので、これらの者から代理人が信認義務違反を問われることはないと考える。ただこれとは別に、再生債権者以外の債権者に対し、代理人が善管注意義務を負うべきか、検討の余地がある。代理人については、消極に解することになろうか。

この点、破産管財人についても近時、別除権者に対する善管注意義務違反が問題となった最判平成一八・一二・二一民集六〇巻一〇号三九六四頁を契機に、様々な議論がある。破産管財人の善管注意義務に関し、破産法八五条に基づき、破産管財人が善管注意義務を負い、個人責任を負うべき相手方は、破産債権者、財団債権者及び破産者という手続内利害関係人に限られるとするものとして、伊藤眞ほか「破産管財人の善管注意義務」金法一九三〇号（二〇一一）六四頁。

(21) 再生債権者に対するものとして具現化された代理人の信認義務は、手続開始前の信認義務と比べ具体的かつ高度なものになる。代理人は、再生債務者がその公平誠実義務を履行するよう適切にアドバイスし、かつ代理人として再生債務者の権能を行使していくことになる。その義務違反が法的責任として問われる可能性も、申立て前よりも高まろう。

（22） アメリカの chapter 11 のＤＩＰ代理人に関し、かかる考えに親和的な論者として、例えば Lupica/ Rapoport, Final Report of the ABI National Ethics Task Force, (2013), p. 11. http://materials.abi.org/sites/default/files/2013/Apr/Final_Report_ABI_Ethics_Task_Force.PDF

同論文は、ＤＩＰの弁護士が直接債権者に対する信認義務を負うとの裁判例を否定する立場をとり、その理由として、ＤＩＰの弁護士は顧客たるＤＩＰに奉仕すべきこと、及び各利害関係人はそれぞれの弁護士に代理されていることを指摘する。そしてＤＩＰの弁護士は、信認義務を負うＤＩＰの弁護士であるという側面と、計画提案者たる債務者の弁護士であるという側面の両面性を有することを強調する。前者の側面では、弁護士はあくまでＤＩＰが信認義務を遵守するよう行動する義務を負う一方で、ＤＩＰの著しい信認義務違反への関与なき限りは原則として個々の債権者に直接個人的責任を負わない旨が説かれる。

（23） 更には、再生債務者が自認すべき債権を自認させるということが、再生債権者の利益を考慮すべき代理人の役割として重要である、との指摘もある。田原睦夫編著・裁判・立法・実務（二〇一四）二六〇頁〔山本克己発言〕。そこで、再生債務者が自認義務を負っていたにもかかわらず自認しないことで法一八一条一項三号の適用を受けた債権について、代理人が義務違反を問われる可能性が出てくるということになろう。

（24） アメリカの chapter 11 のＤＩＰ代理人に関し、かかる考えに親和的な論者として、例えば LoPucki/Mirick, Strategies for Creditors in Bankruptcy Proceedings, 5th ed., (2007), p. 524.

（25） 勿論、その高度な信認義務を尽くしての職務・判断であったときには、仮に当該判断が事後的に誤りと判明した場合にも、損害賠償責任は生じないのであり、結果責任を問うものではない。その点は、破産管財人の善管注意義務とパラレルである。伊藤ほか・前掲注（7）六六三頁参照。

（26） 1-8 Collier on Bankruptcy 16th ed. P8.01 [1] (Copyright 2013, Matthew Bender & Company, Inc., a member of the LexisNexis Group.).

（27） リン・ロパキ「アメリカ合衆国の倒産処理制度」民事訴訟法学会編・民事訴訟法・倒産法の現代的潮流（一九九八）二一五頁、村田典子「当事者主導型倒産処理手続の機能の変容（二・完）」民商一三九巻一号（二〇〇八）四六頁参照。Lupica / Rapoport, supra note 22, at 15.

（28） 再生債務者の代理人に関し、「債権者委員会制度を予定し、代理人の役割がさほど大きくないアメリカ法に比べて、監督委員が付されるのが一般であるにせよ、法律上は原則再生債務者が再生裁判所の一般的監督に服するにとどまる日本法の規制の下においては、利害関係人、とりわけ債権者の利益を確保するため、あるいはそれらを手続に反映させるために代理人の役割がより一層重要であるという指摘も可能であ〔る〕」との叙述があり、非常に示唆的である。福永有利監修・詳解民事再生法〈第二版〉（二〇〇九）三九頁〔高田裕成〕。

（29）破産手続の申立代理人について、裁判官による以下のような見解がある。破産事件を受任した弁護士は、依頼者たる債務者の代理人としてその利益を実現するのみならず、公正誠実義務（公共的役割に由来する、信義に従い誠実かつ公正に職務を行う義務。弁護士法一条二項・三〇条の二第二項、弁護士職務基本規程五条）の遂行として、破産手続の目的（破一条）のため、債務者が偏頗弁済や財産の不当処分などの債権者の利益・平等を損なう行為を行わないように指導するとともに、破産財団を構成すべき財産が債務者により不当に減少したり散逸したりして債権者に損害が発生しないように財産保全に努め、可及的速やかに破産申立てを行って財産を損なうことなく破産管財人に引き継ぐことが求められる。これらは法令上明文の規定に基づく要請ではないが、前記の破産制度の趣旨から当然に求められる法的義務というべきで、道義的義務にとどまらない。その意味で、破産事件の申立代理人もまた公平誠実義務を負う、と。鹿子木康＝島岡大雄編・破産管財の手引（二〇一一）一四頁〔島岡大雄〕。

民事再生の申立代理人に関しても、以下のような実務家の見解がある。民事再生手続は公平・平等・衡平という倒産処理の指導理念に即して行われねばならず、まして弁護士たる申立代理人は弁護士の使命と弁護士の職責の根本基準が定められており（弁護士法一条・二条）、これらの規定を受けて弁護士職務基本規程にも信義誠実、名誉と信用等の規定があり（同五条・六条）かつ依頼者の権利および正当な利益を実現するよう努めなければならないから（同二一条）、手続開始決定後のみならず、依頼者から相談を受けるときから公平・平等・衡平の指導理念を守る職責がある（公平誠実義務を負う）、と。松嶋英機「申立代理人の立場」園尾ほか編・前掲注（20）四二一頁。才口千晴＝伊藤眞監修・新注釈民事再生法〈第二版〉（二〇一〇）一九五頁〔三森仁〕、徳田和幸「ＤＩＰ型手続・再生債務者の地位」高木新二郎＝伊藤眞編集代表・講座倒産の法システム(3)（二〇一〇）二八八頁も参照。

（30）この点、破産に関する裁判例であるが、東京地判平成二五・二・六判時二一七七号七二頁が注目される。判旨によれば、債務者との間で同人の破産申立てに関する委任契約を締結した弁護士は、破産制度の趣旨に照らし、債務者の財産が破産管財人に引き継がれるまでの間、その財産が散逸することのないよう、必要な措置を採るべき法的義務（財産散逸防止義務）を負い、義務違反によって散逸した場合には破産管財人からの損害賠償請求を受ける、というのである。債務者の財産が実質的に債権者に属し、その利益を破産管財人が代表して申立代理人弁護士に対し請求していると考えれば、ここでの申立代理人弁護士の「財産散逸防止義務」は、債権者に対する信認義務の一内容を示すと考えられる。本件は、破産手続開始前に債務者会社の経営者に不当な報酬支払がなされたのであって、本来この経営者に対する否認権行使がなされるべきところ、破産管財人が矛先を申立代理人弁護士に転じたという事案である。その意味でやや救済判決的な性格を有し、射程が問題となり、また理論的にも詰めるべき部分が残っているが、その問題意識については本稿と軌を一にする。

類似の裁判例として、破産申立てを受任し、その旨を債権者に通知した弁護士は、可及的速やかに破産申立てを行い、債務者財産を散逸させない措置をすることが、破産制度の趣旨から当然に求められる法的義務であり、その義務に違反して破産財団を構成すべき財産を減少消失させたときには破産管財人に対し不法行為損害賠償責任を負う、と判示したものがある。東京地判平成二一・二・一三判時二〇三六号四三頁。弁護士倫理からの検討として、佐藤順哉「破産管財人への財産の引き継ぎ等に関する弁護士倫理上の留意事項」自由と正義六三巻一号（二〇一二）二四頁。また近時のものとして、東京地判平成二六・四・一七判時二二三〇号四八頁。

（31） 伊藤ほか・前掲注（7）六一八頁、園尾隆司＝小林秀之編・条解民事再生法〈第三版〉（二〇一三）三六二頁〔高田賢治〕。

3 再生債務者・代理人・債権者間の関係

そこで、再生手続開始申立て時以降の再生債務者・代理人・債権者間に生じる信認関係を整理すると、以下のようになる。

再生債務者・代理人間では、委任契約に基づく信認関係が成立し、代理人は再生債務者に対し――信認義務を含む――善管注意義務を負うことになる。再生債務者との関係では、代理人は受益者たる再生債務者の利益のために行動すべきである。かかる契約関係が残存することが、管理命令が発令された場合の、再生債務者・管財人間の法律関係との差異である。

再生債務者・債権者間では、信認関係が成立し、再生債務者は債権者に対し信認義務（公平誠実義務）を負うことになる。

代理人・債権者間では、信認関係が成立し、代理人は債権者に対し、再生債務者とは独立して、信認義務を負うことになる。債権者との関係では、代理人は債権者の利益のために行動すべきことになる。その場合、再生債務者本人の債権者に対する信認義務（公平誠実義務）と、代理人の債権者に対する信認義務とが並立する。両者の関係については、再生債務者の公平誠実義務とは別個に、弁護士たる代理人は専門家として、再生債務者の公平誠実義務の履行を実現させるべく行為することを内容とする、信認義務を債権者に対して負う。この信認義務は、誠実義務（弁護士法一条二項）の民事再生手続の目的（法一条）に即した発現であり、その義務違反についてはいわゆる専門家責任としての規律に従うことになる。(32)(33)

(32) 専門家責任に関し、例えば川井健＝塩崎勤編・新・裁判実務大系8専門家責任訴訟法（二〇〇四）所掲の諸論稿。なお、信認義務違反の責任の法的構成であるが、債権者に対する信認義務違反が、第三者に対するものとして不法行為責任を構成するという帰結となるかに見える。しかし、通常の二当事者関係における専門家の対第三者責任と異なり、倒産手続における対債権者関係が第三者に対するものといえるかは検討の余地がある。前掲注（18）参照。

(33) 債務者の代理人の債権者に対する信認義務を肯定することについては、倒産処理に携わる実務家に強い警戒感を生ぜしめることが予想される。すなわち、代理人に対してかかる高度の義務を課すことで、債権者による代理人の個人責任の追及すなわち多額の損害賠償請求の途を開くことになり、倒産処理の円滑な遂行に支障を来すことにならないか、との危惧感である。破産管財人についても、最判平成一八・一二・二一民集六〇巻一〇号三九六四頁を契機に、善管注意義務ないし個人責任に関する議論が深まったこともあり、かかる危惧感に現実味が加わるのかもしれない。破産管財人の個人責任の限定を問題意識とする最近の論稿として、藤本利一「破産管財人の個人責任」倒産法改正研究会編・続提言倒産法改正（二〇一三）一九四頁。

しかし5で後述するように、代理人の債権者に対する信認義務の発現場面として本稿が主に想定するのは、現在の専門家責任や弁護士倫理の範疇で大方のコンセンサスが得られるであろうものに過ぎない。信認義務は代理人の職務規律の基盤を形成するが、それが直ちに債権者による個人責任追及の強化につながるものとは考えていない。むしろ債権者に対する法律関係を明確にすることで、代理人の自覚的な職務遂行を促し、かつ利害関係人に対するアカウンタビリティを高める（その見返りとして報酬の共益性が認められる）ことに、筆者の意図がある。信認義務は、債権者との法律関係を説明する道具概念としての意義も認められる。また前掲平成一八年最判で破産管財人の善管注意義務に関する議論が未成熟とされたことを代理人についてどう受け止めるかという問題意識への、筆者の回答の試みでもある。

4　再生債務者の代理人の債権者に対する信認義務の始期

代理人が債権者に対し信認義務を負う始期は、手続開始前で、債務超過時または手続開始申立て時のいずれか早い時点である。[34] そして、再生手続開始申立て後は、再生手続の利害関係人たる債権者に対して負う、再生手続上の義務として構成されることになる。[35]

(34)　再生手続開始原因は、①破産手続開始の原因となる事実が生ずるおそれがあること、または②弁済期にある債務を弁済することとすればその事業の継続に著しい支障を来すことである（法二一条一項）。そこで、再生手続開始の申立ては、債務者の債務超過時以前になされる可能性がある。その場合には、債務超過以前であっても、手続開始申立てにより、代理人が債権者に対し信認義務を負うことになる。この義務は、抽象的な信認義務（本文二2参照）を前提とせず、直接法一条及び弁護士法一条二項に基づく再生手続上の義務として生ずるものである。

(35)　なお、手続開始前に既に信認義務を負うことは、手続的要件の欠缺により手続開始申立てが却下された場合にまで義務違反の責任追及を受けることを意味しない。手続開始申立て後開始決定までの信認義務は手続的義務であり、開始決定が確定することを停止条件として発生するものと考える。また、信認義務の終期は、再生手続終結決定（法一八八条）、または再生手続廃止決定（法一九一条ないし一九四条）の確定時であると解する。この点、会社更生における管財人の責任が、更生手続終結決定や更生手続廃止決定の確定時に消滅するとの見解として、三ケ月章ほか・条解会社更生法（中）（一九七三）二五九頁。更に、牽連破産事件、あるいは手続終結決定後の再生計画履行中に破産となる事件においても、破産手続開始決定がなされ破産管財人が就職するまで、再生債務者の代理人は債権者に対する信認義務を負うと解する。牽連破産事件等において再生債務者の代理人が果たすべき役割について、鹿子木康＝島岡大雄編・破産管財の手引〈増補版〉（二〇一二）四〇六頁。

5　信認義務の発現

委任者たる再生債務者に対し善管注意義務を負い、かつ債権者に対しても信認義務を負う代理人は、両者の利益を斟酌しつつ委任事務を処理する責務を負う。そうすると、再生債務者・債権者の利益がコンフリクトを起こす場合について、代理人の行動準則が問われる。

私見によれば、代理人は、原則として債権者の利益を優先して行動すべきである。[36] 帰属者たる再生債務者の財産に関する管理処分が、受益者たる債権者の利益のためにされることが予定されるのである（三項図式となる）。少なくとも、債権者と再生債務者いずれかの利益に偏した行動を避けることに意を用うべきことになる。

ただし、アメリカの chapter 11 と異なり株主権を手続に取り込まない我が国民事再生の文脈では、手続開始後にも株主の権利は否定されないことに鑑みれば、例えば株主権を温存する計画案が債権者多数の同意で可決された場合に、計画弁済が（適正な評価による）清算価値を保障する限り、反対債権者が再生債務者に対し公平誠実義務違反に基づく責任追及をしても、認められないことになろう。この場合には、かかる計画案を本人に代わり提出した代理人も、信認義務違反を問われることはない。

それ以外の場面で、再生債務者の意図する行為がその信認義務に反する場合、例えば経営者が申立て時以後に待遇その他の点で自己の利益のみを図り、これに代理人が加担するような場合が問題となる。その場合には、以下のような規律によるべきと考える。

すなわち、代理人は義務違反に関与することができないことに加え、適切な措置を講じなければならない。まず、義務に合致する行為をすべき旨再生債務者を説得しなければならない。説得が功を奏さない場合には、辞任すべきである。[37] 更に、代理人はその他の適切な措置を講ずる余地がある。[38] 代理人が漫然と対処を怠り、その結果として再生債務者が公平誠実義務違反行為をなした場合、あるいは再生債務者の目論見通りに代理人が行為をなした場合には、代理人は彼固有の信認義務違反を問われることがある。[39] その効果としては、損害賠償責任、報酬の減額、解任（再生債務者が解任したときの無賠償）、または弁護士懲戒が考えられる。

これに対し、代理人が適切に対処したが、再生債務者が自ら行為をしてしまった場合は、再生債務者が公平誠実義務違反を問われる一方で、代理人が信認義務違反を問われることはない。この場合に、代理人が再生債務者から委任契約の不履行に基づく責任追及を受けないことも当然である。また代理人が再生債務者の意思に反して公平誠実義務に沿うよう行為をしたときは、その職務遂行内容は合理的であるから、依頼者本人の意思を尊重しなかったとして損害賠償責任を負ったり懲戒事由になったりするわけではない（弁護士職務基本規程二二条参照）(40)。勿論、代理人が再生債務者の意思に反して行為すべき積極的な義務を負うものではない。更に、監督委員の同意または裁判所の許可を受けて代理人が行為をなしたところ、再生債務者の公平誠実義務違反の結果がもたらされた場合、監督委員や裁判所に対する情報提供の不足が信認義務違反を構成する場合は別として、代理人が信認義務違反を問われることはないと考える。

そのような内容を含め、弁護士は、事件を受任するに当たり、適切な説明をしなければならない（弁護士職務基本規程二九条一項）。

以上の議論の実益は、公平誠実義務違反に加担しないという代理人の行動原理を、弁護士の職業倫理の問題にとどめず、民事再生法上の責務として法規範化する点にある(41)。その責務の内容は、代理人の予測可能性を担保するためにも、今後、代理人による報酬請求や代理人に対する損害賠償請求訴訟における判例形成を通じて蓄積されるべきものである。

（36）この点、アメリカのＤＩＰの代理人弁護士についても、財団（およびその上に利益を有する債権者）の利益と、債務者会社（およびその内部者）の利益とが衝突するときは、前者を優先させるべき信認義務があるとの有力説ないし多くの下級審裁判例がある。Lo-Pucki/Mirick, *supra note* 24 at 524; Collier on Bankruptcy, 16th ed. P 8.01.

（37）破産・再生事件において、依頼者の否認対象行為への対応につき、破産申立て前については石岡隆司「依頼者の否認対象行為への対応」日本弁護士連合会倒産法制等検討委員会編・倒産処理と弁護士倫理（二〇一三）四四頁、民事再生については、長屋憲一「申立代理人の職務と守秘義務、利益相反に関する留意事項」同二三六頁。

辞任する際に、理由を監督委員や裁判所に明らかにすることが考えられる。アメリカの実務では、弁護士がＤＩＰの信認義務違反を理由に辞任する際に、「騒々しい辞任（noisy withdrawal）」、すなわち「専門的な理由で」（for professional reasons）辞任することで裁判所および債権者集団の注意を非行に向けることが、広く行われている。Lupica/Rapoport, *supra note* 22, at 23.

（38） 適切な措置とは、平時であれば、上級の機関への照会（referral to a higher authority）である。通常は、会社構成員が会社のために決定する場合は、会社の弁護士は受け入れなければならない。重大なリスクを引き起こす判断を含めた方針及び事業に関する決定は、法律家の職務分野ではないからである。しかし、会社構成員の会社に対する法的義務違反または会社に帰責される可能性のある法律違反の行為により会社が重大な損害を受ける可能性があることを知ったとき、弁護士は、会社の最善の利益のために合理的に必要な措置を講じなければならない。合理的に必要な措置の典型は、上級の機関への照会である（ABA Model Rules of Professional Conduct RULE 1.13（b））。

それでもなお再生債務者たる会社が違反行為を意図する場合には、代理人は監督委員や裁判所に報告したり、裁判所に管理命令の発令を促したりする義務があるかは、検討課題である。アメリカでも、ＤＩＰの弁護士は債務者の信認義務違反行為を裁判所に知らせる義務があるとした裁判例があり、それを支持する学説がある。LoPucki/Mirick, *supra note* 24, at 525. 我妻学「民事再生手続における再生債務者の代理人の地位と責務」竹下守夫先生古稀祝賀・権利実現過程の基本構造（二〇〇二）八七九頁参照。

この点、監督委員等への報告については、積極に解する見解がある一方で（伊藤眞「再生債務者の地位と責務（下）」金法一六八七号〔二〇〇三〕三九頁、鹿子木康編・民事再生の手引（二〇一二）一三七頁〔古谷慎吾〕）、弁護士の守秘義務違反になるというのが実務家の感覚のようである。安木健「倒産処理実務と弁護士の利益相反」今中古稀・前掲注（7）五一四頁、長屋・前掲注（37）二三七頁。ただし、秘密保持が要求されるのは再生債務者たる会社に対してであり、その個々の構成員についてではないことは、留意すべきである。福永監修・前掲注（28）四三頁注5〔高田〕参照。

この論点に対する筆者の一応の回答は、以下の通りである。取締役等経営陣を構成する個人の非行が再生債務者本人の公平誠実義務につながるのであれば、それは代理人の守秘義務の対象外であって、代理人は監督委員や裁判所に報告をすべきであり、しなければ信認義務違反を問われる。しかし非行が再生債務者本人の行為であるという場合には、代理人は守秘義務を無視して監督委員等に報告することはできず、ただ再生債務者非行のサインを発しつつ辞任をすることで対処すべきであり、何もせず漫然と代理人の地位にとどまっていたのであれば信認義務違反を問われうる。

（39） なお、専門家責任の文脈では、専門家が依頼者から与えられた指示に従った結果、または依頼者から与えられた誤情報を信頼した結果として、第三者に損害を与えた場合、専門家は独自の立場から自らの業務の適法性を確認すべき責務があると考えれば、依頼者の言に従ったというだけで当然に責任を免れるわけではないが、民法七一五条・七一六条との関係等、細部にわたっては検討が尽くされているわけではないとされる。鎌田・前掲注（18）二九五頁、三〇一頁。

（40）日本弁護士連合会弁護士倫理委員会編著・解説「弁護士職務基本規程」〈第二版〉（二〇一二）四七頁参照。

（41）アメリカ連邦倒産法典及び規則はＤＩＰ弁護士に、財団に反するあらゆる利益を保持したり代理したりしない義務、及び中立である義務という、高度の義務を課している。三二七条(c)参照。我が国でも、立法論的課題となる余地がある。

6　監督命令が発令された場合の代理人の信認義務

民事再生の実務においては、ほぼ全件において、手続開始申立て後開始決定前の段階で監督命令が発令される（法五四条一項）。監督委員は、その職務遂行において善管注意義務を負い、かかる注意を怠ったときは利害関係人に対し損害賠償責任を負う（六〇条）。この場合には、代理人の債権者に対する信認義務は、債権者を含む利害関係人に対する監督委員の善管注意義務に吸収されるかに見える。確かに、代理人が監督委員の同意を得て再生債務者に効果が帰属する行為をする場合（法五四条二項参照）には、代理人が信認義務違反を問われることは原則としてないと思われる。しかし、同意事項でない行為、あるいは同意事項である行為でも情報提供不足で監督委員の判断を誤らせた場合等では、代理人の信認義務違反が問われる余地はあろう。

また、代理人に再生債務者の信認義務履行についての債権者に対する独自の信認義務を負わせるのであれば、監督委員による監督は不要となるとの考え方もあり得よう。手続の担い手を減らし手続コストを抑える観点からは、かかる考え方にも理がある。しかし、代理人については債権者という複数の利害関係人に対する信認関係が成立するが、なお民事再生に関わる全利害関係人に対する法律関係を網羅できるわけではない。その意味で、代理人が就いていても監督命令を発令する現在の実務は、妥当であると考える[42][43][44]。

（42）本稿では全件に監督委員が選任される現在の実務を前提としているが、代理人の役割の重視はむしろかかる実務の修正すなわち純粋ＤＩＰ型の積極的活用を志向することになるかもしれない。信認関係に耐えうる資質を備えた代理人の給源が充実していけば、手続コストの節約の面でも、自律的な手続遂行の見地からも、純粋ＤＩＰ型の積極的活用が民事再生のあるべき姿であるように思われる。かかる資質の担保を、委任契約の当事者たる再生債務者自身に負わせるのが現行法であるが、立法論としては検討の余地がある。現行法の解釈ないし運用としても、かかる資質を欠く代理人の選任については、裁判所はまず代理人の交代を働き掛けるべきで、監督委員の選任はそのあとに検討すべきようにも思われる。勿論、かかる資質を備えた代理人がつくとしても、更に監督委員を付すべき余地もあり得ないではなく、事案ごとの判断になろう。

（43）ただし、狭義の申立代理人（特に顧問弁護士）がそのまま手続開始後も再生債務者の代理人となるのが現行の実務だとすれば、純粋ＤＩＰ型を採る場合には、代理人が直面する利益相反を考慮し、顧問弁護士とは別の弁護士が申立て以降の手続に関与すべきでないかと考える（顧問弁護士は、債務者からの相談を受け、申立手続の代理を行うことができるが、申立て時以降の手続に関与すべきではない）。この点、民事再生申立てを代理する狭義の申立代理人（特に顧問弁護士）が、手続開始後も再生債務者代理人となることについては、前者が専ら会社等に対して信認義務を負うのに対し、後者は会社と債権者の双方に対して義務を負うことから、利益相反の問題を生じるとの見解がある（伊藤眞「再生債務者の地位と責務（下）」金法一六八七号（二〇〇三年）四〇頁）。これに対し、民事再生法の解釈としては代理人にそこまでの厳格な中立性は要求されていないと思われる、とするものとして、徳田・前掲注（29）二八九頁。

本稿のように解すると申立て後の代理人弁護士を検索する時間がかかり、財産散逸につながるというリスクがあってそれを無視できないということであれば、顧問弁護士を代理人とすることを許容しつつも、中立性を担保する手当てを講ずることが考えられる。具体的には、顧問弁護士が代理人となりつつも、監督命令を発して中立的な監督委員を選任することである。この点、文書の閲覧（法一六条）や再生債務者による報告（同一一八の三第二項）を踏まえて債権者委員会が再生債務者を十分に監視できる事案では、監督委員の選任が不要である場合があり得るが、債権者委員会による監視が、必要なコストに比して実効的かどうかは事案次第であるので、監督委員による監視は、再生債権者にとってパターナリスティックかつ低コストな仕組みとして積極的に評価可能とする立論がある。松下淳一「再建型倒産手続における手続機関選任の近時の運用について」門口正人判事退官記念・新しい時代の民事司法（二〇一一）一二三頁。私見では、代理人が信認関係に耐え得る資質を持つ事案であれば、純粋ＤＩＰを積極的に評価できるが、その場合でも中立性（債務者との利害関係の希薄性）はより厳密に要求される（中立性に疑問があればむしろ監督型を採るべきである）ように思われる。

（44）なお、純粋ＤＩＰ型・監督委員選任型それぞれにおける代理人の役割と責務については、私見によれば、純粋ＤＩＰ型・監督委員選任型のいずれでも代理人の役割と責務は変わることはないが、後者においては公平誠実義務違反の有無が微妙な事案で監督委員の関与があることで、代理人個人の信認義務違反に基づく責任が軽減されうる点で差異が現れるように思われる。

三　再生債務者の代理人の法的地位

現行民事再生法においては、代理人の地位・権限・責務についての明確な規定を欠く。ある論者は、「再生債務者代理人は、それ自体は手続機関ではない」と説く[45]。

ここで、「手続機関」ないし「機関」とは何かが問題となるが、ここでは一応、「倒産手続の利害関係人（債務者、債権者等）とは別個の法主体で、倒産法によって特別の（倒産手続外では存在しない）権限を与えられた者」との意味合いで用いることにする[46]。

代理人が、本人の名の下とはいえ、現実に行う権限行使の内容は、再生債務者の有する倒産法上の権限である。例えば、代理人が本人の名の下に、双方未履行双務契約の履行または解除の選択をする場面などが考えられる。そこには、代理権を通じて、本人の有する倒産法上の権限を行使する法主体性を見出すことができる。したがって、代理人は、手続機関そのものではないものの、手続機関たる再生債務者の権限を行使することを通じて、利害関係人とは異なる法主体性を帯びると考えられる。

この点で、以下のような立論が注目される。すなわち、再生債権者の利益を考慮して行動すべき新たな法的地位に就く再生債務者が、そうした行動特に公平誠実義務に従った行動を取ることを直ちに期待しうるわけではないので、かかる行動の現実の具現者として代理人に期待がかかる。そのような期待を法制度が直接に引き受けるとすれば、再生債務者の代理人を、債権者の利益の最大化を行動原理として働くことが期待される一種の機関として理解することも可能である、と。[47]

代理人には、再生債務者本人と別個の立場で、再生債務者の行為を監視し、公平誠実義務違反行為を是正・予防し、また債権者の利益を代表しつつ、代理行為をなす権限があると考えられる。

このようにみてくれば、再生債務者の代理人の法的地位につき、その特殊性を再考する余地がある。すなわち、代理人は機関そのものではないが、それに準じた性格を帯びるように思われる。その性格は、代理人の権限に応じてその様相を異にし、代理人が業務遂行権等の現実の行使をする場合には疑似管財人的な性格が、これに対し再生債務者本人の業務遂行等を監視するような場合には疑似監督委員的な性格が現れることになろう。以上の議論は、あくまで代理人を「機関」そのものと位置付けるわけではなく、単に債務者の利益にのみ活動するのではないという行動準則を課される存在として、「代理人」性――すなわち一利害関係人性――を希釈化するための議論である。その効果は、**四**で後述するように、裁判所・監督委員による監視の余地の増大、委任契約当事者たる債務者の自由裁量の制約、および報酬の共益債権化につながる。

（45）園尾ほか編・前掲注（20）四〇八頁〔山本〕。

（46）あくまで「機関」概念を厳密に再定義する趣旨ではなく、従来の議論では代理人は債務者と一対一の契約関係とされていたのを、ほかの者との関係でも義務を負うことを説明する道具概念として用いている。なお、再生債務者本人の機関性についても議論があるが、ここでは手続機関であることを前提とする。

（47）福永監修・前掲注（28）三九頁〔高田〕。高田教授は、再生債務者の代理人であることの特色は、自己固有の利益を追求するに際して民事再生法上制約を受けている再生債務者を代理するものであることにあり、そのような財産管理上の制約の限度で依頼者の利益の実現を図ることが代理人として期待されている役割である、と指摘する。また、高橋宏志ほか「倒産法改正の方向（上）」ＮＢＬ六六六号（一九九九）六頁、一〇頁〔山本弘発言〕も以下のように説く。申立代理人も、手続開始前は債務者の利益だけを考えて行動していればよかったが、手続開始後は債務者に対し忠実義務を負うことに変わりないものの、債務者自身が債権者に対し公平誠実義務を負うので、その代理人として債権者の利益を最大化するために誠実に努力する義務を債務者に尽くさせることが、債務者に対する忠実義務の履行となる。したがって弁護士の職業倫理に期待するにとどまるが、申立代理人には疑似監督機関的な役割を期待できる、と。

四　再生債務者の代理人の選任、解任、報酬

このように再生債務者の代理人に特有の性格を見出すとすると、代理人の地位を再生債務者の自由意思に委ねることを問題視する余地が出てくる。すなわち、代理人の選任、辞任または解任、あるいは報酬の有無・内容に、裁判所（あるいは監督委員）の何らかの関与の必要性が認識されることになる。確かに、アメリカ法と異なり、我が国倒産法には代理人の選任や報酬についての裁判所の関与を定めた規定はない。しかし、再生手続において債務者財産の管理処分権を有し手続を主宰する機関の代理人として管財人代理があり（法七一条一項）、選任に関しては裁判所の許可を要するとされている（同条二項）こととの関係で、再生債務者の代理人に関する規律の欠如が立法論として問題になるように思われる。[48]

その一方で、手続機関に準じた法的地位の反映として、代理人の報酬は、現行法の解釈論としても、合理的な範囲で、共益債権としての地位が認められることになる。すなわち、代理人は、債権者に対する信認義務を負いつつその事務を処理することになり、特に手続開始申立て後は再生手続上の義務としてかかる義務を負うことになる。そのことは、代理人の報酬請求権（民六四八条）に共益債権性を認める根拠となる。そこで、代理人に事務処理を委任することが、「再生債務者の事業の継続に欠くことができない行為」であるとして、手続開始前については法一二〇条一項に基づき、開始後については法一一九条二号に基づき、共益債権性を有すると考える。

勿論、業務の内容と比較して合理的範囲を超える部分については、共益債権性が失われることになる。そこで、かかる場合には報酬は減額され、かつ既払いの報酬については返還の対象となり得る。[49][50] それ故に、裁判所や監督委員への報酬の開示も求められる。[51] そのような開示の義務付けも、立法論の視野に入ろう。

（48） 裁判所が弁護士に対する懲戒権を有するアメリカと異なり、弁護士自治を尊重する我が国においては、管財人のような手続機関であればともかく、債務者の代理人――機関そのものではない――に対する裁判所の直接規制はなじまないとの指摘が、園尾隆司判事（当時）よりなされた（二〇一四年四月五日慶應義塾大学倒産法研究会）。確かに、立法論を展開する際には、我が国の司法風土を踏まえた考慮が不可欠である。

ただ、裁判所による直接の事前チェックとは別に、再生債務者による代理人の地位変更が紛争となった場合に、裁判所が事後的にかかる変更の是非をチェックすることが――現行法の解釈論としても――考えられよう。例えば、再生債務者本人が公平誠実義務違反行為をしようとし、代理人がそれを阻止すべく対処したが、本人が意に沿わない代理人を解任した場合、正当な解任ではないとして、代理人は本人に対し損害賠償を請求でき、裁判所はかかる請求を認容できると考える。すなわち、民法六五一条二項本文の「相手方に不利な時期」の要件の適用がなく、かつ同項但書の「やむを得ない事由」も認められないと解する。

（49） 手続開始後であれば、再生債権に対する弁済として、法八五条一項に触れることになる。なお、手続開始後の業務に対応する報酬および成功報酬などを共益債権としつつ、適正な範囲を超える報酬の支払は、再生債権者の利益を犠牲にして代理人の利益を図る行為として、公平誠実義務違反行為であり、返還の対象となるとの指摘がある。鹿子木康「再生事件における適正な手続進行を確保するための工夫」松嶋英機弁護士古稀記念・時代をリードする再生論（二〇一三）一六一頁。

この点、手続開始決定前の業務に対応するものとして既に申立代理人が受領した報酬については、合理的範囲を超えるものであれば、再生債権者の利益を害するものとして否認成立の可能性がある（法一二七条一項一号）、と説かれる（伊藤・前掲注（43）四〇頁、園尾＝小林編・前掲注（31）六一九頁〔清水建夫＝増田智美〕）。また、破産の申立代理人につき、報酬支払が否認の対象となったいくつかの裁判例がある。東京地判平成二三・一〇・二四判時二一四〇号二三頁など。そのうち、破産申立代理人の報酬のうち共益費に当たる部分が財団債権に当たると明言したものとして、神戸地伊丹支決平成一九・一一・二八判時二〇〇一号八八頁がある。

また、合理的範囲内の報酬でも、それが手続開始前の業務に対するものであり再生債権だと解すると、それに対する弁済は偏頗行為性を否定できないように思われる（あるいは同時交換的行為〔法一二七の三第一項柱書括弧書〕と解すべきか）。本稿では、申立て後開始決定前のものにつき合理的範囲内であれば共益債権性を認めることで、否認可能性を否定するとの立場を採る。

（50） アメリカのＤＩＰ代理人の例であるが、財団や債権者よりも会社内部者を有利に取り扱った弁護士について、報酬の返還を認めた裁判例が報告されている。LoPucki/Mirick, *supra note* 24, at 524.

(51) 園尾＝小林編・前掲注(31)六一九頁〔清水＝増田〕。現在の実務では、代理人の報酬について、裁判所が監督委員に対して調査を促しているとか、監督委員が積極的に調査を行っていることはないが、監督委員が資金繰りや資金の流れを調査していく中で報酬額がおのずから明らかになり、監督委員からみて相当な範囲を超えて高額な場合に問題点の指摘がされるということである。再生計画認可決定後に高額な専門家報酬の支払が問題となり、再生債権者の意見を聴取した事例もあるという。鹿子木・前掲注(49)一六二頁。

＊本稿は、平成二五年度科学研究費基盤研究(B)二五二八五〇二八、および平成二五年度民事紛争処理研究基金の助成による研究成果の一部である。

スポンサー選定における管財人および再生債務者の義務

——債権者に対して分配する価値の観点から

三上二郎

一　はじめに
二　更生手続における管財人がスポンサー選定において負う義務
三　再生手続における再生債務者がスポンサー選定において負う義務
四　おわりに

一　はじめに（1）

本稿においては、更生手続における管財人および再生手続における再生債務者が、スポンサー選定を行う場合に、それぞれが債権者との関係で負う義務を検討するものである。スポンサー選定に関しては、その選定手続を具体的にどのようにするのか、選定手続を含めどのような情報を債権者に開示すべきかという重要な問題も存在するが、本稿においては、各債権者に対して分配される価値の面から如何なる義務を管財人および再生債務者が負うのかという分配価値の観点のみを取り上げて論ずる。

更生手続における管財人は、債権者を含む利害関係人に対する善管注意義務（会更八〇条一項）を負っており、また、再生手続における再生債務者は、債権者に対して公平誠実義務（民再三八条二項）を負っていることから、かかる善管注意義務または公平誠実義務の具体的内容としてスポンサー選定における債権者に対する分配価値について如何なる義務を負うのか（また、両者では負う義務は異なるのか）を以下検討することとする。

（1）　本稿の執筆に際しては、筆者の所属する長島・大野・常松法律事務所の小林信明弁護士および井上聡弁護士から貴重なコメントを頂戴した。もっとも、あり得べき誤りに関する責めは、もとより筆者のみに帰する。

二　更生手続における管財人がスポンサー選定において負う義務

1　清算価値基準で分配義務を負うのか、それとも、継続企業価値基準で分配義務を負うのか

更生手続においても再生手続と同様に更生計画の認可事由として清算価値保障原則の適用があると一般的に解されており（2）、また、更生債権者の組において同意要件が満たされずに更生計画案が可決されなかった場合においては、更

生債権者に清算価値を保障する条項を定めて裁判所が更生計画を認可することができることとされている（会更二〇〇条一項二号）。

このような更生計画における清算価値保障原則に鑑みると、管財人はスポンサー選定においても債権者に対して清算価値の保障さえすればよく、それさえできていれば善管注意義務違反の問題は生じないとも思われる。

しかしながら、更生手続において再建を目指す以上、更生会社の継続企業価値は清算価値よりも大きいことが当然前提となる。他方で、更生手続においては、債権者は個別的権利行使が禁じられるため自ら権利実現を図る権利を奪われて、自らの権利実現を管財人に委ねざるを得ない状況にあり、かかる（清算価値より大きい）継続企業価値を自らの手で実現することはできない。

そうであるとすると、そのような個別的権利行使を禁じられた債権者から権利実現を委ねられた管財人は、憲法上の財産権保障（憲二九条）の観点から、清算価値ではなく、継続企業価値を分配する義務（以下、「継続企業価値分配義務」という）を負うと考えるべきである。(3)(4)(5)

もっとも、平時における取締役が会社の売却に直面した場合には、株主にとって望ましい価格であれば売却を決断し、株主にとって望ましい価格が提示されなければ売却を決断しないことができるのに対して、更生手続における管財人は、管財人として望ましい価格が提示されない場合には売却を決断しないという選択肢が存在しないという状況に置かれていること、後述するように継続企業価値には幅があるものの、いくらが継続企業価値であるかということは常に一義的に明確ではないこと（そのため、後で振り返って結果的に継続企業価値の幅の下限以下の価格であったことが判明することにより結果責任を問われるおそれがあること）に鑑みると、前記の継続企業価値分配義務は管財人にとってかなり厳しい義務となり得てしまうものである。したがって、管財人に継続企業価値分配義務違反が認められるか否かは相当厳格に判断されるべきであり、具体的には、当該管財人が置かれている状況を客観的にみて、継続企業価値の分配が明らかに可能であるにもかかわらず、それが果たされなかったような場合に限って継続企業価値分配義務違反に継続企業価値分配義務は認められないと解する）と解すべきものと考える。

なお、清算価値保障さえしていれば、更生計画は認可されるにもかかわらず、継続企業価値の分配ができない場合には、清算価値保障ができていても管財人の善管注意義務違反が生じるのはおかしいとの考え方もあろうが、更生計画認可事由のレベルと管財人の善管注意義務のレベルは必ずしも一致するものではないので（換言すれば、別の問題であるので）、更生計画認可事由のレベルよりも高いレベルが管財人の善管注意義務に求められてもおかしくないものと考える。

2　最大価値を保障する義務があるか

継続企業価値の分配が必要であるとしても、継続企業価値自体は、将来の期待的利益であることから、様々な前提要素が変動すると結論（価値）が変わってくるという不確定なものであり、清算価値のように一義的に定まるものではなく、幅がある概念である。[6] そうであるとすると、債権者から権利実現を委ねられた身である管財人は、かかる幅がある継続企業価値の中で、最大の価値を分配すべく、債権者の利益の極大化をする義務まで負うかが次に考えるべき問題となる。

この点、前述の通り、債権者は個別執行が禁止され、自ら権利実現することが許されなくなったことから、かかる債権者に係る権利行使制限の反射的効果として、債権者から債権者の権利実現を委ねられた管財人は、債権者であれば求めたはずである、債権者の利益の極大化をする義務を負うとも思われる。[7]

しかしながら、前述した通り、継続企業価値に幅が生じるのは、様々な不確定要素の影響で継続企業価値が決定されるためであり、そうであるとすると、継続企業価値の幅の中で最大価値を分配する義務を管財人が負うということは、そのような様々な不確定要素を、継続企業価値が最大となるように整えさせる義務という履行が相当困難な（多くの場合不可能な）義務を負わせることになるので、管財人にあまりに酷である。また、前述した個別執行が禁止される債権者についての財産権保障の観点からすれば、継続企業価値の範囲に入る価値を分配することを保障すれば足りるものである。そうであるとすると、管財人には継続企業価値の範囲内に入る価値を分配する義務はあるものの、その範囲の中の最大価値を分配する義務まではないと考えるべきである。

もっとも、前述の通り、管財人は個別執行が禁止されている債権者から権利実現を委ねられている立場にあることに鑑みると、継続企業価値の幅の中に入ってさえいれば何でもよいというわけではなく、継続企業価値の幅の中でもできるだけ高い価値を分配(8)できるように努力をする義務（以下、「最大継続企業価値追求努力義務」という）を管財人は負っていると考えるべきである。

3 最大継続企業価値追求努力義務の具体的態様

(1) スポンサー選定の方法　前述した通り、管財人は最大継続企業価値追求努力義務を負うとしても、当該義務故に、スポンサー選定の方法が入札の方法に限定され、相対交渉のような方法は許されないことになるのかが次に問題となる。

入札の方法は複数の参加者から提案がなされる故に、入札参加者の選定さえ適切であればその中で最大の提示価格を提示したスポンサー提案を採用すれば最大継続企業価値追求努力義務が果たされたということが比較的容易にいい得ることは確かである。しかしながら、実務的には、そのような入札の方法によらず、相対交渉で特定のスポンサー候補者と交渉した方がより高い提示価格を引き出すことが可能である事案があることも、また真実である(9)。そうであるとすると、最大継続企業価値追求努力義務があるからといってスポンサー選定の方法が直ちに入札に限られるということはなく、最大継続企業価値追求努力義務を果たすために、いかなる方法によりスポンサー選定を行うかについては、管財人に広い裁量が与えられており、取締役に関する経営判断の原則と同様に、①管財人がスポンサー選定の方法を判断したときの状況に照らして、継続企業価値の中でできるだけ高い価値を分配するために、合理的な情報収集・調査・検討等が行われたか、および②それらの情報収集・調査・検討等の結果を踏まえたスポンサー選定の方法の決定の過程や内容が著しく不合理といえるかという基準に抵触しない限りは管財人が自由に選択できると考えるべきように思われる。

したがって、一律にどのようなスポンサー選定方法をとらなければならないということはなく[10]、あくまで、前記の基準に抵触せずに、スポンサー選定方法を決定したかということにより、スポンサー選定方法の決定に関しての最大継続価値追求努力義務への抵触が決定されると考えるべきである。

(2) 最大継続価値追求努力義務と雇用の確保　スポンサー選定における管財人の善管注意義務の発露が前述の最大継続企業価値追求努力義務であるとすると、スポンサー選定において入札手続を行った場合には、常に最高価格を提示したスポンサー提案を選定しなければならなくなるのであろうか。例えば、次のような仮想事例が問題となり得る。

【設例】

ゴルフ場を営むA株式会社について会社更生手続が開始された。破産手続が開始された場合には、全債権者に対して合計で一〇〇を分配することになる。

スポンサー入札手続を行ったところ、Xは当該土地で新たに太陽光発電事業を行うことを企図し、一括弁済で一四五支払うもののA株式会社が保有する不動産のみ譲り受け、ゴルフ事業は一切承継しない旨の提案をしてきて、他方でYはゴルフ事業の継続を前提に事業譲渡の対価として一一五支払い、従業員全員の雇用を保障するとの提案をしてきた。

管財人が外部の業者にA株式会社の継続企業価値の算定を依頼したところ、継続企業価値は一一〇〜一五〇であるとの算定結果を得ていた。

このような場合に、管財人はXではなく、Yをスポンサーとして選定しても善管注意義務違反とならないであろうか。

管財人が負う善管注意義務の相手方である利害関係人の中には、労働組合等（更生会社の使用人の過半数で組織する労働組合や従業員の過半数を代表する者〔会更四六条三項三号〕を意味する）も含まれると通常考えられており[11]、労働組合等は、賃金や退職金のような労働債権の弁済と共に、雇用の確保の観点から更生会社に対して利害関係を有している。また、会社更生法の目的に事業の維持更生を図ることがある（会更一条）以上、事業の維持更生を図る義務も管財人は負っていると考えられる。これらに鑑みると、最大継続企業価値追求努力義務は、更生会社の事業の継続および従業員の雇用の確保に抵触するような場合には、それらに抵触しない範囲での最大継続企業価値を追求する義務に変容されると考えるべきものと思われる。

したがって、前述の設例においては、管財人はXではなくYをスポンサーとして選定しても善管注意義務違反を問われない（むしろ、Xを選択した方が労働組合等との関係で善管注意義務違反を問われる）ものと思われる。なお、前述の通り、最大継続企業価値追求努力義務は、更生会社の事業の継続および従業員の雇用の確保に抵触するような場合には、それらに抵触しない範囲での最大継続企業価値を追求する義務に変容されるといっても、管財人は依然として継続企業価値を分配する義務を負っている以上、前記の設例において、Yの提示価値が一一〇を下回る金額であった場合には、Yをスポンサーとして選定することは許されないものと考える。

4 小括

前述した内容から更生手続における管財人は、その善管注意義務との関係から、スポンサー選定においては以下のような義務を負うものと考える。

① 管財人は、債権者に対して清算価値ではなく継続企業価値を分配するという継続企業価値分配義務を負う。
② 継続企業価値は幅があるものであるが、その中でも、管財人は、できるだけ高い価値を債権者に分配できるように努力をする最大継続企業価値追求努力義務を負う。

③　最大継続企業価値追求努力義務を負うとはいえ、スポンサー選定の方法については、⑴管財人がスポンサー選定の方法を判断したときの状況に照らして、継続企業価値の中でできるだけ高い価値を分配するために、合理的な情報収集・調査・検討等が行われたか、および⑵それらの情報収集・調査・検討等の結果を踏まえたスポンサー選定の方法の決定の過程や内容が著しく不合理といえるかという基準に抵触しない限り、自由に決めることができる。

④　最大継続企業価値追求努力義務が、更生会社の事業の継続および従業員の雇用の確保に抵触し得るような場合には、それらに抵触しない範囲での最大継続企業価値を追求する義務に変容される。

（2）　伊藤眞・会社更生法（二〇一二）六三二頁ほか。

（3）　伊藤教授も、「更生手続は、更生債権者等による個別的権利行使を抑止して、更生手続による集団的満足を実現するためのものであり、更生計画によって分配される価値は、それが更生会社の組織の下で実現されるものであれ、また合併、会社分割あるいは事業譲渡によって他の事業組織の下で実現されるものの対価の形であれ、いずれも事業の継続を前提とする価値を内容とする」（伊藤・前掲注（2）一一頁）、あるいは、「憲法上の財産権保障（憲二九）との関係から考えても（最大決昭和四五・一二・一六民集二四巻一三号二〇九九頁）、それぞれの更生債権者等に分配される価値の総和が清算価値を超えるものでなければならないことは当然である」（伊藤・前掲注（2）一二頁）として、継続企業価値が分配されるべきであるとされている。

（4）　再生手続に関してであるが、南賢一弁護士は、「全くの私見ではあるが、再生債務者としては、公平な第三者（FAや財産評定業務を行う会計士などが最も現実的）が算定した事業価値（基準価格。清算価値ではない。）に充たない価格しか提案していない候補先をスポンサーとして選定することは他の要素がどれだけ優れていても差し控えるべきであるが、基準価格を上回っていれば、他の要素も総合的に考慮して（もちろんその中で価格の多寡も大きな考慮要素として）スポンサーを決定して差し支えないと考える」（東京弁護士会倒産法部・民事再生申立ての実務〔二〇一二〕四〇〇頁〔南賢一〕）と述べておられ、「基準価格」という用語を用いられているが、実質的には継続企業価値を分配する義務があるという考えと親和性がある考え方を取られているように思われる。

（5）　憲法上の財産権保障の観点から清算価値保障原則をとらえる考え方からすると、更生手続における債権者についても清算価値の保障さえすれば、憲法上の財産権保障はできているとも考えられるように思われる。しかしながら、更生手続における更生会社の価値は清算価値を上回る継続企業価値である以上、清算価値は最低限保障されるべき価値に過ぎず、清算価値が保障されなければ当然に財産権保障違反となるものであるが、それさえ満たしていれば足りるというものではなく、あくまで継続企業価値の分配がなされることが必要（すなわち、継続企業価値の分配がなされなければ財産権保障にも違反する）と考えるべきものと考える。なお、山本和彦教授も憲法上の財産権保障の観点から清算価値保障原則をとらえておられるが（山本和彦「清算価値保障原則について」青山善充先生古稀祝賀・民事手続法学の新たな地平〔二〇〇九〕九一一頁以下）、清算価値について、債務者の財産を個別に売却する場合の価値（解体処分価額）を通常想定するものの、一括譲渡の買い手が現に存在する、または、存在することが合理的に予測される場合には、当該一括譲渡に係る一括処分価額が清算価値となるものとされておられるので、結論的には継続企業価値の分配義務を考える私見に近い部分があるように思われる（もっとも、筆者自身は、清算価値保障原則における清算価値は債務者の財産の解体処分価額を意味するものと考えており、本稿もその考え方に立って記載している）。

（6）　同旨、伊藤・前掲注（2）一二頁。

（7）　再生手続に関するものではあるが、岡伸浩弁護士は「このような見地から見ればＤＩＰ型を採用し、個別執行が禁止されたことのいわば反射的効果として、再生債権者が自己の債権の回収に向けて再生債務者に対して、自己の債権の実現の最大化を求めることは、債権者からすればいわば当然の要請であるといえよう」（岡伸浩「再生債務者の法的地位と第三者性――公平誠実義務に基づく財産拘束の視点から」慶應法学二六号〔二〇一三〕五二頁）と述べられ、さらに、民事再生法が再生計画案の提出権限を再生債権者にも認めていることは「再生債務者が公平誠実義務に反して、再生債権者の利益の最大化を実現せずして再生計画案を提出した場合に、たとえそれが清算価値保障原則を充足していたとしても、再生債権者が利益の最大化を求めて、再生債務者による再生計画案に対抗し、自らの利益の最大化を追求する機会を付与したものと解することが可能であろう」（岡・前掲論文五二頁）とも述べられ再生債務者には公平誠実義務上弁済率の極大化を実現する義務が課されていると指摘される。①債権者に個別執行が禁止されている点、および②債権者が管財人作成の更生計画案に対抗して更生計画案を提出することができる点は、更生手続においても当てはまるので、かかる考え方からすると、更生手続の管財人についても弁済率の極大化義務があるという帰結になるものと思われる。

（8）　ここでいう高い価値というのは、スポンサーによる提示価格として高い価格ということではなく、最終的に債権者に対して弁済される予定の期待弁済額として高い価格という趣旨である。すなわち、提示価格が高かったとしても、スポンサーによる事業再建手法のために、多額の共益債権が生じ、更生債権者に対する弁済率が他の札に応じた場合よりも低くなるような場合（例えば、多くの店舗を閉鎖するための費用が共益費用として生じてしまうがために、実際の弁済原資が少なくなってしまうような場合）には、当該最高提示価格のスポンサー提案を選ぶのではなく、提示価格が低くとも債権者に対してより高い期待弁済額が確保できるスポンサー提案を選ぶべきことになる。

また、単純に提示価格が高いことのみで判断するのではなく、実現可能性を加味した期待値が高いかという観点からも考えるべきである。すなわち、書面上の提示価格が高くともその提示価格の支払の裏付けがない、または低いと思われる場合には、実現可能性という観点からの当該スポンサー提案の期待値（期待価格）は相当程度小さいと考えるべきである。

さらに、提示価格が高くとも、当該提示価格が延払いされる旨の提案の場合には、現在価値に割り引いて現時点での提案価格を算出し、現在価値に割り引いた後の価格をもって判断すべきである。

(9) 南賢一弁護士は相対交渉型のスポンサー選定について「①一定程度のスピードを確保できること、②exclusiveの関係を作ることにより逆に入札では候補者が譲歩できないであろう点の譲歩を図ることができ結果として事業価値の増大を図ることができる場合があること、③再生債務者の状況や事業を理解した相手方である場合が多く、結果としてより多くの雇用の確保を図れる可能性もあること」をその利点として挙げており（南・前掲注（4）三八七頁）、価格との関係では前記①および②の利点が発揮されるような場合が最大継続価値追求義務との関係で望ましい場合ということになるものと思われる。

(10) もっとも、入札を声かけする範囲が適切である限り、入札の方法を選択した場合には、前記の基準に抵触する可能性は極めて低く、これに比べると相対交渉の方法を選択する方が前記の基準に抵触する可能性が相対的には高いものと思われる。

(11) 伊藤・前掲注（2）一五七頁。

三　再生手続における再生債務者がスポンサー選定において負う義務

1　再生債務者の公平誠実義務

(1) 公平誠実義務の内容　民事再生法上再生債務者は、「債権者に対し、公平かつ誠実に」再生債務者の権利を行使し、再生手続を追行するという公平誠実義務を負うこととされている（民再三八条二項）が、他方で、更生手続における管財人と異なり、債権者（を含む利害関係人）に対して善管注意義務を負うこととはされていない。このため、更生手続における管財人について論じた前記の考え方と同様のことが再生手続における再生債務者についても当てはまるのか、それとも全く別の枠組みで考える必要があるのかが問題となるが、この点を考えるにあたっては、再生債務者が負う公平誠実義務がいかなる義務であるのかを考えることが議論の出発点となる。

公平誠実義務については、公平義務と誠実義務の二つからなり、前者の公平義務については、原則として、同等の地位にある債権者を公平に扱う義務という意味であるとし、後者の誠実義務については、自己または第三者の利益と債権者の利益が相反する場合に、自己または第三者の利益を図って債権者の利益を害することは許されない意味であるとすると一般的には理解されている。(12)

公平誠実義務の意味内容(特に誠実義務の意味内容)が前記のような自己または第三者のために債権者の利益を害しないという消極的な義務にとどまるものであるとすると、更生手続において管財人が債権者を含む利害関係人に対して負っている善管注意義務とはかなり異なる内容の義務を再生債務者は負っていることとなり、再生債務者がスポンサー選定との関係で債権者に対して負っている義務は管財人がスポンサー選定に関して負っている義務とは異なる枠組みで考える必要が生じることとなる。

しかしながら、公平誠実義務に含まれる誠実義務については、以下の理由から前述した消極的な義務にとどまらず、債権者に継続企業価値を分配するという積極的義務をも意味するものと解すべきであると考える。(13)(14)

すなわち、再生手続が開始されると、更生手続の場合と同様に、債権者は個別的な権利行使が禁じられ、債権者の権利実現は再生計画によってのみなされることとなることから、債権者としては、自らの権利実現を(更生手続における管財人と同様に)再生債務者に委ねざるを得なくなる。そうであるとすると、憲法上の財産権保障(憲二九条)の観点から、債権者から権利実現を委ねられた再生債務者は、継続企業価値を債権者に対して分配する義務を負うと解すべきであると考える。また、別の視点からいうと、債権者が再生債務者に対して自らの権利実現を委ねざるを得なくなることから、債権者と債務者との間に一種の信認関係が発生し、当該信認関係から、更生手続における管財人が負う善管注意義務と同様の義務が再生債務者について債権者との関係で生じるとも言い得るものと考える。[15]

以上より、再生債務者が債権者に対して負う公平誠実義務には、更生手続において管財人が債権者に対して負っている義務と同様に、債権者に継続企業価値を分配するという積極的義務も含まれるものと解されるので、更生手続における管財人について論じた前記の考え方と同様のことが再生手続における再生債務者についても当てはまると解されるものと考える。[16]

(2) 公平誠実義務と他の利害関係人　前述した通り、再生債務者がスポンサー選定において債権者に対して負っている義務は、管財人が更生手続において債権者に対して負っている義務と同様であるとしても、管財人は善管注意義務を債権者を含む「利害関係人」に対して負っているのに対して、再生債務者は公平誠実義務を「債権者」[17]に対して負っているのみであることから、管財人が負う最大継続企業価値追求努力義務が、更生会社の事業の継続および従業員の雇用の確保に抵触し得るような場合には、それらに抵触しない範囲での最大継続企業価値を追求する義務に変容されるのと同様に、再生債務者が負う最大継続企業価値追求努力義務も変容を受けるのかが問題となる。

確かに、再生債務者が公平誠実義務を負う相手方が債権者に限定されていることからすると、債権者の利益と労働組合等が代表する労働者の利益が衝突した場合、更生手続と異なり、債権者の利益が優先される（すなわち、最大継続企業価値追求努力義務は変容を受けない）ようにも思われる。

しかしながら、再生手続は、経済的窮境にある債務者について、当該債務者とその債権者との間の民事上の権利関係を適切に調整し、もって当該債務者の事業または経済生活の再生を図ることを目的とする手続である（民再一条）ことに鑑みると、再生債務者が公平誠実義務を負う相手方が債権者に限定されていたとしても、前記の再生手続の目的の観点から当該公平誠実義務は変容を受けるものと解すべきであると考える。

そうであるとすれば、再生債務者が負う最大継続企業価値追求努力義務が、再生債務者の事業の継続および従業員の雇用の確保に抵触し得るような場合においては、再生手続の目的である事業の再生の観点から、やはり最大継続企業価値追求努力義務は、事業の継続および従業員の雇用の確保に抵触しない範囲に変容を受けるものと考えるべきである。

(3) 小括　以上より、再生手続における再生債務者は、更生手続における管財人が負う義務と法令上の根拠は多少異なるものの、その公平誠実義務との関係から、スポンサー選定においては更生手続における管財人と同様に以下のような義務を負うものと考える。

> ① 再生債務者は、債権者に対して清算価値ではなく継続企業価値を分配するという継続企業価値分配義務を負う。
> ② 継続企業価値は幅があるものであるが、その中でも、再生債務者は、できるだけ高い価値を債権者に分配できるように努力をする最大継続企業価値追求努力義務を負う。
> ③ 最大継続企業価値追求努力義務を負うとはいえ、スポンサー選定の方法については、(1)再生債務者がスポンサー選定の方法を判断したときの状況に照らして、継続企業価値の中でできるだけ高い価値を分配するために、合理的な情報収集・調査・検討等が行われたか、および(2)それらの情報収集・調査・検討等の結果を踏まえたスポンサー選定の方法の決定の過程や内容が著しく不合理といえるかという基準に抵触しない限り、自由に決めることができる。
> ④ 最大継続企業価値追求努力義務が、再生債務者の事業の継続および従業員の雇用の確保に抵触し得るような場合には、それらに抵触しない範囲での最大継続企業価値を追求する義務に変容される。

2 自主再建とスポンサー選定

更生手続の場合と異なり、再生手続は原則ＤＩＰ型であることから実務的にもスポンサー選定ではなく自主再建が選択されることも少なくない。そこで、これまで検討した再生債務者の継続企業価値分配義務および最大継続価値追求努力義務がかかる自主再建との関係で変容を受けるか（より具体的には、自主再建の場合、継続企業価値より低い価値を分配しても、自主再建を選択することが許容されるか、また、〔自主再建により継続企業価値の分配ができるとしても〕自主再建の場合より高い継続企業価値を実現することが容易であっても、自主再建を選択することが許容されるか）が問題となる。

この点、民事再生法は、会社更生法と異なり、株主や資本、組織に法は積極的には介入しないという基本的な立場をとっていることに鑑みて、①自主再建を選択しようとする企業所有者（株主）に、それより高い価値を再生債権者に支払うことのできるスポンサーに会社（株式）の譲渡を強制することはない、②現経営者が引き続き経営し、会社株主を変更せず、従来の資本構成を維持するという前提の下で迅速・簡易に再生を図ることを認めるのが、民事再生法の基本原則であると解すべきであるとする立場[18][19]からは、継続企業価値分配義務または最大継続企業価値追求努力義務の観点からスポンサーを選定し、スポンサーに会社の譲渡を行うことを現経営者に強制することはできない以上、再生手続においては、自主再建を行う場合には、継続企業価値分配義務も最大継続企業価値追求努力義務も再生債務者は負わないという結論になるように思われる。

しかしながら、前述の通り、個別の権利行使が禁じられた債権者の財産権保障の観点から再生債務者には、継続企業価値分配義務が負わされていると考えるべきであり、民事再生手続の制度趣旨が現経営者が引き続き経営することにより迅速・簡易に再生を図る点にあると考える立場に立ったとしても、自主再建の場合には継続企業価値分配義務を負わなくてよい（すなわち、再生手続の制度趣旨の方が債権者の憲法に基づく財産権保障よりも重要であるので、財産権保障をしなくてよい）とは考えられないように思われる[20]。そうであるとすると、自主再建との関係でも再生債務者は継続企業価値分配義務を負うと考えるべきであり、さらには、同様に債権者の財産権保障の観点から生じると考える最大継続企業価値追求努力義務も再生債務者は負うと考えるべきように思われる。

かかる考え方に立つと、再生債務者が自主再建を選択できるためには、①まず、そもそも自主再建により継続企業価値の分配が図れること、そして、②最大継続企業価値追求努力義務の観点から、自主再建を選択することが許容されることがその条件となり、これらが満たされない限りは、再生手続であるからといって、再生債務者は自主再建を自由に選択できるわけではないものと考える[21]。

以上より、再生手続の制度趣旨等に鑑みても、再生債務者の継続企業価値分配義務および最大継続価値追求努力義務は自主再建との関係で変容を受けることはないものと考える。

(12) オロ千晴＝伊藤眞監修・新注釈民事再生法（上）〈第二版〉（二〇一〇）一八八頁、一八九頁〔三森仁〕、加藤哲夫「民事再生法における再生債務者の地位――再生債務者論序説として」奥島孝康ほか編・櫻井孝一先生古稀祝賀・倒産法学の軌跡と展望（二〇〇一）三二頁。

(13) より正確には後述するように、債権者に対して継続企業価値を分配する義務であり、かつ、継続企業価値の中でできるだけ高い価値の分配をするよう努力する最大継続企業価値追求努力義務がこの積極的義務の内容となる。

(14) 伊藤教授は、伊藤眞「再生債務者の地位と責務（中）――再建型手続の基礎理論」金法一六八六号（二〇〇三）一一六頁において債権者に分配されるべき事業の収益価値を最大化するという積極的義務を有するものとされている。また、注（7）記載の通り、岡伸浩弁護士も再生債務者には公平誠実義務上弁済率の極大化を実現する義務が課されているとされている。私見は、再生債務者に最大弁済義務まで課すものではないが、公平誠実義務に債権者に対して一定以上の価値を分配するという積極的義務が含まれていると考える点においては、伊藤教授および岡弁護士と同様である。

(15) 伊藤教授は、「平常時には、取締役と債権者との間に信認関係は存在しないが、手続開始の効果として債権者の権利行使が制限され、権利実現が再生計画によってのみなされることになると、債権者の権利実現が手続機関としての取締役の活動に依存することとなり、両者の間に信認関係が生まれる」（伊藤・前掲注（14）一一九頁）とされ、債権者と手続機関としての取締役との間に信認関係が生じるものとされている。私見もこの考え方の延長として、債権者と再生債務者との間に信認関係が生じるものと考える。

(16) 義務の内容としては、前述の通り、再生債務者が負う公平誠実義務と管財人が負う善管注意義務は同様のものであると考えるが、一つ大きく違うのは、義務違反の効果である。管財人が善管注意義務に違反した場合には、個人として損害賠償義務を負うのに対して、再生債務者が公平誠実義務に違反した場合には、再生債務者は損害賠償義務を負うものの、これは（当該行為を実際に行った取締役等の）個人としての義務ではなく、あくまで再生債務者としての損害賠償義務に留まるものであり、かつ、かかる損害賠償義務に係る債権は共益債権とはならず、開始後債権に留まるものとされている（三森・前掲注（12）一九〇頁、園尾隆司＝小林秀之編・条解民事再生法〈第三版〉（二〇一三）二〇〇頁〔河野正憲〕）。このため、再生債務者については公平誠実義務違反のペナルティによる抑止効果は必ずしも強いものとはいえず、管理命令の発令や再生計画不認可の決定といったペナルティも義務違反により課せられると考えるべきように思われる（公平誠実義務違反があった場合に信義則違反を通じて再生計画不認可の決定がなされる可能性に言及したものとして三森・前掲注（12）一八九頁）。

(17) ここでいう債権者は再生債権者に限られず、共益債権者や別除権者も含まれると解されるが（伊藤・前掲注（14）一一六頁）、更生手続における管財人が善管注意義務を負う利害関係人とは異なり、労働組合等は含まれない。

(18) 中西教授によれば、中井康之弁護士の立場がかかる立場のようである（中西正「スポンサー選定の問題」銀行法務21七五三号〔二〇一三〕三五頁）。

(19) もっとも、かかる考え方に親和性が高い考え方の中でも、三村藤明弁護士は、債権者の同意が得られる限り自主再建型の再生計画案を認めたとしても公平誠実義務に反しないとしつつも、そのためには、スポンサー型の一括弁済案と自主再建型の長期分割弁済案の二つの再生計画案を付議して債権者集会の決議を得るべきであると論じられており（事業再生研究機構編・民事再生の実務と理論〔二〇一〇〕四頁、五頁〔三村藤明〕）、手続的に債権者の保護を図ることを想定されているようである。

(20) この点については、政策判断の問題であり、迅速・簡易な倒産手続である民事再生法を導入することにより、より財務的悪化が軽い状態で個人・法人の再建を可能とすることが重要であると考え、債権者の財産権保障については当該政策目的のために一定程度後退し、債権者の財産権が不合理とまでいえるほど毀損されなければよいという考え方も十分あるように思われる。もっとも、筆者としては、現段階においては、かかる考え方の可能性は認めつつも、倒産手続の種類によって個別権利が禁止される債権者の財産権保障の程度が異なるという帰結に対する違和感からかかる考え方はとるべきでないと考えている。

(21) 中西正教授は、自主再建型とスポンサー型の選択は、スポンサーに対する譲渡価格のみならず、履行の可能性、譲渡後の従業員の処遇、事業継続の可能性、地域社会への貢献などを基準として決定すべきであるとされた上で、自主再建型かスポンサー型かの選択をめぐって対立が生じた場合には、裁判所は管理命令を発令し、管財人が中心となって再生計画案を策定し、それに異議ある再生債務者、再生債権者も独自の再生計画案を策定し、裁判所は付議決定の際に一定の選別を行い、最終的には債権者集会でどの案を選択するのかを決定するというスキームを用いるべきであると述べられる（中西・前掲注（18）三四頁以下）。熟慮された考えであると思われるが、前記のスキームにたどり着くためには、先ず、債権者が自主再建を目指す再生債務者に異を唱えて対立を生じさせることが前提となっている点（すなわち、債権者がそのようなアクションを取らなければならないこととなっている点）に違和感を感じる。

四　おわりに

以上、本稿では、スポンサー選定において管財人および再生債務者が債権者との関係でいかなる価値の分配義務を負うのかを検討してきた。浅学非才ゆえに検討が不十分な点が多々あるものと思っているが、前記検討した債権者に分配すべき価値に係る義務に限らず、スポンサー選定における管財人および再生債務者が負う義務全般についての今後の議論に幾許かでも貢献することができれば幸いである。

破産手続開始後にした破産者の行為と否認権

水　元　宏　典

一　問題の所在
二　従来の議論
三　比較法的考察
四　破産法四九条一項但書への対応
五　更生手続および再生手続への妥当性
六　おわりに

一　問題の所在

破産法四九条一項本文が規定するところによれば、破産手続開始前に生じた登記原因に基づき開始後にされた不動産登記は、破産手続との関係において、その効力を主張することができない（船舶登記・一号仮登記も同様。以下省略）。もっとも、その但書によれば、登記権利者が破産手続開始の事実を知らないでした登記については、その効力が認められることになる。

しかし、時系列を①から⑥までとする、次のような事例を設定した場合においても、なお同じことがいえるかは問題である。すなわち、――

① Aは所有する甲地をBに売り渡し、Bはその代金を支払った。

② Aは支払を停止し、Bはこれを知った。

③ 右①売買から一五日が経過した。

④ Aについて破産手続開始決定があった。

⑤ ABの共同申請によって①売買を登記原因とする所有権移転登記が経由された。

⑥ BはAについて破産手続開始の事実を知った。(1)

この事例において、時系列⑤の登記は破産手続開始後の登記であるが、Bは登記の時点で手続開始の事実を知らない。とはいえ、⑤の登記は①の売買から一五日を経過した後に行われ、Bは②の時点でAの支払停止を認識している。仮に⑤の登記が破産手続開始前（③と④の中間時）に行われていたならば、対抗要件否認（破一六四条）の対象となり得ることについて、解釈論として異論はないであろう。(2)

そこで、伝統的な理解は、このような⑤の登記について、破産法四九条一項但書を適用しない（したがって、Bは同

項本文によって登記の効力を主張できない）、と解釈するようである。たとえば、井上直三郎博士はこう説く。すなわち、

――

「右の但書〔旧破五五条一項但書、現破四九条一項但書〕には登記権利者が破産宣告の事実を知らざりしこと以外の要件を掲げざるも、登記原因たる行為に否認原因無きを要するは勿論、その登記自体にも否認原因無きを要する。破産宣告前のものにして尚ほ否認に因り其の効力を奪はるべしとせば、破産宣告後に係るものは一層強き理由を以て効力を奪はれねばならぬ」。このことは、「明文の示さない所ではあるが当然の事理として之を認むべく……」、と説く(3)。

他方で、破産法一六四条の文言は、対抗要件否認の対象を破産手続開始前の登記に限る、とは謳っていない。にもかかわらず、⑤の登記を対抗要件否認の対象とする解釈論は、ほとんどみられない(4)。むしろ、⑤の登記は、破産手続開始後の登記であることから、たとえBが支払停止を認識し、原因行為から一五日を経過した後に行われた登記であるとしても、およそ否認対象とはなり得ない、というのが一般的な理解かと思われる。たしかに、否認対象行為が破産手続開始前の行為であって、開始後の行為が否認対象とならないことは、わが国では、公理ともいうべき命題である。

ところが、かかる命題については、その根拠と限界が必ずしも明らかでないように思われる。そこで、本稿は、この点を明らかにしつつ、⑤の登記の扱いについて検討することを課題としたい。

（1）　法人破産の場合には法人登記簿に、個人破産の場合には不動産登記簿に、それぞれ破産の登記（破二五七条・二五八条）が嘱託されるから（ただし個人破産の実務では留保される）、破産手続開始後にAB共同申請で登記が行われ得るのは、実際には例外的な場合に限られる。伊藤眞・破産法・民事再生法〈第三版〉（二〇一四）三四一頁注34参照。また、破産手続開始の公告後は開始の事実を知

っていたものと推定される（破五一条）が、本事例において、Bは⑤の登記の時点で破産手続開始の事実を知らなかったことを証明できるものとする。

（2） 本稿は、対抗要件否認の立法論には立ち入らない。立法論としては、山本克己「否認要件に関する考察」別冊NBL六九号（二〇〇二）一一一頁、一一六〜一一七頁が削除論を展開する。これに対する実務の立場からの提言を含め、議論の詳細は、中井康之「対抗要件否認の行方」田原睦夫先生古稀・最高裁判事退官記念・現代民事法の実務と理論（二〇一三）二九二頁参照。

（3） 井上直三郎・破産法綱要第一巻〈増訂第四版〉（一九三〇）一八八〜一八九頁（［ ］内は筆者による。また、旧字は新字に改めた）。

（4） その例外として、再生手続の文脈においてではあるが、福永有利（監修）四宮章夫ほか編・詳解民事再生法〈初版〉（二〇〇六）二四七〜二四八頁〔中西正〕は、対抗要件否認の可能性を示唆していた。曰く、「……後れてされた対抗要件具備の弊害を除去するため、この場面でも、同法［民事再生法］一二九条の適用は排除されるべきでない。すなわち、支払停止などより前に原因行為がなされ、相手方が債務者の支払停止などの事実を知り、再生手続が開始されてから対抗要件が具備された時に、再生手続が開始されたことを知らなかったため同法四五条一項但書が適用されること、あるいは否認権は基本的に手続開始前の行為（効果）を対象とすることを理由に、当該対抗要件具備行為が同法一二九条の適用を免れると解すべきではない、と思われる」（［ ］内は筆者による）。もっとも、同〈第二版〉（二〇〇九）二三八頁〔中西正〕では、その論述はみられない。

二　従来の議論

わが国の破産法においては、明文規定はないものの、一般に否認対象行為は破産手続開始前の行為である、と理解されている。(5) 問題は、破産手続開始後にした破産者の行為が否認対象とならないことの根拠である。

旧破産法（大正一一年法律第七一号）の立法理由は、否認対象行為について次のように説いていた。すなわち、――

「破産宣告ノ後ニ在リテハ破産財団ニ属スル財産ノ管理及処分ノ権限ハ破産管財人ニ専属スト雖其ノ宣告前ニ在

リテハ此等ノ財産ノ処理ハ固ヨリ破産者自ラ之ヲ為スモノナリ然ルニ破産者カ破産ニ瀕シテ為シタル行為ハ屢破産債権者ヲ害スルモノアルヲ以テ本案ハ此ノ種ノ行為ハ一定ノ条件ノ下ニ破産管財人ニ於テ破産債権者全般ノ利益ノ為之ヲ否認スルコトヲ得ヘキモノト為シタリ破産宣告前破産者カ為シタル行為ヲ否認スルコトヲ得ル破産管財人ノ権利ヲ否認権ト称ス(6)」

この説明はおそらく、立法に多大な影響を与えた加藤正治博士の論述に基づくものと思われる。加藤博士はこう論じる。すなわち、——

「破産宣告後ハ破産財団ノ管理及ヒ処分ハ破産管財人ニ専属シ爾後破産者カ破産財団ニ関シテ為シタル行為ハ破産債権者ニ対抗スルコトヲ得ス(草案五四、旧商九八五〔現破四七条〕)然ルニ破産宣告前ニ在リテハ破産者ハ破産財団ヲ完全ニ管理及ヒ処分シ得ルコトハ勿論ナレトモ業ニ既ニ破産ニ瀕セントスル境遇ニ在リナカラ不当ニ破産債権者ヲ害スルカ如キ行為ヲ為スコトナキニアラス故ニ否認権ナルモノヲ認メテ破産宣告前ニ於ケル破産財団ニ関スル破産者ノ行為ニシテ破産債権者ヲ害スヘキモノヲ否認スルノ権利ヲ認メタルモノナリ要スルニ否認権ナルモノハ総テ破産宣告前ノ破産者ノ行為ニ関スルモノタルコト明ナリ(7)」

加藤博士は、このとおり否認対象行為を開始前行為に限定し、その根拠を、①開始後行為が相対無効になること(破産債権者に対抗できないこと)、他方で、②開始前行為が有効であること(完全な管理処分が可能であること)の二点に求めている。①の視点は、開始後行為が否認対象とならないことの根拠に相当し、②の視点は、否認対象行為が開始前行為であることとの根拠を構成している。本書のユビラールである伊藤眞教授の教科書(体系書)もこの系譜に属し、①②双方の視点を挙げる(8)。

しかし、この系譜に属する教科書の類は、そう多くない。(9) むしろ、否認対象行為が開始前行為であることを説明する文脈では、②の視点が重視されるためか、①の視点を明示しない教科書も多い。(10) 一例を挙げれば、兼子一博士の教科書は次のとおり論じている。すなわち、——

「破産の宣告の効力は、既往たとえば、支払停止時に遡及しないから（不遡及主義）、破産財団は破産宣告当時に破産［ママ］に属した財産により構成されるのが原則である（一条、六条一項［現破三〇条二項・三四条一項］）。しかし、破産者が処分権を有していた当時にした処分は全然動かせないことになると、破産者がその財産を廉売、浪費したり、あるいはある債権者だけが独占的な満足を得てしまい、一般の破産債権者が十分な満足が受けられなくなる。そこで、一定の要件の下に、この種の処分の効力を否認できることとする必要がある。(11)」

このように①の視点が明示されない場合には、開始後行為が否認対象とならないことの根拠は、もとより不明瞭とならざるを得ない。

もっとも、加藤博士らのように①の視点を明示したとしても、開始後行為が否認対象とならないことの根拠論としては、さらに立ち入った説明が必要となろう。なぜなら、破産手続開始後の破産者の行為が破産法四七条によって相対無効になることと、かかる開始後行為が否認対象とならないとする結論は直結せず、その間には、以下のとおり、いくつかの説明がありうるからである。

第一は、否認権が破産法四七条等の開始決定の効果を遡及させる制度であるから、開始後行為が否認対象とならないことは当然である、という説明である。(12) たとえば、小野木常博士はこう説く。すなわち、——

「破産執行につき差押を遡及せしめ過去の財産をその対象と為し得る制度を否認の制度と［する］」。「……否認原因ある行為は破産宣告前における、破産債権者を害する法律的行為であり、……破産宣告後の行為は、差押による処分禁止違反の処分として、相対的に無効とせられることはかくべつ、それ自体これを否認し得ないことは当然である。[13]」

しかし、周知のとおり、否認制度をリレーション・バックで説明することについては、異論もありうるところである。[14]

第二は、破産者の開始後行為については、破産法四七条によって相対無効になるため、もはや否認の必要がない、という説明である。[15] 古くは、前野順一博士がこう説く。すなわち、――

「破産宣告に於いては破産者は財団に対する管理処分の権能を失ふから否認の必要なく又強制執行についても財団に対して効力を失ふから之亦否認の必要がない[16]」。

しかし、「否認の必要がない」ということの意味が「否認権は成立するが行使の利益がない」という、訴えの利益に通じる趣旨であるならば、開始後行為といえども否認対象行為としての資格は一般に肯定されてしまう。

第三は、破産者の開始後行為については、破産法四七条によって相対無効になるため、否認の一般要件である有害性が欠ける、という説明である。[17] 第二の説明と違い、そもそも否認権は成立しないことになる。このような理解をおそらく最初に体系化した板木郁郎博士はこう説く。すなわち、――

「否認の対象たるべき詐害行為は有効に成立しているものでなければならぬ、不成立もしくは無効な行為に依っては詐害の結果を生じないのだから、かかる行為を対象として否認権の成立すべき理由はない。[18]」

「破産宣告が為された後は、破産財団に属する財産に関する管理並びに処分の権限は破産管財人に専属し（七条〔現破七八条一項〕）、破産者が破産宣告の後破産財団に属する財産に関して為した法律行為は、之を以て破産債権者に対抗することを得ないのであるから（五三条〔現破四七条〕）、破産者の法的行為に因つて破産債権者の利益が害せられるといふことは存しないわけである。[19]」

この第三の説明は、第一説および第二説の難点を回避している点において、有望ではある。しかし、次の比較法的考察が示すとおり、限界が伴うことに注意が必要である。

（5）枚挙に遑がないため、代表的な注釈書として、伊藤眞ほか・条解破産法〈第二版〉（二〇一四）一〇六〇頁のみを挙げておく。
（6）法律新聞社編・改正破産法及和議法精義（一九二三）二九一頁（旧字は新字に改めた）。
（7）加藤正治・破産法講義〈第六版〉（一九二〇）二三六～二三七頁（〔 〕内は筆者による。また、旧字は新字に改めた）。
（8）伊藤・前掲注（1）五〇〇頁。
（9）伊藤・前掲注（1）および後掲注（15）（17）の文献以外では、たとえば、井上・前掲注（3）一四三～一四四頁、斎藤常三郎・日本破産法〈第一〇版〉（一九三七）二三二～二三三頁、石川明＝小島武司編・破産法（一九八七）一二〇頁〔小島武司〕、羽田忠義・現代破産法（一九八二）二一一頁がある。
（10）網羅的ではないが、竹野竹三郎・破産法原論(上)（一九二三）三二〇頁、兼子一・新版強制執行法・破産法（一九六二）二一一頁、谷口安平・倒産処理法〈第二版〉（一九八〇）二四五頁、霜島甲一・倒産法体系（一九九〇）三〇四頁、青山善充ほか・破産法概説〈新版増補版〉（二〇〇〇）一七三頁〔伊藤眞〕、谷口安平ほか編・新現代倒産法入門（二〇〇二）一三五頁〔紺谷浩司〕、中島弘雅・体系倒産法Ⅰ破産・特別清算（二〇〇七）三二五頁、山本克己編・破産法・民事再生法概論（二〇一二）二三四頁〔畑瑞穂〕、中島弘雅＝佐藤鉄男・現代倒産手続法（二〇一三）一〇五～一〇六頁〔佐藤鉄男〕。
（11）兼子・前掲注（10）二一一頁（〔 〕内は筆者による）。
（12）小野木常・強制執行法・破産法講義〈第三版〉（一九五三）一四四頁。なお、福永（監）四宮ほか編・前掲注（4）「〈第二版〉」三六七～三六八頁〔水元宏典〕は、「当然」という文言は用いていないが、この系譜に属するものと位置づけられる。また、山木戸克己・破産法（一九七四）一七五頁もこの系譜か。
(13) 小野木・前掲注（12）一四四頁（［ ］内は筆者による。また、旧字は新字に改めた）。ただし、小野木常・破産法概論（一九五七）九〇頁では、「当然」という文言はなくなっている。
(14) とくに財産減少行為について議論がある。伊藤眞ほか・新破産法の基本構造と実務（二〇〇七）三八六頁〔山本克己発言〕、垣内秀介「否認要件をめぐる若干の考察――有害性の基礎となる財産状態とその判断基準時を中心として」田原睦夫先生古稀・最高裁判事退官記念・前掲注（2）二一三頁、二三一頁注28参照。
(15) 前野順一・破産法学粋（一九三五）五七頁、五九頁、林屋礼二ほか・破産法（一九九三）一五四頁、一六一頁〔福永有利〕。
(16) 前野・前掲注（15）五九頁（旧字は新字に改めた）。
(17) 板木郁郎・否認権に関する実証的研究（一九四三）三頁、二三頁、二二八頁。同旨、中田淳一・破産法・和議法（一九五九）一四三頁、斎藤秀夫ほか編・注解破産法（上）〈第三版〉（一九九八）四〇七頁〔宗田親彦〕、宗田親彦・破産法概説〈新訂第二版〉（二〇〇五）三二四頁。
(18) 板木・前掲注（17）二三頁（旧字は新字に改めた）。
(19) 板木・前掲注（17）三頁（［ ］内は筆者による。また、旧字は新字に改めた）。

三　比較法的考察

わが国の破産法の母法とされるドイツ破産法（Konkursordnung in der Fassung der Bekanntmachung vom 20. Mai 1898）は、否認の総則規定において、否認対象行為が開始前行為であることを明文で定めていた。[20] すなわち、――

KO § 29
破産手続開始前に行われた法的行為は、以下の規定に従い、破産債権者に対して無効なものとして否認することができる。

他方で、ドイツ破産法は、開始後行為の否認についても明文の規定を置いていた。すなわち、——

KO § 42

手続開始後の法的行為が民法八九二条および八九三条ならびに〔中略〕の規定に従い破産債権者に対して有効である限り、手続開始前に行われた法的行為の否認に関する規定は、手続開始後に行われた法的行為にも適用する。否認権行使の期間は、その法的行為の時から進行する。

本条が挙げるドイツ民法（Bürgerliches Gesetzbuch vom 18. August 1896）八九二条・八九三条は、登記に公信力を付与した規定である(21)（なお、〔中略〕とした部分は船舶登記の公信力の規定である）。すなわち、——

BGB § 892

(1) 不動産登記簿の内容は、法律行為によって不動産上の権利またはその権利上の権利を取得した者の利益のために、正当なものとみなされる。ただし、その正当性に対して異議の登記がある場合、または、取得者が正当でないことと知っている場合にはこの限りでない。不動産登記簿に登記された権利について、その権利者が特定の者の利益のために処分を制限されている場合においては、その処分制限は、それが登記簿から明らかなとき、または、取得者がそれを知っているときに限り、取得者に対してその効力を有する。

(2) 〔省略〕

BGB § 893

第八九二条の規定は、不動産登記簿に権利が登記された者に対してその権利に基づく給付が行われた場合、または、その権利者との間でその権利について第八九二条が規定する以外の権利処分にかかる法律行為が行われた場合について準用する。

ドイツ破産法は、破産者の開始後行為といえども、かかる登記の公信力によって有効となることを明文で認めていた。すなわち、——

KO §7

(1) 破産者が手続開始後に行った法的行為は、破産債権者に対して無効とする。ただし、民法八九二条および八九三条ならびに〔中略〕の規定は、その適用を妨げない。

(2) 〔省略〕

(3) 〔省略〕

代表的な注釈書によると、開始後行為の否認を定めるドイツ破産法四二条は、この七条一項但書に対応した規定であり、登記の公信力によって有効となる開始後行為についても否認可能性を及ぼす趣旨に出たものである(22)。また、ドイツ破産法四二条は、否認対象行為を開始前行為とする同法二九条の例外規定ないし特則でもある(23)。以上の規律は、ドイツ倒産法（Insolvenzordnung vom 5. Oktober 1994）においても基本的には同様である(24)。

このようなドイツ破産法・倒産法とわが国の破産法とを比較するならば、破産者の開始後行為が相対無効とされる原則は、日独で共通している。また、ドイツ法でも、無効行為は原則として有害性を欠くものと理解されている(25)。したがって、開始後行為が否認対象とならない根拠は、ドイツ法でも有害性の欠如に求めることができる。また、開始後行為が有効となる例外則が存在することについても、日独で共通している。ところが、開始後行為が有効であるならば、その有害性を一般に否定することはできないところ、ドイツ法は、かかる例外則に対応して開始後行為の否認規定を置くが、わが国の破産法は、かかる規定をもたない、という違いがある。もちろん、わが国の破産法は否認対象行為を開始前行為とする原則規定をそもそも有していないのであるから、この違いのみから、わが国の破産法が首尾一貫性を欠くとは結論づけられない。むしろ、ドイツ法が示唆しているのは、開始後行為が否認対象とならないことの根拠を有害性の欠如に求めるならば、いわばその限界として、開始後行為を有効とする規定への対応が必要となる、という点である。[26]

（20） 以下、ドイツ法（破産法・民法・倒産法）の日本語訳については、次の文献を参照した。於保不二雄・現代外国法典叢書独逸民法Ⅲ物権法（一九四二）三二頁以下、斉藤常三郎＝中野貞一郎（補遺）・現代外国法典叢書⒀独逸民事訴訟Ⅳ破産法・和議法〈復刊〉（一九五六）四一頁以下、三上威彦・ドイツ倒産法改正の軌跡（一九九五）一二六頁以下、木川裕一郎・ドイツ倒産法研究序説（一九九九）二六七頁以下。

（21） なお、二〇〇二年の債務法改正後の現行ドイツ民法（Bürgerliches Gesetzbuch in der Fassung der Bekanntmachung vom 2. Januar 2002）においても、当該規定に変更はない。

（22） Jaeger/ Lent, Konkursordnung, Kommentar, 8. Aufl. (1958), Bd.1, § 42 Einl.; Jaeger/ Henckel, Konkursordnung, Großkommentar, 9. völlig neu bearb. Aufl. (1997), § 42 RdNr. 1.

（23） Jaeger/ Lent, aaO. (N. 22), § 42 Einl.; Jaeger/ Henckel, aaO (N. 22), § 42 RdNr. 2.

（24） ドイツ倒産法の関連条文は以下のとおりである。

InsO § 129　原則

(1)　倒産管財人は、倒産手続開始前に行われた、倒産債権者に有害な法的行為を、一三〇条から一四六条までに従って否認することができる。

(2)　〔省略〕

InsO § 147　手続開始後の法的行為

倒産手続開始後に行われ、かつ、〔中略〕民法八九二条および八九三条ならびに〔中略〕に従って有効である法的行為は、手続開始前に行われた法的行為の否認に適用される規定に従って否認することができる。〔第二文省略〕

InsO § 81　債務者の処分

(1)　債務者が倒産手続開始後に倒産財団の目的物を処分したときは、その処分は無効とする。民法八九二条および八九三条ならびに〔中略〕の規定は、その適用を妨げない。〔第三文省略〕

(2)　〔省略〕

(3)　〔省略〕

なお、ドイツ倒産法一四七条についても、本文で述べたドイツ破産法四二条の趣旨・位置づけが妥当する。Vgl. Jaeger/ Henckel/ Gerhardt (Hrsg.), Insolvenzordnung, Großkommentar (2008), § 147 RdNr. 2f. [Henckel].

(25)　Jaeger/Henckel, aaO. (N. 22), § 29 RdNr. 214f.; Jaeger/Henckel/Gerhardt (Hrsg.), aaO. (N. 24), § 129 RdNr. 267f [Henckel]; Kirchhof/Stürner/Eidenmüller (Hrsg.), Münchener Kommentar zur Insolvenzordnung, 3 Aufl. (2013), Bd. 2, § 129 RdNr. 134 [Kayser].

(26)　これに対して、斎藤ほか編・前掲注（17）四〇七頁〔宗田〕、宗田・前掲注（17）三二四頁は、破産者が破産財団に関してした法律行為は破産債権者に対抗できないのであるから、破産手続開始後は、「破産債権者を害することはありえない」と説き、本文で指摘した限界を認めない趣旨に読める。しかし、後述のとおり、後れた登記であっても破産法四九条一項但書の適用を認めるならば、「ありえない」とまでは言い切れない。

四　破産法四九条一項但書への対応

破産手続開始後にした破産者の行為が否認対象とならないことの根拠については、わが国でも、前述のとおり、破産法四七条による相対無効の結果、有害性が欠けるとする説明が有望である。しかし、先の比較法的考察が示すとおり、かかる根拠論を採るならば、開始後行為の有効性を規定する破産法四九条一項但書への対応が必要となる。

しかし、その対応として、わが国の破産法においては、ドイツ破産法四二条のような規定を（同法二九条のような規定とセットで）新設すべし、との立法論は採り得ない。立法論としてであれば、わが国では、むしろ破産法四九条一項但書の方を削除する、という対応が採られるべきである。なぜなら、従来正当に指摘されてきたように、わが国の破産法四九条一項但書は、平時において登記の公信力が認められていないところに、登記の公信力を前提とするドイツ破産法七条一項但書を誤って継受した疑いがあるからである。(27)

問題は、破産法四九条一項但書の存在を前提とした場合の解釈論的対応である。具体的には、本稿冒頭で掲げた事例において時系列⑤の登記の扱いをどう考えるべきか、という問題である。以下のとおり、いくつかの対応が考えられる。

第一は、右記の立法的過誤を理由に、解釈論としても破産法四九条一項但書を空文化する対応である。すなわち、後れた登記であろうがなかろうが、破産手続開始後の登記は常に同項本文で無効化する、という解釈論である。かかる対応が可能であれば、開始後行為が否認できない根拠の限界は露呈しない。しかし、解釈論の域を超えていないか、疑問の余地がある。

第二は、本稿冒頭で引用した伝統的理解に基づく対応である。すなわち、後れた登記の否認原因（原因行為から一五日経過および相手方の支払停止または破産申立ての認識）があるときは破産法四九条一項但書を適用しない、という解釈論である。この対応によっても、開始後行為が否認できない根拠の限界は露呈せず、かかる根拠論と破産法四九条一項但書との抵触は避けられる。また、開始後行為が否認対象とならないという命題についても、例外を承認せずにすむ。しかし、登記に否認原因があれば無効となり、無効となれば有害性が欠如し否認対象とならない、という論理は、かかる命題の根拠に限界が伴うことを率直に認めるならば、迂遠ではなかろうか。

第三は、対抗要件否認による対応である。すなわち、開始後の登記といえども相手方が破産手続開始について善意である限り破産法四九条一項但書によって有効とされることを前提に、当該登記が原因行為から一五日を経過し、相手方が支払停止または破産申立てを認識した後にされたものであれば、端的に破産法一六四条の適用を肯定する解釈論である。開始後の登記であっても有効である場合には有害性が肯定できるため、開始後行為が否認対象とならない根拠である、有害性の欠如が当てはまらない、というのがこの解釈論の実質的な根拠である。また、形式的根拠としては、わが国ではドイツ破産法二九条のような、否認対象を開始前行為とする規定がないこと、破産法一六四条の文言も適用対象を破産手続開始前の登記に限るとは謳っていないことが挙げられる。

もっとも、このように破産手続開始後の行為に否認可能性を認める解釈論に対しては、破産法一七六条が否認権について二年の除斥期間の起算点を破産手続開始時としており、このことは破産法が開始後行為の否認を予定していない証左である、との批判も想定できる。たしかに、除斥期間の起算点後に否認対象行為が生じることは、不自然ではある。ドイツ破産法においても、否認権行使期間の起算点は、開始前行為の否認では破産手続開始時（KO § 41 Abs. 1 Satz 1）[28]であるが、開始後行為の否認では当該行為時と規定されている（前掲KO § 42 Satz 2）。しかし、わが国では、この批判は決定的ではないように思われる。なぜなら、牽連破産の場合にみられるように、先行手続開始後の行為も牽連破産手続では否認対象となり得るところ（民再二五二条一項、会更二五四条一項）、にもかかわらず除斥期間の起算点はなお先行手続開始時であり（民再二五二条二項、会更二五四条二項）、法そのものが除斥期間の起算点後に否認対象行為が生じることを承認しているからである。

このように考えるならば、解釈論的対応としては、対抗要件否認もあり得てよいのではあるまいか。

（27） 山本・前掲注（2）一一七頁参照。そのうえで、破産法四九条一項の立法論としては、手続開始後の登記についても、原因行為から一五日を経過する前に行われていた場合には保護されるべきか、という議論もある。中西正「対抗要件否認の再構成」新堂幸司先生古稀・民事訴訟法理論の新たな構築（下）（二〇〇一）六六七頁、七〇一頁注105参照。

（28） KO § 41

(1) 否認は、手続開始後一年以内に限り、これを行うことができる。期間の進行については、消滅時効に関する民法二〇三条二項および二〇七条を準用する。〔第二文および第三文省略〕

(2) 〔省略〕

五　更生手続および再生手続への妥当性

本稿における以上の議論は、専ら破産手続を念頭に置いていた。しかし、その射程は、基本的には、更生手続および管財人選任後の再生手続にも及ぶと考えられる。なぜなら、これらの手続においては、議論の前提が等しく妥当するからである。議論の前提とは、要するに、倒産手続の管理機構と倒産債務者の地位の分離である。

ところが、かかる議論の前提は、管財人が選任されない、いわゆるＤＩＰ型の再生手続の場合には必ずしも妥当しない。というのも、この場合、再生債務者は機関としての地位と債務者としての地位を併有し、その性格は双面的だからである。[29] したがって、ＤＩＰ型の再生手続において、再生債務者の開始後行為が否認対象とならない根拠をどう考えるべきかは、別途検討を要する課題となる。

この課題に対するアプローチの仕方は、二つあるように思われる。第一は、再生債務者の機関性を強調するアプローチである。すなわち、再生債務者は管財人と同様の地位にあるとして、再生債務者の開始後行為は、破産管財人の行為と同様に、凡そ否認対象にならないとする考え方である。[30] 第二は、再生債務者の債務者性を強調するアプローチである。すなわち、裁判所の要許可規制（民再四一条）および監督委員の要同意規制（民再五四条）ならびに効力規定的解釈[31]を前提とした公平誠実義務（民再三八条二項）の適切な運用によって、再生債務者の開始後行為のうち有益でないものは、破産者の開始後行為と同様に、原則として相対無効になるとして、破産手続における議論を及ぼす考え方である。[32] 詳細な検討は、他日を期するほかない。

（29）　伊藤眞「再生債務者の地位と責務（上）」金法一六八五号（二〇〇三）一二頁、一四頁は、このような再生債務者の地位を「双面神としての再生債務者」と表現する。

（30）　アメリカ合衆国連邦破産法は、チャプター一一におけるＤＩＰの開始後行為について、このようなアプローチを採っているようである（11 U. S. C. § 549(a)(2)(B)）。もっとも、同法は、手続が申立てによって開始されることを前提に（11 U. S. C. §§ 301・302）、開始後の財団処分について広く否認を認める一方（11 U. S. C. § 549(a)）、その例外の一つとして、そもそも開始後の善意取引（で所定の要件を満たすもの）について否認を排除しており（11 U. S. C. § 549(c)）、日独の倒産法制と前提を異にする。邦語文献として、高木新二郎・アメリカ連邦倒産法（一九九六）一七八頁以下、福岡真之介・アメリカ連邦倒産法概説（二〇〇八）一八二頁以下、ジェフ・フェリエル＝エドワード・J・ジャンガー・アメリカ倒産法（下）（二〇一二）二〇六頁以下参照。

（31）公平誠実義務を効力規定と解するのは、山本和彦「再生債務者の地位」三宅省三＝池田靖編・実務解説一問一答民事再生法（二〇〇〇）三二八頁、三三三～三三四頁を嚆矢とする。

（32）この考え方の下では、例外的ではあるにせよ、再生債務者の開始後行為を否認対象とする解釈論もあり得てよいことになる。福永（監）四宮ほか編・前掲注（4）〈初版〉二四七～二四八頁〔中西〕は、このようなアプローチによるものかと思われる。なお、再生手続では、民事再生法四五条一項但書の場合のほかにも、再生債務者の開始後行為を否認対象とすべき場合があり得る。例えば、再生債務者が手続開始後に動産を廉価売却したところ、相手方が危機時期については悪意であるが、要同意規制等については善意（民再五四条四項・四一条二項）の場合などである。

六　おわりに

本稿の検討結果をまとめれば、以下のとおりである。

まず、破産者の開始後行為が否認対象とならない根拠については、破産法四七条による相対無効の結果、否認の一般要件である有害性が欠ける、とする説明が有望であることが確認できた。しかし、かかる根拠論は、破産者の開始後行為が有効となる場合において限界を露呈することもまた明らかとなった。このため、かかる根拠論が採られる場合においては、破産者の開始後行為の有効性を規定する破産法四九条一項但書への対応が必要となる。その対応として、立法論では、同項但書の削除論が支持されるべきこと、解釈論では、開始後の登記であるからといって対抗要件否認の適用がアプリオリに排除されるべきではないことを論じた。なお、ＤＩＰ型の再生手続において再生債務者の開始後行為が否認対象とならないことの根拠については、二つのアプローチがあり得ることを示した。

伊藤眞先生は、筆者の大学院博士課程における指導教官である。博士課程への入学を許されて以来、先生には幾度もご迷惑とご心配をおかけし、その度に一方ならぬご高配を賜った。本稿は多年にわたる先生の温かいご指導に感謝し、古稀をお祝いするものとしてはあまりにも不十分であるが、感謝とお祝いの気持ちのみをおくみ取りいただければ幸いである。

平成二六年会社法改正に伴う会社更生法の整備について

深山卓也

一　はじめに
二　監査等委員会設置会社制度
三　払込み等を仮装した募集株式等の引受人等の責任
四　親会社による子会社株式等の譲渡
五　特別支配株主の株式等売渡請求
六　株式の併合により端数となる株式の買取請求等
七　組織再編等の差止請求
八　詐害的会社分割・事業譲渡
九　おわりに

一　はじめに

平成二六年六月二〇日、「会社法の一部を改正する法律」（平成二六年法律第九〇号。以下「一部改正法」という）及び「会社法の一部を改正する法律の施行に伴う関係法律の整備等に関する法律」（同法律第九一号。以下「整備法」という）が成立し、同月二七日に公布された。[1] 一部改正法は、コーポレート・ガバナンスの強化及び親子会社に関する規律等の整備を図る観点から、平成一七年に成立した会社法を本格的に見直すものであり、整備法は、一部改正法の施行に伴って九六本の関係法律について所要の改正を行うものであるが、その整備対象法律の一つとして会社更生法がある。

会社更生法の定める更生手続は、株式会社の事業の更生に特化した倒産処理手続であり、同法は、更生手続開始後その終了までの間においては、更生会社の組織の基本的事項の変更、例えば、①株式の消却、併合又は分割、②募集株式、募集新株予約権又は募集社債の引受人の募集、③組織再編（合併、会社分割、株式交換及び株式移転）等を専ら更生計画によって行うべきものとしつつ、更生計画によってこれらの行為を行う場合には、株主総会その他の機関の決議を不要とし、株式買取請求権等の行使や組織再編の無効の訴え等の提起をできないこととするなど、多くの会社法の特例規定を設けている。そのため、整備法による会社更生法の改正は、一部改正法で新設される制度に関連する事項を中心として、多岐にわたるものとなっている。

本稿は、整備法による会社更生法の改正内容について、その前提となる一部改正法による改正後の会社法（以下「改正会社法」という）の改正内容を簡単に紹介しつつ、これに対応させる形で解説するものである。なお、筆者は、法務省民事局長の職にあるが、本稿中、意見にわたる部分は、筆者の個人的見解である。

（1）　改正法の施行期日は、一部改正法附則一条により、公布の日から起算して一年六月を超えない範囲内において政令で定める日とされているが、現時点では、平成二七年五月の施行を目途としている。

二　監査等委員会設置会社制度

1　近年、各方面から、上場会社の業務執行者に対する監督を強化するために、業務執行者から独立し取締役会決議の議決権を有する社外取締役の機能を活用すべきであるとの指摘がされている。現行の会社法における株式会社の主な機関構成は、監査役会設置会社と委員会設置会社であるが、前者については、少なくとも二名の社外監査役の選任が義務付けられており、これに加えて社外取締役を選任することに重複感・負担感があるため、社外取締役の機能を活用する観点からは利用しにくいとの指摘がされており、後者についても、社外取締役の機能が十分に活用される機関設計であるものの、指名委員会及び報酬委員会を置くことへの抵抗感等から広く利用されるに至っていないとの指摘がされている。

そこで、改正会社法では、社外取締役の業務執行者に対する監督機能を活用する新たな機関設計として、監査等委員会設置会社（二条一一号の二）の制度を設けている。監査等委員会設置会社においては、監査役を選任することはできず（三二七条四項）、監査等委員（取締役であり、その過半数は社外取締役でなければならない）により構成される監査等委員会が取締役の職務執行の監査を担い（三九九条の二第三項一号）、また、取締役の選任は、監査等委員である取締役とそれ以外の取締役とを区別してしなければならず（三二九条二項）[2]、その任期も監査等委員である取締役は二年、それ以外の取締役は一年とされ（三三二条）、その報酬等も監査等委員である取締役とそれ以外の取締役とを区別して定めなければならない（三六一条二項）とされている。

なお、「監査等委員会設置会社」を設けることに伴う用語の整理として、従来の「委員会設置会社」の名称を「指名委員会等設置会社」に改めることとしている（二条一二号）。

2　これに伴い、整備法では会社更生法に次のとおりの改正を行っている。

まず、会社更生法一七三条一項各号は、更生計画における更生会社の取締役等に関する条項（一六七条一項二号）で具体的に定めるべき事項を規定しているが、更生会社が更生計画認可の決定時に監査等委員会設置会社となる場合には、「監査等委員である取締役及びそれ以外の取締役並びに代表取締役の氏名又はその選任若しくは選定の方法及び任期」を定めるべき旨を同項三号として追加する改正をしている。(3) これと併せて、更生会社の取締役等に関する条項の遂行について定める同法二一一条一項についても、更生会社が更生計画の定めにより監査等委員会設置会社となる場合には、監査等委員である取締役とそれ以外の取締役とは区別されて就任し、あるいは選任される旨を明らかにする文言上の手当てをしている。

次に、会社更生法一八三条は、更生計画における新会社の設立に関する条項（一六七条二項）で具体的に定めるべき事項を規定しているが、そのうち新会社の設立時取締役の氏名等及び設立時取締役が新会社の取締役になった場合の任期を定めるべき旨を規定する同条八号及び一〇号について、新会社が監査等委員会設置会社である場合には、設立時監査等委員である設立時取締役（監査等委員である取締役）とそれ以外の設立時取締役（それ以外の取締役）とを区別すべき旨の改正をしている。

さらに、会社更生法六六条二項は、更生計画認可の決定後、更生会社に権限付与がされた場合、すなわち、更生計画の定め（一六七条二項）又は裁判所の決定（七二条五項）により、更生会社の事業経営権及び財産の管理処分権を管財人ではなく更生会社に帰属させた場合（七二条四項前段）には、取締役等の報酬等の内容は、その決定方法を定めた会社法の諸規定にかかわらず、管財人が裁判所の許可を得て定めることとしているが、この場合に適用が排除される会社法の諸規定の中に、監査等委員会設置会社における取締役の報酬等の決定方法を定める改正会社法三六一条三項を追加する改正をしている。

なお、「委員会設置会社」の名称が「指名委員会等設置会社」に改められることに伴い、会社更生法一七三条一項四号・八号、一八三条九号ホ(4)に文言の修正を加えている。

（2）　なお、監査等委員会設置会社を設立する場合には、設立時監査等委員である設立時取締役とそれ以外の設立時取締役とを区別して選任しなければならない（改正会社法三八条二項、八八条二項）。

（3）　改正後の会社更生法一七三条一項三号においては、取締役については「選任」が、代表取締役については「選定」が、それぞれ文言上対応している。

（4）　なお、新会社が代表取締役を定める場合に設立時代表取締役の氏名又はその選定の方法を定めるべき旨を規定する会社更生法一八三条九号イは、これまで「新会社が代表取締役を定める場合」から、新会社が委員会設置会社となる場合を除外していた（「（新会社が委員会設置会社である場合を除く。）」と規定していた）が、委員会設置会社（指名委員会等設置会社）には代表執行役が置かれ、代表取締役が置かれることはないため、本来、この括弧書による除外は、その必要性に乏しかった。そこで、今回の整備法による改正で、この括弧書の記載を削除している。なお、一七三条一項二号も、「更生会社が更生計画認可の決定の時において代表取締役を定める場合における更生会社の取締役に関する条項」から更生会社が委員会設置会社となる場合の取締役に関する条項を除外しており（「（次号に掲げるものを除く。）」と規定していた）、同様の問題があった。しかし、一七三条については、本文に記載したとおり、更生会社が監査等委員会設置会社となる場合の取締役に関する事項を規定する同項三号が新設された（従前の三号は四号に号ズレした）結果、同項二号において新たな三号の場合を除外する必要が生じたため、結果的に括弧書の記載を削除する改正はされていない。

三　払込み等を仮装した募集株式等の引受人等の責任

1　現行の会社法においては、募集株式の発行に際して出資の履行が仮装された場合、すなわち、いわゆる「見せ金」や「預合い」による払込みがされた場合等に、仮装した募集株式の引受人や仮装に関与した取締役等について、そのことを理由として責任を課す旨の規定は存在しないが、このような場合の募集株式の引受人については、株式会社に本来拠出すべきであった財産を拠出させる義務を課すことが相当である。

そこで、改正会社法では、①そのような募集株式の引受人には、払込みを仮装した払込金額の全額の支払等をする義務を課すこととし（二一三条の二）、さらに、②出資の履行の仮装に関与した取締役等も、その職務を行うについて注意を怠らなかったことを証明した場合を除き、引受人と連帯して金銭を支払う義務を課すこととしている（二一三条の三）。[5]

さらに、改正会社法は、発起人により株式会社の設立時発行株式についての出資の履行が仮装された場合や引受人により設立時募集株式の払込金額の払込みが仮装された場合、募集新株予約権の発行又は新株予約権の行使の際に払込み等が仮装された場合にも、発起人、引受人、新株予約権者、取締役等について同様の責任を課す旨の規定を設けている（五二条の二、一〇二条の二、一〇三条、二八六条の二、二八六条の三）。

2　これに伴い、整備法では会社更生法に次のとおりの改正を行っている。

まず、会社更生法一〇〇条以下は、更生会社の役員等の責任に基づく損害賠償請求権（九九条一項一号）及び現物出資財産の価額不足の場合の役員等の差額支払請求権（同項二号）を簡易迅速に追及するために役員等責任査定決定の手続を設け、同法九九条は、これらの役員等の責任を保全するために役員等の個人財産に対する保全処分の制度を設けているが、改正会社法において役員等について新たに前記**1**②の支払請求権が認められたため、同条一項二号の保全処分の被保全債権にこの支払請求権を追加する改正をしている（これにより、同請求権は役員等責任査定決定の対象にも追加されることとなる）。

次に、会社更生法二一六条六項は、更生計画が裁判所により所定の認可事由の有無を審査された上で認可され、その遂行も裁判所の監督の下で行われることから、更生計画の定めにより更生会社が募集新株予約権を引き受ける者の募集をする場合には、著しく不公正な払込金額で引き受けた新株予約権者等の責任を定める会社法二八五条一項一号・二号や新株予約権の行使に際して出資された現物出資財産の価額が不足する場合の取締役等の責任を定める同法二八六条等の適用を排除しているが、これらの責任と類似する①募集新株予約権の発行の際に払込みを仮装した新株予約権者等の責任を定める改正会社法二八六条の二第一項一号並びに②これに関与した取締役等及び新株予約権の行使の際の仮装払込み等に関与した取締役等の責任を定める二八六条の三を適用が排除される規定に追加する改正をしている。(6) なお、同様に、更生会社が更生計画の定めにより募集株式を引き受ける者の募集をする場合についても、出資の履行を仮装した引受人の責任及びこれに関与した取締役等の責任を定める改正会社法二一三条の二及び二一三条の三の規定の適用を排除することが相当であるが、この場合の特例を定めている現行の会社更生法二一五条六項において既に会社法「第二編第二章第八節第六款」の適用が排除されており、改正会社法で新設される前記両規定もこれに含まれることとなるため、特段の改正はしていない。

さらに、会社更生法二二五条六項は、更生会社が更生計画の定めにより新会社を設立する場合(7)について、同様の理由から、会社法の諸規定の適用を排除しているが(その中には、発起人等の責任に関する会社法「第二編第一章第八節」も含まれている)、この適用が排除される規定の中に、募集設立において払込みを仮装した引受人の責任を定める改正会社法一〇二条の二を追加する改正をしている。なお、更生計画の定めにより新会社を設立する場合には、同様に、募集設立において引受人が払込みを仮装した場合の発起人の責任を定める同法一〇三条二項・三項の適用も排除することが相当であるが、現行の会社更生法二二五条六項において既に会社法一〇三条全体の適用が排除されているため、特段の改正はしていない。

(5) 出資の履行が仮装された場合の払込み等の効力については、解釈が分かれているが、今回の改正は、いずれか特定の解釈を前提とするものではなく、払込み等の効力の点は、引き続き解釈にゆだねられている。

(6) もっとも、仮装払込みに関する責任のうち、新株予約権の行使の場面における仮装払込みについての新株予約権者の責任を定める改正会社法二八六条の二第一項二号・三号については、現行の会社更生法二一六条六項が、会社法二八五条一項三号(新株予約権の行使の場面における払込み等に関する引受人の責任を定めるもの)の適用を排除していない(新株予約権の行使は、その発行時から長期間経過後に行われることも少なくなく、更生計画の定めにより発行された新株予約権であっても、その適正が必ずしも期待しがたいためである)こととのバランスを考慮して、適用を排除しないこととしている。これに対して、取締役等の責任を定める改正会社法二八六条の三については、現行の会社更生法二一六条六項が会社法二八六条(新株予約権の行使の場面で現物出資財産の価額が著しく不足する場合の取締役等の責任を定めるもの）の適用を排除していることとのバランスを考慮して、新株予約権の行使の場面での仮装払込みに係る責任を定める部分を含め、その全体の適用を排除している。

（7）　更生計画の定めに基づいて新会社を設立する場合には、発起人の職務は管財人が行うこととなるため（会社更生法二二五条一項）、財産の出資者としての発起人を観念することができず、したがって、設立の形態としては募集設立の方法のみが想定されている。

四　親会社による子会社株式等の譲渡

1　現行の会社法においては、株式会社が事業の全部又は重要な一部を譲渡しようとする場合には、それが株主の利益に重大な影響を与えることに鑑み、原則として株主総会の特別決議による承認が必要であるとされているが、株式会社がその子会社の株式等（株式又は持分）を譲渡しようとする場合には、株主総会の決議による承認が必要である旨の明文の規定は設けられていない。しかし、株式会社が重要な子会社の株式等を譲渡することにより株式等の保有を通じた子会社の事業に対する支配を失う場合（例えば、子会社の議決権総数の過半数を失う場合）には、事業譲渡がされる場合と実質的に異ならない影響が株主に及ぶと考えられる。

そこで、改正会社法では、株式会社は、その子会社の株式等の全部又は一部の譲渡をする場合であって、①譲渡により譲り渡す株式等の帳簿価額が株式会社の総資産額の五分の一を超えるとき、②株式会社が、効力発生日において子会社の議決権の総数の過半数の議決権を有しないときのいずれにも該当するときは、効力発生日の前日までに、株主総会の特別決議によって株式等の譲渡に係る契約の承認を受けなければならないこととしている（四六七条一項二号の二、三〇九条二項一一号）。

2　会社更生法四六条一項は、更生手続開始後その終了までの間においては、原則として、更生計画によらなければ、更生会社の事業の全部又は重要な一部の譲渡をすることができない旨を規定しているが、これは、会社法において事業譲渡の重要性に鑑みて株主総会の特別決議による承認が必要とされていることや、事業譲渡が更生会社における事業の更生のスキームを決定付ける可能性があることに基づくものである。そこで、整備法では、改正会社法において事業譲渡と同様に一定の子会社株式等の譲渡に株主総会の特別決議による承認が必要とされることを踏まえて、会社更生法四六条一項の適用対象となる行為に、改正会社法四六七条一項二号の二に掲げる行為（株主総会の特別決議による承認を要することとなる子会社株式等の譲渡）を追加する改正をしている。なお、管財人が更生会社の事業を譲渡する場合に、譲渡の対象となる「事業の内容」等を公告し、又は株主に通知することを義務付ける会社更生法四六条四項一号についても、子会社株式等を譲渡する場合には公告等をすべき事項が「子会社の事業」の内容となる旨を明らかにする文言上の手当てをしている。

なお、会社更生法四六条一項本文に、事業の全部又は重要な一部の譲渡と一定の子会社株式等の譲渡とをまとめた「事業等の譲渡」という定義語を設けたことに伴い、同項ただし書・二項・四項・七項二号・八項及び一〇項において用語の修正を行っている。

五　特別支配株主の株式等売渡請求

1　近年、株式会社の全株式を一人の株主が保有することによって、長期的視野に立った柔軟な経営、株主総会の省略による意思決定の迅速化、株主管理コスト等の削減を実現するための手段として、キャッシュ・アウト（株式会社の支配株主が金銭を対価として少数株主の有する株式の全部をその個別の承諾を得ることなく取得することをいう）が注目されている。現行の会社法の下でキャッシュ・アウトを行うために実務上主として用いられているのは、全部取得条項付種類株式の取得により少数株主の有する株式を端数とした上で、端数の処理によってその売却代金を少数株主に交付する手法であると言われている。(8)もっとも、この手法については、キャッシュ・アウトを行おうとする株主が対象となる株式会社（対象会社）の総株主の議決権の大多数を有している場合であっても、常に株主総会の特別決議が必要になる（会社法一七一条一項、三〇九条二項三号）ため、キャッシュ・アウトを完了するまでに長期間を要し、その手続的コストも大きいという問題点が指摘されている。

そこで、改正会社法では、機動的なキャッシュ・アウトを可能とするため、対象会社の総株主の議決権の一〇分の九以上を有する株主（特別支配株主）が、対象会社の株主総会決議を要することなく、他の株主の全員に対し、その有する株式の全部の売渡しを請求することができるという株式売渡請求の制度を創設している（一七九条一項）。また、特別支配株主が、株式売渡請求と併せて、対象会社の新株予約権や新株予約権付社債についても売渡請求をすることを認め（同条二項・三項）、これらの請求を「株式等売渡請求」と総称することとしている（一七九条の三第一項）。

株式等売渡請求の具体的手続は、①特別支配株主が売渡しの条件等を定め（一七九条の二）、②これを対象会社に通知してその承認を求め（一七九条の三）、③対象会社が承認をしたときは売渡しの条件等を売渡株主等に通知し（一七九条の四）、④対象会社が事前開示手続を行った上で（一七九条の五）、⑤売渡株式等の全部が取得日に特別支配株主に取得され（一七九条の九）、⑥対象会社が事後開示手続を行う（一七九条の一〇）という流れとなる。また、売渡株主等を保護するための制度として、①差止請求（一七九条の七）、②売買価格の決定の申立て（一七九条の八）、③売渡株式等の取得の無効の訴え（八四六条の二以下）を設けている。

2　これに伴い、整備法では会社更生法に次のとおりの改正を行っている。

まず、会社更生法四五条一項各号は、更生計画を通じた事業の更生の障害とならないように、更生手続開始後その終了までの間においては、更生計画によることなく更生会社の組織に関する基本的事項を変更する各種行為を行うことを禁止しているが、特別支配株主による株式等売渡請求に係る売渡株式等の取得は、特別支配株主の行為であって更生会社自身の行為ではない点で同条一項各号に掲げられた行為とは異なる。しかし、株式等売渡請求に係る売渡株式等の取得は、対象会社である更生会社がこれを承認した場合に限って行われる点で更生会社自身の行為に準ずるものであるし、これにより特別支配株主を株式交換完全親会社、更生会社を株式交換完全子会社とする株式交換と実質的に同様の効果が生じ（なお、株式交換は同条一項七号で禁止されている）、更生会社の事業の更生のスキームや（売渡）株主のみならず更生債権者等の利害関係人に重大な影響を及ぼすこととなる。そこで、同条一項一号で禁止される行為に「更生会社の発行する売渡株式等についての株式等売渡請求に係る売渡株式等の取得」を追加する改正をしている(9)。

次に、この会社更生法四五条一項一号の改正に伴い、更生計画において株式等売渡請求に係る売渡株式等の取得に関する条項を定めることが可能となる（同法一六七条二項）ことから、その条項で具体的に定めるべき事項について一七四条の三を新設している。同条は、更生計画において株式交換をする場合に条項で定めるべき事項（一八二条の三第一項）にならって、特別支配株主の氏名又は名称及び住所（一号）、通常の株式会社で定めるべきものとされている改正会社法一七九条の二第一項各号に掲げる事項（二号）、売渡株式等の取得に際して更生債権者等に対して金銭を交付する場合の金銭の(10)額又はその算定方法（三号）及びその金銭の割当てに関する事項（四号）を定めるべきものとしている。

さらに、更生計画の定めにより株式等売渡請求に係る売渡株式等の取得をする場合には、売渡株主等の保護を図る会社法の諸規定を適用する必要性に乏しいことから、①二一四条の二を新設して、この場合には、対象会社の事前開示手続について定める改正会社法一七九条の五、売渡株主等による差止請求について定める同法一七九条の七及び売買価格の決定の申立てについて定める同法一七九条の八の適用を排除することとし(11)、また、②更生計画の遂行について更生会社の関係者が会社法上の組織再編の無効の訴え等を提起することができない旨を定めている会社更生法二一〇条三項に、提起が許されない訴訟類型として改正会社法八四六条の二第二項に規定する売渡株式等の取得の無効の訴えを追加する改正をしている(12)。

（8） 現行の会社法の下でキャッシュ・アウトを行うための他の手法としては、金銭を対価とする組織再編（株式交換等）が考えられる。

この手法による場合には、原則として、キャッシュ・アウトの対象会社における株主総会の特別決議を要する（七八三条一項、三〇九条二項一二号）が、キャッシュ・アウトを行う株主（存続会社等）が対象会社の総株主の議決権の一〇分の九以上を有していれば、略式組織再編の手続により対象会社における株主総会の決議を要しないものとされている（七八四条一項）。

(9) 改正後の会社更生法四五条一項一号において、更生手続中に禁止される行為として「株式等売渡請求」ではなく「株式等売渡請求に係る売渡株式等の取得」を追加しているのは、株式交換と類似の効果が生ずるのは株式等売渡請求の時点ではなく、株式等売渡請求に係る売渡株式等の全部が取得された時点であること、また、株式等売渡請求自体を禁止行為にすると、更生手続開始前に株式等売渡請求がされ、その後、取得日までの間に更生手続が開始された場合には、取得日に売渡株式等の取得の効果が発生することとなるが、このような結論は相当でないことを考慮したものである。

(10) 改正後の会社更生法一七四条の三第三号・四号は、更生計画の定めにより株式等売渡請求に係る売渡株式等の取得をする場合には、取得の対価である金銭を売渡株主等にではなく更生債権者等に交付することが可能であることを当然の前提としているが、この点は、更生計画の定めにより吸収合併又は株式交換をする場合に、その対価である金銭等を株主にではなく更生債権者等に交付することが可能であることを前提としている現行の会社更生法一八〇条一項二号ホ・三号、一八二条の三第一項二号ホ・三号と同様である。

(11) なお、売買価格の決定の申立ては、組織再編等における株式買取請求に対応するものであることから、その適用除外を定める会社更生法二一〇条に規定を設けることも考えられないではない。しかし、同条は、共通の内容を有する複数の制度を一括りにして適用を排除するものであるのに対し、株式等売渡請求における売買価格の決定の申立てについては、他に共通の内容を有する制度がない（全部取得条項付種類株式の取得における価格の決定の申立て〔会社法一七二条〕は、価格決定の申立てという点で類似するものの、更生会社による株式の取得に関する特例〔会社更生法二一四条〕を有する更生手続においては更生計画において全部取得条項付種類株式の取得の制度を利用するニーズがないため、その適用を排除する規定は置かないこととしている）。そこで、売買価格の決定の申立てについても、株式等売渡請求に関して新設する二一四条の二において適用を排除することとしている。

(12) 加えて、更生計画における「更生債権者等又は株主の権利の全部又は一部の消滅と引換えにする新株予約権の発行に関する条項」で具体的に定めるべき事項を規定する会社更生法一七七条の二にも若干の改正を行っている。すなわち、改正会社法一七九条三項は、新株予約権付社債に付された新株予約権が新株予約権売渡請求の対象とされる場合には、原則として、当該新株予約権付社債についての社債も併せて売渡請求の対象となるものとしつつ、新株予約権付社債の募集事項において別段の定め（例えば、新株予約権部分のみが売渡請求の対象となる旨の定め等）がある場合には、そのような規律は適用されないものとしている。そこで、更生計画の定めにより更生債権者等又は株主の権利の消滅と引替えに新株予約権付社債を発行する場合にも、このような別段の定めをすることができるように会社更生法一七七条の二第二項四号に文言上の手当てをしている。

六　株式の併合により端数となる株式の買取請求等

1　現行の会社法においては、株式の併合（一八〇条）によって生ずる一株未満の端数については、端数の処理により端数株式の売却代金を株主に交付することとしている（二三五条、二三四条）が、多くの端数が生ずる場合には、市場価格が下落することや売却先の確保が困難となること等により、適切な対価が交付されないおそれがある。そこで、改正会社法では、株式の併合により端数が生じうる場合の株主の利益を保護する観点から、一定の要件を満たす株式の併合につき、①株式の併合前に併合の割合等を記載した書面等を作成し、株主に閲覧を認める事前開示手続（一八二条の二）、②株主による株式の併合の差止請求の制度（一八二条の三）、③反対株主による端数の株式買取請求の制度（一八二条の四）及び④株式の併合の効力発生後に発行済株式の総数等を記載した書面等を作成し、株主に閲覧を認める事後開示手続（一八二条の六）を設けることとしている。

2　会社更生法は、更生計画の定めにより株式の併合を行うことを認めているが（一六七条二項——その条項の具体的な記載事項は一七四条一号）、改正会社法において株式の併合について前記1①～④の手続・制度が設けられることに伴い、更生計画の定めにより株式の併合をする場合の特則を定める二一一条の二を新設して、この場合には、株主に対する事前開示手続を定める改正会社法一八二条の二（①）及び株主による差止請求の制度を定める同法一八二条の三（②）の適用を排除することとしている。これは、裁判所が認可し、その遂行も監督する更生計画の定めにより株式の併合を行う場合には、改正会社法において株主の保護を図るために設けられた前記各規定を適用する必要性に乏しいからである。[13]　同様の理由から、反対株主による端数の株式買取請求権について定める同法一八二条の四（③）の適用も排除することが相当であるが、現行の会社更生法二一〇条二項において既に更生計画の遂行については会社法の諸規定にかかわらず株式買取請求をすることはできない旨が規定されているため、これに重ねて、新設の二一一条の二において適用を排除する必要はない。なお、株主に対する事後開示手続を定める同法一八二条の六（④）は、現行の会社更生法において更生計画の定めにより組織再編をする場合の事後開示手続を定める会社法の諸規定（吸収合併等の場合についての七九一条及び八〇一条並びに新設合併等の場合についての八一五条）の適用を排除していないこととのバランスを考慮して、その適用を排除しないこととしている。[14]

(13)　現行の会社更生法も、更生計画の定めにより組織再編をする場合の特例を定める各規定（二二二条一項・二項、二二三条一項、二二四条二項・五項・六項及び二二四条の二第二項）において、組織再編の事前開示手続について定める会社法の各規定（吸収合併等の場合についての七八二条及び七九四条並びに新設合併等の場合についての八〇三条）の適用を排除しており、また、更生計画の定めにより募集株式を引き受ける者の募集をする場合の特例を定める二一五条は、募集株式の発行等の差止請求について定める会社法二一〇条の適用を排除している。

(14)　組織再編についての事後開示手続を定める会社法の諸規定の適用が排除されていない理由は、事後開示手続が、利害関係人に対して組織再編の無効の訴えを提起するための情報を提供する機能と組織再編が適法に行われたことを間接的に担保する機能とを有するところ、後者の機能は更生計画の定めによる組織再編においても維持されるべきものと考えられたためであり、この理は、株式の併合における事後開示手続についても同様に妥当する。

七　組織再編等の差止請求

1　現行の会社法では、いわゆる略式組織再編については、法令若しくは定款に違反する場合又は略式組織再編の対価が会社の財産の状況その他の事情に照らして著しく不当である場合であって、株主が不利益を受けるおそれがあるときに、株主に差止請求を認めているが（七八四条二項、七九六条二項）、それ以外の通常の組織再編については、株主による差止請求を認めた規定は設けられていない。[15] しかし、通常の組織再編であっても、それが法令又は定款に違反する場合には、株主が組織再編の無効の訴えを提起して事後的にその効力を否定し、法律関係を不安定にするおそれを生じさせるよりも、その効力発生前に差止めを請求できるものとするのが相当である。

そこで、改正会社法では、略式組織再編以外の通常の組織再編（簡易組織再編の要件を満たす場合を除く）についても、組織再編が法令又は定款に違反する場合であって株主が不利益を受けるおそれがあるときは、株主は、株式会社に対し、組織再編の差止めを請求することができることとしている（七八四条の二、七九六条の二、八〇五条の二）。

2 しかし、更生会社が更生計画の定めにより組織再編をする場合には、裁判所が所定の認可事由の有無を審査した上で更生計画を認可し、その遂行も裁判所が監督するのであるから、株主に組織再編の差止請求を認める必要性に乏しい。そこで、整備法では、更生計画の定めにより組織再編をする場合に会社法の諸規定の適用を排除することとしている①会社更生法二一〇条二項・五項及び六項（吸収合併をする場合）、②同法二二一条二項及び五項（新設合併をする場合）、③同法二二二条一項及び三項（吸収分割をする場合）、④同法二二三条一項（新設分割をする場合）、⑤同法二二四条二項・五項及び六項（株式交換をする場合）、⑥同法二二四条の二第二項（株式移転をする場合）において、適用が排除される会社法の諸規定の中に（組織再編の類型に応じて）改正会社法七八四条の二、七九六条の二又は八〇五条の二を追加する改正をしている。

(15) もっとも、現行の会社法の解釈論としては、株主総会決議取消しの訴えを本案とする決議の効力停止や執行停止の仮処分を許容するなどして、株主に違法な組織再編の差止めを認める見解も有力である。

八　詐害的会社分割・事業譲渡

1　現行の会社法の下においては、会社分割制度を悪用し、分割会社（吸収分割会社又は新設分割会社）が、承継会社等（吸収分割承継会社又は新設分割設立会社）に債務が承継される債権者と承継会社に債務が承継されない債権者（残存債権者）とを恣意的に選別した上で、承継会社等に優良な事業や資産を承継させることにより、残存債権者が分割会社から十分な弁済を受けることができない状態を生じさせる、いわゆる詐害的な会社分割が行われていると指摘されている。現行法の下で、この場合の残存債権者の保護を図る法的手段としては、民法上の詐害行為取消権（同法四二四条）[16]、会社法二二条（商号続用会社の責任）の類推適用、法人格否認の法理、破産法等の倒産法上の否認権（同法一六〇条等）が考えられる。しかし、会社法二二条の類推適用、法人格否認の法理及び否認権は、いずれも適用場面が限られているし、最も適用場面の広い詐害行為取消権も裁判上の行使を要する点やその原則的な効果が現物返還である点に難があり、残存債権者の保護を図るためには、端的に、承継会社等に対して債務の履行を直接請求できるとすることが直裁かつ簡明であると考えられる。

そこで、改正会社法では、分割会社が残存債権者を害することを知って会社分割をした場合には、残存債権者は、承継会社等に対して、承継した財産の価額を限度として、債務の履行を請求することができることとしている（七五九条四項、七六一条四項、七六四条四項、七六六条四項）[17]。

また、改正会社法は、詐害的な事業譲渡等についても同様の規定を設け（二三条の二等）、さらに、商法においても、詐害的な営業譲渡について同様の規定を設けることとしている（整備法による改正後の商法一八条の二）。

2　これに伴い、整備法では会社更生法に次のとおりの改正を行っている。

まず、会社更生法二二二条は更生計画の定めにより吸収分割をする場合について、また、同法二二三条は更生計画の定めにより新設分割をする場合について、それぞれ会社法の諸規定の適用を排除しているところ、これらの場合には、残存債権者を保護するために新設される改正会社法の諸規定を適用する必要性に乏しいことから、①二二二条二項において、改正会社法七五九条四項を含む同条二項から四項まで及び七六一条四項を含む同条二項から四項までの適用を排除する旨の規定を新設し[18]、②二一三条二項において適用を排除する会社法の諸規定の中に改正会社法七六四条四項及び七六六条四項を追加する改正をしている。

また、更生計画の定めにより事業譲渡をする場合には、詐害的な事業譲渡において残存債権者に譲受会社に対する債務の履行請求を認める改正会社法の諸規定を適用する必要性に乏しいことから、二一三条の二を新設して、この場合には、①改正会社法二三条の二及び②同法二四条一項の規定により読み替えて適用する商法一八条の二の適用を排除する旨の特例を設けている。

(16) 最二小判平成二四・一〇・一二民集六六巻一〇号三三一一頁は、「株式会社を設立する新設分割がされた場合において、新設分割設立株式会社にその債権に係る債務が承継されず、新設分割について異議を述べることもできない新設分割株式会社の債権者は、……詐害行為取消権を行使して新設分割を取り消すことができる」と判示している。

(17) もっとも、改正会社法が新設した残存債権者の承継会社等に対する債務の履行請求権は、詐害性を要件としている点において否認権の行使と共通であることから、詐害的な会社分割が行われた場合に、分割会社について破産手続開始等の倒産処理手続開始の決定がされたときは、破産管財人等が会社分割について否認権を行使し、承継会社等が承継した財産を破産財団等に復帰させた上で破産債権者等に対する配当等を行うことがあり得る。この場合に、残存債権者による債務の履行請求権の個別的行使と破産管財人等による否認権の行使との競合を認めると、破産財団の確保が事実上困難となりかねないが、倒産処理手続が開始された以上は、破産債権者等の平等を優先することとし、破産債権者等の一人である残存債権者の履行請求権の個別的行使は、訴訟外又は訴訟上の請求はもとより債務名義に基づく強制執行及び保全執行も含めて一切認めないものとするのが相当である。そのため、改正会社法では、分割会社について破産手続開始の決定等の倒産処理手続開始の決定がされた場合には、残存債権者は、承継会社等に対する債務の履行請求権を行使することはできないものとされている（改正会社法七五九条七項、七六一条七項、七六四条七項、七六六条七項）。

なお、改正会社法七五九条七項等が「権利を行使することができない」と規定しているのは、破産法一〇七条二項の表現振りにならったものである（同項の「行使」については、同法一〇〇条一項における「行使」と同様に、債権の満足を求める全ての法律上及び事実上の行為を意味し、債務名義に基づく強制執行や保全執行も含まれると解されている）。

(18) なお、現行の会社更生法二一二条三項は、「前二項に規定する場合には」現行の会社法における債権者の保護規定（七五九条二項・三項及び七六一条二項・三項）の適用が排除されるとして、吸収分割において更生会社が分割会社となる場合（一項）と承継会社となる場合（現行の二項）の双方について、これらの規定の適用を排除している。しかし、更生会社の債権者について会社法七五九条二項・三項が適用され得るのは、更生会社が分割会社である場合に限られるため、本来は、現行の二項に規定する場合（更生会社が承継会社となる場合）を現行の三項の適用対象に含める必要はない。そして、この点は改正会社法で新設される七五九条四項及び七六一条四項についても同様であることから、残存債権者の保護規定の適用が排除されるのは更生会社が分割会社となる場合に限られることを明らかにするため、現行の三項を削除し、新たな二項で「前項で規定する場合には」（すなわち、更生会社が分割会社となる場合には）現行の会社法における債権者の保護規定と改正会社法における新たな残存債権者の保護規定とを合わせて適用を排除するとともに、更生会社が承継会社となる会社分割についての特例を定める現行の二項を新たな三項としている。

九　おわりに

整備法による会社更生法の改正内容は、些細な用語の整理、改正に伴う項ズレ及び条ズレ等の形式的なものを除けば、以上で全てである。

更生手続は、更生計画により債務の減免を図るとともに株式会社の資本と経営を一新することにより株式会社の事業の維持更生を図る手続であるから、更生計画においては株式会社の組織に関する基本的事項を変更する会社法上の各種行為を自由に行うことができ、他方で、更生計画でこれらの行為を行う場合には、更生手続が裁判所の監督の下で進められ、更生計画も裁判所により所定の認可事由の審査を経た上で認可されることを踏まえて、債権者、株主等の利害関係人の保護を図る会社法上の諸規定の適用は排除されている。

このような会社更生法の構造を反映して、整備法による会社更生法の改正は、もっぱら株式会社の組織（株主構成を含む）に関する基本的事項を変更する会社法上の行為に関するものとなっており、①特別支配株主の株式等売渡請求に関するもののように、改正会社法において新設された行為を更生計画で行うことを可能とするために必要な規定を整備するタイプのものと、②組織再編の差止請求に関するもののように、既存の会社法上の行為について改正会社法が利害関係人の保護を図る観点から新設した規定について、更生計画で行う場合には、その適用を排除する旨の規定を整備するタイプのものとに大別することができる。そして、改正規定のボリュームからすれば、②のタイプの整備のほうが多く、このことは、改正会社法が会社法上の既存の各種行為について利害関係人の利害を再調整し、その保護を図る趣旨の規定を多数新設していることを示しているように思われる。

本稿は、単なる改正法令の解説に過ぎないが、このようなものであっても、会社更生法に関心を有する方々が改正内容を理解する一助となれば幸いである。

家事調停・審判手続中の当事者破産

森　宏司

一　はじめに（問題の所在）
二　義務者が破産した場合
三　権利者が破産した場合
四　おわりに

一 はじめに（問題の所在）

家事調停や審判を担当するようになって強く感じるようになったことは、長く続いた不況が家族関係に暗い影を落としているということである。低収入・経済的破綻という問題が夫婦関係の亀裂を生み、次第に修復困難な事態にまで断裂させ、さらには、当事者の一方、場合によれば双方が破産手続を選択せざるをえなくなってしまうことがある。調停手続中においては調停手続の主宰者である調停委員会は、当事者から、破産になれば将来どうなるのかという質問を受けることになるし、そもそも調停自体を進行させてよいのかどうかという悩みに直面する。

調停手続における様々な法律問題のうち、離婚、親権者・監護者の指定や変更、面会交流といった純粋の身分関係に関する調停・審判の場合には、破産手続の開始があっても何らの影響も受けない。この点は争いがないが、慰謝料や財産分与、養育費、婚姻費用といった経済的な給付等を求める調停や審判においては疑問点が多い。

二 義務者が破産した場合

1 慰謝料

(1) 民事訴訟の場合　前提として民事訴訟が係属している場合をみておこう。破産債権である慰謝料請求訴訟の被告について破産手続が開始されると、同時廃止の場合を除いて当該訴訟は中断する（破四四条一項）。[1] 原告は、債権調査期間内に慰謝料債権を届け出ることを要し、債権調査で破産管財人が認め、かつ破産債権者からの異議がない（以下、両者を含め「異議等がない」という。）ならば確定し（破一二四条）、確定した債権額に応じて配当されることになり、他方で、当該訴訟手続はその目的を達して当然に終了する。破産管財人が認めず、または破産債権者から異議が出た場合（以下、両者を含め「異議等がある」という。）には、債権者が、破産管財人または異議者の全員に対して当該訴訟を受継すべきことを、調査期間の末日または調査期日から一月以内に申し立てることにより（破一二七条）、破産管財人または異議者がその訴訟を受継して、訴訟が続くことになる。離婚訴訟において慰謝料請求が併合して審理されている場合でも、慰謝料請求の部分については前記の扱いとなる。

(2) 調停手続の場合

ア　問題点　調停手続の進行中においても、権利者は、慰謝料債権を債権調査手続に従い届け出なければならない。この手続で、異議等がないならば債権は確定し、確定した債権額に応じて配当されることになる。以上の点は(1)と同じだが、①調停が中断するのかどうか、②債権調査手続で異議等があれば、訴訟と同じように調停は破産管財人に受継されるのか、それとも届出をした権利者は、調査期間の末日または調査期日から一月以内に破産債権査定の申立てをしなければならないのか（破一二五条一項、二項）が問題となる。

イ　調停の中断の有無　義務者について破産手続が開始されても、当該調停手続は中断しないと解される。家事調停においては、受継の定め（家事二五八条、四四条一項）はあるものの、中断に関する定めを置いていないことからも明らかである。[2]

ウ　破産手続の開始による調停手続への影響　義務者につき破産手続が開始された場合、その義務者に調停当事者適格があるかどうかが疑問となる。破産債権の被告について破産が開始された場合には、当事者適格は破産管財人にあるが、[3] 調停も同様に解して良いだろうか。破産債権が、破産財団の消極財産（破産財団が負担する債務）というべきものであり、破産者がなした合意は破産手続の関係においては効力を主張できない（破四七条一項）ことを考えると、財産管理権を失った破産者を当事者とすることは適当ではなく、一般論としては、破産した義務者を調停当事者としたままで、慰謝料についての話合いを進めたり、さらに調停を成立させたりすることは相当ではなく、もはや調停の成立の見込みがないものとして不成立の扱いになるだろう。[4] しかし、義務者が、将来の自由財産から支払うことを、真に自由な意思で約束するということは可能である。[5][6] したがって、調停当事者適格を喪失させるとまではいえない。

(3) 免責　免責許可決定がなされると、破産債権については、非免責債権に該当したり、免責不許可事由があったりしない限り、破産者はその責任を免れることになる（破二五三条）。ところで、離婚に伴う慰謝料の場合には、破産法二五三条一項二号の「破産者が悪意で加えた不法行為に基づく損害賠償請求権」に該当するかどうかが問題となる余地がある。ここでいう「悪意」とは、単なる故意ではなく、他人を害する積極的な意欲、すなわち「害意」を意味するので、[7] 義務者にそのような悪意があったかどうかが重要な事情となる。慰謝料の原因となる不法行為の事実関係により、結論が異なることになるだろう。

このほか、破産者が知りながら債権者名簿に記載しなかった債権も非免責債権である（同項六号）ので、当該債権が債権者名簿に記載されていたかどうかは注意しなければならない。

2 財産分与

(1) 財産分与義務が確定していた場合の権利の性格　調停時や審判時における財産分与の取扱いを検討する前提として、すでに確定した財産分与請求権が、破産手続において優先的に扱われるかどうかを検討しておきたい。すなわち、取戻権や別除権の行使に当たらないか、または財団債権にならないかが問題となる。

判例は、確定した財産分与請求権について、「離婚における財産分与として金銭の支払を命ずる裁判が確定し、その後に分与者が破産した場合において、右財産分与金支払を目的とする債権は破産債権であって、分与の相手方は、右債権の履行を取戻権の行使として破産管財人に請求することはできないと解するのが相当である。」とした（最判平成二・九・二七判タ七四一号一〇〇頁）。この判例の立場では、金銭の支払を内容とする財産分与を命ずる確定判決や審判が得られた後に、分与義務者が破産したケースでは、財産分与請求権は取戻権の行使には当たらず、破産債権になるから、特に別異な扱いはされないことになる。

周知のとおり、財産分与請求権には、①清算的要素、②扶養的要素、③慰謝料的要素が含まれるとされており（最判昭和五八・一二・一九民集三七巻一〇号一五三二頁）、学説は、一般にその性質ごとに議論を展開している。(8)

ア　③の慰謝料的要素については問題がないだろう。慰謝料請求そのものが前述したように破産債権であるから、財産分与請求権の要素になるとしても破産債権として扱われることに問題はない。

イ　①の清算的要素について、優先的扱いを是認する見解としては、財団債権説（破一四八条一項五号）と取戻権・別除権説（破六二条、六五条）がある。

ⅰ　財団債権説は、旧破産法下の議論であるが、清算的な潜在的持分について被分与者は物権的な権利を持っていたのであり、その権利が破産手続開始により破産財団に組み入れられ、破産財団はその価値相当分について不当利得を得るので、被分与者は破産管財人に対して財団債権として請求できるとする。(9)しかし、現行破産法一四八条一項五号は、財団債権となる範囲について「破産手続開始後に」と明記しており、破産手続開始と同時に破産財団に組み入れられた場合を含まないから、財団債権として扱うのは難しいと考えられる。

ⅱ　取戻権・別除権説は、金銭の分与の場合と物の分与の場合とに分けている。

まず、金銭による分与が認められた場合には、破産法二条九号の類推により分与の相手方に別除権者たる地位が認められるとする。(10)しかし、旧破産法九四条において共有に関する債権を有する者は、分割によって破産者に帰した共有物の上に別除権を有すると定められていたことが別除権を肯定する理由とされていたのであるところ、(11)現行法では廃止されていることからも、(12)別除権とする根拠は認めがたい。

次に、この見解は、物による財産分与が定められていた場合については取戻権が認められるとする。(13)潜在的持分が特定の物の上に顕在化した点は、分与者と相手方の間で、実質的な共有物としての共同財産の分割が行われ、その特定の物が相手方の単独所有に帰した場合に比すことができるとする。そして、土地の一部が分割契約により単独所有に帰した場合、その部分についての単独所有権は、民法二五四条により、登記なくして、他の共有者から譲り受けた者に対抗しうるとされている（最判昭和三四・一一・二六民集一三巻一二号一五五〇頁）ことを援用する。しかし、清算的財産分与といっても、それは財産分与を行う場合における判断基準を提供しているにすぎないのであり、被分与者が物権的な権利を有するものではなく、[14]共有者と同様の権利を認めるのには無理がある。また、民法二五四条は、共有物についての「債権」を他の共有者の特定承継人に主張できるとしたものにすぎず、仮に破産管財人が同条にいう「特定承継人」に該当するとしても当該債権が破産法上どのように扱われるかは別個の問題であるとの批判[15]は正当である。前記昭和三四年最判も、共有地の独占的使用権を分割契約上の債権として特定承継人に主張できるとしているだけであって事案が異なる。よって、対抗要件なくして破産財団に対抗できないというべきであるから、清算的要素を根拠に取戻権を認めることはできない。

ウ　最後に、②の扶養的要素であるが、これについては財団債権と扱うことができないかが問題となろう。旧法の下においては、旧破産法四七条九号を類推して財団債権になるとの見解[16]があったが、現行法では同号の内容は削除されているから、この見解は採用できない。[17]

エ　実務上の経験に照らしても、当事者が裁判所外で財産分与について合意しているケースが最近増加しているが、各要素を自覚的に考慮したと思われるものは寡聞にして知らない。調停実務においても財産分与を合意する場合に、清算・扶養・慰謝料の各要素を総合的に勘案してその内容が決せられているのが通常であり、常に各要素を積算して分与がなされるわけではない。つまり、各要素ごとに個別に法律的性格が異なるとするのは、現実になされている財産分与合意の実態に合致しないのではないか。この点からも財産分与請求権は全体として破産債権として扱われるべきである。

(2)　確定前の財産分与請求権について　(1)で述べたように確定後の財産分与請求権は、破産債権となるが、調停または審判手続が行われているときは、当然、財産分与請求権はいまだ具体化していない。そこで、当事者間の合意や審判などによって具体化される前の財産分与請求権については、①財産分与請求権が身分的権利であることに基づくことによる制約の問題と②実体的な権利性があるかという問題がある。

① 身分的権利性について　財産分与請求権は身分的権利であるが故に一身専属であるとされる。身分行為については、権利者の意思が尊重されなければならず、権利不行使についても権利者が自由に決められなければならないからである。この権利者の自由行使という性格をさらに分析するとすれば、二つの角度から検討しなければならない。第一は、分与権利者の権利行使については代位を許さないということである。これは分与権利者が破産した場合に、破産管財人がその分与権利者の持つ財産分与請求権を行使できるかどうかという場面で問題になる。第二は、請求権の発生についても分与権利者が自由に決定できるということである。換言するならば、権利を不発生に決定するだけでなく、発生するか不発生かも決めないまま放置できるということである。

今ここで問題としている分与義務者が破産した場合は、権利を行使される側の破産であるから、通常の局面では、第一の意味における身分的権利性は問題とならない。第二の意味における身分的権利性の問題については、調停や審判の段階に至れば、すでに分与権利者が権利を行使した状態にあるとみてよいから、第二の意味における論点も生じないだろう。

したがって、身分的権利性を根拠として一身専属であるとはいえない。

② 実体的権利性について　財産分与請求権の範囲や内容が決まらないため、実体的権利として熟していないのではないかという問題である。この構造については次のような議論がある。

ア 学説　学説上、実体権説（確認説）、段階的形成権説（折衷説）、創設的形成権説（形成説）があるとされる。(18)

i 実体権説（確認説）　離婚という事実によって当然に発生し、協議・審判等はその内容を確認するものであるとしている。(19)

ii 段階的形成権説（折衷説）　財産分与を請求する権利（抽象的財産分与請求権）は離婚によって当然に発生す

るが、その具体的権利（具体的財産分与請求権）は協議・審判等によって形成されるとする。(20)

iii　創設的形成権説（形成説）　財産分与請求権に基づく権利・義務は、協議・審判等によって形成されるまでは存在せず、それまでは協議請求権というべきものにすぎないとする。(21)

イ　判例　財産分与としてなされた不動産の譲渡が譲渡所得税の対象となることを示した判例（最判昭和五〇・五・二七民集二九巻五号六四一頁）は、その権利性について、「この財産分与の権利義務の内容は、当事者の協議、家庭裁判所の調停若しくは審判又は地方裁判所の判決をまって具体的に確定されるが、右権利義務そのものは、離婚の成立によって発生し、実体的権利義務として存在するに至り、右当事者の協議等は、単にその内容を具体的に確定するものであるにすぎない。」と説示している。また、協議・調停・審判・判決によって具体的内容が形成される前の抽象的な財産分与請求権を被保全権利として債権者代位権を行使できるかという論点について、判例（最判昭和五五・七・一一民集三四巻四号六二八頁）は、「離婚によって生ずることあるべき財産分与請求権は、一個の私権たる性格を有するものではあるが、協議あるいは審判等によって具体的内容が形成されるまでは、その範囲及び内容が不確定・不明確であるから、かかる財産分与請求権を保全するために債権者代位権を行使することはできないものと解するのが相当である。」としている。

前記昭和五五年最判について、段階的形成権説を採用していると理解する見解が一般的である。(23)そして、この説示を前提とするならば、「協議あるいは審判等によって具体的内容が形成されるまでは」、「範囲及び内容が不確定・不明確」な「一個の私権」であるということになる。(24)

(3)　調停・審判中の財産分与請求権の破産手続における取扱い

ア　離婚条件としての財産分与　離婚調停中においても離婚条件として財産分与の内容が話し合われることが多く、実際はこの場面が圧倒的に多いのであるが、離婚は成立していない以上、前記のいずれの立場によったとしても、権利性は認められないと考える。したがって、分与権利者は破産手続において債権届出もできない。

イ　離婚成立後の財産分与　以下、本稿では、特に断らない限り、離婚成立後、調停・審判段階の財産分与請求権を念頭に検討する。

創設的形成権説では、権利性は未だ認めがたいから、債権届出を許容しないことになるだろう。これに対し実体権説では債権届出を認める扱いになると思われる。この中間に位置する段階的形成権説の帰結は明瞭ではないが、(2)②イに挙げた判例の立場を前提とすると、協議・審判の成立以前は、いまだその範囲および内容が不確定・不明確な権利であり、権利として成立するには協議・審判が必要ということになるだろう。もっとも、この点につき、段階的形成権説の立場を採りながら、破産手続開始前に財産分与の具体的内容が協議または審判により確定している場合に限定する必要はなく、当事者間の協議が調わないために家事調停や家事審判、人事訴訟の附帯処分として財産分与を求めていることで足りるとの見解もあるが[25]、裁判所の関与があれば何故に権利が具体化するのかが明らかではない。やはり段階的形成権説からは、破産債権の発生時（破一一二条三項）は、協議・審判等の成立時とみるのが素直な理解であり[26]、協議・審判等の成立後になってはじめて債権届出をすることができるだけとみるのが一般的な見解であると思われる。実務上も、審判手続などによって具体的内容が明らかになってから破産債権としての行使が認められている[27]。

ところが、以上のように段階的形成権説を理解した場合、調停・審判手続中の離婚後の分与権利者はまったく破産手続の埒外に置かれ、これに参加することができないことになる。調停・審判の段階になっているにもかかわらず、破産債権者として通知（破三二条三項）を受けることもないし、他の破産債権者に対する異議も提出できない。分与義務者と破産債権者が通謀している事情（例えば、五〇〇〇万円の積極財産がある夫が、実際は一〇〇〇万円の債務しかないのに、財産分与を免れるために、一〇〇〇万円の別債務を偽装して破産申立てをしたときなど）を知っていたとしても、破産管財人の職権発動を促すより手段はないことになるし、抗告権も認められない可能性がある。しかし、離婚後、しかも権利行使後の財産分与請求権者の立場は、それほど弱体なものであろうか。確かに、抽象的な権利者に過ぎないかもしれないが、いわゆる二分の一ルールが認められ清算的な要素が重視される現在の財産分与理論の下では、破産者に清算すべき財産がある限り一定の財産分与が肯定される蓋然性は非常に高いのであり、この性格にかんがみれば、分与権利者に破産手続に主体的に参加できる途を保障する必要性は高い。

思うに、協議・審判等のなされていない財産分与請求権であっても、離婚が成立しているならば、「離婚の成立によって発生し、実体的権利義務として存在する」（前掲最判昭和五〇・五・二七）「一個の私権」（前掲最判五五・七・一一）である。[28] ただそれが具体化して配当の基礎となる破産債権として扱われるためには、協議・審判等の成立が、一種の停止条件になっているといってよいのではないか。停止条件は、法律行為の効力の発生を条件にかからしめるものであり、財産分与の場合は、その具体化が協議・審判等の成立にかかっているという点で相違があるが、その違いは実質的にみれば大きなものとは思えない。停止条件付債権に類する債権として、債権届出ができ、破産手続に参加することができると解すべきである（破一〇三条四項の類推）。額さえも不確定、不明確であるのに破産手続に乗せることができるような権利性があるだろうか、との疑問が生じるだろうが、手続上は「額未定」として届出を行うことができるから、額が不明であることも決定的な否定材料ではない。もっともこの立場では、具体化することが停止条件の成就と同様に扱われるから、除斥期間満了までに具体化しないときには、配当から除斥されることになる（破一九八条二項の類推）。

(4) 調停・審判手続の進行について　調停・審判が進行中で、財産分与の有無、範囲が決まっていない場合において、分与義務者が破産したとしても、調停や審判手続は中断しない（家事四四条、二五八条）。

このときに、その調停や審判手続において、誰が財産分与請求の相手方となるかが問題となる。破産者説は、具体的内容形成前の財産分与請求権は代位行使が許されないことを理由に当事者適格を破産者自身にあるとする。[29] そして、破産者自身が調停や審判に関与し続け、特に調停では破産者が財産分与の有無および範囲について合意することを認めるようである。[30] これに対して破産管財人説は、破産管財人が当事者となるとする。

破産者説は、代位行使が認められないことを根拠としているが、分与義務者破産の場合には、財産分与請求権を行使した者は破産者ではないから、一般には代位と類比できるような場面ではない。もっとも、破産管財人が財産分与請求権の相手方（分与義務者）となることを認められるとすると、調停で協議をしたり、審判で手続遂行をしたりする場面では、代位的な関係が見られることを問題にする趣旨かもしれないが、この観点からみても、財産分与請求権の行使者は分与権利者であるから、その相手方当事者として実質的な応接をするのにふさわしい者はだれかという視点で考えるべきである。財産分与は離婚とは別個の法的行為であり、身分行為というよりも財産的性格が濃厚である。とするならば破産手続開始決定により、破産した分与義務者は財産管理権を失うから調停や審判手続の当事者としての適格も失われるというべきである。さらに破産者説では、破産した分与義務者によって調停が成立することによって具体的内容が形成されることになるが、破産した分与義務者に責任ある当事者としての対応を必ずしも期待できない。破産財団が、破産者が合意した調停結果につき義務を負担するのかどうか明らかではないが、仮にそうならば一層不都合は大きい。破産管財人は利害関係人として手続に参加できると解されるが[31]、破産者が行う協議や合意に直接の制約を加え得る根拠を見出しがたい。結局、合意が不相当である場合に過大な部分について否認権を行使することで掣肘を加えることができるだけであろうが、それは迂遠である。したがって、破産者を当事者として認めるのは相当ではなく、結局、権利の具体化前の故をもって「破産債権に関しないもの」と扱い、破産法四四条二項により破産管財人が受継すると解すべきである。

(5) 債権調査において異議等があったときの措置

ア　前記のように、離婚後、調停・審判手続中の財産分与請求権について債権届出を認めるとき、債権調査手続において、破産管財人または他の破産債権者から異議等があった場合にどのような手続を行うべきであろうか。

イ　有力説は、調停・審判係属中の分与義務者破産において、財産分与請求権も、「破産債権である以上、債権届出とそれに対する債権調査が必要である」とし、かつ、「家事審判事項（家事審判法九条）に該当する請求権を対象としても、審判及び調停手続によらない場合には、ここでいう家庭裁判所の職分管轄には属さないと解しうる。」から、家事審判事項に属する請求権であっても、破産法の定める債権確定手続によって確定させる解釈が可能であるとしつつ、他方で、調停や審判等の既存の手続を破産管財人が続行することが合理的であるとして、破産法一二七条一項を類推する方が妥当であると主張される。[32] また、係属中の家事調停手続等が破産法一二七条一項の「訴訟」に当たるとして、調停手続等を受継することにより債権確定手続を行うべきであるとする見解もみられる。[33]

まず、破産法の定める債権確定手続によるとする立場は、実体権説に親和性があると思われる。しかし、すでに述べた判例の立場は実体権説を採用していないところであり、さらに具体化前の財産分与請求権の権利性が希薄であることに照らせば、[34] 通常の破産債権とみることはできない。そして、財産分与が家事審判事項であり、家庭裁判所の専属管轄であるから、分与権利者が、破産管財人を相手として、地裁において財産分与の査定請求を提起することを認めるのは問題が大きい。

次に、係属中の家事調停手続等が破産法一二七条一項の「訴訟」に当たるとして、調停手続等を受継させることが可能であろうか。確かに審判手続の場合はこの解釈も成り立ちうるだろうが、少なくとも調停は、訴訟に見られるような訴訟資料や証拠資料が手続内で蓄積されるものではないし、そもそも話合いをもって紛争解決しようとする制度であって、債権確定手続に代替させるには適しない。

ウ　すでに述べたところから明らかなように、調停・審判等によって具体化したかどうかは、届け出られた停止条件付破産債権の条件成就の有無と同様に扱うのが妥当である。ところで通常の停止条件付破産債権については、停止条件があることだけで異議等を述べることは相当ではないと解され、かつ、停止条件の成就の有無に関しては、配当表に対する異議の申立て（破二〇〇条一項）をすることで争われるべきである。[35] そこで、調停・審判等による具体化の成否についても、これと同様に解し、債権確定手続ではなく、配当表に対する異議の申立ての対象となるというべきであろう。このように解するならば、財産分与という家事審判事項を訴訟裁判所で取り扱うという難点は生じない。また家事調停を債権確定手続に代替させられるかという論点も登場しない。

(6) 財産分与請求権は免責の対象となるか　免責決定がなされた場合に、その効力が及ぶかが問題となる。調停・審判段階の財産分与請求権は、権利性が脆弱であるとはいえ、債権届出を認めるのであるから、免責の対象になると考えるのが筋であろう。

また、前述したように、財産分与について扶養的要素を含むことを考慮するならば、その部分については破産法二五三条一項四号により非免責債権となるという見解も考えられるが、そもそも財産分与としては、一つの権利である以上、これを要素ごとに細分化する議論は余りにも観念的で実態から遠く離れるだろう。財産分与請求権は一括して破産債権とみるべきであるから、全体が免責の対象になると解される。(36)

3 婚姻費用・養育費

(1) 婚姻費用・養育費は破産債権か　まず、婚姻費用・養育費について合意がされている場合を検討してみたい。破産手続開始決定前の期間における婚姻費用・養育費が破産債権に当たることは問題がないと思われる。これに対して破産手続開始決定後の期間の婚姻費用・養育費については問題となる。一つの見解は、婚姻費用・養育費支払の合意が破産手続開始前になされていることに重きを置いて破産債権であるとしている。しかし、婚姻費用の請求権は当事者が婚姻中にあるという事実から、また養育費の請求権そのものは、要扶養状態という事実から、それぞれ日々発生するという性格があるというべきであって、破産債権には当たらないというべきであろう。(37)

実務的により重要なことは、免責決定があれば、破産債権は通常免責されるが、婚姻費用・養育費は免責されないことである（破二五三条一項四号ロ、ハ）。

(2) 調停または審判手続中に破産手続が開始された場合　例えば、妻（子の母）が、夫（子の父）に対して、婚姻費用・養育費の支払を求めて調停や審判を申し立てている場合に、夫が破産したとき、その調停・審判手続はどのようになるかという問題である。

扶養義務についても、どの時点で権利が発生するかという具体化の論点があり、古くから論じられているが[38]、基本的には財産分与と同様に考えて良いだろう。ただ、婚姻費用や養育費については、婚姻関係の存続または要扶養状態という事実から日々発生するという性格があるために、破産手続開始決定の前後でその処遇を変える必要がある。

破産手続開始決定時にすでに経過している期間の婚姻費用・養育費については、破産債権該当性を肯定できるものの、その具体的内容が未確定である以上、財産分与請求権と同様に停止条件付破産債権と同様に扱って良いと考える。そして、婚姻費用や養育費の義務者が破産したとしてもその調停・審判の手続は中断しない。しかし、破産手続開始決定により、破産した義務者は財産管理権を失っており、審判手続についての当事者適格は失っていると考えられ、破産管財人が受継すると解する。しかし、調停では、義務者が手続を継続することができる。破産財団を引当てにした合意はできないものの、婚姻費用や養育費は非免責債権であるから、破産者は、自由財産から支払をなす負担を免れることはできない。

これに対し、破産手続開始決定後の期間の婚姻費用・養育費については、前述したように、日々発生するという性格上、その内容が確定したとしても破産債権に当たらないのであるから、破産手続の制約は及ばず、義務者を相手とする調停または審判手続が続くことになる。

（1）なお、同時廃止においても中断するかどうかという議論はある。重政伊利＝大林弘幸・破産事件における書記官事務の研究（平成二三年度書記官実務研究報告）（二〇一三）三七六頁、伊藤眞ほか・条解破産法〈第二版〉（二〇一四）一四三六頁。

（2）この理由については、家事事件については裁判所が職権で資料を集めることができることが挙げられている（金子修編著・一問一答家事事件手続法（二〇一二）九五頁）。

（3）伊藤ほか・前掲注（1）六四六頁。

（4）このほかには破産管財人に受継させるということも考えられるが、慰謝料請求権は通常の破産債権であるから、権利の確定は、権利者からの債権届出を待って債権調査をするという破産手続上の本来のルートに委ねるのが破産法の趣旨である。

（5）しかし、慰謝料は、婚姻費用や養育費と異なり、免責される可能性が大きいので、慎重な取扱いが必要である。

(6) 伊藤ほか・前掲注(1)七四五頁参照。
(7) 伊藤ほか・前掲注(1)一六八一頁。しかし、調停条項には工夫を要すると思われる。債務名義にすることは一般論としては難しいだろう。
(8) 詳しい議論として、斎藤秀夫ほか編・注解破産法〈第三版〉上巻(一九九八)六一七頁〔野村秀敏〕。もっとも、ここで分類されているような「慰謝料的財産分与請求権」、「扶養的財産分与請求権」、「清算的財産分与請求権」の個別の請求権があるわけではない。後に述べるように、一つの財産分与請求権の中の考慮要素に過ぎないというべきであろう。
(9) 松下淳一「判批」法教一二七号(一九九一)八四頁。
(10) 竹下守夫編集代表・大コンメンタール破産法(二〇〇七)二六五頁〔野村秀敏〕。
(11) 斎藤ほか・前掲注(8)六一九頁〔野村秀敏〕。
(12) その理由につき、小川秀樹編著・一問一答新しい破産法(二〇〇四)一一一頁。
(13) 内山衛次「判批」ジュリ九八〇号(一九九一)一二九頁、竹下・前掲注(10)二六四頁〔野村秀敏〕、山田文「判批」倒産判例百選〈第五版〉(二〇一三)一〇三頁、伊藤眞・破産法・民事再生法〈第三版〉(二〇一四)四二二頁。
(14) 富越和厚・ジュリ九七〇号(一九九〇)九二頁、伊藤ほか・前掲注(1)四八五頁。
(15) 山本克己ほか編・新破産法の理論と実務(二〇〇八)三五六頁〔垣内秀介〕。
(16) 前田達明「財産分与と詐害行為」判タ五三〇号(一九八四)八頁、島津一郎編・注釈民法(21)(一九六六)二一六頁〔島津一郎〕、内山・前掲注(13)一二九頁。
(17) 伊藤・前掲注(13)四二三頁。
(18) 篠田省二・最判解民事篇昭和五五年度(一九八五)二五六頁、島津一郎＝阿部徹編・新版注釈民法(22)(二〇〇八)二三九頁〔犬伏由子〕。
(19) 我妻栄・親族法(一九六一)一五六頁、四〇八頁等。
(20) 山木戸克己・家事審判法(一九五八)二六頁。
(21) 鈴木忠一・非訟・家事事件の研究(一九七一)二三頁、梶村太市・新版実務講座家事事件法(二〇一三)二七八頁。
(22) 篠田・前掲注(18)二五六頁。

(23) もっとも創設的形成権説を採用しているという見方（梶村・前掲注(21)二七八頁）もあることは留意すべきであり、必ずしも最高裁の立場は明瞭ではない。
(24) 協議あるいは審判等によって具体的内容が形成される前の財産分与請求権を受働債権とする相殺も許されないだろう（高松高判平成七・六・二九判タ九〇〇号二六八頁）。
(25) 島岡大雄「非訟事件の当事者につき倒産手続が開始された場合の非訟事件の帰趨」島岡大雄ほか編・倒産と訴訟（二〇一三）二〇六頁。
(26) 伊藤ほか・前掲注(1)四八五頁。
(27) 伊藤ほか・前掲注(1)三六頁。
(28) 内縁関係の解消に伴う財産分与の審判手続中に分与義務者が死亡した場合に財産分与義務の相続を肯定したものとして、大阪高決平成二三・一一・一五家月六五巻四号四〇頁がある。
(29) 竹下・前掲注(10)二六五頁〔野村秀敏〕。
(30) 伊藤ほか・前掲注(1)四八五頁、松下淳一「法人たる債務者の組織法的側面に関する訴訟の倒産手続における取扱いについて」竹下守夫先生古稀祝賀・権利実現過程の基本構造七五八頁、鈴木忠一「非訟事件に於ける手続きの終了と受継」鈴木忠一＝三ケ月章監修・新・実務民事訴訟講座8（一九八一）七〇頁。
(31) 伊藤ほか・前掲注(1)四八六頁。
(32) 木内道祥「破産と離婚」日本弁護士連合会倒産法制等検討委員会編「個人の破産・再生手続」（二〇一一）一〇四頁。
(33) 島岡・前掲注(25)二〇六頁。
(34) 最判昭和三八・一一・一五民集一七巻一一号一三六四頁、最判昭和四四・二・二〇民集二三巻二号三九九頁。
(35) 全国倒産処理弁護士ネットワーク編・破産実務Q&A二〇〇問（二〇一二）二七八頁〔堀内克則〕。
(36) 伊藤ほか・前掲注(1)一六八二頁。
(37) 実務の取扱については、重政＝大林・前掲注(1)一〇二頁。
(38) 高津環・最判解民事篇昭和四〇年度（一九六七）二一五頁、石川恒夫「過去の扶養料」阿部浩二ほか・現代家族法大系3（一九七九）四九〇頁、安倍正三「扶養審判の本質と機能」阿部浩二ほか編集委員・現代家族法大系3（一九七九）五〇四頁、井上繁規「離婚

訴訟における訴訟の集中」藤原弘道＝山口和男編・民事判例実務研究第六巻（一九九〇）二六九頁、日野原昌「過去の扶養料の請求」川井健ほか編・講座・現代家族法第四巻（一九九二）二五八頁。

三　権利者が破産した場合

1　慰謝料

慰謝料請求権の権利者が破産した場合に、慰謝料請求権が破産財団に帰属するかが問題となる。この点については慰謝料請求権が一身専属かどうかが議論となっている。帰属上の一身専属性であろうと、行使上の一身専属性であろうと、いずれの意味であっても一身専属的であるならば、差押えの対象とはならず、したがって破産財団に帰属させることはできない(39)。

周知のとおり、判例（最判昭和四二・一一・一民集二一巻九号二二四九頁）は、生命侵害による慰謝料請求権について慰謝料請求権の相続性を肯定しているところである（ただし、学説上は異論が多い）。行使上の一身専属性についてはさらに議論があるが、判例（最判昭和五八・一〇・六民集三七巻八号一〇四一頁）は、名誉侵害による慰謝料請求権につき「被害者が右請求権を行使する意思を表示しただけでいまだその具体的な金額が当事者間において客観的に確定しない間は、被害者がなおその請求意思を貫くかどうかをその自律的判断に委ねるのが相当であるから、右権利はなお一身専属性を有するものというべき」であるが、「加害者が被害者に対し一定額の慰謝料を支払うことを内容とする合意又はかかる支払を命ずる債務名義が成立したなど、具体的な金額の慰謝料請求権が当事者間において客観的に確定したとき」、「被害者がそれ以前の段階において死亡したとき」には一身専属性を失うと判示している。この判断は、名誉侵害の場合に限らないと考えられ、離婚時の慰謝料にも妥当すると解される(40)。

この見解に従えば、調停事件係属中の慰謝料請求権は行使上の一身専属性を有するから破産財団に属さない。したがって、調停手続についてはそのまま権利者を当事者として進行させることになる。

問題は、破産手続終結前に、具体的な金額の慰謝料請求権が当事者間において客観的に確定し、または被害者が死亡したため、行使上の一身専属性がなくなった場合に、慰謝料請求権が破産財団に帰属するのかどうかである。前掲昭和五八年最判は明示していないものの、その前提には、破産手続開始の決定後に差押えが可能になったものとして（破三四条三項二号ただし書）、破産財団帰属財産になるとの考えがあるとみられる。[41]そうであれば、調停を成立させてしまうと、その途端に破産財団に帰属してしまうことになるから、調停中の被害者に対しては破産手続の終了まで調停を成立させない方向で強いインセンティブが働くし、逆に破産管財人は慰謝料が財団に入る可能性がある限り、破産手続の終結を留保するという、いわば互いに進行を遅らせる不都合が生じる。[42]しかし、そもそも、破産開始決定時において、人格に付着する性格を持つが故に一身専属的権利と解され破産財団への帰属を期待できなかった債権が、その後、手続が進行した結果、当該人格から離れて配当財源になるという帰結は合理的ではない。判例の立場は相当ではなく、慰謝料請求権については、その金額が確定しても他の財産と混淆しない限り破産手続に組み入れられないと解すべきである。[43]

2 財産分与

財産分与の調停または審判を行っていたときに、財産分与の権利者が破産した場合、その財産分与請求権は財団に帰属するかという問題である。やはり、分与義務者破産の場合と同様に、ここでも実体的権利性の問題と身分的権利性の問題がある。

(1) 実体的権利性について

離婚が成立していない段階では、権利性を認めがたいから、その段階で財産分与請求権が破産財団に帰属することはない。

これに対して、離婚が成立している場合については問題がある。すでに述べたとおり前掲最判五五・七・一一は、財産分与請求権につき、「協議あるいは審判等によって具体的内容が形成されるまでは」、「範囲及び内容が不確定・不明確」な「一個の私権」としている。そこで、このような抽象的権利が破産財団に帰属するかが論点となる。

離婚成立後具体的内容形成前の財産分与請求権は、権利者の持つ一種の持分が潜在的な状態にあるという性質を持つが、これにやや類似した権利としては、退職金債権がある。有力な見解[44]は、金額未確定の将来債権は、その状態では執行可能性が事実上ないことから、退職金債権も全額について財団帰属性を否定すべきであるとされている。しかし、実務上、退職金債権は、差押禁止の範囲を除いて破産財団に属するものとして扱われている[45]。

既に述べたように、財産分与は停止条件付債権に近似する上に、いわゆる二分の一ルールが支配的であり、分与義務者に財産がある限り、財産分与が認められる蓋然性が高いことを考えると、具体化前の財産分与請求権についても、離婚が成立している以上は、「範囲及び内容が不確定・不明確」であることだけでは、その財団帰属性を直ちに否定することはできないように思われる。

(2)　身分的権利性について　身分行為については、権利者の意思を尊重し、権利不行使についても権利者が自由であるべきであるから、一身専属であると解されている。そこで、財産分与請求権が一身専属性を有するかが問題になる。

まず、帰属上の一身専属性についてはさまざまな議論がなされているところであるが[46]、否定するのが相当であろう。請求の意思表示がなされた後であれば相続できるという見解もあるが、請求の意思表示の有無を問わず、相続性を肯定すべきであろう。本稿で問題としている調停または審判手続中に破産があった場合には、少なくとも請求の意思表示があったはずであるから、前記の両説のいずれからも帰属上の一身専属性は否定される。

次に、行使上の一身専属性を検討してみると、否定説[47]もあるが、一身専属性を認めるのが民法学者の多数説である。その理由につき、学説[48]は、権利の有無が確定するまでは債務者の身分にかかわっており、やはり債務者の身分にかかわるものとして、一身専属権と解されると説明している[49]。前記多数説に従うならば、財産分与請求権については行使上の一身専属権に属するから、権利者が破産した場合であっても、破産財団に属することはなく、権利の有無が確定してはじめて一身専属性がなくなるということになる。[50]

なお、権利の確定まで一身専属性を失わないと解するが、これは慰謝料との均衡、さらに分与権利者に「なおその請求意思を貫くかどうかをその自律的判断に委ねるのが相当」（前掲最判昭和五八・一〇・六）であるからである。これに対して、分与義務者破産の場合には、権利行使があれば、身分的権利性の問題は一応クリアできると考えられる。

(3) 調停手続の進行と破産手続での処理　以上によれば、調停・審判事件係属中の財産分与請求権は行使上の一身専属性を有するから破産財団に属さないということになる。したがって、調停・審判手続についてはそのまま分与権利者を当事者として進行させてよい。

また、慰謝料請求権において述べたとおり、財産分与の金額が調停や審判で確定しても破産手続に組み入れられないと解すべきである。[51]

3 婚姻費用・養育費

(1) 婚姻費用・養育費は破産財団に帰属するか　婚姻費用や養育費を求める調停や審判手続中に、権利者が破産した場合、各請求権は破産財団に含まれるかどうかという問題である。

これらの権利については、財産分与と同じように、実体的権利性の問題だけでは財団帰属性を否定できないものの、通説は、身分的権利性の点で、行使上の一身専属性があるとする。[52]

したがって、これらの請求権は、破産財団に帰属しないというべきである。

(2) 調停手続の進行と破産手続での処理　以上によれば、権利者破産のケースで、調停・審判事件係属中の婚姻費用・養育費請求権は行使上の一身専属性を有するから破産財団に属さない。したがって、調停・審判手続についてはそのまま権利者を当事者として進行させてよい。

なお、慰謝料については、その金額が確定した場合には、一身専属性を失うと考えるのが判例の立場であったが、婚姻費用や養育費に関する権利についてどのように扱われるのかは定かではない。財産分与と同様に考え、金額の確定により一身専属性は喪失すると考えるのが相当であろう。そして、調停や審判において確定されたからといって破産手続には組み入れられない点でも財産分与や慰謝料と同様にみるべきである。

(39) 伊藤ほか・前掲注（1）三一三頁。
(40) もっとも、遠藤賢治・最判解民事篇昭和五八年度（一九八八）三九五頁は、「この判旨が他の慰藉《マ》料《マ》請求権について妥当するものかどうかは今後の検討課題である。」としている。もっとも、近親者慰謝料について一身専属性を肯定したものとして、名古屋高判平成元・二・二一判タ七〇二号二五九頁がある。
(41) 伊藤ほか・前掲注（1）三一三頁。
(42) この点を指摘するものとして、小野瀬昭「交通事故の当事者につき破産手続開始決定がされた場合の問題点について」判タ一三三六号（二〇一〇）五七頁、伊藤眞「破産者の慰謝料請求権の一身専属性と当事者適格」法教四一号（一九八四）七八頁。
(43) 伊藤ほか・前掲注（1）三一三頁、伊藤・前掲注（13）二四三頁、木内・前掲注（32）九八頁。反対、島岡・前掲注（25）二〇二頁。
(44) 山本ほか編・前掲注（15）一五七頁〔山本克己〕。
(45) 伊藤ほか・前掲注（1）三〇七頁、竹下・前掲注（10）一三七頁〔高山崇彦〕。
(46) 斎藤秀夫＝菊池信男編・注解家事審判規則（一九八七）一四五頁〔山口幸雄〕。
(47) 木内・前掲注（32）九九頁。
(48) 淡路剛久・債権総論（二〇〇二）二四八頁。
(49) 同旨、奥田昌道・債権総論〈増補版〉（一九九二）二六〇頁、内田貴・民法Ⅲ〈第三版〉（二〇〇五）二八三頁、加藤雅信・新民法大系Ⅲ債権総論（二〇〇五）一八三頁、奥田昌道編・新版注釈民法⑽Ⅱ（二〇一一）七三一頁〔下森定〕、伊藤ほか・前掲注（1）四八六頁、六四五頁。
(50) 島岡・前掲注（25）二〇〇頁。

（51） 反対、島岡・前掲注（25）二〇一頁。

（52） 奥田・前掲注（49）二六〇頁、内田・前掲注（49）二八三頁、加藤・前掲注（49）一八三頁、潮見佳男・債権総論Ⅱ〈第三版〉（二〇〇五）二九頁、下森・前掲注（49）七三一頁。

四　おわりに

本稿は、家事実務を担当する上で遭遇した事案について道筋をつける必要から検討を加えたものであるが、親族法や家事事件手続法といった家裁が主として扱う範囲と倒産や通常訴訟等の地裁の領域とが交錯する場面で生じる解決困難な問題点の一つである。本来、調停・審判中だけではなく、離婚して給付の合意をしていた場合、また給付済みである場合、人事訴訟手続中の場合、さらには破産手続だけでなく個人再生手続をも考慮するなどして、包括的に論じなければならないところであろうが、紙幅の関係上、家事調停およびこれに密接に関連する審判手続中の当事者が破産手続に入った場合に限定せざるをえなかった。本稿で取り扱えなかった分野についてはまた他日を期すこととしたい。

倒産手続における法律行為の効果の変容

――「倒産法的再構成」の再構成を目指して

山本和彦

一　本稿の問題設定
二　倒産法的再構成について
三　「倒産法的再構成」の再構成試論
四　若干の具体的検討
五　おわりに

一　本稿の問題設定

倒産手続開始前に行われた様々な法律行為について、それらが倒産手続においてどのように扱われるかが問題となる。当該行為の効果は原則として倒産手続でもそのまま維持されるが、一定の場合には例外的にその効果が否定され、あるいは変容されることが、法律によってあるいは解釈によって認められる。そのような倒産手続における法律行為の効果の変容ないし否定は、どのような根拠の下にどのような要件に基づき行われるのかが理論的な問題となる。従来はそのような根拠や要件について個別的な制度に応じて説明がされてきたところ、そのような説明を統一的視点から行う画期的な試みとして、伊藤眞教授の倒産法的再構成の理論がある。(1)本稿はこの伊藤説を俎上に取り上げて若干の検討を加えるものである。(2)

この点について、筆者も、そのような「統一理論」の構築は魅力的なものであり、伊藤説は説得的なものであると考えている。しかし、そこにはなお詰めるべき点があるのではないかという問題意識を有している。それは、第一に、いわゆる倒産法的再構成と実体法的再構成との境界をより明確にすべきではないかという点であり、第二に、倒産法的再構成が可能となる法的根拠がより明確にされるべきではないかという点である。その意味で、本稿は、倒産法的再構成の理論の基本的方向性には賛同しながら、以上のような問題意識に基づきそれを筆者の観点から再構成することを目的とする。

そこで、本稿ではまず、伊藤教授の提唱に係る倒産法的再構成の理論の内容を再確認する（二参照）。次いで、筆者の考える同理論の再構成の中身について、それを実体法的再構成と倒産法的公序の観点から説明していくことを目指す（三参照）。最後に、そのような再構成の適用として、若干の具体的問題、すなわち証券化における真正売買、将来債権譲渡および倒産解除特約といった論点について、筆者による再構成の結果を適用して、その意義を検証したい

（四参照）。

（1） 先行する業績として、水元教授の見解がある（水元宏典・倒産法における一般実体法の規制原理（二〇〇二）一頁以下参照）。水元説は、伊藤説よりもさらに広く「倒産法が倒産法以外の法を正当に変更できる根拠と限界」につき検討するものであるが、その中には実体法上有効とされる法律行為の倒産法による否定・変容の意義・根拠も内包されている。

（2） 本稿の内容の一部は、山本和彦「倒産法の強行法規性の意義と限界」民訴雑誌五六号（二〇一〇）一五二頁以下の論稿と重なり、そこで行われた作業を展開する性質のものになっている。予めご了解いただきたい。

二 倒産法的再構成について

ここでは、以下の筆者の議論の前提として、まず伊藤教授の議論の内容について簡単に確認しておきたい[3]。

伊藤教授によれば、「法律的再構成」とは、「当事者の合意にもかかわらず、権利義務の内容が異なったものとされる可能性」を意味する（金法一六五七号九頁参照（以下本節では、その号数のみで引用する））。そして、「法律的再構成は、実定法の規定に根拠をもたず、もっぱら条理に基づく解釈論としてその可能性が認められるにすぎない」ものと位置付けられる。このような意味での「法律的再構成」は、その理由によっていくつかの種類に分かれるとされる。その一つは、実体法上の理由から行われる再構成、すなわち実体法的再構成であり、譲渡担保などがその典型とされる。これに対して、倒産手続上の理由から行われる再構成が倒産法的再構成である。すなわち、倒産法的再構成とは、「資産価値を最大限のものとしてそれを利害関係人に配分しようとする制度の目的を実現し、また破産債権者その他の利害関係人間の公平を回復するために、利害関係人の権利義務が変更ないし修正される場合がある」ことである（一六五七号一〇頁参照）。伊藤説は、「従来の破産法学においては、これについて統一的な理論構成がなされていなかった」との評価を前提に、統一理論の構築を目指すものといえる。

以上のような認識に基づき、伊藤教授は、倒産法的再構成の基本原理とその合理的限界について、次のように論じられる（一六五八号八四頁参照）。すなわち、倒産法的再構成が認められるのは、①「一定の法律行為の形式が採られているにもかかわらず、その結果として成立する権利義務が、実体とは異なったものになっており、かつ、法形式どおりの権利義務を認めることが、破産債権者や更生債権者などの合理的期待を裏切る結果となる場合」(4)と、②「ある法形式を認めることが破産や会社更生手続の規定を回避または潜脱する結果となり、手続の目的実現を妨げるものとみなされる」場合(5)があり、これらが倒産法的再構成の対象となりうるとされる。ただ、このような場合に当然に倒産法的再構成がされるのではなく、契約の相手方など利害関係人との公平(6)や同様の目的を達するために設けられている他の制度との関係などに配慮する必要があるとされ、そこには合理的限界が存在すると論じられる。

以上のような一般理論を伊藤教授はいくつかの具体例に適用されている。第一に、リース契約の取扱いについては、リース契約に基づく本来の権利義務の内容を変更し、更生担保権として扱うことは、リース会社がそれを受忍すべき正当な理由があることを前提とする倒産法的再構成の例であると評価される（一六五八号八二頁参照）。他方、破産条項（倒産解除特約）の取扱いについて、所有権留保付売買契約における破産条項および双方未履行双務契約について問題となる破産条項に関して、それらが実体法上有効であったとしても、担保権の制約や管財人の契約解除の選択権という倒産手続の基本的目的を損なうものとして、やはり倒産法的再構成の結果、効力が否定されるものとされる（一六五八号八三頁以下参照）。最後に、証券化における倒産隔離については、詳細な検討の後、結論としては倒産法的再構成は否定され、SPV等の権利は更生担保権として扱われるべきではないとされる（一六五八号八四頁以下参照）。

以上のような伊藤説の意義は、筆者の観点からみたところ、以下のような点にあるように思われる。第一に、当事者の合意の倒産手続の下での評価について、従来個別問題に即して散発的に論じられていた事柄について、一般理論の定立を図った点である。第二に、実体法的再構成とは別に（それとは独立したものとして）倒産法的再構成の可能性を提起した点である。第三に、倒産法的再構成の可否について一般的基準を定立した点である。第四に、当該基準を具体的問題に適用して一定の方向性を示した点である。以上のような諸点において、伊藤説は倒産法理論の展開・深化において重要な意義を有するとともに、証券化など実務的な問題についても大きな意味があるものと評価することができよう。

（3）伊藤説については、伊藤眞「証券化と倒産法理㊤㊦」金法一六五七号（二〇〇二）六頁以下、同一六五八号（二〇〇二）八二頁以下参照。

（4）具体的にはリースの場合が例示される。

（5）具体的には破産条項（倒産解除特約）の場合が例示される。

（6）不利益を受ける利害関係人に再構成を受忍すべき正当な理由の存在が必要とされ、「たんにそれが破産債権者などの利益になるというだけの理由から再構成が認められるべきではない」（一六五七号一一頁）とされる。

三 「倒産法的再構成」の再構成試論

1 再構成試論——総説

以上のような伊藤説は、従来必ずしも統一的な観点から論じられてこなかった倒産手続の下での当事者の倒産前の法律行為の効果の変容について統一的に説明する理論を構築し、具体的な解釈を展開する基礎となる観点を提示した点で大きな意義を有する。その意味で、射程の広い極めて魅力的な議論である。[7] しかし、なお考えるべき点はあるように思われる。すなわち、①実体法的再構成と倒産法的再構成との境界線はどこにあるか、②倒産法的再構成が行われる根拠はどこにあるか、といった問題である。以下、これらの問題について順次検討する。

まず、①について、法的再構成が、伊藤教授のいわれるように、一般に当事者の意思表示の法的な評価（法的性質決定）の問題であるとすれば、[8] それは倒産手続の外であっても倒産手続の中であっても、基本的に共通のものになるのではないかという疑問がある。例えば、仮に当該法律行為が売買契約と実体法上性質決定されるのであれば、それは倒産手続の中でも売買契約と性質決定されるはずではないか、倒産手続の中でだけ同じ法律行為が担保権設定契約であると性質決定されることは本来ありえないのではないか、という疑問である。筆者はそのような疑問には理由があると考えており(9)、仮にそのような性質決定の方法を倒産法的再構成と呼ぶのであれば、それは法解釈として正当性を欠くように思われる。

この局面で、仮にそのような事態がありうるとすれば、それは実体法上の「売買」ないし「担保」の概念と倒産法上の「売買」ないし「担保」の概念とが異なっており、同じ法律行為が実体法では「売買」として性質決定され、倒産法では「担保」として性質決定されているということではないかと思われる。すなわち、実体法と倒産法における法概念の相対性に基づく性質決定のズレが生じているという理解であり、そうだとすれば、それは優れて法解釈の問題である（当事者の意思解釈の問題ではない）というべきである。そして、そのような法概念の相対性を認めることが困難な場面において、なお当事者の採用した法形式とは異なる法的性質決定を導くとすれば、それは実体法的再構成として捉えるべきものと解される(10)。筆者は、この局面での「倒産法的再構成」理論については、このような法概念の相対性または実体法的再構成の観点からの再構成が必要ではないかと考える。

次に、②については、伊藤説は、倒産法的再構成が必要となる実質的理由およびその際の考慮要素等について検討するが、なぜどのような法的根拠に基づいてそのような再構成が可能であるのかについては必ずしも十分に論じられていないように見受けられる。考えられる一つの根拠は、①でみたように、法概念の相対性に基づく法的性質決定のズレであるが、伊藤説の挙げている例は必ずしもすべてそれに還元できるものではない。例えば、破産条項の問題は、実体法と倒産法とで法的性質決定が異なるという類の問題ではなく、当事者間で一定の要件の下に解除を認める条項が倒産手続の目的に反するとして再構成の対象になるとされる。そこでは、明らかに法律行為の法的性質決定を超えた作業が行われているものと解される。

そこで問題とされているのは、筆者の理解によれば、倒産法秩序に反する法律行為の効力は（当事者の意思がどのようなものであれ）認めることはできないという考え方である。すなわち、強行法規ないし公序の考え方といえよう。そして、当該公序の根拠にあるのが倒産法秩序であるとすれば、それはすなわち倒産法的公序であり、このような公序に反する法律行為は（倒産手続の外ではともかく）倒産手続の下でその効力を認めることはできないという意味で、伊藤説の説明は理解可能であるように思われる。したがって、筆者は、このような場面での「倒産法的再構成」理論については、倒産法的公序の観点からの再構成が必要であり、その中身を詰めていく作業が求められると考える。

2 実体法的再構成と法概念の相対性

以上の分析をさらに敷衍してみていくと、まずここでいう実体法的再構成は、当事者の意思表示の法的な評価（法的性質決定）の一般的なあり方の問題である。法律行為により定立されたルール（要件・効果）は、契約自由の原則により基本的にはそのまま受け入れられるが、その法的な評価までを当事者が直接左右できるわけではない。例えば、当事者がある合意を賃貸借と評価した（賃貸借契約書を作成した）としても、それが当然にそのまま賃貸借契約として法的に評価されるわけではない。当該合意の総体を評価して、それが（例えば）担保権設定契約であると評価されることは十分にありうる。(11) これが実体法的再構成といわれるものの内実であろう。(12)

そして、倒産手続においても、実体法的再構成（実体法的性質決定）の結果は基本的にそのまま尊重されるのが原則である。これは、原則として、実体法上の法概念と倒産法上の法概念が同一であると解されるからである（実体法上の賃貸借と倒産法上の賃貸借とは同一概念であることが前提とされる）。ただ例外的に、法概念の相対性に基づき、実体法上の法概念と倒産法上の法概念とが異なる意味内容を有する場合がありえ、そのような場合には、同じ内容の法律行為が実体法と倒産法とで異なる法概念に包摂される論理的可能性が生じることになる。

このような観点から、伊藤説におけるリース契約の説明をみてみよう。伊藤説の説明では、実体法上は、リース契約は賃貸借契約に包摂されるが、倒産法上は、倒産法的な理由から、それが担保権設定契約として性質決定され、更生手続では更生担保権として扱われると解されている。しかし、先述のように、法的性質決定（法律行為の評価）が実体法と倒産法とで異なるということは考え難い。むしろここで述べられていることは、実体法と倒産法とで、「賃貸借契約」あるいは「担保権設定契約」の概念内容が異なることを前提にするものではないかと思われる。[13]これ自体はありうる解釈論といえ、その結果として、同じ内容の契約が、実体法上は賃貸借契約と評価され、倒産法上は担保権設定契約と評価されるということは論理的にありえないではない。

しかし、現実にそのような法概念の相対性が認められるどうかは、個々的な法概念の解釈論として慎重な検討が必要である。例えば、会社更生法二条一〇項は更生担保権を定義するが、[14]そこで用いられている用語は基本的に民法上のものと完全に一致する。換言すれば、この規定は、民法において担保権として取り扱われるものを会社更生法においてもそのまま担保権として取り扱う趣旨を示した規律と読むのが自然である。その意味で、法はむしろ法概念の相対性をこの場面では拒絶することを明示しているように思われる。確かに非典型担保はこの条項の直接適用の対象ではなく類推適用の問題ではあるが、以上のような基本的思想はやはり妥当するように思われ、それにもかかわらず法概念の相対化によって実体法上の担保と倒産法上の担保の間にズレを認めることは、上記のような法の趣旨に反するおそれがあろう。筆者の理解によれば、むしろここでは法概念の絶対性（同一性）を前提に、実体法的再構成を模索すべき局面ではないかと思われる。つまり、リース契約が更生担保権として倒産法上扱われるのであれば、それは実体法上も担保権設定契約として再構成されるべきではないか、という問題意識である。もちろん、当該契約の中には、利用権の設定契約も同時に含まれていると考えられ、単純な担保権設定契約ではないが、少なくとも、実体法上も担保権設定契約を包含するものとして位置付けられるべきではないか、というのがここでの議論の趣旨である。[15]

以上は担保に関する議論であるが、一般論として、法概念の相対性をどこまで認めるべきかは一つの問題である。それは結果として、倒産法上のルール（倒産実体法）の平時実体法からの独立性をどの程度認めるべきかという問題に繋がっていく。この点に関連して、水元教授は、倒産法における実体法の規制原理として、一般実体法における権利の相対的価値を保障しなければならないとする相対的価値保障原理を提唱される。(16)そこには、相対的価値保障に反する形での平時実体法からの倒産法の独立を原則として否定する含意があるものと解される。この点について、筆者も原則として水元説の考えを支持したい。とりわけ、両者の法概念の相対性を認めることで、間接的に倒産手続の過剰な利用や過小な利用という倒産手続のトリガーの歪みが生じることは防止する必要があろう。(17)その意味では、法概念の絶対性を可及的に維持し、整合的な法解釈を模索することによって、平時実体法と倒産実体法とのズレを最小限とすべきである。換言すれば、できる限りで実体法的再構成を志向し、法概念の相対性に依拠することは避けながら、そのような試みに限界がある場合には、むしろ正面から倒産法上の強行規定、すなわち倒産法的公序の問題として当該法律行為の効力を問題にするのが王道ではないかと解する。

3　倒産法的公序

以上のような実体法的再構成（特段の再構成がされない場合も含む）の結果、その法律行為が有効なものであれば、当然、倒産手続においてもその法律行為に基づく法律効果が認められることになる。問題は、倒産法の規律に反するような法律行為の効力である。倒産法の規律内容が任意規定であればもちろん法律行為の効力には影響しないが、それが強行規定ないし公序規定の場合には、それに反する法律行為は無効となると解される。(18)

強行規定違反の法律行為の効力について、山本敬三教授の分析に従えば、以下のようになろう。(19)すなわち、ここで問題となる公序は「法令型─政策実現型公序良俗」ということになり、かつては強行規定違反も民法九一条の問題とされてきたが、近時はそれも公序良俗違反の中に統合しようとする見解（九〇条一元論）が有力に主張されている。確かに民法九一条の「公の秩序に関しない規定」の反対は「公の秩序に関する規定」であり、それが民法九〇条の「公の秩序」の一種であることは明白で、その意味で、強行規定（すなわち公の秩序に関する規定）の違反は九〇条で規定し尽くされていると解することに合理性があろう[20]。そして、そのような理解は倒産法との関係でも妥当しよう。その意味で、倒産法の強行規定に反する法律行為は、民法九〇条の適用により無効になると解される。

したがって、そこでは個々の倒産法の規律の意義が問題となる。それが強行規定といえるかどうかであるが、一般的にいえば倒産実体法に関する規定の多くは強行規定といえるのではないかと解される。その根拠は、倒産手続の目的にある。倒産法的公序はまさに倒産手続の目的を達成するために認められるものであるが、その目的は債権者への弁済の最大化・平等化や債務者の経済生活の再生に資することにあり[21]、第三者に対する影響や当事者保護の趣旨に鑑みると、当事者によるその利益の放棄には限界があるはずだからである。また、特に当該合意が倒産手続よりも前にされている場合には[22]、倒産手続開始後の債権者全体の利益等を事前に債務者が処分することは原則としてできないものと解されよう。例えば、倒産手続開始後の相殺制限を回避するための事前の相殺合意や倒産手続上の解除に基づく違約金の合意などは、原則として倒産法的公序に反するものと解される[23]。

次に、実体法的公序と倒産法的公序の関係であるが、基本的にその根拠はともに民法九〇条にある。ただ、倒産手続に関連する合意については、「公の秩序」の内容として倒産手続に係る秩序が顧慮されることになる。その結果として、平時においては公序違反とならないような合意であっても、それが倒産法の秩序を害することにより、倒産手続の下では公序違反とされることはありうる[24]。また、平時の公序の内容が倒産手続において具体化されて、その結果として公序違反が構成される場合もありうる。例えば、賃借人による解除の際の敷金没収条項について、平時においては賃料等との総合的考慮で（つまり、そのような条項が存在することで賃料が割安になっている関係にあれば）有効と解される場合であっても、倒産手続における管財人や再生債務者の解除に当該条項が適用される限りにおいては、倒産法的公序に反するという理解はありうる。すなわち、当該法律行為が倒産法秩序の観点からみて倒産債権者の利益に看過し難い不利益を生じる場合であって、かつ、そのことを契約当事者が合理的に予測できたときには[25]、それは（平時には有効であっても）倒産法的公序に反するとされてもやむを得ないのではないかと思われる。

最後に、公序違反の効果であるが、原則は当然全部無効である。ただ、合意の一部を除外すれば公序違反を免れるような場合には、一部無効の場合が考えられる。そのような場合には、当事者として、当該一部を除外してなお合意することが当該合意をした目的を逸脱しないかどうか、換言すれば、合理的当事者であれば、当該事項を除外しても合意したかどうかが考慮されよう。それが肯定されるのであれば、一部無効を観念できる。当事者の合意に与える打撃は必要最小限に止まるべきであり、公序違反の効果を最小限の範囲で除けば足りるという考え方によれば、一部無効を積極的に認めるべきものと解されよう。(26)

（7） 学説としての伊藤説の一般的な吸引力として、個別問題を論じる前提として射程の長い議論が展開される点があるように思われる。これが、当該個別問題と離れても、伊藤説の学説としての寿命が長く、また影響力が大きい一つの理由であろう（加藤新太郎ほか「〈座談会〉伊藤民事手続法学と判例・実務」判タ一二五三号〔二〇〇八〕三一頁〔山本和彦発言〕でも、「個別の問題が判例立法などで一応解決しても、その一般論の部分の議論の射程が非常に長くて与える影響が大きい」と評価した）。

（8） 当然のことではあるが、効力規定等を前提とせずに当事者の意思表示と正面から異なる法的効果を付与することはできないはずであり、結局は、当事者の意思表示に一定の法的評価を加えて、それに基づく法的効果を導出することになると考えられる。

（9） かつて述べたように、「本来当事者の意思表示および実体法の解釈によって定まっているはずの法的性質が、倒産手続の開始によって、明文の規定もなく形成的に変容するということは説明し難い」と考えるものである（山本・前掲注（2）一六〇頁参照）。

（10） より正確にいえば、それは端的な法的再構成であり、実体法の場面でも倒産法の場面でも共通のものとして妥当すべきものであろう。

（11） ただし、その場合は、どこが何故に当事者の定めた法的性質決定と異なるのかを明確にする必要がある。例えば、最判平成一五・一〇・二一民集五七巻九号一二一三頁（サブリースに関する最高裁判決）における藤田宙靖裁判官の補足意見が、「本件の場合、明確に残されているのは、『賃貸借契約書』と称する契約文書であり、そこに盛られた契約条項にも、通常の建物賃貸借契約の場合と取り立てて性格を異にするものは無い。そうであるとすれば、まずは、ここでの契約は通常の（典型契約としての）建物賃貸借契約であると推認するところから出発すべきであるのであって、そうでないとするならば、何故に、どこが（法的に）異なるのかについて、明確な説明がされるのでなければならない」と述べられるのは、その趣旨と解される。

(12) 前記のように、単に法的再構成といってもよく、また法的評価の再施とも表現できる。その結果、当事者の合意にない事項については法的に再構成された契約類型等に係る任意規定が適用されたり、当該契約類型に係る強行規定に反する当事者の合意はその効力を否定されたりすることになる。

(13) 高見教授が「中間命題としての『倒産法上の売買』『倒産法上の担保』という概念を立てて結論を説明する」とされる議論（高見進「流動化・証券化の法律問題(2)——倒産法」金融法研究一八号〔二〇〇二〕四一頁参照）と同旨のものと見られる。

(14) そこでは、「更生手続開始当時更生会社の財産につき存する担保権（特別の先取特権、質権、抵当権及び商法〔中略〕又は会社法〔中略〕の規定による留置権に限る。）の被担保債権であって更生手続開始前の原因に基づいて生じたもの〔以下略〕」が更生担保権となるとされる。

(15) 筆者自身のリース契約の法律構成については、山本和彦「倒産手続におけるリース契約の処遇」金法一六八〇号（二〇〇三）八頁以下参照。なお、債権法改正においてファイナンス・リース契約の典型契約化の議論があり、そこでは一種の担保的性格を認めるルールが存在したが（その評価につき、山本・前掲注（2）一六二頁参照）、最終的には採用されなかった。ただ、この問題は引き続き、（将来行われるであろう）担保法改正の中でも真剣に検討されるべき課題であろう。

(16) 水元・前掲注（1）二五一頁以下参照。

(17) これは、アメリカにおけるジャクソンの議論が強調するところである。ジャクソンの見解については、水元・前掲注（1）四一頁以下、特に五二頁以下参照。

(18) 倒産法の任意規定・強行規定の区分に関する総論的議論については、山本・前掲注（2）一五三頁以下参照。

(19) 山本敬三・公序良俗論の再構成（二〇〇〇）七五頁以下参照。

(20) 山本・前掲注（19）八三頁参照。

(21) 倒産手続の目的に関する筆者の理解については、山本和彦・倒産処理法入門〈第四版〉（二〇一二）一頁以下参照。

(22) 手続開始後に利益の帰属主体（債権者の配当増大や平等であれば債権者全員、債務者の経済的再生であれば債務者）が自己の利益を放棄するのであれば、その効力が認められる可能性もある。ただ、その場合であっても、保護的公序の問題は残り、無制限にその効力を認めることには疑義もある（例えば、免責された破産債権についての債務者による弁済合意等は無制限にその効力を認めることはできないであろう）。

（23） これを認めてしまうと、債務者は契約時点の契約上の利益（利息の軽減等）を得るために、将来の（結果として債権者が負担する）不利益（解除による過大な損害賠償等）を甘受することになりかねない。

（24） そして、それは、前述のように、倒産手続開始のトリガーを歪める可能性がある。ただ、ここでそれが必要となるのは、前述のように、倒産手続の目的を守るためであるので、トリガーの歪みは甘受せざるを得ないと判断されることになる。しかし、それが過剰なものにならないよう、倒産法的公序の認定には常に慎重な考慮が必要であろう。

（25） 山本・前掲注（2）一五八頁では、「その合意が客観的にみて倒産手続における法律関係を主に対象としており、かつ、倒産法秩序の観点からみて倒産債権者の利益に看過し難い不利益を生じる場合」とし、また倒産手続外の効果を対象としている条項も、契約当事者が倒産時を主に念頭に置いていたことが立証されれば同様に規制の対象になると解していた。しかし、現在では、倒産手続との関連性については契約当事者の（意図というよりも）予測可能性の問題として整理可能ではないかと考えている。

（26） 民法改正の議論においても、「法律行為の一部が無効となる場合であっても、法律行為のその余の部分の効力は妨げられないものとする。ただし、当該一部が無効であることを知っていれば当事者がその法律行為をしなかったと認められる場合には、その法律行為は無効とするものとする」との規定の提案がされているが（民法（債権関係）の改正に関する中間試案第五）、それと同様の趣旨である。

四　若干の具体的検討

以上のような倒産法的再構成の議論の再構成の可能性について、具体的な問題に基づいてもう少し検討してみたい。以下で取り上げる素材としては、伊藤教授が論文の主題として問題とした証券化の問題（1参照）に加えて、筆者自身の関心に基づき、将来債権譲渡の問題（2参照）および倒産解除特約の問題（3参照）についても対象としたい。最初に簡単に後述の検討結果をまとめるとすれば、証券化については、一定の要件を満たす場合に（担保権として）実体法的再構成が成立する可能性があり（伊藤説のように、倒産法的再構成の例として考えるべきではない）、将来債権譲渡および倒産解除特約については、倒産法的公序によって一定の合意はその効力を否定されるべきであるが、倒産法的公序の内容の明確化が課題になると解される。

1　証券化における真正売買

この問題に関する筆者自身の見解は、かねて述べてきたとおり、担保である以上、被担保債権の存在が不可欠であるという理解を前提として、被担保債権が観念できる取引であるかどうかが最も重要なポイントであると考えている。[27] ただ、そのような見解をよりメタレベルから眺めると、そこで行われているのは、基本的に当該取引が実体法上担保権設定契約と認められるかどうか（あるいはそれ以外の契約＝売買契約等と認められるか）[28]という問題を検討する作業である。実体法上担保設定ではないと考えられる取引（法律行為）について、それを倒産法においてのみ担保権として再構成するといったことが解釈論として認め難いことは、前述のとおりである。また、法概念の相対性を援用する見解、すなわち倒産法上の担保と実体法上の担保は別の概念と解する見解も[29]、会社更生法二条一〇項の規定ぶりから難しいと思われる点もまた前述のとおりである。

ただ、非典型担保との関係では、もう少し立ち入った検討は必要かもしれない。周知のように、最判昭和四一・四・二八民集二〇巻四号九〇〇頁は、譲渡担保権について「更生担保権に準じてその権利の届出をなし、更生手続によってのみ権利行使をなすべきものであり、（中略）取戻権を有しない」としたが、この判例について、実体法上担保権ではないもの（譲渡担保権）について、担保権に関する倒産法の規律を妥当させたという読み方は不可能ではない。すなわち、判例は譲渡担保につき完全な実体法的再構成に踏み切っていないという見方は成立可能であり、判例の「準じて」という表現はそれを示唆すると読むものである。そして、更生担保権の取扱いに内在する倒産法上の規律は、担保権ではないとしても、一定の信用供与を前提とするような権利については同様に扱うべきとする強行法規的規制を含むものと解釈し、倒産法的公序の存在を前提とする立場はなおありうるものであろう。[30]

しかし、筆者としては、やはりそのような理解はとるべきではないと考える。すなわち、譲渡担保権についても実体法的再構成がされているものと捉え、実体法上もそれは担保的取引と理解されたとみてよいと解する。近時の譲渡担保をめぐる様々な判例もそのような理解にむしろ整合的ではないかと思われるからである[31]。上記のような考え方は、極めて影響の大きい強行法規を（実体法上の担保権を超えて）類推適用しようとするものであり、その外延の特定（信用供与取引等）は困難であり、法的な不安定を招き、解釈論として望ましいものとは思われない。そして、あえて上記のような理解によらなくとも、証券化取引の中には、実体法上担保として再構成されるものと、そのような再構成ができないものとが存在しており、前者は実体法としても非典型担保の一種として取り扱い、倒産法においてもその結果、担保としての取扱いが妥当するという立場に立てば足りよう。したがって、あとは実体法と協力しながらその再構成のメルクマールを定立していけばよいと解するものである。

2　将来債権譲渡

次に、将来債権譲渡について、いわゆるＡＢＬ取引においては将来債権の譲渡担保を取得することが前提となるし、証券化取引では将来の債権の真正譲渡が行われ、近時その経済的重要性を増している。他方で、債務者の一定の事業に係る売掛代金債権その他の将来債権が譲渡されている場合において債務者が倒産手続に入ったときには、当該債権譲渡の効力がどのように扱われるかは、債務者の事業再生の行方を左右するものであり、理論的にも実務的にも極めて重要な法律問題である。この点は、債権法改正の過程において将来債権の譲渡について民法に規定を新たに設ける方向で議論が進められる中、特にその効力を限定する何らかの規定を設ける旨の提案がされたこともあり[32]、倒産手続との関係が議論される契機となった[33]。一般化していえば、倒産前の債務者との債権譲渡の合意が倒産後の債務者（再生債務者、更生会社等）の事業継続に影響を与える場合に、その効力をどのように捉えるかという問題である。

一つの考え方は、当該合意の効力を実体法的に制限する考え方である。一種の実体法的再構成ということになる。

一部の見解は、倒産手続開始後に債務者が取得する債権について譲渡担保の効力が及ばない根拠として、固定化の概念を用いる。[34] これは、当事者の合意の内容にかかわらず、譲渡担保の特質からその効果が限定されると考えるものである。しかし、一般には、このような譲渡（および対抗要件具備）が効力を有するのは、それが合意された期間の債権を無条件に全面的に譲渡している点による。[35] したがって、（それが再構成に基づくものかどうかはともかく）意思表示の内容として譲渡の範囲を制限的に捉えることには困難があり、仮にそのような理解をすれば、譲渡の時点では譲渡された債権の範囲が不明確になり、当該譲渡の効力自体（少なくとも対抗要件の効果）が否定されるおそれが否めないように思われる。[36]

このような債権譲渡の効力を制限しうるとすれば、やはりそのような合意を公序の観点から制約することではないかと思われる。既に、最判平成一一・一・二九民集五三巻一号一五一頁も、一定の場合には将来債権譲渡が公序に反する場合がありうることを認めている。そこでは実体法的公序が前提とされているが、倒産手続の局面では、それに特化した公序の判断は十分ありうるのではなかろうか。平時には公序違反ではないと考えられるような譲渡であっても、倒産手続の中ではそれが部分的に公序に反するとされる余地はあるように思われる。そこで公序違反の基準とされるのは、倒産法の目的ということになる。すなわち、債権者への弁済の最大化＝事業再生の可能性に反するような譲渡合意や債権者への弁済の平等化に反するような譲渡担保（過剰担保）については、倒産法的公序に反して効力を否定される余地があろう。[37] 他方で、譲渡を受ける相手方の利益、すなわちその予測可能性の確保もまた重要な課題である。[38]

具体的な規律の可能性としては、倒産の局面で、ある一定の内容を有する将来債権譲渡は公序違反になることを明示することがあろう。[39] ただ、いかなる内容であっても、公序に反する場合をすべて書き切ることは難しいと思われ、それ以外の場合であっても民法の規定によって公序に反して無効となる可能性は否定できない。しかし、それであっても、無効となる範囲をできるだけ限定して明確化を図る試みは、なお当事者の予測可能性および倒産手続の円滑な進行の観点から有用ではないかと思われ(40)、倒産法の中に独自の規定を設けることは真剣に検討されてよいであろう。

3 倒産解除特約

倒産手続開始申立てその他倒産手続に至る事態を契機（トリガー）として契約を解除する特約の効力を倒産解除特約といい、その効力についてはかねてから議論のあるところである。判例も、更生手続における所有権留保との関係(41)および再生手続におけるファイナンス・リースとの関係(42)で、いずれも更生手続・再生手続の趣旨・目的に反するものとして倒産解除特約の効力を否定したものがある。学説上も、担保取引＋再建型手続との関係では、その効力を否定することに異論は少ない。ただ、それを超えて、担保取引以外の契約についてもその効力を否定するか、破産手続においてもその効力を否定するかについてはなお争いが残る(43)。

この問題について、伊藤説は、前述のように、倒産法的再構成の一例として説明する。すなわち、「破産条項の効力が否定されるという形で倒産法的再構成が行なわれることは、担保権についての権利行使の制約や、管財人の契約解除に関する選択権保障など、会社更生または破産手続の基本的目的が破産条項の効力によって損なわれるからにほかならない」とされる（伊藤・前掲注（3）金法一六五八号八三頁参照）。しかし、筆者は、このような説明は「法的再構成」の射程を曖昧にしているのではないかと考える。この問題は、当事者の合意内容を法的に別途評価するという問題ではなく、実体法的にも再構成の余地はないからである。当該合意は合意として認めながら、その効力を強行法的に否定するかどうかという点のみが問題であり、まさに倒産法的公序の問題として位置付けられるべきものであろう。

その意味で、倒産解除条項については、倒産法的公序が問題となる場面として再構成を図るべきである。ただ、どのような点を公序違反として把握するかについては、前述のように争いがある。それはすなわち、問題となる公序の内容に関する争いであると捉えられる。すなわち、担保権に対する制約（更生担保権や再生手続上の実行中止命令・担保権消滅請求等）を倒産法的公序と理解するか（この場合はそのような再建型手続における担保の規制を潜脱する範囲でのみ合意を無効と解することになる）、事業再建による債権者の弁済の最大化を公序と捉えるか（この場合は再建型手続のみを規制対象とすることになる）、さらには破産手続を含めて管財人等による契約の履行選択権の付与を公序として理解するか（この場合は破産手続をも対象にすることになる）である。筆者自身は最後の見解を相当と考えているが、各論者がどこまでの規律を倒産法的公序と理解するかがここでの議論の分かれ目となろう。(44)

なお、倒産手続に通常付随する事態ではあるが、直接倒産手続に関連する事象ではないものを解除原因とする条項は、上記の意味での倒産解除条項に当たらず、基本的には実体法的公序の問題と考えられる。ただし、それが倒産手続に看過し難い影響を及ぼす範囲ではなお倒産法的公序違反という判断はありうる（三3参照）。例えば、期限の利益喪失条項は原則として公序違反とはいえないが、それが倒産手続に及ぼす影響の大きさによっては倒産法的公序に関連することはありうる。すなわち、単に期限の利益喪失によって倒産手続における弁済を得ることは、それが倒産債権になるだけであり、公序に反するほどの問題ではないが、期限の利益喪失によって当該債権が相殺の自働債権となるような場合には、債権者の平等弁済という倒産法的公序に看過し難い打撃を与えるものとして、公序違反になるという評価はなおありうるように思われる。(45)

(27)　これについては、山本和彦「マイカル証券化スキームの更生手続における処遇について（意見書）」金法一六五三号（二〇〇二）四四頁以下、同「証券化と倒産法」ジュリ一二四〇号（二〇〇三）一五頁以下など参照。

(28)　前掲の論文で繰り返し述べているように、問題は担保に関する倒産法上の規律が当該取引に妥当するかどうかであるので、担保か担保でないかが問題の焦点であり、いわゆる真正売買（true sale）であるかどうかという問題設定（それを前提に売買としての特徴を抽出するような試み）は理論的にやや的外れではないかと考えている。

(29)　前述の高見説（前掲注（13）参照）であり、伊藤説も同旨とみられる（伊藤・前掲注（3）金法一六五七号一二頁注22参照）。

(30)　これは伊藤説のいわれる倒産法的再構成とは理論構成が異なる。実体法上の担保を倒産法上の担保と捉えるのではなく、倒産法の担保に関する規定を強行法規として担保以外の取引にも類推適用するという理解である。

(31)　譲渡担保における所有権移転の効力は債権担保の目的を達するのに必要な範囲内においてのみ認められるとする判例の文言（最判

昭和五七・九・二八判時一〇六二号八一頁、最判平成五・二・二六民集四七巻二号一六五三頁、最判平成七・一一・一〇民集四九巻九号二九五三頁など）は、その趣旨を示すものと解される。道垣内弘人・担保物権法〈第三版〉（二〇〇八）三〇二頁は、この点は「判例法理としてほぼ確立したものと評される」とされる。

(32) 譲渡後の契約当事者の変更の問題も提起され、その関係で管財人等の地位の問題も議論されたが、ここではその点の議論は射程外とする。

(33) この点については様々な文献があるが、例えば、後藤出「将来債権譲渡」山本和彦＝事業再生研究機構編・事業再生と金融実務からの債権法改正（二〇一三）九五頁以下、小林信明「将来債権譲渡に関する法制」山本和彦＝事業再生研究機構編・債権法改正と事業再生（二〇一一）一一一頁以下及びそこに掲記の文献を参照。

(34) このような議論については、例えば、伊藤眞「集合債権譲渡担保と事業再生型倒産処理手続再考」曹時六一巻九号（二〇〇九）一二頁以下参照。

(35) 最判平成一九・二・一五民集六一巻一号二四三頁は「将来発生すべき債権を目的とする譲渡担保契約が締結された場合には、債権譲渡の効果の発生を留保する特段の付款のない限り、譲渡担保の目的とされた債権は譲渡担保契約によって譲渡担保設定者から譲渡担保権者に確定的に譲渡されている」との認識を示し、対抗要件の効力を認める。

(36) 固定化の時点でそれ以降の債権が譲渡の対象から外れるということになると、いったん確定的に譲渡されていた債権が債務者に復帰することになり、譲受人の債権者等との関係で当該債権復帰の対抗要件を別途必要とすることになろう。

(37) これらは実体法的公序となる可能性もあるが、ここでの議論は、仮に実体法的公序に反しないとしても、なお倒産法的公序に反する可能性が認められるというものである。

(38) 特に証券化のような取引においては、その範囲の広狭はともかく事前にどの範囲で譲渡が可能であるかが明確になっている点が極めて重要である。山本和彦「債権法改正に伴う倒産法改正について」山本＝事業再生研究機構編・前掲注（33）債権法改正と事業再生二五頁参照。

(39) 一つの具体的な提案で説得力のあるものとして、井上聡「金融取引から見た債権譲渡法制のあり方」金法一八七四号（二〇〇九）八〇頁がある。そこでは、「将来債権の譲渡の効力は、譲渡時において、譲渡人が譲渡期間にわたって原因関係を維持するための費用を負担することがその債権者を著しく害するものと認められる場合には、これを第三者に対抗することができない」との規律が提案されている。

(40) あるいは、いわゆるセーフ・ハーバー条項、すなわち合意が有効である場合を明確化すること（一定の要件を満たす合意が公序違反にはならないこと）を規定する方法も考えられないではない。

(41) 最判昭和五七・三・三〇民集三六巻三号四八四頁参照。

(42) 最判平成二〇・一二・一六民集六二巻一〇号二五六一頁参照。

(43) その結果、最終的に倒産法改正でも明文規定が断念されたことにつき、山本・前掲注（21）八二頁参照。

(44) この点で、水元説が興味深い（水元宏典「契約の自由と倒産解除特約の効力」熊本法学一一七号〔二〇〇九〕一頁以下参照）。水元説は、双方未履行双務契約の規律に関して管財人等から履行選択できるとする部分の強行法規性を否定し、他方で財産拘束に関する規律の強行法規性を前提に、（継続的契約に係る）倒産解除特約は解除の時点で行われた合意解除と同視してその効力を判断すべきものとされる（破産・更生では当然無効、再生手続では監督委員の要同意事項としてやはり無効となる）。この点は、双方未履行双務契約の規律の趣旨に関する理解に係る問題であるが、筆者はなお、管財人等による履行選択の部分も含めて倒産法的公序に含まれるものと解してよいのではないかと考えている。

(45) この点で、伊藤・前掲注（34）二七頁以下は、失期条項と各種倒産手続の趣旨目的の関係について検討されており、少なくとも再生・更生手続の相殺時期制限や更生担保権との関係ではその効力に疑義を呈されているが、筆者も本文のような認識を前提に、伊藤説の疑問は相当なものと考える。

五 おわりに

本稿の結論は、伊藤教授による倒産法的再構成の議論は、倒産法による実体関係の変動を統一的な観念に基づき説明しようとされるもので、野心的かつ射程の広い議論で極めて魅力的なものであると評価しながら、それはやや幅広きに失し、すべての問題をそのような再構成で説明することは難しいと解するものである。そこで、本稿では、そのような議論について、実体法的再構成、実体法と倒産法の法概念の相対性、倒産法的公序の3つに分解して問題を整理し、検討することを試みた。このような試みが伊藤教授の議論の「再構成」として成功しているかどうかは定かではないが、倒産法におけるメタレベルの議論の深化に何らかの寄与ができれば幸いである。

伊藤眞先生の学説の特徴として、筆者はかつて「大胆な発想と大胆な提言」「抽象と具象の軽やかな飛翔」「対象・方法における広範な、新たな問題関心」「社会的相当性へのコミットメント」などを挙げ(46)、筆者の常に目標とするところとした(47)。筆者は、記念論文集においては、献呈する先生の中心的学説に対して批判を加え、学界の議論のレベルを何がしか進展させることが学恩に報いる礼儀であるとの教えを受けてきた。しかし、伊藤先生の業績を見返すとき、改めてその質量に圧倒されるとともに「付け入る隙」の無さにも茫然自失とさせられた。筆者がほぼ唯一絞り出しえたのが本稿のテーマであったが、結果として不十分な論考に止まったことは否めない。ただ、伊藤先生の公私両面にわたるご指導に心より感謝しながら、後進の一人として今後の精進を誓い、謹んで本稿を伊藤先生の古稀のお祝いとして捧げたい。

(46) 加藤ほか・前掲注(7)三〇頁以下〔山本発言〕参照。
(47) 加藤ほか・前掲注(7)四三頁〔山本発言〕参照。

手続開始時現存額主義により生ずる超過配当額の処理

山本　研

一　問題の所在
二　学　説
三　超過配当額の帰属
四　超過配当額の調整主体
五　おわりに

一　問題の所在

1　破産法一〇四条の規律──手続開始時現存額主義と求償権者の破産手続参加

連帯債務（民四三二条）や連帯保証債務（民四五八条）のように、実体法上、同一の給付を目的として、一人の債権者に対して複数の債務者が共同して全部の履行をすべき義務を重畳的に負担する場合がある（以下、このような義務を負担する者を「全部義務者」という）。このような場合において、数人の全部義務者の全員または一部の者に破産手続が開始されたときには、債権者が各破産手続との関係で行使することができる破産債権額、および他の全部義務者による求償権行使との調整が問題となるため、破産法一〇四条は、これにつき以下の通り規定している。(1)

(1)　同条一項は、債権者の破産手続参加について、数人の全部義務者の全員またはその一部の者に破産手続開始決定がされたときには、債権者は、破産手続開始の時において有する債権の全額（手続開始時の現存額）をもって、各破産手続において破産債権者として権利を行使できることを定める。したがって、債権者が全部義務者の破産手続開始決定前に、既に他の全部義務者から一部弁済等を受けている場合には、それを控除した額を破産債権として行使することになる。他方、債権者が破産手続開始後に他の全部義務者から一部弁済等を受けた場合の取り扱いについては、同条二項が規定しており、手続開始後に他の全部義務者から任意弁済や配当を受けたとしても、その債権の全額が消滅しない限り、破産債権額は減少せず、全額の満足を受けるまでは手続開始時の現存額を基準に権利行使をすることができる旨を定めている。以上の、全部義務者に破産手続が開始された場合における債権者の権利行使についての規律は、一般に手続開始時現存額主義と呼ばれている。(2)

(2)　前述のように、全部義務者に破産手続が開始された場合には、債権者はその債権の全額が消滅するまでは手続開始時の現存額をもって破産手続に参加し続けることができる一方、全部義務者相互間においても求償関係が生じるため、他の全部義務者による破産手続参加を無条件に認めると、実質的に同一の権利に基づく二重の権利行使がなされることとなり、他の破産債権者の利益を害することになってしまう。そこで、同条三項および四項は、全部義務者が破産した場合における他の全部義務者の手続参加について、次のように規定している。

まず、債権者が破産手続において権利行使をしていない場合については、破産者に対して将来の求償権を有する者は、その全額について破産債権者として手続に参加することができる（破一〇四条三項本文）。債権者が破産手続において権利行使をしていない限りは、実質的に同一の債権に基づく二重の権利行使という問題は生じないため、求償権者の権利行使を妨げる必要はなく、手続開始前の原因に基づく将来の請求権（破一〇三条四項）として権利行使を許容するものである。(3) これに対し、債権者自身が破産債権者として権利行使をしている場合には、他の全部義務者は破産手続に参加することはできない（破一〇四条三項但書）。この場合に、将来の求償権に基づく手続参加を認めると、債権の実質的な二重行使により、他の破産債権者の利益が害されるため、求償権者の権利行使を制約する必要があるためである。

次に、債権者が破産債権者として手続に参加し、他の全部義務者が、手続開始後に当該債権者に弁済をした場合であるが、手続開始後に一部弁済等がなされても債権者は手続開始時の債権額をもって権利行使を継続できるので、この場合に求償権者の手続参加を認めると、債権の実質的な二重行使の問題が生ずるため、求償権者の手続参加は認められない。他方、他の全部義務者による弁済等により、破産手続に参加していた債権者が債権全額につき満足を得た場合には、求償権者による手続参加を認めても、かかる問題は生じないため、求償権者の権利行使を制約する必要はなく、求償権の範囲内において、債権者が有した権利を破産債権者として行使できるとされている（破一〇四条四項）。

2　本稿の検討対象

1において確認した破産法一〇四条の規律との関係で、全部義務者に破産手続が開始され、債権者が破産手続に参加した後に、他の全部義務者が一部弁済等をした場合、債権者はその債権全額が消滅しない限り手続開始時の現存額をもって権利行使を継続でき、配当額も手続開始時の債権額を基準に算出されるため、他の全部義務者からの弁済額等を控除した実体法上の残債権額を上回る配当額が定まることがあり得る（以下においては、この場合における実体法上の残債権額を超過する差額部分を指して、「超過部分」または「超過配当額」と呼ぶこととする）。本稿は、このような超過配当額が生じた場合の処理について検討を試みるものであるが、まずは以下の【基本設例】[4]を念頭に検討を進めていくこととする。

【基本設例】

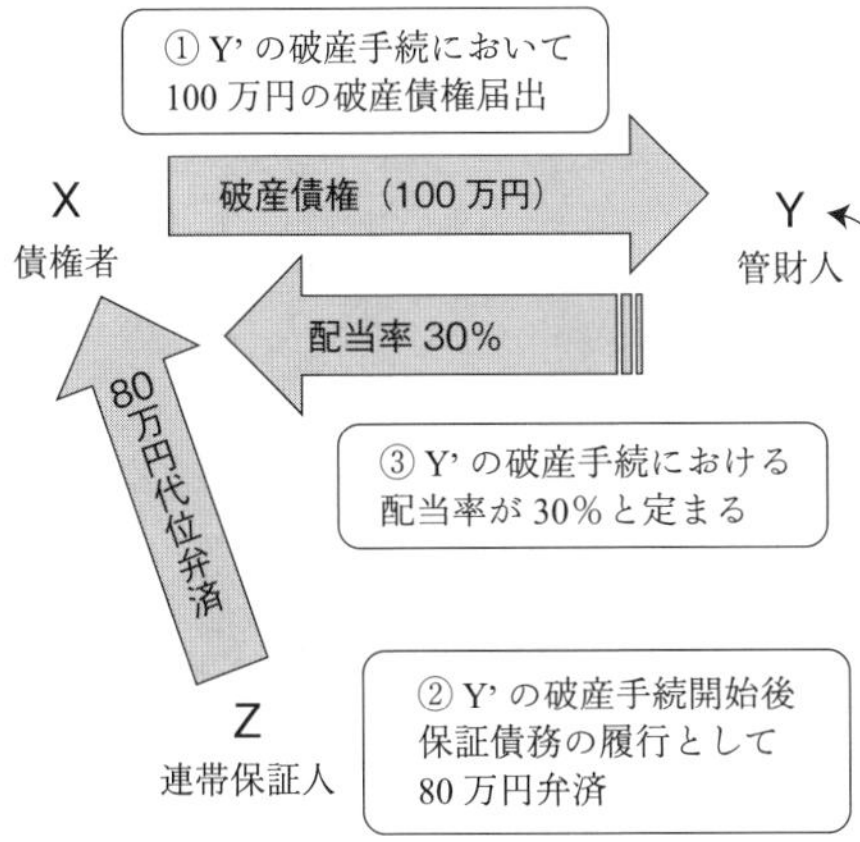

XがY'に対し、一〇〇万円の債権を有しており、これにつきZが連帯保証をしていたところ、Y'に破産手続開始決定がなされ、Yが破産管財人に選任されたとする。

①XがY'の破産手続において、一〇〇万円の破産債権を届け出て、破産手続に参加（債権者Xが破産手続に参加しているため、Zは将来の求償権を破産手続において行使できない（破一〇四条三項但書））。②Y'の破産手続開始後に、Zが保証債務の履行として、Xに八〇万円を代位弁済（手続開始時現存額主義により、Xは一〇〇万円の破産債権者として権利行使を継続できる一方、その反面として、Zは八〇万円の事後求償権、二〇万円の将来の求償権をY'の破産手続において行使できない）。③その後、Y'の破産手続における配当率が三〇％に決定。

この場合に、Xは、Zから弁済を受けた八〇万円に加え、破産債権一〇〇万円に対する配当として三〇万円を受領すると、合計で一一〇万円の弁済を受けることとなり、実体法上の債権額を超える弁済を受けることになる。そのため、Xの一〇〇万円の破産債権に対して配当すべき三〇万円のうち、超過部分の一〇万円は、誰に帰属すべきなのか、また、それをどのような手続により実現すべきなのかが問題となることから、本稿はその処理について検討するものである。なお、【基本設例】は、一人の連帯保証人が、主債務者に破産手続が開始された後に保証債務を履行した場合であり、他の全部義務者（連帯保証人Z）が負担した全額につき求償権が認められるという、ある意味一番単純な事例であることから、まずはこの【基本設例】を念頭に検討を進め、それに加えて、そもそも求償権が発生しない場合や、全部義務者による弁済額と求償権額が一致しない場合の処理についても言及することとする。

（1）民事再生手続との関係でも、民事再生法八六条二項により破産法一〇四条が準用されており、破産手続と同様の規律がなされている。

（2）狭義では、「手続開始時現存額主義」という概念を、破産法一〇四条一項の規律を指すものとして用いることもあるが、同条二項の、破産手続開始後の他の全部義務者による一部弁済等は、債権者の破産債権行使額に影響を及ぼさないとの規律も、手続開始時現存額主義の帰結としてではなく、その概念自体の内容をなすものと解されることから（伊藤眞・破産法・民事再生法〈第三版〉（二〇一四）二八四頁以下、山本和彦ほか・倒産法概説〈第二版〉（二〇一〇）一六一頁参照）、本稿においては、破産法一〇四条一項・二項の規律を包摂する概念として手続開始時現存額主義という用語を用いることとする。

（3）竹下守夫編集代表・大コンメンタール破産法（二〇〇七）四四三頁以下〔堂薗幹一郎〕参照。

（4）【基本設例】については、伊藤眞ほか編・新破産法の基本構造と実務（二〇〇七）三六四頁以下による。

二　学　説

超過配当額の処理に関する学説は、大別して三つに分かれている。本稿においては、便宜上、これらの学説を見解①・②・③と呼ぶこととし、本章では、それぞれの概要および論拠について整理した上で、検討の前提として、学説相互の関係について分析を試みることとする。

1　債権者と求償権者間の不当利得返還請求による処理に委ねる見解（見解①）

破産管財人は、手続開始時の現存額を基準として算出された配当額全額を債権者に配当すれば足り、後の処理は、債権者と求償権者の間の不当利得返還請求に委ねるとする見解である。(5) したがって、【基本設例】の処理としては、破産管財人Yは超過部分の一〇万円も含め三〇万円をXに配当し、後の処理は、XとZとの間の不当利得返還請求に委ねることになる。

見解①については、論者によりニュアンスに若干の相違があり、この見解の最も純粋な考え方としては、本来はZに帰属すべきものがXに行くだけであり、破産財団においては損得は生じておらず、もっぱら債権者と連帯保証人との不当利得の関係として処理される、(6) 損失を被ったのは当該全部義務者（Z）であるから、配当額が実体法上の残債権額を上回る場合であっても、不当利得返還請求権を取得するのは、弁済をしたZであり、配当後の解決については配当を受けた債権者と弁済した全部義務者間の処理に委ねるのが相当であるとするものである。(7) これに対し、見解①にも問題があるとしつつ、破産手続との関係ではこの見解が最も簡明であるとして、いわば消極的ながら結論的にはこの見解を支持するものもある。(8)

2　超過部分を求償権者に直接配当すべきとの見解（見解②）

債権者が配当の一部により、他の全部義務者による一部弁済と合わせて債権全額の満足を得る場合には、破産管財人は求償権者に対して超過部分を配当すべきとする見解である。(9) この見解によれば、【基本設例】の処理としては、Xが配当の一部（二〇万円）により、Zによる保証債務の履行（八〇万円）と合わせて債権全額の満足を得ることになるため、破産管財人Yは、配当額三〇万円につき、二〇万円をXに、超過部分の一〇万円をZに配当することになる。

この見解の論拠としては、(1)実体法上は、弁済による代位によってXの債権が連帯保証人Zの求償権を確保するために移転しているが、破産手続との関係では、債権者がまず優先して弁済を受けることとされているのであり、Xが債権全額の満足を得た以上、超過部分はZに配分されるという処理が、実体関係を反映した処理として妥当である[10]、(2)Zが弁済した結果、求償権を取得し、その担保として原債権を行使できるというのが実体法の論理であり、Xの一〇〇万円の債権は、実体法上消滅することなく、Zの求償権を担保するものとして残っているのであるから、超過部分についてはZに配当されるべきである[11]、(3)Xが現存額全額につき届出を行った場合に破産法一〇四条三項但書がZによる破産債権の行使を認めないのは、破産財団に対する経済的負担の観点から実質的に同一視されるべき債権の二重行使を防止する趣旨によるものであり、Xが配当の一部により債権全額の満足を得た場合には、Zに対して超過部分を配当することには何ら問題はない[12]との主張がなされている。これらは、破産手続との関係では、まず債権者Xの満足を優先するために、求償権者Zの権利行使が制約されるが、Xの債権全額の満足が実現された場合においては、もはやZの権利行使を制約する必要はなく、弁済による代位によってZがXに代位できる地位を取得しているとの実体法上の権利関係を反映した処理をすべきとの観点に立つものといえる。

この場合の求償権者の権利行使方法としては、破産手続開始の段階から、求償権について破産債権として届出ができるとする見解[13]のほか、求償権者が超過部分の配当にあずかる機会を確保するため、自己の事後求償権につき予備的届出を行っておくという措置を認めるべきとの見解[14]が提唱されている。債権者が破産手続に参加している場合には、破産法一〇四条三項但書との関係で、求償権者による破産債権の届出（破産手続参加）の許否が問題となり得るが、後者の見解は、「予備的届出」を認めたとしても、「配当」に加わることさえ否定できれば、実質的に同一視されるべき債権者の破産債権と求償権者の事後求償権が二重に行使されることを防止することが可能であるから、予備的届出は破産法一〇四条三項但書の趣旨に抵触するものではなく、許容されるとする。

3　超過部分は破産財団に帰属するとの見解（見解③）

超過配当となる部分は、破産財団に帰属するものであり、他の破産債権者に対する配当原資とすべきとの見解であり、旧法下より最も有力に提唱されてきたものである。[15] この見解によれば、【基本設例】の処理としては、超過配当となる一〇万円部分を債権者Xに配当してしまうと、他の破産債権者や破産財団との関係で、Xの不当利得となるため、[16]破産管財人Yは初めからXにこれを配当せず、[17]また、配当した後であっても破産財団に返還させ、他の破産債権者に対する配当原資とすべきことになる。

この見解の論拠としては、(1)債権者による現存額による権利行使は、「人的担保」ある債権の効力として認められる特別の地位に基くものである以上、実体的には減額しているにもかかわらず手続開始時の現存額を基準として配当を受け得るのは債権者のみであり、債権者が全額の満足を得た後に生ずる余剰部分は破産財団に帰属すべきもので、代位弁済者は当該部分について他の破産債権者と平等に権利を行使できるにとどまる。[18] (2)見解③による場合、超過部分に対する求償権者Zの権利は保護されないことになるが、そもそもZは配当が行われる前にXの残債権二〇万円を弁済することにより権利を行使できたにもかかわらずこれを行わなかったのであるから、かかる不利益を受けてもやむを得ない[19]等の主張がなされている。また、見解③の立場においては、配当段階で超過配当額が生ずることが判明している場合には、破産管財人は初めから超過部分を配当することができないとする見解が多いが、初めから超過部分を配当しないとすることはできず、いったんは超過部分も含めて配当を行ったのちに、不当利得として破産財団に返還させるべきとの見解[20]もある。以上の見解③は、手続開始時現存額主義を人的担保の効力として理解する立場を前提に、その後に弁済による代位は控えているものの、あくまでも数人の債務者が重畳して履行義務を負うことによる人的担保の保護を受けるべき債権者のみが、開始時の現存額を基準とした弁済を受けられるとするものといえる。

4　学説相互の関係

(1)　見解①・②と見解③の関係　　見解①と②はいずれも、配当額が実体法上債権者が有する残存債権額を上回る場合、超過部分は代位弁済をした求償権者に帰属すべきとするものである。これは、破産法一〇四条三項および四項の規律を、同一債権の実質的な二重行使を回避するための、債権者と求償権者間の調整規定と位置づけ（二重行使の問題が生ずる局面においては債権者を優先する）、かかる問題が生じない局面においては、弁済による代位による原債権の移転という実体法上の権利関係を倒産手続との関係でも反映させるべきとの考え方を背景とするものといえよう。

これに対し、見解③は、超過部分は破産財団に帰属し、破産債権者全体に対する弁済原資とすべきであり、債権者に超過部分を配当した場合には破産財団との関係で不当利得となるとするものである。この見解は、手続開始時現存額主義の根拠につき、人的担保制度の趣旨を破産手続においても貫徹させ、人的担保を有する債権者にできる限り十分な満足を与えることができるよう、一般原則を修正するもの（人的担保を有する債権者保護のための特別規定）と理解し、かかる保護が及ぶのは債権者のみであり、現存額主義の帰結として生ずる超過配当額については、求償権者に対する引当財産にはならないと把握するものといえる。

(2)　見解①と見解②の関係　　前記の通り、見解①と②では、超過部分は求償権者に帰属すべきとする点では共通しているが、これを求償権者に配分するにあたり、債権者と求償権者間での調整（不当利得返還請求による処理）に委ねるか（見解①）、あるいは、その調整主体を破産管財人とするか（見解②）という点で異なる。もっとも、超過部分の調整主体についても、見解①と②で常に異なるわけではなく、以下の場合においては、同一の処理がされることになる。

すなわち、(a)【基本設例】において、Zが八〇万円を弁済した後、Y'の破産手続において中間配当で二〇万円がXに配当され、その後にZが届出名義の変更をした場合には、見解①においても、破産管財人YがZに対して最後配当における配当をすることとなり、いずれの見解においても破産管財人が配分主体となる。また、(b)【基本設例】において、Yが超過配当となることを知らずに、Xに対して三〇万円を配当してしまった場合には、いずれの見解においても、XとZの間での不当利得返還請求による事後的調整に委ねざるを得ないことになる。さらに、(c)Y'の破産手続においてXに三〇万円が配当された後に、それを知らずに、Zが八〇万円を保証債務の履行として弁済した場合にも、XとZの間での不当利得の問題として処理されることになる。

他方、見解①と②で差が生じる場面としては、(d)【基本設例】のように、破産手続における配当により、債権者に対する全額弁済がなされると同時に、超過配当額が生じる場合があげられる。この場合、見解①においては、破産管財人は超過部分も含めXに配当し、後の処理はXとZとの間での不当利得返還請求に委ねることになるのに対し、見解②においては、Zによる（予備的）届出がなされていることを前提に、実体法上の残債権額（二〇万円）をXに、超過部分（一〇万円）をZに配当することになり、破産管財人が調整主体となる。ただし、見解②においても、求償権者Zによる（予備的）届出がなされていないときには、見解①と同様に、超過部分も含めXに配当し、後の処理は債権者と求償権者間の不当利得返還請求に委ねるという考え方と、破産債権者が債権届出をしていないのと同じ状況であるとして、超過部分は破産財団に留保し他の破産債権者に対する弁済原資とするとの考え方があり得る。[21]

以上の通り、見解①と②は、超過部分を求償権者に帰属させるにあたり、その調整主体をどのようにとらえるかの点で異なるものの、実際の処理においては接近する場面が多く、見解②によっても、債権者と求償権者間の調整に委ねざるを得ない場合が生じ、常に破産管財人が調整主体となるものではないといえる。

（5） 伊藤ほか編・前掲注（4）三六八頁〔田原睦夫発言〕、全国倒産処理弁護士ネットワーク編・破産実務Q&A200問――全倒ネットメーリングリストの質疑から（二〇一二）二七五頁〔兼光弘幸〕、伊藤眞ほか・条解破産法（二〇一四）七七〇頁、豊島ひろ江＝上田純「破産債権・再生債権の確定後の債権消滅・変更に対する処理――債権者表の記載と実体法上の権利関係に齟齬がある場合の事例処理を中心に」銀行法務21七六六号（二〇一三）三九頁。

（6） 伊藤ほか編・前掲注（4）三七〇頁〔田原発言〕。

（7） 全国倒産処理弁護士ネットワーク編・前掲注（5）二七五頁、三六三頁〔兼光〕。

（8） 伊藤ほか・前掲注（5）七七〇頁。なお、同書初版（二〇一〇）七二六頁では、実務的には破産管財人が債権者に配当受領請求権の放棄を促すことになろうとされていたが、見解①は、超過部分は一部弁済をなした他の全部義務者に帰属すべきことを前提とするものであることから、債権者が配当受領請求権を放棄することによりこれを破産財団に帰属させるとの処理は、見解①の立場との整合性に問題が生じると思われる。

（9） 伊藤ほか編・前掲注（4）三六六頁〔沖野眞已発言〕、同三六七頁〔山本和彦発言〕、園尾隆司＝小林秀之編・条解民事再生法〈第三版〉（二〇一三）四四七頁以下〔杉本和士〕。また、超過部分が求償権者に帰属すべきことを前提に、手続的には、見解①または②のいずれかによるべきとするものとして、山本克己ほか編・新基本法コンメンタール破産法（二〇一四）二四五頁〔青木哲〕がある。

（10） 伊藤ほか編・前掲注（4）三六六頁〔沖野発言〕。

（11） 伊藤ほか編・前掲注（4）三六七頁〔山本発言〕。

（12） 園尾＝小林編・前掲注（9）四四七頁以下〔杉本〕、勅使川原和彦＝杉本和士「多数債務者関係――主債務者の破産と保証人・物上保証人」山本克己ほか編・新破産法の理論と実務（二〇〇八）三七二頁。

（13） 伊藤ほか編・前掲注（4）三六七頁〔山本発言〕。

（14） 杉本和士「破産における『現存額主義』と一部弁済処遇の関係に関する覚書（6・完）」早大法研論集一一九号（二〇〇六）一二七頁注16、園尾＝小林編・前掲注（9）四四八頁〔杉本〕。

（15） 伊藤・前掲注（2）二八六頁、伊藤ほか編・前掲注（4）三六七頁〔松下発言〕、松下満俊「破産手続における開始時現存額主義をめぐる諸問題」岡正晶ほか監修・倒産法の最新論点ソリューション（二〇一三）一三三頁、山崎栄一郎「一裁判官の視点」同一三三―一三四頁。旧法下のものとして、斎藤秀夫ほか編・注解破産法（上）〈第三版〉（一九九八）一五〇頁〔加藤哲夫〕、谷口安平・倒産処理法〈第二版〉（一九八二）一六八頁、宮脇幸彦＝竹下守夫編・破産・和議法の基礎〈新版〉（一九八二）一一三頁〔高木新二郎〕、中野貞一郎＝道下徹編・基本法コンメンタール破産法〈第二版〉（一九九七）五八頁〔上田徹一郎〕など。

（16） 複数の全部義務者に破産手続が開始されている場合には、最後に配当がなされた破産手続との関係で不当利得となるとする見解が多い（谷口・前掲注（15）一六八頁、斎藤ほか編・前掲注（15）一五〇頁〔加藤〕、中野＝道下編・前掲注（15）五八頁〔上田〕、松下・前掲注（15）一三三頁など）。これによると、例えば、YのXに対する一〇〇万円の債務につき連帯保証をしているA、B、Cに破産手続が開始され、各手続にXが一〇〇万円の破産債権をもって参加した後、順次四〇％の配当がなされる場合、最後に配当がなされるCの破産手続との関係で、超過部分の二〇万円が不当利得となることになる。しかしながら、このような帰結は、たまたま手続進行が遅かった（配当が最後になされた）破産手続に参加していた債権者が、他の破産手続に参加していた債権者に比して有利に扱われることになる点で疑問がある。破産財団との関係で不当利得となるとする見解③の立場を前提とするとしても、求償権を有する者の各破産財団との関係で、求償権額の割合に応じて不当利得が成立すると解すべきであろう（したがって、超過部分二〇万円について、A、B、Cの破産管財人が各々三分の一の割合で不当利得返還請求権を行使することになる）。

(17) 超過配当となる配当表に対して、他の破産債権者は配当表に対する異議（破二〇〇条一項）を申し立てることができるとする（伊藤ほか・前掲注（5）七六四頁、宮脇＝竹下編・前掲注（15）一一三頁〔高木〕、斎藤ほか編・前掲注（15）一五〇頁〔加藤〕、中野＝道下編・前掲注（15）五八頁〔上田〕）。

(18) 伊藤ほか編・前掲注（4）三六七頁〔松下発言〕。

(19) 松下・前掲注（15）一三三頁。

(20) 松下・前掲注（15）一三三頁。この見解は、破産法一九四条二項により、同一順位の破産債権者については債権額の割合に応じた配当を行うものとされているため、破産管財人としては、超過部分を含めた配当表を作成せざるを得ず、初めから超過部分を控除して配当をなすことはできないとするものである。

(21) 伊藤ほか編・前掲注（4）三六九頁、三七〇頁〔山本発言〕。ただし、後者のように超過部分については配当をせず破産財団に留保し、他の破産債権者に対する弁済原資とするためには、債権者Xが任意に破産債権の取下げに応じない限り、Xの債権に係る破産債権者表の記載は確定判決と同一の効力を有するため（破一二四条三項）、破産管財人が職権または配当異議の申立てによりこれを削除することはできず、再審の訴えまたは請求異議の訴えを提起し、その確定を待って超過部分を配当から排除するほかはないとの指摘がある（伊藤ほか・前掲注（5）一三五一頁、全国倒産処理弁護士ネットワーク編・前掲注（5）三六三頁〔兼光〕）。なお、見解②に立つとしても、（予備的）届出がないにもかかわらず、Zに対して直接配当することは困難であろう。

三　超過配当額の帰属

前述したように、超過配当額の処理をめぐる学説は、超過部分が求償権者に帰属すべきか（見解①、②）、破産財団に帰属すべきか（見解③）の点で大きく分かれる。そこで、本章においてはまずこの点について検討を試みることとする。

1　破産法一〇四条の規律との関係

実体法上は、債権者が他の全部義務者から一部弁済等を受けた場合、弁済による代位が生じ、原債権のうち一部弁済がなされた部分は求償権の範囲で代位弁済者に移転することになる（民五〇〇条・五〇一条）。しかしながら、債務者に破産手続が開始されている場合には、人的担保を有する債権者の満足を優先すべく、債権の全額が消滅するまでは、実体法上は弁済による代位によって求償権者に移転している部分についても、債権者が破産債権者として権利行使を継続し、これに対する配当も債権者に対してなされることになる（破一〇四条二項）。

これを【基本設例】に即してみると、連帯保証人Zから債権者Xに対して八〇万円の一部弁済がされた場合、実体的には弁済による代位によってXの有していた原債権のうち八〇万円の部分はZに移転するはずであるが、破産手続との関係では、この部分についてもXに一括して行使させ、これに対する配当も、Zに優先してXの債権の弁済に充てられることになる。すなわち、実体的には、一〇〇万円の原債権は、Xに二〇万円、Zに八〇万円帰属し、これを基準に配当すれば、Xに六万円、Zに二四万円配分されるところであるが、破産手続との関係ではXの満足を優先すべく、Zに配分されるべき二四万円のうち一四万円をXにまわしていることになる。[22] したがって、実体的には総額一〇〇万円の債権は帰属が変わるだけで現存しており、破産手続との関係でもその行使主体に修正が加えられるにとどまる以上、総額一〇〇万円の破産債権に対する三〇万円の配当は破産財団からの出捐をもともと予定されていたものであり、その出捐を認めても何ら他の破産債権者を害するものではないといえる。そして、破産手続との関係では、人的担保を有する債権者の満足を優先するとともに、債権の実質的な二重行使を回避するために求償権者の権利行使を制約している趣旨に照らすと、債権者が全額の満足を得た段階においては、もはや求償権者の権利行使を制約する必要はなく、超過部分については求償権者に帰属させることが、実体関係にも適合し、破産法一〇四条の趣旨にも適う処理といえる。

以上の検討は、【基本設例】を前提とするものであるため、かかる検討結果が、主債務者の破産手続開始後に連帯保証人が保証債務を履行する場合における破産法一〇四条による処理一般と整合性を有するかについて、確認しておくこととする。

【パターン1】保証人が全額弁済をする場合

主債務者Y'の破産手続開始後に、連帯保証人Zが保証債務一〇〇万円全額を弁済したとする。この場合には、債権者Xの債権全額が消滅することにより、ZはXが行使していた破産債権一〇〇万円を届出名義の変更により破産債権者として行使し、三〇万円の配当を受けることになる。

【パターン2】保証人による弁済と破産手続における配当により債権全額が弁済される場合

Y'の破産手続開始後に、Zが七〇万円を弁済し、その後にY'の破産手続において三〇万円がXに配当されたとする。この場合には、Y'の破産手続における配当によりXの債権全額が消滅するが、もはや行使できる破産債権は存在しないため、Zに対する配当はなされないことになる。

【パターン3】保証人による弁済と破産手続における配当によっても債権全額の弁済には至らない場合

Y'の破産手続開始後に、Zが六〇万円を弁済し、その後にY'の破産手続において三〇万円がXに配当されたとする。この場合には、Y'の破産手続との関係では、X、Zとも、これ以上の権利行使はできず、Xは残債権一〇万円につき、

Zに保証債務の履行を求めるにとどまることになる。

以上のように、いずれの場合においても、破産手続開始時のXの債権額を基準に配当がなされ、それがXとZの間で、まずXに優先して配分されるという形で振り分けられるというルールは貫徹されている。すなわち、破産財団からの出捐（配当）は、常に三〇万円で不変であり、それがXとZとの間で分配されるだけで、この三〇万円については、Y'の他の破産債権者に対する引当とはなっていない（なお、Xが破産手続に参加しない場合には、Zが将来の求償権一〇〇万円をもって手続に参加することができ、Zに対して三〇万円が配当されることになるため、この場合も破産財団からの出捐は三〇万円で同一である）。したがって、手続開始時の現存額を基準とする配当額については、他の破産債権者の引当財産と期待されるものではなく、第一次的には債権者に、次いで求償権者の引当財産となると解することが、前記の各パターンにおける処理とも整合的であり、このような観点からも【基本設例】における超過部分は、Zに帰属すべきと解される。

なお、手続開始時現存額主義の根拠については見解の分かれるところであるが、前記の分析に基づけば、破産法一〇四条の規律における債権者、求償権者、および他の破産債権者の関係については、次のように整理することができよう。すなわち、まず手続開始時の現存額の範囲では、人的担保を有する債権者が、求償権者および他の破産債権者の双方に優先されることになる。そのため、求償権者との関係では、弁済による代位による原債権の移転という実体関係が修正され、債権者が全額の満足を受けるまでは求償権者の権利行使が制約されるとともに、他の破産債権者との関係では、債権者が他の全部義務者から一部弁済を受けたことにより、実体的には債権者に帰属する債権額が減少しているにもかかわらず、手続開始時の債権額を基準として権利行使を継続することが許容される。このように、債権者―求償権者、債権者―他の破産債権者という構図において、それぞれ人的担保を有する債権者を優先するために実体関係に修正が加えられるにとどまり、求償権者と他の破産債権者の関係については、変容を加えるものではないといえる（求償権者の権利行使が制約されるのも、債権者の満足を優先するためであり、他の破産債権者を求償権者に優先させる趣旨ではない）。したがって、債権者が全額の満足を得た段階においては、もはや実体関係に修正を加える必要はなく、実体的には求償権者に移転している債権のうち、債権者に優先的に振り分けた残額部分については、求償権者が行使することになる。もともと、債権者が破産手続において権利行使をしない場合には、求償権者が将来の求償権全額をもって破産手続に参加することができることからも明らかなように、求償権者は（将来の請求権としての制約はあるもの）他の破産債権者と平等な地位にあり、その権利行使が制約を受けるのも、前記の通り人的担保を有する債権者の満足をまず優先するためにとどまる以上、かかる目的が達成された段階においては、実体関係を反映した処理として、超過部分は求償権者に帰属すると解することが、破産法一〇四条の規律に則した理解といえよう。

2　求償権者と他の破産債権者の利益状況

以上検討したように、破産法一〇四条の規律との関係では、超過部分は求償権者に帰属すべきと解されるが、かかる帰結が求償権者と他の破産債権者の衡平という観点からも、妥当性を有するかについて確認しておくこととする。

まず、仮に連帯保証人Zが保証債務を履行しなかったとすると、債権者Xが手続開始時の現存額である一〇〇万円をもって破産手続に参加し、これに対する三〇万円の配当を受けることとなる。この場合には、当然のことながら、三〇万円については、他の破産債権者に対する配当原資にはならないことになる。これに対し、Xの手続開始時の現存額（一〇〇万円）から、破産手続における配当額（三〇万円）を控除した金額（七〇万円）を超える弁済をZが行っている場合には、超過配当額が生じることになる。したがって、この超過部分はZの出捐により生じたものとみることができる。確かに、連帯保証人は、債権者との関係では保証債務を履行する義務を負うが、他の一般債権者との関係では、そのような義務を負うものではない。そうすると、連帯保証人の出捐により生じた超過部分を、破産財団に帰属させ、他の破産債権者に対する引当とすることは、配当原資とすることを期待し得なかった部分を、いわば「タナボタ」的に他の破産債権者に対して与える結果となる。前述したように、破産手続における配分にあたっては、求償権者は債権者との関係では劣後する地位に置かれるが、他の破産債権者との関係では何ら劣後するものではないにもかかわらず、求償権者の出捐により生じた余剰を、求償権者の犠牲の下に破産債権者に与えることは、求償権者と他の破産債権者の衡平という観点からも妥当性を欠くといえ、超過部分については、求償権者に帰属させることが衡平にかなうと解される。

3　例外的場合——全部義務者に超過部分を帰属させることが妥当ではない場合

前記1・2における検討は、【基本設例】を念頭に、一人の連帯保証人が、主債務者に破産手続が開始された後に保証債務を履行し、代位弁済額全額について求償権が認められる場合を前提とするものであるが、この場合にあっても、例外的に超過部分を代位弁済者に帰属させることが妥当ではない場合があり得るとともに、求償権が発生しない場合や、全部義務者による弁済額と求償権額が一致しない場合など、弁済を行った全部義務者に超過部分を帰属させることが妥当ではない場合があり得る。以下においては、これら前記の検討結果が妥当しない場合を確認しておくこととする。

(1)　弁済を行った全部義務者に求償権が生じない場合　　保証人に破産手続が開始された後に、主債務者が弁済を行ったことにより、超過配当額が生ずる場合のように、そもそも弁済を行った全部義務者に求償権が生じない場合には、超過部分は破産財団に帰属し、他の破産債権者に対する弁済原資となる。(23) 超過部分が代位弁済者に帰属すると解するのは、弁済による代位によって実体的には原債権が求償権者に移転することを破産手続との関係で反映させるものであるため、求償権が生じない（弁済による代位が生じない）場面においては、超過部分を弁済を行った全部義務者に帰属させる前提を欠き、またその必要もないことによる。

(2)　求償権額が超過配当額を下回る場合　　【基本設例】のように、全部義務者が負担した全額につき求償権を取得する場合においては、このような問題は生じないが、全部義務者が負担した金額の一部についてのみ求償権が認められる場合には、求償権額が超過配当額を下回る事態が生じ得る。具体的には、複数の連帯保証人が存在する場合において、連帯保証人の一人に破産手続が開始され、他の連帯保証人が自己の負担部分を超える弁済をした場合（民四六五条一項）や、連帯債務者の一人に破産手続が開始され、他の連帯債務者が一部弁済をした場合などがあげられる。これらの場合には、弁済による代位による原債権の移転は、求償権の範囲にとどまるため、超過部分については、まず求償権の範囲で求償権者に帰属し、残余が生ずるときには破産財団に帰属することになると解される。

(3)　求償権が実体法上劣後的債権である場合　弁済による代位にあたっては、求償権についての実体法上の制約が及ぶと解されることから、求償権が実体法上劣後的な債権である場合には、弁済による代位によって取得する原債権についても劣後的破産債権として行使できるにとどまると解される。したがって、この場合には、他の破産債権者が求償権者に優先するため、超過部分についても破産財団に帰属し、他の破産債権者に対する弁済原資となる。保証契約において、求償権を一般債権に劣後させる旨の合意がされている場合などがこれにあたる。[24]

（22）伊藤ほか編・前掲注（4）三六五頁以下〔沖野発言〕、同三六七頁〔山本発言〕参照。
（23）山本ほか編・前掲注（9）二四四頁〔青木〕。なお、破産者が連帯保証人と物上保証人を兼ねており、債権者が担保権を実行した残債権額を連帯保証債務履行請求権に対する配当額が上回る場合にも、当該超過部分は破産財団に帰属することになると解される（全国倒産処理弁護士ネットワーク編・前掲注（5）二七五頁〔兼光〕参照）。
（24）東京地判平成二四・一一・二八金法一九七一号九七頁は、民事再生手続との関係で、「求償権に約定劣後特約という実体上の制限がある場合には、その制限は求償権に基づいて代位行使される原債権にも及ぶと解するのが相当である」として、超過部分を求償権者への弁済原資とする必要はないとする。

四　超過配当額の調整主体

超過配当額については、一定の例外的場面を除き、求償権者に帰属すべきとする私見の立場からは、超過部分が破産財団に帰属することを前提とする見解③をとることはできず、見解①か②のいずれかによることになる。見解①と②の相違は、超過部分を求償権者に帰属させるにあたり、その配分調整を、債権者と求償権者の調整に委ねるか（見解①）、あるいは、破産管財人を調整主体とするか（見解②）という点にあり、実際の処理にあたっては両者はかなり接近する場面も多いが、以下においては、各場面ごとにその調整のあり方について検討を試みることとする。

1　届出名義の変更が可能な場合

事後求償権を有する全部義務者が破産法一〇四条四項の規定により破産手続に参加しようとする場合には、新たに破産債権の届出の手続をする必要はなく、届出名義の変更により、破産手続に参加することとなる（破一一三条一項）[25]。手続的に届出名義の変更によることが可能な場合としては、配当手続前に連帯保証人が保証債務を履行することにより債権の全額が消滅した場合や、保証債務の一部履行と中間配当により債権全額が消滅した場合において、最後配当の除斥期間満了時までに届出名義の変更をする場合等があげられる。

(1)　届出名義の変更がされた場合　　これらの場合において届出名義の変更がされたときには、破産法一〇四条四項に従い、求償権者が破産債権者として権利行使をし、破産管財人が求償権者に対して配当をすることになる[26]。この場合の処理については、見解①と②のいずれにおいても同様であり、破産管財人が調整主体となる。

(2)　届出名義の変更がされない場合　　他方、届出名義の変更がされないときには、見解①においては、破産管財人は全額を債権者に配当し、後の処理は債権者と求償権者間の不当利得返還請求に委ねることになる[27]。これに対し、見解②においては、見解①と同様に、全額を債権者に配当するという考え方と、破産債権者が債権届出をしていないのと同じ状況であるとして、超過部分については破産財団に帰属させ、他の破産債権者に対する弁済原資とするとの考え方があり得よう[28]。

届出名義の変更により、債権者が有した権利を破産債権者として行使することができる地位にある求償権者が、届出名義の変更をしないということは、他の破産債権者が破産債権の届出をしていないのと同様の状況であるとみれば、超過部分については配当を留保して、破産財団に組み込むとの考え方も、理論的には十分あり得るところである。しかしながら、そもそも連帯保証人等による代位弁済がいくらされており、その結果超過配当額が生じているか否かについては、破産管財人には必ずしも明らかではないため、届出名義の変更がない限りは、一律に超過部分を含めて債権者に配当する方が手続的に簡明であるとともに、破産債権額を基準に配当額を定めるとする破産法一九四条二項の規定とも整合的な処理といえる。また、保証債務の一部履行と中間配当により債権全額が消滅した場合においては、債権の全額が消滅していることを求償権者が覚知していないことがあり得るため、この場合に、届出名義の変更がないとして超過部分を破産財団に組み込んで、他の破産債権者への配当にまわしてしまうと、後になって超過配当額が生じていたことが判明した段階では、求償権者がその回収を図ることは事実上困難になってしまう。これに対し、全額を債権者に配当した場合には、不当利得返還請求により超過部分の回収を図る途が残されるため、超過部分は求償権者に帰属するという立場からは、妥当な帰結を導くことが可能となる。したがって、届出名義の変更がされていない場合については、破産管財人は超過部分も含め全額を債権者に配当し、後の調整は債権者と求償権者間の不当利得返還請求による処理に委ねるべきと解される。

2　届出名義の変更が不可能な場合

(1)　配当額が債権者の残債権額を超過する場合（【基本設例】のケース）　求償権者は、債権者の債権全額が消滅することによりはじめて破産債権者としての権利行使（届出名義の変更）が可能となるため、【基本設例】のように、配当によって債権者の債権全額が消滅すると同時に超過配当額が生じる場合には、届出名義の変更によることはできないことになる。

この場合の処理として、見解②においては、破産手続開始の段階から求償権について破産債権として届出ができるとする見解のほか、求償権者に超過部分を配当するための工夫として、事後求償権につき予備的届出を行っておくという措置を認めるべきとの見解が提唱されている[29]。しかし、このような措置を認めると、債権者と保証人の間で代位弁済額等をめぐり争いがある場合や、複数の求償権者間で求償権額をめぐる争いがある場合（複数の連帯保証人による弁済により債権全額が消滅した場合等）には、超過部分の範囲およびその割り付けをめぐる争いが破産手続に持ち込まれることになり、破産管財人の負担が増加するとともに、配当手続の実施に支障を来すおそれがある。したがって、求償権額等をめぐる争いが破産手続に持ち込まれることを避けるためにも、破産管財人は配当額全額を債権者に対して配当し、あとは不当利得の問題として破産手続外での解決に委ねることを原則とし、債権者と求償権者の間で配当額の分配（超過部分の割り付け）について争いがなく合意ができる場合には、超過配当額となる部分についての配当受領請求権を求償権者に譲渡するという方法によることが、簡明であるとともに、簡易迅速な手続処理、破産管財人の負担軽減といった手続的利益の観点からも妥当であると考える。

(2)　配当後に全部義務者が超過弁済をした場合　破産手続における配当がなされた後に、それを覚知していない連帯保証人等が保証債務の履行として弁済をしたことにより、実体法上の債権額を超過する弁済が債権者になされた場合である。【基本設例】に即していえば、Y'の破産手続においてXに対して三〇万円の配当がされた後に、Zが八〇万円の弁済をした場合がこれにあたる。この場合には、いずれの見解においても、ZからのXに対する不当利得返還請求により事後的に処理をせざるを得ず[30]、超過部分の調整は債権者と全部義務者間での処理に委ねられることになる。

(25)　届出名義の変更については、通常、従前の届出債権者と新たな債権者の連名で行う必要があるが、事後求償権を有する全部義務者は、弁済によって当然に債権者に代位する（民五〇〇条）ことから、債権者の協力が得られない場合であっても、単独での名義変更が可能とする見解が有力である（澤野芳夫「近時における破産・和議の諸問題――破産と保証人の求償権、和議の履行状況を中心として」金法一五〇七号（一九九八）一二頁、竹下編集代表・前掲注（3）四四六頁〔堂薗〕など）。

(26) この場合は、そもそも超過配当の問題は生じないことになる。
(27) 伊藤ほか編・前掲注（4）三七〇頁〔田原発言〕、全国倒産処理弁護士ネットワーク編・前掲注（5）三六三頁〔兼光〕。
(28) 伊藤ほか編・前掲注（4）三六九頁、三七〇頁〔山本発言〕参照。
(29) 予備的届出については、共益債権であるものをその旨を付記して予備的に再生債権として届け出ることを認めたと解される最高裁判例（最判平成二五・一一・二一民集六七巻八号一六一八頁）があるが、これをもってただちに、超過配当額についても、求償権者による予備的届出に基づき、破産管財人が求償権者に直接配当すべきとの結論が導かれるものではないと解される。
(30) 必ずしも明言されているところではないが、見解③においても、この場合には破産配当により債権者の債権額が確定的に減少した後に、連帯保証人から超過弁済がされることになるため、その後の処理は、通常の超過弁済の場合と同様に、債権者と連帯保証人との間の不当利得の問題となると解される。

五　おわりに

本稿において検討してきたところによれば、破産手続との関係で求償権者の権利行使が制約を受けるのは、人的担保を有する債権者の満足をまず優先する趣旨によるものであり、債権者が全額の満足を得た段階においては、もはや求償権者の権利行使を制約する必要はなく、超過配当額が生じる場合には、これを求償権者に帰属させることが実体関係を反映した処理として妥当であるとともに、求償権者と他の破産債権者との衡平にもかなうと解される。そして、超過部分を求償権者に帰属させるにあたっての配分調整については、原則として債権者と求償権者間の不当利得返還請求による破産手続外での処理に委ねる方が、手続的簡明性、無用な紛争が破産手続に持ち込まれることの回避、破産管財人の負担軽減という観点から妥当であると解される。したがって、本稿の結論としては、破産管財人は、手続開始時の現存額を基準として算出された配当額全額を債権者に配当すれば足り、超過配当額が生ずる場合の処理は、債権者と求償権者の間の不当利得返還請求に委ねるとする、見解①を支持することになる。

以上の検討結果に基づく、超過配当額の具体的な処理のあり方について整理すると、以下の通りとなる。

⑴　届出名義の変更がされ、求償権者が破産債権者として手続に参加する場合においては、破産管財人が当該求償権者に超過部分の配当を行う。

⑵　前記の場合において届出名義の変更がされないときには、超過部分を含め債権者に対して配当を行い、その後の調整は、債権者と求償権者間の不当利得返還請求による処理に委ねる。

⑶　配当額が債権者の残債権額を超過する場合（【基本設例】のケース）においては、超過部分を含め債権者に対して配当を行うことを原則とし、債権者と求償権者の間で合意ができる場合には、配当受領請求権の譲渡により、超過部分については求償権者が弁済を受ける。

⑷　配当後に全部義務者が超過弁済をした場合には、超過部分については、債権者と全部義務者との間の不当利得返還請求による処理に委ねる。

また、以上の検討結果については、破産法一〇四条を準用する民事再生手続（民再八六条二項）における計画弁済との関係でも妥当すると考える。

拙い小稿ではあるが、伊藤眞先生の古稀のお祝いに謹んで捧げさせていただく。

イギリスサッカークラブの倒産

林　治龍
（翻訳　蔡然琇）

一　はじめに
二　サッカークラブの倒産
三　イギリスの倒産制度
四　管理手続
五　サッカークラブの倒産に関する判例の紹介
六　結　論

＊The author would like to express thanks to Alison Goldthorp, a partner at Addlelshaw Goddard for her answers to my questions and thank Hyosun Kim and Yunsoo Chae for assistance in preparing this paper.

Some people believe football is a matter of life and death, I am very disappointed with that attitude. I can assure you it is much, much more important than that.

Liverpool FC's legendary manager Bill Shanky in 1981

一　はじめに

イギリスの倒産法を勉強していると、しばしばサッカークラブの倒産という主題に出会うことがある。サッカーファンは、自分に由縁のあるサッカークラブが倒産手続に入り、下位リーグに落ちると、自らの事業が失敗したかのように恥じ、たいへん胸を痛める。サッカーなきイギリス人の人生は想像することすらできない。[1] サッカーファンの熱狂的なサポートとサッカークラブの稼ぐ膨大な収入から、サッカークラブにとってプレミアリーグに出場することは、至上の目標となった。その過程で、有名選手をスカウトするため、巨額の費用を投入したものの、期待していた成績を達成できなかったサッカークラブは、自然と倒産することになる。経済性の原則を無視し、ひたすらプレミアリーグのみを目指した結果、offside の反則を取られるのである。

筆者は、サッカークラブの倒産手続に関する五つの判決を素材に、倒産手続というスタジアムで、サッカークラブの倒産というゲームを観覧したいと思う。本稿は、サッカーの歴史とサッカークラブの倒産原因（二）、イギリスの倒産手続と浮動担保権（三）、管理手続（administration）（四）、判決の紹介とコメント（五）、イギリスの倒産手続に対する筆者の所懐（六）の順に述べる。

（1）　筆者が傍聴したロシア人の個人破産事件（In re JSC Bank of Moscow v Kekhman［2014］EWHC 183（Comm））では、両当事者の代理人が事前に三〇分ずつ口頭弁論することを約束していた。次の日、相手方の代理人が三〇分以上弁論を行ったところ、申請人の代理人が抗議したが、相手方の代理人は injury time と答え、引き続き、口頭弁論を行った。

二　サッカークラブの倒産

1　サッカーの歴史

サッカーは中世時代イギリスの民俗行事が起源となっている。当時のサッカーは現在のラグビー、ゲーリックフットボールのように手でボールを持つことができるだけでなく、選手の人数の制限や試合ルールも存在していなかった。試合は路上で行われ、暴力が飛び交い、サッカーに参加する人は暴徒（the Mob）と呼ばれるほどであった。サッカーによる暴力事件が頻発したことから、当局は一七九九年、Kingston で毎年開催されていたサッカーの試合を禁止した。それにもかかわらず試合を強行し、三名の選手が拘禁され、相手方チームによって救出されたこともあった(2)。

その後、地域ごとにルールは異なるものの、出場できる選手の数、試合時間などサッカーの共通ルールが定められ、審判が加わることによって、サッカーは若き紳士たちのスポーツとなった。しかし、試合方法につき、各々のチームはそれぞれのルールに従っていたため、ボールを手で持って走ったり、相手方のすねを蹴るハッキング（hacking）などを許容するチームと、これを許容しないチームの間では試合ができなくなった。一八六三年一二月、ロンドンの一一個のサッカークラブが集まり、ケンブリッジ大学の学生らが提案したサッカールールに関するガイドラインをルールとして合意するとの論議を試みたが失敗に終わった。この会議での結果は実らなかったものの、この団体は、のちのイギリスサッカー協会（Football Association, FA）の母体となった。結局、異見の溝を埋めることはできず、一八七一年サッカー協会内で、手でボールを持って走ることを許容する側（Blackheath Club が主導）と、これに反対する側は決別し、前者はラグビーサッカー連盟（Rugby Football Union, RFU）を創設した(3)。

サッカー協会は一八七一年、その名のもとにサッカー大会を創設した。サッカーリーグ（Football League）は、サッカー協会創設から二五年後の一八八八年、サッカーチームである Aston Villa の事務局長であった William McGregor

によって組織され、同年九月八日、一二チームが大会に参加した。(4) このサッカーリーグが発展してプレミアリーグが誕生し、今日、全世界のサッカーファンはプレミアリーグ所属のサッカークラブの試合をTVで観戦している。

2　サッカークラブの起源

サッカークラブは、一九世紀の終わりごろ、各地域の固い結束のもと設立された。Leicester City FCは、一八八四年、Leicester City のパブリックスクールの同門が主軸となって設立され、一八七九年に設立されたSunderland FCもまた、Sunderland 地区内の教師が選手であった。教会を基盤とするチームとしては、一八八五年に設立されたSouthampton FC（St.Mary's Church）(5)、一八七四年、教会のクリケット選手たちが創設したAston Villa FC（Villa Cross Wesleyan Chapel）などがある。そのほか、職場で結成されたチームには、Lancashire とYorkshire の鉄道会社を基盤とし、一八七八年に創立されたManchester United FC（変更前の名称はNewton Heath LYR FC）や、一八八六年、Woolwich の火薬工場を基盤としたArsenal などがある。(6) そのほかにも、チーム所在の都市名をサッカークラブの名称とする場合もある（Red Row Star, Cleaver Street Rovers）。

サッカークラブの歴史をみると、地域社会と住民がサッカークラブの成長と発展に重要な役割を果たしてきたことがわかる。サッカークラブが倒産する際、サッカー債権者（football creditor. 後述6参照）を優遇すると定めるサッカーリーグの定款が有効であるとする判決も、サッカーのイギリス社会における役割を考慮したものと推測される。

3　サッカーリーグの組織

サッカークラブは、町内サッカー（park football）から、世界的な名声を持つ選手達がプレーするプレミアリーグまで、ピラミッド型の構造になっている。サッカーリーグとプレミアリーグに所属するプロサッカークラブは計九二個である。サッカーリーグは株式会社で、各サッカークラブがその株主である。資本金は五ポンド、一株の価格は五ペンス、発行予定株式は計一〇〇株で、そのうちの七二株が発行されている。サッカークラブは、一個の株式を保有し、サッカーリーグの主催するサッカー大会に参加しなければならない。サッカークラブは、会社法により設立された有限会社（limited company）であり、会社から配当を受ける権利がなく、利益を目的として株式を譲渡することもできない。ただし、サッカークラブのみがサッカーリーグが主催する試合に参加することができ、所定の義務を果たせば、共同口座（Pool Account）から配当を受ける権利が与えられる。サッカーリーグの得る収入は、直ちにサッカークラブに配当せずに、サッカーリーグの定款に記載された目的を遂行するため使用され、シーズン終了後、精算してサッカークラブに配当する。(7)

イギリスで最上位にあるサッカーリーグは、一九九一年、既存のサッカーリーグ内で上位に属していた二〇個のサッカークラブが独立し構成した、Barclay Premier League であり、これは二〇個のサッカークラブ株主により構成される会社である（Football Association Premier League Ltd., FAPL）。プレミアリーグより下位のリーグはサッカーリーグが主管し、三個の division に構成される。そのうちの最上位にあるリーグは Championship、以下、League One、League Two の順である。プレミアリーグで毎年、下位三つのチームがサッカーリーグに降格され、Championship リーグの上位三つのチームがプレミアリーグに昇格するなど、プレミアリーグとサッカーリーグは緊密な関係にある。(8)

プレミアリーグは、毎年八月に開始され、翌年五月に終了する。一シーズンで、各チームごとに三八試合（計三八〇試合）を行う。プレミアリーグの二〇一三年シーズンにおける試合の放送料は一〇億ポンドに達した。(9)

4　サッカークラブ倒産の原因

イギリスサッカーリーグの年間収入は二二億ポンドであり、これはドイツのブンデスリーガの収入を七億ポンド上回るものである。プレミアリーグに所属する選手の賃金は、平均して週当たり二万二三五三ポンド、Championship リーグ所属の選手は四〇五九ポンド、League Two 所属の選手は七四七ポンドである。九二個のイギリスサッカークラブの負債は約三五億ポンドあり、プレミアリーグの場合、総収入のうち六八％が選手の年俸に当てられている。[10] 二〇〇二年以降、サッカーリーグに所属するサッカークラブのうち、三六個のクラブが倒産した。プレミアリーグに所属するプロサッカーチームの Portsmouth でさえ、二〇一〇年、倒産手続に入ったことがあるほど、プロサッカーチームが倒産手続に入るケースが頻繁に見受けられる。

サッカークラブの倒産は、理性的でない投資（巨額の無担保貸付など）により現金の流動性がなくなることに起因する。サッカークラブが理性的でない投資をするのは、ひたすらプレミアリーグに上がりたいという夢のためである。[11] すなわち、天文学的な数字の大金をかけて優れた選手をスカウトしたものの、プレミアリーグに入れない、または逆に下位リーグに降格されてしまった場合、倒産することになる。投資と成績が必ずしも正比例するとは言い切れず、サッカークラブに投資するのは、一種の賭博である。[12]

5　サッカークラブ再建の手続

倒産するほとんどのサッカークラブは、シーズン中に倒産し、管理手続に入るが、まれに清算手続に入るケースもある。[13] サッカークラブが管理手続に入ると、倒産実務家（Insolvency Practitioner）が管理人に選任され、サッカークラブの再建を担当することになる。しかし、サッカークラブの再建は企業の再建と異なり、特有の問題がある。それは、選手以外に売却すべき資産がほとんどないことである。[14] 管理手続で最も重要な点は、サッカークラブを維持しつつ、試合に参加してシーズンを終えることにあり、その後で買受人を探すことになる。

しかし、上記の期間中、サッカーファンによる、上位リーグへの復帰を待つ性急な期待と管理手続が遅延することに対する抗議は、管理人にとって大きな負担になる。また、買受人との交渉を進めることに加え、サッカークラブが倒産手続に入ったことを理由にリーグから減点されないように、[15] サッカーリーグの各種規則を遵守しつつ、サッカーリーグを説得するなど、サッカー業界のノウハウを早期に習得することも緊要な課題である。

6 サッカー債権者の規則(16)

サッカーリーグはサッカー債権者に関する定義と、サッカークラブとサッカーリーグの運営に関する定款を持っており、プレミアリーグの定款も同じ内容である。これによると、サッカー債権者は一番から一四番まで分類されており、サッカーリーグ、プレミアリーグ、サッカーリーグ所属サッカークラブとプレミアリーグ所属サッカークラブ、サッカー協会（Football Association）、年金、サッカークラブの前・現職の被用者（サッカー選手など）、以下関連サッカー団体などの順序で羅列されている（定款二・一と八〇・一）。

サッカーリーグのすべての収入と支出は共同口座において振込みおよび引出しが行われる。また、サッカーリーグは、収入金額を、サッカーリーグの運営費用、優勝賞金、参加手当等の順に配分し使用する（定款六五・一）。各構成員たるサッカークラブに対し、そのシーズンで決められた試合のすべてを終えることを条件に、サッカーリーグがクラブにシーズン中に臨時で支給したり、シーズン終了後に最終支給をする。サッカークラブが試合を終えられない場合、サッカーリーグはクラブから臨時配当金を回収することができる（定款七七）。サッカークラブがサッカー債権者に対して負担する債務を遅滞する場合、サッカーリーグがクラブに代わってサッカー債権者に借金を返済しなければならず（定款八〇・二）、サッカー債権者の優先順位は、定款に定める順序による。サッカークラブが倒産すると、サッカーリーグが倒産したクラブに対して脱退の告知と、株式を五ペンスでリーグに譲渡することを命ずるが、慣行ではサッカーリーグが脱退と譲渡命令の効力を一時猶予し、後にクラブがサッカー債権者の債権を全額弁済したり、充分な担保を提供したりすれば、リーグは脱退の告知を撤回する（定款四・五）。

このように、サッカーリーグがサッカー債権者を他の債権者より優遇する規則をサッカー債権者規則（football creditor rule）という。サッカー債権者規則により、サッカー債権者はサッカークラブが倒産しても全額の弁済を受けることができる。Crystal Palace FC は、二〇一〇年一月二六日、管理手続に入った。当時、一般債権者に対する債権総額は二七〇〇万ポンドであり、サッカー債権者に対する債権額は一九二万五〇〇〇ポンドであった。サッカー債権者は

全額の弁済を受けたが、一般債権者に対する配当率は二%にとどまった。(17)

サッカー債権者規則に対する批判を受けて、議会でも議論され廃止意見が提出されたが立法には至らなかった。

（2）以下の内容は主に、Matthew Taylor, *Football A Short History*（Shire Library 2011), at 5 以下、および、David Goldblatt,（Seo Gangmok tr.), *The Ball is Round*（Riverhead Trade 2008）を参考とし、まとめたものである。

（3）Taylor, *supra* note 2, at 10.

（4）Colin Mitchell, *The History of English Football Clubs*（New Holland 2013), at 7. この書籍は現在イギリスで活躍中の計九二個のチームの誕生、戦績、主要選手、監督などに関し分析している。

（5）この球団は、教会の青年らが組織して以降、プレミアリーグで活躍してきたが、二〇〇五年、二七年ぶりに二部リーグに降格され、二〇一三年シーズンにプレミアリーグへ復帰した。筆者は、同サッカーチームの親会社が、二〇〇九年に管理手続に入った当時の管理人であったMr. Mark Fry に会い、サッカークラブの再建に関する実話を聞いた。

（6）Mitchell, *supra* note 4, at 18, 28, 187.

（7）Revenue and Customs Commissioner v Football League Ltd〔2012〕EWHC 1372（Ch）para 12.

（8）*Id.*, at para 8.

（9）*Id.*, at para 6. 反面、Football League の放送料は二億六四〇〇万ポンドである。

（10）Andy Pearce, *Insolvency in Football*（Kindle ed., Athene 2011), Location 10 of 158.

（11）*Id.*, at Location 24 of 158.

（12）*Id.*, at Location 47 of 158.

（13）Revenue and Customs Commissioner v Football League Ltd〔2002〕EWHC 1372（Ch）para 60.

（14）Crystal Palace FC が管理手続に入ったときも、管理人がサッカークラブを維持するため所属選手を他のクラブに移籍させた。Revenue and Customs Commissioner v Football League Ltd〔2002〕EWHC 1372（Ch）para 48.

（15）Southampton サッカークラブの場合、親会社が管理手続に入ることにより一〇点減点され、下位リーグに降格された。

（16）Revenue and Customs Commissioner v Football League Ltd〔2002〕EWHC 1372（Ch）paras 16–61.

（17）*Id.*, at para 8.

三　イギリスの倒産制度

1　一般論

本稿で、イギリス倒産法とは、一九八六年倒産法（Insolvency Act 1986）を指す。倒産法は、その後、二〇〇二年企業法（Enterprise Act 2002）により、一部条項が改正された[18]。二〇〇二年企業法により管理手続に関する改正条項が入ったため、倒産法の基本構造を変えないという政策を念頭に、全体の内容を倒産法の本文に入れずに、Schedule B1 に改正内容を付加する方法を選択した[19]。

イギリスの倒産制度は歴史的に債権者に非常に有利であり、二〇〇二年改正で債務者保護が強化されたものの、米国や韓国と比べると、いまだ債権者に有利な法体系になっている[20]。

二〇一〇年の統計による倒産手続の申請の数は以下のとおりである[21]。強制清算（compulsory winding-up）：四七九二件、債権者の自発的清算（creditors voluntary winding-up）：一万一二五三件、管理手続（Administration）：二八一五件、レシーバーシップ手続（receivership）：一三〇九件、会社の任意整理（Corporate Voluntary Arrangement, CVA）：七六五件。以上から、管理手続が再建手続の中で最も利用されている制度であるということと、いまだ清算手続が利用される場合が圧倒的に多いということがわかる。

サッカークラブが倒産する場合、再建に使用する手続は管理手続およびＣＶＡである[22]。管理手続を紹介する前に、まずイギリスの倒産手続で重要な役割を果たしている浮動担保権につき、検討する。

2　浮動担保権の内容

(1)　浮動担保権の重要性

管理手続のみならず、イギリスの倒産手続全般において重要な役割を果たしている利害関係人は固定担保権者ではなく、浮動担保権者である。浮動担保権者は、管理手続および管理レシーバーシップ手続（administrative receivership）の申請権者になることができるだけでなく、倒産手続の配当につき、優先的債権（preferential claim）に劣後し(23)、倒産法において重要な役割を果たしている。

(2) 浮動担保権の定義　固定担保権は、特定の担保目的物について、優先的破産債権者を含む他の債権者より優先して弁済を受けることができる担保権をいう。浮動担保権は債務者が現在および将来保有する原資材、生産中の物件、在庫物品、物品代金債権などを担保目的物とする。債務者に一定の事由（債務の遅滞や倒産手続の申請など）が発生し、いわゆる結晶化（crystalise）されるまで、債務者はこれを占有して管理処分することができる権利を有するが、結晶化された時点で、担保目的物が固定され、差押えの効力が発生し、担保目的物の売却代金に対して一般債権者より優先して債権を受けることができる担保権である。つまり、担保目的物が特定物件でない、集合物として結晶化されるまで増減するものであり、根抵当権のように被担保債権が増減するものではない。

(3) 浮動担保権の発展(24)　浮動担保権は、一九世紀中葉、イギリスで産業と交易が発達することによる企業の資金の需要に対処する過程で判例により形成された。伝統的な普通法と、衡平法の担保制度は、特定された土地と商品にのみ担保権の設定が許された。しかし、これらの担保目的物は非常に限定されており、会社が担保に提供することができる財産のほとんどは原資材などであるため、これを担保に利用する方法が工夫された。浮動担保権に関する最初の事件は、Holroyd v Marshall（1862）10 HLC 191 である。この事件は、債務者が、担保権の目的物に工場に所在する機械だけでなく、将来営業途中に設置される予定の機械も含めたところ、このような担保約定の有効性が争われた。最高裁判所は、新しい機械が工場に設置された瞬間、機械が契約の目的物となり、衡平法上担保権者に権利が譲渡され、これは、目的物が存在するに至った瞬間、契約の効力が発生するという衡平法の法原理に基づくと判示した。この判決後の一八七〇年代、"undertaking and all sums of money arising therefrom" と記載された契約書の文言中、undertaking の意味につき裁判所は、undertaking は会社の所有する一体の物件を指し、これは担保権設定契約時に存在する物件のみならず、将来会社の所有に帰属する物件をも含める、と拡大した。

一八七九年、floating security という言葉が、判例で初めて用いられ、[25]これに対比する概念として、固定担保権という言葉も判例に登場した。[26]制定法に浮動担保権という言葉が規定されたのは一八九七年である。[27]スコットランドは大陸法を固守しながらも、一九六一年、会社法改正により浮動担保権を導入した。反対に、米国の判例は浮動担保権の効力を認めていない。[28]

(4) 浮動担保権の優先順位　管理手続上、債権の優先順位は、固定担保権、優先的債権、浮動担保権、一般債権、持分権（株主等）の順による。もし、固定担保権と浮動担保権の目的物が、不動産（土地や建物）と動産（在庫物品）に明らかに区別できれば、難しい問題は発生しないだろう。問題は、債権者が債務者の保有する預金債権を担保として設定を受けるとき、固定担保権と浮動担保権をいかなる基準をもって判断するかである。たとえば、預金債権に固定担保権が設定されていれば問題は生じないが、浮動担保権が設定されているとなると、同一目的物にさらに固定担保権を設定する場合、固定担保権が優先することになる。[29]また、優先的債権者が債務者の担保権が設定されていない一般財産の換価代金で債権全額の弁済を受けられなかった場合、優先的債権者はその不足額について浮動担保権の目的物の換価代金に対し、浮動担保権者より優先して配当を受けることになる。[30]

二〇〇二年改正により浮動担保権が、二〇〇三年九月一五日以降に設定された場合、浮動担保権者は原則として、管理レシーバーシップを任命することができなくなった。改正法は、上記の日付以降に設定された浮動担保物の売却代金のうち、一定比率による金員（六〇万ポンドを最高限度と定めた金額：prescribed part）を別途分離し（ring-fenced）、無担保債権者の債権に用いるよう定めた。この制度は、管理手続だけでなく、清算手続、レシーバーシップ手続にも適用される。[31]ほとんどの租税債権は二〇〇二年改正により優先的債権としての地位を失うことになった。

(5) 固定担保権と浮動担保権の区別　一八八八年の判例により、将来債権を固定担保権の担保目的物とすることができるということが認められた。[32]重要な問題は、どのような基準によって固定担保権と浮動担保権を区別するかであった。

担保権設定者が債権の取立代金を、担保権者である銀行の指定する口座に入金するが、銀行が別途指示しない限り、担保権設定者が自由に預金を引き出せる場合、固定担保権が設定されたものとみなすべきかについて、様々な議論があった。Siebe Gorman & Co Ltd v Barclays Bank Ltd［1979］2 Lloyd's Rep 142 判決は、固定担保権が設定されたものと解釈した。反対に枢密院（Privy Council）は、Agnew v Commissioners of Inland Revenue［2001］UKPC 28 判決で、浮動担保権と解した。最高裁判所はこれらの相反する判決を整理し、National Westminster Bank Plc v Spectrum Plus Ltd［2005］UKHL 41 判決で、浮動担保権と解釈した。(33)

この事件で、会社は、銀行が指定する制限を超えて債権の売却、担保供与などを行うことはできず、取り立てた金員を指定された口座に振り込まなければならない負担を負うものの、通常の営業範囲内で債権を取り立てることができ、特に当座貸越限度金額である二五万ポンドを超えない範囲で、会社が預金を引き出すにあたり、銀行の同意を得ていなかった。

裁判所は、次の三つの基準を定め、これらすべてを充足した場合に、浮動担保権となると判示した。①担保目的物が会社の保有する現在および将来の一定の部類（kind）に属する財産(34)であること、②担保目的物が通常の営業過程で随時変更するものであること、③担保権者の措置があるまで、会社が担保目的物を利用し通常の営業活動を行っていること、である。この事件では、会社が通常の営業活動をするにあたり、自由に預金を引き出すことができ、三つの要件を満たしているため、浮動担保権になると解した。

（18） 二〇〇二年に改正されたが、いまだ法律の名称は IA1986 と表記する。倒産法の本文は Section として、Schedule B1 は Paragraph と表記する。本稿でも同様とする。

（19） Schedule B1 は倒産法の従前の条項のうち、S. 8–S. 27 を代替する。二〇〇二年改正条項は二〇〇三年九月一五日から効力が発生した。

（20） Ian Johnson, "England & Wales", in Donald S. Bernstein ed., *The International Insolvency Review,*（Law Business Research Ltd., 2013）, at 108. 英国倒産手続と米国破産法第一一章の比較については、倉部真由美「イギリスにおける倒産文化のアメリカ化」福永有利先生古稀記念・企業紛争と民事手続法理論（二〇〇五）六三一～六五八頁。

（21） Reinhard Bork, *Rescuing Companies in England and Germany*（Oxford, 2012）, at 67.

（22） Commissioners of Inland Revenue v Wimbledon FC Ltd［2004］EWCA Civ 655 事件はサッカークラブがＣＶＡに入ったものである。

（23） S. 175 IA（以下、倒産法の引用で、ＩＡは省略する）。浮動担保権が優先的債権に劣後することは、一八九七年優先債権に関する改正破産法（Preferential Payments in Bankruptcy Amendment Act 1897）に基づくものであり、確固たる法原則である。

（24） National Westminster Bank Plc v Spectrum Plus Ltd［2005］UKHL 41, paras 95–100.

（25） In re Colonial Trusts Corporation（1879）15 Ch D 465.

（26） Moor v Anglo-Italian Bank（1879）10 Ch D 681, 687.

（27） 一八九七年優先債権に関する改正破産法。

（28） Benedict v Ratner, 268 U.S. 353（1925）.

（29） 中島弘雅＝田頭章一編・英米倒産法キーワード（二〇〇三）一四七頁。

（30） S. 251. 前掲注（29）一四八頁。

（31） Christopher Mallon and Alex R van der Zwaan, "England & Wales", in Christopher Mallon ed., *The Restructuring Review*（4th ed., Law Business Research Ltd. 2011）, at 115.

（32） Tailby v Official Receiver（1888）13 App Cas 523.

（33） 判決に対し、賛成する見解は、Roy Goode, *Principles of Corporate Insolvency Law*（Sweet and Maxwell 2011）, paras 10–16.

（34） 一定の部類に属する財産とは、在庫物品、生産中の物品、およびこれらの販売代金債権等、集合的なものを指す。

四　管理手続

1　管理手続の制定経緯

管理手続は一九八五年倒産法[35]に初めて導入されたが、二〇〇二年企業法改正時に、本文からSchedule B1へと移された。二〇〇二年改正では、水道、下水道、鉄道、航空等の企業には、管理手続が適用されないこととなった[36]。

2　管理手続の目的

二〇〇二年企業法は、倒産法を改正し、管理手続の目的につき順序を定めた。一番の目的は、継続企業価値を維持したまま企業を救済することであり、もしこれを達成することができない場合、次に、総債権者のために、清算価値を上回る結果を追求し、これも難しい場合、一人以上の担保債権者または優先的債権者のために会社財産の全部または一部を換価することを目的とする。ただし、これらの順序にも例外がある。つまり、一番の目的を実現することが非合理的である、二番目の目的を実現する方が合理的である、または、一番、二番の目的を達成することが、現実的に非合理的である場合は、順序を変えることができる。二番目の目的を達成するため、事前売却（prepackaged sale）方法がよく利用されている[37]。ＥＵ倒産規則によると、ヨーロッパ連合国家のうち、いずれかの国家で、主な倒産手続が開始されると、他の国家でできるのは属地的効力を持つ清算手続のみであるが[38]、管理手続が清算を目的とする場合であれば、たとえば、ドイツで主な再建手続が開始されたとしても、営業所のあるイギリスで管理手続を開始することができる[39]。

3　管理手続の対象

管理手続の対象となる会社はイギリス内に主な利益の中心地があれば足り、必ずしもヨーロッパ連合域内に設立されていることを要するものではない[40]。組合[41]、Limited Liability Partnership[42]も管理手続を申請することができる。

法人でない団体、たとえば社交クラブ（social club）、Industrial and Provident Society Act により設立されたＩＰＳ（利

益のための投資を排除する会員のための団体であり、協同組合と類似する）は、管理手続の対象から除外されている。

4　管理手続の申請と開始

管理手続は、裁判所に対し管理人選任命令を申請する方法（court-based appointment）と、裁判所の選任命令なしに裁判所に倒産法所定の書類を提出することにより、管理人を選任する方法（out-of-court appointment）に区別されている。[43] 管理人が選任されることにより、管理手続は開始される。

(1)　裁判所に申請する方法　裁判所に管理手続を申請するためには、まず、会社が支払不能、または、支払不能になる可能性がなければならない。この方法は、手続開始後に、管轄とＣＯＭＩ（center of main interests, 主たる利益の中心）を巡って発生する争いを避けるため利用される。[44] 債権者が会社に対し清算手続を申請した場合、または、会社に管理レシーバーシップ者が選任され、もはや浮動担保権者が裁判外管理手続を利用することができない場合、裁判所に申請する道のみが残される。[45] 申請権者は会社、取締役および債権者[46]である。会社が特定の人物を管理人候補として裁判所に申請しても、裁判所は特段の事情がある場合を除き、原則として、浮動担保権者が選んだ者を管理人に任命しなければならない。[47]

(2)　裁判外の申請方法　この方法は、二〇〇二年企業法改正時に新設されたものであり、迅速で費用が低額であるため、裁判所に申請する方法よりよく使われている。[48] 申請権者は会社、取締役および資格のある浮動担保権者である。無担保権者と固定担保権者は、裁判外の方法による管理人選任の申請権原がない。[49] 浮動担保権者がない場合、取締役会決議と署名した管理人選任通知書を、裁判所に提出し、浮動担保権者がいる場合、管理人選任通知書を浮動担保権者に送達し、浮動担保権者は五日間の営業日以内に同意、または他の管理人候補に交代することができる。[50]

5　管理レシーバーシップ手続（administrative receivership）と管理手続の関係

管理レシーバーシップ手続は、集団的な倒産手続ではなく、特定担保権者のための債権取立手続である。浮動担保権者は、管理人選任命令前に、あらかじめ管理レシーバーを任命することで管理手続を避けることができる。二〇〇二年改正前の倒産法によると、管理レシーバーが既に任命されている場合、裁判所は管理手続開始命令を発することができなかった。このような制度に対しては、過度に（管理レシーバーの任命権限を持つ）担保債権者を保護する、管理手続を有名無実にしてしまう、という批判があった。二〇〇二年企業法の改正により、事実上、管理レシーバーシップ手続が廃止されることになり、このような制限は消滅した。既に会社につき管理レシーバーシップ手続が開始されている場合、裁判外の方法により管理手続を申請することはできない。二〇〇二年改正により、通常の会社に対しては、管理レシーバーシップ制度は用いられず[51]、例外として、法律上許容されている七つの場合にのみ使われる[52]。

（35）一九八五年倒産法は実際には施行されることなく廃止され、一九八六年倒産法が改正、施行された。
（36）二〇〇二年企業法 S. 249.
（37）prepackaged sale とは、管理手続開始前に、売買条件の合意された状態で、最初の債権者集会前に、管理人が会社財産を売却することである。イギリスの事前売却は必ずしも、裁判所の許可は必要でない。債権者集会を経ないため無担保債権者の表決手続は存在しない。Johnson, *supra* note 20, at 110.
（38）EU Regulation Article 3 (3).
（39）Ian F. Fletcher, "European Union Regulation on Insolvency Proceedings", in *Collier International Business Insolvency Guide* (Matthew Bender 2012), at 43-29, Sally Willcock and Adam Plainer, "England and Wales", in *id.*, at 21-63.
（40）Johnson, *supra* note 20, at 107.
（41）Insolvent Partnerships Order 2005, SI 2005/1516 post-1 July 2005.
（42）Limited Liability Partnerships Regulations 2005, SI 2005/1989, art. 3, Sched. 2.
（43）裁判所外の方法とされるものの、裁判所が一切関与しないのではなく、実際には書類を裁判所に提出するという点で、裁判所の関与はある。

（44） Joint Administrators of Rangers Football Club plc［2012］CSOH 55 事件でも、最初の管理人任命手続が無効であることが判明したため、裁判所に管理人選任を申請し、裁判所は管理人選任時期を遡及して管理人を選任した。

（45） Johnson, *supra* note 20, at 114.

（46） 債権者とは、無担保債権者および資格のある浮動担保権者（Qualified Floating Charge Holder）を含むものである。

（47） Para 36（2）.

（48） Bork, *supra* note 21, at 58. 申請手続の違いに関する説明は Goldthorp 弁護士の応答に基づくものである。

（49） 契約書に浮動担保権を設定する旨が記載されていたとしても、実際は、ほとんどの担保目的物が固定担保権に属するとすれば、権原ある浮動担保権者に当たらないため、このような担保権者による管理人の選任は不適法である。Vernon Dennis, *Administration*（The Law Society 2010）at 58.

（50） Mallon and Zwaan, *supra* note 31, at 116. 浮動担保権者に送達する通知書に同意欄があり、浮動担保権者が管理人の交代を条件に、同意することによって交代する。

（51） S. 72A（1）.

（52） S. 72B–72GA. これによると、資本市場に関する契約当事者、public-private partnership、都市地域再開発会社等、七つの形態の浮動担保権者が管理レシーバーを任命する権利を有することを認めている。

五　サッカークラブの倒産に関する判例の紹介

1　Leeds United Association Football Club Ltd v Healy and others［2007］EWHC 1761（Ch）

（1）　事案の概要　リーズサッカークラブの共同管理人が、サッカー選手を被申請人とし、裁判所に管理手続開始前にサッカークラブがサッカー選手らと締結した契約を、管理人が違法に終了させる（wrongful dismissal）[53] ことにより発生する損害賠償請求権が Schedule B1 para 99（5）（c）に定める「最優先権の賃金」（管理費用債権）に当たらないとの宣言を求める申請をした。選手らは、管理手続が開始する前に、クラブと雇用契約を締結していたため、管理手続の開始後、管理人は契約を選択（adopt）するかどうかの決断を迫られた。管理人が、選手らとサッカークラブが管理手続開始前に締結した雇用契約を選択（adopt）せずに契約が終了した場合、最も重要な財産である選手を、他のチームに奪われることになる。さらに、選手らは free agent となり、他のクラブに自由に移籍できるのみならず、他のクラブは移籍料をリーズサッカークラブに支払う義務がなくなるため、管理人は契約を維持しつつ、クラブを第三者に売却するまで、選手らを保有することを望んでいた。他方で、管理人としては、契約を仮に維持した場合、その後の契約終了に伴って巨額の賠償責任を負うことになることを懸念し、その懸念を払拭することを目的として、上記宣言の申請をしたのである。

(2) 裁判所の判断　この事件では、最優先権である「賃金債権」の範囲で、管理手続開始後、管理人が従前の雇用契約を選択（adopt）したが、その後の事情により契約が違法に終了した場合の損害賠償債権が管理費用債権である「賃金」に当たるかが争われた。

裁判所は、まず、債権の最優先権に関する para 99(3)(4)(5)によると、管理人が締結した契約、および不履行による債権、管理人の報酬および費用債権、優先的債権、浮動担保権の順に優先権が認められるが、賃金債権については、管理手続開始前に会社が労働者と締結した雇用契約を管理人が選択（adopt）した以降に発生する責任のうち、賃金（wages and salary）のみが、管理費用債権の地位にあることを判示した。賃金債権を解釈するにあたり、もし、実際には労働者が労務を提供しなかった場合でも、債務不履行による損害賠償債権まで含まれると解すると、これが管理人の報酬債権のみならず、他の無担保債権より優先することになる。Delaney v Staples［1992］1 A C 687 判決は、賃金とは、労務の対価であり、その就労義務に関係なく支給する金員を、賃金と解するのは文理解釈に反すると判示した。管理人が従前の労働契約を選択したが、違法に契約を終了することにより賠償した場合も同様である。

(3) コメント　イギリスでは、管理人の報酬および費用債権は、浮動担保権より優先するが、管理人が締結した契約上の債務または不履行による損害賠償債権には劣後する（para 99(3)(4)）。管理手続開始前の未払賃金債権については、最優先権である管理費用債権ではない、優先的な債権として特則を置いている。(54) 管理人が雇用契約を選択したものの不履行になった場合、労務の対価部分についてのみ優先権を認め、不履行による逸失賃金相当の損害賠償については、優先権を認めていない。

2 Panter v Rowellian Football Social Club and others [2011] EWHC 1301 (Ch)

(1) 事案の概要　無担保債権者たる申請人は、Schedule B1 para 10 に基づき、サッカークラブが同条所定の corporation であるということを前提に、サッカークラブと管理人候補者を相手に、管理人任命を申請した。管理手続の対象となる会社の定義については、S. 111（1A）(c) に規定されている。(55) 申請人はサッカークラブが S. 220 で定める、未登記会社の一つである協会（association）に当たると主張した。

(2) 裁判所の判断　S. 111（1A）によると、Schedule B1 の会社とは、(a)二〇〇六年会社法によって登記された（registered）会社、(b)ヨーロッパ経済地域（European Economic Area）(56) の国家内で設立された（established）会社、または(c)ヨーロッパ経済地域に属していない国家の会社であり主たる利益の重心（COMI）がヨーロッパ連合域内にある会社、である。この事件で、申請人はサッカークラブが(a)と(b)には該当しないという点については争わないが、(c)に当たると主張する。申請人はサッカークラブがヨーロッパ経済地域に属する国家に登記されていないことと、主たる利益の重心がイギリスにあることを理由に挙げている。しかし、上記(c)は、ヨーロッパ経済地域以外の国家で登記された会社について適用されるものであり、全く登記されていない場合には、適用することができない。

申請人は、本件サッカークラブの定款に、会社解散および解散時に会社財産の帰属に関する規定がないという点で、Witney Town Football Club [1994] 2 BCLC 487 事件とは異なるという点を強調したが、それを除く他の条項、すなわち会員の選任、運営委員会、会費、除名等に関する条項は、上記事件と同様である。本件サッカークラブは先例と同様に、会員制クラブと異ならないため、S. 220 所定の協会には当たらない。申請人の提示したいくつかの先例が倒産法で定義する会社の概念には従っているものの、サッカークラブが倒産法で定める会社に属するという主張を裏付けることはできなかった。サッカークラブがS. 220の定める協会に該当しない以上、S. 111（1A）（c）で定める会社とみることはできない。本件サッカークラブの会則等は会社に関する属性を有していない。したがって、この事件は、先例であるIn re International Bulk Commodities Ltd［1993］事件とはその法理が異なり、サッカークラブにつき管理人を選任する旨の本件申請につき、裁判所の管轄権がないため、棄却された。

(3) コメント　この事件で、イギリスの裁判官は、申請人が先例としている三件の判決に対し、事案が異なり、法理が異なる理由を具体的に記載するなど、仔細に理由を説示している。また、サッカークラブの破産能力の問題へとアプローチせずに、管理手続を開始する管轄権がないことを理由に棄却した点も特徴的である。

3 Joint Administrators of Rangers Football Club plc［2012］CSOH 55

(1) 事案の概要　申請人は、サッカークラブRangers FCの共同管理人らであり、相手方は入場券（サッカーチケット）の購入および売却を業とする二つの有限組合体（ＬＬＰ）である。Rangers FCはスコットランドサッカーリーグとスコットランドプレミアリーグに属するサッカークラブで、財政の悪化により二〇一二年、管理手続を申請した。クラブが管理手続に入る前の二〇一一年五月、クラブは相手方との間で、サッカーシーズン入場券の一部を相手方に売却し、残りをサッカークラブが相手方の代理人として入場券を一般に売却し、その代金を相手方に交付することを内容とする契約を締結していた。

管理人がサッカークラブの株式と財産を第三者に売却する旨の公告をするにあたり、売却を成立させるため、まず、契約が不履行となっても、相手方との入場券売買契約または売買代理契約を終了（terminate）させることができるかについて、管理人が裁判所にpara 63[57]に基づく、決定（directions）を求める申請を提起した。相手方は売買代理契約は、信託契約であり、サッカークラブが販売した収入金は、受益者たる相手方に帰属するため、サッカークラブの財産

(estate) には属しないとして争った。

(2) 裁判所の判断　裁判所は、契約を終了させることを許可する決定ではなく、管理人が契約の義務履行を拒絶することができる場合の原則につき、次のような結論を示した。

① 管理人は債権者すべての利益のために任務を遂行しなければならない。

② 管理手続中の会社が支給不能な場合、管理人は管理手続の目的を遂行するにあたり、債権者全体の利益を考慮し、契約上の履行を拒絶することができる。

③ もし、管理人が契約上の履行を拒絶する場合であれば、裁判所は例外的な場合を除き、債権者全体の利益に反し、会社に契約上の義務を履行することを命ずることはない。

④ もし、管理人の決定が、特定の債権者に著しく不当である場合、裁判所は para 74 に基づき管理人の決定に介入することができる。

⑤ 管理人が無担保債権者を権利の性質に応じて扱うことは、不当ではない。

(3) コメント　イギリスの倒産法は、管理手続の管理人が自己の権限を行使するにあたり、事前に裁判所に決定を求めることができる制度を設けている。主に、既存の契約を終了させるにあたり、裁判所の決定に従うことにより、後日債権者が管理人の行為が不当であることを理由に、管理人の解任等の申請をすることを事前に防止する等の目的で使われている。双方未履行双務契約の法理が倒産法に規定されていないため、既存の契約の維持、変更、終了を巡り発生する問題を、管理人が事前に裁判所に決定を求めることにより解決している。

4 Revenue and Customs Commissioner v Football League Ltd [2012] EWHC 1372 (Ch)(58)

(1) 事案の概要　この事件の原告は国税庁で、被告はサッカーリーグである。原告は、二〇一一年三月、被告を相手に、被告の定款中、サッカー債権者を一般債権者より優遇する内容を骨子とする一部定款が倒産法の一般原則たる平等配当の原則と剝奪禁止の規則に反するという、確認判決を求めた。事件の提訴当時、倒産し訴訟の契機となったサッカークラブは Portsmouth City Football FC であったが、この事件は当該クラブではなく、サッカー債権者規則を規定したサッカーリーグの定款の効力が争点になった。

(2) 裁判所の判断　サッカーリーグが、サッカークラブに自己に割り当てられた試合を終わらせることを要求することには合理性がある。各クラブは他のチームと、二回の試合（home and away）を行うようになっているが、もしあるクラブが、複数の試合を終えた状態で、シーズン中に清算されて脱落するとなると、それ以前の戦績がカウントされず、また、今後、残りの試合の戦績の算定が難しくなるためである。

平等配当の原則とは、担保権と相殺などの例外を除き、破産者の財産は無担保債権者間で債権額に応じ平等に配当されなければならないとする原則である。当事者は、この原則を潜脱するような契約を締結することはできず、そのような契約は無効である。[59] 当事者の主観的な意図は考慮されない。この原則は、倒産法に規定されている。

一方、剝奪禁止の規則とは、管理手続、清算手続または個人破産手続などの開始時点を基準に、債務者の所有に属する財産を倒産の開始を理由に、債務者から奪い第三者に帰属させることによって、債権者の利益に反して財団所有の財産価値を減少させることを禁止する規則である。これに反する契約は無効である。[60] この規則は、倒産法に規定されたものではなく、判例法に基づくものである。ただし、剝奪禁止の規則は、当事者に倒産法を潜脱しようとする意図がある場合にのみ適用され、商業的な取引で善意になされた場合には、適用されない。

倒産開始の時点を基準に、債務者たる会社に属していない財産については、平等配当の原則や剝奪禁止の規則は適用されない。サッカークラブが試合の後に受ける配当は、即時にサッカークラブに帰属するのではなく、自己に定められた試合を完遂したときに初めて権利が発生するものであり、それ以前にはサッカーリーグに帰属するため、サッカークラブがシーズン中に清算され、それ以上試合を行うことができなくなると、たとえ清算手続開始前に多くの試合を行ったとしても、その配当を請求する権利はない。

したがって、剝奪禁止の規則が適用されるためには、倒産手続開始当時、会社の財産が倒産手続の開始を理由に会社から離脱する必要があるところ、この事件の場合、管理手続開始当時、サッカークラブは所定の試合を完遂していない状態であり、サッカーリーグから受けた金員はいまだクラブの財産に属するに至ったとみることはできず、剝奪禁止の規則は適用されない。

(3)　コメント　倒産解除条項が倒産手続でどのような扱いを受けるかは、理論の問題ではなく、立法政策の問題である。**Lehman Brothers** 事件でも、いわゆる **"flip clause"** の効力について、イギリスと米国の裁判所では立場が異なっていた。イギリスでは、倒産解除条項の効力が認定されるかを決める基準は、剝奪禁止の規則である[61]。イギリスでは、リース契約のリース利用者が倒産した場合、リース業者が物品を受け戻せるようにする、ライセンス契約で **licensee** が倒産した場合、契約は終了する、会員が倒産する場合、定款で会社に株式の移転を受ける権利を設定する、取引先の会員が倒産した場合、会員の資格を終了させる等の条項は有効である。

これに反し、会社が清算手続に入る場合、資産を譲渡人に返還するという条件に従い、倒産財団から会社に財産を移転する合意をしたり、所有権留保売買で買受人が清算する場合、目的物を売主に返還する、等の条項はすべて無効である[62]。

5　Neumans LLP v Andronikou and others ［2013］ EWCA Civ 916

(1)　事案の概要　この事件の原告は法律事務所であり、被告は共同管理人らである。国が **Portsmouth City Football Club Ltd** が賦課金を延滞したことを理由に、二〇〇九年一二月二三日、サッカークラブを相手に裁判所の清算手続を申請したところ、原告は、サッカークラブのために清算に反対する法律役務を提供した。原告が、法律役務を提供した二〇〇九年一二月一五日〜二〇一〇年二月一二日の期間後である、二〇一〇年二月二六日、サッカークラブについて裁判外管理手続が開始された。

原告の尽力にもかかわらず、国の清算申請が受け入れられ、サッカークラブが上級審で不服手続をしている最中の二〇一〇年二月二六日、サッカークラブの担保権者が、裁判外管理手続（out-of-court administration）を開始するため、管理人を任命した。倒産法によると、清算手続中に、裁判外管理手続が進行すると、清算手続は中止されることになる。(63)原告は、それ以降、裁判外管理手続、または管理人のために法律役務を提供していない。

二〇一一年二月、裁判所は、管理手続を終了し、国の申請に基づき清算手続を命じた。この過程で管理人は報酬と費用のほとんどの支給を受けたが、管理手続中に残された財産がほとんどなかったため、管理人に法律役務を提供した弁護士すら、弁護士費用の全額の支給を受けることができなかった。原告は、次のような理由から、原告の提供した弁護士費用が倒産手続の裁判外管理手続で優先権のある「費用」（cost）に当たると主張した。(64)管理人が裁判外管理手続でなく、裁判所により管理人に任命される（court-based appointment）管理手続であれば、管理手続開始前にサッカークラブが清算を争うために、選任した法律事務所に負担する費用は、費用債権として優先権が認められている。実際に、裁判外管理手続中であったが成功して清算手続に移行しない場合が多くあるため、裁判外管理手続が開始された場合でも、法律事務所の弁護士費用を優先権ある債権と認めるのが合理的である。

(2)　裁判所の判断　　倒産規則では、清算申請された会社が、これを争うために弁護士を選任したものの、失敗し、まもなく清算手続が開始された場合の弁護士に対する弁護士費用を、優先権のある費用債権（liquidation expense）と定めている。さらに、裁判所は、普通清算申請があり、会社が弁護士を選任し、防御している最中に、裁判所の命令により管理手続に転換された場合、弁護士の弁護士費用を、優先権ある管理費用債権（administration expense）と認めている。

しかし、倒産規則が管理費用債権の範囲を定めるにあたり、裁判所に申請する管理手続（court-based appointment）に転換された場合にのみ認めており、裁判外管理手続に転換された場合には、どう処理するかについて規定を置いていない。

裁判所は、弁護士費用に関する法理を、以下のように要約した。
① 会社に対する清算申請があり、会社がこれを争うため弁護士を選任したものの、失敗し、会社の清算手続が開始された場合、弁護士の弁護士費用は清算手続の費用債権として認めることができる。
② 会社につき裁判外管理手続が開始された場合、弁護士の弁護士費用の処理については、法律の規定や一般的な法原則は存在しない。
③ 倒産規則は、清算手続上、管理手続中に発生した特定費用についてのみ定めている。
④ 倒産規則二・一二(3)は、裁判所が明示的に管理手続開始を命令した場合、申請人の申請費用と、その他裁判所の許諾のもと、法廷に出席した者の費用につき、管理手続中の費用債権として認めている。
⑤ 倒産規則は、会社が裁判外管理手続を経て、清算手続に転換された場合、当初債権者が申請した清算申請につき反対していた会社に法律役務を提供した弁護士の費用を、裁判外管理手続中の費用債権として認めていない。
⑥ 倒産規則二・六七が、管理費用債権として定めたのは、裁判外管理手続中に許される費用に関する総目録であり、原告の債権は、この目録に記載されていない。
⑦ 裁判所は、管理人が原告の債権を管理費用債権として取り扱うよう命ずる権限はない。原告の主張する債権は、管理人の業務遂行と関連して負担したものではなく、管理手続の目的のために支出されたものでもない。
⑧ 原告の債権は、清算手続の費用債権としてのみ認められるにすぎない。原告の法律役務契約は管理手続開始前に終了しており、原告の債権を管理費用債権として認めると、他の一般債権者の利益を害する。
(3) コメント　債権者が破産申請をして、手続が開始される場合、債権者が選任した弁護士費用のうち、相当と認められる額が財団債権にあたるという点には異論がない。これに対して、債務者が弁護士を選任し、破産申請した場合について、弁護士報酬債権の合理的範囲の額を財団債権と認める見解(65)がある。しかし、債権者が破産を申請し、債務者が弁護士を選任して争ったにもかかわらず、破産手続が開始された場合も、弁護士費用を財団債権として取り

扱うことができるかについては疑問である。

（53）wrongful terminationとされるのは、未履行双務契約の法理がないため、管理人が適法に、従前の契約を終了させる権原がないため、契約上の債務の履行を拒絶することが違法と評価されるためである。

（54）Para 65.

（55）S. 111は、administrative receiver、floating charge等、主要な用語に関する定義規定である。この事件のサッカークラブは登記されていない。

（56）ヨーロッパ経済地域とは、EU所属国家以外のノルウェイ、アイスランド等を含むが、スイスは除外される。

（57）63. The administrator of a company may apply to the court for directions in connection with his functions.

（58）この事件の判決は、サッカーリーグの組織および定款の内容、サッカークラブの倒産原因、平等配当の原則（pari passu principle）と剥奪禁止の規則（anti-deprivation rule）の由来と先例等を取り上げている。

（59）British Eagle International Airlines Ltd v Cie Nationale Air France［1975］1 WLR 758.

（60）Perpetual Trustee Co. Ltd v BNY Corporate Trustee Services Ltd［2011］Bus LR 1266;［2012］1 AC 383, para 1. この事件で、Lehman Brothersが破産したとき、flip clauseの効力が問題となった。これに関する日本での議論は、大澤和人「スワップ契約と社債に係る倒産申立解除特約の英国・米国法の効力とクロスボーダー倒産処理（上）（下）」NBL一〇一四号（二〇一三）五〇頁～六一頁、一〇一五号（二〇一三）六一頁～七〇頁。

（61）金孝宣「倒産失効条項に関する研究」梨花女子大学博士学位論文（二〇一三）一二三頁～一六七頁では倒産解除条項に関するイギリスの判例を紹介している。

（62）金・前掲注（61）一五六頁～一六二頁。

（63）Para 40 (1)(b).

（64）清算手続で費用債権として認められたとしても、破産財団に属する財産がないため、その前段階である裁判外管理手続で優先権を主張する方が原告に有利であるためである。

（65）伊藤眞・会社更生法（二〇一二）二三六頁。

六　結　論

イギリスの倒産法制度は、英語と伝統ある司法制度という二つの軸を基盤に、ヨーロッパ内で多大な影響を及ぼしている。免責の利益を享受するため、または会社再建のため、イギリスの法廷を訪れるドイツ人、アイルランド人、およびロシア人の数が増加し、結果としてドイツとアイルランド倒産法制の改正を促した[66]。

また、イギリスでは、倒産実務家という制度が確立されており、再建であれ清算であれ倒産実務家が管理人等に任命され、倒産事件を主導して処理している。弁護士は倒産実務家に倒産法に関する法的なアドバイスを提供し、裁判官は倒産実務家が事件の処理過程で発生する問題の指針を求める申請に対して、ガイドラインを示しながら、倒産実務の発展に寄与している。

この論文は、イギリスサッカークラブの倒産という現象を介し、イギリス倒産法の管理手続を一瞥し、その所懐を述べたにすぎないものである。筆者が、二〇〇六年ソウル中央地方法院に在職していた当時、伊藤眞先生を裁判所にお招きし、同僚とともに破産法の勉強をしたときに受けた学恩に、少しでも応えたく本稿を執筆した[67]。筆者が古稀祝賀論文集の末席に名を連ねるのは不相応に大きな栄光である。この論文を書くことをきっかけに、イギリスの倒産法を勉強することができた。再三、伊藤眞先生に感謝を申し上げたい。

（66）　Annerose Tashiro, "Consumer Bankruptcy Law Reform in Germany: Is It Any Good?", *ABI Journal November* 2012, at 44.

（67）　伊藤眞・老書生韓国遊学記⑶ＮＢＬ八四一号（二〇〇六）三一頁。

民事再生手続における再生債務者代理人の業務と報酬

我妻 学

一　はじめに
二　再生債務者代理人の業務と報酬
三　アメリカにおけるＤＩＰ債務者代理人と報酬
四　おわりに

一　はじめに

民事再生手続における再生債務者は、再生手続開始後も原則として業務遂行・財産管理処分権を有し、債権者に対し公平かつ誠実に再生手続を追行する義務を負う（民再三八条二項）。手続開始を契機として、再生債務者の財産は、再生債権者の引き当て財産となって、再生債務者は、その管理機構としての地位に就くと解される一方、再生債務者は手続開始前の債務者の一般承継人としての性格も有する。再生債務者のこのような二面性が、場合によっては利益相反の問題を生じさせ、再生債務者の代理人の役割や責任にも投影される。(1)

再生手続の追行自体を債務者自身が行うことは容易ではなく、債権調査や再生計画案の策定などは実際には再生債務者代理人たる弁護士が行うことが多く、再生債務者代理人たる弁護士の役割の重要性が指摘されている。(2)

民事再生申立てを代理する狭義の申立代理人が再生手続開始後も当然に再生債務者代理人となり得るかに関して、再生債務者の顧問弁護士について議論がある。伊藤眞教授は、従来から会社にのみ信認義務を負っていた顧問弁護士などが申立代理人となり、さらに再生債務者代理人となることに疑問を示される。(3) しかし、顧問弁護士を一律に再生債務者の代理人に選任できないとするのは適切であるとはいえず、粉飾決算などの違法行為の有無、会社の規模、当該顧問弁護士について具体的な利益相反事由が認められるか否か、弁護士事務所の業務・運営形態（公正さを担保するために責任者を任命し、記録などの事件に関する情報を管理し、利益相反が問題となる弁護士を事件に関与させない体制を整え、報酬も切り離すことができるか）などを個別・具体的に検討した上で判断すべきである。(4)

実際にも、申立代理人が手続開始後も引き続き再生手続に再生債務者の代理人として関与するのが通常であり、(5) 申立代理人を再生債務者代理人として以下論ずることとする。(6)

再生債務者代理人の報酬に関しては、手続開始決定後の業務に対する報酬は共益債権（民再一一九条二号）となり、必要な場合には、その支払に関して、監督委員などの監督を受ける（民再五四条）。これに対して、開始決定前の業務に対応する再生債務者代理人の報酬については、直接の監督が働かない問題点が指摘されてきた。(7)

再生債務者代理人の役割や責任に関して、再生債務者の二面性から、利益相反に関する議論が最も重要であることはいうまでもない。これに対し、再生債務者代理人の報酬に関しては、開始決定前の業務に対応する再生債務者代理人の報酬の妥当性の問題点が指摘されてきたが、再生債務者代理人の業務内容との関係は必ずしも十分に理論的に検討されていなかったように思われる。

東京地判平成二二・一〇・一四判タ一三四〇号八三頁は、自己破産の申立てを受任した弁護士が破産者から支払を受けた報酬のうち、破産申立てに係る適正報酬額を超える部分につき、役務の提供と合理的均衡を失するものであり、詐害行為否認に当たるとして、破産管財人による弁護士報酬の一部の返還請求を認めている。(8)

したがって、再生債務者代理人の業務内容と報酬の適正に関して考察することも今後重要であると考える。あわせて、アメリカ連邦倒産法におけるＤＩＰ債務者代理人の報酬に関する議論も簡単に紹介する。(9) 同法ではＤＩＰ債務者及び代理人と債権者委員会とが対峙する手続構造とされているが、裁判所がＤＩＰ債務者代理人及び管財人などの専門家の報酬が合理的であるかを判断することによって、専門家の業務内容を事後的に精査している（アメリカ連邦倒産法三三〇条）。たしかに我が国の民事再生手続とは制度が異なるが、債権者のために財団の充実を図ることとＤＩＰ債務者代理人及び管財人などの専門家の業務に対する合理的な報酬額の支払を担保することをどのように調和させるかに関し議論があり、我が国における再生債務者代理人の報酬が業務内容に照らして相当といえるかを考察する際に有益な示唆を与えるからである。

なお、民事再生手続は、再建型倒産処理手続の一般法として、自然人にも、また各種の法人にも適用されるが、検討対象を専ら株式会社である場合に限定する。

（1）オロ千晴「弁護士の役割と責任」自由と正義五一巻二号（二〇〇〇）九八頁、伊藤眞「再生債務者の地位と責務（下）」金法一六八七号（二〇〇三）三九頁。

（2）才口千晴＝伊藤眞監修・新注釈民事再生法（上）〈第二版〉（二〇一〇）一九五頁〔三森仁〕、鹿子木康編・民事再生の手引（二〇一二）一三六頁〔古谷慎吾〕、徳田和幸「DIP型手続・再生債務者の地位」講座倒産の法システム第三巻（二〇一〇）二九七頁など参照。民事再生手続の記録調査からも調査データ三一三件のうち三一二件（九九・七％）で申立代理人（弁護士）が選任されている（山本和彦＝山本研編・民事再生法の実証的研究（二〇一四）七八頁〔近藤隆司＝金春〕）。

（3）伊藤・前掲注（1）四〇頁。

（4）我妻学「民事再生手続における再生債務者の代理人の地位と責務」竹下守夫先生古稀祝賀・権利実現過程の基本構造（二〇〇二）九一一頁、小林信明「民事再生手続における申立代理人の役割」門口正人ほか編・新・裁判実務大系第二一巻（二〇〇四）三二五頁など参照。

（5）園尾隆司ほか編・最新実務解説一問一答民事再生法（二〇一一）四一七頁〔松嶋英機〕。

（6）会社更生手続において、債務者を代理して手続を申し立てた弁護士が法律家管財人に選任される場合の諸問題に関して、松下祐記「管財人に選任される『申立代理人』の地位——いわゆるDIP型会社更生の一断章」松下淳一＝事業再生研究機構編・新・更生計画の実務と理論（二〇一四）六八七頁参照。

（7）伊藤・前掲注（1）四〇頁。

（8）神戸地伊丹支決平成一九・一一・二八判時二〇〇一号八八頁も参照。これに対して、東京地判平成九・三・二五判時一六二一号一一三頁は、着手金及び報酬額が、弁護士会の報酬会規、当該事件の難易、弁護士が当該事件に費やした労力及び時間、その成果等の諸般の事情に照らして、本件任意整理事件及び本件自己破産事件についての着手金及び報酬金並びに費用として合理的均衡を失するものであるかどうかを判断し、着手金等の約六パーセントは、相当額を上廻るものということができるが、この程度の差額にとどまるときは、役務の提供と合理的均衡を失するものとまでは認められず、否認の成立を否定している。なお、破産申立ての委任を受けた弁護士は、債務者の財産が管財人に引き継がれるまでの間、財産散逸防止義務を負うものとされた判例として、東京地判平成二五・二・六判時二一七七号七二頁参照。

（9）アメリカにおけるDIP代理人に関しては、我妻・前掲注（4）八八五頁、大村扶美枝「米国連邦倒産法における実務——DIP代理人の役割」自由と正義五四巻四号（二〇〇三）六五頁など参照。

二　再生債務者代理人の業務と報酬

1　再生債務者代理人の業務

再生手続における再生債務者代理人の業務は、①再生手続開始申立準備（手続受任後）から再生申立て、②申立後から手続開始決定、③手続開始決定後から再生計画案認可決定、④認可決定後から再生手続終結に区分される。[10]

再生債務者代理人は、①②において、狭義の申立代理人として手続に関与する。再生債務者と申立代理人との関係は、委任（民六四四条・六四三条）及び準委任（同六五六条）の関係であり、依頼人たる債務者の利益を実現することが第一次的な代理人としての義務である。民事再生手続を通じて、依頼人たる債務者の「権利及び正当な利益」を実現するよう最大限の努力をする必要がある（弁護士職務基本規程二一条）。具体的には、再生債務者に申立段階から、民事再生手続の内容を説明し、その意義・仕組みを理解させること、再生債務者に対し、公平誠実義務の内容や再生債務者の法的地位を十分に説明し[11]、弁済が禁止されている再生債権（特に、取引先債権、親族等の貸付債権）を弁済させないようにすること、弁護士や公認会計士等の専門家の報酬について、その業務の内容に比して不相当に過大な報酬を支払わせないことなど[12]に配慮する必要がある（同二九条一項）。

さらに、再生債務者が公平誠実義務に違反した場合は管理命令（民再六四条）が発令され、経営権を剝奪される場合があり得ることを再生債務者代理人は再生債務者に十分に説明して、理解させることが必要であるとされている。

大阪地決平成一三・六・二〇判時一七七七号九二頁は、再生債務者が再生手続開始の申立てをし、保全命令、監督命令の発令後、繰り返して行った借入れ、弁済に関して、監督委員の同意を得たものではなく、一部の債権者に偏頗弁済したものである等、いずれも民再法一九三条一項二号に該当する行為であり、その態様や回数等に照らすと、再生債権者の義務違反の程度は重いといわざるを得ないとして、再生手続を廃止している。[13]

また、再生債務者代理人に関して、前記大阪地決平成一三・六・二〇は、「民事再生手続は高度に専門的で複雑な手続であり、再生債務者ひとりでは、自らに課された公平誠実義務を履行し、手続を円滑に進める（民事再生法三八条、民事再生規則一条一項）ことは困難であるといわざるを得ず、その意味で代理人の役割が極めて重要であることはいうまでもない。ところが、本件における再生債務者代理人は、再生手続における代理人の職責を十分理解していたとはいい難く、提出された財産目録、報告書、再生計画案等の内容からして、手続の追行の再生債務者に任せきりにしていた感が否めない」と指摘している。

民事再生手続の申立代理人たる弁護士が、再生債務者から営業譲渡を受ける予定で設立された会社に対し、管理経営委託の権利金として再生債務者に支払った三〇〇〇万円の回収可能性などに関し説明義務を負うか否かが問題となった事案において、東京地判平成一九・一・二四判タ一二四七号二五九頁は、民事再生手続が廃止され、その後の破産手続において原告が営業譲渡先として選定されず、自己の出捐を回収することができない結果が生じたとしても、予測されるリスクが顕在化したものというほかはなく、このような事情は、被告たる再生債務者代理人はもとより原告においても承知の上であったと解して、説明義務を否定している。

③④では、再生債務者は第三者性を付与され、機関たる再生債務者代理人は、公平誠実義務等が履行されるよう、再生債務者に助言し、自ら代理人としての行為をなし、場合によっては、再生債務者に対する裁判所の監督権発動を促す必要がある(14)。

再生債務者は、再生手続の円滑な進行に努め、再生手続に関する重要な事項を、再生債権者に周知させるように努める必要がある（民再規一条一項・二項）。具体的には、再生債権の調査における認否書の作成及び提出（民再一〇一条）、再生計画案の作成及び提出（同一六三条一項）という手続の節目における基本的な行為をして手続を進行させ、再生計画認可の決定の確定後には、再生計画を遂行していく責務を再生債務者は負っており（同一八六条一項）、再生債務者自らが、その責務を十分に理解して円滑な進行に努めなければならない(15)。

再生債務者代理人は、会社の倒産原因の解明、業務提携、スポンサーの協力などの会社の再建の見通しなどを説明し、情報不足の解消などに努める必要がある。[16]

再生手続開始後は、再生債務者代理人は、再生債務者に適時に適切な助言や指導監督を行い、再生債務者が公平誠実義務に違反する行動を取っている場合には、これを止めさせるよう働きかける必要がある。法人である再生債務者の役員について損害賠償責任を追及すべき場合には、損害賠償請求権の査定の申立て（同一四三条）等を行う必要がある。

さらに、再生債務者に財産隠匿、偏頗行為等の否認対象行為（同一二七条）や粉飾決算が存在する場合には、それを明らかにするよう再生債務者を説得し、監督委員に報告し、否認権限が付与される場合には、可能であれば、是正を図るべきである。再生債務者が説得に応じない場合には、裁判所や監督委員に告知する必要がある。[17]

これに対して弁護士としての秘密保持義務（弁護二三条、弁護士職務基本規程二三条）との関係から、依頼人である債務者本人の意思に反してまで告知すべきではなく、開示について再生債務者又はその経営陣を説得すべきであり、説得できない場合は再生債務者代理人を辞任することもやむを得ないとする説も有力である。[18]

2　再生債務者代理人の報酬

弁護士は、法律事務を受任するに際し、弁護士の報酬その他の費用について説明しなければならない。着手金、報酬等、弁護士に支払う費用は、経済的利益、事案の難易、時間及び労力その他の事情に照らして適正・妥当なものでなければならない（弁護士の報酬に関する規程二条、弁護士職務基本規程二四条）。[19]

再生債務者の二面性から再生債務者代理人の報酬も開始決定までの報酬と開始決定後の報酬は分けるべきであるとされている。[20]

①再生手続開始申立準備（手続受任後）から再生申立て、②申立てから手続開始決定における再生債務者の代理人

の着手金や申立報酬など開始決定前の原因に基づく債権は、未払の場合は再生債権となる。したがって、再生債務者の資金繰りが苦しい場合に、着手金や中立報酬について開始決定後に支払うことを想定して再生申立てがなされた場合には、再生手続開始前の原因に基づいて生じた財産上の請求権であり[21]、開始決定後は再生債権として弁済が禁止され、再生計画による権利変更の対象となり（民再一五四条・一五五条・一七八条・一七九条）、計画の遂行（同一八六条一項）によって満足を受ける地位にある[22]。

これに対して、③手続開始決定から再生計画案認可決定、④認可決定後から再生手続終結における業務に対する報酬及び成功報酬は共益債権（同一一九条二号）として随時弁済される。

監督委員、管財人及び保全管理人の場合には、裁判所が具体的な報酬や退任報酬を決定する（同六一条・七八条・八三条）[23]が、再生債務者代理人の専門家報酬は再生債務者の代表取締役（取締役会）との弁護士委任契約によって定められている。このため、裁判所の決定する保全管理人や管財人の報酬額をはるかに超える報酬が定められている場合もあるようである[24]。再生債務者と代理人が合意をしたとしても、その額が適正でなければ、再生債権者全体の利益のために業務を遂行したと認めることはできず、特に適正な報酬の範囲を超える部分は、再生債権者の利益を犠牲にして再生債務者、再生債務者代理人の利益を図ることになり、否認対象行為となり得る。再生債務者は、手続開始後には、公平誠実義務を負っており（同三八条二項）、自己又は第三者の利益を図って、再生債権者の利益を害することは許されないからである。

裁判所は、監督委員に対し、常に再生債務者代理人の専門家報酬について調査を求めているわけではないものの、監督委員もその重要な職責として、開始決定前及び開始決定後の資金繰りや資金の調査を行う中で、専門家報酬を含む再生債務者が支払う費用について適正であるかを監督し、再生債務者代理人等の専門家報酬がその役務の提供と合理的均衡を失する場合には、専門家報酬を一部返還させるなどの是正措置をとらせることが提案されている[25]。その前提として、再生債務者は、専門家報酬の相当性につき、必要に応じて、第三者の意見を仰ぐべきであり、再生債務者代理人は裁判所や監督委員に専門家報酬を積極的に開示すべきである。

(10) 園尾隆司＝小林秀之編・条解民事再生法〈第三版〉（二〇一三）六一八頁〔清水建夫＝増田智美〕、徳田・前掲注（2）二九〇頁など参照。

(11) 日本弁護士連合会倒産法制等検討委員会編・倒産処理と弁護士倫理（二〇一三）二一五頁〔平岩みゆき〕。

(12) 事業譲渡または減増資型の再生計画を企図している事案においては、アドバイザリー契約締結にあたり、ファイナンシャルアドバイザーからの提案を漫然と受け入れ、高額すぎる契約を締結している事例を踏まえて、東京地裁破産再生部では、新たに事業の維持再生の支援に関する契約及び当該支援をする者の選定業務に関する契約の締結についても監督委員の同意を要する事項（民再五四条二項）としている（鹿子木編・前掲注（2）六〇頁〔吉田真悟〕）。破産会社の破産申立て以前に行った事業譲渡が否認され（東京地決平成二二・一一・三〇金判一三六八号五四頁）、破産管財人が当該事業譲渡について破産会社に提案ないし助言を行ったアドバイザリー会社に対して債務不履行または不法行為に基づく損害賠償を請求した事案において、東京高判平成二六・一・二三金法一九九二号六五頁は、契約上求められる適法かつ有効な行為を助言すべき義務に違反したとしてアドバイザリー会社の損害賠償責任を一部認めた原判決（東京地判平成二五・七・二四判タ一四〇三号一八四頁）を取り消し、アドバイザリー会社の責任を否定している。

(13) 多数説は、管理命令の発令要因となっても、民再一九三条が再生債務者の義務違反を限定列挙しており、手続の廃止は重大な効果を与えることから類推適用を否定している（伊藤眞編集代表・民事再生法逐条研究（二〇〇二）五五頁〔深山卓也、山本克己、松下淳一、田原睦夫発言〕）。

(14) 伊藤眞・破産法・民事再生法〈第三版〉（二〇一四）七九六頁、鹿子木編・前掲注（2）一三六頁〔古谷〕など参照。

(15) 最高裁判所事務総局民事局監修・条解民事再生規則〈新版〉（二〇〇五）一頁。

(16) 園尾ほか編・前掲注（5）二二二頁〔村松謙一〕、四二一頁〔松嶋〕など参照。

(17) 鹿子木編・前掲注（2）一三七頁〔古谷〕、伊藤・前掲注（14）七九六頁、同・前掲注（1）三九頁など参照。

(18) 小林・前掲注（4）三二六頁、日本弁護士連合会編・前掲注（11）二三七頁〔長屋憲一〕、全国倒産処理弁護士ネットワーク編・通常再生の実務Q&A一二〇問（二〇一〇）七九頁〔田川淳一〕など参照。伊藤編集代表・前掲注（13）六〇頁〔深山発言〕も参照。

(19) 民事再生申立ての報酬の定めに関する留意事項に関して、日本弁護士連合会編・前掲注（11）二〇八頁〔小倉純夫〕。

(20) 伊藤編集代表・前掲注（13）五七頁〔田原発言〕、大阪弁護士会報酬規程二七条二項・五項も参照。

(21) 再生手続申立てには、弁護士への依頼は不可欠であり、着手金は申立費用に準ずる費用に当たるとして、これを共益債権と解する説（園尾隆司＝小林秀之編・条解民事再生法〈第二版〉（二〇〇七）五三六頁〔清水建夫〕）があるが、再生債務者の否認対象行為などに関する申立代理人の責務の範囲について争いがある現在の実務では、申立代理人の業務内容と報酬の合理性を考察すべきと考える。平成二六年の民事訴訟法学会での松下祐記准教授の報告は、申立代理人の手続開始前の報酬を共益債権と認めている。

(22) 東京地判平成二三・二・八判タ一三五三号二四四頁は、再生手続開始前に委託を受けた弁護士の報酬請求権は、共益債権（民再一一九条一号・二号）に該当しないとしている。

(23) 記録調査からは、監督委員・公認会計士等の報酬に関し、地裁ごとに基準を設けて運用されていることが指摘されている（山本和彦＝山本研編・前掲注（2）七四頁〔上江洲純子〕）。

(24) 園尾＝小林編・前掲注（10）六一九頁〔清水＝増田〕参照。

(25) 園尾＝小林編・前掲注（10）六一九頁〔清水＝増田〕参照。

三　アメリカにおけるＤＩＰ債務者代理人と報酬

1　はじめに

アメリカにおいても、倒産手続の円滑な遂行のために、債務者、管財人及び債権者委員会に対する弁護士、公認会計士などの専門家による助言や援助を積極的に認めている。アメリカ連邦倒産法、特に第一一章手続では、再建に向けて多様な専門家が関与するため、裁判所による二段階の事前コントロールがなされている。[26] 以下では、ＤＩＰ債務者、債権者委員会の代理人及び管財人に関して論ずる。

第一段階では、管財人、ＤＩＰ債務者あるいは債権者委員会などが専門家たる弁護士を雇用すること自体に関し、財団との利益相反が認められないかを裁判所が判断する[27]（三二七条・三二八条。以下、本節では、連邦倒産法の条文は条数のみを引用する）。したがって、専門家を雇用する必要性だけではなく、専門家の氏名、当該専門家を選任する理由及び当該専門家に関する債務者、債権者及びその他の利害関係人との関係を裁判所に明らかにしなければならない（連邦倒産規則二〇一四条(a)）。

さらに、債権者、申立日以前二年以内に債務者の取締役などの倒産法上の利害関係を有する者ではないこと（一〇一条（一四））を満たすだけではなく、依頼人との利益相反を規律している弁護士業務模範規則を満たす必要がある。[28]

第二段階として、専門家の業務に対する報酬及び必要経費に関して、実際に生じた必要経費または管財人、債務者あるいは債権者委員会と合意した報酬等を裁判所に明らかにし、連邦管財官及び利害関係人に対する告知・聴聞後に、裁判所は合理的な報酬額を定める（三三〇条）[29]。したがって、報酬及び必要経費に関し裁判所は、当事者間の合意に拘束されずに合理的な額に減額することないし場合によっては報酬を認めないこともできる。

裁判所が認めた報酬及び必要経費は、二〇〇五年の連邦倒産法改正により、扶養料・養育費（一〇一条（一四A））が第七順位の優先債権から最優先の優先債権となったことにともない、最優先債権から第二順位の優先債権となっている（五〇七条(a)(2)）。

債務者が自然人の場合には、第一二章（定期的年収のある家族的農業者及び漁業経営者の債務整理手続）及び第一三章（定期的年収のある個人の債務整理手続）の債務者代理人の報酬に関し明文で定められている（三三〇条(a)(4)(B)）。法人の場合には、第一一章手続開始後、ＤＩＰ債務者は管財人と同様に代理人を選任することができ（一一〇七条(b)）、選任された弁護士は報酬を請求することができる。これに対して、第一一章手続開始前は、管財人を代理するために選任された場合（三三〇条(a)(1)）にのみ報酬を請求することができるに過ぎない。一九九四年の連邦倒産法改正[30]により、債務者の選任した代理人に関する報酬規定（旧三三〇条(a)）が削除されているからである[31]。

第一一章手続から第七章（清算型）手続に移行した事件において、ＤＩＰ債務者に選任された弁護士が第七章手続に移行した後に債務者の代理人として再任されなかったにもかかわらず、管財人の承認を得ずに、財産の調査報告書の作成などを引き続いて行い、手続移行後に生じた報酬を裁判所に請求したのを、倒産裁判所は、第七章手続における債務者代理人の報酬に関する規定が存在しないとして、報酬請求を認めなかった。

連邦最高裁判所は、報酬規定を削除したことは立法の過誤であるかもしれないが、債務者の選任した代理人の報酬に関して、現行倒産法上明文の規定はないとして、倒産裁判所の結論を支持している。[32] ただし、倒産の申立てをする際にあわせて、更生計画案の提出（プレパッケージ）を行おうとしている債務者代理人たる弁護士（三二七条(e)）[33] に関して、合理的な報酬を支払うことまで一般的に否定するものではない。

申立前一年以内に債務者が倒産を予想あるいは倒産に関連して、弁護士を選任し、既に報酬が支払われているかあるいは支払う約束をしている場合に、報酬の申立ての有無にかかわらず、弁護士は裁判所に報酬だけではなく、報酬の財源を適時に開示しなければならない（三二九条(a)）。具体的には、救済命令発令後一四日以内に、弁護士報酬（未払を含む）、業務内容、財源及び報酬を分配する約定の有無を明らかにしなければならない（連邦倒産規則二〇一六条(b)）。[34] 裁判所は、報酬が合理的であるか否かを判断し、合理的な額を超える部分に関して、返還を命ずることができる（三二九条(b)、連邦倒産規則二〇一七条）。債務者が過大な弁護士報酬を支払うことによって、債権者を害するのを防止するためであるが、報酬の財源が財団ではなく、第三者の場合であっても開示する必要がある。[35] 弁護士が報酬の合理性に関して証明責任を負っている。

ＤＩＰ債務者代理人が申立前に申立てをすべきか債務者から相談を受け、債務者あるいは一般債権者の利益から申立てをすることは得策ではないと助言し、報酬が支払われたこと、及び他の弁護士事務所が特別代理人として受任できるように協力し、弁護士報酬を相互に分配する約束を事前にしていたことなども裁判所に開示しなかった場合に、[36] 裁判所に選任された官吏（officer）としての信認義務[37] に違反していることを理由に申立後の報酬の支払を認めなかった。

2　ＤＩＰ債務者代理人の業務と報酬

裁判所は、ＤＩＰ債務者代理人の申立てに基づいて、倒産手続の終結時における有益性だけではなく、業務がなされた時点において手続を追行するために必要であったかなどを勘案して、報酬額の合理性を判断する（三三〇条(a)(3)(C)）。ＤＩＰ債務者代理人は、財団の利益を維持し増加させる責任があるので、財団に利益を合理的に与えない、あるいは事件処理に必要ではない業務に対して、裁判所は報酬の支払を認めない（同条(a)(4)(A)(ii)）。

ＤＩＰ債務者代理人の報酬が判例上問題とされているのは、主として第一一章手続から第七章手続に移行した場合である。判例は、財団に対する利益に関して有形で具体的なものでなければならないとする立場[38]に立っており、更生計画案の認可要件を満たさない場合（一一二九条(a)）などＤＩＰ債務者代理人が提供した業務が実を結ばないことを認識していた場合あるいは認識すべきであった場合に、裁判所は、報酬を減額している。[39]

債務者代理人が管財人と第七章手続から除外される財産の売却範囲に関し争うことは、財団に利益をもたらすものではないので、報酬は認められない[40]。ただし、第一二章手続あるいは第一三章手続に関し、債務者にとって有益であると判断されれば、ＤＩＰ債務者の代理人は合理的な報酬を受領することが認められている（三三〇条(a)(4)(B)）。手続開始後の債務者の収益によって財団が形成されており（一二〇七条(a)、一三〇六条(a)）、債務者と財団の利益が密接不可分だからである。[41]

内在的に破綻する危険が存在する以上、ＤＩＰ債務者代理人には、更生に関する最終的な結果を予想することまでは要求されておらず、結果的に債務者会社が更生しなかったことのみを理由に、連邦管財官が報酬を半分に減額する申立てをしたのに対し、弁護士が業務に関し最善を尽くしたといえるかを判断すべきであり、更生に至らなかったことのみから懲罰的に報酬を減額することは適切ではない[42]とされている。ＤＩＰ債務者代理人の報酬が妥当であるか否かは、依頼人たるＤＩＰ債務者からどの程度指示をされていたのか、ＤＩＰ債務者代理人が再生に関する可能性に関し適切に助言を与えていたのかまで考察する必要がある。しかし、適切に判断するには、弁護士と依頼人間の秘匿特権が問題となるので、裁判所は証拠の開示に積極的ではない[43]とされている。

3 DIP債務者代理人の報酬基準

判例は、もともと債務者代理人が、債務者の財産の執行を裁判所の官吏として支援しており、公益性を有するとして、弁護士報酬に関し倒産事件以外の一般の事件よりも低額にすべきであるとの立場（倒産財団の経済性（economy of the estate））であった。[44]

しかし、従来のように倒産事件の弁護士報酬を他の事件と比較して抑制することは、もはや時代遅れであり、一九七八年連邦倒産法では、むしろ他の事件と同等の報酬を倒産事件においても認めることによって[45]、多数の法律家に倒産事件の門戸を開くべきであるとされている。[46] ただし、報酬額を市場価額に委ねるのではなく、裁判所による精査の必要性を説いていることに注意する必要がある。

判例は、倒産事件における弁護士報酬の合理性を判断する客観的な基準として、もともと雇用に関する差別に対するクラスアクションの弁護士報酬に関する判例[47]を準用していた[48]ところ、一九七八年倒産法では、判例法理を報酬基準として明文化している。さらに一九九四年改正で、考慮すべき合理性の要件をより個別・具体化している（三三〇条(a)(3)）。具体的には、①必要とされた時間及び労力、②争点の新規性及び困難性、③法的業務を適切に行うのに必要とされる技能、④事件を受任することによって、利益相反などによって他の事件を受任できないこと、⑤通常の報酬、⑥固定給か、あるいは成功報酬か、⑦依頼人あるいは他の状況による時間的制約、⑧業務量と結果の総計、⑨弁護士の経験、評判及び能力、⑩事件を受任することによる不利益、⑪依頼人との間の専門家としての人的関係及び期間、⑫類似の事件の報酬を勘案して、報酬の合理性を判断しなければならない。

その他、業務の合理的基準としてクラスアクションに関する弁護士報酬の指針（lodestar）を補充的に用いる判例もある。[49] 具体的には、合理的に費やした時間をまず算定し、合理的な時間給を積算し、次に結果に応じて報酬が合理的になるように調整している。合理的な報酬額を算定するには、三三〇条の基準と弁護士報酬の指針とは相互に重なり合っているので、結論において両者は異ならないとされている。[50]

判例上、業務に費やされた時間（同条(a)(3)(A)、(D)）が報酬を算定する際に最も重視されるため、裁判所は、時間の総計及びどのような業務に費やされたかに関して正確に記載された業務記録の提出を求めている。[51] 記載が不十分であったり、不正確な場合には、基準となる時間給だけではなく、報酬総額が減額される。

弁護士が過度に時間を費やしたなど報酬が合理的ではないことは、異議申立人が証明責任を負っている。[52] したがって、債務者代理人による報酬の申立てに対して、単に一般的に不満を述べるだけでは不十分であり、報酬申立てに添付された情報を具体的に争い、証拠を提出する必要がある。なお、利害関係人による異議申立てがなくても、裁判所は業務記録など全ての報酬に関する申立てを審査する義務がある。[53]

4 報酬の仮支弁

倒産手続における専門家の報酬は、もともと倒産手続終結時に支払われていたので、ＤＩＰ債務者が更生するためには有益であったが、倒産手続が長期化すると、報酬を受領するまで何年も経済的負担を与えるおそれがあった。[54] 大規模な倒産事件に関し、裁判所から任命されているにもかかわらず、専門家が経済的不利益を被らないように、一九七八年倒産法以前の判例は、報酬の仮支弁を認めていた。そこで、一九七八年倒産法は、債務者の代理人及び管財人などの専門家の報酬及び必要費に関し、倒産手続係属中の仮支弁を明文で定めている（三三一条）。[55] 裁判所は、報酬の合理性を審査することによって、専門家が倒産手続を適切かつ迅速に追行しているかを規律することができる。裁判所による更生計画の承認が遅延しても、遅延に関しＤＩＰ債務者代理人に責任がなければ、報酬などの仮支弁が認められる。[56]

報酬の仮支弁に関し、裁判所は、合理性を判断するだけではなく、倒産手続に要する費用を支弁するのに十分な財産があるかを考慮して、支払の猶予、減額などを命ずる（三三〇条(a)(5)）[57]。債権者平等原則及び倒産手続終結時に報酬の仮支弁が合理的ではないと判断されたにもかかわらず、専門家から償還されない場合に備えるためである。報酬の仮支弁の申立時点では、事件がどのように終結するのか明らかではないので、一九七八年倒産法の施行当初は、報酬の全額の一割から二割に関し、支払の留保を命ずる判例もあった[58]。しかし、現在では、ＤＩＰ債務者代理人は、担保権者あるいはＤＩＰファイナンスなどの優先権者と個別に報酬の仮支弁に関する協定を締結しており[59]、裁判所が、個別に報酬が合理的であるか否かを判断すれば、報酬を留保する必要はなく、全額の支払を認めればよいとされている[60]。

報酬の仮支弁は、救済命令から一二〇日後に申請することができ、その後も、一二〇日毎に申請することができる（三三一条）。さらに、複雑な倒産事件及び大規模な倒産事件に関して、裁判所は[61]、ＤＩＰ債務者の資金繰り、更生の見込み、ＤＩＰ債務者代理人の評判、更生のための業務及び事務所の規模などを勘案し、一二〇日よりも短期間に申請を認めている[62]。近時の大規模事件におけるＤＩＰ債務者代理人の報酬の仮支弁は、事務所の運営に準拠してむしろ毎月ないし二ヶ月を基準としている[63]。

5　ＤＩＰ債務者代理人の報酬に関する諸問題

一九七八年連邦倒産法は、従来のように倒産事件における弁護士報酬を公益性の観点から抑制するのではなく、一般事件と同等の報酬を認め、報酬の仮支弁を認めることによって、倒産事件を取り扱う弁護士数の増加と質の向上を目指している。弁護士報酬額を完全に市場価額に委ねるのではなく、合理的な範囲にとどめるために、弁護士などの専門家に関し、利害関係のないものであること及び報酬の合理性という裁判所による二段階のコントロールを行っている。

代理人の報酬をコントロールすることは、長年の懸案事項であり、裁判所が合理的な報酬額を適切に判断できるように、手続開始後の報酬だけではなく、事件と関連した手続開始前の費用に関し、ＤＩＰ債務者代理人は事前に裁判所に報酬の支払に関する申立てをして、業務内容、費やした時間及びかかった費用などを明示しなければならない（三三〇条、連邦倒産規則二〇一六条(a)）。

LoPucki 教授は、裁判所の記録調査などから、大規模第一一章事件における専門家の報酬に対する裁判所のチェック機能が実際にはほとんど機能しておらず、弁護士報酬が高騰し、手続費用が増加する要因となっている、と批判している。[64] 報酬が高騰する要因として、第一に、通常業務の支払という名の下で、法律で定められた報酬に関する申立てをせずに、あるいは裁判所の承認なくして、倒産手続開始時に一定期間、専門家に対して、一定額の報酬（通常は、二万五千ドルから三万五千ドル）が毎月支払われていること、第二に、手続終結時の報酬申出において開示されるのは、倒産手続係属中の報酬に限定され、倒産申立前一年以内に債務者が倒産を予想あるいは倒産に関連して支払われた報酬（三二九条）に関しては開示されていないこと、第三に、報酬の仮払制度に関し、裁判所による審査なしに毎月ないし二ヶ月毎に専門家が申し立てた報酬の八割が支払われていることを挙げている。[65]

これらの批判に対して、実務家から以下のような反論がなされている。第一に、通常業務に関して、債務者は精通しており、債務者は代理人の報酬が過大にならないように報酬を精査しており、債権者委員会は、いつでも債務者の支出に関する情報にアクセスでき、問題があれば、債権者委員会は、異議を申し立てるか、あるいは裁判所は、報酬が合理的であるかを審査していることから、必要な情報の開示がなされていれば、財団の出費を抑制するために形式的に報酬の申立てが行われていなくても裁判所に裁量が認められている以上、報酬の支払を認めても違法とはいえない。第二に、倒産申立前一年以内に債務者が倒産を予想あるいは倒産に関連する報酬に関して、救済命令発令後一四日以内に開示することが要件（連邦倒産規則二〇一六条(b)）とされていること、報酬の合理性に関して、連邦倒産規則は手続開始後の報酬の合理性に関して、別個に規定している（同条(a)）ことから、手続開始前の報酬は、終局段階で再度提出する必要性がない。第三に、たしかにニューヨーク州裁判所南部地区裁判所などにおいては、大規模事件における報酬の仮支弁に関し、裁判所への個別申出をすることなしに認めているが、[66] もともと倒産法上も適切な通知さえなされていれば、異議が出されない限り、審問をする必要がないとしていること（一〇二条一項）、リーマン事件及びエンロン事件において裁判所への申出なしに報酬の仮支弁が認められているが、第三者委員会を設けて、報酬の適切性を精査しており、倒産手続法上の理念は尊重されている。

これらの実務の運用は、裁判所の裁量の範囲内であり、違法とまではいえないとする反論に対して、LoPucki 教授は、以下のように再反論している。(67) 裁判所は法外な報酬であると判断すれば、財団に返還させる権能を有しており（三二九条）、報酬の合理性を判断するには、手続開始後の報酬だけではなく、手続開始前の報酬をあわせて開示させる必要がある。報酬の開示によって報酬の透明性を担保することができる。(68)

連邦倒産法上裁判所は、ＤＩＰ債務者代理人の申立てに基づいて報酬の合理性を判断することが明文で規定されている（三三〇条、連邦倒産規則二〇一六条(a)）以上、合理的な報酬を認定するのに時間と費用がかかること、要件を厳格に適用すると、倒産事件において専門家を確保するのが困難となることなどを理由にして、裁判所への報酬の申立てなしに専門家への報酬及び必要費の支払を正当化することはできない。

特に問題なのは、弁護士及び裁判所の負担軽減の名の下にデラウエア州及びニューヨーク州南部地区裁判所で一九八〇年代から倒産法上定められている手続を逸脱するような運用がなされており、債務者及び債務者代理人を利することになるので、これらの裁判所に大規模事件が集中するようになっていると批判している。(69)

このように大規模事件における専門家の報酬の合理性を担保することと倒産手続に要する時間と費用をどのように調和させるか、特に裁判所への負担をどのように考えるかが問題となっている。

連邦管財官はＤＩＰ債務者代理人の報酬や必要費が適切であるかをチェックする権能を有しており（28 USC 586(a)(3)(A)）、一九九六年に専門家の報酬に関するガイドラインが公表されている。連邦倒産法に基づいて適正な報酬が担保されるのに必要な情報が開示されるように、報酬申立書の記載事項（専門家の氏名、時間給及び報酬の総計など）の詳細に関して規定している。(70)

さらに、二〇一三年に弁護士によって申し立てられた第一一章事件の内、大規模事件（五千万ドル以上の資産及び負債がある会社）に関するガイドラインが公表されている。[71] 大規模事件に関して、一九九六年のものよりも詳細な報酬申立書の記載事項が規定されている。さらに、多数の専門家が任命され、通常の報酬の申立て及び審査手続によれば過重な負担を与える場合には、報酬に関する特別委員会の設置ないし独立の報酬に関する調査委員（examiner）の任命を裁判所に対して、合衆国管財官が申し立てることができる。実際に特別委員会を設けるか、ないし報酬に関する調査委員を任命するかは、裁判所の裁量に委ねられている。特別委員会は、裁判所に対する報酬申立てがなされる前に、報酬及び報酬の仮支弁が合理的であるかを監督、審査し、問題がある場合には専門家と事前に協議する。裁判所に報酬が申し立てられた場合には、必要に応じて異議を申し立てる。特別委員会は、ＤＩＰ債務者、債権者委員会及び合衆国管財官の代表によって構成されなければならない。ただし、ＤＩＰ債務者あるいは債権者委員会の代理人の報酬に関する場合はこの限りではない。

LoPucki 教授の批判にもかかわらず、近時の大規模事件の倒産実務は、専門家の報酬の合理性を担保するために、必要に応じて第三者機関たる特別委員会ないし報酬に関する調査委員が裁判所に協力することによって、倒産手続の一貫性、予見可能性及び透明性を実現する方向にある。第三者機関によって、大規模事件における専門家の報酬が財団及び債権者に対し、公平であると評価されるだけではなく、適切に業務を行った専門家に対する報酬が公平に評価されるのに資するか[72]が注目される。[73]

（26） W. Drake Jr. and C. Strickland, *Chapter 11 Reorganizations*, 2nd ed., 270 (2013).

（27） 利益相反の問題に関して、我妻・前掲注（4）八八八頁など参照。

（28） 弁護士業務模範規則上は、依頼人との利益相反が認められる場合であっても、依頼人全員が同意している場合には、弁護士が代理する余地を認めている（1.7 条(b)）が、連邦倒産法上はそのような除外事由を認めていない（W. Drake Jr. and C. Strickland, *supra* note 26, at 287)。

（29） T. Springer, *Damned If You Do, Damned If You Don't-Current Issues for Professionals Seeking Compensation in Bankruptcy Cases under 11 U. S. C. § 330*, 87 Bankr. L. J. 525（2013）.
（30） 一九九四年連邦倒産法改正に関し、高木新二郎・アメリカ連邦倒産法（一九九六）一六頁など参照。
（31） 3 Collier on Bankruptcy ¶ 330. LH［5］330-74（16th ed. 2011）.
（32） Lamie v. United States Trustee, 540U. S. 526, 124S. Ct. 1023, 157L. Ed. 2d 1024（2004）, 3 Collier on Bankruptcy ¶ 330.02［3］［a］.
（33） Century Indem. Co. v. Congoleum Corp.,（*In re* Congoleum Corp.）, 426F. 3d 675（3rd Cir. 2005）; 3 Collier on Bankruptcy ¶ 327.04［9］［d］.
（34） 実際に業務を行った弁護士のみに報酬は支払われなければならず、報酬を他の弁護士などと相互に分配することは原則として禁止されている（五〇四条(a)）。ただし、同一の弁護士事務所内の弁護士報酬に関しては記載する必要はない（3 Collier on Bankruptcy ¶ 329.03［a］）。
（35） 3 Collier on Bankruptcy ¶ 329.01～329.03; 9 Collier on Bankruptcy ¶ 2016.15～2016.20（16th ed. 2011）.
（36） Arlan's Department Stores, 615F. 2d 925（2d Cir. 1979）.
（37） 連邦最高裁判所は、傍論で、ＤＩＰ債務者代理人が、信認義務を負うとしている（Brown v. Gerdes, 321U. S. 178（1944））。S. Freeman, *Are DIP and Committee Counsel fiduciaries for their clients' Constituents or the bankruptcy estate? What is a fiduciary, anyway?*, 17 Am. Bankr. Inst. L. Rev291（2009）参照。信認義務に関し、樋口範雄・フィデュシャリー「信認」の時代——信託と契約（一九九九）など参照。
（38） *In re* Pro-Snax Distributors,157F. 3d 414（5th Cir. 1998）. 三三〇条(a)(1)(A)の規定する要件よりも厳格であると批判する見解として、Springer, *supra* note 29, at 537 参照。
（39） *In re* Lederman Enterprises, Inc., 997F. 2d 1321（10th Cir. 1993）.
（40） Mayer, Glassman & Gaines v. Washam and Gill（*In re* Hanson）, 172B. R. 67（B. A. P 9th Cir. 1994）.
（41） 3 Collier on Bankruptcy ¶ 330.03［1］［b］［v］.
（42） *In re* James Contracting Group, Inc., 120B. R. 868（Bankr. N. D. Ohio 1990）, *In re* Garrison Liquors, Inc., 108B. R. 561（Bankr.. D. Maryland 1989）.
（43） 3 Collier on Bankruptcy ¶ 330.03［1］［b］［ii］.

(44) Massachusetts Mutual Life Insurance Company v. Brock, 405F. 2d 429, 432 (5th Cir. 1968); *In re* First Colonial Corp. of America, 544F. 2d 1291 (5th Cir. 1977), cert. denied, 431U. S. 904 (1977); *In re* Beverly Crest Convalescent Hospital, Inc., 548F. 2d 817 (9th Cir. 1976, as amended 1977); 3 Collier on Bankruptcy ¶ 330.03 [3]; 9 Collier on Bankruptcy ¶ 2016.01.

(45) *In re* Drexel Burnham Lambert Group, Inc., 133B. R. 13, 17 (Bankr. S. D. N. Y. 1991); *In re* UNR Industries, Inc., 986F. 2d 207, 208 (7th Cir. 1993).

(46) 124 Cong. Rec. H11, 091–2 (daily ed. Sept. 28. 1978); S17, 408 (daily ed. Oct. 6, 1978).

(47) Johnson v. Georgia Highway Express, Inc., 488F. 2d 714 (5th Cir. 1974); 3 Collier on Bankruptcy ¶ 330.03 [9]; 9 Collier on Bankruptcy ¶ 2016.01; Drake and Strickland, *supra* note 26, at 299; Springer, *supra* note 29, at 530.

(48) First Colonial Corp. of America, 544F. 2d 1291, cert. denied, 431U. S. 904 (1977).

(49) Lindy Bros. Builders, Inc. of Phila. v. American Radiator and Standard Sanitary Corp., 487F. 2d 161 (3d Cir. 1973), vacated, 540F. 2d 102 (3rd Cir. 1976); 3 Collier on Bankruptcy ¶ 330.03 [10].

(50) *In re* East Peoria Hotel Corp., 145B. R. 956 (Bankr. C. D. III. 1991); 3 Collier on Bankruptcy ¶ 330.03 [10]. 公民権事件と弁護士報酬に関して、Hensley v. Eckhart, 461U. S. 424, 433 (1983).

(51) *In re* York International Building, Inc., 527F. 2d 1061 (9th Cir. 1975); 3 Collier on Bankruptcy ¶ 330.03 [5] (a).

(52) *In re* Blackwood Associates, L. P., 165B. R. 108, 112 (Bankr. E. D. N. Y. 1994); 3 Collier on Bankruptcy ¶ 330.03 [5] [d].

(53) 3 Collier on Bankruptcy ¶ 330.03 [5] [e]; In *re* Jones, 13B. R. 192, 194 (Bankr. E. D. Va. 1980).

(54) H. R. Rep. No. 595, 95th Cong., 1St Sess 330 (1977); S. Rep. No. 989, 95th Cong. 2d Sess 41–42.

(55) 3 Collier on Bankruptcy ¶ 331.01.

(56) *In re* City Mattress, Inc., 174B. R. 23, 26 (Bankr. W. D. N. Y. 1994).

(57) Pa. DOL & Indus. v. Cunningham & Chernicoff, P. C., 198B. R. 453, 463 n. 6 (Bankr. M. D. Pa. 1996).

(58) *In re* Microwave Prods. Of Am., Inc., 104B. R. 900, 908 (Bankr. W. D. Tenn. 1989).

(59) Harvis Trien & Beck, P. C. v. Federal Home Loan Mortgage Corp. (*In re* Blackwood Assocs, L. P.), 153F. 3d 61, 67 (2d Cir. 1998).

(60) *In re* Kaiser Steel Corp., 74B. R. 885, 887 (Bankr. D. Colo. 1987).

(61) 3 Collier on Bankruptcy ¶331.03 [1] [b].

(62) 3 Collier on Bankruptcy ¶331.03 [1] [a]. 立法過程においても倒産手続終結前に報酬を支払う余地があることを認めている（H. R. Rep. No. 595, 95th Cong., 1st Sess. 330 (1977); S. Rep. No Rep. No. 989, 95th Cong., 2d Sess. 41-42 (1978); S17, 408 (daily ed. Oct. 6, 1978).）。

(63) *In re* Commercial Consortium of Call., 135B. R. 120, 123-124 (Bankr. C. D. Cal. 1991).

(64) 一九九八年から二〇〇七年に更生計画が承認された四二四件中、ワールドコム、エンロンなどの大規模公開会社（一九八〇年当時に会社資産が一〇〇万ドルを超え、倒産手続開始前三年以内に会計報告を公正取引委員会に提出している会社）一〇二件の裁判所の記録調査などから専門家の報酬を分析している（L. LoPucki and J. Doherty, *Routine Illegality in Bankruptcy Court, Big-Case Fee Practices*, 83 Am. Bankr. L. 423 (2009); L. LoPucki and J. Doherty, Professional Fees in Corporate Bankruptcies (2011).）。同様の問題点を指摘している見解として、S. Lubben, *The Chapter 11 Attorneys*, 86 Am. Bankr. L. J. 447 (2012); N. Rapoport, *Rethinking Professional Fees in Chapter 11 Cases*, 5J. Bus and Tech. L. 263 (2010) なども参照。

(65) M. Bienenstock, S.Trum, J. Chuback, and T. Jeffries, *Response to "Routine Bankruptcy Court, Big-Case Fee Practices"*, 83 Am. Bankr. L. J. 549 (2009).

(66) Amended General Order M-219 (Bankr. S. D. N. Y. Mar. 21, 2008).

(67) L. LoPucki and J. Doherty, *supra* note 64, at 216; L. LoPucki and J. Doherty, Routine Illegality Redux, 85 Am. Bankr. L. J. 549 (2011).

(68) L. LoPucki and J. Doherty, *supra* note 64, at 236. 裁判所は、清算か更生か、手続開始の前後を問わず、報酬の合理性を精査する権能を有している（倒産規則二〇一七条ⓑ）(3 Collier on Bankruptcy ¶329.03 [1] [d].)。

(69) L. LoPucki, *Courting Failure: How Competition for Big Cases is Corrupting the Bankruptcy Courts*, 124 (2005).

(70) Guidelines for Reviewing applications for Compensation and Reimbursement of Expenses Filed Under 11 U. S. C. 330, 28C. F. R. pt 58, app. A. 一九九四年一〇月二二日以後に開始された全ての倒産事件に適用されるが、二〇一三年一〇月一日以後に開始された大規模第一一章事件は除外される。

(71) Appendix B Guidelines for Reviewing Applications for Compensation and Reimbursement of Expenses Filed Under United States Code by Attorneys in larger Chapter 11 Cases, 28C. F. R. pt. 58, app. B. 二〇一三年一一月一日から施行されている。

(72) ガイドラインの詳細に関して J. Silas "Si" Hopkins, III, *Effective Review of Compensation in Large Bankruptcy Cases*, 88 Am. Bankr. L. J.

127（2014）を参照。

（73） アメリカ連邦倒産法第一一章手続におけるその他の監督機関に関しては、玉井裕貴「『ＤＩＰ型』再建手続における監督メカニズム」慶應法学二八号二二七頁（二〇一四）など参照。

四　おわりに

民事再生手続における再生債務者代理人の業務は、再生債務者の二面性から手続受任後から民事再生手続開始決定まで（狭義の申立代理人）と手続開始決定後再生手続終結までに二分されるので、再生債務者代理人の報酬についても同様に考えられる。前者に関し手続開始決定後再生債権として弁済が禁止され、計画の遂行によって満足を受ける地位にあり、後者に関し共益債権（民再一一九条）として随時弁済される。

再生債務者代理人は、業務を適正に反映するように再生債務者に報酬を請求すべきである。

監督委員は、再生債務者代理人に関し再生計画策定に向けて、別除権者及び大口債権者との交渉を適切に行っているかなど適正な業務が行われているかを必要に応じて調査するだけではなく、手続開始決定前・後の資金繰りや資金の調査を行う中で、再生債務者代理人の報酬などについて適正であるかを監督する必要がある。特に、Ｍ＆Ａを念頭に再生手続を進めている場合に再生債務者代理人等の専門家報酬がその役務の提供と合理的均衡を失する場合には、専門家報酬を一部返還させるなどの是正措置をとり、必要があれば、否認を申し立てることも検討すべきである。

再生手続終了後に破産手続が開始した場合に、手続開始決定後再生手続終結までの再生債務者代理人の報酬は、財団債権（同二五二条六項）となるが、再生債務者及び同代理人は、財団債権に関して、管財人に協力するとともに、再生債務者代理人の報酬も明示し、その役務の提供と合理的に均衡するかを精査できるようにすべきである。結果的に再生の目的が果たせなかったからといって、直ちに再生手続の申立て及び再生債務者代理人の報酬が全て合理性を欠くことにはならない。

記録調査からも再生債務者代理人の具体的な報酬は、監督委員及び管財人のように明らかではないようであるが、[74]再生債務者は、特に再生手続開始前までの再生債務者の代理人の報酬の相当性につき、必要に応じて、第三者の意見を仰ぐべきであり、再生債務者代理人は裁判所や監督委員に業務内容及び報酬を積極的に開示すべきである。

再生債務者の代理人報酬が合理的であるか否かを論ずることは極めて困難であるが、債務者会社の規模、再生債務者代理人の業務内容、業務に要する時間及び実務経験等を勘案して、個別に判断すべきである。アメリカにおいてもＤＩＰ債務者代理人の報酬の合理性と倒産手続に要する時間と費用をどのように担保するかをめぐって議論があり、大規模第一一章事件では、必要に応じて第三者機関を設けて、裁判所が合理的な報酬を判断するのに協力し、倒産手続の一貫性、予見可能性及び透明性を実現しようとしている。

我が国においては、監督委員が再生債務者代理人の業務内容及び報酬を監督すること、再生債務者代理人の具体的な業務と報酬に関し、倒産専門の弁護士と裁判所の協議で、指針を示していくことが望ましい。

裁判所は、監督委員を通じて、再生債務者の業務及び財産の管理状況を把握するだけではなく、再生債務者代理人が倒産実務に精通していない場合には、業務及び報酬が適正であるか監督すべきである。[75]

（74） 山本和彦＝山本研編・前掲注（2）には、再生債務者代理人の報酬に関する言及はないようである。

（75） 中本敏嗣「民事再生事件処理における裁判所の関与の在り方」田原睦夫先生古稀・最高裁判事退官記念・現代民事法の実務と理論（下）（二〇一三）五四四頁参照。

民事紛争・手続一般

名誉毀損訴訟

——疑い報道・紛争報道と真実証明の対象

秋山幹男

一　はじめに
二　名誉棄損の判例法理とその趣旨
三　疑い報道・紛争報道と真実証明の対象

一　はじめに

報道機関が、特定の人物や団体について特定の事実の存在が疑われることを指摘し、社会に問題提起を行う場合がある。そのような指摘が名誉毀損の不法行為に該当するとして、損害賠償請求や謝罪広告掲載請求の訴えが提起された場合、わが国の確立した判例法理（後掲）では、それが公共の利害に関する事実で、もっぱら公益を図るため報道したもので、摘示した事実の重要な部分について真実であることが証明されたときは違法性がなく、また、真実と信じるについて相当な理由があるときは故意・過失がなく、不法行為は成立しないとされている。そして、摘示事実が何であるとされるかは、真実証明の対象を決めることになり、名誉毀損訴訟において、不法行為の成否に大きな影響を及ぼす要素となる。

そして、特定の人物等について特定の事実の存在が疑われると指摘した場合、裁判所は、新聞記事等が摘示した事実（＝真実証明の対象）は、「疑い」ではなく、疑いとして示された事実そのものとすることがある。このような判断は、報道機関が、特定の事実が存在する疑いがあることを指摘し、社会に問題を提起することについて制約を課すこととなる。他方で、疑いのレベルで真実性や真実相当性が立証できれば疑惑報道ができるとした場合には、報道される側の人々の人格権を不当に侵害することにならないかという問題が生じる。

本稿では、これまであまり議論されて来なかった疑い報道と真実証明の対象について考察してみたい。あわせて、同じように真実証明の対象が何であるかという問題がある紛争報道や中立報道と真実証明の対象についても触れてみたい。

二　名誉毀損の判例法理とその趣旨

1　名誉毀損の不法行為責任に関する法理

すでにわが国において確立されている名誉毀損の不法行為責任に関する判例法理は次のとおりである。

(1)　一定の新聞記事の内容が事実に反し名誉を毀損すべき意味のものかどうかは、一般読者の普通の注意と読み方とを基準として判断すべきである。(1)

(2)　名誉を害する報道であっても、それが、公共の利害に関する事実に係り、もっぱら公益を図る目的に出た場合で、摘示された事実が真実であることが証明されたときは、違法性がなく、不法行為は成立せず、真実であることが証明されない場合でも、行為者においてその事実を真実と信ずるについて相当の理由（真実相当性）があるときは故意または過失がなく、不法行為は成立しない。(2)(3)

(3)　真実性を証明すべき事実の範囲については、記事に掲載された事実のすべてにつき細大もらさず真実であることまでの証明を要するものではなく、事実の重要（主要）な部分について真実であることが証明されれば足りる。(4)

(4)　また、名誉を害する報道が単なる事実の指摘ではなく、意見・論評である場合については、いわゆる「公正な論評」の法理が判例上確立されており、公共の利害に関する事項につき、もっぱら公益を図る目的によるもので、論評の前提をなす事実がその重要（主要）な部分において、真実であるか、少なくとも、真実であると信ずるにつき相当の理由がある場合は、不法行為は成立しない。(5)

2　名誉毀損の不法行為責任に関する法理の趣旨

以上の法理は、いうまでもなく、表現の自由・報道の自由と個人の名誉・信用の保護との調和を図ったものである。

最大判昭和六一・六・一一民集四〇巻四号八七二頁（北方ジャーナル事件判決）は、「主権が国民に属する民主制国家は、その構成員である国民がおよそ一切の主義主張等を表明するとともにこれらの情報を相互に受領することができ、その中から自由な意思をもって自己が正当と信ずるものを採用することにより多数意見が形成され、かかる過程を通じて国政が決定されることをその存立の基礎としているのであるから、表現の自由、とりわけ公共的事項に関する表現の自由は、特に重要な憲法上の権利として尊重されなければならないものであり、憲法二一条一項の規定は、その核心においてかかる趣旨を含むものと解される。」と判示している。

すなわち、表現の自由は民主主義社会の基礎をなすものであり、表現の自由は他の基本的人権よりも優越的地位を占めるものとして特に強く保障されなければならず(6)、とりわけ公共的事項に関する表現の自由は、一層強く保障されなければならないものである。

また、最大決昭和四四・一一・二六刑集二三巻一一号一四九〇頁（博多駅取材フィルム提出命令事件決定）は、「報道機関の報道は、民主主義社会において、国民が国政に関与するにつき、重要な判断の資料を提供し、国民の『知る権利』に奉仕するものである。」と判示しており、報道機関の報道の自由は、国民の知る権利を実現するものとして最大限に保障されなければならない。

このように、公共的事項に関する表現の自由・報道の自由は最大限に尊重されなければならないものであるが、名誉毀損に関する前記判例法理は、名誉毀損の責任を負わされることを恐れて、公共の利害に関する事項についての自由な言論や報道が差し控えられ、言論や報道の「自己検閲」あるいは「萎縮効果」が生ずるのを防止しようとするものである（北方ジャーナル事件最高裁大法廷判決の谷口正孝裁判官の補足意見参照）。

したがって、前記法理を適用するについては、「要件は、『表現の自由』に対する萎縮的効果はその『優越的地位』に鑑み可及的に除去しなければならないという要請に適合するよう解釈されなければならない(7)」。

3　アメリカ合衆国における名誉毀損の判例理論

広く知られているように、一九六四年のニューヨークタイムズ対サリヴァン事件判決(8)において米国連邦最高裁は、公務員の職務行為に対する批判が名誉毀損として訴えられたケースにつき、「公的論点に関する論争は、制約されず、激しくかつ広く開かれたものでなければならない」「自由な論争においては誤った陳述は不可避であり、表現の自由が生存するのに必要な息づく場所を持つためには、それは保護されなければならない」と述べたうえで、「公務員が公務上の行為に関して、虚偽によって傷つけられた名誉を回復するには、その報道が「現実的悪意」(actual malice)を持って行われたことを証明する必要がある、というのが憲法上の保護から得られる準則であると考える。つまり、それが虚偽であることを知っていたかあるいは真実であるか否かを無視して行ったことを立証しなければならない。」とした。すなわち、「現実的悪意」をもって行ったことが立証されない限り公務員批判の言論が結果的に虚偽であったとしても免責されるとしたのである。

このニューヨークタイムズ・ルールは、その後、公務員ではないが公的関心問題の渦中の人物、いわゆる公的人物(public figure)に関する公的事項についての言論にも適用されるに至っている(9)。また、一九八六年四月二三日、米国連邦最高裁は、フィラデルフィア新聞社対ヘップ事件判決において、私人に関するものであっても公的関心事についての記事の名誉毀損が問題とされる場合においては、記事の真実性についての立証責任は私人たる原告に負担させるべきであると判示し、立証責任が被告側にあると定めた州法の規定を違憲とした。その理由は、報道機関側に記事の真実性の立証責任を負わせることは言論の萎縮をもたらし、言論の自由の保障に反するというものである(10)。

このように、米国では、公共の利害に関する事項についての言論につき、真実性の立証責任を原告側に負わせ、名誉毀損が成立する場合を厳しく限定し、「自己検閲」や「萎縮的効果」によって社会的問題に関する言論の自由が損なわれることのないよう配慮している。

(1)　最判昭和三一・七・二〇民集一〇巻八号一〇五九頁。

（2） 最判昭和四一・六・二三民集二〇巻五号一一一八頁。

（3） 伊藤眞教授は、この真実相当性についての最高裁判例は、事実存在の相当の蓋然性を証明主題としたものであると指摘しておられる（伊藤眞「証明度(1)――ルンバール事件」［判例から学ぶ］民事事実認定（二〇〇六）一一頁）。最高裁判例は、真実相当性は故意・過失の問題であるとしているが、結果的には真実性についての証明度を軽減したものといえる。取材記者は、報道にかかる当該事実を直接体験した人などの証言をもとに記事を書くが、訴訟になった場合は、取材源の秘密を守る必要などから、事実を直接体験した人の証言により立証することができないことも多い。真実相当性の法理は、高度の蓋然性をもって立証することが困難な場合があるという報道の実情を考慮したものといえる。なお、真実相当性を「誤信相当性」ということがあるが、実際の訴訟においては、真実相当性が認められる場合というのは、報道後に真実でないことが判明したという場合もあるが、高度の蓋然性をもって真実だと判断するまでには至らないが、真実性について相当程度の蓋然性があるという場合も多い。したがって、真実相当性を誤信相当性ということは妥当ではないと思われる。

（4） 最判昭和五八・一〇・二〇裁判集民事一四〇号一七七頁、最判平成元・一二・二一民集四三巻一二号二二五二頁。

（5） 前掲注（4）最判平成元・一二・二一、最判平成九・九・九民集五一巻八号三八〇四頁。

（6） 芦部信喜編・憲法2人権(1)（一九七八）四五九頁。

（7） 佐藤幸治・憲法〈第三版〉（一九九五）五二六頁。

（8） New York Times Co. v. Sullivan, 376 U.S. 254 (1964).

（9） カーチス出版社対バッツ事件の一九六七年の連邦高裁判決等。

（10） The United States Law Week 54 LW4374、中谷実「企業についての誤った信用情報と名誉毀損」判タ六一一号（一九八六）一二六頁。

三　疑い報道・紛争報道と真実証明の対象

1　わが国の判例法理の問題点と真実証明の対象

(1)　真実性の立証責任　　わが国では、前記のとおり、名誉毀損訴訟において、真実性の立証責任は被告のメディア側が負うこととされている。わが国でも、真実性の立証責任は原告側が負うべきであるとする学説がある。[11] また、米国と同様「現実的悪意の法理」が適用されるべきであるとの主張は、わが国の名誉毀損訴訟においてもなされてきたが、裁判所はこれを退けてきた。[12]

(2) 表現の自由・報道の自由の息づく余地　真実性の立証責任を被告メディア側に負わせているわが国の判例法理においては、表現の自由・報道の自由の〝息づく余地〟は、①真実性の証明は摘示した事実の重要な部分についてなされれば足りるとしている点と、②真実性が証明されない場合でも摘示した事実が真実であると信じたことに相当な理由がある場合は故意・過失がなく不法行為責任を負わないとしている点の二点である。①については、重要な部分であるか否かの判断基準を明確に示した判例は見当たらない。②については、「真実と信ずべき相当理由」について、「特別の調査権限のない報道機関に、右裏付資料や根拠の高度の確実性を要求することはできない。……報道の自由を損なわないよう配慮すべきであるから、前記相当の理由については報道機関をして一応真実であると思わせるだけの合理的資料又は根拠があれば足りると解される。」とする裁判例があるが、[13] 裏付け取材が不十分であるとされる場合も少なくない。

(3) 摘示事実のとらえ方（真実証明の対象）

ア　真実性や真実相当性の立証は、記事が摘示した事実についてなされなければならないことになるが、名誉毀損訴訟の実際においては、記事が原告の社会的評価を低下させるいかなる事実を摘示したのかが具体的に問題となる。この摘示事実のとらえ方は、これによって被告が真実性について立証責任を負う範囲が決まることになり、訴訟の勝敗に大きな影響を及ぼすことになる。そのとらえ方によっては、表現の自由・報道の自由の〝息づく余地〟をなくしてしまいかねない（記事が事実を摘示したものとするか、意見を表明したものとするかについても、真実証明の要否あるいはその範囲が異なることになることから同様の問題がある）。

イ　新聞や雑誌の記事などが、いかなる事実を摘示したとみるべきかについては、前記のとおり判例は、「一定の新聞記事の内容が事実に反し名誉を毀損すべき意味のものかどうかは、一般読者の普通の注意と読み方とを基準として判断すべきである」[14]としており、この判例に照らすと、一般読者の普通の注意と読み方を基準として判断することになる。

近時の裁判例には、一般読者の受ける「印象」を基準とするとするものもある。しかし、「印象」という言葉は、記事が言葉によって表現した事実を超えた漠然としたものあるいは主観的受け止めを包含することになりかねず、表現者が予期しなかった事実についても真実性の立証責任を負わせることになりかねない。したがって、「印象」を基準として判断するとするのではなく、一般読者の普通の注意と読み方を客観的に判断すべきものと考えられる。

テレビ朝日所沢ダイオキシン報道訴訟の控訴審判決[15]は、「一般視聴者がテレビ報道を視覚と聴覚でとらえたことによって受ける印象は千差万別であ（る）」「国民一般の健康に対する影響等の高度の公共の利害に関する事項についての専ら公益を図る目的に出た報道がなるべく速やかに視聴者に届き、国民一般の間で自由な意見交換と健全な世論形成が行われることの重要性と有意義さ（中略）に照らすと」「テレビ報道においても、（中略）印象そのものではなく、（中略）明確に表示されたところから一般視聴者が通常受け取る事実ないし論評が、真実性の立証の対象になると解するのが相当である。」との注目すべき判断を示し、放送の趣旨からすると、所沢市で栽培された野菜を調査したところ一g当たり三・八〇pgTEQのダイオキシン類が検出されたことが摘示事実であるとし、その重要な部分につき真実性の証明があったとした。ところが、この事件の上告審判決[16]は、前掲最判昭和三一・七・二〇の基準によるとしつつ、テレビ放送の特質を指摘したうえで、映像および音声に係る内容並びに放送内容全体から受ける印象等を総合的に考慮して判断すべきであるとし、この判断基準のもとで、「所沢産の葉物野菜が全般的にダイオキシン類による高濃度の汚染状態にあり、その測定値が一g当たり『〇・六四〜三・八〇pgTEQ』もの高い水準にある」ことが摘示事実であるとし、真実性の証明はなされていないとした。この放送は、ダイオキシン汚染が問題となっていた所沢地区において、JA所沢が農作物に対する調査をしたのに公表せず、国や県も調査をしていないことが国会などで問題として指摘されていた中で、環境総合研究所が調査した農作物から高濃度の数値が検出されたことを伝え、今後行政なり、みんなが本気になって考えないといけない値ではないか、と問題提起をしたものであった。「印象」をもとに、所沢地区が「全般的に」高濃度汚染であることの立証を求めた最高裁判決は、全般的調査がなされていない中では、およそ不可能を強いるものであった。

2 紛争報道・中立報道と摘示事実（真実証明の対象）

(1) 民事訴訟が提起されたことおよび両当事者の主張の内容を中立的に紹介する場合は、当事者が主張している事実が真実であるとするものではないので、摘示事実（真実証明の対象）は、訴訟が提起されたことと、当事者が当該主張をしていることであるとされている[17]。

しかし、訴訟が提起されたことを報道する場合でも、原告側の主張の紹介の仕方によっては、原告の主張事実が真実であるとした記事であるといわざるを得ないことがあり、そのような場合は、原告主張の事実そのものが真実証明の対象となる。

(2) 訴訟に限らず、社会に生起する紛争について、紛争が起きていることおよび当事者双方の主張の内容を中立的に紹介する場合（紛争報道・中立報道）にも、摘示事実は、当該紛争があり当事者が当該事実を主張していることであり、当事者の主張内容が真実証明の対象となるのではないことになる。このような裁判例も少数だがある。

仙台地判平成一七・一二・一二日判例集未登載は、筋弛緩剤投与刑事事件について刑事被告人と対立する立場にあるクリニックの医師へのインタビューを掲載した週刊誌の記事について、「ある事柄について意見の対立がある場合に、対立当事者双方の意見を公表することが有益と考えられるときには、両者の意見を紹介することにより、民主主義社会を構成する個々の市民にその紛争についての的確な判断を下す材料を提供するという意味で、紛争当事者の主張をそのまま紹介することも許される。すなわち、紛争が公共の利害に関する事実に係り、かつ、その報道の目的が専ら公益を図ることにあったと認められる場合、紛争報道としての公正中立性を維持しているものと理解されるときには、当該記事は、報道された紛争当事者の見解を公表したものと解されるから、当該見解の存在自体を立証すれば足りると解される。他方、これを超えて、記事の内容が当事者の主張する事実を引用しながら自己も同様の意見を表明していると読めるときには、当該引用事実自体の真実性ないし真実であることを信ずるにつき相当であると認められる事情を立証する責任があるといわざるを得ない。」との判断を示し、本件記事は公正中立性を維持しつつ紛争当事者の見解を伝えたものであり、当該見解の存在が立証されれば足りるとした。また、福岡高判平成一一・七・一六判例集未登載は、大相撲の関係団体の内紛を報道した新聞記事について、記事は、事務局長が解任され、事務局長と対立する側が会計など運用がずさんだったと解任の理由を主張し、これに対し事務局長が名誉毀損だと反論していることを認識させるもので、解任の正当性や会計処理などの運営にずさんな点があったことを認識させるものではないとし、真実証明の対象は双方が記事記載のとおり主張していることであるとした（記事は、当事者双方の主張を見出しに併記していた）。

米国の名誉毀損訴訟でも、「中立的な報道」（neutral report）の法理があり、公共の論議の的となる問題について、告発がなされていることを、中立的に報道した場合は、免責されることがある。[18]

3 疑い報道と摘示事実（真実証明の対象）

(1) 問題の所在　「誰々が、○○を行った疑い（疑惑）がある」との報道がなされることがある。このような場合に、裁判所は、「○○を行った」との事実が摘示されたとして、疑いの対象として指摘した事実について真実証明を求めることがある。これは、報道の具体的なされ方から、普通の読者の通常の注意と読み方を基準とすると、「○○を行った」との事実を伝えるものと判断されるとしたことによるものと考えられるが、その背景には、「疑い」や「疑惑」があると報道する場合でも、人の名誉を毀損する事実を報道する以上、当該事実が真実であることについて確たる根拠がなければならないという考え方があるように思われる。

しかし、ある事実が存在する疑いがあるということが公共の利害に関する事実に該当し、疑いがあることを伝えることに社会的必要性がある場合が存在することは否定できない。このような場合は、ある事実が存在する疑いがあることを摘示した場合は、真実証明の対象は、当該事実が存在する疑いそのものでなければならないと考えられる。

(2) 逮捕報道と摘示事実（真実証明の対象）　犯罪の容疑があることを公表した場合は、真実性・真実相当性の証明対象事実は、当該犯罪の嫌疑があることとされている。[19] 東京地判平成五・一二・二〇判時一五一一号一〇五頁は、犯罪の容疑で逮捕された被疑者について、妻に偽装工作を指示し、偽装工作が行われた疑いがあるとの印象を読者に抱かせるという事案について、偽装工作についての合理的疑いの存在を証明すれば、真実性の証明があったものと解するのが相当であるとしている。また、大阪地判平成一四・九・三〇判タ一一四四号一九一頁は、犯人隠避被疑事件について大阪府警がA農場を捜索した事実とともに、A農場が日本赤軍に国内活動を支援した疑いがあると府警が見ていると報じた事案について、真実証明の対象は、支援したことではなく、支援したとの合理的な嫌疑が存在したことであるとしている。

このように、犯罪報道については、犯罪の嫌疑があることを報道したにすぎない場合は、真実証明の対象は、犯罪の疑いがある事実とされている。ただし、犯人であると断定するような表現を付加したり、犯人であることを前提とした事実を付加した場合は、罪を犯したという事実が真実証明の対象とされる。

(3) 高度の公共性を有する事項についての疑い報道と摘示事実（真実証明の対象）

ア　東京高裁平成一四年判決　　公職者に関する疑い報道について真実性の証明責任を実質的に軽減したものとして、東京高判平成一四・五・二三判時一七九八号八一頁（東京高裁平成一四年判決）がある。

（事案の概要）

控訴人新聞社は、その発行する新聞に、「脱税」「四四〇〇万円」「『時効』の怪」「現職県議」「〇〇氏（被控訴人の実名）」との見出しを掲げ、同見出しの左に被控訴人の顔写真を掲載したうえ、「不況の中で重税に苦しんでいる庶民をシリ目に、県会議員が四四〇〇万円も税金を滞納（脱税）し、『時効』ということで法の網の目をくぐっている――そんな驚くべき実体を告発した文書が出回っている。」との内容の記事を掲載した。

（裁判所の判断の要旨）

(i) 本件記事は、①市県民税等を滞納し、時効によりその支払いを免れたという事実を前提に、②被控訴人が何らかの偽計、その他の不正行為を用いたとの事実を言明するとともに、③その経緯事実や周辺事実から、控訴人が偽計、その他の不正行為を用いた疑いがあるので、その疑いについて徹底的に真相を究明すべきことを論評として意見表明しているものである。①は争いがない事実であるが、②は真実と認めるに足りる十分な証拠はなく、真実と信じるについて相当な理由も認められない。

(ii) しかし、当該事実および意見ないし論評が、公職にある者、公職に就こうとしている者、とりわけ国民による選挙等によって公の活動の場にその地位を得ようとする議員ないしその立候補者にかかる事柄である場合には、民主的政治の土台としての表現の自由・報道の自由が最大限に尊重されるべきであるから、その者の公的行動は、更なる批判的追究にさらすため、できる限り公開されることが必要であり、新聞等マスメディアは、国民がそれらの者の公職者としての能力、資質、公共奉仕精神、廉潔性等人格的側面も公職者として適格性を議論したり、吟味できるようプライバシーにわたる生活行動部分も報道することが許されるべきであり、真実性のある表明事実を主要基礎とし、その経緯事実や周辺事実から推論した表明事実について、真実であること、真実であると信ずるについて相当な理由があることの完全な証明がなくても、疑念、疑惑として合理的な根拠があり、国民、政党、議会等あるいは司直の手によって今後の更なる真実究明をする必要があることを社会的に訴えるために、これを意見ないし論評として表明することは民主的政治の維持のために許容されるべきであり、これを報道することは違法性を欠くものと解すべきである。

(iii) 資産が十分あるにもかかわらず税金を滞納しており、滞納の経緯によれば、詐言を用いて徴収をせん延させたものと推認する余地も十分にあり、市議会議員ないし県議会議員としての地位を威勢として利用し市職員が強制的手段をとることを躊躇させた疑いが濃い。これらを総合すると、被控訴人が何らかの偽計、その他の不正行為により納税を免れているとの疑惑を抱かれても仕方がない状況にあるというほかない。本件記事は、県議会議員となっていた被控訴人の不可解な税逃れの疑いについて、その事実経過も含め徹底的に解明される必要があるとの内容であって、被控訴人の県議会議員としての資質、見識や公共奉仕精神、廉潔性等の人格にかかわる事項といえる。

(iv) 本件記事については、当該行為が公共の利害に関する事実にかかり、かつ、その目的が専ら公益を図ることにある場合であって、偽計、その他の不正行為の疑惑を抱いたとしてもやむを得ない程度の合理的な理由があるといえ、個人的害意による人格攻撃に及ぶなどのものとも認められないので、被控訴人が、その新聞報道において、偽計、その他の不正行為により納税を免れたとの疑惑として「脱税」との見出しを掲げること自体に事実表明として違法性があるとまではいえないし、公正な論評としても許容されないものであるとまでいえない。

イ　東京高裁平成一四年判決の評価　本東京高裁判決は、公職者や公職の候補者等の事柄については、真実性のある表明事実（税金を滞納し時効により支払い義務を免れていること）を主要基礎とし、その経緯事実や周辺事実から推論した事実（何らかの偽計ないし不正行為により納税を免れたこと）について、真実性や真実相当性の完全な証明がなくても、疑念、疑惑として合理的な根拠があり、国民、政党、議会等あるいは司直の手によって今後の更なる真実究明をする必要があることを社会的に訴えるために、これを意見ないし論評として表明することは民主的政治の維持のために許容されるべきであり、これを報道することは違法性を欠くものと解すべきであるとしている。公職者等批判の報道の自由が民主主義社会の基礎であることを踏まえた注目すべき判断である。

この判決は、本件記事は「何らかの偽計ないし不正行為により納税を免れた（事実）」を摘示したとし、これについては真実証明がなく真実相当性も認められないとしたうえで、「何らかの偽計ないし不正な行為を用いた疑いがあるので、その疑いについて真相を究明すべきこと」を論評として意見表明しているとし、論評に違法性はないとしている。

しかし、最高裁の前記判例法理によれば、論評の基礎となる事実について真実性や真実相当性が認められなければ、論評は違法となるはずである。確立された判例法理との関係では、本件記事は「何らかの偽計ないし不正な行為を用いた疑いがある」との事実を摘示したもので、疑いがあることについて真実性または真実相当性があり、当該事実を前提とした論評には違法性がない、としたほうが従来の判例法理との整合性がとれたのではないかと思われる。

ウ　高度の公共性を有する事項についての疑い報道と真実証明の対象　　そして、本判決の趣旨を踏まえれば、公職者等に関する事実について疑念や疑惑を指摘した場合は、摘示事実は「疑いのあること」であり、真実性や真実相当性の証明対象も「疑いがあること」であるとすべきものと考えられる。

また、このような判断は、公職者等に関する事柄に限らず、公共性が高い事項についても当てはまると考えられる。前記のとおり、ある事実の存在が公共性が高いゆえに、当該事実が存在する疑いがあるということ自体が公共の利害に関する事実に該当し、疑いがあることを伝えることに社会的意義があるのであれば、疑いを摘示する報道や表現の自由は保障されなければならないからである。

したがって、ある事実の存在の疑い自体が高い公共性を有する場合には、真実証明の対象は、当該事実が存在する疑いそのものとすべきと考えられる。

名誉毀損行為の違法性が摘示された事実の真実性を証明することにより否定されるのは、当該事実が現に存在すれば、その摘示による社会的評価の低下も受忍すべきであるとの価値判断があるからで、疑惑報道についても真実証明の対象は疑いではなく疑惑の対象として指摘された事実の真実性であるとする裁判例があるが（後記東京高裁平成一七年判決）、公職者の疑惑など、公共性の高い事項について事実の存在が疑われること自体が公共の利害に関する事実に該当する場合には、疑いの報道を受忍すべきであり、真実証明の対象は「疑い」そのものとすることは不当ではないと考えられる。

なお、表現行為の公共性が高度であることに着目して、摘示事実のとらえ方や真実性の証明責任、真実相当性の判断基準を示した裁判例がある。(20)

エ　東京高裁平成一七年判決　同じく公職者の疑い報道と真実証明の対象に関する裁判例として、東京高判平成一七・五・三一判時一九六八号一三九頁（東京高裁平成一七年判決）がある。

同判決は、公職者の疑惑を追及する週刊誌の記事について「そもそも、名誉毀損行為の違法性が摘示された事実の真実性を証明することにより否定されるのは、当該事実が現に存在すれば、その摘示による社会的評価の低下も受忍すべきであるとの価値判断があるからであり、いわゆる疑惑報道においても、疑惑の対象として指摘される事実が真実であるならば、あるいは、特定の事実の証明の困難度との相関の下で疑惑と評価し又は推論する過程に合理性が認め得るならば、その報道を受忍すべきであるということはできても、疑惑が存在するに至った経緯には様々なものがあり、本人の全く関知しないところで、風評や憶測から疑惑として醸成されることもあるのであって、そのような場合にまで、疑惑が存在するからといって、一律に、社会的評価の低下を受忍すべきであるとすることは、報道の自由の確保に急な余り、個人の名誉の保護に欠けるものとして、首肯できない。以上のように解しても、上記の報道の目的を図る上で支障を生じさせ、真摯な内容を伴う疑惑報道を萎縮させ、その意義を没却することに連なるものではない。なぜならば、ある特定の事実について合理的疑いを残さないほどに確証を得るまでに至らないものの疑わしい程度にまでの証明を得ている場合において、疑惑の追及を全く許さないものではなく、疑惑の対象として指摘される事実について、真実性の立証ができず、違法性の阻却が認められない場合にあっても、真実であると信じたことについて相当性がある場合には、故意又は過失が阻却されるのであり、あるいは、特定の事実の重要な部分についての証明が諸般の事情から困難と認め得る場合にあって、疑惑と評価し又は推論する過程に合理性が認め得るときにも、真実であると信じたことについて相当性があると認められる余地も十分にあり得るからである。」としている。

この判決は、公職者の疑惑報道の真実証明の対象は疑惑の対象として指摘された事実そのものであるとしても、その真実性について証明ができない場合でも真実相当性が認められる余地があるから、疑惑報道を萎縮させることはないとしたものと理解される。しかし、真実証明の対象を疑惑の対象とされた確定的事実としたのでは、当該事実が存在することの「疑い」について真実相当性があることを証明してもなお違法とされてしまうので、公職者等の疑い報道の自由を適切に保障することにはならないと思われる。

（11）松井茂記・マス・メディアの表現の自由（二〇〇五）一〇二頁。
（12）現実的悪意の法理を採用した唯一の裁判例として、日本共産党対サンケイ新聞社間の反論権訴訟の東京地裁昭和四九年五月一四日決定・判例時報七三九号四九頁がある。この決定は、政党の高度な公共性に鑑み、その政策や政治的姿勢に対する論争批判等は、たとえ当該政党の名誉を毀損する場合であっても、（一）これが故意にもしくは真偽についてまったく無関心な態度で虚偽の事実を公表することによってなされたことまたは（二）その内容や表現が著しく下品ないし侮辱・誹謗・中傷的であって社会通念上到底是認し得ないものであることが立証されないかぎり違法と評価しえないものと解するのが相当であるとしている。
（13）大阪地判昭和五九・七・二三判時一一六五号一四二頁、同旨東京高判昭和五三・九・二八判時九一五号六二頁、東京地判平成八・二・二八判タ九一九号一九三頁。
（14）前掲注（1）最判昭和三一・七・二〇。
（15）東京高判平成一四・二・二〇判時一七八二号四五頁。
（16）最判平成一五・一〇・一六民集五七巻九号一〇七五頁。
（17）福岡高判平成七・一二・一五判タ九一二号一九〇頁は、妻がオウムに入信し子を連れて家出し教祖により監禁状態に置かれたとして損害賠償訴訟を提起する予定であることを報道した新聞記事について、夫主張の事実があるとしたものではないとして、記事の真実性を認めている。また、東京高判平成一八・八・三一判時一九五〇号七六頁は、患者が医師に対しセクハラや名誉毀損等を理由に提訴したとの新聞記事について、提訴がなされたことが真実証明の対象であるとしている。
（18）奥平康弘・ジャーナリズムと法（一九九七）二〇一頁以下。
（19）大阪高判昭和二五・一二・二三高刑特一五号九五頁。

(20) 前掲注(15)東京高判平成一四・二・二〇。前掲注(12)東京地決昭和四九・五・一四。大阪高判平成二〇・一〇・三一判時二〇五七号二四頁は、沖縄戦での守備隊長の住民に対する自決命令について記載した書籍について、「高度な公共の利害に関する事実に係り、かつ、もっぱら公益を図る目的で出版された書籍について、発刊当時はその記述に真実性や真実相当性が認められ、長年にわたって出版を継続してきたところ、新しい資料の出現によりその真実性等が揺らいだというような場合にあっては、(中略)①新たな資料等により当該記述の内容が真実でないことが明白になり、他方で、②当該記述を含む書籍の発行により名誉等を侵害された者がその後も重大な不利益を受け続けているなどの事情があり、③当該書籍をそのまま発行し続けることが、先のような観点や出版の自由などとの関係などを考え合わせたとしても社会的な許容の限度を超えると判断されるような場合があり得るのであって、このような段階に至ったときには、当該書籍の出版をそのまま継続することは、不法行為を構成すると共に、差止めの対象にもなると解するのが相当である。」としている。

手続的ユス・コムーネの再生

貝瀬幸雄

一　序　言
二　法史学からの貢献――ヴァン・レーのハーモナイゼーション理論
三　比較法学からの挑戦――グレンの法伝統論を中心に
四　民事訴訟法学からの応答
五　結　語

もっとも重要な課題は、古いユス・コムーネという理念を、現代世界に適合させて復活・発展させることである。……明日のユス・コムーネ（jus commune of tomorrow）は、それを提示するにあたり、国家の機能と法の概念全体に過去一五〇年の間に生じた重要な変化《トランスフォーメーション》を考慮しなければならないので、過去のユス・コムーネとは異なっているであろう。

――René David, The International Unification of Private Law (International Encyclopedia of Comparative Law, vol. II, chap. 5), p. 4-5.

すべての国家はコスモポリタン的であるという結論は、単なる宣言ではない。この結論は、国民国家（nation-state）はこれまで存在しなかったという経験的事実にもとづいている（将来も決して存在しないであろうと付け加えてもさしつかえあるまい）。それゆえ、すべての国家はコスモポリタン的なのである。これは、「国民国家」という表現をいつも用いている者には驚きであろうが、国民ないし同質的な人々の集団が国家の法的および政治的構造と一致ないしオーヴァラップするということは、これまでどこにおいても決して生じてこなかったのである。その理念の基本的にロマンティックな性質がいまや承認されつつあり、近時世界史の重要な研究書が、「国民国家は、均一の住民を創造したり、横断的な忠誠を消しさるほどの排除、追放、同化は決してできなかった」と結論づけている。マイノリティの問題はグローバルなものである。さらに、その住民と同様に、国家の法もコスモポリタン的なものである。法的コスモポリタニズムの主な手段は、普通法（common laws）、立憲主義（constitutionalism）、そして私が制度的コスモポリタニズム（institutional cosmopolitan-ism）と述べたものであった。

――Patrick Glenn, The Cosmopolitan State (2013), vii-viii.

一　序　言

「現代比較訴訟法学のライトモティーフは、訴訟制度の近接化（または『ハーモナイゼーション』）である」と、『ケンブリッジ比較法コンパニオン』に寄せた論稿「比較民事司法」においてチェイスおよびヴァラーノは指摘する。(1) 本稿は、法史学・比較法・民事訴訟法の立場から民事手続法のハーモナイゼーションの基礎理論を検討する若干の代表的論稿の紹介をこころみるものである。

（1） Chase/Varano, Comparative Civil Justice, in: Bussani/Mattei (eds.), The Cambridge Companion to Comparative Law (2012), at 210, 236.

二　法史学からの貢献——ヴァン・レーのハーモナイゼーション理論

1　民事訴訟制度のハーモナイゼーションという、このテーマについてまず挙げるべき基本的文献は、Kramer およびヴァン・レー共編の論集『グローバル化する世界における民事訴訟』（二〇一二年）(2) である。これは、二〇一〇年七月に二日間にわたって、エラスムス大学ロー・スクールとマーストリヒト大学法学研究科のジョイント・プロジェクトとしてロッテルダムで行われた研究会議《カンファレンス》の成果を収めている（編者のひとり Xandra E. Kramer はオランダ・ロッテルダムのエラスムス・ロー・スクール教授）。

2　同書の中核となるのは、ヴァン・レーの論稿「民事訴訟のハーモナイゼーション——歴史および比較のパースペクティヴから」である。ヴァン・レーは、現代世界の民事訴訟制度をコモン・ロー（法）族とシヴィル・ロー（法）族とに二分する説明はほとんどその重要性を失っているとして、同一法族内でも民事訴訟制度が大きく異なるようになってきていること（民事陪審やプリトライアル・ディスカヴァリー〔イングランドにおけるディスクロージャー。一九九九年のウルフ卿の改革以後、厳しく制限された〕の役割が英米で異なる）、異なる訴訟法族間でも差異が減少しつつあること（イングランドとヨーロッパ大陸の大部分で、裁判官は民事訴訟における積極的な事件管理者〔active case manager〕となっていること）を指摘したうえで、①内国法改正（national law reform）の結果としてのハーモナイゼーション、②訴訟制度間の競争の結果としてのハーモナイゼーション、③国際的なハーモナイゼーション・プロジェクトの結果としてのハーモナイゼーション（または意図された〔intended〕ハーモナイゼーション）の三つの類型を検討している。(3)

まず①においては次のように論ずる。㋐内国訴訟制度改革の際に比較民事訴訟法が利用されてきたため（これは、外国における経験から、特定の手続規則の現実の機能を知ることができる賢明なアプローチである）、各国の訴訟制度が類似してゆく傾向を示すことがある。(4)㋑法改革プロジェクトにあたって通常参照されるのは、訴訟の分野に限らず、法一般・経済・政治・文化において密接な接触があり、その結果として、比較的容易に実現できる例を提供できるような関係にある法域である。(5)㋒EU構成国間での法的・経済的・政治的・文化的統合は、ヨーロッパにおける民事訴訟の「自然発生的」ハーモナイゼーションないし近接化（approximation）を促す強い刺激であり、その一例が、裁判官の事件管理権限（case management power）の強化である（一九世紀末にオーストリアで発生したこの傾向が、ヨーロッパの統合の刺激を受けてEU構成国で受容されていった可能性をヴァン・レーは指摘する）。この例が示すように、自発的ハーモナイゼーションは現代世界の民事訴訟制度の重要な諸相にも及ぶ。(6)㋓「世界の各部分をより大きな実体へと法的・経済的・政治的・文化的に統合する結果をもたらす国際化とグローバリゼーションのペースが高まることによって、本節で述べたようなハーモナイゼーションが将来ますます大きな規模で生ずると期待できよう。結局、国際化とグローバリゼーションは、多数の諸国が法的・政治的・経済的・文化的領域においてますます密接に接触することを意味し、その結果として、明示ないし黙示に比較法的アプローチを採用する国家法改革プロジェクトにおいて関連のある外国訴訟モデルの数がますます増加するであろう(7)」。

次に、前掲②「訴訟制度間の競争の結果としてのハーモナイゼーション」では、「民事訴訟のための競争的な（他国に負けない）フォーラムを創造しようという願望が、その副次的効果として民事訴訟法のハーモナイゼーションをもたらすこと」を論じ、将来はこれが世界の法改革者たちの主要な目標になるであろうという。ヴァン・レーは、過去におけるこのようなハーモナイゼーションの好例として、中世ローマ＝カノン訴訟がヨーロッパ大陸民事訴訟法の基礎となることに成功したという“success story”を挙げる。すなわち、中世の教会裁判所において発達したローマ＝カノン訴訟は、（神判〔ordeals〕などを廃した）合理的な証明制度によって実体的真実を明らかにすることを目ざした書面手続を備え、訴訟の結果の予見可能性が高まったため、そちらに魅力を感じた訴訟当事者は世俗裁判所よりも教会裁判所を利用するようになった（中世においては、裁判権の重複が生じており、明示の裁判権に関するルールもなかったため、今日よりもフォーラムの選択の余地があった）。こうして失われた大量のビジネスを――支配者のプレスティージ・影響力と収益とを確保するために――回復する必要から、世俗裁判所もローマ＝カノン訴訟の諸要素を採用するようになり（ただし全面的に採用したわけではなく、ローマ＝カノン的要素と自生的要素〔indigenous elements〕とが混合した手続であった）、その結果としてヨーロッパの各裁判所の手続モデルの一定の近接化が生じた。また、現代においても、訴訟当事者はフォーラムの選択によって適用される訴訟法を間接的に選択するのであって、国際訴訟に魅力のあるフォーラムを提供することが重要であると判断する国家にとっては（国際的なビジネス共同体から、その国家は“doing business”に魅力的な場所であると評価される）、比較民事訴訟法が不可欠なのである。比較研究を通じて外国の成功した訴訟モデルを採用するので、その結果として一定の近接化が生ずる。(8)

　最後に、前掲③「意図された（ハーモナイゼーション・プロジェクトの結果としての）ハーモナイゼーション」では、ヨーロッパ規模でのハーモナイゼーションとワールドワイドな規模でのハーモナイゼーション（「国際民事訴訟原則」）を論じ、そのために比較民事訴訟法研究への関心が高まってきているとする。ヨーロッパ規模でのハーモナイゼーションとして、ヴァン・レーは以下の例を挙げる。㋐ヨーロッパ人権条約六条およびヨーロッパ人権裁判所の判例法により、ヨーロッパ評議会（Council of Europe）構成国（ＥＵ構成国でもある）は基本的手続権保障――裁判へのアクセス、公正《フェア》な審理、公開の審問、公正な証拠提出権、合理的期間内での審問、独立公平な法定裁判所での審問——を遵守しなければならず、近接化効果（approximating effect）が生ずる（ただし厳密な意味でのハーモナイゼーションではなく、国際訴訟に限られる）。㋑ヨーロッパ連合（EU）の範囲では、二〇〇九年（一二月一日発効の）リスボン条約により導入されたヨーロッパ連合運営条約（Treaty on the Functioning of the European Union）八一条が重要で、構成国の法規の近接化を含めた民事事件における司法協力を定めており、その多くの分野はすでに規則や指令によって実現されているが、これは国際事件のみを対象とする。㋒すでに一九八〇年代後半から、ヨーロッパ共同体構成国の内国訴訟法の近接化をめぐる議論がマルセル・シュトルメを長とするワーキング・グループの主導で進められ、一六項目が近接化に適すると提言された。これはEUにおける訴訟法近接化のためのモデルを提供しようとする最初のこころみであって、手続的ハーモナイゼーションの可能性をめぐる議論の火つけ役となり、次に検討するアメリカ法律協会とユニドロワによる『国際民事訴訟原則』などの他のプロジェクトに示唆を与えたもので、過小評価されるべきではない。[9] ワールドワイドな規模でのハーモナイゼーションの節では次のようにいう。㋐′比較法学者の多くがワールドワイドな規模での民事訴訟のハーモナイゼーションは不可能であるとの見解を採っていたことからすれば、前掲『国際民事訴訟原則』は偉業である。㋑′このプロジェクトの創始者であるハザードとタルッフォは、国際訴訟の場合に内国手続ルールを排除するルールの法典（a code of rules for national courts）を起草しようとしたが、一九九七年にアメリカ法律協会、二〇〇〇年にユニドロワが加わり、ある程度詳細なルールは異文化への受容が難しいので一般的な「原則」の展開にとどめることが望ましい、という見解をユニドロワが採用したために、状況が変わった。㋒′二〇〇四年に最終草案にいたり、二〇〇六年に刊行された『国際民事訴訟原則』は、シヴィル・ローとコモン・ローの要素のブレンドであり（ハイブリッドな性質）、まず第一に国際商事訴訟を対象とするが（陪審審理を求める憲法上の権利がこの領域では存在せず、各国の法伝統の拘束も弱く、国際取引・国際投資を促進する必要が高まっていることから、このように限定された）、それに限らず、(a)国内仲裁および国際仲裁の発達に影響を与える、(b)訴訟法の世界的に受容されたガイドライン・基準の一例を各国の法改革の担い手に示す、(c)自国の手続ルールおよび国際条約の解釈に際し裁判官の参考になる、(d)外国判決および外国仲裁判断の承認・執行が求められた際に、その内容を評価する基準となる、といった形での利用も可能である。(b)と(c)は、自然発生的ハーモナイゼーションないし副次的効果としてのハーモナイゼーションをもたらす。㋓′「『原則』の示す手続モデルは、国際訴訟の当事者を優遇するためのものではなく、現行の各国のあらゆる手続モデルとも適応するフレキシブルなモデルであるが、それでもより好ましいモデル（a preferred model）を『原則』は示唆している。このモデルは、プリーディング段階（事件の陳述）、中間段階（準備）、最終段階（主審問・本案弁論）の三段階から構成される（原則九）。このモデルは、ドイツ、イングランド、スペインのような多くのヨーロッパ諸国で知られており、シュテュルナーは『主審問・本案弁論モデル』（main hearing model）と呼んでいる。『原則』は積極的裁判官を前提としており（原則一四）、その点でドイツ＝オーストリア・モデルを一例として採用しているのである。このような裁判官の積極的スタンスは、外国法を含む法の争点を判定する責任を裁判所も負うことを意味する。他方で、『原則』は、訴訟当事者が事前に提示していなかったかまたは少なくとも簡潔に言及さえしていなかった新たな事実を裁判所が採用することは許されない、とする（原則一〇）。しかしながら、迅速な裁判を保障することは裁判所の責務――ある程度は当事者も共同で負担する責任（原則一一・二）――でもある（原則七・一）。アメリカ合衆国におけるようなノーティス・プリーディング（notice pleading）――プリーディング段階で、詳細な事実の主張と正確に特定された証拠方法の提出とが要求される――は定められていない（原則一一・三）。当事者のあらゆる主張は裁判所により考慮されるべきである（原則二二）。終局判決原則（principle of finality）は支持されている（原則二六）。『原則』は、費用に関するアメリカン・ルール（各当事者は自己の費用を負担するというルール）には従っていない（原則二五）。しかしながら、『原則』は『裁判所の友』（amicus curiae）を認める（原則一三）。控訴は覆審（new hearing）ではなく、第一審判決の再評価に限定される（原則二七）。『原則』は、手続に関する義務に従うことを怠り、またはそれを拒んだ当事者、弁護士、第三者に対する制裁を論じている（原則一七）」。㋔′『原則』がカヴァーしていない論点（たとえば、ウルフ改革以後のイングランドにおける訴え提起前のプロトコル〔pre-action protocols〕のような、潜在当事者間での交渉による訴え提起前の調整や、多数当事者訴訟など）もあるから、これはグローバルな規模での手続的ハーモナイゼーションの最終段階ではなく、フォロー・アップを誘うきっかけ（initiative）と考えられるべきである。(10)

ヴァン・レーは、全体の「結語」として、「民事訴訟をハーモナイズしようとするこころみが、過去数十年の間に、(民事訴訟法史を含む) 比較民事訴訟法研究を実におもしろい研究分野にした。元来比較民事訴訟法研究は、主に近隣の法域に注目しつつ自国のために新民事訴訟法典ないし改正法典を起草する、自国法の改革者の領分であったが、グローバリゼーションが比較民事訴訟法研究をより広い観客のための研究分野にしたのである。たとえば、各国の訴訟制度が訴訟ビジネスのために互いにしのぎを競い合っているように見えるところは、将来有望な研究エリアなのである。法廷地選択に関してよりいっそう可動性を増した訴訟当事者の選好（preferences）を考慮する場合に、各国は国際競争の場における自国訴訟制度の強弱を比較民事訴訟法によって評価できるようになる」と述べ、民事訴訟と(訴訟) 文化との関係を考慮することによって比較民事訴訟法研究を深化させることが可能となるし、訴訟法改革が外国訴訟モデルによってどの程度まで黙示的な影響を受けているか（implicity influenced）に注目すべきである、と今後の課題を提示する。(11)

3　この論稿は、民事手続法のハーモナイゼーションに関するヴァン・レーの議論の総決算であり、とりわけ、法史学的知見にもとづき、訴訟制度間の競争の結果としてのハーモナイゼーションが進行することを指摘した部分は圧巻であろう。ヴァン・レーは、『オックスフォード比較法ハンドブック』に「比較法と私法のヨーロッパ化」を寄稿したツィンマーマンと同様に、(12) 法のハーモナイゼーションのために法史学の成果を積極的に活用するスクールに属するのである（手続的ユス・コムーネの提唱)。

ヴァン・レーは、別稿において、イングランドにおける学識訴訟（ローマ＝カノン訴訟）の影響について比較的詳細に論じ、外国訴訟法との「モデルの交流」(相互作用）によって訴訟法族間の差異が減少して、シヴィル・ロー族とコモン・ロー族に二分する（訴訟）法族論の意義が失われている、と指摘する。ヴァン・レーは、比較法を通じた国内法改正、訴訟制度間の国際的競争、国際的なハーモナイゼーション・プロジェクトを近接化の基礎として挙げ、二〇世紀ヨーロッパ民事訴訟法史の終点であり、ヨーロッパ民事訴訟法の「共通の核心」たる当事者間の協働と裁判官の事件管理を基本理念とする一九九八年イギリス民事訴訟規則によって訴訟法族間の近接化・収束がさらに大きく推し進められた（EUにおける民事裁判システムの近接化は実現可能である）、と分析するのである。[13]

（2） Kramer/van Rhee, Civil Litigation in a Globalising World: An Introduction, in: Kramer/van Rhee (eds.), Civil Litigation in a Globalising World (2012), at 14–15, 16. その書評として、Main, 61 Am. J. Comp. L. 467 (2013). 手続的ハーモナイゼーションの概説としては、Zekoll, Comparative Civil Procedure, in: Reimann/Zimmermann (eds.), The Oxford Handbook of Comparative Law (2007) 1327, at 1335 ff. が詳細である。

（3） van Rhee, Harmonisation of Civil Procedure: An Historical and Comparative Perspective, in: Kramer/van Rhee (eds.), Id., at 40–42.

（4） van Rhee, Id., at 42. 例として、フランス・ブルゴーニュの訴訟法（French-Burgundian procedural law）に倣った一五世紀および一六世紀の低地諸国（Low Countries）（一六世紀のハプスブルク家支配のもとでもフランスの影響は続いた）、一九世紀・二〇世紀のオランダとベルギーを挙げている（この地域はフランスにより併合され、フランスの法制が導入された）（Id., at 42–43）。

（5） van Rhee, Id., at 42–43. 一八九〇年にドイツ民事訴訟法を導入した日本の場合は例外である（段階的・漸次的法改革が原則である）、という。ここでも、ベルギーおよびオランダにおけるフランス民事訴訟法の強い影響が例として挙げられ、二〇世紀初めにはドイツ・オーストリア、二一世紀初めにはイングランドがオランダの法改革プロジェクトに影響を及ぼしたと指摘される（Id., at 43）。

（6） van Rhee, Id., at 44. 民事訴訟の社会的機能（Sozialfunktion）・福祉的機能（Wohlfahrtsfunktion）を説くフランツ・クラインの理念――これは一九世紀のリベラルな訴訟観（民事訴訟は私的事項であって、訴訟当事者のみの利害にかかわるものであるとする、一八〇六年フランス民事訴訟法の理念）に対するリアクションである――がヨーロッパで受容された（事件管理者〔case manager〕としての裁判官という新しいパースペクティヴが普及した）ことを、van Rhee, Id., at 45 は詳論する。

（7） van Rhee, Id., at 46.

（8） van Rhee, Id., at 46–47.

（9） van Rhee, Id., at 49–56. シュトルメ案については、貝瀬幸雄・比較訴訟法学の精神（一九九六）二五七頁以下、同・国際倒産法と比較法（二〇〇三）三二五頁以下。

（10） van Rhee, Id., at 56-60. なお、本文㋓′で言及しているシュテュルナーの「本案弁論モデル」については、貝瀬幸雄・普遍比較法学の復権（二〇〇八）二七頁。

（11） van Rhee, Id., at 60-61.

（12） 貝瀬幸雄「比較法学者たちの饗宴（2）」立教法務研究五号（二〇一二）九八頁以下。

（13） van Rhee, Public Justice: Some Historical Remarks, in: A. Uzelac/C. H. van Rhee (eds.), Public and Private Justice: Dispute Resolution in Modern Societies（2007）および van Rhee, Introduction, in: van Rhee (ed.), European Traditions in Civil Procedure（2005）の二論文に詳しい（別稿で詳細に紹介する予定である）。

三　比較法学からの挑戦——グレンの法伝統論を中心に

1　比較民事訴訟法・ヨーロッパ民事訴訟法研究にも卓越した膨大な業績を発表しつつあるロルフ・シュテュルナーの古稀記念論集の第二巻は、前記の分野に属するすぐれた諸論稿を含んでいるが、ここではその中から比較法学者ヴァラーノの労作「ヨーロッパにおける民事司法制度——現代の近接化傾向」をまずとりあげる。ヴァラーノは、伝統的に裁判運営および訴訟法規は強固にローカルな結びつきを有していたが、比較の知見に照らせば、手続的な近接化（approximation）およびハーモナイゼーションへ向かう広汎な改革の動き（収束の哲学〔philosophy of convergence〕）が生じつつあるとし（イギリス民事訴訟規則に大幅に依拠した二〇〇八年ノルウェー新民事訴訟法典を収束の一例として挙げる）、「当事者対抗主義的」コモン・ロー・モデルと「糾問主義的」シヴィル・ロー・モデルの対比がもつ説得力は薄れてしまった（いずれのモデルも、民事訴訟の根本原則〔独立公平な裁判官、審問を受ける権利〕と目的〔私的紛争の効率的で公正な処理〕は同じであり、当事者処分権主義を基礎とする）、と指摘する。（14） ヴァラーノは、このような訴訟システムの収束への顕著な動きとして、①事件管理《ケース・マネージメント》の積極的権限、②紛争類型に応じたフレキシビリティの理念、③事件の十分な準備《プレパレーション》という理念、④ディスカヴァリーへのアプローチの変化、⑤上訴制限（最上級審への上訴にフィルターを設ける）、⑥ADRのメカニズムの伝播、⑦成功報酬契約（contingency fee agreements）への態度の変化、⑧集団ないし団体訴訟の導入を挙げている。[15] 以上の国家法レヴェルでの近接化の動きに加え、ヴァラーノは、①′モデル法典（ソフト・ロー）を通じたハーモナイゼーションの典型例としての『国際民事訴訟原則ならびに規則』（Principles and Rules of Transnational Civil Procedure. 民事訴訟のユス・ゲンティウム〔jus gentium〕であり、内国法改正のモデルを世界の立法担当者に提供するという野心的な目標も有する）、②′EUレヴェルでのハーモナイゼーション（アムステルダムおよびリスボン条約により、ヨーロッパ連合の機能に関する条約八一条が修正され、その直接の結果として、構成国訴訟法に影響を及ぼす多くの規則・指令が発せられ、正義へのアクセスの向上などの共同体のポリシーが、構成国に——前掲⑥・⑦のような——顕著な影響を与えた）、③′アムステルダム条約以前からヨーロッパ司法裁判所（European Court of Justice）の判例がハーモナイゼーションの過程で要《かなめ》としての役割（pivotal role）を果たし、構成国の共通の憲法伝統およびヨーロッパ人権条約（European Convention for the Protection of Human Rights and Fundamental Freedoms）六条・一三条により承認されている実効性のある裁判上の保護を受ける権利の重要性を強調してきたこと、を簡潔に解説する。[16] 一九九八年の改正によって、イングランドも、法伝統を横断する自発的ハーモナイゼーション（spontaneous harmonization）のプロセスに参加したが、それでもなお、裁判運営の機能と実効性に強いインパクトを及ぼす重要な差異が存続しているから、グローバル市場における不可避であるとともに望ましくもある多様な法システム間の競争（inevitable and desirable competition）がもたらされるのである（イングランドは、費用はかかるが、もっとも実効性のある司法制度を提供していると思われる）、とヴァラーノはこの論稿をしめくくる。[17]

2　高名な比較法学者パトリック・グレン（カナダ・マクギル大学教授）は、ウォーカー＝チェイス共編の『コモン・ロー、シヴィル・ロー、そして諸カテゴリーの将来』に論稿「西洋法伝統（A Western Legal Tradition）か？」を寄せ、「ハロルド・バーマンの『法と革命——西洋法伝統の形成』が一九八三年に刊行されて以来、西洋法伝統の概念は広く用いられてきた。これはシヴィル・ロー伝統とコモン・ロー伝統について考察する場合に明らかに重要であって、両者の（区別の）消滅に貢献する可能性がある。もしも両者の区別とその手続法の区別は従来誇張されてきたのであって、基底に深い共通性が存在するならば、ハーモナイゼーションを進展させることへの現実の障害は存在しないであろう」と論じ、ただこの西洋法伝統をめぐる議論の一般性・抽象性が高すぎるため、手続法および司法制度の具体的コンテクストでその有効性を検証してみよう、と提言するのである。[18] その前提として、グレンは、「西洋法伝統――一般的議論」という章を設けている。グレンによれば、①『法と革命』においてバーマンは法領域における宗教思想の重要性を明らかにし、西ユーラシア法域の法に対し宗教改革が及ぼした影響を検討するが、キリスト教という宗教的要素の共通性は、それだけではシヴィル・ローとコモン・ローという法伝統を消滅させる根拠とはならず、キリスト教法伝統という表現も用いられていない（キリスト教自体が、統一困難なサブ伝統〔sub-traditions〕を内包している）。②西洋法伝統を越えて活動するイスラーム法学者、ローマ法を西洋法伝統の根本的要素とするローマ法学者（Tony Honoré）、シヴィル・ローとコモン・ローの区別を「時代遅れ」であるとする比較法学者（James Gordley）などは西洋法伝統の観念を支持するけれども、それを定義したり、その特色を述べたりする者がほとんどみられないのは、驚くべきことである。[19] さらに、③シヴィル・ロー伝統とコモン・ロー伝統の区別をもっとも明瞭に支持する「法的起源」説（"legal origins" thesis）の立論には賛成できない。この説は、国家経済発展の根本原因は、シヴィル・ローとコモン・ローのいずれに属しているかに依存するという（フランス的シヴィル・ロー諸国は、規制が厳しく、財産権の保障に乏しく、政府が非効率的で、政治的自由も劣る。一二世紀以降の法制度の歴史的発展が英仏の裁判制度の構造と機能を決定し、現代のシヴィル・ロー諸国の裁判所を、手続が遅延し、判決における一貫性・誠実さ・フェアネスを欠くものとしている）。しかしながら、㋐イングランドよりもフランスの方が中央集権化が進んでいたとする「法的起源」説の歴史理解は誤りであるし、㋑二一世紀の国民経済の態様は一二世紀の裁判所の構造よりも現代の政治的選択によるところが大きい（たとえばインドや中国）などの理由から、「法的起源」説は支持困難である。④長年の法的信念・実務は融和不能なメンタリティであって、ヨーロッパ法は収斂できない（コモン・ローおよびシヴィル・ローの法律家の思考パタンは、公約数を欠く〔incommensurable〕）とするピエール・ルグラン（Pierre Legrand）の見解は誇張しすぎである。以上のように、西洋法伝統に反対する諸説をグレンは検討してゆく。[20] 結局、⑤西洋法伝統に関する一般論からは結論が出せないが、区別とカテゴリーは真実の反映というよりも思考の道具であって（ダマシュカの「理念型」的アプローチや、フィーヴェクのトピーク論）、（シヴィル・ロー伝統、コモン・ロー伝統のような）法伝統とは、他の代替的な法伝統を完全に排除することなく影響を与える（ある程度まで両者は共存できる）規範的情報（normative information）から構成されるもので、カテゴリーの要不要に関する議論はこうした伝統の重要な性格を看過しているように思われる。「西洋法伝統対シヴィル・ローおよびコモン・ロー伝統に関する議論のこうした調整的見解（accomodating view）は、制度的および手続的伝統のヨリ具体的な検討によって支持されるであろう」[21]。このようにグレンは総論をしめくくるのである。

次いでグレンは、「制度的および手続的（諸）伝統」（Institutional and Procedural Tradition(s)）の章を設け、「西洋法伝統を支持する議論は、法的・非法的双方の多くのパースペクティヴからなされてきたが、手続法学者によってはそうした議論は行われていなかったようであり、手続法学者は、シヴィル・ローとコモン・ローの上にアーチをかける一つの伝統（an overarching tradition）を正当であるとすることなく、この両者の区分を批判してきたのである。さらに、その批判は、ある程度まで依然として統制力を有する諸伝統の内部から発せられているようである。このことは、シヴィル・ローとコモン・ローの区分が（司法）制度と手続に関係するために、その区分が相対的に強いこと（relative strength）を物語っているであろう」と指摘する。[22] グレンは、「本質的かつ歴史的に、シヴィル・ロー伝統とコモン・ロー伝統との相違は、制度および手続上の相違であり、実体法上の相違ではない（仮に実体法上の相違があったとしても、取るに足らない相違であった）[23]」としたうえで、「一九世紀には、コモン・ロー伝統の大改革があった。令状システムは廃止され、拡散していた裁判所の管轄の構造は簡素化され、上訴裁判所が創設された。これらは制度および手続の改革であり、コモン・ローをシヴィル・ローにヨリ接近させた。しかしながら、そのもっとも重要な効果は、コモン・ローにおける実体法の観念を生じさせ、それゆえ実体法を明確に表わす法源が必要になったことであった。新たな実体法は大きくシヴィル・ローの影響を受け、ポチエ（Pothier）はイングランドの判例法に次いでよく引用された。こうして、シヴィル・ローとコモン・ローの実体法の潜在的な共通性がよりよく目に見えるものとなった。しかしながら、コモン・ローの本質的なものの多くは不変であった。上位裁判所はその上位性を維持し、裁判官は巡回を続け、陪審は廃止されず、弁護士は争点につき訴答することと証拠を提出することを続けたが、その一方で、エクイティとの融合は、ディスカヴァリーの過程で新しい事実解明の方式を提供することによって、訴訟手続の当事者対抗的性質（adversarial character）を強調した。……シヴィル・ロー伝統およびコモン・ロー伝統の観点からすれば、これらの諸伝統にアイデンティティを付与してきたのは、制度と訴訟手続なのである[24]」と述べる。グレンによれば、①訴訟手続の探求的（従来の表現では、糺問主義的）形式（investigative forms of procedure）と当事者対抗主義的形式の長短をめぐる（ラングバインらの）論争、②コモン・ロー法域におけるケース・マネージメントをめぐる論争、③各国家法には国家法伝統が埋め込まれていることのいずれも、手続的伝統の過去の歴史的経験への依存性（"path dependency"）と、シヴィル・ロー伝統およびコモン・ロー伝統（探求的訴訟形式と当事者対抗主義的訴訟形式）を現在も区別する重要性とを示す現代の指標（contemporary indicator）であって、西洋法伝統の観念は③の国家法伝統を見逃している[25]。グレンは、シュトルメ報告書やアメリカ法律協会およびユニドロワ共作の『国際民事訴訟原則』のようなハーモナイゼーションの努力には称賛を惜しまないが、ハーモナイゼーションが制度的・手続的伝統における西洋法伝統に到るのは困難であって、ハーモナイゼーションはそれ自体で正当化できるのではなく、法改革のプロセスにおける刺激と指針となるのである、と説くのである[26]。「多くの点で西洋法伝統を語るのが適切であるように思われるので、それについて語ることは可能であろう。しかし、あらゆる形式の実体法よりも深く根づいている発達中のシヴィル・ロー伝統とコモン・ロー伝統をそこなってまで西洋法伝統を語るのは適切でない。外国では、西洋の諸伝統はヘゲモニックに見えるのであって、その内部の多様性を隠さないことがよいのである。これらの諸伝統は、その中で国家の構造を分類学的に整理するための具象化されたカテゴリーととらえるべきではなく、個別的な状況のもとで効力を生ずる、生成中の規範の提示・陳述（ongoing normative statements）であって、惰性・怠惰・無知・既得の利益のもつ力をつねに監視する必要があるものと、とらえられるべきである[27]」。

（14） Varano, Civil Justice Systems in Europe: Current Approximation Trends, in: Fschr. für Rolf Stürner, Bd. 2 (2013), at 1841–1843. ヴァラーノによれば、いずれの法族の証拠法も等しく弁論主義（principle of party presentation）が支配するが、㋐シヴィル・ローの証拠法では、歴史的に書証が人証（oral evidence）に優越する、㋑シヴィル・ローの証拠法は、コモン・ロー伝統に典型的な排除法則をあまり許容しない自由心証主義に立脚する、㋒当事者は一般に証人として尋問される適格を有しない、㋓シヴィル・ローは交互尋問を規定せず、すべての質問は――当事者が促す場合でも――裁判官が行う、㋔一般にシヴィル・ローは裁判所が選任した鑑定人を要求するのに対し、コモン・ロー伝統では党派的な鑑定人システム（partisan expert system）を採用する（ただし、イギリス新民事訴訟規則は、鑑定人の利用を裁判所のコントロールに委ね、その採用にあたり両当事者の協働を促し、共同鑑定人〔joint expert〕の利用を勧める）、といった重要な違いがある（Id., at 1843）。なお、ヴァラーノの主著のひとつであるイギリス民事司法制度論（Varano, Organizzazione e Garanzie della Giustizia Civile nell'Inghilterra Moderna〔1973〕）のラインシュタインによるすぐれた書評として、24 Am. J. Comp. L. 118–123 (1976).

（15） Varano, Id., at 1844–1851. 本文で指摘した①については、当事者相互の協働の促進・早期段階での争点の特定・いずれの争点が完全な調査とトライアルを必要とするかを迅速に決定すること・タイムテーブルの決定などの積極的ケース・マネージメントを定めるイギリス新民事訴訟規則を例として挙げ、フランス・スペインのようなシヴィル・ロー諸国も裁判官の役割を相当に強化した、とする。

②については、相当な（reasonable）時間と費用で実効性のある権利保護を保障するのが民事司法の目的であるならば、個別の事件の特性に応じた多様な手続モデル（フレキシビリティ）が必要であるとして、事件の係争額と複雑さに応じた三種の異なるトラック（tracks）を定めたイギリス新規則、事件の複雑さに応じた三種のトラック（circuits）を定めたフランス民事訴訟法典（審理契約〔contrat de procédure〕も興味深い制度）、手続開始段階で早期第一審理期日（early first hearing）ないし書面による準備手続（それぞれドイツ民事訴訟法二七五条・二七六条）を先行させることを決定できるとする柔軟な手続モデルを採用したドイツ民事訴訟法典（および準備手続〔vorbereitende Tagsatzung〕における訴訟プログラムの策定を導入した二〇〇二年オーストリア民事訴訟法改正）などを挙げる（イタリア、ノルウェーも"track-system"を採用した）。

③については、「ヨリ迅速・合理的・規律正しい処理のための事件の十分な準備という理念は、コモン・ロー法律家には非常に馴染

み深かったが、シヴィル・ロー法律家にはそれよりもずっと縁遠いものであった。実際に、シヴィル・ロー諸国では、《準備（訴答）書面の交換・その保管のための期日の指定・証拠収集》を目的とする一連の審問を通じて、きわめて密度の薄い方法で事件処理を行うのが伝統的特色である。すなわち、高名な日本の学者がきわめて適切に表現したように、『五月雨』ないし『歯科医方式』なのである。この方法がもたらす結果は、遅延の増大、口頭弁論の価値の低下および一般的に第一審手続の価値の低下、事実と証拠からの裁判官の疎遠である。したがって、多くのシヴィル・ロー訴訟制度が、第三の改革の動向に従い、手続の二段階モデル（bifurcated model）を採用し（たとえば、フランスとスペイン。日本も挙げることができよう）、あるいはそれを併合（consolidating）して（たとえば、ドイツおよびオーストリア）、コモン・ロー諸国の経験——これは歴史的にトライアルにおける陪審の存在に対して作用するものだが——に接近しつつあることは、驚くにあたらない。手続の第一段階は事件の準備にあてられるが、第二段階すなわち主審問（main hearing）は証拠収集と事件の判断にあてられる。準備段階を実効的なものにするために、全般的に強力な権限が裁判官に与えられ、その職務・機能は真の争点を適時に解明して紛争の核心に到達することとなる。ドイツやスペインの若干の代表的な学者が、彼らのシステムは構造的に英米の二段階システムにきわめて類似してきており……、口頭性が増加している、と論じていることは注目に値する」（Id., at 1846–1847）。

④については、アメリカの伝統的実務である"notice pleading"に対し、シヴィル・ローの手続モデルでは"fact pleading"——そこでの最初の請求の趣旨および原因の陳述（initial statement of claim）は、係争事実、請求の根拠となる法律論を詳細に述べ、証拠の申請、救済の申立てを含む——が広く浸透しているため、シヴィル・ローの訴訟制度は伝統的にアメリカのディスカヴァリーに類した制度を有していなかったが、集中審理と実体的正義の要請から、シヴィル・ロー諸国におけるディスカヴァリーへのアプローチも変化しつつある、とヴァラーノは解説する（Id., at 1847–1848. ただし、アメリカにおいても、純粋な notice pleading モデルから離れて、より事実によって基礎づけられたプリーディングと請求の"plausibility"を求めるテストが判例上採用され〔Bell Atlantic Corp. v. Twombly, 550 U. S. 544（2007）および Ashcroft v. Iqbal, 556 U. S. 662（2009）の両連邦最高裁判決〕、シヴィル・ローとの間に収束の兆しがうかがわれる、とする）。シヴィル・ロー諸国の例として、ヴァラーノは、訴訟上の開示義務を astreinte により担保するフランス法（フランス民法典の一〇条改正、民事訴訟法一一条。民事訴訟法一四五条の解釈をめぐる判例）、ドイツ民事訴訟法一四二条・一四四条の革命的改正（争点との関連性のみを根拠に文書の開示を命ずる権限を裁判所に付与）、類似の制度を導入したオランダ、スペイン、日本を挙げ、広汎でかつ fishing expeditions を伴うアメリカのディスカヴァリーは、イギリスの法律家にも異別なものに感じられる、と説く（イギリ

スでは、fact pleading に類した構造をとり、裁判所が開示を合理的な範囲に制限できる。非常に興味深い制度として、訴え提起前のプロトコルによる——和解の可能性を探るための——情報交換にも言及する。以上、Id., at 1847–1848)。

⑤については、上訴制度も改正と近接化を免れなかったとして、最上級裁判所への上訴は、コモン・ロー諸国では常に選択的裁量上訴、シヴィル・ロー諸国では常に権利上訴であった(したがって最上級裁判所への上訴が殺到し、コモン・ロー諸国に比べて裁判のオーソリティが低下した)と指摘したうえで、「効率性を回復し、法の統一および公正をはかる最高裁判所の役割を強調する必要から、コモン・ロー諸国ほど広い裁量権ではないにしても、最高裁判所への道に若干のフィルターを設ける(シヴィル・ローの)法システムが生じ始めた」とヴァラーノはいう(Id., at 1849)。その例として、二〇〇二年に改正されたドイツ民事訴訟法五四三条、二〇〇一年六月のフランス組織法律(loi organique)、二〇〇九年に改正されたイタリア民事訴訟法三六〇条以下、二〇〇〇年スペイン新民事訴訟法、二〇〇二年のオーストリア法改正を挙げている(Id., at 1849–1850)。

⑥については、ADR伝播の動きは、EU指令(二〇〇八年五月二一日のヨーロッパ議会および評議会の民事および商事事件における調停〔mediation〕の若干の局面に関する指令〔Directive 2008/52/EC〕)のためもあって、シヴィル・ロー諸国で勢いを得つつあるとして、調停前置を採用した二〇一〇年三月四日のイタリアのlegislative Decree(前掲EU指令を国内法化)、スイス新民事訴訟法典(二一三条に言及している(Id., at 1850–1851)。

(16) Varano, Id., at 1852–1855.

(17) Varano, Id., at 1857. イングランドの司法制度の長所として、ヴァラーノは、「きわめて有能で熟練したベンチとバー、豊富な仮の・略式救済手段、なかでも、『裁判所侮辱』のような強力な強制手段によって強化されたきわめて有名な'worldwide freezing injunction'、合理的だが濫用的ではない『開示(disclosure)』システム、『効率的かつ効能のある』執行手続、主に裁判所の新しい事件管理権限(case management powers)と現在の許可上訴制度を原因とする訴訟遅延のドラスティックな減少、最後に、英語を伝達言語とする長所も無視できない」と列挙する。

(18) Glenn, A Western Legal Tradition?, in: J. Walker/O. G. Chase (eds.), Common Law, Civil Law and the Future of Categories (2010), at 601. 本文中でグレンの引用するハロルド・バーマンの著作は、Harold Berman, Law and Revolution: The Formation of the Western Legal Tradition (1983); idem, Law and Revolution II: The Impact of the Protestant Reformation on the Western Legal Tradition (2006) である。その翻訳として、ハロルド・J・バーマン(宮島直機訳)・法と革命〈1〉(二〇一一)同・法と革命〈2〉(二〇一〇)がある。

なお、比較民事訴訟法に関するグレンの研究として、Glenn, Globalization and Dispute Resolution, 19 C. J. Q. 136 (2000); Id, The ALI/UNIDROIT Principles of Transnational Civil Procedure as Global Standards for Adjudication?, 2004 Unif. L. Rev. 828 (2004).

（19） Glenn, supra note 18 (A Western Legal Tradition?), at 602–604.

（20） Glenn, Id., at 605–607. 本文で言及した「法的起源」説については、五十嵐清「比較法と経済学――『法的起源説（Legal Origin Thesis）』を中心に（1）（2・完）」札幌法学二二巻一号（二〇一〇）・二三巻一号（二〇一一）が詳細である。

（21） Glenn, Id., at 608–609.

（22） Glenn, Id., at 610.

（23） Glenn, Id., at 612. グレンの説くところによれば、「ノルマン民族がイングランドに導入した訴訟手続にはローマ的基盤はなく、ノルマンの制度と手続は現場の状況に合わせて慎重に（それはブリリアントですらあった）構築された。それゆえ、訴訟手続に対する大法官のコントロール、陪審、巡回裁判官、訴訟手続の口頭性、トライアルとして知られる圧縮された手続、争点への訴答と証拠提出のための弁護士の利用を支持する選択がなされた。それは大陸に浸透していた制度と手続とは非常に異なったものであったが、状況に適っていたのである。それは多大の忠誠心（loyalty）をもたらした。同様にヨーロッパ大陸においても、状況にきわめて適合的な訴訟手続に対する忠誠心の増加が生じ、こうしてわれわれはシヴィル・ロー伝統およびコモン・ロー伝統と同じほど長く続いている制度的・手続的伝統とそれへの忠誠に出会うのである」（Glenn, Id., at 611）。「今日ではわれわれは訴訟手続は実体法を実現するための手段であると考えるが、……コモン・ローにおいては、最初は実体法と訴訟法の相互の役割についてこのような考えはとられていなかった。メインの忘れがたい表現によれば、実体法は『訴訟手続のすき間に隠されていて』、評議において実体法を適用する責任を負う各地域の陪審のみに知られていた。シヴィル・ロー伝統とコモン・ロー伝統の実体法は、後者の実体法が確認できる限りにおいて、十分に同一ないし同様だったはずである。seisin の概念は、封建制の影響を受けたあらゆる形態の土地保有において知られていたように思われる。若干違った表現で言えば、イングランドと大陸の実体法には、前者は陪審の評議の過程に大幅に解消されてしまっているので、判明している対立（known opposition）は存在しなかった、ということである」（Glenn, Id., at 611–612. 傍点筆者）。「エクイティは、コモン・ローよりも明確に実体法を提示したが、エクイティの原則は、ローマ＝カノン的伝統を教えられた大法官に由来するものであった」（Glenn, Id., at 612, N. 42）。

（24） Glenn, Id., at 612–613.

(25) Glenn, Id., at 613-616. ケース・マネージメントについては、「ジョロウィッツ教授はイングランドの改革に探求的訴訟形態(investigative forms of procedure)への根本的移行を見てとり、この点について彼は結果的に正しかったかもしれない。それでも、独立の訴訟代理人(independent actors)という制度的・手続的伝統を形式的ルールの制定によって変更することは容易ではなく、そのことを示す論議とリアクションとがコモン・ロー法域を通じて集中的に生じているのを現在われわれは目のあたりにしている。オンタリオにおいては、増加した負担を処理するのに十分なだけの裁判官がいないので、ケース・マネージメントからの離反が生じている。……シヴィル・ローの世界には事件管理に十分なだけの裁判官が存在するようであるが、コモン・ロー伝統の本質は小さな司法(small judiciary)にあったのである」(Glenn, Id., at 614-615)。

(26) Glenn, Id., at 616-617.

(27) Glenn, Id., at 619.

四 民事訴訟法学からの応答

グレン論文に対するタルッフォのコメント「訴訟モデルに関する若干の意見」は、グレンが検討する訴訟モデルとは異なるモデルを特徴とする他の法伝統も考慮に容れるべきではないか、という。[28] 以下では、タルッフォの見解を要約する。

まず第一に、訴訟モデルを論ずる場合には、主に英米の研究者が強調してきたミスリーディングな当事者対抗主義的モデル対糺問主義的モデルという図式は捨てるべきである、とする。従来のダマシュカの指摘に加え、ヨーロッパ大陸民事訴訟法の歴史において、真の糺問主義的システムは存在せず、常に当事者対抗主義的で、手続の主導権は当事者が独占してきたからである(糺問主義を探求主義〔investigative〕と言いかえても、争点たる事実を裁判官が積極的に探査するという理念は残る)。[29]

第二に、民事訴訟のコモン・ロー・システム対シヴィル・ロー・システムという周知の区分——これは二つの主要システムが収斂しつつあることを示すために用いられることが多い——も議論の余地がある。なぜならば、①民事訴訟のコモン・ロー・モデルが依然として存在するのかどうかきわめて疑わしく、②単一かつ同質的なシヴィル・ロー訴訟モデルの存否についても同様だからである。まず①についていえば、民事訴訟規則の一九九八年改正によってイングランドは伝統的な英米訴訟制度から切り離され、大陸法システムとの距離が減少したこと、アメリカの訴訟モデルはますます例外的なものとなり（手続的な「アメリカの孤立主義」）、伝統的なコモン・ロー諸国内での収斂（convergence）をも妨げていること、アメリカ国内でも（州ごとの）訴訟制度の多様化が進んでいることを挙げ、アメリカの訴訟制度はモデルとしての一般性を失っているとする。②については、西洋の訴訟モデルは、フランス型（ベルギー、イタリアもこれに属する）、オーストリア＝ドイツ型、スペイン型の三つのサブ・モデルが存在し、一様ではなかったこと、社会主義レジームの崩壊後、ドイツ・モデルの明らかな影響を受けつつも新しいモデルと呼ぶべきものが以前の社会主義諸国において——旧来のヨーロッパ・モデルに戻るのではなく——形成されつつあること、スペインは二〇〇〇年の民事訴訟法制定後はシヴィル・ローとコモン・ローの中間の混合体系ないし全く新しい訴訟モデルとなったのではないかと思われること（大半のラテン・アメリカ諸国も同様）、中国・日本・イスラエル・南アフリカ・アフリカの旧植民地など、伝統的な訴訟モデルに分類できない重要な訴訟制度が存在することを指摘する。[30]「それゆえ、コモン・ローとシヴィル・ローの訴訟モデルというラフな区分にもとづくアプローチは、あまりに曖昧かつミスリーディングであることは明らかである。実際、それは、多様な訴訟制度の実態に何ら対応しない二つのモデルについての粗雑で一般的な理念を示唆するにすぎない。そのようなアプローチは理論的に不正確で、多様な制度の特色であるきわめて重要な多くの差異をわかりにくくする。現実の差異は、その差異を考えることによって、さまざまな文化的・政治的・法的ファクターの影響を歴史的伝統とともに探り出せるので、虚偽の（架空の）類似性よりもはるかに興味深いのである[31]」。

第三に、多様な訴訟制度のワールドワイドなハーモナイゼーションの可否を論ずる場合に重要なのは、有意義な程度のハーモナイゼーションを達成できるレヴェルを特定することであり、その適正なレヴェル（fair level）は、一般的な裁判を受ける権利の憲法的保障（general constitutional and fundamental guarantees of the administration of justice）――たとえば、正義へのアクセス、デュー・プロセス・オヴ・ロー、司法の独立――と手続的細則との中間領域にあって、イベロ・アメリカ諸国のモデル法典（Código Modelo）や、アメリカ法律協会／ユニドロワ国際民事訴訟原則（二〇〇六年）などのモデル法が、この領域に存在する（いずれも、内国訴訟法改正のための「共通参照枠」ないしハーモナイゼーションのための有益な「モデル」を提供する）。[32]

最後に、将来の展望として、「カテゴリー」によって考察することについてはタルッフォは懐疑的であって、「文化の（そしてまた法思考の）ほとんどの領域において、伝統的なドグマやあまりに抽象的かつ曖昧な概念の使用は、法現象の歴史的・社会的・イデオロギー的次元に立脚したヨリ具体的なアプローチに移行した。他方で、現代世界における訴訟モデルの多様化・分裂は、将来新たな統一的概念に到達するのではなく、おそらくますます増大してゆくであろう。だからといって概念が無用となりつつあるというのではない。すなわち、新しい『大きなカテゴリー（Grand Categories）』の創造が訴訟法研究の目的ではない、と強調しておくのが適切である」。タルッフォは、カテゴリーよりも、民事裁判の運営において実現されるべき諸価値（values）――実効性のある平等な正義へのアクセス、すべての者の権利の実効性のある保護、事実に合致し・法の正しい解釈にもとづく公正な判決、裁判官による効率的な事件管理など――によって考察する方が、多様な訴訟制度をよりよく理解し、その限界と不備を探索し、改革の方法を発見することが可能となると結論づけるのである。[33]

（28）Taruffo, Some Remarks about Procedural Models, in: Walker/Chase (eds.), supra note 18, at 621.

（29）Taruffo, Id., at 621-622. ダマシュカの説は、貝瀬・前掲注（9）国際倒産法と比較法三三四頁以下。

（30）Taruffo, Id., at 622-624. 旧社会主義諸国の現状につき、Uzelac, Survival of the Third Legal Tradition?, in: Walker/Chase (eds.), supra note 18, at 377ff. スペイン民事訴訟法については、Andrés de la Oliva Santos, Spanish Civil Procedure Act 2000: Flying Over Common and Civil

Law Traditions, in: Walker/Chase (eds.), Id., at 63ff; Carlos Esplugues-Mota/Silvia Barona-Vilar (eds.), Civil Justice in Spain (2009). イスラエルについては，Fassberg, Civil Procedure in a Mixed System: Israel, in: Walker/Chase (eds.), Id., at 295ff. 南アフリカについては，van Rhee, Mixed Legal Systems and Civil Procedure, World Society of Mixed Jurisdiction Jurists Conference, University of Edinburgh 27–30 June 2007, "The Boundaries of Unity: Mixed Systems in Action"; Kelbrick, Civil Procedures in South Africa (2010).

（31） Taruffo, Id., at 625.

（32） Taruffo, Id., at 626–627.

（33） Taruffo, Id., at 627–628.

五　結　語

民事手続法のハーモナイゼーションが生ずる原因としては、①比較民事訴訟法を用いた内国法の改正、②各国訴訟制度間の競争（国際的に魅力のあるフォーラムの提供）、③国際的なハーモナイゼーション・プロジェクトを挙げることができよう。国家法レヴェル（手続的近接化が顕著である）、モデル法（ソフト・ロー）のレヴェル、ＥＵ（ないし超国家的立法機関）レヴェルでの手続法のハーモナイゼーションが推進されている（類型化の試み）。コモン・ロー伝統とシヴィル・ロー伝統が民事訴訟制度において統一的な西洋法伝統に達するのは困難であるとしつつも（ただし、法伝統相互で規範的情報の交換が進んでいる）、手続法のハーモナイゼーション（の努力）は、法改革のプロセスにおける刺激と指針となるとする見解、そもそも同質的なコモン・ロー訴訟モデルやシヴィル・ロー訴訟モデルが存在するかどうかが疑わしく、多様な訴訟制度のハーモナイゼーションを達成するには、モデル法に示されているようなハーモナイゼーションの適正なレヴェルを特定することが重要であるとする見解を本稿では紹介した。手続法のハーモナイゼーションの研究は、法制史・比較法・民事訴訟法の協力が必要不可欠である。法と経済学の視点も逸することはできないであろう。[34] 本稿はたとえば『国際民事訴訟原則』の詳細な比較訴訟法的分析など、手続的ハーモナイゼーションの具体的成果に立ち入ることができなかった。今後の課題であろう。

（34） たとえば、Louis Visscher, A Law and Economics View on Harmonisation of Procedural Law, in: Kramer/van Rhee（eds.）, supra note 2, at 84.

法律サービス（特に、民事裁判）におけるＩＣＴの活用に向けた実証研究について

――「正義・司法へのアクセス」の展開のための実証研究に関する若干の紹介等

川嶋四郎

一　はじめに
二　民事裁判におけるＩＣＴの活用に向けた実証研究の背景
三　民事裁判におけるＩＣＴの活用に向けた実証研究の概要
四　「司法のＩＣＴ化」の国際展開に向けて
五　おわりに

一　はじめに

1　「司法へのアクセス」と人々への眼差し

「人は生き、愛し、苦しみ、亡くなる。当然のことながら故郷の山河でもどこでも生死の無数のドラマが継起する。緑の生気にみちた夏の光がそこに注いでいる。光も人々の笑い声も、主はかわっても同じように一つの風景と人間の生活を示していることに変りはない。」(1)

これは、仏文学者で文藝評論家の饗庭孝男さんが、長年続いた故郷の「家」の歴史と人々を描いた作品のなかの一節であるが、法学者の視点、とりわけ民事訴訟法学者の視点から見ても意義深い。日本各地の様々な風景のなかで生の営みを続ける人々への温かい眼差しの大切さを訓えてくれるからである。(2)日本中で民事紛争に直面した市民が、裁判所に法的救済を求めるときには、現在でさえ、さまざまなアクセス障害(3)が存在することから、研究者としても、それを認識しつつ、それらの障害を克服するための方途を探究することも課題となるのである。

そのような課題は、これまで、世界的な潮流としての「正義・司法へのアクセス」の問題(4)として論じられてきた。

2　『司法制度改革審議会意見書』の方向性と基礎研究

このような動きに刺激され、さらに、二〇〇一年六月一二日に公表された『司法制度改革審議会意見書』（http://www.kantei.go.jp/jp/sihouseido/report/ikensyo/pdf-dex.html. 以下、単に『意見書』という）にも触発され、私たちは、現代社会における「正義・司法へのアクセス」をより一層促進させかつ発展させるために、これまで「司法のＩＣＴ化」に関する研究を行ってきた。(5)その研究を前提として、牛歩の如きものであるが、理論研究・制度研究(6)だけではなく、ささやかながらも実証研究を行ったこともある。「サイバー法廷空間の創造に基づくインターネット裁判」に関する実証研究である。それは、究極的には、政府に対して、「法律サービス(法を提供するサービス。特に、その究極の形態として民事裁判)におけるICT化」の推進を、具体的に提案する内容のものであったが、報告書を提出して[7]、その実証的かつ実践的な研究に一応の区切りを付けた。この実証研究は、具体的には、インターネットを介して民事裁判を現実に行いながら、ICTの利用にともなう障害を明らかにし、その解消のための方策や民事訴訟におけるICTの活用に関するガイドラインを作成し、さらにその展開可能性を探究するものであった(この調査実証研究の全体を、以下では単に「本実証研究」と呼ぶ)。

3 東日本大震災・福島第一原発事故と「司法のICT化」の要請

その後、すなわち、前記『意見書』が公表された約一〇年後の二〇一一年三月一一日に発生した東日本大震災と、それに起因した大規模な東京電力福島第一原子力発電所事故は、日本における既存の法的救済システムに再考を促すとともに、新たな法的救済システムの創造を具体化する契機となった。確かに、たとえば、様々な分野で震災特例法などが設けられ、特に法的救済の局面では、個々の弁護士・司法書士や裁判所などのほかに、法テラスや原子力損害賠償紛争解決センター(ADRセンター)などの役割にも、大きな期待が寄せられた[8]。

しかし、これだけインターネットが普及し展開を続ける現代社会においてさえ、司法＝裁判所の領域だけがその普及と展開の効用から取り残されていいのかについては、疑問が払拭できなかった。「アウトリーチ型」の活動を範にとれば、たとえば、「アウトリーチ型」のICTの活用によって、あたかも巡回裁判所や巡回ADR機関のように、法的救済のためのフォーラムを日本中万遍なく恒常的に形成することや、それが不可能であっても、必ずしも裁判所に行かなくても(裁判所に行けなくても)、居住地の最寄りの場所(例、公民館、図書館など)に行けば、人々がインターネットを介して民事裁判を利用することができるシステムなどは創れるのではないかと考えるようになった(なお、裁判所法六九条二項なども参照)。すでに、その震災前から様々な機会に提言してきたインターネットを通じた「正義・

司法へのユビキタス・アクセス（Ubiquitous Access to Justice）」の考え方は、そのような未曾有の災害が継続している現在でこそ、より一層具体化されなければならないのではないかと思うのである。

そこで、これまで公表されることがなかったその実証実験の背景を含めて、そのごく一端を紹介し、今一度、今後の具体的な展開に向けた課題や期待を述べてみたい。

（1） 饗庭孝男・故郷の廃家（二〇〇五）一〇六頁。

（2） この作品を、私は、小説家で文藝批評家である辻原登さんの書評（毎日新聞二〇〇五年四月一七日一〇面）で知った。その書評では、「……この『歴史』の書は小さいが、もの語られることで、ギリシャ悲劇や平家物語が持つのと同じ悲劇の感情をわれわれに与えてくれる。つまり魂の浄化である。……」と記し、「魂の溢れだすような本である」と結んでいる。これは、人々の小さな営みのなかに、普遍性をもった要素が潜んでいることを示すだけではなく、それに気づきそれを表現しそれに共感することの困難さをも示しているようにも思われる。法学者には厳しい言葉でもある。

（3） たとえば、木佐茂男ほか・テキストブック現代司法〈第五版〉（二〇〇九）一六頁〔佐藤鉄男＝川嶋四郎〕などを参照。

（4） その到達点の概要として、少し古いが今でも光彩を放つ、たとえば、M・カペレッティ＝B・ガース（小島武司訳）・正義へのアクセス（一九八一）一頁、小島武司「正義のシステムと市民の役割」同・訴訟制度改革の理論（一九七七）一頁、「正義へのアクセスと弁護士の使命」同一九頁などを参照。

（5） 当初は、「e－ファイリング研究会」として、筆者が責任者となり、九州大学で、早野貴文弁護士、山口毅彦教授、笠原毅彦教授、横田雅善裁判所書記官、上田竹志助教授、宇都義和氏などと議論を始めた（職名は、当時）。

ご多忙ななか、このような私的な研究会に参加をしてくださった方々に、心から感謝を申し上げたい。本稿の議論の多くを、私はそのなかで学び、そこから多くの示唆を得ることができたことを付言させていただき、再度心から感謝を申し上げたい。

ちなみに、通例、本稿で取り上げる課題は、「司法のＩＴ化」などと呼ばれるが、後に本文でも言及するように、特に、引用の場合などを除き、「司法のＩＣＴ化」と呼びたい。ＩＣＴとは、Information and Communication Technology の略称であり、この研究会では、特に、当事者間、当事者と弁護士、当事者と紛争解決機関などとの間におけるコミュニケーションの価値にも着目して、ＩＣＴという用語（略語）を用いることとした。

(6) 私に関しては、たとえば、川嶋四郎「『司法へのユビキタス・アクセス』の一潮流――シンガポール裁判所の二一世紀」栂善夫先生・遠藤賢治先生古稀祝賀・民事手続における法と実践（二〇一四）二一頁およびその三九頁に掲載した諸文献を参照。

(7) 未公刊ではあるが、この報告書は、川嶋四郎＝笠原毅彦＝上田竹志・法律サービスにおけるＩＣＴの利活用推進に向けた実証研究（一六六頁および資料〔実証実験の実施および資料の作成に関しては、福岡県弁護士会の若い弁護士の方々、富士通株式会社、富士通Ｆ・Ｉ・Ｐ株式会社、ＫＤＤＩ株式会社ほか様々な組織や人々にお世話になった〕）であり、二〇一〇年六月に、総務省へ提出した。この実証研究は、「ｅ－ファイリング研究会」さらにその発展形態である「ｅ－サポート研究会」をより一層拡大して、「法のライフライン・コンソーシアム」を形成して行ったものである（私が、そのコンソーシアムの代表者・調査研究責任者を務めた）。さらに、後掲注(17)も参照。

(8) 東日本大震災以降、弁護士などのなかにも、弁護士事務所に依頼者が相談に来るのを待つという通常の業務スタイルから、現場に出向いて被災者から直接話を聞きつつ法律相談活動などを行う「アウトリーチ型」（「地域に溶け込んだ支援」などと表現されることがある）のスタイルも見られるようになってきた。たとえば、日本司法支援センター編・法テラス白書〈平成二四年度版〉（二〇一三）一八頁以下などを参照。なお、そのほか、福島県弁護士会編・福島県弁護士会原発事故被害者支援活動シンポジウム報告書（二〇一四）、日本司法支援センター（法テラス）・東日本大震災の被災者等への法的支援に関するニーズ調査（二〇一四）なども参照。

二　民事裁判におけるＩＣＴの活用に向けた実証研究の背景

1　『司法制度改革審議会意見書』等の含意と「司法のＩＣＴ化」

本実証研究は、近時における「正義・司法へのアクセス論」および「司法制度改革論」の展開を背景として、「正義・司法へのユビキタス・アクセス」の実現を志向するものであった。この研究は、後述のように、国際的な展開をも視野に入れ、日本における民事司法の領域にＩＣＴを本格的に導入することを通じて、人々が安心して暮らし、安全な日常生活を確保することができ、さらに企業も安心して経済活動を展開できるように、いわば「法のライフライン」を日本中に張り巡らすという大きな構想を実現するためのいわば基礎資料を獲得することを目的として実施した。

先に少し言及したように、『意見書』が公表されて、すでに十数年が経過し、今では忘却の観もなくないが、これは、二一世紀の司法のあり方に対して綱領的な指針を示す司法制度改革の原点であった。そこには、「司法制度改革の三本柱」として、①国民の期待に応える司法制度の構築（制度的基盤の整備）、②司法制度を支える法曹のあり方（人的基盤の拡充。なお、原文では「在り方」と表記されている）、および、③国民的基盤の確立（国民の司法参加）が挙げられていた。

また、それに先立つ二〇〇一年一月には、政府の『e‐Japan戦略』も公表されていた。そこでは、すべての国民が「情報通信技術（IT）」を積極的に活用し、その恩恵を最大限に享受できる「知識創発型社会」の実現が目指されており、日本が五年以内に世界最先端のIT国家となることが目標とされていた。しかし、そこには、「司法のIT化」への特別な言及は存在せず、その後の政府戦略のなかにも、その本格的な提言を見出すことはできなかった。(9)

確かに、『意見書』で言及された「司法のIT化」に関する具体的な項目は、限定的かつ散発的なものであった。しかし、『意見書』を鳥瞰しその含意を汲み取れば、「司法のIT化」は、諸改革の基礎に通底するいわば隠れた「三本柱の礎」もしくは「第四の柱」となり得る重要な意義を有していたとも評価することができるであろう。すなわち、前記①の制度的基盤の整備とその充実化のためには、たとえば、ITに下支えされた裁判所（「e‐サポート裁判所」）やADR（「e‐サポートADR」）、および、それらを連携させるITネットワーク、さらには、ITを活用し市民と司法を結び付けるネットワークとしての「司法ネット」（「日本司法支援センター〔法テラス〕」の機能強化など）などの具体的な実現が必要不可欠となる。また、前記②の人的基盤の拡充、および、前記③の国民の司法参加の局面でも、ICTは、人的基盤の拡充を支える道具として期待でき、市民参加の促進をサポートする手段となり得る可能性を有していたのである。

したがって、「司法のIT化」(以下では、本小稿では、後述のように、その実質とあるべき姿を捉えて、「司法のICT化」と記す)は、二一世紀の新たな司法の総体を下支えし、その機能強化を実現する優れたシステム的アプローチとしての意義を有するものである。(10)

一般に、「司法のICT化」は、世界的潮流であり、「正義・司法へのアクセス」の実現を、飛躍的に発展させる契機ともなり得る基本構想なのである。

2 「正義・司法へのアクセス」の歴史的展開と「正義・司法へのユビキタス・アクセス」

「正義・司法へのアクセス」の歴史的展開としては、周知のように、これまで、「三つの波」が存在した。(11)すなわち、第一の波である「貧困者のためのリーガル・エイドの拡充」(法律扶助などの拡充を中核とする裁判のコスト問題の克服に向けた潮流)、第二の波である「環境被害や消費者被害などの社会問題としての少額拡散多数被害の救済」(その実現のための諸種の手続上の集団的救済アプローチ(団体訴訟、クラス・アクションなど)の探求・実効化の潮流)、そして、第三の波である「従前のすべてのアプローチを包含し、かつ、訴訟制度を中核としつつADRをも包含した正義・司法の総合システムの構築(正義・司法の総量の拡充)」(これまでのすべてのアプローチを包含し、さらにそれを超えてアクセス障害を克服し、広く現代社会における紛争処理・紛争予防のために、「正義・司法へのアクセス」を普遍的なものにすることを目的とした研究の潮流)が、世界的規模で論じられたのである。いずれも、それぞれの時代における法的救済に対する市民の切実な要請が、アクセス論の形式で具体的に発現したものと考えることができる。

このようなアクセス論における展開の系譜上にICTの活用を取り込んだ場合には、第四の波ともいうべき究極のアクセス概念を生み出すことが可能となる。(12)

それが、新たな「正義・司法へのユビキタス・アクセス」の構想であった。これは、裁判所内外における紛争解決手続のいわば入口へのアクセスだけではなく、先に述べた第三の波をさらに普遍化し、実質化し、そしてプロセス化する考え方である。つまり、誰でもいつでもどこからでも、法律専門家や法的情報に対して恒常的にアクセスでき、かつ、紛争処理プロセスの入口から出口までの全手続過程に対していつでもアクセスできる方途を探求し保障することによって、利用者が「法のライフライン」を確保できることを目指したアクセス論なのである。この「正義・司法へのユビキタス・アクセス論」は、いわば「究極のアクセス論」である。なぜならば、その完成が、司法の利用主体を飛躍的に拡大させ、司法の利便性を極大化させ、紛争解決過程へのアクセスを恒常化させ得るからであり、その質の向上などといったより一層の発展課題は永続するものの、新たなアクセス論を不要化する内容をもつと考えられるからである。

「司法のICT化」は、この「正義・司法へのユビキタス・アクセス論」と、先に述べた「司法制度改革論」とを統合的に発展させる基盤としても、位置づけることができる。つまり、それは、「より利用しやすく、より分かりやすく、より頼りがいのある民事裁判・ADR」の実現への可能性に、新たな道を開くものなのである。

3　ICTを通じた「法のライフライン」の整備

法律サービス（法を提供するサービス）は、私たちの日常生活に不可欠なサービスであり、それを実現するための、いわば「法のライフライン」の整備をするさいに、効果的な手段となり得るのがICTである。一般に、ICTは、人・時間・場所を選ぶことなく普遍的なかたちで公共サービスにアクセスできるので、極めて利便性が高く、また、サービス提供の迅速化に資し、時間・費用などのコストの削減にも貢献し得る。このようなICTの活用によって、様々な法律サービスが、法的紛争の早期段階から法的手続の全過程にわたり、気軽に緊張感なくかつ恒常的に利用できる「地域密着型の新たな公的サービス」となることが期待されるのである。

ところが、日本では、たとえば、医療、行政、教育など、他の公共サービスの領域に比べて法律サービスの分野におけるICTの活用は、実際上、著しく立ち遅れた現状にある。そのような状況は、東日本大震災や原発事故の前後を通じて変わらない。
その理由としては、まず、法律サービス（特に、民事裁判）を規定する法制度がＩＣＴの活用を必ずしも十分に想定し得ていないことを挙げることができる。たとえば、民事訴訟に関しては、現行法上、裁判所への物理的・現実的なアクセス、各手続における紙媒体への集約が前提とされているために、オンラインでの出廷・傍聴や訴訟当事者同士の主張・証拠などの電子的なやりとりを行うのが困難となる。しかも、このような法制度上の障壁に加えて、法律サービスの提供者・利用者の意識や裁判のイメージ、法律専門家のいわば「業界」における慣習などが、法律サービスの分野におけるＩＣＴの活用を促進するさいの障壁となっているのが現状であるように思われる。

そこで、法律サービスにおいてＩＣＴの活用を促進するさいには、裁判上および裁判外の紛争処理や、法律相談など様々な法律サービスにおいて、諸々の手続でＩＣＴの活用の障壁となっている制度的要因などを抽出したうえで、一連の手続過程の全体でＩＣＴを活用できるようなルールの整備を行うことが喫緊の課題となる。しかも、法律サービスを身近な公的サービスとして定着させるにも、基本的なルールの整備が必要不可欠であると考えられるのである。

このような考え方の基礎には、司法の機械化を想起させかねない「司法のＩＴ化」を超えて、コミュニケーションの活性化をも包含した「司法のＩＣＴ化」の思想が存在する。すなわち、単に Information Technology を司法に導入するだけではなく、Information and Communication Technology を導入することに重点を置いた研究が、本実証研究であると位置付けているのである。このようなＩＣＴの活用を通じた法廷内外におけるコミュニケーションの活性化（特に、口頭コミュニケーションの活性化）により、形骸化した「審理期日の活性化」を目指し、審理期日における口頭主義・直接主義を蘇生させ、自由心証主義を実質化し、民事裁判の中核をなす口頭弁論において「本来あるべき活性弁論」を復活させ、「より利用しやすく、より分かりやすく、より頼りがいのある民事裁判」を実現することを、目的としたものである(13)。

（9） この点については、たとえば、川嶋四郎「『民事訴訟のＩＴ化』のための基本的視座に関する覚書(1)――『先端テクノロジー』の民事訴訟改革への貢献可能性を中心として」法政研究（九州大学）七二巻二号（二〇〇五）一頁、四頁などを参照。

(10) この点については、たとえば、川嶋四郎『『e-サポート裁判所』システムの創造的構築のための基礎理論——『IT活用』による『正義へのユビキタス・アクセス』構想」法学セミナー六五三号（二〇〇九）三六頁、三六頁などを参照。

(11) たとえば、カペレッティ＝ガース・前掲注（4）二七頁、小島武司・民事訴訟法（二〇一三）一三頁などを参照。

(12) この点については、たとえば、川嶋・前掲注（9）二〇頁などを参照。

(13) この点については、たとえば、川嶋四郎「ロイヤー・テクノロジー——開示・可視化・充実迅速化の真意を求めて」同・民事訴訟過程の創造的展開（二〇〇五〔初出、二〇〇四〕）五八頁、六三頁などを参照。また、川嶋四郎＝上田竹志「生まれ変わる民事訴訟——新しい正義のしくみと先端テクノロジィ：研究者の視点から見た新たな風景」自由と正義五五巻一〇号（二〇〇四）二〇頁参照。

三　民事裁判におけるＩＣＴの活用に向けた実証研究の概要

1　仮想的な裁判過程の創造

本実証研究では、様々な法律サービスのなかでも、最も基本的かつ核心的なサービスである「民事訴訟」（民事訴訟法、民事訴訟規則）、および、近時新たな手続が創設され一定の成果をあげている「労働審判」（労働審判法、労働審判規則）を取り上げ、ＩＣＴの活用を促進するようなルール整備に向けた研究を行った。

具体的には、このような民事裁判でのＩＣＴの活用を促進するうえで障壁となる制度・慣習・社会規範などを明らかにし、それらの障壁を仮想的に緩和した場合の模擬的環境を前提とした実験を実施することを通じて、将来的に現実の訴訟空間において厳格な規律などの条件変更を検討するさいの留意点や課題などを明らかにすることに努めた。

このような研究により、法律サービスにおけるＩＣＴ化を促進させることを可能とするルール整備に向けた提言を行った。このようなＩＣＴの活用を通じた「法のライフラインの構築」は、法律サービスの提供のあり方として汎用性を有するものであり、この研究成果を国際展開するための可能性を探究することにも努めた。特に、日本で初めてこのような実証実験を実施した結果として、単に、法規制や法制度上の障壁が明らかになっただけではなく、現実に実証実験を行わなければ判明し難かった事実上、運営上の様々な障壁も明確化され、技術・システムの質的な向上などを含めて、その克服のあり方をも明らかにする貴重な契機となったと思われる。

本実証研究の具体的実践としての実証実験は、このような「正義・司法へのユビキタス・アクセス」を実現しかつ具体化するために、仮想空間として「e－サポート裁判所（「オンライン訴訟・システム」[14]と「サイバーコート・システム」[15]を有する電子裁判所）」を創設し、遠隔三地点間の公的施設（九州大学法科大学院の法廷教室〔福岡市東区〕、九州大学附属弁護士事務所〔福岡市中央区〕、南風《みなかぜ》公民館〔福岡県糸島市〕）を結んで、法曹関係者が、民事裁判（二件の民事訴訟事件と一件の労働審判事件）の全手続過程（訴えの提起〔申立て〕から判決〔和解、調停〕まで）について実証実験を行った。なお、一部手続の準備段階をも含むものであった。

このように、比較的ＩＣＴ化に馴染みやすいと考えられる簡易で小規模な事件ではなく、民事手続法の領域における最も厳格かつ慎重な民事訴訟事件を実証実験の対象として選択したのは、本格的な手続としての民事裁判の実証実験を行うことにより、このプロジェクトの実現可能性と汎用性を確認し、「司法のＩＣＴ化」を、民事訴訟の全過程において加速度的に実現する契機を得るためであった。しかも、ＡＤＲ（Alternative Dispute Resolution）にも視野を拡大し、法テラスとの連携をも実現することにより、ＩＣＴの活用を通じた法的紛争処理システムにおける「ワンストップ・サービス」の実現可能性をも探究する試みであった[16][17]。

この実証実験を通じて、現在の民事裁判・ＡＤＲにおける、ＩＣＴの活用に対する阻害要因である法的・事実的な障壁を炙り出し、その克服に向けた提案を行うための基礎資料の獲得に努めた。

2　実証実験の前提条件と実験対象

まず、具体的には、本実証実験の前提条件として、次の三要件を設定した。

第一に、障壁の特定として、民事裁判手続におけるＩＣＴの活用に関する法規制、実務慣行および法実践などの局面における障壁を特定した。

第二に、対象手続の特定として、一般民事訴訟事件における対象となる手続過程として、民事訴訟事件（賃料不払いに基づく建物明渡請求事件、建物の瑕疵に基づく損害賠償請求事件）および労働審判事件（時間外労働による賃金請求事件）を特定した。

第三に、障壁の条件変更および効果の設定として、障壁の条件変更にともなって期待される効果を、受益者および実験対象の手続ごとに特定した。

また、本実証実験は、次のような三点について行った。

第一に、「裁判手続のオンライン化」に関する実験を実施した。現実に、インターネットを経由して訴訟手続・労働審判手続に必要な書類のやりとりを行い、かつ、訴訟記録や労働審判記録の閲覧などを行った。

第二に、「事件記録のデジタル化」に関する実験を実施した。これは、訴訟記録や労働審判記録などの情報を電子データでデジタル管理し、裁判所内部で集積し共有するとともに、現実に、訴訟手続や労働審判手続などで、それらのデータを活用した。

第三に、「インターネットを介した法廷空間の拡張」に関する実験を行った。これは、遠隔地にいる当事者・証人・通訳人などが、実際に、インターネットを介して、近隣の公民館などの公共施設から、裁判所で行われる審理期日に出席し、弁論、和解、陳述、証言、通訳などを行う実験であった。また、遠隔地に住む住民が、近隣の公民館などの公共施設から、インターネットを介して裁判の傍聴をも行った。

なお、実験環境の構築時および実験の実施時に、傍聴人などへのインタビューやアンケートを行うかたちで、実験結果の評価をも行った。[18][19]

（14）　これは、「ｅ－ファイリング・システム」に基づいた裁判所をいうが、「ｅ－ファイリング」とは、本実証研究では、「電子申立てのシステム」という狭い意味ではなく、より包括的かつ統合的に、次のような意味で用いている。すなわち、「事件という裁判情報の発生を起点とし、訴状・答弁書などに含まれる請求や主張、訴訟の進行に関する情報、担当裁判官等のスケジュール、提出された証拠、審理記録（弁論等と証拠調べの記録、手続の記録）、判決、執行状況といった裁判に付随するあらゆる情報、さらにこれら各種情報の共有・活用を容易にするための情報（いわゆる情報処理のために必要な情報：メタ情報）を事件毎に〝横串を通して〟一連のものとして電子的に管理するシステム」（上田竹志「裁判手続における『e－ファイリング』の課題と展望」法政研究〔九州大学〕七二巻四号〔二〇〇六〕二五〇頁、二五〇頁）である。さらに、川嶋四郎（司会）＝上田竹志＝笠原毅彦＝園田賢治「『〈シンポジウム〉「e－裁判所」の創造的構想――民事訴訟を中心として』の概要」九州法学会会報二〇〇五年号（二〇〇六）二〇頁、二二頁〔上田〕も参照。

(15) これは、いわば「IT化されたハイテク法廷」であり、「電子記録の録画・録音、音声認識、自動文書化その他のさまざまなIT技術を活用・融合したハイテク法廷」（笠原毅彦『「サイバー・コート」の構想』法政研究〔九州大学〕七二巻四号〔二〇〇六〕二六四頁、二六四頁）をいう。さらに、川嶋ほか・前掲注(14)二九頁〔笠原毅彦〕、笠原毅彦「サイバーコートの到達点とその課題」判タ一一一四号（二〇〇三）二五頁なども参照。

(16) これは、『意見書』が、司法へのアクセスの拡充局面で強調する点であり、ICT化を通じて実現しやすい課題でもある。

(17) 本実証実験の実施にさいしては、事前に、綿密かつ集中的な会合を開いて準備作業を行った。実証実験自体については、二〇〇九年一二月における入念なシステムの準備と事件処理に関するリハーサルを経て、二〇一〇年一月に、総計四日間以上をかけて行った。また、その実験の前後およびその中間段階で、「評価検討委員会」から、計三回にわたり、有益かつ示唆的な質問や意見などを伺うこともできた。評価検討委員会の委員としては、今田高俊・東京工業大学教授、小島武司・桐蔭横浜大学学長、高木佳子・弁護士、高橋宏志・中央大学教授、堀部政男・一橋大学名誉教授にお引き受けいただき、数多くの有益なコメントを得ることができた。心から感謝を申し上げたい（所属は当時）。

(18) 本報告書は、このような研究プロセスを経て、今後、現在の裁判システムの実環境において規制などの障壁の条件変更を行うさいの課題や留意点、課題解決の方向性などについて、学術的な知見を活用してまとめたものである。本実証研究の実施内容とその成果として、便宜的に、「裁判手続のオンライン化」、「訴訟記録のデジタル化」および「ネットを介した法廷空間の拡張（出廷と傍聴）」に分けて、実証実験を行い、その課題と成果を析出した。このほか、「ICTを利活用した民事訴訟のガイドライン」についての提言も行った。内容の詳細については、別の機会に公刊したい。

(19) ただ、本実証研究は、「司法のＩＣＴ化」の促進を目指した研究であるので、本来ならばコミュニケーションの前提条件としての「言葉の問題」についても研究対象とすべきであったが、今回の研究では取り上げることはできなかった。この文脈では、徳善義和・マルティン・ルター――ことばに生きた改革者（二〇一二）四～五頁の指摘は、民事訴訟法学、ひいては法学全般にとっても示唆的であり、厳しい指摘でもある。そこには、「……キリスト教会は、『言語』によって自らを民衆から切り離したともいえるであろう。世俗に生きる民衆たちは、教会が提供する幸いや救いを求め、これにすがりながらも、教会で公式に語られ、書かれるラテン語をまったく理解できなかった。教会と民衆の隔絶。それが後の宗教改革への隠れた要因となるのである」と指摘されていた。「法的救済の手続としての民事訴訟」（川嶋四郎・民事訴訟法（二〇一三）一〇頁参照）においても、ほぼ同様のことが当てはまると考えられる。

四　「司法のＩＣＴ化」の国際展開に向けて

1　国際展開の背景と基本的な志向

先に述べた『意見書』のなかには、日本の司法および法曹などの国際貢献に関する記述を、数多く見出すことができる。それらの背景にあるのは、本来的には、国家の主権に関わるドメスティックな日本法の領域が、日本国憲法の要請する国際協調の精神に即応したかたちで発展することを、強く希求する発想であるといえよう。

『意見書』は、「二一世紀の我が国社会の姿」を措定し、次のように記述した。すなわち、「国民は、重要な国家機能を有効に遂行するにふさわしい簡素・効率的・透明な政府を実現する中で、自律的かつ社会的責任を負った主体として互いに協力しながら自由かつ公正な社会を築き、それを基盤として国際社会の発展に貢献する」と。

これに加えて、『意見書は』、二一世紀には、社会のあらゆる分野において、国境を越えた結び付きが強まることを前提として、驚異的な情報通信技術の革新などにともなって加速度的にグローバル化が進展し、主権国家の「垣根」が低くなるなかで、日本が的確かつ機敏な統治能力を発揮しつつ、「国際社会において、名誉ある地位」（憲法前文）

を占めるのに必要な行動のあり方が不断に問われることになると予言する。そして、日本を見つめる国際社会の眼が一層厳しくなるなかで、日本がこの課題に応えていくことができるかどうかは、「我々がどのような統治能力を備えた政府を持てるか」だけでなく、「我々の住む社会がどれだけ独創性と活力に充ち、国際社会に向かってどのような価値体系を発信できるか」にかかっているとも指摘する。ここでは、多様な価値観を持つ人々が共生することのできる自由かつ公正な国際社会の形成に向けて、我々がいかに積極的に寄与するかが問われることになるのである。

このような基本的な考え方を踏まえて、『意見書』は、「国際化への対応」を提言し、二一世紀の日本が、世界的動向に受け身で対応するのではなく、国際社会との価値観の共有を深め、公正なルールに基づく国際社会の形成、発展に向けて主体的に寄与すること、そして、自由で公正な社会を、法の支配の理念のもとに形成・維持することが不可欠であると、指摘していたのである。

2 「司法のICT化」の汎用性と国際性

本実証研究は、日本における「司法のICT化」の実現のための基礎資料を得ることを基本的な目的として、日本の裁判所における民事訴訟事件および労働審判事件を素材としたものであることは、先に述べた。この研究は、また、司法という公共サービス分野におけるICTの活用に向けた日本で最初の本格的な試みであった。それと同時に、ICTそのものが汎用的な性格を有することから、本実証研究は、新たな国際支援をも包含した国際展開の可能性を有するものでもあった。

本実証実験で用いた「e‐サポート裁判システム」は、ともすればこれまで、たとえば、遠隔裁判などの実施を通じて司法過疎問題を克服するための手段などとして、受けとめられがちであった。しかし、遠隔裁判という形態は、紛争当事者の司法へのアクセスを飛躍的に向上させ、「正義・司法へのユビキタス・アクセス」を実現する象徴的な場の類型のひとつにすぎない。本実証研究は、ICTを用いた「法的コミュニケーションの活性化」(活性弁論)を志向するものであり、法的コミュニケーションを行う当事者が物理的に遠隔地に存在することを本質的な前提とするものではなかった。研究の主眼は、あくまで「法的コミュニケーションの活性化」（活性弁論の実現）にあり、極論すれば、さしあたり、日本におけるそのための場をサイバー空間に設けようとするものである。つまり、今回の実証実験で活用したシステムのいわば相似形が、質の向上と距離の短縮化を招来させ、ひいてはシステムの普及および遍在化によって、世界規模で活用可能なものになることを、本実証研究は目指していたのであった。

したがって、本実証研究の成果は、人類の幸福や福祉に貢献し得る公的サービス・システムの構築に裨益し得るものとして、国際的な展開の可能性を有していると考えられるのである。

3　法整備支援に対する貢献

また、『意見書』は、先に挙げた基本的な考え方に基づいて、国際社会に対する貢献として、アジア諸国（例、ベトナム、中国、カンボジア、ラオス、ウズベキスタンなど）に対する法整備支援を引き続き推進していくことを求めている。[20]

この『意見書』の論旨を的確に理解するために、その説くところを一瞥したい。

まず、これからの司法における「法曹の役割」を論じるなかで、日本の法曹の国際社会に対する貢献として、『意見書』では、アジアなどの発展途上国に対する法整備支援を引き続き推進していくことが要請される旨が指摘されていた。これは、二一世紀における国際社会において、日本が、通商国家、科学技術立国として生きようとするならば、内外のルール形成やその運用の様々な場面における法曹の役割の重要性が、一段と強く認識されるという前提に立ったものである。

次に、より広く日本の司法全体の「国際化への対応」を論じるなかで、『意見書』は、「法整備支援の推進」という独立した項目を立て、発展途上国に対する法整備支援を推進すべきであることを、より具体的に提言していた。すなわち、これは、発展途上国が経済発展を遂げ、民主主義に基づく豊かで安定した社会を築き上げるには、経済社会活動の基礎となる法整備が不可欠であるという前提のもとで、次のような基本認識に基づく提言であった。

「我が国は、諸外国から近代的な法体系を受け継ぎつつ、国情に即した法制度及び運用を確立してきた経験を活かし、民商事法や刑事司法の分野において、アジア等の発展途上国の研修生の受入れ、専門家の派遣、現地セミナーの実施等による法整備支援を実施してきた。こうした支援への取組は、我が国が国際社会の一員としての主体的な役割を果たす上で重要であるとともに、経済社会のグローバル化が進む中で、円滑な民間経済活動の進展にも資するものである。」

そのために、発展途上国に対する法整備支援については、政府として、あるいは、弁護士、弁護士会としても、適切な連携を図りつつ、引き続き積極的にこれを推進していくべきであり、また、司法制度などに関する情報を一層積極的に海外へ提供しつつ共有していくべきであることが、論じられていたのである。

さらに、人的基盤の拡充のための中核をなす「法科大学院」制度についても、その公平性、開放性および多様性の確保に努めるべきである旨を規定する制度設計の項目のなかで、司法の国際化への対応や諸外国の法整備支援を通じた国際貢献の一環として、留学生の積極的な受入れに対して十分な配慮が望まれる旨が、付言されていたのである。

言うまでもなく、法整備支援は、単なる法の制定で終わるものであってはならない。それのみでは、いわばハコモノ的な支援にとどまるのであって、実際に受入国から求められるのは、継続的に法を定着させ改善させ発展させるための方策の支援である。つまり、継続的で多方面にわたる法整備支援の必要性である。

このような法整備支援を飛躍的に推進するためには、ＩＣＴの活用が有益であると考えられる。

またさらに、法整備支援にとっては、単に、法典の整備だけではなく、その運用に携わる法曹などの養成が不可欠の課題となる。その観点からは、法実務または法の運用・実践の継受および法情報の共有化が図られなければならない。これらのことを踏まえれば、法整備支援を行うにさいしては、法システム全体を視野に入れ、かつ、とりわけ広大な国土を有する支援受入国の状況を念頭において、当初からＩＣＴ化を組み込んだうえでの活用可能な制度プランを提言しつつ、日本からの継続的かつ恒常的な助言と支援のルートを確保することが望まれるのである。

4 「国際的な紛争解決フォーラム」の創設に対する貢献

現代社会の様々な局面では、国際化傾向が顕著である。このような傾向のなかで、『意見書』が指摘するように、透明かつ公正なルールのもとで、ルール違反を的確にチェックするとともに、権利・自由を侵害された者に対し適正かつ迅速な法的救済をもたらす司法の役割を強化し、その国際的な対応力を強めることが、焦眉の課題となる[21]。また、たとえば、①自由で公正な社会や効率的な市場システムを支える適正かつ迅速な紛争解決手段を国際的に整備すること、②国際的な組織犯罪や各種の危機管理に対して的確に対応すること、③社会の様々な場面において人権などの権利を保障すること、④戦略的なリスク管理や法遵守を含むコーポレート・ガバナンスを確立すること、⑤国家戦略としての知的財産や金融情報技術への取組などにおいて、日本の司法（法曹）が社会のニーズに積極的に対応し、十分な存在感を発揮していくことなども、重要な課題となる。

これらは、日本が国際的競争力を維持し、その通用力を確保、発展させるためにも、不可欠であると考えられるからである。

そこで、今後予想される渉外事件の増加に的確に対応し得るために、「国際的な紛争解決フォーラム」の創設が強く期待される。そのさい、その実現には、「司法のＩＣＴ化」が決定的に重要になると考える。たとえば、国際企業紛争、国際民事訴訟、国際仲裁などの国際的な紛争などをオンラインで解決するためのサイバー・フォーラムとして、「e－サポート裁判システム」の展開が嘱望されることになるのである。

このような「国際的な紛争解決フォーラム」を創設するためには、制度運営者やシステム構築・運用費用の負担者など、体制作りの基本スキームを詰めていく作業が必要となる。「国際的な紛争解決フォーラム」のシステムのあり方としては、「法のライフライン」というコンセプトを国際的に共有することを可能とするために、日本からサービスを提供する方法も考えられるのである。

5　その他の国際展開

これまで述べてきた諸点に加えて、さらに、以下で述べるような国際展開が可能であると考えられる[22]。

第一に、渉外事件においては、先に述べたように、ＩＣＴの活用を通じて迅速かつ的確な事件処理を実現することが可能となる。たとえば、国際仲裁事件、国際的な身分関係訴訟事件、知的財産関係訴訟事件、国際倒産事件、国際執行・保全事件などの充実・迅速化のためには、前記のような「国際的な紛争解決フォーラム」の構築が有益となるであろう。特に、たとえば、知的財産関係訴訟事件の適正かつ迅速な解決を促進することは、政府の国家戦略の一部としても位置付けられる。また、経済活動のグローバル化や国境を越えた電子商取引の急速な拡大にともない、国際的な民商事紛争を適正かつ迅速に解決することが、重要な課題となっているのである。

第二に、国際刑事司法の領域に対する貢献による国際展開も考えられる。国際的な犯罪の増加に対応するために、適正手続の保障のもとで、国際捜査・司法共助制度を、ＩＣＴの活用による国際的なコミュニケーションの形成を通じて、拡充・強化することも可能である。とりわけ、犯罪の国際化などが一層進み、世界各国が協調して犯罪の予防および撲滅に対して効果的かつ効率的に取り組んでいく必要性が指摘されている今日的な状況において、国際司法共助制度のＩＣＴ化が、強く望まれる。なお、司法共助の国際展開におけるＩＣＴの活用については、先に述べたように、民事事件の局面でも、同様に妥当するであろう。

第三に、「国際送達」の迅速化、円滑化のために、ＩＣＴの活用が望ましいと考えられる。長期間を要する現在の国際送達の実情の改善も可能となると考えられる。送達に関する国際司法共助の課題である。

第四に、「法曹の国際化」を促進するためにも、ＩＣＴの活用は極めて有益である。弁護士が、国際化時代の法的需要を十分に満たすことのできる質の高い法律サービスを提供できるようにすべきであることについては、『意見書』

でも要請されており、異論のないところであろう。そのためには、弁護士人口の大幅増員、弁護士事務所の執務態勢の強化、弁護士の国際交流の推進、外国法事務弁護士などとの提携・協働、法曹養成段階における国際化の要請への配慮などの方策が、実施されなければならないと考えられる。ここでのＩＣＴの活用が、このような方策の効果的な推進を下支えし、実現するものであることは明らかである。

第五に、「Legal－XML の標準化と普及」を目指した研究に対する貢献も考えられる。現在、Legal－XML の研究、とりわけアジア法整備支援をも視野に入れ，アジアの Legal－XML 標準の策定のための研究も行われている[23]。

第六に、「オンライン国際ＡＤＲ（ODR: Online Dispute Resolution）・プロジェクト」や「コート・ルーム21[24]」などといった世界規模での紛争解決ネットワークへの参加と普及にも、本実証研究の成果を生かすことができると考えられる[25]。

なお、以上の国際展開の具体的方策の実現にさいしては、先に述べた障壁克服のための具体的提言や、ＩＣＴを用いた場合における「民事訴訟の運用ガイドライン[26]」が、基本指針となり得るであろう。

それゆえ、世界的なＩＣＴ化という現実のなかで、ガイドラインの提示は標準的な民事訴訟手続を前提としてＩＣＴを組み込んだいわば「国際標準ガイドライン」の提言をも意味するので、その紹介と普及を基軸に、前記各種の国際展開を実現できるように努めていきたい。

(20) 特に、ベトナムについては、たとえば、川嶋四郎「法整備支援と『民事訴訟のＩＣＴ化』モデル」アジア法研究二〇一一（五号）（二〇一一）七九頁などを参照。

(21) 以下の議論に関しては、特に笠原毅彦教授から、有益な示唆を得ることができた。心から感謝申し上げたい。

(22) なお、以下の諸点には、前記とやや重複するものも存在する。

(23) リーガルＸＭＬについては、たとえば、伊藤篤「〈基調講演〉リーガルＸＭＬ――司法へのＸＭＬ応用の可能性」情報ネットワーク・ローレビュー九巻二号（二〇一〇）一一三頁、伊藤篤ほか「〈シンポジウム〉リーガルＸＭＬ」情報ネットワーク・ローレビュー九巻二号（二〇一〇）一二三頁などを参照。

(24) これは、アメリカの William ＆ Mary 大学ロースクールが有する電子法廷システムであり（http://law.wm.edu/academics/intellectual

life/researchcenters/clct/)、その法廷「教室」では、ロースクール教育が行われているだけではなく、実際に紛争処理手続も営まれている。これについては、たとえば、笠原・前掲注(15)二七二頁を参照。

(25) そのためには、特に、恒常的なシステムの構築なども望まれる。

(26) これについては、後日公表したい。

五 おわりに

1 民事手続法学における「事実の学」の意義

以上、東日本大震災とその後の福島第一原発事故が現在でも尾を引く日本の現状において、櫃底に留めるに忍びない思いから、かつての実証研究の一端を公表することとした。肝心の具体的な実験内容の詳細には触れることができなかったが、他日を期したい。

ところで、司法制度改革が進行するなかで、民事裁判については、近時その迅速化の傾向が著しい。民事訴訟法、労働審判法および裁判外紛争解決促進法などは、基本的にはその規範が研究対象とも考えられがちであるが、本実証研究の機会を得ることによって、単に規範的・理論的な課題だけではなく、実務慣行的および事実的な課題が数多く存在することも、また明らかにすることができたように思われる。個別事件の具体的な文脈における事実的な障壁あるいは諸問題は、現実に今回のような実証実験を行わなければ、体感し経験することができない事象であった。その意味で、本実証研究は、日本の民事裁判ひいては民事紛争解決手続の質的な向上と国際展開のための貴重な機会であったと考えられるのである。

規範の学が本来的に優越しているかのように見える民事手続法学の研究環境領域においても、ICT化に向けた研究は不可欠であり、「司法のICT化」は十分に可能である。しかも、それは、先に述べたように、「正義・司法へのユビキタス・アクセス」を実現するためには、不可欠の研究であり実践でもあるとも考えられる。その実現が、すべての潜在的な制度利用者および顕在化した制度利用者の具体的な便益に、著しく裨益することにつながると予測できるからである。

それを実現するためには、様々な規定の改正もまた、不可避的に要求されるであろう。

2　技術面の課題等

技術面に関しては、今回の実証研究では、現在の技術的な展開状況を考慮して、「オンライン訴訟・システム」と「サイバーコート・システム」という二つのシステムを用いたが、両者のシステム統合を行い、いわば「e－サポート裁判システム」を構築すべきことも、明らかになった。このようなシステムが完成した場合には、①映像を見ながらオンラインで書面をやりとりすることがより円滑化し、②文書と映像の統合が可能になり、ひいては、③口頭主義・直接主義といった民事訴訟の本来の姿を実現するために活性弁論を実現できるフォーラムが、創造可能となるであろう。

そのためには、①さらに実証実験を行うことも不可欠であり、②デジタル記録の活用のために、目次付けのためのソフト（サムネイルソフト）や動画への注釈（いわば付箋貼り）を行うためのソフト（アノテーションソフト）の組込みや、ひいては、③セキュリティを確保するためのソフト（セキュリティ・ソフト）などを組み込むための本格的な実証実験も、不可欠となるであろう。特に、④先に検討したデジタル訴訟記録と裁判映像とを一括して編綴できるように、リーガルＸＭＬを構築し、⑤上訴などで記録を閲覧するさいの便宜を図るために、サムネイルソフト（目次付けソフト）やアノテーションソフト（動画解析ソフト）の組込みを行うことを可能にするシステムの創造なども、不可欠となることもまた、本実証研究の結果明らかになった。

また、現在、人物画像の自動認識装置を導入することによって、話者の交替を自動認識し、同時に目次を作成するためのシステムの開発も進行している。それゆえ、そのようなシステムをも組み込み、より簡便性、利便性、汎用性、国際性を増進させるための実証実験も、また不可欠となる。

民事訴訟を中核とした民事紛争処理システムにおいては、多様な審理手続が存在するが、たとえば、公開・非公開形式、対席審理方式と交互面接方式などに迅速に対応できるように、システムの適宜かつ円滑な切替えの可能性をも探究すべきである。

これまで述べたようなシステム開発のためには、広く民間参入を認め、公共サービス領域における民間活力の積極的かつ公正な活用の可能性も、具体的に探究すべきである。

3 「司法のICT化」の逆説：「人間性の輝き」

本実証研究は、現在の民事訴訟などの基本的なあり方に対しても、「より利用しやすく、より分かりやすく、より頼りがいのあるプロセス」になり得るための具体的な提言にもつながると考える。その意味で、本実証研究は、単に、「司法のＩＣＴ化」を促進するための画期的な研究であるだけではなく、手続利用者がより躍動できるプロセスの創造のために有益な研究でもあったと考えられるのである。

このように、「司法のＩＣＴ化」とは、「司法の技術化・機械化」ではなく、むしろ、裁判関係主体が、ＩＣＴに任せることができる部分は任せ、本来の職務、役割に専念することができる契機を創出するものでもある。それゆえ、「司法のＩＣＴ化」を通じて、「人間の顔をもった司法」を実現し具体化する道が開けるとともに、ＩＣＴによる「ｅ－サポート」を通じて、利用者が、その自由を拡大させ、紛争解決手続過程における人間の躍動の機会を確保し、民事裁判過程における「人間性の回復」や「人間性の輝き」[(27)]をもたらし、ひいては、「二一世紀における司法ルネサンス」を実現する契機となり得ると考えられるのである。

4 「連携的な正義」の実現に向けて

このような実証研究の重要な特徴の一つは、「連携的な公共サービスの構築」を提言する点にも存在する。(28)(29)

本実証研究は、ＩＣＴの活用を促進するための研究でり、公共サービス・ネットワークの究極に位置する法的な紛争処理に関わる研究であるために、「司法領域」の質的向上への貢献を企図している。その意味で、「ＩＣＴの活用を通じた連携的な公共サービスの構築」をも視野に入れているのである。

つまり、この実証研究は、裁判制度・ＡＤＲ制度の改革を中核としつつ、法的救済のネットワークを日本全国に構築するために、行政領域などをも巻き込む総合的な連携システムの構築を促進する可能性を秘めた、展開可能性のある試みであると考えられる。それは、ともすれば蛸壺的とさえ評されがちな省庁間の隔壁を取り外し、たとえば以下のような相互連携的かつ統合的なシステムを構築する契機を与えるものである。

第一に、総合的な法律支援などの局面では、「法務省」における総合法律支援システムの構築（法テラスの機能強化のためのサポート）などへの貢献をも視野に入れることができる。

第二に、個別的労働関係紛争などに関する法律相談やその解決のあり方については、「厚生労働省」における労働政策に関わる領域への貢献をも視野に入れることができる。

第三に、消費者紛争の解決に関しては内閣府の外局である「消費者庁」における各種相談業務への貢献をも視野に入れることができるであろう。

第四に、日本企業の国際展開にともなう渉外紛争解決をも射程に入れた場合には「経済産業省」の所轄事項も視野に入れることができるであろう。

第五に、初等・中等教育における「法教育」の実践を担い責任を負うべき「文部科学省」の教育行政をも視野に入れることができる。

第六に、日本の国際貢献（政府開発援助）、とりわけ法整備支援については「法務省」や「外務省」における所轄事項の国際展開をも視野に入れることができるであろう。

このように、本実証研究は、ともすれば縦割り行政の弊害などを指摘されかねない各領域を統合し連携的な高質のサービスを提供できる契機を提供できるのではないかと考える。これは、いわば「連携的な正義」の実現への一歩である。その意味で、本実証研究は、普遍性、汎用性、受容可能性、そして連携・統合可能性のあるものと考えられるのである。(30)

5 新たな「社会的共通資本」を求めて

以上から明らかなように、本実証研究は、いわば単なる「司法のＩＣＴ化」を超えて、「法のライフライン」という新たな「社会的共通資本」(31)の創出のために、日本における立法、行政および司法という統治機構の全体に対する、ＩＣＴの総合的な活用を提言するプロジェクトであった。現在のところ、民事訴訟法学の領域では、ＩＣＴ化でさえ、その関心は必ずしも高くはないが、(32)今後、法的救済を実効化し、その地平を広げるためには、「司法のＩＣＴ化」は不可欠の要請であると考えられる。

現在のところ、民事裁判のＩＣＴ化には、様々な困難な問題が存在する。しかし、人のために法や制度を生かす一つの手段として、ＩＣＴは新たな可能性を有している。それゆえ、民事訴訟法理論を実践面でもより生かすことができるように、民事手続の様々な局面で実践的な研究が望まれるのである。(33)

(27) たとえば、川嶋四郎・民事訴訟法概説（二〇一三）五四五頁などを参照。

なお、この「人間性の輝き」をより一層引き立てるのもまた、ＩＣＴであると考えている。一般に、ＩＣＴは、感情も意識ももたない単なる機械にすぎないので、対応する者が生身の人間である場合とは異なる顕著な特長がある。それは、利用者がサポートを得る機会を得てデジタル・ディバイドさえ克服できれば、その後は、ＩＣＴが、老若男女、貧富貴賤などを問うことなく平等かつ公平に応接してくれる特性である。その意味で、差別、偏見、無視、疎外、好悪、贔屓、学閥、情実などの不合理な要因に基づく対応を行う可能性がないとは言えない人間の場合とは異なり、ＩＣＴは、逆説的ではあるが、「万民に平等に温かい存在」となり得る。それゆえ、利用者は、余計な心配をすることなく、正常に作動さえすればＩＣＴを通じて「人間性の輝き」を十全に発揮する機会を得ることになるのである。

(28) すでに、「正義・司法へのアクセス」において、「正義の総合システム」の企画のなかには、訴訟とＡＤＲを統合する総合システムが含まれていた。たとえば、カペレッティ＝ガース・前掲注（４）二七頁参照。

(29) さらに、川嶋四郎「ＡＤＲ機関の連携可能性と弁護士会の役割――ＡＤＲ機関の連携を通した『福岡発連携的正義』の試み」法政研究（九州大学）七三巻二号（二〇〇六）二二一頁も参照。

(30) しかも、本研究は、地方自治体における各種の相談業務におけるアクセス可能性を高めるシステム展開をも、視野に入れている。この意味で、「総務省」における「国際展開」および「国内展開」に、新たな可能性を開くものと考えられる。

(31) 「社会的共通資本」とは、「一つの国ないし特定の地域に住むすべての人々が、ゆたかな経済生活を営み、すぐれた文化を展開し、人間的に魅力ある社会を持続的、安定的に維持することを可能にするような社会的装置」をいう。宇沢弘文・社会的共通資本（二〇〇〇）ⅱ頁。

(32) 一例にすぎないが、司法制度や民事訴訟法の体系書やテキスト類でも、電話会議システム、テレビ会議システム、電子情報処理に関係する手続の特則などの説明を超えて、民事裁判のＩＣＴ化に言及したものは、必ずしも多くはないようである。例外として、たとえば、木佐ほか・前掲注（3）二五頁、池田辰夫編・アクチュアル民事訴訟法（二〇一二）二七七頁〔町村泰貴〕、川嶋・前掲注（27）五四一頁、小島・前掲注（11）一三頁、川嶋四郎＝松宮孝明編・レクチャー日本の司法（二〇一四）三五頁〔川嶋〕などを参照。

(33) 「人間の心を大切にする経済学」を高唱する経済学者、宇沢弘文さんは、さらに次のように論じている。「二十一世紀への展望を考えるとき、人類が直面している重要な問題はいずれも、資本主義とか社会主義という経済学のこれまでの考え方では解決できない。……社会的共通資本を大切にして、一人ひとりの人間が人間的尊厳を守り、魂の自立をはかり、市民的自由を最大限に確保できるような安定的な社会を求めて、人々の協力と協調が求められている。社会的共通資本の考え方が、きたるべき二十一世紀の苦難の時代を生きるために、中心的な指導原理としての役割をはたすことは間違いない」。宇沢弘文・経済学は人びとを幸福にできるか（二〇一三）八〇頁。経済学においてさえ、このような思索が重ねられている現在、法学者、とりわけ人びとの法的救済プロセスを探究する民事訴訟法学者も、そのような思索の営みに加わる必要があると思わざるを得ない。

すでに、そのような「苦難の時代」が到来して十数年が経過するが、これからも、「民事訴訟法学は人びとを幸福にできるか、人びとを法的に救済することができるか」について、日本の片隅から、「一隅を照らす」ことができる思索を重ねて行きたい。

二〇一四年夏

ベトナム・ダナンにて

弁護士報酬規制の源流

北村賢哲

一　はじめに
二　明治二三年旧旧民事訴訟法制定前後における弁護士報酬規制
三　明治三六年前後における弁護士報酬規制に関する議論状況
四　旧民事訴訟法制定前後における弁護士報酬規制に関する議論状況
五　まとめにかえて

一　はじめに

本稿は、弁護士報酬の負担をめぐる議論の基礎を明らかにする試みの一端である。具体的作業として、弁護士の報酬に関する規制とその変遷の意義を、弁護士制度創設直前から第二次世界大戦前までについて確認する。

弁護士報酬の負担の在り方を論ずるにあたって、弁護士報酬をどのように決すべきかが問題となる。仮に、弁護士報酬を訴訟費用に組み込み、敗訴者負担を肯定する立場を採るとすれば、同時に、敗訴者が負担すべき額が合理的な範囲のものであることを保障する仕組みを考案する必要に迫られる(1)。もちろん、その仕組みは、弁護士報酬自体の直接的な制御に限られるわけではない(2)。が、負担額のみ別途決定するという間接的な方法を採るという場合、弁護士報酬額の決定につき、法令や裁判所による直接的な介入を避けるべきとの判断が前提に存するよう見受けられる(3)。

ところで、周知のとおり、伊藤眞教授は、これらの立法論に疑問を呈し、大審院時代からの判例の分析を経て、一定類型の不法行為および債務不履行に限って弁護士報酬を損害の中に含ませる方向が望ましいと説き、判例法理の発展によって対処可能であると評価した(4)。この伊藤教授の論考は、その後、弁護士報酬の敗訴者負担導入を目指す立法提案に対して、大きな、そして複雑な影響を及ぼした。一方で、立法を促す側に訴訟費用化が適当でない訴訟類型を探らせ(5)、他方で、立法を阻止する側へも理論的基礎を提供した(6)。このうち、後者への影響として、さらに次の点を指摘することができる。大審院判例を含めての分析の有用性は、弁護士報酬負担の問題が、戦前戦後を通じ、共通の枠組みの中で論じうることを前提とする(7)。じっさい、弁護士報酬額が依頼者との間の合意によって決せられるという前提に大きな変化はないように見え(8)、問題が変わっていないものと捉えられる。このような認識は、現状変更を望まない側に強い論拠をもたらす。すなわち、立法による対処がなされないまま今に至っていることから、従前も、そして今も問題が深刻ではないことを推定させ(9)、立法の必要を論ずる側に、事情が最近変わったことの立証を迫る手がかりとなる。[10]

しかし、大審院時代との問題の連続性という観点からは説明を要することがある。不法行為に基づく損害賠償請求訴訟において、訴訟追行のために要した弁護士報酬を損害の一部として償還を認める裁判例は、昭和一〇年ころになってようやく現れた。[11] このことはそれ以前に不連続面が存することを推測させる。また、裁判例として現れる問題が問題のすべてではない。そこで、判例分析の前提を確認する作業として、弁護士報酬に関する規律を振り返って改めて観察する。弁護士報酬敗訴者負担の是非をめぐっては今後も議論の継続が予想されるが、[12] 議論を嚙み合わせるためにはこのような基礎的作業も必要であろう。

以下の叙述は、明治二三年の旧旧民事訴訟法制定前後、同法の改正が着手された明治三六年ごろ、大正一五年の旧民事訴訟法制定の前後の順で行う。戦前の弁護士報酬規制に関する先行業績はすでに積み重なっており、[13] 本稿がなしうる資料上の貢献は最後の期間に関するわずかばかりのものに限られる。[14] 法制史学の素人ゆえの限界ということで予め寛恕を願いたい。

(1) 三ケ月章・民事訴訟法（一九五九）三五八頁以下、菊井維大「弁護士費用問題――論点の整理」ジュリ二一一号（一九六〇）六頁以下。
(2) 平成一六年一二月に廃案となった民事訴訟費用等に関する法律の一部を改正する法律案（第一五九回国会提出閣法第六五号）参照。
(3) 中野貞一郎「弁護士費用の敗訴者負担」同・過失の推認（一九七八〔初出ジュリ三八八号（一九六八）七八頁〕）二五五頁、とくに二六一頁以下。
(4) 伊藤眞「訴訟費用の負担と弁護士費用の賠償」中野貞一郎先生古稀祝賀・判例民事訴訟法の理論（下）（一九九五）八九頁。
(5) 民訴費用制度等研究会「民訴費用制度等研究会報告書」ジュリ一一一二号（一九九九）七三頁以下、司法制度改革審議会・司法制度改革審議会意見書（二〇〇一）二九頁、および司法アクセス検討会での議論（後注（9）に議事録を閲覧できるウェブサイトのアドレスを示す）。
(6) 日本弁護士連合会「『弁護士報酬敗訴者負担の取扱い』に関する日本弁護士連合会の意見（平成一五年八月二二日）」（http://www.

kantei.go.jp/jp/singi/sihou/kentoukai/access/dai18/18siryou3.pdf）六頁では、前掲注（4）の伊藤教授の論考が引用されている。

（7）伊藤・前掲注（4）九七頁、一〇四頁注16。

（8）高中正彦・弁護士法概説〈第四版〉（二〇一二）四七頁参照。

（9）司法アクセス検討会の第一六回（二〇〇三年六月二〇日）において、藤原まり子委員から弁護士報酬各自負担の現状がいいと考えているのか尋ねられた亀井時子委員は、「私どもは、現状が良いという前提です。というのは、今までずっとそれで、明治の初めから、民事訴訟法ができたときからそれでやっているわけです」と応答している（http://www.kantei.go.jp/jp/singi/sihou/kentoukai/access/dai16/16gijiroku.html）。

（10）日本弁護士連合会・前掲注（6）五頁参照。

（11）訴え提起が不法行為に該当する場合、応訴のために被告が要した弁護士報酬につき償還を認めるものとして、大判昭和八・五・三〇新聞三五六三号八頁、大判昭和一六・九・三〇民集二〇巻一二四三頁、大連判昭和一八・一一・二民集二二巻一一七九頁等があり、一般の不法行為による損害賠償を請求する訴訟を提起するために原告が弁護士に委任した場合に、その弁護士報酬について被告に対する償還請求を認めたものとして、大判昭和一一・二・二八民集一五巻三〇〇頁がある。

（12）伊藤眞・民事訴訟法〈第四版補訂版〉（二〇一四）五八三頁。

（13）戦前の弁護士報酬規制に触れる戦後の先行業績として次のものがある。染野義信「弁護士費用と弁護士強制――歴史的背景と当面の課題について」加藤一雄博士在職三五年記念・経済と法政の諸問題（一九六一）八五三頁（日本法学二七巻二号（一九六一）三九頁所収）、大野正男・職業史としての弁護士および弁護士団体の歴史（二〇一三〔初出同編・講座現代の弁護士2 弁護士の団体（一九七〇）一頁〕）、花岡巌「弁護士報酬をめぐる問題」古賀正義編・講座現代の弁護士3 弁護士の業務・経営（一九七〇）二八〇頁、とくに三〇六頁以下、桜田勝義・判例弁護士法の研究（一九七〇）、川口由彦編著・明治大正町の法曹――但馬豊岡 弁護士馬袋鶴之助の日々（二〇〇一）、林屋礼二・明治期民事裁判の近代化（二〇〇六）、長谷部由紀子「紛争解決制度へのアクセス」高橋宏志＝加藤新太郎編・実務民事訴訟講座〔第三期〕第一巻（二〇一四）一八七頁。

（14）大正一五年の旧民訴法制定の前後の叙述で参照する弁護士法改正調査委員会議事要録（以下「議事要録」）の資料の性質について若干説明しておきたい。

弁護士法改正調査委員会は司法省内に設置され、大正一一年一〇月三〇日から昭和二年一〇月五日まで総会を開催し、弁護士法改正綱領を決議して司法大臣に報告した。執筆者が同委員会の調査委員の一人で、当該綱領についての解説を意図している長島毅・辯護士法（一九二八）五頁は「委員会の議事の内容は之を発表することを許されない」と記している。西村悦藏「辯護士法の改正に就いて」司法省調査課・司法研究第一五輯報告書集三（一九三二）「はしがき」三頁には議事録を読んだ旨が記されている。戦前、司法省が議事要録をすべて収蔵していたことを強く推測させる。

しかし現在、法務図書館において収蔵されているのは、第三二回までである。これは昭和六一年に寄贈された山岡萬之助文書の一部を構成する（山岡萬之助関係文書目録〔二〇〇七〕vii頁および一頁）。司法省が収蔵していた議事要録はこの間、滅失したようである。他方、北海道大学付属図書館が第一回から第八一回まで（ただし五回分欠落がある）収蔵している。こちらの議事要録の冒頭には、最初の調査委員任命通知である「日記第三四号」が付されており、その最初の頁の右上には「岩田宙造法律事務所」印が存する。その前の頁の「北海道大学図書館」印の下に、「40, 8, 11」の押印したものとみられる数字が記されており、昭和四〇年八月一一日の移管が推測される。それ以前、第三者による議事要録の利用がおよそ不可能であった時期が存したものと思われる。

二　明治二三年旧旧民事訴訟法制定前後における弁護士報酬規制

旧旧民事訴訟法が制定された明治二三年、弁護士は存在しなかった。弁護士法の成立が当初予定の明治二三年から明治二六年まで先送りされたからである(15)。

弁護士制度導入直前、代言人についての基本的法令は代言人規則であり、明治九年に制定された後（明治九年二月二二日司法省甲第一号布達）、明治一三年に全面改正がなされた（明治一三年五月一三日司法省甲第一号布達）。改正後の規則は、第一条で代言人は原告又は被告の委任を受けて代言をなす旨を明記したほか、依頼人から受ける金銭に関しては、地方裁判所本支庁所轄ごとに設立する代言人組合に設けられる議会において「相當謝金ノ額ヲ定ムル事」を目的とする規則を定めることとし（一四条八号）、該規則は必ず検事の照覧を経るべき旨を付した（同条但書）。また、懲罰事由として「强テ謝金ヲ前収シ又ハ過當ノ謝金ヲ貪リタル者」が挙げられ（二二条七号）、譴責、停業、除名の懲戒を受けうることとされた（二三条）。改正前と比較すると、二点の重要な変更がある。

一つ目は、旧規則一三条は謝金額につき依頼者との合意を基礎とする旨を明記していたが、これに相当する条文がなくなり、代わりに相当の謝金額を代言人組合が定めるとした。これを受けて、各組合の規則も制定されたが、謝金の最高額を詞訟の「主件ノ金額」の一定割合によって定める方式（東京代言人組合規則三七条）と、謝金の上限規制に加え、通常事件の謝金相当額を請求高の一定割合と決める方式（大阪組合代言人規則五八条）とが併存した。[16]

二つ目は、旧規定には懲戒事由として「謝金ヲ前収シ又ハ過當ノ謝金ヲ貪ル者」（一四条四号）が挙げられており、これに「強テ」の語が新たに加わった。このことから、協議による謝金の前払いの慣習が許容され、着手金の原型が存していたと推測されることがある。[17]

なお、大審院明治一九年三月二六日判決が「代言人ノ謝金ハ其ノ受任訴訟ノ勝敗ヲ以テ条件トスルモ不法ニ非ズ」とし、当時成功報酬契約が行われていた事、それが違法と評価されなかったことが伝えられている。[18]

かような報酬規制の下にある代言人の存在を前提として、旧旧民事訴訟法の草案起草過程では次のような変遷があった。

テヒョー『訴訟規則現按　完』（明治一八年二月）第二巻〔編〕第五章第一条には、第一項で訴訟費用の敗訴者負担を定め、第二項で勝訴者の支出した費用が「裁判所ニテ伸訴若クハ辨〔辯〕護ノ為ニ必要ト認メタル分ニ限リ」敗訴者が弁償すべきとした後、第三項本文で、「直者ノ使用シタル代言人ノ給料及ヒ実費ハ毎ニ辨償ヲ請求シ得ヘキ費用中ニ屬スルモノトス」と定めていた。[19] この趣旨が訴訟規則委員会議の審議によって修正を受け、『訴訟規則会議員修正案　完』第百十三条は「辯〔辨〕償ス可キ費用ノ種類及ヒ其額ハ別段ノ規則ニ依ル」として、民事訴訟法の外の規定に委ねることとなった。[20] この修正理由たる『日本訴訟規則修正案説明』は、代言人の謝金が依頼者と代言人との契約によって定まり、一定の制限がなく、その結果、世間的に見て高額になることが少なくないため、別段の法律で定める必要があるとしていた。[21] この修正につき、テヒョーが直接反駁している様子はない。[22] 明治一九年六月司法大臣に提出された、いわゆる「テヒョー草案」たる『訴訟法草案　完』（明治一九年）第百条は、この修正案とほぼ同文である。[23]

この結果、旧旧民事訴訟法に訴訟費用の範囲に関する規定は収録されず、立法直後の注釈書では、訴訟費用に弁護士報酬が含まれるのか否か、そもそも明らかにされなかった。[24]

このような旧旧民事訴訟法の制定を受けて、明治二六年制定の旧旧弁護士法は、弁護士の職務に関して「當事者ノ委任ヲ受ケ」て「通常裁判所ニ於テ法律ニ定メタル職務ヲ行フ」としたほか（一条）、報酬に関して、改正代言人規則にならい、弁護士会会則に「謝金及手數料ニ關スル規定」を設けることとした（二六条）。[25] 他方で、改正代言人規則と異なり、懲戒事由として報酬に関する具体的事項は挙げられず、抽象的に「此法律又ハ辯護士會會則ニ違背シタル所爲」あるとき懲戒手続が開始する旨を定めるにとどまった（三一条）。

同年司法大臣に認可された東京弁護士会会則中に報酬に関する中心的な条文をここに取り上げる。[26]

第二九条　職務ニ關スル手數料ハ依頼者トノ契約ニ任ス

第三十条　職務ニ關スル謝金ハ左ノ制限ヲ超ユルヲ得ス但事件ノ難易金額ノ多少ヲ論セス金百円以下ノ謝金ヲ受クルハ依頼者トノ契約ニ任ス

主件ノ金額　謝金最高ノ數
五百圓未満　百分ノ二十五
一千圓未満　百分ノ二十
五千圓未満　百分ノ十五

五千圓以上　百分ノ十

この明治二六年の弁護士法制定と東京弁護士会会則制定とによって、「手数料と謝金の二本建報酬制度が明定されるようになった」と評価されることがある。[27] しかし、次の点に留意する必要がある。

一つは、明治二三年制定の旧民法との関係である。旧民法は委任契約につき規定を置かなかったが、民法財産取得編第十一章に代理の規定を置き、「代理ハ当事者ノ一方カ其名ヲ以テ其利益ノ為メ或ル事ヲ行フコトヲ他ノ一方ニ委任スル契約ナリ」（二二九条一項）と性格づけた。明治二九年制定民法は委任の規定を代理と区別して設けたが、とりわけ有償委任を許容することにつき、従来の「委任」と表現されたものとの連続性が意識されていた。[28] つまり、代理と重なり合うことが承認されており、[29] そこでは代言人・弁護士が業務として行う訴訟代理が念頭に置かれていた。両民法では、謝金（旧民法）・報酬（現民法）が明示的な合意に基づくこと（旧二四五条、旧二四六条、現六四八条一項）、委任事務の履行が終了したのちでなければ謝金・報酬を請求できないこと（旧二四七条一項、現六四八条二項）、受任者の責に帰せざる原因による中途の終了の際、謝金・報酬は履行の割合でのみ生ずること（旧二四七条二項、現六四八条三項）が規定されていた。代言人規則に存した謝金の前受けの禁止が、弁護士法や弁護士会会則に見られないのは、これら民法の趣旨が及ぶと考えられたからである。

もう一つは、手数料の額についての上限額の定めが当時の弁護士会会則中に見られないことである。先述の旧旧民事訴訟法の起草過程からすれば、弁護士の報酬額を制御するというのは監督する司法省側にとって重大な関心事である。[30] 手数料に報酬の含意があるのであれば、そこにも謝金同様の規制を及ぼそうとするはずであろう。したがって、ここでの手数料は裁判費用を指すものと考えられる。手数料に上限を定めないのは、当時の裁判費用に訴額と連動しない費目が少なくなく、また事前に総額の見通しがつくようなものでもなかったからである。[31] 依頼者との合意に委ねられたのも、見通しがつきにくい裁判費用を、しかしなお、訴訟の進行のためにある程度前受けさせ

る必要があり（民法六四九条参照）、その必要額の大雑把な算定を合意に委ねたと見るべきである。(32)

(15) 奥平昌洪・日本弁護士史（一九一四）六〇五頁、大阪弁護士会・大阪弁護士史稿上（一九三七）三六頁以下。

(16) 奥平・前掲注（15）三一八頁、三二二頁以下。ただし、明治一九年の大阪組合代言人規則改正により、謝金額の最高額の上限（十分ノ五以下）のみを定める東京方式が採用され（同規則六五条）、「謝金ノ外詞訟ノ費用ニ關スル契約ハ依頼人トノ協議ニ任セ該規則ノ關スル所ニ非ストス」（同規則七〇条）との規定を追加している（大阪弁護士会・前掲注（15）一九四頁）。

(17) 花岡・前掲注（13）三〇八頁、これを引用する川口編著・前掲注（13）一三五頁および一三八頁注6、さらに後者を引用する林屋・前掲注（13）一三五頁。しかし、明治一五年の大阪の報酬契約書について謝金と別に着手金的な報酬を受ける条項は定められておらず（春原源太郎「明治一五年の報酬契約書」自正一四巻八号〔一九六三〕二三頁）、その後には存するとされる着手金に相当するものの名称も「入費当金」（「明治雑誌四六号八五三頁」の引用が示されているが筆者未見）であることからすると、これは代言人に対する労務の対価としての性質を持つものではなく、訴訟追行のための印紙代や呼出・送達のための費用を意味すると考える方が自然ではないかと思われる。

(18) 本文中カギ括弧で引用した部分は、金子要人・改正弁護士法精義（一九三四）二八六頁であり、これへの依拠を明示するのが、桜田・前掲注（13）一四一頁である。しかし、高柳賢三「成功謝金問題再論」同・新法学の基調（一九二三〔初出東京朝日新聞大正一一〔一九二二〕年七月一九日三面〕）三三〇頁がすでに、「裁判粋誌第一巻三七七頁参照」とし、該当部分を引用符なしに記している。これは、該当部分が判旨の要約部分にすぎないからであり、にもかかわらず、後の論文は高柳博士の叙述のみに依拠して判旨であるかのように紹介する。

(19) 松本博之＝徳田和幸編著・民事訴訟法〔明治編〕(1)テヒョー草案Ⅰ〔日本立法資料全集一九一〕（二〇〇八）五八頁。

(20) 松本博之＝徳田和幸編著・民事訴訟法〔明治編〕(2)テヒョー草案Ⅱ〔日本立法資料全集一九二〕（二〇〇八）一六頁。

(21) 松本＝徳田編著・前掲注（20）三〇二頁。

(22) 「哲憑氏訴訟規則按説明書」（松本博之＝徳田和幸編著・民事訴訟法〔明治編〕(3)テヒョー草案Ⅲ〔日本立法資料全集一九三〕〔二〇〇八〕三頁以下所収）。

(23) 松本＝徳田編著・前掲注（22）七七頁以下、九二頁。

(24) 本多康直＝今村信行・民事訴訟法註解（一八九一〔復刻版として民事訴訟法〔明治二三年〕註解　第一分冊　自第一条至第一九五

条〔日本立法資料全集別巻一五二〕（二〇〇〇））二三三頁以下。

（25）第四回帝国議会において提出された弁護士法案一六条では「辯護士ハ訴訟利益ノ幾部ヲ受クヘキ契約ヲ為シ又ハ係争権利ヲ買受クルコトヲ得ス」（傍線は筆者）と規定されていたが（第四回帝国議会衆議院議事速記録第二号七頁）、委員会審議で傍線部が削除され旧旧弁護士法一五条となった。この削除の趣旨は、大要次のように説明される（第四回帝国議会衆議院議事速記録第九号六頁）。

代言人組合の規約と現今の慣習から、訴訟利益の幾分を受けるとしており、これを検事が許しており、依頼人側も成功謝金を前提に依頼する習慣になっている。謝金の割合が訴訟利益の半分とか三分の二とかなら、係争利益の買受と同視しうるが、相当の謝儀なら、一割や一割五分程度であれば害がないから、この慣習を廃する必要がない。

（26）奥平・前掲注（15）六三三頁以下。なお、同年司法大臣認可の大阪地方裁判所所属弁護士会会則において、相当する条文は以下のとおり（大阪弁護士会・前掲注（15）二〇六頁以下。なお二重取消線部分は、大阪弁護士会にていったん決議されたものの司法大臣に削除を命じられた部分を示す）。

第四十四条　財産ニ關スル事件ノ謝金ハ其請求價額十分ノ五ヲ超過スルコトヲ得ス但請求價額百円未満~~若クハ上訴執行等ヲ併セテ受任スルトキ~~ハ此限リニアラス

第四十六条　受任事件終局前當事者ニ於テ和解スルカ又ハ委任者ノ随意ニ解任スルトキト雖モ全額ノ謝金ヲ領収スヘキ契約ヲ爲スコトヲ得

第四十七条　謝金ノ外手数料及ヒ旅費等ニ關スル契約ハ委任者トノ協議ニ任ス

（27）直接の引用は、花岡・前掲注（13）三〇八頁。この理解を受け入れている論考は注（17）で列挙している。

（28）梅謙次郎・民法要義巻之三債権編（一八九八〔復刻版復刻叢書法律学編一二―Ⅲ（一九九二）〕）七一六頁。

（29）梅謙次郎ほか講述・民法（明治二九年）債権第二章契約（第四節～第一四節）第三章事務管理第四章不当利得第五章不法行為（和仏法律学校明治三六年度講義録）〔日本立法資料全集別巻二一二〕（一九九六）五五二頁、岩田宙造講述・契約各論完（東京法学院大学三七年度第二年級講義録）一九九頁参照。

（30）大阪弁護士会の会則の認可過程で、謝金額に関する部分のみ字句の削除が求められた事（注（26）参照）からも、関心の所在がうかがえる。

（31）民事訴訟用印紙法（明治二三年法律六五号）二条は、訴訟物の価額によって訴状に帖用する印紙の額を規定し、同法五条が控訴状・上告状について二条を準用するとしているが、他方で、抗告・故障・証拠調の申立て等に定額五〇銭の印紙を貼用すること（同法六条）、答弁書その他の申立てや申請にも定額二〇銭の印紙を貼用することとされ（同法一〇条）、印紙を貼用しない民事訴訟の書類を無効としている（同法一一条）。書類の送達にも、書類の謄本作成にも費用はかかる（執達吏手数料規則〔明治二三年法律五二号〕二条・一四条）。

（32）成功謝金契約を禁止すべきではないという文脈で、後述する弁護士法改正調査委員会において、弁護士出身調査委員の鵜沢總明博士が第五二回総会にて、本文で示した理解にむしろ沿う発言をしている。大正の頃まで弁護士の規範意識に生きていた傍証と思われる。

三　明治三六年前後における弁護士報酬規制に関する議論状況

旧旧民事訴訟法は制定後まもなく、改正が検討される。[33] 法典調査会の民事訴訟法についての審議の中では、弁護士報酬の訴訟費用化の必要が意識されていた。[34] 当時は弁護士費用の訴訟費用化に賛成する弁護士会の意見が複数寄せられていたようであるが、[35] 明治三六年に作成された改正案中には、訴訟費用化も弁護士報酬規制も提案されなかった。[36] 同じ頃、新聞記者と結託して謝金を貪る弁護士の取締りを警視庁が企図し、[37] また、新聞紙上でも謝金が不当に高額であることが指摘されていた。[38]

弁護士の有志で結成された日本弁護士協会は、関連する問題について決議してきた。「民事訴訟法ヲ辯護士訴訟主義ニ改正スルノ件」は否決したが、[39]「民事訴訟費用法改正ニ關スル」件では、弁護士報酬の法定や訴訟費用化の必要が説かれ、改正案を帝国議会に提出することを満場一致で可決した。[40]

このような状況の下で、次章で触れる民事訴訟法改正調査委員と弁護士法改正調査委員とを大正一一年以降兼任し、それぞれの審議で大きな存在感を示すことになる岩田宙造博士が、弁護士登録からわずか二年のこの時期に、論文「健訟の風果たして忌むべき乎」を公表し、弁護士報酬敗訴者負担を導入すべき旨を説いている。[41] 周知のとおり、岩田博士は戦後、弁護士報酬敗訴者負担に反対する見解を公表しており(42)、五〇年後の転向は、本稿が探る不連続線と一定の関係が存するようにも思われる。論旨に立ち入って紹介しておきたい。

一　濫訴妄訟は戒めるべきであり、はじめから争いがないことは最も喜ぶべきことだが、既に争いがあり、直ちに訴えによって決しようとすることは否定されるべきではない。法治国に於ける権利の争いはむしろ当然の結果であり、争いを決する手段として訴訟をすることはむしろ自然なことである。かえって、争いあるのに訴えがないことこそ怪むべきであり、それは被害者がその侵害に甘んじているか、あるいは加害者が有形・無形の暴力により被害者が訴えの途に依ることを不可能にしているからである。

二　被害者が訴訟を提起したくてもできないという事態は法治政にとって最も遺憾なことであるが、その例は近く清国にある。支那儒教に一貫する主義は「汝は當に汝か正當に進み得る位置よりも一進前に止るへし」という点に帰着する。この儒教の主義も、生活の状況が今日のように緊迫していない時代なら時宜に適したものだったが、社会の進歩と共に生活の状況に余裕が少ない現在でも、清国ではなお儒教が盛んで、個人の生活に必要なる範囲まで他人に譲ることが道徳観念として強いられている。清国の官吏がしばしば賄賂を受けることは偶然ではない。彼等は正面においては儒教の主義を遵び、正廉、無慾を装って、正当な俸給をも辞退するが、裏で賄賂を受け取っている。清国国民が個人としても国家としても裏表が甚しいのは、儒教が正当な権利をも主張することを許さないことに由来する。他方で、英国民は古より権利の観念が強く、自己の権利が侵害せられたるときは必ず正当な救済を求めようとするが、自己の権利を完全に主張しようとすれば、他人の権利を尊重する必要があることも理解している。そもそも自分の正当な利益をも他人に譲れというのは人情の自然に反し、単純な道徳としても実行困難であり、自己の権利は完全に主張し、その目的を達するために他人の権利をも尊重すべしという方が、人情の自然に適し、又生活自然の要求にも適する。法政上も又道徳上も国民一般に権利を尊重する観念を養う必要がある。

三　国民に権利を尊重する観念を養わせるためには、権利が侵害された場合に直ちに正当な手段により救済を求める途を与えるべきである。訴訟を容易にすることは他人の権利を侵そうとするのを阻止し、以て争いの源を絶つ利益がある。健訟の風は寧ろ大いに歓迎すべきであり、裁判所廃合や上訴権制限は行われるべきでなく、弁護士に対する報酬を訴訟費用の外に置いて勝訴者に負担させ、間接に訴訟を抑制する制度は一日も早く改正が行われるよう望む。

以上が、岩田博士の論文の概要である。各段落で説かれていることについて、文脈を補って整理しておきたい。

論文執筆前々年の明治三五年、第一審訴訟の新受件数がはじめて二〇万件の大台を突破した。(43)にもかかわらず、判事の補職が十分になされないままであった。明治二〇年代後半からの老朽司法官淘汰や明治三四年の司法官増俸要求事件で、(44)退職判事の数は累計二〇〇名を超えていたのに、(45)俸給が低く抑えられていたがゆえに欠員補充できず、区裁判所や地方裁判所支部を一時閉鎖する事態となった。(46)司法予算逼迫の中、かろうじて実現する司法官増俸も、(47)無給の試補が生じうることと引き換えであり、(48)裁判所の廃合が検討されることとなった。(49)そのような中で、健訟濫訴の弊害の深刻さが強調され、(50)「訴訟ハ人心ヲ腐敗セシムル悪病神テアル」から、訴訟を減少させることが国家の利益になると説かれていた。これに対し、岩田博士は訴訟の効用を説き、濫訴は防ぐべきだが、健訟はむしろ奨励すべきだとしたのである。(51)

この健訟の効用を例解するために、岩田博士は第二段落で清国を持ち出す。儒教道徳にとりわけ民事に関して権利主張を妨げる弊害があることはすでに説かれていたが、(52)道徳と法律の調和ではなく、権利主義こそを道徳とすべきことを岩田博士は後年まで繰り返し説いている。(53)ところで、論文中指摘される、正当な俸給を辞退するという清国官吏の慣習は、「養廉銀」に関わる当時の世間的理解を前提とする。(54)権利主張の過度な抑制が各個人の道徳観念の腐敗をもたらすだけでなく、国家をも滅ぼしかねないとする。(55)まさに日本が国家の威信をかけて戦争し、そのために司法部にも緊縮が求められているとき、在朝法曹が訴訟そのものを抑制しようとすれば、かえって内側から国家を滅ぼしかねないと、強く批判しているのである。(56) 俸給が抑えられていた司法官について瀆職が問題となっていた折、(57) 同論文は在朝法曹批判として時宜に適っていた。

同時に、第三段落では、国民の権利尊重の観念を養うことの利益にも言及する。争いの源を絶つというのであり、岩田博士の視点からも戒めるべき濫訴は、これによって自然と防がれるというのである。(58) だから、裁判所の廃合や上訴権制限を行わなくても、(59) 争いの源が絶たれることで、いずれ訴訟が減る。岩田博士は、司法部への予算や人員の増強の必要を語ったわけではなく、健訟促進の一施策として、国費を要しない弁護士報酬の訴訟費用化を提言している。

明治三六年をピークに訴訟件数は減少に転じ、(60) 民事訴訟法の改正案が議会に提出されることもなかった。

(33) 明治二八年から始まる改正事業については、染野義信・近代的転換における裁判制度（一九八八〔初出中田淳一先生還暦記念・民事訴訟の理論（上）（一九六九）一頁以下〕）二四七頁参照。

(34) 松本博之ほか編著・民事訴訟法〔明治三六年草案〕(2)〔日本立法資料全集四四〕（一九九五）三六九頁の仁井田益太郎発言参照。これは、直前に梅謙次郎博士が、日本の弁護士は欧米諸国ほど進歩していないから、弁護士を代理人とすべき要請をむしろ緩めるべきであると発言したのに対して、仁井田博士が弁護士訴訟に傾くなら、報酬を訴訟費用に含め、なお弁護士養成の方法を司法官試補と同じにするまでの決心が必要であると提案したものである。また同書三七三頁田部芳発言は謝金と手数料について特別の法によって改めるということが伴う、と指摘している。結果として、草案八〇条が上告審について弁護士強制を新たに規定するほかは、草案七九条と旧旧民訴法六三条は、親族・雇人に特別な地位を認めるか否かの相違を除き、ほぼ同一の内容であることは、弁護士に信頼を置かない梅博士の理解を基礎にしたと解しうる（染野・前掲注（33）二五九頁）。

(35) 「民事訴訟法及付属法令修正意見類聚」（明治四五年六月印刷）（松本博之ほか編著・民事訴訟法〔明治三六年草案〕(3)〔日本立法資料全集四五〕（一九九五）一三九頁、一五五頁）。

(36) 新聞一四九号（一九〇三）二一頁によれば、司法省は訴訟事務進行の手段として民訴法改正とともに、弁護士法改正も意図しており、弁護士の所属限定制度と弁護士報酬を改正の要目としていたが、議会を通過するか懸念する者が多いとの消息を伝えている。

(37) 読売新聞明治三五（一九〇二）年六月一日一面。

(38) 日本弁護士協会録事六〇号（一九〇二）七〇頁が本文の趣旨を報じる地方紙の記事をまとめている。さらに日本弁護士協会録事五九号（一九〇二）一〇七頁が助言のみで報酬金百円を請求する訴訟の提起を報じている。なお、法令審議録二一号（一九〇三）漫録五頁は、弁護士が得る成功謝金について、かつて代言人時代に請求を否定した判例が二例ある（そのうち一例は、おそらく先述大審院明治一九年の原審たる東京控訴裁判所判決〔裁判粋誌第一巻三七七頁〕）ことを紹介し、かような裁判が弁護士の時代でも現れうることを警告する。

(39) 日本弁護士協会録事三[illegible]号（一九〇〇）二頁以下。

(40) 日本弁護士協会録事三四号（一九〇〇）一頁以下。

(41) 岩田博士の弁護士登録については、日本弁護士協会録事五三号（一九〇二）一二三頁にて、明治三五年三月二一日から同年四月二〇日までの間に東京地方裁判所検事局において請求により弁護士名簿に登録されたことが記されている。それから二年たたないうちに、岩田博士は新たに日本弁護士協会録事の編輯主事に指名される（日本弁護士協会録事七一号（一九〇三）七四頁）。論文は日本弁護士協会録事第七五号（一九〇四）五八頁。

(42) 岩田宙造「裁判所の門を廣くあけよう」自正五巻三号（一九五四）二頁。

(43) 司法省第二八民事統計年報（明治三五）一六頁、二九頁。明治三五年、区裁判所第一審事件新受件数が一七九、六五七件、地方裁判所第一審事件新受件数は三一、四四八件であった。一瀬勇三郎「戒訟の辨」法令審議録八号（一九〇三）寄書一頁、七頁もこの「二〇万件」の数字に言及して、和解による解決の重要性を説く（後注（50）が付された本文参照）。

(44) 楠精一郎・明治立憲制と司法官（一九八九）二五三頁以下（初出法学研究〔慶應義塾大学〕五九巻七号〔一九八六〕八七頁）および二〇三頁以下（初出高崎経済大学論集二九巻三・四号〔一九八七〕二八四頁）。

(45) 退職判検事数は日本弁護士協会録事四三号（一九〇一）一二七頁が明治二八年から明治三三年で判事二四六名と検事九九名としており、日本弁護士協会録事六三号（一九〇三）八二頁は、なお二〇〇名の司法官の欠員があり、補欠のための費用の余裕が司法省にないため五〇名のみの補充員を採用すると決したが、俸給の低さから適当な人材を得られず、弁護士からの応募がないと伝えている。

(46) 例えば、司法省令明治三六年一五号、一六号。日本弁護士協会録事五六号（一九〇二）一二四頁は司法官増俸案を議会で通すための司法省の策略ではないかとの観測が伝えられている。

(47) 日本弁護士協会録事六五号（一九〇三）七九頁が判検事俸給令（明治三六年五月一八日勅令九五号）の改正を伝える。地裁部長五名増、地裁判事四六名増の代わりに、区裁判事七〇名減となっている。

(48) 日本弁護士協会録事六一号（一九〇三）七五頁。当時、広島控訴院長の一瀬博士が俸給中千円を返納し、下級判検事増俸の資とするよう司法大臣に願書を宛てたことが世上で話題とされたが（日本明治三五〔一九〇二〕年三月二九日一頁、新聞八一号〔一九〇二〕一八頁）、返納分と試補の無給化とで浮く分を下級司法官の増給に充てるべきであると一瀬博士が説いていたことも示唆されている。

(49) 法令審議録一七号（一九〇三）雑報六頁では、名古屋、広島の控訴院を廃し、それぞれ東京、大阪に合することが司法省において計画されていたことが報じられている。これを受けて法令審議録二二号（一九〇三）雑報一二頁にて、広島控訴院長の一瀬博士は、控訴院廃止によって節約できる額が些少であり、事件数の増加傾向が続く中、かえって廃合は訴訟遅延をもたらし、国民の人権保護に深刻な影響をもたらすと説いて、この廃合に反対していた。

(50) 一瀬・前掲注（43）一一頁。一瀬博士が、事件数が少ないことこそが国家の幸福であるとしていたことにつき、新聞一二〇号（一九〇三）一九頁も参照。

(51) 三好退藏「権利思想薄弱ノ弊害」日本弁護士協会録事六五号（一九〇三）九頁が、国民思想において権利思想が薄弱なままでは社会の幸福利益に資さないとして、司法官の督励による弊害の打破を望むとしていた。

(52) 鵜澤總明「支那人間ニ法律思想ヲ開拓スルニ務メヨ」日本弁護士協会録事五六号（一九〇二）七九頁。

(53) 岩田宙造「法界漫語」読売新聞明治三九（一九〇六）年七月七日二面、岸清一伝（一九三九）一六〇頁。

(54) 尾崎行雄「清帝の逃走」同・尾崎咢堂全集第四巻（一九六二〔初出一八九四〕）二八九頁以下は、清の官吏が定額外の租税を徴課して私腹を肥やす者が多いことを指摘したうえで、「天下廣しと雖も、支那を除ては、養廉銀の名を以て、特別の俸給を官吏に與ふる者あらず。養廉銀は官吏の腐敗を公認し、之を與へざれば、必ず賄賂盜竊の悪事を為すことを豫定する者なり。故に他の萬國は皆此の如き特別俸を與ふるを恥づと雖も、獨り支那に至ては、官吏の廉潔ならざることを公認するが故に、養廉銀を給して、其廉恥心を養成せしむ」と紹介していた。

(55) 尾崎行雄「清国亡国論」同・前掲注（54）〔初出一九〇一〕六九四頁は、「支那」は滅亡する運命であると説くにあたり、役人が必ず賄賂を取る点を政治的能力の欠如の根拠としていた。

(56) さらに、訴訟事件の増加をただ嘆くべき事態と評した一瀬博士への批判であることも理解しえよう。一瀬博士が日露戦争勃発に際し、広島控訴院管内の職員に対し、軍国に報いるべく、裁判事務の一層の精励をはかり、軍事に関する犯罪に注意し、公私の経費を削減して恤兵、軍債応募等に出資すべきとし、院長、検事長率先して各千円応募した旨が、岩田論文掲載直前の日本弁護士協会録事七四号(一九〇四)七五頁にて伝えられている。

(57) 明治三五年の教科書事件において、名村伸検事が告発を受けていた金港堂から同社の顧問弁護士たる鈴木信任の幇助を介して千円の賄賂を受け、不起訴処分としていたと報じられている(東京朝日新聞明治三五〔一九〇二〕年一〇月八日一面)。また、翌明治三六年、刑事被告人から弁護士を介して判事が賄賂を受け取る事件も起きていた(東京朝日新聞明治三六〔一九〇三〕年三月一日一面)。

(58) 岩田博士は、一九〇一年旧制中学校に新たに導入された科目「法制及経済」の教科書(持地六三郎＝岩田宙造・中等教育法制教科書〔一九〇二〕)を執筆しており、非法律家への法教育に関心があったものと推測される。

(59) 明治三六年の旧法典調査会案四三四条一項、および四六八条一項は、控訴ないし上告の利益が一定額を超えない場合、控訴ないし上告を不適法とする旨を規定していた。松本ほか編著・後掲注(61)八〇頁、八四頁。

(60) 明治三八年、裁判所構成法改正により、区裁判所の事物管轄の上限が一〇〇円から二〇〇円に引き上げられたが(同法一四条一号、施行は同年四月一日(同年勅令八〇号))、明治三八年の区裁第一審訴訟事件新受件数は一四三、九七五件、翌明治三九年は一三二、〇〇八件と、ピーク時の明治三六年(二〇一、二〇三件)の三分の二に落ち込んでいく。地裁第一審訴訟事件新受件数はそれぞれ二〇、三三二件、一七、七九〇件で、ピーク時の明治三六年(三二、一二七件)の半分近くにまで落ち込む(司法省第三二民事統計年報(明治三九)二九頁、一六頁)。

四　旧民事訴訟法制定前後における弁護士報酬規制に関する議論状況

大正一五年改正旧民事訴訟法の起草過程で弁護士報酬規制に関するものは、次のとおりである。

明治四四年五月一〇日の民事訴訟法改正起草委員会において、弁護士報酬を訴訟費用に入れることにつき支持する見解しか述べられず、(61) しかし重要問題として弁護士強制主義の採否とともに主査委員会に提出された。(62) これを受けて議論した主査委員会では、主に弁護士強制主義の採否をめぐる論戦となり、結果、弁護士強制については採用しない旨を決議し、他方で弁護士報酬の訴訟費用化については原案可決したものの、ともに最重要事項として委員総会に提出することとされた(63)。これにより、主査委員会の提案中第二条「弁護士ノ受クヘキ報酬ニ付キ相當ノ額ヲ定メ之ヲ訴訟費用中ニ算入スヘキモノトス」が委員総会で審議され、民事訴訟費用法の問題であって、民事訴訟法の改正問題ではないとして議題から除外することと決せられた(64)。以後、起草作業が判決手続部分だけに限定された。前記改正起草委員会の起草作業を引き継いだ民事訴訟法改正調査委員会における審議でも、弁護士費用の問題は費用法に委ねる旨が確認されている(65)。大正一五年三月一六日の衆議院委員会にて、弁護士費用の訴訟費用化に関する立法の不備を問われた際も、長島毅政府委員は、弁護士法改正で立法を促す希望決議があると答弁している(66)。

この経緯につき、民事訴訟法改正作業に着目して、起草作業を引き継いだ改正調査委員会に余力がなかったとの分析がなされている(67)。しかし、長島政府委員が示唆した弁護士法改正作業を重ねあわせると、いくぶん異なる様相が見えてくるように思われる。以下、この時期並行していた弁護士法改正作業の経緯から紹介していきたい。

大正一〇年末から実質的審議を開始した民事訴訟法改正調査委員会では、起草委員会によって起草された民事訴訟法改正案（第一案・議案）に基づき(68)、その順序で検討がなされた。第一一回の委員総会（大正一一年四月一八日）にて、訴訟費用に関する章が検討されると、弁護士の報酬を訴訟費用に含めるべきか否かまず問題となる(69)。以降、第一四回の委員総会（同年五月九日）をもって、訴訟費用に関する章の検討がひととおり終了する(70)。まもなく、司法省は弁護士法改正作業に着手し、該改正案を大正一一年末から開催される第四六回帝国議会に提出する予定と報じられる(71)。

同年六月二日付で大木遠吉司法大臣から全国の各弁護士会に対して弁護士法改正について六項目の諮問がなされる(72)。諮問事項第五には、「弁護士ハ成功謝金ヲ受クルコトヲ得サルモノトスヘキヤ」があり、諮問事項第四の地域審級限定とともに弁護士側は猛反発した(73)。これに対し、高柳賢三博士が東京朝日新聞紙上で、成功謝金の慣習は名誉ある弁護士として恥ずべき慣習であること、依頼者たる公衆に不当な犠牲をもたらす恐れがあること、弁護士が濫訴を奨励する傾向が生じ、勝訴のために手段を選ばなくなるといった社会的弊害が生ずることのおおよそ三点から、成功謝金を廃止すべきであり、弁護士側に猛省を求める旨の論陣を張った[74]。同時に、同紙社説は裁判の遅延や訴訟費用の過多の弊害を是正すべく、民事訴訟法の改正とともに弁護士法の改正も重要な社会問題と位置づけるべきであり、弁護士対裁判所の関係のみで論ずるべきではないと説いた[75]。これに対し、弁護士からの反論[76]、弁護士法改正調査委員会を組織する旨の報道[77]、高柳博士からの再反論と続き[78]、中央法律新報大正一一年九月一日号が弁護士法改正問題を特集し、その内容が謝金契約に対する是非で占められる[79]。同年一〇月二四日に弁護士法改正調査委員が任命通知される[80]。

以上が、弁護士法改正調査委員会創設までの経緯である。次に、この中で弁護士報酬規制に関わる議論を岩田博士および高柳博士の発言を中心にまとめ、同委員会の結論を確認しておこう。

第五回総会にて弁護士の職務範囲が議論されるにあたり、高柳博士は、職務の独占を認める代わり、公衆の便宜を与えるため国家の監督が必要であると指摘した[81]。第一三回総会で職務範囲の問題につき議論が続けられる中、高柳博士は、弁護士による職務独占を認めて三百代言退治をしようとしても、経済的理由で生じる三百代言は減らないと説く[82]。

第四七回総会にて、高柳博士も参加した小委員の決議事項第一（民事訴訟費用法中に弁護士の報酬を包含する旨の規定を設けることが最も時宜に適う[83]）につき審議した。高柳博士はこの決議事項の趣旨を、①弁護士報酬に関する実情がおよそ不分明なので、訴訟費用化して客観化することが望ましいこと、②訴訟遅延の動機づけを減ずべきであること、の二点を挙げた。この決議事項第一には少数意見として成功謝金契約の禁止が付され、多数意見は成功謝金契約禁止の必要なしとするものだった[84]。この少数意見の可否を後回しにして、決議事項第一について審議した際、長島委員は、決議事項第一は民訴費用法の問題であって本会の問題かどうか異論がありうるが希望的に決議したこと、民事訴訟法改正調査委員会でも議論されたが、「昨年夏ニ急ニ議會ヘ提出スルコトニナリ訴訟費用ノ點ハ止ムヲ得サル部分ノミヲ改正シ問題トナリタル点ノ如キハ後廻シトシタ(85)」ことを明らかにした。岩田博士がこの決議事項第一に賛成した趣旨が、弁護士報酬の全部ではなくある程度の範囲でのみ訴訟費用化するものであった点に配慮し(86)、高柳博士が決議事項第一を次のように修正し、これが可決された。

「當委員会ハ民事訴訟法費用法中ニ弁護士ノ報酬ヲモ包含セシムルコトヲ原則トシ裁判所ヲシテ事情ニ依リ其全部又ハ一部ヲ負担セシメサルコトヲ得ル趣旨ノ規定ヲ設クルコトヲ最モ時宜ニ適シタルモノト認ム(87)」

この後、第五〇回総会では、小委員会決議事項第六（弁護士各自が帳簿を備え事件の梗概及び収支を記載する(88)）が審議され、鵜沢博士は些事である、主張者僅少である、自由業の趣旨に反する等として反対する。これに対し、長島委員、高柳博士が印紙代をごまかして報酬を多く取る詐欺的な実例があることに触れるが、弁護士委員の大勢は消極で、吉田弁護士が「帳薄〔簿〕ニ関シテハ弁護士會則ニ規定ス」という折衷案を提案し、これが多数の支持を集めて可決される。第五一回総会では、小委員会決議事項第七（弁護士は依頼者に対して三か月に一回事件進行の経過を報告する(89)）を審議するが、提案者の高柳博士欠席のため議論が深まらないまま否決される。

第五二回総会では、高柳博士出席の下で、成功謝金契約の禁止の是非が審議される。長島委員から、弁護士の職務を営業化すべきでないこと、謝金契約は禁止するが後日厚意で謝金を持参するのは差支えないと提案の趣旨の補足がなされ、高柳博士は、従前の理由づけに加えて、日本の経済上社会上から見て西洋諸国と遜色がなくなったとした。これに対し、鵜沢博士が大正一一年の司法大臣の諮問に対する弁護士会の一斉反対を踏まえ、成功謝金が正当な業務に対する報酬と認めないのかと質した。高柳博士は、（成功謝金が）手数料と合わせて報酬を形成していることは認めるがそれが相当かどうかは研究していない、なぜなら、弁護士報酬の実際については、司法省も統計的に調査しておらず、研究のしようがないからであると応じた(90)。

第五三回総会でも、成功謝金問題が引き続き審議された。岩田博士が成功謝金契約が行われている現状でどのような弊害があるのか尋ねたところ、高柳博士は、前回同様、統計的調査ができない現在では弊害を具体的に明らかにすることができないが、勝つことのみに専念する傾向が認められ、成功謝金契約はこの弊害の元であると応じた。これに対し、岩田博士は成功謝金を絶対的に禁じるのではなく、謝金契約の割合を設けて制限すればよいのではないかと提案し、高柳博士は、制限がないよりは制限があった方が良いが、成功謝金を禁じない限り、訴訟委任が射幸的性質を帯びざるを得ないと反論した。(91) 松谷弁護士が成功謝金を禁止したなら着手金だけになって弁護士の報酬は現在より減少するがそれでよいと考えるのかと質問したのに対し、高柳博士は、相当額は現在より高額になるはずだから、着手金だけになってもよいと応じた。この後、討論に入ると、弁護士委員らが反対説を説く中、岩田博士は弊害が不当な成功謝金契約にのみ存するので、ある程度の制約を「会則ニ規定スルコトハ賛成」だが、実際の弊害を理論より想像して禁止することには弊害が多いとした。弁護士報酬が著しく高価なとき依頼者は弁護士会に対して査定を求め得る旨の修正案が司法省サイドの三宅正太郎委員から提出され、これを後日審議することとして、成功謝金禁止の提案そのものは否決された。

第五四回総会では、この修正提案および高柳博士から、報酬契約について裁判所に届出を要する旨、弁護士報酬につき標準の公定表を作成すべき旨の二点の提案につき審議し、吉田弁護士の修正提案を踏まえ、(92) 第五五回総会にて、高柳提案が修正され、「弁護士會ハ弁護士ノ報酬ニ付標準ヲ示スヘキ規定ヲ設クヘキモノトスルコト」となる。この提案が、現行弁護士会則の最高額のみ示す謝金及手数料についての規定では足らず、いっそう詳細に規定すべきことを高柳博士は強調した。これに対し岩田博士が、「標準ヲ示スヘキ規定」が、訴訟価格、難易等を標準として掲げる趣旨か、一歩進んで、訴訟価格の何割と割合にて報酬額の標準を示す趣旨かを尋ねたところ、高柳博士は後者を弁護士会に作成させるためには法律または勅令で明記する必要があるだろうが、「此際ハ出来得ル丈ケ作ル様辯護士會ニ任ス考ヘニテ辯護士會ニ於テ適當トスル處ヲ定メシメントスル趣旨ナリ」と応答し、さらに弁護士法自体に標準を定める趣旨が提案にはないことを明らかにしたため、この修正提案は可決された。他方、報酬契約について裁判所に届出を要するとする提案に対しては、作間耕逸弁護士から、本会が弁護士報酬の一部を訴訟費用化すべき旨決した以上、訴訟費用確定決定の中で弁護士の報酬も現れ、裁判所の査定を受けることになるのだから、これ以上報酬契約を明らかにしようとする必要はないと反対され(93)、結局否決された。

第五八回総会以降は弁護士の地域制限について審議され、長島委員が提案者として必要を説いたが、第五九回総会にて反対者多数で否決された。

結論だけを見れば、大正一一年六月二日付弁護士法改正について重要な諮問事項二つ（成功謝金禁止・地域審級制限）はいずれも否決され、報酬関係の提案は、弁護士法改正と直接関係がない弁護士報酬の訴訟費用化の規定の要望と、弁護士会会則の必要的記載事項に「弁護士ノ報酬ニ關シ標準ヲ示スヘキ規定」（弁護士法改正綱領三七条二号）を加えることのみとなった。前者の要望は、報酬の客観化、適正化に関するその他の重要な提案の必要性をさしあたり否定する意味合いを含んでいた(94)。こうして民事訴訟法改正と弁護士法改正との連携は、断ち切られた(95)。そして、ようやく昭和八年に旧弁護士法が制定され、弁護士会会則が制定されると、弁護士報酬について手数料と謝金の二本立てであることが明示されるほか、報酬に対する制約としては緩やかなものにとどまった(96)。他方、このころ訴訟事件数が減少の一途をたどり(97)、弁護士は窮乏を余儀なくされることになる(98)。

（61） 松本博之ほか編著・民事訴訟法〔大正改正編〕(1)〔日本立法資料全集一〇〕（一九九三）四〇三頁。
（62） 議民乙第一号民事訴訟法改正ニ関スル問題(3)「弁護士ノ受クヘキ報酬ニ付キ相当ノ額ヲ定メ之ヲ訴訟費用中ニ算入スヘキヤ」（松本ほか編著・前掲注（61）六一九頁）。
（63） 松本ほか編著・前掲注（61）六九五頁。
（64） 鈴木玄之助「新民事訴訟法の受胎より出産まで」法曹会雑誌八巻一二号（一九三〇）四八二頁、五〇六頁。

(65) 司法省・民事訴訟法改正調査委員会速記録(一九二九)二七九頁以下(松本博之ほか編著・民事訴訟法〔大正改正編〕(3)〔日本立法資料全集一二〕(一九九三)一五一頁以下)。
(66) 第五一回帝国議会民事訴訟法改正法律案委員会速記録(一九二九)七六二頁以下(松本博之ほか編著・民事訴訟法〔大正改正編〕(5)〔日本立法資料全集一四〕(一九九三)三一九頁以下)。
(67) 染野・前掲注(33)二八三頁。
(68) 松本博之ほか編著・民事訴訟法〔大正改正編〕(2)〔日本立法資料全集一一〕(一九九三)一八〇頁以下。収録資料の説明につき同書一五頁参照。
(69) 松本ほか編著・前掲注(65)一五一頁以下。起草委員の松岡義正委員は、訴訟費用法によって決める趣旨であると応答している。
(70) 松本ほか編著・前掲注(65)一八四頁。岩田博士がこの頃調査委員となり、第一二回から発言をしている(同書六頁、一五七頁)。
(71) 新聞一九七八号(一九二二)一一頁。
(72) 東京朝日新聞大正一一(一九二二)年六月三日二面。
(73) 諮問事項第四は「辯護士ノ所属ヲ本トシ職務ヲ執行スルコトヲ得ヘキ裁判所ヲ限定スヘキヤ其限定ノ標準如何。大審院所属ノ辯護士ヲ定ムヘキヤ」である(新聞一九八八号(一九二二)一四頁参照)。両事項の改正を明治期から司法省は目論んでいた(注(36)参照)。この諮問に対し、同年六月一〇日、東京弁護士会の臨時総会にて、日本弁護士協会が起草した当該諮問の反対意見書を全国弁護士に配布し、反対歩調を一にして極力これに当たることに決した(東京朝日新聞大正一一(一九二二)年六月一一日五面)。
(74) 高柳賢三「成功謝金の慣習」東京朝日新聞大正一一(一九二二)年六月二七日二面、翌日二面(同・前掲注(18)三一四頁以下所収)。
(75) 東京朝日新聞大正一一(一九二二)年六月二七日三面。
(76) 吉田三市郎「弁護士会の心理」東京朝日新聞大正一一(一九二二)年六月三〇日三面および今村力三郎「成功謝金及地域限定に就て」東京朝日新聞大正一一(一九二二)年七月七日三面、翌日三面、翌々日三面。
(77) 東京朝日新聞大正一一(一九二二)年七月一一日二面、同月二二日二面。
(78) 高柳・前掲注(18)三二二頁以下(東京朝日新聞大正一一(一九二二)年七月一六日三面〜同月二三日三面まで七回掲載)。
(79) 中央法律新報第二年一六号。同二七頁以降では、四九人の「法曹界諸名士」の意見をまとめて掲載している。ほとんどが、事件買受の意味における謝金と区別しての普通謝金に弊害なしとしている。係争権利の買取は旧旧弁護士法一五条がすでに禁じているが、これを成功謝金の範疇に含めうるとする理解の背景につき、注（25）参照。

（80） 日記第三四号（前掲注（14））。本稿にて触れた中では、鵜沢博士、岩田博士、高柳博士、吉田三市郎弁護士が選任されている。東京朝日新聞大正一一（一九二二）年一〇月三一日二面の数え方によると第一回総会の段階で調査委員は弁護士七名、大学教授四名、行政裁判所二名、裁判所四名、司法省三名と幹事一名の構成であった。旧民事訴訟法制定における長島毅政府委員の本調査委員選任は大正一四（一九二五）年四月一六日であり（議事要録第三三回冒頭小山松吉委員長発言。ただし、日誌一二号には同月二〇日付）、第三三回総会（大正一四年四月二二日）より出席が確認できる。

（81） 高柳博士は本文の趣旨を述べ、ドイツのような報酬の公定表の必要を示唆する。司法省サイドの林頼三郎委員も、職務規制と報酬との関係を改めて強調し、職務範囲の問題と一体で論ずべき事項として示唆する（議事要録第五回〔大正一一年一二月六日〕）。

（82） 議事要録第一三回（大正一二年五月一六日）。

（83） 小委員決議事項第一の原案のテキストは議事要録第四七回（大正一五年六月二三日）中に見つけることができなかった。本文括弧内は原案を説明する高柳発言以下から推測したものである。

（84） この小委員の中での議論の消息を伝える東京朝日新聞夕刊大正一五（一九二六）年七月二日一面では、「弁護士に対する報酬はドイツにおける定額主義を加味する事」が要綱の一項目に加わったが、成功謝金の廃止は小委員で敗れ、また日本全国どこでも出張弁護できる現行制を制限できないとしている。

（85） この「昨年夏」とは、大正一四年八月の江木翼博士の司法大臣就任ではないかと思われる。江木博士の民訴法起草過程への関与につき、松本博之ほか編著・民事訴訟法〔大正改正編〕(4)〔日本立法資料全集一三〕（一九九三）はしがきii頁参照。

（86） 当日、岩田博士は会議に欠席しており、小山委員長が代弁している（議事要録第四七回委員長発言）。

（87） この条項が司法大臣に答申した弁護士法改正綱領とは別に決議した希望事項の一つであることを、長島・前掲注（14）二七四頁注15が紹介する。

（88） 小委員決議事項第六の原案のテキストは議事要録第五〇回（大正一五年七月一四日）中に見つけることができなかった。注（83）同様の推測による。

（89） 小委員決議事項第七の原案のテキストは議事要録第五一回（大正一五年九月一五日）中に見つけることができなかった。注（83）

同様の推測による。

(90) 議事要録第五二回(大正一五年九月二五日)。この日、岩田博士は欠席している。

(91) 議事要録第五三回(大正一五年九月二九日)。

(92) 議事要録第五四回(大正一五年一〇月六日)。吉田弁護士の修正提案は「弁護士會ハ弁護士カ受クヘキ手数料及謝金額ノ標準ヲ示スヘキ規定ヲ設クヘシ」である。

(93) 議事要録第五五回(大正一五年一〇月一三日)。弁護士報酬の問題を弁護士会の自治に委ねても依頼者を保護する方向に働かないと、高柳博士自身がすでに評価していたことにつき、高柳賢三「弁護士法改正の根本問題」同・現代法律思想の研究(一九二七〔初出大正一五(一九二六)年八月一〇日〕)三二九頁、三七四頁。

(94) 西村・前掲注(14)七七頁は、この要望事項の議決が「前後の文脈より見れば報酬問題を敬遠する意味を多分に包含するが故に、一片の形式に止まるかも知れない」とする。

(95) 民事訴訟法関連の法改正を進めてきた司法省サイドが、弁護士法改正調査委員会のこの結論に落胆している様子は、長島・前掲注(14)一頁にもうかがえる。また、弁護士法改正綱領が答申された後、司法省内で起草した法案が、たびたび弁護士サイドからの反発を受け、司法省サイドに嫌気が差している様子を、金子・前掲注(18)八六頁は、「……辯護士法案は本来在野法曹自身に關する問題であって司法省としては辯護士法案を帝國議会に提案して通過せしむると否とは單に面目問題ではあるが、直接の利害関係としては司法省の世帯が大きくなる譯でもなく裁判の進行運用が直に敏速圓滑に行くと云ふことにはならないので、在野法曹からは之に協力するどころか猛烈な反對迄も受けて強て提案せなくともよいと云ふような氣氛が不知不識の間に湧き来つた」ため、法案作成ないし提出に乗り気ではなかったとしている。

(96) 会則中の報酬に関する規定の評価につき、金子・前掲注(18)二八四頁以下参照。東京弁護士会の手数料及謝金規定(昭和六年七月制定)につき、新法が予期しているものを充当しうると評価する(同二八五頁)。同規定のテキストは、同書の末尾に収録されている全國辯護士會會則五頁および新聞三二五九号(一九三一)一八頁(決議案通り確定したことにつき新聞三二九三号〔一九三一〕二一頁)にあり、五条が手数料について、係争利益百円以下の事件につき、「二割乃至五割但シ金貳拾圓ヲ下ラス」、係争利益五百円以下の事件につき、「一割五分乃至二割但シ金参拾圓ヲ下ラス」と、上限と下限を明らかにし、九条が謝金を受けない場合、手数料を五割増しする旨を、一一条が勝訴謝金額を五条所定手数料額と同額にする旨を規定している。

（97）旧民訴法施行後、地裁第一審訴訟事件の新受件数は昭和五年の五九、五八五件をピークに、毎年漸減し、昭和一〇年、五万件の大台を割っている（四九、七五六件）（司法省民事統計年報第六一〔昭和一〇年〕二六頁）。

（98）すでに、平山六之助「陪審法の失敗と改正辯護士法の不備」新聞三三一二号（一九三一）一八頁は、弁護士会が相変わらず検事の監督を受けることに不満を示すとともに、なお監督が必要となる原因として弁護士の数が多すぎることによりもたらされる混乱を挙げ、弁護士の洪水を引き起こした司法官側にも責任の一端があるとする。また、西村・前掲注（14）三三頁にて、「東京以外に於ても多數辯護士が生活に困って居ることは、殆ど東京と同様である」と述べている。大正一五年段階で六千人弱だった弁護士数は、昭和八年には七千人台に達し、昭和一〇年までその状態が続いていた（日本弁護士連合会・弁護士百年〔一九七六〕一六七頁以下参照）。

五　まとめにかえて

以上、弁護士報酬規制に関する戦前の議論経過を概観した。個々の論点について、さらなる分析・検討の余地が大きく、粗雑な紹介でしかなかったが、本稿の目的からは次のことが言える。

第一に、弁護士報酬の訴訟費用化を肯定する議論の方が多数であり、その立法が一貫して望まれていた。弁護士法改正調査委員会の綱領は、このことを改めて明らかにした。この立法措置が阻まれていたのは、そのときどきの立法作業の都合という部分が大きかった。

第二に、手数料と謝金の二本建てで弁護士が報酬を取るということが規範として肯定されるようになったのは、成功謝金契約に関する議論を通じてであって、戦前の中でも比較的近時のことであった。そしてこの二本建報酬は、一方が他方を補い合う関係にある。次のように説明できる。

報酬の意味の手数料には前受け禁止との関係が問われていた。その弊害を減少させうる意味で、定義上、後受けでしかありえない成功謝金の存在は重要だった。他方で、成功謝金は勝訴を重視させすぎるとか、暴利を貪る手立てとなるといった弁護士倫理上の問題や、依頼者の初期投資を低廉化する結果濫訴をもたらしうることが認められていた。

これら弊害を減少させる意味で、定額化になじみやすく、報酬中に占める成功謝金割合を減ずる手数料の存在が重要だった。むろん、それぞれの問題点が解消されているわけではないが、社会的地位が高まりつつあった弁護士の自律的判断に委ねて、一定の対処を測っている。(99)

この二本建構造の成立、とりわけ報酬の意味の手数料が承認されることが、弁護士報酬の償還に関する昭和一〇年あたりの裁判例に一定の影響を与えたと評価しうるというのが、ここでのさしあたりの結論である。(100) 比較的近時の大審院判例群の延長線上に現在の判例法理があるということの基礎がひとつ確認されたものと考える。

(99) 森馥「辯護士法改正について(上)」新聞三三三四号(一九三一)三頁は、報酬の意味の手数料の前収が悪徳の依頼者の跋扈を防ぐために必要不可欠であり、来たる弁護士法改正で、弁護士は手数料の支払を受けた後でなければ委任事務を処理する義務を負わない旨を規定するよう提言している。この論考と同年の興味深い判決として、大判昭和六・七・四新聞三三〇七号一一頁がある。事案は、元々売渡担保に供した田地(一五、〇〇〇円相当)を七、七〇〇円余の債務の弁済と引き換えに取り戻そうとする前訴の控訴審段階で、元々受任していた弁護士が死去したことにともない、新たに委任した弁護士に対し、着手金八〇円、「手数料」名目で大正一四年に五〇〇円、翌年約一、五〇〇円を支払う合意をした。しかし、前訴で原告は結局敗訴し、弁済のための供託金の返還請求をなすこととなったが、ここで弁護士が「手数料」分につき差し引いた供託金のみを依頼者に交付したというものである。この差引交付に反発する上告人たる依頼者は、着手金と別に支払うべきとされる「手数料」は成功謝金の意味であり、これを手数料と記す弁護士側の意図は、所属していた青森弁護士会会則が、五〇〇〇円以上の係争額の場合、謝金上限を一割と定めたことの脱法であるから無効であると主張した。これに対し大審院は、弁護士会会則違反の契約であったとしても私法上無効とは解されず、「手数料」が訴訟の勝敗にかかわらず支払うべき報酬の意味の手数料であることは明らかであるとして、この依頼者の上告を棄却している。

(100) 中野・前掲注(3)二六六頁は、敗訴者負担の範囲を妥当なものにするための提言として、「弁護士報酬のうちの手数料と費用とを訴訟費用に組み入れて敗訴者に負担させ、謝金については、弁護士に依頼した当事者の自弁としてはどうかと考える。手数料といい謝金といっても、質的に異なるものでなく、もともと便宜上の区別にすぎないのであるから、後者を委任事務終了後に受ける成功謝礼と限定する必要はないし、手数料と合して適当な報酬額を構成するための区分と観念すれば足りる」としている。この引用部分の第一文は「手数料」と「謝金」との取扱いの区別の必要を説くのに対し、第二文が両者の区別が便宜上のものだとしており、第一文の「手数料」と「謝金」の文言の入れ替えは論理的に禁止されていない。それにもかかわらず、「手数料」の範疇に敗訴者負担すべき弁護士報酬を引き寄せようとするのは、何かの特殊な文脈を前提にしているのではないかという億測が本稿の検討のきっかけであった。成功謝金の当否をめぐる議論の中で、手数料に定額報酬としての意義を持たせ、敗訴者負担させるべきことにつき、賛否両派間で一定の合意形成がなされた経緯がその文脈にあたる、というのがひとまずの終着点となる。

伊藤眞先生がこの問題に決定的な影響を与える論考を発表した直後、筆者は学部生として先生の演習に参加させていただいた。いまなお先生の論考の補註すら満足にできないことに悔恨は尽きないが、本小稿をもって古稀をお祝い申し上げる。

＊本稿は、公益財団法人稲盛財団の平成二三年度研究助成「弁護士費用敗訴者負担の基礎的考察」の成果の一部である。

民事訴訟における社内弁護士の役割
――弁護士会費を会社が負担することの合理性

西田　章

一　はじめに
二　問題の所在
三　日本の民事訴訟における社内弁護士の役割
四　米国の司法手続における社内弁護士の役割
五　まとめ

一　はじめに

会社が、弁護士を従業員として雇用する際に、弁護士資格の登録と維持に係る費用を会社が負担するべきかどうか。本稿は、従業員が弁護士登録を保持することが、本人の利益に留まらず、雇用主たる会社にも経済的利益を生じさせる場合には、会社が経費負担することに合理性が認められることを論じようとするものである。

本稿は、私がある社内弁護士からキャリアの悩みを打ち明けられたことが執筆の契機となっている。その悩みとは、会社が自己の弁護士資格を適正に評価してくれないために、他社に転職を考えている、というものであった。同氏は、弁護士会費を本人の自己負担とする扱いが弁護士資格を評価していないことの現れであると考えている。私は、いくつかの統計的資料に基づき、「弁護士会費は会社負担」という扱いが実務では定着しているものと思い込んでいた。[1]しかし、改めて考えてみると、日本において、弁護士を雇用している会社自体がまだ少数派に留まっている。[2]まだ弁護士を雇用していない多数派は、これから初めて弁護士の雇用という場面に直面することになる。従業員が弁護士資格を保持することに経済的価値を見出していない会社にとっては、「弁護士会費を会社負担とする原則」は、従業員の個人的利益のために無用な経費を生み出すものと認識されて、弁護士資格者の採用を躊躇させる要因ともなりうる。[3]

本稿では、以下、会社が、いわゆる「法曹有資格者」[4]を従業員として雇用するに際して、必ずしも同人に弁護士登録を保持させることが自明ではない、という状況を確認した上で、それでも、なお、弁護士登録の保持には（従業員本人の個人的利益を超えた）会社業務への経済的利益をもたらす効用があると考えられる事情を取り上げていきたい。

（1）　経営法友会が二〇一三（平成二五）年一月に実施した「企業における法曹有資格者の活用に関する実態調査」（対象会社一〇七〇社中、三七七社が回答）によれば、「弁護士会費　全額会社負担」が七七・六％とされている（第一東京弁護士会会報四九三号〔二〇一四〕一五頁）。また、日本組織内弁護士協会のウェブサイトに掲載されている「企業内弁護士に関するアンケート集計結果（二〇一四年二月実施）」によれば、「問九　あなたの弁護士会費は誰が負担していますか。」の問に対して、「所属先」は「人数二二二」「割合八二％」であり、「あなた自身」は「人数五〇」「割合一八％」とされている。

（2）日本組織内弁護士協会・前掲注（1）のアンケート調査によれば、二〇一四（平成二六）年六月三〇日現在の企業内弁護士の総数は九六五人とされている。社内弁護士の数はここ数年で急増しているとはいえ、中小企業白書（平成二五年度版）の付属統計資料においては、「非一次産業」の企業数（中小企業＋大企業）は、四二一万三、一九〇社とされており（同統計は、総務省「平成二一年経済センサス——基礎調査」を再編加工したものとされている）、東京証券取引所に上場されている企業だけでも三、四一九社（二〇一四（平成二六）年三月三一日現在）であることからすれば、社内弁護士を抱える会社はまだまだ少数派である。

（3）会社業務に関わる専門的知識の修得度を示す資格は、弁護士のほかに、公認会計士、不動産鑑定士、税理士、弁理士、司法書士、行政書士、社会保険労務士なども挙げられる。「資格保持費用は会社負担」とすれば、会社の経費負担が重くなりすぎるリスクがある。

（4）「法曹有資格者」の定義は明らかではないが、一般には、広義では「司法試験に合格した者」を意味し、狭義では「司法修習を修了した者」を意味するものと解されている。

二　問題の所在

1　法曹有資格者の活動領域としての会社従業員

司法制度改革審議会意見書（平成一三年六月一二日）は、「今後、国民生活の様々な場面における法曹需要は、量的に増大するとともに、質的にますます多様化、高度化することが予想される」として「平成二二（二〇一〇）年ころには新司法試験の合格者数の年間三、〇〇〇人達成を目指すべきである」との数値目標を示した。しかしながら、その目標は達成されることなく、見直しを迫られた。法曹養成制度検討会議取りまとめ（平成二五年六月二六日）は「現在の法曹養成制度を取り巻く状況に鑑みれば、現時点において、司法試験の年間合格者数を三、〇〇〇人程度とすることを目指すべきとの数値目標を掲げることは、現実性を欠く」とされた。そして、同取りまとめは、「法曹有資格者の活動領域」について「その広がりはいまだ限定的といわざるを得ない状況にあることを踏まえ、更なる拡大を図る」ことの必要性を説いている。そして、「企業内」を、今後、更なる拡大が期待される法曹有資格者の活動領域のひとつとして取り上げて、「企業における法曹有資格者の役割・有用性の周知や法曹有資格者等の意識改革などに向けた取組を積極的に行うことが重要である」と述べる。

ここで興味深いことは、司法制度改革審議会意見書においては「法曹人口の大幅な増加」が謳われていたのに対して、法曹養成制度検討会議取りまとめでは、「法曹有資格者の活動領域」がテーマとされていることである。「法曹」から「法曹有資格者」へと用語を変化させたことは、民間部門での活動が期待されている法律専門家に、必ずしも弁護士登録を保持することを求めなくなったとの解釈の余地を与えている。

2　会社の法務部門の役割と求められる人材

それでは、民間部門では、高度の法律知識を備えた専門家を従業員として活用するに際して、弁護士登録を保持することを求めているのだろうか。会社内において、法律専門家が活動する部署の典型例は法務部門であるため、法務部の機能との関わりから考えてみたい。

会社における法務部門の役割は、業種および各社における法務部の成り立ちによっても異なるが、たとえば、経営法友会が、二〇一〇（平成二二）年に、同会会員企業等を対象として実施したアンケート調査（以下、「経営法友会平成二二年調査」という）によれば、「法務の担当業務のうち多いもの」には、以下のような項目が挙げられている。回答が多かったものから順番に、「契約関係（国内）」「法律相談関係（国内）」「訴訟等管理関係」「契約関係（国際）」「内部統制／コンプライアンス」「株式・総会関係」「取締役会関係」「知的財産権関係」「債権管理・担保管理関係」「子会社・関連会社関係（国内及び国際）」「文書業務関係（国内）」「法律相談関係（国際）」「M＆A関連」「トレード・シークレット、個人情報保護関連業務」「投資・合弁事業関係」「その他（国内）」「社債等」である。(5) これら項目を見

る限り、弁護士登録を必須とする業務は見当たらない。(6)
経営法友会平成二二年調査では、「社内弁護士の法務部門での活用」についても調査がなされているが、ここでも、以下のとおり、社内弁護士に期待される業務としては、弁護士登録がなくとも担当することが可能な分野が上位四項目を占めている。
「専門的見地からのメモランダムや契約書などのドラフト・起案」五三・三%
「社内の法務教育の講師（法務部門内外を問わず）」四七・九%
「コンプライアンス関係の指導・助言」三九・一%
「顧問弁護士や外部弁護士からの意見書・鑑定書や各種アドバイスに関するチェック機能」二八・四%
そして、弁護士登録を前提とする業務は、五番手以下に留まっている。
「簡易裁判所以外での訴訟時の代理人」二五・三%
「簡易裁判所での訴訟時の代理人」二二・七%
「調停時の代理人」一八・八%
「法曹界人脈を活用した情報収集・ロビイング活動やネットワーク構築」一六・六%
「弁護士守秘特権の利用」一三・四%
さらに、日本を代表する会社の法務部門の責任者からは、弁護士登録を保持する法務部員を特別扱いするものではなく、基本的には、資格を持たない法務部員と同等に扱うべきであり、法務部員の人材育成においては、「ビジネスパーソン」としての素養を重視する趣旨の発言がなされている。(7) これら民間法務部門の意識からすれば、現状においては、会社の法務部門たる機能から、直ちに、会社の経費負担の下に、従業員に対して弁護士登録の保持を奨励することが導かれるものではないと理解するのが素直であろう。

3　弁護士資格保持に係る費用

弁護士法上、弁護士となるためには、日本弁護士連合会に備えた弁護士名簿に登録してもらわなければならない（弁護士法八条）。登録時および登録の維持に要する費用は、入会する弁護士会によって異なるが、平成二三年度の資料によれば、登録時の費用負担は六万円〜六三万円程度、登録五年目の弁護士の会費負担額は、年間で五〇万円〜一〇〇万円以上に及ぶことになる。(8)

会社は、司法試験合格者または司法修習の修了者を採用するとしても、純粋に、彼らの法律的知識を評価するのであれば、弁護士登録を求める必要まではない。弁護士経験がある人材を採用するとしても、過去の経験やノウハウを評価するだけであれば、弁護士登録の継続を求める必要まではない。ただ、被用者の側で、自己のキャリアを考えて、「弁護士登録を認めてくれない会社には就職しない」と考える者も多い。そこで、優秀な人材を確保するための採用パッケージのひとつとして、弁護士登録を許容し、その費用を会社で負担する、という採用政策はある。現実に、弁護士会費を会社負担で社内弁護士を採用する会社数が増えている背景には、このような政策に理解のある管理職の存在が窺われる。

しかし、現状では、弁護士会費を従業員の自己負担として弁護士を雇用している会社に対して、人事政策を転換して、従業員の弁護士登録保持に係る年間五〇万円〜一〇〇万円以上に及ぶ費用を会社に投じてもらうためには、その費用に見合うだけの会社としての経済合理性を具体的に見出してもらうことが必要であるように思われる。そこで、以下では、従業員が弁護士登録を保持するが故に認められる会社の経済的利益を拾い上げていきたい。

（5）　経営法友会法務部門実態調査検討委員会編著・会社法務部【第一〇次】実態調査の分析報告（二〇一〇）四三頁。

（6）　「訴訟等管理業務」は、社外の弁護士に訴訟代理人を委任することが前提となっているものと思われる。

（7）　ＪＣＡジャーナルには、二〇〇九（平成二一）年二月号から二〇一一（平成二三）年六月号まで二八回にわたって、「企業法務新時代」というシリーズで、会社の法務部門の責任者が所属する会社の法務部門の実態について執筆した記事などが掲載されている。このシリーズ内で、三菱商事株式会社の法務部長の稲田仁士氏は「ほとんどの企業では、弁護士資格を有する法務部員を給与等の処遇で特別扱いすることはとり得ない選択肢ではないだろうか。当社法務部でも、現在弁護士が一一名在籍しており、それぞれ立派に活躍しているが、一方学部卒で採用された法務部員も弁護士資格を有する法務部員と変わらない成果をあげており、『資格』だけを理由に給与面で異なる扱いをする理由は見当たらない」と述べている（「企業法務をめぐるいくつかの課題」ＪＣＡジャーナル第五七巻一号〔二〇一〇〕一三頁）。また、トヨタ自動車株式会社の法務部長の高瀬由紀夫氏も「会社としての採用時に弁護士資格保有者を求めてはいないし、採用後に弁護士資格を取れるように会社として施策を講じているということもなく、また弁護士資格を持っている者を優遇する人事制度も今のところない」と述べる（「企業法務の人材育成の現状と課題」ＪＣＡジャーナル五八巻二号〔二〇一一〕五四頁）。そして、三井物産株式会社の法務部長の加藤格氏は「法務部は、そのあるべき姿として、個々の法務部員が『法律を最も得意とする優れたビジネスパーソン』となることを目指している。即ち、プロの法務パーソンとして高度の法律の専門性を持つべきは勿論であるが、それを前提として、現場感覚を有し、バランス感覚に優れたビジネスパーソンであることが必要という考え方である」と述べる（「進化する企業法務――『頼りになるプロ集団』の実現」ＪＣＡジャーナル五七巻四号〔二〇一〇〕三四頁）。

（8）　法務省のウェブサイトに掲載されている法曹の養成に関するフォーラム第三回会議（平成二三年七月一三日開催）の「【資料六】修正版（平成二三年七月一四日）」より引用。同資料には、弁護士会別に「弁護士の入会時の経済的負担」や「登録五年目の弁護士の毎月の負担」などが一覧表形式で記載されている。

三　日本の民事訴訟における社内弁護士の役割

1　社内弁護士と訴訟代理権

社内弁護士が、弁護士登録を保持するが故にできる業務は何か。真っ先に思い浮かぶのは、民事訴訟における訴訟代理人業務である。民事訴訟法は（法令により裁判上の行為をすることができる代理人のほか）弁護士でなければ、訴訟代理人となることができないことを定めている（同法五四条一項本文）。もちろん、会社は、訴訟代理人になることを期待して、弁護士を従業員として採用するわけではない。(9)また、「企業内」は、法曹または法曹有資格者のあらたな職域として拡大政策が図られている分野である。弁護士の業務が伝統的に「法廷内」に留まっていた現状を打破し、「予防法務」や「戦略法務」での弁護士の活躍が期待されている流れを考慮すれば、社内弁護士の役割を訴訟代理人業務に求めることは、時代に逆行するのかもしれない[10]。しかし、本稿では、従業員が弁護士登録を保持することが会社にもたらす経済的利益を計る便法として、訴訟代理人業務に注目してみたい。

実務においては、社内弁護士が訴訟代理人となる事例が報告され始めている。日本組織内弁護士協会の調べによれば、二六％（七二人）の同会の会員たる弁護士が「勤務先の訴訟代理人となることがある」と回答している[11]。また、同協会の創設者でもある日本放送協会の梅田康宏弁護士は、自身の経験を踏まえて、社内弁護士を訴訟代理人とすることについては、以下のような七つのメリットがあると説いている[12]。

・インハウスローヤーの組織や業務に対する深い理解が訴訟戦略や戦術の立案に役立つ
・インハウスローヤーは裁判所と直接やり取りができる
・インハウスローヤーは企業側証人に安心感を与える
・訴訟代理人となることはインハウスローヤーの総合的な能力を高める
・インハウスローヤーは外部事務所と企業法務部相互に良い意味での緊張感をもたらす
・インハウスローヤーは外部事務所の変更リスクをヘッジする
・インハウスローヤーは訴訟費用を抑える

このような実務家からの提言を踏まえながら、社内弁護士を自社が当事者となった訴訟事件の訴訟代理人に選定することが会社にもたらす経済的利益を整理してみたい。

2　社内弁護士による訴訟代理人の単独受任

会社が訴訟を提起する場合または訴訟提起を受けた場合には、通常、社外の法律事務所に相談し、訴訟委任状を作成して、外部弁護士に訴訟代理人を依頼することになる。[13] そこで、もし、訴訟を抱える会社が、自社が当事者となっている訴訟について、社内弁護士に対して、業務範囲内で訴訟代理人業務を行わせること（内製化）ができるのであれば、外部に支出する弁護士費用を削減する効果を見込むことができる。もちろん、会社が抱える訴訟をすべて内製化することが望ましいわけではない。訴額が大きい訴訟または高度な専門性もしくは大量の時間を要する作業が想定される訴訟においては、外部の専門的知見を有する法律事務所の協力を仰ぐことが株主の利益にも適うと言えるであろう。しかし、訴額が一定の範囲内に収まっている事件、外部に専門性を有する弁護士を見付けにくい事件、または、和解の方向性が見えているような事件などに関しては、社内弁護士が訴訟代理人を務めれば十分に対応できる場合も存在する。[14]

民事訴訟に係る弁護士費用については、かつて日本弁護士連合会および各弁護士会が定めていた報酬等基準規程（以下、「旧報酬規程」という）は、二〇〇四（平成一六）年四月一日に廃止されているが、今でも、数多くの法律事務所がこれに準拠した報酬体系を用いている。旧報酬規程に従うとすれば、たとえば、経済的利益三〇〇万円の訴訟について、外部弁護士に訴訟代理人を依頼した場合には、着手金で二四万円（三〇〇万円の八％）、全部勝訴をした場合の報酬金は四八万円（三〇〇万円の一六％）となり、一件の訴訟の弁護士費用（着手金および報酬金）だけでも、東京の弁護士会の一年分の弁護士会費相当額を上回ることとなる。

このように考えれば、仮に年間に一件でも、外部の弁護士に代えて、社内弁護士に訴訟代理人を任せる事件を想定することができるのであれば、弁護士会費を会社負担とすることの見返りとして十分であるように思われる。

3　社内弁護士による訴訟代理人の共同受任

訴訟代理人業務の内製化による経費削減分を、社内弁護士の採用に係る経済効果と位置付けた場合には、弁護士費用が高額に上る巨大訴訟のほうが、経済効果が大きいようにも思われる。しかしながら、訴訟代理人にどの弁護士を選定するかは、訴訟の結果や和解交渉の帰趨にも影響を与える重大な問題である。一般的な傾向としては、訴額が大きな訴訟については、証拠の精査や準備書面の作成にも多大な時間を要しがちであり、社外の弁護士を訴訟代理人として委任することが適切であることが多いであろう。(15)

ところで、社外の弁護士を訴訟代理人として委任するといっても、訴訟に関連する業務をすべて外注できるわけではない。事実関係を確認したり、関連する書証を抽出したりするような準備作業は、会社の従業員等に期待される役割である。この準備業務において、訴訟代理人を務める社外の弁護士と会社の従業員とのコミュニケーションが円滑に行われなければ（社外の弁護士が会社や事業の状況を知らなかったり、会社の従業員の側が法的問題点を理解していなかったりすることがありうる）、訴訟準備に必要十分な情報の提供に手間取ることとなり、事件に関係する従業員に（業務時間中に本業に従事すべき時間を割いて）訴訟準備のために過大な作業を要求することにもなるし、訴訟代理人弁護士の稼働時間も不必要に増加することになる。

この点、社内弁護士が、関係する従業員からの事実関係のヒアリングを行い、社外の訴訟代理人弁護士との連絡窓口を担当すれば、お互いの稼働時間を削減することにも資することが期待できる。もっとも、社内弁護士が、このような訴訟準備業務や窓口業務だけを担う限りにおいては、訴訟代理人になる必要まではない。ただ、訴訟が証拠調べにまで至り、従業員を証人尋問するような段階まで到達すれば、訴訟代理人であれば、自ら直接に証人尋問を担当することができる。特に、事前の準備が重要視される主尋問においては、社内弁護士が、証人たる従業員と打合せを行い、かつ、本番の証人尋問も担当する、ということのメリットは大きいものと思われる。(16)

このメリットを弁護士費用の金額にも反映させることができるだろうか。大規模訴訟を専門とする大手法律事務所などにおいては、訴訟事件の受任に際しても、タイムチャージベースで、担当する弁護士の稼働時間に各弁護士の時間単価を掛け合わせて算出した弁護士費用を依頼者に請求する実務が広く行われている。弁護士一年目のアソシエイトでも、一時間当たり二万円以上、パートナーになれば、一時間当たり四万円以上の単価が設定されることが通例である。この前提の下では、従業員一人への主尋問に要する準備として、たとえば、アソシエイトの稼働三〇時間（二万円×三〇時間＝六〇万円）、パートナーの稼働一〇時間（四万円×一〇時間＝四〇万円）に相当するだけの作業を、社内弁護士により内製化することができれば、一〇〇万円以上の弁護士費用の削減につながったものと評価することができる。

社内弁護士の関与の仕方としては、当初から、訴訟代理人の一員として、社外の弁護士と共に共同受任とする形式もあれば、社外の弁護士を訴訟代理人として、必要な時点で、その復代理人に就任して行動する形式もある。これまで、法律事務所においては、社内弁護士と協働して訴訟代理人業務を担うノウハウを蓄積してきた先は少ないが、今後は、社内弁護士の拡大や法律事務所間の顧客獲得競争の激化も背景として、法律事務所のビジネス・デベロップメントの一環としても、社内弁護士との訴訟代理人業務の合理的な連携方法が検討されていくことが予想される。

（9）貸金業者が、過払金の返還請求訴訟の被告事件を多数抱えていた時期においては、外部の法律事務所に多数の被告事件対応を委任するために要する弁護士費用を削減するために、社内弁護士を採用して、訴訟代理人業務を内製化しようとする動きも見られた。

（10）明治時代以降、弁護士の職務範囲が「訴訟」に限られており、職務の圧倒的部分が「法廷」にあったことを解説する文献として、大野正男・職業史としての弁護士および弁護士団体の歴史（一九七〇）六三頁（復刻版二〇一三）。また、予防法学としての経営法学の観点から、米国における社内弁護士発展の歴史的経緯を踏まえて、会社法務部と社内弁護士の（社外弁護士に対する）有利性を論じたものとして、大矢息生・社内弁護士の研究（一九八二）がある。

（11）日本組織内弁護士協会・前掲注（1）アンケート集計結果の「問七」。

（12）梅田康宏・インハウスローヤーへの道（二〇一三）二一九頁以下。

（13）社外の法律事務所との間で顧問契約を締結している会社も多いが、訴訟代理人業務は、月額顧問料とは別枠で費用の精算がなされるのが通例である。

（14）梅田・前掲注（12）二二二頁も「訴額が非常に小さい場合は、外部に委託するとコスト倒れになってしまいますので、合理性がある範囲でインハウスローヤーが処理するのに向いています」と述べる。

(15) 梅田・前掲注(12)二二一頁。
(16) 梅田・前掲注(12)二二六頁は「証人尋問を成功させるポイントは、とにかく本番で緊張しないこと、反対尋問で信用性を崩されないようにすること」であるとして「日頃から同じ社内で一緒に仕事をしているため仲間意識があり、繰り返しの尋問の練習をする時間も十分に取ることができるインハウスローヤーが主尋問を担当することは、企業側証人の尋問を成功させる有効な手段の一つ」と述べる。

四　米国の司法手続における社内弁護士の役割

1　米国の司法手続におけるリーガルリスク

社内弁護士が訴訟代理人となることが想定されるのは、日本における訴訟だけであるが、会社が海外にも事業を展開している場合には、海外でのリーガルリスクの軽減にも社内弁護士の役割が期待されることもある。特に、米国の民事訴訟におけるリーガルリスクについては、実務家の間では、日本企業に対して、敗訴した場合の賠償額が高額に上るリスクがあること、そして、勝訴するとしても、手続に要する費用が莫大になるリスクがあることを指摘して、訴訟対策としての実務上の留意点が指導されているところである。(17) そして、日本企業が巻き込まれやすい訴訟の類型としては、①ＰＬ訴訟、②独禁法訴訟、③特許侵害訴訟、④米国人従業員との間の労働訴訟、⑤役員・従業員の引き抜き、⑥企業不祥事に関する訴訟等が典型例として挙げられている。(18)

これら米国におけるリーガルリスクに対して、日本法の資格としての社内弁護士は何か（資格のない従業員とは異なる）特別な役割を果たすことができるだろうか。この点につき、実務家からは、米国の司法手続における広汎なディスカバリーに応じなければならない負担に際して、情報管理対策としての弁護士秘匿特権（attorney-client privilege）の活用可能性が指摘されている。(19)

2　ディスカバリーと弁護士秘匿特権

ディスカバリーは、米国の民事訴訟において、訴え提起後トライアルの前に、その準備のため、当事者が互いに、法廷外で、事件に関する情報を開示し証拠収集をする手続である。実務家からは、米国民事訴訟の対応で、日本企業の担当者が最も労力を要するのがディスカバリー対応であると言われている[20]。

米国においても、ディスカバリーの濫用を抑制するための連邦民事訴訟規則の改正の歴史があるが[21]、二〇〇六年の連邦民事訴訟規則により明文化されたeディスカバリー（電子保存情報を対象とするディスカバリー）については、とりわけ日本企業にとって関心が高い[22]。

ディスカバリーで開示が求められる範囲は極めて広範であり、当事者の主張または防御と関連性を有していれば、秘匿特権によって保護されたものでなければ、原則として、すべて開示対象となる（連邦民事訴訟規則二六条(b)(1)）[23]。このディスカバリーへの開示を拒否することを正当化する事由として、弁護士秘匿特権（依頼者が、弁護士との間で、法律上の助言を求めるに際して交わしたコミュニケーションの開示を拒否する特権）が日本企業においても注目されている[24]。

3　社内弁護士による弁護士秘匿特権の活用

米国においては、依頼者が会社の場合にも弁護士秘匿特権を援用できるとの実務が確立しており[25]、社内弁護士とのコミュニケーションにも弁護士秘匿特権の保護が及ぶと解されている[26]。

米国法上の秘匿特権は、外国（米国以外の国）の弁護士との間の通信にも及ぶと解されており、日本法の弁理士との間の通信に弁護士秘匿特権の成立を認めた裁判例があり[27]、日本法の弁護士との間の通信も同様に扱われるものとの解釈も十分に成り立つ[28]。

他方、米国の知財侵害訴訟において、カリフォルニア州の弁護士登録を継続していなかった社内カウンセルとの間で法的助言を求めた通信について、弁護士秘匿特権の保護が認められなかった裁判例もある[29]。この考え方を日本法の法律専門家とのコミュニケーションにも援用すれば、社内の法務部員が弁護士登録を保持していることは、社内でのコミュニケーションに秘匿特権を認めてもらうための重要なファクターとなる（弁護士登録がなければ、弁護士秘匿特権の成立が否定されるリスクが高まる）と考えられる。

なお、米国法上の秘匿特権は、弁護士との間の法的助言に関するコミュニケーションにのみ及ぶものであり、ビジネス上の交信を対象とするものではない。社内弁護士とのコミュニケーションは（社外弁護士とのコミュニケーションよりも）ビジネスに関するものと疑われるリスクがあり、実際にも米国の社内弁護士によるコミュニケーションが、法的助言ではないとして、弁護士秘匿特権によって保護されないとされた裁判例も多い。(30) 日本企業が、社内弁護士を雇用する際には、経営企画部門等の（法務部以外の）部署に配属する例も少なからず存在するが、(31) 社内弁護士の所属が法務部でなければ、そのコミュニケーションがビジネスに関わるものと認定されるリスクも高まる。弁護士秘匿特権の主張を認められやすくするという観点からは、社内弁護士を法務部門に所属させること（他部署への所属が必須であれば、兼務とすること）にメリットが存するであろう。

また、近時では、米国司法省（Department of Justice）による日本企業に対する米国反トラスト法違反事件の摘発や、海外腐敗行為防止法（Foreign Corrupt Practices Act：FCPA）違反事件の摘発に伴うリーガルリスクへの対応策についても、日本企業からの実務的な関心が集まっている。(32) 将来、起こりうる、海外当局からの調査への協力体制を想定する場合でも、事前の段階から、社内弁護士を介したコミュニケーションを実施することにより、弁護士秘匿特権の主張できる範囲を確保しておくことが考えられる。(33) また、米国訴訟に限らず、ディスカバリーと弁護士秘匿特権による防御は、国際仲裁の手続においても適用されることがある。日本企業の新興国進出が加速している現在においては、紛争解決手段として（新興国における裁判手続よりも）国際仲裁のほうがより信頼度の高い手続であると判断されることも多いことからすれば、国際仲裁での活用可能性も視野に入れて、弁護士秘匿特権が成立しうるコミュニケーション体制を確保しておくことは、実務的に有益であると思われる。

これら海外でのリーガルリスクは、顕在化すれば、巨額な賠償金または罰金を生じさせる可能性を孕んでおり、その対応に要する弁護士費用（日本法弁護士に限らず、外国法弁護士も含めれば）も数千万円単位から数億円単位にまで膨らむことがありうる。これらの手続に関わるリスクが多少なりとも存在しているのならば、その防御を少しでも効果的に行うための予防法務的な費用として、社内弁護士の弁護士会費を会社が負担することにも合理性が認められるであろう。

（17）関戸麦・日本企業のための米国民事訴訟対策（二〇一〇）やモリソン・フォースター外国法事務弁護士事務所・アメリカの民事訴訟〈第二版〉（二〇〇六）などがある。また、アメリカの連邦証拠規則を概説する邦語の文献として、田邉真敏・アメリカ連邦証拠規則（二〇一二）がある。

（18）関戸・前掲注（17）四頁参照。

（19）志知俊秀＝ジェームズ・M・ミナモト「米国における証拠開示（ディスカバリー）手続の実務」佐々木一芳編・米国訴訟必勝ガイド（一九九八）一〇三頁。ディスカバリーの手続を概説する邦語の文献としては、司法研修所編・アメリカにおける民事訴訟の運営（一九九四）一六一頁や森英明「アメリカ連邦地方裁判所における民事訴訟運営の実情――ミシガン東部、西部地区連邦地方裁判所での見聞を中心に」法曹会編・アメリカにおける民事訴訟の実情（一九九七）一六八頁等参照。

（20）関戸・前掲注（17）一〇五頁およびドナルド・L・モーガン＝寺井庸雄「米国裁判における証拠開示（ディスカバリー）の一般的ルール」佐々木編・前掲注（19）六一頁参照。

（21）伊藤眞「開示手続の理念と意義（下）」判タ七八七号（一九九二）一一頁以下参照。

（22）土井悦生＝田邊政裕・米国ディスカバリの法と実務（二〇一三）八六頁。また、ディスカバリ支援事業を営む会社の経営者が、コンピュータによる分類アシストを用いたドキュメント・レビューの仕組みを解説する文献として、守本正宏・日本企業のディスカバリ対策（二〇一三）がある。

（23）訴訟を予期し、または、トライアルのために作成された文書等も「ワークプロダクト（work product）」として、ディスカバリーの開示範囲から除外する法理がある。ワークプロダクトについて邦語で解説した文献として、浅香吉幹・アメリカ民事手続法〈第二版〉（二〇〇八）八三頁および土井＝田邊・前掲注（22）四〇頁。

（24）　日本企業の法務担当者向けに実務家が解説したものとして、永井秀人「Q&Aで理解する弁護士・依頼者間の秘匿特権」ビジネスロー・ジャーナル二〇一三年四月号五〇頁がある。

（25）　*See*, Upjohn Co. v. United States, 449 U.S. 383（1981）. 同判決では、経営陣だけでなく、一般の従業員と弁護士との間のコミュニケーションについても弁護士秘匿特権の成立が認められている。同判決の事実関係について、邦語で解説するものとして、小林秀之・新版アメリカ民事訴訟法（一九九六）九三頁。

（26）　*See*, Michael A. Knoerzer & Eileen K. Sorabella, *The Attorney-Client Privilege: A Practical Guide for Corporate Counsel*, *in* THE ATTORNEY-CLIENT PRIVILEGE IN CIVIL LITIGATION 107（2011）.

（27）　*See*, Eisai Ltd. v. Dr. Reddy's Labs., Inc., 406 F. Supp. 2d 341（S.D.N.Y. 2005）.

（28）　永井・前掲注（24）五四頁。

（29）　In Gucci America, Inc. v. Guess?, Inc., 2010 U.S. Dist. LEXIS 65871（S.D.N.Y. June 29, 2010）. Knoerzer & Sorabella・前掲注（26）一〇九頁も、弁護士登録をactiveにしておくことの重要性を説く。

（30）　*See*, Georgia-Pacific Corp. v. GAF Roofing Mfg. Corp., 1996 U.S. Dist. LEXIS 671（S.D.N.Y. Jan. 24, 1996）; MSF Holding, Ltd. v. Fiduciary Trust Co. Int'l, 2005 U.S. Dist. LEXIS 34171（S.D.N.Y. Dec. 7, 2005）.

（31）　経営法友会平成二二年調査によれば、企業内に弁護士が在籍する会社数は一四五社であり、そのうち、法務部門に弁護士が在籍するのは九三社とされている。残り五二社は、法務部門以外に弁護士が所属していることが推計される（前掲注（5）一〇九頁）。

（32）　吉川達夫「米国反トラスト法違反事件からの教訓」ビジネスロー・ジャーナル二〇一三年八月号三七頁。また、米国を含めて、海外における外国公務員贈賄規制法制については、経済産業省の委託調査として、株式会社日本能率総合研究所「中小企業の海外展開に係る不正競争等のリスクへの対応状況に関する調査（平成二三年度）」の報告書参照（同報告書は、経済産業省のウェブサイト（http://www.meti.go.jp/policy/external_economy/zouwai/houkokusho.html）に掲載されている）。

（33）　ただし、ＥＵ競争法違反に関して、欧州委員会の調査を受ける際には、社内弁護士とのコミュニケーションに弁護士秘匿特権を主張することは認められていない。アクゾノーベル（Akzo Nobel）事件について、二〇一〇年九月に、欧州連合司法裁判所が下した決定を邦語で解説するものとして、阿部博友「ＥＵ法の下での秘匿特権の範囲と調査対応」ビジネスロー・ジャーナル二〇一三年四月号六四頁。

五　まとめ

本稿では、社内弁護士が弁護士登録を保持することによって、勤務先である会社にも経済的利益をもたらす場面として、二つの場面を取り上げた。ひとつは、会社が当事者となっている日本の民事訴訟において、社内弁護士が自ら訴訟代理人（または復代理人）として行動する場面である。もうひとつは、会社が米国における民事訴訟等のリーガルリスクに巻き込まれたときに、ディスカバリーでの情報開示要請への防御策として、弁護士秘匿特権を主張できる根拠を確立しておくために、(34) 弁護士登録を有する社内弁護士をコミュニケーションに介在させておく場面である。

しかし、私は、社内弁護士の存在が会社にもたらす経済的利益がこの二つの場面に限定されると考えているわけではない。また、現実に、弁護士を従業員として雇用している会社の多くは、彼・彼女らを訴訟代理人として活用するために採用したわけではないだろう。米国のリーガルリスクに備えて、日本法弁護士を採用したわけでもないだろう（米国法上の弁護士秘匿特権の活用を考えるならば、〔日本法弁護士よりも〕米国法弁護士を従業員として採用する〔または従業員に米国法弁護士資格を取得させる〕ほうがより効果的である）。弁護士登録者を採用した経緯としては、資格があるからジョブ・オファーを出したわけではなく、優秀な人材を確保しようと思ったら、その人材がたまたま、司法試験に合格していた、または、既に弁護士登録を保持している者だった、ということのほうが多いであろう。また、弁護士登録を保持させることによって生じる会社側の経済的利益についても（訴訟代理権や弁護士秘匿特権といった制度的に確立されたものではなく）むしろ、社外の弁護士とのコミュニケーションを効果的に行うことができるとか、弁護士ネットワークを通じて情報収集や人脈形成が促進されるとか、弁護士登録者を社内に抱えることにより社内外の信頼を高めることができる、といった無形のメリットを感じていることのほうが多いであろう。(35) これら無形のメリットについても、会社内に、それを認識してくれる管理職が増えること、そして、社内弁護士の弁護士会費を会社が負担する実務が定着してくれることは私も望ましい方向性だと考えている。

ただ、他方では、前記二の1でも述べたとおり、新規登録弁護士の就職難も背景として、「法曹有資格者」の活動領域を民間企業に求める動きもある。ここでの活動領域は、法務部門に限るものではないように思われる。活動領域を経営企画部門やコンプライアンス部門に求めるのであれば、まだ法務部門との隣接性が推測されるが、これが、営業部門、製品開発部門といった別セクションに配属されて、当該セクションに専従する場合には、仮に、その者が弁護士資格を有していたとしても、弁護士としての「現役性」を失うようにも思われる。そのときにも、なお、「弁護士登録の保持」が会社に経済的利益をもたらすと言えるかどうかは定かではない。

こう考えてみると、「法曹有資格者の民間企業における活動領域の拡大」には、二つの方向性があることに気付かされる。ひとつは、法務機能を法務部およびその隣接する部署にも浸透させていく意味での弁護士の採用および採用した弁護士の部署異動である。ここでは、弁護士登録を保持させることに会社としても経済的利益を見出してもらえる可能性が高い（会社が弁護士会費を負担することにも合理性があると認められやすい）。もうひとつは、弁護士が、その法律専門家たる本籍を捨てて、キャリア・チェンジとして、あらたな職域に挑戦するタイプの採用または部署異動である。ここでは、当該人材に弁護士登録を保持してもらうことは、直ちには会社に利益をもたらすものではない[36]。後者の形態での法曹有資格者の活動領域の拡大も、社会全体の法的意識を向上させるという意味では有益である。ただ、弁護士登録の保持に係る費用の負担者を誰にすべきか、という観点からは、従業員の自己負担が妥当と解される場面が増えることもやむを得ないであろう[37]。

（34）ディスカバリーが（裁判所主導ではなく）相手方当事者からの直接の要求を受けて、それに対応して行われるものであり、弁護士秘匿特権の主張も原則として相手方当事者に対する開示の拒絶という形で行われることにつき、志知＝ミナモト・前掲注（19）八九頁。

（35）弁護士登録がもたらす意義については、第一東京弁護士会総合法律研究所組織内法務研究部会が策定した「企業が従業員を弁護士登録させるにあたっての手引き」第一東京弁護士会会報四九三号（二〇一四）一六頁参照。

(36) 従業員が弁護士登録を保持することが、会社の取引先からの信頼や会社の企業イメージをアップさせるとか、商品・サービスの広告宣伝効果を有するとか、といった事情が認められるときに、会社の経済的利益を否定するものではない。

(37) 冒頭に、キャリアの悩みを打ち明けられたと紹介した社内弁護士は、法務部以外のセクションに所属する従業員であった。弁護士会費を会社負担とする扱いを求めるためには、自ら、積極的に訴訟代理人になることや海外紛争に携わることを求めることも有益だったのかもしれない。もっとも、業種・業態によって、紛争が多い会社もあれば、少ない会社もあるため、業種・業態に即して「弁護士登録」の価値を考えていくことも必要であろう。

本稿は、研究者になる目標を掲げて大学院に進学したものの、そのスタートラインに辿り着く前に、方向転換をして弁護士となり、かつ、弁護士の人材市場の仲介業者へと転じた筆者が、人材紹介業者としての個人的な問題意識を契機として、法務系の人材市場に関する現在の実務上の関心事を書き綴ったものである。伊藤眞教授の古稀を祝う論文集において、法律的な議論が表面をなぞっただけに留まる浅い検討の小稿しか寄せられないことは、心苦しく感じる。ただ、私が最も愛する伊藤教授の作品は、『破産——破滅か更生か』(一九八九)という、一般人を読者に想定された単行本である。同書に現れている、高度な専門性に裏打ちされながらも、平易な文章で、そして、社会をよりよくするためのルールを探求し続ける伊藤教授の姿勢は、私のキャリア選択に強い影響を与えてくれた。伊藤教授は、実務が抱える問題点を逃げることなく正面から受け止めて、理論の立場から、あるべき民事訴訟法学・倒産法学の解釈論および立法論を発信し続けて下さっている。私は、法曹の人材市場、という実務の中に身を置き、職業選択の場面における適材適所のマッチングを促進することを目標に、その環境整備に向けた問題提起を続けられるように励んでいきたい。

消費者仲裁を巡る国際的な政策相違と世界統一規則の構築
——UNCITRAL Online Dispute Resolution Working Group

早川吉尚

一　はじめに
二　オンラインＡＤＲ
三　UNCITRAL Online Dispute Resolution Working Group
四　相違の存在を認めた統一規則の構築
五　おわりに

一　はじめに

伊藤眞教授は、一九九八年に刊行された『裁判外紛争処理法』の編著者を務めるなど[1]、裁判外紛争処理（Alternative Dispute Resolution、以下、ADRと呼ぶ）に関するわが国の理論と実務の発展の礎を構築されたという点においても、偉大なる先達である。

同書の刊行から現在までの一五年余りの間において、二〇〇三年の「仲裁法」の制定、二〇〇四年の「裁判外紛争解決手続の利用の促進に関する法律」の制定など、わが国のADRは、法制度面において様々な進展を遂げた。また、実務面においても、多種多様なADRサービスが様々な団体により提供されるに至っており、さらにそうした動きを受けて、ADRに関する実務家団体である「日本仲裁人協会」の二〇〇三年の設立、ADR団体の連合組織である「日本ADR協会」の二〇一〇年の設立など、業界団体も活発に活動するようになっている。また、研究面においても、二〇〇四年の「仲裁ADR法学会」の設立に代表されるように、現在においては、民事紛争処理に関する他の法分野と比肩するだけの様々な重要な研究が蓄積されるに至っている。

ところで、そうしたわが国におけるADRの急速な発展の中において、意識的・明示的に積み残されてきた問題がある。すなわち、「消費者紛争の解決のために（ADRの一つである）仲裁という紛争解決制度の利用が奨励されるべきか否か」という問題であり、より具体的には、わが国の仲裁法につき、その制定時に付された附則三条の中において、「消費者」「と事業者」「の間の将来において生ずる民事上の紛争を対象とする仲裁合意」「であって、この法律の施行後に締結されたものに関しては、当分の間」「消費者は、消費者仲裁合意を解除することができる。ただし、消費者が当該消費者仲裁合意に基づく仲裁手続の仲裁申立人となった場合は、この限りでない。」と定められている問題である（同条一項・二項）。

同条によれば、この問題に対する原則的な解は、「紛争発生前に消費者と事業者の間において締結された消費者仲裁合意について消費者は解除できる」と定められている以上、「消費者紛争の解決のために仲裁という紛争解決制度の利用は奨励されるべきではない」ということになるのであろうが、しかしそこに、「当分の間」という留保が付されている点が特徴的である。すなわち、この問題については議論の余地があり得るが、「当分の間」は、かかる政策を原則として採用するという態度がとられたのである。

では、仲裁法の附則にかかる記載がなされてから一〇年以上が過ぎた現在、「当分の間」は既に経過したのであろうか。それとも、一〇年以上を経た現在も、いまだ「当分の間」は継続しているのであろうか。当然に議論が必要なところではあるが、現在においてもこの点に関する議論は明示的になされていない。そしてその結果、日本法としては前述の原則がいまだ採用されているという状態が続いている。

もっとも、本論文は、「消費者紛争の解決のために仲裁という紛争解決制度の利用は奨励されるべきか否か」というこの問題につき、直接に論ずることを目的とするものではない。この問題の検討は、要は政策論であり、当該制度の導入が検討されている社会や文化のあり方次第で、その評価が変わり得るものである。換言すれば、どちらかの解が正しい、あるいは絶対的に間違えているというように、法的な観点から断ずることが難しい問題である（そうであるからこそ、わが国の仲裁法の制定の際に、一つの立場の採用を決めたにもかかわらず、他方で「当分の間」という留保が付されたといえる）。また、そうであるからこそ、後述のように、この消費者仲裁という問題に対する各国の政策は、世界的に大きく二つに分裂しており、互いに拮抗しているという現実があるのである。

それでは、本論文の目的は何か。後述のように、現在、消費者仲裁の是非という問題に関して、世界的に大きく二つの異なる政策が存在している。他方で、インターネットを用いた商取引の拡大にともなって、消費者が国際取引に巻き込まれるようなケースが急増しており、その解決のためにオンライン上でのＡＤＲが用いられるようになってきている。そして、そのさらなる振興のために、現在、国際連合・国際商取引法委員会（United Nations Commission on International Trade Law, UNCITRAL）において専門の部会（Online Dispute Resolution Working Group）が設置され、かかるオンライン上でのＡＤＲ手続に関する世界統一規則の策定作業が進められている。

問題は、かかるオンライン上でのＡＤＲ手続に関する世界統一規則の策定作業の過程において、消費者仲裁の扱いを巡って、深刻な対立が発生しているということである。後述のように、消費者紛争における仲裁の利用の是非という問題に関しては、一方にこれを強く推奨する政策を採る国々があり、他方にこれに強く反対する政策を採る国々がある（わが国の政策もこちらに分類されると思われる）。どちらの国々も、国連のお墨付きが与えられるオンラインＡＤＲ手続規則が、自国の政策とは異なる形で策定されることには、当然に抵抗を示す。しかし、どちらも全く譲らないということでは、そもそも世界統一規則の策定など、全く覚束ないということになってしまう。

そこで、現在、UNCITRALでは、消費者仲裁を巡る政策に国際的な相違があることを前提に、しかし、どちらの陣営からも受入れ可能な世界統一規則の構築が目指されており、そのための規則策定作業が続けられている。「相違」の存在を認めた「統一」規則の構築。この一見矛盾する要請を充たすべく、検討作業は複数の針の穴に一本の糸を通すような様相を呈するに至っており、そのために、世界中から集められた専門家が知恵を絞り、議論を重ね、試行錯誤を繰り返している。

本論文の目的は、国連を舞台に進められている前記のような世界統一規則の構築作業とそこにおける議論の紹介を通じて、いまだ最終的な解が与えられていないこの問題につき考察を加えることにある。それは、主権国家の並存という現在の世界秩序においては、ある問題に関する政策の国際的統一が制度的には保障されないという前提の下、しかし、現実の実務において必要とされる手続規則の国際的な統一性確保のために、法技術専門家としての法律家に何がどこまでできるかという問題でもある。

以下では、まず、オンラインＡＤＲとは何かについて、現在、世界各国で展開されている実例に触れつつ、紹介する（二）。その上で、UNCITRALにおけるオンラインＡＤＲ手続に関する世界統一規則の策定作業について紹介するとともに、同作業における最大の対立点である、消費者紛争における仲裁の利用の是非という問題に関する国際的な政策の相違に関して説明する（三）。そしてその上で、UNCITRAL の場における「相違の存在を認めた統一規則の構築」のための議論の状況の紹介を通じて、この問題につき考察を加えたい（四）。

（1） 伊藤眞＝小島武司編・裁判外紛争処理法（一九九八）。

二　オンラインＡＤＲ

1　国際的なオンライン取引と紛争解決

国境を越えた取引から生じた紛争の処理の難しさの一つは、法廷地の候補となり得る国が複数存在するという点にある。A国の主体とB国の主体の間の紛争処理が問題となった場合、通常、A国側はA国を法廷地とする手続を、B国側はB国を法廷地とする手続を望むため、本案の解決に入る前に、どちらの国を法廷地とするのかという問題を別に処理せざるを得なくなる。すなわち、国際裁判管轄という問題である。

しかも、やっかいなことに、この国際裁判管轄という問題に解を与えるべき世界統一の基準といったものが存在していない。すなわち、当該紛争に対してA国が管轄を有するか否かはA国の基準で決められ、B国が管轄を有するか否かはB国の基準で決められているのであり、しかも、それぞれの基準が必ずしも一致していないのである。その結果として、本体たる紛争の解決に入る前に、国際裁判管轄の決定というこの問題に関してだけで、長年に渡りA国とB国の双方で争うことになるといった事態が発生するのも、決して珍しいことではない。

ただ、これまでは幸いなことに、このような国際民事紛争処理の複雑な世界に巻き込まれるのは、国際取引を日常的に行っている比較的大規模な企業にすぎず、そうした事柄に縁のない一般消費者や小規模事業者には関係のない話であった。

ところが、近年、そこにインターネットという便利な道具が登場してしまった。この便利な道具の前では、基本的に国境というものは関係なくなる。世界中の誰もが世界中のどのウェブサイトにも簡単にアクセスすることができるようになったため、海外でしか手に入らない産品など、従来はそれを専門に扱う専門業者を通さなければ困難であった外国の物品の入手が、一般消費者や小規模事業者であっても直接かつ簡単にできるようになってしまった。それは、国際取引への一般消費者・小規模事業者の参加の拡大をもたらすと同時に、国際民事紛争処理の複雑な世界に一般消費者・小規模事業者が巻き込まれる機会をも拡大させてしまった。

もっとも、（小規模な存在であったとしても）事業者については別段、一般消費者に関しては、多くの国の法制上、消費者保護の観点から、消費者の住所地に国際裁判管轄を認める、さらには、消費者の住所地国以外を法廷地と定める事前の国際裁判管轄合意の有効性を否定するといった対応がとられており、その点はわが国において同様である。(2) すなわち、国際訴訟であるからといって、外国において訴訟遂行をする必要性があるとは限らないわけである。だが、そのように国際裁判管轄を自国に認めてもらえる場合であったとしても、訴訟遂行には多大なコストと手間がかかるのが現実であり、他方で、かかる国際オンライン商取引の平均的な係争額が極めて小さいことから、実際には訴訟を提起せずに泣き寝入りに終わるのが大多数である（消費者ではない小規模事業者については、これに国際裁判管轄を巡る争いが追加されることになり、やはりコストや手間を考えて泣き寝入りに終わらざるをえないのが大多数である）。

しかし、このような紛争解決を巡る状況が放置されていたのでは、せっかくインターネットの出現によって国境を気にせずにオンラインでの商取引ができるようになったのに、紛争解決の不安から取引への参入に二の足を踏む一般消費者・小規模事業者が依然として少なくはないということになってしまう。すなわち、一般消費者・小規模事業者を一方当事者とするオンライン商取引市場の拡大は、国内的にはともかく、国際的には頭打ちにならざるを得ないのであり、オンライン商取引市場のさらなる発展のためには、一般消費者や小規模事業者が一方当事者となる国際的なオンライン取引紛争の解決方法を何らかの形で改善する必要がある。そのことは、近年、関係者の間において強く認識されるに至っていた。

そして、この問題を改善するための切り札として考えられているのが、紛争解決手続をもオンラインで完結させてしまおうとする紛争解決手法であり、オンライン上でのＡＤＲ手続であることから、Online Dispute Resolution とも呼ばれている。そして、以下にみるように、既に国単位・地域単位では実用化され、一定の機能を発揮している。

２　欧州におけるオンラインＡＤＲの実践――ECC-Net

現在において運用されているオンラインＡＤＲ手続の中で、紛争解決手続の形態としては初期段階のものではあるが、最も成功を収めているものの一つとして、ＥＵにおいて運用されている ECC-Net（European Consumer Centres Network）がある[(3)]。

ECC-Net とは、ＥＵ域内でも存在する国際消費者紛争に関する前述の状況を改善するための、国境を越えて対置する消費者と事業者の間における紛争解決のための自主的な交渉（negotiation）がスムースに進行するための援助（Complains Handlings）を行うためのシステムである。Complains Handlings においては、調停や仲裁のように第三者（neutral）が登場し、和解促進のために介入したり、仲裁判断を下したりといったことはなされない。そこでは単に、一方の当事者の取引に関する不満を他方の当事者に取り次ぎ、その返事を他方の当事者から一方の当事者に取り次ぐといったことがなされるにすぎない。しかし、国際取引においては、言語が異なるが故に、取引に関する不満を相手方に伝えるということ自体が難しいことが多い。この点を、英語を介した通訳サービスを提供することで解消するというのが ECC-Net の主たる役割であり、ＥＵ域内において非常に多くの紛争の解決に役立っている。

具体的には、各メンバー国が自国に一つ、認定 Consumer Centre を設置する。かかる Centre は自国の消費者からの越境消費者紛争に関する苦情を受け付けると、その苦情内容を英語に翻訳し、相手方事業者が所在する国の認定 Consumer Centre に送付する。当該 Consumer Centre は、それを現地語に翻訳して、当該事業者にまで伝える。その返事は、かかるルートを逆に通る形で、英語の翻訳を経た上で当該消費者にまで伝えられる。こうしたプロセスにより、国境を越えて対置する消費者と事業者の間における紛争解決のための自主的な交渉がスムースに進行するための援助がなされることになるのである。

以上のシステムにおいては、前述のように、調停人の和解の促進のための介入、仲裁人の仲裁判断といったことはなされず、単純に当事者間のメッセージの取り次ぎがなされるにすぎない。しかし、申し立てられた紛争の七割近くがかかるメッセージの取り次ぎだけで解決している認定Consumer Centreもあるようであり、実際の機能としては非常に大きいものがある（逆に言えば、国際消費者紛争については、言語の問題で交渉が難しいが故に紛争化してしまっているだけの事案がいかに多いかということを示していると言える）。

なお、最近、欧州においては、オンラインADRに関する新しい指令（Directive）・規制（Regulation）の成立により、新たな展開が始まろうとしているが、これについては後述する。

3　アジアにおけるオンラインADRの実践――消費者庁越境消費者センター

ところで、このECC-Netの影響の下、かかるComplains Handlingsのシステムをアジアにおいて構築しようとする試験的なプロジェクトが存在した。すなわち、ICA-Netというプロジェクトであり、ERIA（Economic Research Institute for ASEAN and East Asia）なる国際機関の助成の下、数年間に渡ってECC-Netと同様にアジア各国のConsumer Centreを連携させ、アジア圏を中心に同様のサービスを提供するものであった[(4)]。

その後、かかるICA-Netの経験は、わが国の消費者庁の委託プロジェクトとしての「消費者庁越境消費者センター（Cross-border Consumer Center Japan：ＣＣＪ）」により引き継がれている。すなわち、同センターは、日本と幾つかの国々との間における国際消費者紛争を主な対象として、Consumer Centreの連携によるComplains Handlingsネットワークを公式に構築するものである。二〇一一年度においては年度途中からの五ヶ月間だけで六〇〇件以上の相談が寄せられ、二〇一二年度には二五〇〇件以上、二〇一三年度には四〇〇〇件以上の相談が寄せられており、二〇一四年度には年度途中の現段階でも相談件数は二八〇〇件を超えている。(5)

4　米国におけるオンラインADRの実践――オンラインADRビジネスの拡大

以上のように、欧州とアジアにおける実践は、紛争解決のための自主的な和解交渉（negotiation）がスムースに進行するための援助を行うComplains Handlingsが、国際取引紛争のためのオンラインADRの試みであった。これに対し、米国では、ITビジネスの一環として、オンラインADRのサービスを提供、あるいは、提供しようとしているADR機関やその他の団体が多数存在している。

その中の一つとして、例えば、AAA（American Arbitration Association）における国際紛争管理部門であるICDR（International Centre for Dispute Resolution）におけるMS-ODR Programmeがある。これは、ICDRの管理の下での紛争解決を行うための汎用的な規則である"International Dispute Resolution Procedure"を"Online Protocol for Manufacturers/Supplier Disputes"なる特約により変容させることによりオンラインADR用の紛争解決手続規則として利用できるようにした上で、これを用いて"Manufacturers/Supplier Disputes"を中心とした少額紛争の効率的な解決サービスを提供するものである。より具体的には、オンライン上でまずは当事者間での和解交渉をさせ、それが不調に終わった場合にはオンライン上での仲裁手続に移行し、オンライン上で仲裁判断が下されるというシステムである。(6)二〇万件を超える紛争案件に既に用いられており、一つのビジネスとして一定の成功を収めている（もっとも、そのほとんどが米国国内での紛争であることには留意が必要である）。

また、オンラインショッピングへの決済サービスを提供しているPay Palも、独自のオンラインADRのサービスをビジネスの一環として提供している。(7)すなわち、取引に不満を有する利用者はPay PalのResolution Centerにアクセスし、最初はオンラインでの当事者間の和解交渉が行われることになるが、それでも解決がなされない場合に不満を有する利用者がclaimをすれば、Pay Palが提供するneutralがオンライン上で紛争解決のために介入することになり、最終的にその者が裁定を下した場合には、両当事者の口座を管理するPay Palがその裁定に従って口座間での資金移動を行うという仕組みになっている（ただ、こちらもほとんどが米国国内の紛争であること、日本においてはかかるサービスがなされていないことにも注意が必要である）。

この他、インターネットを成立せしめているIPアドレスやドメイン名の管理の世界的な中心であるICANN (Internet Corporation for Assigned Names and Numbers) におけるドメイン名紛争メカニズムも、米国発のオンラインADRサービスといっても過言ではないであろう。UDRP (Uniform Domain-Name Dispute-Resolution Policy) と呼ばれる規則の下に構築・運用されているこのオンラインADRは、ドメイン名を巡る争いをオンライン上でのneutralの裁定により解決するものであり、ドメイン名を究極的に管理するICANNあるいはその下で具体的に管理を行う団体がその裁定に従ってドメイン名を動かすという仕組みになっている（なお、かかるドメイン名の紛争解決システムは、ICANNが管理している".com" ".org"といったドメイン名以外の地域ごとのドメイン名、すなわち、".jp"といったドメイン名についても地域ごとに整備されており、わが国においてはJP-DRPと呼ばれる規則の下に同内容のシステムが構築・運用されている(8)）。

5 その他

この他、フランス、メキシコ、韓国などでオンライン調停が活発に利用されているようであるが、その対象のほとんどは国内での紛争である。

なお、最近、"Youstice"なる国際取引紛争を視野に入れたオンラインADRに特化した紛争解決サービス提供事業者が注目を集めている。まだ、サービス提供を始めて間もないが、急速に利用店舗・利用者数を伸ばしているようであり、今後の展開が期待されている(9)。

（2） 民事訴訟法三条の四における一項、三条の七における一項・五項を参照。

（3） ECC-Net の情報については、以下のEUのウェブサイトを参照。
http://ec.europa.eu/consumers/ecc/index_en.htm

（4） ICA-Net の情報については、以下のERIAのウェブサイトにおけるレポートを参照。
http://www.eria.org/ERIA%20Research%20Summary%202009-10_2.pdf

（5） かかる消費者庁越境消費者センターの情報に関しては、以下のウェブサイトを参照。
http://www.cb-ccj.caa.go.jp/

（6） 同システムについては、以下のICDRのウェブサイトを参照。
https://www.adr.org/aaa/ShowProperty?nodeId=%2FUCM%2FADRSTG_003863&revision=latestreleased

（7） Pay Pal の Resolution Center に関しては、以下のウェブサイトを参照。
https://www.paypal.com/us/webapps/helpcenter/helphub/article/?solutionId=FAQ2337

（8） UDRP、および、JP-DRP に関しては、以下のウェブサイトを参照。
http://gnso.icann.org/en/council/policy/udrp
https://www.nic.ad.jp/ja/drp/index.html

（9） 同紛争解決サービス提供事業者に関しては、以下のウェブサイトを参照。
http://www.youstice.com/

三　UNCITRAL Online Dispute Resolution Working Group

1　UNCITRAL における統一規則策定作業の開始

以上のように、現時点において実用化されているオンラインADRシステムは、各国ごと、あるいは、EUやアジア地域というように、地域限定的にしか存在していない。加えて、かかる地域ごとのネットワークを連携させることで、サービスの地域的範囲を拡大しようとしても、それぞれの規則が異なっている限りにおいては、そのような連携も覚束ないというのが実際である。

そこで、国際取引紛争向けのオンラインＡＤＲ規則を世界規模で確立し、もってオンラインＡＤＲの世界的な広がりを奨励する。そうした目的のために、これに関する新たな世界的な統一規則の策定作業を始めたのが、UNCITRALにおけるOnline Dispute Resolution Working Groupである。二〇一〇年におけるUNCITRALのCommissionによる諮問がなされて以降、二〇一四年一二月現在に至るまで九回のWorking Group会合が開催されている(10)。

2　手続規則の基本構想

それでは、現在、UNCITRALで策定作業が進められているオンラインＡＤＲに関する手続規則の基本構想は、どのようなものであろうか。

その第一の特徴は、かかる手続の対象が、“low value disputes”と呼ばれる紛争、すなわち、一件の金額が少額である紛争であるということである。

第二に、手続の当事者については、“low value disputes”の当事者となり得る者、すなわち、小規模事業者と一般消費者が想定されている。この点、両者を分けて規則を策定することも考えられないわけではないが、オンライン取引においては、相手方が事業者なのか、消費者なのか、にわかに判別することが困難である。したがって、両者を分けずに一つの統一規則が策定されることが構想された。その結果、「Ｂ２Ｂ紛争」とも呼ばれる事業者間での紛争と、「Ｂ２Ｃ紛争」とも呼ばれる事業者・消費者間での消費者紛争、これらを双方とも対象とする一つの手続規則が想定されたのであった（ただし、後述するように、その後の作業過程においては、一時、この点は流動的となった）。

第三に、手続の基本骨格については、多層構造、すなわち、和解交渉（negotiation）、調停（mediation）、判断（decision）の多層の手続からなる。このモデルの下では、まずは当事者間での和解交渉が促され、それで和解が纏まらなければ、neutralが選定される。そして、neutralの下で和解の試みがうまくいかなければ、最終的に当該neuralによる判断が下され、その内容で紛争は一定の解決をみることとなる。なお、かかる多層構造を採用する結果、最終的に判断手続が用意されているとしても、そこに辿りつく前に和解が纏まるケースは少なくはないと予想されている。

第四に、全ての手続はオンライン上で交わされる書面により進められる。前述のように、"low value disputes"は、一件の金額が少額であるが故に、裁判所で国際訴訟を起こすのでは費用倒れになる可能性が高い。そのため、移動のためのコストや時間はもちろん、それ以外のコストや時間もできる限り節約できるオンラインでのＡＤＲ手続が機能を発揮するのである。

第五に、コストや時間の効率化をＡＤＲの手続設計という面でも実現するべく、neutral の数は一名とし、しかも、その者は手続管理機関によって自動的に選定されるのが原則とされている。

第六に、執行、すなわち、最終的に下された判断の内容をどのように実現するかであるが、裁判所等の法執行機関の手による強制執行は、実際にそのためにかかる手続費用を考え合わせると、現実的ではない。そこで、例えば、ある種のトラストマーク制度を運用し、下された判断の任意的な履行に合意する業者にのみこのトラストマークの利用を認めるなど（逆に言えば、下された判断の内容を任意に履行しないような業者は、当該トラストマークの利用ができなくなるのであり、その結果、消費者等の信用を得たいオンライン通販業者は、判断の内容を常に忠実に履践することになる）、判断の内容が私的に形成された仕組みによって実現されるような執行システムの構築が想定されている。

第七に、判断が下される際に依拠すべき実体判断基準についても世界的な統一を目指すという点も大きな特徴である。この点、ＥＵの内部ですら、消費者紛争について適用される消費者保護法規のフル・ハーモナイズができていないという状況において、それを世界的に統一することなど、とても困難であるようにも思われる。しかし他方で、この問題が放置されていては、適用すべき実体法規の確定のために複雑なプロセスを経ざるを得ず、結果として、大変なコストがかかってしまう。そこで、実体判断基準としては世界中のどの国でも受け入れ可能なシンプルな原則の列挙といったものを策定し、あとはその範囲内で neutral のコモンセンスに依拠して判断を下してもらうといったモデルが、現在、想定されている。

3 消費者仲裁を巡る国際的な政策の相違

ところで、かかるWorking Group会合において最大の争点となり、規則の策定作業を当初見込みより大幅に遅延させるに至っているのが、前記の「判断」手続をどのような内容の手続にするかという問題である。より厳密には、消費者と事業者間で紛争解決条項が挿入された契約を紛争発生前に締結することを前提に、当該消費者紛争についての「判断」を（裁判所による判決と同一の効力を有する）「仲裁判断」とするか否かという問題であり、以下にみるように、消費者紛争における仲裁の利用の是非に関して、これを強く推奨する政策を採る国々と、これに強く反対する政策を採る国々があるため、どちらの政策に親和的な規則を策定するかを巡って深刻な対立が発生したのであった。

(1) 消費者紛争のための仲裁の利用に積極的な国とその理由　それでは、消費者紛争における仲裁の利用の是非という問題に関して、例えば、これを強く推奨する政策を採る国としてはどのような国があり、その理由は何なのであろうか。

消費者紛争のための仲裁の利用に積極的な国の代表としては、米国がある。米国においては、訴訟件数の爆発的増加の解決手段の一つとして仲裁の積極的な活用を促してきた「連邦仲裁法（The Federal Arbitration Act）」の下、[11] 様々な分野や形態の紛争において仲裁の利用がなされている。そのことは、消費者紛争においても例外ではなく、例えば、証券業界において膨大な数で生じる顧客と証券会社やその従業員との間における紛争における仲裁の利用など、[12] 消費者紛争においても仲裁が積極的に活用されているといえる。

そこにおいては、仲裁の方が裁判に比して、（裁判官以上に）当該紛争に精通した専門家により判断してもらえる上に、柔軟でスピーディーな手続進行が期待できる。しかも、一審限りで終了することから紛争が早期に解決するといった仲裁のメリットが、活用の理由として強調されている。

その上で、かかるメリットは、特に少額の国際的なオンライン取引紛争に対しては、仲裁手続さえもオンラインで実施することにより、さらに増大するはずである。そのような主張が、米国においては既に（国内紛争中心ではあるが）オンライン仲裁が一定の分野において実際に活用され、ビジネスとしても定着しつつあるという事実を裏付けとして、強固になされているのである。そしてもちろん、かかる主張においては、仲裁の利用対象から消費者紛争を外すといったことなど、およそ想起されない。

なお、Working Group 会合の現場では、米国以外の国々、特に新興国から、消費者紛争への仲裁利用に積極的な発言が繰り返されることも少なくはない。その背後にはかかる国々への米国の働きかけもあろうが、他方で、そうした国々においては、法的インフラの未整備・未発達によって、裁判所や裁判官が紛争解決のために実際には機能していないという現実があるようである。そうであるならば、自分たちで（きちんと働いてくれる）仲裁人を選び、判決と同一の効力を有する仲裁判断を下してもらう仕組みを活用した方がよい。そしてそれは、消費者紛争についても例外ではない。そのようなニーズもまた存在しているのである。

(2)　消費者紛争のための仲裁の利用に消極的な国々とその理由　　これに対し、消費者紛争のための仲裁の利用に消極的な国々もある。そしてその代表が、ＥＵに加盟する欧州諸国である。

まず、ＥＵにおいては、“Unfair Contract Terms Directive”なる指令がかねてから存在しており、そのＡＮＮＥＸの(q)において、“excluding or hindering the consumer's right to take legal action or exercise any other legal remedy, particularly by requiring the consumer to take disputes exclusively to arbitration......”は unfair な条項であるとの定めが置かれている。(13)

その背後には、裁判所において救済を求めることは消費者の基本的な権利であり、妨訴抗弁が成立することによって訴訟の提起を阻む効果を有する仲裁合意は、かかる消費者の基本権を奪いかねない「危険」な存在であるという認識がある。実際、消費者の多くが事業者との取引の際に約款内容を細かに確認しないという現実に鑑みれば、知らぬ間に裁判所に行く権利を「奪われる」という事態は珍しくはないであろう。加えて、場合によっては事業者の利益にばかり理解を示す仲裁人を押し付けられる可能性も全く無いわけではなく、その場合の消費者の不利益は多大なものになりかねない。

もっとも、かかる指令は、ＥＵ加盟の各国に、同内容の法制度を整えることを促すに止まる存在であり、どこまで消費者仲裁に敵対的であるか否かについては、かつては加盟国間において少なからぬ温度差があった。

しかし、近年、ＥＵ内におけるオンライン取引から生ずる消費者紛争を対象とした"Directive on consumer ADR"、"Regulation on consumer ODR"といった独自のＥＵ指令・規制の制定作業が始まり、二〇一三年にこれらが成立するに至ると(14)(15)、紛争発生前に締結された仲裁合意に対する欧州諸国の敵対的な態度は、全体としてさらに強固なものとなってしまった。

もっとも、こうした強硬な態度に対しては、米国その他の国々から激しい反発・批判がある。すなわち、前述のように、特にオンライン取引から生ずる少額の国際消費者紛争に関しては、訴訟手続を利用しようにも、時間や手続コストばかりがかかってしまい、実際には機能しないという問題がある。そうであるにもかかわらず、消費者の裁判所へのアクセス権なる抽象的な権利を過大に評価し、それが奪われる「危険性」を強調する結果、（具体的には実効性が高い）オンライン仲裁という紛争解決手段の利用可能性を著しく減じてしまっているとの批判である。

さらに、仮に事前に消費者が仲裁合意を結んだとしても、欧州諸国の規制によって、かかる合意は解除可能なものとされるはずである。そうであるとすれば、欧州の消費者が所在する国であらためて訴訟を提起することも可能であるということになり、その結果、オンラインＡＤＲ規則の中に仲裁手続を組み込んだとしても、実際の弊害は無いのではないかとの批判も加えられている。

もっとも、これに対して欧州諸国からは、法的知識に乏しい消費者は、裁判所へのアクセス権の可能性に気がつかないままにオンライン仲裁手続、さらには、その結果として下された仲裁判断を受け入れてしまい、権利救済についての手続を終了させてしまうかもしれない。その「危険性」がある以上、やはり、オンラインＡＤＲ規則における仲裁の利用は回避されるべきであるとの再反論がなされている。

4　仲裁判断か勧告か

以上のように、消費者紛争における仲裁の利用を巡っては、その利用を積極的に促す米国を中心とした国々と、紛争発生前に消費者が締結した仲裁合意に解除権その他が与えられるといった法制をとる欧州諸国を中心とした国々という形で、二つの異なるグループが併存している。かかる法政策の世界的な相違を前提にすると、策定作業中のオンラインＡＤＲ手続規則において、第一段階の和解交渉、第二段階の調停については別段、第三段階において仲裁を利用するか否かについて、深刻な対立が発生することについては、容易に理解ができるであろう。

なお、当初は、欧州諸国側からは、第三段階それ自体が不要であるといった見解も説かれていた。しかし、調停のみで完結するのでは、調停が不調に終わった際、消費者の救済が全く図れないままに手続が終わってしまう可能性が生じる。そのため、欧州諸国の主張は、次第に、第三段階において neutral から何らかの「判断」は下されるが、それは仲裁判断のように既判力を有するものではなく、その後に裁判所に提訴することの妨げにはならない「勧告（recommendation）」という位置づけに止めるべきであるとの主張に変化していった。すなわち、対立は、国連お墨付きの世界統一のオンラインＡＤＲ規則が、「和解交渉・調停・仲裁」モデルであるべきなのか、それとも、「和解交渉・調停・勧告」というモデルであるべきなのかという形での対立に、移行していったのであった。

なお、かかる「勧告」には、厳密な意味での法的拘束力はなくとも、前述した判断（この場合は「勧告」）の内容の任意履行を促す私的な仕組みを通じて、事業者側に事実上の拘束力を与えることが企図されていることには、注意を要する。

（10）　なお、筆者は、同 Working Group の日本政府代表の任を、二〇一〇年のその発足以来、現在に至るまで務めている。同 Working Group に関しては、二〇一一年までの状況については拙稿「UNCITRAL Online Dispute Resolution Working Group」ＪＣＡジャーナル五八巻七号（二〇一一）二頁に、二〇一二年までの状況については拙稿「UNCITRAL Online Dispute Resolution プロジェクト」仲裁とADR七巻（二〇一二）一四頁に、二〇一三年までの状況については拙稿「越境消費者取引に関する国際的なルール整備状況と課題」国民生活研究五三巻二号（二〇一三）四頁に纏めている。また、以下の UNCITRAL のウェブサイトに関連文書が全て掲載されており、あわせて参照されたい。

http://www.uncitral.org/uncitral/commission/working_groups/3Online_Dispute_Resolution.html

（11）9 USC §§ 1-14.

（12）米国における（消費者紛争をも含めた）証券仲裁の状況については、拙稿「金融と仲裁」JCAジャーナル四四巻一二号（一九九七）五四頁を参照。

（13）Council Directive 93/13/EEC of 5 April 1993 on unfair terms in consumer contracts, OJL 95, 21/04/1993, pp. 29-34.

（14）DIRECTIVE 2013/11/EU OF THE EUROPEAN PARLIAMENT AND OF THE COUNCIL of 21 May 2013 on alternative dispute resolution for consumer disputes and amending Regulation（EC）No2006/2004 and Directive 2009/22/EC, OJL 165, 18.6.2013, pp. 63-79.

（15）REGULATION（EU）No524/2013 OF THE EUROPEAN PARLIAMENT AND OF THE COUNCIL of 21 May 2013 on online dispute resolution for consumer disputes and amending Regulation（EC）No2006/2004 and Directive 2009/22/EC, OJL, 165, 18.6.2013, pp.1-12.

四　相違の存在を認めた統一規則の構築

1　相違の存在を認めた統一規則の構築

以上のように、消費者と事業者間で紛争解決条項が挿入された契約を紛争発生前に締結することを前提に、当該消費者紛争についての「判断」を（裁判所による判決と同一の効力を有する）「仲裁判断」とするか否かという点については、これを強く推奨する政策を採る国々と、これに強く反対する政策を採る国々がある。そして、どちらの国々も、国連のお墨付きが与えられることになるオンラインＡＤＲ規則が、自らの政策とは異なる形で策定されることには、当然に抵抗を示すことになる。

二〇一〇年の一二月に統一規則の策定作業がウィーンで開始された当時においては、いまだこれほど対立が先鋭化するとは考えられてはおらず、米国や米国の業界団体を中心に、論点整理や手続の大まかなイメージの形成を巡る議論が、平和裏に進められた。しかし、EUにおける前述の新たな指令・規制が、消費者仲裁に消極的な点は維持された上で策定されていくのと並行する形で、第三段階である「判断手続」の要否、そして、必要であるとしても手続の結果として下される「判断」の効力といった問題を中心に、米国陣営と欧州陣営の対立は深刻化していった。その結果、二〇一二年五月にニューヨークで開催された四回目のWorking Group会合が終了した頃には、統一規則の策定作業は実質的には膠着状態に陥った。

しかし、どちらも全く譲らないということでは、そもそも世界統一規則の策定など、全く覚束ないということになってしまう。だが、かといって、統一規則のために、どちらかの陣営に大幅な政策変更を迫るというのは、現実的ではない。

そこで、両陣営にそれぞれの政策の大幅な変更を求めることなく、しかし、どちらの陣営からも受け入れ可能な世界統一規則の策定ができないか、一見矛盾する要請を充たすべく、以下のように、法技術専門家でもある各国の代表が知恵を絞り、議論を重ね、試行錯誤が繰り返されることとなった。

2　Two Sets of Rulesアプローチ

膠着状態の打開の契機は、二〇一二年一一月にウィーンで開催された五回目の会合に訪れた。このままではWorking Group会合を開催しても審議が空転するだけに終わることを危惧したある国の代表から、インフォーマルに、"Way Forward"と題された文書が事前に両陣営に提示され、それぞれの陣営ごとに、その内部において、同文書に提示された妥協案をどこまで採用可能なのか、事前に協議して会合に臨むことが提案された。また、かかる各陣営内での同文書の協議、さらに両陣営間における同文書を挟んでのインフォーマルな協議は、Working Group 会合の開催期間中も続けられることになり、結果、インフォーマルではあるが実質的・建設的な議論を別室で継続するために、Working Group 会合それ自体は、長時間に渡る休憩が頻繁に挟まれるといった状態になった。

それでは、その文書における提案とは何か。それは、要するに、第三段階において仲裁判断を用いた判断手続を置くべきか否かを巡り、各国の政策上、妥協が困難というのであれば、和解交渉、調停の二つの手続のみで終了するUNCITRAL 手続規則と、和解交渉、調停、仲裁の三つの手続を有する UNCITRAL 手続規則というように、二種類の手続規則を策定すればよいというものであり、「Two Sets of Rules アプローチ」と呼ばれた。

なるほど、UNCITRAL がこれまでに策定してきた様々な条約・モデル法・規則の中には、様々な留保条項や議定書、付属文書などを有するものが少なからず存在しており、統一ルールといえども様々なバリアントの存在を許している。そうであるならば、オンラインＡＤＲにつき、利用者の用途・利便性にも応じて仲裁手続を利用する規則と利用しない規則の二つが用意されることになったとしても、そのことは、世界統一ルールの策定により国際的な法秩序の調和・統合を目指すという UNCITRAL の目的・機能に、いささかも反するものではない。

その上で、仲裁を含む手続規則と含まない手続規則が用意されることにより、消費者仲裁手続に積極的な国々は仲裁を含む手続規則を、消極的な国々は仲裁を含まない手続規則を、それぞれ推奨することにより、自国の政策と国連策定の統一規則の間に齟齬がないという状態を保つことができることになる。

なお、ここにいう「仲裁を含まない手続」については、当初は、和解交渉、調停の二つの手続のみで終了するものがイメージされていた。しかし、前述したように、（調停のみで終了するのでは不調の際に消費者の救済が全く図れないままに手続が終わってしまう可能性が生じるため）neutral による「勧告」の手続を第三段階とする構想が欧州諸国から提示されたことを受け、「和解交渉・調停・仲裁」と「和解交渉・調停・勧告」という二種類の手続規則を用意するというアプローチに、後に修正されていった。

しかし、このアプローチには一つの問題があった。すなわち、このアプローチによれば、自国の政策と親和的な方の統一規則の利用だけを推奨することにより、自国の政策と国連策定の統一規則の間の齟齬という問題は回避できる。しかし、欧州側が懸念していたより具体的な問題については、回避することが困難であった。すなわち、例えば、欧州の消費者が米国の事業者からオンラインで物品を購入するような場合、当該米国事業者が「和解交渉・調停・仲裁」型のUNCITRALオンラインADR手続規則の利用を契約中にあらかじめ入れ込んでおり、かつ、当該消費者が十分に意識することなく、当該契約につき、当該紛争解決条項をも含めて同意してしまうという事態は、容易に想像できる。その場合、前述のように、当該消費者は、欧州における規制によって、（当該仲裁合意の存在にもかかわらず）自国の裁判所において提訴することもできることにはなるが、法的知識に乏しい当該消費者は、そのことに意識的でないままに仲裁判断を受け入れてしまうかもしれない。その「危険性」については、回避することができないのである。

その結果、単に二つの統一規則を用意するというこのアプローチは、最終的に欧州陣営からの批判を浴びることになり、そのままの受入れは難しいということになった。(16)

3　B2B firstアプローチ

既述のように、Two Sets of Rulesアプローチは、欧州陣営からの批判により、そのままの形での受入れは困難な模様となった。米国陣営は、次回の第六回会合までにさらなる打開策を模索するべく、別日程で両陣営間でのインフォーマルな協議をも試みたが、かかる試みも両陣営の対立を解消するまでには至らなかった。そのため、その結果に失望した米国陣営は、消費者紛争については早期の妥協は難しいと判断し、二〇一三年五月にニューヨークで開催された第六回Working Group会合の冒頭において、（当初の構想とは異なるが）いわゆる「B2B紛争」用の規則と「B2C紛争」用の規則を分けることを前提に、「B2B紛争」用の規則をまずは策定し、その策定作業を行っている時間を利用して、「B2C紛争」のための新たな妥協策のための協議を続けるべきである旨の提案を行った。

「B2B first アプローチ」と呼ばれたこの提案は、妥協策を見出すことが難しい中では現実的な選択肢と思われ、一定の国々の賛同も得られた。また、かなりの期間を費やしているにもかかわらず、いまだ統一規則完成の目途がたっていないことは、UNCITRAL という機関にとっても好ましいことではなく、その意味において、早期に（事業者紛争に限ったものではあるが）手続規則を完成させることができるこの提案は、魅力的なものでもあった（消費者紛争とは異なり、事業者間紛争については、紛争の解決に仲裁が利用できることに各国に主だった政策的相違はない）。

しかし、結局のところ、この提案も欧州陣営からの批判を浴びることとなった。そして、その批判の背後には、以下のような懸念があったと思われる。すなわち、「B2B紛争」用の UNCITRAL オンライン ADR 手続規則が早期に完成してしまうと、かかる手続規則を、事業者間紛争のみならず、消費者紛争のオンライン ADR 手続にも利用してしまう事業者が出てくる可能性は否定できない。その場合、前述の「危険性」、すなわち、欧州の消費者が米国の事業者との取引の結果生じた紛争につき、意識することなく仲裁手続に巻き込まれてしまうという「危険性」は、同様に顕在化してしまう。

かかる批判の結果、この B2B first アプローチについても採用されないことになり、事業者間紛争と消費者紛争の双方とも対象とする統一規則を目指すという策定作業上の当初の方針は、依然として維持されることとなった(17)。

4　Two Tracks with Annex アプローチ

もっとも、欧州陣営も、ただ単に批判をしているだけではなかった。すなわち、両陣営の対立を解消するための案として、同じ第六回 Working Group 会合において、以下の提案を行ったのであった。

この提案は、ある意味では Two Sets of Rules アプローチのバリアントともいえる。すなわち、「和解交渉・調停・仲裁」と「和解交渉・調停・勧告」という二種類の手続が存在することを前提とするものであったのである。ただ、かかる二種類の手続が一つの手続規則の中に包含され、しかも、どちらの手続が用いられるのかについて、当該手続規則が一律に指定するという点に、大きな違いがあった。

その背後には、もちろん、欧州諸国の懸念、すなわち、欧州の消費者が米国の事業者との取引の結果生じた紛争につき、意識することなく仲裁手続に巻き込まれてしまうといった「危険性」は、一律に排除されるべきであるという問題意識がある。そして、かかる問題意識の下、より具体的に、本UNCITRALオンラインADR規則の利用に同意した当事者については、一方当事者が消費者であり、かつ、その消費者が紛争発生前に締結された仲裁合意について解除権その他を与えるような規制がある国に所在していた場合には、「和解交渉・調停・勧告」手続のみが適用され、そのような規制がない国に所在していた場合には、「和解交渉・調停・仲裁」手続のみが適用されるという仕組みの構築を提案したのであった。なるほど、この仕組みの下では、欧州の消費者については（日本の消費者についても）、仲裁手続が利用される余地がそもそもない以上、前記の「危険性」が顕在化する余地もないことになる。そして、一つの手続規則の下に二つの異なる手続過程（track）が用意されている同提案は、「Two Tracks アプローチ」と呼ばれることになった。

しかし、どのようにして、当該消費者が所在する国がそのような規制・政策を有する国であると判断できるのであろうか。（仲裁法が制定される前のわが国のように）どちらの政策を採用しているか判断が難しい場合もあるのではなかろうか。かかる疑問に対して、この提案は以下のように答える。すなわち、まずは各国に、自らがどちらのグループに属するのか、すなわち、自らの国に所在する消費者について紛争発生前締結の仲裁合意について解除権を与えるような規制を有するような国であるかどうかにつき宣言をさせる。その上で、かかる各国の宣言に基づいて、それぞれのグループにどの国が属しているのかをリスト化し、このリストを同手続規則の中に"Annex"として組み込んだうえで、かかるAnnexに従って自動的にどちらのtrackが適用されるのかが決まるような仕組みにするというものである。その結果、同提案は「Two Tracks with Annex アプローチ」と呼ばれるようになった。(18)

この提案は、当然のことながら、欧州各国からの支持を集めた。しかし他方で、以下のような批判を浴びることともなった。

その一つは、かかるアプローチの下では「消費者」の定義が必要になるが、これを世界各国が納得する形で統一的に定めることができるのかという問題である。この点、事業者間紛争にも消費者紛争にも等しく同じルールが適用されるというのであれば、定義の必要すらなくなる。しかし、「消費者」紛争には特別な取扱いがなされるといった瞬間に、何らかの形で規則の中に定義規定を置く必要が生じる。それが困難なのではないかというものである。

同様に、消費者の「所在」についても定義が必要になる。この点、消費者の「所在」をどのように確定するかについては、「住所（residence）」、「ドミサイル（domicile）」、「常居所（habitual residence）」など、各国は様々な概念を様々な法的規律のために利用している。しかし、このアプローチの下では、この点についても規則の中で統一的な定義規定を置く必要が生じてしまう。そして、これを世界各国が納得する形で統一的に定めることができるのかという点に、疑問が投げかけられたのであった。

さらに、どちらの政策を自国が採用しているのかにつき、その決定が困難な国にとっては、かかる宣言を強いられること自体が新たな問題となってしまうとの批判もあった。特に、コモンロー諸国においては、その国の最高裁による判断が下されない限り、自国の法的状況については何とも判断できないことが多い。そうであるにもかかわらず、かかる宣言を強いられても、その国の政府は自国の態度につき安易に決定はできないとの批判である。

また、Annex の作成・維持運用についても疑問が呈された。いかなる主体がかかる Annex を作成するのか。ある国の規制や政策に変更があった場合、これを迅速に当該 Annex に反映できるのか。かかる最新状況の反映をも含め、いかなる主体が Annex の維持・運用に責任を持つのか。仮に迅速な反映がなされなかった結果、しかるべき track に乗らなかった利用者が被った損害につき、かかる主体が責任を負わされることはないのか等々である。

さらに、最大の問題として批判がなされたのは、“low value disputes”を扱うオンラインＡＤＲ手続規則として事業者が実際に利用するには、かかる仕組みがあまりに複雑すぎるという点である。この点、少額紛争というその対象を意識して、当初の作業方針としては、できる限りシンプルな手続の策定が目指されてきた。しかし、この Two Tracks with Annex アプローチが採用された瞬間、手続は複雑化する。そして、そのように複雑な手続であるとすると、少額での取引がほとんどであるオンライン取引事業者は、かかる手続規則の利用を躊躇する可能性があり、その結果、誰にも実際には利用されない UNCITRAL 規則を生み出してしまうことにならないかという懸念が生じてしまう（残念なことに、過去の UNCITRAL 策定の統一ルールの中には、そのようにほとんど利用されていないものが少なからず存在している）。

以上のような様々な批判はあったものの、他により有力な選択肢がなかったこと、さらには欧州諸国が数において多数であることから、二〇一三年一一月の第七回会合、二〇一四年三月の第八回会合、二〇一四年一〇月の第九回会合の半ばまでは、このアプローチを前提に手続規則の検討作業が進められた（もっとも、その主たる作業は、「和解交渉・調停・仲裁」、「和解交渉・調停・勧告」といった手続を具体化するための各条文の検討に当てられ、Annex に関する検討作業には入れなかった）[19]。

しかし、第九回会合の半ばにおいて、状況は変化した。Annex の作成・維持運用を担当する可能性があると期待されていた国連の中の組織から、これを引き受けることについて組織構造的に問題が多々ある旨の見解が示され、その実現可能性が疑われるようになってしまったのであった[20]。その結果、同アプローチへの前記の批判はより勢いづくことになり、新たなアイデアが求められるような事態となった。

5　Second Click アプローチ

その複雑性故に実務において受け入れられるか否かにつき疑問を呈されていた上に、そもそもの実現可能性さえ疑われるようになった Two Tracks with Annex アプローチに代わり、新たに注目を浴びるようになったのが、第九回会合の半ばにある代表からなされた以下の提案である。

これは、消費者仲裁を巡る問題が、要は、紛争発生前の仲裁合意につき消費者に解除権その他を与える点にあること、裏返せば、消費者仲裁に消極的な国々であっても、紛争発生後に締結された仲裁合意についてはその拘束力を認めていることに着目し、紛争発生後から仲裁手続開始前のいずれかの段階において、当事者（少なくとも消費者）にあらためての仲裁合意を一律に求めるものである。実際には、コンピュータの画面上で仲裁手続の利用あるいは移行について、（取引時における紛争解決条項への合意をも含む契約締結のためのクリックを first click とすれば）当事者に second click を要求することになるため、かかるアプローチは「Second Click アプローチ」と呼ばれた。[21]

これによれば、手続的な煩雑さは若干増加するものの、実務が受入れ不可能なまでに複雑というわけではない。また、Two Tracks with Annex アプローチが有していた、ある国が二つのグループのどちらに属するかの決定という問題も、回避することができる。さらに、仮に second click が無い場合には「仲裁」ではなく「勧告」手続となるとすれば、（調停のみで終了することにより）消費者の救済が全く図れないままに手続が終わってしまう危険も防止することができる。

ただ、このアプローチの下では、消費者仲裁が許される米国その他の国々においても、当事者（少なくとも消費者）に仲裁に対する拒否権が与えられるに等しいことになるため、かかる国々が受け入れることができるか否かが、一つの鍵となろう。また、second click が求められる時点は厳密にはいつか、second click を行使すべき当事者は消費者のみなのか双方なのか、そもそも second click がなかった場合に手続は終了するのか、それとも勧告手続に進むのかなど、様々な点がいまだ未解決である。

しかし、現在における対立解消策の有力候補であることは確かである。

（16） 以上については、以下の UNCITRAL のウェブサイトにおける、第五回会合のレポートを参照。http://daccess-dds-ny.un.org/doc/UNDOC/GEN/V12/575/04/PDF/V1257504.pdf?OpenElement

（17） 以上については、以下の UNCITRAL のウェブサイトにおける、第六回会合のレポートを参照。

http://daccess-dds-ny.un.org/doc/UNDOC/GEN/V13/840/15/PDF/V1384015.pdf?OpenElement

（18） 前掲注（17）の第六回会合のレポートを参照。

（19） 以上につき、このアプローチへの批判部分をも含め、前掲注（17）の第六回会合のレポート、および、以下のウェブサイトにおける第七回、第八回、第九回の会合のレポートを参照。
http://daccess-dds-ny.un.org/doc/UNDOC/GEN/V13/881/98/PDF/V1388198.pdf?OpenElement
http://daccess-dds-ny.un.org/doc/UNDOC/GEN/V14/021/92/PDF/V1402192.pdf?OpenElement
http://daccess-dds-ny.un.org/doc/UNDOC/GEN/V14/073/90/PDF/V1407390.pdf?OpenElement

（20） 以上については、前掲注（19）の第九回会合のレポートを参照。

（21） このアプローチについても、前掲注（19）の第九回会合のレポートを参照。

五　おわりに

以上、国連を舞台に進められているオンラインＡＤＲ手続に関する世界統一規則の構築作業とそこにおける議論を紹介しつつ、消費者紛争における仲裁の利用、そして、法政策の相違の存在を認めた上での統一規則の構築という問題につき考察してきた。前述のように、主権国家の並存という現在の世界秩序においては、ある問題に関する政策の国際的統一を制度的に保障することはできない。しかし、現実の実務においては、手続規則の国際的な統一化が強く要請されている。そうした相矛盾する状況の中、国連の場において、「相違の存在を認めた統一規則の構築」という困難な作業が、法技術専門家としての法律家達によって、現在、進められているのである。

私事で恐縮ではあるが、まだ私が研究者の卵として研究室で修業している時代において、大学を移られて間もない伊藤教授に、「国際私法における『公序』の概念につき質問をしたい」と、近隣のフレンチ・レストランでの昼食に誘われたことがあった。当時は、営業秘密に関する当事者尋問等の公開停止のための法制度がいまだ整備されていない時代であったが[22]、伊藤教授は、（公開の法廷で争えば争うほど権利の侵害が拡大してしまうという）営業秘密を巡る訴訟における弊害を除去するために、憲法八二条が定める「公の秩序又は善良の風俗を害する虞がある」場合に例外的に非公開審理にできる制度を活用できないか、考察を巡らせているようであった。そして、そこにおける「公の秩序」の内容を考える際の一助として、国際私法における「公序」を巡る議論について、質問をしようと考えられたようであった。

必要とあれば若輩の私にまで真摯に学問上の問いをぶつけてくださるその姿勢に、ただただ頭が下がると同時に、法制度と実務の間の間隙を架橋すべく様々に試行錯誤を続けるその姿に大きな刺激を受けたことを、クスノキの大木の下でいただいた素晴らしい昼食の味とともに、今でも昨日のことのように覚えている。

（22）　現在では特許法一〇五条の七、実用新案法三〇条および不正競争防止法一三条が存在する。

伊藤眞先生　略歴

昭和二〇（一九四五）年　二月一四日　長野県上田市に生まれる
昭和三八（一九六三）年　三月　駒場東邦高校卒業
昭和四二（一九六七）年　三月　東京大学法学部卒業
昭和四三（一九六八）年　三月　東京大学大学院法学政治学研究科修士課程中退
昭和四三（一九六八）年　四月　東京大学法学部助手
昭和四六（一九七一）年　六月　名古屋大学法学部助教授
昭和五三（一九七八）年　八月　ハーヴァード大学ロー・スクール客員研究員（昭和五四年六月まで）
昭和五四（一九七九）年　八月　ミシガン大学ロー・スクール客員研究員（昭和五五年六月まで）
昭和五八（一九八三）年一〇月　一橋大学法学部助教授
昭和六〇（一九八五）年　四月　一橋大学法学部教授
昭和六二（一九八七）年　四月　財団法人日本クレジットカウンセリング協会理事（平成一九年五月まで）
平成　二（一九九〇）年　一月　司法試験（第二次試験）考査委員（同年一二月まで）
平成　二（一九九〇）年　四月　東京地方裁判所八王子支部民事調停委員（平成五年三月まで）
平成　二（一九九〇）年　五月　法制審議会民事訴訟法部会幹事（平成六年五月まで）
平成　三（一九九一）年　一月　司法試験（第二次試験）考査委員（同年一二月まで）
平成　四（一九九二）年　一月　司法試験（第二次試験）考査委員（同年一二月まで）
平成　四（一九九二）年　二月　割賦販売審議会委員（クレジット産業部会部会長）（平成六年二月まで）
平成　五（一九九三）年　一月　司法試験（第二次試験）考査委員（同年一二月まで）
平成　五（一九九三）年　四月　東京大学法学部教授

平成　五（一九九三）年　四月　東京地方裁判所民事調停委員（現在に至る）
平成　六（一九九四）年　一月　司法試験（第二次試験）考査委員（同年一二月まで）
平成　六（一九九四）年　六月　法制審議会民事訴訟法部会委員（平成一三年一月まで）
平成　六（一九九四）年一〇月　日本学術会議民事法学研究連絡委員
平成　六（一九九四）年一一月　法律扶助制度研究会委員
平成　七（一九九五）年　四月　割賦販売審議会委員（クレジット産業部会部会長）（平成九年四月まで）
平成　七（一九九五）年一一月　最高裁判所民事訴訟規則制定諮問委員会幹事（平成八年八月まで）
平成　八（一九九六）年　二月　第二東京弁護士会資格審査会委員（平成一八年一月まで）
平成　八（一九九六）年　四月　自動車製造物責任相談センター審査委員会委員（平成一九年三月まで）
平成　八（一九九六）年　八月　最高裁判所民事規則制定諮問委員会委員（現在に至る）
平成　八（一九九六）年一〇月　法制審議会倒産法部会第二分科会長（平成一三年一月まで）
平成　九（一九九七）年一二月　割賦販売審議会委員（クレジット産業部会部会長）（平成一一年一二月まで）
平成一〇（一九九八）年　七月　工業所有権審議会企画小委員会委員（同年一一月まで）
平成一一（一九九九）年　七月　最高裁判所家庭規則制定諮問委員会幹事（平成一五年一一月まで）
平成一一（一九九九）年一一月　東京都地方労働委員会公益委員（平成一三年一〇月まで）
平成一一（一九九九）年一一月　法制審議会刑事法部会委員（平成一二年九月まで）
平成一二（二〇〇〇）年　七月　割賦販売審議会委員（クレジット産業部会部会長）（平成一三年一月まで）
平成一二（二〇〇〇）年一〇月　財政制度審議会特別委員（平成一三年一月まで）
平成一二（二〇〇〇）年一二月　生命保険契約者保護機構運営委員会委員（平成一五年七月まで）
平成一三（二〇〇一）年　一月　法制審議会倒産法部会臨時委員（平成一七年三月まで）
平成一三（二〇〇一）年　一月　財政制度等審議会臨時委員（平成一九年三月まで）
平成一三（二〇〇一）年　一月　産業構造審議会委員（平成一五年一月まで）
平成一三（二〇〇一）年　二月　消費経済審議会委員（平成一五年二月まで）
平成一三（二〇〇一）年　五月　法制審議会倒産法部会破産法分科会長（平成一四年八月まで）

平成一三（二〇〇一）年 五月 日本民事訴訟法学会理事長（平成一六年五月まで）
平成一三（二〇〇一）年 八月 法制審議会民事・人事訴訟法部会臨時委員（平成一五年四月まで）
平成一四（二〇〇二）年 一月 内閣司法制度改革推進本部法曹制度検討会座長（平成一六年一〇月まで）
平成一四（二〇〇二）年 一月 内閣司法制度改革推進本部知財訴訟検討会座長（平成一六年一〇月まで）
平成一五（二〇〇三）年 三月 事業再生研究機構代表理事（現在に至る）
平成一五（二〇〇三）年 四月 法制審議会民事訴訟・民事執行法部会臨時委員（平成一六年三月まで）
平成一五（二〇〇三）年 七月 生命保険契約者保護機構理事（現在に至る）
平成一五（二〇〇三）年一二月 司法試験（第二次試験）考査委員（平成一六年一一月まで）
平成一六（二〇〇四）年一二月 司法試験（第二次試験）考査委員（平成一七年一一月まで）
平成一七（二〇〇五）年 四月 自動車製造物責任相談センター審査委員会委員長（平成一九年三月まで）
平成一八（二〇〇六）年 一月 検察官・公証人特別任用等審査会総会委員（現在に至る）
平成一八（二〇〇六）年 四月 ソウル国立大学校法科大学客員研究員（同年六月まで）
平成一八（二〇〇六）年 六月 最高裁判所下級裁判所裁判官指名諮問委員会委員（現在に至る）
平成一八（二〇〇六）年一〇月 法制審議会民事訴訟法部会部会長（平成一九年四月まで）
平成一九（二〇〇七）年 三月 東京大学を定年により退職
平成一九（二〇〇七）年 四月 早稲田大学大学院法務研究科客員教授（現在に至る）
平成一九（二〇〇七）年 六月 東京大学名誉教授
平成一九（二〇〇七）年 六月 弁護士登録（第一東京弁護士会、長島・大野・常松法律事務所）
平成一九（二〇〇七）年 六月 財団法人民事紛争処理基金理事（平成二三年五月まで）
平成二〇（二〇〇八）年 一月 検察官・公証人特別任用等審査会公証人分科会長（現在に至る）
平成二〇（二〇〇八）年 四月 独立行政法人学位授与機構客員教授（平成二一年三月まで）
平成二〇（二〇〇八）年 六月 外国弁護士制度研究会座長（平成二一年一二月まで）
平成二〇（二〇〇八）年一〇月 株式会社日本政策投資銀行社外監査役（現在に至る）
平成二一（二〇〇九）年 三月 法制審議会非訟事件手続法・家事審判法部会部会長（平成二三年一月まで）

平成二一（二〇〇九）年　四月　自動車製造物責任相談センター評議員（現在に至る）
平成二二（二〇一〇）年一〇月　内閣府消費者委員会集団的消費者被害救済制度専門調査会座長（平成二三年八月まで）
平成二三（二〇一一）年　一月　法制審議会総会委員（平成二六年九月まで）
平成二三（二〇一一）年　六月　最高裁判所家庭規則制定諮問委員会委員（現在に至る）
平成二四（二〇一二）年　二月　最高裁判所民事規則制定諮問委員会委員長（同年一二月まで）
平成二四（二〇一二）年　二月　最高裁判所家庭規則制定諮問委員会委員長（平成二五年五月まで）
平成二四（二〇一二）年　四月　日本司法支援センター評価委員会委員（現在に至る）
平成二四（二〇一二）年　七月　日本司法支援センター評価委員会委員長（現在に至る）
平成二五（二〇一三）年　一月　一般財団法人法曹会評議員（現在に至る）
平成二五（二〇一三）年　二月　法制審議会会長（平成二六年九月まで）
平成二五（二〇一三）年　二月　ＡＤＲ法に関する検討会座長（平成二六年二月まで）
平成二五（二〇一三）年　四月　株式会社地域経済活性化支援機構社外取締役・支援委員会委員（現在に至る）
平成二五（二〇一三）年　六月　公益財団法人民事紛争処理基金評議員（現在に至る）
平成二六（二〇一四）年　三月　充実した総合法律支援を実施するための方策についての有識者検討会座長（同年六月まで）

＊非常勤講師は省略。学会の役職は、理事長職のみ記載。

伊藤眞先生　主要業績目録

＊文献略語

金判	金融・商事判例	ひろば	法律のひろば
金法	金融法務事情	法協	法学協会雑誌
銀法	銀行法務21	法教	法学教室
ジュリ	ジュリスト	法時	法律時報
曹時	法曹時報	法セ	法学セミナー
判時	判例時報	民商	民商法雑誌
判タ	判例タイムズ	リマークス	私法判例リマークス

Ⅰ　著　書

昭和五三年（一九七八）
民事訴訟の当事者（弘文堂）

昭和五九年（一九八四）
債務者更生手続の研究（西神田編集室）

昭和六三年（一九八八）
破産法（有斐閣）

平成元年（一九八九）
破産——破滅か更生か（有斐閣）

平成三年（一九九一）
破産法〔新版〕（有斐閣）

平成七年（一九九五）
民事訴訟法Ⅰ（有斐閣）

平成一〇年（一九九八）
民事訴訟法（有斐閣）

平成一二年（二〇〇〇）
民事訴訟法〔補訂版〕（有斐閣）
破産法〔全訂第三版〕（有斐閣）

平成一四年（二〇〇二）
民事訴訟法〔補訂第二版〕（有斐閣）

平成一五年（二〇〇三）
法律学への誘い（有斐閣）

平成一六年（二〇〇四）
民事訴訟法〔第三版〕（有斐閣）

平成一七年（二〇〇五）
民事訴訟法〔第三版補訂版〕（有斐閣）
破産法〔第四版〕（有斐閣）

法律学への誘い〔補訂版〕（有斐閣）

平成一八年（二〇〇六）

民事訴訟法〔第三版再訂版〕（有斐閣）

破産法〔第四版補訂版〕（有斐閣）

法律学への誘い〔第二版〕（有斐閣）

平成一九年（二〇〇七）

破産法・民事再生法（有斐閣）

平成二〇年（二〇〇八）

民事訴訟法〔第三版三訂版〕（有斐閣）

平成二一年（二〇〇九）

破産法・民事再生法〔第二版〕（有斐閣）

平成二二年（二〇一〇）

民事訴訟法〔第三版四訂版〕（有斐閣）

平成二三年（二〇一一）

民事訴訟法〔第四版〕（有斐閣）

平成二四年（二〇一二）

会社更生法（有斐閣）

平成二六年（二〇一四）

民事訴訟法〔第四版補訂版〕（有斐閣）

破産法・民事再生法〔第三版〕（有斐閣）

千曲川の岸辺（有斐閣）

Ⅱ　共著書（共著者の敬称略）

昭和五三年（一九七八）

民法講義3担保物権（高木多喜男、曾田厚、生熊長幸、吉田真澄、半田正夫と共著）第三章　先取特権（有斐閣）

昭和五四年（一九七九）

企業倒産の法理と運用（棚瀬孝雄と共著）（有斐閣）

破産法概説（青山善充、井上治典、福永有利と共著）（有斐閣）

昭和五七年（一九八二）

講義民事訴訟法（吉村徳重ほか編、共著）複合当事者訴訟（青林書院新社）

昭和五九年（一九八四）

これからの民事訴訟法（井上治典、佐上善和と共著）（日本評論社）

注解民事執行法（二）（鈴木忠一＝三ケ月章編、共著）四七条、五一条、五二条（第一法規出版）

注解民事執行法（三）（鈴木忠一＝三ケ月章編、共著）八七条（第一法規出版）

昭和六〇年（一九八五）

演習民事訴訟法（二）（新堂幸司、井上治典、梅本吉彦、小島武司、霜島甲一、高橋宏志と共著）（有斐閣）

注解民事執行法（四）（鈴木忠一＝三ケ月章編、共著）一三三条（第一法規出版）

昭和六二年（一九八七）

講義民事訴訟法〔第二版〕（吉村徳重ほか編、共著）複合当事者訴訟（青林書院）

現代倒産法入門（谷口安平編、共著）消費者破産（法律文化社）

平成三年（一九九一）

講義民事訴訟法〔第二版補正版〕（吉村徳重ほか編、共著）複合当事者訴訟（青林書院）

平成四年（一九九二）

破産法概説〔新版〕（青山善充、井上治典、福永有利と共著）（有斐閣）

平成六年（一九九四）

新・判例コンメンタール民事訴訟法3裁判（谷口安平＝井上治典編）一八二～一八四条、一八六条（三省堂）

平成九年（一九九七）

注釈民事訴訟法（四）裁判（鈴木正裕＝青山善充編）二〇一条（有斐閣）

民事保全法（竹下守夫＝藤田耕三編、共著）保全異議（有斐閣）

平成一〇年（一九九八）

裁判外紛争処理法（小島武司と共編）裁判外紛争処理の特徴・機能（有斐閣）

注解民事保全法（下）（竹下守夫＝藤田耕三編、共著）五八～六〇条（青林書院）

平成一二年（二〇〇〇）

破産法概説〔新版増補版〕（青山善充、井上治典、福永有利と共著）（有斐閣）

注釈民事再生法（才口千晴、瀬戸英雄、田原睦夫、山本克己と共編著）はしがき、概説、一条（金融財政事情研究会）

平成一三年（二〇〇一）

講義民事訴訟法（吉村徳重ほか編、共著）複合当事者訴訟（青林書院）

破産法概説〔新版増補二版〕（青山善充、井上治典、福永有利と共著）（有斐閣）

平成一四年（二〇〇二）

菊井維大＝村松俊夫原著コンメンタール民事訴訟法Ⅰ（秋山幹男、加藤新太郎、高田裕成、福田剛久、山本和彦と共著）（日本評論社）

菊井維大＝村松俊夫原著コンメンタール民事訴訟法Ⅱ（秋山幹男、加藤新太郎、高田裕成、福田剛久、山本和彦と共著）（日本評論社）

注釈民事再生法〔新版〕（上）（下）（才口千晴、瀬戸英雄、田原睦夫、桃尾重明、山本克己と共編著）はしがき、第一章総則概説、一条（金融財政事情研究会）

平成一六年（二〇〇四）

上級民事訴訟法（高橋宏志、高田裕成、松下淳一と共著）（有斐閣）

平成一八年（二〇〇六）

菊井維大＝村松俊夫原著コンメンタール民事訴訟法Ⅰ〔第二版〕（秋山幹男、加藤新太郎、高田裕成、福田剛久、山本和彦と共著）（日本評論社）

菊井維大＝村松俊夫原著コンメンタール民事訴訟法Ⅱ〔第二版〕（秋山幹男、加藤新太郎、高田裕成、福田剛久、山本和彦と共著）（日本評論社）

新注釈民事再生法（上）（下）（田原睦夫と監修、共著）はしがき、第一章総則概説（金融財政事情研究会）

平成一九年（二〇〇七）

民事訴訟法の論争（加藤新太郎、山本和彦と共著）（有斐閣）

新破産法の基本構造と実務（松下淳一、山本和彦と共編）（有斐閣）

平成二〇年（二〇〇八）

菊井維大＝村松俊夫原著コンメンタール民事訴訟法Ⅲ（秋山幹男、加藤新太郎、高田裕成、福田剛久、山本和彦と共著）（日本評論社）

平成二二年（二〇一〇）

菊井維大＝村松俊夫原著コンメンタール民事訴訟法Ⅳ（秋山幹男、加藤新太郎、高田裕成、福田剛久、山本和彦と共著）（日本評論社）

条解破産法（岡正晶、田原睦夫、林道晴、松下淳一、森宏司と共著）（弘文堂）

新注釈民事再生法〔第二版〕（上）（下）（才口千晴と監修、共著）はしがき、第一章総則概説（金融財政事情研究会）

平成二四年（二〇一二）

菊井維大＝村松俊夫原著コンメンタール民事訴訟法Ⅴ（秋山幹男、加藤新太郎、高田裕成、福田剛久、山本和彦と共著）（日本評論社）

平成二六年（二〇一四）

菊井維大＝村松俊夫原著コンメンタール民事訴訟法Ⅰ〔第二版追補版〕（秋山幹男、加藤新太郎、高田裕成、福田剛久、山本和彦と共著）（日本評論社）

菊井維大＝村松俊夫原著コンメンタール民事訴訟法Ⅵ（秋山幹男、加藤新太郎、高田裕成、福田剛久、山本和彦と共著）（日本評論社）

条解破産法〔第二版〕（岡正晶、田原睦夫、林道晴、松下淳一、森宏司と共著）（弘文堂）

Ⅲ　編著書・監修書

平成三年（一九九一）

三ケ月章先生古稀祝賀『民事手続法学の革新（上）（中）（下）』（中野貞一郎、新堂幸司、鈴木正裕、竹下守夫、青山善充、高橋宏志と共編）（有斐閣）

平成五年（一九九三）

注釈民事訴訟法（三）口頭弁論（竹下守夫と共編）（有斐閣）

平成六年（一九九四）

民事執行法判例百選（竹下守夫と共編）（有斐閣）

平成一〇年（一九九八）

民事訴訟法の争点〔第三版〕（青山善充と共編）（有斐閣）

講座新民事訴訟法Ⅲ（竹下守夫編集代表、徳田和幸と共編）（弘文堂）

裁判外紛争処理法（小島武司と共編）（有斐閣）

平成一一年（一九九九）

倒産手続と保全処分（松浦馨と共編）（有斐閣）

研究会新民事訴訟法（竹下守夫、青山善充と編集代表）（有斐閣）

倒産法実務事典（高木新二郎、山崎潮と共編）（金融財政事情研究会）

平成一二年（二〇〇〇）

民事再生法の実務（高木新二郎、山崎潮と編集代表）（金融財政事情研究会）

平成一三年（二〇〇一）

新堂幸司先生古稀祝賀『民事訴訟法理論の新たな構築（上）（下）』（青山善充、高橋宏志、高見進、高田裕成、長谷部由起子と共編）（有斐閣）

民事再生手続運用の実情——施行一年間の実績を踏まえて（別冊NBL六五号）（高木新二郎と共編）（商事法務研究会）

（逐条解説）個人再生手続（Ⅰ）～（Ⅲ）（才口千晴、瀬戸英雄、田原睦夫、桃尾重明、山本克己と共編）（金法一六一一～一六一三号）

民事再生法の実務〔新版〕（高木新二郎と編集代表）（金融財政事情研究会）

個人再生法の実務（高木新二郎と編集代表）（金融財政事情研究会）

平成一四年（二〇〇二）

鈴木正裕先生古稀祝賀『民事訴訟法の史的展開』（福永有利、井上治典、松本博之、徳田和幸、高橋宏志、高田裕成、山本克己と共編）（有斐閣）

竹下守夫先生古稀祝賀『権利実現過程の基本構造』（春日偉知郎、上原敏夫、野村秀敏と共編）（有斐閣）

民事再生法逐条研究（編集代表）（有斐閣）

倒産判例百選〔第三版〕（青山善充、松下淳一と共編）（有斐閣）

再生計画事例集（高木新二郎と編集代表）（商事法務）

平成一五年（二〇〇三）

民事訴訟法判例百選〔第三版〕（高橋宏志、高田裕成と共編）（有斐閣）

平成一六年（二〇〇四）

法曹倫理（小島武司、田中成明、加藤新太郎と共編）（有斐閣）

新しい会社更生法——モデル事例から学ぶ運用上の論点（西岡清一郎、桃尾重明と共編）（有斐閣）

平成一七年（二〇〇五）

民事執行・保全判例百選（上原敏夫、長谷部由起子と共編）（有斐閣）

平成一八年（二〇〇六）

新会社更生法の基本構造と平成一六年改正（松下淳一、山本和彦と共編）（有斐閣）

判例から学ぶ・民事事実認定（加藤新太郎と共編）（有斐閣）

法曹倫理〔第二版〕（小島武司、田中成明、加藤新太郎と共編）（有斐閣）

倒産判例百選〔第四版〕（青山善充、松下淳一と共編）（有斐閣）

倒産手続における新たな問題――特殊倒産手続（講座倒産の法システム第4巻）（高木新二郎と編集代表）（日本評論社）

新版再生計画事例集（高木新二郎と編集代表）（商事法務）

倒産・再生再編六法――判例・通達・ガイドライン付（二〇〇六年版）（多比羅誠、須藤英章と編集代表）（民事法研究会）

平成一九年（二〇〇七）

倒産・再生再編六法――判例・通達・ガイドライン付（二〇〇八年版）（多比羅誠、須藤英章と編集代表）（民事法研究会）

平成二〇年（二〇〇八）

井上治典先生追悼『民事紛争と手続理論の現在』（河野正憲、高橋宏志と共編）（法律文化社）

小島武司先生古稀祝賀『民事司法の法理と政策（上）（下）』（大村雅彦、春日偉知郎、加藤新太郎、松本博之、森勇と共編）（商事法務）

倒産・再生再編六法――判例・通達・ガイドライン付（二〇〇九年版）（多比羅誠、須藤英章と編集代表）（民事法研究会）

平成二一年（二〇〇九）

青山善充先生古稀祝賀『民事手続法学の新たな地平』（高橋宏志、高田裕成、山本弘、松下淳一と共編）（有斐閣）

民事訴訟法の争点（山本和彦と共編）（有斐閣）

倒産・再生再編六法――判例・通達・ガイドライン付（二〇一〇年版）（多比羅誠、須藤英章と編集代表）（民事法研究会）

平成二二年（二〇一〇）

清算型倒産処理手続――個人再生手続（講座倒産の法システム第2巻）（高木新二郎と編集代表）（日本評論社）

再建型倒産処理手続（講座倒産の法システム第3巻）（高木新二郎と編集代表）（日本評論社）

不動産担保（上）（下）（新訂貸出管理回収手続双書）（中務嗣治郎、深山卓也、中原利明、三上徹、能城弘昭と編集代表）（金融財政事情研究会）

債権・動産担保（新訂貸出管理回収手続双書）（中務嗣治郎、深山卓也、中原利明、三上徹、能城弘昭と編集代表）（金融財政事情研究会）

倒産・再生再編六法――判例・通達・ガイドライン付（二〇一一年版）（多比羅誠、須藤英章と編集代表）（民事法研究会）

平成二三年（二〇一一）

門口正人判事退官記念『新しい時代の民事司法』（松嶋英機、

福田剛久と共編）（商事法務）
新倒産法制一〇年を検証する――事業再生実務の深化と課題（須藤英章と監修）（金融財政事情研究会）
倒産・再生再編六法――判例・通達・ガイドライン付（二〇一二年版）（多比羅誠、須藤英章と編集代表）（民事法研究会）

平成二四年（二〇一二）
コンパクト版倒産・再生再編六法――判例付き（二〇一三年版）（多比羅誠、須藤英章と編集代表）（民事法研究会）

平成二五年（二〇一三）
倒産判例百選〔第五版〕（松下淳一と共編）（有斐閣）
松嶋英機弁護士古稀記念『時代をリードする再生論』（門口正人、園尾隆司、山本和彦と共編）（商事法務）
石川正先生古稀記念『経済社会と法の役割』（松尾眞、山本克己、中川丈久、白石忠志と共編）（商事法務）

平成二六年（二〇一四）
栂善夫先生・遠藤賢治先生古稀祝賀『民事手続における法と実践』（上野泰男、加藤哲夫と共編）（成文堂）
コンパクト版倒産・再生再編六法――判例付き（二〇一四年版）（多比羅誠、須藤英章と編集代表）（民事法研究会）
専門訴訟講座⑧ 倒産・再生訴訟（松嶋英機、園尾隆司と共編）（民事法研究会）
担保・執行・倒産の現在――事例への実務対応（道垣内弘人、山本和彦と共編）（有斐閣）

Ⅳ 論 文

昭和四六年（一九七一）
不動産競売における消除主義・引受主義の問題（一）（法協八八巻四号）

昭和四七年（一九七二）
不動産競売における消除主義・引受主義の問題（二）（法協八九巻九号）

昭和四八年（一九七三）
民事訴訟法理論における「公益性」の観念の意味を明らかにせよ（法教（第二期）一号）
確定判決の騙取と再審――氏名冒用（続判例展望（別冊ジュリ三九号））
不動産競売における消除主義・引受主義の問題（三）（法協九〇巻三号）
破産配当（斎藤秀夫＝伊東乾編『演習破産法』、青林書院新社）

昭和四九年（一九七四）
控訴の利益ほか（中野貞一郎＝松浦馨編『ワークブック民事訴訟法――質問と解答』、有斐閣）

昭和五一年（一九七六）
民事裁判は何故利用されるか――労働裁判を中心として（民商七五巻二号）
確認訴訟の機能（判タ三三九号）

西ドイツにおける賃金債権の確保法制（ジュリ六〇八号）
所有権留保の対外的効力を検討せよ（奥田昌道ほか編『民法学3担保物権の重要問題』、有斐閣）

昭和五二年（一九七七）

判決の機能と訴えの利益――抗告訴訟を手がかりとして（判タ三四六号）
訴訟判決の機能と上訴の利益――形式的不服説の再検討（名古屋大学法政論集七三号）

昭和五三年（一九七八）

既判力の二つの性格について（民商七八巻臨時増刊号（三）（末川先生追悼論集『法と権利3』））
私的整理の債権者集会決議の効力（一）（二）（井関浩＝谷口安平編『会社更生法の基礎』、青林書院新社）

昭和五五年（一九八〇）

米国における当事者適格理論発展の一側面（一）（二・完）――「紛争管理権」の比較法的研究（民商八一巻六号、八二巻一号）
ドイツ連邦共和国における環境保護と団体訴訟（一）（二・完）――「紛争管理権」の比較法的研究・その二（民商八三巻二号、八三巻三号）
和議手続における担保権者の地位（上）（中）（下）――担保権の実行に対する中止命令は許されるか（判タ四二三号、四二四号、四二五号）
消費者債務の取立てに関する規制（一）〜（四・完）――その方法と合理的範囲（ジュリ七二七号〜七三〇号）（前出・債務者更生手続の研究に再録）
賃金債権差押えと消費者債務者に対する手続保障（上）（判時九八〇号）（前出・債務者更生手続の研究に再録）

昭和五六年（一九八一）

裁判の効力論（ジュリ七三一号）
賃金債権差押えと消費者債務者に対する手続保障（下）（判時九八三号）（前出・債務者更生手続の研究に再録）
三面訴訟（竹下守夫＝谷口安平編『民事訴訟法を学ぶ〔第二版〕』、有斐閣）
破産免責の再構成（判タ四二九号）（前出・債務者更生手続の研究に再録）
結合企業の倒産処理（一）〜（三・完）――倒産処理手続における公平の理念（NBL二三五号、二三八号、二三九号）（前出・債務者更生手続の研究に再録）
集合動産・債権担保と会社更生（一）（二）（NBL二四二号、二四七号）（前出・債務者更生手続の研究に再録）
アメリカ合衆国における動産担保権者の自力救済（名古屋大学法政論集八八号）（前出・債務者更生手続の研究に再録）
私的整理の法理（上）（下）（判タ四四〇号、四四一号）（前出・債務者更生手続の研究に再録）

昭和五七年（一九八二）

学説史からみた手続保障（一）（二）（法教二一号、二二号）（後出・新堂幸司編著『特別講義民事訴訟法』に再録）

将来請求——大法廷判決をめぐって（昭五六・一二・一六最大判）（判時一〇二五号）

訴訟追行権（法セ三二六号）（前出・これからの民事訴訟法に再録）

違法収集証拠・証言拒絶権——証拠の収集（その二）（法セ三三二号）（前出・これからの民事訴訟法に再録）

第三者の訴訟引込み（鈴木忠一＝三ケ月章監修『新・実務民事訴訟講座3判決手続通論3』、日本評論社）

転得者に対する否認（宮脇幸彦＝竹下守夫編『破産・和議法の基礎〔新版〕』、青林書院新社）

集合動産・債権担保と会社更生（三）（四・完）（NBL二四九号、二五〇号）（前出・債務者更生手続の研究に再録）

会社更生手続における相殺債権者の地位（一）（二・完）（民商八六巻四号、五号）（前出・債務者更生手続の研究に再録）

ファイナンス・リースと破産・会社更生（一）〜（三・完）——契約関係処理における公平の理念（判時一〇四五号、一〇四七号、一〇四八号）（前出・債務者更生手続の研究に再録）

訴訟物概念の役割（法セ三三四号）（前出・これからの民事訴訟法に再録）

昭和五八年（一九八三）

民事訴訟における人間（芦部信喜ほか編集代表『岩波講座基本法学1』、岩波書店）

判決の第三者に対する効力（法セ三三七号）（前出・これからの民事訴訟法に再録）

訴訟参加と訴訟承継（法セ三四一号）（前出・これからの民事訴訟法に再録）

上訴審審判の範囲（法セ三四四号）（前出・これからの民事訴訟法に再録）

民法上の組合と訴訟（三ケ月章ほか編『新版・民事訴訟法演習1——判決手続（一）』、有斐閣）

訴えの利益（雄川一郎ほか編『現代行政法大系4——行政訴訟（I）』、有斐閣）

サラ金問題と債務者の更生（ジュリ七九六号）

破産免責は濫用されているか（上）（下）——個人破産事件調査報告書（名古屋）（ジュリ八〇一号、八〇二号）（前出・債務者更生手続の研究に再録）

弁済禁止保全処分後の担保的利益の取扱い（上）（下）——最判昭五七・三・三〇後に残された問題点（NBL二七五号、二七六号）（前出・債務者更生手続の研究に再録）

継続的供給契約と倒産処理——不安の抗弁権の再構成（判時一〇七四号）（前出・債務者更生手続の研究に再録）

債権者会議の法的性質（金判六七九号）

債権者委員長の性格・地位（金判六七九号）

私的整理における債権者と従業員（谷口安平編『倒産——債権者・経営者・従業員のための法律常識』、有斐閣）

テレビ広告に対する法規制（上）（下）——子供向CMを材

料として（ジュリ七八四号、七八五号）

昭和五九年（一九八四）

弁護士と当事者（新堂幸司編集代表『講座民事訴訟③』、弘文堂）

典型担保の契約による修正——実行形態（遠藤浩ほか監修『現代契約法大系6担保・保証・保険契約』、有斐閣）

断行仮処分後の目的物の滅失と本案訴訟に対する影響（丹野達＝青山善充編『裁判実務大系4保全訴訟法』、青林書院）

アメリカ合衆国における個人債務者更生手続——消費者債務等調整法試案運用の指針として（『季刊民事法研究5』（判タ五一四号））

破産法講義（一）～（五）（法教四三号、四四号、四六号、四七号、四八号、五〇号）

昭和六〇年（一九八五）

少額裁判手続の比較法的研究——両カンザス市（カンザス州およびミズーリ州）を材料として（判タ五五五号）

調停の執行力と執行手続（石川明＝梶村太市編『民事調停法』、青林書院）

賃金仮払いの仮処分の失効と不当利得（判評三二一号（判時一一六三号））

否認権の行使（三）（道下徹＝高橋欣一編『裁判実務大系6破産訴訟法』、青林書院）

破産法講義（六）～（一〇）（法教五三号、五五号、五七号、五九号、六一号）

多重・多額債務者の救済と問題点（ジュリ八四一号）

更生手続申立と契約の解除（金判七一九号）

昭和六一年（一九八六）

アメリカ合衆国における銀行倒産処理——最近の傾向（一橋論叢九五巻一号）

倒産法と非典型担保（米倉明ほか編『金融担保法講座Ⅲ 非典型担保』、筑摩書房）

不法行為に基づく損害賠償債権と破産・会社更生（判評三三〇号（判時一一九四号））

破産管財人の第三者性（民商九三巻臨時増刊（2）〔創刊五〇周年記念論集Ⅱ〕）

破産法講義（一一）～（一三・完）（法教六四号、六五号、六六号）

会社更生申立てを原因とする契約解除特約の再検討（平出慶道ほか編・北澤正啓先生還暦記念『現代株式会社法の課題』、有斐閣）

リース契約と倒産（金法一一三〇号）

リース契約と破産事件手続ほか（吉原省三＝岡部眞純編『判例リース・クレジット取引法』、金融財政事情研究会）

クレジット・カウンセリングの意義と限界（月刊クレジット三四八号、三四九号、三五一号、三五三号、三五六号）

昭和六二年（一九八七）

債権差押命令と被差押債権の取立て（新堂幸司＝竹下守夫編『民事執行法判例展望』（ジュリ八七六号））

国際リース契約と国際倒産（加藤一郎＝椿寿夫編『リース取引法講座（上）』、金融財政事情研究会）

昭和六三年（一九八八）

学説史からみた手続保障（新堂幸司編著『特別講義民事訴訟法』、有斐閣）

紛争管理権再論――環境訴訟への受容を目指して（新堂幸司編集代表・竜嵜喜助先生還暦記念『紛争処理と正義』、有斐閣）

任意的訴訟担当とその限界（三ケ月章＝青山善充編『民事訴訟法の争点〔新版〕』、有斐閣）

会社更生手続における更生担保権者の地位と組分け基準（判タ六七〇号）

会社更生手続と譲渡担保権（藤林益三＝石井眞司編『判例・先例金融取引法』、金融財政事情研究会）

アメリカ合衆国における国際倒産処理手続（一）～（三・完）――日米関係を中心として（NBL三九四号、四〇一号、四〇六号）（竹下守夫編『国際倒産法――企業の国際化と主要国の倒産法』、商事法務研究会に再録）

Execution of Non-Money Judgments and Means of Enforcement in Japan (Hitotsubashi Journal of Law and Politics, Vol. 16)

平成元年（一九八九）

民事訴訟法学の潮流（法教一〇〇号）

宗教団体の内部紛争と裁判所の審判権――最高裁平成元年九月八日判決をめぐって（判タ七一〇号）

会社更生手続におけるリース料債権の取扱い――東京地判昭六三・六・二八に対する批判（金法一二一一号）

破産法一〇四条二号に基づく相殺制限の意義――最三小判昭六三・一〇・一八を振り返って（金法一二二〇号）

動産売買先取特権と破産管財人（上）（下）――東京高判平元・四・一七をめぐって（金法一二三九号、一二四〇号）

破産管財人の納税義務――最高裁昭和六二年四月二一日判決を振り返って（判評三六四号〔判時一三〇六号〕）

平成二年（一九九〇）

独占禁止法違反損害賠償訴訟（上）（下）――因果関係及び損害額の立証（ジュリ九六三号、九六五号）

賃料債権に対する抵当権者の物上代位（上）（下）（金法一二五一号、一二五二号）

原状回復の制度（『民事保全法の運用と展望』（ジュリ九六九号））

地位保全・賃金仮処分とその取消し（蓼沼謙一ほか編『労働法の争点〔新版〕』、有斐閣）

免責審理期間中における執行と不当利得の成否――最三小判平二・三・二〇を契機として（金法一二六一号）

プリペイドカードの発行者の倒産と消費者保護（商事法務研究会『取引のエレクトロニクス化に伴う消費者保護に関する調査』、商事法務研究会）

平成三年（一九九一）

外国倒産の日本における効力（ジュリ九七〇号）

独占禁止法違反損害賠償訴訟における違反行為の立証（中野貞一郎、新堂幸司、鈴木正裕、竹下守夫、青山善充、高橋宏志と共編・三ケ月章先生古稀祝賀『民事手続法学の革新（中）』、有斐閣）
民事訴訟における争点整理手続（曹時四三巻九号）
最近の倒産事件判例の傾向（東京弁護士会弁護士研修委員会編『弁護士研修講座――平成二年度講義録』、東京弁護士会）
アメリカ合衆国における国際倒産処理手続（竹下守夫編『国際倒産法――企業の国際化と主要国の倒産法』、商事法務研究会）

平成四年（一九九二）

開示手続の理念と意義（上）（下）――民事訴訟法改正への導入をめぐって（判タ七八六号、七八七号）
不当仮執行にもとづく損害賠償責任――無過失責任説の再検討（判タ七七五号）
消費者信用と消費者破産――現状と将来（クレジット研究七号）

平成五年（一九九三）

営業秘密の保護と審理の公開原則（上）（下）（ジュリ一〇三〇号、一〇三一号）
上訴と執行停止――「検討事項」における執行停止の要件をめぐって（司法研修所論集八九号）
最近の倒産事件における担保権の諸問題（名古屋大学法政論集一四七号）

平成六年（一九九四）

証言拒絶権の研究（一）（二）（三・完）――公務員の証言拒絶権を中心として（ジュリ一〇五一号、一〇五二号、一〇五三号）
争点整理手続再論（木川統一郎博士古稀祝賀『民事裁判の充実と促進（上）』、判例タイムズ社）
コーポレート・ガバナンスと民事訴訟――株主代表訴訟をめぐる諸問題（商事法務一三六四号）
日米の消費者破産制度についての調査研究――消費者和議を中心として（クレジット研究一一号）
内国財産の在外財産に対する効力（石川明ほか編『破産・和議の実務と理論』（判タ八三〇号））

平成七年（一九九五）

補助参加の利益再考――判決の証明効に関する疑問（民事訴訟雑誌四一号）
訴訟費用の負担と弁護士費用の賠償（新堂幸司ほか編・中野貞一郎先生古稀祝賀『判例民事訴訟法の理論（下）』、有斐閣）
株主代表訴訟の原告株主と執行債権者適格（上）（下）（金法一四一四号、一四一五号）
破産管財人と答弁取引（plea bargaining）――国際破産と刑事手続との交錯（今中利昭先生還暦記念『現代倒産法・会社法をめぐる諸問題』、民事法研究会）

更生手続開始と継続的供給契約（青山善充ほか編『会社更生・会社整理・特別清算の実務と理論』（判タ八六六号））

平成八年（一九九六）

代表訴訟と民事訴訟（柏木昇編『日本の企業と法』、有斐閣）

解約返戻金請求権の差押えと解約権の代位行使（金法四四六号）

倒産手続における保全処分（中野貞一郎ほか編『民事保全講座1基本理論と法比較』、法律文化社）

倒産実体法の立法論的研究（三）（四）（民商一一四巻四・五号、六号）

債権者集会と監査委員（高木新二郎編『破産・和議の基礎知識』青林書院）

セイフティ・ネットの在り方——預金保険制度を中心として（ジュリ一〇八五号）

平成九年（一九九七）

文書提出義務と自己使用文書の意義——民事訴訟における情報提供義務の限界（法協一一四巻一二号）

法定訴訟担当訴訟の構造——株主代表訴訟を材料として（司法研修所論集九七号（創立五〇周年記念特集号第一巻民事編Ⅰ））

国際倒産の時代（鴨武彦ほか編『相対化する国境——法・政治・民族』（リーディングス国際政治経済システム第3巻）、有斐閣）

平成一〇年（一九九八）

証拠調べ各論（法教二〇八号）

民事訴訟における秘密保護（青山善充と共編『民事訴訟法の争点〔第三版〕』、有斐閣）

口頭弁論終結後の承継人（青山善充と共編『民事訴訟法の争点〔第三版〕』、有斐閣）

形成判決の対世効（青山善充と共編『民事訴訟法の争点〔第三版〕』、有斐閣）

多数当事者訴訟論の現状と課題（青山善充と共編『民事訴訟法の争点〔第三版〕』、有斐閣）

上訴制度の目的（竹下守夫編集代表、徳田和幸と共編『講座新民事訴訟法Ⅲ』、弘文堂）

平成一一年（一九九九）

断行の仮処分後の目的物の滅失と本案訴訟に対する影響（丹野達＝青山善充編『裁判実務大系4民事保全法』（青林書院）

倒産保全処分の機能（松浦馨と共編『倒産手続と保全処分』、有斐閣）

債務免除等要請行為と支払停止概念（NBL六七〇号）

清算型倒産手続開始と担保権実行の中止（塩崎勤＝高木新二郎編『倒産手続と担保権・否認権・相殺権の諸問題』、金判一〇六〇号）

なぜ再出発（フレッシュ・スタート）か（クレジット研究二一号）

平成一二年（二〇〇〇）

自己使用文書としての訴訟等準備文書と文書提出義務（佐々木吉男先生追悼『民事紛争の解決と手続』、信山社）

損害賠償額の認定――民事訴訟法二四八条の意義（原井龍一郎先生古稀祝賀『改革期の民事手続法』、法律文化社）

否認権（『民事再生法――理論と実務』、金判一〇八六号）

要領骨子における民事的事項について（ジュリ一一七六号）

Civil Procedure Law（The reception in Japan of the American law and its transformation in the fifty years since the end）（Law in Japan, Vol. 26）

平成一三年（二〇〇一）

イン・カメラ手続の光と影――東京高裁平成一〇年七月一六日決定を素材として（青山善充、高橋宏志、高見進、高田裕成、長谷部由起子と共編・新堂幸司先生古稀祝賀『民事訴訟法理論の新たな構築（下）』、有斐閣）

現存額主義再考――物上保証人による弁済への適用可能性（河野正憲＝中島弘雅編『倒産法大系――倒産法と市民保護の法理』、弘文堂）

（逐条解説）個人再生手続（I）本特則全体の民事再生法における位置づけ（金法一六一一号）

Trade Secrets and Individual Privacy（Journal of the Japan-Netherlands Institute, Vol. 7）

平成一四年（二〇〇二）

任意的訴訟担当概念をめぐる解釈と立法（福永有利、井上治典、松本博之、徳田和幸、高橋宏志、高田裕成、山本克己と共編・鈴木正裕先生古稀祝賀『民事訴訟法の史的展開』、有斐閣）

特許権侵害損害賠償請求訴訟における推定規定の意義――平成一〇年および一一年特許法改正を素材として（吉村德重先生古稀記念『弁論と証拠調べの理論と実践』、法律文化社）

概説――属地主義と普及主義（高桑昭＝道垣内正人編『新・裁判実務大系3国際民事訴訟法（財産法関係）』、青林書院）

更生担保権確定の意義と確定訴訟の結果の取扱い（春日偉知郎、上原敏夫、野村秀敏と共編・竹下守夫先生古稀祝賀『権利実現過程の基本構造』、有斐閣）

証券化と倒産法理（上）（下）――破産隔離と倒産法的再構成の意義と限界（金法一六五七号、一六五八号）

調停に代わる決定（民事調停法一七条）の意義と機能（石川明先生古稀祝賀『現代社会における民事手続法の展開　下巻』、商事法務）

平成一五年（二〇〇三）

再生債務者の地位と責務（上）（中）（下）――再建型手続の基礎理論（金法一六八五号、一六八六号、一六八七号）

会社更生手続の意義（山本克己ほか編『新会社更生法の理論と実務』（判タ一一三二号））

平成一六年（二〇〇四）

現代社会における裁判の意義――専門訴訟における情報収集

と証拠開示を中心として（和田仁孝ほか編『法社会学の可能性』、法律文化社）

健全な市場経済活動の確保に向けた倒産法制改革の基本的視点（クレジット研究三二号）

学会と実務――日本民事訴訟法学会の紹介をかねて（自由と正義五五巻三号）（前出・千曲川の岸辺に再録）

法科大学院における法学教育（法の支配一三三号）（前出・千曲川の岸辺に再録）

更生債権および更生担保権の調査確定（西岡清一郎、桃尾重明と共編『新しい会社更生法――モデル事例から学ぶ運用上の論点』、有斐閣）

平成一七年（二〇〇五）

民事司法改革と理論的課題（法時七七巻二号）

自己使用文書再考――組織運営をめぐる文書提出義務の基礎理論（高田裕成ほか編・福永有利先生古稀記念『企業紛争と民事手続法理論』、商事法務）

船舶共有制度と会社更生法上の双方未履行双務契約性（田辺光政編集代表・今中利昭先生古稀記念『最新 倒産法・会社法をめぐる実務上の諸問題』、民事法研究会）

集合債権譲渡担保と民事再生手続上の中止命令（徳田和幸ほか編・谷口安平先生古稀祝賀『現代民事司法の諸相』、成文堂）

新破産法の下における否認制度（平成一六年版日弁連研修叢書『現代法律実務の諸問題』、第一法規）

事業再生とM&A――ファンドの役割（NBL八二一号）

船舶共有制度と会社更生法上の双方未履行双務契約性（月刊共有船四一〇号）

平成一八年（二〇〇六）

特別清算における賃貸用不動産の管理（新堂幸司＝山本和彦編『民事手続法と商事法務』、商事法務）

平成一九年（二〇〇七）

倒産法改革――その全体像（法の支配一四七号）

Insolvency Law for a New Century（Kent Anderson と共著）（Daniel H. Foote（ed）, *Law in Japan : A Turning Point*, University of Washington Press）

平成二〇年（二〇〇八）

民事紛争の解決と民事訴訟法理論の役割（河野正憲、高橋宏志と共編・井上治典先生追悼『民事紛争と手続理論の現在』、法律文化社）

文書提出義務をめぐる判例法理の形成と展開（判タ一二七七号）

事実に関する上告審破棄理由の意義――最二判平成一五年一〇月一六日民集五七巻九号一〇七五頁を素材として（大村雅彦、春日偉知郎、加藤新太郎、松本博之、森勇と共編・小島武司先生古稀祝賀『民事司法の法理と政策（上）』、商事法務）

危機時期における預金拘束の適法性――近時の下級審裁判例を素材として（金法一八三五号）

司法による消費者被害の救済と支援の在り方――消費者問題と法テラスをめぐる一試論（ジュリ一三六〇号）（前出・千曲川の岸辺に再録）
法科大学院教育の在り方についての今後の展望と課題（ひろば六一巻一一号）（前出・千曲川の岸辺に再録）
法曹人口問題――新規参入規制を正当化する根拠を問う（法時八〇巻四号）（前出・千曲川の岸辺に再録）

平成二一年（二〇〇九）

民事訴訟における秘密保護（山本和彦と共編『民事訴訟法の争点』、有斐閣）
地方自治法二四二条の三第四項にいう訴訟告知に基づく裁判の効力――入札談合の主張に起因する住民訴訟を素材として（NBL九一四号）
集合債権譲渡担保と事業再生型倒産処理手続 再考――会社更生手続との関係を中心として（曹時六一巻九号）
民事再生手続における敷金返還請求権の取扱い（高橋宏志、高田裕成、山本弘、松下淳一と共編・青山善充先生古稀祝賀『民事手続法学の新たな地平』、有斐閣）
第三極としての事業再生ADR――事業価値の再構築と利害関係人の権利保全の調和を求めて（金法一八七四号）

平成二二年（二〇一〇）

財団債権（共益債権）の地位再考――代位弁済に基づく財団債権性（共益債権性）の承継可能性（大阪地判平二一・九・四を契機として）（金法一八九七号）
民事再生・会社更生との協働を――一時停止の機能再考（事業再生と債権管理一二八号）
弁護士資格認定制度の意義――制度の意味転換をどのように捉えるか（ひろば六三巻一一号）（前出・千曲川の岸辺に再録）

平成二三年（二〇一一）

再生手続廃止後の牽連破産における合理的相殺期待の範囲（松嶋英機、福田剛久と共編・門口正人判事退官記念『新しい時代の民事司法』、商事法務）
破産管財人の善管注意義務――「利害関係人」概念のパラダイム・シフト（伊藤尚、佐長功、岡伸浩と共著）（金法一九三〇号）

平成二四年（二〇一二）

手形の商事留置権者による取立金の弁済充当――「別除権の行使に付随する合意」の意義（金法一九四二号）
第三セクターの破綻と損失補償契約の取扱い――最一小判平二三・一〇・二七はゴルディウスの結び目を断ち切ったか（金法一九四七号）
会社分割と倒産法理との交錯――偏頗的詐害行為の否認可能性――責任財産の割合的減少をどのように捉えるか（第一東京弁護士会総合法律研究所倒産法研究部会編著『会社分割と倒産法――正当な会社分割の活用を目指して』、清文社）

平成二五年（二〇一三）

「他の事業者と共同して」（独占禁止法二条六項）の認定にかかる主張立証構造（松尾眞、山本克己、中川丈久、白石忠志と共編・石川正先生古稀記念『経済社会と法の役割』、商事法務）

債権法のパラダイム・シフトを倒産法はいかに受け止めるか——倒産法がプロクルステスの寝台とならないために（早稲田大学大学院 Law & Practice 七号）

「私的整理の法理」再考——事業再生の透明性と信頼性の確保を目指して（金法一九八二号）

否認権行使を巡る紛争解決のあり方——紛争解決に関する統一的判断の実現を求めて（島岡大雄ほか編『倒産と訴訟』、商事法務）

事業再生と雇用関係の調整——事業再生法理と労働法理との調和を求めて（門口正人、園尾隆司、山本和彦と共編・松嶋英機弁護士古稀記念『時代をリードする再生論』、商事法務）

平成二六年（二〇一四）

民事訴訟の目的再考——完結したミクロ・コスモスにならないために（新堂幸司監修『実務民事訴訟講座〔第三期〕第1巻』、日本評論社）

民事訴訟法第二四八条再考——最判平成二〇年六月一〇日判タ一二七一号一四二頁はパンドラの箱を開けたか？（上野泰男、加藤哲夫と共編・栂善夫先生・遠藤賢治先生古稀祝賀『民事手続における法と実践』、成文堂）

消費者被害回復裁判手続の法構造——共通義務確認訴訟を中心として（曹時六六巻八号）

債権譲渡法制の改正と倒産法——倒産法研究者の視点から（金法一九九〇号）

固定主義再考（大阪高判平二六・三・二〇）——交通事故に基づく損害賠償請求権などの破産財団帰属性を固定主義から考える（事業再生と債権管理一四五号）

破産制度の目的（竹下守夫＝藤田耕三編集代表『破産法大系第Ⅰ巻破産手続法』、青林書院）

Ⅴ 判例研究

昭和四三年（一九六八）

職権調査事項と民訴法一三九条（最一小判昭和四二・九・一四民集二一巻七号一八〇七頁）（法協八五巻八号）

民訴法五七三条にいう鑑定人の資格（最三小判昭和四二・一一・一〇民集二一巻九号二三七七頁）（法協八五巻一一号）

救済命令に対する再審査申立棄却命令の執行停止申立てを却下した事例（東京地決昭和四一・六・九労民集一七巻三号八二八頁）（ジュリ三九一号）

一 原職復帰により企業内秩序の混乱が予想されるということは、緊急命令でそれを命ずることの妨げとなるか 二 緊急命令の必要性の判断基準（札幌地決昭和四一・一二・二三労民集一七巻六号一四七一頁）（ジュリ三九六号）

株式会社の整理開始命令前における強制執行中止処分の可否

（京都地決昭和四〇・四・五下民集一六巻四号五九七頁）（ジュリ四〇一号）

緊急命令取消しの申立却下決定に対する抗告の許否（札幌高決昭和四二・五・二九労民集一八巻三号六一六頁）（ジュリ四一二号）

昭和四四年（一九六九）

仮処分の目的物件が換価されその売得金が供託された場合と本案訴訟のきすう（最一小判昭和四三・一・二五民集二二巻一号一頁）（法協八六巻三号）

訴訟上の和解の内容たる私法上の契約の解除と和解による訴訟終了の効果（最一小判昭和四三・二・一五民集二二巻二号一八四頁）（法協八六巻四号）

競買の申出と要素の錯誤（最二小判昭和四三・二・九民集二二巻二号一〇八頁）（法協八六巻六号）

上告審判決の破棄理由とした法律上の判断の拘束力が及ばないとされた事例（最三小判昭和四三・三・一九民集二二巻三号六四八頁）（法協八六巻八号）

競売手続の進行中に被担保債権および抵当権が他に譲渡された場合と競落人の所有権取得（最一小判昭和四三・八・二九民集二二巻八号一七五一頁）（法協八六巻九号）

譲渡禁止の特約のある債権と悪意の執行債権者の転付命令による取得の成否（名古屋高金沢支判昭和四一・三・二三下民集一七巻三・四号一五九頁）（ジュリ四四〇号）

異議訴訟の性質、申立人の地位等（大判大正五・一・二六民録二二輯一九二頁）（保全判例百選）

昭和四五年（一九七〇）

旧道路法五一条、旧河川法二〇条、建築基準法九条による建物除却命令は該建物の譲受人にも及ぶか（東京高判昭和四二・一二・二五行集一八巻一二号一八一〇頁）（自治研究四六巻五号）

昭和四七年（一九七二）

弁論の併合と証拠調の結果の援用（最三小判昭和四一・四・一二民集二〇巻四号五六〇頁）（続民事訴訟法判例百選）

訴訟行為の追完（最二小判昭和四二・二・二四民集二一巻一号二〇九頁）（続民事訴訟法判例百選）

一　麻酔医の医療過誤の有無が争われた事例　二　判決書に訴訟記録の証拠目録を引用することの適否（積極）（高松高判昭和四六・九・三〇判時六五五号三九頁）（判評一六二号〔判時六七〇号〕）

譲渡禁止の特約と転付命令（最二小判昭和四五・四・一〇民集二四巻四号二四〇頁）（銀行取引判例百選〔新版〕）

昭和四九年（一九七四）

早川メッキ工場廃液事件——因果関係の立証（前橋地判昭和四六・三・二三判時六二八号二五頁）（公害・環境判例）

債権に対する仮差押の執行と当該債権についての給付訴訟（最三小判昭和四八・三・一三民集二七巻二号三四四頁）（昭和四八年度重要判例解説）

昭和五一年（一九七六）

公示催告中の約束手形の手形金債権に対する仮差押の執行方法（最一小判昭和五一・四・八判時八一五号四七頁）（判評二一四号〔判時八二八号〕）

弁済禁止の保全処分（二）――給付の訴の適否（最二小判昭和三七・三・二三民集一六巻三号六〇七頁）（倒産判例百選）

昭和五二年（一九七七）

競買の申出と要素の錯誤（最二小判昭和四三・二・九民集二二巻二号一〇八頁）（不動産取引判例百選〔増補版〕）

昭和五三年（一九七八）

私立学校の父母会（権利能力なき社団）の総会決議無効確認判決の許否（大阪高判昭和五二・一・二五判時八七〇号一〇四頁）（昭和五二年度重要判例解説）

昭和五五年（一九八〇）

早川メッキ工場廃液事件――因果関係の立証（前橋地判昭和四六・三・二三判時六二八号二五頁）（公害・環境判例〔第二版〕）

昭和五六年（一九八一）

住職たる地位の存否確認についての裁判所の審理権限（最三小判昭和五五・一・一一民集三四巻一号一頁、最一小判昭和五五・四・一〇判時九七三号八五頁）（昭和五五年度重要判例解説）

サラ金業者の債権取立行為と不法行為責任（大阪地判昭和五五・二・一八判タ四一五号一五二頁）（判タ四三九号）

Gladstone, Realtors v. Village of Bellwood, 441U.S. 91, 99 S. Ct. 1601 (1979) ――Fair Housing Act 812条に基づく原告適格は、差別行為によって、人種統合社会に生活することによって支えられる、社会的、職業的利益を失う住民に認められる（アメリカ法一九八一―一）

昭和五七年（一九八二）

参加的効力（仙台高判昭和五五・一・二八高民集三三巻一号一頁）（民事訴訟法判例百選〔第二版〕）

破産法所定の免責不許可事由に該当する場合と裁量による免責許可（大阪高決昭和五五・一一・一九判時一〇一〇号一一九頁）（判タ四七二号）

昭和五八年（一九八三）

口頭弁論を経ない控訴棄却判決と言渡期日の告知・呼出（最三小判昭和五七・一〇・一九訟月二九巻四号六七八頁）（民商八八巻五号）

債権転付命令に対する執行抗告提出期限後に執行停止決定が提出された場合の措置（東京高決昭和五七・三・一五下民集三三巻一～四号一一〇頁）（判評二八七号〔判時一〇五八号〕）

一　株式会社に対し会社更生法三九条の規定により弁済禁止の保全処分が命じられたのちに契約上の会社の債務の弁済期が到来した場合とその履行遅滞を理由とする契約解除
二　買主たる株式会社に更生手続開始の申立の原因となるべき事実が生じたことを売買契約解除の事由とする旨の特

約の効力（最三小判昭和五七・三・三〇民集三六巻三号四八四頁）（民商八七巻五号）

認可された更生計画において債務の一部免除及び弁済期の猶予が定められ複数の更生債権について一括して免除額等が表示されている場合と更改の成否（最三小判昭和五八・一・二五判時一〇七六号一三四頁）（判評二九八号〔判時一〇九一号〕）

親会社の有する株式・更生債権を他より劣位に扱う更生計画と公正・衡平（福岡高決昭和五六・一二・二一判時一〇四六号一二七頁）（判タ五〇五号）

昭和五九年（一九八四）

破産者の慰謝料請求権の一身専属性と当事者適格（最一小判昭和五八・一〇・六民集三七巻八号一〇四一頁）（法教四一号）

債務者が破産宣告を受けた場合と先取特権者の物上代位権の行使（最一小判昭和五九・二・二民集三八巻三号四三一頁）（法教四七号）

破産財団の換価（最三小判昭和四三・一〇・八民集二二巻一〇号二〇九三頁）（税経通信三九巻一五号）

昭和六〇年（一九八五）

取引先の支払停止又は破産申立につき善意の銀行が手形の取立委任を受け、これにつき悪意となった後に右手形を取り立てて取立金返還債務を負担した場合と破産法一〇四条二号但書中段の適用（否定）（大阪高判昭和五九・二・一〇下民集三五巻一～四号三七頁）（判評三一六号〔判時一一四八号〕）

昭和六一年（一九八六）

和議認可の前後を通じて雇傭されていた者が和議認可後に退職した場合の退職金債権は和議の効力を受けない（大阪高判昭和五九・一二・二五判時一一五〇号二三四頁）（判評三二四号〔判時一一七三号〕）

破産者の保証人が破産宣告後に保証債務の一部を弁済したときと破産手続への参加の拒否（消極）（名古屋高判昭和六〇・六・二六判時一一七〇号一四二頁）（判評三二八号〔判時一一八六号〕）

破産法人の簡易生命保険還付金請求権と破産財団への帰属（最二小判昭和六〇・一一・一五民集三九巻七号一四八七頁）（判評三三一号〔判時一一九八号〕）

昭和六三年（一九八八）

国鉄に対する禁煙車両設置請求の特定性（東京地判昭和六二・三・二七判時一二二六号三三頁）（判評三四九号〔判時一二六〇号〕）

仮差押えの登記後の用益権にもとづいて競売不動産を占有する者に対する引渡命令（東京高決昭和六一・九・三〇判タ六二二号二二四頁）（判タ六六一号）

保証又は担保の供与と破産法七二条五号にいう無償行為（最二小判昭和六二・七・三民集四一巻五号一〇六八頁）（判評三五三号〔判時一二七三号〕）

建築請負人の破産と注文主の権利（最一小判昭和六二・一一・二六民集四一巻八号一五八五頁）（ひろば四一巻四号）

平成元年（一九八九）

破産宣告、同時廃止の確定から免責決定確定までの期間に破産債権についてした強制執行により取得した金員は免責決定確定により不当利得となるか（積極）（広島高松江支判昭和六三・三・二五判時一二八七号八九頁）（判評三六三号〔判時一三〇三号〕）

破産終結決定後に破産会社の名義が残っている抵当権設定登記の抹消請求をする場合の相手方は、破産管財人ではなく、破産終結後選任されるべき清算人であるとした事例（大阪高判昭和六三・三・八判時一二七三号一二七頁）（判評三五九号〔判時一二九一号〕）

平成二年（一九九〇）

損害保険代理店が収受した保険料を保険募集の取締に関する法律に基づき専用口座に保管中、保険代理店が破産宣告を受けた場合、右預金債権は保険会社に帰属するとされた事例（東京地判昭和六三・三・二九判時一三〇六号一二一頁）（判評三七二号〔判時一三三〇号〕）

退職金の共済組合への払込みと危機否認の成否（東京高判昭和六三・八・八判時一二八六号五九頁）（リマークス一号）

外国破産管財人の日本における権限行使（東京高決昭和五六・一・三〇下民集三二巻一～四号一〇頁）（新倒産判例百選）

平成三年（一九九一）

競買の申出と要素の錯誤（最二小判昭和四三・二・九民集二二巻二号一〇八頁）（不動産取引判例百選〔第二版〕）

ファイナンス・リース契約取扱上の会社更生法一〇三条の適否をめぐって（東京高判平成二・一〇・二五判時一三七〇号一四〇頁）（債権管理四〇号）

平成四年（一九九二）

弁護士による代理（一）――双方代理（最大判昭和三八・一〇・三〇民集一七巻九号一二六六頁）（民事訴訟法判例百選Ⅰ）

法人格否認の法理（最一小判昭和五三・九・一四判時九〇六号八八頁）（民事訴訟法判例百選Ⅱ）

夫の名義を冒用した妻への送達と補充送達（東京地判平成三・五・二二判時一四〇〇号八四頁）（金法一三三一号）

破産財団の清算所得に対する予納法人税と財団債権（最三小判昭和六二・四・二一民集四一巻三号三二九頁）（租税判例百選〔第三版〕）

平成六年（一九九四）

豊前火力発電所事件――差止訴訟における当事者適格と紛争管理権（最二小判昭和六〇・一二・二〇判時一一八一号七七頁）（公害・環境判例百選）

第三者異議の訴え（三）――先取特権の実行と集合物譲渡担保の優劣（最三小判昭和六二・一一・一〇民集四一巻八号一五五九頁）（民事執行法判例百選）

抵当権の付着する土地の譲渡担保と詐害行為（最一小判昭和五四・一・二五民集三三巻一号一二頁）（担保法の判例Ⅱ）

特定の債務の弁済に充てる約定で借り入れた金員による当該債務の弁済が破産法七二条一号による否認の対象とならないとされた事例（最二小判平成五・一・二五民集四七巻一号三四四頁）（リマークス八号）

平成七年（一九九五）

消費者の自己破産の成否（盛岡地宮古支決平成六・三・二四判タ八五五号二八二頁）（消費者取引判例百選）

ファイナンス・リース・ユーザーの会社更生手続における未払リース料債権の法的性質（最二小判平成七・四・一四民集四九巻四号一〇六三頁）（金法一四二八号）

取立手形と破産法一〇四条（最三小判昭和六三・一〇・一八民集四二巻八号五七五頁）（金法一四三三号）

平成八年（一九九六）

解約返戻金請求権の差押えと解約権の行使（大阪地判昭和五九・五・一八判時一一三六号一四六頁）（損害保険判例百選〔第二版〕）

平成一〇年（一九九八）

弁護士による代理（一）——双方代理（最大判昭和三八・一〇・三〇民集一七巻九号一二六六頁）（民事訴訟法判例百選Ⅰ〔新法対応補正版〕）

法人格否認の法理（最一小判昭和五三・九・一四判時九〇六号八八頁）（民事訴訟法判例百選Ⅱ〔新法対応補正版〕）

類似必要的共同訴訟において共同訴訟人の一部の者がなした上訴又は上訴の取下げの効力（最大判平成九・四・二民集五一巻四号一六七三頁）（平成九年度重要判例解説）

平成一二年（二〇〇〇）

取立手形と破産法一〇四条（最三小判昭和六三・一〇・一八民集四二巻八号五七五頁）（金法一五八一号）

平成一四年（二〇〇二）

賃貸人の破産と管財人の解除権（東京高判昭和三六・五・三一下民集一二巻五号一二四六頁）（倒産判例百選〔第三版〕）

免責制度の合憲性（最大決昭和三六・一二・一三民集一五巻一一号二八〇三頁）（倒産判例百選〔第三版〕）

平成一五年（二〇〇三）

株主総会決議取消しの訴え（最一小判昭和四五・四・二民集二四巻四号二二三頁）（民事訴訟法判例百選〔第三版〕）（杉山悦子と共著）

法人格否認の法理（最一小判昭和五三・九・一四判時九〇六号八八頁）（民事訴訟法判例百選〔第三版〕）

平成一六年（二〇〇四）

豊前火力発電所事件——差止訴訟における当事者適格と紛争管理権（最二小判昭和六〇・一二・二〇判時一一八一号七七頁）（環境法判例百選）

平成一七年（二〇〇五）

第三者異議の訴え（二）——先取特権の実行と集合物譲渡担

保の優劣（最三小判昭和六二・一一・一〇民集四一巻八号一五五九頁）（民事執行・保全判例百選）
破産財団の清算所得に対する予納法人税と財団債権（最三小判昭和六二・四・二一民集四一巻三号三二九頁）（租税判例百選〔第四版〕）

平成一八年（二〇〇六）
証明度（一）――ルンバール事件（最二小判昭和五〇・一〇・二四民集二九巻九号一四一七頁）（判例から学ぶ・民事事実認定）
免責制度の合憲性（最大決昭和三六・一二・一三民集一五巻一一号二八〇三頁）（倒産判例百選〔第四版〕）

平成二三年（二〇一一）
豊前火力発電所事件――差止訴訟における当事者適格と紛争管理権（最二小判昭和六〇・一二・二〇判時一一八一号七七頁）（環境法判例百選〔第二版〕）

平成二四年（二〇一二）
債務名義の瑕疵と強制競売の効果（最一小判昭和五四・二・二二民集三三巻一号七九頁）（民事執行・保全判例百選〔第二版〕）

平成二五年（二〇一三）
免責制度の合憲性（最大決昭和三六・一二・一三民集一五巻一一号二八〇三頁）（倒産判例百選〔第五版〕）

Ⅵ　座談会、シンポジウム・学会報告等

昭和五三年（一九七八）
（座談会）これからの民事訴訟法学（ジュリ六五五号）

昭和五六年（一九八一）
（座談会）「嫌煙権」訴訟をめぐって（上）（下）（ジュリ七四五号、七四六号）

昭和五八年（一九八三）
（座談会）民事訴訟の目的と機能（法セ三四六号）

昭和六二年（一九八七）
消費者信用と債務整理手続（シンポジウム「消費者信用と裁判制度」第4報告（民事訴訟雑誌三三号）
リース契約と倒産（シンポジウム「リース取引と私法理論」報告）（私法四九号）
（座談会）判例回顧と展望（法時五九巻四号）

昭和六三年（一九八八）
国際倒産法関連条文（国内法）改正要綱案（シンポジウム「国際倒産法の立法論的検討」第3報告）（金融法研究五号、同資料編四号）
（座談会）判例回顧と展望（法時六〇巻四号）
（座談会）民事執行法理論展望――不動産執行篇（ジュリ九一五号）

平成元年（一九八九）
（座談会）和議（東西倒産実務研究会編、商事法務研究会）

（座談会）破産・特別清算（東西倒産実務研究会編、商事法務研究会）

（座談会）会社更生・会社整理（東西倒産実務研究会編、商事法務研究会）

（座談会）今日の時代の債権管理とは――その課題と展望（債権管理二六号）

平成三年（一九九一）

宗教団体の内部紛争に関する訴訟の構造と審判権の範囲（宗教法一〇号）

（座談会）民事訴訟法改正に何を望むか（ジュリ九七一号）

（座談会）最近の倒産事例の特徴――会社更生事案の法務上、実務上の焦眉のテーマから（債権管理五〇号）

平成四年（一九九二）

（研究会）アメリカにおける民事司法の動向――日本の民事訴訟法改正作業との関連において（ジュリ一〇〇五号）

平成五年（一九九三）

（座談会）民事訴訟法の改正（エキサイティング民事訴訟法一二・最終回）（法教一五〇号）

（座談会）複合不況下の倒産動向と債権回収方法をめぐる諸問題（金法一三五九号）

平成七年（一九九五）

コーポレート・ガバナンスと民事訴訟――株主代表訴訟をめぐる諸問題（シンポジウム「コーポレート・ガバナンス」報告）（私法五七号）

（座談会）民事集中審理の実際――東京地裁・大阪地裁における試み（判タ八八六号）

平成八年（一九九六）

民事手続法（シンポジウム「戦後半世紀におけるアメリカ法の継受とその日本的変容」報告）（アメリカ法一九九六―一号）

（パネル・ディスカッション）現代社会における弁護士の役割（一水ＮＥＷＳ九二号）

（研究会）新民事訴訟法をめぐって（一）（二）（ジュリ一一〇〇号、一一〇二号）（前出・研究会新民事訴訟法に再録）

（座談会）ルール11と弁護士の役割（判タ九二〇号）

平成九年（一九九七）

（研究会）新民事訴訟法をめぐって（三）～（一七）（ジュリ一一〇四号、一一〇五号、一一〇七号、一一〇九号、一一一〇号、一一一二号、一一一五号、一一一六号、一一一七号、一一一八号、一一二〇号、一一二一号、一一二二号、一一二四号、一一二五号）（前出・研究会新民事訴訟法に再録）

（座談会）フランス民事訴訟からの示唆（判タ九二二号）

（シンポジウム）金融機関の健全性維持および破綻処理について（第四報告）（金融法研究一三号）

（座談会）倒産法改正に何を望むか（ジュリ一一一一号）

（座談会）東京地裁・大阪地裁・名古屋地裁における倒産事件処理（上）（中）（下）（判タ九四四号、九五〇号、九五

一号）
（座談会）倒産処理実務の現状と問題点（金法一四七五号）

平成一〇年（一九九八）

（研究会）新民事訴訟法をめぐって（一八）〜（二七）（ジュリ一一二八号、一一三〇号、一一三二号、一一三四号、一一三七号、一一四〇号、一一四一号、一一四三号、一一四五号、一一四六号）（前出・研究会新民事訴訟法に再録）
（座談会）法律扶助制度研究会報告書をめぐって（ジュリ一一三七号）
（座談会）倒産法改正の方向と検討課題（一）〜（三・完）（NBL六三四号、六三五号、六三六号）
倒産処理制度の理念と発展（民事訴訟法学会編『民事訴訟法・倒産法の現代的潮流』、信山社）

平成一一年（一九九九）

民事執行法の観点からの検討（シンポジウム「民事執行手続と消滅時効中断効」報告）（金融法研究一五号）
（ワークショップ）民事訴訟法二四八条の意義と役割（私法六一号）
（研究会）新民事訴訟法をめぐって（二八・完）（ジュリ一一四八号）（前出・研究会新民事訴訟法に再録）
（研究会）新民事訴訟法（竹下守夫、青山善充とともに編集代表）（有斐閣）
（座談会）司法制度改革の視点と課題（ジュリ一一六七号）
（座談会）当事者本人からみた和解――実態調査の結果を踏まえて（判タ一〇〇八号）
（座談会）サービサー法の制定と新しい根抵当・競売制度（ジュリ一一五二号）
（座談会）企業の自主再建を支援する銀行と否認権（上）（中）（下）（NBL六七〇号、六七一号、六七二号）
（座談会）生命保険契約の解約返戻金請求権の差押と差押債権者による解約権の行使（上）（下）――最判平一一・九・九（NBL六七七号、六七八号）
（座談会）電子マネーを考える（上）（下）――現状と法的構成（NBL六七八号、六七九号）

平成一二年（二〇〇〇）

（研究会）民事再生法（一）〜（四）――立法・解釈・運用（ジュリ一一八二号、一一八四号、一一八七号、一一八九号）（前出・民事再生法逐条研究に再録）

平成一三年（二〇〇一）

（シンポジウム）倒産手続と民事実体法（鎌田薫と司会）（私法六三号）
（座談会）司法制度改革審議会中間報告をめぐって（ジュリ一一九八号）
（研究会）民事再生法（五）〜（一三）――立法・解釈・運用（ジュリ一一九三号、一一九六号、一一九九号、一二〇一号、一二〇四号、一二〇五号、一二〇七号、一二一〇号、一二一三号）（前出・民事再生法逐条研究に再録）
（座談会）再生計画と金融機関――同意・不同意の判断基準

をめぐって（銀法五九五号）

平成一四年（二〇〇二）

（シンポジウム）会社更生法の改正――事業再生研究機構・シンポジウム（別冊ＮＢＬ七〇号）

（座談会）民事訴訟における証明度（判タ一〇八六号）

（研究会）民事再生法（一四）（一五・完）――立法・解釈・運用（ジュリ一二一五号、一二一六号）（前出・民事再生法逐条研究に再録）

（研究会）民事再生法逐条研究――解釈と運用（編集代表）（有斐閣）

（座談会）東京地裁における民事再生手続の実情――平成一四年八月末までの実情（ＮＢＬ七四六号）

（パネル・ディスカッション）法科大学院のカリキュラム・教育方法を考える（下）（ＮＢＬ七二九号）

平成一五年（二〇〇三）

（研究会）新会社更生法（一）～（三）（ジュリ一二五二号、一二五四号、一二五六号）（前出・新会社更生法の基本構造と平成一六年改正に再録）

（座談会）事業再生におけるスポンサー選定等をめぐる諸問題（上）（下）（銀法六一九号、六二〇号）

平成一六年（二〇〇四）

（パネル・ディスカッション）法科大学院時代の民事司法（ジュリ一二六五号）（前出・千曲川の岸辺に再録）

（座談会）司法ネット構想の課題（ジュリ一二六二号）

（座談会）司法制度改革における知的財産訴訟の充実・迅速化を図るための法改正について（上）（下）（判タ一一六〇号、一一六二号）

（座談会）東京・大阪における民事調停の現状（判タ一一五二号）

（研究会）新会社更生法（四）～（六・完）（ジュリ一二六〇号、一二六一号、一二六四号）（前出・新会社更生法の基本構造と平成一六年改正に再録）

平成一七年（二〇〇五）

（シンポジウム）司法改革と法曹の課題（女性法律家協会会報四三号）（前出・千曲川の岸辺に再録）

（座談会）会社更生法の基本構造（松下淳一、山本和彦と共編『新会社更生法の基本構造と平成一六年改正』、有斐閣）

（座談会）間接強制の現在と将来（判タ一一六八号）

（研究会）新破産法の基本構造と実務（一）～（九）（ジュリ一二八四号、一二八六号、一二八八号、一二九二号、一二九四号、一二九六号、一二九八号、一三〇〇号、一三〇二号）（前出・新破産法の基本構造と実務に再録）

平成一八年（二〇〇六）

（研究会）新破産法の基本構造と実務（一〇）～（一五）、（二〇）、（二一）（ジュリ一三〇六号、一三〇八号、一三一〇号、一三一一号、一三一二号、一三一四号、一三二三号、一三二五号）（前出・新破産法の基本構造と実務に再録）

平成一九年（二〇〇七）

（研究会）新破産法の基本構造と実務（二二）〜（二四・完）（ジュリ一三二八号、一三三〇号、一三三五号）（前出・新破産法の基本構造と実務に再録）
（研究会）新破産法の基本構造と実務（松下淳一、山本和彦と共編）（有斐閣）

平成二〇年（二〇〇八）
（シンポジウム）破産管財人の職責と善管注意義務――地位と職責、善管注意義務等（全国倒産処理弁護士ネットワーク第六回全国大会シンポジウム、パネリスト）（事業再生と債権管理一一九号）
（座談会）伊藤民事手続法学と判例・実務（判タ一二五三号）
（パネル・ディスカッション）改正民事訴訟法の一〇年とこれから（一）（二）（ジュリ一三六六号、一三六七号）

平成二一年（二〇〇九）
（座談会）商事留置手形の取立充当契約と民事再生法との関係（金法一八八四号）

平成二三年（二〇一一）
（座談会）三ケ月法学の足跡――三ケ月章先生の人と業績（ジュリ一四二五号）
（座談会）民事訴訟手続における裁判実務の動向と検討（第一回）（判タ一三四三号）
（インタビュー）集団的消費者被害救済と新たな訴訟制度の創設について（NBL九六五号）

平成二四年（二〇一二）
（座談会）民事訴訟手続における裁判実務の動向と検討（第二回）（第三回）（判タ一三六一号、一三七五号）
（シンポジウム）倒産法改正の展望と提言（会場からのコメント③）（NBL九七八号）

平成二五年（二〇一三）
（座談会）民事訴訟手続における裁判実務の動向と検討（第四回）（判タ一三八六号）
（座談会）簡裁民事調停の機能強化について（判タ一三八三号）

平成二六年（二〇一四）
（座談会）民事訴訟手続における裁判実務の動向と検討（第五回）（判タ一三九七号）
（座談会）法制審議会民事訴訟法部会（田原睦夫編著『裁判・立法・実務』、有斐閣）
（シンポジウム）倒産実務の諸課題と倒産法改正（会場からの発言）（金法一九九五号）

Ⅶ 講 演

平成九年（一九九七）
代表訴訟における訴訟参加と和解（大阪株式懇談会編『株主代表訴訟に関する諸問題』、大阪株式懇談会）

平成一一年（一九九九）
多重債務問題と個人債務者更生手続（仮称）（クレジット研究二二号）

宮川知法教授の人と業績（大阪市立大学法学雑誌四五巻三・四号）

平成一二年（二〇〇〇）
民事再生法の概要（ＮＢＬ六八二号）

平成一三年（二〇〇一）
証明、証明度および証明責任（法教二五四号）

平成一四年（二〇〇二）
証明度をめぐる諸問題――手続的正義と実体的真実の調和を求めて（判タ一〇九八号）

平成一五年（二〇〇三）
専門訴訟の行方（判タ一一二四号）

平成一六年（二〇〇四）
裁判官制度の改革（ジュリ一二六四号）

平成一七年（二〇〇五）
破産管財人の職務再考――破産清算による社会正義の実現を求めて（判タ一一八三号）

平成一八年（二〇〇六）
法科大学院における民事訴訟法教育のあり方（創価大学法科大学院要件事実教育研究所報四号）

平成二〇年（二〇〇八）
破産管財人等の職務と地位（事業再生と債権管理一一九号）
倒産処理手続と担保権――集合債権譲渡担保を中心として（ＮＢＬ八七二号）

平成二四年（二〇一二）
会社分割と倒産法理との交錯――偏頗的詐害行為の否認可能性――責任財産の割合的減少をどのように捉えるか（ＮＢＬ九六八号）

Ⅷ　書評・随想その他

昭和五六年（一九八一）
演習――破産法（法教一二号）

昭和五七年（一九八二）
（論文紹介）William C. Whitford, *A Critique of the Consumer Credit Collection System*, 1979 Wis. L. Rev. 1047（アメリカ法一九八一―二）
（書評）清水直・臨床倒産法（民商八五巻五号）（前出・千曲川の岸辺に再録）

昭和五八年（一九八三）
演習――民事訴訟法（法教二三号、二四号、二六号）
（書評）伊佐山芳郎・嫌煙権を考える（法セ三四二号）

昭和五九年（一九八四）
演習――民事訴訟法（法教二八号、三二号、三四号）

昭和六〇年（一九八五）
演習――民事訴訟法（法教四〇号、四五号、四六号）
（書評）棚瀬孝雄・本人訴訟の研究（民商九二巻一号）（前出・千曲川の岸辺に再録）

昭和六三年（一九八八）
裁判所のお墨付き（金法一一九〇号）

企業再建は誰のためのものか（金判七九二号）
消費者破産と市民感覚（金判七九九号）
経済活性化のための破産制度――社会主義国における試み（金判八〇四号）

平成元年（一九八九）
累積債務問題と債権管理（債権管理二四号）
企業再建手続としての企業担保権実行（金判八一一号）

平成三年（一九九一）
（書評）井上薫・破産免責概説（ジュリ九八二号）

平成四年（一九九二）
（書評）加藤新太郎・弁護士役割論（ジュリ一〇〇五号）
国際化時代における民事司法（民事法情報七〇号）
国際化時代の民事訴訟（債権管理五七号）

平成六年（一九九四）
はしがき（民事執行法判例百選）（竹下守夫と共著）（有斐閣）
貸手責任、株主代表訴訟への対応について慎重な検討を（金法一三七五号）
公的資源利用の透明性を考える（手形研究四九〇号）
金融機関の破綻処理法制（手形研究四九四号）
金融機関と株主代表訴訟（手形研究四九七号）
訴訟担当と実体法上の管理処分権（手形研究五〇〇号）

平成九年（一九九七）
（書評）高木新二郎・アメリカ連邦倒産法（NBL六〇八号）
各大学院における新しい試み・東京大学（特集・変貌する法学部・法学系大学院）（ジュリ一一二五号）

平成一二年（二〇〇〇）
プロフェッションとしての裁判所書記官――一九八四年スポケーンの夏（裁判所事務官・裁判所書記官の仕事がわかる本、法学書院）（前出・千曲川の岸辺に再録）
序にかえて（『民事再生法――理論と実務』、金判一〇八六号）

平成一三年（二〇〇一）
倒産法学における理論と実務――三宅省三先生と私（『笑顔の人 三宅省三追想集』、角川書店）

平成一四年（二〇〇二）
（書評）上原敏夫・団体訴訟・クラスアクションの研究（NBL七四四号）（前出・千曲川の岸辺に再録）
法科大学院入学者選抜のための適性試験・実験テスト内容の公表にあたって（ジュリ一二二七号）
大倒産時代の倒産判例――はしがきに代えて（倒産判例百選〔第三版〕）（青山善充、松下淳一と共著）（有斐閣）
設立の趣旨（事業再生研究機構の幕開け）（高木新二郎と共著）（NBL七三八号）

平成一五年（二〇〇三）
法曹を志す人々へ――教師からの『法律学への誘い』を執筆して（書斎の窓五二五号）（前出・千曲川の岸辺に再録）
はしがき（民事訴訟法判例百選〔第三版〕）（高橋宏志、高田

裕成と共著）（有斐閣）
プロローグ――新会社更生法への期待（事業再生研究機構編『新会社更生法の実務』、商事法務）

平成一七年（二〇〇五）

はしがき（民事執行・保全判例百選）（上原敏夫、長谷部由起子と共著）（有斐閣）
企業の組織運営にとって文書とは（明日の企業法務を考える 2 学問としての企業法務と思考法）（ＮＢＬ八〇〇号）

平成一八年（二〇〇六）

老書生韓国遊学記（一）～（三・完）（ＮＢＬ八三九号、八四〇号、八四一号）（前出・千曲川の岸辺に再録）
民事系科目第二問の分析と解説――法科大学院教員の視点から（法教三〇七号）
はしがき（判例から学ぶ・民事事実認定）（加藤新太郎と共著）
はしがき（倒産判例百選〔第四版〕）（青山善充、松下淳一と共著）

平成一九年（二〇〇七）

「交互面接」か「同席」か（ケース研究二九三号）
法科大学院三年間を振り返って（東京大学法科大学院ローレビュー第二巻）（前出・千曲川の岸辺に再録）
ＡＢＬシンポジウムに参加して――担保の機能の双面性（事業再生研究機構編『ＡＢＬの理論と実践』、商事法務）
集合債権（将来債権）譲渡担保と倒産処理手続（金法一八一九号）

平成二〇年（二〇〇八）

Elitism can be tackled by an increase in lawyers（International Herald Tribune, 2008. 1. 31）

平成二一年（二〇〇九）

（書評）宮川成雄編著・法曹養成と臨床法学教育（法曹養成と臨床教育一号）
「重盛が進退」――再生手続における手形の商事留置権者の地位（金法一八六二号）

平成二二年（二〇一〇）

（書評）奥田昌道・紛争解決と規範創造――最高裁判所で学んだこと、感じたこと（法セ六六五号）（前出・千曲川の岸辺に再録）
（書評）園尾隆司・民事訴訟・執行・破産の近現代史（判タ一三一四号）（前出・千曲川の岸辺に再録）
（書評）東京弁護士会民事訴訟問題等特別委員会編・最新判例からみる民事訴訟の実務（自由と正義六一巻一〇号）
「事業再生ＡＤＲにおけるＣＤＳに関する研究会」中間報告書公表にあたって（金法一九〇二号）

平成二三年（二〇一一）

（書評）高中正彦・判例 弁護過誤（ビジネス法務一一巻一一号）（前出・千曲川の岸辺に再録）

平成二四年（二〇一二）

（書評）瀬木比呂志・法曹制度・法曹倫理入門――法律家の

あり方と関連諸制度（判タ一三五八号）（前出・千曲川の岸辺に再録）
金融取引に関係する法律問題の適正かつ迅速な解決指針の形成――最高裁や金融法委員会の役割など（金判一四〇一号）（前出・千曲川の岸辺に再録）
消費者の権利実現に与（アズカ）るか、預（アズ）かるか――集団的消費者被害回復に係る新たな訴訟手続において適格消費者団体に期待される役割（現代消費者法一六号）（前出・千曲川の岸辺に再録）
紛争解決手段の取捨選択――監査役の視点から（月刊監査役五九七号）（前出・千曲川の岸辺に再録）
新たな集団的消費者被害救済制度について（ビジネス法務一二巻一号）（前出・千曲川の岸辺に再録）
連載にあたって（連載「担保・執行・倒産の現在」）（ジュリ一四三六号）
体系書今昔（民事訴訟法）（書斎の窓六一二号）（前出・千曲川の岸辺に再録）

平成二五年（二〇一三）

体系書執筆者の三憂一歓――『会社更生法』を公刊して（書斎の窓六二三号）（前出・千曲川の岸辺に再録）

平成二六年（二〇一四）

（書評）林道晴＝太田秀哉編・ライブ争点整理（法教四一〇号）
法的整理における損害賠償債権の地位（特集・今後の電力ファイナンス）（週刊金融財政事情六五巻八号）
会社の訴訟追行と信義誠実の原則――新株発行無効判決の対世効と第三者による再審の訴え（最一小決平成二五・一一・二一）（金判一四三四号）

あとがき

私どもが敬愛する伊藤眞先生は、本年（二〇一五年）一二月一四日をもって、満七〇歳のお誕生日をお迎えになりました。先生がめでたく古稀を迎えられたことを心よりお慶び申し上げるとともに、先生からいただいてきたお教えへの心からの感謝の気持ちを込めて、ここに古稀祝賀論文集『民事手続の現代的使命』を献呈させていただきます。

先生のご経歴とご業績は、本書に収めた一覧にまとめられております。そこで示されているとおり、先生が、一九六七年に東京大学法学部研究室において民事手続法のご研究に着手されて以来、約半世紀にわたって積み上げてこられたものの大きさは、その広さと深さの両面において、改めて私どもを圧倒するものがあります。

先生が研究者としての歩みを始められ、いわゆる助手論文において最初に取り上げたテーマは強制執行法の問題でしたが、先生はその後直ちに判決手続におけるご研究に精力を傾けられました。そうした初期のご研究の成果を鮮やかに示したのが先生の最初のご著書である『民事訴訟の当事者』（一九七八年）ですが、とりわけそこで提示された紛争管理権の理論は、その斬新さと理論的インパクトの大きさにおいて、比類のないものでした。その後、先生は、判決手続の局面では、訴訟制度に対する一般国民の納得という視点を明確に示されるとともに、研究対象を倒産法の分野に拡げられました。ご著書『債務者更生手続の研究』（一九八四年）を初めとする数々の珠玉のご論攷が日本の倒産法学の水準を大きく引き上げたことは、申すまでもないことと存じます。そうした先生の判決手続および倒産手続に関するご研究は、それぞれ、体系書である『民事訴訟法』（初版一九九八年）、『破産法』（初版一九八八年。二〇〇七年の版からは『破産法・民事再生法』）にまとめられましたが、両書ともに現代における最高水準の体系書として、研究者および実務家の双方から高く評価され、今日に至るまで、大幅に内容を充実させながら、版を重ねております。さらに、二〇一三年には、現行会社更生法の下における唯一の体系書として『会社更生法』を上梓されたことは、私どもの記憶に新しいところです。こうした体系書の数々は、いわば先生のご研究の集大成ともいえるものですが、しかし先生が決してそこで歩みをとどめることなく常に前に進み続けておられることもまた、主要業績目録に記載された数々のご論攷が示しているとおりです。

先生のご研究の大きな魅力は、一方で、民事手続や民事手続法理論の現実の機能や果たすべき役割を直視し、単なる概念の遊戯や第三者的な論評にとどまることなく、あるべき解釈論・立法論を斬新な着想に基づいて大胆に打ち出されるとともに、他方で、そうした議論が決してむき出しの利益衡量や便宜論に陥ることなく、制定法や判例を適切に踏まえた質の高い法的議論として構築されるところにあります。鋭い現実感覚と洗練された法的論理を兼ね備えつつ、強い使命感に貫かれた先生の法解釈学は、先生の恩師である故三ケ月章先生がドイツのレント教授の言として紹介された、恩師の学説からの自由、通説からの自由、過去の自分の学説からの自由を、余人の追随を許さない高い水準で実践されたものであり、私ども後進にとって、法律学の一つの模範を示し続けるものです。

いうまでもなく、先生のご活動は、狭い意味での学問研究のみにとどまるものではありません。ご著書『法律学への誘い』（初版二〇〇三年）にも示されているとおり、教育者としての先生は、法学部において多くの有為の若者を導いてこられたことはもちろん、開設間もない法科大学院において、新たな法曹養成の理念を果敢に模索され、今日まで実践してこられました。また、先生が、現行民事訴訟法の制定過程以来、立法作業の場において、各種の座長や部会長、また法制審議会会長として、一貫して指導的な役割を果たしてこられたことは、今さら申すまでもないところですが、東京大学を定年でご退職後は、弁護士としての実務活動も始められ、ご専門である民事の手続のみならず、刑事弁護も手がけられるなど、古稀をお迎えになった今も、先生は益々ご活躍の場を拡げておられます。さらに、学問の面では厳しくいらっしゃる先生ですが、他面で、先生のトレードマークである蝶ネクタイや、ご著書のはしがき、随想などにも示される多彩なご趣味から窺われる、仕事一本槍ではない、洒脱で遊び心あふれる自由なお人柄も、私どもを魅了してやまないものです。先生の学問とお人柄の奥深さ、幅広さを限られた紙幅の中で語り尽くすのは到底不可能ですが、私どもは、そうした先生のお教えをこれまでいただくことができたことを心からうれしく感じますとともに、先生が、先生を常におそばで支えていらっしゃる順子令夫人ともども、いつまでもご健勝でいらっしゃり、これからも私どもをご指導くださることを願ってやみません。

本書の刊行は、多くの方々のお力によって実現しました。本書の書名『民事手続の現代的使命』は、常に強い使命感をもって時代の先端に立ってこられた先生のお仕事を表現するものとして選ばれましたが、その揮毫を、先生との学問的交流が長く、先生が現在在職されている早稲田大学での同僚でもいらっしゃる加藤哲夫先生にお願いすることができたことは、編集委員一同の深く喜びとするところです。敬愛する加藤先生に、ここに厚く御礼申し上げます。また、ご多忙な中にもかかわらず、日本の各地、さらに遠く韓国からも渾身の作をお寄せくださった執筆者の皆様に、編集委員一同厚く御礼を申し上げますと同時に、最後までご寄稿のご努力をいただきながら、時間的な制約から収録の断念をお願いした方々に対しては、深くお詫び申し上げる次第です。

最後になりましたが、本書の企画から刊行に至るまで、終始行き届いたご配慮をいただいた有斐閣の酒井久雄さん、土肥賢さん、高橋均さん、吉田小百合さんに深く感謝を申し上げて、あとがきとさせていただきます。

二〇一五年初春

編集委員

高橋宏志
上原敏夫
加藤新太郎
林　道晴
金子宏直
水元宏典
垣内秀介

民事手続の現代的使命
伊藤眞先生古稀祝賀論文集

2015年2月14日　初版第1刷発行

編　者　高橋宏志
上原敏夫
加藤新太郎
林　道晴
金子宏直
水元宏典
垣内秀介

発行者　江草貞治

発行所　株式会社　有斐閣
郵便番号 101-0051
東京都千代田区神田神保町 2-17
電話　(03)3264-1314〔編集〕
(03)3265-6811〔営業〕
http://www.yuhikaku.co.jp/

印刷・株式会社精興社／製本・牧製本印刷株式会社

ISBN 978-4-641-13686-1